日本国际政治学

·第一卷·

作为学科的国际政治

〔日〕日本国际政治学会 /编
〔日〕田中明彦 中西宽 饭田敬辅 /主编
刘 星 /译

北京大学出版社
PEKING UNIVERSITY PRESS

著作权合同登记号　图字：01-2013-8961　　01-2013-8962
　　　　　　　　　　　　01-2013-8963　　01-2013-8964

图书在版编目(CIP)数据

日本国际政治学.全4册/(日)日本国际政治学会编；刘星,张慧译.—北京：北京大学出版社,2017.11

ISBN 978-7-301-26951-0

Ⅰ.①日… Ⅱ.①日…②刘…③张… Ⅲ.①国际政治—研究—日本②国际政治关系—研究—日本　Ⅳ.①D5②D831.32

中国版本图书馆 CIP 数据核字(2016)第 032660 号

Nihon no Kokusaiseijigaku 4 volumes edited by The Japan Association of International Relations
Copyright © 2009 by The Japan Association of International Relations
Simplified Chinese translation copyright © 2017 by Peking University Press
All rights reserved.
Original Japanese language edition published by Yuhikaku.
Simplified Chinese translation rights arranged with Yuhikaku, through Beijing Hanhe Culture Communication Co., Ltd.

书　　　名	日本国际政治学（第一卷—第四卷）
	RIBEN GUOJI ZHENGZHI XUE (DIYIJUAN-DISIJUAN)
著作责任者	〔日〕日本国际政治学会　编
	第一卷　〔日〕田中明彦　中西宽　饭田敬辅　主编
	第二卷　〔日〕大芝亮　古城佳子　石田淳　主编
	第三卷　〔日〕国分良成　酒井启子　远藤贡　主编
	第四卷　〔日〕李钟元　田中孝彦　细谷雄一　主编
	刘　星　张　慧　译
责任编辑	张盈盈　徐少燕　陈相宜
标准书号	ISBN 978-7-301-26951-0
出版发行	北京大学出版社
地　　　址	北京市海淀区成府路 205 号　100871
网　　　址	http://www.pup.cn　　新浪微博：@北京大学出版社
微信公众号	ss_book
电子信箱	ss@pup.pku.edu.cn
电　　　话	邮购部 62752015　发行部 62750672　编辑部 62753121
印刷者	三河市北燕印装有限公司
经销者	新华书店
	650 毫米×980 毫米　16 开本　64.25 印张　828 千字
	2017 年 11 月第 1 版　2017 年 11 月第 1 次印刷
定　　　价	168.00 元(全 4 册)

未经许可，不得以任何方式复制或抄袭本书之部分或全部内容。
版权所有，侵权必究
举报电话：010-62752024　电子信箱：fd@pup.pku.edu.cn
图书如有印装质量问题，请与出版部联系，电话：010-62756370

总　序

　　1956年12月22日,即第二次世界大战后作为新生日本起点的《旧金山和约》缔结第五年,财团法人日本国际政治学会在东京神田的学士会馆诞生了,来自社会各界的35名人士参加了成立大会。当时,世界尚处于二战后之后冷战的黎明期,刚刚迈入国际社会的日本也正处于在黑暗中摸索的时代,而为创立学会四处奔走的年轻国际政治学者们绝不会想象得到50年后世界发生的巨变和日本令世人惊叹的复兴。但是,日本国际政治学会却始终冷静地观察和应对世界及日本的发展与变化,并顺应时代的潮流和要求不断进行学术探索。在草创期担当重任的前辈中,谁会预测到今天学会已发展到拥有1200余名会员的规模呢?

　　本学会以往曾定期举全学会之力进行各种专项研究。1959年,日本国际政治学会在学会内设立了太平洋战争原因研究部,并在1962—1963年期间由朝日新闻社出版了集其研究之大成的《通向太平洋战争之路》(全7卷+别卷·资料篇)。在学会成立20周年之际,学会编纂了《国际政治》第61、62期合刊《战后日本的国际政治学》,对日本的历史研究、地区研究、理论研究、和平研究的先行研究进行了概括总结。学会成立30周年时,学会期刊《国际政治》发行特刊《和平与安全——日本的选择》,刊登了以当时学会执行部成员为中心撰写的特刊论文、年轻学者的获奖论文以及学会30周年的纪念论文。学会成立40周年时,学会与以北美大陆学者为中心的国际关系学会(ISA)在幕张共同举办大会,邀请了海外360名学者,加上国内学者,参会人数超过千人,分组也多达28个。这次大会的主要成果刊登在《国际政治》114号40周年特刊《全球主义、地区主义、民族主义——摸索21世纪之角色的亚洲》和《21世纪的日本、亚洲、世界》(国际书院1998年版)上。

2006年,日本国际政治学会迎来了成立50周年的纪念日。当年秋天在千叶上总学术园饭店召开的纪念大会邀请了众多海外嘉宾,在此之际,执行部一直在思考和讨论可以反映现阶段日本国际政治学研究水准的方法。结果是,学会理事会全体一致通过了全力出版四卷一套的《日本国际政治学》的特别计划。每卷各安排3名主编,且均为在职的理事。每卷都以主编为中心决定论文的题目与作者,最终由理事会进行调整,并向各位作者发送了以下内容的征文启示。

(本书为)旨在纪念日本国际政治学会创立50周年,体现21世纪初日本国际政治学水平并为今后的研究指明方向的论文集。全套四卷的主题如下:

第一卷《作为学科的国际政治》(田中明彦、中西宽、饭田敬辅主编)

第二卷《无国境的国际政治》(大芝亮、古城佳子、石田淳主编)

第三卷《地区研究与国际政治》(国分良成、酒井启子、远藤贡主编)

第四卷《历史中的国际政治》(李钟元、田中孝彦、细谷雄一主编)

尽管各卷的研究领域与研究方法不尽相同,但论文都应抱着一个目的,即在充分对世界性的学说史,特别是日本的学说史之发展(以及缺陷)的研究基础之上,为21世纪初国际政治学的问题意识、争论点、研究课题等提出具有挑战性且易于理解的观点。期待各篇论文在介绍和探讨当今学术界有影响力的理论、方法、观点和实证案例的同时,不限于教材般的概论和单纯的评论,而更应成为有助于推动今后研究的具有批判性、争议性、课题性和建设性的作品。关于问题意识、争论点和提出课题的方法、对学说史的论述等,每篇论文应自行判断。毫无疑问,作者应运用对各自主题最为合适的方法完成论文。

正如征文启事所言,我们认为《日本国际政治学》的写作出版计划将是体现现阶段日本国际政治学水平的研究成果。但是,这些论文一定会迎来被超越的命运,进而言之,如果这些研究成果可以成为国际政治学后来者的一个指标,或也是意外之喜。

协调全四卷近50位作者的写作绝非易事。但是,这一大工程从立案到完成仅仅用了一年半的时间,全拜赞同本计划并欣然接受写作任务的各位作者的辛勤工作所赐,在此表示由衷的谢意。最后,谨对本计划最大的理解者和支持者、有斐阁编辑部的青海泰司先生,以及在编辑工作中全力支持青海先生的有斐阁学术部的池一先生等为完成本计划做出贡献的各位表示衷心的感谢。

总编代表

国分良成

田中明彦

2008年10月

目　录

序　章　日本的国际政治学——超越"分居"　田中明彦　/ 1

引　言　/ 1
一、被忘却的论战　/ 2
二、其后的国际政治学　/ 8
三、没有发生的论战　/ 10
四、潜在的论战？　/ 12
五、本卷的目的　/ 16

第一章　国际政治理论——近代以来的历史发展　中西宽　/ 18

引　言　/ 18
一、欧洲近代国际体系与国际政治理论　/ 20
二、国际政治学的自觉性发展——第一次世界大战后　/ 29
结语——日本的国际政治学发展　/ 34

第二章　现实主义——日本的特点　村田晃嗣　/ 38

引　言　/ 38
一、第一时期——接受现实主义　/ 40
二、第二个时期——"现实主义"的成熟　/ 45
三、第三个时期——日本外交的混乱和现实主义的扩散　/ 51

结　语 / 54

第三章　新自由主义制度论——联合国安理会改革的可能性与局限性　饭田敬辅 / 57

引　言 / 57
一、新自由主义制度论的概要与问题点 / 58
二、基于制度的权力 / 60
三、联合国安理会改革及其教训 / 62
结　语 / 69

第四章　建构主义——实证研究的方法论问题　宫冈勳 / 71

引　言 / 71
一、国际关系理论中建构主义的发展 / 73
二、温特的本体论、认识论与方法论 / 78
三、言论分析与内容分析的特征与课题 / 82
结　语 / 85

第五章　对外决策——"小泉外交"的政治过程　信田智人 / 86

引　言 / 86
一、政治过程模型的类型 / 87
二、组织过程模型分析 / 90
三、官僚政治模型分析 / 92
四、小集团模型分析 / 95
五、国内政治模型分析 / 99
结　语 / 101

第六章　性　别——女性主义国际关系论的发展与课题　御巫由美子 / 104

引　言 / 104

一、女性主义国际关系论的发展 / 105
二、女性主义国际关系论——以恩罗、蒂克纳为中心 / 109
三、与"主流派"国际关系论的"对话" / 112
四、女性主义国际关系论的课题 / 115
五、性别与国际关系——日本的情况 / 116
结　语 / 118

第七章　安　全——非对称性威胁的兴起　神保谦 / 120

一、现代安全概念的发展 / 120
二、安全概念中新坐标轴的设定——非对称性安全 / 123
三、现代安全"空间"与"时间"的发展 / 133

第八章　国际政治经济——战后的发展与今后的课题
　　　　　田所昌幸 / 137

引　言 / 137
一、初创期的国际政治经济学 / 138
二、国际政治经济学的兴盛 / 141
三、IPE 的制度化与日本经济 / 144
四、全球性国际政治经济环境的变动 / 147

第九章　国际关系中的文化——谱系及各种视角　川村陶子 / 154

引　言 / 154
一、文化的概念——三个谱系 / 155
二、从文化视角观察国际关系——作为方法论的文化 / 159
三、在国际关系中运用文化——作为对象的文化 / 165
四、日本国际关系研究中的文化视角 / 166
结　语 / 170

第十章 战略思维法——日本在东北亚的制度战略 铃木基史 / 171

引 言 / 171

一、战略思维法与国际政治理论 / 172

二、制度战略的博弈分析（1）——经济合作协定（EPA） / 177

三、制度战略的博弈理论分析（2）——朝鲜核问题 / 184

结语——国际政治理论与对东北亚国际政治的意义 / 189

第十一章 仿 真——极端派网络的形成 山本和也 / 191

引 言 / 191

一、为何需要仿真 / 192

二、多主体仿真的特点 / 196

三、模型 / 199

结 语 / 207

参考文献 / 209

序　章　日本的国际政治学
——超越"分居"

田中明彦[*]

引　言

本书的目的在于回顾日本国际政治学以往的研究成果，展现现阶段国际政治学的研究水平并为今后的研究动向制定指针。日本国际政治学会的会员数量近年来始终维持在 2000 余名的水平，每年的研究大会都有 500 名以上的人参加并展开活跃的讨论。学会杂志《国际政治》（日语版）每年出版四期，学会杂志《亚太国际关系》（*International Relations of Asia Pacific*，英文版）每年也出版两期，并预计今后每年出版三期。日本的国际政治研究不可能由日本国际政治学会专美，相关学会的研究也成果颇丰，记者和政府有关人士撰写的研究读物和与国际政治相关的普及性读物也数量可观。社会上对国际政治学的期待也很高。对接二连三发生的国际问题应如何理解？日本和国际社会应如何应对？在报纸、杂志、电视等媒体上经常可以看到日本国际政治学会会员露面。毫无疑问，日本的国际政治学正日趋活跃。

如果活跃的研究动向与来自社会对研究成果的旺盛需求之间可以发生良性循环，则会进一步推动对社会有益的研究。但是，如果

---

[*] 东京大学研究生院跨学科信息学教授。

学术只是对社会需求的被动反应，只进行社会需要的研究，则可能使对社会的批判、对现实的长期且更有益的理解变得困难，因此也有必要确保学术研究的自律性，不仅只针对最新社会需求而开展活动。那么，日本国际政治学自律性的基础巩固了吗？

学术的自律性与开放性并不一定是经常可以并立的概念。只关注世界（特别是学术流行的中心——美国）的研究动向，则可能无法形成自律性的理论和进行基于长期一贯性视角的实证研究。而研究力量集中于解说媒体关注的国际问题，则会疏于更基础性理论的建立和实证研究。另一方面，对各学术领域出现的新的理论与实证研究视而不见，则不会有对现有理论的突破，实证研究的方法也不会发生革新。对于每天发生的国际问题，如果没有与如何加以解释进行的"搏斗"，那么也不可能充分地设定新的学术议题。

在维持开放性的同时保持学术自律性可谓一场论战。如何迅速对社会动向作出反应并探求学术性的实证方法，如何接受世界各地的学术最新进展并作出新的贡献，如何接受其他学术领域的学术进展并丰富国际政治学的内容等，这些开放性与自律性的衔接点需要进行不断的论战。

下文将从论战的视角出发回顾日本的国际政治学发展历程。

一、被忘却的论战

在研究日本国际政治学发展方面取得开创性成果的川田、二宫的论文指出："第一次世界大战前，与国内问题相比，我国对国际问题的学术关心比较淡薄。国际政治的问题通常只在国际法或外交史领域中进行辅助性的研究"（川田［1963］228）。的确，如果以学术的制度性为中心观察国际政治学的发展，很难说第一次世界大战以前日本存在着已形成制度的国际政治研究。

但是，如果从将国际政治现象进行理论和系统论述并形成著作这一更为宏观的视角看，近代日本国际政治学的形成则可追溯到更早的时期。① 笔者认为德富苏峰和中江兆民二人分别在1886年和1887年出版的《将来之日本》和《三醉人经纶问答》可谓划时代之作。② 甚至笔者想说,这两本著作开启了日本国际政治学的第一次大论战。

毋需赘言,《三醉人经纶问答》作为"代表明治文明的最杰出作品"(桑原[1965])为世人所熟知,并成为政治思想史的重要研究课题(木下、江藤[1977]),在最近的国际政治学文献中也被列为经典(中西[2003]283;初濑[1993]333)。与此相比,德富苏峰的《将来之日本》尽管对其在政治思想史方面的研究而言是重要的著作,但在其与国际政治学之关系的问题上却少有论述。③ 总体而言,与这两部著作相关的研究即使在政治思想史领域也并不多见。依笔者的肤浅之见,恐怕只有米原(2002)的著作可谓真正有关这两部著作的研究成果④。

德富苏峰在23岁时创作了《将来之日本》,这部著作实际上也是其处女作。在该书再版时,德富苏峰曾请中江兆民为其撰序,一般不为他人写推荐文的中江兆民在看完该书后"感慨万千,必须破例一言",为德富苏峰撰写了序言(1887年1月中旬,德富苏峰[1984]64)。中江兆民的《三醉人经纶问答》完成于1887年5月,在创作过程中,中江兆民不可能不从年轻的德富苏峰充满才气的论

---

① 比如如果将亨廷顿的《文明冲突论》作为国际政治的著作加以阅读,那么1875年出版的福泽谕吉的《文明论概略》中至少一部分内容(比如第十章"论本国的独立")就应属于国际政治学的范畴。福泽谕吉于1878年出版的《通俗国权论》则排斥理想主义,声称:"百卷万国公法(国际法)不如数门巨炮,几册和亲条约(友好条约)不如一筐弹药。**巨炮弹药不是为了主张道理而准备,而是从无中生出道理的工具。**"福泽谕吉的国际政治论参见初濑[1993]121—152。

② 《将来之日本》的初版为1886年10月经济杂志社出版的德富猪一郎著《将来之日本》,《三醉人经纶问答》的初版则为1887年5月集成社出版的中江笃介著《三醉人经纶问答》。本文引用自德富[1984]及中江[1965]。

③ 只有拙著(田中[1996]141)提到了这种观点。

④ 桑原武夫曾指出德富苏峰对《三醉人经纶问答》面世所起到的作用以及《将来之日本》的优点,但并没有进行详细分析(木下、江藤[1977]31)。

述中寻找灵感。米原［2002］从这点出发对这两部著作的文体和内容进行了详细的对比研究，并得出了"《三醉人经纶问答》是以《将来之日本》为范本的模仿之作"。

模仿当然含有批评的含义，尽管这也是研究《三醉人经纶问答》的一种方法。但如果将这两部著作作为国际政治学著作进行比较，可以发现，不仅仅只是中江兆民在调侃德富苏峰的观点，其中存在着超出模仿范畴，而是关于国际政治一大论战的因素。

德富苏峰是如何进行论述的呢？德富苏峰大胆地将赫伯特·斯宾塞（Spencer［1882］）的军事型社会和生产型社会的划分法运用到对世界的分析，将世界分为"腕力世界"模型和"和平世界"模型。首先，德富苏峰在"腕力世界"模型中列举了战争的清单、军事费用、各国战力统计等，指出"强者权力盛行日甚。……今天的世界将成为开化人利用暴力吞灭野蛮人的世界"（德富［1984］78）。但是，在提出"腕力世界"模型后，德富苏峰马上又提出了"和平世界"模型。他指出亚当·斯密重商主义的不合理之处，认为自从瓦特发明蒸汽机之后，"自由贸易主义与蒸汽机呈交替攀升之势，……一种新的世界已跃然眼前"（德富［1984］98）。德富苏峰认为"分配通信组织"体现了这种新世界的特征，并依次列举了蒸汽船、铁路、电信、邮递、报纸的统计数字，在进一步列举贸易统计和生产统计数字后，认为国际金融（"信约组织"）正逐步成为决定性因素。他进而提到了亚当·斯密，表示对于拥有利己心的人们，和平才最能增进利益，得出了"贸易主义就是和平主义"的结论（德富［1984］118）。在提出这两种模型后，德富苏峰对哪种更符合现实进行了如下总结。

> 表面上看欧洲是一个腕力世界，如果稍作进一步观察就会看到在其背后更有一个财富的世界。可将武力与财富的两大力量视为处于"日月同辉照乾坤"的状态。如果进行更为精密的观察，则可认为尽管武力的太阳仍可谓光辉

灿烂，实已如夕阳斜照、日落西山而成绝望之势，但财富的太阳却如红日中升跃上天际而充满了希望。（德富［1984］114）

在德富苏峰看来，在两个模型中，当时的趋势是"和平世界"的模型更为适宜。和平世界的基础则是在国内社会充实生产组织以及体现在社会层面的"平民主义"政治体系，而对于将来的日本，"我敢断言，将成为生产大国，并依据生产组织发展的必然之理，自然成为平民社会"（德富［1984］180）。这就是德富苏峰的结论。如果用现代国际政治学的术语，针对以军事力为中心的现实主义世界，德富苏峰的观点是一种典型的自由主义（理想主义）观点，即经济发展将推动国内社会的民主化，并通过经济相互依存实现国际社会的和平。德富苏峰主张后者是正确的，后者才符合现实，日本的政策应该适应后者。

在感慨德富苏峰著作的同时，中江兆民是如何回应的呢？中江兆民并没有反对德富苏峰，论证"腕力世界"才更接近于现实，而是让三位醉客在他的书中登场，其中的洋学绅士君基本上属于和平世界理论的论者，东洋豪杰君则是代表腕力世界的论者，除此二人外，中江兆民还加上了主持两人争论的南海先生。

此外，如果细致分析，洋学绅士君的国际政治学与德富苏峰的"和平世界"模型仍有所不同。德富苏峰的自由主义属于经济相互依存的自由主义，而洋学绅士君的自由主义则是彻底的康德流派的民主和平论。洋学绅士君对圣皮埃尔（Abbé de Saint-Pierre）以后通过集体安全实现和平的制度和平论也持批判态度，认为各国的政治制度如果不是民主主义的，则不可能实现和平。在这个意义上，或许可以说中江兆民通过提出三种模型，而更强调了自由主义中康德这一流派。

中江兆民最为批判的是德富苏峰的两分法，这种批评通过南海先生的登场更加强烈地表现出来。以往的政治思想史研究中，并没有对南海先生的看法进行过充分的分析。根据笔者的看法，南海先生的国际政治学具备了与从稳健性自由主义到防御性现实主义之间的国际政治观最为共通的因素。比如，南海先生认为无论是绅士君还是豪杰君都犯了"过虑"的病。用现代话语表述，就是都假定"最坏情况"。由于相信欧洲列强将大举进攻日本，绅士君认为武力没有意义而主张只能采取非武装政策，而豪杰君则主张必须进攻大陆成为大国方可自保。但南海先生认为现实是最为复杂的，其议论中最为典型的是南海先生对战争原因的论述。

> 大体而言，国与国结怨的原因并非实际情况（实形）而在无据之言（虚声）。即使在观察实际情况时会多有怀疑，但在预测无据之言时则更加畏惧。因此各国之间的相互猜疑可谓各国的神经质。……为此，两国开启战端不是因为互相好战，实则是畏惧战争所致。如果因为我方畏惧对方而急速增加军备，对方也会畏惧我方而急速增加军备，相互之间的神经质愈演愈烈，期间又有报纸等同时报道各国的实形与虚声，不加区别，言辞激烈且神经质，可谓大放异样之彩，这些在世上传播，并导致相互畏惧的两国神经日益错乱，从而认定先下手为强，于是先发制人。因此，两国相互畏惧心理发展至极致自然就会开启战端。古今交战莫不如此。（中江［1965］203-204）

南海先生所说的战争原因正是后来美国学者提出的所谓"安全困境"（以及助长这一困境的媒体的影响）。在南海先生看来，国际政治在其他的意义上也是复杂的。首先，国际社会并不是完全没有秩序。从规范的角度看，"尽管各国和平理论尚未可行，但在各国的交往中，道德的意义及其领域正在扩展"，这种规范实际上也可以通过均势得以维持。"由于四国实力大体相当，因此他们只能罢手，而不得不遵守几分公法"（中江［1965］200）。南海先生在这里想要说明的是，出现即使是无政府状态也未必没有秩序的社会是有可能的。

进而言之，在分析国际政治时不应忽视国内因素。南海先生认为："国家是民众意志的集合体，其中有君主、有官僚、有议会、有百姓，各种组织错综复杂，因此决定其意志、发动其运动并不像一个人那样轻便"（中江［1965］201）。南海先生所指出的难道不是对决策过程进行研究的必要性吗？

南海先生实际上对绅士君和豪杰君的观点都进行了批判，"好的外交政策是，与世界所有国家发展友好关系，在万不得已时坚持防御战略，避免出兵远征之劳力与费用，将其用之于民"（中江［1965］204-205）。

以往的政治思想史研究不断在讨论这三种看法哪种最接近中江兆民的真实思想。根据笔者的观点，中江兆民对德富苏峰提出"腕力世界"与"和平世界"两种模型并草率地认为"和平世界"符合现实的观点进行了批评，并通过提出三种模型，证明现实的复杂性。此外，他也并没有认为南海先生的模型就一定是完美的。如何解释中江兆民对南海先生最后发言的"南海先生之敷衍"（中江［1965］205）的眉批是长期以来中江兆民研究的难题。笔者则认为如果中江兆民想告诉读者，南海先生的发言也是一种模型而非现实本身，那么就多少可以加以解释了。

这一论战也是颇具特异性的论战。如上所述，中江兆民并没有单纯反对德富苏峰的观点，可以认为，中江兆民提出了三种立场，并试图主张对国际政治的看法必须更为复杂。与苏峰断定各种都是现实相比，兆民想说明三种观点归根结底只是模型而非现实。进而言之，作为模型，并不是德富苏峰单纯的两分法，而是提出了南海先生的更为复杂的第三种模型。德富苏峰随后曾对南海先生的观点评价不高，认为并无多少可取之处①。但是在看到甲午战争前后的国

---

① 德富苏峰在书评中称中江兆民的想法都表现在了绅士君与豪杰君的言论里，而南海先生的发言只不过是"先生的尸骸"和"先生的糟粕"（中江［1986］21）。

际政治特别是"三国干涉还辽"（1895年）后，德富苏峰的立场彻底改变①，此后坚持"腕力世界"才是世界现实的立场，并作为言论界的权威人物发表支持昭和时代各场战争的各种言论。

二、其后的国际政治学

中江兆民和德富苏峰的论战随后几乎被完全遗忘。如果与其后英国学者的著述相比较的话，通过两分法对国际政治进行划分，并只支持其中一种的著作为 E. H. 卡尔的《二十年危机》（Carr [1939]），而大致分为三种观点，并对这三种观点的优劣进行慎重判断保留意见的著作可谓马丁·怀特的《国际理论》（Wight [1991]）。年轻时的德富苏峰对和平世界和腕力世界的比较可与卡尔对乌托邦式观点和现实主义观点的比较相对应，不同之处在于德富苏峰强调了和平主义的现实性，而卡尔则强调了和平主义的空想性（然而在卡尔还是孩童的时候，德富苏峰已经在向卡尔的立场转变）。马基雅弗利型、格劳秀斯型和康德型的怀特的三分法尽管实际上很难进行区分，大致上也可与中江兆民的三名醉客相对应，即马基雅弗利型的豪杰君、康德型的绅士君和格劳秀斯型的南海先生。这两名英国学者的模型为其后国际政治学的发展提供了方向，在这个意义上，德富苏峰和中江兆民的讨论则没有对日本的国际政治学产生影响。

第二次世界大战后的日本国际政治学没有余力去回想被遗忘的明治时代的论战。在第一次世界大战后向制度化急速发展的北美和英国国际政治学的繁荣面前，日本的学者认为无论如何也要学习和吸收。二战后初期有名的教材即如此记载："即使在西欧和美国，这一学术领域的开辟也是进入 20 世纪后的事情，而值得关注的发展则

---

① 德富苏峰在其自传中称，甲午战争后的"三国干涉还辽"使其改变了立场。日本迫于三国干涉归还辽东半岛后，"听到这一消息后，我在精神上完全变成了另外一个人。归根到底这是因为实力不足。这使我确信，如果实力不足，无论什么正义公道都一文不值"（德富 [1997] 225）。

出现在第一次世界大战以后"(川田[1958])。新的学术不断在欧美诞生,理论研究首先被视为向日本介绍欧美的理论。

此外,或许实际上也没有必要回想起德富苏峰和中江兆民的论战。这是因为他们的很多观点也是20世纪欧美理论研究提出的命题。如要了解腕力世界的现实,卡尔的《二十年危机》和摩根索的《国家间政治》以其压倒性的叙述能力吸引着读者(Carr[1939];Morgenthau[1948])。而当谈到经济相互依存理论则有基欧汉和奈的著作,其源流可追溯到拉尔夫·诺曼·安吉尔(Keohane and Nye[1977];Angell[1910])时,当理查德·罗斯克兰斯(Rosecrance[1986])探讨国际社会中"贸易国家"变得重要时,很少人会想起《将来之日本》。在民主和平论上,对最新进展的理解则要探讨多伊尔、拉西特等的业绩并通常把康德的著作作为经典(Doyle[1986];Russet[1993]),没有人会提到洋学绅士君的观点如何。学习安全困境理论则应阅读赫兹、沃尔弗斯的论文(Herz[1951];Wolfers[1962])。杰维斯的论述(Jervis[1976])似也没有必要与南海先生"神经质"的记述相对照。为了理解无政府状态下的国际社会也拥有一定秩序,没有人可以超出布尔的著作(Bull[1977])。另外,如果要学习各国决策来自于异常复杂的国内政治的观点,从斯奈德等的决策过程理论读到阿利森的著作则成为标准(Snyder et al.[1962];Allison[1971])。

在此不需反复强调的是日本国际政治学特征之一的"进口学术"(田中[2000];冈部[1992])。如果谈及这一点,德富苏峰受到了斯宾塞和英国曼彻斯特学派很大的影响,而康德对洋学绅士君和平论的影响十分巨大。如果在世界上的某一处存在着以更简明严谨的理论体系表现出同样问题意识的研究业绩,那么从哪里引进的学术都是正确的。但是,像德富苏峰和中江兆民那样,在自己的头脑里将引进的素材彻底咀嚼予以概念化并展开论战,这是我们需要探讨和学习这些先辈之处。不能将这个被遗忘的论战永远遗忘下去。

三、没有发生的论战

德富苏峰和中江兆民的论战在世界性国际政治学建立之前即已独自展开,是极其专业性的国际政治学争论。在战后世界中,日本的国际政治学不可能是孤立存在的。尽管如此,日本的国际政治学并不单纯是美国国际政治学的翻版,存在着在美国国际政治学中发生却没有在日本发生的若干现象。

首先,即所谓的行为科学论战。在美国,从20世纪60年代到70年代,国际政治学不断吸收和发展行为科学的数理、数量方法。针对这一发展,出现了如布尔强烈批判并主张尊重传统方法的立场和推动行为科学的立场之间的大论战(Bull [1966];Knorr and Rosenau [1969])。通过引进行为科学的方法并没有实现解明以往无法解析之现象的梦幻般期望,尽管如此,在北美,运用数理方法和数量方法创作论文的趋势非常强劲。

与此相比,日本的确从较早阶段开始知名学者就运用数理方法和数量方法进行了各种学术尝试(卫藤 [1968];关 [1969];武者小路 [1972];冈部 [1971];猪口 [1970])。但是,在20世纪60年代到70年代的日本,实证研究几乎完全以战前外交史研究为中心。其结果是,通过对外交史料之外的资料的系统性解析进行"实证"研究的思维方式始终难以推广。此外,全共斗("全学共斗会议"的简称,1968—1969年日本各大学学生运动的联合组织,曾提出废除大学、罢课等各种主张,甚至包括武斗。——译者)世代的知识氛围存在着蔑视价值观中立性研究以及无"问题意识"研究的倾向,从研究成果的数量上看,运用数理方法和数量方法进行实证分析的学术倾向从最初开始就不像在美国那样流行。

第二个没有在日本发生的论战是围绕沃尔兹的《国际政治理论》的论战,在美国这场论战也被称为是新现实主义与新自由主义之间的论战(Waltz [1979];Keohane [1986];Baldwin [1993])。当时在美国逐渐认识到仅用数量方法并不是决定性的方法论革新，而沃尔兹的这本著作则被寄予厚望，期待其成为通过理论建构的自我革新使国际政治学实现当时流行的科学方法论，即托马斯·库恩的"范式化"的路标，从而一举成名。当时，美国的国际政治学为了自身的科学化而最为倚重的依据就是被称为"体系论"的观点，沃尔兹在这种"体系论"中，认为将体系层面的现象"还原"为子体系和单位层面的现象对于作为科学的国际政治学的发展是不利的。

其结果是，在美国发生的新现实主义与新自由主义的论战带来了引入微观经济学和博弈论等最新理论发展的副产品，从而丰富了此后的研究方法。但是，沃尔兹回避还原主义的态度也存在着导致国际政治研究不必要的单纯化，阻碍了子体系如何对体系产生影响这一方面研究的发展。

这一时期，对囚徒困境研究带来一大革新的阿克塞尔罗德的研究尽管为推动自由制度主义研究的发展做出了贡献，但这与所谓的新现实主义和新保守主义之争并无关系（Axelrod［1984］）。此外，阿克塞尔罗德关于仿真的研究也为单位层面的相互作用如何"创造"出体系层面的宏观现象指明了研究方向（Axelrod［1997］）。尽管如此，在美国的国际政治学中，仿真研究并没有成为主流。

在日本，对沃尔兹著作的关注度并不高。20世纪60年代到70年代，以在美国的研究生院接受教育的研究者为中心的一批学者尝试建构日本自身的"体系论"并探讨美国行为科学论战的局限性，在他们看来，沃尔兹提出的体系论反而存在着看起来像外行的侧面①。如果从沿袭更为传统的研究方法的现实主义者的观点看，沃尔兹的观点"丝毫感觉不到是现实世界的产物"（高坂［1996a］9）。

---

① 这些研究者一般都认为沃尔兹不值一提，并没有对沃尔兹进行具体批判的研究成果。如果从构筑独自体系论的公文俊平体系论看来，沃尔兹的体系论则相当单纯（公文［1978］）。笔者在其他文章中也曾提到，笔者曾读过被沃尔兹批评并对此进行反驳的卡普兰（Kaplan［1979］）的论文，并认为卡普兰的反驳十分充分（田中［2000］）。关于这一点还可参照山影［2001］的评论。

第三个没有发生的是以结构主义为中心的论争。结构主义之所以在美国学界受到关注，是由于质疑以行为体效用安定性为前提的合理选择的方式这一新现实主义与新自由主义论战的影响扩展到了整个学术界。其中，行为体和行为体的效用都是由社会性建构的，效用的方式也在很大程度上受到规范的影响，这一温特的研究颇具新意（Wendt［1992］［1999］）。此外，在美国20世纪80年代中期后对法国现代思想表现出的强烈关心也是原因之一。随着福柯、德里达等的作品被广为阅读，后现代主义在美国的影响日益增加，结构主义的影响扩展到了社会科学的各个领域。

但是在日本，法国现代思想的影响原本较强，如上所述，存在着贬低没有规范意识和问题意识的研究的倾向，结构主义的讨论本身并不会被视为新鲜事物。在日本学术界长期进行合理选择理论研究的学者看来，结构主义的批判可谓理所当然。即使在被称为现实主义者的高坂正尧和永井阳之助看来，价值观问题的重要性也是不言而喻的。反之，进入20世纪90年代后，在日本的法国现代思想影响力下降之时成为研究者的人看来，结构主义的思想或许倒是新鲜感十足。但是，这种情况与其说是产生了论战，目前来看更可以说只是致力于"进口"。

四、潜在的论战？

那么，第二次世界大战后的日本国际政治学就没有论战吗？当然，如第2章所述，众所周知，比起学术界被称为"现实主义者"和"理想主义者"的学者们在言论界就《日美安保条约》的是非和国际形势判断等反复进行的争论更为激烈。但是，这种"论战"中，无论哪个都不属于通过"科学性"实证支持而得出结论的类型。国际政治学者进行的论战，其作用在于向政治家和媒体舆论进行的论战提供必要的概念，并提出可支持讨论的事实认识与解释。谁能成为"主流"很大程度上是由社会性决定的。总之，只要国际政治学以现实世界政治对立中最前沿的部分为对象,并不孤立于社会,研究者参与这种政策论战并非特别不可思议之事。

作为一门学科,日本的国际政治学不存在内在的论战吗?仅从学会杂志《国际政治》等看,并没有以"论战"为名的特刊,在研究大会上,也几乎完全没有以"论战"形式组织讨论的计划。也很少见到对某篇论文进行批判的论文,而随后又出现对此进行再批判的论文,并且由其他学者参加。尽管如此,笔者认为在日本的国际政治学中潜藏着很多论战,并有三种论战将会继续下去:首先,有关历史研究特别是外交史研究与国际政治学理论之关系的论战;其次,有关地区研究与国际政治学理论之关系的论战;第三是以国家为中心的国际政治研究与超越国家的政治研究之间的论战。

这三种论战在最近日本国际政治学会会员之间的友好气氛中尤其不易发现。就实际情况而言,并不是论战,或许可以视为"分居"(日文中意为在一个生态系中,以各自的形态共同生活。——译者)。这种分居既可以从制度上被分成 A 组"历史"、B 组"地区"、C 组"理论"和 D 组"非国家行为体"等 4 个研究分会,也可以从学会日文杂志的特辑中体现,特辑存在着按照历史、地区、理论、非国家行为体这 4 个领域轮流安排的倾向。本书的第 1 卷是《作为学科的国际政治》,第 2 卷是《无国境的国际政治》,第 3 卷是《地区研究与国际政治》,第 4 卷是《历史中的国际政治》,可以说是这种"分居"的典型反映。

但是,这种看似分居形态的 4 组并存的学会体制背后,可以认为存在着三种论战或对立轴。首先,国际政治学理论与历史研究之间的论战(C 组+D 组对 A 组,即"理论"+"非国家行为体"对"历史")。其次,国际政治学理论与地区研究的论战(C 组+D 组对 B 组,即"理论"+"非国家行为体"对"地区")。第三,以国家为中心的国际政治与跨越国界的国际政治(C 组对 D 组,即"理论"对"非国家行为体")。从历史上看,日本国际政治学会原本分为历史、地区和国际政治理论三类。全面回顾战后日本国际政治学发展的日本国际政治学会资料（1979）依次由"历史研究""地区研究"和"国际政治理论研究"的顺序组成。可以认为，历史研究与理论研究之间的紧张关系催生了第一种论战，地区研究与理论研究之间的紧张关系则产生了第二种论战，而理论研究内部的紧张关系则促使重视非国家行为体的研究领域的独立，并产生了第三种论战。

　　论战的实际状态是什么样的呢？日本国际政治学会中历史研究者人数极多。日本国际政治学会中的"实证研究"往往是被用于历史研究的词语。对于历史研究者，特别是外交史研究者而言，很难想象存在外交文献之外的"实证研究"的素材。通过分析内容等运用数量数据的研究很难被视为"实证"。此外，将国际政治的历史发展以模型的形式抽象化，用历史事实记述其模型的动态，很多研究者都对这种方法存在违和感。从他们的批判角度看，没有运用实际的史料怎能形成国际政治理论？另一方面，从国际政治理论研究的角度看，在历史研究中，不明确理论前提而只依赖外交史料的实证多大程度上有助于理解国际政治的全貌？即使通过众多的个别研究理解了过去发生的事情，但这些积累起来到底能说明什么？

　　特别是就长期性的国际政治的变化，历史研究可以说明什么？历史研究者对国际政治学的理论研究者提出的长期性国际政治发展模型如何进行批判和评价？在日本，20世纪80年代后受到沃勒斯坦世界体系论和莫德尔斯基的长周期理论的影响（Wallerstein［1974］；Modelski［1987］），也陆续出现了利用霸权循环论解释长期历史、通过"社会博弈"的产生与发展解释国际关系的动态变化、通过超长期的类推对现代进行解释等研究（田中［1989］；猪口［1989］；公文［1994］；田中［1996a］）。作为历史研究者难道不应该提出更好的历史愿景吗？另外，在历史研究者中间，也出现了对东亚朝贡体系和伊斯兰教国际关系等方面的研究（浜下［1989a］；铃木［1989］）。

今后的课题是如何将这些研究与国际政治理论相结合。

地区研究与国际政治学的论战大多来自于始终在这两者之间的界限方面进行研究的学者。其典型为冈部（1992）的观点，他主张没有地区研究的国际政治研究将沦为"国际政治学学"，研究者也将只能是介绍和批评外国研究者的理论"进口商"。另一方面，有的批评认为，地区研究本身是由多种研究者形成的学术领域，确定其内在内容极为困难，但如果沉湎于非常狭小范围的"自耕田"中的分析，那么只在"自耕田"中进行的地区研究与其他学术领域有何关系？即使不是这种"自我陶醉型"的地区研究，其大多是否也只不过是介绍外国的情况？或者只是基于研究某一地区的研究者的视角进行的特殊性研究的积累？这种批评是具有可能性的。当然，如果从"作为方法的地区研究"的积极角度看，应用国际政治学理论的地区研究只是先验性或对欧美假说的机械性应用，而只有根植于地区的地区研究才能超越这种单纯性的理论，更可以使人进行"解释学"性质的正确理解。地区研究者也有必要更为积极地从事根植于地区的结构主义的实证研究。

以国家为中心的国际政治学与超越国界的国际政治学之间的论战大体是研究超越国界的各种政治现象的学者们提出问题而产生的。他们对无论是形成理论还是实证研究都经常以国家为主体的思维方式提出了异议。随着超越国家的交流的增加，政治逐渐超越国界进行，"国际"这个概念本身正变得越来越不适合。即使是"安全"的概念，只局限于国界的思维将有可能抛弃那些真正需要"安全"的人们。针对这种议论，以国家为中心进行研究的一方则持反对意见，认为即使在21世纪的今天，主权国家的作用仍日益重要，没有主权国家的"安全"，"人的安全"会突然实现吗？此外，如果更以"理论"为中心加以思考，就会提出重视跨国性关系的研究的"理论"到底为何物的疑问。

这三种论战的共同点在于"理论"与"实证"的关系。"理论"

与"实证"的关系在历史问题上的质疑产生了第一种论战,在地区问题上产生了第二种论战,在超国家关系上的质疑则产生了第三种论战。目前为止,这三种论战并不是特定学者之间的论战。此外,除了一些例外情况,也不是以文章的形式明确内容的论战。在这个意义上,国际政治学会四个组"同居"的观点符合实际情况。但是,仅仅从本丛书的目录上看,毫无疑问"分居"状态已无法维持。很多论文没有明确但却实质上参与了这些论战。此外,在一名研究者的头脑中应该总是在不断地反复发生着这三种论战。

五、本卷的目的

本卷以"作为学科的国际政治"为题,收纳了日本国际政治研究中理论性或方法论性较强的研究案例。上文指出了日本国际政治学潜在的三种论战,即国家中心与超国家之间、国际政治理论与地区研究之间、国际政治理论与历史研究之间的论战。第 1 卷正是代表上述三种论战的理论和方法论方面的论文集。但是本卷并不等同于国际政治理论的教材,所有各章都关注某个国际政治现象,作者明确提出了某种特定的研究方法、理论概念和方法,并以此为依据在回顾以往研究的基础上进行分析并展望今后的研究。

第 1 章(中西宽)梳理了自近现代欧洲国家体系成立以来国际政治现实中的变化,分析了国际政治理论是如何形成和演进的,并在全貌中理解日本国际政治学的发展。第 2 章(村田晃嗣)以在第二次世界大战后日本被称为"现实主义者"的人们的研究与言论为中心,探讨日本现实主义的发展。第 3 章(饭田敬辅)则明确将"基于制度的权力"的权力概念引入自由主义制度论,以 2005 年联合国安理会改革为案例对其有效性进行分析。第 4 章(宫冈勋)回顾了结构主义诞生的背景,在对温特总结的结构主义方法论进行进一步探讨后,论述了作为基于结构主义实证研究可能性的言论分析和内容分析。第 5 章(信田智人)针对合理行为体模型,将有关战后以美国为中心的决策过程的各种模型通过"政治过程模型"进行了再梳理,并运用这一整理后的模型对小泉外交的各种决策进行了探讨。

第 6 章 (御巫由美子) 则介绍并探讨了从性别视角重新审视国际关系论的女性主义国际关系论的发展与成果,总结了与国际政治学"主流派"的"对话"中不断得以明确的问题点,并提出了解析非欧美地区性别问题的必要性以及日本今后的研究课题。第 7 章 (神保谦) 以"非对称性威胁"的出现为契机对 21 世纪的安全概念进行了再梳理,并在对各种"非对称性威胁"对策进行分类分析的基础上,进一步探讨了地理空间与时间因素。第 8 章 (田所昌幸) 对战后日本的国际政治经济学的发展进行了细致的分析与探讨,指出了比起定型化更注重历史叙述这一日本研究的特性,并认为在今后的研究中,有必要对日益细分化的研究课题进行综合性研究。第 9 章 (川村陶子) 运用文化概念探讨了以文化为视角的国际关系研究,将此分为"作为方法的文化"与"作为对象的文化",并分别进行了探讨,评价了日本以往的研究成果并提出了今后的研究课题。第 10 章 (铃木基史) 则再次梳理了国际政治学思维方法中最典型的"战略思维",并运用博弈论分析了东北亚的经济合作协定 (EPA) 谈判和朝鲜问题,以说明博弈论的有效性。第 11 章 (山本和也) 则总结了国际政治学中使用仿真研究的发展,指出了多主体仿真模型的优点,并提出了存在国内对立的社会中极端派网络的形成模型,以此为案例论述了仿真模型的有效性。

如上所述,11 篇论文提出的国际政治学的"学科"极为多样。但是,日本的国际政治学中潜在论战的定位却很清晰,即历史研究与地区研究的"对峙"、从理论方面进行挑战,以及在不以国家为中心的国际关系现象增加的过程中寻求更具"理论"志向的研究与方法。衷心期待本卷各篇论文与其他三卷的各篇论文可以相互激发,使日本国际政治学中"分居"性的潜在论战逐步发展为公开的论战。

第一章 国际政治理论
——近代以来的历史发展

中西宽[*]

引 言

本章将叙述国际政治学的历史发展，换言之即学说史。国际政治学的学说史与其他诸如（国内的）政治学等学术领域的学说史极为不同。

首先，国际政治学（在此与"国际关系论"同义）由于与其他各相关领域的研究有颇多重合之处，因此要为其撰写全局性学说史极为困难。比如在日本，国际政治学的特点就是在其旗下以研究有关国际政治一般性命题为任务的理论领域、基于史料研究以探求历史性因果关系为目的的外交史领域（不仅是狭义的国家间外交，也包括跨国性交流在内）、就特定地区以通过各种分析方法之组合加以研究为目的的地区研究的共存状态。理论的学说史与政治理论、国际法等关系密切，外交史的学说史离开历史学背景则很难书写，地区研究本身就各有其固有背景，即使将各自的学说史并列也很难保持全体的首尾一贯性。本章将主要以国际政治理论的历史为对象，这是因为从国际上看，国际政治理论被视为与国际政治学这一学科领域是相通的，可视为国际政治学固有的领域。

---

[*] 京都大学公共政策大学院教授。

但即使将对象集中于国际政治理论，其学说史从过去到现在也不可能被描绘为直线性的。从历史上看，有关国际政治理论的著作可以分为三层同心圆。最外层的同心圆包括众多涉及与其他国家和异民族关系、战争与和平问题的著作。比如古希腊修昔底德的《伯罗奔尼撒战争史》、中国春秋时代的经典《孙子》、古印度考底利耶的《政事论》等著作、中世纪欧洲但丁的《帝制论》、伊斯兰政论家伊本·赫勒敦的《历史绪论》和日本中世纪的《平家物语》等都可作为国际政治学的古典作品，实际上现代的研究者经常对这些著作加以引用，有时这些著作本身也成为研究对象。

尽管这些著作具有深刻的洞察力，但无论是其分析方法还是分析对象，都很难说与现代国际政治学直接相关。其原因在于，这些著作均有其特有的文体和分析手法，而不属于基于客观化的概念和分析手段的研究积累这一类型的著作。其研究对象也是以与今日国际政治极为不同的政治和历史情况为前提的，不能将其内容直接照搬到现代。本章以较短篇幅介绍国际政治理论学说史，因此笔者认为不宜将这些著作收录在内。

可被称为现代国际政治理论直接源流的是第二个同心圆，即在近代欧洲出现的主要关于政治和国家的著作，其中多有对国家间关系或跨国性关系的论述。尽管这些论述包括了今天的政治理论、国际法、经济学、社会学、文化人类学等各社会科学领域的众多谱系，但在利用一定程度的自觉性方法论和客观定义的基本概念进行分析这一点上，与今天的学科具有相通之处。另外，其对象是以今日国际政治中之制度模型的欧洲国家体系为前提的，其间使用的各种概念及各项制度为今天的世界提供了共同语言。在这个意义上，近代欧洲有关国家间关系和跨国性关系的著作直至今日仍未丧失其有效性。

但是，有意识地将国家间关系和跨国性关系作为固有的政治空间加以写作并出版著作则是很久以后的事情了。明确这种意识、建立作为一个单独研究领域的国际政治学学科是在第一次世界大战前后,从那时直到今天,基于对国际政治"学"的自觉而完成的著作,组成了学说史上最狭小的第三个同心圆。

与其他学科领域相比,国际政治学的特殊性在于从大同心圆向小同心圆的发展过程不是直线性的,而是对前时代的研究成果反复进行再评价。20世纪60年代英国的欣斯利曾辛辣地讽刺道,第一次世界大战后对国际联盟的尝试只不过是17、18世纪欧洲曾提出的建议的翻版,不了解以前的建议的历史背景、忽视随后各时代对其的批评就对其称赞有加实乃"愚蠢",欣斯利的批判对于自觉意识为学科的国际政治学并没有充分探讨以前的著作就将其运用于实践,遇到问题才终于回顾过去的这一发展历程可谓一针见血(Hinsley[1963] 3-4)。从近年来涉及第二个同心圆以及第一个同心圆部分的研究十分活跃的现象也可以看出,如果仅将研究焦点集中于第三个同心圆,那么仅将其作为国际政治学的学说史是不正确的。

但是,第一个同心圆的对象太过广泛,很遗憾将不在本章涉及的范围之内(有关这一方面的论述参加 Bozeman [1994])。本章将以第二个同心圆为中心进行叙述,而考虑到本丛书其他论文将涉及第三个同心圆的内容,故对此予以简述。

一、欧洲近代国际体系与国际政治理论

欧洲近代国家体系从16、17世纪起逐步建立,到20世纪前半期演变为现在的世界性国家体系,是欧洲多个主权国家共存的体系。叙述这一时代的国际政治理论大致可分为按照时代区分和按照理论系谱区分的方法。比如克努成的著作为前者,怀特的著作则为后者,而帕金森则采用了两者兼顾的形式(Knutsen [1997];Wight [1991];パーキンソン [1991])。本章将按照主权国家的形成期(16、17世纪)、主权国家体系的成型期(18世纪)、意识形态的时代(19世纪)等三个时期,运用怀特的三种分类论述各时期各学派的特点。

主权国家的产生与国际政治理论的形成——16、17世纪

在16、17世纪的欧洲，一些政论家将明确划定区域、对内享有最高权力、对外享有独立主权的近代国家概念予以理论化。他们主要关心对国家和主权这些政治体的探讨，但这些探讨的前提是多个主权国家同时存在于被称为"基督教世界"的欧洲，因此他们的言论也有涉及主权国家间相互关系以及基督教世界全体性关系的内容。

欧洲近现代政治划时代性的发展是16世纪前半期佛罗伦萨外交家马基雅弗利撰写的政治论。他通过《君主论》等著作提出了不以罗马教会及神圣罗马帝国皇帝形骸化的权威，而从行使政治权力（virtú）的视角出发的方法论。马基雅弗利想定的国家是城市国家，此外，他的逻辑中尽管缺乏内政与外交的明确划分，但作为政治正统性的根据不是道德与历史而是提供由权力支持的秩序，这一主张可谓一大革命。马基雅弗利缔造的不以道德信念和意识形态，而以权力观察政治的观点在今天被称为现实主义，并成为国际政治学的基本流派之一。马基雅弗利的言论很早以来就被认为是非道德性的，并因此受到责难，但其主张的核心部分却以"国家理性"这一概念被继承了下来（マイネッケ［1960］）。

马基雅弗利之后约一个世纪中的欧洲处于宗教改革带来的新教教派与旧教教派之间惨烈的宗教战争时代。这期间，作为政治秩序的主角并获得决定性地位的是对一定区域进行军事统治的领邦君主，他们通过主权概念将其统治权正当化，并试图借此平息宗教战争和内乱。博丹、霍布斯、斯宾塞、莱布尼茨等政论家尝试探讨了主权的法与理论性构成。其中霍布斯从理论上探讨了拥有理性与感情的人类集团的活动方式，主张人类的自然状态是"万人就是万匹狼"，只有通过契约在主权下选择服从并借此获得安全，人们才开始获得实质性的自由。霍布斯本人并没有对这一逻辑是否适用于主权国家间的关系进行讨论，但源自行为体之间由于不可能相互理解而产生

的恐惧与斗争的这一逻辑在20世纪被命名为"霍布斯的恐惧",并与马基雅弗利的权力观一同成为现实主义的知识基础之一(Knutsen[1997] Chapter 2)。

对这一时期逐步稳定下来的多个主权国家并存状况进行研究的主要是法学学者。继承中世纪经院哲学传统的西班牙耶稣会的苏亚雷斯(Francisco Suárez)引用罗马帝国实行的万民法的概念,赋予了国家间契约以法律意义。而荷兰的格劳秀斯在接受苏亚雷斯观点的同时,在1625年出版的《战争与和平法》中,作为"国家间的意志法",确定了将主权国家作为当事者的范畴法,从而构筑了国际法理论的基础(パーキンソン[1991] 28-32)。格劳秀斯的观点在承认主权国家独立性的同时,也尝试寻求赋予国家间相互关系以一定的秩序和避免武力的机制。怀特将这一系谱称为格劳秀斯性质的合理主义传统(Wight[1991])。

随着通过法律为主权国家关系建立秩序的进一步发展,通过构想承认多个主权国家并存,并召集这些国家代表举行会议的会议制度来回避战争并构建持久和平的"和平计划"也被提了出来。17世纪前半期法国人艾默里·克吕塞(Emeric Cruce)和法国外交官苏利(Sully)、18世纪前后贵格会教徒威廉·佩恩(William Penn)和贝勒斯(John Bellers)以及法国僧侣圣皮埃尔等将这一提案公之于世。他们的计划从和平中寻求价值,提出了通过国际组织实现和平构想,并指出和平带来经济繁荣与文化提升这一点,可谓现代意义上的和平理论。为了实现这些计划就有必要对主权国家的独立性进行实质性限制,这一点则属于怀特所称的革命主义传统。但为了应对破坏和平者最终又期待强势国王的实力,在这一点上,通过国际组织解决主权国家间关系的构想存在着根本性的矛盾(Hinsley[1963] Chapter 1, 2)。

更值得一提的是,在通过主权国家的确立形成国际政治理论主流之各流派源流的同时,欧洲将世界分为欧洲世界与非欧洲世界,并自诩为文明世界，将后者视为野蛮这一观点也已被一般化。而 16 世纪这种区分尚不明显，在西班牙征服美洲大陆的道德正当性问题上，16 世纪中期的西班牙，除了将原住民视为野蛮而为了文明对征服持肯定态度的塞普尔韦达（Juan Ginés de Sepúlveda）外，还有否定武力征服的正当性，主张承认原住民的权利并说服西班牙国王加以保护的拉斯·卡萨斯（Bartolomé de Las Casas），以及坚持反对武力征服、认为应通过贸易和传道使原住民文明化的法学者维多利亚（Francisco de Victoria）的合理主义立场（Clark and Neumann ［1996］Chapter 5）。此外，克吕塞的和平论也将土耳其加入了国际体系的成员（Hinsley ［1963］ 20-21）。这些立场在以基督教和欧洲文明优越性为前提的同时，也说明在这一时期与非欧洲世界的区分还是相对性的。但是 17 世纪形成了由主权国家组成的欧洲世界后，欧洲将无法构成主权国家的地区定性为与欧洲不同的野蛮人之地，尽管也承认后者所谓的半开化或未开化的阶层性，但基本上将其作为殖民地的行政问题而置于国际问题之外，这种思维一直持续到 19 世纪（Clark and Neumann ［1996］ 111；Koskenniemi ［2001］ 127-136）。

主权国家体系的稳固——18 世纪

进入 18 世纪后，欧洲主权国家的国内体制基本确立，开始对国际关系表现出更大的关心。在这个世纪中，尽管战争频繁发生，但通常以围绕一城一池（城堡）的攻防为主，即使是会战，一年中也只开战四五个月。作为国家权力象征的军队与一般社会隔绝，成为只有主权国家才关心的事情。按照迈克尔·霍华德的比喻，战争这匹狼变成了"贵宾犬"（poodle）（Michael Howard ［1981］ 106-107）。而对欧洲动向产生影响的"大国"基本上固定于英国、法国、奥地利、普鲁士和俄罗斯等国。

欧洲的政治稳定带来了物质和文化上的繁荣。其结果是，在这个世纪中叶，基督教的社会影响力下降，世俗主义已被普遍接受。

与此相伴，相信人类理性与进步的启蒙思想出现，在涌现出各种有关政治与社会的理论的过程中，国家间关系与跨国关系也得到了更多的考察。

而其中成为核心的就是怀特所称的合理主义传统。政治理论家们通过对"好的国家"的观察，开始认为不能无视国家对外关系这一侧面。最为典型地象征这一时代合理主义传统的就是"势力均衡"（balance of power）的概念。一般认为，这个概念17世纪末已传遍欧洲，而18世纪中，它逐步被视为欧洲各国共有的某种理念或者行动准则。西班牙王位继承战争后的《乌得勒支和约》（1713年）首次在条约上提到了"势力均衡"。其后法国的孟德斯鸠对各种因素间的均衡给予了积极评价，英国的大卫·休谟在《势力均衡》一文中将其称为各国之间的自然原理，而埃德蒙·伯克（Edmund Burke）则将势力均衡称为"欧洲的共同法"。

国际法学者瓦特尔（Emer de Vattel）将当时的欧洲视为由独立国家构成的国际社会，并对势力均衡进行了定义：

> 欧洲通过其地区各国国民的相互关系与利益正在结为一体。……主权国家经常关心全体地区的事实以及常驻使节的习惯化和持续性谈判使欧洲变成了某种共和国，其成员在相互独立的同时通过共同利益相结合，为了维持秩序与保持独立进行合作。这就产生了众所周知的势力均衡原则、即任何国家对其他国家都不具备获得完全支配权和压倒性优势的方法的状态。

这段文字明确描述了这一时期势力均衡原则在反映现实的同时也具备了一定规范性的事实。这种看法在拿破仑战争后建立维也纳体制时也被欧洲主要的政治家所认同。主导维也纳会议的弗雷德里希·根茨的著述中也说明了这一点（Hinsley［1963］160-167；高坂［1978］第一章；ブル［2000］第五章；Clark and Neumann［1996］

Chapter 10)。

在这种合理主义传统的延长线上,出现了如孟德斯鸠所指出的将国内政治体制与对和平或战争的偏好相结合的探讨,以及分析文明社会中贸易关系与分工的发展,并主张过程将促进和平的亚当·斯密的政治经济学(Knutsen [1997] 124,139-140)。另一方面,对势力均衡概念局限性的研究在这一时期即已出现。德国的尤斯蒂(Johann Heinrich Gottlob Justi)在精密分析的基础上,指出如果无法对"势力"进行严格的定义,那么势力均衡只不过是"幻想"(chimera)。埃德蒙·伯克也承认势力均衡并不意味着和平。可以说这一点也成为了19世纪初期维也纳体制建立时在势力均衡概念基础上强调欧洲协调的知识背景(パーキンソン [1991] 45-47、50-51)。

对后世产生理论影响的合理主义传统进行透彻深刻研究的两位哲学家卢梭和康德的著作十分重要。卢梭认为文明使人类堕落,商业导致了社会不平等,国家间的战争状态则助长了这些恶德。尽管卢梭提出了通过人民自我统治的共和主义来应对文明的堕落,通过建立以农业为中心的自给自足社会应对商业社会的主张,但在如何解决战争的问题上,却只留下了对圣皮埃尔永久和平论予以部分肯定等内容,并没有做出明确的解答。但是这一未完的思索却深刻地反映了对于生存于文明社会的个人而言,尽管自己治理国家是最理想的方式,但却要遭受国家间战争这一不幸的矛盾(Clark and Neumann [1996] Chapter 6)。

康德在学习卢梭的同时表达了与卢梭相反的立场。他认为文明的进步会提升人性,交流的扩大也增加了共享普世价值的可能性。他认为"永久和平论"等并不是要废除国家间关系,而是构思了通过改变关系的性质来避免卢梭面临的两难的草图。即国家采用反映自由人民意志的共和制,各国的法律成为自由国家联合的基础,世界公民法在受到普世性且友好等方面各种条件限制的状态下最为理想且最终有可能实现,即使需要包括众多战争在内的较长时期,人类也最终可以实现这一理想（Clark and Neumann［1996］Chapter 4）。

卢梭和康德在深刻理解合理主义传统的同时，并不满足于此，而是尝试提出结合现实主义传统与革命主义传统的国际政治理论。尽管没有充分完成，但其论述对其后结构现实主义理论与民主和平论的启迪也足以使我们叹服他们的洞察力。

在现实政治中，欧洲以外的地区发生了重大变动。美国独立战争成为依靠权力进行革命并在非欧洲世界建立主权国家的范例。其后，美洲地区在19世纪通过战争或谈判摆脱了欧洲统治，相继成立多个获得独立的主权国家。几乎所有这些国家在整个19世纪都没有参加欧洲的势力均衡体系，在将势力均衡批判为旧世界弊端的同时始终保持着与欧洲在贸易和文化上的强力关系（Bull and Watson［1984］Chapter 9）。但是这些主权国家与欧洲不同的行为模式并没有产生相应的国际政治理论。

意识形态的时代——19世纪

拿破仑战争后的19世纪是"主义"（-ism）的时代，诞生了"自由主义""保守主义""社会主义"等词语，通过对以往的政治、法律和道德性论述进行系统考察，呈现了从社会现象中寻找与自然科学同样的法则性和规则性并将发现的知识运用于社会变革的趋势。

在英国，以扩大个人自由为最重要目标的自由主义性质的进步主义占据了支配地位，杰里米·边沁（Jeremy Bentham）因发明了"国际"（international）一词而被众人所知，他在18世纪末撰写的《普遍永恒的和平计划》一文中表示，各国利益本来是可以调和的，裁军、放弃殖民地和推进自由贸易将导致真正的利益，并呼吁设立通过"舆论的审判"而非权力进行决定的多国议会以及废除秘密外交。随后的自由贸易主义者科布登（Richard Cobden）也在否定势力均衡论，倡导自由贸易的同时反对攫取殖民地和战争（パーキンソン［1991］95-97；Knutsen［1997］150-152）。

在法国，社会主义的出现与合作思想占据了重要位置。圣西门在 19 世纪初期的《欧洲社会的重组》一文中提出了通过由欧洲最杰出知识分子组成的评议会以及由产业界人士组成的组织，有望实现欧洲的联邦制统一的构想。可以看到，欧洲传统的政治统一愿景通过功能主义得以复活（パーキンソン［1991］103-104）。受到自由主义影响的英国和美国的和平运动具有全球性志向以及以市场取代政治的思想。与此相比，欧洲大陆的和平运动则以欧洲为对象，具有在以专家替代政治为基础实现一体化的倾向（Hinseley［1963］Chapter 6）。

与英法的意识形态向否定主权国家体系的革命主义传统靠拢相比，在德国，以基于民族主义的民族国家为单位的现实主义传统却再次走向了定型化。拿破仑战争刺激了德国的民族意识，构建统一民族国家成为目标。代表这一趋势的是将国家视为国民意志具现化的黑格尔。黑格尔认为国家是对个人进行道德完善的实体，国家谋生存、求权力扩张本身属于符合逻辑的行为。另一方面黑格尔也相信世界会统一在终极理性之下，并信奉国家斗争也只是到达上述普遍理性的"理性的狡计"过程的历史哲学。可以说，黑格尔不断在国家拥有地球上最高的逻辑性和人类精神将最终实现世界统一的愿望这种二律背反中动摇（マイネッケ［1960］第 13 章；パーキンソン［1991］73-79）。对世界精神统一的黑格尔提出批判的历史学家兰克写有《论列强》等著作，他将与其他国家不断重复相互作用的国家活动所拥有的、只限一次的历史固有性理解为其国民"道德能量"的流露。这一理论以与黑格尔不同的形式对权力和道德的矛盾进行扬弃，再次肯定了欧洲的势力均衡体制（マイネッケ［1960］第 15 章）。此外，军事家克劳塞维茨在《战争论》中分析了民族国家的战争哲学，经济学家弗里德里希·李斯特（Friedrich List）指出自由主义经济学的政治风险，强调了独立自主发展国民经济的必要性（Knutsen［1997］173-174）。

这些流派将19世纪中期德国的政治意识形态视为现象，并出现了排除这些流派而彻底贯彻权力政治的观念。这一立场被称为"现实政治"（realpolitik），并成为此后"现实主义"一词的语源。普鲁士首相俾斯麦重视这一原则，在通过战争实现了德国统一后，将德国作为欧洲势力均衡的平衡者和欧洲会议外交的中心开展对外活动（マイネッケ［1960］第16章；Hinsley［1963］Chapter 11）。

在同一时期，欧洲各种流派中产生了普遍革命主义性质的马克思主义。在黑格尔哲学、社会主义思想和自由主义经济学基础之上，马克思主张最为本质的不是国家而是阶级，只有全世界的阶级斗争才是推动历史进步的主角。但是马克思主义在已经存在权力的国家获取权力与全世界革命之间的关系上缺乏明确的分析，因此作为国际政治理论，马克思主义有其局限（パーキンソン［1991］87-91）。

从边沁到马克思，19世纪的大多数理论家都将欧洲文明的优越性视为理所当然。比如在国际法领域，以霍内斯·洛里默（George Horace Lorimer）为代表，按照文明、野蛮、未开化进行阶层划分并适用不同法律的方法极为普遍。进而这种意识与进步主义历史意识相结合出现了文明发展阶段的学说，并产生了19世纪70年代伯内特·泰勒（Edward Burnett Tylor）的《原始文化》和亨利·摩尔根（Lewis Henry Morgan）的《古代社会》等将未开化社会状态作为文明社会的古代形态进行的研究，这些研究也是当今文化人类学的源流。

19世纪末，随着工业革命的渗透，欧洲的国际体系走向终结，而其变化方向多种多样。首先，跨国性相互依存关系急速发展，与此相伴随的贸易协定与国际组织也急速增加。其次，国家行政能力扩大，对社会的干预加深，同时军事力也得到了加强。第三，欧洲与非欧洲之间存在的区别变弱，在欧洲向非欧洲世界扩展的同时，美国和日本作为主角在20世纪的转型期中登上了国际政治的舞台。

但是，理论分析却没有跟上这种实际变化。跨国关系的增加强化了自由主义性进步主义以及功能主义性合作理论的说服力。英国的诺曼·安吉尔（Ralph Norman Angell）在第一次世界大战期间写成的《大幻想》中，他提出的工业国家间战争已无法获取经济利益而不再成为合理性选择的观点引起了极大的关注。同一时期霍布森（John Atkinson Hobson）出版了批判"帝国主义"的著作，认为攫取殖民地不具备经济合理性（ロング/ウィルソン（David Long & Peter Wilson）［2002］第 5 章、第 7 章）。国家权力的扩大与在非欧洲世界政治统治的扩张，对麦金德和马汉等的地缘政治学影响重大（カーン（Stephen Kern）［1993］下，第 3 章）。在国际法领域，随着跨国关系的增加，在海牙召开的两次和平会议（1899、1907 年）可谓一个巅峰。在国际法与国内法的关系、国际法的法典化以及仲裁审判条约等问题上，尽管存在着国际法是通过主权国家达成共识进行协调的手段，还是应以国际社会的组织化为目的的不同观点，但在这些观点尚在论战之中时就爆发了第一次世界大战（Hinsley［1963］Chapter 7；Schmidt［1998］Chapter 2-4；スガナミ（Hidemi Suganami）［1994］第 4 章）。尽管没有实现理论化，但对日后具有重要意义的变化就是由于日本的崛起，作为国际法前提的文明概念得以修正，开始制定具备一定的遵守规范能力的国家被视为文明国家的"文明标准"（Gong［1984］）。尽管在这一时期，第一次世界大战爆发后面世的伦纳德·伍尔夫（Leonard Sidney Woolf）的《国际治理论》、列宁的《帝国主义论》和斯宾格勒（Oswald Arnold Gottfried Spengler）的《西方的没落》等著作的萌芽均已出现，但即使包括这些在内，可以说国际政治理论也没有取得革命性的进展。

二、国际政治学的自觉性发展——第一次世界大战后

现实主义对"理想主义"的批判——战争期间

第一次世界大战对世界特别是欧洲人造成了难以估量的冲击。这种冲击成为建立国际政治学这一学科的契机，希望借此解决避免

同样的大战并追求旨在实现"和平"的方法这一实践性的课题。尽管美国在第一次世界大战前就出现了以"国际政治"为名的讲座，但明确以战争与和平问题作为主题的讲座最早却是由威尔士名门望族戴维斯捐资于1919年在威尔士大学设立的以促进和平为目的的国际政治研究讲座（后来该讲座为纪念国联创始者伍德罗·威尔逊命名为"威尔逊讲座"）（川田［1996］；山本［2001］；ロング/ウィルソン（David Long & Peter Wilson）［2002］第3章）。

　　但是国际政治学作为一个研究领域得到认可则主要在英美两国。其最初的内容主要是基于世纪之交在大西洋两岸增强的自由主义性质的和平运动的延续。第一次世界大战带来的变化是，在理论上使和平解决冲突、裁军和对发动侵略的国家采取强制措施成为可能的国际联盟变为现实。第一次世界大战后讨论的主流问题是通过加强国联和国际法建构没有战争的国际秩序。狄更生（Goldsworthy Lowes Dickinson）和布莱斯（James Bryce）等人在提出国际政治的本质是无政府状态这一概念后，将克服这一状态视为国际政治学的主题。昆西·赖特（Q. Wright）则将国际法作为改善国际政治的手段并极力推动战争的违法化，而齐默恩（Alfred Zimmern，前文提到的威尔逊讲座的第一任教授，随后也曾在牛津大学执教）在1936年的《国际联盟与法的支配》中对比了第一次世界大战前的旧外交与国联下的国际关系，认为国联促使权力政治向责任政治转变，至少大国的政策不得不以逐步应对这种转变为前提，从而肯定了国联的意义（Schmidt［1998］Chapter, 5, 6；ロング/ウィルソン（David Long & Peter Wilson）［2002］第4章；パーキンソン［1991］163-166；篠原［2003］）。

　　第二次世界大战爆发前夕，将这些潮流总结为乌托邦主义或理想主义而加以批判，并以现实主义的国际政治分析方法取而代之的是 E. H. 卡尔的《二十年危机》。卡尔的批判指出，第一次世界大战后的国联和呼吁改善国际法的国际政治论只不过是信奉利益调和、大众舆论的正确性和人类理性的19世纪英国自由主义的翻版。卡尔认为在主张理念的背后存在着权力政治的作用，并在此基础上提出应将权力与道义相结合（Carr［2001］）。

卡尔建立了理想主义对现实主义的理论对立构图，这一点的确影响深远。但他的这一观点在早先就已被一些理论家所提及。神学家尼布尔对道义与权力进行了区别，受教于以梅里亚姆（Charles Edward Merriam）为首的芝加哥学派政治学的舒曼（Frederick Schumann）也对以权力为基轴的西方国家体系进行了分析。摩根索则对德国学者汉斯·凯尔森（Hans Kelsen）将法与现实进行严格区分、且法本身即具备妥当性的纯粹法学进行了批判，主张应理解权力的实际状态（Schmidt［1998］211-225；Koskenniemi［2001］Chapter6）。可以认为，他们受到19世纪以德国为中心发展而来的德国国家学的影响，并将德国流派的传统带进了英美的自由主义世界。

值得关注的是，他们并没有采取向权力政治一边倒的立场，而都在尝试寻找道义与权力的妥协点。乍一看来，这或许类似于怀特的分类，他发现位于现实主义传统与革命主义传统中间位置的合理主义传统。但是，与合理主义传统强烈依赖于欧洲这一社会背景相比，在全球性国际政治背景中国家权力与普遍性道义如何可以协调，这一点并不明确。第二次世界大战结束后不久出版的《二十年危机（第二版）》在美国受到高度肯定，与摩根索的《国家间政治》一同成为国际政治学的标准教材。但与此相比，在英国构建了国际社会论基础的怀特和巴特菲尔德（Herbert Butterfield）成立的英国国际关系理论委员会却没有邀请卡尔入会。卡尔则对国际社会论进行了酷评，认为国际社会论是"过去400年西洋世界少数但却颇具影响力的人们的产物"，并将随着这些人物的衰落而最终消失（Carr［2001］introduction by Michael Cox）。

如果我们考虑到摩根索对卡尔克服民族主义的理论和米特兰尼（David Mitrany）的功能一体化理论的高度肯定，或许可以说现实主义者对以跨国关系为基础的连带主义性的地区主义在权力与道义之间发挥中介作用抱着某种程度的期待。但是在美国功能主义论没有成为主流，而通过摩根索、斯皮克曼（Nicholas John Spykman）、施瓦岑贝格尔（Schwarzenberger）、赫茨（John Herman Herz）、沃尔弗斯（Arnold Wolfers）等的研究，以及凯南、李普曼等论者之手，现实主义在20世纪50年代成了主导性的国际政治理论（长井［1997］；パーキンソン［1991］）。

在英美两国之外，法国社会学家阿隆的全面性分析、北欧的约翰·加尔通（Johan Galtung）独特的和平研究等都各具特色，但都没有在国际政治学中引起广泛响应。此外，这一时期国际政治中苏联和共产主义运动尽管对现实政治产生了不可忽视的影响，但马克思主义对国际政治理论的影响并不大（冈部［1992］）。冷战初期马克思主义在知识上的影响方面，在中国、朝鲜、越南、拉丁美洲等地区通过革命活动实践总结出的著作占主要地位。

在美国的扎根与论战

从欧洲流亡到美国和受到欧洲大陆国家理论影响的现实主义国际政治理论在美国扎根之后，在国际政治理论研究方面，美国与其他国家相比处于压倒性的优势地位。其后发展的详细情况将在本丛书的其他有关章节中有所涉及，本章仅进行简单介绍（详细参见山本［2000］、［2001］）。

在20世纪50年代到60年代的美国，从20世纪初叶就开始不断积累的社会科学理论对以摩根索为代表的现实主义理论进行挑战成为主要议题。20年代，美国以梅里亚姆率领的芝加哥学派为中心，出现了通过计量化将政治学科学化的动向，而怀特将这一学派的背景由战前传承至战后。起步于国际法研究的怀特在30年代致力于战争的实证性研究，于1942年完成了巨著《战争研究》。第二次世界大战后，怀特尽管与摩根索同在芝加哥大学，但却与多伊奇（Karl

Wolfgang Deutsch)、辛格（David J. Singer）、卡普兰等一同致力于将计量数据的积累和系统论引入国际政治（参照 *Journal of Conflict Resolution*，1970 年怀特追悼特辑；Whiting［1970］）。

将计量方法引入政治学作为"行为主义革命"流行一时。这一研究也对国际政治分析中的现实主义理论逻辑和抽象性倾向提出批评，从而推动了外交决策过程论和国际一体化理论的研究。此外，运用博弈理论的数理性方法被运用于以冷战中美苏两极模型为前提的战略研究和裁军等为课题的和平研究，谢林的沟通理论、亚历山大·乔治（Alexander L. George）等的危机管理理论、拉波波特（Anatol Rapoport）、博尔丁（Kenneth Ewart Boulding）等的冲突理论也应运而生。此外，也促进了从冷战视角对发展中国家的研究，地区研究也得以发展。但在美国，这些研究与国际政治学并没有形成积极的融合。

另一方面，在英国，与美国的科学主义相抗衡、以传统的欧洲国际秩序为前提的国际社会论成为主流。其代表人物布尔力主传统主义，并于 20 世纪 60 年代末发表了针对科学主义的论文，从而引发了论战（Knorr and Rosenau［1969］）。但此后的一段时期内，美国与英国的国际政治学却走上了各自的道路。

20 世纪 70 年代，受到越南战争后遗症和布雷顿森林体系动摇的影响，以相互依存理论为中心的国际政治经济学取得了迅速发展。受到马克思主义影响的从属理论，进一步运用布罗代尔（Fernand Braudel）等宏观历史社会科学的沃勒斯坦的世界体系论也对国际政治理论产生了影响。但国际政治学的主流是由赫希曼（Albert Otto Hirschman）、奥兰·杨（Oran Young）、奈、基欧汉、克拉斯纳（Stephen D. Krasner）等主导的自由主义谱系的议论。他们的研究产生了制度论和霸权稳定论等理论。而沃尔兹则将国际体系论进一步精致化，构筑了以新古典派经济学为模型的结构现实主义。80 年代还出现了以国家合理性为前提、在国家间合作可能性问题上的新自由主义与新现实主义之间的论战。

但是20世纪80年代后半期,欧洲大陆哲学思潮的批判理论和后现代主义思想对美国学界产生了影响。特别是冷战在80年代末和90年代初的突然结束极大地冲击了美国的国际政治学。英国学派的国际社会论在美国重新受到关注,同时,提倡重视规范、认同、观念等主观性、背景性因素的结构主义成为一大潮流,而对古典国际政治理论的再探讨也在发展。

结语——日本的国际政治学发展

由于本书各卷都会有对日本国际政治学发展的详细论述,在此笔者将简单对此进行概括。

近现代日本对国际关系的理论考察始于幕末明治时期对西方国际法的接受。介绍国际法学体系的书籍在较早阶段就得到了翻译,使日本了解了19世纪欧洲国际法的大致情况(一又[1973])。但是对国际法的关心比起理论更是源于实际需要,对于被迫与西方各国进行交往的日本领导者而言,熟悉西方国际法、通过国际法将本国立场正当化是在与西方列强外交关系中的必要手段。这一点与长期在理论上关注应何时、以何种根据限制主权国家行动的欧洲国际法存在明显不同。

尽管在19世纪80年代推行内阁制度和制定宪法等日本近现代国家体系的建立与发展尚未形成体系,但以当时欧洲国际政治论为基础的日本外交论已进入人们的视野。本卷序章中提到的德富苏峰的《将来之日本》受到英国斯宾塞的影响,明确将现实主义和理想主义进行了对比,而中江兆民的《三醉人经纶问答》则虚拟了东洋豪杰、洋学绅士和南海先生三个人物的座谈,以几乎完全符合怀特的现实主义、革命主义、合理主义的分类法对国际政治论进行了明快的解读。但是这些外交论零星且分散,并没有对学界产生影响,而德富与中江的上述作品也长期被人们所遗忘。

在对近代法和政治制度的吸收告一段落后，日本通过甲午战争和日俄战争确立了国际政治参与者的地位。但是这反而使日本的国际政治研究疏远了学术，而成为了政治和技术性问题。日本在甲午战争和日俄战争中表现出遵守国际法的意愿，并在明治末期成为达到文明标准的主权国家，但对国际法的纯理论方面却少有关心。日本在甲午战争和日俄战争期间出现了外交史研究（五百旗头［1997］）。学习德国国家学的有贺长雄等开始了这方面的研究，但当时的日本外交史研究被视为主权国家实施对外政策的必要前提，具有浓厚的实用主义性质。1898年创办了《外交时报》，1902年出版了1897年建立的国际法学会的学会期刊《国际法杂志》，后者于1919年改名为《国际法外交杂志》。

第一次世界大战后，来自以英美为中心诞生的国际政治学的影响和在日本社会现象开始成为研究对象的情况相重合，人们开始将国际政治学作为一个学科领域。信夫纯平和神川彦松出版了将政治背景与以往国际法学与外交史学相结合的著作，同时政治学家蜡山政道受到英美等国多元国家论和功能主义的影响，提出了基于不仅限于国家关系，还应重视国际组织和制度的国际政治概念。此外，与英美相比，殖民政策学、社会主义、马克思主义的影响较大，这也是这一时期日本的特点。新渡户稻造、泉哲、矢内原忠雄等属于前者，大山郁夫、平野义太郎等则属于后者，但这些思想都具有相对于以国家为中心更重视分析社会因素的倾向，因此在这一点上仍是这一时期"社会"科学的潮流。

但是这种潮流却被卷入到了从20世纪30年代"九一八事变"到与英美开战这一期间的日本对外政策之中。围绕着如何理解日本退出国联和日本拼造地区势力圈这一问题，从京都学派的哲学学者到马克思主义者进行了广泛的争论，但以理论分析追随政治现实的形式、指出在经济大恐慌和国联功能不全的情况下英美自由主义的局限性的同时，希望以日本主导的东亚地区秩序克服以国家为中心的政治秩序的理想主义论者为多（竹中［1995b］；酒井哲哉［2007］；猪口［2007］）。与同一时期英美等国自由主义幻想破灭导致正视国家与权力的现实主义研究的兴起相对照，日本的发展引人深思。

第二次世界大战日本战败使得战前的知识谱系出现了中断，对国际政治的关心焦点从国际秩序论转向了和平论。最大的中断是政治学领域，民主主义、公民社会等对内政的关心加强，而国际政治则以相信舆论、重视裁军、否定权力政治这一两次大战期间英美的自由主义理论和启蒙性公民社会理论为中心。国际法学以对联合国秩序的分析为中心，战后初期有关占领与讲和、安全等研究曾盛行一时，但随着冷战的发展出现了法秩序与政治秩序之间的分裂，国际法的主要关心转向对法秩序的规范性分析，而与国际政治学互不关心的状态持续至今（大沼［2001］）。殖民政策理论的一部分转向国际经济理论，另一部分则转向了亚洲的地区研究（竹中［1995a］；日本国际政治学会［1979］；川田［1996］）。

20世纪50年代在日本对国际政治学制度化最为关心的是研究外交史的学者。植田捷雄等以日本外交学会的名义进行了有关太平洋战争爆发与结束的研究，但与其说是学会更可谓研究团队（日本外交学会［1953］、［1958］）。而神川彦松、田中直吉、细谷千博等对外务省、防卫厅保存的资料进行解读，同时寻求从国际法学中独立出来，并在美国国际政治学发展的刺激下推动了1956年日本国际政治学会的创建。此外，神川和田中与外务省合作于1960年建立了日本国际问题研究所（大畑［1986］；田中直吉先生追悼文集刊行委员会［1997］；日本国际政治学会简报委员会［2003］）。

20世纪60年代外交史研究者在不断吸收美国发展的决策过程分析方法的同时，展开了"走向太平洋战争之路"和"日美关系史"的联合研究。同时，这一时期针对丸山真男、久野收和坂本义和等继承战后和平主义的研究活动，吸收英美的现实主义理论、承认权力政治存在的高坂正尧、永井阳之助、神谷不二、卫藤沈吉等从现实主义的角度提出了批判（日本国际政治学会［1979］；Asada［1988］［1989］）。但是，这两者之间并没有发生论战，国际政治学者中持反现实主义立场的关宽治、武者小路公秀引入了重视美国政治科学方法的和平研究方法，并于1973年成立了日本和平学会。

20世纪70年代，日本的国际政治学从外交史占据优势的局面变成了历史研究、理论研究和地区研究并存的体制（山影［2001］）。这一结构基本上延续至今（石川、大芝［1992］；毛里［1997］）。其中理论研究在受到美国强烈影响的同时也关注着英国和欧洲大陆的相关研究，并不存在占统治地位的学派。从积极的方面看，这种状况可以说明日本学术界的视野广泛和多样性。但是不可否认，日本的国际政治研究并没有对欧美形成国际政治理论基础的法、政治、经济、社会、文化等相关理论进行充分咀嚼，而只关注与国际政治有关部分的"国际政治学学"（冈部达味），存在着"双重进口学术"（田中明彦）的侧面，这种不足也反映在重视历史研究和地区研究的学术倾向这一日本的学术背景之中（冈部［1992］；田中［2000］），由此笔者也再次期待建构基于日本历史和文化背景之上的国际政治的理论基础。

第二章 现实主义
——日本的特点

村田晃嗣*

引 言

本章的目的在于探讨以下三点。第一，战后日本的国际政治学如何接受起源于欧美的现实主义。第二，其接受与变化的过程如何与日本的国际政治经验相互作用。第三，其中日本的特点是什么[①]。

为此，首先必须对欧美国际政治学对现实主义的定义和意义进行研究，对此有数量庞大的文献与成果。[②] 笔者将从中介绍一些词典的定义与说明。

企鹅出版社出版的《国际关系词典》是标准的综合性英文词典之一，笔者将首先介绍这本词典的说明（Evans and Newnham［1998］465-467）。

现实主义就是"有时被称为'势力均衡'学派，自从马基雅弗利对这一主题进行深刻思考以来，政治性的现实主义以各种各样的形式支配着与国际关系有关的学术思考以及决策者与外交官的

---

* 同志社大学法学部（法学系）教授。
① 同样的尝试还可参见大畠［1979］。
② 本章写作之际主要参考文献包括迈克尔·史密斯（Michael J. Smith）［1997］，乔纳森·哈斯拉姆（Jonathan Haslam）［2002］。

观念"。

这种思想可以追溯到古希腊修昔底德的《伯罗奔尼撒战争史》，进入 20 世纪后，在分析第二次世界大战前绥靖政策的失败和冷战起源时显示了其说服力。其后，现实主义从方法论上受到了批判，但却在 20 世纪 80 年代以新现实主义之名得以复苏。

现实主义将民族国家视为国际关系的主要行为体，国家战略的目的是在敌对性环境中谋求国家生存，获得权力是恰当、合理且不可避免的外交政策目标，并将此视为前提。实际上，现实主义形成了这种概念，即国际政治与其他政治同样是"权力政治"，权力既是其手段也是其目的。

自助的概念也十分重要，这也是国内政治与国际政治不同之处。后者处于无政府状态，国家为了自助而必须致力于维持和增加权力。新现实主义和结构现实主义均认为，全球体系的结构性局限在很大程度上规定了国家行为及其结果。

日本的书籍是如何介绍的呢？

在《政治学事典（缩印版）》"现实主义"的条目中，土山实男在指出"现实主义并不是只有一个体系的理论"的同时，引用了沃尔弗斯（Arnold Wolfers）的观点，将现实主义区分为"悲剧学派"（tragedy school）和"邪恶学派"（evil school）。前者是"重视权力的物质层面、国际社会没有中央政府即无政府状态"的体系方法，而后者则"不是国际体系，而是对焦于人的本性"，"将无止境的贪欲、嫉妒与不安集合体的人类与国家作为思考国际政治时的起点"，或称为单元方法（unit approach）。两者尽管不是相互排斥的，但土山认为，"现实主义并不能保证在任何时代都经常是'现实'的。这是因为现实主义也是一种理念型的思想，当然不可能洞察国际政治的所有方面，就如同现实主义的绘画并不是照片，只关注某些特定的方面。其关注的方法在冷战时代发挥了作用，但在所谓的第三次战后即冷战后是否还能发挥同样的作用，对此已开始了再度的探讨"（猪口等［2004］300-301；Wolfers［1962］83-84）。

总之，现实主义以自古以来的思想传统为背景，以势力均衡、权力和国家利益等为关键词。此外，重视国际政治无政府状态的体系层次的分析、着眼于人性与国家性质的单位层次的分析等各种分析层次的研究方法既是可能的，也是必要的。但是，现实主义也经常受到各种批判，诸如运用的各种概念比较模糊，现实主义也由意识形态所决定，或缺乏现实性等。

那么，在日本的国际政治学中，具备这些特点的现实主义是如何发展的呢？笔者将此分为三个时期。第一个时期是从1945年到1960年前后。第二个时期是1960年至20世纪80年代末。其后则为第三个时期。第一个时期是日本国际政治学的摇篮期，也是因讲和问题和《日美安保条约》改定而造成国家舆论分裂的时期。日本国际政治学会就创建于这一时期的1956年。第二个时期里日本成为了经济大国并稳步崛起，日本的国际政治学也得到了发展。这一时期，被称为"现实主义者"的一些国际政治学者在言论界十分活跃。在考察日本的现实主义的意义时，有必要关注在作为学术的现实主义与作为政策的现实主义之间充当桥梁的言论界"现实主义"所发挥的巨大作用。在第三个时期中，随着冷战结构的解体，日本外交出现了混乱，同时国际政治学也在内外方面呈现出多样化的状况。①

一、第一时期——接受现实主义

这一时期是从战败到讲和、缔结《日美安保条约》和《日美安保条约》的改定等战后日本外交基本结构成型的时期。在这一时期，

---

① 前文提到的《国际政治》第61、62号特集中，细谷千博在"总论"中将理论研究分为第一期（1945—1954年）、第二期（1955—1964年）、第三期（1965—1974年）、第四期（1975年以后）。此外，大畠在前论文中分为第一期（1945—1960年）、第二期（1961—1968年）、第三期（1969年以后）。这种分期方式在1975年之后仍有可能，但如此一来分期可能会过细，且出于篇幅限制，本文采用了上述三个时期的分类方法。

第二章 现实主义 41

在日本国内,讲和问题和重新武装问题以及随后的安保条约改定等都引发了论战。这些论战的起因在于宪法与《日美安保条约》的双重结构以及日本所处的国际环境。在"和平宪法"声称"放弃战争"的同时,被称为冷战的美苏对立产生了"和平没有可能,但也不会爆发战争"的状态(雷蒙·阿隆)①,通过《日美安保条约》的同盟关系才勉强将两者联系在了一起。

这一时期的国际政治学和现实主义的动向如下。

日本从战前就开始了尽管尚处萌芽状态却是广义的国际政治学的学术积累。1932年,信夫纯平就在早稻田大学开设了日本第一个正式课程"国际政治论"(川田[1996]341;酒井哲哉[2007]第2章)。研究成果也有信夫纯平的四卷本《国际政治论》(1925—26年)、神川彦松的《国际联盟政策论》(1927年)、蜡山政道的《国际政治与国际行政》(1928年)等。但这些都具有"重视国际政治合作侧面的浓厚的理想主义色彩"(二宫[1964]118)。

第二次世界大战结束后,众多的学者转而强调国际政治中权力斗争的侧面。比如,日本国际政治学会的第一任理事长神川在学会期刊《国际政治》第一号的创刊论文中力主"战争与和平的主题是国际政治的开端(阿尔法),也是国际政治的终结(德尔塔)"。在此之上,神川将国际政治学分为战争的历史实证研究的"国际政治科学"、探讨战争将来可能性的"国际政治科学性预测"以及旨在构想确立真正和正确的和平的"国际政治政策论",认为"从国际政治科学的角度出发,国际政治的历史就是战争的历史","从国际政治科学性预测的角度出发可以推测,在不久的将来,国际社会依然是存在战争与战争威胁的世界"(神川[1957]1、2、14)。

此外,田中直吉将国际政治学的研究对象规定为"在国际社会调整国家以及其他国际性集团的相互对立和矛盾的过程中,尝试掌

---

① Aron[1974]pp. 9-12.

握权力而展开的斗争与合作的总体"（田中［1954］34）。田中随后接替神川成为日本国际政治学会的第二任理事长。此外，研究国际法与外交史的田村幸策则坦率地指出："如英国的国防白皮书所言，资本主义国家和共产主义国家之间的和平共存只有在资本主义国家实力强大时方有可能，如果或多或少处于劣势，则一旦误算，和平共存就会瞬间烟消云散。自由主义国家为了生存，就应像丘吉尔在声明中所言，必须坚持'以实力求和平'（peace through strength）的大方针，避免'因软弱而被征服'（subjugation through weakness）"（田村［1957］56）。

这些言论尽管并不一定具有充分的系统性，但与欧美现实主义的概念和思维的出发点是一样的。二宫三郎在1964年将战后的日本国际政治研究区分为采用政治学方法论的"国际政治学"和经济学的"国际关系论"以及基于历史学的"国际政治史"，其中进一步将"国际政治学"细分为"权力政治论学派""行动论学派"和"马克思主义学派"。先前引用的学者们属于"权力政治论学派"，根据二宫的观点，"从原来欧美国际政治学的发展看，可以将其视为国际关系研究的'正统派'"（二宫［1964］118）。也就是说，这些言论属于现实主义的谱系。

为何在这一时期，包括战前重视国际合作的学者在内的研究者中，"权力政治论学派"或现实主义得以抬头？首先，这是由于过去这些学者寄予厚望的国联的失败和日本战败这一活生生的经历。其次，正如前述田村的言论所体现的强烈的反共主义。第三，立足于现实主义谱系的欧美优秀的国际政治研究在这一时期开始被引入和介绍到日本。比如E. H. 卡尔的《二十年危机》、乔治·凯南的《美国外交五十年》等（Carr［1939］［日文版1952］；Kennan［1951］［日文版1952］）。汉斯·摩根索的代表作《国家间政治》的翻译略有拖延也在20世纪60年代初完成，但其另一部著作《世界政治与国家理性》（1951，应指《捍卫国家利益》——译者）则在这一时期翻译出版，前者的内容也很早就被介绍到日本（Morgenthau［1948］［日文版1963—1964］；Morgenthau［1951］［日文版1954］；吉村［1951］）。尽管不是国际政治学者，但被卡尔尊称为"众家之父"的神学家莱茵霍尔德·尼布尔（Reinhold Niebuhr）的《基督教人类观》和《美国史的讽刺》也是在这一时期被翻译出版的（Niebuhr［1941］，［1943］［日文版1951］，［1952］［日文版1954］）。尼布尔对人类的阴暗本性有着深刻洞察，对现实主义者的单位层次的分析方法产生了重大影响。

综上所述，20世纪50年代中期欧美的现实主义被翻译和介绍到日本，摇篮期的日本国际政治学界中的"权力政治论学派"也十分活跃。他们经常会在讲和论战和重新武装问题上积极发言，但却必须再重申以下两点。

首先，国际政治学的专家数量还很少。如上所述，日本国际政治学会创立于1956年，在前首相吉田茂的主导下，为了对外交和国际问题进行调查研究以及启蒙和普及，作为外务省外围团体的日本国际问题研究所于1959年成立。另外，从事上述现实主义著作翻译工作的都不是国际政治学者。比如，《二十年危机》的译者井上茂是法哲学学者，摩根索著作的共译者铃木成高也是京都学派的代表性历史学家。学会期刊《国际政治》第一号与神川、田村、田中等"权力政治论学派"一同投稿的还有京都学派的哲学学者高山岩男①。

原本而言，这并不仅是国际政治学者数量不足的问题。如何看待宪法与《日美安保条约》的关系，或是全面讲和还是多数讲和（片面讲和）等问题，都不单单是国际问题，同时也是法律问题和内政问题，还是哲学问题。因此，国民的关心也十分高涨。仅仅依靠以外交史和政治学为学术背景的国际政治学者是不可能讨论这些重

---

① 高山明确指出由于世界战争和总体战，国境线与国防线的一致性被打破，集体安全组织是"与现代国家解体相呼应的过渡现象"（高山［1957］27）。

大问题的。实际上摩根索的学术生涯也是从国际法出发的，或许与参加讲和论战的田畑茂二郎、田冈良一、横田喜三郎等国际法学者拥有共同的知识和思想基础（酒井［1996］28）。① 进而言之，这一时期被介绍到日本的现实主义者是所谓的古典派现实主义者，不是欧洲知识分子就是与其立场相近的知识分子。而"权力政治论学派"等在战前受过高等教育的日本知识分子们当然与这些现实主义者共享着众多的知识财产。

第二，即使"权力政治论学派"位居国际政治学界的"正统派"，但未必是多数派。如果从政治学全体，进而从人文社会科学全体的知识分子看，反而明显属于少数派。这也是他们强调国际政治与国内政治不同并急于建立国际政治学的原因之一。

但是，更根本的问题是他们在重新武装和讲和等现实问题上的态度与当时知识分子的普遍看法存在着相当大的差距。其后"现实主义"论者之一的卫藤沈吉曾如此回想当时知识分子的氛围："杜勒斯、李承晚发动了朝鲜战争已成了共识，在公开场合如果说了'来自北方（即朝鲜——译者）的侵略'这样的话，则会遭到围攻。当时我是东京大学东洋文化研究所的助手，在那里的研究会上，即使有人义正词严地说了'因为是斯大林，所以不可能撒谎'的话，其他人也只是保持沉默"（卫藤［1980a］）。吉田建立日本国际问题研究所的理由之一或许也是出于对20世纪50年代当时的知识氛围的畏惧。

实际上，知识和思想上的"偏向"总是基于某种标准的。主张全面讲和的旗手丸山真男对支持多数讲和和重新武装的"现实主义"进行了严厉批评，认为"现实主义"具有将现实的前提性、现实的

---

① 酒井认为，"摩根索与卡尔的理论与作为大正民主哲学支柱的新康德学派哲学，作为30年代日本的知识背景存在许多共同之处，它们都是通过对以马克思与卡尔·施米特为依据的规范的社会性与政治现实性提出质疑，并进而对其进行批判"（酒井［1996］31）。也可参照酒井［1998］。

一次元性和时时选择统治权力作为"现实"的倾向（丸山［1985］172-175）。① 现实主义的片面性和意识形态性在欧美被不断批判，在日本，现实主义也与重要的政策论战相结合且对立亦非常严重。

1960年《日美安保条约》改定之际，日本的国家舆论也出现了重大分裂。但是安保条约改定之后，国民的狂热急速退潮。从制定宪法到有限重新武装、多数讲和、缔结《日美安保条约》这一吉田的政治外交路线却在经其批判者岸信介之手修正后得到了确立。在更年轻一代的知识分子中间终于可以开始开展超越"战争还是和平""宪法还是日美安保""全面讲和还是片面讲和"等两分法性质的讨论。

二、第二个时期——"现实主义"的成熟

在安保改定的狂热消退之际，被称为"现实主义者"的一批青年国际政治学者开始崛起。其中包括高坂正尧、永井阳之助、神谷不二或上文提到的卫藤沈吉和若泉敬等人。

他们有以下共同点。

首先，与上文提到的"权力政治论学派"相比，他们更为年轻且没有受到二战前和二战期间思想、言论活动的约束，也少有教条性和意识形态性。其次，在美国政府和民间财团的邀请下，他们中的多数人在比较年轻的时期就曾赴美留学。这一点与上一代存在极大不同。但是，他们作为在战争中成长起来的一代人，与上一代知识分子在某种程度上拥有共同的欧洲教养传统。第三，由于"现实主义者"多在年轻时就已跻身学术界，他们的活动期间较长，从冷战的全盛期一直活跃到冷战的结束。

第四，在媒体普及和多样化的背景下，这些"现实主义者"与

---

① 丸山在这篇论文中批评"报纸、广播的信息来源非常之大"（亲美）并妨碍了"现实"判断（第182页）。但他却闭口不提社会主义阵营保密这一"现实"。

学术界同样甚至更将言论界作为活动的场所。与"realist"这一更为学术性的称谓相比,"现实主义者"在言论界上更具影响(这也是他们在言论界活跃的结果),这也反映了大众信息化社会的特点。在这一点上,将自己旺盛的评论活动称为"夜市"的丸山和高坂的活动风格也形成了鲜明的对照①。第五,他们中的很多人间接地在相当程度上参与了现实的政策。这一点也与上一代人有所不同。但是,日本的"现实主义者"并没有像美国的亨利·基辛格那样直接进入政府工作(这是由于日美两国政治制度和政治文化的不同)。

为何在这一时期"现实主义"会崛起呢?

首先,冷战结构基本固定,成为这一时期分析国际问题的前提。很多"现实主义者"很大程度上都受到了1962年古巴导弹危机的启发绝非偶然。比如,永井根据古巴导弹危机的经验将日本视为"愚者的乐园",从而从政治意识论研究转向了国际政治学的研究。

其次,以经济为中心的日本大国化不断发展,日本人对权力和势力均衡的认识机会也随之增加。第三,随着日本的大国化,开始有必要对日美关系的发展与管理进行更为细致的关心和考虑。用今天的语言就是同盟管理(alliance management)(但是,"日美同盟"这种表述直到中曾根康弘首相公开使用之前近乎于政治禁区)。第四,随着日本社会日益富足,舆论日趋保守化。在一批"现实主义者"中,将高坂正尧作为其代表性人物恐不会有异议。高坂对"现实主义"进行了如下表述:

> 与理想主义一样,现实主义是一种思维方法。其特点就是将被定义为权力的利益概念作为指标,承认社会、历史、政治中内在的不可知性,用简单的图表无法替代,并认识到目的与手段之间的相互关联性,主张重视这两者之

---

① 大岳[1999b] 72。但是,也有学者认为丸山为了自身的权威与形象不受损害并扩大影响力而采用了巧妙的媒体战略(竹内洋[2005])。

间的生机勃勃的对话①(高坂[1963]48)。

在《现实主义者的和平论》一文中,高坂自称为"现实主义者",将主张非武装中立的坂本义和加藤周一等人称为"理想主义者"。但是,高坂并没有采取徒劳无益的对立姿态,而是在承认"中立论对日本外交最有可能做出贡献之处就在于强调外交中理念的重要性,并借此将价值观问题引入国际政治"的同时,指出"或许手段与目标之间缺乏活跃的对话正是理想主义者最大的缺点"。与丸山对"现实主义"的批判一样,高坂也非常清楚"如果不认真考虑国家应追求的价值观的问题,现实主义就有沦为追随现实主义或犬儒主义的危险"(高坂[1963]41、44、41)。

这种知识上的谦虚、平衡感和历史感觉正是高坂的真正价值。对于他而言,"现实主义"并不是主义主张,而是历史形成的"一种思维方法",既有可能与"理想主义"进行对话,也有这个必要。在这一点上,高坂与明确持有反共主义的众多"权力政治论学派"学者可谓泾渭分明。美国的日本政治专家杰拉尔德·柯蒂斯(Gerald L. Curtis)认为高坂、佐藤诚三郎等并不是"保守论者","最准确地说,他们是'非革新'和脱意识形态性的知识分子"(柯蒂斯[2008]128)。

1966年出版的《国际政治》中,高坂也认为"国家是权力的体系、利益的体系和价值观的体系"(高坂[1966]19)。这三个视角与卡尔在《二十年危机》中的主张是一样的。如此而言,"手段与目的之间活跃的对话"或许也是意识到对卡尔"历史就是过去与现在之间活跃的对话"这一定义后的表述。在分析日本所处的国际局势和日本外交时,高坂的贡献在于对"理想主义者"们较易忽略的权力(军事力)的实际侧面(军事战略)给予重视,但他同时也认

---

① 对高坂的国际政治学进行综合平衡性的评价与分析的研究成果包括大岳[1999b]、田中[1996b]等。

识到了军事力的效能（可替代性）正在不断下降。在这些认识的基础上，高坂提出了权力（军事力）、利益（经济）和价值观（规范、道德、文化）等构成的多元性国际政治的构图。中西宽指出，高坂的研究本身就横跨了战略研究、经济相互依存、文明论和文化论三个领域（中西［2000］628）。

在日本步入经济高速增长的轨道后，对吉田茂的政治外交进行肯定也是高坂的重大贡献。高坂从吉田茂的言行中发现了遵守信义的同时追求实际利益的"商人国际政治观"。基于这种"商人国际政治观"的轻军备、经济优先的路线符合战后日本所处的国际环境。但同时，吉田的对美外交刺伤了日本人的独立心理，其渐进性重新武装路线损害了政治决策力和政策的正当性，这些负面影响也没有逃过高坂的视线（高坂［1986］），这也体现了高坂对独立心理、正当性等非物质性的价值观的重视，而如何维持日美同盟和日本外交的自律性至今仍是日本外交最大的课题。

尽管高坂做出了这些贡献，但首先高坂追求的"现实主义"与"理想主义"之间的对话并没有取得进展。对此大畠英树认为："随着两者的自我扩大和精致化的进展，这种论战不断对外扩展，逐步具备了在《日美安保条约》的是非以及作为论战必然结果的如何整体判断国际形势等问题上依靠自身学说来审视现实形势发展的性质"（大畠［1979］228）。

进而言之，美国的国际政治学论战已经由现实主义对理想主义转向了现实主义对行为科学。日本从20世纪50年代到60年代初也对行为科学的方法进行了大量的介绍。[①] 但是，由于高坂等的活动主要在言论界，并主张"不能用简单的图式来替换"复杂的国际政治现象，所以尽管存在着大畠等对摩根索的研究，但与美国不同，学术界围绕着方法论的论战并没有深化。换言之，在包括现实主义

[①] 比如可参考关［1964］。

在内的国际政治学的美国化过程中,日本的"现实主义者"们却对此不以为意。

让我们再看看另一位"现实主义者"的情况。

高坂并不忌讳自称为"现实主义者",但永井阳之助也曾自嘲:"如果我是'现实主义者',那么我就不会去写恶名远扬的防卫论和战略论,而会写上一篇指责美帝国主义、颂扬和平与正义道德感情的理想主义文章了。"在这其中,反映了他对政治意识的深刻认识:"对政治权力的抵抗姿态本身就是对某种事物的奉献,缺乏对这一现代悖论进行严肃自省的言论总有一天会为了顺应舆论和民众情绪而立即发生180度的转变"(永井[1976]223,222)。

永井在《和平的代价》中将宪法与日美安保体制的双重结构(日美同盟)巧妙地比喻为"显教"(表象)与"密教"(内实),尖锐地指出日本的安全是在周边各国的"负担和牺牲之上建立"的。高坂给予肯定的吉田的政治外交路线更被永井进一步提升到"吉田主义"的高度。此外,永井通晓各种社会科学的概念,在高坂和永井的言论中都存在着日后防御性现实主义(defensive realism)的观点,但两者都对一般理论化持批评立场(土山[2000])。

"现实主义者"们尽管活跃在月刊《中央公论》等舞台上,但均不同程度地参与了政策的制定与实施(永井可谓明显的例外)。冲绳回归问题是最好的例子。高坂发挥了佐藤荣作首相非正式外交顾问的作用,神谷不二在冲绳基地问题研究会上也十分活跃。若泉则充当了佐藤首相的密使。正是由于对现实政治的参与,因此当没有能够预测到1971年中美和解之际,很多"现实主义者"都颇感茫然。高坂曾诚实地回忆道:"得知基辛格访华时十分震惊,不知所措,甚至没有撰写论文"(高坂[1996b]69)。随后1973年的石油危机更是"日本战后经历的第一次真实的'危机'"(高坂),"使人

---

① 神谷[1989];若泉[1994]。

们认识到即使处于没有参与权力政治的状态（比如在中东没有敌人），政治冲突的影响也会波及国民生活"（中西［1997］103-104）。

由于20世纪70年代后日美贸易摩擦呈现出慢性化状态，同时美苏进入缓和时期，高坂等"现实主义者"的关心扩展到了以势力均衡为中心的权力政治和经济的复合性相互依存这两者互相交错的领域。大平正芳内阁时以猪木正道（前防卫大学校校长）为负责人、以高坂等为中心的综合安全保障小组的研究就是其成果。猪木在1978年成立了和平安全保障研究所。70年代末，尽管还伴随着"综合""和平"等修饰语，但"安全保障"这一用语已基本固定了下来。① 这期间，至少在言论界"现实主义者"也成为主流。

但是，1979年苏联入侵阿富汗后美苏关系再度恶化，1981年成立的美国里根政府以"强大的美国"为口号推动军备扩张路线，新冷战日趋明显。在远东，苏军得到了大幅度增强，1978年中日和平友好条约缔结后日苏关系趋于冷淡。

在这种背景下，即使主办过和平问题谈话会，并曾是和平反战运动理论指导者的清水几太郎提出《混账国家日本啊，选择核武器吧》，这样的言论颇为极端，但主张有必要建立自立的军事力量的论者却在增加。永井阳之助将在目标中"同盟"或"安全"优先、在手段中重视"福利"的论者称为"吉田主义"后的"正教"和"政治现实主义"，并将他本人、高坂和卫藤等人列在其中。与此相对的是以"自立"和"独立"为目标、在手段中"军事"优先的"新正教"和"军事现实主义"的论者，其代表人物是法眼晋作、冈崎久彦、加濑英明、中川八洋等人（永井［1985］18-21）②。

---

① 安全（安全保障）这一概念至少可追溯到国联时期，如果限定在战后日本外交论方面，卫藤沈吉在《中央公论》1965年5月号《如何提升日本的安全保障能力》一文中，将"安全保障能力"定义为"直接、间接确保国家安全的综合能力"，"对一个国家的安全这一一定的目标所具备的物质、组织和精神等方面的综合能力"（卫藤［1965］103）。

② 然而，很多"军事现实主义者"尽管批判轻军备和主张提高独立心，但并不否定日美同盟。吉田主义参见添谷［2008］。

另外，永井指出美苏相互确保摧毁战略提供了"大地秩序"（nomos），而《国际宇宙协定》（1976）和《反弹道导弹条约》（1972）则提供了"宇宙秩序"，对里根政府推动的"星球大战计划"（SDI）持强烈批评的态度（永井［1986］）。① 永井担心里根政权的扩军路线与中曾根康弘首相的思想产生联动。众所周知，中曾根过去是反吉田的急先锋，在出任防卫厅长官时是自主防卫的倡导者。

但实际上里根总统在1984年再次当选总统后开始摸索改善美苏关系。1985年苏联戈尔巴乔夫出任总书记后，新冷战终于走向平息。在日本，中曾根首相最为重视的是日美同盟，因而追求"非核中等国家"日本的经济繁荣（添谷［2005］）。

在这期间，在美国重视国际体系约束的新现实主义盛行，但日本的"现实主义者"们并没有对此产生共鸣。高坂在遗稿中曾写道："没觉得这些（新现实主义）言论是现实世界的产物"（高坂［1996a］9）。② 吉尔平的霸权稳定论在日本也得到了广泛关注，但比起理论关心，更是出于对经济大国日本是否会成为呈现衰退之象的霸权国（美国）之挑战国的担忧。③

不久之后，日本和世界的国际政治学都面临超出国际政治预想的急速发展，这就是冷战的结束和苏联的解体。

三、第三个时期——日本外交的混乱和现实主义的扩散

冷战之象征"柏林墙"的倒塌、东欧共产主义政权的连锁崩溃后不久，1990—1991年爆发了海湾危机和海湾战争。这对于摸索"世界新秩序"的美国而言是一次严峻的挑战，也给日本外交提出了

---

① 高坂也对SDI持批判态度。原本高坂就将新冷战视为"20世纪70年代后半期开始到80年代这一期间'多余'的对立时期"（高坂［1989］230）。

② 对于高坂的这种态度，田中明彦认为高坂"清楚认识到在无政府主义的社会中，结果将是只有权力决定一切的理论完全脱离了现实"（田中［1996b］173）。

③ 出于对这方面的关心而对霸权循环论进行分析，并面向一般读者的著作可参照田中［1983］。

难题。五百旗头真指出："战后日本国民的心理词典中，战争只有两个类型，一个是侵略战争，一个是自卫战争"，"海湾危机和海湾战争原本对于日本而言既不是自卫战争，也不是侵略战争，因此是日本国民心理词典中不存在的项目"（五百旗头真［2006］237）。

其结果是，尽管朴素的"一国和平主义"思想大幅度衰退，但在继承"现实主义"衣钵的论者当中，出现了对联合国的作用进行极端性的过低评价并强烈怀疑美国外交处理能力的人物。田中明彦将这些论者称为"怀疑现实主义"，并警告其或将导致对国际秩序和价值观的"犬儒主义"（田中［1991］）。如同越南战争使美国的现实主义者出现混乱并"自乱阵脚"一样，在过去的中美和解和后文中的伊拉克战争以及这次的海湾危机和海湾战争中，严峻的外交形势也时常使日本的"现实主义者"困惑和无所适从。

1991年末苏联解体后，冷战结束已成为严峻的现实。美国尽管一时忙于解决当时出现的问题，但终于走出经济低迷，恢复了作为"唯一超级大国"的自信。另一方面，日本战后外交的大前提丧失，在国内的55年体制崩溃和经济实力急剧下降的过程中，被迫对日美关系等国际关系进行再定义与再调整。这一期间中国的崛起趋势也日益明显。

那么，国际政治学的情况如何？在美国，从20世纪80年代起新现实主义和新自由制度主义的论战日趋激烈，期间涌现了很多学派。霍尔斯蒂将这种国际政治学的状况称为"分裂的学术领域"，吉尔平则认为是"这一学术领域本身与其研究对象一样处于无政府状态"（Holsti［1984］；Gilpin［1984］287）。新现实主义领衔的百花齐放的国际政治学并没有预见到冷战的终结。可能也是对这一结果的反作用，福山的"历史终结"和亨廷顿的"文明冲突"等独具特色的理论相继登场。但随着美国在经济技术方面竞争力的恢复，很多现实主义者发现了新的使命，就是如何维持美国的单极优势地位。

在日本，对新现实主义进行了批判性介绍，其中既包括理论上的批判，也包含了对美国单极优势权力结构的批判。① 但是，对于这些存在"时差"的批判性介绍，更为年长的一代进行了批判，比如称之为"国际政治学学"（斋藤孝），而更年轻的一代则批判这是由于对理论没有充分理解（神谷［1992］）②。

不久后，以具备丰富赴美留学经验的各种人才为主的研究者开始更同步地详细介绍和分析美国的学术动向。③ 此外，作为对美国过度的一般理论化的"回摆"，"英国学派"的研究动向再次引起人们的关注。但是，很难说这些最新的研究动向已完全摆脱了"国际政治学学"，也仍然存在着没有整合理论与案例研究之处（比如在探讨冷战后的危机管理时却引用古巴导弹危机作为案例）。此外，如果将上述研究与前文介绍的"权力政治论学派"和"现实主义者"的世代相比，或许新一代的历史和哲学背景较为淡薄。如果是这样，那么这也是接受国际政治理论美国化的一种结果，更不用说这种倾向并不仅限于日本。④

在学术界理论（或对其的介绍）的多元化与精致化进程中，学术界与言论界之间的距离比以前拉得更大，特别是随着对电视等软媒体新闻的重视、所谓的"脱文字化"⑤ 和网络等新媒体的普及，言论界出现了衰退。曾引领冷战时期言论界的"现实主义者"中的多数退出了第一线。高坂于1996年去世，永井也在2000年引退。

过去永井曾担心"军事现实主义者"的崛起，但实际上这些人

---

① 代表性成果可参考鸭［1990］。
② 神谷对坂本义和鸭等学者在"理想和平主义者"言论界的活动提出了严厉批判，认为他们"在分析并不理想的世界的现状之际，以人的不完全性为前提，但却在构想改善世界现状的阶段默认了人的完全性"（神谷［1993］134-135）。
③ 安全的理论研究中代表性成果参加土山［2004］。
④ 比如 Haslam 指出："国际关系论中现实主义者的传统是否源于卡尔的《二十年危机》和摩根索的《国家间政治》的争论奇妙地歪曲了原本假定的现实主义与非现实主义之间的争论"（Haslam［2002］9）。
⑤ 即不重视文字创作。——译者

士既没有成为过言论界的主流,也没有领导过实际的政策。特别是有关核武装论的议论尽管很具刺激性但却始终是少数,如同以往清水几太郎、近年来的西部迈等人,提倡核武装论者多数并不是国际政治学专业的知识分子(西部［2007］①)。

进入 21 世纪后,对美国的反感和对美自立的趋向高涨,其中当然也包括力主增强日本独自防务力的人士。除了美国单极优势结构的巩固(针对这一点,美国衰退论也再次复活。Zakaria［2008］；Hass［2008］)、日美同盟关系的强化、中国的崛起和朝鲜的威胁等日本周边战略环境的变化、日本的国力不断相对下降等这些结构性原因之外,布什政权强烈的单边主义倾向以及在阿富汗和伊拉克的大规模军事行动成为这种"反美"趋向的诱发因素。特别是伊拉克战争还导致对将日美同盟视为日本外交基轴的人们的反感,占领伊拉克后的混乱也让这些"美日同盟基轴"论者感到困惑并再次"自乱阵脚"。"亲美"的标签一时间极具否定性。

这种寻求自立于美国的理论有时会与伴随着历史修正主义的民族主义产生共鸣。高坂、永井以及卫藤等往日的"现实主义者"尽管也重视自立心的问题,但却与狂热民族主义划清着界限。② 而冷战后,特别是进入 21 世纪以来,"现实主义"在言论界遭到了左右民族主义的夹攻,现实主义在学术界也正在多元化,但却无法充分包容"反恐战争"与先发制人理论等新的理论发展。这种潮流也反映了日本外交的混乱与闭塞。

结　语

综上所述,本章分三个时期概括了战后日本国际政治学是如何

---

① 如果用图表的形式加以表述,那么清水和西部都是从所谓的"进步派"转变为"保守派",从"左派"转变为了"右派"。
② 文艺评论家山崎正和将高坂称为"斗士",认为"他对共产主义、对冷战后的狂热民族主义和原教旨主义的厌恶也是显而易见的。没有比与不存在之物做狂热斗争更容易的事情了,而将这种狂热作为敌人与之斗争,可谓极具矛盾的工作"(山崎［1996］213)。

接受和发展现实主义的过程。

在第一个时期，尽管接受了古典现实主义，但"权力政治论学派"和其他知识分子拥有众多共同的欧洲知识传统。第二个时期中，"现实主义者"在言论界崛起，但他们对国际政治学的美国化持批判态度，在日本也没有兴起围绕现实主义的理论论战。为此，美国的国际政治学论战被介绍到日本存在着"时差"。但是在第三个时期，也由于有美国留学经验的学者的快速增加，国际政治学的美国化被日本学者所接受，各种现实主义的理论研究也被同时介绍进了日本。

如果从与日本国际政治关系之关系的角度看，第一个时期中，"权力政治论学派"在讲和问题、重新武装问题、安保条约改定问题等国家舆论两分化的论战中，作为知识分子始终属于少数派。第二个时期的"现实主义者"们随着冷战结构的固定化和日本的经济大国化而成为言论界的主流。第三个时期"现实主义"影响力在言论界的下降反映了日本外交的混乱，现实主义也呈现多元化和多样化，并无法充分有效地应对安全上的各种新课题。

在这一过程中，日本的特征是什么呢？

首先，第二个时期的"现实主义者"在言论界的活跃最为显著。这与美国的现实主义者主要活跃在学术界并加入政府存在着很大差别。

日本学术界的现实主义研究具有很强的介绍和分析欧美研究即接受信息的倾向，但日本"现实主义者"在言论界的活跃却包括为数不少的值得对外发出声音的内容。但是，他们在拥有各种国际经验的同时，却对系统性对外推广自己的主张并不热心。与英语圈的旧殖民地不同，日本在国内就拥有充分使用本国语言的舆论空间，这也是原因之一。

其次，无论是学术界的现实主义还是言论界的"现实主义"，都存在着由日本国力和日本外交的局限性所决定的侧面。比如对新现实主义介绍较晚，对其理解也不充分，这与日本外交缺乏对国际体系层次的关心有很大关系。此外,尽管高坂、永井或桃井真等都有优秀的研究成果,但总体而言核战略研究在日本并不盛行。当然这与日本是非核国家密切相关。尽管如此,作为"唯一遭受过核爆炸的国家",没有能够在核不扩散的研究领域发挥引领作用,对于日本的国际政治学和和平研究而言颇令人遗憾。

今后,日本国际政治学有必要将精致化的现实主义理论研究与言论界"现实主义"进行有机结合,不断积累在核不扩散、构筑和平、公共外交等可发挥日本外交独立性的研究领域的良好案例,加强对外发出学术声音的力度。此外,如何应对以民族主义为背景的外交自立心问题,无论对于理论家,还是对于评论家、政治家而言,都仍将是重要且严峻的课题。

国际环境会发生变化,理论也会变迁。但是,人类的思维方法以及其中的陷阱却令人惊异地存在共通之处。这是古典现实主义的认识之一。在这个意义上,再度倾听过去"现实主义者"的议论,不管立场如何,作为从事国际政治学研究的人来说,都应是特别必要且有益的尝试。

第三章 新自由主义制度论
——联合国安理会改革的可能性与局限性

饭田敬辅*

引 言

在国际关系理论中,制度论的历史悠久,但现代理论的源泉却是经20世纪70年代后大发展而来的自由主义制度理论。但是很遗憾,在日本这一理论几乎没有被运用过,因此本章将简要概括其理论框架,并提出弥补其弱点的"基于制度的权力"的研究视角。

国际关系理论中最具优势的制度论当属地区一体化理论。以欧洲为范本构筑起来的一体化理论一时间风靡全球(Deutsch et al. [1957];Hass [1958]),在日本也引发了热烈的讨论(大隅 [1973];山影 [1983];鸭 [1985])。但是,随着欧洲一体化的发展迟缓,理论也出现了停滞,取而代之的是新自由主义制度论。这一理论从"制度"(regime)的概念出发,并经基欧汉之手建立了理论体系。

在当时同时展开的还有与新现实主义之间的激烈论战。特别是国际政治经济理论中,围绕霸权稳定论、相对获益论等各种论战反复不断。尽管这些论战尚未有定论,但却使得新自由主义制度论越

---
* 东京大学大学院法学政治学研究科教授。

发精致化。

一、新自由主义制度论的概要与问题点

新自由主义制度论是什么

新自由主义制度论兴起的契机是 20 世纪 70 年代急速发展起来的制度理论。基欧汉与奈（Keohane and Nye［1977］）利用鲁杰（John Gerard Ruggie）提出的制度概念（Ruggie［1975］）对海洋制度、货币制度进行了分析。制度的定义是"汇集了行为体期待的原则、规范、规则和程序"（Krasner［1983］），是比国际组织和国际法概念更为广义的概念，也是在各种国际关系领域都可能观察到的现象。

基欧汉从科尼比尔（John A. C. Conybeare）的论文（Conybeare［1980］）中得到了获取将制度理论体系化之手段的启示。科尼比尔运用科斯的定理（Coase［1960］）论证了实现国际合作并不困难，但基欧汉对此进行了反驳。科斯的定理假定权利关系明确，信息完善，交易成本为零。基欧汉却认为，国际关系中权利关系时常是不明确的，信息不足且交易成本较高。但是，在制度中存在着确定权利关系、提供信息和降低交易成本的动向，并推动着国际合作（Keohane［1983］［1984］）。

理论的应用案例

其后新自由主义制度论在各个领域得到了应用。比如在有关环境制度有效性的合作研究中，强调了契约环境、关心和能力是制度有效性的决定因素（Hass, Keohane and Levy［1993］）。此外在安全领域，强调了资产的特殊性是安全制度的可持续性因素。如果制度的资产是问题所固有的，那么当该问题结束时制度也会随之衰退，但如果具备某种程度的通用性，则可能适用于新的问题，制度也会

继续存在（Haftendorn et al.［1999］）。制度的理论化也被用于法律化理论。戈尔茨坦（Judith Goldstein）将法律化定义为明确化、增加义务感和委任第三方，而法律化的目的是推动国际合作，其结果是提升遵守的程度①（Goldstein et al.［2001］）。

尽管新自由主义制度论也被介绍到日本（河野［2003］；信夫［2004］），但是真正进行探讨的研究成果却少之又少。赤根谷［1992］和山田［1997］尽管运用了制度理论，但却未必是以新自由主义理论为依据的。饭田［2004］和山田［2004］尽管运用了新自由主义理论，却只是将其作为突破口之一进行了论述。

有关新自由主义制度论的论战

新自由主义制度论中可谓论战不断。最初是围绕着霸权稳定论的论战。针对霸权稳定论（Kindleberger［1973］；Krasner［1976］）的悲观性预测，基欧汉认为国际制度一旦建立，由于其本身促进合作，因此在霸权衰退后也可继续维持。约瑟夫·格里科（Joseph Grieco）则提出相对获益理论，批评新自由主义低估了对源于无政府状态国际结构中国家对相对性收益的担忧（Grieco［1988］［1990］），但新自由主义者却认为这并不会成为运用国际制度的多国间关系中的重大障碍（Snidal［1991a］［1991b］）。

正如现实主义者所言，笔者也认为自由主义制度论最大的弱点是缺乏权力的视角。政治学是通过非市场机制进行价值分配的理论，最为关心的是决定分配比率的权力。因此，制度论也必须明确制度与权力形成何种关系。霸权稳定论尽管明确指出霸权国的权力影响制度，但在制度对国家权力产生影响这一点上几乎没有讨论。下文将讨论"基于制度的权力"（制度对国家权力的影响）。

---

① 笔者曾将世贸组织的争端解决制度用于探讨和论证法律化理论（Iida［2006］；饭田［2007］）。

二、基于制度的权力

在公共选择领域，投票制度带给投票力的影响已经形成了理论。投票力指数是指某个投票者在结成胜利联盟之上成为支点的概率，并且在计算时假定任何联盟都是以同一概率结成的。比如联合国安理会决议必须由 5 个常任理事国全体和 10 个非常任理事国之中的 4 个国家，共计 9 个国家赞成才能通过。在这一投票制度下，非常任理事国的投票力指数是 0.0018（Ordeshook［1986］468）。这一绝对值本身没有什么意义，但可以观察改变制度后会产生多大相对程度上的变化。比如竹内俊隆［2005］计算了 2004 年基于高级别小组向联合国秘书长报告后提交提案的投票力指数。20 世纪 70 年代到 80 年代初发展中国家建立国际经济新秩序的要求可谓国家为了获得基于制度的权力而要求改变制度的事例（Krasner［1985］）。在这一事例中，由于市场中心主义的经济体制对于政治、经济实力较弱的发展中国家不利，因此南方国家要求可以容许国家介入的经济体制。

此外，也不乏制度约束权力的事例。伊肯伯里认为霸权国家在建立战后秩序时会通过制度自我约束其裁量权以赢得其他国家的信任，其事例就是美国对第二次世界大战后的制度建构以及冷战结束后的制度建构（Ikenberry［2001］）。如果说现实主义是权力建立制度的理论，那么自由主义则提出了拥有权力的国家通过制度受到束缚的可能性。

与本源性权力的关系与背离

基于制度的权力与本源性权力（制度外由权力资源形成的权力）之间存在何种关系？首先，基于制度的权力与本源性权力是相互关联的。比如现在的联合国安理会常任理事国是第二次世界大战的战胜国。在战争中胜利就是权力的体现，在这个意义上可以认为这一制度是战后权力关系的反映并得到巩固的产物。其后尽管世界发生了戏剧性的变化，但这一制度除了增加若干非常任理事国之外没有变动。由此越是制度性变动难度大的制度，在制度不变的同时本源性权力关系却在变化的情况下，随着时间的推移两者的偏差也就越大。但是如果伊肯伯里的理论是正确的，那么从长远看，作为对权力进行限制的交换，制度也会发挥促进与其他国家的合作从而继续维持霸权国支配的作用。这种情况表明制度也可能具备减少与本源性权力偏离的功能。的确世贸组织（WTO）、国际货币基金组织（IMF）、世界银行等美国在战后构建的制度，发挥着永久性维持美国式的支配世界经济的作用（饭田［2006］）。

综上所述，基于制度的权力在构建制度之初与本源性权力相互关联。但是制度如果是硬性的，那么制度性权力与本源性权力的偏差将随着时间而增大。同时，制度为了有利于本源性权力的持续，也具有延缓产生偏差的效果。

制度性权力的象征方面

建构主义者伊恩·赫德（Ian Hurd）认为在安理会带来的"基于制度的权力"问题上，联合国带来的权力源泉是其"正当性"（Hurd［2007］）。另外，正当性并不是由外生性决定的，而有赖于国家行使"正当化"的过程。但是有必要指出，安理会常任理事国的否决权等"基于制度的权力"，与正当性是在层次上存在若干不同的问题。比如尽管滥用否决权会被指责为不当，如果实际上滥用了否决权，不管是否正当，毫无疑问都是在行使权力。当然正当性越高，实效性也越高，但并不是仅以正当性就可决定"基于制度的权力"。总之，在理解联合国的实际政治时，建构主义也十分重要。比如，"正当性"也与国家的威信与名誉相关。赫德认为联合国成员国为被选举为安理会非常任理事国而奔忙，其目的比起实际利益更是追求象征性权力（Hurd［2007］123），而将象征性权力称为威信与名誉也无不可。可以认为，"基于制度的权力"包括了象征与实际利益两个方面。

三、联合国安理会改革及其教训

为何选择这一事例

在2005年联合国谈论安理会改革的过程中，日本与德国、印度、巴西组成G4以争取成为常任理事国，但其努力却如泡沫般破灭。这段经历人们仍记忆犹新，这一尝试如何进行又是因何失败的，将有待今后详细的历史分析。但笔者认为这一事例可以为理解"基于制度的权力"提供启示。此外，20世纪90年代末之前日本"入常"的详细过程可参见杜浩（［2000］），这里仅进行简述。

从结论而言可概括为3点：（1）日本、德国等国"入常"的努力出于拥有获得与其在当今国际社会上之地位相符的"制度性权力"的主张；（2）在"入常"问题上，中国和韩国对日本、意大利对德国、巴基斯坦对印度、阿根廷对巴西以及墨西哥等国持强烈反对态度，其背景在于对G4通过获得"制度性权力"而增加影响力的担忧；（3）英国和法国作为现常任理事国却赞成G4"入常"是出于如果德国"入常"将增强欧洲的权力这一实利性计算。但是，不可能对这些观点进行实证证明。由于现代国际政治遵照重视国际秩序和国际协调的联合国宪章精神，很多情况下对露骨谈论国家利益和追求权力持自律态度，因此仅仅分析在联合国的"言论"将难以看清联合国政治中的"阴暗"部分。但是，一旦把视线转向舞台背后的国家行动，很明显，国家不会牺牲本国利益①，而会热衷于扩展本国的影响力。

可能会出现以下质疑，即将联合国安理会"入常"活动作为研

---

① 北冈前联合国副大使曾表示："无论联合国做出什么决定，此时成员国都会认真探讨会如何影响本国的利益。联合国即使做出了好的决定并付诸实施，这时成员国也会追求本国负担的最小化"（北冈［2007］ iv）。

究"基于制度的权力"的事例是否合适。为此,在进行案例研究之前笔者将首先明确以下几点。首先,联合国安理会常任理事国与其地位是基于制度的事实似无可争议。问题在于地位能否带来权力,前驻联合国大使北冈申一曾如此强调联合国安理会上常任理事国的有利地位:"其中常任理事国的特权是压倒性的。现在的伊朗核问题上也是如此,首先由英美法磋商,然后它们与中俄磋商,其后才终于开始包括非常任理事国在内的磋商"(北冈[2007]228)。这就是作为议程安排者的权力。另外一个方面是情报。北冈对此称:"即使是非常任理事国,也有相当优势。情报的搜集方法完全不同。由于平时可以参加重要决定,关心的国家会很早就来进行商谈"(同上)。前联合国大使小和田恒认为身在其中本身就可以对进程施加影响:"在安理会中就可以通过本国是安理会决定成员之一的身份说服其他国家,按照本国思考的方向实现决策"(明石等[2008]246)。

联合国安理会改革的经纬

下文将详细介绍 G4 方案为何失败。日本明确公开其成为联合国安理会常任理事国的目标始于 1969 年(Pan[2005]309),但直到 20 世纪 90 年代并没有具体实施。1993 年联合国大会终于建立了有关安理会改革的工作会议,并于 1997 年提交了拉扎利方案。该方案建议增加 5 个常任理事国(非常任理事国增加 4 个),但新常任理事国不拥有否决权。① 这一年,意大利、西班牙、墨西哥、韩国等国结成所谓的"咖啡俱乐部",开始反对日本、德国等国"入常"的活动。在联合国大会上的讨论被拖延至第二年,最终也没有得出结论。这一问题在 2000 年的千禧年峰会上也进行了讨论,但并没有特别的进展。

2003 年 9 月 23 日,川口顺子外相在联合国大会上提出了安理会

---

① UN Doc., A/AC. 247/1997/CRp. 1 (20 March 1997).

改革的必要性，并成为 G4 合作的开端。① 在同日的演说中，联合国秘书长安南表明将设置有关联合国改革的咨询委员会（高级别小组）的设想，这也成为日本开始活动的契机。这之后不久，日本开始与德国联手，并一致同意与旨在成为发展中国家的常任理事国候补国的印度及巴西进行合作。尽管以联合国总部为中心在私下形成了 G4，但正式登上联合国舞台却是在第二年的联合国大会上。为在联合国进行演说而前往纽约的小泉纯一郎首相与德国的费舍尔副总理、印度的辛格总理和巴西的卢拉总统举行首脑会晤，并发表了联合新闻公报。

另一方面，2004 年 11 月 30 日高级别小组发表了最终报告。② 报告包括提议建立构建和平委员会、修改旧敌国条款等各种内容，在安理会的组成问题上提出了增加 6 个常任理事国和 3 个非常任理事国的 A 方案，以及增加 8 个准常任理事国（任期 4 年可以连任）及 1 个非常任理事国的 B 方案。另外，两个方案都不认可给予新常任理事国或准常任理事国以否决权。

尽管 G4 决议案酷似高级别小组的 A 方案③，但仍有若干不同。首先 2005 年 5 月 G4 向各国提交的方案中，安理会由现在的 15 个国家扩大到 25 国（增加 6 个常任理事国和 4 个非常任理事国）。这比拉扎利方案和高级别小组的 A 方案扩大为 24 国都多一个国家。此外，G4 的方案最初没有提出赋予新常任理事国否决权，但由于印度坚持否决权，最后各方达成妥协，即建议新常任理事国拥有否决权但 15 年内冻结行使权。④ G4 的决议案于 7 月 6 日提交联合国大会，

---

① 本段落参照《朝日新闻》2006 年 12 月 16 日早报，第 16 版。
② UN Doc., A/59/565（2 December 2004）and Corr 1（4 December 2004）。
③ 但是因果关系却是相反的。原本高级别小组以 B 方案为中心进行推动，但在 G4 的强烈希望下才加上了 A 方案（明石等［2008］308-310）。
④ UN Doc., A/59/L. 64（6 July 2005），para. 7.《朝日新闻》2005 年 4 月 28 日早报第 4 版（印度主张）、《朝日新闻》2005 年 6 月 3 日晚报第 1 版（最初方案包含否决权）、《朝日新闻》2005 年 6 月 9 日早报第 7 版（妥协方案）。

但被认为对G4抱有好意的非洲联盟（AU）在第二周也提出了独自的方案。① 如果这种局面持续下去哪个方案都不可能获得必要的三分之二的赞成票，因此各方开始摸索形成统一方案的可能性，但最终磋商无果而终，2005年内进行表决被搁置了下来。

与印度一样，日本最初也希望拥有否决权。1997年，桥本龙太郎首相表示新的常任理事国也应拥有否决权，但这并非政府的统一见解（杜浩［2000］238）。"联合国改革专家恳谈会"于2004年6月28日提交的报告书中在否决权问题上表示"不希望……新旧常任理事国待遇不同"（苅达［2005］9）。小泉首相在2005年5月接受记者团提问时，就如果日本成为安理会常任理事国如何看待否决权的问题也表示"和现在的5个国家一样比较好"②。此外，日本政府在2005年进行的舆论调查表明，67％的被调查者认为在日本成为常任理事国时应拥有否决权。③ 2004年，德国总理施罗德也表示日、德成为常任理事国时应拥有否决权（同前）。在否决权问题上，相比坚持强硬立场的印度，充当安抚角色的德国、日本给人以消极派的印象，但实际上这两个国家在相当长的时期内都很在意否决权的问题。

此外，G4中特别是日、德两国设想将入常和删除《联合国宪章》中的旧敌国条款（第53条、第107条）相挂钩。在这个问题上，1995年联合国大会决议决定尽早开始旨在削除旧敌国条款的修改宪章程序。④ 此后日本就确定了"削除旧敌国条款与安理会扩大同步实施"的方针。2005年出任联合国大会主席的埃利亚松表示削除旧敌国条款的问题较安理会扩大更为紧要，表明了欲分别解决的立场，但遭到了日本和德国的反对。因此，埃利亚松削除旧敌国条

---

① A/59/L. 67（18 July 2005）.
② 《朝日新闻》2005年5月18日早报，第2版。
③ 外务省《有关联合国改革的舆论调查》2005年2月［http：//www.mofa.go.jp/mofaj/gaiko/un_ kaikaku/i_ chosa.html］（2008年2月26日检索）。
④ UN Doc., A/RES/50/52（15 December 1995）.

款的预想没有实现，正是出于日德两国反对将这一问题与安理会扩大问题脱钩的缘故。①

同时，"咖啡俱乐部"反对日德两国"入常"，主张安理会改革仅限于扩大非常任理事国。"咖啡俱乐部"在 2005 年改名为"共识联合"，提出了自己的改革方案，即常任理事国不扩大而只将非常任理事国扩大为 10 个国家。②

"共识联合"和中国对 G4 决议案的反对可谓强烈至极。前外相町村信孝回忆 2005 年时某个亚洲国家的外长曾对他发过牢骚："您作为日本外相时隔两年访问我国，而中国每周都会有与外交无关的部长来这里反对（G4 方案），你们也做些什么吧。"③ 此外，G4 决议案最终破灭的直接原因一般被认为是 G4 与非洲联盟制定共同方案的失败，但其背后却是中国的影响。

各国的立场

"共识联合"和中国反对 G4"入常"的理由各异，但有一点应是一致的，即对增强 G4 等常任理事国候选国权力的警惕和戒心。既有诸如"（G4）决议案创造出特权阶级，他们获得了在安理会谈论几乎所有问题上的既得权益，其结果联合国大会的活力会丧失，并进一步助长安理会的优势地位"④（巴基斯坦）的意见，也有"（G4 决议案）将很有可能在地区之间产生歧视和人为性的霸权"⑤（阿尔及利亚）的意见。韩国也讽刺"（如果决议案被通过）将由 11 个国家的寡头政治对国际和平与安全行使垄断性的权力，而大多数国家将不得不袖手旁观"⑥。在联合国的舞台上，中国完全没有明确过反

---

① 《朝日新闻》2006 年 9 月 12 日晚报，第 2 版。
② UN Doc., A/59/L. 68（21 July 2005）.
③ 《朝日新闻》2006 年 12 月 16 日早报，第 16 版。
④ UN Doc., A/59/PV. 111, p. 8.
⑤ UN Doc., A/59/PV. 111, p. 16.
⑥ UN Doc., A/59/PV. 112, p. 11.

对的理由,但仅仅是公开的理由("历史认识问题")并不具备说服力,此外,如同泽指出的(泽[2005]328),由于阻止小泉首相参拜靖国神社的目的只是一时性的,因此背后应存在更为本质的问题,而颇具说服力的原因应是对日本的政治大国化加以牵制,具体而言就是警惕日本借助"入常"实现政治大国化。

"共识联合"的反对则缘于各个地区围绕霸权与名誉的竞争,这从并不反对或积极赞成其他地区的候选国成为常任理事国的动向中也得以反映。前驻联合国大使佐藤行雄曾回忆意大利大使和巴基斯坦大使都明确表示过:"在安理会改革实现后我们都赞成日本成为常任理事国。"(明石等[2008]286)但是意大利绝对不会容忍德国、巴基斯坦绝对不会容忍印度成为常任理事国。

美国的反对也是G4方案失败的主要原因。美国在这个问题上反复利用了效率性这一名正言顺的理由,即如果安理会极度扩大,决策将变得困难,行动也将难以迅速开展。2005年6月G4决议案的内容公布之后,美国发表了有关联合国改革的全面方案,其中安理会新常任理事国为"包括日本在内的两个国家"且没有否决权。对G4推动的安理会扩大"框架决议案"也以"担忧安理会失去效率性"为由而不予支持。① 对G4的团结打击最大的是,美国指名支持"入常"的国家只有日本②,却对德国"入常"面露难色。其原因被认为包括担心如果认可英法之后又一个欧洲国家"入常"将导致"地区平衡"的失衡以及对德国始终坚持反对伊拉克战争的立场不满。③ 可以认为,在美国看来,尽管赞成较易控制的日本"入常",

---

① 《朝日新闻》2005年6月17日早报,第1版。U. S. Department of State, "On-the-Record Briefing on UN reform," June. 16, 2005. [http://www.state.gov/p/us/rm/2005/48186.htm], U. S. Department of State, "U. S. Priorities for a Stronger, More Effective United Nations," June 17, 2005. [http://www.un.int/usa/fact_sheet/reform1/pdf](2008年3月10日检索)。

② 美国自1972年以后始终支持日本成为常任理事国,但对其他国家的"入常"活动则极为慎重(Pan[2005]320-328,339)。

③ 《朝日新闻》2005年6月27日早报,第4版。

但如因此导致存在反抗美国之可能的欧洲影响力的扩大,这种局面或会成为美国影响力下降的根源。

此外,美国支持日本"入常"的条件明显带有对日本本源性权力的考虑。副国务卿伯恩斯(William Joseph Burns)曾列举了成为新常任理事国的 5 个条件:(1)人口、经济实力等国力;(2)可为维和行动做出贡献的军事实力;(3)遵守人权和民主主义;(4)对联合国做出财政方面的贡献;(5)在反恐、核不扩散问题上进行合作。(1)和(2)直接属于本源性权力,(4)是由于没有经济实力的国家不可能成为常任理事国,(5)则出于因该国赞成美国在联合国上欲实现的目标而直接有利于扩大美国影响力的理由。这些都与候选国的权力相关,而日本符合所有这些条件。

最后看看英国和法国的态度。现任安理会常任理事国的这两个国家积极支持 G4 的框架决议案,如果从"制度性权力"的观点看这种态度多少有些难以理解。只要"权力"是零和性的,那么扩大安理会,英法的影响力就会相对下降。① 尽管如此两国仍持赞成态度,应是由其他原因所促成的。

两国在公开场合都将"正当性"作为支持的理由。比如,法国驻日大使就曾表示"可以带来……全球性解决方法的只有拥有正当性的联合国及其附属机构。正当性是提升有效性的关键。法国认为,日本、德国、印度、巴西等国如果是常任理事国,安理会将会成为比今天更为有效的组织。法国在成为这 4 个国家提出的决议案的共同提案国的同时,坚定了积极支持这一方案之方针的理由就在于此"②。2007 年世界经济论坛上英国首相布莱尔在谈及安理会改革的必要性时表示,"没有德国、日本、巴西、印度的安理会终将失去正

---

① 英法有意通过让日本和德国成为常任理事国来封杀对安理会改革的进一步讨论(北冈[2007] 246-247)。

② 《朝日新闻》2005 年 7 月 21 日早报,第 12 版。

当性"并提议扩大常任理事国。① 两国都主张,地区平衡的安理会将提高正当性,实效性也会增加。

但实际上并不仅仅如此,对英法而言,德国加入新的安理会意味着"地区平衡"将有利于欧洲。德国近年来与欧洲各国的一体感日益加强。在联合国美法之间发生争执时,德国完全可能支持法国。但尽管英法都支持 G4 方案却在否决权问题上持否定态度②,这或许是基于以下判断,即只要不给予否决权,英法影响力的损失将会被控制在最小程度。20 世纪 90 年代,尽管曾讨论过由欧盟(EU)的一个席位轮流取代英法安理会的席位这一意大利方案,但遭到英法两国的强硬反对(杜浩[2000]185),这也反映出英法不会容忍削弱自身权限的立场。

综上所述,无论是赞成一方还是反对一方,G4 "入常"进而赋予否决权将增加"制度性权力",在如何看待这一问题上各方态度泾渭分明是很自然的。从赞成派和反对派都进行了大量外交努力这一点,可以推断出各国都在重视"制度性权力"。

结 语

本章并不尝试对联合国安理会改革的事例进行理论探讨,相反,笔者尝试从事例中引导出理论。如果有关"制度性权力"或"基于制度的权力"的解释可以成立,那么至少可以确认以下几点。

从与理论整合的观点看,国家可以进一步发挥其经济和军事实力的本源性权力与"制度性权力"是相互关联的,这一点如实反映在美国 2005 年的全面方案中提出的"入常""新标准"上。此外,尽管由于近年来日本缴纳的联合国会费逐年下降而几乎不再被提起,但在 20 世纪 90 年代日本"入常"最大的依据就是日本对联合国的

---

① 《朝日新闻》2007 年 1 月 29 日早报,第 2 版。
② UN Doc., A/59/PV. 112, p. 19, A/59/PV. 111, p. 11.

财政贡献，这也可以看出经济实力这一本源性权力与制度性权力的关系。

如果仅仅如此，不仅是日本，德国成为安理会常任理事国也是毫不奇怪的，但美国对德国"入常"持慎重态度则主要是出于"地区平衡"将过度向欧洲倾斜并导致美国影响力衰退这一判断。

"制度性权力"的重要性至少可以包括以下几点：联合国成员国认识到安理会常任理事国的地位或产生否决权的"制度性权力"十分重要。成员国为了获得这种"制度性权力"将不遗余力，同时反对与其存在利益冲突的国家或将来存在对立之可能性的国家拥有这种"制度性权力"，并为此付出巨大的外交努力。

最后，在与结构主义整合的问题上，"制度性权力"也与名誉有关。对日本和德国而言，由于在《联合国宪章》上被视为旧敌国事关国家名誉，因此与获得"权力"同等重要。此外，"制度性权力"与其制度的有效性和正当性密切相关。已事实上成为外交和经济大国的日本和德国，无法成为常任理事国将导致安理会的正当性降低，这种看法不仅重视正当性，也表明其与"制度性权力"是紧密相关的。

新自由主义制度论合理且精致地论证了国际制度作为顺利推动国际合作的手段发挥着重要作用，这一点值得肯定，但同时在对联合国的政治博弈的分析上却并不充分，"制度性权力"的视角是不可或缺的。如果从这一点解释安理会改革，就会发现，只要存在着权力这一零和性要素，诸如安理会改革这样的"合作"仍将是一个至难的问题。

第四章 建构主义
——实证研究的方法论问题

宫冈勋*

引　言

国际关系理论中的建构主义（Constructivism）是指"人和社会之间相互建构或相互构成"的哲学和社会理论的思维方式，是尼古拉斯·奥努夫（Onuf［1989］36）从20世纪80年代末开始使用的。这一用语在日本国际政治学界多被译为"构成主义"。但是，本章使用"建构主义"的用法，这是由于笔者希望沿袭将"construction"译为"建构"和将"constitution"译为"构成"这一现象学上的惯例。[①] 如后所述，建构的概念包括因果性和结构性的双重含义。

近年来，人们日益关心建构主义的方法论问题（Klotz［2006］；Pouliot［2007］；Klotz and Lynch［2007］），其背景在于很多人都认识到方法论"是建构主义理论与研究中重要的欠缺部分"（Adler［2002］109）。的确，依据以文化、规范、身份认同等抽象概念为核心的建构主义进行的实证研究存在着巨大的障碍。

---

* 大阪大学大学院国际公共政策研究科副教授。
[①] 有关社会学、心理学中"建构主义"与"构成主义"的区别以及"constructivism"和"constructionism"的区别参见千田［2001］。

方法论与对世界上的事物以何种关系存在进行的讨论（本体论）和如何认识世界上存在的事物的讨论（认识论）有着密切的关系（Pouliot［2007］; Klotz and Lynch［2007］）。当然，并不存在建构主义特有的方法论（Jepperson et al.［1996］67; Finnemore and Sikkink［2001］）。但是，建构主义的方法论应必须以其本体论和认识论为基础。实际上所有的建构主义一般都以"行为体的特性（认同及利益）由社会建构"这一相同的本体论而定义。另一方面，建构主义的认识论则极为广泛，从极端性的解释主义直到实证主义，立场各不相同。

本章认为，充分重视实证主义性建构主义探讨什么以及作为其方法论的言论分析和内容分析等问题，对于日本国际政治学的广阔领域十分有益。对实证主义性建构主义予以特别关注有以下三点理由。首先，冷战后建构主义在美国的国际关系理论中崛起的原因之一就是向建构主义的实证主义认识论靠拢。其次，由于建构主义传统上与解释主义性质的认识论相结合，因此与实证主义的结合孕育着关系紧张的因素。最后，实证主义性质的方法具有严肃看待方法论的传统。

本章将进行如下论述：首先，对美国和日本国际关系理论中建构主义的发展进行概述。主要论述实证主义与后实证主义之间在认识论上的论战经过本体论转向（ontological turn）而成为理性主义与建构主义之间的论战，特别是与后现代主义产生了区别的建构主义开始崛起。其次，从温特所著《国际政治的社会理论》（Wendt［1999］）的本体论、认识论的视角探讨方法论。之所以选择这本著作，是因为这是一本最为严肃、全面论述实证主义性建构主义的本体论与认识论的著作。第三，论述可在基于建构主义的实证研究中发挥作用的两种对照性方法论，即言论分析与内容分析各自的特征与课题。最后，阐述建构主义方法论在地区研究、国际政治史和外交史等方面也具有参考意义。

一、国际关系理论中建构主义的发展

本节将首先考察 20 世纪 90 年代建构主义崛起的背景。其次，将概述美国和日本基于建构主义的实证研究的发展。本章将实证研究定义为"基于实际调查数据的研究"。与实证研究相对的是理论研究，而作为社会实践的"实证研究"（或经验性研究）与作为哲学立场的"实证主义"与"经验主义"是有区别的。

本体论转向与同后现代主义的决裂

冷战的结束为国际关系理论中建构主义的崛起做出了贡献。首先，既存的国际关系理论很难解释冷战的终结（Wendt［1999］；Lebow and Risse-Kappen［1995］）。特别是新现实主义由于将焦点集中在国际体系的结构，故而暴露出无法解释其变化过程的局限性。此外，冷战后规范、身份认同、文化等观念性因素对于安全问题而言日趋重要的事实也推动了建构主义的发展（Katzenstein［1996b］）。

但是，在思索建构主义崛起之际，重要的并不仅仅是国际政治环境的变化，还应考虑到在冷战即将终结时，在美国的学术界，论战的对立双方从围绕实证主义是否适宜的认识论之不同逐步转向了围绕主体与结构关系的本体论之观点相左这一情况。

被视为美国国际政治理论"主流"的新现实主义与新自由主义都是以实证主义这一认识论立场为依据的。根据斯蒂夫·史密斯的观点，国际关系理论中的实证主义与逻辑实证主义的潮流暗含着四个前提，即（1）自然界与人类社会都可以用同一种科学方法进行分析的自然主义；（2）可以客观了解世界的客观主义；（3）人类社会也存在着有规则的现象和对规则性的信念；以及（4）知识最终必须通过经验进行验证、反证的经验主义（Smith［1996］）。这种实证主义立场的对立面是解释主义。

20 世纪 80 年代，汲取了德国批判理论和法国后现代主义（或后结构主义①）潮流的批判性国际理论尤其对新现实主义的实证主义性前提进行了批判。所谓"主流"的实证主义与对其进行批判的后实证主义之间的认识论论战被称为"第三次论战"（Lapid［1989］）。但是，这一论战的实际情况却是倾向于互相否定对方，而几乎没有进行有实质内容的学术对话。

针对这种情况，基欧汉在1988年国际关系学会（ISA）大会就任会长的演说上呼吁理性主义与反思主义之间展开对话（Keohane［1988］）。理性主义的特征在于关注拥有安定偏好的行为体对行动的理性选择。另一方面，反思主义则会关注行为体通过反思和学习在偏好上的变化。但是，认为这两种方法之间的对话不会成为"第三次论战"的想法也并非不可思议。这是因为作为理性主义的新现实主义与新自由主义和作为反思主义的后现代主义和批判理论等都是例证分析性的研究。可重要的并不是讨论实证主义是否适宜这一认识论上的不同，而是对源于结构的行为体的独立性这一本体论之不同进行的整理与修正。

从反思主义的角度与以理性主义为前提的新自由主义相抗衡者当属温特。他在1992年发表的《无政府状态是国家造成的》一文中，为了强调主观性的社会建构而借用了奥努夫"建构主义"一词以取代"反思主义"（Wendt［1992］393）。此外，温特还将建构主义研究者分为现代派和后现代派，并将自己归于前者（Ibid., p. 394 n. 12）。其后，这一用词之所以在国际关系理论中得到普及，与温特推动的建构主义的稳健化，即在理论上与可被称为激进建构主义的后现代主义分道扬镳密切相关。这一点在方法论上也十分重要，并将在后文中再度提及。

---

① 两者之间微妙的区别参见Rosenau［1992］p. 3 n. 1。在国际关系理论中，通常将两者作为同义词加以使用。

美国的实证研究

20世纪90年代后,关于建构主义的实证研究出版了多部著作。初期的代表作之一就是卡赞斯坦主编的《国家安全的文化》(Kazakhstan[1996a])。这本书的目的在于探讨规范、文化、行为主义的身份认同对国家安全政策施加的因果性效果(Jeppeson et al.[1996]52)。在书中,温特也作为共同作者在有关理论框架的第二章强调了"普通科学"即实证主义性研究(Ibid., p. 65)。

建构主义的实证研究的论文数量也在增加。根据维夫(O. Waever)的研究,美国国际关系理论主要学术杂志之一的《国际组织》(*International Organization*, IO)中,被分类于"非后现代主义性结构主义"的论文占1995—1997年全部论文的五分之一(20.8%)。另一方面,后现代主义(包括马克思主义和女性主义)的比例极小(4.2%)(Waever[1998])。但有必要留意的是,理性主义性质的研究仍然占大多数(63.9%)。

该杂志50周年纪念号(1998年秋)将理性主义与建构主义作为现代的两大方法,加速了建构主义的主流化。同时,其共同主编者卡赞斯坦、基欧汉以及斯蒂芬·克拉斯纳(Stephen D. Krasner)并没有忘记强调后现代主义性建构主义的"异端性":

> 《国际组织》几乎没有刊登(与后现代主义)论战的论文。这是由于后现代主义否定《国际组织》做出的承诺,即在有关真实的不同主张之间以证据来决定优劣。与惯例性(实证主义性)、批判性建构主义不同,后现代主义明显不属于社会科学的工作(Katzenstein et al.[1998]678,括号内内容为笔者所加)。

由此,在否定实证主义的激进后现代主义与理性主义之间走"中间路线"的建构主义在美国学术界增加了存在感(Adler[1997]

[2002])。现在，理性主义与建构主义之间的论战被称为国际关系理论中的"第四次论战"（Fearon and Wendt [2002] p. 68 n. 2）。

另外，以建构主义的关键词"规范"或"身份认同"为题目和重点的《国际组织》论文数量的变化参见图4-1。但是，有必要注意到，尽管是少数，但在建构主义之外也有使用这些关键词的研究。此外，2005年建构主义的研究达到了顶峰，这是由于当年秋季的特刊《欧洲的国际制度与社会化》中包括了很多建构主义性质的研究。

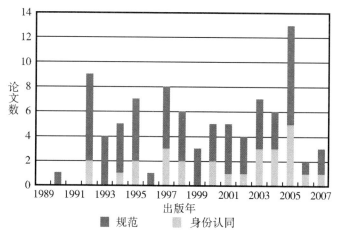

图4-1 论文题目、概要中包含建构主义相关用语的论文数
（《国际组织》）

资料来源：笔者根据ProQuest的数据汇总而成。

日本的实证研究

与美国相对照的是，比起理性主义，在日本建构主义性的研究占据优势。根据猪口孝和保罗·培根（Paul Bacon）的研究，从1988年到1998年间日本的《国际政治》刊登的所有论文中，后现代主义的比例极小（0.88%），但被分类于"非后现代主义的建构主义"的论文占了四分之一（24.6%）。另一方面，基于理性主义的论文只占总数的一成多（13.5%）（Inoguchi and Bacon [2001]）。但是可以认为这一调查使用的是非常广义的建构主义概念。受到美国研究活动的影响，很多基于建构主义的实证研究成果在日本得以出版已是在这一调查期间之后的事情了。

比如，如图4-2所示，2000年后，《国际政治》中以建构主义关键词"规范"和"身份认同"为论文题目的现象引人注目。一次刊登多篇以包含这些关键词为题目的论文的《国际政治》特刊就包括第110号《种族与欧盟》（1995年）、第124号《国际政治理论的再建构》（2000年）、第143号《规范与国际制度》（2005年）以及第147号《国际秩序与国内秩序的共振》（2007年）。当然更不用说此外还有很多不包含这些关键词为题的建构主义性的论文。比如，第129号《国际政治与文化研究》中就有很多涉及建构主义的内容。

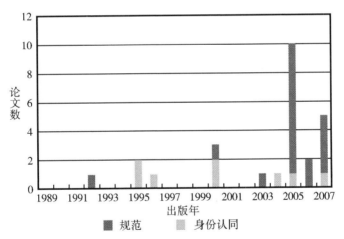

图4-2 论文题目、概要中包含建构主义相关用语的
论文数杂志（《国际政治》）

资料来源：笔者根据国立国会图书馆杂志报道索引检索汇总而成。

特别值得一提的是，在美国的建构主义崛起之前，日本的国际政治学者就进行了与建构主义具有亲和性的研究（Inoguchi and Bacon［2001］14）。马场伸也的《身份认同的国际政治学》（1980）可谓代表作之一。该书的目的正是"探求可谓现代化'时代精神'

的身份认同之摸索对历史发展和国际社会的变化产生了何种影响"（马场［1980］15）。同时，该书较温特先行一步"尝试对历史哲学、社会学和国际关系理论进行融合"（同上，291页），可谓划时代性的研究成果：

> 不管是对个人、集体还是对国家而言，权力、影响和利益都是身份认同的一部分和手段，将这些进行综合、赋予其意义并进行指导的最高原理就是身份认同。因此，对于国际政治学而言，身份认同理论也包括了权力理论和影响力的理论（同上，13页）。

但是在这项研究中，如何看待身份认同构建这一方法论视角却很羸弱。这本书本身就是对刊登在《世界》《中央公论》《朝日期刊》等综合杂志上的文章所"进行的若干修正"（290页），此外，正如其本人也承认的，书中存在多处事实认识与价值判断的混同（马场［1981］），比起"明确推导出结论的按照研究程序的学术论文"，更似一种"评论"（斋藤［1998］6）。

即使是最近更为学术性的建构主义性研究，其很多在方法论的研究上也并不充分。比如，可以发现有些研究在从国家行为变化推导身份认同变化的同时，却尝试用这种身份认同解释相同的国家行为，从而陷入了恒真命题（tautology）的陷阱。除了选择事例外，这种现状或与进行轻视方法论的定性研究这一一般学术倾向相一致。

二、温特的本体论、认识论与方法论

如上所述，从认识论向本体论的转向以及与后现代主义的区别化为建构主义的崛起做出了贡献。以下将以温特《国际政治的社会理论》（Wendt［1999］）第二章为中心，在明确温特提出的实证主义的意义的同时，从本体论和认识论的视角分析实证主义性建构主义的方法论。首先将简述温特对建构主义一般性的本体论性质的定义以及向实证主义的认识论性转变。其次尝试将温特为使人接受实证主义而采用的科学实在论与主流派的逻辑实证主义之间进行对比。最后，在探讨为将科学实在论适用于人类社会而在本体论上让步之上，明确其方法论意义。

本体论性定义与认识论性转向

根据温特的观点，建构主义一般采用理想主义和整体论（holism）这两种本体论立场的方法。这里理想主义是指行为体所在的结构最重要的并不是物质，而是由共同拥有的观念决定的。尽管绝不能无视权力、利益等物质性因素，但这些因素的意义却是以观念性因素为依据的。另一方面，整体论则是指行为体的特性（身份认同和利益）并不是原本即被赋予的，而是由结构构建而成的。简言之，建构主义的定义就是关注通过社会结构建构行为体的社会学方法。

如上所述，温特将他支持的建构主义冠以"现代主义者""稳健的"（moderate）等形容词，以区别于"激进的"后现代主义（Wendt[1999] 1, 47）。其背景在于，在美国学术界如果被视为具有如后现代主义般的"反科学性"，那么是很难被主流认真对待的。更值得注意的是，温特在本体论层面上坚持建构主义的独立性的同时，也主张在认识论上接受实证主义（Ibid., pp. 39, 90）。也就是说温特宣称除了本体论转向，还将进行认识论的转换。

但是，也存在着主体间性（唯心主义性）本体论和实证主义性的认识论之间存在矛盾的观点（Kratochwill and Ruggie [1986]）。为了反驳这种观点并使二者可以并立，温特运用了科学哲学中的"科学实在论"（scientific realism）。

科学实在论与逻辑实证主义

科学实在论是从存在论的角度思考认识论，主要包括以下三个要点。第一，世界是独立于人类而存在的；第二，可以通过科学了解世界;第三,即使科学的对象是无法直接观察的,它也同样可以通过科学加以了解(Wendt［1999］;户田山［2005］)。

温特根据被称为"旨在最佳解释的推论"和不明推论式（abduction）的归纳思维法,对最后一点进行了如下说明（Wendt［1999］62-67）。当发生了可观察到的结果时（比如飞机云）,如果依据逻辑认识到存在着作为该结果发生原因的某个特定事物（飞机）最符合逻辑,那么可以推论出其是存在的。物理学也是如此,可以认为存在着无法直接观察到的原子核和电子。只要不把发展至今的科学上的成功视为"奇迹",则只能通过推论得出原子核和电子是实际存在的结论。

有必要注意的是,这里提到的科学实在论与形成美国主流派国际关系理论思想基础的逻辑实证主义（逻辑经验主义）（Dessler［1999］)并不相同。后者是以只承认可以直接观察到的事物现象这一严格的经验主义为前提的。逻辑实证主义的代表性模型演绎法则（DN）模型具备三个重要特征。第一,通过"对具备普遍法则性的原理进行演绎性总括"解释现象（ヘンペル（Carl Gustav Hempel）［1973］6）;第二,同等看待说明与预测;第三,科学性解释只限于解决"为何"的问题。

温特则从科学实在论的视角对DN模型进行了以下批判。第一,用法则进行解释的方法无法追究原因。举例而言,以"民主主义国家间不会进行战争"的法则来说明美国和加拿大之间的和平,却仍遗留了为何最初这个法则可以成立的疑问。即使不可能直接进行观察,也应关注因果机制。第二,在自然科学中也存在不伴随着预测的解释。比如地壳变动和进化的说明（Wendt［1999］79-81）。第三,如DNA的双重螺旋模型等"如何可能"（how possible）和"是何"（what）也可以认为是科学性解释（Ibid., p. 86）。

科学实在论接受了部分实证主义,即在接受了上述国际关系理论中实证主义四个前提中的自然主义和客观主义的同时,拒绝了严格的经验主义和（比起内在意识更注重外在行为法则性的）行为主义（behaviorism）（Smith［1996］），但并不否定主张理论应根据经验性证据加以评价的温和的经验主义（Wendt［1999］85）。

简言之，温特支持的实证主义并不是狭义的逻辑实证主义，而是更为广义的包括对客观现实进行假设验证在内的"对科学的信奉"，其特征就是重视根据科学实在论的"因果机制、旨在最佳解释的推论以及（伴随着科学性解释多样化的）方法论性的多元主义"（Wendt［2006］214，括号内说明为笔者所加）。

"弱势建构主义"（thin constructivism）与方法论上的启示

将科学实在论适用于人类社会而非自然界的方法遭到了包括科学实在论学者在内的很多研究者的批评（Guzzini and Leander［2006］），特别是认为主张"世界独立于人类而存在"的科学实在论与主张"人类与社会相互建构"的建构主义是无法相容的。对此温特在本体论上做出让步，提出了"弱势建构主义"（Wendt［1999］2）。

温特在其支持的稳健建构主义的问题上，一方面基本坚持唯心主义和整体论的立场，一方面也对同这些理论相反的唯物论和个体论进行了某种程度的让步（Ibid., pp.72-77）。在对唯物论进行让步的方面，承认人性、自然资源、地理、生产力以及破坏力等（与观念相分离的）物质性因素也会具有对社会性现象的影响力。比如，发挥社会性作用的总统也存在作为生物的局限性。对个体论的让步则体现在，由于国家等行为体是由来自于外部的社会性建构部分和内部自我组织的部分组成的，因此结构不可能建构行为体的所有部分。进而言之，社会性世界尽管依赖于人类集团的精神与言论，但通常独立于研究所观察的个体的精神与言论。从个体的角度来看，社会性事实是客观体现的。通过上述论述，温特确保了主客体分离这一实证主义的前提。

通过在本体论方面的让步，不仅是结构性关系，因果性关系也被包括进了建构主义的分析范围（Ibid., pp. 77-89）。身份认同和利益的"建构"也分为因果性和结构性两类（Ibid., pp. 167-178）。在结构关系中，被建构的事物在概念和逻辑上依赖于建构者，两者是表里一体的关系。比如，某种特定纸张的意义（货币）是由主体间性的货币制度建构的。而因果关系则是原因（X）导致结果（Y）的关系。换而言之，这也是全部满足以下 3 个条件的关系。(1) X、Y 均为独立存在；(2) X 在时间上先行于 Y；(3) 如果 X 没有发生，则 Y 也不会发生。规范对行动进行管制等，既是唯心性质的因素，也具有因果性效果。

在方法论上，温特采用了"问题驱动法"（Ibid., p. 78），即建议对结构性问题采用解释性方法，而对因果性问题则从实用性标准中选择方法。如果是因果机制的记述和过程跟踪，则有必要进行案例研究和历史研究。但是，不管是什么问题，在温特所言的"科学"中，可正式得到的证据和结论的反证可能性是不可缺少的（Ibid., p. 373）。所有的解释不可能同样妥当，解释也应通过经验性证据加以评价。

建构主义关注的主体间性存在如果留有"客观性可实证的足迹"（Herrera and Braumoeller［2004］16），则也应可运用经验性的方法。埃米尔·涂尔干（Émile Durkheim）在一个世纪前出版的《社会学方法的准则》中写道："社会事实非常自然且直接地带有作为事物的所有特征。法律存在于各种法典之中，日常生活中的各种动向存在于统计数字和历史的纪念碑之中，时尚存在于衣装之中，而美的情趣则铭刻在艺术作品之中"（デュルケム［1978］95）。

但是，当然仅仅依靠经验性方法无法捕捉社会事实。为此温特提倡包括解释性方法在内的方法论多元主义。

三、言论分析与内容分析的特征与课题

作为建构主义的研究方法，具体应关注何种方法？下文将选取

被寄予希望的言论分析和内容分析方法，从本体论和认识论的角度对这两者各自的特征与课题进行简单探讨。此外，由于两者同属文本分析，也非常适合进行对比。

言论分析

言论分析对于规范和社会身份认同等主体间性的研究十分有益（Milliken［1999］；大贺［2005］）。言论分析是由建构主义本体论、解释主义认识论以及文本的定性性质与功能性研究方法组成的方法论（Hardy et al.［2004］）。其方法的主要内容是，将文本与其他文本相结合，在此基础上通过将相互关联的文本集合（言论）在历史、社会性背景中进行定位，构建这种言论的意义，并进而解明言论的意义是如何建构社会现实的。总之，在言论分析的方法中，尽管言论的意义是由研究者构建的，但现实却是由社会建构的。

笔者曾从当时社会状况的角度分析了日本政府肯定鲸、象等保护野生动物规范正当性的立场（Miyaoka［2004］）。社会状况关注的是：（1）既存的主体间性状况（国际法规范、科学性见解以及国内的伦理观）；（2）规范促进国与对象国的身份认同关系（敌对、竞争、友好）；以及（3）国际组织内表明的对该规范的共识程度。这种方法也可以说是一种言论分析。因此通过规范对日本政府的行为和政策进行分析就避免了恒真问题的出现。

尽管在采用言论分析的解释方法的同时进行科学性研究并非易事，但朝这个方向努力却是可能的。泰德·霍普夫（Ted Hopf）在有关苏联、俄罗斯的身份认同认识的实证研究中，提出了通过独立变数和从属变数可以进行反证的假说，认为在追求理论构建的同时，通过言论分析进行的解释将具备大致上的信赖性、有限的普遍化和预测的可能性以及暂定的妥当性（Hopf［2002］29）。这的确是颇具论战性的主张，但其对言论分析的科学性方法进行更为严肃的思考，这一态度对很多研究者而言却是十分有益的。

内容分析

　　内容分析对于在因果性问题中客观测定作为变量的认同与规范是有益的。内容分析是由实在论性（realist）本体论、实证主义性认识论以及文本的定量和演绎性研究方法组成的方法论（Hardy et al.［2004］）。在这一分析法中，现实不仅独立于观察者而存在，文本也反映了其现实。因此通过实证主义性的科学方法来解析文本自身的数量性特征。内容分析也可称为是"通过客观化的方法从核心文本中推论其社会状况的方法"（Bauer［2000］133）。

　　内容分析的一般程序如下：决定源于理论的数个范畴（符号），按照范畴将文本的单位（单词、行文、段落）进行分类（符号化）。分类按照事前设定的基准（符号化规则）进行。比如单纯而言，包括"身份认同"或"规范"单词的文本单位将被归类于"建构主义"的范畴。由此可以对文本中各种范畴的出现频度进行测定，并进而可对这些出现频度间的关系、内容分析的结果和除此之外的数据之间进行统计分析。此外，符号化也分为由人进行和由计算机进行两种情况。

　　日本国际政治学中，以往就曾多次尝试过通过内容分析进行实证分析的研究。比如除卫藤沈吉（1965）、冈部达味（1976）外，猪口孝、武者小路公秀、高木诚一郎、田中明彦以及浦野起央等都曾对新闻报道、社论和首相演说等进行过内容分析（浦野［1997］）的研究。尽管这些并非有意进行建构主义性质的研究，但其有关决策者对其他国家的印象、友好及敌对程度的内容以及对价值观问题的时序性分析等都可为身份认同、规范的测定提供重要的参考。

　　尽管本体论与认识论的层面不同，但作为内容分析今后需要解决的课题，就是要探讨内容分析与利用同一文本的言论分析之间进行互补的可能性（Herrera and Braumoeller［2004］）。戴维·D.莱汀（David D. Laitin）在有关滞留于俄罗斯之外原苏联各加盟共和国的俄罗斯人之身份认同构建的研究中，将内容分析与背景分析（context analysis）进行了组合（Laitin［1998］），也有的研究使用与民主性军事管理规范的范畴（军队保持政治中立等）对原苏联各加盟共和国进行了定性性的内容分析（宫冈［2006］）。这里的"定性性"是指将与范畴有关之规定的提及程度按照三个阶段（◎·○·△）进行评估。如果采用这种定性性质的内容分析方法，则也会提升与言论分析的整合性（Hardy et al.［2004］）。

结　语

日本的国际政治学具有以地区研究、国际政治史及外交史研究为专业领域的学者比例极高的特点（猪口、原田［2002］）。在日本，从事这些研究的研究者中间，比起科学方法，传统（历史、法）方法处于支配地位（石川、大芝［1992］）。这一点与20世纪50、60年代"第二次论战"（Knorr and Rosenau［1969］）后科学方法成为主流、理性主义性质研究盛行的美国形成了鲜明的对照。在传统方法为主流的日本，直至今日很多基于建构主义的实证研究都没有充分注意方法论的问题。这种现状尚有改善的余地。20世纪90年代后在美国建构主义的发展并不意味着对传统方法的回归，恰恰相反，呈现实证主义化即科学化的趋势。

对本章涉及的言论分析与内容分析等方法论进行进一步探讨，不仅对建构主义研究，也应可对日本国际政治学的各个领域提供有益的启示。建构主义并不追求自然科学般的一般化，而是强烈考虑到时间、地点等因素，这一点与日本盛行的历史研究与地区研究有相通之处。此外，建构主义与历史研究等不仅都关心国际变化，在追踪过程和因果机制等方面也有类似的思维方式（エルマン/エルマン（Colin Elman & Miriam Fendius Elman）［2003］）。当然，尽管不应重蹈初期行动论政治学过度推动科学化的覆辙，但即使是定性性质的研究，难道不仅应追求研究的"艺术"，还应追求研究的"方法"（フリック（Uwe Flick）［2002］347）吗？这既是笔者的自问，也希望读者进一步加以思考。

第五章 对外决策
——"小泉外交"的政治过程

信田智人*

引 言

有关第二次世界大战前的外交和国际关系的研究中,绝大多数是与国家间相互作用(模式、体系和过程)以及历史方向(按照时间序列进行的分析与说明)相关的叙述性成果。这些研究将重点置于说明国家为了保护自己、为了追求自身目的而做了"什么"。但是在知识上不满足于将研究止步于此的国际政治学者则进一步对国家"为何"会如此行动进行分析,可以说这是对外决策过程研究的开始。

这方面的分析有多种方法,最为粗略地可分为两种。第一种是将国家拟人化并作为主要行为体进行分析的"理性行为体模型",这一方法将国家视为看不见内部的黑箱。

但是,在国际政治的世界中常常发生这种方法无法解释的现象。对此,不仅思考"为何",为了探求决策"如何"产生而打开黑箱,将研究视角转向国内政治的"政治过程模型"就是第二种方法论。本章将在列举政治过程模型各种类型的同时简析小泉纯一郎政府期

---

* 国际大学研究所教授。

间的若干外交事例。

由于小泉从2001年到2006年执政长达五年半,因而可以说取得了很多成果。在外交政策上,2001年进行了《反恐对策特别措施法》《伊拉克特别措施法》《有事关联法》等一系列立法,通过2002年9月访朝实现了被绑架者重回故国,在政权晚期的2006年7月就朝鲜发射导弹问题向联合国提交了谴责朝鲜的决议案并得以通过。这些重要的对外政策中政治过程是如何发展的,对此本章将对各个事例根据相应模型予以分析,而在介绍各模型之前,将先提出政治过程模型的新类型。

一、政治过程模型的类型

对外决策理论中,艾利森《决策的本质》被众多研究者尊为金字塔般的研究,该书对既存的模型进行了批判(Allison[1971])。以往的国际政治研究中,一般都将国家视为选择追求本国利益最大化而做出理性决定的行为体,并有意无意地使用了艾利森介绍的第一种模型——"理性行为体模型"。

但是,进入政府并经历过实际决策从而对将国家作为一个行为体的传统模型产生强烈怀疑的理查德·诺伊施塔特在1960年出版了《总统的权力》一书(Neustadt[1960])。此外,在肯尼迪政府时期曾出任总统顾问的历史学家小阿瑟·施莱辛格(Arthur Meier Schlesinger, Jr.)和总统特别助理泰德·索伦森(Theodore Chaikin "Ted" Sorensen)、负责远东事务的国务院助理国务卿罗杰·希尔斯曼(Roger Hilsman)等人为了将各自了解的政府内部政治的实情告知公众,都根据各自的经历出版了著作。艾利森的研究受到上述作者的强烈影响,也是与这些作者讨论后的产物。

艾利森的研究中,作为政治过程模型的是第二种模型"组织模型"和第三种模型"官僚政治模型"。在艾利森研究的刺激下,日本也出现了对日本对外政治过程的研究(细谷[1977];渡边[1977];

草野［1983］；五百旗头［1985］）。艾利森三种模型的对外决策理论在日本研究者之间得到了高度评价，从各种著作和讲座的介绍中可以发现，几乎都认为这三种模型可以网罗一切。但是，如后所述，这两种模型都不是总结性和概括性的模型，无法说明危机状况可以使总统领导力加强的政治过程，或在相反的情况即不是危机的日常性对外政策，比如贸易政策时利益集团和议会作用增加的政治过程。

对此，福井治弘提出了日本对外决策过程中"日常型"和与其相对的"非日常型"的新类型。福井将辻清明提出的由官僚组织下层发起的、以禀议形式向上提交这一分散性的自下而上的决策（辻［1969］）称为"日常型"决策模型。在此之上，《旧金山和约》的缔结、归还冲绳交涉、日中邦交正常化等事例中，主要决定并不是自下而上型，而是由最高责任者首相发起，决策过程的参加者也服从首相的指示。这种"非日常型"决策模型比起日常型更体现了"远为明确且有效的权力序列和命令系统"（福井［1975］99）。

比起以往国际政治学者提出的"危机型模型"，"非日常型模型"在相当广泛的意义上得到了运用。在国际"危机"中，查尔斯·赫尔曼（Charles F. Hermann）给予了"意外性""威胁意识"和"决策的紧急性"等定义（Hermann［1972］），但"非日常型模型"并不要求这些严格的条件。因此可以认为，尽管政府内部决策的参与者极少，但同时在一般性争论中，政党、压力集团、媒体、市民团体等均可广泛参与。

本章尝试对福井提出的类型进行进一步的细分化。福井尽管将"非日常型"与"危机型"相区别，但作为与"日常型"相对的概念，"非日常型"当然也包括"危机型"决定的模式。为了紧急决断的需要，强烈要求最高领导人首相的领导力。决策会在非常小范围的集团内进行，通常情况下会参与的政府、执政党首脑也可能不会参与决策过程。

另外一种非常小范围的集团进行的对外决策属于与秘密谈判类

似的非公开型。在没有"危机型"的时间限制的同时,出于政治意图而限定决策的参与者。这种情况下"小集团模型"最具说服力。

处于非危机状态、问题也在政府内外广为人知的情况时,政府和执政党会采取某些应对措施。这种情况下问题将会在较为开放的氛围中得到讨论,各行为体互动和交涉的结果决定政策。艾利森提出的"官僚政治模型"对此具有说服力。

在"日常型"中,普通国民、媒体、利益集团、意见领袖等是否强烈关注会使决策过程出现极大不同。问题并不特别受到重视时,将会在官僚日常性工作的基础上得到处理。即使官僚组织内部出现对立,也会在组织内的某个层面上进行调整,并最终获得内阁的一致意见得以决定。其结果,即使也会出现不似理性选择的政策结果的情况,也可以通过"组织过程模型"加以解释。另一方面,当问题引起普遍关注时,在以舆论和媒体支持或不支持为背景的利益集团和在野党也参加的讨论中,将由政治博弈的结果决定政策。说明这一过程时,就有必要引用包括众多行为体且最为全面性的"国内政治模型"。

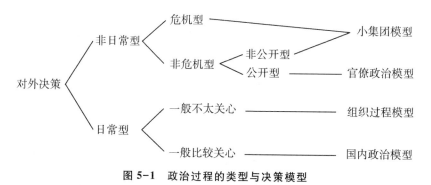

图 5-1　政治过程的类型与决策模型

在参考福井的分类以及何维丽(Valerie M. Hudson)的小集团、官僚政治、组织过程三种类型的分类(Hudson[2007])的基础上,本章图 5-1 以便于理解的方式罗列了对外政策过程的类型以及可适用的决策模型。本章第二、三部分将简述艾利森业已介绍的"组织过程模型"和"官僚政治模型"。随后将在第四、五部分介绍艾利森没有包含的"小集团模型"和"国内政治模型"。每一部分在对各自的模型进行说明后,还将分析该模型可以予以解释的小泉政府期间的对外政策事例。

二、组织过程模型分析

组织过程模型是指政府中有若干组织,每个组织都根据其各自的组织原理进行行动,这一模型关注的是责任与权力的分散。其中不是将国家而是将政府内的每个组织予以拟人化。政策尽管作为组织的"产出"得以实行,但却受到每个组织各自的价值观和优先顺序的极大影响。最高层的决策者尽管位居这些组织之上,但接收的情报信息是由组织提供的,政策的选择也依照组织的分析结果。这一模型中决策者持协调各联合体的立场,以应对来自各组织反馈的形式推动政策。组织为了高效行动,会制定"标准操作程序"(Standard Operating Procedure,SOP),很多情况下会基于这一程序自动处理。其结果是,组织的行动变得僵硬,遵循前例的前例主义增多。

或许几乎所有的对外政策都是根据这种日常性例行程序加以处理的。外务省包括亚洲大洋洲局、北美局、中南美局、欧洲局和中东非洲局等5个负责地区事务的局,每个局中会有一个课成为主管课,作为核心推动政策的制定。在有必要采取立法措施时,国际法局也有必要进行参与。最近综合政策局总务课的企划官出席各地区局的会议,在各地区、各领域政策上发挥着外务省内以及外务省与政党和其他省厅之间的协调职能。此外,安全政策上与防卫省,对外经济政策上与财务省和经产省、农水省、国交省等经济省厅之间的协调也十分必要。这些都是被福井称为"日常型"的自下而上的政策过程。

在这种"日常型"对外决策过程中,很多都是普通国民、媒体、利益集团、意见领袖等不太关心的例行程序性的事务。如果媒体进行了大肆报道并引起了舆论的注意,很多行为体就会试图对政策施加影响,这就会成为以第五部分介绍的"国内政治模型"进行分析更为合适的事例。此外,组织过程模型的前提是政府内组织间的对立较少。如果多个组织之间出现严重对立,就可能会出现代表各自组织并试图将其组织利益最大化的个人行为体,也有必要存在在这些个人行为体之间进行协调的政治领导人。在发生上述行为体之间的政治性讨价还价时,第三部分的"官僚政治模型"将更有说服力。

而使用组织过程模型进行分析最为合适的事例是以理性行为体模型无法解释为前提的。也就是说,必须研究一部分官僚和军人采取与国家和政治领导人意图相反的行动,进行追求组织利益而非国家利益的决策这一现象。恐怕这种外交决策在现实中非常多。但是,研究者选择的研究对象是研究者本人关心的事例,这些事例很多都是媒体和一般关注度较高的问题。因此,将根据例行程序处理、违反政治领导人意向之决定作为事例对象的研究可谓出人意料的少。

在小泉政府对外政策的事例中,2005年日韩首脑会谈或可用组织过程模型进行分析。

事例:2005年日韩首脑会谈

外务省中,负责地区的局会偏向和维持与外交对象国的友好关系,有时存在着轻视首脑意向的可能性。比如,2005年6月小泉首相访问韩国时,外务省的有关负责人没有得到首相的同意就通过外交渠道决定了首脑间达成共识的事项。

2001年自民党总裁选举中小泉首相将参拜靖国神社作为公约公之于众。就任首相后,从2001年8月13日作为首相第一次进行参拜以后,基本以每年一次的频率参拜靖国神社,从而恶化了与中国和韩国的关系。在政府内部也出现了担忧关系恶化的声音。2001年12月,福田康夫官房长官提出了建设国立战争死亡者追悼设施的构想，并成立私人咨询机关"追悼·和平祈愿纪念碑等设施思考恳谈会"多次探讨这一问题。外务省的亚洲大洋洲局则希望借助 2005 年小泉访韩之际改善日韩关系。

首脑会谈后，在青瓦台草坪上举行的记者会见上，卢武铉总统在发言中称："在建设新的追悼设施的问题上，小泉首相保证将考虑日本国民舆论并进行探讨。对不起，（事前通过外交渠道）调整后的文件中是'探讨'。现在我错误地说成了'保证'，特此修正。"

听完同声传译后，小泉首相露出了惊讶的表情。实际上，在首脑会谈中完全没有提及新追悼设施的话题。而外务省在向首相进行事前简报时也没有将此列入首脑会谈的议题。外务省的有关负责人为了改善日韩关系，既没有在事前向首相进行确认，事后甚至也没有报告，就将此作为了达成共识的事项。外务省的负责局或许认为由于政府内部已经出现了这方面的动向，如果是"探讨"追悼设施建设程度的措辞不致出现大的问题，而改善日韩关系是最重要的目的，从而做好了为此多少受到些责备也可忍受的思想准备。

记者会见后，首相秘书官饭岛勋严厉斥责了亚洲大洋洲局长薮中三十二。在饭岛勋看来，追悼设施的问题是"在政治上非常棘手的问题"，事前没有得到首相的理解就作为共识加以解决"是职业外交官亵渎首脑会谈重要性的越权行为"（饭岛［2007］240）。在这一事例中，外务省负责局将与其负责地区改善关系视为最重要的目的，从而轻视了首相的意向，因此是适合组织过程模型分析的事例。

三、官僚政治模型分析

艾利森通过与实际经历过政府决策的前政府高级官员的讨论并将内容进一步精致化，从而充满自信地提出的是第三种模型——"官僚政治模型"（Governmental Politics Model，又称"政府内政治模型"），并建立了一个范式。在此作为"产出"的政策是与决策相关的博弈者进行包括讨价还价在内的相互作用的产物。这一模型已有众多论著进行了介绍,简言之,包括四个重点:(1)谁参与决策;(2)抱有何种关心;(3)拥有何种程度的影响力;(4)进行何种博弈。

第一点中,博弈者除总统外,还包括内阁成员、部长级的助理及其亲信、总统进行政治任命的官员和官僚。艾利森并没有将总统始终放于中心位置。第二点的关心除了国家安全方面的关心之外,还包括组织利益、国内政治上的利益、个人利益以及对自身作用的想法等,重视何种要因则因博弈者而异。在此十分强调个性,但同时也重视博弈者基于其所属组织地位的特性。第三点的影响力则包括由组织所处地位带来的权限、资源情报、知识等有利条件;对这些条件加以使用的交涉能力和个性,以及其他博弈者对这两个要素的认识等三个要素。第四点博弈的性质尽管是对立和讨价还价导致何种"产出"的问题,政策渠道、法律和惯例上的规则等对决策过程也会产生很大影响。

但是,这种官僚政治模型的行为体只限定在政府内部。为此,在分析艾利森举例论证的古巴导弹危机等时间有限的危机状况时十分有效,却并不适用于时间宽松且政府外的行为体也施加影响的事例。对议会、利益集团、媒体舆论等也卷入其中的事例进行分析则有必要使用本章第五部分的国内政治模型。

小泉政府时期适用官僚政治模型的事例,当属向印度洋派遣自卫队的反恐对策特别措施法在短短6周内就实现了立法。当然为了立法,国会的政治过程也是必要的,但由于通过执政党单独投票的形式短时间内在国内通过了该法,因此国会的政治过程在本事例的整体中并不十分重要。由于日本实行议会内阁制,所以即使谓之政府内部,也将采用包括代表执政党的执政党干部和政府调查会在内的官僚政治模型。

事例:《反恐对策特别措施法》

2001年9月11日美国发生了"9·11"事件,小泉内阁迅速将这一事件定性为"事关国家安全的重大紧急事态",并由内阁官房负责其对策。内阁官房的官房副长官(事务)古川贞二郎召集防卫厅和外务省出身的副长官助理成立了包括防卫、外务两省厅干部和内阁法制局次长在内的紧急小组,开始探讨紧急对策。内阁官房特别重视的是速度。即使为了避免再度受到 1990 年海湾危机时"太少太迟"的批评,内阁官房也要重视速度。

派遣自卫队有必要制定新的法律,而这需要自民党与联合执政的其他政党进行交涉。小泉政权制定了包括以收集情报、为美军提供医疗、运输支援等为目的派遣自卫队舰艇等内容的"七项措施",但小泉马上前往进行说明的是联合执政的友党公明党和保守党的党首。党首会谈上得到认可后,在没有机会向执政党进行说明的情况下小泉就在记者会上公布了上述措施。尽管自民党外交部会的资深议员铃木宗男因"没有征得自民党的同意十分怪异"而向外务省提出了抗议,但在一切以反恐对策为重的气氛中,抗议遭到了忽视。

在短短约 4 周内就由内阁官房主导制定了向海外派遣自卫队的《反恐对策特别措施法》,在这一过程中,打破了首先征询政务调查会①意见的惯例,而首先与公明党和保守党磋商就法案的框架达成了共识。小泉首相之所以选择这种没有先例的政策过程,可能是出于这一判断,即自民党议员不可能以与高支持率的首相为敌的形式反对需要紧急应对的与安全相关且已同联合执政各党取得共识的法案。10 月 1 日,执政党三党的干事长基本同意法案,2 日,自民党政调会的三个相关部会也承认了法案。

在国会方面,赞成小泉首相排除派系影响力和改革路线的一部分民主党势力表现出合作的姿态。其步调甚至让同为联合执政党的公明党担心在联合政权中被取而代之的可能性。尽管执政党和在野党在摸索如何达成共识,但由于公明党力主加强执政党的团结,因

---

① 自民党政务调查会是自民党调研和提案党政策的组织,一般而言,自民党的政策和党向国会提交的法案必须经过政调会的审查。——译者

而最后进行了执政党的单独表决。其结果是，仅仅经过了62个小时的审议，这一重要的安全法案就实现了立法。

四、小集团模型分析

实质性决定重要的对外政策时很多都是由小集团做出的。小集团的范围少则数人，多则十余人，人数如果进一步增加则无法进行实质性讨论。出现强调紧急性的危机状况、秘密交涉、进行实质性决定的高级别外交交涉等情况时，很多都是仅由少数行为体应对并做出决定的。如赫尔曼指出的，这种通过小集团进行的决策过程中，集团内部的权力分配、集体内成员发挥何种作用等将在很大程度上左右结果（Hermann［1972］）。比如，首相明确发挥领导力的集团与不得不在对其他行为体察言观色的同时做出决定的集团之间，其决策过程自然不同。此外，成员始终重视自己的身份并试图代表其所属组织利益的情况，强烈意识到对首相忠诚的情况，努力贯彻自己的政治外交信念的情况等，不同情况都会产生不同的政策结果。

但是，与官僚政治模型相比，在危机等状况中的小集团模型里，参加的行为体比起代表其组织，很多情况下更是体现了其个人的应对（Stewart, et al.［1989］）。福井治弘在研究日本的外交政策时认为，小集团决定中成员"个性"的影响将被放大，特别是最高政治领导层扮演角色的重要性应受到重视，不能轻视他们的个人价值观、目的、利益和风格。福井指出，小集团的决策过程就是"政治领导者们个性与个性之间碰撞的函数"（福井［1975］99）。

欧文·贾尼斯（Irving L. Janis）在其有关小集团外交决策的代表作《小集团思维》（*Groupthink*）中指出，很多情况下寻求集团共识会导致决策质量的下降（Janis［1982］）。贾尼斯描绘的小集团对外决策伴随着强大的压力与风险、前景的不透明和秘密等，而如进行高质量的决策强力领导者是必不可少的。

小泉政府中是如何进行小集团决策的？小泉在其中如何发挥政

治领导人的个性？以下将通过日本应对 2006 年夏朝鲜发射导弹导致的危机状况、2002 年秋秘密谈判后小泉访朝进行日朝首脑会谈等两个事例予以分析。

事例之一：应对危机——朝鲜导弹发射的应对

2006 年 7 月 5 日，朝鲜发射导弹后，小泉政府向联合国安理会提出了谴责朝鲜的决议案并获得了通过。日本的应对迅速，且进行了周密的准备工作。

通过各种途径掌握了朝鲜正在进行导弹发射准备的情报后，小泉政府从 5 月末开始着手准备对策。安倍晋三官房长官向外务省出身的安藤裕康副长官助理发出详细且具体的指示，要求研究发射时应将哪些阁僚召集到首相官邸、如何告知国民、哪个阶段召开安全会议、制订包括制裁在内的对策等各种事项。

6 月 15 日，安倍前往美国驻日大使馆拜访托马斯·希弗大使，双方一致同意在日美两国政府间启动由情报、军事、外交、政策立案各负责人组成的联合小组。6 月末，该小组确定了一旦朝鲜发射导弹将实施包括禁止"万景峰号"进入日本港口、禁止朝鲜当局职员进入日本等 9 项内容的制裁方案。同时，外务省也以麻生太郎外相为中心开始做各国的工作。6 月 17 日麻生外相也会见了托马斯·希弗大使，确定朝鲜发射导弹后联合国安理会将召开会议并向朝鲜发出强烈的信号。此外，为了保证安理会将开会讨论，日本还事先做好了安理会主席国法国的工作。

除了麻生外相，安倍官房长官还要求防卫厅长官和两名政府官房副长官周末原则上不要离开东京都内，以便在发射后迅速集合。实际上，凌晨 4 点前日本收到了导弹发射后的第一份情报，一个小时内三名阁僚和两名副长官就已抵达首相官邸，上午 6 时 18 分召开了第一次记者会见。约 30 分钟后，托马斯·希弗大使访问首相官邸表明了日美加强合作的立场。上午 7 时 24 分，在安全会议上决定了事先已准备好的九项制裁措施。这些措施立即付诸实施,预计当天停泊新潟港的"万景峰号"被勒令在海上停船并禁止驶入港口。

麻生外相指示纽约的联合国日本代表部立即提出决议案后,日本提交了包含可采取强硬措施的《联合国宪章》第7章内容的决议案。随后,在与美国国务卿赖斯的电话会谈中确认了安理会将采取强硬姿态后,向韩国和中国两国外长通报了日美两国政府紧密团结的立场。之后与俄国、法国、英国外长联系并寻求这些国家的合作。在确保已获得通过决议案所需的三分之二的支持票后,拥有否决权的中国的动向就成为关键。中国尽管提出了不以决议案而采用不带约束力的秘书长声明的方案,但遭到了日美两国的断然反对。

中国要求一些说服朝鲜的时间,外交部副部长武大伟访问朝鲜但没有取得任何成果。为此,中国以不明确提及《联合国宪章》第7章为条件同意了谴责朝鲜的决议案。7月15日,由日本政府提出的第一个联合国安理会决议案获得了一致通过。

这一事件中,日朝邦交正常化谈判正处于中断的状态,日本国内也没有容忍朝鲜试射导弹的政治行为体,因此才有可能基本上由安倍官房长官和麻生外相联手通过小集团决策的方法相对自由地发挥了领导作用。

事例之二:秘密谈判——小泉访朝

"9·11"事件的第二年,布什总统在国情咨文中将伊朗、伊拉克和朝鲜称为"邪恶轴心"。在美国对朝鲜日趋强硬后,金正日政权表现出拉拢日本的姿态。在朝鲜看来,如果日朝关系正常化得以实现,则会加大美国进攻朝鲜的难度。外务省亚洲大洋洲局长田中均觉察到通过首相访朝或可推动日朝邦交正常化谈判,并征询了小泉首相的意见,小泉同意了这一要求。

由于不欢迎与朝鲜邦交正常化的保守势力很可能反对,访朝的谈判秘密进行。根据小泉的指示,首相官邸中了解此事的只有官房长官福田康夫和官房副长官古川贞二郎、从外务省派遣来的首相秘书官别所浩郎以及外务省中除田中之外的次官野上义二和东北亚课长平松贤司。由于担心开始谈判时的外相田中真纪子泄露消息导致美国从中作梗,因此也没有告知田中外相。在首相官邸中,对绑架问题十分热心的官房副长官安倍晋三也只是在访朝消息公布的前一天才被告知。

在首相访朝前,朝鲜拒绝了提供绑架情报这一日本政府的要求,使得谈判遇到了困难,这时小泉首相仍决定访问朝鲜。经过谈判,2002年9月17日小泉首相访问了朝鲜。在首脑会谈前,根据事前约定,朝鲜向日本传递了绑架受害人"5人生存、8人死亡"这一令人震惊的消息。但是在上午的首脑会谈中,金正日在发言中既没有承认绑架也没有表示道歉。

在午餐和午休期间,参加谈判的官房副长官安倍晋三主张如果朝鲜方面不承认绑架和道歉,日本应拒绝在平壤宣言上签字,直接回国。尽管这是意识到朝鲜方面正在窃听而有意为之的发言,但朝鲜的态度却发生了急剧变化。下午的首脑会谈中,朝鲜承认绑架是"一部分特种机关"所为,金正日总书记也进行了口头道歉。日本接受了朝鲜这一表态,以将对包括核问题、导弹问题和绑架问题等在内的悬而未决的问题采取适当措施的内容加入宣言为条件,发表了《日朝平壤宣言》,双方一致同意重启包括将来经济合作等内容在内的建交谈判。

小泉访朝一个月后的10月15日,5名绑架受害者在时隔24年后回到了日本。在与朝鲜的协议中,绑架受害者回国是以只回国一段期间为前提的。但安倍副长官在确认绑架受害者的意向后,坚定了这些受害者不回朝鲜而在日本等候在朝家属的决心。据称外务省的田中局长因担心日本破坏前提将导致谈判渠道中断而加以反对,但安倍根据其本人的判断决定了"作为国家意志拒绝5人返回朝鲜"的方针,并得到了小泉首相的认可。

五、国内政治模型分析

罗伯特·J. 阿特（Robert J. Art）批评艾利森的官僚政治模型太过轻视议会。的确，艾利森选取的古巴导弹危机等紧急事态发生以及这种可能性增加时，国民的关心集中在最高司令官也是最引人注目的政治领导人总统身上。议会的领导者们也充分了解他们是数百人的协商体，无法迅速应对危机，因此希望总统发挥领导力。但是，无论在何种危机状况下，都不会出现总统完全不考虑议会反应就做出决定的情况。阿特指出，艾利森之前的研究中，并没有像他那样无视议会，很多研究都重视议会的反应（Art［1973］469）。艾利森的研究问世后，似乎是与阿特的批判相呼应，在对美国对外政策过程的研究中出版了一系列重视议会作用的成果（Franck and Weisband［1979］；Crabb and Holt［1989］；Hersman［2000］；Kelly［2005］等）。

在对外政策中对政府施加影响的不仅是议会。对外政策中贸易问题的压力集团活动最为活跃也最具多元主义的性质。美国的政治过程研究就始于对压力集团的研究绝非言过其实。可谓其先驱性研究的阿瑟·本特利（Arthur Bentley）在《政府过程》中提出并不存在模糊的公共利益，政策是由政府内外的集团相互作用和利益调整所决定的（Bentley［1908］）。其后，戴维·杜鲁门（David B. Truman）在《政治过程论》中根据众多的实例建立了压力集团的一般性理论（Truman［1951］）。

非政府行为体对对外政策施加影响的并不仅仅是压力集团。道格拉斯·卡特尔（Douglass Carter）强调了媒体的巨大影响力，称之为"第四种权力"（Carter［1959］）。很多研究都分析了大媒体的报道对总统和议会以及在对外政策中所拥有的巨大影响力（Cohen［1963］；Reston［1966］等）。此外，通过媒体了解外交的舆论也发挥着重要作用（Almond［1960］；Sobel［2001］；Holsti［2004］等）。由于美国总统一旦当选就可以执政4年，因此在开展外交时并不必总是最为重视舆论。但是，得到舆论支持的对外政策毫无疑问拥有更多的政治正当性，总统也会尽量寻求舆论对其政策的理解。

罗杰·希尔斯曼提出了包括议会、媒体、利益集团等组成的"关心层"在内的国内政治模型。该模型包括一系列的同心圆，处于中心的是总统以及与对外决策有关的部门等，构成其外侧一层同心圆的是其他行政部门和负责部门的下属组织。由于日本采用议会内阁制，因此自民党与联合政府的盟友可包含在这一层里。再外一层则是"关心层"。

希尔斯曼列举了政治过程的4个特征：(1) 意见的不一致与对立；(2) 达成共识的压力与共同的价值观；(3) 相互对立的集团；(4) 权力。与决策有关的行为体拥有各自的目的与利害关系，但同时也会感受到应向产生某种政策结果方向发展的压力。希尔斯曼所称的集团与艾利森所称的组织不同，是一个包括官僚组织内的子集团和议会内派系等的广泛定义。此外，最后一点的权力并不仅限于艾利森强调的基于组织地位的产物，而是广义的概念（Hilsman［1967］［1987］）。

下文将根据希尔斯曼的同心圆模型，运用国内政治模型分析有事法制成立的事例。

事例：有事法制

小泉首相就任后立即指示中谷元防卫厅长官研究有事法制的问题，并在内阁官房设立了有事法制研究组，但2001年"9·11"事件后该研究一度中断。在反恐对策特别措施法成立后，有事法制的立案工作再次启动。2002年1月，建立了执政党干事长级别干部参加的"执政党协议会"，以在政治日程上处理有事关联法案的问题。有事关联法案的准备工作进展顺利，但外相田中真纪子和外务省干部之间的摩擦导致田中外相被小泉首相撤换，小泉内阁的支持率也因此急剧下降。

在内阁支持率低迷之中，2002年4月《有事关联法案》提交国会，在野党表明了反对态度。在法案审议中的5月，防卫厅将根据情报公开法申请政府公开资料的人士制成名单的事实被发觉，除此之外，官房副长官安倍晋三在早稻田大学的演讲上表示"从宪法上讲（日本）可以拥有原子弹"，这一发言使得将防卫厅制作名单视为问题的在野党的态度更加强硬，结果议会对法案的表决被搁置。

2003年初，朝鲜单方面宣布退出《核不扩散条约》（NPT）并拒绝核核查。另一方面，美国进攻伊拉克也引起了国民和媒体的关心。在国民因朝鲜问题和伊拉克问题而对安全问题更为关注的情况下，4月4日，执政党三党向国会提交了《有事关联法案修正案》。执政党的修正案包括针对不明武装船只和反恐对策等的措施以及推动国民保护法制的建设等采纳了在野党和媒体对前法案批评意见的内容。与此相比，最大在野党的民主党希望通过安全问题上的积极姿态显示其具备执政能力，因而针对政府的修正案提出了该党的草案。民主党在特别委员会上对其草案的宗旨进行说明后，执政党方面随即同意进行修改磋商，经过一周的磋商，执政党与民主党之间达成一致。随后有事法制在参众两院出席议员中以九成的压倒性多数得到通过，实现了立法化。

在2002年最初提出《有事关联法案》时，国民的理解程度较低，五家全国性报纸的社论也分为赞成与反对两派。但是2003年执政党和在野党达成共识并提出修正案后，《朝日新闻》也表示了赞成，五大报纸均支持有事法制的立法化。

结　语

小泉政府的对外决策过程中存在着多种形式。本章首先运用艾利森第二种模型的组织过程模型对日韩首脑会谈进行了分析。出于多少也要改善因小泉首相参拜靖国神社而恶化的日韩关系的愿望，外务省亚洲大洋洲局事前没有与首相商谈，就将研究建设"新追悼设施"的内容加进了共同宣言。组织过程模型是非常限定性的模型，正如本事例所体现的，只有在其决策过程中政治领导人的意图没有得到传达或被忽视的情况下才会有效。

在实际的外交中，每天都会进行很细节的决定，没有得到首相和其他高级官员指示就予以实行的不在少数，甚至很多没有向外相报告。此外，即使理解了首相和外相的意图，也有可能因为组织上或时间上的限制而没有在政策中得到反映。但是，一般而言研究者关心的大多是媒体等大量报道的事例，这种情况下主要行为体参与的可能性很高。在媒体关注的事例中，众多的行为体参与，并会进行某种政治上的讨价还价，这显然会成为适用艾利森提出的第三种模型官僚政治模型的事例。

《反恐对策特别措施法》的成立过程可用官僚政治模型加以说明。这是一次无视通常的决策过程、由内阁官房主导制定政策内容、并在自民党内无视事前磋商的鲜有前例的决策。除了小泉内阁的高支持率、迅速立法的必要性得到广泛理解等原因外，桥本行政改革中得到加强的内阁官房制度也使小泉首相主导的决策过程成为可能。

但是，《反恐对策特别措施法》属于极其例外的决策过程。这一对重要安全政策进行立法在6周内就得以实现，是因为发生了"9·11"事件这一重大的国际事件。执政党在确定立法必要性的同时，之所以可以在与民主党的协商决裂后仍进行单独表决，是由于空前高涨的内阁支持率。但通常而言，在很多需要立法的重要问题上，通过在野党、媒体和舆论等参与的国内政治模型更有可能进行全面综合的分析。

在本章，为了对艾利森的组织过程模型和官僚政治模型进行补充而提出了包括"小集团模型"和"国内政治模型"在内的各种类型。"小集团模型"适用于应对危机、秘密谈判和首脑会谈等的分析，本章的事例首先介绍了朝鲜发射导弹以及日本对这场危机的应对。这一过程中官房长官安倍在事先从美国方面得知情报后进行了周到细致的准备。实际上在导弹发射这一危机状况发生后，基本就是按照官房长官安倍准备的"脚本"应对的。此外，麻生外相也根据预定计划游说各国，从而推动安理会通过了谴责决议。

第二个事例是小泉访朝。访朝之前的日朝交涉始终秘密进行，政府中只有几人了解交涉的进展情况。小泉首相与田中均局长这两位拥有强烈个性的人物根据各自的信念实现了小泉访朝。在秘密交涉过程中对访朝一无所知的官房副长官安倍陪同小泉访朝，并对上午的首脑会谈表示了强烈愤慨，这对下午的首脑会谈产生了重要影响。此外，安倍在如何对待绑架受害者的政治决定上也向小泉首相表达了强烈意向，其结果导致了绑架受害者被留在日本。从这些侧面看，在小集团成员个性十分重要、成员间意见对立时有必要由首相做出决定等问题上，这两个事例极好地体现了小集团模型的特征。

另外一个艾利森没有提及但却是综合性最强的政治过程模型就是"国内政治模型"。这一模型中，立法机关、利益集团（压力集团）、媒体、舆论、意见领袖等众多行为体参与了政治过程。有事法制的立法化可谓这一模型的典型。在这一过程中，在野党在舆论背景下反对先前的政府草案并导致其成为废案。针对再一次提交的政府草案，在野党针锋相对地提出采纳了舆论与媒体意见的草案，并达成了政治共识，从而促成了立法的实现。

综上所述，艾利森的两种政治过程模型绝不是全面概括性的模型，如要具备说服力则需要限定条件的环境。本章表明，通过援引上述两种政治过程模型之外的"小集团模型"与"国内政治模型"等类型，可以使决策模型分析适合更多的事例。

※ 本研究的一部分内容得到了2007—2009年度科学研究费、基础研究C"外交决策过程中白宫与内阁官房的比较研究"的资助，在此谨表谢意。此外，本章介绍的事例中，除日韩首脑会谈外，均在笔者以往的研究中（Shinoda［2003］［2007］；信田［2004a］［2004b］［2006］［2007］）进行了详细记述，仅供读者参考。

第六章 性 别
——女性主义国际关系论的发展与课题

御巫由美子[*]

引 言

在自然科学中,搜集数据验证假说是我们了解身边世界的有效方法。比如在天体物理学中,如果持之以恒地搜集行星与恒星的数据,则总有一天会解开恒星诞生、灭亡或宇宙起源之谜,并逐步看清宇宙的全貌(至少研究者相信这一点)。同样,很多国际政治学者也相信如果搜集有关战争、贸易和经济贫富差距等方面的数据证实假说,那么也总有一天会发现驱动国际政治的法则。

但是,与天文望远镜因透镜直径和种类不同其可观察的对象也会改变一样,国际政治也会因研究者使用的"透镜"不同而导致所观察到的事物出现不同。根据吉尔平的研究,国际关系论中主要的"透镜"(范式)包括本书业已介绍的现实主义、自由主义以及马克思主义。[①] 如果基于现实主义就会看到国家间的对立与战争,基于

---

[*] 哥伦比亚大学赫德东亚研究所高级研究院员。
[①] 严格地说,国际政治学和国际关系论(IR)并非同义语,但出于行文方便,本章将二者作为同义语加以使用。

自由主义就会看到国家间的协调关系，而基于马克思主义则会看到阶级和国家间的不平等与压迫关系（Gilpin［1987］）。但是，比如根据现实主义的范式，或会过度强调竞争关系和对抗，而轻视国家间的协调关系和相互依存关系。因此，如果只依赖于某种范式，那么无论进行多少研究积累，也会忽略一些（有时将是很重要的）事物。甚至可以说，每个范式都限定了属于其研究的问题与主体，并将除此之外的事物视为"无关"（irrelevant），而有意予以"忽略"。

研究本章所论述的女性主义国际关系论的学者们则在以往国际关系论中视为"无关"的内容中，重视占世界人口一半以上的女性们以及与她们有关的问题。比如，贫困的"女性化"、对女性难民的性暴力、基地周边的性工作或作为"女仆"在外工作等所有这些都是与国际关系相关的问题，可尽管如此，以往的国际关系论中却将这些视为女性"固有"的问题，从而与研究对象"无关"。而女性主义国际关系论则是对此进行批判，并主张有必要将上述问题也作为研究对象的研究领域。女性主义国际关系论以明确国际关系中"女性身在何处"为目的，同时尝试阐明"性别（在国际关系中）做出了什么贡献"（Zalewski［1995］341）这一问题。本章将介绍女性主义国际关系论，并探讨其问题点与课题。

一、女性主义国际关系论的发展

什么是性别（Gender）

女性主义国际关系论的基础是女性主义的各种理论。女性主义理论古有自由女性主义、马克思主义女性主义，今有逻辑女性主义、社会主义女性主义、精神分析女性主义、后现代女性主义等（Steans［1998］14-33），十分繁杂且存在不少对立之处。但是在女性主义者之间，在以下两点存在着共识。第一，女性主义者在理论与实践中均追求女性的权力（empowerment）。第二，男性与女性的"区别"

或范畴除了性器官的不同以及妊娠、生产等生殖功能不同之外，还是文化或社会性建构的产物。这种范畴被女性主义者称为性别，并占据着理论的核心地位。需要注意的是，性别并不是"女性"的同义语，而是指"男性气质""女性气质"的含义，以及包含在"男性气质"中的因素和包含在"女性气质"中的各种因素。

性别的范畴并不是相互独立存在的，"男性气质"和"女性气质"是作为相互的反义词被建构的。并且重要的是，"男性气质"和"女性气质"的区分绝不是中立性的，在"男性气质"和"女性气质"的关系中，前者处于相对后者的优势地位，并伴随着价值观上的等级结构。举例而言，在欧美实现了现代化以后，"男性气质"往往与文明或客观性、自立性相结合，而"女性气质"则与自然、主观性和从属性挂钩。而在启蒙主义中，文明优于自然，客观性相对于主观性、自立相对于从属也更具价值。因此，体现文明、客观性和自立（或被这么认为）的男性会被认为比不是这样的女性更具存在价值。

女性主义国际关系论的产生与发展的背景

女性主义国际关系论产生于对以现实主义和自由主义占据优势的英语圈，特别是美国学术界为中心发展而来的"主流派"国际关系论的批判。其核心人物是辛西娅·恩罗（Cynthia Enloe）、斯派克·彼德森（V. Spike Peterson）、安·蒂克纳（J. Ann Tickner）等活跃在国际研究协会（International Studies Association，ISA）的研究者们。

女性主义国际关系研究作为一个学术体系得以建立缘于20世纪80年代后期发生的一系列学术动向。这些动向始于1987年国际研究协会年会上关心性别研究方法的研究者们汇聚一堂，并在第二年的伦敦政治经济学院召开研讨会，研讨会上发表的论文在同年冬天以学术杂志《千禧年：国际问题研究》特刊的形式出版（*Millennium*：

Journal of International Studies，17-3。该论文集经丽贝卡·格兰特（Rebecca Grant）和凯瑟琳·纽兰（Kathleen Newland）的再次编辑后，1991 年以《性别与国际关系》（*Gender and International Relations*）为名由印第安纳大学出版社出版。1989 年经彼德森的操办在南加州大学、1990 年在韦尔斯利学院（Wellesley College）分别召开了同样的研讨会（Wibben［2004］98-99）。同年在国际研究协会设立了由 23 名学者参加的"女性主义理论与性别研究"（Feminist Theory and Gender Studies；FTGS）分科会，此后在国际研究协会中持续展开女性主义国际关系论的研讨会（御巫［2003］74）。今天 FTGS 已发展到 149 名会员，此外 FTGS 运营的邮件名册也有 185 人参加。①

如上所述，这 20 年间急速发展的女性主义国际关系论并不是与现实的国际关系毫无关联而自然产生的。其产生背景中存在着重要的国际动向。首先，20 世纪 60 年代后半期到 70 年代以发达国家为中心扩散的第二次女性主义运动浪潮，在这一浪潮的刺激下，以北美大学为主相继开设了有关女性学的讲座和女性学的科研项目。但是，在政治学中，由于长期以来其研究对象是以政治这一"公"的领域为前提的，传统上被认为属于"私"的领域的女性和"与女性相关"的各种问题被认为与研究对象"无关"，始终处于无法形象化的状态。因此作为政治学一个领域的国际关系论向性别研究敞开大门要比文学、历史学、社会学和文化人类学领域晚得多。

其次，以联合国为中心的国际组织的动向。联合国将 1975 年定为"国际妇女年"，并将随后的 10 年定为"联合国妇女 10 年"，从 1975 年开始首先在墨西哥城召开了世界妇女大会，并随后每 5 年一次共召开了 4 次，积极解决针对女性的暴力和歧视等问题。1979 年第 34 届联合国大会上通过了《消除对妇女一切形式歧视公约》，并通过"消除妇女歧视委员会"监督签约国提高妇女地位的政策。而

---

① 会员数量和邮件名册的参加者数均截至 2007 年 8 月。数据来自于对 2007 年度 FTGS 分科会长阿克莉（Brooke Ackerly）的采访。

这种国际组织对妇女地位关心的高涨进一步推动了有关女性的世界性定期统计数据的搜集工作，可以说确立了日益提升女性在国际社会中的地位这一潮流。

在上述动向之上，国际关系的变动也使国际关系论出现了三大变化，并促进了女性主义国际关系论的发展。第一，随着冷战的终结，以往专注于美苏对立和国家安全的（以美国为中心的）国际关系论发生了变化，国际关系的主要行为体不仅仅是国家，也开始将视线转向——比如以亨廷顿的《文明的冲突》（Huntington［1993］）为代表的——特定的文化和文明（以及共同拥有这些的集团）、非政府组织、移民、"恐怖主义分子"等非国家行为体。可以说这种变化产生了女性作为与国际关系论"有关"的主要行为体而得以研究的余地。第二，随着冷战的终结，在国际关系论中，以往重视国家安全和与其相关各种问题的倾向正在改变，取而代之的是诸如人的安全、环境、人权、艾滋病、疯牛病等各种世界性问题正成为重要的讨论议题。因此，长期以来被忽视的"与女性有关"的各种问题走进了人们的视野。

第三，这或许是最重要的变化，就是20世纪90年代实证主义和后实证主义的"第三次论战"。以（新）现实主义和（新）自由主义为中心的（美国）国际关系理论没有预测到从柏林墙倒塌到苏联解体这一冷战终结的进程。从对此的批判开始，90年代后，国际关系论中就实证主义展开了大论战（Sylvester［2002］6-7）。以往的国际关系论是基于实证主义的理念发展而来的，即国际关系论与自然科学一样，通过搜集可以进行"客观"观察的对象的数据，通过对假说加以证明来解析其因果关系并在此基础上实现理论化。但是，后现代主义和批判理论学者认为这种认识只能把握国际关系的一小部分，或者甚至导致完全错误的理解（参考第四章）。通过"第三次论战"，国际关系论向以与过去理论所不同的本体论和认识论为基础的女性主义国际关系论敞开了大门。

二、女性主义国际关系论——以恩罗、蒂克纳为中心

如前所述，20 世纪 80 年代后半期开始取得急速进展的女权主义国际关系论与女性主义理论的多样化一样，其主张和方法论也各有不同。如果加以分类，大致可分为重视自由女性主义的"女性主义实证研究派"、重视性别在国际关系（论）中如何发挥作用的"女性主义立场派"以及主张"女性"这一范畴多样性的"女性主义后现代派"等（Harding［1986］24-29；御巫［2003］74-76）。

这三者中，由于女性主义国际关系论本身就是作为对重视实证研究的国际关系论"主流派"进行批判而发展起来的，因此"女性主义实证研究派"的研究多少会处于不利地位。其立场尽管在通过数据说明女性所处状况而突出了女性问题这一点上发挥了一定作用，但却时常受到严厉的批判，认为其仅仅"加上女性和稀泥"，并没有关注推动国际社会发展的性别问题（Zalewski［1995］348；Stientra［2000］236-238）。因此，处于今日女性主义国际关系论核心地位的是不采取实证主义形式的研究。

但是对"女性"这一范畴本身持否定态度的"女性主义后现代派"成为以女性权力为终极目标的女性主义（包括女性主义国际关系论）及其理论的主力原本就存在着局限性，根据笔者的观察，现在的女性主义国际关系论中，"女性主义立场派"正在成为主流。而"女性主义立场派"大体上又可分为从"女性身在何处"视角考察国际关系和探讨性别如何形成国际关系（论）形态等两个流派（Wibben［2004］105-106）。以下将分别介绍这两个流派在女性主义国际关系论中可称为经典（Sylvester［2002］18）的代表作。

恩罗的《香蕉、海滩和基地》

辛西娅·恩罗在 1989 年出版的《香蕉、海滩和基地——女性主义国际政治》（Enloe［1989］）是决定其后女性主义国际关系论发展

方向的划时代性的作品。这本著作的划时代性有众多理由（详见后述），但成为其研究动力的则是恩罗的名言——"女性在何处"（Ibid., p. 7）的疑问和"女性主义者的好奇"（Ibid., p. 4）。"女性主义者的好奇"意味着对被视为"自然之事"或"当然之事"进行质疑的"政治行为"。在这一视角下，恩罗走遍了世界各地，观察了拿着低薪缝制牛仔裤的女性、在"海滩"观光饭店客房服务的女性、在基地周边从事性工作的女性等，叙述了了解这些女性对于理解国际关系的运作是多么重要的思想。简单而言，恩罗想要表明的就是"性别驱动了世界"（Ibid., p. 1）。

按照恩罗的理解，这本著作标题之一的"香蕉"就是指贴在香蕉上的可爱的标签、在种植园工作的人们、进而在种植园周边出现的"买春"场所等。在分析发达国家与发展中国家的关系上，恩罗列举了只关注发达国家的资本家与政府官员、发展中国家的土地所有者和政府官员的关系（Enloe［1989］128）、美国军队保卫了对美国友好的南美独裁者等言论（Ibid., p. 133），对以往这些只通过男性的关系叙述国际关系论的方法进行了尖锐的批判。恩罗继而指出，种植园经济之所以可以成立，其背景在于存在着男性出外打工时在家留守的母亲和妻子，因"女性是非熟练劳动者"这一性别观念而只能领取低薪的女性工作者和甚至为了让精壮的年轻男性工作者安于工作而提供"性服务"的性工作者等（Ibid., pp. 136-142）。恩罗没有放松对"女性在何处"问题的探求，而是鲜明地指出在以往没有考虑女性的国际关系中，实际上很多的女性都有所参与，如果没有对性别的理解就无法从全局上把握国际关系。

之所以将《香蕉、海滩和基地》成为划时代性的作品有众多理由，首先，恩罗从未动摇以"女性在何处"的视角对国际关系的各种主题进行多层面分析。第二，将"男性""女性"等人物引入到国际关系论中以往只通过宏观视角进行抽象性研究的贸易和军事问题里，描述"活生生"的世界。第三，这本著作的研究方法并不是依据"客观"和"数量"的数据，而是通过搜集普通平凡的女性的"故事"，尝试从微观视角理解国际关系。最后重要的一点是，恩罗的研究目的比起因果关系的分析，更在于"通过女性主义者的视角加深理解"。此外，恩罗通俗易懂和亲近的文风也反映出了她与以往国际关系论所不同的研究者和教育者的姿态，值得特书一笔。

蒂克纳的《国际关系论与性别》

蒂克纳于 1992 年出版了《国际关系论与性别》（Tickner［1992］）。恩罗的著作关注国际关系中的女性与性别问题，而蒂克纳则关心国际关系论与性别。她的研究源于对国际关系论中女性研究者和学习此专业的女生为何如此之少的质疑（Ibid., p. ix）。蒂克纳认为如果女性对国际关系论中谈论的国家安全和军备等问题感到生疏，那么应是国际关系论出了什么问题，并试图通过这本书对这一问题进行解析（Ibid., pp. x-xi）。

该书大体分为三个主题。第一，对基于现实主义的国家安全论进行批判。蒂克纳在该书的第二章论述了国际关系主流的现实主义是如何与（北美的）男性经验以及"男性气质"紧密结合的特征。蒂克纳提到了康奈尔（Raewyn Connell）的"霸权性男性气概"，认为霸权男性气概的特征"坚强、勇气、力量、独立、强壮的体魄"也反映到了（主要是男性叙说的）国际关系论中的国家因素上。的确，国际关系（论）中国家"成功"的程度经常是以男性特征的力量（军事力、经济力）和自立性（autonomy）的程度来测算的。

该书第二个主题是国际政治经济。蒂克纳在第三章中一针见血地指出吉尔平的三个意识形态（范畴）对待性别绝不是中立的。比如蒂克纳指出，自由主义将分析主体定为"理性经济人"，尽管其前提是由"特定的欧美男性"的作用和行动推断而来，但吉尔平却是将其作为人类所有的行动方式加以论述（Tickner［1992］72）。另外，蒂克纳分析认为，经济民族主义将国家（没有男女区别）作为国际体系的主要行为体，但这种方法却没有将被经济边缘化的女性予以可视化（Ibid., pp. 80-84）。蒂克纳进而批评马克思主义也同样没有在其分析中涉及女性进行再生产的作用（Ibid., pp. 86-87）。

该书第三个主题是通过女性主义者的视角对国际关系论进行再建构。蒂克纳在第四章中关注环境问题，首先明确了环境论、自然学与国际关系论同样是男性中心的理论。而基于生态女性主义的环境视角才是更加全面与平等，且可以保护环境的终极安全。在最后一章中，蒂克纳进行了总结，指出有必要对始终以国家安全为主题的国际关系论进行再建构使其成为可以保证每个人的个人安全以及保护自然环境的理论，而将性别纳入分析框架则可以使这种再建构成为可能（Tickner［1992］143）。

尽管并不像恩罗的著作那样文风亲切，但蒂克纳的著作对国际关系论的"主流派"理论"一网打尽"，揭示了各主流派理论的脆弱性。可以毫不夸张地说，该书与恩罗作为志在论述国际关系论的作品——是否同意暂且不论——都是不可忽视的著作。

三、与"主流派"国际关系论的"对话"

但是即使出版了这些著作，"主流派"国际关系论研究者与女性主义国际关系论学者在同一学术平台上讨论的情况仍十分稀少，很多"主流派"研究者一直轻视女性主义国际关系论。但是也有一些"主流派"学者没有忽视女性主义国际关系论的崛起而尝试进行"对话"。最为著名的女性主义国际关系论与"主流派"国际关系论的"对话"发生在基欧汉和其弟子蒂克纳之间（Tickner［1997］［2005］；Keohane［1991］［1998］）。基欧汉在强调实证研究重要性之外，也建议女性主义国际关系论可以建立一些贡献于国际关系论的研究议程，比如对国家间关系通过榨取廉价劳动力的女性而建立，或歧视女性的国家更易发动战争等假说进行验证（Keohane［1991］45；Tickner［2005］1-2）。这种"对话"尽管贯穿了20世纪90年代，但很遗憾的是，正如蒂克纳的自我评价所言，不能说女性主义国际关系论说服了对其"没有信心者"，与"主流派"国际关系论之间的隔阂也难言缩小（Tickner［2005］3）。

为何"主流派"国际关系论与女性主义国际关系论之间的隔阂没有消除？这其中包括多种原因。第一，女性主义国际关系论的研究者以女性的权力为研究目的（Wibben［2004］106）。的确，如果向国际关系的研究者提出"为何从事这一研究"的问题，在表面上会表态是为了"更好的国际社会""和平"和"人类的发展"等。但实际上，"主流派"研究者共有的价值观和目的却是去研究证明"价值观中立"的"科学"，并维持与其研究对象保持距离的"客观性"（这一神话）（Tickner［2005］10）。对此很多女性主义国际关系论的研究者们明确表示将通过女性权力创造没有歧视和压迫的（国际）社会。总而言之，国际关系论是不是有可能成为客观的"科学"思想、为何进行研究等等这些研究者的态度导致了"主流派"与女性主义国际关系论研究者之间决定性的隔阂。

第二个原因是很多女性主义国际关系论研究者从事着试图回答与"主流派"不同之设问的研究工作。"主流派"主要关心国家特别是大国的行为，而女性主义者们关注的问题则基本上是"为何在所有的社会里，与男性相比，女性都处于政治、社会、经济上的不利地位？这其中多大程度上是国际政治和全球经济的责任？这种基于性别的不平等结构是如何与国家体系和全球性资本经济中维系着不平等的财富分配相关联的？"（Tickner［2005］6）此外，"主流派"研究者们在很多情况下重视解析"X（独立变量）的变化会引起Y（从属变量）的何种变化"这种变量间的因果关系。与此相比，女性主义国际关系论的研究者们则关注在叙述国际政治时使用的"国家""安全""战争"等概念是通过何种性别偏见形成的，尝试对结构性问题（Tickner［2005］6）进行解答。

最后，"主流派"与女性主义国际关系论无法消除隔阂的最大原因在于对什么构成了"知识"这一认识上的不同。如前所述，"主流派"国际关系论的研究者们认为阐明因果关系是"说明"，并与理论化相关联，而理论化正是意味着知识的积累。但女性主义者们则认为对知识的探求不应运用不考虑人的存在的无意义的枯燥抽象概念去解析因果关系，而应通过明确"女性在何处"，回答"性别如何发挥作用"的问题，加深对国际关系的理解（Elstein［1987］89）。此外，女性主义国际关系论研究者们对于过度依赖分析因果关系时经常使用的数量数据的方法也持怀疑态度。这是因为世界上几乎所有地区"知识生产制度的方法仅由特定的人群（男性）掌握"（Wibben［2004］107），而数量数据表示的"知识"绝不是全面、客观和价值中立性的。因此在女性主义国际关系论中，很多并没有采用实证研究的方法，而采用了解释学的研究方法和搜集传闻逸事、历史研究或民族志学（ethnography）等研究方法（Tickner［2005］6；Sylvester［2002］10）。

如上所述，"主流派"国际关系论和女性主义国际关系论之间仍然存在着巨大的隔阂。但是否这两者仅仅是平行发展，女性主义国际关系论没有对"主流派"产生任何冲击呢？事实恐怕也并非如此。正如恩罗所指出的，（至少在欧美）随着女性主义国际关系论的发展，感受到有必要提及性别和女性的"主流派"研究者正在增加（Zalewski［1999］145），"主流派"的学术杂志《外交》（*Foreign Affairs*）和《国际组织》（*International Organization*）也刊登了很多与女性主义、性别有关的论文（Thorburn［2001］1）。总之，尽管"主流派"国际关系论和女性主义国际关系论在本体论和认识论上的隔阂不太可能在近期内消除，但是通过大量文献的出版，完全忽视女性主义国际关系论的国际关系论日益难以成立也是事实。

四、女性主义国际关系论的课题

如上所述，面对女性主义国际关系论与"主流派"国际关系论之前的巨大隔阂，今后如何通过强有力的持续对话推动相互理解将是一大课题。但是，这归根到底只是以美国为中心的国际关系论中的主题，而超出这一局限，从女性主义国际关系论的视角看，还有可能进一步包括以下课题。

第一个课题是，如蒂克纳的著作所代表的，女性主义国际关系论是通过对"主流派"国际关系论如何成为欧美男性中心的学术进行批判而发展起来的。但是，这也意味着女性主义国际关系论的批判对象主要局限于欧美的国际关系论，因此尽管与其意图相反，女性主义国际关系论实际上也陷入了以欧美为中心进行讨论的状况。的确如恩罗的著作等所体现的，女性主义国际关系论努力将视线转向全世界的女性，但也如蒂克纳屡屡在文中使用"在欧美社会里"的提法一样，女性主义国际关系论主要批判的是欧美男性的经验以及与其相关的知识与实践，而对除此之外的地方——比如对亚洲和非洲中性别与国际关系理论及实践的关系的研究则颇有忽视之感。

但是从蒂克纳强烈认识到"主流派"国际关系论与"特定的"——即欧美白人男性——研究者的经验相结合、恩罗走遍世界各地追寻"女性在何处"的答案等学术活动中都可以看出，女性主义国际关系论对欧美中心的世界观持批判态度。其证据就是几乎网罗了恩罗、蒂克纳、安妮·S. 鲁尼恩（Anne Sisson Runyan）、克里斯蒂娜·丝维斯特（Christine Sylvester）等女性主义国际关系论所有核心研究者姓名的世界第一份女性主义国际关系论的学术杂志《国际女性主义政治杂志》（*International Feminist Journal of Politics*，IFJP）从 1999 年创刊后到今日，非常有意识地刊登了众多非欧美的研究。但遗憾的是，除了凯瑟琳·穆恩（Katharine H. S. Moon）（Moon [1997]）和 Seungsook Moon（Moon [2005]）等例外，关注亚洲（特别是东亚）的研究还十分有限。

第二个课题是，尽管可以说几乎所有的女性主义国际关系论研究都是以女性学为起点的——性别是通过"男性气质"和"女性气质"得以成立的概念，但是在强调性别重要性的同时，对男性气质的关心却较薄弱。尽管恩罗在追寻"女性在何处"中表示并没有将男性视为普通的人，而视为具有特定经验的"男性"（Zalewski [1999] 138），但在女性主义国际关系论中，除了某些著作（Zalewski and Parpart [1998]; Hooper [2001] 等）外，几乎没有有关男性气质的议论。在欧美，以康奈尔为中心发展了作为男性学的男性气质研究，但很少涉及国际关系，今后在女性主义国际关系论中，应进一步加强对包括男性气质在内的性别的讨论。

五、性别与国际关系——日本的情况

如上所述，现在的女性主义国际关系论是以欧美为中心的理论。但性别原本就是旨在以女性主义视角理解欧美社会与文化而发展起来的概念，因此原封不动地将性别照搬到非欧美社会当然存在着难以行通之处。特别是性别是以欧美近代思想核心的二项对立为前提产生的概念，在未必将任何事物都通过二项对立加以观察的其他文化中，当谈及男性和女性，或"男性气质"和"女性气质"时，就有必要对性别的概念进行彻底的检查。

比如以性别概念在日本的运用为例，上文业已指出，性别的范畴伴随着等级的观念，比如"男性气质"的文明（更具价值）与"女性气质"的自然（应通过文明加以克服）之间的结合。在欧洲，"人类可以通过理性的力量对自身和自身之外的世界（自然）加以约束"（村上等 [1979] 9），这其中假定了人类（man）、文明与自然之间的对立构图。但是在日本（比如日本的传统建筑所体现的），并没有把人类与自然视为必然的对立关系。如果认为自然与文明的对立以及文明相对于自然的优越地位这种世界观出于性别概念的背

景，那么持有不同世界观的日本社会如果照搬性别的概念则可能非常不合时宜。

另外，欧洲的人类观以个人为中心，与此相对日本的"人"并不是指作为个体的人，而是指"关系"（村上等［1979］20）。这种"关系"并不是平等的，而是"纵向社会"（中根［1967］）的金字塔式的等级制度。社会基本上并不是由平等的个人形成的，因此在等级制度随处可见的社会中，只抽取基于性别的等级制度究竟具备多大的意义？与对欧美有关性别讨论时不应忽视人种、种族、阶级等其他不平等因素所进行的批评一样，应该说在日本不考虑性别之外的权力关系的议论也只能是片面的。

换言之，即使忽视上面提到的问题，承认在非欧美文化圈研究中欧美的性别概念也是有效的，但性别的状态也是各个文化所固有的。因此，欧美中的性别与非欧美社会中的性别尽管存在共同点，却不可能完全一致，必须另行探讨非欧美文化圈中的性别状态（进而言之，当然必须注意"欧美"社会、"非欧美"社会各自范畴中的变化）。

如上所述，在欧美"男性气质"与客观性、自立性相结合，"女性气质"与主观性、从属性相结合。在今天的日本，诸如"男性是客观的"或"女性是主观的"等方面与欧美流的性别认识存在相同之处的同时，也包括了诸如"男性气质"与"情义""人情"相结合的主观因素。由此在存在着与欧美不同的性别认识和实践的社会，全盘照搬基于欧美经验和历史的性别概念以及在此基础上的女性主义国际关系论显然是有问题的。有必要在以性别的视角观察非欧美文化圈的国际关系时，在加深对各自文化所特有的性别的理解这一基础上进行研究。

即便如此，根据联合国开发计划署（UNDP）《人类发展报告》2007、2008年版的统计，综合显示在议会中女性所占比例和政府高级官员、企业管理层中女性所占比例的性别权力指数（Gender Empowerment Measure，GEM）中，日本为0.577，在93个国家中排名第54位（UNDP［2007］330，333）。这一排名说明日本依然存在着明显的男女差别，男性占据了与决策相关的社会上层，同时表明日本有关国际关系的决策也是以男性为中心制定的。因此，正如女性主义国际关系论所指出的，日本的国际关系（以及国际关系论）存在很大的与男性固有经验紧密结合的可能性。因此，如果运用性别概念对照日本固有的情况，则有必要在进一步斟酌的同时，将直至今日以欧美为中心发展而来的性别国际关系论作为线索，从性别的视角观察日本的国际关系（以及国际关系论），这一点将具有重要意义。

结　语

从最近数年来日本的国际关系论的动向看，涉及性别的研究正在逐步增加。专著包括土佐弘之［2000］、佐藤文香［2004］等，而杂志《Asscoie》（アソシエ）则在2001年出版了题为"全球化与性别"的特刊。研究论文也涌现出竹中［2000］［2006］、罗尼·亚历山大（アレキサンダー）［2001］、土佐［2005］、酒井启子［2007］、河本［2008］等一批锐意进取的成果。

更值得关注的是近年来日本国际政治学会的动向。不仅与性别有关的报告逐渐增多，2002年"性别"还成为分会的专题（"性别——秩序的重组"），2006年蒂克纳在纪念分会上发表了演讲，并进而成立了性别分会，而并不必要将性别作为直接议题的和平研究分会和安全分会也出现了与性别相关的报告。从整体趋势上看，最近以性别国际关系论为专业方向（或对此关心）的研究者在缓慢增加，此外也可能是反映了学会的开放态度，日本并没有出现ISA那样与性别相关的研究遭到孤立的现象。

不可否认，由于大量阅读英文文献以及众多研究者在美国接受教育，日本的国际关系论受到了美国式国际关系论的强烈影响。但另一方面，日本的政治学中传统的历史学方法仍发挥着重要作用，国际关系论中外交史所占比重也较大。与重视本国制度和对外政策的美国政治学相比，在日本，对外国政治进行综合研究的地区研究非常发达。日本的政治学和国际关系论的这一特点意味着对（性别研究推动的）历史学和文化研究等的感性较高，也为今后女性主义国际关系论的发展提供了潜在的空间。

第七章 安　全
——非对称性威胁的兴起

神保谦*

一、现代安全概念的发展

充满活力的概念——安全

自古以来安全就是国家最重要的课题，直至今日这一事实也没有改变。但是如果问及"什么是安全"，却并不存在所有人都可以接受的定义和概念（土山［2004］、神谷［2003］）。比如根据奈的名言，安全就"如同氧气"（security is like oxygen）（Nye［1995］）。根据奈的观点，正如氧气"从没有的那一刻起才会第一次理解其价值"一样，每天都会理所当然般享受的安全是由世界体系的权力、制度、规范以及人们的智慧和意志建构而来的。"不为安全苦恼的状态就是安全状态"是人们往往容易深信不疑的真理，但它并不会带来解决空气污染的智慧。安全概念的构建就是给予这种空气以轮廓的工作。

安全最为一般性的概念就是"某**行为体**为了某种**价值**不被某种**威胁**、**危险**所剥夺，而通过独自或与他者的**合作**，采用某种**手段**加以

---

* 庆应义塾大学综合政策学部副教授。

保护"（Wolfers ［1952］；公文 ［1980］①）。这里提到的**主体**、**价值**、**威胁和危险**、**合作**、**手段**等的性质会因世界体系中行为体所处的环境、决策者和社会的价值标准、威胁的形态、对抗威胁可动员的资源、技术和情报等而出现显著不同和变化。尝试理解安全概念首先必须要认识到安全是一个随着时代变迁和环境而变化的充满活力的概念。

原本而言，长期以来在对试图剥夺**价值**的威胁的认识上，其中心议题是国家对军事力量的行使。因此自古以来，"国家通过军事力量抵御其他国家的侵略"（国防）是安全的中心概念。在主权国家成为主要行为体的国际体系里，特别是在战时国际法和战争违法化等规范尚不完善的时代中，"所有人对所有人的战争"（霍布斯）的世界观可谓毫不掩饰，将"自助"（self-help）作为原则、通过扩大以军事力量为中心的权力保卫国家的思维方式很容易成为主旋律。此外，在支配了20世纪一半岁月的冷战中，也正是由以核武器为中心的东西方军事对峙决定了国际关系的基本性质。这是因为作为第二次世界大战后引领安全理论发展的欧美各国其最大的威胁正是苏联的军事威胁。因此，以往的安全论中重视军事方面也是理所当然的结果。

但是现代（本章将冷战结束后特别是"9·11"后的时代称为"现代"）的安全概念再次遇到了"在什么地方与过去不同"的问题，并逐步发生着充满活力的变化。

比如就**行为体**而言，尽管国家依然是核心行为体，但国际组织、国际机构、地区等国家外部的国际社会以及企业、非政府组织（NGO）、个人等国家内部的各行为体都成为了承载安全的不可忽视

---

① 如果将抽象的安全定义进一步具体化，则可较易反映定义中的价值观。其中，沃尔兹的"不存在对（先天性、后天性）获得之利益的威胁"这一定义可谓适用很多状况的安全概念。这一定义既以保护获得的（相对性）价值为前提，也包括对价值施加危害的军事性、非军事性威胁。

的行为体。而对于应保护的**价值**，也已经将构成国家的多元性因素（国民生命与财产、经济、文化、身份认同、环境、生态系统、保健卫生）相互结合而展开探讨。这是因为当价值的前提由自卫和反击侵略变为追求更为广泛的国家关系的相对性利益时，构成价值的各种因素的优先顺序会较易发生变化。在**威胁和危险**方面，除了国家行使军事力量的传统威胁之外，国际恐怖主义、经济摩擦、金融危机、环境破坏、国际性的有组织犯罪、公众卫生问题等非传统威胁的兴起也成为显著的现象（Anthony，Emmers，and Acharya ［2006］）。此外，**合作**除了传统的同盟关系之外，也日益有必要关注多边安全合作、某种临时性（adhoc）的合作关系（美国在发动伊拉克战争时组织的志愿者同盟）、联合国等国际组织的作用，甚至军民合作、部委间合作等众多的合作、协作形态。而**手段**则不仅是以军事力量为中心的硬实力，形成制度与规范的权力（软权力）和尖端情报通信技术开发及利用等也成为了安全政策的重要方面（Nye ［2004］；土屋 ［2007］）。

如果对现代安全概念的发展进行简单表述，可称为"由国防转型为多元性的安全"（佐藤 ［1999］）。因此现代安全理论有必要在上述变化的背景下进行新的概念建构。当然，新的概念将比过去更具多元性和复杂性，而也需要与之相应的分析框架进行解读。原本就存在着众多将冷战后的安全以及"9·11"后的安全视为多元性安全的研究成果。本章如果仅仅对这些研究的成果进行分类则无法做出任何学术贡献。因此，在讨论安全的概念如何取得新进展时，必须采用什么是各时代安全的新颖之处这一宏观视角。

作为理解现代安全概念的框架，本章将"对称性、烈度"作为威胁性质的两个坐标轴，论述"非对称性安全"是现代安全的新颖所在。随后将论述"非对称性安全"中迅速发展的新的政策框架之特点。最后将尝试通过"空间"和"时间"的概念对由上述坐标轴的分析得以明确的新安全之特点进行解读。即通过安全基础概念的地区范围变迁明确作为安全分析概念的"空间"在今天发生了何种变化,也将探讨作为分析概念的"时间"对安全基础概念产生了何种影响。

二、安全概念中新坐标轴的设定——非对称性安全

非对称性威胁的出现

2001年9月11日在美国发生的"9·11"事件这一新威胁的出现拉开了21世纪安全的序幕。恐怖主义本身并非新的现象,在19世纪后半期欧美和俄国的无政府主义、20世纪中期的殖民地斗争、第二次世界大战后的左翼恐怖主义等现象中都有体现。另一方面,冷战结束后的十年间,尽管世界各地地区冲突的内向化也在发展,但恐怖主义与国际犯罪等一样,经常被视为非常规型威胁,其对发达国家的威胁相对而言是有限的。

但是"9·11"事件带来的冲击在于,恐怖主义可以对已实现产业化的发达民主国家的中枢进行大规模的破坏。这也导致了支撑发达国家安全政策的逻辑本身面临着重大转折,因为将通过国家对国家的对峙可以较为理性地应对作为前提而形成的安全政策,却必须以假定非国家行为体的恐怖组织发动攻击作为新的前提而重新加以建构。"新威胁"的"新"意味着对**价值**的剥夺将在与过去不同的前提下通过不同的模式进行。这种前提变化最重要的因素是威胁"不对称性"的特点。

如果按照前文提到的基础概念,通过"对称性"与"非对称性"解读安全中的威胁的参数将是**行为体**、**价值**和**手段**。近现代国际关系中最重要的行为体主权国家在是安全的主要行为体时,就可以将通过自助使其领土、国民、财产得以自保(或扩大)作为前提。因此,如果主权国家之间发生了军事对抗,容易形成相互追求威慑和均势以促使对方放弃剥夺己方价值之想法的关系(相互遏制的关

系）。势力均衡的原型就是以自我保护为行动原则的主要行为体之间通过共存而产生的。进而言之，在实现了现代化的国家中，负责国家运行的政体对内对外都代表着权力，也是国际制度和规范中履行承诺的主要行为体。这也是旨在调整国家间利益和寻求妥协的同时实现共存的"对称性"世界中的游戏规则。

但是"非对称性"威胁的特征却从根本上颠覆了**主体**的前提。比如主导发动"9·11"事件的国际恐怖主义组织基地组织，在2001年是以本·拉登为中心的干部以及分散在各地区的准干部、围绕这些干部的"单元"（cell，恐怖组织的活动单位）等组成的网络型组织或运动。与常规的组织不同，基地组织的干部并不必然代表对外的责任，此外一个单元与其他单元的关系也不明确。因此，在与基地组织的关系中，不可能通过军事对峙获得势力均衡，只有有限的通过交涉达成一致与妥协寻求共存的余地。进而言之，即使杀害、逮捕、拘留基地组织的干部，也不可能导致单元停止活动。即使一个指挥命令系统遭到了破坏，还会产生别的系统，此外仅仅通过"品牌"和意识形态的共鸣，就会复苏新的活动单元，这一现象十分明显（宫坂［2002］；Davis and Jenkins［2002］）。

同时，**价值**和**手段**的概念也需要进行大幅度的修正。在以主权国家为主要行为体的国际关系中才有可能形成以互求自保原则为前提的逻辑。但是，正如同时常由宗教极端派策动的恐怖主义采用人体炸弹等恐怖主义手段一样，如果观察单个恐怖主义分子和恐怖主义手段，可以发现很多情况下自保的原则并不通用。进而言之，恐怖主义分子的攻击手段并不受到国际性制度和规范的约束。何时可能发动攻击，会使用什么武器，攻击什么对象，这些方面都与国家间的军事对峙在性质上存在着很大不同。总之，在**行为体**中，其意图和成为威胁源泉的组织并不明确，**价值**也无法将自保原则作为合理性的基础，而"手段"则不得不设定为与军事组织间对峙关系不同的多样性的攻击，具备这些特征的威胁就是"非对称型威胁"。

以上所述的"非对称型威胁"的特征不仅仅适用于恐怖主义。这是因为与在美苏冷战两极体系中发展而来的相对"对称"性的军事对峙相比,对主要大国而言,尽管程度不同,现代的安全威胁在很多情况下呈现出了"非对称性"。特别是被美国称为"流氓国家"的伊拉克、伊朗、利比亚、朝鲜、叙利亚等中小国家,即使与恐怖组织处于不同的层面,但也兼具非对称性的特性。可以认为,这些国家的特点是时常违反国际法、条约、协定、协议等国际性规范,不仅表现出对维持现状的不满,也减少了"和平转型"的可能性。因此在**行为体**、**价值**方面,如果以国家推行基于个人崇拜的"先军政治"的朝鲜为例,维持体制就等同于维系国家。当维持体制被置于优先地位,其体制的动摇不适用于正常国家关系中威慑与制衡规则的可能性就会变大。

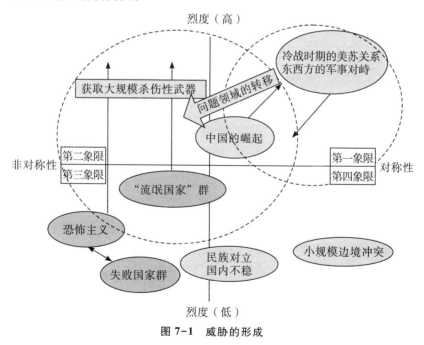

图 7-1 威胁的形成

现代非对称性威胁可参考图 7-1。该图以威胁的"对称性、非对称性"为横轴,以威胁的"烈度高低"为纵轴组成四个象限。在对称性方面,国力均衡的国家间关系位于右端,个人、网络型组织等非国家行为体置于左端。在烈度上,通过大规模杀伤性武器等可形成大规模破坏和杀伤的行为体位于上端,不具备明显杀伤力的威胁置于下端。此外,对称性的程度和烈度的高度只是相对的标准,作为概念并非十分严谨。①

通过上图可以看出,第二次世界大战后的安全理论基本上是以第一象限(对称性且烈度较高)的国际关系为中心而发展的。美国与苏联在自由主义与共产主义意识形态对立的同时,在欧洲形成了西方阵营与东方阵营的两极化国际结构。亚洲各国、第三世界的很多国家也无法在这一两极结构中独善其身。当然,冷战期间相对低烈度的地区冲突和内战也并非没有成为主要的安全议题。相反,朝鲜战争、阿富汗战争、两伊战争等现实中爆发战争的并不是第一象限中的对立关系,而发生在高烈度和低烈度交替、在第四象限中的相对低烈度的国家之间。从这个意义上看,加迪斯所说的"长久和平"(The Long Peace)只适用于第一象限的世界(Gaddis [1987])。尽管如此,正因为美苏冷战下的军事紧张与其他问题领域相比具有压倒性的震撼力和烈度,因此第二次世界大战后发展壮大的美国国际关系论中,半数以上的理论探讨都是围绕着第一象限的世界展开的。

但是在现代安全中,非对称性威胁上升为最重要的威胁之一。

---

① 田中明彦的《当今的世界体系与安全》(《国际问题》2002年10月)可谓将非对称性威胁特性分为4类的前瞻性研究。该研究将"主要行为体的明确性(高/低)"和"威胁意图(高/低)"作为区分威胁的坐标轴。本章中"对称性、非对称性"的横轴与田中的"主要行为体的明确性"基本一致。但本章的纵轴"威胁的烈度"着重于能力,在这个意义上与关注"威胁意图"的田中论文不同。另外,2006年版美国国防部的《四年国防政策评估报告》(QDR)中也将威胁分为4类:(1)非常规型(恐怖主义等);(2)毁灭型(大规模杀伤性武器等);(3)传统型(使用常规武器的军事冲突的威胁);(4)混乱型(网络攻击等)。坐标轴中将横轴定为"(美国的)脆弱性",纵轴定为"(事态的)可能性",其中脆弱性、可能性最高的是(2)毁灭型,而最低的则是(3)传统型。在美国的威胁认识中,尤其重视对(2)毁灭型以及(1)非常规型威胁的应对(US Department of Defense [2006])。

过去恐怖主义造成的破坏规模只是数百人程度,但是正如"9·11"事件约3000人死于非命一样,恐怖主义导致的破坏规模不得不被想定为大规模杀伤型。而这种非对称性威胁与核武器、生物武器和化学武器等大规模杀伤性武器结合时,其烈度将进一步达到破坏性规模。因此"流氓国家"近年来致力于获得大规模杀伤性武器和导弹的举动也提升了第二象限安全的重要性。而"失败国家"国内治理的停止、大规模杀伤性武器及其技术的扩散等都对这些新威胁的兴起起到了促进作用。总之,现代安全的特性可谓"从第一象限向第二象限的扩展",正是这种"扩展"带来了对过去安全逻辑的大幅度变更。

第二象限的安全理论——"威慑理论"的再探讨

向第二象限的**威胁**问题领域的移转也需要在安全的逻辑上解决"与过去有何不同"的问题。特别重要的变化是第一象限(对称且烈度较高的问题领域)的安全逻辑无法充分应对的现象开始威胁到了**行为体**。其逻辑变化的核心是"威慑"的概念。这是因为通过冷战时期第一象限安全理论的核心概念就是与这种"威慑理论"的对话(Freedman [2004];Morgan [2003])。

威慑理论的中心"惩罚性威慑"是指"通过明确显示给予对方重大打击的意志与能力,使对方放弃采取对己方有害行动的想法"。作为其前提,威慑如要成功需具备三个条件:(1)充分的报复能力;(2)明确表明进行报复的意志;以及理解这两点的(3)对方的理性。

但是,由于非对称性威胁的兴起,这种威慑的逻辑出现了可能从根本上被颠覆的问题。惩罚性威慑对非国家主要行为体的恐怖主义组织确实很难发挥作用。其理由如下:第一,由于恐怖主义组织活动据点的位置并不明确,难以从地理和组织上集中目标,因此以往通过报复予以惩罚的威慑概念难以通用。恐怖主义分子的根据地和活动据点在地理上十分隐蔽,并通过频繁移动造成定位的困难,并进而通过组织上责任和等级结构的复杂化，可以减轻报复的有效性。这是恐怖主义组织十分强韧的关键所在，也是导致威慑三个条件中（1）和（2）的基础崩溃的原因。

第二个理由是，如上所述，恐怖主义分子并不必然具备"自保的理性"。近年来的恐怖主义组织以宗教性和极端性意识形态等为基础，经常采用人体炸弹等手段。当恐怖主义者不惜牺牲自己，连死亡也不惧怕时，惩罚性威慑的前提就不复存在了。也就是说，已无法共有基于以自保为前提的"理性选择"的价值观，三个条件中的（3）即对方的理性这一原则也将解体。于是出现了一种新的逻辑，即由于以上（1）—（3）的威慑条件全部瓦解，惩罚性威慑在应对恐怖主义者时并不通用，因此"不可能与恐怖主义组织共存"。

采用与第一象限的世界所不同的逻辑以威慑"流氓国家"也很重要。比如在"能力"方面难以制定使用核武器的计划和核态势（难以得到政治上的支持），在"意图"方面也可能会降低政治的优先顺序并明确意图。进而言之，即使假设在"理性"中明确表示了威慑条件的（1）和（2），也可能存在得不到对手（3）的相互理解的情况（在政治体制僵硬时，对手进行非理性决断导致威慑失败的可能性或许会高一些）。威慑论得以成立的能力、意图、理性等三个条件容易不安定化也是"非对称性"的特点。

第二象限的安全理论——"先发制人""量体裁衣型威慑"与"多元防御"

第二象限中逐渐浮现的安全"手段"是什么呢？这也是现代安全政策的最大课题，这些政策的积累正在决定着21世纪的安全秩序。当然，今后数十年间会出现何种威胁、形成何种政策，仍有很多未知因素。但如果观察现已形成或正在形成的政策概念，或可将其"手段"分为"先发制人""量体裁衣型威慑"（tailored deterrence）和"多元防御"等三类。

第一类**手段**是"先发制人"。采用"先发制人"作为安全政策意味着否定与"非对称性威胁"的**行为体**共存的可能性,通过超出威慑的手段对抗威胁。美国布什政府于2002年9月发表的《国家安全战略》中声称:"对恐怖主义进行威慑有其局限性,必须对他们进行第一次打击……根据需要我们有必要发动先发制人的打击。""先发制人"被提升到了军事主义的高度(US White House[2002];Litwak[2002];神保[2003])。

"先发制人论"出台的背景是美国在认识新威胁的同时进行的国防战略转型。特别是"能力基础"成为转型的中心概念,从而转变了以往静态认识地区冲突威胁的"威胁基础"的思维方式,更加能动性地重视制定以对手可能拥有的**能力**、**手段**为标准的战略。该概念认为,军事技术的扩散经常会以比美国情报部门预想快得多的速度发展,恐怖主义分子和"流氓国家"攻击所带来的损害有可能达到相当规模。在这种状况下,应掌握对手拥有的能力和手段(大规模杀伤性武器、弹道导弹、常规武器、广义的"人""财""物"的网络),在明确的威胁兴起之前,通过强制力预先消除其能力。

"先发制人"概念受到了严厉的批判,认为其将动摇有关自卫权的国际法基础,并可能从根本上改变通过法和正义进行国际治理的逻辑。《联合国宪章》第51条规定,只有在"受武力攻击"时才可行使自卫权,其行使的条件是存在"急迫且非正义的侵略"。但是在第二象限的世界中,如果将"受到武力攻击时"作为自卫权的基准,那么对于威慑无法起到充分有效作用的对手,避免受到损害的预防手段将是有限的。特别是当考虑到对方使用大规模杀伤性武器进行第一次打击时,传统解释中的自卫权很难保卫国家的安全。这时,该概念主张应如图7-2中恐怖主义实行过程中采取各种形式的"先发制人"行动,以在潜在威胁不断显现的各个阶段采取预防性的强制措施。

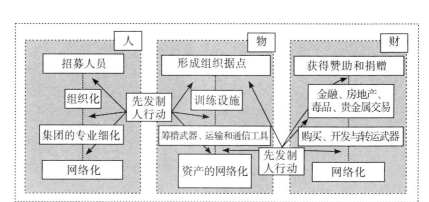

图 7-2 针对恐怖主义的先发制人行动（概念图）

尽管上述的"先发制人"概念旨在威胁显现之前采取多种强制性措施，但令人讽刺的是，这一概念最引人注目并被大肆利用的是 2003 年 3 月的伊拉克战争。美国成功地推翻了萨达姆政权，但失败的是，其军事干涉的证据——伊拉克拥有大规模杀伤性武器、伊拉克与基地组织等恐怖主义组织相关联等——却无法得到证明。美国提出"先发制人"战略只经过一年有余，就以自己的行动暴露了"先发制人"理论潜在的逻辑脆弱性和危险性。即使如此，2006 年修改后发表的《国家安全战略》中仍然强调"先发制人"概念的重要性，说明通过"先发制人"克服威慑之局限性的尝试今后仍将继续下去（US White House［2006］）。

第二类手段是"量体裁衣型威慑"。该概念主张，如果认为第二象限是"威慑无效的空间"，那么在这里可以进行选择的政策是很有限的。为此不应将第一象限里的威慑理论作为"全方位适应型威慑"（one-size-fits-all deterrence），而必须将其转型为"量体裁衣型威慑"以应对第二象限。正如同根据每个人的年龄、体型等"裁制"服装一样，也应根据国际关系的状况与对手的性质改变威慑的姿态和形式。

"量体裁衣型威慑"的提倡者、美国国防部的瑞恩·亨利（Ryan Henry）将该概念的威慑对象分为（1）"崛起国家"（peer/emerging peer）、（2）"流氓国家"（rogue states）和（3）"暴力性极端主义"（violent extremists）等三类。针对各自对象应进行威慑的**行为体**分别是（1）"领导人"（senior leadership）、（2）"军事领导人"（military commander）、（3）"扣动扳机者"（周边行为体 trigger puller）和（4）"一般民众"（general populace）等四个层面（Henry［2005］）。这一构想旨在对威慑进行立体设计以应对威慑对象构成的复合性**主体**（图 7-3）。在这一构想中，威胁的非对称性越高，应进行威慑的主要行为体也愈发多元化。在以"流氓国家"为对象时，必须探明对这些国家提供支援的企业、资金、人际关系等。而在与"暴力性极端主义"对抗时，则必须将对象涵盖从恐怖主义单元到支持这些单位的志愿者，直至广义的"支持者"。

量体裁衣型威慑

威慑	崛起国家	流氓国家	暴力性极端主义（AE）
领导人			国家资助者组织领导人
军事领导人			单元
扣动扳机者			民众志愿者
一般民众			同情者与支持者（家族 公众领袖 部落）

图 7-3 "量体裁衣型威慑"（概念图）

资料来源：Henry［2005］。

如果假定威慑对象是多元化的，那么以往意义上使用的威慑概念就必须进行相当程度的修正。这是因为如果冷战期间的核威慑战略蕴含着"危机中稳定"的紧张感，那么"量体裁衣型威慑"就需要更长的施加影响的时间，其威慑效果也更难预测。

　在此与威慑同样出现的概念被分类为"劝止"（dissuasion）。美国国防部《四年国防评估报告》（QDR）中将"劝止"定义为"放弃发展（对美国利益）有害的能力并付诸行动的意图"（US Department of Defense［2006］）。"劝止"政策的目的在于按照美国希望的方向塑造与美国对抗（或可能对抗）的对手的意图与能力，并借此（1）威慑对方国家的行动；（2）按照一定方向诱导对方国家的战略与资源以减少威胁；（3）使对方国家制定军事计划复杂化（增加对方的成本）。如果"终止、促使放弃"具体行动是"威慑"，那么创造不致采取具体威慑行动的环境就是"劝止"的概念。

　第三类**手段**是"多元防御"。如果再次回到惩罚性威慑很难应对第二象限威胁这一话题，那么就应对不幸遭到攻击时的防务力予以进一步的关注。对于这种防务能力，分为"拒止性威慑"（deterrence by denial）和通过建立对受到攻击后的结果管控进行"破坏控制"（damage confinement）两种观点。

　"拒止性威慑"是指通过提升自身防御能力和减轻对方攻击有效性（拒止能力）来迫使对方放弃行动。其手段具体而言就是建设针对非对称型行为体攻击形式（城市恐怖主义、游击战、导弹攻击）的防御能力（城市的反恐机能、特种作战能力、导弹防御能力等）。但是，只要威慑论仍然存在，就必须从非对称性威胁的恐怖主义分子和"流氓国家"中发现其一定的合理性。在这个问题上，神保、高桥、古贺等的研究认为，恐怖主义者的确采用殉教式的攻击手段而缺乏"自保的合理性"，但同时却具有"希望攻击获得成功"的"实现目的的合理性"，威慑的逻辑可以被运用于这一方面。即使是非对称性行为体，在以基于目的合理性采取行动为前提时，则可以认为如果判断实现目的的可能性极其微小，而为此付出的成本又极为高昂，则不会执意对困难的目标发动攻击。如果这一假设是正确的，则反恐综合战略应是加强阻断导致恐怖袭击成功之所有可能性的措施（神保、高桥、古贺［2005］）。

简言之，"多元防御"的意义在于为了对抗非对称性威胁，提升国家与社会的防御功能（即建设强大社会）是非常重要的。在"非对称性安全"中，构成出入境管理、检疫、国内治安、情报信息基础建设管理等"社会安全"的行为体才位于安全政策的最前线，而如何认识伴随着全球化深化出现的人、物、财富的世界性流动，如何实行有效的政策，正成为现代安全的核心。

三、现代安全"空间"与"时间"的发展

本章在第一部分、第二部分探讨了现代安全概念受到"非对称性威胁"兴起的强烈影响而需在"第二象限"中再次建构，应对这种威胁的政策手段也不得不进行大幅度的修正。下文将从"空间"和"时间"的视角探讨"第二象限安全"的特点。

第二象限中的"空间"

以"空间"的分析概念划分冷战与现代，将会发现若干特征。冷战是由以美国和苏联为两个轴心的西方阵营与东方阵营之间激烈的意识形态、军事、经济对立关系所决定的。这种对立关系最为尖锐的是欧洲大陆。在第二次世界大战后的欧洲，德国分裂，波兰、匈牙利、捷克斯洛伐克、罗马尼亚、南斯拉夫等从北部到南部的巴尔干半岛被一道"铁幕"（丘吉尔语）一分为二。在陆地边境接壤的欧洲大陆，以陆军为中心的大陆性对峙结构依然存在。而在欧洲对峙背后元构造（meta-structure）化的则是以美苏核武器为中心的战略对峙。西方阵营建立了北约，东方阵营建立了华约，多边集体防御组织更加深了对立。这些以欧洲为主要舞台的对立结构被称为冷

战的"第一战线"。

冷战期间的对立结构自然也波及了欧洲以外的地区。在亚洲的安全局势中，共产主义并不必然像东欧各国一般团结，苏联、中国、朝鲜、越南等呈现复杂的对立与合作关系。因此，西方阵营中的东亚各国也没有组成类似于北约的集体防御组织，而形成了以美日、美韩、美菲、美泰、美澳新（ANZUS）等双边安全网络（轴辐关系）组成的同盟关系。冷战期间在亚洲的战略关系被称为"第二战线"。重要的是，冷战期间的战略"空间"产生于第一战线、第二战线以及除此之外的国际关系结构。

但是，第二象限的安全"空间"却描绘了与冷战期间不同的地图。比如，国际恐怖主义组织基地组织以将阿富汗作为根据地的司令部为中心，在世界各地构建了多层型和自立分散型的人员网络，通过企业赞助和金融交易等获得了庞大的资金，并可以通过众多的代理和黑市获得武器和训练技术。目前已知的基地组织训练基地分布在索马里、阿富汗、印度尼西亚等多个国家，在美国国内也在可获得飞行执照的训练学校学习飞行技术。

从这种直至发动恐怖袭击的人、物、财的结合可以看出，这一网络扩展到了全世界。在第一象限的世界中，威慑苏联和东欧各国在地理上的进攻、确保兵力构成的平衡是威慑苏联进攻的重要课题。但是，为了对抗基地组织的恐怖主义，已无可能仅仅以单一地区和能力为对象加以应对。进而言之，没有领土的网络型组织具备即使一个组织被破坏，还会产生其他组织的再组织化特征。由于这种变异性的组织结构，这些组织可以不选择场所而随处存在。为此恐怖主义的威胁在空间上可遍布各处，很难加以认定。

在全球化深化的现代社会，人、物、财可以在极短的时间内在全球流动。在非洲恐怖主义分子训练营的积极活动成为众多主要国家不可忽视的现象。如果中东的某个石油企业通过马绍尔群岛向与恐怖主义有关的组织等提供资金，那么就有必要将此视为世界性问题而加以应对。在国内的清真寺和伊斯兰教相关组织中，恐怖主义相关者也有可能招募人员，身边的学校和宗教组织，甚至网络空间以及网络中的社会网站等"虚拟空间"都具备恐怖主义获取人才的功能。2005年7月伦敦发生的恐怖袭击事件中，尽管其主谋都是出生在英国且在城市生活的人，但却通过与基地组织发生关系而进行了恐怖主义活动。这也是地区空间与全球空间相互结合导致恐怖主义活动的颇具意义的案例。

面对这些不受地理范围限制的非国家行为体影响力的增大，以往被视为"地区威胁"的威胁转向全球化，与各国的安全直接挂钩。也就是说，在"非对称性安全"中，出现了全球（国际社会）、地区（地区社会）和国家（国家社会）空间中的威胁相互侵蚀的"空间横断型"国际安全环境。

第二象限中的"时间"

国际恐怖主义等非对称性、非传统性的威胁在存在着难以认定行为体、组织、活动场所等问题的同时，这种威胁超出了从和平时期趋向紧张、从紧张发展为危机、又从危机导致战争这一传统的战争爆发循环理论，在无法预测的恐怖这一背景下，带有发动突然袭击的可能性（参照图7-4）。总之，新威胁具备将大幅度改变以往安全"时间轴"的特征。

以往的"冲突循环"可以用上述从和平时期到冲突后的直线型模型予以解释。在这一循环中，国家间冲突因领土和资源分配等问题而加剧对立关系，在没有可能通过制度和达成共识予以和平解决的情况下则会发展为"危机"，如果即使相互最后通牒也无法达成妥协时，就会通过宣战进入"战争"状态。而随后随着一方获胜、陷入僵局、厌战等无法继续战争时，则会停战，并开始战后的经济重建。此外，动员潜在的资源需要时间，因此，正是由于有这一段时间才有可能明确划分和平时期与战争时期（永井［1979］）。

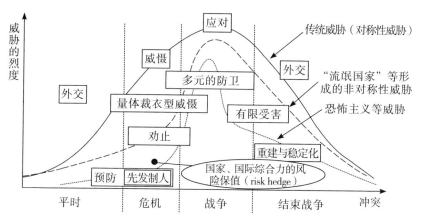

图 7-4 威胁与冲突的系谱（概念图）

但是，第二象限的"冲突循环"却不仅限于上述传统的过程。特别是国际恐怖主义很难掌握其"危机"的阶段和预兆，很多情况下没有预告即实施恐怖活动。在还没有充分掌握恐怖主义采取行动的危机日益临近时，却可能会突然发现飞机撞入了大楼，沙林被撒播在了地铁，炸弹在重要的设施爆炸，有时生物武器和化学武器还有可能被用在了城市。

如果进一步深究，则会发现这些现象表明"和平时期""危机"和"战争"这一循环的界线已变得模糊。现在看上去像是"和平时期"的或许是"危机"，而今天的"和平"可能明天就成为"战争"。总之，在"非对称性安全"中，这些概念可能同时存在。在现代安全中，可被称为"时间随处而在的安全""共时性安全"的世界正在不断发展。

第八章　国际政治经济
——战后的发展与今后的课题

田所昌幸[*]

引　言

人们普遍认识到，政治与经济是相互关联的。如果是这样，那么国际政治学和国际经济学应该共享相互之间的知识这一主张本身或只是常识。原本亚当·斯密等18世纪的古典经济学家就将自己的学术领域称作政治经济学，体现了掌握综合性知识以合理运行社会的强烈意欲。斯密也是道德哲学者，其政治经济学建立了可称为社会科学之综合科学的宏大体系。但是经济学在其后的发展中演化为独立于政治学而对市场经济领域进行纯粹分析的异常精细的学术体系。因此今天的国际经济学中对市场的纯粹分析也占有绝对比重。

同时，国际政治学却沿着与国际经济学完全不同的道路发展至今。众所周知，诞生于第一次世界大战后的欧洲，作为近现代学术领域的国际政治学，在第二次世界大战后一跃成为左右国际政治最重要力量的美国得到了迅速发展。遭受纳粹迫害逃往美国的欧洲学者占据了美国学会中的核心地位，与此同时，在制度上快速扩大的美国大学将利用核武器在全球与苏联对抗视为最优先的课题，也多

---

[*] 庆应义塾大学大法学部教授。

有对美国对外政策的参与，因此国际政治学作为研究战争与和平的政治学的性质很强。

当然，由于现实的国际政治与国际经济之间并不会像大学院系设置或学会等组织那样存在恰当的界线，两者的综合跨学科性方法的必要性经常被人们提及，国际政治经济学也是以这种意识为出发点的。但是今天被称为国际政治经济学的学术领域从20世纪70年代才开始逐渐被人们认知为一门学科，其后国际经济学和国际政治学也没有实现理论上的统一。国际政治与国际经济重合的现象多样且广泛，在国际政治经济学名义下的各种问题如果按照其字面含义而成为研究国际政治与国际经济之间重合现象的国际政治经济学，则会出现成为包括只提及经济问题的外交史、只提及某些政治的经济学研究在内的模糊且没有定型的学科的危险。但是，国际政治经济学与其他任何学科一样，也是由带有历史条件烙印的问题意识所刺激和发展而来的知识领域，因此，本章将主要概述日本的国际政治经济学发展历程中问题意识的变迁及其特征，并探讨今后的展望与课题。

一、初创期的国际政治经济学

在日本，国际政治学确立为独立学科是在第二次世界大战之后。众所周知，日本的国际政治学强烈反映了第二次世界大战造成的破坏以及日本的战败，在这一意义上，带有和平政治学的浓厚色彩。尽管是年轻的学科，国际政治学却没有仅将自己作为政治学的一个子范畴，而志在成为更具独立性的学科领域，同时也强烈地意识到其与政治学、外交史、国际法、地区研究等的关联性以及与这些学科存在横向联系的综合性。

对国际政治研究综合性的重视态度也可从国际政治经济学中窥见一斑。二战后不久，1949年向新教育制度转型中的东京大学创立了教养学部，矢内原忠雄出任学部长，1950年矢内原开设了国际政治经济论的课程并亲自担任主讲。矢内原师从新渡户稻造，二战前在新渡户去国联后，承担了新渡户在东京帝国大学经济学部开设的殖民政策论的教学工作，是著名的经济学家，同时还曾因批判日本侵略中国而遭到军队的反感，实际上失去了工作。战后在东京大学恢复工作后，1950年成立日本国际经济学会，矢内原出任理事长，1951年出任东京大学校长，可谓日本国际经济学的权威。

1952年矢内原将国际政治经济学课程转交川田侃。川田也是在东京帝国大学经济学部就学时师从矢内原、具有经济学背景的学者。1964年川田调至东京大学经济学部讲授国际经济学，1972年后调至上智大学讲授国际关系论。川田的《国际关系概论》（1958年）长期以来都是这一领域的标准教材，在日本国际关系论研究中发挥了先驱的作用。正如他的经历所体现的，川田一贯坚持认为，学习和平的国际关系理论，不应仅以传统的权力政治理论，而应通过结合经济学的跨学科视角予以理解。

但是，在初创期的日本国际关系研究中，这种有意识进行的政治与经济间的跨学科研究大致处于边缘地位，而国际政治学者对经济问题进行系统性关注则已是20世纪70年代之后了。东京大学除了上述教养学部国际政治经济论的课程外，还另外开设了国际经济论和国际政治论的课程。而川田从1957年后也将他讲授的这门国际政治经济论作为了国际关系的入门或概论课（川田［1958］i-ii，川田［2001］40-44）。此外，1957年创建的日本国际政治学会对经济问题的关心极其淡薄。整体而言，日本外交、外交史、东西问题、民族解放和帝国主义等是研究者们的核心议题，可以说创建伊始国际政治学就强化作为战争与和平之政治学的自律性。

国际政治学的期刊《国际政治》从1957年以"和平与战争的研究"为主题的创刊号直到1969年末以"第三世界政治诸问题"为特辑主题的第39号为止，发行了以外交史和地区研究为中心的有关国际政治理论、国际组织、太空武器和裁军等多期特辑，其中没有一期是以包含"经济"字样的主题为特辑名称的。现在看来，在有关欧洲一体化和发展中国家问题的特辑中，对经济问题的关注也出人意料的少。此外在这39期《国际政治》刊登的共约350篇论文中，题目中有"经济"字样的论文只有7篇，即使加上可以认为经济问题在文中并非核心但仍是重要内容的论文，也总共只有15篇。

1957年发行的第二号和第三号分别以日本外交和日本外交史为主题，刊登的论文中以经济问题为焦点的只有第二号板垣兴一的《亚洲经济外交的发展方向》一篇。其后直到1970年约15年间的《国际政治》中，经济问题占相当比重的特辑只有1963年第21号的"共产主义阵营研究"，该号特辑刊登了气贺健三的《苏联工业管理机构的改革》、宫下忠雄的《中国国营农场的各种问题》、加藤宽的《共产主义阵营的经济一体化》以及木户蓊的《南斯拉夫的政治与经济机构》等论文，在依然高度肯定社会主义经济管理的同时，也对其政治意义表现出了强烈的关心。此外，1968年"发展中国家的政治、社会结构"特辑、1969年第39号"第三世界政治诸问题"特辑都与70年代引人注目的发展问题不同，关心的焦点仍是政治与社会，对经济问题的关心还是第二位的。

整体而言比较低调的国际政治经济学在有限的研究中有一个关注的核心问题，就是对亚非各新兴独立国家的政治与经济的研究。正如前述论文中板垣兴一所指出的："毫无疑问，现在亚洲各民族的愿望是经济上的独立。第二次世界大战后政治独立几乎已经在亚洲所有的地区得以实现，但是没有经济上的独立，政治独立是不可能的"，这些研究采用的可谓是民族自立经济学的视角（板垣［1957］164）。

恐怕比上述更为关注的是有关帝国主义的研究。不必赘言，这些研究的问题意识正是将支配战争与和平的权力结构作为一个条件而关注国际经济结构的马克思主义的帝国主义理论。这一时代这种研究的代表作正是川田侃的《帝国主义与权力政治》。在该书中，川田在否定当时颇为盛行的马克思主义公式论的同时，也认为"在所有的资本主义国家中，当经济发展到一定阶段后，其帝国主义倾向都会发挥作用"（川田［1963］145），从而探讨帝国主义扩展政策背后的经济机制。这里应该指出的是，川田的问题意识在于为了对和平的政治学做出贡献，而应调动包括经济学在内的跨学科的智慧。川田将国际政治经济学视为"战争与和平的经济学"的方法也反映在这一时期对军工复合体和军工产业问题的强烈关心上（川田［1963］）。

此外，当时资本主义和社会主义之间的制度竞争尚未分出胜负，选择何种经济制度仍然是一个热门话题，社会主义经济理论吸引了相当多的关注也是当时的特征。但是，20世纪50年代围绕制度选择的意识形态对立达到顶峰的日本经过1960年安保斗争的骚动后进入了以经济建设为中心的时代。当然，这期间也发生了古巴危机、越南战争和中苏论战等军事危机和实际战争等事件，但尽管面对日本的政治状况处于发展经济的时代，欧洲的一体化也大致以经济领域为中心不断进展。现在看来，当时对这一领域的漠不关心实属奇妙。60年代前半期日本加入了经合组织（OECD），并成为国际货币基金组织（IMF）第8条款国，从而跻身于西方世界国际经济组织主要成员之列。战后重建告一段落后，日本外交的相当一部分精力都投入到经济外交之中。在全球舞台上，关贸总协定肯尼迪回合谈判开始，包括日本在内的各国政府都苦于应对美国保护美元的政策。1967年英镑危机爆发，这导致了英国不得不大幅度收缩对外部的介入。但是日本的国际政治学者对这些事态基本上并不关心，而对这些问题进行分析的经济专家也没有对这些事态的国际政治意义进行过系统性的关注。

二、国际政治经济学的兴盛

进入20世纪70年代后，国际政治经济理论在国际政治学者中处于十分边缘位置的状态发生了变化，国际政治学者也开始认可政治经济学是一个重要的研究领域。《国际政治》中与经济有关的论文数量的增加也说明了这一事实。1970年到1979年发行的从第40号到第63号的200余篇论文中，与经济相关的论文为21篇，并分别编辑了1971年第44号"战后东欧的政治与经济"特辑和1978年第60号"国际经济的政治学"特辑。在1978年5月召开的国际政治学会春季大会上，将"国际经济的政治学"列为共通主题，松本繁一（亚洲经济研究所）、高坂正尧（京都大学）、荒川弘（产经新闻）、鸭武彦（草稻田大学）、山本满（法政大学）、永井阳之介（东京工业大学）、岛野卓尔（学习院大学）等作为报告者和讨论者参加了这一主题的讨论。

一般认为，人们在这一时期对经济问题的关心骤然上升主要是由于以下几个条件发生了变化。首先，20世纪70年代美苏进入缓和时期，冷战造成的紧张关系相对缓和，世界上除以冷战对立为前提的战争与和平问题以外的各种问题一举浮出水面。特别是美国经济因越南战争陷入困境，对苏缓和和中美和解使得美国开始调整与西欧、日本等西方阵营盟国之间的关系，西方阵营盟国之间以往所没有的摩擦出现激化。日美两国关系中的纺织品贸易摩擦发展为从未有过的严重的政治问题，并与冲绳返还这一日本外交政策中最重要的问题相挂钩。

此外，20世纪60年代之前，通常都是在实现经济上的民族独立或新殖民地主义等从属性范畴中理解所谓的亚非第三世界经济。但是，60年代后在国际社会中成为多数的第三世界各国在联合国等国际组织中加强了自我主张，以主权为武器，成为了团结一致以一个整体发出声音的强大政治力量。60年代即已创设了联合国贸易与发展会议（UNCTAD），1973年联合国通过了建立国际经济新秩序（NIEO）宣言，发展成为国际社会的一大焦点问题。另外，一部分第三世界国家开始积极地将本国领土中蕴藏的天然资源作为政治武器。1973年与1979年的两次石油危机都引起了世界经济的极大震荡，这一时期石油输出国组织（OPEC）的决定都使日本等所有南北关系中的北方国家出现了大悲大喜的情况。第一次石油危机与第三次中东战争、第二次石油危机与伊朗的革命都有密不可分的关系，今天全球性经济问题的政治性一目了然。1980年《国际政治》第64号以"国际发展论"为主题的特辑即反映了这种研究倾向。

除上述全球性条件的变化外，日本以主要角色的身份登上国际经济舞台，其动向不仅对日本的对外政策、对国际政治而言也成为具有意义的研究课题，这也是日本研究者加强对这一领域关注的原因。1975年开始的经济峰会上，将世界最大石油进口国之一的日本排除在世界经济主要国家俱乐部之外已无意义；在国际货币问题上，日本持续保持巨额的贸易顺差；而在货币调整的多边磋商中日本也成为G5、G7等主要国家财长、中央银行行长会议的重要成员。在政治与安全方面严格进行自我限制的日本作为经济大国增强了在国际社会中的存在感。

鉴于以上理由，国际政治经济学也从战争与和平的经济学和民族自决的经济学转向了对国际经济问题的政治学的强烈关心，这一时期各种与经济问题相关的政治分析纷纷面世。为此，记者、经济学者甚至以安全和对外政策为研究方向的学者等都参与了围绕最新经济问题的国际政治研究，呈现出非常活跃的状态。记者出身的荒川弘将分析欧洲经济一体化的著作题名为《新重商主义的时代》，非常形象地反映了这一时代的特征（荒川［1977］）。

在日本的政治经济学者中，从这一时期起几乎都将经济发展放缓的日本与主要是美国的经济摩擦，特别是贸易摩擦作为重要的研究领域。麦克·戴斯勒（I. M. Destler）、佐藤英夫、福井治弘等的日美经济摩擦研究，通过搜集包括采访很多有关人士在内的资料、详细追踪和分析两国政策过程的方法，开辟了先前很多著作也曾论述过的经济摩擦案例分析这一新的领域，可谓代表之作（Destler, et al. [1979] [日文版 1980]）。此外，往往将经济外交视为"低政治"而容易对其轻视的现实主义者们也很早就开始了对因经济摩擦产生的日美关系大框架变化的研究（神谷、永井 [1972]；山本 [1973]）。

另一方面，国际经济的政治化、世界经济的同时低迷以及第三世界的激进立场等现象也很好地符合了将资本主义剥削结构的再生产和危机视为国际社会基本结构的马克思主义的观点。特别是第三世界激进的主张，不仅可以从民族自决的背景加以理解，也可以从当今世界资本主义中富裕的北方与贫困的南方这一全球性阶级对立的背景去理解。这些观点属于帝国主义论的谱系，而将从属理论和随后的世界体系理论作为理论框架的亚洲经济的（低）发展论在这一时期也十分流行。

进而言之，将国际政治的经济化作为对国际政治理论进行整体性再探讨之契机的理论方向也十分明显。经济问题成为主要争论点的国际关系是不是变成了超出传统现实主义理论范畴的世界？本着这种问题意识，将国际经济现象作为一种跨国交流予以概念化，并尝试以此作为新国际关系理论的线索。而"相互依存"是描述这种国际关系的关键词，以这种理念作为出发点尝试对国际关系理论进行系统阐述的鸭武彦和山本吉宣编著的著作可谓这一时期日本的理论研究者进行探索的代表性作品（鸭、山本 [1979]）。

三、IPE 的制度化与日本经济

20 世纪 70 年代，国际政治经济学（IPE）一跃成为被广泛认可的研究领域，不仅是对经济问题表示关注的国际政治学者，记者、实业家甚至对国际经济中政治的作用感兴趣的经济学者们都有所涉足，呈现了"英雄辈出"的时代特色。但 80 年代后该领域的研究方向则明显表现为努力接受以北美为主的 IPE 理论的一代研究者对理论进行更为细致的研究，并不断推动其作为一门专业性领域的制度化发展。

理论的精致化并不仅限于政治经济学。在社会科学中，经济学很早就形成了高度公式化的理论体系，并随着统计学的发展和计量数据处理技术的进步而取得了爆炸性的进展。在北美的学会活动中，提出整体论性质的世界观的宏观社会科学理论相对失去了影响力，通过提出假设并根据经验性数据予以验证的实证性程序创作论文已被认可为代表着学术专业主义的意义。正因为如此，以往丰富了国际政治理论的现实主义与自由主义的对立和论战演变为都以经济学性质的实用主义为前提的新现实主义与新自由主义之间的论战，论战整体上均在实用主义理性选择理论的框架下进行，通过对各种条件和前提的操作追求理论上的可能性。政治经济学领域是探求国际合作可能性的上好领域，长期以来与功能主义和一体化理论保持着高度的亲和性。进入 20 世纪 80 年代后，通过山本吉宣等人的努力，相互依存理论不仅进一步精致化（山本［1989］），制度论被广泛应用于讨论国际合作的可能性与条件的理论框架。以美国经济的整体性衰退为前提的世界体系论与霸权更替论等宏观国际政治理论中也开始重视经济条件。

通过被赋予的这种理论框架，与经济问题相关的国际政治中以往会被视为"低政治"而遭到忽视的各种领域获得了作为国际政治理论"试验田"之一的意义。20 世纪 80 年代以后《国际政治》刊载的论文倾向如实反映了上述理论状况，对各种议题领域都展开着政治经济学方面的活跃探讨，这是以往不曾出现过的现象。1986 年的《国际政治》分别以"世界体系论"（第 82 号）和"科学技术与国际政治"（第 83 号）为题目。1990 年第 93 号的主题是"国际政治经济学的摸索"，与 70 年代相比，可以发现其研究对象的多样化和研究方法的理论取向等特点。通过对政治经济学发展的学术常用语的应用，IPE 从国际政治和国际经济的跨学科研究领域演进到拥有独自理论动力的学术领域。

原本而言，形式的理论并不一定要确定支配性地位。这一点或许是日本国际政治研究者的特点之一。与理论化方向平行发展的是对外交史中经济问题重视程度的不断加强，从外交史的角度考察以往只处于边缘地位的经济问题的研究盛行。由于对国际政治中非国家行为体的关心也在增加，与国际组织、跨国公司甚至非政府组织（NGO）有关的理论也在发展，其中同样需要政治经济学的视角。1991年《国际政治》第97号编集了颇具特色的特辑《昭和时期的外交与政治》。从《伦敦国际经济会议与日美协调》（木村昌人）、《对满洲经济政策的发展与日满皇室外交》（波多野胜）、《东亚新秩序的政治经济学》（酒井哲哉）等论文的研究立场中可以发现，这些研究者在依照搜集和评价原始资料这一外交史学所确立的方法论的同时，尝试通过这一方法观察经济问题，为外交史建立新的视角。将史学方法用于国际政治经济研究并获得研究中的优势地位可谓日本在这一领域的特点之一。

对于日本政治经济学而言，20世纪80年代到90年代前半期一个非常重大的课题就是对日本经济及其国际政治意义的研究。由于80年代日本经济的良好表现，日本的政治经济体系和经济领域中日本的对外行动得到了国际社会的关注。现在看来或许可谓极端夸张，但在当时，日本政治经济制度的"特殊性"是促动新闻报道日夜奔忙的题材。这种"特殊性"在向比较政治经济理论的方向发展的同时，经济摩擦的激化也一举提高了在知识层面对日本国际政治经济学的期待。

当时对经济摩擦的分析十分活跃，在贸易领域对政策过程进行认真细致的跟踪研究的代表作可包括大矢根聪的一系列研究（大矢根［1992］［1997］），谷口将纪有关日本政策过程中"外压"效果的研究（谷口［1997］）等也颇具深意。货币、宏观经济方面的研究数量极少，这一领域的代表著作可谓古城佳子和饭田敬辅的研究（古城［1996］；饭田［1995］；Iida［1999］）。将这一问题与战后国际政治史相关联的有田所的研究［2001］。而记者船桥洋一的著作（船桥［1988］；Funabashi［1988］）在其丰富的取材资料基础上，以国际政治的宏观视角论述了20世纪80年代多边货币外交的过程，取得了在国际上亦值得称道的业绩。

随着日本经济泡沫的破灭，无数部对日本一知半解的国内外日本论作品被人们所遗忘。但日本研究者的日本政治经济论中，具有长期生命力且不应忘记的是村上泰亮的研究（村上［1984］［1992］）。村上在对以往经济学、政治学直至社会学与哲学的经典进行消化吸收的基础上，阐述了其独特的世界观，留下了值得记住且在国际上亦可通用的独创性且跨学科性的业绩。

四、全球性国际政治经济环境的变动

20世纪80年代到90年代，国际政治经济学所处的环境发生了翻天覆地般的变化。首先，从70年代末到80年代前半期，国际政治经济中的核心国家、对国际关系理论拥有绝对影响力的英国、美国同时在国内推行了新自由主义性质的经济改革。英国的撒切尔政权推动小政府和规制缓和，彻底破坏了所谓"从摇篮到墓地"的战后英国福利政策及其背后的阶级妥协，大胆实行了刺激个人自立和竞争的新自由主义政策。另一方面，美国的里根政权果断推行了大幅度的规制缓和和减税政策。这一被政治经济学者称为"内嵌自由主义"的政策表明，二战后承认国家在国内经济管理中的积极作用，同时在国际上维持开放的经济秩序，并在两者间进行微妙妥协的自由主义世界正在向市场作用压倒性扩展的方向转型。

在反对这种市场自由主义的大本营苏联，戈尔巴乔夫的执政和新思维的开始以及随后的全面解体，使得经济的市场化在全世界以惊人的速度发展。1979年后，中国提出改革开放政策，共产党实际上实现了向市场经济的转型。通过"大跃进"、"文化大革命"等运动不断强烈对抗资本主义甚至工业文明本身的中国，此时却开始通

过积极参与全球市场经济实现了经济的爆发性增长，这象征着纵贯 20 世纪的政治经济大论战事实上已得出了结论。总之，这一时期苏联的解体和冷战的结束成为动摇 20 世纪国际政治经济学根本性问题意识的重大事件，资本主义还是社会主义这一选择经济制度的问题事实上已经解决，对自由市场经济的评价极度肯定。此外，战争既是资本主义的伴生现象也是帝国主义和军工复合体的现象、只有摆脱资本主义方可实现和平的马克思主义世界观，也随着苏联及其从属的东欧社会主义政权的崩溃而丧失了意义。

进而言之，随着冷战的结束和经济制度论争的销声匿迹，发展战略也面临着再度进行重大探讨的必要性。20 世纪 90 年代后，中国自不例外，就连传统上奉行社会主义性质经济体制的印度也在经济市场化上大步前行。为解决长期债务问题而寻求 IMF 融资的中南美各国，也推动着经济的民营化和市场化以换取 IMF 结构调整计划的支援。

曾经一时被认为成功实现了独特经济发展模式的日本经济从 20 世纪 90 年代前半期起持续低迷，同时，以往曾是"贫困"代名词的韩国、东盟各国以及中国等亚洲国家与地区的经济却增长强劲。经过这些发展，资本主义结构性的再生产贫困和落后这一从属理论性质的国际政治经济理论的说服力下降，再加上 90 年代中期后美国经济开始强力增长，都促使国际政治经济学的问题意识发生转变。70 年代以后的政治经济学中，很多都内含着美国霸权将相对衰退的假设。相互依存论和制度论问题意识的深层就是美国霸权终结后国际政治经济应如何组织，在无政府的国际社会中秩序的根据是什么，何为霸权后国际合作的可能性与条件等议题。但是对日本经济的过高评价和日本异质论流行等现象到 90 年代后已销声匿迹，这些都加深了美国作为打败苏联和日本这些异质性经济模式并成为最终胜利者的自信。对市场自由主义毫无顾忌的赞美言论更通过"新经济学""IT 革命"和"全球化"等流行语大放光彩。曾一时间渲染"日本威胁论"的美国，甚至出现了"美国是自罗马帝国以来最强帝国"的言论。在这一大背景下，1995年日美汽车谈判达成妥协之后，日美经济摩擦没有再度成为两国间的政治问题。

此外，冷战以资本主义胜利和中国、印度等国接受市场经济的形式结束，并且中国通过加入国际市场经济实现了经济的爆发性增长，使得属于帝国主义理论谱系上的关注战争与和平之经济学的国际政治经济学无论从哪个角度看都失去了紧迫感。

把持续低迷的日本经济甩在身后的亚洲经济崛起更使得关注剥削与落后之政治学的国际政治经济学在"新兴工业化国家"（NICS）、东盟、中国和印度的经济增长面前无所适从。通过国际经济的大幅度市场化，经政治外交处理的经济问题至少在一段时期内通过市场实现了脱政治化。由于美国经济的复苏以及随之而来的经济摩擦的非政治问题化，霸权后的多边合作与国际制度的政治经济学意义也在减退。20世纪60年代以货币外交为中心的国际收支调整问题也随着汇率变动的资本流通的自由化而可以由市场进行调节。曾经将其作为日本市场封闭性象征而被大肆讨论的国际收支巨额顺差和日美贸易摩擦随着其作为政治问题严重程度的下降，对其政治意义进行分析的日本国际政治经济学也有必要再次予以探讨。

冷战后美国推动的新自由主义世界就如同市场经济的涅槃。在这个世界中一时间被认为是美国经济衰退证据的美国国际收支巨额赤字只是民间金融市场运作结果这一纯粹的经济现象，反映了今天的美国作为投资对象的魅力。也就是说，对美国经济的信任导致了向美国的资本流动，尽管这或将导致美元的贬值，但世界市场的参加者持有美元是出于自由化的货币市场中民间经济体的判断，因此是纯粹的经济现象。如果20世纪70年代是经济政治化的时代，而80年代后是经济市场化的时代，那么政治经济学者的工作到底应是什么呢？

课题与展望

方向之一是对新自由主义带来的政治色彩淡化的世界进行批判性研究，对长期以来的国际政治经济学的问题意识进行重组。如果世界很多地区的贫困和落后依然与政治不稳定有关，那么战争与和平的经济学的视角将依然有效。特别是冷战后世界各地冲突中的牺牲者与撒哈拉以南非洲和中亚一部分地区的失败国家相关，均起因于"内战"。此外，如果认为以"9·11"事件为象征的对以美国为中心的新自由主义秩序的挑战者是将这些失败国家作为据点的势力，那么这些地区的落后就可以认为是安全问题。与"反恐战争"成为美国对外政策的新焦点相关，战争与和平的国际政治经济学已经出现了向国家建设的政治经济学、稳定化的政治学，进而向国际和平合作的政治经济学演进的动向。

此外，对市场背后存在的权力关系进行动态分析，是马克思主义政治经济学最为擅长的领域。社会主义国家的破绽即使已明白无误，也并不意味着对资本主义经济权力结构的分析既无可能也无意义。正如贫困并没有消失一样，只要理想国的世界没有到来，贫困与发展的政治学就会永远具有生命力，而世界规模的市场经济的发展即使为长期以来饱受贫困的人们提供了巨大的经济机会，但与"没有搭上便车"的人们之间的贫富差距却成为更加尖锐的问题。进而言之，全球化市场经济解放出来的增长动力激化了环境问题，以往相对丰富的能源和天然资源供给的局限性日益明显。也就是说，对工业社会和市场经济的根本性怀疑以对全球化进行批判的形式不断发展。

只要旨在市场管理和市场稳定化的政治参与是必要的，作为国际经济秩序政治学的政治经济学就会在各种局面中提出应进行质疑的课题。事实上从废除关税的时代，即国际贸易、汇率、资本交易等都经由市场的20世纪80年代后，国际金融中的政治作用不再像过去那样明显。但是，经济摩擦并没有因此消失，中国和其他新兴国家与发达国家之间的摩擦今后还可能激化，与服务业和知识产权有关的国际制度化仍然属于不确定的领域，如果世界经济陷入低迷，则或将再次成为严重的政治问题。在应该已由市场决定的国际金融市场中，只要汇率调整和应对国际金融危机等旨在市场稳定化的作用仍有必要以某种形式在市场外进行，那么货币当局的作用就会始终存在。进而言之，以自由贸易协定（FTA）为代表的贸易新地区主义使第二次世界大战后确立的无差别原则在事实上日趋空洞，不仅没有形成均质性的全球市场，反而起到了促使国家间围绕市场准入的政治交涉更为激化的效果。如果观察亚洲货币危机、各种FTA谈判等就会发现，全球化和市场化并没有使政治经济学变得毫无意义。在思考这种国际经济秩序的政治学的基础上，探讨美国发挥何种作用仍然具有极为重要的意义，在如何判断业已重建的美国霸权之稳固性的问题上会出现意见分歧，如果认为美国的霸权正在形成以往所没有的结构化，那么今后就有可能发展帝国的国际政治经济论以取代国际合作的政治经济学。

如上所述，在保持"战争与和平的经济学""国际经济秩序的政治学"以及"贫困与发展的结构分析"或"社会体系的动态分析"等长期以来的政治经济学问题意识不断重组的方向性的同时，国际政治经济学也可能将视野进一步扩展到政治经济学之外的领域。原本而言，国际政治经济学的宗旨就是不仅通过国家间关系，也通过从各国社会间的交流，从整体上研究国际关系，并综合理解国际政治。因此，为了推导出相互依存论、相互渗透体系论、跨国关系论、非国际行为体论等一系列理论，国际经济关系及其活力作为理论研究的战略性中期目标受到了重视。如果被总称为全球化的跨国现象的意义日益增大是现代世界的重要特征，那么政治经济学者的工作当然也会扩展到超越传统"政治经济学"的领域。20世纪90年代后，国际政治经济学的内容极为多样化，界限日益模糊，这可能就是象征上述这一点的现象。除贸易和国际金融、国际投资和对外援助等长期以来的研究对象外，80年代以后，也开始了对国际组织、全球环境、国际人口流动等超出政治经济学传统领域的各种问题的研究。

在全球化时代，任何政策领域中的治理都不可能在一个国家内完结，对其的理解需要比以往更加综合的视野。全球治理的研究涉及世界标准的制定、传染病、伴随着国际婚姻的家庭全球化等超出政治经济问题的新领域绝非偶然。如果重视国际政治经济学追求综合性这一最初的理想，将研究扩展到社会学和行政学等领域也是水到渠成之事（比如远藤［2008］；城山、田所［2004］等）。

如果问题领域不断扩展，且国际关系正在"全球化"，那么首先就要提出一个尖锐的问题，即起源于近代西方的国际政治各种制度，与各地区在长期应对各自环境中所形成的经济和文化是如何相互作用的。从这个意义上讲，日本的政治经济学者可为世界的知识积累做出贡献的相对优势领域或是亚洲的广域政治经济秩序理论。传统上曾是"贫困"代名词的亚洲经济通过从新兴工业化经济体（NIEs）到东盟、随后的中国直至印度保持着持续性的高速增长，新殖民主义性质的亚洲经济论及以此为基础的政治经济论基本销声匿迹，取而代之的是日益活跃的对亚洲经济及其发展之全球历史意义的宏观探讨。在日本引领这一课题研究的并不是国际政治经济学的研究者，而是滨下武志、渡边利夫、杉原薰、川胜平太等专门研究地区经济和东亚经济史的研究者们（滨下［1989b］［1990］；渡边［1985］［1989］；衫原［1996］；川胜［1991］［1999］）。曾是"贫困与停滞"代名词的亚洲的快速经济增长并不仅仅对地区的政治经济环境带来了戏剧性的变化，并且与孕育着改写全球历史可能性的社会科学核心主题等最为重要的问题密切相关。

这种追求进一步综合性的研究方向存在着将原本就庞大复杂的国际政治经济学的研究对象领域扩展到无法在学术上予以应对的危

险。对各个领域已积累的知识进行理解与消化需要庞大的精力，且将这些进行综合就知易行难。就连政治学与经济学的对话实际上也比过去更加困难，国际政治经济学的初衷是将跨学科综合性视角导入以安全为中心的外交论，但比起为两者对话做贡献，国际政治经济学更是沿着加强自身专业性的方向发展。进一步扩大学术视野一方面存在着牺牲学术深度的危险，另一方面也存在着在国际政治经济学名下众多的专业领域割据一方并以仅仅挖掘出无数新知识"点"即告终的危险。但是，如果国际政治经济学所处环境提出了学术脱制度化的要求，难道不需要我们再次用宽容，或称为"将综合化作为专业"的态度，去对待"健全的业余性"吗？

第九章 国际关系中的文化
——谱系及各种视角

川村陶子*

如果要举出英语中最怪异的两三个单词，可以说"culture"就是其中一个。理由之一是这个单词本身就出现在欧洲多种语言中，并经历了复杂的历史演化。但最主要的理由是现在这个词在若干不同的学术领域中，在若干互不相容的思想体系中都被作为重要的概念。（雷蒙·威廉斯：《关键词》1976（日语版：ウィリアムズ《キーワード辞典》2002），83。）

引 言

国际关系中的文化视角意味着什么？在国际关系研究中，有意识地从文化概念复杂性和政治性的角度对这一设问进行的研究并不充分。自认为"国际关系理论文化之旅导游"的研究也只停留在对庞大的研究成果进行评述、对有关文化的某些特定态度进行整理的阶段（Valbjørn [2008]）。日本的国际关系研究中，近年来文化才终

---

* 成溪大学文学部副教授。

于受到了关注（日本国际政治学会［2002］）。本章将在考察研究现状的基础上，尝试通过有限的篇幅和分析能力解析国际关系中的文化视角。

无论在研究还是在现实社会中，很多情况下我们在谈论文化时都会无意识地将各种视角和关心混同起来。文化方法旨在推动相互理解和友好的立场也可以与强调对立的立场相结合。文化在解放人类的同时，也可以束缚人类。从文化视角研究国际关系的实践者们有必要在抱着何种目的、关注社会的哪些方面、为了谁进行研究与实践等问题上保持敏感。

有关国际关系中存在多种文化视角的特性，朱莉·里维斯（Julie Reeves）认为存在着"人文文化概念"和"人类学文化概念"这两个谱系（Reeves［2004］）。本章在受到这一观点启发的同时，也尝试从不同的角度对文化视角进行总结。以下将对文化概念的一般性谱系进行概述，并在此基础上探讨以欧美为中心的国际关系研究中的文化视角，最后总结日本国际关系研究中的文化视角。

如要概述文化视角的复杂性，在对各种思想、学术进行研究的同时关注文化概念的政治性是不可或缺的。本章也将涵盖国际关系理论之外的学术领域的研究以及现实社会与政策的探讨。当然，本章只是探求国际关系中文化视角的第一步尝试，希望通过本章的梳理，读者可以从中感受到国际关系研究的拓展和追求以人为本的国际关系的研究者们的理想。

一、文化的概念——三个谱系

文化是近代西方的概念，在 18 世纪末之后欧美的思想、社会、政治的历史演进中得到了不断发展。日文中的"文化"是在明治大正时期输入的西方概念，也与"社会"和"自由"等一样属于翻译过来的词（柳父［1995］）。

正如上文提到的威廉斯所指出的，文化概念包含了近代西方多样且有时相互矛盾的思想和学术潮流，在欧美圈其语义也是十分复杂的。克鲁伯和克拉孔（Kroeber and Kluckhophn［1963］）在探讨文化概念时，非常引人注目地引用了162个定义。该研究将复杂的文化概念分为人文文化、人类学文化和作为社会领域的文化等三个相互联系的谱系。第一和第二个谱系的问题意识不同，第三个谱系则在元维度上支撑着第一和第二个谱系。

第一个谱系即人文文化的概念是指，文化是人类反复锤炼和杰出精神的产物，在西欧近代，特别是19世纪到20世纪的德国得到发展。后述的人类学文化和作为社会领域的文化都是这一人文文化概念的派生物。

"文化"一词的词源是表示"耕作"的"colere"，表示"修养、洗练"之意，在18世纪末赫尔德（Johann Gottfried Herder）对其进行了发展，并用于表示人性。在德语圈内更是意指人的内在教养，形成了特别是表现人在知识领域所取得的成就的文化概念。本来该词意味着个人修养，但在民族国家形成的时代却转变为表示民族知识结晶的概念，对德国"民族国家意识形态"的形成发挥了作用（西川［2001］第Ⅳ部）。日本输入文化概念时正是在德国学术界和社会上文化概念泛滥的时期（生松［1968］；西川［2001］第7章；柳父［1995］）。

人文文化在德国民族主义中被附加了集合性和特殊主义的性质，但其根源却是基于近代个人观念的普世主义性的启蒙和进步思想。文化概念与"文明"概念在意思上重合，有时还被互换使用。文化内含"杰出之物"的价值，留有"锤炼""提高"等动词表现，并且与自由主义性质的渐进主义和改良主义具有亲和性。体现近代西方精神的人文文化概念还带有精英主义、西方中心主义的色彩。20世纪后半期的对抗文化运动和文化研究就是在对人文文化的权威主义性质的批判中诞生的。

日本将西方的"culture"概念翻译为"文化"，"文化"一词出自汉语古籍，与"文治教化"同意，与人文文化概念具有很强的亲和性。文化的人文性用法在今天也体现在"文化人士"的称呼和日本国宪法第 25 条中"健康的文化生活"等表述中。

第二个谱系即人类学文化是指特定人类集团的存在方式。这是 19 世纪末以后在美国迅速发展的文化人类学的基本概念，价值中立、相对主义性质较强，在今天的国际关系理论和社会科学各领域都被普遍使用。

人类学文化表示人类的多样性、集团的个别性和独自性。将文化相对主义和多文化主义等人类学文化作为核心概念的思维包括"人受其所属集团文化的影响"这一文化决定论的观点。这其中的文化经常与价值观、象征等同义，但也指可视性的和物质性的事物。"文化差异""文化意识形态""饮食文化"等文化就是人类学文化的用法。

20 世纪后半期，在对人文文化的批判和后现代主义流行的过程中，人类学文化逐渐成为了文化的核心性含义。另一方面，也有学者批评在研究"他者"的文化人类学中建构起来的这一概念固定了集团的框架并助长着本质主义性质的思维（Clifford［1988］）。随着全球化的进展，20 世纪 90 年代以后的文化人类学和社会学中"开放文化"和"混淆文化"受到瞩目（Eriksen and Nielsen［2001］169-175；Pieterse［1995］）。

人文文化与人类学文化相互关联。在学术背景上，构筑了美国文化人类学基础的法兰兹·鲍亚士（Franz Boas）是从德国赴美的犹太人，其文化决定论就被视为与当时的种族主义风潮相对抗的自由主义观点。在现实中，既有人类学文化因素转变为人文文化的例子（比如日本的动漫、在美术馆展示的工艺品等），也有艺术作品转化为日常生活要素的例子（比如博物馆商店的商品、观光纪念品等，Clifford［1988］Chapter 10）。

第三个谱系，即作为社会领域的文化也是由人文文化派生而来的。作为社会领域的文化是指人类活动中除充实物质需求和行使物理性暴力之外的**其他**事物。这种将文化区别于其他事物的用法起源于雅各布·克哈特（Jacob Christoph Burckhardt）1870 年前后将世界史分为"国家、宗教、文化"三个领域（ブルクハルト［1981］）。作为社会领域的文化很多情况下表现为学术、艺术、娱乐等具体的事象，也可以指更为模糊的与物质与权力相区别的"其他的种种"事象。将文化概念与存在"社会不知如何对待是好的各种问题的云集之处"相结合的米歇尔·德塞都（Michel de Certeau）的研究（セルトー［1990］233）可谓一针见血地指明了作为社会领域的文化的本质。在日本的常用语法中，如中根千枝所指出的，文化经常被看做是"与政治、经济、军事等相区别的领域"（中根［1974］14），这是由于从"文治教化"语源上看，文化较易被定位于与露骨的权力和暴力相对立的位置。

与人文文化和人类学文化不同，作为社会领域的文化并不体现特定的理念和学术方法，而频繁出现于日常之中。文化政策、文化设施等行政术语中的文化也属于作为社会领域的文化。

在对外政策中，很多情况下会将政治（安全）、经济、文化作为政策的三个支柱。这里"文化"的内容会因国家、时代、政权和负责人而各不相同。在某个时期的前联邦德国外交部还曾将对在外国的医院以及船员住宿设施的补助也计入了文化预算。与其说这是负责人将医院和住宿设施视为德国文化的因素，更恰当说法是，出于为了方便而将政治、经济部门难以计入的各种繁杂的支出项目转到文化预算中的考虑。

作为领域的文化在认识上属于与政治和经济相区别的领域，但其实际内容也可以说是"某种和所有利用方法都有可能，'万物'都可流通的一种非场所性的存在"（セルトー［1990］233）。文化政策反映了当时权力者的兴趣，其他部门"照顾"不到的工作就转到"文化有关部门"，这些都象征着作为社会领域的文化所隐含的政治性。

以上笔者对文化的三个谱系进行了概述。第一、第二个谱系表明特定的思想和学术立场，第三个谱系则是将实际社会和政治对象化的内容的表象。在论述国际关系中的文化时，这种区分"立场"和"对象"的方法十分有益。下文将从各种视角探讨文化。

二、从文化视角观察国际关系——作为方法论的文化

作为方法论的文化是指运用人文文化和人类学文化的概念观察国际关系。应注意的是，在运用文化方法论进行的国际关系研究和实践中，文化并不一定是关键词。相反，知识、沟通、交流、身份认同等才是基本概念。文化成为国际关系的一般性概念应是在20世纪80、90年代所谓的文化转向之后的事情了。

从人文文化考察国际关系就是关注国际关系中的文明化行为（变为方便、高尚）和人性化行为。这一立场与入江昭（Iriye[1997]）所称的文化国际主义（culture internationalism）是一致的，并多少带有改革和规范主义的性质。文化国际主义是"通过跨国文化活动加深国际交流的国际主义"以及"通过思想以及人员交流、学术合作促进国家间相互理解的计划，使各国、各民族关系紧密化的各种活动的伴生物"（Iriye[1997] 3）。20世纪后半期后，在人类学文化概念普及的过程中，"跨国文化活动"的内容不断扩展，使人文主义性研究方法的关心扩大至更为普遍的跨国间关系，规范主义色彩日趋淡薄。

与此相比，从人类学文化的视角观察国际关系注重国际关系中可团结人们的事项（比如价值观、规范）以及这种团结的多样性、他者、差异和界线等。尽管在国际关系研究中这种方法通过"文化转向"走到了前台，但在此之前在以民族主义和交流为主题的研究中就已经涉及人类学文化。

在现实中，这两种方法相互关联。一方面，可以发现在承认世

界存在着多种人类和价值观并有时其差异将产生问题的基础上，意识到人类的合作，并努力解决共同问题的立场（人类学文化的现实→人文文化思维）。另一方面，人类追求更好的生活而跨越国境导致了对不同人群之间的对立和形成新凝聚力的进一步关心（人文文化的现实→人类学文化思维）。两种向量同时发展并不断加速。与此同时，在国际关系中，"文化活动（传播、理解与利用）"成为国家对外政策的一环，并进而在国内政策上也得到了重视。在这种活动下的事项则是下一节论述的"作为对象的文化"。

通过文化运作国际关系的行为在民族主义和帝国主义时代尤为明显。文化基本上被等同于国民文化，19世纪后半期后欧洲各国都在推动对外普及本国的语言、学术和技术。这种工作与政策是基于和殖民地统治、民族整合的国际性发展（移民、与国外侨民的合作）相联系，并在世界范围内扩展本国固有知识的意识。这些工作与政策基本上是单向性行为，有时甚至是强制性的，但普及文化的一方却认为这对被普及方也是有益的。对这一点的坚信会随着与对方实力的差距而加深。当时的西方是人文文化的全盛时期，很多人都对本国和西方知识体系的普世价值深信不疑。

两次世界大战期间，文化国际主义兴起，国际联盟知识合作委员会等知识分子的交流十分活跃。阿尔弗雷德·齐默恩（Alfred E. Zimmern）等早期国际关系研究者相信（西方的）文明是优秀的，并可以通过增进人们的相互理解实现和平（Reeves［2004］40-48）。第二次世界大战后，文化国际主义通过联合国教科文组织（UNESCO）再次获得了力量。在联合国教科文组织组织法的前言中明确表示"战争起源于人之思想，故务必需在人的思想中筑起保卫和平的屏障"，可谓通过人文文化处理国际关系理念的结晶。

第二次世界大战为人类学文化适用于国际关系创造了机会。为了帮助美国了解敌人，鲍亚士的弟子本尼迪克特和米德（Margaret Mead）不断研究，确立了文化决定论性质的相对主义视角。二战结束后,"就在文化人类学中'民族性'和'文化与个性'研究正开始趋冷之际,从这一时期(冷战时期)开始,在政治学和国际政治学领域,'民族文化'和'政治文化'以及它们与国家形成、政治制度或外交理念之间的关系,进而利用'文化与个性'及随后发展起来的'心理人类学'的方法论和假设进行的外交领导人研究等日渐盛行"(马场[1983]8)。出现了社会沟通理论(Deutsch[1966])、有关"国际行动"的社会心理研究(Kelman[1965])等研究。其中多伊奇(K. Deutsch)将"文化"定义为成为共同体基础的习惯与偏好(Deutsch[1966]88-89),但众多的行动主义性的国际关系研究对文化概念并不关心。1960年出版的阿达·博兹曼(Adda B. Bozeman)的《国际关系史中的政治与文化》(Bozeman[1994])将人类学文化作为国际关系的分析概念在当时实属罕见。总之,从个人间的相互理解展望国际和平的行为科学学者的"心理主义"被批评为暧昧和天真,而沃尔兹(Waltz[1959]Chapters Ⅱ & Ⅲ)是进行这种批判的急先锋。

20世纪60年代到70年代,通过反殖民地化、公民权运动、越南战争中的反战运动、学生运动等形式,人们对"西方式的现代"提出了各种质疑。在被沃勒斯坦称为"反体系运动"高涨期的这一时期,以作为文化单位的国家和国民为默认前提的"民族国家时代"的局限性也显露无遗。人文文化概念的精英性和国家中心主义、一元性的人类观、进步中心主义、西方中心主义都受到了严厉批判。这样的动向被称为文化革命(culture revolution),从少数派和反权威主义视角产生了诸多的对抗文化。在发展援助中,以欧美为模型的现代化遇到了困难,从而促生了"内发性发展"的概念等,并要求尊重各社会的独自性(文化身份认同)。世界新秩序、追求更有尊严的生活的人们进行着跨越国境的合作,在20世纪80年代,欧美的和平运动等跨国性社会运动风起云涌。

在国际关系研究中,受到上述运动发展的刺激,两种文化方法得到了很大的发展。一种是在国际关系的行为方面中对脱国家主体和跨国性关系的关注。跨国关系论、相互依存论的出现（Keohane and Nye［1972］［2000］），使得与国家间关系既对抗又相互纠结的脱国家主体的国际关系初露头角。脱国家主体的活动中，市民、草根性的国际合作是使国际关系更高尚、更人性化的行为，这种观点在思想上继承了人文文化的谱系。但是，在现实世界中尽管对抗文化取得了超越国境的发展，但对脱国家主体的研究中却少有将文化作为分析概念者。尽管也有主张创造"参与型复数全球文化"的学者（Alger［1981］），但总体而言直到后文将论述的全球化研究之前，鲜有将文化作为核心概念从事跨国关系研究的国际关系学者。

与文化相关的国际关系研究中另一得到发展的是对元维度的价值观和身份认同以及其多样性的关注。欧美社会中，少数派推动的"承认的政治"盛行，克利福德·格尔茨的《文化的诠释》（1973年）、萨义德的《东方主义》（1978年）和让-弗朗索瓦·利奥塔的《后现代状况》（1984年）相继出版，知识界经历了文化转向的进程。1983年民族主义研究里程碑性的三本著作（Anderson［1983］；Gellner［1983］；Hobsbawm and Ranger［1983］）相继问世，引发了对民族统一和身份认同的高度关心。1990年还出版了论文集《文化与国际关系》（Chay［1990］）。

后冷战时期，在人类多样性是国际问题之原因的认识中，国际关系研究开始了真正意义上的文化转向。1993年发表的"文明冲突论"（Huntington［1993］）在苏联解体后意识形态出现空白、民族冲突多发的背景下，对现实的政治社会造成了巨大的冲击。同年《千禧年》（*Millenium*）杂志出版了特辑《文化与国际关系》，尝试对基于近现代西方方法论的国际关系研究进行批判（Millenium［1993］；Jacquin-Berdal, et al.［1998］）。1994年，博兹曼的著作时隔34年再版发行，新版的序言中强调了将国际关系视为异文化间关系的重要性（Bozeman［1994］5-6）。似乎是这一再版的后续，旨在以文化为名构建国际关系理论的一系列研究相继出版：探求特定集团的"战略文化"和"安全文化"（Johnston［1995］；Katzenstein［1996a］）、以文化作为核心概念考察各种政治体制的关系（Lapid and Kratochwil［1996］）、将国际制度的普及视为文化传播的研究（Meyer［1999］）等。这些研究都自觉运用人类学文化概念，并多多少少采用了文化决定论的方法。

一部分关注脱国家主体和跨国关系的研究与社会学的全球化研究合为一体。以迈克·费瑟斯通（Mike Featherstone）主编的《全球文化》（Featherstone［1990］）为出发点，从文化帝国主义（Tomlinson［1991］）、混合化（Pieterse［1995］）等视角进行了将全球化世界中的生活方式和意识变化视为人类学意义上的变化、混合和创作的研究。在这一潮流中，还有的学者将国际非政府组织（NGO）视为体现世界文化和构筑世界政治体的行为体（Boli and Thomas［1999］）。但是这一思维框架与麦尔（John Meyer）的文化传播论（Meyer［1999］）基本一致，并非是要积极肯定和推动文化混合和人们的相互理解。

"9·11"事件在加速了亨廷顿式世界观的渗透的同时，也提高了人们对外交中战略性运用文化的关注度。从20世纪90年代起，运用文化手段的国际关系在外交史、国际关系史和软实力理论中受到关注，这些动向将在下一节探讨。

后冷战的"文化国际关系论"一般将基于人类学文化概念的国际关系视为文化性关系并旨在分析从中产生的现象与问题。但这一方法论也存在着若干缺陷。除了研究的实证性和科学上的妥当性之外，还包括三个更为本质的问题。

第一，很多"文化国际关系论"都体现了强烈的人类学文化的文化决定论和文化本质主义的性质。在观察国际关系的变化时，比起关注集合性文化是如何决定社会和个人行为，分析各种集团和个人如何挑战既存的文化框架并进行变革更有意义。在对价值观和制度普及的分析中，也应将重点置于接收方的改良、混合化以及创造并传播文化的个人。

第二，"文化国际关系论"，特别是欧美的"文化国际关系论"带有强固的西方中心主义色彩。以"某国（地区、宗教……）的某某文化"为主题的战略文化等研究与"文明冲突论"一样，并没有摆脱以西方外部的"他者"作为文化框架的前提、关注"他们"是如何与"我们"不同的东方主义的束缚。很多有关世界政治体和跨国社会运动的研究都以欧美的民主主义和市民社会为出发点，随时伴随着陷入单向性现代化论的危险。

第三，在国际关系研究中，文化框架存在着将国家、国民与民族、种族集团进行一元性界定的强烈倾向。但有必要关注世界上存在着性别、性、残疾人、世代、兴趣、职能集团等多种多样的"集合"，并认识到文化的多元性。现代国际关系的多层性动向正是产生于构成国家和民族的人们通过每个人不同的组合所拥有的多种文化。

在国际关系的文化转向中，文化研究的人文主义方法完全没有受到理论志向强烈的学者们的关注。人文文化本身尽管受到"西方现代"的束缚，但可以通过重视个人主体性、超越差异的联合、多种集团间交流的视角予以修正。近年来，出现了关注通过文化交流从个人层面变革国际关系的研究（Richmond［2003］；Gienow-Hecht and Schumacher［2003］Part III）以及从包括人文文化在内的文化概念的变迁探讨国际关系研究的尝试（Reeves［2004］），并有望在今后取得进一步的发展。

在日本的国际关系研究中，在经历"文化转向"的同时，存在着具有强烈人文性质的独特的文化视角。有关这一点将在第4节予以讨论。下一节将对国际关系研究中另一个运用文化概念的视角进行简述。

三、在国际关系中运用文化——作为对象的文化

20世纪90年代以后,在国际关系的研究与实践中对战略性运用文化的关注日益增加。与冷战研究相关联,在外交史与国际关系史中美国的对外文化政策也得到了广泛研究(Wagnleitner[1994];Gienow-Hecht[1999];Berghahn[2001];Scott-Smith and Krabbendam[2003];Matsuda[2007])。在更接近实践的方面,软权力理论从权力资源的视角关注文化的重要性(Nye[2004])。"作为资源的文化"这一观点不仅以国家单位(Melissen[2003]),还在各个维度上推行着赋予人们权利的政策和工作(Landry[2000]的创造城市论等)。从国民生产总值(GNP)概念中得到启示的"国民酷总值"(cross national cool, GNC)论(McGray[2002])也将文化视为从国民中产生的财富,并探讨了对其的利用。由此可见,当文化出于某种目的而被利用时,往往被看做是国际关系中实施政策和开展工作的对象。

在国际关系中探讨"作为对象的文化"时,有若干必须注意之处,以下将简述其中的两点。

(1)"什么"的问题——"作为社会领域的文化"的政治性。被战略性运用的文化通常表现为个别且具体的事物——语言、作品、建筑物、内容、举办活动等。但是,这些事物所属的领域范围实际上非常暧昧。在对外文化政策的历史发展中,作为政策领域的文化是区别于政治(安全)、经济的第三领域,或是与国家间关系相区别的社会间的关系。如此而言,"与核心国际关系相区别之领域的国际文化关系",作为预防和回避国际对立的手段以及在外交关系无法发挥作用时的联络渠道,其作用十分重要(Ninkovich[1981];Mitchell[1986])。但是,作为政策领域的文化也因为其极强的通融性而包括了众多繁杂的问题,也可能成为隐藏这些问题的黑箱。此外,在讨论国际关系时,经常使用的"政治性、经济性、文化性关

系（领域、问题……）"的表现形式也会带来文化只被认可为是次要性的附属品的印象。

（2）"谁"的问题——谁成为文化对象的政治。国际关系中运用文化时，会有各种行为体参与。比如A国的官方文化组织在B国举办现代美术展，外交部、财政部、文化机关、美术馆的职员、为展览计划提供建议的研究者和"文化人士"、参展作品的作者、展览会的参观者等都成为关系者。如果总统和部长级官员是计划的发起者，还会有财团和企业进行赞助的情况。这些行为体对计划的意图以及对艺术的态度也各不相同。展览会会成为A国驻B国大使推销自己欣赏的新人的手段。但是这位新人也可能会对自己的作品被国家"利用"而产生反感。展出作品如果不适合B国观众的感觉（文化），则会使A国在B国的形象恶化。前来参观者大半可能是居住在B国的A国人。因此在文化事业和政策中，如果存在着为了实现"谁"的目的而牺牲另外的"谁"的现象，则也会出现超出计划者意图或与意图相反的结果。

无论是增进国家利益这一国家战略目标，还是和平与相互理解的人类目标，以某种目的在国际关系中利用文化者都必须对文化在对外工作和政策中被对象化的过程进行展望，并从中发现什么是需要的。重要的是"谁为了谁将谁的文化对谁运用"（森山［2007］82-86）。

四、日本国际关系研究中的文化视角

以上笔者归纳了"国际关系中的文化"的各种视角，以下将概述日本国际关系研究中的文化视角。在日本国际政治学会的框架下，可以认为存在着国际社会学和国际文化论两个流派。两个流派分别在20世纪80年代前期成立的"跨国"和"国际交流"分会为中心开展活动。

这两个分会设立的背景是，在经济持续高速发展的时代里，研究者运用文化概念分析日本在国际关系中面对的各种问题，并探讨

通过发展文化关系进行应对的可能性。20世纪70年代以后，在进行将国际关系的"纠纷"理解为文化摩擦的合作研究的同时（卫藤［1980b］；山本、卫藤［1981-83］），并追求文化交流以应对"今天国际关系中呈现出的日益加深的异文化间关系，并促使基于随处都在发生无数文化摩擦这一事实之认识的国际关系的顺利发展"（卫藤等［1989］175）。还有外务省委托进行的有关文化交流的研究项目，其成果也于1984年出版（斋藤等［1984］）。

另一方面，出于对以国家为中心的国际关系的失望，而试图在自治体（地方）、草根层面等与国家间关系不同的维度上进行"民际外交"。长洲一二神奈川县知事的智囊坂本义和在理论上推动着这一发展（长洲、坂本［1983］）。除了自治体的国际活动，马场伸也还关注市民的地球环保运动和宗教人士的联合等，主张觉醒了的个人的自我追求和文化创造将推动国际关系的发展（马场［1980］［1983］）。从方法论上看，文化摩擦研究主要立足于人类学文化，民际外交论则主要立足于人文文化，文化交流研究和马场的"身份认同的国际政治学""地球文化论"则对上述两种方法论进行了结合。

在这种状况下，20世纪80年代以后，立足于文化视角的国际关系研究的两股潮流相互关联不断发展。以下将简述各自的发展情况。

（1）国际社会学。国际社会学以马场为先行者，在马场去世（1989年）后，研究者很多都参与了对国际关系的社会学分析工作。梶田孝道编写的三本教材（梶田［1992］［1996］［2005］）因时代的发展存在若干的内容变化，但书名的英文标题却表明了其关心的始终是跨国性现象。

梶田在《国际社会学》的第一版中，根据马场和小仓充夫的议论将研究的范围分为三种：①运用社会学的理论、假设和方法分析国际关系及民际关系的学术体系（"国际+社会学"）；②将国际社会作为一个有机整体的社会，并分析其发展和运动的形态及结构，以解决国际社会各种问题的学科（"国际社会+学"）；③通过社会学方法进行地区研究，并进而将这种地区研究与国际关系相结合（梶田［1992］2-3）。而旨在"范式升级"的第三版则以①和②为主。第一版、第二版的中心议题是脱国家行为体、人员流动、民族、宗教、多文化主义，而第三版又加上了全球化、媒体和性别。

国际社会学的特点在于对国际关系多元化和多层次性的认识。马场关注个人在内心身处对身份认同的纠结，梶田则关注现代欧洲政治社会的多层次性结构并开展着各自的研究。将全球化中人们面对的矛盾与可能性、国际社会的分裂与一体化列入学术视野将极大地有利于对现代世界的分析。

马场的研究将个人作为主要行为体，具有强烈的展望宏观国际秩序变革的规范主义色彩。今天的国际社会学在与移民、市民研究、文化研究、全球化研究等多有重合的同时，呈现出对每个跨国性现象进行实证分析的趋势。

（2）国际文化论。国际文化论有两个基础。一是1983年开始活动的日本国际政治学会的"国际交流"分会。为这个分会的建立倾注心血的杉山恭主要关注米歇尔（J. M. Mitchell［1986］）用"国际文化关系"（international culture relations）一词所象征的国际关系中的文化实践和通过这些实践增进相互理解。杉山突然去世前一年召开的研讨会将会议的目的之一定为"旨在推动作为独立学科和专业领域的国际文化关系的发展"（国际文化交流研讨会组织委员会［1989］34）。在初期的分会上，国际文化交流的实践者们时常发表有关实际工作的报告，活动十分活跃。当时的分会活动反映了被称为国际化时代的状况，也是带有浓厚政策研究色彩的研究论坛。

杉山去世后，该分会的报告内容更为多样，历史研究和社会学研究引人注目。整体而言狭义（事业、活动）以及广义（现象）的国际文化交流是中心议题，与欧美的"国际关系史与文化"研究（Gienow-Hecht and Schumacher［2003］）具有相同的特点。后述以平野健一郎为中心的"战后日本的国际文化交流"研究项目（战后日

第九章 国际关系中的文化

本国际文化交流研究会［2005］）也在这一分科会上进行了报告。

国际文化论的另一个基础是平野健一郎的国际文化论。平野从20世纪70年代开始关注"作为文化关系的国际关系"（平野［1976］），80年代末到90年代还参与了支撑着当时国际交流热潮的草根市民联合，并随后出版了总结"从文化观察国际关系之尝试"的教材（平野［2000］）。

平野的国际文化论旨在"通过国际社会的全局视角，构想使国际社会的和平与稳定成为可能的更为本质性的结构变化"（平野［2008］12）。国际文化论认为，战后日本的国际关系研究深受美国的研究影响而偏向理论取向和专业分化，强化了为冷战服务的战略研究的性质，其对象也集中于拥有固定领土的主权国家这一"不动的行为体"之间的关系上。这种批判也是构建国际文化论的原动力。

平野的国际文化论不仅从"国际关系"，还从"跨国关系"的视角观察国际关系，在重视被视为国际社会变化动因的"跨国关系"以及国际社会的多元性和多层次性上，与国际社会学的关心是一致的。而其独特之处在于将"人们在结成社会集团时的原理"和"生存技巧"的文化作为研究的核心概念。文化的定义尽管是人类学性质的，但在关注变化、旨在国际关系的人性化和"动态国际关系论"等方面也同时存在着人文文化的观点。

与国际社会学相比，国际文化论的体系化少有进展。但是却与国际社会学有着若干不同的特色。比如以文化为核心概念，历史研究色彩浓厚，对"作为运用对象的文化"的关心等。2000年以后，在人文社会学者的协助下还进行过构筑"国际文化学"的尝试（松井［2007］），国际文化研究具有超出国际关系研究框架不断发展的可能性。

除了上述两个流派之外，日本还开展着受到欧美国际关系论"文化转向"影响的各种研究。但是，国际社会学与国际文化论的特征在于，立足于对国家中心主义性质的国际关系研究的批判以及日本的社会现实，注重文化的多元性和多层次性，并融合人类学文化与人文文化。在这个意义上，这两种研究正在形成日本对国际关系研究独特的"文化视角"。

结　语

本章在概述文化概念各谱系的基础上，通过人文文化和人类学文化两个视角对"作为方法论的文化"、在关注作为社会领域的文化的问题性的同时对国际关系中"作为对象的文化"分别进行了概述，并探讨了日本独特的视角。从以上论述中可以看出，国际关系中的文化视角实际上包括多种学术和思想潮流以及问题意识。采用文化视角是追溯"西方现代"的历史发展，并确认其中内含的问题与可能性的工作，也可以借此了解在学术与现实世界中概念的政治作用。

那么，这种包含多样性内容的"文化视角"的特征究竟是什么？纵观全文可以发现，这就是国际关系中文化视角经常关注"主流"国际关系论并不充分涉足的领域。吸收社会学、人类学、心理学、历史学等的研究方法，不仅关注国家间关系和军事安全，还从各层次、各领域研究国际关系的研究态度，体现了国际关系研究的宽度。

还有一点不应忘记，就是文化视角所具有的"通过（人）的视角观察和实践国际关系"的性质。特别是人文文化中包含着将国际关系塑造为更具人性的人类中心主义思想。在全球环境和天然资源等人类共同的课题举不胜举，同时国际、国内贫富差距将很多人边缘化的今天，文化视角在国际关系研究中发挥作用将拥有充分的可能性。

第十章　战略思维法
——日本在东北亚的制度战略

铃木基史*

引　言

　　学术因方法的发展而进步。新的方法将分析出以往的方法无法观察到的现象，演绎以往无法推导出的命题并论证，反证以往无法确认的假设。通过开发和利用这种新的方法，研究者可以追求学术知识的丰富化和理论的精致化。本章将探讨方法中的战略思维法以及战略选择法（strategic choice approach）（Lake and Powell［1999］）。

　　战略思维法是指通过个人追求目的之行动的观点来解释对立、协调、秩序等社会现象的社会科学方法论。战略思维法是这些方法的总称，其具体分析法包括博弈论、微观经济学理论、社会选择理论、公共选择理论等。很多这些理论都被广泛运用到了国际政治、比较政治、议会政治等政治学各领域和经济学、管理学、社会学等社会科学其他学科领域。战略思维法的研究不仅限于使用数理模型，如果按照下节概述的各种概念进行分析，质性的现象也可以通过战略思维法进行研究。如此而言，国际政治学中，不仅是托马斯·克罗姆比·谢林（Thomas Crombie Schelling）的冲突研究（シェリング

＊ 京都大学大学院法学研究科教授。

［2008］）和詹姆斯·费尔恩（James D. Fearon）的战争研究（Fearon［1995］）等使用数理模型的研究，沃尔兹的均势研究（Waltz［1979］）和基欧汉的国际制度研究（Keohane［1984］）等质性研究也是通过战略思维法进行的研究。在日本的国际政治学中，除了运用数理模型的饭田［2005］、石黑［2007］、石田［2006］、铃木［2000］等研究之外，信田［2006］和中户［2003］也在质性研究层面上利用战略思维法对日本对外政策进行了研究。

本章在对战略思维法的分析理念和各种概念进行解说后，作为案例，将分析东北亚政治经济领域和安全领域的国际制度以及日本的制度战略，并借此探讨战略思维法对国际政治学的分析作用。本章关注的国际制度是指汇集了各国期待的暗示性或明示性原则、规范规则、决策程序等（Keohane［1984］57）。具备这些效果的制度尽管不可能完全消除对立实现协调，但可以减少成为对立恶化原因的情报信息的非对称性和交易成本并促进协调（铃木［2000］第5章）。实际上，比其他地区制度化发展缓慢的东北亚地区，也逐渐尝试通过制度管控国家间的关系（Ikenberry and Inoguchi［2007］）。但是，无论是什么地区，通过制度管控对立和促进协调并不是国家的最终目的，而只是国家确保本国目的的手段。本章将不涉及这种制度的道义性问题，而通过进行以战略思维法为基调的制度分析，提出可以加深我们理解各国对外行动和国家间对立与协调这一国际关系动态机制的内容。

一、战略思维法与国际政治理论

分析理念

战略思维法作为有效的知识形态，优先认可科学性的知识，采取旨在通过科学方法验证知识的实证主义立场，根据方法论上的个人主义，将个人作为终极性存在进行分析，演绎社会、国家、国际体系等集合体所固有的性质和现象。在这个过程中,假设个人拥有为实现目的而采取恰当手段的目的合理性。战略思维法并不记述和解释个人内在的认识与心理,而以在预测和解释现象的基础之上提供有益的工具和模型为目的。因此,战略思维法是作为预测和解释的工具并根据可行性标准进行评估的方法论之一。

战略思维法原则上以个人为分析单位,但这对以国际对立与协调、国际秩序的形成与解体等国际现象为考察对象的国际政治学而言并无不妥。国际现象是在不存在世界政府的国际体系或称国际无政府状态下国家为实现目的而采取行动的结果。国家由众多个人组成,大致可包括将个人目的进行集约的民主主义政治体制和优先实现精英提出的目标的权威主义政治体制。如果不管是哪种政治体制在发挥作用,国家都将追求固有目的而开展行动,那么将国家作为分析的基本单位进行考察就是恰当的,国际现象就有可能通过立足于方法论性质的个人主义的战略思维法予以解释。

此外,在有必要对国家内的目的集约过程和决策过程进行详细考察之际,在国家内部发生分裂已不能作为一个单一整体开展行动时,则也可以将国家内部的政治领导人、高级官僚等个人以及相互对立的民族和阶级等集团作为分析单位。国家的行动受到个人和集团的影响,也会受到竞争对手行动的制约,这些力量相互作用的结果就产生了国际现象。具有这一特征的国际政治适合成为战略思维法的对象,实际上很多国际政治研究都适用于战略思维法,而战略思维法可以概括为以下三点。

各分析概念

偏好

战略思维法从行为体的偏好开始考察。偏好是指行为体对所预测的多个结果排出的优先顺序以及顺序的各种目的(Lake and Powell [1999] 9)(偏好的案例参见本章第二节第二项)。形成行为体偏好主要基于行为体的内在认识与经验以及行为体所处的外在性文化和制度等多种原因。战略思维法并没有对行为体偏好予以特定的分析机制，恰恰相反，更是将偏好的特定交由分析者的实证研究和理论判断。

偏好尽管是战略思维法的分析基础，但并不仅限于战略思维法。一般性的国际政治理论也可以就特定国际政治基本行为体国家的偏好以说明国际现象。比如，自由主义理论将市民自由权的保障作为市民国家的主要目的，并借此说明市民国家之间形成的稳定和平（カント［1985］；ラセット［1996］）。而世界体系论则将资本家追求剩余价值最大化视为资本主义国家的主要目的，并借此说明19世纪的帝国主义和殖民地主义、第二次世界大战后的新帝国主义以及伴随其出现的南北问题和发展中国家的贫困问题（ウォーラーステイン［2006］）。现实主义理论则在认识到国家利益多样性的同时将国家安全视为民族国家的核心国家利益，无论拥有何种国家利益，在国际无政府状态中追求国家利益就等同于追求权力，并借此说明近代欧洲的均势与冷战期间的美苏均势（モーゲンソー［1998］；Waltz［1979］）。

而在日本外交研究中，有的研究从确保经济增长和国家安全的目的对吉田主义的形成、依赖美军的威慑力、轻军备和经济外交等进行了解释（中岛［2006］）。而将详细分析决策过程作为研究课题时，则在分析宪法限制、政党制、官僚制、利益集团等因素之上，对受到制度限制的行动及结果进行了考察（信田［2006］）。在进行这种对外行动分析时，由于对国家间相互作用及其国际结果进行综合性分析比较困难，因此国内行为体反而成为分析单位，而作为国内制度下国内行为体之间相互作用及其结果的对外行动则成为了解释的对象。

限制

很多情况下，行为体的偏好与实现的结果之间存在着差距。比如，从战前日本富国强兵的目的无法说明二战太平洋战场战争的爆发和日本的失败，而战后的亲美主义则无法解释日美经济摩擦的激化。这其中就存在着进行分析必要性和分析上的困难。如果每个国家都可以采取理性行动，那么就应采取避免每个国家都不希望发生的对立和激化的政策。尽管如此，却为何会出现与偏好并不一致的结果？

战略思维法并不假定实质合理性，即行为体在进行决策时精心分析实现目的所必要的所有情报和所有战略以实现决策结果与目的的完全一致。但另一方面，也不认为对立的产生和激化是不合理和不可解的现象。战略思维法更倾向于假定程序的合理性，认为行为体拥有的情报与选择之不完全这一局限性导致了与偏好不一致的结果。首先从情报的观点看，由于国家并不必然会正确地公布本国的偏好和战略，因此对手国家只能根据得到的有限情报推测偏好与战略并进行决策。比如，日本在对美关系中屡次经历经济摩擦，其中不少导致了日美关系的恶化。日本政府尽管并不希望日美关系恶化，但却只能在美国政府谈判战略和国会内各党派意见的分布与强度等有关情报并不充分的情况下进行谈判，因此无法采取可以防止摩擦激化的有效政策。

此外，也会出现因行为体没有获得为实现偏好的战略而导致产生与偏好不一致的结果。在日美经济关系中，日本政府在履行国内市场自由化这一国际责任的过程中，利益集团和省厅的压力成为阻碍，履行的具体政策事实上被排除在政府的选择之外，这也为与美国的摩擦火上浇油（中户［2003］①）。这种日本政府的决策时常被揶揄为"反应型"，但与其说是日本政府采取非合理性的行动，更是起因于政府的选择幅度被国内政治压缩。因此，行为体即使试图采取合理行动，但却会（事后）产生非合理性的结果。

---

① 有关这一点的系统性分析双层博弈（two level game）模型十分有效。有关双层博弈的数理分析参见铃木（［2000］第四章）、石黑（［2007］第一部）。

战略相互依存

行为体的目的在何种程度上得以实现也有赖于其他行为体的行动。比如,日本在确保本国安全时,这一目的的实现受到朝鲜的核开发、中国的军备建设、同盟国美国的亚太战略等左右,实现经济增长的目的也强烈受到外国政府的贸易政策与知识产权政策等的影响。如果对手的行动可以对本方偏好的实现程度产生重要影响,那么希望自身偏好最适合的行为体就会根据对手的行动改变自身的行动。当然,对手也会同样进行战略决策。其结果,会发现行为体的行动将依赖对手的行动这一战略相互依存的状态（Schelling [1978] 17）。

行为体会在适当的时机反而会利用这种战略相互依存,通过强硬态度和威胁迫使对手让步。但是,对手会考虑到这种威胁是虚张声势而并不必然轻易进行让步。这时将确认威胁具有多大的可信度,如果根据行为体被推测的偏好及其他战略可以判断威胁战略具有合理性,则威胁战略具有可信度,对手将被迫进行让步。相反,如果了解到不是合理的,则会判断威胁是虚张声势,对手将拒绝让步。因为这种博弈而使得结果不是各有关行为体的偏好的单纯总和,因此从行为体的偏好很难判断结果,从结果推测行为体的偏好也不恰当。进而言之,在情报不完全性和不确切性的状况下,与偏好和行动有关的推测及信念的形成就成为战略操作的对象,围绕着情报的博弈将激烈化。这种情报战略及其结果可以通过包括了不完善情报理论的战略思维法进行解析。

均衡

如上所述,一般性的国际政治理论试图确定国家的偏好（原因）并解释国际政治的主要现象（结果）,但由于缺乏对行动的相互依存和威胁的可信度的解析方法,因此很难解明原因与结果之间的因果关系。比如,国家追求权力的行动为何和如何产生均势,对抗大国势力扩张的均衡化行动在什么状态下具有可信度,传统的现实主义无法对此进行准确的说明。此外,康德的永久和平论也无法解释成为战争原因的安全困境为何不会在公民国家之间激化,以确保安全为目的的防卫行动在什么状态下可以获得可信度从而避免安全困境的激化。在此战略思维法为一般性国际政治理论的不完善之处提供了补充性的分析方法。

战略思维法的重点在于考虑有关各行为体拥有的偏好、战略、情报和制约行为体行动的制度,并预测与说明从这些因素相互作用中发现何种均衡的问题①。均衡是指有关各行为体没有单方面脱离的诱因的稳定状态,对相关各行为体而言并不必然是所希望的状态。而使得对这种均衡进行解析成为可能的就是作为将现实简略化的模型。在解释这种模型的均衡后,如果运用静态分析法,可以在控制其他因素的同时分析出制度带给结果的个别效果,并可以解决如何分析成为制度基础的有关各行为体偏好和行动这一微观基础的实证性课题以及旨在实现希望结果的制度设计这一政策性课题。关注制度的另一个理由是可在政策上予以限制的对象将受到制度的制约,从而形成实践性的制约。改变行为体的偏好不仅更为困难,提出这种要求也会使分析变为教条式的。很多情况下,国家不会改变本国的偏好,而试图充分利用制度对共通的偏好及本国的偏好予以最优化。因此,通过战略思维法的制度分析具有实证性和政策性上的意义。

二、制度战略的博弈分析(1)——经济合作协定(EPA)

如果运用上文概述的战略思维法,那么就可以颠覆应根据不同理论分析国际政治经济与安全现象这一国际政治学的一般想法,而

---

① 博弈理论由纳什均衡、部分博弈完全均衡、贝叶斯完全均衡等均衡概念构成,根据信息环境进行对均衡的解析。

从同一个方法论的视角明确制度的微观基础并说明其结果。本节将概述东北亚的政治经济与安全领域中的国际制度，运用战略思维法中的博弈理论考察制度的微观基础与日本的制度战略等课题。①

发展迟缓的东北亚制度化

在由各种政治经济体制组成的东北亚地区中，奉行市场经济的国家之间经济相互依存日渐深化，但同时，围绕领土、人权、安全等问题的对立也日益显现。尽管存在着多种对立关系，但20世纪90年代以后，构建国际制度、管控对立促进协调的国际关系制度化在东北亚也终于走到了前台。这种制度化可以分为政治经济与安全两个领域。

直到最近为止，包括东北亚在内的东亚经济关系中，始终尝试通过约束力较低、比较模糊的行动规定的非正式协定推动国家间合作，其代表就是1989年成立的亚太经济合作组织（APEC）。APEC除东北亚外，还包括东南亚、大洋洲、美洲等共计21个国家参加，是一个区域内贸易超过世界贸易总量40%的巨大地区间经济合作框架。初创期的APEC并没有超出以经济合作为宗旨的国际论坛的范畴，但逐渐自主制定行动计划，并要求参加国奉行推动贸易与投资自由化的合作性单边主义以及如遵守世贸组织（WTO）最惠国待遇原则等，不仅地区内，地区外也可共享自由化成果，彰显开放性地区主义。另一方面，基于非正式主义精神，APEC采取了不将行动计划的详细制定及其实施作为义务，而是通过参加国自主努力的方针。但是，没有约束力的协定其实效性存在着疑问，APEC在20世纪90年代后期也在履行行动计划上出现过严重问题。受到这一失败和欧洲北美地区经济主义抬头的影响，日本政府试图与亚洲各国签订有较高约束力和明确性的正式协定，即经济合作协定（以下简称EPA），

---

① 博弈理论的日文入门书籍参见冈田［2008］、中山等［2000］。

以发展具有实效性的自由化。在本章执笔之际（2008年9月），日本政府尚未与东北亚各国签订EPA，但至少正在劝说韩国政府重启EPA谈判。

与经济领域相比，安全领域的制度化发展迟缓。以东盟为中心、作为多边合作机制创建的东盟地区论坛（ARF）尽管试图解决亚太地区的政治与安全问题，但东北亚最重要的安全制度却是以地区外大国美国为中心的日美安全条约和美韩互助条约等双边同盟。这些军事协定旨在维持东北亚的均势，也暗示着这一地区对立与权力政治的根深蒂固。但是，均势这一同盟的目标却因20世纪90年代初期和21世纪初期发生的朝鲜核问题而出现了动摇。尽管为了解决朝核问题而达成的共识正在成为维护东北亚和平与稳定的重要国际安全制度，但该制度在确认朝鲜履行情况、放弃核计划后对朝鲜的激励政策等方面仍存在着很多问题。

以上概述了在东北亚自由贸易与核不扩散问题上根据一定规范规定国家行为存在困难这一政治经济、安全领域的共同问题，下文将运用博弈理论考察日本对外政策课题的EPA和朝鲜去核化制度。

日本的EPA战略与连接（linkage）

日本政府推动的EPA是一个在贸易自由化问题上整合了投资自由化、经济技术合作、保护知识产权等项目的全面协定和连接协定，另一方面，其构成均为双边协定，并不成立管理协定的国际组织①。对于这一新的制度战略存在以下疑问：（1）为何要整合多个领域；（2）为何日本缔结的均为双边协定；（3）在没有成立国际组织的情况下协定的实效性如何确保。针对疑问（1），可以认为，一般而言除农业外，由于在矿工业产品方面日本的贸易自由化已非常发达，

---

① 在本章执笔之际，日本政府共缔结了9项EPA协定。尽管其中包括与东盟签署的EPA，但其协定的结构与双边协定类似，如果将此作为双边协定，则日本缔结的EPA全部为双边协定。东亚FTA的国际政治学分析与相关文献参见Suzuki［2006］。

进一步的自由化会增加利益的前景并不看好,因此日本希望在非贸易领域增加利益。但是,如果这样,日本在非贸易领域缔结协定即可,却无法很好解释为何要缔结全面协定。下文将从多领域整合、缔结双边协定和确保协定实效性这一制度动力相互关联的观点考察 EPA 的制度与课题。

贸易领域的合作问题

包括贸易与非贸易领域的 EPA 包含着两种博弈。一种是有关贸易领域 j 的两国、两个战略（2X2）博弈（图 10-1）。在这一博弈中,日本（A）与外国（B）对对方的偏好和战略都有完善的情报,并面临是否要实行贸易自由化的决定。两国的选择可以产生 4 个结果,每个结果可为两国带来利益。如果两国都选择自由化,则两国之间的经济贸易将更为活跃,从而加速两国的经济增长。但是如果外国对自由化消极,则可以向已自由化的日本出口大量商品以获取外汇,但日本则不会容易地向自由化没有进展的外国出口。反之,在日本单方面懈怠自由化时,则会对外国产生消极影响。即单方面选择合作战略的一方会受到损失,选择不合作战略的一方则获得利润。

		外国（B 国）	
		贸易自由化（合作）	不进行自由化（不合作）
日本（A 国）	贸易自由化（合作）	X_j^A, X_j^B	Z_j^A, Y_j^B
	不进行自由化（不合作）	Y_j^A, Z_j^B	N_j^A, N_j^B

图 10-1　贸易领域 j 中的合作问题

从上述理论可以看出,无论是日本还是外国,利益关系是 Yj>Xj>Nj>Zj,这一不等式表示了各博弈者的偏好,博弈也是典型的囚徒困境。图 10-2 的博弈如果只进行一次,那么可以预测两国会拒绝自由化而选择不合作。其结果意味着即使是具备法律义务的协定,义务也只是文字性的，无法确保其实效性。

		外国（B 国）	
		保护知识产权 （合作）	不保护知识产权 （不合作）
日本（A 国）	经济技术援助 （合作）	X_k^A，X_k^B	Z_k^A，Y_k^B
	不进行经济技术 援助（不合作）	Y_k^A，Z_k^B	N_k^A，N_k^B

图 10-2　非贸易领域 k 中的合作问题

换言之，在不存在对协定进行管理的强有力的国际组织时，为确保协定的实效性，将协定变为自我实施之物，就有必要运用互惠主义的原则（Keohane［1984］75-78；Goldsmith and Posner［2005］29-32）。互惠主义是指缔结协定的缔约国开始遵守协定后，只要对方没有严重违反的情况就继续遵守协定，当发生严重违反的情况后，可以将此作为停止协定的全部或部分内容以及中止协定等的根据。即使协定的条款中没有明确的规定，这种互惠主义也承认《维也纳条约法公约》第 60 条中作为条约应基本遵守的内容。制裁可能会被认为是破坏国际协调的行为，但是，正是因为在没有超国家性组织的情况下针对违反发动制裁才使得国家之间遵守协定。在这个意义上，对制裁的理解和手续将是使协定得以履行的重要措施。

众所周知，在博弈理论中，互惠主义作为触发策略得以运用，并在无限反复的博弈中对实现相互合作发挥着重要作用。如果将在将来博弈中产生的利益上的两国共同的贴现因素作为 δ，那么两国在采取触发策略时，实现相互合作的条件以及协定成为自我强制性协定的条件是

$$Y-X<\frac{(X-N)\delta}{1-\delta} \qquad (1-1)$$

表示是否进行合作是由违反导致的短期利益（左端）和失去将来合

作的预期损失（右端）之间的平衡所决定的。如果将左端设定为违反压力 D，右端设定为制裁能力 S，则在 $D<S$ 时，相互合作将作为（部分博弈完全）均衡得以实现。与其相反，如果倾向于发展主义的外国抱着保护本国产业以期扩大贸易顺差这一强烈的短期性思维，且日本的制裁无法遏制其违反行为时（$D_j^B>S_j^B$），即使对于日本形成了 $D_j^A<S_j^A$ 的关系，确保仅以贸易领域为对象的协定的相互遵守也是困难的。因此，希望推动自由化的日本政府必须摸索包含其他领域在内的全面性协定。

非贸易领域的合作问题

将 k 设定为协定的非贸易领域并加入下述交易，即外国保护知识产权，作为交易，日本对外国提供经济技术援助（图10-2）。如果根据这一交易两国采取合作行动，日本就可以放心地在知识产权得到了保护的外国市场进行投资，外国也可以在日本的经济技术援助下加速经济增长。但是，外国可能会被侵害知识产权生产假冒产品获取短期利益的诱惑所驱使，日本也可能因财政负担等原因受到削减经济技术援助的诱惑。由此，囚徒困境在非贸易领域也会出现，相互不合作成为纳什均衡。

连接的制度意义

下文将对整合贸易与非贸易两领域的连接进行分析。这一协定中缔约国的效用 U 将作为领域 j 和 k 产生的利益 u_j 和 u_k 之和（$U=u(u_j)+u(u_k)$）。有关各国将在两个领域之间进行跨领域的多重博弈和触发战略（Spagnolo［2001］）。在这一战略框架下，各国在两个领域中开始合作战略，并在一个或两个领域中确定对方违反前保持合作战略。如果违反得到确认，将立即在两个领域实行非合作战略，并不再重新采取合作战略。① 在这一多重博弈和触发战略下，两个领域中如要产生相互合作，两国就必须使以下的方程式成立：

$$D_j + D_k < S_j + S_k \tag{1-2}$$

作为前提，如果推动自由化的日本政府在 j、k 两个领域中 $D^A < S^A$，而持发展主义立场的外国在贸易领域具备强烈的脱离诱因 $D_j^B > S_j^B$，那么（1-2）如要成立，对于外国而言，就必须具备一个条件，即比起无视知识产权和自由贸易而获得一时性的效果，外国更可以从日本的经济技术援助中获得长期效果。与多重博弈和触发战略相反，日本政府因纵向分割行政等原因采取按照每个领域的触发战略时，尽管在 k 领域可以确保外国遵守，在 j 领域却无法同样确保。为此，采取针对外国在 j 领域的违反而准备在 k 领域发起制裁这一跨两个领域的触发战略，对于确保全面协定的实效性是十分必要的。

双边协定的真实意图

为何 EPA 并非多边协定而是双边协定？这是因为在多边协定中，支撑协定实效性的互惠主义不能很好地发挥作用。简而言之，在将 C 纳入 A、B 组成的协定从而成为多边协定时，如果 A 违反了协定，在制裁问题上，B 与 C 之间将产生搭便车的问题，因而或出现不进行制裁的可能。这是由于制裁需要 X-N 的成本，因此 B、C 都会将制裁委予他国，而本国则提供制裁的成果，即予以合作这一恩惠 X，其结果将放任 A 的违反行为。与此相对照，在 A、B 的双边协定中，A 违反时如果 B 不发动制裁，则 A 将继续违反，B 将永远承担 A 违反的代价。为此，为了避免损失的 B 必将拥有制裁的诱因，从而为双边协定提供了实效性。另一方面，如多边协定要具有实效

---

① 尽管协定会存在若干不同，但在 EPA 中，触发战略在摩擦的解决手续中形成制度化。对违反的认定由仲裁审理进行，在败诉的违反国家期限前不执行裁决、拒绝支付赔偿等情况时，起诉国有权根据违反情况终止部分协定或采取对抗措施。

性,则有必要具备防止搭便车的强力举措和国际组织。但是,由于这样的举措将限制主权,在因历史原因等对干涉主权十分敏感的亚洲各国之间,缔结具有实效性的多边协定较为困难。

综上所述,EPA 的特点就是,这是一项在分权性的国际体系中于维护主权的同时确保协定实效性而构筑的制度,这也是针对上文提到的(1)—(3)疑问的回答。第一,EPA 并不仅仅出于因贸易自由化已难再提升利益而希望在非贸易领域增加利益这一日本的意图,对外国而言,正是由于 EPA 有助于获得日本的经济技术援助与实现贸易自由化,才在 EPA 问题上与日本达成共识。作为互惠性制度的 EPA 之所以被各国接受,并不是因实现就具备了各国利益的整合性,而是其通过正确的制度设计协调国家间利益的尝试。第二,不设立管理协定的国际组织而确保协定的实效性,就必须慎重选定协定可具备自我强制性条件(1-2)的领域。进而言之,促使管辖不同政策领域的行政部门之间顺利进行合作也是 EPA 的重要政策课题。最后,正是因为不易受到搭便车问题影响、对手脱离可能性较低的双边协定,才使得国家接受法律义务。另一方面,多边协定有必要具备强有力的防止搭便车的举措,如果国家以主权为理由难以容忍,那么地区内经济贸易的活跃发展则不得不依赖于双边协定网络这一次善手段。总而言之,这也表现出国际经济贸易的效率性与主权存在着二律背反性的关系。

三、制度战略的博弈理论分析(2)——朝鲜核问题

无核化战略与激励问题

即便可以说东北亚经济相互依存正在部分性地深化,但它仍是一个政治多样性的地区。由于这种多样性,东北亚国家之间存在着人权、民主主义、核不扩散等有关规范的非对称性。特别是在《核不扩散条约》(以下简称 NPT)体制的问题上,20 世纪 90 年代在东

北亚发生了悍然破坏国际规范的事件。当时朝鲜尽管是 NPT 的成员国，但当以发展电力为名滥用引进的核发电站试图制造核武器的计划被发现后，却宣布退出 NPT。其结果是，在朝鲜半岛爆发了对东北亚和平与安全产生重大威胁的核危机。1994 年，美国克林顿政府与朝鲜签署了旨在解决核危机的框架协议。在这份协议中包括了朝鲜重回 NPT 以及对朝鲜放弃核计划的激励措施。具体而言，如果朝鲜接受对其核设施的检查，并采取停止和封存较易转产核武器的石墨反应堆的措施，美国、韩国、日本将提供重油作为代替能源，并对建设难以转产核武器的轻水反应堆提供援助。[①]

布什政府对朝鲜的拖延行为十分恼怒的同时仍坚持框架协议。但 2003 年，布什政府以发现朝鲜的浓缩铀开发计划为由终止了框架协议。其后，在六方会谈的新国际框架中尝试对朝鲜去核化制度进行再构建。六方会谈除美朝之外，还包括日本、韩国、中国和俄罗斯，但实质上美国政府主导着与朝鲜的交涉。交涉经过朝鲜强行进行核试验等波折后，于 2007 年 10 月就通过和平手段实现朝鲜半岛可检查的去核化为目标的第二阶段措施达成共识。这一新的协议在将很多细节问题交由今后继续磋商的同时，将年内朝鲜核设施的无核化与核计划的完全申报作为目标，并以提供经济和能源援助的激励措施作为对朝鲜的回报。

主要国际政治理论之一的现实主义理论假定，在各国偏好呈现非对称性的状况下，在试图扩大或渗透规范时，重视规范的大国将对轻视规范的国家行使权力或威胁行使权力以迫使其遵守规范。这种规范的定位依赖于国际权力结构，在结果上将规范结构与权力结构结为一体。与其形成对照的是，不是通过权力，而是通过激励确保遵守规范的政策，两次与朝鲜的协议所追求的规范的确立就是通过激励的政策。美国没有以其庞大的军事力为后盾实施朝鲜的去核

---

① 框架协议的执行过程参见铃木［2008］。

化，是因为美国通过军事力进行威胁的信赖度与美国盟国在朝鲜武力进攻面前的脆弱性将相互抵消。

通过激励促进对规范的遵守时，促进遵守者为主角，被要求遵守者为代理人，主角会将自身偏好的实现交由代理人处理。但同时，主角会尽可能监视并管理代理人的行动，并根据遵守的情况给予激励，以实现自身的偏好。本节的目的即运用标准的主角、代理人模型（Salanie［1997］122-124）解析去核化制度的微观基础，并明确实现制度目的的各种条件。具体而言，笔者将首先对框架协议和六方会谈不予区别，均作为"去核化制度"加以分析，并在此基础上进行制度差别化的探讨。同样，将寻求去核化的日美韩作为一个整体的"美国方面"加以分析，并随后分析其局限性。进而在尊重有效激励制度的两个一般性条件的基础上进行分析。这两个条件一是对于主角和代理人双方，参加制度较之不参加均处于效用优势的参加条件（participation constraint）；另一个是对于两者，努力提升代理人的遵守水平将比不对此进行努力获得更大效用的激励相容约束（incentive compatibility constraint）。在分析中将明确满足这两个条件的状态。

分析模型将按照以下顺序进行（图10-3）。首先，美国方面设计去核化制度，随后朝鲜选择是否参加这一制度。如果不参加则博弈结束，但如果决定参加，朝鲜将在高水平遵守 $\bar{\lambda}$（完全放弃核计划）和低水平遵守 $\underline{\lambda}$（部分停止核计划）中进行选择。但是，朝鲜实行 $\bar{\lambda}$ 将花费履行成本 c，而 $\underline{\lambda}$ 则不需要成本。履行成本是指因放弃核计划导致政权面临国内政治不稳定。如果政权对反对力量的态度强硬，那么 c 就会较小，可轻易压制国内反对力量以执行国际协议，但如果政权因此脆弱化，可以预见 c 将增大，压制国内的反对力量将变得困难。

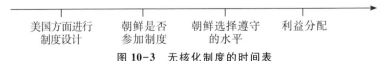

图10-3　无核化制度的时间表

美国方面准确核查朝鲜的遵守状况并非易事。为此，在不确定性下美国方面的验证结果将是概率问题，并会根据不完全的验证结果予以激励。具体而言，对于朝鲜遵守水平高，将通过概率 p 进行遵守水平高的正确评估，作为回报将对朝鲜进行经济援助 $\bar{k}$，而如果根据概率 $1-p$ 做出了遵守水平低的错误判断，将实行 $\underline{k}$。美国方面的验证能力将因核查手续而变化，并对制度的效能产生重要影响。这一点将随后论述。另一方面美国方面从遵守水平 $\bar{\lambda}$ 获得安全利益 $\bar{s}$，从 $\underline{\lambda}$ 则获得 $\underline{s}$（$\bar{s}>\underline{s}$）。由于激励将根据达成共识的制度予以提供，因此希望将朝鲜的遵守程度引导至特定水平的美国必须进行恰当的制度设计。

这一模型的（部分博弈完全）均衡可以通过从博弈终点向起点进行分析的逆向推论法予以解析。首先，朝鲜选择高水平 $\bar{\lambda}$ 的激励相容约束可表现为以下公式（效用函数 $u(\cdot)$ 严格而言是凸函数）。

$$pu(\bar{k}) + (1-p)u(\underline{k}) - c \geq qu(\bar{k}) + (1+q)u(\underline{k}) \quad (2-1)$$

（2-1）的左端如果比右端变小，则朝鲜将选择低遵守水平 $\underline{\lambda}$。

在考虑参加条件时，朝鲜即使不参加制度也会从友好国家无条件得到经济援助的效用表示为 G，则去核化制度的参加条件为

$$pu(\bar{k}) + (1-p)u(\underline{k}) - c \geq G \quad (2-2)$$

在这两个条件下，作为美国而言最恰当的诱导出 $\bar{\lambda}$ 或 $\underline{\lambda}$ 的激励可分别归纳为以下公式。

$$u(\bar{k}) = G + \frac{c(1-q)}{p-q}, \; u(\underline{k}) = G - \frac{cq}{p-q} \quad (2-3)$$

另一方面，从上述具备激励内容的制度中美国方面的期望效用 W_{US} 则是

$$W_{US} = p(\bar{s}-\bar{k}) + (1-q)(\underline{s}-\underline{k}) \quad (2-4)$$

如果没有构建制度时美国方面的效用为 0，且 $W_{US} \geq 0$ 时，美国方面会选择构建制度。如果通过上述模型进行静态解析，则可以看出以下四点。

（1）六方会谈的制度效果。如果朝鲜的友好国家提供的无条件援助 G 增大，则去核化制度的参加条件会提高，但另一方面，如（2-3）所示，美国方面支付的激励也会扩大。如果 G 减少，参加条件也将随之降低，激励也会缩小。如果可以利用朝鲜的友好国家中俄两国也参加的六方会谈控制两国的无条件援助，则会使朝鲜参加去核化制度并在高水平上遵守制度更为容易。这是六方会谈协议与框架协议不同的制度效果。

（2）朝鲜的国内政治。如（2-3）所示，在朝鲜的遵守成本 c 较高时，引导出高遵守水平的激励 $\bar{k}$ 的规模将增大。其背景在于由于脆弱的政权一旦决定放弃核计划将会引发国内的反对，出于说服反对派的目的将要求大规模的经济援助。因此可以预见，当朝鲜要求大规模经济援助作为放弃核计划的回报时，朝鲜的政治不稳定将加剧。这一点也暗示着在经济困境中为延续政权而寻求从外部获得经济援助是核计划的重要目的。进而言之，如果其他条件是一定的，可以发现较易从强有力的政权中以较少的激励得到高水平的遵守。

（3）核查手续。美国方面对朝鲜遵守状态的验证能力有赖于可以采取何种核查手续。即使朝鲜核设施的申报不完全，如果可以对未申报设施进行特别核查，也可能进行正确的验证。在特别核查下，朝鲜只进行低水平的遵守但却被美国方面误判为高水平的概率 q 接近于 0，而高水平遵守被美国正确判断为高的概率 p 则应接近于 1。由此从（2-3）中可以发现特别核查将保证 $p>q$，并降低诱导出高遵守水平的激励 $\bar{k}$。相反，只允许进入申报设施进行例行核查时，$p>q$ 则无法保证，$\bar{k}$ 将增加。如果 $\bar{k}$ 超过了美国方面的安全利益 $\bar{s}$，则美国丧失了提升遵守水平的诱因。因此，核查手续的精度不仅有利于减轻美国方面的经济负担，也与去核化制度本身的意义密切相关。

（4）去核化制度的困境。基本而言，去核化制度的前提是，美国方面即使付出高昂的激励，但因朝鲜的高水平遵守而确保充分的安全利益。即对于美国而言，是设定

$$\bar{s}-\bar{k} > \underline{s}-\underline{k} \qquad (2\text{-}5)$$

但是，如果对朝鲜的经济援助维系了权威主义政权，并使得该政权的挑衅行为永久化，那么即使成功地获得较高的遵守水平，其效果也会大打折扣，这一状态可表现为以下公式。

$$\bar{s}-\bar{k} \leq \underline{s}-\underline{k} \qquad (2\text{-}6)$$

这种情况下，美国方面就会发现提升朝鲜遵守水平没有意义，并停止给予制度所规定的最低限度的激励，美国方面的期望效用则成为 $W_{US} = \underline{s}-\underline{k}$。

此外，符合（2-5）还是（2-6）对追随美国的国家也是不同的。在绑架日本人事件上朝鲜的不合作态度和导弹发射试验，使日本感觉到朝鲜权威主义体制的延续不利于日本安全（2-6），在本文执笔期间日本政府已经停止了援助。另一方面，如果存在朝鲜只要放弃核计划就不会感受到朝鲜权威主义体制延续之威胁的国家，那么这个国家就会在（2-5）下进行激励。此时如果美国方面的立场一致性解体，只有后者国家满足（2-3）的条件变得困难，那么去核化制度的微观基础就将动摇。

结语——国际政治理论与对东北亚国际政治的意义

本章从战略思维法的视角对政治经济和安全领域中东北亚的国际制度以及日本的制度战略进行了考察。由于制度对国家的期望与决策的监管效果，因此可以期待通过对制度进行巧妙设计以平稳地管理对立并促进合作，将国家从国际无政府状态中解放出来。本章通过对支撑制度微观基础的国家偏好的非对称性进行分析，证明如果对制度进行设计，并通过连接和激励等巧妙的举措可以确保制度的实效性。但是，如果谈判者失败于此，那么制度将丧失实效性导致无政府状态抬头，这将增加作为解读这种国际政治的现实主义的妥当性。制度理论相对于现实主义理论的妥当性有赖于针对国家偏好非对称性的制度设计的技巧，而本章的分析结果表明这也是有局限性的。制度尽管与主权、利益、自助等理念构成的传统国际秩序并不矛盾，但正因为此才包含着与无政府状态之间存在着的"背靠背"的必然性。

同时本章将国际制度视为对行动的制约，并没有假定制度本身可改变有关国家的偏好。与其前提相反，正如结构主义国际政治理论所主张的（Wendt［1999］171-178），如果汇集各国认识与偏好的结构效果（constitutive effects）存在于制度，那么东北亚国际关系的制度化与合作可能性将比本章的分析结果取得更大的进展。但是，在制度的结构效果可充分发挥之前的时期中，以及结构效果在中长期仍较小的情况下，将偏好固定为前提条件的战略思维法的妥当性就不会受到损害。如本章所示，即使各国的偏好是非对称性的，如果连接和激励的制度可以很好地发挥作用，自由贸易和核不扩散等规范仍可渗透进国家间关系。在充满价值多样性的东北亚中，比起结构主义假定的内生性规范形成，利用制度监管效果的外生性规范形成或许更可以把握秩序构建的实际状况。

※ 本章为日本学术振兴会科学研究费补助金基础研究（B）"冲突与协调的跨学科研究——国际关系学与经济学的融合"（2008—2009年度，项目主持人：铃木基史）的研究成果之一。

第十一章 仿 真
——极端派网络的形成

山本和也[*]

引 言

"仿真"一词仅仅与国际政治学有关的含义就有多种。比如,在大学教学中进行的模拟外交和模拟联合国的课程,自治体(地方政府)针对恐怖主义的训练,进而包括军队的演习(军棋推演)等。但是,在这些各种各样的仿真模拟中,本章所论及的是作为研究手段的仿真。国际政治学中的仿真研究是指将社会以及认识的状态作为系统进行模型化,并使用计算机予以分析。

或许有些出人意料,国际政治学中很早就出现了仿真研究。在计算机尚未充分发展的20世纪70年代前,就开展了人进行角色扮演并以计算机辅助的研究。但是,随着计算机仿真(数据分析)从自然科学开始逐渐在很多领域得到普遍运用,20世纪70年代以后,在国际政治学中,通过系统动态学方法对世界的宏观动态进行的分析(药师寺 [1989] 173-184)以及通过被称为认知结构图的方法进行的微观决策分析(山本、谷 [1979])引人注目。

与这些研究相比,在20世纪90年代以后计算能力飞速发展的背景下,现在被称为多主体模型(multi-agent model,MAM)的研究

---

[*] 早稻田大学高等研究所副教授。

方法引起了极大的关注。这一方法的先驱性研究并非出现在国际政治中，而是源自托马斯·克罗姆比·谢林（Thomas Crombie Schelling）在论述城市的分隔时提出的居住隔离模型（Schelling［1978］147-155）。谢林的研究尽管没有使用计算机，但却提出了与现在的多主体模型相关联的本质。国际政治学中，布瑞莫和米哈卡的国际体系同盟战争模型可谓经典（Bremer and Mihalka［1977］；檀野、田中［1992］）。此外，20世纪80年代罗伯特·阿克塞尔罗德的囚徒困境概念多在博弈理论中使用，但也是多主体模型的先驱（アクセルロッド［1998］）。

在这些多主体模型中，尽管多主体的用语尚没有明确记载，但在20世纪90年代中期，阿克塞尔罗德［2003］将这一概念在国际政治学中固定了下来。同一时期，拉斯–埃里克·赛德曼（Lars-Erik Cederman）开始真正将多主体模型运用于国际政治研究（Cederman［1997］）。在日本，也有阪本［2005］和山本和也［2008］等学者的研究。多主体模型中各种模型的详细内容可参照各自的论文，但对社会科学以及国际政治学中仿真研究更为具体的动向研究详见奈杰尔·吉尔伯特（Nigel Gilbert）等学者［2003］和山本［2003］的研究。

在对仿真研究的发展历程进行概述后，本章将在第一节探讨国际政治理论和模型分析的研究中为何计算机是必要的，而国际政治的仿真研究需要何种模型化方法。第二节将具体叙述第一节论述的国际政治研究中所必要的仿真模型的特点，同时论述仿真模型对分析为何有效。第三节中则通过运用实际模型的案例论述仿真分析的有效性。最后将论述作为实践的仿真分析手段（工具）。

一、为何需要仿真

作为动力系的体系

国际政治舞台的社会是个人、国家、企业、非政府组织（NGO）、国际组织等个人及各种组织以及他们之间关系的总体。我们在分析社会时，通常从将社会视为（a）行为体及其（b）相互作用的"体系"着手（公文［1978］）。如国际体系和世界体系等表述所示，多个行为体及其相互作用自然会被视为是体系，但两个行为体及其关系这一简单状况也是体系。另一方面，在如何将这种体系进行模型化的问题上则存在各种方法。比如可以使用（行为体相互作用结果之积累的）体系的数据的回归分析法，也可使用如两国间囚徒困境论等表现相互作用之特征性状态的矩阵分析法。

除了行为体和相互作用之外，对体系进行分析还有一个重要的因素，即（c）时间。由于社会并不会停止，因此描绘动态是体系分析的重大关心所在。尽管也可以通过统计方法等各种方法进行动态分析，但通过时间微分（dx/dt）将动态关系本身进行模型化是最为普遍的方法。

将这一方法运用于国际政治学最为著名的是理查森模型（Richardson［1960］14-16）。这一模型将两个国家（或两个同盟）行为体及两者间军备竞赛的相互作用所形成的体系表现为方程 $dx/dt=ky-ax+g$，$dy/dt=lx-\beta y+h$（很多情况下，k，a，g，l，β，$h>0$）。x 是一方（A 国）的军事力，y 是另一方（B 国）的军事力，g 和 h 表示对对方的不满和野心。微分 dx/dt 和 dy/dt 则表示有限的（瞬间性的、无限小时间的）军事力的增加。

理查森模型所要表述的为如下内容：假设以 A 国为例（第一个方程），B 国的军事力越强大，出于对此的担忧，A 国也将加大本国军事力（第一项）。但另一方面，军事力的增强会导致财政等方面的疲敝，并由此受到抑制（第二项）。同时，在军备竞赛中，对对方的不信任和野心属于感情性因素，因此并不依赖于两国的军事力而有一定的增加（第三项）。同样的解释框架也适用于 B 国。随着这一瞬间的增加，两国的军事力出现增减，并决定了下一次瞬间的增加。通过这种不断的重复，两国的军事力将随着时间而变化，其结果，体系的动态将明确显现。这种动态体系一般被称为动力系。

如上所述，将国际政治的动态模型作为数学方程，并以解方程的方法对其进行解析，在方法论上通常被称为数学模型。上述理查森模型本身就易于解析。但是很多国际政治研究者即使承认这是很优秀的模型，也不会满足于此。比如在观察民主化程度与军事力存在关系时，或可追加表示民主化程度变化的方程（dm_x/dt）。而如果认为对过去战争的记忆将会影响到加强军事力，且这一要素（参数）不足以成为单独的方程，或者将会在与民主程度相关联的同时对军事力的增强产生影响（$dx/dt = ky - ax + cm_x w + g$）。换言之，国际政治的动力系会不断增加应纳入其中的要素及其关系，并逐渐呈现为非线性化发展。

这将产生一些技术性问题。第一，如果是上文提到的复杂程度或不会出现问题，但一般而言，当动力系趋向非线性化时，解析性的处理（通过手算获得各方程的答案）和分析将逐渐困难。第二，如上所述，联立方程的数量逐渐增加，当其数量庞大时，即使理论上可推测计算方法是容易的，但在现实上中通过手算进行解析也会产生困难。此时登上舞台的就是计算机，如果使用计算机，则可以对微分方程作为数值进行近似但却基本严密的解析。实际上只要在最初阶段提供某些数值，随后计算机就会逐步进行反复计算。这就是动力系分析有必要运用仿真的最一般性的理由。

除了模型的复杂化外，在国际政治学中还会出现第三种情况，即将现实数据（离散数据，"四处散乱"的数据）用于模型的参数，倾向于将参数的逐次性变化视作数值本身。比如，将理查森模型用于分析现实中的美苏军备竞赛（药师寺［1984］）、通过动态模型对明治维新到第二次世界大战后的日本军事支出与贸易量的变化进行分析（Choucri et al.［1992］）等。在这些分析中，通过仿真进行计算是不可或缺的。

总而言之，如果对复杂的国际政治体系进行动态分析，除了数理性的分析方法外，仿真是必不可少的手段。在处理复杂现象的国际政治学中，仿真成为必要手段反而可以说是自然趋势。

体系的"自然"模型

如同动力系等的模型化的确是分析体系动态的强有力的方法。但是，也有必要注意到这是体系特殊性的模型化。这是因为动力系中，行为体本身并不出现，而仅仅通过表示其状态的参数及其关系方程得以模型化。与此相比，形成我们直观性印象的体系却是一个首先就存在着进行活动的行为体、它们自身直接行动且相互发生关系并在结果上不断变化的鲜活的世界。

在社会科学的仿真中，除了数学性的严密讨论外，与动力系基本相同类型的体系是通过前文提到的体系动力的方法予以模型化的。国际政治学中，由《境长的极限》敲响警钟的对未来的悲观认识并引发争论的"世界模型"十分有名（Dennis Meadows et al. [1972]; Forrester [1971]；药师寺 [1989] 173-184）。简而言之，世界模型选取了人口、资本投资、天然资源、投向农业的资本、污染等五个体系中的要素（与理查森模型的军事力基本相同），将这些参数之间的关系视为联立差分方程并进行了数值解析。

面对悲观性的预测，尽管我们经过努力没有使之变为现实，从而不能因此就立即断定这种模型是不恰当的，但不可否认，这些要素的增减关系中包含着随意性。在社会体系中，用何种方程表现各要素之间的关系原本就并非是自明性的。自然科学中，存在着支配方程（governing equatio）的情况，在这种情况中，通过已确立了的支配方程记述动力系并在随后对其进行数值性解算即可。但是社会体系却不存在这种便于解析的事物（至少尚未发现）。

世界模型的行为体原本是人与组织，各要素之间的关系式只是

"俯瞰"行为体相互作用产生的体系并解析体系中集约性变量间的关系。但是,我们并不是自上而下进行审视般地在观察体系的同时开展行动,这种关系是我们进行的个别行动(消费资源、投入资本、生死等)不断积累的结果,是在我们不知不觉中形成的。

这样就会产生新的疑问,即可以不用建立非常抽象的联立方程,而更为直接地将行为体的行动予以模型化并分析体系的动态吗?实际上,这种方法近年来取得了飞速发展,也就是被称为多主体仿真的方法。在多主体模型中,行为体的行动本身就被直接模型化。这种方法的极大优点就是可以将我们平常的世界认识原封不动地予以模型化,模型非常易于理解,反之存在的问题也易于掌握。但是,更为重要的是,即使不按照动力系那样预先记述参数间的动态关系,仿真也可以使体系的动态变化自然"发生",这也是为分析复杂的国际政治而有必要运用仿真的另一个更为本质性的理由。多主体仿真可以使更"自然"地进行模型化成为可能,这对于分析国际政治是必不可少的。下一节将探讨这种多主体仿真的若干特点。

二、多主体仿真的特点

一言以蔽之,多主体模型就是直接记述人、企业、国家等行为体的行动样式以及这些行为体之间相互作用的模型。在仿真中,相互作用将逐次进行,并对行为体的属性、行动样式、相互作用的状态、体系的全体性动向等的变化进行分析。广义而言,仿真也包含反复博弈理论模型(或与博弈理论相似者)等模型,但在数值解析性质上,却排除了博弈理论所要求的假设,可以进行更符合我们直观的模型化。

多主体模型中行为体的模型化具备以下几个特点(Epstein[2006] xvi-xviii, 5-6;山影[2007] 426-428)。这些特点也明白无误地体现了现实中国际政治行为体的特征。

(a) 多样性（异质性）

现实世界中，行为体拥有各自独特的性质。以往的国际政治理论模型中，如现实主义、自由主义的国家观或理性行为体等所体现的，理论与模型不同，其假设的行为体概念也会不同。但是，通常不会在同一个模型中将行为体的各种个性进行模型化。这种代表性（平均性）行为体的假设尽管存在着便于分析的特点，但多主体模型却具备在属性与行动模式等方面可较易对多样性行为体同时予以模型化的特点。

(b) 自律性

现实世界中，行为体将根据自我意志采取自律性行动。当然，行为体并不可能自由任意行事，而需在社会性的制约下行动，但在制约之下，行为体是自律行动的。多主体模型很适合表现行为体与社会之间的这种关系。

(c) 有限合理性

现实世界中，行为体由于可获取的信息量的制约及计算能力的界限，不可能进行完全理性的决策。比如，对外决策不可能本着无限时间的想法进行（计算）。对主流经济模型附加有限合理性的研究现在十分引人关注，而在多主体模型中，上述模型较易进行。

(d) 学习、进化、适应

现实世界中，行为体会改变价值观和行动模式。尽管观察历史会发现外交形态的变化，但以往的国际政治模型中，比如现实主义行动样式的国家以某个时间点为界转化为自由主义行动样式的模型很难建立。与此相比，多主体模型中，通过与其他行为体之间的相互作用，行为体进行学习、改变价值观、属性和行动模式并适应形势的模型化较易进行。

赋予行为体模型化这些特征，则行为体之间相互作用的模型化也是现实的。

(e) 局部性相互作用

现实中的行为体并不是与体系内行为体中的全部都进行同等程度的相互作用，而只与极其有限的行为体发生关系。体系的网络通过拥有紧密关系的行为体之间形成的小集团的进一步结合，形成了体系的整体。这种关系上的局部性并不仅仅是地理性的，也可能是社会性关系。比如，现在的日本可以说比起朝鲜与美国的关系更为紧密。或者日本的地区研究者比起身旁的邻居，或许与身居远方的从事同样地区研究的人关系更为亲密。为了便于分析，以往的很多模型均假设行为体都会均等地相遇（其典型为随机拼合）。与此相比，多主体模型则非常便于对这种局部性关系予以模型化。

除了上述这些行为体与相互作用的特点，在分析上还具有以下特点。

(f) 非均衡性动力

不容赘言，现实世界是一个经常发生变化的动态体系。即使看似已达到均衡状态，也只是一时性的状况。此外，以往的社会模型将很大一部分精力用于分析均衡状态，但对达到均衡的过程进行分析也很重要。进而言之，即使理论上存在预测达到均衡的可能，但实际上有可能出现需要天文学般时间的情况（Epstein and Hammond [2006]）。多主体模型则具备可以较易对在现实中占多数的动态过程进行逐次观察的特点。

(g) 个别行为体的观察

现实世界中，多样性的行为体将不断相互作用，但特定的行为体却发挥重要作用。比如,为了理解国际体系,单独研究对体系产生重大影响的大国是必不可少的。另一方面,在特定的议题和局势中,也有可能出现小国发挥意想不到之影响的情况。无论哪种情况,在分析不可能是由均质性行为体构成的现实时,有必要对每个行为体进行观察,多主体模型会非常方便地实现这一点。

尽管并不一定必须包含上述所有特点,但从多主体模型中都可或多或少发现这些特点。以上对这一模型化的特征进行了抽象的叙述,而提出具体的模型将会加深读者的理解。下文将通过具体事例论述这一方法的可能性。

三、模型

概要

本节将设定以下状况。国内存在着两个对立集团(民族、部族、宗派等)A 和 B,A 集团掌握政府,政府在两个集团间寻求平衡的同时实施政策。行为体包括政府以及由对抗政府政策的 B 集团中衍生出的极端派。政府实施政策后,B 集团中出现主张政策对本集团不利的人物,这些抱有不满的人将加入极端派。这些极端派将逐步扩大关系网络,同时通过网络在极端派内部号召成员在对抗政府政策的问题上保持一致。

通过将这种状况进行模型化,本文加以分析的将是如下一点:"极端派网络形态上的不同,是否对不满的扩大产生了影响?"现实中对此问题的关心就在于比如以基地组织为代表的,以成为信奉对象的特定组织和人物为中心结合而成的特殊网络的形态对网络内部的沟通产生何种影响,这种影响将会带给暴力的可能性以何种启示。

具体而言,以下模型存在着政府 G 与组成极端派网络的人物(组织)v 这两种类型的行为体。

(0)初期状态。由于在体系中,政府实施政策,导致对此不满的极端派网络扩大的过程将发生时间上的变化，因此有必要设定起点。作为初期状态，最初就存在着政府 G 以及由 m_0 个极端派行为体 v 组成的核心极端派网络。核心行为体的网络中，行为体之间已经形成了紧密关系，各行为体与其他所有行为体都保持着网络联系。构成这一网络的行为体既可以是极端派的主要人物，也可以解释为重要组织。

体系从这种状态开始，行为体将反复进行以下三项活动：（1）政府实施政策；（2）从 B 集团出现极端派；（3）极端派网络对政策的反应。

首先，（1）政府按照两个集团的权力与资源分配的比例实施规格化的政策 α（$0.0<\alpha<1.0$）。α 越接近 1，意味着对 A 集团的分配就越多（因此增加了 B 集团与极端派的不满）。政府的分配政策由极端派网络对以往政策的反应所左右。即极端派对过去政策的不满度 d（随后将详细说明）越大，政府将实施更小值的 α，反之将扩大 α 的值。具体而言，政府将对上上次政策中的不满度 d_{t-2} 与上一次政策中的不满度 d_{t-1} 进行比较，在上一次的不满度小于上上次时，将会判断极端派的反应出现钝化，政府将实施比上一次更大值的 α_t，出现与上述相反的情况时，则实施比上一次更小值的 α_t。

其次，（2）政府的政策 α_t 会导致从 B 集团中产生对政府政策不满并倾向于极端思想与行动的人。这些极端化的人将政策 α_t 视为其自身的政策容忍度（临界值）$\theta=\alpha_t$，并依据下述机制参加极端派网络。

如上所述，这里的目的是观察以特定的重要组织和人物为中心的网络之扩大与形态的影响。为此，有必要将重要人物（组织）逐渐扩大网络并借此变得更为有力的机制予以模型化。结合模型而言，有必要对以下过程予以模型化，即在网络中越是已与众多行为体结合的行为体，就越有可能以更高的概率获得试图新加入极端派网络的行为体。

表 11-1　模型符号

符号	含义
d	极端派网络的不满度（S/V）
G	政府
k	行为体的结合数量
m_0	极端派网络初期的行为体数量
m	加入网络时的结合数量
v	极端派行为体（V：总数）
S	产生共鸣的行为体数量
α	政策
θ	临界值（政策容忍度）
λ	传播概率

在已经形成网络的行为体 v_i 与 k_i 个行为体结成网络时，与新的行为体结成网络的概率将与 k_i 的多少成比例增加，根据这一机制可以进行模型化。具体而言，新的行为体 v_e 与 k_i 个拥有网络的行为体 v_i 结合的概率为 $\Pi(k_i) = k_i / \sum_{j=1}^{V} k_j$（$V$ 为既存极端派行为体的总数）。由于右边的分母表示当前网络中结合的总数（如果用线连接结合的两个行为体，并将此算作一枝，其总数=网络全体的枝数×2），行为体 v_i 拥有的结合数 k_i 越多，与 v_i 结合的概率 $\Pi(k_i)$ 则越大。根据这一机制，新的行为体 v_e 在参加之际，将与 m 个极端派行为主体结成网络。

附带一提的是，在 21 世纪后取得飞速发展的网络理论中，这一网络形成的结构最为人瞩目的是无标度模型（Barabasi 和 Albert 模型）（Barabasi and Albert［1999］）。网络节点（node）拥有的链接数的概率函数依据幂律（Stevens'power law）这一无标度分布的代表性模型尽管受到极大的关注，但本文不再对此进行进一步的深入探讨（Barabasi［2002］；增田、今野［2005］）。

最后，（3）针对政府的政策，极端派网络进行反应。在极端派网络的行为体中，从政策 α_t 超出临界值 θ（$\theta \leq \alpha_t$）的行为体中将出现 α_t 的对抗者 v_t。v_t 会寻求号召在自己网络中的行为体与其采取一致行动。对于这一号召，同样 α_t 超出临界值的行为体以概率 λ（$0.0 \leq \lambda \leq 1.0$）采取一致。$\lambda$ 是假定存在着以下情况，即并非与所有建立联系的人都经常接触，并且网络中的人出于某种理由不采取一致的立场，并对这些情况进行控制的参数。采取一致者将通过自己的网络进行同样的扩大。这一愤怒增殖过程的结果以极端派网络对 α_t 的不满度 d_t（$=S_t/V_t$，S_t 为采取一致的极端派行为体数，V_t 为极端派行为体的总数。d 越接近 1 则不满度越大）加以表示。

其后再次回到（1），动态将继续。下文将对包括上述说明中省略的模型内容在内进行总结①。

（0）初期状态的设定

　　（a）m_0 个行为体（核心极端派）的配置

　　（b）形成（a）中各行为体与其他所有行为体结合的网络

　　（c）将各行为体 vi 的临界值 θ（$0.0<\theta<1.0$）定为随机数（random）：$v_i \{\theta\} \rightarrow v_i \{\theta'\} \in (0, 1)$

（1）政府 G 决定政策 α（（ⅰ）为因没有先例采取的措施）

　　（ⅰ）$t<3$ 时

　　　　将 α 定为随机数（random）（$0.0<\alpha<1.0$）：$G\{\alpha\} \rightarrow G\{\alpha_t\} \in (0, 1)$

　　（ⅱ）$t \geq 3$ 时

　　　　（a）当不满度变小时（$d_{t-2}>d_{t-1}$）

　　　　　　将比 α_{t-1} 更大的 α 定为随机数：$G\{\alpha\} \rightarrow G\{\alpha_t\} \in (\alpha_{t-1}, 1)$

　　　　（b）当不满度变大时（$d_{t-2} \leq d_{t-1}$）

---

① 模型根据 artisoc Professional Ver. 0. 08. 03. 18 建立。以下链接可获取该软件 http：//mas. kke. co. jp/modules/mydownloads。政府决策中 $0.0<\alpha<1.0$ 的范围在实际计算中限定为小数点后 5 位（0.99999 与 0.00001），α_{t-1} 超出这一范围时则 $\alpha_{t-1}=\alpha_t$。

将比 α_{t-1} 更小的 α 定为随机数：$G\{\alpha\} \to G\{\alpha_t\} \in (0, \alpha_{t-1})$

但是 $d_t \equiv S_t/V_t$

(2) 一个新的行为体 v_e 加入

(a) 将 v_e 的临界值设定为 α_t：$v_e\{\theta\} \to v_e\{\theta'\} = \alpha_t$

(b) v_e 与 m 个（$m \leq m_0$）既存行为体 v_i 以概率 $\Pi(k_i)$（$= k_i \sum_{j=1}^{V} k_j$）形成网络

(3) 极端派对政策的反应

(a) 在政策 α_t 超过临界值 θ（$\theta \leq \alpha_t$）的行为体中，行为体 v_l 对随机数进行反应

(b) 以 v_l 为起点，对超出临界值且尚未采取一致的存在结合关系的行为体 v_i 提出采取一致的呼吁（以概率 λ（$0.0 \leq \lambda \leq 1.0$）采取一致，采取一致的行为体进一步发出号召）。

在此笔者首先简述模型与前文提到的多主体模型化的特征（前节（a）至（e））之间存在何种对应关系。第一，政府与极端派等进行完全不同行动的行为体以及每个极端派行为体拥有的临界值和网络是"多样性、异质性和个性"最简单的模型化。第二，政府决策以及极端派网络中号召采取一致行动的连锁行动，在各自不满度的变化以及行为体间关系这一自身所处制约下"自律性"进行。第三，通过极端派网络的沟通是"局部性相互作用"的一种形态，从无法掌握极端派集团全面情报既进行决策的意义上，也是"有限合理性"的。第四，政府参考以往极端派的反应进行决策，这种参考方法是性质最简单的"学习"。

分析

为了加深对模型的印象，在进行分析之前，先展示经过一段时间的极端派网络状态（图 11-1）以及不满度 d 的变化（图 11-2）。

图 11-1 为 $t=100$ 的网络,从视觉上即可发现已经形成了十分复杂的关系。图 11-2 表示不满度的复杂变化。如第一节第二项所述,世界模型中,必须事先记述变量间的关系。与此相比,如前一项的模型解释所示,不满度(相当于世界模型中的人口等)的变化在此完全没有定式化。不满度中集约性变量的动态是单独行为体行动的结果,是自然发生的。如上所述,多主体模型可以使我们以本来的姿态分析体系动态成为可能。如动力系和体系动态一样,在希望予以定式化时,只要在仿真"之后"寻求图 11-2 的近似方程即可。

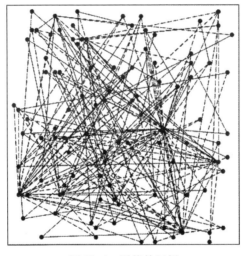

图 11-1 网络的示例

本图显示了在初期状态下,5 个行为体中每个行为体在各时期都与 2 个行为体进行新的结合,从而形成了 105 个行为体的网络。本图为视觉效果图,其中行为体的位置并无特殊意义。

如上所述,模型的目标是考察极端派网络的形态对不满的扩大产生何种影响。决定网络形态就是决定新加入行为体的结合者 Π (k_i)。新行为体具有旨在成为拥有更多与之结合者的强力行为体而组建网络的倾向,这种行动决定了网络的形态。为了分析这种网络形态对不满扩大的影响,笔者在此将与随机形成网络的行动样式进行比较。即建立新加入的行为体作为结合方并不会优先与重要行为体结合，而是与既存的任何行为体以相同的概率进行结合的模型，并将此模型与以重要行为体为中心形成的网络相比较。与既存行为体 v_i 的结合数 k_i 无关，而通过与所有行为体以相同的概率结合 $\Pi(k_i) = 1/V$ 使这种模型成为可能（Barabasi and Albert［1999］511）。本章将原来的模型称为基本模型，而将这种新的模型称为随机模型。

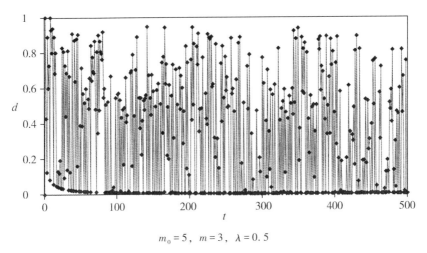

$m_0 = 5$，$m = 3$，$\lambda = 0.5$

图 11-2　不满度的时间发展示例

本图显示了各时期网络不满度是如何变化的（横轴为时期，纵轴为不满度），d 越接近 1 表明网络的不满度越大。

为了进而对这两种模型中不满扩大的不同进行比较，就有必要加入某种定量性指标。模型中不满的程度通过极端派网络对各时刻实施之政策的不满度 d 加以表示。而两个体系的不同以一次仿真中不满度 d 的合计 D（$= \sum_{i=1}^{T} d_i$，T 为最终时刻）进行比较最为直接。这一分析将分别运行基本模型与随机模型以观察两者 D 的不同。图 11-2 为运行结果。纵轴值 C 为将两种模型各自运行 100 次后每次运行发生的 D 的平均值 $\overline{D_r}$（随机模型）与 $\overline{D_b}$（基本模型）之比（$\overline{D_r}/\overline{D_b}$）。$C$ 越大，则表明在与基本模型的比较中，随机模型的不满也越大，反之则表明基本模型将产生更大的不满（$C = 1.0$ 为分界线）。

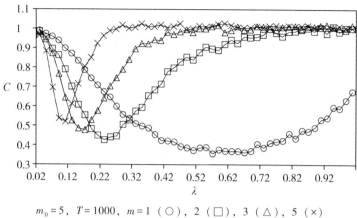

$m_0 = 5$,$T = 1000$,$m = 1$（○），2（□），3（△），5（×）

图 11-3　λ 与 C 的关系

本图标本数各参数值为 100。本图显示了改变参数 λ 与 m 后 C 所发生的变化。如果 C 小于 1.0，则表明基本模型正在引发不满扩散的现象。

从图 11-3 可以看出，传播的概率 λ 越大，以及加入时结合数 m 越多，C 越接近 1，但即使如此，也基本达到上限（参数中还有其他的 m_0，但即使将其改变也会出现性质上相同的构造）。在基本模型的网络中，不满比随机模型更为扩大，缩小也是同等水平，至少基本模型的不满不会发生缩小的现象。两种模型的不同仅仅在于形成网络的结构。重要行为体迫使多数行为体服从这一基本模型的网络形态将使对政策的不满更易传播（值得注意的是，网络全部的结合数本身两种模型并没有不同）。

其结果将对国际政治的现实与社会体系研究提供两点启示：第一，在与现实世界有关的问题上，如果形成了如本·拉登和基地组织等以重要人物和组织为中心的极端派网络，与这些重要人物和组织是否是活动起始点无关（在模型中，重要行为体并不必然成为起始点）。此外，在与结合的紧密程度相同（＝结合数相同）的网络相比，这种网络将推动结构性信息的传播。分析表明，网络中（甚至连姓名都没有的）一名成员发动的行动，其影响将传播到整个网络。因此，当网络中传播的是对现状的不满和方案或更为直接的暴力计划时，则容易在结果上产生极端行动。

第二，如果网络形态的不同是重要的，就可发现，应在社会体系的分析中更加重视每个行为体各自形成的局部性关系的影响。实际上，如果加入局部性关系，就会发现即使是看似单纯的体系，对其的数学解析也会变得令人惊异的困难。在很多情况下，为了分析由局部性构成的国际政治体系，仿真，特别是其中的多主体仿真今后将日趋重要。

此外，如果以基地组织为例，宣称效忠的人们并不必然有必要与基地组织进行接触。即使没有接触，单方面表示忠诚的人如果接到自称属于基地组织和基地组织网络的人物的号召，也充分具备对号召进行反应的可能性。而与基地组织没有实际接触的两个人如果相识，即使在两人都不知道对方是否真与基地组织保持关系的情况下，也可能通过想象联合行动。模型的网络并不是指挥系统，而可能将其宽松地解释为"作为运动的基地组织"。

另外，多大程度上推定本章模型选取参数的现实值这一问题属于（超出本章讨论范围的）实证性课题。极端派的数据以及在获得这些数据发生困难时通过各种可获得的社会网络的数据进行推测都是必要的。

最后，本文的分析也显示，如果通过某种手段破坏这种网络的形态，则有可能抑制住极端派的暴力行动。但这只是战术性的探讨，即使实施，毫无疑问也会留下为何产生极端派这一更为根本性的问题。同时，本章的模型只是偶然触及这方面的问题，并不意味着仿真分析本身只可以应对战术性的问题。

结　语

20 世纪中叶后，动力系研究作为主要记述热对流和化学结合等现象的模型在自然科学中取得了飞跃性发展。而由于这种动力系拥有很多非线性模型，动力学研究被称为专门的非线性科学（藏本

［2007］；吉田［2008］）。人们经常把21世纪称为非线性科学的时代，如果考虑到系统的复杂性，包括国际政治在内的社会现象毫无疑问将成为非线性科学在21世纪新开拓的领域。动力系与多主体模型化尽管在体系形成上属于不同的方法，但在运用仿真并挑战21世纪非线性科学这一点上却是相同的。

最后，在如何进行多主体仿真分析这一实践性的问题上，采用编程语言记述模型自不必赘述，但这需要大量的精力与实践。旨在建立模型的软件从系统动态学取得重大发展后即已不断开发，但由于在多主体模型中编程尤其繁难，近年来才逐渐出现很多开发软件。在统计分析中，R，SAS，SPSS，Stata等均可利用。在日本则有artisoc，GPGSim，PlatBox，SOARS等开发软件。此外，在海外也有政治学频繁利用的Repast以及NetLogo和自然科学使用的SWARM等软件①。

---

① artisoc：http://mas.kke.co.jp/；PlatBox：http://platbox.sfc.keio.ac.jp/；SOARS：http://www.soars.jp/；Repast：http://repast.sourceforge.net/；NetLogo：http://ccl.northwestern.edu/netlogo/；SWARM：http://www.swarm.org/。

参 考 文 献

日文文献

明石康・高須幸雄・野村彰男・大芝亮・秋山信将編［二〇〇八］『オーラルヒストリー日本と国連の50年』ミネルヴァ書房。

赤根谷達雄［一九九二］『日本のガット加入問題——《レジーム理論》の分析視角による事例研究』東京大学出版会。

赤根谷達雄・落合浩太郎編［二〇〇七］『「新しい安全保障」論の視座［増補改訂版］』亜紀書房。

アクセルロッド、ロバート［一九九八］松田裕之訳『つきあい方の科学——バクテリアから国際関係まで』ミネルヴァ書房（原著は一九八四年）。

アクセルロッド、ロバート［二〇〇三］寺野隆雄監訳『対立と協調の科学——エージェント・ベース・モデルによる複雑系の解明』ダイヤモンド社（原著は一九九七年）。

荒川弘［一九七七］『新重商主義の時代——石油危機以後の世界経済』岩波書店。

有賀貞・宇野重昭・木戸蓊・山本吉宣・渡辺昭夫編［一九八九］『講座国際政治1 国際政治の理論』東京大学出版会。

アレキサンダー、ロニー［二〇〇一］「国際関係論の研究においてジェンダーの視点がなぜ重要か」初瀬龍平・定形衛・月村太郎編『国際関係論のパラダィム』有信堂高文社。

飯島勲［二〇〇七］『実録小泉外交』日本経済新聞社。

飯田敬輔［一九九五］「先進国間のマクロ国際協調——国際公共財理論の立場から」草野厚・梅本哲也編『現代日本外交の分析』東京大学出版会。

飯田敬輔［二〇〇四］「経済のグローバル化と国際制度——日本との係わり合いを中心に」藤原帰一・李鍾元・古城佳子・石田淳編『国際政治講座3 経済のグローバル化と国際政治』東京大学出版会。

飯田敬輔［二〇〇五］「DSB勧告履行の国際政治経済学的分析——対抗措置をめぐる三つの視座を中心に」川瀬剛志・荒木一郎編『WTO紛争解決手続きにおける履行制度』三省堂。

飯田敬輔［二〇〇六］「アメリカと世界経済——貿易と金融を中心に」山本吉宣・武田興欣編『アメリカ政治外交のアナトミー』国際書院。

飯田敬輔［二〇〇七］「法化理論と日本の通商外交——理論と実際の接点を求めて」『レヴァイアサン』第四〇号、二〇五-二一一頁。

五百旗頭真［一九八五］『政治史Ⅱ 日本政治外交史』放送大学教育振興会。

五百旗頭真［一九九七］「日本外交史研究」『国際法外交雑誌』第九六巻第四・五号、二〇四-二二二頁。

五百旗頭真編［二〇〇六］『戦後日本外交史［新版］』有斐閣アルマ。

生松敬三［一九六八］「『文化』の概念の哲学史」鶴見俊輔・生松敬三編『岩波講座 哲学13 文化』岩波書店。

石川一雄・大芝亮［一九九二］「一九八〇年代の日本における国際関係研究」『国際政治』第一〇〇号（冷戦とその後）二七〇-二八五頁。

石黒馨［二〇〇七］『入門国際政治経済の分析——ゲーム理論で解くグローバル世界』勁草書房。

石田淳［二〇〇六］「国際安全保障の空間的ガヴァナンス」河野勝編『制度からガヴァナンスへ——社会科学における知の交差』東京大学出版会。

板垣與一［一九五七］「アジア経済外交の方途」『国際政治』第二号（日本外交の分析）一六三-一七一頁。

一又正雄［一九七三］『日本の国際法学を築いた人々』日本国際問題研究所。

猪口邦子［一九八九］『戦争と平和』東京大学出版会。

猪口孝［一九七〇］『国際関係の数量分析——北京・平壌・モスクワ 一九六

――一九六六年』巌南堂。

猪口孝［二〇〇七］『国際関係論の系譜』（シリーズ国際関係論5）東京大学出版会。

猪口孝・大澤真幸・岡沢憲芙・スティーブン・R・リード編［二〇〇四］『政治学事典［縮刷版］』弘文堂。

猪口孝・原田至郎［二〇〇二］「国際政治研究者の専攻戦略――ロジスティック回帰分析と数量化理論による日本国際政治学会会員の属性分析」柳井晴夫ほか編『多変量解析実例ハンドブック』朝倉書店。

ウォーラーステイン、イマニュエル［二〇〇六］山下範久訳『入門・世界システム分析』藤原書店。（Immanuel Wallerstein, *World-Systems Analysi: An Introduction*, Durham: Duke University Press, 2004）

浦野起央［一九九七］『国際関係理論史』勁草書房。

衛藤瀋吉［一九六五］「日本の安全保障力をどう高めるか」『中央公論』五月号。

衛藤瀋吉［一九六八］『東アジア政治史研究』東京大学出版会。

衛藤瀋吉［一九八〇a］「はしがき」衛藤ほか編『日本の安全・世界の平和――猪木正道先生退官記念論文集』原書房。

衛藤瀋吉編［一九八〇b］『日本をめぐる文化摩擦』弘文堂。

衛藤瀋吉ほか［一九六五］「中華人民共和国対日発言の内容分析――1958年の2つの時期における人民日報を材料として」『外務省調査月報』第六巻第一号、一-一七頁。

衛藤瀋吉・渡辺昭夫・公文俊平・平野健一郎［一九八九］『国際関係論［第二版］』東京大学出版会。

エルマン、コリン／ミリアム・フェンディアス・エルマン［二〇〇三］「序章 国際関係研究へのアプローチ――歴史学と政治学の対話」同編、渡辺昭夫監訳『国際関係研究へのアプローチ――歴史学と政治学の対話』東京大学出版会。

遠藤乾編［二〇〇八］『グローバルガバナンスの最前線――現在と過去のあいだ』東信堂。

エンロー、シンシア［二〇〇四］秋林こずえ訳『フエミニズムで探る軍事化と国際政治』御茶の水書房。

大賀哲［二〇〇五］「日本外交史における境界の政治学——排日移民法とナショナル・アイデンティティ」『国際政治』第一四〇号（国際政治研究の先端2）三五-五六頁。

大隈宏［一九七三］「地域統合の研究動向」『国際政治』第四八号（国際社会の統合と構造変動）一二七-一五三頁。

大嶽秀夫［一九九九a］『高度成長期の政治学』東京大学出版会。

大嶽秀夫［一九九九b］「保守外交の再評価——高坂正堯」『高度成長期の政治学』東京大学出版会。

大沼保昭［二〇〇一］「国際社会における法と政治——国際法学の『実定法主義』と国際政治学の『現実主義』の呪縛を超えて」国際法学会編『日本と国際法の一〇〇年 第1巻 国際社会の法と政治』三省堂。

大畑篤四郎［一九八六］「日本国際政治学会三〇年の歩み」『国際政治』日本国際政治学会創立三〇周年記念号（平和と安全——日本の選択）一六八-一九三頁。

大畠英樹［一九七九］「国際政治学論争——『現実主義』とその批判の展開」『国際政治』第六一・六二号（戦後日本の国際政治学）二二六-二三八頁。

大矢根聡［一九九二］「国際レジームと対外政策過程——GATT・MFAレジームをめぐる日本の繊維政策過程」『国際法外交雑誌』第九〇巻第六号、七二二-七五六頁。

大矢根聡［一九九七］「日米半導体摩擦における『数値目標』形成過程——『制度』の作用と政策決定の交錯」『年報政治学1977 危機の日本外交 70年代』岩波書店、一五五-一七六頁。

岡田章［二〇〇八］『ゲーム理論・入門——人間社会の理解のために』有斐閣。

岡部達味［一九七一］『現代中国の対外政策』東京大学出版会。

岡部達味［一九七六］『中国の対日政策』東京大学出版会。

岡部達味［一九九二］『国際政治の分析枠組』東京大学出版会。

小川侃［一九九八］「構成」廣松渉ほか編『岩波 哲学・思想事典』岩波

書店。

梶田孝道編［一九九二］『国際社会学――国家を超える現象をどぅとらえるか』名古屋大学出版会。

梶田孝道編［一九九六］『国際社会学――国家を超える現象をどぅとらえるか〔第二版〕』名古屋大学出版会。

梶田孝道編［二〇〇五］『新・国際社会学』名古屋大学出版会。

カーティス、ジエラルド［二〇〇八］『政治と秋刀魚――日本と暮らして四五年』日経BP社。

神川彦松［一九五七］「戦争のリアリティーと平和のユートピア――戦争と平和の研究序説」『国際政治』第一号（平和と戦争の研究）一-一八頁。

神谷不二［一九八九］『戦後史の中の日米関係』新潮社。

神谷不二・永井陽之助編［一九七二］『日米経済闇係の政治的構造』日本国際問題研究所。

神谷万丈［一九九二］「ネオ・リアリズム国際政治理論――日本の研究者のためのイントロダクション」『防衛大学校紀要――社会科学分冊』第六五号、一-二三頁。

神谷万丈［一九九三］「"後継者"鴨武彦東大教授の政治学」『諸君！』第二五巻第一〇号。

神谷万丈［二〇〇三］「安全保障の概念」防衛大学校安全保障学研究会編『安全保障学入門［最新版］』亜紀書房。

鴨武彦［一九八五］『国際統合理論の研究』早稲田大学出版会。

鴨武彦［一九九〇］『国際安全保障の構想』岩波書店。

鴨武彦・山本吉宣編［一九七九］『相互依存の国際政治学』有信堂高文社。

莉込照彰［二〇〇五］「国連安全保障理事会の拒否権――安保理改革問題に関連して」『調査と報告』（国立国会図書館）第四六三号、一-一一頁。

川勝平太［一九九一］『日本文明と近代西洋――「鎖国」再考』日本放送出版協会。

川勝平太［一九九九］『文明の海へ――グローバル日本外史』ダイヤモンド社。

川田侃［一九五八］『国際関係概論』東京大学出版会。

川田侃［一九六三］『帝国主義と権力政治』東京大学出版会。

川田侃［一九六九］『軍事経済と平和研究』東京大学出版会。

川田侃［一九九六］『国際学Ⅰ 国際関係研究』東京書籍。

川田侃［二〇〇一］『春風・秋露——学者の回想』東京書籍。

川田侃・二宮三郎［一九五九］「日本における国際政治学の発達」『国際政治』第九号（国際政治学の体系）一一九-一二八頁（川田侃『帝国主義と権力政治』東京大学出版会、一九六三年、附録Ⅰ（資料）として再録）。

河本和子［二〇〇八］「ジェンダーと政治秩序——ソ連からロシアへ」『国際政治』第一五二号（国際政治研究の最先端5）一九-三五頁。

カーン、スティーヴン［一九九三］浅野敏夫・久郷丈夫訳『空間の文化史——時間と空間の文化：一八八〇―一九一八年』下巻、法政大学出版局。

カント、イマニュエル［一七九五／一九八五］宇都宮芳明訳『永遠平和のために』岩波文庫。

北岡伸一［二〇〇七］『国連の政治力学——日本はどこにいるのか』中公新書。

木下順二・江藤文夫編［一九七七］『中江兆民の世界——『三酔人経綸問答』を読む』筑摩書房。

ギルバート、ナイジェル／クラウス・G・トロイチュ［二〇〇三］井庭崇・岩村拓哉・高部陽平訳『社会シミュレーションの技法——政治・経済・社会をめぐる思考技術のフロンティア』日本評論社（原著初版は一九九九年、第二版は二〇〇五年）。

草野厚［一九八三］『日米オレンジ交渉——経済摩擦をみる新しい視点』日本経済新聞社。

熊谷次郎［一九七九］「蘇峰とマンチェスター・スクール」『桃山学院大学経済経営論集』第二一巻第一号、桃山学院大学総合研究所、六九-一一一頁。

公文俊平［一九七八］『社会システム論』日本経済新聞社。

公文俊平［一九八〇］「経済安全保障とは何か——概念分析的試論」衛藤瀋吉ほか編『日本の安全世界の平和——猪木正道先生退官記念論文集』原

書房。

公文俊平［一九九四］『情報文明論』NTT 出版。

蔵本由起［二〇〇七］『非線形科学』集英社新書。

桑原武夫［一九六五］「解説」中江兆民『三酔人経綸問答』岩波文庫。

高坂正堯［一九六三］「現実主義者の平和論」『中央公論』新年特大号、三八-四九頁。

高坂正堯［一九六六］『国際政治――恐怖と希望』中公新書。

高坂正堯［一九六八］『宰相吉田茂』中公叢書。

高坂正堯［一九七八］『古典外交の成熟と崩壊』中央公論社。

高坂正堯［一九八九］『現代の国際政治』講談社学術文庫。

高坂正堯［一九九六 a］「21世紀の国際政治と安全保障の基本問題」『外交フォーラム』緊急増刊第九巻第七号、四-二三頁。

高坂正堯［一九九六 b］「二つの戦争、二つの頂上会談」『高坂正堯外交評論集――日本の進路と歴史の教訓』中央公論社。

河野勝［二〇〇三］「リアリズム・リベラリズム論争」河野勝・竹中治堅編『アクセス国際政治経済論』日本経済評論社。

高山岩男［一九五七］「平和と戦争の思想」『国際政治』第一号（平和と戦争の研究）一九-二六頁。

国際文化交流シンポジウム組織委員会［一九八九］『国際交流シンポジウム理解と誤解のはざまで』（シンポジウム報告書、一九八九年六月一二日-一三日。報告論文集は Yasushi Sugiyama, ed., *Between Understanding and Misunderstanding: problems and prospects for International Cultural Exchange*, New York: Greenwood Press, 1990）

古城佳子［一九九六］『経済的相互依存と国家――国際収支不均衡是正の政治経済学』木鐸社。

斉藤孝［一九九八］『学術論文の技法［第二版］』日本エディタースクール出版部。

斉藤眞・杉山恭・馬場伸也・平野健一郎編［一九八四］『国際関係における文化交流』日本国際問題研究所。

酒井啓子［二〇〇七］「イラク政治におけるジェンダー――国家、革命、イスラーム」『国際政治』第一四九号（周縁からの国際政治）三〇-四五頁。

酒井哲哉［一九九六］「戦後外交論における理想主義と現実主義」『国際問題』第四三二号、二四-二八頁。

酒井哲哉［一九九八］「戦後思想と国際政治論の交錯——講和論争期を中心に」『国際政治』第一一七号（安全保障の理論と政策）一二一-一三九頁。

酒井哲哉［二〇〇一］「『国際関係論』の成立——近代日本研究の立場から考える」『創文』第四三一号。

酒井哲哉［二〇〇七］『近代日本の国際秩序論』岩波書店。

阪本拓人［二〇〇五］「紛争と動員——マルチエージェント・シミュレーションを用いた内戦モデル」『国際政治』一四〇号（国際政治研究の先端2）、七三-八九頁。

佐藤誠三郎［一九九九］「『国防』がなぜ『安全保障』になったのか——日本の安全保障の基本問題との関連で」『外交フォーラム』特別号、四-一九頁。

佐藤文香［二〇〇四］『軍事組織とジェンダー——自衛隊の女性たち』慶應義塾大学出版会。

澤喜司郎［二〇〇五］「安全保障理事会改革と日中関係の亀裂」『山口経済学雑誌』第五三巻第五号、三一一-三三一頁。

シェリング、トーマス・C・［二〇〇八］河野勝訳『紛争の戦略——ゲーム理論のエッセンス』勁草書房。(Thomas C. Schelling, *The Strategy of Conflict*, Cambridge, Mass.: Harvard University Press, 1980.)

信田智人［二〇〇四a］『官邸外交——政治リーダーシップの行方』朝日選書。

信田智人［二〇〇四b］「小泉首相のリーダーシップと安全保障政策過程——テロ対策特措法と有事関連法を事例とした同心円モデル分析」『日本政治研究』第一巻第二号。

信田智人［二〇〇六］『冷戦後の日本外交——安全保障政策の国内政治過程』ミネルヴァ書房。

信田智人［二〇〇七］「強化される外交リーダーシップ——官邸主導体制の制度化へ」『国際問題』第五五八号、四-一六頁。

篠原初枝［二〇〇三］『戦争の法から平和の法へ――戦間期のアメリカ国際法学者』東京大学出版会。

信夫隆司［二〇〇四］『国際政治理論の系譜――ウォルツ、コヘイン、ウエントを中心として』信山社。

白鳥令編［一九九〇］『政策決定の理論』東海大学出版会。

城山英明・田所昌幸編［二〇〇四］『国際機関と日本――活動分析と評価』日本経済評論社。

神保謙［二〇〇三］「『先制行動』を正当化する米国の論理」『中央公論』四月号、一一六-一二七頁。

神保謙・高橋杉雄・古賀慶［二〇〇五］『日本の対テロリズム政策――多層型テロ抑止戦略の構築』二〇〇四年度東京財団委託研究報告書。

スガナミ、H・［一九九四］臼杵英一訳『国際社会論――国内類推と世界秩序構想』信山社。

杉原薫［一九九六］『アジア間貿易の形成と構造』ミネルヴァ書房。

鈴木董［一九八九］「イスラム国際体系」有賀貞・宇野重昭・木戸蓊・山本吉宣・渡辺昭夫編『講座国際政治1 国際政治の理論』東京大学出版会。

鈴木基史［二〇〇〇］『国際関係』（社会科学の理論とモデル2）東京大学出版会。

鈴木基史［二〇〇八］「朝鮮半島エネルギー開発機構設立協定と軽水炉支援協定の政治過程」真渕勝・北山俊哉編『政界再編時の政策過程』慈学社。

スミス、マイケル・J・/押村嵩ほか訳［一九九七］『現実主義の国際政治思想――M・ウェーバーからH・キッシンジャーまで』垣内出版。

関寛治［一九六四］「国際政治学の新しい胎動」『国際政治』第二五号（現代国際政治の基本問題）九八-一一四頁。

関寛治［一九六九］『国際体系論の基礎』東京大学出版会。

セルトー、ミシェル・ド・［一九九〇］山田登世子訳『文化の政治学』岩波書店（原著は一九八〇年）。

戦後日本国際文化交流研究会［二〇〇五］『戦後日本の国際文化交流』勁草書房。

千田有紀［二〇〇一］「序章構築主義の系譜学」上野千鶴子編『構築主義と

はなにか』勁草書房。

添谷芳秀［二〇〇五］『日本の「ミドルパワー」外交——戦後日本の選択と構想』ちくま新書。

添谷芳秀［二〇〇八］「吉田路線と吉田ドクトリン——序に代えて」『国際政治』第一五一号（吉田路線の再検証）一-一七頁。

高橋杉雄［一九九八］「『安全保障』概念の明確化とその再構築」『防衛研究所紀要』第一巻第一号、一三八-一四〇頁。

竹内俊隆［二〇〇五］「投票力指数から見た国連安保理改革案」日本国際政治学会札幌研究大会理論と方法分科会報告。

竹内洋［二〇〇五］『丸山眞男の時代——大学・知識人・ジャーナリズム』中公新書。

竹中千春［二〇〇〇］「世界政治をジェンダー化する」小林誠・遠藤誠治編『グローバル・ポリティクス——世界の再構造化と新しい政治学』有信堂高文社。

竹中千春［二〇〇六］「平和構築とジェンダー」大芝亮・藤原帰一・山田哲也編『平和政策』有斐閣ブックス。

竹中佳彦［一九九五a］『日本政治史の中の知識人——自由主義と社会主義の交錯』木鐸社。

竹中佳彦［一九九五b］「国際法学者の"戦後構想"」『国際政治』第一〇九号（終戦外交と戦後構想）七〇-八三頁。

田所昌幸［二〇〇一］『「アメリカ」を超えたドル—金融グローバリゼーションと通貨外交』中公叢書。

田中明彦［一九八三］「日本は"挑戦国"になるな！——国際秩序のダイナミックス試論」『諸君！』九月号。

田中明彦［一九八九］『世界システム』東京大学出版会。

田中明彦［一九九一］「『世界新秩序』はなぜ霧の中なのか——中西輝政氏批判」『中央公論』七月号。

田中明彦［一九九六a］『新しい「中世」——21世紀の世界システム』日本経済新聞社。

田中明彦［一九九六b］「古典外交を礎に現代を見る眼」『季刊アステイオン』

第四二号、一六六-一七七頁。

田中明彦［二〇〇〇］「序章国際政治理論の再構築」『国際政治』第一二四号（国際政治理論の再構築）一-一〇頁。

田中明彦［二〇〇三］「れ世紀に向けての安全保障」、同「現在の世界システムと安全保障」『複雑性の世界──「テロの世紀」と日本』勁草書房。

田中直吉［一九五四］『国際政治論』三和書房。

田中直吉先生追悼文集刊行委員会編［一九九七］『情念の人田中直吉先生──その学問と生涯』行人社（非売品）。

谷口将紀［一九九七］『日本の対米貿易交渉』東京大学出版会。

田村幸策［一九五七］「自由世界の探求する平和」『国際政治』第一号（平和と戦争の研究）三七-五六頁。

檀野英次・田中明彦［一九九二］「国際システムの安定──コンピュータ・シミュレーションによる勢力均衡モデルの分析」山本吉宣・田中明彦編『戦争と国際システム』東京大学出版会。

比清明［一九六九］『新版日本官僚制の研究』東京大学出版会。

土屋大洋［二〇〇七］『情報による安全保障──ネットワーク時代のインテリジェンス・コミュニティ』慶應義塾大学出版会。

土山實男［一九九八］「序章安全保障の終焉？──不安と安全の政治学」『国際政治』第一一七号（安全保障の理論と政策）一-二〇頁。

土山實男［二〇〇〇］「永井政治学の偉業を称えて──リアリズム国際政治学の本質」『青山国際政経論集』第五〇号、三三-五三頁。

土山實男［二〇〇四］『安全保障の国際政治学──焦りと傲り』有斐閣。

ティックナー、J・アン［二〇〇五］進藤久美子・進藤榮一訳『国際関係論とジェンダー──安全保障のフエミニズムの見方』岩波書店。

デュルケム、E・［一九七八］宮島喬訳『社会学的方法の規準』岩波書店。

徳富蘇峰［一九八四］「將来の日本」隅谷三喜男（責任編集）『中公バックス日本の名著40 徳富蘇峰 山路愛山』中央公論社。

徳富蘇峰［一九九七］『徳富蘇峰蘇峰自伝』日本図書センター。

土佐弘之［二〇〇〇］『グローバル/ジェンダー・ポリテイクス──国際関係論とフエミニズム論』世界思想社。

土佐弘之［二〇〇五］「国際政治学（国際関係論）とジェンダー——マスキユリニテイの再編という観点から」辻村みよ子・山元一編『ジェンダー法学・政治学の可能性（東北大学 21 世紀 COE プログラム・ジェンダー法政策研究叢書 第三巻）』東北大学出版会。

戸田山和久［二〇〇五］『科学哲学の冒険——サイエンスの目的と方法をさぐる』NHK ブックス。

ドリフテ、ラインハルト［二〇〇〇］吉田康彦訳『国連安保理と日本——常任理事国入り問題の軌跡』岩波書店。

長井信一［一九九七］『国際関係論の軌跡——文明接触の座標から』世界思想社。

永井陽之助［一九六七］『平和の代償』中公叢書。

永井陽之助［一九七九］『時間の政治学』中公叢書。

永井陽之助［一九八五］『現代と戦略』文藝春秋。

永井陽之助［一九八六］「宇宙のノモス——戦後平和と戦略防御」『国際政治』日本国際政治学会創立三十周年記念号（平和と安全——日本の選択）二-三一頁。

中江兆民［一九六五］桑原武夫・島田虔次訳・校注『三酔人経綸問答』岩波文庫。

中江篤介［一九八六］『中江兆民全集別巻』岩書店。

中島信吾［二〇〇六］『戦後日本の防衛政策——「吉田路線」をめぐる政治・外交・軍事』慶應義塾大学出版会。

長洲一二・坂本義和編［一九八三］『自治体の国際交流——ひらかれた地方をめざして』学陽書房。

中戸祐夫［二〇〇三］『日米通商摩擦の政治経済学』ミネルヴァ書房。

中西寛［一九九七］「総合安全保障論の文脈——権力政治と相互依存の交錯」『年報政治学一九九七』岩波書店、九七-一一五頁。

中西寛［二〇〇〇］「至高のモラリスト、高坂正堯教授の国際政治学」『高坂正堯著作集』第七巻、都市出版社。

中西寛［二〇〇三］『国際政治とは何か——地球社会における人間と秩序』中央公論新社。

中根千枝［一九六七］『タテ社会の人間関係——単一社会の理論』講談社現代新書。

中根千枝［一九七四］「文化交流の動向——インター・ナショナルからインター・ヵルチユラルへ」『国際交流』第三号、一三-二〇頁。

中山幹夫・船木由喜彦・武藤滋夫編［二〇〇〇］『ゲーム理論で解く』有斐閣。

納家政嗣［二〇〇二］「人間・国家・国際社会と安全保障概念」『国際安全保障』第三〇巻第一・二合併号、三七-五〇頁。

西川長夫［二〇〇一］『増補 国境の越え方——国民国家論序説』平凡社ライブラリー（初版は筑摩書房、一九九一年）。

西部邁［二〇〇七］『核武装論——当たり前の話をしょうではないか』講談社現代新書。

二宮三郎［一九六四］「戦後日本における国際政治学の動向」『国際政治』第二五号（現代国際政治の基本問題）一一五-一二四頁。

二宮三郎［一九九二］「日本の国際政治学の開拓者たち」『流通経済大学論集』第二七巻第一号、四六-六二頁。

日本外交学会編［一九五三］『太平洋戦争原因論』新聞月鑑社。

日本外交学会編［一九五八］『太平洋戦争終結論』東京大学出版会。

日本国際政治学会ニューズレター委員会編［二〇〇三］『日本国際政治学会の半世紀』日本国際政治学会。

日本国際政治学会編［一九七九］『国際政治』第六一・六二号（戦後日本の国際政治学）。

日本国際政治学会編［二〇〇二］『国際政治』第一二九号（国際政治と文化研究）。

パーキンソン、F・［一九九一］初瀬龍平・松尾雅嗣訳『国際関係の思想』岩波書店。

初瀬龍平［一九九三］『国際政治学——理論の射程』同文館。

浜下武志［一九八九a］「東アジア国際体系」有賀貞・宇野重昭・木戸蓊・山本吉宣・渡辺昭夫編『講座国際政治1 国際政治の理論』東京大学出版会。

濱下武志［一九八九b］『中国近代経済史研究——清末海関財政と開港場市場圏』汲古書院。

濱下武志［一九九〇］『近代中国の国際的契機——朝貢貿易システムと近代アジア』東京大学出版会。

バラバシ、アルバート＝ラズロ［二〇〇二］青木薫訳『新ネットワーク思考——世界のしくみを読み解く』NHK出版（原著は二〇〇二年）。

ハワード、M・［一九八一］奥村房夫・奥村大作訳『ヨーロッパ史と戦争』学陽書房。

馬場伸也［一九八〇］『アイデンテイテイの国際政治学』東京大学出版会。

馬場伸也［一九八一］「著者より：『自己』と『他者』との間の政治学」『国際政治』第六九号（国際関係思想）一七四-一八〇頁。

馬場伸也［一九八三］『地球文化のゆくえ——比較文化と国際政治』東京大学出版会。

平野健一郎［一九七六］「文化的関係としての国際関係」武者小路公秀・蠟山正道編『国際学——理論と展望』東京大学出版会。

平野健一郎［二〇〇〇］『国際文化論』東京大学出版会。

平野健一郎［二〇〇八］「国際関係を文化で見る——アジアの場合を中心に」『早稲田政治経済学雑誌』第三七〇号、二-一七頁。

福井治弘［一九七五］「沖縄返還交渉——日本政府における決定過程」『国際政治』第五二号（沖繩返還交渉の政治過程）九七-一二四頁。

船橋洋一［一九八八］『通貨烈々』朝日新聞社。

フリック、ウヴェ［二〇〇二］小田博志・山本則子・春日常・宮地尚子訳『質的研究入門——〈人間の科学〉のための方法論』春秋社

ブル、ヘドリー［二〇〇〇］臼杵英一・訳『国際社会論——アナーキカル・ソサイエテイ』岩波書店。

ブルクハルト、ヤーコブ［一九八一］藤田健治訳『世界史的諸考察』二玄社（原著初版、一九〇五年）。

ヘンペル、カール［一九七三］長坂源一郎訳『科学的説明の諸問題』岩波書店。

細谷千博［一九七七］「対外政策決定過程における日米の特質」細谷千博・綿

貫譲治編『対外政策決定過程の日米比較』東京大学出版会。

マイネッケ、F・［一九六〇］菊盛英夫・生松敬三訳『近代史における国家理性の理念』みすず書房。

増田直紀・今野紀雄［二〇〇五］『複雑ネットワークの科学』産業図書。

松井賢一ほか［二〇〇七］「学問分野としての『国際文化学』の確立」『龍谷大学国際社会文化研究所紀要』第九号、二三三-二四八頁。

丸山眞男［一九八五］「『現実主義』の陥穽」『増補版現代政治の思想と行動』未来社。

御巫由美子［二〇〇三］「ジェンダーと国際関係――日本の安全保障政策をめぐって」『年報政治学2003「性」と政治』岩波書店、七三-八八頁。

御巫由美子［二〇〇五］「日本の安全保障政策とジェンダー」『公共政策研究』第五号、一〇八-一一八頁。

宮岡勲［二〇〇六］「『規範の学校』としての欧州安全保障協力機構――旧ソ連諸国における民主的軍統制の国内法制化」『国際政治』第一四四号（国際政治研究の先端3）一六-三一頁。

宮坂直史［二〇〇二］『国際テロリズム論』芦書房。

宮坂直史［二〇〇四］『日本はテロを防げるか』ちくま新書。

武者小路公秀［一九七二］『行動科学と国際政治』東京大学出版会。

村上泰亮［一九八四］『新中間大衆の時代――戦後日本の解剖学』中央公論社。

村上泰亮［一九九二］『反古典の政治経済学』上・下、中央公論社。

村上泰亮・公文俊平・佐藤誠三郎［一九七九］『文明としてのイエ社会』中央公論社。

村山祐三［二〇〇三］『経済安全保障を考える――海洋国家日本の選択』日本放送出版協会。

メドウズ、ドネラ・H・ほか［一九七二］大来佐武郎監訳『成長の限界――ローマ・クラブ「人類の危機」レポート』ダイヤモンド社（原著は一九七二年）。

毛里和子［一九九七］「日本国際政治学会の40年」『アジア経済』第三八巻第一一号、六八-七四頁。

モーゲンソー、ハンス［一九九八］現代平和研究会訳『国際政治——権力と平和［新装版］』福村出版。(Hans J. Morgenthau, *Politics among Nations: The Struggle jor Power and Peace*, New York: Alired A. Knopf, 1948/1985.)

森山工［二〇〇七］「文化資源使用法——植民地マダガスカルにおける『文化』の『資源化』」山下晋司編『資源化する文化』弘文堂。

薬師寺泰蔵［一九八四］「政治学における近代的モデリング——リチヤードソン・モデルを中心として」山本吉宣・薬師寺泰蔵・山影進編『国際関係論のフロンティア4 国際関係理論の新展開』東京大学出版会。

薬師寺泰蔵［一九八九］『公共政策』東京大学出版会。

柳父章［一九九五］『一語の辞典文化』三省堂。

山影進［一九八三］「地域統合論再考——新たな展望を求めて」『国際政治』第七四号（国際政治の理論と実証）九三-一一六頁。

山影進［二〇〇一］「日本における国際政治研究の一〇〇年」国際法学会編『日本と国際法の一〇〇年 第1巻 国際社会の法と政治』三省堂。

山影進［二〇〇七］『人工社会構築指南——artisocによるマルチエージェント・シミュレーション入門』書籍工房早山。

山崎正和［一九九六］「闘う人」『季刊アスティオン』第四二号。

山田高敬［一九九七］『情報化時代の市場と国家——新理想主義をめざして』木鐸社。

山田高敬［二〇〇四］「地球環境領域における国際秩序の構築——国家の選好と知識」藤原帰一・李鍾元・古城佳子・石田淳編『国際政治講座4 国際秩序の変動』東京大学出版会。

山本和也［二〇〇三］「国際政治学のシミュレーション——歴史と展望」『東洋文化研究所紀要（東京大学）』第一四四冊、三九一-四三二頁。

山本和也［二〇〇八］『ネイションの複雑性——ナショナリズム研究の新地平』書籍工房早山。

山本達郎・衛藤瀋吉監修［一九八一-八三］『叢書アジアにおける文化摩擦』巌南堂書店、全七巻。

山本満［一九七三］『日本の経済外交——その軌跡と転回点』日本経済新聞社。

山本吉宣［一九八九］『国際的相互依存』東京大学出版会。

山本吉宣［二〇〇〇］「二つの戦後と国際政治学」『国際問題』第四八一号、四-二八頁。

山本吉宣［二〇〇一］「20世紀の国際政治学――アメリカ」『社会科学紀要（東京大学大学院総合文化研究科国際社会科学専攻）二〇〇〇』第五〇巻、一-八一頁。

山本吉宣［二〇〇二］「安全保障概念と伝統的安全保障の再検討」『国際安全保障』第三〇巻第一・二合併号、一二-三六頁。

山本吉宣［二〇〇八］『国際レジームとガバナンス』有斐閣。

山本吉宣・谷明良［一九七九］「認知構造図（cognitive map）――対外政策決定分析の一つの手法」『オペレーションズ・リサーチ――経営の科学』第二四巻第八号、四六二-四七〇頁。

吉田善章［二〇〇八］『非線形とは何か――複雑系への挑戦』岩波書店。

吉村健蔵［一九五一］「H・J・モーゲンソー『諸国民間の政治』」日本政治学会編『年報政治学1951』岩波書店。

米原謙［二〇〇二］『近代日本のアイデンティティと政治』ミネルヴァ書房。

ラセット、ブルース［一九九六］鴨武彦訳『パクス・デモクラティア――冷戦後世界への原理』東京大学出版会。(Bruce Russett, *Grasping the Democratic Peace: Principles for a Post-Cold War World*, Princeton: Princeton University Press, 1993.)

蠟山政道［一九四九］『日本における近代政治学の発達』実業之日本社。

ロング、デーヴィッド／ピーター・ウィルソン編［二〇〇二］宮本盛太郎・関静雄監訳『危機の20年と思想家たち――戦間期理想主義の再評価』ミネルヴァ書房。

若泉敬［一九九四］『他策ナカリシヲ信ゼムト欲ス』文藝春秋。

渡辺昭夫［一九七七］「日本の対外政策形成の機構と過程」細谷千博・綿貫譲治編『対外政策決定過程の日米比較』東京大学出版会。

渡辺利夫［一九八五］『成長のアジア 停滞のアジア』東洋経済新報社。

渡辺利夫［一九八九］『西太平洋の時代――アジア新産業国家の政治経済学』文藝春秋。

英文文献

Adler, Emanuel [1997], "Seizing the Middle Grround: Constructivism in World Politics," *European Journal of International Relations*, 3-3 (September), pp. 319-363.

Adler, Emanuel [2002], "Constructivism and International Relations," Walter Carlsnaes, Thomas Risse, and Beth simmons, eds., *Handbook of International Relations*, London: Sage, pp. 95-118.

Alger, Chadwick F. [1981], "Creating Participatory Global Cultures," *Alternatives*, 4, pp. 575-590.

Allison, Graham T. [1971], *Essence of Decision: Explaining the Cuban Missile Crisis*, Boston: Little, Brown.

Allison, Graham and Philip Zelikow [1999], *Essence of Decision: Explaining the Cuban Missile Crisis*, 2nd ed., New York: Longman.

Almond, Gabriel [1960], *The American People and Foreign Policy*, New York: Praeger.

Anderson, Benedict [1983] (rev. eds. 1991 and 2006), *Imagined Communities: Reflections on the Origin and Spread of Nationalism*, London: Verso. （ベネディクト・アンダーソン／白石隆・白石さや訳『想像の共同体――ナショナリズムの起源と流行』リブロポート、一九八七、『増補 想像の共同体――ナショナリズムの起源と流行』NTT出版、一九九七、『定本 想像の共同体――ナショナリズムの起源と流行』書籍工房早山、二〇〇七）。

Angell, Norman [1910], *The Great Illusion: A Study of the Relation of Military Power in Nations to their Economic and Social Advantage*, 4th ed. rev. and enl., New York: G. P. Putnam.

Anthony, Mely Caballero, Ralf Emmers, and Amitav Acharya, eds. [2006], *Non-Traditional Security in Asia: Dilemmas in Securitization*, London: Ashgate.

Aron, Raymond [1974], *The Imperial Republic: The United States and the World, 1945-1973*, Englewood Cliffs: Prentice-Hall.

Art, Robert J. [1973], "Bureaucratic Politics and American Foreign Policy: A Critique," *Policy Sciences*, 4-4 (December), pp. 467-490.

Asada, Sadao, ed. [1988], *International Studies in Japan: A Bibliographic Guide*, Japan Association of International Relations.

Asada, Sadao, ed. [1989], *Japan and the World*, 1853-1952: *A Bibliographic Guide to Japanese Scholarship in Foreign Relations*, New York: Columbia Univeristy Press.

Axelrod, Robert [1984], *The Evolution of Cooperation*, New York: Basic Books.

Axelrod, Robert [1997], *The Complexity of Cooperation: Agent-Based Models of Competition and Collaboration*, Princeton: Princeton University Press.

Baldwin, David A., ed. [1993], *Neolrealism and Neolieralism: The Contemporary Debate*, New York: Columbia University Press.

Baldwin, David A. [1995], "Security Studies and the End of the Cold War," *World Politics*, 48-1, pp. 117-141.

Barabasi, Albert-Laszlo and Reka Albert [1999], "Emergence of Scaling in Random Networks," *Science*, 286 (October), pp. 509-512.

Bauer, Martin W. [2000], "Classical Content Analysis: A Review," Martin W. Bauer and George Gaskell, eds., *Qualitative Researching with Text, Image, and Sound: A Practical Handbook*, London: Sage, pp. 131-151.

Bentley, Arthur F. [1908], *The Process of Government: A Study of Social Pressures*, San Antonio: Principal Press, reprinted in 1949.

Berghahn, Volker R. [2001], *America and the Intellectual Cold Wars in Europe: Shepard Stone between Philanthropy, Academy, and Diplomacy*, Princeton: Princeton University Press.

Boli, John and George M. Thomas, eds. [1999], *Constructing World Culture: International Nongovernmental Organzations since 1875*, Stanford: Stanford University Press.

Bozeman, Adda B. [1994], (1st ed. 1960), *Politics and Culture in International History: From the Ancient Near East to the Opening of the Modern Age*, 2nd ed., New Brunswick: Transaction.

Bremer, Stuart A. and Michael Mihalka [1977], "Machiavelli in Machina: Or Politics among Hexagons," Karl W. Deutsch et al., eds., *Problems of World Modeling:*

Political and Social Implications, Cambridge, Mass.: Ballinger, pp. 303-337.

Bull, Hedley [1966], "International Theory: The Case for a Classical Approach," *World Politics*, 18-3 (April), pp. 361-377.

Bull, Hedley [1977], *The Anarchical Society: A Study of Order in World Politics*, New York: Columbia University Press.

Bull, Hedley and Adam Watson, eds. [1984], *The Expansion of International Society*, Oxford: Oxford University Press.

Buzan, Barry [1991], *People, States and Fear: An Agenda for International Security Studies in the Post-Cold War Era*, 2nd ed., London: Lynne Rienner.

Carr, E. H. [1939], *The Twenty Years' Crisis, 1919-1939: An Introduction to the Study of International Relations*, London: Macmillan. (E・H・カー/井上茂訳『危機の二十年——国際関係研究序説』岩波書店、一九五二)。

Carr, L. H. [2001], *The Twenty dears' Crisis 1919-1939: An Introduction to the Study of international Relations*, New York: Palgrave [1946].

Carter, Douglass [1959], *The Fourth Branch of Government*, Boston: Houghton Mifflin.

Cederman, Lars-Erik [1997], *Emergent Actors in World Politics: How States and Nations Develop and Dissolve*, Princeton: Princeton University Press.

Chay, Jongsuk, ed. [1990], *Culture and International Relations*, New York: Praeger.

Choucri, Nazli, Robert C. North, and Susumu Yamakage [1992], *The Challenge of Japan Before World War II and After: A Study of National Growth and Expansion*, London: Routledge.

Clark, Ian and Iver B. Neumann, eds. [1996], *Classical Theories of International Relations*, Basingstoke: Macmillan. (イアン・クラーク、アイヴァー・B・ノイマン/押村高・飯島昇蔵訳者代表『国際関係思想史——論争の座標軸』新評論、二〇〇三)。

Clifford, James [1988], *The Preaicament of Culture: Twentieth-Century Ethnography, Literature, and Art*, Cambridge, Mass.: Harvard University Press. (ジェイムズ・クリフォード/太田好信ほか訳『文化の窮状——二十世紀の民族誌、文学、芸術』人文書院、二〇〇三)。

Coase, Ronald H. [1960], "The Problem of Social Cost," *Journal of Law and Economics*, 3 (Octooer), pp. 1-44.

Cohen, Bernard C. [1963], *The Press and Foreign Policy*, Princeton: Princeton University Press.

Connell, R. W. [2005], *Masculinities*, Cambridge: Polity Press.

Conybeare, John A. C. [1980], "International Organization and the Theory of Property Rights," *International Organization*, 34-3 (Summer), pp. 307-334.

Cordes, Bonnie, Brian Michael Jenkins, and Konrad Kellen with Gail Bass, Daniel Relies, William Sater, Mario Juncosa, William Fowler, Geraldine Petty [1985], *A Conceptual Framework for Analyzing Terrorist Groups*, Santa Monica: RAND.

Crabb, Cecil V., Jr. and Pat M. Holt [1989], *Invitation to Struggle: Congress, the President, and Foreign Policy*, 3rd ed., Washington, D. C.: Congressional Quarterly.

Davis, Paul K. and Brian Michael Jenkins [2002], *Deterrence and Influence in Counterterrorism: A Component in the Waron al Qaeda*, Santa Monica: RAND.

Dessler, David [1999], "Constructivism within a Positivist Social Science," *Review of International Studies*, 25-1 (January), pp. 123-137.

Destler, I. M., Haruhiro Fukui, and Hideo Satoh [1979], *The Textile Wrangle: Conflict in Japanese-American Relations, 1969-1971*, Ithaca: Cornell University Press. (I・M・デスラー、福井治弘、佐藤英夫/福井治弘訳『日米繊維紛争——"密約"はあったのか』日本経済新聞社、一九八〇)。

Deutsch, Karl W. [1966] (1st ed. 1953), *Nationalism and Social Communication: An Inquiry into the Foundations of Nationality*, 2nd ed,, Camondge, Mass.: MIT Press.

Deutsch, Karl W. et al. [1957], *Political Community and the North Atlantic Area: International Organization in the Light of Historical Experience*, New York: Greenwood.

Doyle, Michael [1986], "Liberalism and World Politics," *American Political Science Review*, 80-4, pp. 1151-1169.

Elstein, Jean B. [1987], *Women and War*, Chicago: University ot chicago Press.

Enloe, Cynthia [1989], *Bananas, Beaches, and Bases: Making Feminist Sense of International Politics*, Berkeley: University of California Press.

Epstein, Joshua M. [2006], *Generative Social Science: Studies in Agent-Based, Computational Modeling*, Princeton: Princeton University Press.

Epstein, Joshua M. and Ross A. Hammond [2006], "Non-Explanatory Equilibria: An Extremely Simple Game with (Mostly) Unattainable Fixed Points," Joshua M. Epstein, *Generative Social Science: Studies in Agent-Based, Computational Modeling*, Princeton: Princeton University press, pp. 75-85.

Eriksen, Thomas Hylland and Finn Sivert Nielsen [2001], *A History of Anthropology*, London: Pluto Press.

Evans, Graham and Jeffrey Newnham [1998], *The Penguin Dictionary of International Relations*, London: Penguin Books.

Fearon, James D. [1995], "Rationalist Explanations for War," *International Organization*, 49-3, pp. 379-414.

Fearon, James D. and Alexander Wendt [2002], "Rationalism v. Constructivism: A Skeptical View," Walter Carlsnaes, Thomas Risse, and Beth Simmons, eds., *Handbook of International Relations*, London: Sage, pp. 52-72.

Featherstone, Mike, ed. [1990], *Global Culture: Nationalism, Globalization and Modernity: A Theory Culture and Society Special Issue*, London: Sage.

Finnemore, Martha and Kathryn Sikkink [2001], "Taking Stock: The Constructivist Research Program in International Relations and Comparative Politics," *Annual Review of Political Science*, 4, pp. 391-416.

Forrester, Jay W. [1971], *World Dynamics*, Cambridge: Wright-Allen Press.

Franck, Thomas M. and Edward Weisband [1979], *Foreign Policy by Congress*, New York: Oxford University Press.

Freedman, Lawrence [2004], *Deterrence: Themes for 21st Century*, London: Polity Press.

Funabashi, Yoichi [1988], *Managing the Dollar: From the Plaza to the Louvre*, Washington, D. C.: Institute for International Economics.

Gaddis, John Lewis [1987], *The Long Peace: Inquiries into the History of the Cold*

War, New York: Oxford University Press.

Gellner, Ernest [1983], *Nations and Nationalism*, Oxford: Basil Blackwell. (アーネスト・ゲルナー/加藤節監訳『民族とナショナリズム』岩波書店、二〇〇〇)。

Gienow-Hecht, Jessica C. E. [1999], *Transmission Impossible: American Journalism as Cultural Diplomacy in Postwar Germany, 1945-1955*, Baton Rouge: Louisiana State University Press.

Gienow-Hecht, Jessica C. E. and Frank Schumacher, eds. [2003], *Culture and International History*, New York: Berghahn.

Gilpin, Robert [1984], "The Richness of the Tradition of Political Realisim," *International Organization*, 38-2 (Spring), pp. 287-304.

Gilpin, Robert [1987], *The Political Economy of International Relations*, Princeton: Princeton University Press.

Goldsmith, Jack L. and Eric A. Posner [2005], *The Limits of International Law*, Oxford: Oxford University Press.

Goldstein, Judith, Miles Kahler, Robert O. Keohane, and Anne-Marie Slaughter, eds. [2001], *Legalization and World Politics*, Cambridge, Mass.: MIT Press.

Gong, Gerrit W. [1984], *The Standard of 'Civilization' in International Society*, Oxford: Clarendon Press.

Grant, Rebecca and Kathleen Newland, eds. [1991], *Gender and International Relations*, Indianapolis: Indiana University Press.

Grieco, Joseph M. [1988], "Anarchy and the Limits of Cooperation: A Realist Critique of the Newest Liberal Institutional-ism," *International Organization*, 42-3 (Summer), pp. 485-507.

Grieco, Joseph M. [1990], *Cooperation among Nations: Europe, America and Non-Tariff Barriers to Trade*, Ithaca: Cornell University Press.

Guzzini, Stefano and Anna Leander, eds. [2006], *Constructivism and International Relations: Alexander Wendt and His Critics*, London: Routledge.

Haas, Ernst B. [1958], *The Uniting of Europe: Political, Social and Economic Forces, 1950-1957*, Stanford: Stanford University Press.

Haas, Peter M., Robert O. Keohane, and Marc A. Levy, eds. [1993], *Institutions for the Earth: Sources of Effective International Environmental Protection*, Cambridge, Mass.: MIT Press.

Haas, Richard N. [2008], "The Age of Nonpolarity: What Will Follow U. S. Dominance," *Foreign Affairs*, May/June.

Haftendorn, Helga, Robert O. Keohane, and Celeste A. Wallander [1999], *Imperfect Unions: Security Institutions over Time and Space*, Oxford: Oxford University Press.

Harding, Sandra G. [1986], *The Science Question in Feminism*, Ithaca: Cornell University Press.

Hardy, Cynthia, Bill Harley, and Nelson Phillips [2004], "Discourse Analysis and Content Analysis: Two Solitudes?," *Qualitative Methods: Newsletter of the American Political Science Association Organized Section on Qualitative Methods*, 2-1 (Spring), pp. 19-22.

Haslam, Jonathan [2002], *No Virtue Like Necessity: Realist Thought in International Relations since Machiavelli*, New Haven, London: Yale University Press.

Henry, Ryan [2005], "Deterrence and Dissuasion for the 21st Century," IFPA-Fletcher Conference, December 14.

Hermann, Charles F., ed. [1972], *International Crises: Insights from Behavioral Research*, New York: Free Press.

Herrera, Yoshiko M. and Bear F. Braumoeller [2004], "Symposium: Discourse and Content Analysis," *Qualitative Methods: Newsletter of the American Political Science Association Organized Section on Qualitative Methods*, 2-1 (Spring), pp. 15-39.

Hersman, Rebecca K. C. [2000], *Friends and Foes: How Congress and the President Really Make Foreign Policy*, Washington, D. C.: Brookings Institution.

Herz, John [1951], *Political Realism and Political Idealism: A Study in Theories and Realities*, Chicago: University of Chicago Press.

Hilsman, Roger [1967], *To Move a Nation: The Politics of Foreign Polycy in the Administration of John F. Kennedy*, New York: Doubleday.

Hilsman, Roger [1987], *The Politics of Policy Making in Defense and Foreign Affairs:*

Conceptual Models and Bureaucratic Politics, Englewood Cliffsi Prentice Hall.

Hinsley, F. H. [1963], *Power and the Pursuit of Peace: Thory and Practice in the History of Relations between States*, Cambridge: Cambridge University Press.

Hobsbawm, Eric and Terence Ranger, eds. [1983], *The Invention of Tradition*, Cambridge: Cambridge University Press.（エリック・ホブズボゥム、テレンス・レンジャー／前川啓治・梶原景昭ほか訳『創られた伝統』紀伊國屋書店、一九九二）。

Hoffman, Bruce [2003], "Al Qaeda, Trends in Terrorism ana Future Potentialities: An Assessment," *Studies in Conflict and Terrorizm*, 26-6 (November-December), pp. 429-442.

Holsti, Kal J. [1984], *The Dividing Discipline: Hegemony and Diversity in International Theory*, Boston, London: Allen and Unwin.

Holsti, Ole R. [2004], *Public Opinion and American Foreign Policy*, rev. ed., Ann Arbor: University of Michigan Press.

Hooper, Charlotte [2001], *Manly States: Masculinities, International Relations, and Gender Politics*, New York: Columbia University Press.

Hopf, Ted [2002], *Social Construction of International Politics: Identities and Foreign Policies, Moscow, 1955 and 1999*, Ithaca: Cornell University Press.

Hudson, Valerie M. [2007], *Foreign Policy Analysis: Classic and Contemporary Theory*, Lanham: Rowman and Littlefield.

Huntington, Samuel P. [1993], "The Clash of Civilizations?," *Foreign Affairs*, 72-3 (Summer), pp. 22-49.

Hurd, Ian [2007], *After Anarchy: Legitimacy and Power in the United Nations Security Council*, Princeton: Princeton University Press.

Iiaa, Keisuke [1999], *International Monetary Cooperation among the United States, Japan, and Germany*, Boston: Kluwer Academic Publishers.

Iida, Keisuke [2006], *Legalization and Japan: The Politics of WTO Dispute Settlement*, London: Cameron May.

Ikenberry, G. John [2001], *After Victory: Institutions, Strategic Restraint, and the Rebuilding of Order after Major Wars*, Princeton: Princeton University Press.

Ikenberry, G. John and Takashi Inoguchi [2007], *The Use of Institutions: The U. S., Japan, and Governance in East Asia*, Basingstoke: Palgrave.

Inoguchi, Takashi and Paul Bacon [2001], "The Study of International Relations in Japan: Towards a More International Discipline," *International Relations of the Asia-Pacific*, 1-1 (January), pp. 1-20.

Iriye, Akira [1997], *Cultural Internationalism and World Order*, Baltimore: Johns Hopkins University Press. (入江昭/發原初枝訳『権力政治を超えて——文化国際主義と世界秩序』岩波書店、一九九七)。

Jacquin-Berdal, Dominique, Andrew Oros, and Marco Verweij [1998], *Culture in World Pontics*, New York: St. Martin's Press.

Janis, Irving L. [1982], *Groupthink: Psychological Studies of Policy Decisions and Fiascoes*, Boston: Houghton Mifflin.

Jepperson, Ronald L., Alexander Wendt, and Peter J. Katzenstein [1996], "Norms, Identity, and Culture in National Security," Peter J. Katzenstein, ed., *The Culture of National Security: Norms and Identity in World Politics*, New York: Columbia University Press, pp. 33-75.

Jervis, Robert [1976], *Perception and Misperception in International Politics*, Princeton: Princeton University Press.

Johnston, Alastair [1995], *Cultural Realism: Strategic Culture and Grand Strategy in Chinese History*, Princeton: Princeton University Press.

Kaplan, Morton A. [1979], *Towards Professionalism in International Theory: Macrosystem Analysis*, New York: Free Press.

Katzenstein, Peter J., ed. [1996a], *The Culture of National Security: Norms and Identity in World Politics*, New York: Columbia University Press.

Katzenstein, Peter J. [1996b], "Introduction: Alternative Perspectives on National Security," Peter J. Katzenstein, ed., *The Culture of National Security: Norms and Identity in World Politics*, New York: Columbia University Press, pp. 1-32.

Katzenstein, Peter J., Robert O. Keohane, and Stephen Krasner [1998], "International Organization and the Study of World Politics," *International Organization*, 52-4 (Autumn), pp. 645-685.

Kelly, Donald R. [2005], *Divided Power: The Presidency, Congress, and the Formation of American Foreign Policy*, Faytteville: University of Arkansas Press.

Kelman, H. C., ed. [1965], *International Behavior*, New York: Holt, Rinehart and Winston.

Kennan, George F. [1951], *American Diplomacy 1900-1950*, Chicago: University of Chicago Press. (ジョージ・F・ケナン/近藤晋一・飯田藤次訳『アメリカ外交五〇年』岩波書店、一九五二)。

Keohane, Robert O. [1983], The Demand for International Regimes, Stephen D. Krasner, ed., *International Regimes*, Ithaca: Cornell University Press, pp. 147-171.

Keohane, Robert O. [1984], *After Hegemony: Cooperation and Discord in the World Political Economy*, Princeton: Princeton University Press. (ロバート・コヘイン/石黒馨・小林誠訳『覇権後の国際政治経済学』晃洋書房、一九九八)。

Keohane, Robert O., ed. [1986], *Neorealism and Its Critics*, New York: Columbia University Press.

Keohane, Robert O. [1988], "International Institutions: Two Approaches," *International Studies Quarterly*, 32-4 (December), pp. 379-396.

Keohane, Robert O. [1991], "International Relations Theory: Contributions of a Feminist Standpoint," R. Grant and K. New-land, eds., *Gender and International Relations*, Indianapolis: Indiana University Press, pp. 41-50.

Keohane, Robert O. [1998], "Beyond Dichotomy: Conversations between International Relations and Feminist Theory," *International Studies Quarterly*, 42-1, pp. 193-198.

Keohane, Robert O. and Joseph S. Nye, Jr., eds. [1972], *Transnational Relations and World Politics*, Cambridge, Mass.: Harvard University Press.

Keohane, Robert O. and Joseph S. Nye, Jr. [1977], *Power and Interdependence: World Politics in Transition*, Boston: Little, Brown.

Keohane, Robert O. and Joseph S. Nye, Jr. [2000], *Power and Interdependence*, 3rd ed., New York: Longman (1st ed. 1977 from Boston: Little Brown; 2nd ed. 1989 from Glenview Scott: Foresman/Little).

Kindleberger, Charles P. [1973], *The World in Depression 1929-1939*, Berkeley: University of California Press.

Klotz, Audie, ed. [2006], "The Forum: Moving beyond the Agent-Structure Debate," *International Studies Review*, 8-2 (June), pp. 355-381.

Klotz, Audie and Cecelia Lynch [2007], *Strategies for Research in Constructivist International Relations*, Armonk: M. E. Sharpe.

Knorr, Klaus and James N. Rosenau, eds. [1969], *Contending Approaches to International Politics*, Princeton: Princeton University Press.

Knutsen, Torbjorn L. [1997], *A History of International Relations Theory*, 2nd ed., Manchester: Manchester University Press.

Koskenniemi, Martti [2001], *The Gentle Civilizer of Nations: The Rise and Fall of International Law 1870-1960*, Cam-brige: Cambridge University Press.

Krasner, Stephen D. [1976], "State Power and the Structure of International Trade," *World Politics*' 28-3 (April), pp. 317-347.

Krasner, Stephen D. [1983], "Structural Causes and Regime Consequences: Regimes as Intervening Variables," Stephen D. Krasner, ed., *International Regimes*, Ithaca: Cornell University Press, pp. 1-21.

Krasner, Stephen D. [1985], *Structural Conflict: The Third World against Global Liberalism*, Berkeley: University of California Press.

Kratochwil, Frieanch V. and John Gerard Ruggie [1986], "International Organization: A State of the Art on an Art of the State," *International Organization*, 40-4 (Autumn), pp. 753-775.

Krause, Keith and Michael C. Williams [1996], "Broadening the Agenda of Security Studies: Politics and Methods," *Mershon International Studies Review*, 40-2, pp. 229-254.

Kroeber A. L. and Clyde KlucKnohn [1963] (1st pub. 1952), *Culture: A Critical Review of Concepts and Definitions*, New York: Random House.

Laitin, David D. [1998], *Identity in Formation: The Russian-Speaking Populations in the Near Abroad*, Ithaca: Cornell University Press.

Lake, David A. and Robert Powell, eds. [1999], *Strategic Choice in International Re-

lations, Princeton: Princeton University Press.

Landry, Charles [2000], *The Creative City: A Toolkit for Urban Innovators*, London: Earthscan Publications. (チャールズ・ランドリー／後藤和子監訳『創造的都市——都市再生のための道具箱』日本評論社、二〇〇三)。

Lapid, Yosef [1989], The Third Debate: On the Prospects of International Theory in a Post-Positivist Era, *International Studies Quarterly*, 33-3 (September), pp. 235-254.

Lapid, Yosef and Friedrich Kratochwil, eds. [1996], *The Return of Culture and Identity in IR Theory*, Boulder: Lynne Rien-ner Publishers.

Lebow, Richard Ned and Thomas Risse-Kappen, eds. [1995], *International Relations Theory and the End of the Cold War*, New York: Columbia University Press.

Litwak, Robert S. [2002], "The New Calculus of Preemption," *Survival*, 44-4 (Winter) 2002-2003, pp. 53-79.

Matsuda, Takeshi [2007], *Soft Power and Its Perils: U. S. Cultural Policy in Early Postwar Japan and Permanent Dependency*, Stanford: Stanford University Press.

McGray, Douglas [2002], "Japan's Gross National Cool," *Foreign Policy*, 130 (May/June), pp. 44-54. (ダグラス・マッグレイ／神山京子訳「世界を闊歩する日本のカッコょさ」『中央公論』二〇〇三年五月号、一三〇-一四〇頁)。

Melissen, Jan, ea. [2005], *The New Public Diplomacy: Soft Power in International Relations*, New fork: Palgrave Macmillan.

Meyer, John W. [1999], "The Changing Cultural Content of the Nation-State: A World Society Perspective," George Stein-metz, ed., *State/Culture: State-Formation after the Cultural Turn*, Ithaca: Cornell University Press, pp. 123-143.

Millenium [1993], Vol. 3 (Special Issue: Culture and International Relations).

Milliken, Jennifer [1999], "The Study of Discourse in International Relations: A Critique of Research and Methods," *European Journal of International Relations*, 5-2 (June), pp. 225-254.

Mitchell, J. M. [1986], *International Cultural Relations*, London: Allen & Unwin. (J・M・ミッチェル／田中俊郎訳『文化の国際関係』三嶺書房、一九九〇)。

Miyaoka, Isao [2004], *Legitimacy in International Society: Japan's Reaction to ulobal Wildlife Preservation*, Basingstoke, Hampshire, UK: Palgrave Macmillan.

Modelski, George [1987], *Long Cycles in World Politics*, Houndmills: Macmillan.

Moon Katharine H. S. [1997], *Sex among Allies: Military Prostitution in U. S. -Korea Relations*, New York: Columbia University Press.

Moon, Seungsook [2005], *Militarized Modernity and Gendered Citizenship in South Korea*, DurnamI Duke University Press.

Morgan, Patric M. [2003], *Deterrence Now*, Cambridge: Cambridge University Press. ♪

Morgenthau, Hans J. [1948], *Politics among Nations: The Struggle for Power and Peace*, 1st ed., New York: Alfred A. Knopf. (ハンス・J・モーゲンソー/伊藤皓文・浦野起央訳『国際政治学――力と平和のための闘争』アサヒ社、一九六三―六四)。

Morgenthau, Hans J. [1951], *In Defense of the National interest: A Critical Examination of American Foreign Policy*, New York: Alfred A. Knopf. (ハンス・J・モーゲンソー/鈴木成高・湯川宏訳『世界政治と国家理性』創文社、一九五四)。

Neustadt, Richard [1960], *Presidential Power and the Modern Presidents: The Politics of Leadership from Roosevelt to Reagan*, New York: Free Press, revised in 1990.

Niebuhr, Reinhold [1941] [1943], *The Nature and Destiny of Man: A Christian Interpretation*, 2 vols., New York: Scribner's. (ラインホルド・ニーバー/武田清子訳『キリスト教人間観――第一部人間の本性』新教出版社、一九五一)。

Niebuhr, Reinhold [1952], *The Irony of American History*, New York: Scribner's. (ラインホルド・ニーバー/オーテイス・ケーリ訳『アメリカ史の皮肉』社会思想研究会出版部、一九五四)。

Ninkovich, Frank A. [1981], *The Diplomacy of Ideas: U. S. Foreign Policy ana Cultural Relations, 1938-1950*, Cambridge: Cambridge University Press.

Nye, Joseph S., Jr. [1995], "The Case for Deep Engagement," *Foreign Affairs*, 74-4 (July-August), pp. 90-102.

Nye, Joseph S., Jr. [2004], *Soft Power: The Means to Success in World Politics*, New York: Public Affairs. (ジョセフ・ナイ/山岡洋一訳『ソフト・パワー――二一世紀国際政治を制する見えざる力』日本経済新聞社、二〇〇四)。

Onuf, Nicholas G. [1989], *World of uur Making: Rules and Rule in Social Theory and International Relations*, Columbia: University of South Carolina Press.

Ordeshook, Peter C. [1986], *Game Theory and Political Theory: An Introduction*, Cambridge: Cambridge University Press.

Pan, Liang [2005], *The United Nations in Japan's Foreign and Security Policymaking, 1945-1992: National Security, Party Politics, and International Status*, Cambridge, Mass.: Harvard University Press.

Pieterse, Jan Nederveen [1995], "globalization as Hybridization," Mike Featherstone, Scott Lash, and Roland Robertson, eds., *Global Modernities*, London: Sage, pp. 45-68.

Pouliot, Vincent [2007], "'sobjectivism': Toward a Constructivist Methodology, *International Studies Quarterly*, 51-2 (June), pp. 359-384.

Reeves, Julie [2004], *Culture and International Relations: Narratives, Natives and Tourists*, London: Routledge.

Reston, James [1966], *The Artillery of the Press: Its Influence on American Foreign Policy*, New York: Harper & Row.

Richardson, Lewis F., ed. by Nicolas Rashevsky et al. [1960], *Arms and Insecurity*, London: Stevens & Sons.

Richmond, Yale [2003], *Cultural Exchange and the Cold War: Raising the Iron Curtain*, University Park: Pennsylvania State University Press.

Rosecrance, Richard [1986], *The Rise of the Trading State: Commerce and Conquest in the Modern World*, New York: Basic Books.

Rosenau, Pauline Marie [1992], *Post-Modernism and the Social Sciences: Insights, Inroads, and Intrusions*, Princeton: Princeton University Press.

Ruggie, John Gerard [1975], "International Responses to Technology: Concepts and Trends," *International Organization*, 29-3 (Summer), pp. 557-583.

Russett, Bruce [1993], *Grasping the Democratic Peace: Principles for a Post-Cold War World*, Princeton: Princeton University Press.

Salanié, Bernard [1997], *The Economics of Contracts: A. Primer*, Cambridge, Mass.: MIT Press.

Schelling, Thomas C. [1978], *Micromotives and Macrobehavior*, New York: Norton.

Schmidt, Brian C. [1998], *The Political Discourse of Anarchy: A Disciplinary History of International Relations*, Albany: State University of New York Press.

Scott-Smith, Giles and Hans Krabbendam, eds. [2003], *The Cultural Cold War in Western Europe* 1945-1960, London: Frank Cass.

Shinoaa, Tomohito [2003], "Koizumi's Top-Down Leadership in the Anti-Terrorism Legislation: The Impact of Institutional Changes," *SAIS Review*, 23-1 (Winter/Spring), pp. 19-34.

Shinoda, Tomohito [2007], *Koizumi Diplomacy: Japan's Kantei Approach in Foreign and Defense Affairs*, Seattle: University of Washington Press.

Smith, Steve [1996], "Positivism and Beyond," Steve Smith, Ken Booth, and Marysia Zalewski, eds., *International Theory: Positivism and Beyond*, Cambridge: Cambridge University Press, pp. 11-44.

Snidal, Duncan [1991a], "International Cooperation among Relative Gains Maximizers," *International Studies Quarterly*, 35-4 (December), pp. 387-402.

Snidal, Duncan [1991b], "Relative Gains and the Pattern of International Cooperation," *American Political Science Review*, 85-3 (September), pp. 701-726.

Snyder, Richard C., H. W. Bruck, and Burton Sapin, eds. [1962], *Foreign Policy Decision-Making: An Approach to the Study of International Politics*, New York: Free Press ot blencoe.

Sobel, Richard [2001], *The Impact of Public Opinion on U. S. Foreign Policy: Since Vietnam: Constraining the Colossus*, New York: Oxford University Press.

Spagnolo, Giancarlo [2001], "Issue Linkage, Delegation and International Policy Cooperation," *CEPR Discussion Paper*, No. 2778, London: Centre for Economic Policy Research.

Spencer, Herbert [1882], *Political Institutions: Being Part V, of the Principles of Sociology*, London: Williams and Nor gate.

Steans, Jill [1998], *Gender and International Relations: An Introduction*, New Brunswick: Rutgers University Press.

Stewart, Philip D., Margaret G. Hermann, and Charles F. Hermann [1989] "Modeling the 1973 Soviet Decision to Support Egypt," *American Political Science Review*, 83-1 pp. 35-59.

Stientra, Deborah [2000], "Cutting to Gender: Teaching Gender in International Relations," *International Studies Perspectives*, 1, pp. 233-244.

Suzuki, Motoshi [2006], "Between Bilateralism and Multilateralism: The institutional Politics of Trade Liberalization in East Asia," *Kyoto Journal of Law and Politics*, 3-1, pp. 63-80.

Sylvester, Christine [1991/1992], "Feminist Theory and Gender Studies in International Relations," *International Studies Notes*, 16/17, 3/1, pp. 32-38.

Sylvester, Christine [2002], *Feminist International Relations: An Unfinished Journey*, Cambridge: Cambridge University Press.

Thorburn, Diana [2000], "Feminism Meets International Relations," *SAIS Review*, 20-2 (Summer-Fall), pp. 1-10.

Tickner, J. Ann [1992], *Gender in International Relations: Feminist Perspectives on Achieving Global Security*, New York: Columbia University Press.

Tickner, J. Ann [1997], "You Just Don't Understand: Troubled Engagements between Feminists and IR Theorists," *International Studies Quarterly*, 41-4, pp. 611-632.

Tickner, J. Ann [2005], "What Is Your Research Program?: Some Feminist Answers to International Relations Methodological Questions," *International Studies Quarterly*, 49-1, pp. 1-21

Tomlinson, John [1991], *Cultural Imperialism: A Critical Introduction*, Baltimore: Johns Hopkins University Press. (ジョン・トムリンソン/片岡信訳『文化帝国主義』青土社、一九九三)。

Truman, David [1951], *The Governmental Process: Political Interests and Public Opinion*, New fork: Alfred A. Knopf.

UNDP [2007], *Human Development Report 2007/2008*.

US Department of Defense [2006], *Quadrennial Defense Review* (March).

US White House [2002], *The National Security Strategy of the United States of America* (September), Wasnmgton. D. C.: GPO.

US White House [2003], *National Strategy for Combating Terrorism* (February), Washington, D. C.: GPO.

US White House [2006], *The National Security Strategy of the United States of America* (March), Washington. D. C.: GPO.

Valbjorn, Morten [2008], "Before, during and after the Cultural Turn: A 'Baedeker' to IR's Cultural Journey," *International Review of Sociology*, 18-1 (March), pp. 55-82.

Waever, Ole [1998], "The Sociology of a Not So International Discipline: American and European Developments in International Relations," *International Organization*, 52-4 (Autumn), pp. 687-727.

Wagnleitner, Reinhold [1994] (Orig. in German, 1991), *Coca-Colonization and the Cold War: The Cultural Mission of the United States in Austria after the Second World War*, Chapel Hill: University of North Carolina Press.

Wallerstein, Immanuel [1974], *The Modern World-System: Capitalist Agriculture and the Origins of the European World-Economy in the Sixteenth Century*, New York: Academic Press.

Walt, Stephen M. [1991], "The Renaissance of Security Studies," *International Studies Quarterly*, 35-2 (June), pp. 211-239.

Waltz, Kenneth N. [1959], *Man, the State, and War: A Theoretical Analysis*, New York: Columbia University Press.

Waltz, Kenneth N. [1979], *Theory of International Politics*, Reading: Addison-Wesley.

Wendt, Alexander [1992], "Anarchy Is What States Make of It: The Social Construction of Power Politics," *International Organization*, 46-2 (Spring), pp. 391-425.

Wendt, Alexander [1999], *Social Theory of International Politics*, Cambridge: Cambridge University Press.

Wendt, Alexander [2006], "Social Theory as Cartesian Science: An Auto-Critique from a Quantum Perspective," Stefano Guzzini and Anna Leander, eds., *Constructivism and International Relations: Alexander Wendt and His Critics*, London: Routledge, pp. 181-219.

Whiting, Allen S. [1970], "Discussion and Reviews in Memoriam: Quincy Wright, 1890-1970. A Symposium," *Journal of Conflict Resolution*, 14-4, pp. 443-448.

Wibben, Annick T. R. [2004], "Feminist International Relations: Old Debates and New Directions," *The Brown Journal of World Affairs*, 10-2 (Spring), pp. 97-114.

Wight, Martin [1991], *International Theory: The Three Traditions*, Leicester: Leicester University Press. (マーテイン・ワイト/佐藤誠ほか訳『国際理論——三つの伝統』日本経済評論社、二〇〇七)。

Williams, Raymond [1985] (1st ed. 1976), *Keywords: A Vocabulary of Culture and Society*, rev. ed., Oxfora. Oxford University Press. (レイモンド・ウイリアムズ/椎名美智ほか訳『完訳キーワード辞典』平凡社、二〇〇二)。

Woliers, Arnold [1952], "'National security' as an Ambiguous Symbol," *Political Science Quarterly*, 67-4 (December), pp. 481-502.

Wolfers, Arnold [1962], *Discord and Collaboration: Essays on International Politics*, Baltimore: Johns Hopkins University Press.

Zakaria, Fareed [2008], "The Future of American Power: How America Can Survive the Rise of the Rest," *Foreign Affairs*, May/June.

Zalewski, Marysia [1995], "Well, What Is the Feminist Perspective on Bosnia?," *International Affairs*, pp. 339-356.

Zalewski, Marysia [1999], "Feminist Theorizing from Bananas to Maneuvers: A Conversation with Cynthia Enloe (Interviewed by M. Zalewski)," *International Feminist Journal of Politics*, 1-1 (April), pp. 138-146.

Zalewski, Marysia and Jane Parpart, eds. [1998], *The "Man" Question in International Relations*, Boulder: Westview Press.

日本国际政治学

·第三卷·

地区研究与国际政治

〔日〕日本国际政治学会 /编
〔日〕国分良成 酒井启子 远藤贡 /主编
刘 星 /译

北京大学出版社
PEKING UNIVERSITY PRESS

目 录

序 章 地区研究与国际政治 国分良成 / 1

引 言 / 1

一、地区研究的概念与轨迹——美国与日本 / 3

二、全球化时代的地区研究 / 12

三、本卷的目的 / 16

第一章 国家与民族主义 竹中千春 / 19

一、国家与民族主义之间 / 19

二、21 世纪的新现象 / 20

三、民族主义的革命 / 23

四、19 世纪的国际政治——从"革命的时代"到
"新势力均衡" / 26

五、20 世纪前半期的国际政治——总体战、俄国革命、
法西斯主义 / 28

六、20 世纪后半叶的国际政治——冷战体制与
去殖民地化 / 32

七、"最低限度的道德"——来自地区研究的创造性批判 / 35

第二章　冲突的理论与现实——从地区角度对武装冲突的观察
　　　　　　武内进一　/ 38

引言——从地区观察武装冲突　/ 38
一、现代冲突及其原因　/ 39
二、武装冲突的地区比较　/ 43
三、决定冲突特性的因素　/ 48
结　语　/ 53

第三章　地区主义的经验与课题——欧洲视角　森井裕一　/ 55

引　言　/ 55
一、"地区主义""综合研究"与"欧盟研究"　/ 56
二、从《欧洲宪法条约》受挫到《里斯本条约》　/ 60
三、《里斯本条约》后的课题　/ 65
结　语　/ 71

第四章　中国与国际政治——中国与全球化的交错
　　　　　　小嶋华津子　/ 73

引　言　/ 73
一、激进主义的中国　/ 74
二、现实主义的中国　/ 76
三、新自由主义的中国　/ 79
四、全球化与多元化的中国　/ 84
结　语　/ 87

第五章　东盟共同体与新加坡　田村庆子　/ 89

引　言　/ 89
一、对新加坡而言的东盟　/ 90

二、东盟共同体的理念与新加坡的现实 / 95
三、新加坡推动与东盟外的交流 / 103
结　语 / 105

第六章　中东的国际政治——由他者决定的地区与冲突
　　　　　酒井启子 / 107

一、"中东"地区概念的国际政治性 / 107
二、日本的中东地区研究谱系 / 109
三、地区研究与国际政治学的背离 / 110
四、中东国内政治与国际关系的联动性 / 112
五、地区内国家间关系调整的缺失与"新战争" / 119
结　语 / 123

第七章　国际政治中的伊斯兰与宗教　小杉泰 / 124

一、伊斯兰的政治复兴 / 124
二、世界性的宗教复兴 / 130
三、有可能建立宗教复兴的国际政治学吗？ / 135

第八章　非洲与国际政治——国家的变动及其国境　远藤贡 / 141

一、非洲与国际政治——"自下而上视角"的问题 / 141
二、受到质疑的国家——冷战后非洲国家变动的
　　形态及其解释 / 146
三、作为政治共同体的国家与主权的现代课题 / 151
结　语 / 154

第九章　拉丁美洲——双重转型的国际政治学　出冈直也 / 156

引　言 / 156
一、拉丁美洲的"双重转型" / 157

二、对"左派失败"的"阴谋论"解释 / 160

三、对"阴谋论"解释的批判 / 165

四、军事背景的重要性 / 166

结　语 / 170

第十章　中域欧亚大陆——寻求国际关系的新范式
　　　　　岩下明裕 / 174

一、新秩序形成期的欧亚大陆 / 174

二、如何看待中域欧亚大陆的政治 / 178

三、中亚——欧亚大陆的试金石 / 182

四、"9·11"之后——重现"大博弈"? / 185

结　语——中域欧亚大陆的秩序形成 / 189

第十一章　美国——国内政治与国际政治的互动　久保文明 / 192

引　言 / 192

一、本章分类的理由与意义 / 194

二、民主党各势力与外交政策 / 196

三、共和党系势力与外交政策 / 198

四、与2008年总统选举的关系 / 203

结　语 / 208

参考文献　　／209

序　章　地区研究与国际政治

国分良成[*]

引　言

　　地区研究与国际政治之间是什么关系？是近亲还是远亲？是竞争对手还是合作伙伴？可以说，两者因为都关注外部世界的问题而具有某种血缘关系，但其产生与发展途径却各不相同。地区研究主要关心对某个特定国家及地区内在背景的解析，而国际政治学则关心对国家、地区间的关系等外在背景的解析。也就是说，两者既是近亲也是远亲，既是竞争对手也是合作伙伴。本章的目的就在于通过回顾美国与日本地区研究的概念、产生及其扎根的过程，明确两国的地区研究与国际政治学之间的关系中所表现出的不同之处，同时也将论及传统型的地区研究在当今世界的巨大变动中，正被迫转型为全球性的地区研究。

　　目前，日本国际政治学会根据会员的专业分为国际政治理论、外交史与国际政治史、地区研究、新领域与新课题跨学科研究等四个领域（参照 2008 年版会员名册）。学会在草创期则按序分为外交史与国际政治史研究、地区研究、国际政治理论研究（日本国际政治学会 [1979]）。其后则按序排列为国际政治学、外交史与国际政

---

[*] 庆应义塾大学法学部部长，大学院法学研究科委员长。

治史、地区研究（石川、大芝［1992］）。这是由于近年来以往的分类已无法适应时代要求，并出现了新的学术领域，于是才分为以上四类的。

学会的这一历史告诉我们，外交史与国际政治史以及地区研究在学会中始终保持其地位，但同时随着时代变化，其优先顺序也逐步让位于理论及新研究领域，而本章选取的就是其中的地区研究领域。可以看到，地区研究在日本国际政治学中尽管排在国际政治史与外交史之后，却始终确保着稳定的地位，直至今日这也没有任何改变。根据石川一雄与大芝亮对20世纪80年代从事国际关系研究的日本学者问卷调查进行的研究，与其他国家相比，最为优秀、得到评价最高的就是地区研究（39.2%，历史研究37.3%，理论研究6.4%）（石川、大芝［1992］283）。

但是，如果观察以美国为中心的国际关系学会（International Studies Association，ISA）的各个分会，就会发现其分类项目中几乎没有地区研究。此外，美国的国际政治学及国际关系论的教材中也几乎没有地区研究这一项。为何日美之间会出现这种差异？另外，如今在日本，国际关系论与地区研究如同兄弟关系，很多情况下这两者在大学本科与研究生课程中都属于颇受欢迎的专业。但是，美国却不尽相同。在美国，与国际关系论及国际政治学相比，地区研究与政治学及比较政治学的关系更密切，现在理论取向较为薄弱的地区研究在全球化的潮流下明显呈衰退趋势。为何日美之间会出现各种差异？本章首先带着这一问题回顾地区研究的历史，并明确日美在地区研究发展过程中的差异。

本章另一个重要课题就是关于地区研究所面临的严重危机。在日本，地区研究的确已经得到了社会的广泛认知①。但是，并不是

---

① 最近地区研究确保了作为日本学术会议中一个专门委员会的地位，也成为日本学术振兴会科学研究费的资助领域之一。有关近年来日本地区研究确立为一个学科的详细情况，可参考提交日本学术会议的下述建议书。http://www.scj.go.jp/ja/info/kohyo/17htm/17_43.html。

因为这样地区研究的地位就可以高枕无忧了。传统上占主流的埋头于某地区的研究风格已无法充分适应全球化及地区主义风起云涌的21世纪。这一现象也出现在最近对国际政治学本身仍未摆脱以主权国家为主要单位的传统认识框架的批判之中。人们日益认识到，原本地区研究就是作为对欧美发展而来的各种理论的质疑或反论，尤其在日本更是如此。对以往的理论提出批判固然可喜，但也有必要自觉意识到从批评中如何发掘新的视角。

一、地区研究的概念与轨迹——美国与日本

"地区研究"的概念

"地区研究"（area studies）存在着各种定义。笔者希望将其定义为"发现并解析世界各地个性的知识探求"。关于地区研究的基本概念，从过去到现在，无论是地区研究的发源地美国还是日本都没有大的差异。一般而言，地区研究指的是对世界某个特定地区进行实证研究，以解析其个性。为此，首先要学习这个地区的语言，通过实地研究及共同研究对地区个性进行跨学科性的探究，这也是长期以来人们所认知的作为地区研究精髓的基本内容。

长期以来始终存在着一种批评，认为地区研究与政治学、国际政治学、法学、经济学、社会学、文学、物理学、医学等传统学术体系建立的领域不同，不是"学科"而只是研究的"方法论"。虽然地区研究在日本似乎已经作为一门学科确立了自身的地位，但这一点恐怕也将是今后地区研究不可回避的课题。

在地区研究发源地美国出版的对地区研究草创期状况的研究报告的序言中，世界地区调查委员会委员长温德尔·贝内特（Wendell Bennett）对地区研究进行了如下定位："学科与地区专业领域是长期争论的课题。传统的学科已经在我们的学术机构中得到确立。而其中的一部分则是有关地区的更细微的领域及专业，这些一般会被视

为某个主题的次元性研究。因此，地区研究从诞生之日起就具有跨学科的性质"（Hall［1947］iii）。该报告的主编罗伯特·霍尔（Robert B. Hall）则将地区研究的目标与方向总结为以下四个方面：①全面的世界知识；②共同调查及知识整合；③理解比较文化；④解决社会科学研究中的难题。这为地区研究如何克服学术地位低于既存学科指明了方向（Hall［1947］46-50）。

在这份报告约30年后的1975年，出版了在当时日本地区研究学者间也风靡一时的论文集《政治学与地区研究——竞争对手还是伙伴》。论文集的序言中主编白鲁恂（Lucian W. Pye）开门见山地指出："在近年的学术界中，外国地区研究的推动者与试图捍卫传统学科优势的人之间潜存着相当紧张的关系。……从学科的角度看，强调特定地区及国家特性及特征的学者与关心普遍性理论发展的学者之间存在着对立"（Pye［1975］vii）。这一点从美国政治学会季刊 PS（Political Science and Politics）偶尔出版的有关政治学与地区研究关系的特辑中也可发现，传统学科及理论与地区研究之间的这种紧张关系近年来也并未解决（APSA［1997］［2001］）。但是从本章的出发点看，颇有意思的是，在美国，地区研究与政治学之间的关系虽然存在着很多争议，但与国际关系论及国际政治学之间的关系却鲜有争论。

日本的地区研究是二战后从美国引进的。当初，日本的地区研究概念自然带有舶来品的强烈倾向，近乎忠实地照搬美国。参与了采用美国式地区研究模式的京都大学东南亚研究中心成立工作的农业经济学者本冈武在考察美国后，将地区研究的特征归纳为以下七点：①研究和教学的组织一体化；②跨部门的综合研究组织；③重视对现代的研究；④强调语言教育；⑤尊重学科教育；⑥现场调研的必要性；⑦文献资料的配备（本冈［1963］5-19）。

其后，特别是以人类学学者为中心，展开了对地区研究的概念与方法论的大辩论，而最近对其概念的规定正在逐步形成"最大公约数"。立本成文将从事地区研究的学者的立场分为两种,一种是只将地区作为信息搜集分析的场所,将地区的特定现象选定为研究对象,参考现有学科的方法论进行跨学科的研究。一种是追求对地区的理解与综合描绘以确立新的地区研究方法(立本［2001］317-319)。立本进而将这种地区研究归纳为三个特点:①作为研究对象的地区性;②作为研究方法的综合性;③作为研究目的的现代性(立本［2001］320-329)。

重视对地区的理解,还是重视学科性,这种传统上的对立在美国也同样存在,而跨学科、综合理解地区的意向也基本相同。但在美国,存在着地区研究被定位于学科之下的默契的同时,也有地区研究成为促动学科活性化媒介的强烈期待。如后所述,与美国相比,日本的地区研究存在着从对发展中国家进行地区研究的立场出发,对欧美理论与模型进行批判、否定的方法论倾向。此外,日本在20世纪80年代后所谓的"国际化"期间,地区研究最终目标中综合理解现代世界的侧面日益增加,这种倾向本身就表明了地区研究大有跻身于既存学科的势头。这就是说,地区研究在日本并没有被定位于学科之下,而地区研究在理解现代社会发挥着部分基础性的作用,实际上也进一步产生了缩短与国际政治学及国际关系论距离的效果。

美国地区研究的起源与发展

地区研究的起源较为复杂,是第二次世界大战中美国为了了解分析战时情况的产物。根据战后不久总结这一诞生过程的上述霍尔的报告:"由于第二次世界大战,突然需要大量有关各种场合的准确情报","为了迎接总体战的到来,军方认识到有必要获取相关地区的知识,于是向各个大学分配了地区及语言的培训计划"(Hall［1947］1)。1943年美国的社会科学评议会提交了题为《社会科学中的世界地区》(Hall［1947］2-3)的报告,指出为使地区研究人才辈出,有必要制定有关地区研究的人才培养计划。1943年,美国成立了全美第一个地区研究的学会——远东学会（Far Eastern Association），1956年改称亚洲学会（Association for Asian Studies）（Waters［2000］100）。至今仍被奉为日本人研究的经典之作、文化人类学者露丝·本尼迪克特的《菊与刀》（Benedict［1946］），就是从未到过日本的她在对日战争的末期受战时情报局之托，为了解析敌对国日本人的思想感情习惯及模式，根据文献资料与采访调查在短期内写成的。

第二次世界大战结束后，世界政治拉开了美苏冷战时代的序幕。随着冷战的加剧，刚刚诞生的地区研究也随着其母体美国的世界战略开始成长。洛克菲勒、福特、卡内基等财团开始迅速向全美国的主要大学提供用于地区研究的资金。哈佛、哥伦比亚、耶鲁等各大学在战后很快成立了旨在进行俄罗斯研究的研究所和研究中心（Waters［2000］100）。1949年，中国共产党领导的中华人民共和国成立，作为应急之策，各主要大学在这些财团的资助下又建立了中国研究及远东研究的研究机构。其后，有关欧洲、中东、非洲、拉丁美洲等地的地区研究机构也伴随着美国霸权时代的到来应运而生。

20世纪50年代后期，这一倾向更加明显，特别是在1957年苏联成功发射第一颗人造卫星及洲际弹道导弹（ICBM）的巨大冲击下，美国在国防与教育领域相继完成多项立法（Waters［2000］69）。换言之，将地区研究作为战略后方的色彩极为浓厚。也就是说，地区研究的定位是有关冷战体系下潜在敌国与盟国的知识积累，或者是对这些国家运作方法的摸索（Mirsepassi, et al.［2003］3-4）。就这样，在冷战时期，各个财团的支持加速了地区研究的发展。① 1950年到1973年，仅福特财团就向以地区研究为中心的国际问题研究资助了2.78亿美元。其中3700万美元用于亚洲研究；3100万美元用

---

① Cumings［1997］的研究认为，冷战时期美国各财团对地区研究的支持，其背后存在着强烈的政治介入。

于包括苏联在内的欧洲研究；1300万美元用于非洲、中东研究；1100万美元用于拉丁美洲研究。如果考虑到当时美元的强势地位，这些金额在今天可谓天文数字了。而福特财团还在1952年设立了外国地区奖学计划，从1952年至1972年共资助了2050名学者，其中历史学605人、政治学439人（Pye［1975］11-12）。在冷战的政治背景下，资助地区研究的中心是历史学和政治学。

由此可见，美国的地区研究产生于现实政治，并在政治中不断成长。但是，地区研究的种子一旦发芽，就逐渐在大学和研究机构中萌生了作为学科的自觉性与自立性。与政治学尤其是国际政治学相比，地区研究与比较政治学的亲和性日益加强。这或许是由于地区研究大多涉及非欧美国家，且与美国针对社会主义阵营的战略密切相关，因此在其根源深处存在着掌握发展中国家政治发展现状与方向，并尽可能诱导这些国家走上成为美国式社会民族国家发展轨道的意识。在这个意义上，美国的地区研究具有"社会科学的优良数据库"的侧面（猪口［2007］215）是不可否认的。也就是说，其位于学科之下的定位已是某种学术界的默契。

美国的这种学术关注促成了成为国家形成中心理论的现代化理论（modernization theory）。现代化理论首先在发展经济学中崭露头角。正如W. W. 罗斯托《经济增长的各阶段》一书的英文副标题"一份非共产党宣言"所显示的，现代化理论旨在为新兴国家从传统社会向美国式发达大众消费社会过渡提供一条发展路径（Rostow［1960］）。在政治学中也存在着同样的关注，20世纪60年代在比较政治学领域，地区研究作为政治现代化理论以及较之更为先进的政治发展理论引发了众多的争论。①

但是，现代化理论不久却成为受到集中批判的对象。20世纪60年代中期后，随着越南战争陷入泥潭，反战运动日益高涨。从60年

---

① 政治现代化理论与政治发展理论的研究领域各自的代表作可参见Apter［1965］，Pye［1966］，Huntington［1968］。

代后期到 70 年代，现代化理论作为种族中心主义及欧洲中心主义的典型成为批判的对象。1969 年反对越南战争的青年学生们成立了批判以往亚洲研究正统派的"忧虑亚洲研究者委员会"，他们的批判集中在美国以往的亚洲研究变成了战争与侵略的工具，而现代化理论则无视发展中国家的多样性，结果无法解决这些国家的贫困问题①（金原［2000］）。

在上述背景下，现代化理论急速走上了下坡路，同时越南战争的失败以及由此带来的经济停滞和美元暴跌，美国对地区研究的关心开始迅速下降，这一现象从 20 世纪 70 年代后期开始到 80 年代以后最为明显。代表这种氛围的就是保罗·柯文（Paul A. Cohen）对美国研究中国问题的政治性进行批判性总结的《知识帝国主义》（Cohen［1984］）一书。如后所述，1989 年冷战结束，进入 90 年代后，全球化浪潮席卷世界。其后美国的关注内向性倾向进一步加强，地区研究也失去了再次拥有 20 世纪 50—60 年代黄金期那样的活力。当然，与反恐及伊拉克战争有关的中东、中亚以及与崛起的中国相关的地区研究显示出了一定程度的增加。但就全体而言，似乎可以认为地区研究已经被排除在学术界重点项目之外。

日本的地区研究——从进口到本土学科

如果考虑到语言学习、文献调查、实地调查、共同研究等地区研究的基本要素，地区研究的名称虽然发源于美国，但具备地区研究要素的研究方法却存在于古今东西的历史之中。任达（Douglas R. Reynolds）在考察二战前上海日本东亚同文书院的历史后认为，该书院是领先于美国地区研究的典型（Reynolds［1986］）。日本在二战

---

① 关心亚洲研究者委员会（Committee of Concerned Asian Scholars，CCAS），比起研究中心，更可称之为政治性极强的运动组织。站在亚洲的立场上从事研究的姿态固然值得肯定，但诸如对当时的中国"文化大革命"肆意赞美等的研究，其后委员会也不断被这种政治性所嘲弄。

前为经营大陆而组建的大型智库满铁调查部也可称为一种地区研究机构。但是，这些机构在二战后都被作为战前军国主义的情报机关而被否定并解散。当然，战后的这种否定不仅针对上述研究，更是针对战前日本的学科体系本身。

在战后知识真空的状况中，日本的学科体系极大地依存于美国（Eto［1961］129）。战后，从战场回到大学的一部分优秀年轻学人在 20 世纪 50 年代留学美国，被与日本大相径庭的美国知识环境所震惊和折服，并努力从中摄取营养。他们回国后，开始向日本的大学及研究机构传递美国式的学术风格。地区研究也是其中之一。以庆应义塾大学为例，政治学科"地区圈研究"讲座就是石川忠雄在美国亲身经历了当时极为兴盛的地区研究并于 1957 年回国后马上开设的。值得一提的是，日本的美国学会成立于尚处于美军占领下的 1947 年；亚洲政经学会成立于《旧金山和约》签订后的 1953 年；而日本国际政治学会则成立于 1956 年。这些都象征着战后日本开始再次启航走向世界。

美国式的地区研究在日本得到了迅速传播。1955 年北海道大学成立了斯拉夫研究中心；1958 年亚洲经济研究所、同志社大学美国研究所相继成立；1959 年成立了日本国际问题研究所。从"美国式"的角度看，1963 年在福特财团资助下成立的京都大学东南亚研究中心十分重要。该研究中心旨在从事以"东南亚现代化"为中心的跨学科综合研究，在实施包括实地调查在内的调查研究计划的同时，还包括实施以培养研究人员赴当地进行以语言学习为中心的地区研究培训计划（京都大学东南亚研究中心［1963］）。

值得深思的是，地区研究草创期的日本研究者们有意识地极力

---

① 战后日本的地区研究以美国研究为开端是很自然的。战后，日本被以前的敌国美国占领统治，而美国也极力寻求加深对美国的理解。美国学会的创建既是如此，1950 年起东京大学与斯坦福大学合办的美国研究研讨班开始活动，第二年京都美国研究研讨班开始活动（斋藤［1998］）。

排斥美国地区研究中明显存在的政治性。亚洲经济研究所第一任所长东畑精一在所刊《亚洲经济》创刊词中表示:"除了历史方面之外,我国过去很多有关亚洲的研究及调查几乎都是出自'国策'的考虑。……这其中的研究多以单纯的一时性的或偏袒日本的'利益论'而告终。……亚洲经济研究所将不断对此进行反省,并始终坚持真挚的研究活动"(东畑[1960]4-5)。

此外,在京都大学东南亚研究中心成立之际,京都大学校长平泽兴曾发出忠告:"在有关东南亚研究的问题上,首先必须明确的是,这一研究归根结底只能着眼于对该地区进行科学研究,无论任何情况下都不能采取政治性立场"(平泽[1963])。上述发言都抱有对战前日本与亚洲之间不幸关系的强烈意识,象征着当时日本知识界的氛围,可谓意味深长。尽管地区研究是从美国引进的,但非政治化是其研究前提这一点在日本得到了普遍认同,这反映了时代的大气候。

日本的地区研究尤其是政治学研究,还有一点与美国存在着明显不同。美国的地区研究由于以政治学学科的优势为前提且是视为对其进行补充而建立的,因此与政治现代化理论及政治发展理论等比较政治学较为接近。而日本则在政治学方面的理论化意向较弱,较之现代化理论等方法,对传统的实证、历史分析的重视意向较强,莫如说与国际政治史及国际关系论的关系更为紧密。此外,日本的地区研究存在着被认为是发展中国家及第三世界研究同义语的强烈倾向,研究重点在于分析欧美发展的政治理论及比较政治学与这些地区的实际情况如何不同。总而言之,日本地区研究有这样一种强烈倾向,其存在意义很大程度上在于强调以往起源于欧美的理论不足。

20世纪80年代后期,随着美元地位的迅速下降及日元地位的迅速上升,1985年《广场协议》后日本企业被迫向海外发展。而来到日本的外国留学生,特别是亚洲各国的留学生急剧增加,单纯的劳工也开始大量流入日本。这个时代在日本出现最多的词汇就是"国际化",日本人在海外的生活状况以及日本社会如何应对来日外国人等,都成为广泛议论的话题。在崛起的日本的"国际化"推动下,对地区研究、国际关系教育等的需求也迅速扩大(上智大学国际关系研究所[1984]序言)。20 世纪 70 年代后期,日本取代在越南战争中疲惫不堪的美国,在国际上的存在感不断上升,世界上探求战后实现了经济奇迹的日本之力量源泉的地区研究也风靡一时。① 作为对这种现实动向的反映,地区研究及国际问题研究机构相继建立,相关的研究项目也大幅增加②。从 20 世纪 80 年代到 90 年代,大学本科及研究生的学科中都出现了与地区研究及国际关系相关名称的课程。

在上述发展过程中,日本的地区研究与国际关系论的距离日益拉近。坦率地说,这并不一定是充分考虑到地区研究中重视历史文化特殊性及地区固有内在因素的倾向与国际关系重视和其他国家及地区之关系及外在因素的倾向这两者之间方向性差异的结果③,两者之间的共同点在于对外部世界的关心。尽管如此,这在某种意义上也是成功的,双方以和平共处的形式带来了相乘效果。

---

① 比如可参考 Vogel [1979]、Johnson [1982] 等。
② 这时成立的研究机构有成蹊大学亚太研究中心(1981 年)、上智大学比较文化研究所(1981 年)及亚洲文化研究所(1982 年)、庆应义塾大学地区研究中心(1984 年)、国际大学日美研究所(1985 年)、明治学院大学国际和平研究所(1986 年)、日本国际论坛(1987 年)、世界和平研究所(1988 年)、立命馆大学国际地区研究所(1988 年)、新潟大学环日本海研究所(1988 年)、国际东亚研究中心(1989 年) 等。
③ 过去的亚洲政经学会中,曾对包括地区研究与国际关系论的关系在内的日本地区研究进行了激烈讨论。其内容主要刊登在《研讨会"地区研究"的新发展》(《亚洲研究》第 28 卷第三、四号合刊,1982 年 1 月)。此外,冈部达味就地区研究与国际政治学的关系也曾一针见血地指出:"没有地区研究的国际政治学者,除非是具备特殊的才能,否则恐怕只能是'进口商'"(冈部[1992] ii),对日本政治学中存在的将美国国际政治理论翻译为日文并介绍到日本的学术倾向进行了猛烈的抨击。但是,地区研究究竟对国际政治理论的强化做出了多大程度的贡献,仍待商榷。

二、全球化时代的地区研究

"地区"的划分与民族国家

"地区"究竟是何含义，以何种标准予以界定？实际上存在着各种划分方法，比如按大陆可划分为欧亚大陆、非洲大陆、北美大陆、南美大陆、澳洲大陆、南极大陆；也可以按照大洲划分为亚洲、非洲、欧洲、北美洲、南美洲及澳洲等六大洲；宗教则可分为基督教、伊斯兰教、印度教、佛教、儒教等。仅就亚洲划分，既可以分为东亚、东南亚、南亚、西亚、中亚、西伯利亚等，也可以分为东北亚和西南亚。南北美也可以分为盎格鲁美洲与拉丁美洲。同样是基督教，可以分为天主教、新教及东正教等。除上述划分外，还可以根据经济发展阶段分为发达国家、中等发达国家及发展中国家；根据政治体制及经济体制分为资本主义、社会主义、自由主义、民主主义、威权主义、极权主义等。总之，无论根据什么样的标准都可以将世界进行划分。

尽管如此，近代以后世界地区划分最一般的标准是民族国家。现在世界上有大约200个民族国家，作为全球境界线的划定，这也是近代以来最普遍的划分方法。原本应是以一个民族一个国家为原则，但是现实世界里完全按照这一原则成立的国家几乎不存在。由于人口流动、战乱、混乱、侵略、贫困、歧视、开拓等各种原因，很多人离开故土或被迫流离失所。民族国家的划分本应由在当地生活的人们的身份认同所决定，但现实中很多情况是由大国谋略等外部因素决定的。

美国的地区研究具有解析对本国而言的"敌国"及"问题国家"性质的明确战略目的，其后从比较政治的视角解析这些民族国家的形成过程，这一研究方向已成为学术界的主流。或许是对这些特点的反映，美国的地区研究基本上以国家单位划分为中心。与此相比，日本地区研究具有如下认识倾向，那就是探索不同于欧美的新发展模式的可能性，即探索非欧美世界而不局限于民族国家。可以认为，这种倾向至今都很强烈。

与这一点相关，矢野畅认为，地区划分的原点在于"符合国际政治现实的分割世界之想法"，其中存在着"恣意性"。这种认识方法本身并不只是战后美国的产物，而"纯粹是近代欧洲的产物"（矢野［1993］9-14）。根据矢野的研究，东南亚这个概念就是从第二次世界大战到战后冷战这一期间在美国的世界战略中确立的（矢野［1986］）。以欧美视角作为基准理解世界的方法以及以其中潜藏着的政策论及发展阶段论为基础的认识方法本身就存在着问题。这与萨义德在《东方主义》中一语道破的"叙述"是一脉相承的，即拥有"一目了然理解与我们的世界截然不同的世界，并视情况进行支配、操纵甚至统一的一定的意志、目的与意识"。

总而言之，划分世界并没有统一标准而是多种多样的，这种认识方法本身十分重要。矢野将此称为"一种将世界解体的工作"，并主张"超越克服'现代'所产生的众多单元性思维，由此树立新的世界观"（矢野［1994］9）。这里出现了"世界单元"的新概念。这是"通过从属地区、人种、文化等某种纽带以及政治经济的整合力形成某种单元性，其中的居民拥有同样世界观的有限社会空间"（矢野［1994］14）。试图将矢野的理论用于分析东南亚世界的高谷好一认为，世界单元是地区划分的根本，并将其定义为"拥有相同世界观的人们居住的范围"（高谷［1993］12）。

山影进的观点与上述主张略有不同。他对尝试用"反'西方中心史观'的史观"来从近代以前的东南亚中寻求世界体系的存在这一研究提出了质疑。山影认为，不能通过追求同一性、共通性来建立一个体系，而应该将原有的分散作为前提，以相互关联性及网络为基础来构建地区概念（山影［1993］）。

总之，对划分地区而言至关重要的是，在根据主题划分一定地区时应不断确认这一地区有别于其他地区的自身问题意识及认识方法。古田元夫在论及历史学地区划分时指出:"基本而言,(地区划分)是历史学家根据主题设定的,其范围具有可变性和多样性。历史学家根据问题的历史具体条件,关注小于一个国家的地区、跨越国境的地区、包含众多国家的地区等各类地区,研究其多重结构",并称其为"作为方法论的地区"(古田 [1998] 42)。

这种地区研究思维的重要性在 20 世纪 90 年代后迅速成为了一种共识。冷战的结束及全球化的迅速发展,对以往的地区研究带来了巨大冲击。民族国家虽然仍是形成世界秩序的主要行为体,但是冷战结束导致的固定秩序观的终结以及全球化带来的人员、物质、货币、信息的跨境化现象却推动了国家相对化的进展,使地区研究必须适应这些变化转变思维及研究方式。

冷战的结束与全球化的浪潮

冷战结束后,知识分子们围绕着未来世界秩序的构想展开了争论。其中两种挑战性的理论引起了学界的关注。其一是福山的《历史的终结》;其二是亨廷顿的《文明的冲突》。福山认为,由于冷战的结束,社会主义、共产主义体制失败,而自由民主主义及资本主义制度获得了历史性的最终胜利,从历史哲学的观点宣告了"历史的终结"(Fukuyama [1992])。这种观点也可以看作是上述现代化理论的改版。但是,这种理论在国际政治的现实中却暴露出了局限性,其象征就是其后的美国中东政策,特别是布什政权发动的伊拉克战争在结果上证明在这一地区民主主义并没有扎根。而亨廷顿则否定"历史的终结"观点,认为世界上价值观存在明显差异,并预测将来的世界将分裂为几种文明(Huntington [1996])。这种理论面对全球化经济中跨国境流动的人员、物质、货币、信息的现实,也逐渐褪色。可以说,前者轻视了地区研究,而后者则过度强调了地区研究。

这些大争论的背景是冷战结束对地区研究学者带来的巨大冲击。因为美国的地区研究正是随着冷战这一国际政治现实而发展起来的（Waters［2002］2-3；Mirsepassi et al.［2003］3-5）。也就是说，由于冷战的结束使得地区研究的正当性及获得实际研究资金变得困难起来。而雪上加霜的是，地区研究的学者由于全球化的迅速发展越来越陷入困境。在全球化的世界中，出现了对探求一定地区固有价值观及知识的研究意义的质疑。美国很多的政策制定者、大学、财团等甚至将地区研究贬低为"时代错误"（Mirsepassi et al.［2003］2-3）。这种轻视地区研究的倾向在2001年"9·11"事件后也基本上没有发生改变（Mirsepassi et al.［2003］14）。

平野健一郎认为，随着全球化的发展，地区研究学者长期以来享受的"沉溺于特定地区研究的欢愉""迷恋于研究对象的快乐"等"特权"正在丧失，追求全局性、多层性、跨境性的国际社会结构为地区研究开辟了从个别性向普遍性发展的道路（平野［2007］）。的确，日益严重的地球温室效应，能源争夺与节能，不稳定的国际金融，歧视与贫困问题，大规模杀伤性武器及武器的交易和移转、走私以及艾滋病、非典、禽流感、疟疾等传染病，毒品与犯罪，自然灾害等，这些与其说是特定国家和地区的问题，莫如说已成为超越国家与地区界限的全球性问题。现在，地区研究所谋求的就是：如果考虑该地区固有特性的现代性与政策性，那么就要在不断反馈中分析全球性问题对地区造成何种影响，而这种影响的状况与反应反过来又如何并在多大程度上影响着世界的全球化。这应是今后作为地区研究与国际政治学关系研究的对象。

最后，本章将对今后有可能衔接地区研究与国际政治学的地区主义进行简单探讨。近年来，从欧盟、东亚共同体的动向可以发现，地区主义正逐步成为时代潮流。这既是地区对迅速发展的全球化的一种应对方法，也可以说是某种缓冲地带。这是由于全球化虽然可以轻易超越民族国家的壁垒，但也存在着冲击巨大的情况，为此有必要以结成整个地区的合作来作为某种缓冲。地区研究的"地区"与地区主义的"地区"在日语中容易混同，但两者尽管有类似之处但却是根本上不同的概念。山影进认为如果用英语表达不致产生上述混淆，但今天地区主义与地区一体化的积极动向也可能会成为产生新的地区概念的基础（山影［1999］）。如果在此可以发现新地区研究的前景，那么这也可能成为衔接地区研究与国际政治学的重要领域。

三、本卷的目的

地区研究就是将世界某个特定地区分割出来解析其独特性的实证研究，即"发现并解析世界各地个性的知识探求"。地区研究诞生于第二次世界大战及冷战状况下美国的政策需要。在这个意义上地区研究的发端是政治性的。但是其后美国的地区研究开始作为学科走向独立，在政治学上比起国际政治学更接近于政治现代化理论与政治发展理论等比较政治学。由于财团等的巨额资助，在大学和研究机构得到了普及。但是冷战的结束及其后全球化的发展造成了对地区研究认可的迅速下降，"9·11"后也没有大的改观。

与此相比，20世纪50年代，美国式的地区研究在日本得到迅速普及，却掩饰了美国那样的政策性及政治性，而从地区研究所特有的实证主义角度出发，在研究意义上带有较强的探求欧美理论局限性的倾向。在美国的地区研究开始衰退的同时，80年代的日本地区研究却借助"国际化"的东风达到鼎盛时期。这种势头在冷战结束以及全球化的急速发展中也没有出现根本性的改变。这一时期，地区研究与同样是对外部世界进行研究的国际政治学与国际关系论的关系不断加深。在这个意义上，美国的地域研究过于受到现实政治的影响而难以稳定发展，但日本却少有这种不平衡。如何发挥这一优势，将是今后日本的地区研究所要探讨的课题。

正如本章不断重复的那样，重视内在背景的地区研究与重视外在背景的国际政治学两者的方向并不一致。在这一点上，两者可以说是竞争对手。但是，沉浸在各自世界观的时代已经终结。尽管民族国家作为国际政治核心行为体的基本结构仍未改变，但在全球化过程中，所有领域都在迅速发展的跨境现象已经超出了民族国家的框架。仅以深入"后院"而暗自愉悦的地区研究正在走向尽头。反之，全球化万能主义与普世价值万能主义的理论也是危险的。全球性因素如何与地区融合，会带来何种反抗，而这些又对国际政治产生什么影响，包括地区主义的方向性在内，这些反馈将不可或缺地成为地区研究与国际政治之间的有机存在，地区研究正进入这样的时代。

本卷所载11篇论文都是以世界各地作为案例，从各自的切入点论述了地区研究与国际政治学之间既紧张又融合的关系。第一章竹中千春在回顾历史的基础上论述了全球化中民族国家与民族主义的意义。第二章武内进一论述了作为武装冲突原点的地区逻辑与国际政治逻辑。第三章森井裕一论述了以欧盟为先导的国家、地区与作为国际政治衔接点及缓冲的地区主义。这些都是当今地区研究的基本课题。第四章小嶋华津子则论述了在国际政治学中如何理解长期以来以"中国特殊性"为盾牌享受例外地位的中国。第五章田村庆子论述了极为多样性的由10国组成的东盟是否会坚持地区主义的道路。第六章酒井启子论述了在国际政治中作为被他人设定的地区概念的中东能否成为主体性的地区。第七章小衫泰在联系"9·11"事件的同时，论述了在地区研究及国际政治学中应如何看待当今的伊斯兰教及宗教问题。第八章远藤贡论述了地区研究及国际政治学应如何将因地区冲突甚至危及国家存亡的今日非洲设定为研究对象。第九章出冈直也论述了为政治体制理论提供了众多研究材料的拉丁美洲地区在今后全球化进程中会走向何方。第十章岩下明裕论述了苏联解体后产生的新地区概念——可称为亚洲与欧洲公约数的中域欧亚大陆对今后国际政治的意义。第十一章久保文明则论述了其一举一动都在影响世界的美国在今后的全球化世界中如何平衡国内政治与国际政治的关系。

本卷针对以上当今世界的许多重要问题，主要从地区研究学者的视角对国际政治学进行挑战性的解读。

第一章　国家与民族主义

竹中千春*

一、国家与民族主义之间

国家与民族主义是分析21世纪国际政治不可回避的重要问题。经过20世纪的两场世界大战，国际社会确定了由"民族国家"构成的原则。此后凡是提到"国家"，几乎都会认为是"民族国家"。现在有近两百个国家加入了作为"各国国民联合"的"联合国"，除了极少数的王国及殖民地性质的地区，几乎整个世界都被置于以民族国家为基础的国际秩序之中。因此，尽管"国家""民族主义"因其局限性及问题不断受到批判并在政治上遭受挑战，其重要性却没有任何丧失的迹象。

每个国家都规定根据《联合国宪章》及各国的宪法，"国民"是决定"国家"方针的主体。但是，"国民"并不像君主那样可以一个人体现主权。数十万人、数百万人、数千万人甚至大国数以亿计的人们仅是一种集体的集合词而归于虚构。为了避免这种虚构，就必须集中多数人的意见并进行决策，运用可以让每个人都接受的正当性制度——选举、国民投票、议会制及政党制等。进而言之，为了使制度、机构等硬件发挥作用，就有必要拥有可诉诸人们理性

---

* 立教大学法学部教授。

与感情、可以有效获得支持与行动作为软件的"政治语言"。这种语言，从民族国家登上历史舞台的18世纪后期到20世纪，与作为现代政治理念的自由主义及社会主义并行发展，或者说凌驾于这两者之上并始终屹立不倒的力量，那就是"民族主义"。

如果"无视"有关"国家"与"民族主义"数量庞大的文献，冒昧对二者进行单纯定义的话，那么"国家"就是在人类社会中动用人力与资源的政治性经营体即"统治体"（government），而"民族主义"则是以"国民"为单位作为"团结人们的原理"而展开的思想与运动。本章将从这一视角出发，分析"国家"与"民族主义"的历史动力。

二、21世纪的新现象

在谈论民族主义时，很多情况下会使用"自古以来"及"悠久传统"等语言。听起来民族主义似乎从古代一直延续至今，但实际上则是工业革命以后的现象，充其量也只有两百多年的历史。在追溯历史之前，本章将先探讨民族主义最近的现象。

首先是"认同政治"的流行。人们自问"我是谁"，选择归属宣扬某种特定认同感的集团，通过政治甚至动用武力来主张这个集团的存在意义。种族性的分裂主义、宗教性的原教旨主义、原住民及移民等作为少数民族的自我主张、性别性的权利主张等都是如此。

在冷战时代，支持"国民"的民族主义以及宣扬"阶级"的共产主义运动成为政治的中心。"国民"与"阶级"以外的各种集团如果要伸张自己的主张，往往会被赋予前现代的、分裂主义性的、反革命性的性质而受到压制。但是冷战后，全球性媒体与市场经济不断发展，国家体制通过民主化与自由化进行重组，出现了各种"认同政治"。支撑着老式民族国家的"国民"与"阶级"的思想与运动失去了信用，而各种主张独特认同的思想及运动在市场、选举或冲突中反而吸引了更多的人。

尽管如此，这种"认同政治"却存在着两个方向。一个方向是在原苏联及东欧出现的主张分裂主义的种族集团在建设民族国家的同时，宣扬国家主义性质的民族主义，结果作为民族国家秩序被编入国际政治。另一个方向是分散在多个国家的人们被宗教、种族、性别等关键因素结合在一起的"认同政治"。由于这些集团本身就采取了带有超国家主义或脱国家主义性质的网络型结合方式，因此宣扬"认同政治"行为体的活动比起被编入民族国家的秩序之中，更带有在全球社会中扩展的倾向。此外，因反恐战争受到关注的宗教原教旨主义无论在民族国家秩序下，还是在全球社会的维度中，都显示出了极其强烈的动力（カルドー［2003］）。

其次，"游民"（nomad）社会的扩展。长期以来，国际政治学中，民族国家的基础一直是国境内的"领土"与"人口"。也就是说，定居性社会被认为是基本政治制度并得以建构。但是，由于移动生活的游牧民及流民的古代社会正在消失，取而代之的是向外国移民的人们，获得其他国家国籍或居住权的人们，因留学、工作、旅游、探亲等进行短期国际流动的人们，因战争、暴政、灾害、环境破坏、贫困等成为难民及移民的人们，这些新的"游民"正在急速增加（サッセン［1999］）。

在拥有10亿以上人口的中国及印度，加上古代的移民和工业革命后移居海外的华裔、印度裔人数达到了数千万人的规模，现在保留本国国籍但移居海外的人数也达到了数百万人的规模。被称为移民国家的菲律宾，占一成左右的700万人在海外生活，其中约有450万劳工，七成以上是女性，从事服务员、护士、娱乐业等工作，向母国汇回了数额巨大的收入。此外，每天都有大量的合法、非法移民从中南美地区前往美国。巴以冲突之所以成为全球性的大问题，部分原因就在于大量的犹太人和阿拉伯人作为难民及移民移居欧美、中东及其他众多国家。总而言之，移民现象已经影响了民族国家、国际社会和国际政治的动向。

可以认为,由于这些现象,民族国家与民族主义正在受到以下的挑战。其一是"接受移民国家"的定居社会结构受到了威胁。充实对移民的语言教育、保障其社会福利与雇佣都会增加财政负担。如果扩大不同的宗教、民族、语言集团的自由,就可能失去同质性社会的良好感情,由此会对这个社会具有多大的宽容力提出严重质疑。因此,作为不同出身、不同文化的人们都可以共生的政治智慧及结构,多民族主义及多文化主义正在被人们实践。另一方面,在负有缓和国民不安责任的政府没有采取相应措施时,寻求驱逐移民的排外主义性质的民族主义会博得舆论的喝彩,并可能导致暴力排外运动的发展。其二是被称为"全球民族主义"的现象。通过媒体及非政府组织结合在一起的不特定多数的人们共享"中国人""印度人"等集团意识,并不受自己现在所属国的束缚,而采取以自己祖籍的国家及国民为中心的联合行动。这些行动超出了限定于国土的民族国家逻辑,出现了支持"离散民"(diaspora)跨国主义的"想象共同体"(Seyla Benhabib〔2006〕)。

第三,"治理"(governance)理论的兴起。冷战后,美苏援助中断,随即在一些脆弱的国家里爆发了内战。面对这一事态,人们开始认真讨论国家"治理能力"的必要性。非洲的索马里、卢旺达、刚果、苏丹等国都是典型。这些所谓的"失败国家"(failed state)并没有被其他国家吞并,而是由干涉或内战变成了冲突地区,这一过程是现代民族国家秩序中特有的现象。针对这种事态,人们在讨论国际介入、国际援助以及治理重建等议题,而这其中则包含着从根本上动摇那种"国民自治"应比"外国人统治"更好的民族主义思想。但是,治理论朝这一方向发展的危险性已在反恐战争后伊拉克的惨痛状况中反映了出来(山本〔2008〕;大芝等〔2006〕)。

第四,地区主义的出现与壮大。20世纪70年代后期,第二次世界大战后既已开启的欧洲一体化进一步发展。在欧洲经济共同体(EEC)中,尽管民族国家的秩序仍然存在,但却正在形成超越国境的共同体，并于 90 年代演化为欧共体（EC），21 世纪初形成了拥有共同货币欧元的欧盟（EU），其新型政治实体的存在感已难以动摇（日本国际政治学会［2005］）。

原苏联地区成为俄罗斯与其他国家组成的独联体（CIS），中南美洲、非洲及东南亚等地的地区组织的重要性也在提升。而中东、阿拉伯国家及产油国的合作却呈弱化趋势，对南亚地区合作组织（SAARC）也难以期待。但即使如此，为了与大国和其他地区抗衡，地区组织的必要性较之以往更多得到了强调。在东北亚，日本、韩国都分别与美国签署了安全条约或建立了合作关系，与体制不同的中国、朝鲜进行军事对峙。日本与周边国家虽然也存在着历史问题，但同时经济合作关系却十分紧密，提出了"东亚共同体构想"，在亚太经合组织（APEC）及扩大版东盟的框架下不断进行着多边协商（毛里［2006］）。

如上所述，基于民族国家体系的"国家"与"民族主义"现在仍不断产生新的动力，出现新的现象。在日本的国际政治学及国际关系论领域也提及了这些问题，从亚洲的角度对这些问题加以认识，就南北问题、从属理论、相互依存理论、国际一体化理论、地区组织理论、国际政治经济学、国际文化交流等进行了探讨。毫无疑问，沿着这些方向的研究需求今后将进一步扩大（平野［2000］）。

三、民族主义的革命

本节将本着对 21 世纪的关心，追溯 18 世纪后半期至 19 世纪民族国家与民族主义的源流。霍布斯鲍姆将这一时期称为"革命的时代"。在这个时代，出现了工业革命、美国独立及法国大革命，从旧大陆到新大陆主权国家的秩序都出现了剧烈的动荡。绝对王政衰退，重商主义的殖民地帝国加速解体，通过市民力量建立了共和政治，很多民族国家获得了独立。席卷全球的市场经济与自由主义提供了新的政治规范（Hobsbawn［1977］）。

正如托马斯·潘恩（Thomas Paine）所言的"无代表不能课税"，美国的殖民地选择了绝对主义性的独立于英国的道路。独立战争胜利后的1787年，代表们汇聚费城，就建立由13个州组成的联邦制度达成协议，并通过了民族主义性质的宪法。另一方面，支持美国独立的法国在80年代遭遇了严重的经济危机，沉重打击了民众的生活。王权成为人们表达愤怒的对象，1789年被叛军及民众起义推翻。以西哀士（Emmanuel-Joseph Sieyès）所谓的"第三等级"为主体的"国民议会"掌握了权力，建立了共和制。革命战争也导致了西班牙和葡萄牙的动荡，两国领有的中南美的独立运动风起云涌。

以"我们人民"（We, the People）为主语开头的宪法相继制定，民主制度与共和制得到了确立。"国民"就是作为社会契约的宪法同意而诞生的政治集团之成员，并以具备判断能力的独立"个人"为主体的"市民的政治"。"国民"并不以身份、语言、种族、宗教、出生地、传统、习惯等"生而有之"的因素加以定义，按照斐迪南·滕尼斯的概念，是"自发性结社"（Gesellschaft 或 association），从而形成了以往卢梭、康德所设想，现在《联合国宪章》及日本国宪法中被称为"人类普遍真理"的国家形态（テンニエス [1957]）。

在这一过程中，民族主义是如何产生的呢？

在将美国独立视为掀起了第一次民族主义浪潮的本尼迪克特·安德森看来，发现并实现了民族国家这一新工程的人们，也就是"民族主义者"的起源来自在旧体制下寻求国家官职的克里奥尔人。克里奥尔人是指尽管肤色及语言与本国人相同但出生在殖民地的人们，像本杰明·富兰克林那样，这些人作为印刷技术的进步及出版市场的扩大即"印刷资本主义"的生产者及消费者，学习了作为母语的西班牙语及英语，购买、阅读并撰写了包括启蒙主义性著作在内的同时代流行的书籍报纸，既是殖民地的知识分子，也是城市中产阶级。他们以作为行政单位的殖民地为舞台建设独立国家，即"克里

奥尔人民族主义"的时代（アンダーソン［1997］）。

在法国，城市中产阶级虽然也掌握了革命的主导权，但并不是独立的，社会革命成为主要问题。根据乔治·勒费弗尔（Georges Lefebvre）的观点，法国革命是贵族的革命、资产阶级的革命、下层阶级的革命、农民的革命等各种革命交错在一起向前发展的。改革派的贵族与城市中产阶级领导的革命政权尝试实现对于富有教养且信奉自由主义的他们自身而言有意义的"市民政治"，但是农民与下层阶级却脱离了这个制度。另一方面，由于发挥了推动革命作用的农民起义及下层阶级的暴动阻碍市场经济等新的变化，他们追求复活应存在于作为"共同体"（Gemeinshaft 或 community）的古代社会秩序中的"道德经济"，从而具有某种"封建反动性"。而将这种放任将会倒退、迅速分化并沉寂的民众运动与革命结合在一起的就是由《马赛曲》及三色旗体现的、被称为民族主义的"政治语言"（ルフエーヴル［2007］）。

如上所述，美国的脱殖民地化型的民族主义、法国的社会革命型民族主义都是在惊涛骇浪中偶然产生的。这种自由主义性质的"自下而上的民族主义"的影响不仅在地理上扩展，也历经时代变迁广为传播。这是因为在世界各地都涌现出了以美国、法国为范本计划建设民族国家的民族主义者。

日本也不例外。从幕府末期到明治维新时期，对日本现状抱有危机感的开明派精英的主要课题就是，如何不重蹈在鸦片战争中战败的清朝的覆辙，建设国际社会通行的现代国家。优秀人才被派遣到欧美先进国家，学习军队、官僚制度、议会、宪法、实在法等，在进行取舍的同时，探讨将制度建设引入日本。年轻人赴欧美大学留学，学习现代知识与科学技术。正可谓倾有志之士之全力学习、吸收民族国家与民族主义的要义。

19 世纪在英属印度，英语教育一夜之间得到普及，在加尔各答和孟买建立了大学，培养殖民地行政及商业所需要的人才。他们可以流利地使用英语，学习本国文化知识，成为"黑皮肤的英国绅士"一族。一般人认为，成为法律界人士可以出人头地，而被录用为印度行政当局的高官则比较困难。作为共同受到这种歧视的"受过教育阶级"的"印度中产阶级"逐渐转为设计自治与独立的民族主义者。自由主义性的政治经济学为他们提供了批判帝国绝好的知识工具（Chatterjee [1993]）。

四、19 世纪的国际政治——从"革命的时代"到"新势力均衡"

"民族主义的革命"是如何改变了国际政治呢？为了结束三十年战争而由欧洲各国君主签订的 1648 年《威斯特伐利亚和约》奠定了旧体制时代的国际政治基础。具体而言，承认了诸如不以宗教为由进行所谓"正战"（正义战争）的世俗主义，不干涉他国内政的内政不干涉主义、不进行消灭他国的战争及占领的主权尊重原则等。建立的这一秩序的目的在于防止革命与内战，确立君主制国家现状的"反革命和平"。

随着法国革命的爆发，君主们结成同盟试图镇压革命。由民族主义及拿破仑的天才支撑着的革命法国一直坚持到 1814 年，但最终君主同盟获得了胜利。在 1815 年维也纳会议上，各方同意反革命的"欧洲协调"，法国王朝统治复辟。但是，这并没能完全阻止自由主义的民族主义潮流。美洲各国的独立运动仍在发展；希腊摆脱了奥斯曼帝国的统治获得独立；1830 年法国爆发了七月革命；在多民族组成的帝国奥地利及俄国，少数民族的民族主义日益高涨；旨在实现德意志民族统一的法兰克福国民会议召开，起草了宪法，并建立了关税同盟；在意大利，追求统一的烧炭党发动了暴动；1848 年法国再次爆发二月革命，建立了共和制，终结了维也纳体制。

"革命的民族主义"对国际政治的冲击可总结如下。首先，在国际及其面临的危机这一点上，专制性的王权国家（王政国家）都遭遇了政治经济危机，丧失了统治能力，城市及农村频繁爆发民众起义。其次，在领导者这一点上，抱有革命思想的领导人崛起，并成功地在首都夺取了国家权力。第三，作为新国家的社会基础，形成了在城市中产阶级领导下的城市民众与农民的政治结合。第四，在军事力方面，革命国家组织了强有力的国民军打倒了国内的反革命势力，并粉碎了其他国家的反革命战争。第五，在与国际政治的关系上，革命与民族主义的理念开始传播，形成了国际社会的新规范，大大改变了国际政治的主要行为体与秩序（Skocpol［1979］）。

如同黑格尔历史哲学所论述，就某种意义而言，民族国家与民族主义的历史进程是不可逆转的。但是正如任何运动都会产生反动一样，"革命的民族主义"之后，就是应称之为"反动的民族主义"，即国家主义性质的民族主义时代的到来。19世纪后半叶，君主制国家提倡国民恭顺，并利用了动员国家政策的"自上而下的民族主义"。在意大利和德国，以撒丁和普鲁士君主国为中心，在与周边国家的战争中夺取领土并建立了民族国家。吉塞佩·马志尼（Giuseppe Mazzini）所描写的国民解放的剧情，并不是率领法兰克福国民会议的知识分子、学生、市民领导的德国获得了解放，而是君主及其军队实现了国家统一。

而"反动的民族主义"时代的国际政治具备以下特点。第一，在受到"革命的民族主义"影响之后，专制君主国为了应对政治经济危机，试图进行"民族主义的革命"。第二，在领导者这一点上，以君主为中心的精英们抱着危机感推行了"富国强兵"的国家政策。第三，作为国家的社会基础，统治阶级通过保护主义的工业化政策培育了城市资本家，也通过镇压农民运动确保了地主阶级的支持，试图以国家为中心将上述两者联合在一起。第四，有效使用了国家的军事力量，镇压了国内反对势力，并在国际上确定并保卫了新的"国土"。第五，在国际政治中，作为新兴国家崛起的同时，也被认可为主权国家秩序的维护力量，从而成功扩大了本国的势力。

这种"革命的民族主义"与"反动的民族主义"、"自下而上的民族主义"与"自上而下的民族主义"、维持围绕这些的"反革命的和平"的国际政治以及其后以"新实力均衡"为目标的权力政治等，这些基于对立原理的国际政治的对抗与转变，在20世纪也以不同的形式与局面继续发展。比如，两次世界大战期间欧洲与亚洲的法西斯主义时代的国际政治，第二次世界大战后围绕着发展中国家被称为开发独裁的非民主主义体制的国际政治等，都可以从上述视角进行分析。

在同一时代的亚洲，日本形成了以天皇为中心的新国家，并选择了与德国和意大利相似的发展道路。这些"后起国"（late comers）为了追赶英法等先进国家，利用"自上而下的民族主义"推动国家建设、国民统一、工业化以及军事帝国化。在这样的挑战下，19世纪中叶的"英国治下的和平"被打乱，国际政治成为列强激烈竞争的舞台。为了确保重工业发展所必需的资源，列强开始争夺殖民地。19世纪80年代非洲被瓜分完毕，80年代后半期到90年代亚太地区也被瓜分。各国国内追求这种对外政策的好战的民族主义高涨，为帝国主义战争的第一次世界大战开辟了道路（ジョル［1984］；木畑［2008］）。

五、20世纪前半期的国际政治——总体战、俄国革命、法西斯主义

20世纪的特点是，长期以来作为国际政治舞台的欧洲遭受了两次世界大战的打击，而引导结束战争的超级大国美国，建立了以民族国家为主体的国际秩序，并以维护这一秩序为目的，建立了国际组织与国际规范。根据威尔逊总统提出的"自决"原则的设想，通过人民自由投票建立的民族国家将建立以自由主义性质的民主主义为基础的制度。其结果是，民族国家及其构成的秩序在国际政治中不再是改变现状的目标，而成为"维持现状"的对象（カー［1969］）。

第一次世界大战爆发的导火索是由19世纪后半期奥斯曼帝国撤

走后的巴尔干半岛的政治原因引起的。伊斯兰教的帝国撤退后，这一地区因历史原因仍然由多民族混居，要平稳地建立一定领域的民族国家可谓是难上加难的"工程"。而泛民族主义性质的帝国主义国家德国和俄国则利用这些多民族国家之间复杂的权力斗争，与长期以来的英国的霸权相对抗，寻求扩大影响力。在因欧洲各大国的介入而日趋紧张的"欧洲火药库"，1914 年 7 月塞尔维亚极端民族主义者在波斯尼亚刺杀了奥匈帝国皇位继承人，这一事件瞬间导致了欧洲两大同盟间的大战。这也是从属地区的进攻性民族主义与大国好战的帝国主义性民族主义互相纠结，而基于国家利益的实力均衡逻辑难以阻止而爆发的战争（ジョル［1984］）。

冲突从巴尔干扩散到了欧洲的主战场，德国同时开辟了在西部与英法两国、在东部与俄国对峙的两条战线，不久便陷入了胶着状态。战争变成了考验能否提供丰富且优质武器弹药的工业能力与能否动员士气高昂士兵的政治能力的持久战。尽管国民在战壕战中不断伤亡，战时后方的社会也日益贫困，各国政府却在宣传保卫祖国的重要性，试图维持举国一致的总动员体制。而使之成为可能的，无非是促使无产阶级积极谋求与资本家实现"国内和平"的民族主义。包括战胜国在内，民主化在战后得到了推广，其背景就是由于国民共同经历了长期而又残酷的"总体战"，而绝非仅仅是由于主张反殖民主义与民主主义的新世界美国突然以英雄的姿态出现并推翻了帝国主义及专制及对旧世界进行了变革的缘故。

在国际政治中心和大国政治舞台的欧洲，君主主权国家和帝国都被作为昔日的遗产遭到了否定。民主主义民族国家成为拥有合法性的政治行为主体后，人们期待民族主义发挥与以往不同的作用，即期待出现建立稳定的政府、推进国民统一、谋求国际合作的"好的民族主义"。但是，当人们在严重的政治经济危机中迷茫徘徊的时候，只有民族主义号召"保卫祖国""从专制压迫中解放"的思想与运动发挥魔力。因此，战胜国中的大国在处理战后问题的过程中，在决定国民的归属并建立民主主义民族国家之际，呼吁打倒外国势力强加的体制、重建自己梦想国家的"坏的民族主义"获得了支持，这反而导致了国际政治的不安定化。

其典型就是以主张反凡尔赛体制登上历史舞台的德国纳粹主义与意大利法西斯主义。战争失败后（原文如此，此处和下一段落的叙述与史实不符，一战结束时意大利为战胜国，并与日本等一同作为五大国之一参加了凡尔赛和会。——译者），两国的帝国制度解体。丧失领土，实行了民主化与非军事化，作为民主主义民族国家开始了新的国家发展征程。但是，在严峻的经济形势和不满的舆论民意面前，支撑体制的自由主义者与社会民主主义者的危机管理能力受到挑战，对左翼共产主义势力与右翼民族主义势力的支持不断扩大。墨索里尼通过进军罗马夺取了权力，夺回了失地阜姆（南斯拉夫西北部港市里耶卡），推进了反共军事国家的建设。在1933年总选举中在与共产党竞争中获胜的纳粹，夺回了被法国占领的地区，于1933年建立了第三帝国。两国都通过重建战时总动员体制推动经济发展，创造就业，并以此获得国民的支持。同时，通过排外民族主义对少数派和共产主义者进行镇压，而其后对犹太人的种族灭绝就是这种镇压的延续。

与德国、意大利不同，日本在第一次世界大战中属于战胜国阵营，战后经历了"大正民主"，并在华盛顿裁军会议上承诺裁减海军。但是20世纪20年代后半叶面对经济危机，议会政治成为众矢之的，通过军事干涉中国以重振国家的构想受到了欢迎。30年代日本发动了"5·15"事件、建立满洲国、退出国联、侵华战争、占领印度支那等一系列事件，继而发展为太平洋战争。因此，日本也是作为"后起国"将19世纪"反动的民族主义"发展为20世纪军国主义性帝国主义的案例。

另外，有必要提及的是第一次世界大战中发生的历史性事件——俄国革命。要求面包与和平的民众起义推翻了沙皇统治，并在几乎没有流血的情况下建立了布尔什维克政权。列宁等人曾经相信共产主义革命会在西欧发达国家爆发，但不久欧洲革命以失败而告终，只有俄国的革命政权赢得了革命战争。可是，由于马克思主义认为民族国家与民族主义是资产阶级进行统治的工具，为了打破国家的秩序并推广国际共产主义而成立了共产国际。此外，沙皇俄国各民族纷纷革命，解决"民族问题"成为当务之急。1922年，以民族自治区为基础的苏维埃社会主义联邦共和国成立。因此，俄国革命尽管不是"民族主义革命"，但却是在民族主义与国际主义的夹缝中寻找独具特色的道路上不断前行的。特别是作为落后国家革命的典范，对邻近的亚洲民族主义者产生了重大影响。20年代后，亚洲各地都成立了共产党，并成为志在民族解放斗争的革命组织（溪内［1978］）。

帝国中心地带国际秩序的变动，动摇了从属地区的秩序。为了进行世界大战，各帝国主义国家将殖民地编入总体战体制，动员人力、调配物资及资本送至欧洲和中东战场。但是，这场残酷的帝国主义战争不仅煽动了本国的民族主义，还极大地刺激了要求从帝国实现自由的反殖民主义性民族主义的发展。战胜国美国提出的以居民"自决"为基础构筑国家权力的国际政治新原则为寻求摆脱殖民地状态的政治运动带来了国际上的正统性。

这种反殖民地主义性质的民族主义在大战的影响下从北非波及整个亚洲地区，并继承了从19世纪末到20世纪初各地风起云涌的民众运动的衣钵，与城市下层民众及农民运动结合不断发展。换言之，多种行为体进行的革命运动集结在民族主义的旗帜下。在英属印度，宣扬非暴力不合作运动的甘地领导了民众运动，对聚集了西方式精英的印度国民大会党（国大党）进行了改组，成功地超越了印度型"克里奥尔民族主义"，而成功构建了大众性民族主义的基础。其结果，在印度，共产党没有成为民族主义的主角。但在帝国主义列强的"猎场"——清朝灭亡后长期处于内战状态的中国大陆，出现了国民党与共产党两大民族主义势力，两党在激烈竞争的同时结成了抗日统一战线。

综上所述，亚洲各地在以古老王朝、传统的宗教组织、地方的民族集团等为基础的克里奥尔性的精英民族主义之下，或更进一步形成了包含城市民众及农民在内的国民社会的雏形。这一动向在奠定了第二次世界大战后独立国家基础的同时，也导致了随后英属印度的分裂独立以及中国的分裂，并产生了各种民族主义力量之间深刻的分歧与对立（竹中［2008］）。

六、20世纪后半叶的国际政治——冷战体制与去殖民地化

为了对抗第一次世界大战后的国际秩序，以新形态的"反动民族主义"为旗号的德国、意大利、日本在欧洲及亚洲挑起了战争，并演变为第二次世界大战。尽管最初"后起国"再次挑战先进大国的英国、法国并取得了优势，但美国再次与后者联合介入了战争。最终"后起国"失败，军国主义体制与帝国被瓦解。其结果，以美国为中心再次确立了以民主主义民族国家为主体的国际和平体系，并创建了联合国以维护这一和平。但是，第二次世界大战后，苏联崛起为军事大国并控制了欧洲东部，对此警惕的美国试图通过"遏制"政策加以防范，从而形成了美苏两个超级大国对峙并将世界一分为二的冷战体系。

在冷战时期，以谋求改变国际体系的民族主义形式得以发展的是20世纪反殖民地运动的浪潮。继18世纪末到19世纪初美洲各国掀起了独立的"反殖民地化第一次浪潮"之后，二战后又掀起了"第二次反殖民地化浪潮"。首先，与处理战后问题相挂钩，被德国占领的东欧地区，曾经在两次世界大战期间的民族国家经过重组后再次复国，非洲的意大利殖民地获得了独立，亚洲被日本统治占领的地区也相继诞生了新的国家。德军和日军撤退后，虽然欧美各帝国在亚洲、非洲和太平洋地区再次复苏，但1945年以后首先是亚洲各国走向独立，随后是在被称为"非洲年"的1960年达到顶峰的非

洲各国的独立运动，太平洋地区的岛国及其他残存的殖民地也走上了民族国家的道路。

在反殖民地化过程与民族主义的关系上，存在着与以往美洲民族主义的类似之处。亚洲、非洲、太平洋地区民族国家建立之际，其政治元素主要是从19世纪到20世纪前半期、长则百余年短则数十年在帝国主义统治下形成的"殖民地国家"（colonial state），是从帝国移植而来的作为国家机构、行政区划的领土以及作为臣民的人们的社会组合。学习了帝国语言的殖民地现代派精英不断成长，在推动反殖民地运动中发挥了领导作用。这种状况与美洲各国独立之际的"克里奥尔人民族主义"颇为类似。其结果就是尽管有了国家机构与领土，但却没有实际的"国民"。众多这样的民族国家在短期内迅速登上了国际舞台。

在独立过程中爆发了内战、国家出现了分裂并招致国际争端的地区，还出现了共产主义力量建立社会主义国家的事例。在日军撤退后的东亚，始于侵华战争之前的内战重燃战火，中国共产党取得了胜利并于1949年成立了中华人民共和国，失败的国民党则退至台湾。在北方成立了朝鲜民主主义人民共和国、南方成立了大韩民国的朝鲜半岛，1950年爆发了朝鲜战争，数十万的中国人民志愿军与从占领下的日本出兵的美军直接冲突。一时间世人担心美苏是否会爆发世界大战，还引发了美国是否会投放核武器的危机。在印支半岛，日军撤退后法国并没有承认该地区的独立，民族解放斗争持续进行，共产主义力量崛起。不满这种局面的美国从60年代开始进行大规模干涉，从而引发了越南战争。在遭受了沉重打击后，美国从越南撤退，越南作为社会主义国家于1975年完成了独立与统一。这些事例显示了反殖民地主义的民族主义与共产主义的结合。

如同美洲各国独立一样，反殖民地化的浪潮还孕育了民族主义者与独立后各国的团结。1955年亚洲、非洲各国汇聚一堂参加万隆会议，以印度、印度尼西亚、埃及和南斯拉夫为中心召集的不结盟会议等，对于由美苏两个超级大国的权力政治所左右的战后秩序，新兴国家团结一致发出不同声音具有积极的意义。推动这些政治运动的是亚洲新兴国家印度与中国在1954年共同提出的和平共处五项原则。但是，当独立浪潮开始退潮、发展中国家之间的对立日益凸显之后，这种第三世界的国际主义的威力只能逐渐丧失。

如上所述，20世纪后半期作为新兴民族国家获得独立的国家也肩负着发达国家19世纪后长期应对的课题，那就是进行"国家建设"（nation building），镇压反体制势力维持治安，保卫边疆维护对外安全以及发展经济。如同第一次世界大战后在欧洲脆弱的民族国家由民主制度转型为独裁或权威主义制度一样，独立时的民主制度不久就在危机中瓦解。从20世纪60年代到70年代，几乎所有的发展中国家都转向了军事政权、独裁和一党执政。这就是其后被冠之以"开发独裁"（developmental dictatorship）概念及"官僚威权主义"概念的非民主主义体制。很多这样的国家打着反共的旗号获得了美国的援助，并以此为资源推行"自上而下的民族主义"，实行强硬的治安政策与发展政策。而从另一面看，在其后掀起的民主化潮流中，民众一方从非民主国家夺回"国民"这个称呼的"自下而上的民族主义"普遍高涨（Huntington［1968］；Lins［1995］）。

在这种国际政治的发展过程中，战后日本的民族主义应如何定位？战争失败后，战前和战时国家主义性质的民族主义被否定，在外国的推动下实现了向和平民主主义国家的转型。占领结束时签订了《日美安全保障条约》，日本承担了向美国提供基地的义务，并且美国在冲绳继续行使行政权。不难想象，战败、占领、战后改革的经历对日本民族主义造成了很深的创伤。总之，日本战后的国家转型并不是通过国民自身的"革命民族主义"实现的，这一点至关重要。战后的日本抱着与第一次世界大战后魏玛共和国类似的问题开始了新的历程（五百旗头［2001］；我部［2007］）。

但是，战后改革也是人们从国家发动的战争中解放出来、重新获得自由与和平的经历。这种自由的气息支持着战后民族主义与和平主义,产生了战后文学与大众文化,并成为激励国民投入经济发展的底层力量。批判新宪法的声音来自于试图复活"反动民族主义"的人们,而与此同时,遵守宪法的声音则作为对连续在朝鲜和越南发动战争的美国的批判,表现为和平主义性的民族主义。美国为了强化在东亚的冷战体系,宁可与包括前者在内的保守势力合作,对日本政治施加影响(坂本〔2004〕)。

上文对战后日本是在日美关系或与东亚各国的关系中,作为日本固有的历史问题加以论述的。但是,在21世纪初这一时点上,有必要引入新的视角。反恐战争后的阿富汗和伊拉克尽管与日本一样经历了与美国的战争并失败、被占领以及非军事化及民主化的过程,但战后对和平的构建与1945年后的日本不同,充满了艰难险阻。在超级大国的霸权及民族国家秩序之下,什么样的和平是可能的?在什么样的条件下,新的民主制度可以得到人们的支持?在思考21世纪和平的过程中,战后日本的发展历程作为宝贵的案例可供人们重新分析。

七、"最低限度的道德"——来自地区研究的创造性批判

在论述"国家"与"民族主义"时,极易陷入欧美中心主义式的思维模式。本文似也难免其嫌。之所以如此,是因为民族主义与民族国家的时代与欧美各国发挥支配性影响的时代相重合,学术也自然反映了这一点。但同时,在现实的民族主义发展中,对这种思维模式持批判态度的议论也始终此起彼伏。在本文的最后,将探讨地区研究正是可以取代欧美中心主义思维的认识论宝库。

如上一章业已说明的那样,20世纪的学术研究是以美国为中心形成的"地区研究"。在这样的背景下,存在超级大国寻求新的世界政策的现实需要。即使如此,这种地区研究的出发点主要来自于19世纪以来西欧的帝国主义扩张以及伴随扩张的庞大知识积累。迫于殖民地统治的需要、从外国而来的欧洲人,学习了当地精英传授的

语言、法律、宗教和历史知识，运用文献学、考古学、人类学、历史学等现代学术方法形成了知识体系。此外，军队和官僚组织为了治安与税收也详细记录了殖民地当地的社会实际情况，并运用新的统计方法进行国情调查，这些信息后来都成为实证主义性质的历史分析的根据。如此建构的有关中东和亚洲的知识积累及其知识体系所支撑的西欧对东方的支配性看法，被萨义德称为"东方主义"（サイード［1986］）。

正因为如此，对抗发达国家构筑的帝国秩序的各个国家就会提出本国的独立性并试图创造新的知识。俄国革命胜利后的苏联，两次大战期间的德国、意大利和日本都提出了被视为超越西欧现代化的共产主义、国家主义和种族主义性理论。第二次世界大战后独立的后殖民地国家中，掌握帝国的知识的克里奥尔式即西欧式精英在掌握权力的同时，在形成国民的基础中寻求基于独自民族主义的知识体系。如果从历史叙述的角度看，知识界的领导人期待恢复被"帝国的历史"剥夺的本国历史，叙述"民族的历史"并用之于教育。因此，冷战期间在被定位于美国应从战略上加以认识"对象"的各"地区"中，伴随着实际上的权力斗争，始终在摸索如何叙述作为民族国家"主体"的"民族"。

在这样的历史背景下，从事地区研究的学者如土卫十（土卫十英文为Janus，汉译作"杰纳斯"或"雅努斯"，为罗马神话中的天门神，其头部前后各有一副面孔——译者）那样有两张面孔。一张面孔是运用以欧美为中心构建而成的学术语言的专家。另一张面孔则是与当地人交流，讲述当地社会语言的"本地通"。不考虑其出生在哪个国家，所有的学者都不得不翻译不同的语言，充当桥梁并发挥整合的作用。如果上述两张面孔可以完美结合，则会产生令人羡慕的研究成果，但在这两张面孔之间往往会产生裂痕。

当美国的世界政策受到极大动摇之际，美国的地区研究学者就不得不严肃对待这两者之间产生的裂痕，比如越南战争等时期。在从经济开发和冷战战略的角度出发主张支援发展中国家的军人政权及独裁有其正当性的氛围中，出现了一批对以美国为中心的社会科学及地区研究极度怀疑并进行批判的人们。研究印度尼西亚的文化人类学者克利福德·格尔茨（Clifford Geertz）和本尼迪克特·安德森、从事马来西亚研究的政治学者詹姆斯·C.斯科特（James C. Scott）、菲律宾历史学家雷纳尔多·C.伊莱多（Reynaldo C. Ileto）等都属于这一类型的学者（Scott［1985］；イレートー［2005］）。他们通过各自的方法，提出这些地区的人们拥有与美洲和其他独立国家所不同的政策并保持着特殊意义的世界这一假设。这种方法本身就具有颠覆现存概念及理论的冲击力。在笔者进行研究的印度，从20世纪80年代到90年代，受到米歇尔·福柯（Michel Foucault）及萨义德的影响，学习了E.P.汤普森学说的新左翼历史学者们提出了以民众为焦点建构南亚史的"底层研究"（Subaltern Studies），并对长期以来的"帝国历史"、民族主义者的"民族的历史"以及共产主义者的"民族解放斗争史"进行了批判（グハほか［1998］）。

综上所述，将现实社会及生活于此的人们置于眼前并尝试有效的学术对话的舞台就是"地区研究"。可以说，这就是学术话语与现实世界"邂逅"的前线。包括"国家"与"民族主义"在内，在阐释国际政治学分析工具的有效性及局限性的同时继续与微观现实世界接触的地区研究，作为知识突破口将发挥日益重要的作用。这也与对捕捉日新月异的政治行为体及其认识的不断尝试相吻合。

第二章 冲突的理论与现实
——从地区角度对武装冲突的观察

武内进一*

引言——从地区观察武装冲突

从地区的视角观察，武装冲突是什么？武装冲突（或战争）的问题①是产生国际政治学的原动力，在这一学科中往往占有核心地位。正如国际政治学重要的代表人物 E. H. 卡尔在《20 年危机》中对欧洲国际政治进行的深度考察一样，武装冲突的研究往往应该包含着地区的视角。那么，强调这一点的意义何在呢？

根据笔者的理解，在这一问题设定的背景里，存在着国际政治学这一学科与武装冲突这一现实之间产生的变化。国际政治学在第二次世界大战后迅速发展，其中使用数学模型以提高讨论抽象度，使用大规模固定样本数据进行统计分析等旨在建立更一般性、普遍性理论的研究已经兴起。由此，根据特定地区的案例分析武装冲突

---

* 日本贸易振兴会亚洲经济研究所非洲研究组组长，JICA 研究所客座研究员。

① 本章所使用的"武装冲突"与"战争"均可用"war"进行表述。本章基本使用"武装冲突"一词，是因为在日语中"战争"经常包含"国家间战争"之意。而今天武装冲突中国内冲突（内战）占压倒性多数，因此选用相对自由的"武装冲突"。此外本章使用的"冲突"一词基本与"武装冲突"同义。

的研究意义与理论贡献也再次受到了质疑。

另一方面,现实中的武装冲突在第二次世界大战后也发生了重大变化。这一时期发达国家之间的战争已不存在,取而代之的是迅速增加的亚洲、非洲等发展中国家中的国内冲突。极端而言,今天武装冲突的特性是发展中国家的内战。在国际政治学产生与发展的过程中,谈论的中心是欧洲的战争和国家间战争。但近年来的现实却大大偏离了这一中心。

从地区研究的视角分析武装冲突的方法千差万别,但万变不离其宗的应是抓住地区特性并从中总结其固有性与普遍性的态度。"从地区视角观察的武装冲突"论终极而言也是考察某地区冲突的特质——其固有性与普遍性。在本章中,笔者将以本人专业方向的撒哈拉沙漠以南非洲(Sub-Saharan Africa)为对象,探求这一地区冲突的特性及理论意义。首先介绍现代武装冲突的实际状况及其理论研究的进展,并在此基础上以冲突的地区特性为切入点探讨冲突的起因。

一、现代冲突及其原因

整体特性

近年来武装冲突的特征究竟是什么?笔者将利用乌普萨拉大学(瑞典)及奥斯陆国际和平研究所(挪威)共同建立的冲突数据库对此进行分析。① 这个数据库总结了 1946 年以来世界发生的冲突(发生国、冲突主体、冲突原因、冲突类型、持续时间、强度等),并每年进行修订,在分析现代武装冲突时可谓是被利用最多的数据

---

① UCDP/PRIO Armed Conflict dataset v. 4-2007, 1946-2006. [http://www.pcr.uu.se/publications/UCDP_pub/Main_Conflict_Table_1946-2006.xls](2008 年 3 月 12 日检索)。

库之一（以下简称 UCDP 数据库）①。笔者使用的 2007 年版包含了截至 2006 年的冲突信息。

在 UCDP 数据库中，武装冲突被分为体系外冲突（extrasystemic armed conflict）、国家间战争及国内冲突三种。体系外冲突是指帝国统治下地区的武装冲突，基本上都是殖民地的解放斗争，到 20 世纪 70 年代中期已基本消失。在三种类型中，国内冲突占压倒性多数。在数据库中，国内冲突的时间始终是最长的，直到 20 世纪 90 年代前半期为止呈增加趋势。国家间战争尽管也不断发生，但发生次数与国内冲突相比要少很多。

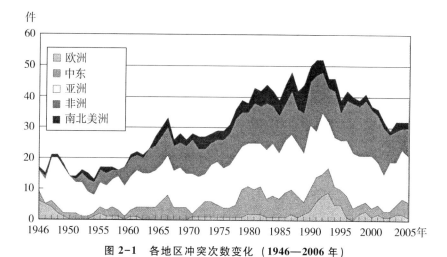

图 2-1　各地区冲突次数变化（1946—2006 年）

注：五个地区的划分根据 UCDP 数据库的定义。"欧洲"包括欧洲各国、

---

① 本数据库尽管具有数据全面的优点，但却在定义与分类上存在问题。比如，冲突的定义是"围绕着政府以及（或者）领域存在着相互竞争的不一致性，两个主体（其中至少一方为国家）使用武力并导致在战斗中至少死亡 25 人"，而单方面对平民行使暴力并不被视为冲突。但是，卢旺达爱国阵线（RPF）与政府间的内战是否可以与种族灭绝分开讨论，这很值得怀疑。此外，延续多少时间可记为一次冲突也没有统一见解。比如刚果民主共和国的冲突，无论是 60 年代中部发生的冲突，还是 90 年代以后的内战，都被作为同一场冲突的案例。原本而言，对冲突进行定义本身就十分困难，研究者之间也不存在共识（Sambanis［2004］）。尽管如此，由于具有涵盖冲突范围广的优点，本章将使用这一数据库。为了避免因个人判断修改数据，即使内容上存在与笔者意见相左之处，也完全利用了原始数据。

俄罗斯以及阿塞拜疆以西的原苏联加盟共和国（共44国）；"中东"包括埃及以东伊朗以西各国（16国）；"亚洲"包括阿富汗、巴基斯坦以东各国以及哈萨克斯坦以东的原苏联加盟共和国（37国）；"非洲"包括除埃及之外的非洲大陆及岛国（51国）；"南北美"包括南北美洲大陆及岛国（29国）。这其中包括桑给巴尔、民主德国等曾经存在过的国家，但受数据限制不包括塞舌尔等现存国家。根据 UCDP 数据库制图。

图 2-1 为各地区发生武装冲突的次数。可以发现，冲突发生的次数从第二次世界大战结束后略呈上升趋势，到 20 世纪 90 年代初期达到顶峰，然后开始回落。上图分别列出了五个地区发生的冲突次数①，其中，亚洲与非洲的冲突发生次数占压倒性多数；而与国家数量相比，中东的冲突次数也很多。第二次世界大战后的武装冲突中，几乎所有都发生在发展中国家、落后国家、新兴独立国家等被称为"南方"的国家。

冲突原因的统计分析

对发展中国家国内冲突的研究可谓不计其数，其中既有针对个别具体冲突的分析，也有从一般性、综合性视角的研究。在冲突的理论中，后者的方法与亲和性也许更强一些。由于篇幅所限，笔者在此仅介绍近年来一般性冲突研究中经常被提及的通过统计学手段对冲突原因的分析方法。这是将经济学中成熟的分析方法应用于国际政治学的尝试，近年来很多经济学学者也参与了冲突研究。

这一方面最著名的可谓领导世界银行冲突研究的保罗·科里尔（P. Collier）等人的研究成果。其议论的核心在于应关注造成冲突爆发的原因。挑起内战的各种势力尽管公开场合将政府的镇压与腐败等作为武装起义的理由，但很多情况下实际上以获得财富为主要目

---

① UCDP 数据库表示爆发冲突的强度（烈度），战斗中的死者每年由 25 人以上到 1000 人以下者为"弱"，在此之上者为"强"。图 2-1 的数据与强度无关，只统计了冲突的次数。

的。他们认为，比起冲突的政治动机，重要的是应关注使武装起义等成为可能的经济机会，即并非不平（grievance）而是欲望（greed）（Colloer and Hoeffler［2004］）。

从利用大型数据库进行的统计分析结果可以发现，初级产品出口额占 GDP 的比例、人均 GDP 的增长率、男性就学率、山地森林所占国土比率等均是说明爆发冲突的重要原因。这些可以被视为说明冲突"机会"的代理变量。在初级产品出口型经济中，叛乱势力较易掠夺资源；而就学率如果很低，则叛乱势力不花费成本即可征集兵力。此外，如果国土山峦遍布，则镇压叛乱势力的作战会变得困难。而这些条件都具备的国家容易发生武装冲突。另一方面，从回归分析的结果看，总体而言，民主化程度、多民族等政治因素对爆发冲突的说服力较弱。

同样运用统计学方法分析冲突原因的詹姆斯·D. 菲尔龙（James D. Fearon）和大卫·D. 莱汀（D. D. Laitin）在指出人均 GDP 等经济指标的高低与爆发冲突的相关性较高，同时认为应将爆发冲突与国家的脆弱性挂钩。根据他们的推论，由于国家在财政和组织上较脆弱、军事力量与警察力量薄弱，无法遏制叛乱势力，从而造成了内战的频发（Fearon and Laitin ［2003］）。

这些研究运用严谨的方法论对爆发冲突原因这个一般性命题进行了分析研究，具有重要意义。但从地区研究的角度看则仍有缺憾之处。这是由于武装冲突的内涵多种多样，因地区、时代的不同，行为体、争议及规模等各具特色，而在这些研究中却体现不出对这些方面的问题意识。① 而这种问题意识不仅对于总结地区特性，而且对于思考解决冲突的方案都是必不可少的。下节将通过具体事例探讨现代武装冲突的性质。

---

① Collier 认为冲突爆发原因并不在于地区的不同，所有原因都可以从经济因素方面进行解释（Collier and Hoeffler ［2002］）。而 Fearon 等学者则认为，冷战结束并没有对武装冲突的爆发产生影响（Fearon and Laitin ［2003］）。

二、武装冲突的地区比较

亚洲与非洲

第二次世界大战后,武装冲突爆发最多的地区是亚洲与非洲。因此,笔者首先从这两个地区开始进行比较分析。有关亚洲的战争,已有从全局角度进行的研究(田中 [1994])。田中在其论文中认为,亚洲的战争可以分为五个子体系(以中国为中心的东北亚,印支三国,印度尼西亚、菲律宾等东南亚,缅甸及南亚)。冷战以及摆脱殖民地的独立运动(国家建设)是战争动力中最重要的两个因素。随着时代的发展,战争呈现出休止的趋势。

笔者认为,田中最后的结论值得深思。表面看来,这个结论与图 2-1 是矛盾的,因为从图 2-1 看,亚洲的冲突发生次数并没有减少。这其中有两个原因。首先是地理划分的问题,与 UCDP 数据库不同,田中的论文并没有把原苏联的中亚各加盟共和国计入亚洲。而图 2-1 则反映了 20 世纪 80 年代后该地区冲突频发。其次,涵盖冲突的范围不同。田中的论文使用了 4 个数据库的数据,但这些数据库与 UCDP 数据库相比所收录的冲突数量都较少,只收入了规模相对较大的武装冲突。①

正如田中在论文中指出的,第二次世界大战结束后,受反殖民地运动与冷战影响而爆发的中国内战、朝鲜战争、越南战争等大规模武装冲突,可以说到 20 世纪 80 年代在亚洲已走向终结。但是,诸如阿富汗等国的内战长期化、菲律宾南部、斯里兰卡、缅甸、印度东北部等特定民族居住地区中相对低烈度的武装冲突却持续未停。如图 2-1 所示,亚洲冲突数量没有减少的原因即在于此。

---

① 田中的论文中没有涉及但被 UCDP 数据库列为冲突的 20 世纪 80 世纪的亚洲冲突包括:泰国老挝之间的边境冲突;缅甸国内 BCP(缅甸共产党)、克钦族、若开族、掸邦之间的冲突;柬埔寨红色高棉残部的冲突;斯里兰卡 JVP(人民解放阵线)的冲突;印度东北部(特里普拉邦、曼尼普尔区)的冲突等。

另外，非洲武装冲突增加十分明显。图2-1表明，20世纪50年代后非洲武装冲突发生的次数始终呈增加趋势。特别是90年代屡次爆发重大冲突，以致联合国秘书长历史上第一次就某一特定地区的武装冲突向安理会提交报告（UN［1998］）。

与近年来的亚洲相比，非洲的冲突烈度甚大，令人震惊。近年来，在非洲不断出现死亡超过总人口一成的武装冲突。1994年的卢旺达种族大屠杀、1989—1996年的利比里亚内战、1996年以来时断时续的刚果民主共和国的内战等都是如此。2005年最终签订和平协定的南部苏丹内战中的死亡人数也超过了200万；塞拉利昂和布隆迪内战中死亡、难民和国内避难难民化等受害者人数也超过总人口的一半。亚洲尽管也有印度尼西亚"9·30"事件、柬埔寨的屠杀等大规模屠杀的事例，但特别是从冷战结束后的冲突看，非洲冲突的牺牲者比其他地区明显要多得多（户田［2004］）。

与牺牲者人数多少有关，近年来非洲发生了多次在首都进行、国家机能完全丧失的激烈内战。1989年以后，安哥拉、埃塞俄比亚、几内亚比绍、科特迪瓦、刚果共和国、刚果民主共和国、塞拉利昂、索马里、乍得、中非、布隆迪、莫桑比克、利比里亚、卢旺达等国都发生了围绕国家权力的激烈内战（武内［2005］）。1991年以来始终处于无政府状态的索马里可谓典型，所以一般都议论这是非洲的"国家破产"。

通过亚洲与非洲的冲突比较，可以发现武装冲突也分几种类型，并在各个地区随着时代的变化而变化。20世纪70年代之前，亚洲频繁爆发大规模冲突，其后明显减少。而在特定地区的民族冲突尚未解决，一直延续至今。仅从UCDP数据库的数据看，亚洲的冲突次数尽管没有出现重大变化，但冲突性质已经发生了转变。相比之下，非洲的冲突次数却持续增加，特别是90年代后，围绕着国家权力的激烈内战频发，造成了严重的人员伤亡。

武装冲突的焦点

UCDP 数据库将每次冲突的焦点以围绕领土或围绕政府进行评估。围绕领土的冲突包括分裂、独立以及改变归属国等追求赋予特定领域新政权的暴力性对立。对此，如果反政府势力没有领土要求则被视为围绕政府的冲突。表 2-1 按照地区对冲突焦点进行了分类。当然，某次冲突的焦点是围绕有关领土的还是围绕有关政府（即国家权力）的未必可以截然分开①，但这种分类为了解冲突性质提供了重要线索。

在表 2-1 中，根据 UCDP 数据库的分类方法确定了地区，并将拥有统一 ID 号码的冲突视为同一案例。"冲突总年数"则指每个案例的持续年数，以其合计作为分母，表示领域及政府各自成为焦点的冲突年数所占的比重。这是由于仅将焦点进行分类的冲突次数无法比较，而需要加上持续年数作为权重值。

从表 2-1 可以发现，不同地区冲突的焦点大相径庭。特别是欧洲与南北美形成了鲜明的对照。两地的冲突次数均不多，但前者八成以上是围绕领土进行的，而后者几乎都是围绕政府展开的。欧洲尽管也存在希腊内战（1942—1949 年）、匈牙利事件（1956 年）等围绕政府（国家权力）的冲突，但占压倒性多数的是前南斯拉夫解体，格鲁吉亚的阿布哈兹和南奥塞梯、俄罗斯的车臣、阿塞拜疆的纳戈尔诺-卡拉巴赫等原苏联地区的民族冲突。这些都是在特定领域追求分裂独立或与他国合并的过程中产生的冲突（柴［1996］；中井［2000］）。另一方面，南北美洲典型的冲突是以意识形态对立为背景的拉丁美洲各国的国内冲突。在南北美洲没有发生过民族集团寻求特定地域分裂、独立的武装冲突。

在欧洲，围绕领土的武装冲突多数原因可归结为国内的民族结

---

① 表 2-1 中的"双方"集中出现在中东的部分冲突上。UCDP 数据库原则上按照领域与政府进行择一分类。

构。在国内存在着人口超过半数、在语言与文化上享受优厚待遇的多数民族与很难享受这些待遇的少数民族，两者由对立发展为冲突的案例引人注目。

表 2-1　各地区冲突的焦点

地区名	冲突次数	冲突年数	冲突原因		
			领土	政府	双方
欧洲	32	102	85%	15%	0%
中东	31	258	63%	32%	5%
亚洲	70	819	69%	30%	0%
非洲	73	538	43%	57%	0%
南北美洲	26	165	2%	98%	0%
合计/平均	232	1882	56%	43%	1%

出处：笔者根据 UCDP 数据库制作。

特别是对于原苏联各加盟共和国而言，其始作俑者是在苏联时期以命名民族为中心建立行政机构的民族政策（Beissinger and Young［2002］）。冷战结束后，苏联解体，各加盟共和国获得了主权国家的地位，也随即在这些国家的国民中出现了多数民族与少数民族之间的民族问题。可以说这种状况起因于原苏联时代的民族政策。南斯拉夫也是如此，联邦各加盟共和国都是以特定的多数民族为中心运作的，这一点与苏联相同。

在拉丁美洲各国，冲突形式并非地区上的对峙，而具有很强的意识形态对立色彩，其背景可追溯到人口组成的特征上。拉丁美洲各国的人口一般由原住民、欧洲裔居民、非洲裔居民以及混血等组成，其中欧洲裔居民和非洲裔居民原本属于移民，与特定的地理区域很难具有强烈联系。另一方面，原住民尽管拥有与领土相结合的文化，但他们的运动迄今都将重点置于要求权利，并没有出现过激化。拉丁美洲的原住民运动可追溯到 19 世纪，但很长时期欧洲裔居民处于要求权利运动的中心，而原住民自身成为主体的运动兴起已是 20 世纪 80 年代民主化以后的现象了（新木［2004］）。作为民主化的一环，原住民运动日益活跃并取得了一定的成果。因此可以认为，运动很难转变为过激的地区对立。

如表 2-1 所示，其余三个地区中，中东与亚洲的焦点分布比较相似，全部冲突中的 2/3 是围绕领土的，而在非洲围绕政府的冲突超过了半数。表 2-1 体现的亚洲与非洲的差异可以证实本文先前所述近年来亚洲围绕特定民族集团居住区域的冲突较多而非洲围绕国家权力的冲突较多这一观点。

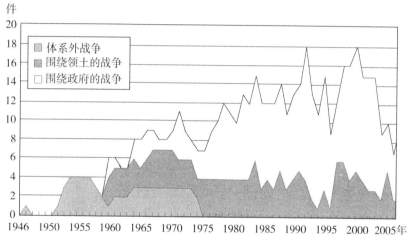

图 2-2　非洲冲突的焦点（1946—2006 年）

出处：笔者根据 UCDP 数据作成。

从时间序列观察焦点的变化则更为明确。图 2-2 显示了非洲冲突中焦点的变化。从图中可以发现，这 60 年间非洲冲突爆发的次数大幅度增加，同时，冲突焦点也在变化。第二次世界大战结束后的一段时期里，几乎所有的冲突都是"体系外冲突"，即殖民地解放斗争。20 世纪 70 年代中期以后，争取独立的殖民地解放斗争告一段落后，围绕着政府的冲突迅速增加。可以说，比起表 2-1 的数据来更能说明近年来非洲的冲突是以争夺政府即国家权力为焦点的。

为何非洲的冲突不是以领土而是以政府为主要焦点呢？非洲，特别是撒哈拉以南非洲各国的民族构成极为复杂，民族集团的分布与国境线并不一致。如果仅仅从这一点上看，非洲的情况比起南北美洲来，与欧洲更相似。尽管如此，为何在冲突中，领土没有成为主要的焦点呢？特别是考虑到撒哈拉以南非洲各国的情况，可以认为这与民族特性和国家的统治方式这两个因素相关。

三、决定冲突特性的因素

民族

有关武装冲突与民族的关系，在前文中已从多方面进行了论述。保罗·科里尔关注民族集团的数量，认为民族集团的数量如果较多，则冲突的危险性下降，特定集团如果人口超过半数（即存在人口中的多数民族与少数民族），这种情况下爆发冲突的可能性会上升（Colloer and Hoeffler［2004］）。此外还有众多研究强调民族集团是"创造物"，即是现代化进程中社会性建构之产物，并分析其与民族冲突爆发之间的关系（Fearon and Latin［2000］）。但是从这些谈论中无法说明各地区冲突特性之差异。

有关非洲特别是撒哈拉沙漠以南非洲的特性，笔者想要强调的是民族集团与国家的关系。UCDP 数据库定义的"非洲"，几乎都是撒哈拉沙漠以南非洲的国家①。撒哈拉沙漠以南非洲各国国内冲突频发，尽管体现了国民整合的不完全，但值得注意的是这些国家当初就没有采取、建立立足于特定民族集团的"国家"政策。

研究科特迪瓦民族问题的原口指出，科特迪瓦的国家权力"对于任何一个民族集团，或者说对于所有民族集团都没有给予其平等的、作为民族自我再生产的保证"（原口［1975］172-173）②。这

---

① UCDP 数据库中的非洲包括撒哈拉沙漠以南非洲国家以及埃及以外的北非各国。
② 原口对因为"部族（部落）"带有种族歧视含义而换成"民族""种族集团"（ethnic group）的做法提出了批评，认为近现代世界本身就包含着民族与部族的不平等关系，并以再生产的形式得以成立，而主张采用包括两者的"族集团"的概念。这篇论文中"族集团"中的"族"可以被解读为"部族"或"种族集团"。

一观点可以适用于相当多的撒哈拉沙漠以南非洲国家。特定民族集团的语言并没有广泛用于教育及行政，旧宗主国的语言成为公用语言及教育语言。国内众多的民族集团中，对特定集团的语言与文化进行正式的再生产被认为是"部族主义"而成为禁忌。

这种政策（或不作为）与苏联形成了鲜明的对照。苏联的民族政策尽管因时代不同而变化，但基本认可民族自决权，以一定的区域与特定民族相结合的形式，形成了加盟共和国、自治共和国、自治州、自治区的行政级别秩序。特别是在加盟共和国与自治共和国的层面上，处于中心地位的民族集团（命名民族）的语言被用于行政与教育（盐川［2004］31-80）。也就是说，在行政区中特定民族的文化再生产正式得以推动发展。

苏联解体的同时，加盟共和国成为主权国家，以往的命名民族在各自的国家成为多数民族。在苏联解体后诞生的主权国家中，逐渐出现了多数民族与少数民族对立的结构，而这种结构又如出一辙般复制到各国国内的自治共和国。在原南斯拉夫，组成联邦的各共和国存在各自得到文化再生产正式保证的中心民族，这一点与苏联相同。这样的联邦国家解体、以往的行政区划成为新的国境线时，多数民族与少数民族之间的力量关系发生变化，少数民族谋求分裂、独立和与邻国的统一，爆发了围绕领土的冲突。①

而在撒哈拉沙漠以南非洲各国，由于领土内并不存在明确的多数民族集团，各集团的文化再生产也没有正式进行，因此集团间的界限更加模糊②。这一特性对冲突的影响可以包括以下两点。

首先，促进了集团间的合纵连横。如果不存在人口和文化都处

---

① Fearon［1998］将这一状况作为承诺问题（commitment question）进行了数字模型分析。这种模型当然很重要，但也应重视当承诺问题成为危机时，这是在何种地区、历史背景下形成的（进而言之，这一模型适用于哪些地区，对哪些地区没有效果）研究。相关研究可参考石田［2004］。

② 种族集团的界线经常是模糊的，但如果语言、教育、行政等方面的制度化取得进展，划定形式上的境界线就会容易。但在非洲这种制度化几乎没有进展。

于优势地位并经常性握有国家权力的民族集团,也就不会存在经常被强加以少数民族地位的集团。在不存在绝对多数派的情况下,多数派与少数派通过合纵连横的组合反复换位。也就是说,纵横组合逐渐让任何集团都产生了成为多数派的机会,多数派与少数派的对立在领土方面很难固定。这一点便是撒哈拉沙漠以南非洲各国围绕领土的武装冲突较少的重要原因。

其次,对集团界线比较容易进行政治操作。由于集团的组织化、制度化没有发展,其范围没有确定,就容易产生政治领导人根据自己的需要成立新集团、排除边缘部人群重组集团的情况。以索马里、刚果民主共和国为开端,在非洲冲突中武装力量反复分裂的现象屡见不鲜。在现代国家建立后,集团凝聚力和安定性的缺乏影响了国家采取保证民族集团进行文化再生产的政策以及对这些政策的组织化与制度化。

国家

上文论述了撒哈拉以南非洲国家与民族围绕着领土的冲突不易在国家层面上发生。但是在非洲,围绕着政府的冲突却在增加,对这一事实应做何解释呢?笔者认为,这与撒哈拉沙漠以南非洲的国家特性有着很深的关系。

图2-3是基于世界银行的数据对各地区间有关治理的6项指标进行的比较。① 从图中可以明显看出,无论哪一项指标非洲的绝对值都较低,反映了在非洲市民权利受尊重的程度。除了"1 表达意

---

① 在图2-3的出处(Kaufmann et al. [2005])中,从37个来源收集了世界180个以上国家有关治理的数据,从表达意见与问责、政治不稳定与暴力、政府的效率、市场规制、法制与控制贪污等6个方面进行了评估。以1996、1998、2000、2002、2004年数据进行计算,中间点为0,上、下限约在+2.5至-2.5的范围之间。鉴于现代武力冲突几乎均发生在发展中国家,因此图2-3选取了经合组织(OECD)各国之外、6项指标均有2年以上数据的156个国家。这156个国家(欧洲22国、中东15国、亚洲34国、非洲52国、南北美洲33国)以与图2-1同样的标准进行地区分类后计算而出的平均值。

见与问责"外,其他各指标都较其他地区低很多。指标1低说明政权的强权性,在政治压制这一点上,非洲各国与中东和亚洲各国并无多大差异,但在治理的其他方面则问题很严重。从各项指标看,非洲国家政治不稳定性很高(指标2),行政能力极为低下(指标3),无法确保自由的企业活动(指标4),因警察、司法素质低下容易导致暴力与犯罪(指标5),贪污问题蔓延(指标6)等。

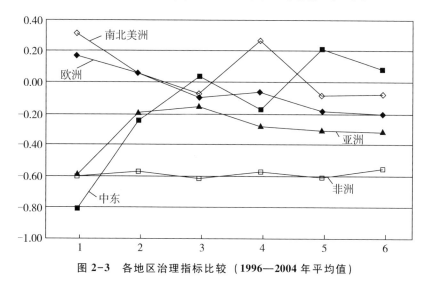

图2-3 各地区治理指标比较(1996—2004年平均值)

注:1表达意见与问责;2政治不稳定与暴力;3政府的效率;4市场规则;5法制;6控制贪污。

出处:根据Kaufmann et al.[2005],Appendix C.计算而成。

这样的国家特性与围绕政府的冲突频发有何种关联性呢?政府军的强弱可谓直接原因。2002年科特迪瓦内战爆发时,发动暴动的叛军有500—600人规模(佐藤[2003])。2008年初迫近乍得首都恩贾梅纳的武装集团则是驾驶300余辆小型卡车从苏丹国境附近横穿国土一路袭来(*Africa Confidential*, 15 February, 2008)。如果是有能力的政治家,一个人就可能动员数百人的兵力,且如此少的兵力就可以挑战政府和政府军,倘若顺手甚至可将政府置于自己掌控之下,这对于预谋叛乱的一方具有极大的吸引力。可以说,由于政府的维护治安能力较弱，一旦发生冲突，很容易转化为围绕国家权力的斗争。这也是菲伦所指出的国家的强弱之处（Fearon and Laitin［2003］）。

如果从结构上进一步观察非洲国家与冲突的关系，则应将国家特性与内外环境变化相结合进行分析。如上所述，尤其20世纪90年代以后，非洲频繁爆发严重的武装冲突。笔者认为，其原因在于传统型国家治理的失败（武内［2005］）。独立后的撒哈拉以南非洲的国家尽管意识形态各不相同，但大多实行了一党制。在形式上吸收了许多政治势力在内的政治体制下，实际上的权力却集中在总统等少数政治领导人手中，垄断国家权力的政治强人，将国家的重要职位交由自己的亲信运作。这种随意性的统治受到殖民统治的影响，也被冷战时期的国际环境所默认。东西阵营都把将非洲新兴独立国家拉入本阵营作为优先课题，不会把这些国家内政上压制人权和贪污盛行等行为视作问题，而继续对其进行援助。

可以认为，独立后的撒哈拉沙漠以南非洲国家的发展，主要依赖于内部形成的以总统为顶点的集权性恩庇侍从（patron-client）关系网、外部以不干涉内政为原则的主权国家体系以及冷战体系下发达国家的行动思维。笔者将这种国家的运行方式称为"后殖民家产制国家"（武内［2003b］；［2005］）。图2-3所表示的治理指标之低正是由于这种国家的性质。

但是，后殖民家产制国家从20世纪80年代以后受到内外环境变化的影响而出现了巨大的动荡。20世纪80年代，撒哈拉沙漠以南非洲的国家总体上陷入了长期的经济危机。① 而作为解决经济危机的对策，在国际金融组织的主导下推行经济自由化政策（结构调整政策），采取了国营企业民营化、削减公务员、限制缓和等一系列举

---

① 撒哈拉沙漠以南非洲各国均陷入经济危机的理由限于篇幅无法一一详述，不仅是气候、初级产品价格下降等一时性的、经济性因素，也必须重视比起合理的经济运行更优先维护"侍从"的统治者行为等导致经济危机的政治因素。

措。长期的经济危机导致维护恩庇侍从关系网的资源日渐不足,结构调整政策相对减少了滥用国营企业与市场规则谋取私利的机会。总之,从"恩主"流向"侍从"的资源减少,导致了双方关系的不稳定。

冷战的结束以及随之而来的发达国家援助政策的变化,也对这些国家产生了重大影响。东西对立消失,为将这些国家拉入本阵营而提供援助的必要性也随之不复存在,发达国家开始干预受援国的内政,即开始采取"不推行民主化的国家不予援助"的方针。对于深陷经济危机的撒哈拉沙漠以南非洲的国家而言,民间资本的流入日益减少,因此这一政策的变化带来了巨大的冲击。20 世纪 90 年代初的数年时间里,撒哈拉沙漠以南非洲国家的政治体制发生了戏剧性的变化。1989 年这一地区一党制的国家占 2/3,而 1994 年已一无所剩。发达国家所谓的"民主化"在这一阶段就是指引进多党制,并在结果上变为与多党制相符合的政治体制。多党制意味着以往以总统为顶点的集权性恩庇侍从关系网的分裂。

可以认为,冷战结束这一国际政治的宏观性变动,以及经济危机、经济自由化和多党制(政治自由化)的三大冲击,导致了冷战期间从内部支撑撒哈拉沙漠以南非洲各国发展的集权型恩庇侍从关系网发生分裂,变得日益脆弱。这是 20 世纪 90 年代非洲各国政局不稳、较易爆发围绕国家权力的武装冲突的原因。①

结　语

第二次世界大战后的武装冲突总体上具有发展中国家内战的性质。但是,其实际内容因时代与地区不同而呈现多样性。本章以笔者研究领域的撒哈拉沙漠以南非洲为中心,通过地区间的比较研究

---

①　作为较易发生国家权力斗争的原因,必须考虑到今天的主权国家是巨大财富的源泉。国家权力可以垄断收入的分配权、接受外国援助。尽管经济自由化政策使国家丧失了一定程度的特权,在民营经济部门发展迟缓的非洲,掌握国家权力的经济利益非常丰厚。

对冲突的特性及产生原因进行了分析。在非洲，主要冲突随着时代的不同其性质也不断变化，独立前后主要表现为殖民地解放斗争，冷战期间则主要表现为东西方的代理战争。而在冷战结束后，围绕着国家权力的严重冲突日益显现。这一冲突特性是由民族构成等非洲国家特有条件与国际环境变化结合形成的，冲突的特性鲜明地反映了地区的特性。

不仅是非洲，现代的武装冲突均反映了每个地区的条件，具有各自固有的特性。本章将世界分为5个地区进行了比较，但比较的种类不限于此。在某个地区，什么条件下主权国家得以建立，会形成什么性质的国家与社会关系，受到国际环境何种影响等，这些都决定了冲突的性质。因此比较研究可以设定多个种类。

发展中国家的内战形式多种多样，从全球视角看也是急需应对的课题，"从地区视角观察武装冲突"的重要性正在上升。为此，毫无疑问应对某一地区进行深入研究。不仅如此，通过与其他地区的比较及理论研究进行验证也十分必要。某一地区的特性与固有性只有在与其他地区的比较中方可浮现，而理论探讨对于解析产生特性的机制是不可或缺的。可以说，地区研究与比较研究同在，并总是需要与理论的反复互动。

第三章 地区主义的经验与课题
——欧洲视角

森井裕一[*]

引 言

与从其他地区的视角观察国际政治相比,从欧洲的视角观察国际政治最为不同之处在于,欧洲原本是近现代国际政治的发祥地,主权国家相对稳定,并毫无疑问是国际政治的大舞台,但同时在欧洲内部传统的国际政治已不再盛行。组成欧盟(EU)的国家之间完全没有设想过通过武力解决争端,过去五十余年的历史充分证明了这一点。

1951年成立的欧洲煤钢共同体(ECSC)与1958年成立的欧洲经济共同体(EEC)、欧洲原子能共同体(EURATOM)一起,自1967年以后作为欧洲共同体(EC)在冷战期间不断推进着西欧民主国家的经济一体化,在冷战结束后发展为欧盟。其后发行统一货币"欧元",迅速向经济货币同盟发展,不断完善经济一体化。同时,没有国界的欧洲为了处理直接面对的各种内外问题,还发展了对外与安全公共政策(CFSP)、《司法与内政协定》(JHA)、《阿姆斯特丹条约》后的《警察刑事司法协定》(PJCC)等一系列制度。其结

---

[*] 东京大学大学院综合文化研究科副教授。

果是，组成欧盟的国家之间形成了与由主权国家构成的传统国际关系截然不同的国家关系。

发展至今日，欧盟的欧洲一体化在扩大政策领域的同时，其一体化的对象也由最初德国、法国、意大利、荷兰、比利时、卢森堡等位于西欧中心位置、经济水平较为均质的 6 国逐步扩大。加上 2007 年完成了从社会主义体制转型的罗马尼亚和保加利亚，27 个国家加入了欧盟，地理范围也涵盖了从大西洋直到黑海几乎欧洲的全域。军事上尽管无法与美国比肩，但却拥有近 5 亿人口，经济规模则凌驾于美国之上。欧盟扩大问题上，仍处于探讨的对象包括前南斯拉夫分裂后尚未从内战伤痛中痊愈的西巴尔干各国、开始加盟谈判的同时仍在为是否属于欧洲等各方面争执不休的土耳其，以及苏联解体后诞生的与欧盟在地理上接近的毗邻各国等面临各种困难的国家。除了克罗地亚之外，其他国家在短期内加盟难有实质进展，比起加盟，欧盟将把重点置于发展近邻政策等，通过特殊政策构建与这些国家的关系。

欧盟在制度上飞速发展，在地理上也不断扩大，说明其发展与扩大动力的理论与模式也随着国际政治学的发展取得了各种进展。理论关心与欧洲一体化的发展速度相呼应，特别是从 20 世纪 50 年代到 60 年代、80 年代后半期直至今日取得了重大进展。

本章将首先对直至今日"欧盟研究"的欧洲一体化的前提概念进行梳理，在第二节中探讨从批准《欧洲宪法条约》的失败到《里斯本条约》的历程，同时分析欧盟就《里斯本条约》达成共识的成果。第三节则探讨作为既非联邦国家亦非国家间组织的欧盟所特有的问题。

一、"地区主义""综合研究"与"欧盟研究"

本章题目使用了"地区主义"的概念，但如果将"地区主义"定义为旨在形成主体性活动单位的方向性与意欲形成地区的国家群

第三章 地区主义的经验与课题 57

的集体意图（浦野等［1982］3-9），那么这就是并不仅限于欧洲的一般性概念。① 为此"地区主义"原本应是在欧洲以外地区也可发现的而在各地区之间可以进行比较的概念。但是，本书其他各章探讨了各个地区的国际政治，而使用"地区主义"概念的只有本章，这意味着"地区主义"实际上与欧盟的发展有极为密切的关系。

欧洲煤钢共同体成立并启动经济一体化始于1950年。美国的国际政治学从地区一体化论及国际一体化论的角度对欧洲国际关系的这一新变化进行了精力充沛的分析。当然，这种国际一体化研究并不仅仅旨在说明与分析欧洲的现象，而是试图说明国际体系的本质性变化。在超越了主权与权力政治、旨在将战争非制度化的第二次世界大战后的欧洲一体化过程中，欧洲煤钢共同体挑战性地尝试在欧洲层面上对可谓国力源泉的铁与能源即钢铁与煤炭的生产进行超国家的管理，并成功地建立了前所未有的制度。通过这一举措，以法德和解为基轴的欧洲一体化启动，或与全面的市场一体化相关，取得了空前的重大成果。因此从20世纪50年代末到60年代，作为理论的构建对象，在国际政治学中占了很大比重。以厄恩斯特·哈斯（Haas［1958］）为代表的新功能主义、以卡尔·沃尔夫冈·多伊奇（Deutsch et al.［1957］）为代表的交流主义理论都是代表性研究②。

受到欧洲这一动向的启示，20世纪60年代拉丁美洲自由贸易联盟（LAFTA）和东南亚国家联盟（ASEAN）相继成立，尝试通过推进经济一体化建立主体性的地区一体化框架。国际一体化的理论也应成为说明这些欧洲以外各地区一体化、地区主义的框架。但是在

---

① 本章的题目由日本国际政治学会的计划而定。通过本章的分析也可看出，选择这一题目强调的是欧洲地区之外的视角，从欧洲大陆的探讨看是一个难以选择的题目。这是由于在欧洲内部，如同欧盟的一个组织"地区委员会"中的"地区"所体现的，很多情况下地区主义指的是在作为行政地位上较国家低的地区以及历史、文化上统一的地区。
② 日本对初期的一体化研究的成果与问题进行全面论述的著作可参考鸭［1985］和山影［1983］。与欧共体有关的细谷、南［1980］则可为代表作。

欧洲，法国的戴高乐总统反对通过欧洲经济共同体（EEC）迅速推动超国家性的一体化，从而1966年在卢森堡达成妥协，实际上赋予了成员国拒绝参加欧洲经济共同体活动的权利。经过这一过程，欧洲一体化并没有以新功能主义理论设定的形式发展，其后随着欧洲各国的经济停滞，对欧洲一体化的理论关心变得淡薄。同时，欧洲以外的地区主义也各自遇到了问题，没有取得什么重大成果。很多情况下，那些从殖民地获得独立的民族国家建设以及经济发展的进程中遇到各种问题的国家所追求的国际一体化与合作框架，尚未接近设定的目标就被遗忘了。

在这一过程中，只有欧洲在20世纪80年代出现了新的动向，设定了应在1992年前实现之前欧洲经济共同体所制定的共同市场"地区内市场计划"。为此通过1987年生效的《单一欧洲法案》以修改《欧洲共同体条约》，成功地建立了制度框架。从这个意义上看，《单一欧洲法案》的确可被称为自1957年决定建立欧洲经济共同体的《罗马条约》以来"欧盟一体化历史上的拐点"（田中[2007a]）。在以通过欧共体建立一个巨大的没有国界的欧洲市场为目标并预测欧洲经济一体化效果的《切克奇尼报告》（Cecchini Report）（チェッキーニ[1988]）等的推动下，从20世纪80年代末开始，北美自由贸易区（NAFTA）、亚太经合组织（APEC）的建立等，掀起了地区主义的第二次浪潮（山本[1997]2-3）。在这个过程中，与冷战的结束及德国统一等国际政治的重大变化相呼应，欧共体在经济领域已基本实现了一体化，并逐步向政治外交、司法内政等多个政策领域权限得到扩展的欧盟发展。同时，在地理上也扩展到包括前社会主义阵营的东欧国家等在内的几乎所有欧洲。由此，即使不能排除进行比较的可能性①，欧洲也已经远远领先于其他地

---

① 当然从理论上现在仍可以尝试比较地区主义研究（山本[1997]）以及以不同视角分析（Katzenstein[2005]等）的研究都极有意义。此外，东亚共同体构想与欧盟之间的比较研究较多，但似尚属发展阶段。

区一体化以及各种经济合作框架了。欧盟成为不同于现有国家间关系、国际组织、联邦国家内各州之间关系的"没有先例的政体"（中村［2005a］），用拉丁语则可表述为"sui generis"（独具一格），在提到地区主义时，人们首先就会想到欧盟。

受到欧盟的刺激，东盟也旨在建立新的东盟共同体，非洲统一组织（OAU）也成为非洲联盟（AU）。但是这些旨在一体化的地区主义动向的一体化水平却无法与欧盟相提并论。为此，对于以往以欧洲为中心、同时也具有普遍性的一体化研究而言，即使并不意在放弃其普遍性，但解释极为特殊的欧盟的发展与功能的理论框架不断发展，并成为"欧盟研究"这一独立的研究领域。可以说，以政治形态"独具一格"的欧盟为对象的欧盟研究本身在国际关系研究中也是独树一帜的。包括20世纪60年代之前探讨的古典一体化理论在内，对欧盟与成员国之间治理的变化等进行的研究，在吸收比较政治学与行政学知识的同时向前发展。而受到国际政治学中结构主义发展的影响，欧盟研究中通过结构主义方法的研究也在增加（Wiener and Diez［2004］）。

此外，自欧洲经济共同体建立以来已经过五十余载，在欧盟研究中，历史研究也可以取得实质性进展了。20世纪80年代开始，根据30年解禁的规则，外交文件和有关人士的个人文件得以公开，基于历史资料进行的研究出现进展，从而迅速推动了其后有关一体化历史的研究。① 在这种情况下，通过一体化历史的研究，欧盟研究的深度增加，其独特性日益显现。下文将在分析当前欧盟所面临问题的前提下，探讨从《欧洲宪法条约》到《里斯本条约》期间欧盟的动向。

---

① 这一类型研究的代表作可参照 Küsters［1982］。日本的欧洲一体化研究中处于前列的可参考远藤［2008］。

二、从《欧洲宪法条约》受挫到《里斯本条约》

2005年初夏，法国与荷兰举行的国民公投否决了《欧洲宪法条约》，并中止了批准手续，这使得通过包含"宪法"概念的条约来大幅度修正欧盟条约的进程遭遇了重大挫折。由于这一变故，通过旨在2009年生效的《里斯本条约》来修改欧盟制度的进程将继续利用2003年生效的《尼斯条约》规定的制度。那么，最初为何会构想《欧洲宪法条约》？为何《欧洲宪法条约》经过长期交涉与协商终有所获时却仍被否决？为避免因《欧洲宪法条约》被否决带来的欧洲危机而产生的《里斯本条约》具有哪些特征？本节将对此进行探讨。

《欧洲宪法条约》的目标

欧盟决策方式的基本框架是20世纪50年代设想并制定的。即以位于大陆中心部的6国进行合作、以市场一体化为代表的经济领域的功能一体化不断积累为前提的制度。其后，欧洲共同体及后来的欧盟不断扩展，2007年拥有了27个成员国。在扩展的同时，在欧洲共同体的欧洲政治合作（EPC）的经验基础之上，欧盟发展了欧盟共同外交与安全政策（CFSP），加强了在外交、安全领域的合作，并针对欧洲地区外的危机管理制定了欧洲安全防务政策（ESDP），以欧盟的名义派兵参加危机管理、维和等行动，也积极派遣警察等民间人员。[①]

在经济政策方面，欧盟的政策对象领域也不断扩展。对此，1993年生效的《欧盟条约》中，为防止欧盟无限度扩大政策对象、一切都由布鲁塞尔掌控的低效率，规定了补充完善原则，即在与居民紧密相关层面上的行政，尽可能由各有关地方自治体及有关国家处理，只有在无法充分应对的情况下才由欧盟出面，这一原则在其

---

① 欧盟的对外关系参照植田［2007］。

后欧洲理事会等场合不断得到确认和强调。

但是，欧盟的政策对于一般的欧洲市民而言非常难以理解。这种不易理解性也是欧盟通过不断积累职能领域一体化的战略取得巨大成功的原因之一。这种不断积累职能领域一体化的渐进方式被以欧洲一体化之父之一的让·莫内（Jean Monnet）的名字命名为"莫内方式"。"莫内方式"在欧洲经济共同体初期的成功以及在《单一欧洲法案》推动地区内市场一体化取得明显进展后，一直被认为是推动欧洲一体化的绝佳战略。但同时，"莫内方式"在一体化应向什么方向发展，而最终应是什么形态等问题上并无清晰的蓝图。正如发行统一货币欧元所象征的，经济一体化已基本完成。即使不是以一体化而是采取了政府间合作的形式，即使进入了触及国家主权基础的欧盟共同外交与安全政策、刑事方面的警察和司法合作与经济一体化一同成为欧盟三大支柱的阶段，一体化的最终形态仍不明朗的状况还要持续多久？欧洲大陆各国逐渐提到了这些问题。同时，在冷战后体制转型的前社会主义阵营国家大量加盟之前，欧盟如何制定一个即使拥有近30个成员国也可以不被内部决策困扰而迅速采取行动的高效决策体系就成为必须研究的课题。尽管1993年欧盟成立后一直在探讨这些问题，并且《阿姆斯特丹条约》和《尼斯条约》也予以了回答，但人们依然感到仅仅这些是不够的。虽然通过修正，"灵活性原则"等被加进了欧盟的体系，但欧盟成员国之间对欧盟的未来形态也存在着各种构想。可以认为，作为这些的妥协产物，条约修改是不充分的。

在这种状况下，德国作为试图通过制度改革使欧盟更具效率、在应对大规模扩充的同时也更便于市民理解的急先锋，其外长费舍尔（Fischer）于2000年在柏林洪堡大学发表了演讲。他对以往的探讨进行了总结，提出了下一步的发展构想（Fischer［2000］）。洪堡大学演说没有采用在功能领域进行渐进式积累的"莫内方式"，而主张以"宪法"的形式，通过明文化对欧盟与成员国之间的权限关系进行重组以求欧盟的制度改革，并向市民展示欧洲一体化的最终形态。这一方式的提出具有重要的历史意义。①

尽管费舍尔构想只是在理念上提出了欧洲一体化最终的理想形态与制度，并不是对现有的正在发挥作用的欧盟进行制度修正的具体方案，但却推动了开始对制定宪法条约的讨论。2001年欧洲理事会上通过《莱肯宣言》，成立了欧盟制宪筹备委员会。如同制定宪法一样，筹备委员会成员范围很广，囊括了政府、各国议会、欧洲议会、欧洲委员会等部门。考虑到将来还有可能扩展，甚至包括正在进行加入欧盟谈判并成为候补成员国的土耳其代表。2003年筹备委员会完成了宪法条约草案，经过欧盟成员国政府间的会议并进行了若干修正，2004年签署了《欧洲宪法条约》，随后进入了批准程序。

《欧洲宪法条约》的目的在于，对"莫内方式"本质部分即1957年签署的《欧洲经济共同体条约》进行了修正，并对欧盟条约中大幅度追加的新政策领域进行新的重组，并代之以高效且易于理解的新条约。其实，这并非为了展示费舍尔演说中所要求的欧洲完全一体化的最终形态，而是为了在不断积累的已有成果之上，使欧盟的运作更为高效，决策过程更加民主化，并在保证基本权利等方面进一步改善（中村 [2005b] 57）。

公民投票的意义

《欧洲宪法条约》的批准在对一体化怀疑势力较强的英国将会遇到困难，这是人们可以预料的。但2005年5月法国公投中被否决，随后在荷兰的公投中又被否决。在欧洲一体化历史上，1992年丹麦公投否决了欧盟条约；2001年爱尔兰否决了《尼斯条约》等，否决

---

① 当然，体现这种一体化最终形态的联邦主义方式并非新鲜事物。虽然这是在德国历史上一贯受到一定支持的方式，但费舍尔演说的时机与成为广泛争论对象的环境变化非常重要。欧洲一体化中联邦主义的作用参照 Burgess [2000]。

的事例并非例外。① 但是，和与英国同样对欧洲一体化持怀疑态度的丹麦、稍有特殊理由的爱尔兰的情况不同，ECSC成立以来的成员国、在欧洲一体化中始终占有中心地位的法国与荷兰公投拒绝《欧洲宪法条约》，无疑是巨大的震动。

法国与荷兰否决《欧洲宪法条约》的背景有若干不同，但两国否决的背景中都有欧盟的扩展导致的两国国内对经济和社会的不满。欧盟向中欧、东欧扩展后，大量的廉价劳动力将涌入国内并夺走自己的职业，这种印象在这两个国家中不断蔓延（渡边［2007］27-28）。实际上，这些与《欧洲宪法条约》的条文内容并无直接关系，而是对欧盟的不良印象以及国家在以雇佣政策为首的经济社会政策领域无法充分回应国民不满而导致国民对政府不满所造成的。

法国与荷兰否决《欧洲宪法条约》带来的冲击极为巨大，为怀疑者增势不少。随后欧洲理事会设置了"省察期间"，欧洲委员会积极推出了加强与市民对话的政策，致力于《欧洲宪法条约》的"再生"。2007年3月庆祝《罗马条约》生效50周年后，当时的主席国德国希望在下次欧洲议会选举举行的2009年之前通过新条约。此时，虽然已有很多成员国批准了《欧洲宪法条约》，但却分成了主张应尽可能让《欧洲宪法条约》原封不动复苏的成员国和主张应只将《欧洲宪法条约》中有关简化制度及效率化等的核心部分抽出变为新条约的成员国。而2007年5月执掌政权的法国萨科齐总统选择了只将《欧洲宪法条约》部分核心内容归纳为新条约的方式。成员国的政府间会议在2007年6月的欧洲理事会上一致通过了后来被称为《里斯本条约》的新改革条约框架。

---

① 即使公投否决了条约，欧洲理事会也可以采取发表政治宣言、承认特殊条件等对策，再次实施公投并批准条约。公投与欧洲一体化的关系特别是丹麦的案例参照吉武［2005］。

《里斯本条约》的特点

经过较短时间的政府间会议，2007年12月《里斯本条约》得以签署，进入了批准程序。《里斯本条约》形式上与《阿姆斯特丹条约》及《尼斯条约》同样都是欧盟条约的修正条约，并不属于如《欧洲宪法条约》那样完全取代旧条约的新条约类型。《欧洲宪法条约》以"宪法"概念为出发点，删除了可能造成欧盟取代国家之印象的旗、歌等规定以及欧盟外交部长的表述，形式上作为既存的欧盟条约的技术性修正，尽可能不依靠众多成员国的公投而采取议会批准的方式。

但是，修正后的《里斯本条约》中，其实质内容很多都照搬了《欧洲宪法条约》修正的内容，或修正后加入的内容。可以说，《里斯本条约》是对《欧洲宪法条约》舍其名、取其实的修正版。《里斯本条约》修改了欧盟条约以及构成欧盟条约最重要支柱的欧洲共同体条约，改称为规定组织整体框架的欧盟条约与规定细则的欧盟功能条约。通过这一措施，长期以来欧盟与被置于其下的以经济一体化为中心的第一支柱欧洲共同体分别使用这一复杂问题得以解决，以往欧盟的三个支柱的结构也随之在形式上不复存在。特别是刑事、警察合作被纳入了欧盟功能条约，但CFSP置处于欧盟条约之下，被赋予了特殊地位。

《里斯本条约》在制度方面的重要修改主要包括了在欧洲理事会设置任期两年半的主席一职，尽管并没有设置宪法条约预定设置的欧盟外长一职，但设置了可以实质上发挥同样作用、在担任外长理事会主席的同时出任欧洲委员会副委员长及外交安全政策高级代表的职位等。在解决因不断扩展而成为问题的组织膨胀化和决策迅速化等方面，2014年起废除每个成员国向欧洲委员会派出1人出任委员的原则，改为轮换制。理事会的投票机制采取了一定的过渡措施，规定从2017年起原则上采用理事会的特定多数表决与按照成员国人口比例的双重多数表决制。双重多数表决制是欧盟在一人一票的民主主义原则与国际关系中国家平等原则之间设计的制度,目的在于更接近一人一票的民主主义原则,与《尼斯条约》的规定相比更易于理解。但是,在交涉的过程中,由于波兰认为与《尼斯条约》相比,在《里斯本条约》下本国的立场在理事会投票中会处于不利地位而刻意提出质疑等原因,又增加了在双重多数表决中如果出现可以阻止投票的数量超过半数时将不进行强行表决并继续协商的所谓"伊奥尼亚机制"① 的内容。

在其他方面,《里斯本条约》还进行了多项修正,比如赋予了欧洲联盟基本权利宪章以法律约束力,给予了欧盟法人格,扩大了成员国国内议会从补充完善的角度对欧盟立法进行检查的可能性等。修正所波及的范围及影响虽然巨大,但实际上《里斯本条约》如果没有生效、没有运用,则难以评估其效果。而2008年6月爱尔兰公投否决了《里斯本条约》,更进一步增加了未来的不确定性。但即使如此,到达《里斯本条约》这一新高度的欧盟究竟存在什么本质性的问题,对此进行探讨对于考察欧盟的发展方向与形态十分重要。在下文中笔者将探讨《里斯本条约》签署后欧盟遇到的问题。

三、《里斯本条约》后的课题

观察从《欧洲宪法条约》批准失败到《里斯本条约》的形成过程,可以清楚地发现欧盟没有按照以前那种单线条提升一体化水平的方式,而是通过对一体化与合作持各种思路的成员国之间进行交涉与妥协的方式继续发展。特别是在《里斯本条约》里,对宪法条约的反对者及持保留意见者给予了充分考虑;进一步增加了补充完善原则,并规定了成员国国内议会的作用等;采纳了一些针对可能

---

① "伊奥尼亚机制"或"伊奥尼亚的妥协"是指1995年瑞典、芬兰、奥地利加入欧盟前在欧洲理事会达成的政治协定,规定了欧盟的决策应充分考虑少数派国家的意见。

阻碍欧盟迅速有效应对问题的规定。但是，就整体而言，《里斯本条约》的重要任务是大幅增加了成员国的欧盟如何进行制度改革，以在内部达成一致及审议过程中不用浪费不必要且不合理的时间与精力。

这种向相反方向作用的因素在欧盟内部各种层面上都可以见到。因用融合模型分析①欧盟发展而知名的 W. 维塞尔在与 A. 霍夫曼共同执笔的论文中，指出了《里斯本条约》内在的 3 个本质性困境（Hofmann and Wessels［2008］）。在两位学者共同执笔的这篇论文中，将欧盟成员国之间的权限分割、决策模式以及确保民主性、正统性作为观察欧盟的 3 个重点，并指出欧盟在这 3 个重点方面都存在着困境。② 以下将结合其内容探讨欧盟存在的问题。

权限关系的再定义

权限分割的问题是指今天欧盟成员国都认识到在解决各种政策领域的问题时，欧盟层面上的共同应对都是不可或缺的，从而需要利用欧盟，但同时却也尽可能在国家层面上保留主权，采取不会导致本国空洞化的举动，从而避免在这两种行动中产生问题。

《欧盟基础条约》第 4 条第 1 项③规定 "根据第 5 条，没有授予联盟的权能归成员国所有"，在第 5 条第 1 项中规定 "联盟权能的范围由授权原则予以规范。联盟权能的行使受辅助性原则和相称性原则约束"，强烈体现了尊重成员国权能的姿态。进而在《欧盟功能条约》第 2 条中规定了欧盟与成员国之间权能委托与转让的运用方法，

---

① 融合模型就是试图通过功能主义性发展而深化长期性一体化，进行制度改革的条约修正等存政府间主义的交涉结果相结合，说明一体化的进程并不是单线条发展而是难以预测的综合性过程（Wessels［1997］）。

② 众多的研究者都认为欧盟内含着各种层面上朝相反方向作用的动力并存在两难的问题。参照 Majone［2005］，田中［2007b］。

③ 本节中《欧盟基础条约》《欧盟功能条约》的条款均采用经《里斯本条约》修正后的条款编号。

特别是第 2 项中新规定了"在联盟未行使或决定停止行使其权能的情况下，成员国可行使该项权能"，明确了权能的委托转让由在此之前只能从成员国转向欧盟的单方向，改为也可由欧盟再次转向成员国的双方向形式。

《里斯本条约》规定了《欧盟功能条约》第 3 条的欧盟专属权能（关税同盟、内部市场的竞争规则、货币政策、共同渔业政策保护海洋生物资源、共同商业政策）。第 4 条规定了欧盟与成员国共享的权能。权能关系中特别可能存在问题的是混合权能的领域，其中包括与无国境地区市场运作有关的农业、环境、保护消费者、交通、能源、自由与安全等方面。在《欧盟功能条约》第 5 条更进一步规定成员国协调经济政策、欧盟协调成员国的就业政策，特别是应为这些政策确定指导方针。在第 6 条，则规定了在健康、产业、文化、习惯、职业培训、青年和体育运动、防止灾害、民事保护、行政合作等方面支持、协调或对不足部分予以补充。

在这些政策中，诸如提及就业政策所明确体现的，欧盟应做的不是执行政策，而是制定旨在协调成员国政策的基本战略，这一规定作为展示近年来欧盟政策发展方向性的规定被明确接纳进来。就业政策在 1999 年已生效的《阿姆斯特丹条约》中已作了规定，但应该如何开展政策从谈判伊始就引起了很大的争论。2000 年欧洲理事会通过了"里斯本战略"，欧盟导入了开放式协调方式（OMC）①。"里斯本战略"旨在发展以高科技及信息产业等知识集约型产业为中心的欧盟各国经济，在增强国际竞争力的同时解决就业问题。"里斯本战略"仅制定了目标，而具体政策则交由各成员国政府制定。成员国政府将向欧盟汇报成果，相互间也会将表现最好的事例作为参考，纳入政策课题。在这一点上，OMC 与以往的方式不同，根据以往的方式，经济一体化的核心部分通过基于立法制定规则，实施一

---

① OMC（open method of coordination）参照小林［2005］。

体化、农业、结构性政策等共同体的预算。《里斯本条约》在以往通过欧盟立法制定市场一体化的规则并实施共同政策之外，还采用了符合近年活动实际情况的 OMC 方式，再度明确了欧盟与成员国分工的多样性。

虽然欧洲各国共同应对每个国家无法单独解决的问题这一印象（Milward［1992］）仍然有效，但《欧洲宪法条约》被否决后，则必须谨慎核查在欧盟中试图通过欧盟解决问题的政策领域。欧盟在 20 世纪 80 年代通过了内部市场计划后，一直以企业在无国境市场开展自由竞争，通过企业竞争发展充满活力的经济为目标。尽管对此反应略有不同，这种新自由主义政策仍被大多数成员国接受。但同时，即使是基于这一市场原则的经济，也会对保护劳动者等社会方面给予一定的照顾，这也是所谓的欧洲模式。在欧盟市场一体化与扩展不断取得进展的同时，欧洲经济也受到全球化浪潮的影响，如以往那样保护劳动者权利的做法，特别是从成本上变得困难的事例越来越多。正是在这种社会经济背景下，《欧洲宪法条约》才被否决。但是，如何通过欧盟与成员国之间的分工实行政策，这不仅取决于条约的规定，在运用规定时很大程度上也会被成员国的政治领导力与国内舆论的动向所左右。

决策方式

决策方式的问题换言之就是决策的效率性与主权原则之间相互矛盾的问题。尽管普遍认为欧盟必须高效、迅速地进行决策，但同时成员国仍希望保留以否决权的方式作为最终决定权。在欧盟的决策中，这一点以全体一致的决策方式得到了保证。

只要在法律上欧盟仍由主权国家组成，其决策就必须反映所有成员国的意愿。但是，经济一体化的历史表明，在实质上承认成员国否决权的 1966 年"卢森堡妥协"具有很大影响力的时代，经济一体化并未取得进展，从而使欧洲经济开始落后于美国和日本。内部市场计划之所以成功是由于通过《单一欧洲法案》大幅度地采用了多数表决,并创造了政治上也可利用多数表决的环境。当然,即使条约上可以采取多数表决,实际上欧盟也尽可能地进行协商,希望通过全体一致意见以所有成员国的意愿通过法案,而现实中也是一致通过者为多。但即便如此,将多数表决方式作为制度加以推广对于欧盟的行动能力与效率性是不可或缺的因素。

《里斯本条约》第294条将以往以共同决策手续而知名的理事会与欧洲议会实质上以基本平等立场进行立法的程序改称为"普通程序",同时将这一程序适用的范围扩大了几乎一倍,扩展到了以前不属于这一程序对象的难民、国际犯罪、恐怖主义等政策领域。通过这一改变,欧洲共同外交与安全政策的领域被排除在外,欧洲议会的权能也得到进一步扩大。在运用这一"普通程序"时,由于理事会通过特定多数表决的形式进行表决,因此"普通程序"的适用范围扩大,也是运用特定多数表决的政策领域的扩大。这一修改正是为了让已拥有27个成员国的欧盟在决策时不致陷入功能不全的必要措施。

但是,尽管各国同意通过再次启用"伊奥尼亚机制"以防止特定多数表决的扩大导致多数派滥用表决的情况,但过去那种在欧盟立法时成员国因考虑国内特殊利益集团的利益而独自行动的情况将很难发生。《里斯本条约》中规定,《欧盟基础条约》关于劳动者流动的社会保障的第42条、关于刑事司法合作的第82条以及关于构成严重犯罪及刑事处罚最低标准的第83条,可以不适用于"普通程序"①。劳动力流动和触及本国刑事法律行政基础的领域对于欧洲各国市民而言是最微妙的问题。尽管在大框架下引入了特定多数表决,但却保留了可以不予适用的系统,与其具有实质性意义,不如说更具旨在向市民表明国家不会失去对最终部分掌控的象征意义。进而

---

① 即使因全会一致方式导致表决受阻,也有可能利用如可动员至少9国则部分成员国可加强合作的"增进合作"(enhanced cooperation)的规定。

言之,《里斯本条约》的特定多数表决设定了复杂的《尼斯条约》体系的转型期间,即在 2017 年前仍可适用《尼斯条约》的特定多数表决方式。

正统性

正统性是指在什么层面上保证欧盟的民主正统性,即是在欧盟的层面上进一步加强正统性,还是从成员国层面的正统性保证欧盟的正统性以及如何保持两者之间的平衡等。

通过《里斯本条约》的修正,欧盟进一步明确了有关价值观的规定。《欧盟基础条约》第 2 条中规定了人的尊严、自由、民主主义、平等、法制、保护少数者等内容。此外尽管没有被纳入条约本身,但根据《欧盟基础条约》第 6 条,欧洲基本权利宪章被赋予了法律约束力。至此欧盟拥有了自己的有关价值观的内容。

欧盟还通过由市民直接选举的欧洲议会来确保民主的正统性。由于以往欧洲议会的中心作用是接受咨询、发表意见,因此多年来被指责为权能薄弱,被很多人批评为欧盟的"民主主义赤字"。但是由于欧盟"共同决策程序"的采用及其适用范围的扩大,有关欧洲委员会人事权限实现了逐步扩大,使得批评欧洲议会权能不足是欧盟民主主义之问题的人正在逐步减少。

但是,尽管如此,没有人会认为欧盟的民主主义正统性问题已经得到了充分解决。其背景原因在于与欧盟政策领域有关的专业性很高的立法方式、由此带来的专家团队的封闭性以及总体上欧盟各政策领域的治理形态各不相同。

此外,欧盟成立以来,为监视欧盟立法,成员国的政府与议会完善了各种国内制度,加强了与欧盟的联系。尽管如此,成员国的议会都有以下经历,即由于夹在欧盟的大量立法与国内立法工作之间,很难仔细检查所有的欧盟立法。《里斯本条约》规定了加强成员国国内议会参与的各种措施,增加了欧盟立法不仅由欧洲议会,也可由成员国议会检查的可能性。但是，各种组织参与欧盟的决策过程又会潜在地影响欧盟决策迅速化的问题。

在有关《欧洲宪法条约》的讨论中，欧盟不存在作为拥有政治共同体的市民集团的"欧洲民众"，即不存在一个共同的公共空间，这一点经常受到诟病。欧盟的公民权是拥有成员国国籍的市民被赋予的权利，但是很明显，通过这一点不可能立即形成由拥有共同民主主义及正式讨论的欧洲公民建立的公共空间。宪法条约批准的失败对于重新审视欧盟与成员国民主正统性的关系是一次极为重要的机会。欧洲层面正统性与成员国层面正统性之间的相互紧张关系在加强国内议会参与的同时，今后仍将继续成为欧盟的本质问题。

结　语

本章重点讨论了欧盟的制度性问题及其进展。迄今为止可以发现，欧盟在一体化进程中时有波折，但始终稳步发展，已经成为无以类比的特殊政体。而这种动力中不仅仅包含体现了一体化的方向，也时常因与组成欧盟的国家之间的紧张关系而出现复杂关系。

《欧洲宪法条约》批准的失败和《里斯本条约》的通过，使得欧盟在应对冷战结束和成员国扩大的问题上暂告一段落。今后一段时期内问题的焦点将是欧盟根据这一制度实施政策，并是否可以取得预想的成果。如果《里斯本条约》不能生效，欧盟将通过采用不断积累可实现的具体对策的方法，按照《里斯本条约》指明的方向尝试进行制度性应对。欧盟扩大的问题与制度改革同样是多年来的重要问题，2004/2007年欧盟扩展至前社会主义阵营各国，以这些成员国2008年加入申根协定而告一段落。与土耳其加入欧盟的谈判已经开始，但尚需时日，这期间欧盟与土耳其双方的情况如何发展，仍将难以预测。

欧盟尽管已覆盖了大部分欧洲，政策领域也取得了飞速扩展，但欧洲今天仍是作为组织的欧盟与其成员国的总和。也就是说，欧盟成员国并没有放弃大部分的国家主权，在国际关系中仍然是重要的行为体。在安全领域中，虽然欧盟共同外交与安全政策与欧洲安全防务政策取得了进展，但如果没有以美国为中心的北约就无法讨论欧洲的安全。成员国的重要存在也对欧盟与其他国际组织间的复层性关系带来了复杂的影响。总而言之，欧洲由于欧盟的发展及与其成员国政治、经济、社会等全面关系的变化而形成了前所未有的形态，并将继续演变下去。

第四章 中国与国际政治
——中国与全球化的交错

小嶋华津子*

引 言

本章将探讨在国际政治学领域如何解释即将迎来成立60周年的中华人民共和国（以下简称中国）的外交，在追寻错综复杂的中国轨迹的同时，从与宏观国际政治理论结合的视角，探讨重视地区内部背景的地区研究的可能性。

白鲁恂不仅运用政治学，还运用文化人类学、心理学以及社会学等多种方法论阐述中国政治论。他曾经主张，应避免轻易对政治发展理论与现代化理论进行批判。他认为："必须注意到，政治发展理论与现代化理论一般属于探索性理论，而不是系统的因果论。……探索性理论的威力与魅力在于，并不仅仅将理论的真伪作为判断依据，并且也要运用我们的想象力"（Pye［1985］10）。国际政治理论同样如此，既是探索和规范性思维体系，也在同时代的信息与思维的局限中发展。以下对中国变迁的叙述也不可能摆脱这种制约。

---

* 筑波大学大学院人文社会科学研究科讲师。

一、激进主义的中国

毛泽东时代的反帝斗争

毛泽东时代的中国外交因其"革命外交""造反外交"的风格而被众多研究从激进主义的角度加以解释。① 这是在与被描绘为列强对中国"侵略"和中国对此进行"反抗"的中国近代外交史观保持连续性的基础上对现代中国外交做出的定义。指出中国革命中呈"稳步与激进"之间波浪式发展的卫藤沈吉、冈部达味等也都认为,中国对外政策中反帝、民族解放具有原则上的重要性(卫藤、冈部[1969] 104-105)。

实际上,中国政府经过《中苏友好同盟互助条约》(1950 年 2 月)和朝鲜战争(1950—1953 年)、被世界公认为社会主义阵营一员后,仍表现出不以东西方两大阵营论而以南北关系为基轴的外交姿态。原本而言,在中华人民共和国建国(1949 年)之前,中国共产党与苏联在国共内战的指导方针、中国东北地区和新疆地区等地的权利等问题上多有摩擦与对立。② 毛泽东在《新民主主义论》(1940 年)中,将自己领导的革命定义为"新民主主义革命"而不是"社会主义革命",提出了与苏联明显不同的对未来的构想。据说斯大林也怀疑毛泽东领导的中国最终会与南斯拉夫一样追求独立路线,脱离社会主义阵营③。从结果上看,毛泽东在建国前夕发表了

---

① 以这种观点分析中国外交行动的研究著作有:ピーター・ヴアン・ネス『革命と中国の外交政策——中国政府の民族解放闘争支援』(Ness [1970])、ブルース・ラーキン『中国とアフリカ一九四九—一九七〇——中華人民共和国の外交政策』(Larkin [1971])。

② 中嶋(1978)对中苏对立的形成与发展,石井(1990)对中苏围绕各种权利利益的交涉过程,山极、毛里对 1945 年到 20 世纪 80 年代的中苏关系分别进行了详细论述。

③ 在中苏关系的问题上,日本的吉田茂首相(1946 年 5 月 22 日—1947 年 5 月 24 日,48 年 10 月 15 日—1954 年 12 月 10 日)也对塑造国民性的环境并不相同的中苏两国的合作持怀疑态度,并向美、英强调这一点,试图将中国拉入自由主义阵营(中西 [2008] 27-29)。此外,在《中国季刊》(*China Quarterly*)第 1 号中,史华兹(Schwartz)也分析了中国的共产主义与苏联模式并不相同(Schwartz [1960])。

《论人民民主专政》（1949 年 7 月），自称是社会主义阵营之一员，选择了在苏联支援下进行国家建设的道路。这也是在冷战不断发展的背景下的次善之策。较之东西基轴而优先南北基轴、开展反帝斗争的外交姿态在进入 50 年代后与支持不结盟运动、参加亚非会议（1955 年）结合在了一起。在随后的苏联共产党第二十届代表大会上，赫鲁晓夫提出了与美国和平共处的路线。而在朝鲜战争中与美国直接对抗、在台湾与印度支那也与美国对峙的中国，谴责苏联的这种外交姿态是背叛马克思列宁主义的"修正主义"，进一步强调与发展中国家的团结。在无法妥协的反帝斗争中，以均势构建秩序的冷战时期的现实主义理论归根到底是难以被接受的，赫鲁晓夫的和平共处路线只能有力地证明苏联与帝国主义同流合污，并因此造成南北对立日益鲜明。在第二次台湾海峡危机（1958 年）中的不合作态度、1959 年废弃国防新技术协定等事件，极大地增加了中国对苏联的不信任感。50 年代后期开始到 70 年代毛泽东发表的国际认识——"中间地带"论[①]（1958 年）、"两个中间地带"论[②]（1963 年）等都将苏联排除在亚非拉人民反帝民族解放斗争之外。而到了"三个世界"论（1974 年）时，苏联已与美国一同被定位为"现代最大的国际剥削者、压迫者，是世界大战最危险的策源地"。

但实际上，国际形势并没有向"中间地带"论假设的方向发展。中国与曾一同推动不结盟运动的印度在西藏暴乱（1959 年）后爆发了中印边境战争（1962 年）；与印度尼西亚的关系也在"9·30"事件（1965 年）后急剧恶化。同时在国内形势上，50 年代后期以后快

[①] 这一理论认为世界的主要矛盾不是美苏之间的矛盾，而是在这两者间的广泛地带，特别是第三世界与美帝国主义之间的矛盾。毛泽东在 1946 年与美国记者安娜·路易斯·斯特朗的谈话中已经表达了这种想法，随其后中苏关系的紧张，于 1958 年发表在《红旗》杂志上。

[②] 中间地带区分为第一中间地带（亚洲、非洲、拉丁美洲）及第二中间地带（西欧、加拿大、大洋洲）。在中法建交之际（1964 年 1 月），中国提出了将第二中间地带中的国家争取进入反美帝国主义斗争的战略。

速的社会主义化、反右运动（1957年）、"大跃进"运动（1958年）、"无产阶级文化大革命"（1966—1976年）等，所谓的极"左"路线导致了社会的混乱。随着国内阶级斗争的过激化，国际社会中反帝统一战线的团结范围进一步缩小，"文化大革命"初期中国基于"毛泽东思想是世界人民革命的灯塔"（《人民日报》1966年6月1日）的"世界革命论"，号召世界各国的社会主义力量或亲华势力发动反政府武装起义。

国家统一的夙愿与"和平共处五项原则"

在分析毛泽东时代开展的反帝斗争时，必须考虑的前提是，尽管从根底上是激进主义思维，但这并不是基于马克思列宁主义以及国际共产主义运动的国家灭亡论，而是以建设威斯特伐利亚式近现代民族国家为最终目的的。无论是毛泽东还是胡志明，最初接受社会主义思想的起因只是马克思主义展示了从殖民地状态获得民族解放的方案。中华人民共和国成立以后，对中国领导层而言，不可侵犯的原则是周恩来总理与印度的尼赫鲁总理共同提出的"和平共处五项原则"（1954年6月，相互尊重领土主权、互不侵犯、互不干涉内政、平等互惠、和平共处），其最大的目标是尚未完成的国家统一。随着朝鲜战争的爆发和美国的介入，中国"武力解放"台湾的动向受到了遏制，台海两岸的军事紧张关系在冷战结构中日渐胶着化。直到今天，台湾仍是在国际社会中决定中国行动的最大因素。

二、现实主义的中国

是意识形态还是现实主义——如何解释毛泽东时代的中国外交

关于毛泽东时代的外交，一般都将其解释为是以反帝国主义意识形态或毛泽东这位颇具领袖魅力的领导人的思想为基础的。但是，这种过度强调外交特殊性的解释，本身就存在着反映出受到冷战期间反共意识形态或被称为"东方主义"的偏见束缚的西方国家这一姿态的侧面。与此相比，现在不将意识形态与思想作为外交指针，而视其为增进国家利益之手段的解释正被广泛接受。比如"文化大革命"时期的革命输出外交，其实际目的不在于"世界革命"，也可以理解为是一种通过游击战战术避开与美苏交锋，旨在维系本国生存与权力的合理选择。现实中的中国一方面将美国与核武器蔑视为"纸老虎"，批判唯武器论；另一方面，却自力更生加速研制核武器，并于1964年成功进行了第一次核试验。从这一过程中也可以发现中国外交中对权力的信仰。梁思文（Steven I. Levine）指出，中国的外交政策与外交行动中，其"行"与其"言"表里不一，从中可以发现1949年以后一贯维护和增加国家利益的动机。正式的意识形态与其说是行动的指南，莫如说是将行动合理化的"马后炮"的工具而已（Levine［1994］30-46）。冈部达味将摩根索所说的"国家利益"再度解释为"主观性存在，即印象的一部分"（冈部［2002］22），认为意识形态就是"决策者将认定的'国家利益'予以正当化的逻辑"，将马克思列宁主义和毛泽东思想作为行动指南的毛泽东时代的外交行动，也应被看作是在以国家利益最大化为目的的决策认识模式框架中的古典权力政治的一种形态（冈部［1996］38-40）。

恢复联合国合法席位与对多极世界的追求——现实主义的中国

中国在国际社会的行动中意识形态色彩开始淡化并树立现实主义印象的契机是恢复在联合国的合法席位（1971年10月），以及美中缓和等象征被接受为国际社会一员的事件。此后中国放弃了意识形态外交①，开始追求实现世界的多极化。

---

① 益尾知佐子通过对1992年中韩建交之前中国对朝鲜半岛外交的分析，明确了70年代末开始的中国外交"威斯特伐利亚化"的结构转型过程（益尾［2002］）。

中美缓和十年后的1982年，中国宣布奉行"独立自主外交"路线。这是为了应对来自决策层内部的只将美国单纯作为对苏战略一张牌的反对意见，以及担心会疏远本应成为外交基础的第三世界各国，而提出"绝不依附于任何大国或大国集团，绝不屈服于任何大国的压力"的中国外交方针（《人民日报》1982年9月4日）。冷战结束后，通过海湾战争（1991年）切实感知到美国单极化这一现实的中国，主张构筑"没有以大欺小、倚强凌弱、以富欺贫；不能由一、两个大国垄断国际关系，以和平共处五项原则为基础的"国际新秩序（《人民日报》1990年9月29日）。

但是进入20世纪90年代后，随着经济的快速发展，中国作为大国的自我意识自然增强。1990年3月，邓小平就已经表示："在所谓的多极化中，中国可算是其中一极。中国不会妄自菲薄，肯定是一极"（邓［1995］355）。中国将冷战后的世界表述为"一超多强"（唯一的超级大国和多个强国），将中国与俄罗斯、欧盟、日本等置于同一地位（杨［1999］）。90年代后半期开始出现构筑"不结盟、不对抗、不针对第三国"的大国间伙伴关系方有助于实现多极化世界的逻辑，中国与俄罗斯、美国、欧盟及日本之间展开了"伙伴关系外交"。2002年末，唐家璇（外交部长）在接受《人民日报》采访中明确提出了"推动具有中国特色的大国外交"的方针，以往被认为出于"帝国主义"和"大国沙文主义"逻辑而遭到否定的"大国"一词却被用于说明本国外交路线的性质，这一点尤其引人注目。

在这种本国大国化趋势的影响下，20世纪80年代以后的中国外交主要通过现实主义或新现实主义加以描述。毛里和子认为："80年代后中国的国际政治认识的基本框架主流是，拥有国际社会应由平等的主权国家构筑的'理念'，同时在具体的国际政治中，拥有权力的主权国家（大国）的均势将决定发展趋势"（毛里［1995］140）。如果站在这一立场，就可以解释中国的行动，即主张加强"向第三世界国家开放、第三世界国家较易发挥影响力的组织"联合国的作用,而在其言论背后,却致力于维护并扩大作为安理会常任理事国的权力。此外,也可以说明积极参与"东盟+3"、上海合作组织等立足于地区的多边协商机制,是为了牵制美国扩大其地区存在的动向。

在解释中国维持、扩大权力的动向时,有时会与立足于中国古代华夷秩序的"中华思想"相结合,而中国对周边地区可能拥有领土野心的疑虑也催生了"中国威胁论"的出现。但是,对这种看法的不同意见也很多,比如,宇野重昭认为:"现在的中国已经承认平等的主权国家的存在,正在以平等的文明国家的身份行事",对简单援用中华思想的言论进行了否定(宇野[1981]13-14)。

三、新自由主义的中国

改革开放与参与国际经济组织

1978年是中国开始改革开放、从阶级斗争转向经济建设的国家命运转折之年。宦乡(曾任国务院国际问题研究中心总干事)的《关于"帝国主义垂死性"的问题》(1981年)、《论国际外交结构与战略结构》(1984年)等论文否定了帝国主义论,承认中国为全球市场的一部分,从这个意义上可谓划时代的研究(宦[1981]、[1984])。决定参与全球市场的中国,于1980年加入了国际货币基金组织(IMF)和世界银行;1986年加入亚洲开发银行(ADB)、太平洋经济合作会议(PECC),并提出申请加入关贸总协定(GATT)。冷战结束后,在人、财、物、信息全球流动加速的背景下,中共十四大(1992年)决定了实行"社会主义市场经济"的方针,正式启动了市场经济化的进程。2001年12月,经过多年谈判,中国终于加入了世界贸易组织(WTO)。

受到上述进程的影响,学术界出现了众多研究中国新自由主义方面的成果。比如,汉劳德·雅各布森(Harold Jacobson)和迈克尔・奥克森伯格（Michel Oksenberg）探讨了中国加入国际货币基金组织、世界银行、关贸总协定的过程以及中国将经济统计的计算和公布方法与国际接轨的过程，认为中国加入国际经济组织，与新马克思主义者、从属论者和世界体系论者的担心相反，并没有促使中国向资本主义转型。同时又与古典自由主义者的担心相反，也没有促使这些组织转变原来的新自由主义方向（Jacobson and Oksenberg [1990] 157-158）。此外金淳基（Samuel Kim）则论述了世界银行及联合国开发计划署（UNDP）通过自身的议程与基金，促进了中国的国家议程由"反帝国主义"转向追求利益型的新功能主义（Kim [1994] 434）。

近年来，中国国内所谓的"新左派"日益批评自由主义经济自身所具有的榨取性。比如，韩德强断言，自由主义经济取向的自由贸易导致了世界各国之间贫富差距的扩大，中国加入世贸组织导致尚未成熟的中国工业的衰退和人们生活的恶化（韩[2001]）。但毫无疑问，进一步的市场经济化将是指明中国未来发展方向不可逆转的潮流。

国际机制与国家主权——围绕反全球主义与"新安全"的议论

另一方面，在人权、民主等有关政治规范的领域，或许受到因半殖民地近代史经历而产生的对国家主权执着的影响，或许是出于维护经常与"政治稳定"同义的一党执政的必要性，接受了国际机制的中国的态度总体上是慎重的。"北京政治风波"（1989年）前夕，以反体制派为中心的一部分人士日益担心落后的中国如不思进取将丧失"地球公民权"，从而掀起了"球籍论战"。这些意见被当局所限制，此后中国站在尊重国家主权、不干涉内政的立场上反对以保护人权和实现民主的旗号干涉他国内政的美国及其他西方国家的外交行动。比如在北约对科索沃战争干涉（1999年3月）过程中，中国将北约以"人道主义干涉"为由使干涉正当化的主张视为

"新干涉主义"而予以强烈谴责。

但是，正如寇艾伦（Allen Carlson）所指出的，20世纪90年代以后，中国致力于成为"负责任的大国"，通过参与联合国停战监督组织（UNTSO）、联合国伊拉克-科威特观察团（UNIKOM）、联合国柬埔寨临时权力机构（UNTAC）、联合国莫桑比克行动（ONUMOZ）、联合国利比亚观察团（UNOMIL）、联合国东帝汶过度行政当局（UNTAET）、联合国埃塞俄比亚和厄立特里亚特派团（UNMEE）、联合国波黑特派团（UNMIBH）、联合国驻刚果民主共和国特派团（MONUC）等过程中，外交政策制定者和学者对国家主权的认识在事实上已经发生了变化[①]。比如，曾令良在分析后冷战时期的国际形势时就认为，由于一个国家的生存与发展处于关系到世界可持续发展的全球社会，那么国家主权将不得不受到世界的共同利益及国际法的限制。国家主权是神圣的，但并不是绝对的（曾［1998］120）。寇艾伦认为，这种思维的变化特别是在"9·11"事件（2001）后中国赞同美国主导的"反恐战争"后变得尤为明显（Carlson[2006]）。

与上述中国外交自身的变化相关联，近年来中国的国际政治学者越来越关心"新安全"的问题。在中国，广泛认识到"新安全"的必要性始于1997年的亚洲金融危机（高原［1999］67）。国际政治学者间探讨的"新安全保障"则包含了更为广泛的领域。王逸舟认为："随着国境功能的下降以及主权意识的淡化、国际政治与国内政治界限的日益模糊，已无法用传统思维与解决方法解决众多的全球性问题和各国国内的一些矛盾。……必须从深层分析诸如经济安全（包括金融、贸易、货币、财政安全等多种内容），进而言之信息、文化、生态系统的安全，或国际犯罪、核扩散、民族主义、移民、社会矛盾与安全等，甚至国家主权在弱化时面对的性质与方向

---

① 根据寇艾伦1997年到1998年在北京、上海进行的采访调查，109名外交关系者中有58名承认后冷战时期主权发生了某种变化（Carlson[2006]226）。

各不相同的压力。……新安全观要求在观察今天的国际安全保障时，树立新的时代观、战争观、和平观，同时结合以军事安全观为基轴的传统安全观与个人安全、集体安全、地区安全等非传统安全观，并在其间保持某种平衡"（王［2007］51-58）。朱锋则认为，当今的国际政治与国际政治学的潮流是"冷战期间不被承认的安全原则——在全球性问题中人本主义的视角、世界主义的视点以及'非国家中心主义'的研究方法开始进入安全领域，并对抗以往冷战时代残酷和冷酷的军事安全的观念"，"由于两极对峙的解体……自由主义、和平主义、环保主义以及道德主义的安全议程广泛出现，国际舞台成为主张、提倡非传统安全观的强有力的政治和社会推动力"，"在上述潮流中，学术界加强了对新现实主义的国际安全理论模型的批判，安全研究进入了一个新的时代"（朱［2004］142-143）。

但是，"新安全观"遭到了很多现实主义者和激进主义者的异议。

第一，有些意见是基于冷战后依然是以战争为手段追求权力的国际政治这样一种对国际社会的认识。刘胜湘认为，"战争是使用其他手段的政治的延续"（克劳塞维茨）这一观点并没有落后于时代，零和游戏仍然在继续。美国继续通过战争和军事威胁达到政治目的。俄罗斯、欧盟、日本、印度的国防预算呈增加趋势，因此不应只关注新安全问题而弱化和放弃传统安全手段（刘［2004］11-15）。

第二，还有一些意见则基于直至今日西方国家仍然肆意侵犯他国主权和干涉内政的国际社会认识。这种观点担心，在这种情况下，如果在国际政治中轻视国家主权的最重要性，当一个国家的政府，特别是发展中国家的政府在国内治理失败、面对内乱之际，将难免导致西方发达国家趁机进行国际干涉（俞、李［2003］；李［2005］31）。张艳军指出，尽管中国的新安全观与联合国倡导的安全观基本一致，但西方发达国家安全观则强调基于个人自由和个人安全以及超越主权进行国际干涉和统一价值观的全球治理，相比之下，中国的新安全观更多强调"和平共处五项原则",坚持不干涉内政的原则(张[2008]102)。

第三,一部分异议来自于认为全球化本身就是西方化这种否定性的且更为民族主义性的观点。"北京政治风波"后,保守的领导人和知识分子中一时兴起的"反和平演变论"① 在邓小平的"南方"讲话(1992年)及提出"社会主义市场经济"后迅速偃旗息鼓。但20世纪90年代中,出于通过萨义德、福柯、詹明信(Fredric Jameson)等著作而高涨的对后现代主义和解构主义等知识的关注,激起了对中国传统的再评价和对伴随着西方化而至的文化侵略的反抗(Fewsmith and Rosen[2001]165)。这与实现了经济高速发展而带来的对本国的自信和爱国心相结合,为宋强等的《中国可以说不》(1996)、房宁等的《全球化阴影下的中国之路》(1999)等民族主义者的书籍提供了广阔的市场。在他们看来,在不同的政治制度、意识形态和文化传统的国家之间尚未解决如何实现和平共处这一现实问题的情况下就接受"新安全"的思维,是极其危险的举动。

以大学生为对象的问卷调查显示了对"新安全"的接受程度。比如,以对中国7个省的大学生进行的问卷调查表明,在针对为加强国家安全中国应采取的必要措施的回答中(选择3项)。其中最应采取的措施依次为:①增强国家的经济实力(81.8%);②妥善解决国内政治与社会问题(61.5%);③增强国家军事实力(51.2%);④加强地区合作(42.7%);⑤加强大国关系(26.6%);⑥加强与发展中国家的关系(22.1%);⑦加强联合国的作用(9.4%)。对国际组织和国际法院的信任度较高,在回答"解决安全问题时,中国应与国际刑事警察组织、世界卫生组织、国际红十字会等组织保持何种关系?"这一问题时,98.2%的人回答"应积极合作/应适当合作"。而针对联合国安理会应解决什么问题的回答中,其中"人权、

---

① 在当时的中国,西方国家通过向中国输出民主、人权、自由主义经济等资本主义价值观,图谋以和平手段颠覆社会主义政权的"和平演变"论十分盛行。

人道主义灾难""气候变化"和"女性安全"分别有90.9%、89.4%、85.3%的学生认为"应该解决"（李［2008］66-69；孙［2008］61-62）。从上述统计可以某种程度上看出自由主义倾向的学生们对世界的认识，在拥有强烈的以国家为主体的安全观的同时，比起增加军备，更为重视经济发展和社会稳定，并主张应在人权、环境等领域与国际组织进行合作。

主张有必要对融入中国传统文化因素的中国外交政策进行比较研究的王缉思表示，在可预见的将来，虽然同意"中国领导层不会偏好选择国家主权逻辑，更不会偏好全球相互依存逻辑"的观点，但随着在文化、精神、世界认识等深层发生变化，在中国终将提出主权对人权、自立对相互依存、民族主义对国际主义、经济竞争对经济一体化等根源性和概念性的问题，并展开公开的讨论（Wang［1994］505），而讨论已经开始了。

四、全球化与多元化的中国

有关中国外交政策决策过程中的先行研究，可对新自由主义的中国进行补充说明。由于受到在"集权主义国家"这一单纯框架下分析中国的所谓冷战时期的束缚以及资料上的限制，毛泽东时代中国的外交政策决策过程并没有得到阐明。但是改革开放以后，通过媒体及资料，可以明确发现中国政治社会中实际上发生的多元化潮流。很多研究分析了中国外交通过主权国家以外的亚行为体（sub-actor）而多元发展。打开这一研究突破口的是巴尼特的《中国外交决策——结构与过程》（Barnett［1985］）。该书指出，在邓小平时代，决策主体逐渐由党中央政治局、政治局常委会向以技术官僚为中心的党书记处和国务院常务会议转移，并逐步形成体系。此外，雅各布森和奥克森伯格在他们的书中还强调，在中国就加入国际货币基金组织、世界银行的谈判中，不仅领导人，那些以海外提供专利和技术等为后盾的改革派经济学家们在与保守派博弈的过程中也发挥了主体性作用（Jacobson and Oksenberg［1990］）。在有关中国入世（2001年12月）的研究中，详细论述了除对外贸易经济合作部外，外交部、国家发展计划委员会、财政部、中国人民银行、国家经济贸易委员会、司法部、农业部、信息产业部、国家税务总局、国家统计局等各部委以及地方政府、产业界在存在利益冲突之处进行博弈的同时，展开了主体性讨价还价与意见协调的过程（Pearson［2001］；Feng［2006］）。

大卫·兰普敦（David M. Lampton）主编的《改革时期中国外交安全决策过程（1978—2000）》（Lampton［2001］）是一部全面探讨改革开放时期中国外交的划时代性著作。根据兰普顿的总结，改革开放以来中国外交决策的特征包括以下几点：①专业化；②协商多元化；③分权化；④全球化（Lampton［2001］1-36）。即改革开放后，中国与国际社会的接触迅速扩展，随即需要应对多样化且专业性增加的外交活动。中央领导层开始将官僚组织、智库、知识分子等拥有专业知识的组织及个人纳入对外政策的决策之中。而作为主体开始参与国际社会的各地方政府和企业，也提高了就与其自身有直接经济利益关系的对外政策发表某种意见的积极性。民间组织、媒体、舆论等也提高了自律性，开始对决策产生影响。其结果，在因换届中央领导人的个人魅力逐渐丧失的过程中，中国外交由自上而下型开始向由多元行为体之间协商进行决策的方向发展。中国已不再朝着一种国家利益和一个国家目标、以一个行为主体进行运作。为了分析其外交，必须关注国内政治以及政治和职能性的讨价还价。① 罗伯特·帕特南（Robert David Putnam）的"双层博弈"理论框架对分析中国外交史也是有效的。

进而言之，作为脱离外交的自律性动向，中国从草根社会开始正在稳步推进全球化的进程。企业的跨国公司化自不必赘述，流入

---

① Zhao［1996］从同样的观点对中国外交进行了分析。

中国国内的大量海外资金不断培育着民间社会团体，其活动空间如今也超过了政府的管理。改革开放后，以福特基金会、亚洲基金会等为先锋，国际非政府组织（NGO）正不断进入中国。中国政府最初接受国际非政府组织是因为将其视为获得经济发展所必需的资金、信息及技术的手段，在对外贸易经济合作部下属的国际经济技术交流中心设立了负责非政府组织的部门，统管与国际非政府组织的关系。但是，以北京世界妇女大会（1995年）的召开为契机，中国国内的非政府组织迅速发展[1]，国际非政府组织的活动范围超出了政府最初的预期且不断扩展。如今，在贫困、教育、健康、环境、人权等领域，其影响力已不容忽视（Ma［2006］167）。随后，由于发现2003—2005年的格鲁吉亚、乌克兰、吉尔吉斯等国相继爆发的反政府运动背后都有美国准政府组织的资金支援这一事实，危机感增强的中国政府在外交部新设立了非政府组织管理办公室，加强了对在中国国内活动的海外组织的监视，但并没有达到国际非政府组织活动停止或撤出中国的程度（徐、李［2008］14，85-86）。根据徐宇珊、李妍焱的研究，现在中国有以下三种类型的海外组织在草根层面上积极开展活动。第一，美国、欧盟、加拿大、澳大利亚等国在大使馆内设立了负责部门，每年通过各种项目为中国市民社会的赋权提供50万美元以上的资金。第二，ADB、世界银行等国际准政府组织主要通过中国政府，为草根非政府组织提供资金。第三，每年有500家以上的国际非政府组织和海外基金向中国投入100万美元以上的资金（徐、李［2008］88）。此外，仅限东亚地区，在人权、环境、和平与相互理解领域不断扩展的地区网络中，也会有中国的非政府组织和市民积极参与（西川［2007］274-277）。

需要再次强调的是，互联网等通信技术的发展所带来的个人层面上的全球化不断取得进展。中国利用互联网的人数在2007年末已

---

[1] 根据徐宇珊、李妍焱的研究，截至2005年10月中国的草根非政府组织数量达到了约180万个（徐、李［2008］）。

超过 2 亿人。2004 年以北京某大学学生为对象的问卷调查（发出调查问卷 866 份，回收率 91.2%）显示，91.9% 的学生日常性地利用互联网，利用互联网学生中的 72.3% 浏览过国外的网站和主页。另一方面，81.7% 的学生认为网络上的信息必然与中国的传统文化、民族文化相冲突；77.0% 的学生回答说无法判断网络上的信息是否正确，不知道自己有无判别能力（张 ［2005］48）。中国政府配备了网络警察，屏蔽对维护体制不利的信息。此外，通过限制海外电视节目的播放、限制外资参与电视节目制作等手段，在谋求培养承担软实力任务的内容产业的同时，试图阻止外来文化的侵蚀①。

过去在论及中国与国际社会的关系时，出现过外交政策是作为国内政治的结果而发生变化还是国际社会的体系性因素规定了国内政治的争论。但是如上所述，市场化的进展在促成参与外交行为体出现多元化的同时，也在超出国家控制之处将底层社会拉入全球化大潮中。在这一过程中，显然"国内因素还是国际因素"这种单纯二选一的方式其设定本身已毫无意义，阐明国内政治与国际政治之间的强力联系才是所需要的。西川润、平野健一郎认为，从内部推动民主化并促使威权国家转型为民主国家的韩国、在以和平宪法为基础的和平国家框架内积累了丰富国际经验的日本市民运动，以及在人的安全领域经验丰富的中国市民运动，携手根除东亚的冷战结构，努力构筑地区和平空间及地区公共圈，有助于将现在"没有市民"的"东亚共同体"构想变为现实。这实际上就是通过将与今天全球化带来的半暴力性全球世界连接在一起的东亚与全球世界公共圈相结合，从而走上推动全球世界的民主化、和平化的道路（西川、平野 ［2007b］31）。

结　语

正如柯庆生所总结的，有关中国外交的先行研究很多都是从现

---

① 其具体政策参见青山 ［2007］397-399。

实主义的观点进行历史叙述。因此,与其说是理论的生产者,更是消费者(Christensen et al.[2006] 387)。

当然,存在台湾问题、民族独立问题的中国政府,在成为"负责任大国"参与国际机制的同时,并没有放宽国家主权、不干涉内政的外交原则。但在日益全球化的企业、民间社会组织、个人的活动空间不断扩展到国家无法管控领域的现状面前,地区研究者可以为建构新的国际政治理论做出贡献吗?值得关注的是,在20世纪90年代后的日本,从重视亚洲内在发展逻辑的立场出发,试图通过超越西方近现代民族国家的框架重视自生、自律性发展的现代亚洲地区体系个性的优秀研究成果不断涌现。平野健一郎将亚洲的地区体系定义为:①国际社会维度与全亚洲维度;②全亚洲维度与亚洲各地区维度(东亚、东南亚、南亚、伊斯兰圈等地区);③亚洲作为一个整体亚洲的维度与每个子地区的维度;④子地区维度与民族性地区体系的维度;⑤民族的维度与子民族地区体系的维度;⑥子民族维度与个人维度等各种维度相互作用的多层结构(平野[1994] 11-12)。但是,这些往往也受西方与亚洲对立的视角所限,无法解释地区主义与全球化的关联性,而提出采用这一视角的国际政治新理论体系的尝试也不充分。在地方、国家、地区、全球社会空间的界限日渐模糊以及"国家功能"受到质疑的今天,将要求地区研究与国际政治学都向"地区性、非地区性的复合观点"(中谷[2007] 170)的方向进行转型。

第五章 东盟共同体与新加坡

田村庆子*

引 言

"绿洲一夜之间会变成沙漠"(*Far Eastern Economic Review*,以下简称"FEER",2 January,1987)。这是新加坡现任总理李显龙在1986年担任国防部长时的发言。1965年脱离马来西亚独立时,被评价为"既无腹地又无资源的小城市国家没有未来"的新加坡不仅生存了下来,还实现了奇迹般的经济发展。由此李显龙在将新加坡比喻为东南亚的绿洲的同时,也表示充满生机的绿洲一旦疏忽大意就会马上枯竭成为沙漠。这种认识如今也没有改变。将华人、马来人、印度人等各种族群作为"国民"的重新统合工程仍在进行,继续发展经济是政权的至上命题和最大正当性的状况与独立时并无二致。这些说明新加坡在富裕程度上接近发达国家的同时依然是"脆弱的国家"或"尚未成熟的国家"。

新加坡(尽管程度上有所差别)与同样是"脆弱的国家"和"尚未成熟的国家"的印度尼西亚、马来西亚、泰国、菲律宾五国作为创始国于1967年8月创立了东南亚国家联盟(Association of South-

---

* 北九州市立大学外国语学部教授。

east Asian Nations，ASEAN，以下简称"东盟"）。1984年文莱，随后越南、缅甸、老挝、柬埔寨也陆续加入。如今成为囊括除东帝汶外所有东南亚国家的地区合作组织。在成立40周年之际的2007年11月第13次峰会（新加坡）上，还通过了代表法律框架与规定最高规范的《东盟宪章》①。宪章确立了东盟将以2015年建立东盟共同体（政治安全共同体、经济共同体、社会文化共同体）为目标进行发展的基本原则。但是，作为"脆弱的国家""尚未成熟的国家"联合体的东盟，向以放弃一部分主权为前提的共同体发展中存在着本质性的矛盾（Acharya［2007］）。在宪章中提出的被称为"东盟方式"的三原则，即协商一致、尊重国家主权、不干涉内政的内容也没被加以任何修改。

本章将从新加坡的视角探讨东盟共同体的问题。作为东南亚弱小国家的联合体，东盟不仅以其理念、交涉能力在国际上拥有巨大发言力，并且东盟成立后成员国之间没有发生过冲突也是重要的安全成果，特别是近年来活跃的东盟共同体论等，在关注东盟团结的同时研究东南亚国际关系日益受到瞩目（山影［1997］；黑柳［2003］；Acharya［2001］；Narine［2002］）。笔者将在这些研究成果的基础之上，具体分析新加坡在东盟向共同体发展的过程中面临的矛盾，并通过分析对以特定地区产生的现象为重点的地区研究可以为推动地区一体化进而为国际关系、国际政治研究做出何种贡献进行若干探讨。

一、对新加坡而言的东盟

加入东盟的意义

当时的新加坡无论如何都要加入东盟，因为这关系到国家的生死存亡。当时新加坡人口约150万人（2005年约435万人），华人占

---

① 宪章全文参照 http：//www.aseansec.org/21233.htm（2007年11月21日检索）。

76.6%，马来人族群占 14.4%，印度人族群占 6.4%（这一比例至今仍无变化）。这一人口构成与以马来人族群占多数的马来西亚与印度尼西亚完全不同，新加坡是"漂浮在马来族群海洋中的华人国家"，并因与中国本土和东南亚各国居住的华侨、华人的关系而容易被视为"中国化"。

突然脱离马来西亚并独立的最大原因，也是由于马来西亚联邦中央政府与新加坡州政府在种族问题上的严重对立。当前经济关系极为密切且防务上也不可分割的两国在刚分裂后可谓"关系冷淡"，且纠纷不断（田村［2001］121-141）。另一方面，与马来西亚同样重要的贸易伙伴印度尼西亚的关系在 1963 年 1 月宣布"对抗政策"后也终于恶化。1966 年修改了"对抗政策"。同年 8 月，印度尼西亚与马来西亚关系正常化，为成立东盟创造了国际环境。但由于两国关系正常化绕过了新加坡，使新加坡认为这是"包围新加坡的马来联合"，并引起了高度的警惕。

在这种对近邻各国的不信任与猜疑的背景下，1966 年 2 月英国宣布撤出驻新加坡的英军，这对于在防务上全面依赖英国的新加坡而言，无疑是事关国家存亡的重大问题。印尼、马来西亚和泰国磋商成立东盟的动向日益活跃正是在这一时期。因此，新加坡发现了加入东盟在政治、安全上的重要意义。首先，促使国际承认新加坡的独立国家的地位；其次，加入只有东南亚国家组成的组织以明确作为"东南亚一员"的立场，淡化"中国化"的印象；第三，通过构筑与近邻各国的友好关系，尽量减轻英军撤退后在军事上的不安。

对新加坡而言的东盟

在加入东盟的同时，新加坡提出了"全球城市构想"。这项政策旨在不以政治制度为纲，与更多的国家发展贸易，吸引投资。与马

---

① Singapore Department of Statistics, *Yearbook of Statistics 1977/78*, p. 15.

来西亚和印度尼西亚的关系恶化导致了东南亚对新加坡的疏远，新加坡试图将世界作为寻求生存与发展的源泉。

从表5-1新加坡主要贸易对象的变化可以看出，在东盟成立的1967年贸易总额中的37%是与东南亚的贸易，而到了1980年降低了近一半，而与其他亚洲国家（特别是日本）和美国的贸易比重却在上升。

即使如此，新加坡仍对东盟成立宣言中明确记载的经济合作抱有希望。1973年，新加坡为了体现对东盟经济合作的贡献，率先废除了40种商品的进口税与数量限制。1975年又进一步提议在《东盟合作宣言》（1976）合作内容中加入"以1990年或2000年为目标，将东盟全域建成自由贸易区"的内容。由于遭到其他成员国，特别是印度尼西亚和马来西亚的反对，这项提案未能成功（松尾［1977］253）。这种有别于其他成员国的姿态在东盟共同计划中表露无遗。根据东盟共同计划，东盟成员国在准备着手新的计划时将通过协商分担工作，以避免无用的竞争，同时按计划使产品在东盟内实现流通自由化并借此使大量生产成为可能，以此培育具有国际竞争力的产业。根据1976年的协议，决定由新加坡生产柴油发动机，但由于印度尼西亚要求改变计划而使谈判产生分歧，结果新加坡拒绝了该计划。当然，东盟共同计划也没有按原规划发展，其原因除了推动计划所需要的资金无处筹措外，还由于新加坡以外的成员国比起东盟内的共同计划来，更优先发展本国自身的经济发展计划（吉野［2007］45）。

尽管东盟区域内经济合作停滞，共同计划未能成功，但对于新加坡而言，作为东盟一员本身就占有很大的优势，那就是来自近邻各国威胁的减少带来了稳定的国际环境。每年召开的几次东盟各种委员会及会议的存在，无论对于消除独立之初与马来西亚、印度尼西亚之间的相互不信任与猜疑，构筑友好关系，还是对于保持与其重要程度相对较低的泰国与菲律宾的接触，都具有重要意义。此外，由20世纪70年代到80年代,东盟团结一致与东盟外国家交涉,并取得了一系列的成功(佐藤[2003]),这也让新加坡强烈认识到东盟的价值。

表5-1 新加坡主要贸易伙伴的变化(进出口合计,%)

	1967年	1980年	1990年	2000年	2005年
东南亚	37.0	18.2	18.8	25.7	26.6
马来西亚	27.4	14.4	13.3	17.6	13.2
印度尼西亚					9.6
东北亚	19.3	21.5	24.6	25.8	26.6
日本	8.9	13.5	14.9	12.3	7.4
中国	6.1	2.1	2.5	4.6	9.4
香港	3.1	4.6	4.7	5.9	6.0
欧洲	14.8	14.1	16.2	14.5	12.5
美国	6.2	13.5	18.5	16.2	10.2

注:1964—2003年间与印度尼西亚的贸易没有公布。n.a.表示没有数据。欧洲1967、1980年包括法国、西德、意大利、荷兰、瑞士和英国。1990年以后包括法国、德国、意大利、荷兰、瑞士、英国等6国。

出处:笔者根据新加坡 *Yearbook of Statistics* 各年版统计而成。

对旨在创造和平国际环境的新加坡而言,美国亚洲政策的转变与南北越南的统一进一步增加了东盟的重要性。1976年第一次东盟峰会后不久,新加坡政府的高级官员表示"如今,东盟是新加坡外交的支柱。在解决东盟地区内的纠纷、加强各国间的紧密关系、加深相互理解等方面,东盟的重要性已不容置疑"(Lee[1976]106)。

同时不应忘记,新加坡在文莱加入东盟的问题上发挥了积极的作用,从而在一定程度上加强了在东盟中的地位。1963年成立的新联邦国家马来西亚的最初方案也包括英国保护领文莱。但是,1962年12月文莱人民党打出了反对加入马来西亚的旗号并发动武装起义,当时的印度尼西亚总统苏加诺为支持起义向婆罗洲派出军队。结果文莱没有加入马来西亚,仍旧作为英国的保护领。由于都与强大邻国马来西亚和印度尼西亚存在复杂关系和本国的脆弱性,新加坡和文莱每年都举行联合军事演习,并在投资和贸易上建立了密切关系。此外,文莱公务员和警察的训练也得到了新加坡的全面配合(FEER, 26 January, 1984)。在文莱独立已明朗化的1979年,新加坡积极推动文莱加入东盟并得以实现(Leifer[2000]88-89)。

冷战结束后,东盟区内合作不得不向前发展。经济全球化(资本向苏联、东欧国家流动)的发展给探索依靠外资采取出口型工业战略的东盟各国带来了危机感,迫使东盟有必要提供更大市场,以增加作为外资投资对象的东盟地区的吸引力。作为投资对象的中国的迅速崛起也增加了这种危机感。正是出于这种危机感,1992年1月第4次东盟峰会通过了倡议在经济、政治、安全等方面进行合作的《新加坡宣言》。在具体的经济合作方面则签署了《东盟加强经济合作框架协定》与为实现东盟自由贸易区的《有效普惠关税协定》,使东盟向更高维度的合作迈出了重大的一步。成立当初直至20世纪70年代末仍强势存在的各成员国之间的相互不信任与敌视已消失殆尽,这成为推动经济合作的背景。

新加坡率先降低了东盟区内的贸易关税,并积极推动作为走向东盟自由贸易区试点而发展的三角区构想。这一构想意在对拥有发达资本、技术以及与国际市场接轨的新加坡、与拥有半熟练劳动力以及丰富土地以及中等水平产业的柔佛州(马来西亚)以及拥有不熟练劳动力、天然资源和观光资源的巴淡岛(印度尼西亚)进行互补性结合。通过这一构想,巴淡岛得到了迅速发展,2004年共有34个国家和地区的700家外资企业及9500家本地企业入驻巴淡岛,雇用了26万名员工,巴淡岛出口额占印度尼西亚全国出口总额的14%(Toh[2005])。

2005年,东盟各国的贸易对象国进出口总额中,东盟区内约为25.0%,日本与美国分别约为12.5%,欧盟11.2%,中国9.3%[①]。

[①] ASEAN Secretariat, ed., *CD-ROM: ASEAN Statistical Yearbook 2005*, Chapter V (Merchandise Trade)。

1990 年东盟区内贸易的比重约为 19%。可以看出，由于下调关税等经济合作见效，区内贸易的相对比重在增加。但是，即使是增加，其增加幅度也是有限的，因为区内贸易基本上就在新加坡、马来西亚、印度尼西亚三国之间进行，而且区内贸易中最受益的是新加坡。

二、东盟共同体的理念与新加坡的现实

如上所述，《新加坡宣言》后，东盟的经济合作在一定程度上取得了迅速发展。众所周知，这种发展如果没有重视意见一致、尊重国家主权、不干涉内政等原则，是不可能实现的。由于存在这样的原则，才确保了所有成员国的参加，此外也由于任何成员国都可以对可能导致干涉内政的决策行使否决权。不仅是新加坡，东盟创建时期的各加盟国相互之间都存在着领土争端、意识形态的对立、国内政治不稳以及族群对立。从 1979 年马来西亚召开第 2 次峰会到 1987 年的第 3 次峰会，两次会议间隔十年之久。其原因就是由于第 3 次峰会的主办方菲律宾与马来西亚之间因领土争端而产生的猜疑（Chin［2007］395）。可见，直到 80 年代成员国之间的相互不信任仍很强烈。经济发展阶段与政治制度均有很大不同的国家之间的合作，很难发展为欧洲那样法律约束力很强的组织。

但是，在 1997 年亚洲经济危机后的经济衰退期中，东盟开始探讨进一步的整合，各国认为正因为处于经济衰退期才更有必要战略性地构筑共同体，以获得国际社会的关心与信任，从而产生了《东盟宪章》。宪章第一条将"加强民主主义和法治、尊重自由与人权、推动社会正义"等作为成员国的责任，表明这些成为东盟共同的价值观与理念。那么，东盟迅速走向共同体会给新加坡带来怎样的具体矛盾呢？

东盟区内的外籍劳工与新加坡

从 20 世纪 70 年代开始，新加坡逐步认识到外籍劳工的必要性，

并成为亚洲第一个对接纳外籍劳工进行全面立案并加以实施的国家。其接纳政策的基本方针是积极接纳拥有较高能力的高素质劳动力,并将单纯劳动力控制在最小限度。高素质劳动力会被授予就业许可证,在持续合法就业的情况下可在新加坡一直工作到退休,并可以携带家属,而且也较容易获得永久居住权。同时,对不属于就业许可证对象的建设领域、非建设领域(服务业及制造业等)、家政服务领域等以单纯劳动力为对象的领域,则发放期限为 2 年但可更新的劳动许可证,但不允许携带家属,也不能获得永久居住权。

外籍劳工与新加坡劳动力同样适用雇佣法。劳动许可证持有者的雇主应遵守雇佣法明确规定的劳动时间与加班时间,加入医疗保险,并为这些劳动力提供适当的住所。但家政服务由于劳动时间与工作种类因家庭而异,故不适用于雇佣法(田村〔2008〕205)。

截至 2005 年 12 月,在新加坡工作的外籍劳工为 67 万人,达到劳动人口的 28.3%,其比例在亚洲居首位。67 万人中,劳动许可证持有者为 58 万人。其中建设领域 12.5 万人,非建设领域 6.5 万人,家政服务领域 16 万人。尽管没有公布外籍劳工国籍的正确统计数字,但根据推算,劳动许可证持有者中菲律宾人占全体的 17%,其次是印度尼西亚人 9%,泰国人 9%,其他还包括马来西亚人和缅甸人等,来自其他东盟成员国的劳动力占了大半。此外,家政服务业中从业者的 90% 为菲律宾人和印度尼西亚人。①

不管情愿与否,人们都在东盟地区内巨大的经济贫富差距的背景下被联系在了一起。但是,东盟并没有对跨国移动的人们进行管理、保护的统一制度框架,而只是在 2006 年签订了有关护理服务的《相互承认协定》(Mutual Recognition Agreements,MRAs),作为有关接受和输送护士的指针。此外,也有诸如马来西亚和印度尼西亚两

---

① 数字引自 *Straits Times*, February 20, 2005。新加坡政府人力部主页 http://www.mom.gov.sg/ProceduresAndGuidelines/WorkPermit/ForEmployersofForeignDomesticWorkers/(2006 年 9 月 9 日检索)。

国间处理非法入境者的备忘录等双边备忘录或协定等。但新加坡没有与任何输出国签订双边协定。由此东盟区内对外籍劳工的管理与保护实际上任由各自的政府处理。如上所述，为了对外来单纯劳动力进行彻底的管理、限制和控制在最低限度，新加坡并没有考虑东盟区内外籍劳工的自由化等问题。此外，即使是来自东盟成员国的劳动力，如果是非法劳工，也将对其进行监禁、罚款甚至鞭刑等极为严厉的处罚。进而言之，家政服务者由于原则上住在雇佣者家中，外部难以窥其真相，加上不适用雇佣法，在社会上处于弱势地位，虐待事件层出不穷。

总之，尽管新加坡把东盟区内的单纯劳动力仅视为经济景气的缓冲措施，但现实却是如果离开这些劳动力，新加坡经济将难以发展。为此，对包括东盟区内人员流动在内的经济共同体的探讨，将不可避免地与对新加坡接纳政策的批评相联系。这是新加坡遇到的矛盾之一。

缅甸军政府与新加坡

东盟是否能够基于共同的理念与价值观开展共同行动？其重要的试金石就是应对缅甸军事政权。缅甸军政府不仅无视1990年总选举的结果，还不断镇压要求民主化的国民。但在"建设性接触"的名义下，东盟于1997年承认缅甸加入东盟，其一贯支持军政权的行动受到国际社会的关注。但是，第13次东盟峰会的主办国新加坡总理在主席声明中表示："东盟尊重缅甸政府与联合国及国际社会直接对话的希望"（*Straits Times*，以下简称"ST"，21 November，2007），明确了东盟在与军政府接触问题上的消极姿态。此外，这次东盟峰会是2007年9月镇压民主化运动后缅甸第一次出席的正式会议而受到关注，但新加坡禁止一切在会场外要求民主化的集会和活动，会场内的活动也只被附带条件地允许了一次（*Reuters*，17 November, 2007）①。此外，新加坡驻联合国大使在 2007 年 10 月以东盟主席国身份出席安理会有关缅甸局势的会议时称："缅甸军政府是稳定的重要因素。如果国际社会排除军事政权，那么众多的武装族群集团将开始斗争，局势将更加不稳并日趋复杂"（*Sunday Times*，7 October, 2007），对军政府的统治表示理解。

此外，考虑到缅甸军政府对民主化势力的镇压，《东盟宪章》第 14 条明确记载了设立"人权机构"的内容，但却没有规定其具体作用与职能。联合国秘书长在 2007 年 12 月表示，"东盟对缅甸民主化负有特殊的政治责任"②，对东盟的这种态度提出了批评。

即使受到这方面的批评，包括新加坡在内的东盟各国由于已经与缅甸建立了牢固的经济关系，其结果只是对缅甸军事政权持旁观态度。近年来，缅甸主要贸易对象及其所占比重参见表 5-2。在出口国中，中国、印度与东盟各国等近邻国家的比重迅速增加。由于 2000 年后向泰国、中国、印度的天然气出口增加，新加坡的地位相对下降，但 1985 年后新加坡却始终处于前列。顺便提一句，缅甸对美国的出口由于受到 2003 年 7 月美国经济制裁的影响急剧下降，而新加坡却因此在 2004 年缅甸的出口国中上升到第 4 位（Tin Maung Maung Than［2007］248）。缅甸出口总额从 1985—1986 年到 2002—2003 年实际上增长了 7.5 倍。另一方面，主要进口国中，1999 年以后新加坡占首位。缅甸主要从新加坡进口电气、电子产品，进口额中中国的比例也迅速增加。如表 5-3 所示，投资中新加坡也位居首位。饭店、观光、房地产投资中新加坡优势明显。此外，新加坡对缅甸的关系还涉足军事合作。新加坡政府所属企业向缅甸军队出售了大量武器（主要是轻武器），并对缅甸军队的军事演习提供人员和

---

① 针对这一措施新加坡政府表示，"只是沿用长期以来的做法"。
② http://www.asagu.com/special/070928/TKY200712100218.html（2007 年 12 月 15 日检索）。

技术支持。尽管新加坡政府予以否定,但实际上对缅甸国防部建设用于监听国内外通信的网络战中心进行了技术支援(*Jane's Intelligence Review*, March, 1998, pp. 32-34)。

只要缅甸作为新加坡投资对象和贸易对象的重要性没有削弱,讨论东盟采取共同行动的问题就不得不慎重。此外,近年来中国与缅甸的经济关系日益紧密也是新加坡推动与缅甸军政府加强关系的原因之一。如果东盟对缅甸进行经济制裁,缅甸与中国的关系将会更加密切,从而导致中国在东南亚的存在更进一步扩大,这对于新加坡而言是在安全方面最不希望看到的事情。

表 5-2 缅甸的贸易

缅甸的出口 (%)						
排序	1985—1986 年		1999—2000 年		2002—2003 年	
1	新加坡	13.3	美国	16.3	泰国	35.6
2	香港	12.4	印度	15.0	中国	15.4
3	非洲各国	10.4	中国	9.5	印度	10.6
4	日本	7.5	新加坡	9.1	美国	10.4
5	中国	6.2	泰国	6.2	新加坡	4.4
	东盟各国※	21.9	东盟各国	21.6	东盟各国	44.7
缅甸的进口 (%)						
排序	1985—1986 年		1999—2000 年		2002—2003 年	
1	日本	43.6	新加坡	28.0	新加坡	27.7
2	德国	13.7	泰国	13.1	中国	15.8
3	新加坡	9.2	日本	11.1	泰国	10.1
4	英国	5.2	中国	9.6	日本	9.3
5	荷兰	2.3	韩国	9.1	韩国	6.0
	东盟各国※	11.2	东盟各国	53.4	东盟各国	53.8

注:※1985—1986 年的东盟各国是印度尼西亚、马来西亚、菲律宾、新加坡、泰国、文莱 6 国总额的比例。

资料来源:笔者根据 The Government of the Union of Myanmar, *Statistical Yearbook* 2004, pp. 204-206, 211-213 制成。

表 5-3　对缅甸的投资（1990 年—2004 年 3 月 31 日的累计投资额，%）

1	新加坡	20.7
2	英国	18.8
3	泰国	17.3
4	马来西亚	8.7
5	美国	7.7
	东盟各国	51.8

资料来源：同表 5-2，笔者根据 p. 258 制成。

马来人族群的国民问题与不干涉内政

新加坡政府对马来人族群持某种不信任的态度。1964 年新加坡还是马来西亚一个州，马来西亚政府执政党的部分"激进派"在新加坡煽动华人与马来人族群发动了两次暴乱；1969 年 5 月 13 日，马来西亚发生的华人与马来人族群的大规模暴乱还波及新加坡，在新加坡逮捕了 600 名以上的华人和 350 名马来人。因此，"马来人族群在特殊情况下，比起新加坡国民，更以伊斯兰教徒的身份进行反应"（总理发言，ST，14 December，1986）。"新加坡军队目前没有打算授予马来人中级以上的职位并配属到前线，这是因为假如与马来西亚和印度尼西亚发生冲突时，马来人族群的忠诚将会动摇"（副总理发言，FEER，5 December，1991）。由于这些理由，新加坡军队几乎没有士官以上军衔的马来人，空军战斗机飞行员很长时期里也不招收马来人。

对待马来人族群的这种态度使马来人族群的国民感觉到在新加坡社会中被置于边缘地位。而新加坡政府在独立时尽管在宪法上承认原住民马来人的特殊地位，但实际上除了免除教育费外，并没有认可其他具体特殊待遇的措施。其理由在于比起优待特定族群，"更加重要的是应该把社会地位提高的机会一律平等地给予每个国民，通过平等政策建设能够实现个人愿望的社会"（李 [2002] 239）。

但是在这种平等政策下，收入差距不仅没有缩小，反而进一步扩大。独立后不久的1966年，马来人族群平均月收入是华人的83.3%，而根据2000年的统计①，马来人族群的平均月收入只有华人的63%、印度人族群的66%。政府和政府掌控的企业的核心岗位几乎没有马来人。为此，在马来人族群中潜在着对政府的不信任与不满，比如怀疑政府不将重要职务安排给马来人族群，歧视伊斯兰教的学校，故意划分选举区以防止选出代表马来人族群不满和要求的国会议员等（Rahim［1998］）。

马来人族群与华人、印度人族群的巨大贫富差距和对政府的不信任与不满，使推行"土地之子"政策（Bhumiputra，通过大学等优先入学、优先发放商业执照、优先录用公务员等积极推动马来人族群参与现代产业领域）来提升马来人意识的马来西亚与新加坡之间时常引起争执（FEER, 20 October, 18 December, 1983）。直至最近（2007年10月），当问及与马来西亚再次统一的可能性时，前任新加坡总理李光耀表示："要等到马来西亚不再实行'土地之子'政策，给予所有人以平等的机会，并承认其贡献的时候。"而马来西亚领导人则表示"马来西亚在不同族群之间成功地实现了和谐"，借以对新加坡进行批评（*Sunday Times*, 14 October, 2007），两国关系一度十分紧张。

在马来人族群的问题上，新加坡与印度尼西亚之间并没有发展到与马来西亚之间那样的严重程度。据称这是由于当时印尼总统苏哈托与李光耀总理个人之间关系密切，所以没有导致问题的表面化。但是，苏哈托退出政治舞台后的1999年2月，哈比比总统在会见记者谈到印度尼西亚华人地位时表示："新加坡的马来人甚至不能担任军队的将校，新加坡才是'真正的种族歧视国家'"（ST, 13 February, 1999），并招致了日后新加坡的反击。

---

① 笔者根据 Singapore Department of Statistics, *Census of Population 2000*: *Advance Data Release*, pp. xiv-xv 制成。

除了马来人族群的问题，新加坡与马来西亚还存在诸如供水问题（新加坡用水需求的一半依赖马来西亚的供给，为此进行价格谈判的问题）、马六甲海峡中小岛的主权争议问题等各种摩擦，几乎每年都会反复互相指责。尽管两国最终都予以慎重应对，并没有导致决定性的对立，但马来人族群的问题与其他问题不同，属于很难由法律以及合理判断的民族感情问题。由于这很可能发展成与马来西亚和印度尼西亚之间的外交问题，因此尊重国家主权与不干涉内政的东盟原则对于新加坡是极为重要的。

共同价值观与新加坡的现实

新加坡的执政党人民行动党长期一党执政，通过政府与国家一体化发展经济，被称为权威主义制度或发展体制的典型（田村［2000］）。尽管这种政府压制性的政治体制随着新加坡的经济奇迹般发展受到关注并引起国际社会的批评，而且国内不同声音也在不断高涨，但政府的姿态依然强硬。

现任总理李显龙在担任副总理的 2000 年 1 月接受美国媒体采访时表示："有的国民认为国会有必要存在一些在野党的议员。我们的作用是说服国民，让国民理解投在野党议员的票不符合国民的利益，人民行动党议员可以更好地为国民服务。"[1] 这是由于政府认为，新加坡是脆弱的国家，容忍以在野党为首的批评势力的扩大，是在时间和人力上的浪费，而应将最优秀的人才汇集在人民行动党麾下对国家进行有效治理。

大肆宣扬在野党议员的小失误和发言并提出上诉，施以巨额罚款，逼迫议员辞职或流亡国外；制定限制批评势力活动的法律，以进行"合法"取缔等，这些手段从 20 世纪 80 年代到现在几乎没有改变。此外，还通过了不经审判就可以长期拘留"危险分子"的治

---

[1] http://www.gov.sg/interviews/0600100lhl.htm（2004 年 6 月 5 日检索）.

安维持法。1987 年逮捕了从事维护外籍劳工人权活动的律师等 22 人，2002 年又以涉嫌对美军设施及新加坡政府有关设施进行恐怖活动为由逮捕了 30 余人。

新加坡国内没有持中立立场的人权组织，政府对非政府组织（NGO）的活动也进行严格的监视与限制。基于社会团体法和相互扶助法，非政府组织负有登记的义务。登记官如果认为某个非政府组织扰乱了治安，或从事不符合最初目的的活动等，随时可以取消登记。政府对国内团体接受海外捐款和资金援助也采取了严格的限制措施。这些都使得非政府组织特别是监视行政和对政府进言的非政府组织呈现萎缩之势（田村［2004］117-146）。李显龙总理尽管提出了创造"活动市民社会"和"更为开放的社会"的口号，并转变态度支持包括 NGO 在内的市民团体的活动，但仍受到是否只允许国民参与政府允许范围内的活动等批评（Koh and Ooi［2004］167-197）。

三、新加坡推动与东盟外的交流

2005 年，新加坡的贸易依存度①出口为 196.9%，进口为 171.5%。由此可以看出，新加坡的生存与发展严重依赖与东盟地区外的关系。如上所述，新加坡在 20 世纪 90 年代后积极推动东盟地区内的经济合作的同时，为了增加经济发展的选择性，也构筑了与东盟地区外的经济关系。

新加坡率先策划了从 1991 年开始的东盟与经济自由化转型的印度间的经济对话。第一次对话于 1991 年在新加坡举行，各方就向印度的投资、贸易以及放宽政策等情况交换了意见（Sridharan［1997］

---

① 贸易依存度是表明一个国家经济依赖贸易程度的指标，是国民生产总值和国民收入对出口额、进口额的比例。2005 年日本的出口依存度为 13.1%，进口依存度为 11.3%。出处为总务省统计局网页 http://www.stat.go.jp/data/sekai/09.htm（2008 年 2 月 21 日检索）。

48-50）。1994 年 9 月，印度总理与企业人士一同出访新加坡，在演说中表示："印度希望加强与以新加坡为核心的亚太地区的经济关系"（*Straits Times Weekly Edition*，17 September，1994）。1996 年，由新加坡政府企业承建的印度班加罗尔信息技术工业园开工。印度在 1995 年成为"东盟对话国"，也是由新加坡提议并积极推动的结果。2005 年，印度成为新加坡第 14 大贸易对象国（2.3%）。在投资印度的国家中，新加坡的投资额位居第 4 位。印度企业在新加坡的投资也十分活跃，截至 2003 年共有 1441 家公司在新加坡投资。2003 年，东盟与印度签署了《全面经济合作框架协定》，这也是由新加坡主导的（*Sunday Times*，4 November，2007）。

新加坡还积极构建超越亚太地区的地区合作网络。亚欧会议（Asia-Europe Meeting，ASEM）就是由新加坡提案并获得东盟成员国支持、由法国获得欧盟各国支持后与 1995 年 3 月启动的。在第一次亚欧会议上，欧盟 15 国、东盟 7 国与中日韩共 25 个国家汇聚曼谷，就促进欧洲与亚洲的经济合作与人员交流进行了对话。新加坡主动申请举办 1997 年第二次亚欧会议外长会议，会议期间提议创设亚欧基金并为此出资 100 万美元（Yeo［1997］38）。1998 年，以加强东亚与中南美洲各领域关系为目的的东亚-拉丁美洲合作论坛（Forum for EastAsia-Latin America Cooperation）也是由新加坡提议的，可谓亚欧会议的中南美洲版。亚洲 15 个国家和中南美洲 18 个国家于 2001 年召开了第一次外长会议。2007 年第三次外长会议上发表了进一步加强两个地区合作与交流并应对各种国际问题等内容的《巴西利亚宣言》①。

亚欧会议除了亚洲与欧洲国家领导人以平等立场汇聚一堂这一象征性意义外并无实质性内容。此外，围绕缅甸的人权问题，欧洲各国与东盟各国产生了摩擦，导致会议进展迟缓，没有取得实质性

---

① http：//www.focake.org（2008 年 2 月 25 日检索）。

的合作成果。东亚-拉丁美洲合作论坛也是如此，尽管被人诟病参加国家过多而导致除了会见外没有什么重要意义，但新加坡今后也会将这些视为构筑多边国际关系的舞台以及彰显自身存在感的极好机会。

另一方面，新加坡还在积极推动与东盟区外各国缔结双边自由贸易协定（FTA）。当时的吴作栋总理曾表示："（在东盟中）能够先行启动（FTA）的国家应该先走一步，其他国家不应对此进行限制"（Mauzy and Milne [2002] 183），表明了率先启动FTA的姿态。截至2007年底，新加坡与新西兰、日本、澳大利亚、美国、欧盟均已签订协议；与中国、加拿大、墨西哥、智利、印度、约旦等则正处于谈判阶段。而与美国签订FTA的第一个亚洲国家就是新加坡，与日本签订FTA的第一个国家也是新加坡。但是，针对新加坡积极推动加强与东盟区外的关系并在东盟中率先推动双边FTA的动向，印度尼西亚政府高官在2000年10月曾批评新加坡只注重推动与东南亚以外国家的关系，对东帝汶和巴布亚新几内亚加入东盟并不热心，并威胁"或与马来西亚合作切断供水"（Huxley [2001] 206）。尽管这是为了牵制看似要"甩开东盟"的新加坡，但也反映了新加坡增加经济发展选择余地的举动，难免会产生东盟成员国内部的摩擦。

结　语

新加坡的发展表明，如果东盟向以放弃一部分主权为前提的共同体方向发展，必然会暴露新加坡国内的各种问题，很可能产生与其他成员国的对立。特别是后者更加明显。尽管东盟发展已经40年，但各成员国之间的关系仍建立在出人意料的脆弱基础之上。目前，新加坡将保持与东盟的团结积极推动东盟区内经济合作，同时，为增加经济发展的选择而构筑多边国际关系并加强推动与东盟区外的双边关系。

这与对东盟的评价也有关系。尽管东盟被认为是"仅次于欧盟的最成功的地区合作组织,也是向亚洲地区一体化发展中合作最为密切的组织",但众所周知,由于与欧洲在地区合作内容和成果方面存在着较大差异,因此也受到了一些严厉的批评,这也许是东盟仍被称为"脆弱国家"和"尚未成熟国家"集合体的缘故吧。

探讨特定地区发生的现象并如何看待这种现象的地区研究,特别是发展中国家的地区研究,长期以来虽然具备了国际视角,但对掌握国际关系的全局并没有表现出特别的关心。东盟安全共同体这一视角尽管为将地区研究与国际关系理论相结合进行研究的学者提供了崛起的契机(黑柳[2007]10),但如果志在掌握全局及理论化,则有可能会削弱对现实的适应性,因此地区研究也许应对此加以回避。毫无疑问,为了有效推进发展中国家之间的地区合作、地区一体化,就要求具备多种视角,包括对各成员国国民及社会价值观、引进外资、出口导向型等依赖外部的脆弱经济结构的理解,也包括成员国基于这些因素考虑各自国家利益的发展合作与相互利益的协调,还包括深入各国统治结构内部的相互制度协调等。尽管东盟还没有成为共同体,但正在逐步向共同体方向渐进式发展,一体化程度也在加强,为此需要哪些举措?地区研究与国际政治学的紧密结合具有众多可贡献之处。尽管只是一个东盟成员国的事例,但可以说,新加坡与东盟共同体的事例将提供很好的启示。

第六章 中东的国际政治
——由他者决定的地区与冲突

酒井启子*

一、"中东"地区概念的国际政治性

被称为中东的地区,是近代以来以西欧为中心确立的国际政治的问题点最为集中体现的地区。"中东"这个称呼本身就是1902年美国海洋战略理论家在论及英国战略要冲的波斯湾、阿拉伯湾地区时才开始使用的(Adelson[1995])。这一事实说明,19世纪后半叶西欧殖民主义者在入侵亚洲的过程中,成为西欧列强的战略对象这一点上,中东地区与亚洲处于"同样性质"的境地。

这种"同样性质"的境地是指在这个地区所经历的历史境遇中存在着两种互相关联的同质性。一个毫无疑问是经历过列强直接、间接的殖民地统治;另一个则是被殖民地化之前作为"欧洲"镜像的"东方"的定位。如同萨义德的"东方主义"批判所明确指出的(サイード[1986]),作为西欧眼中的"东方"概念,是将伊斯兰世界作为与欧洲最接近的"他者",并为了区别于欧洲而建立的。

也就是说,被称为中东的地区是由欧洲命名的,并在国际社会

---

* 东京外国语大学大学院教授。

中存在伊始就被予以了定位，即中东是一个在与欧洲的关系中内含某种共同的历史经验并在建立国家时存在各种障碍的地区。这一地区的出发点并不是因社会内在因素整合而成，归根结底是在国际社会中由他人的视角决定的。因此，该地区的社会成员对"中东"的自我意识淡薄，很多情况下还会由于是他人决定的而反抗和拒绝。

进而言之，由于地区概念是在相关性中决定的，因此其地理范围也经常随着时代、政治环境的变化而变化，比如苏联解体后，将中亚六国与阿富汗也包括在内的"新中东"（New Middle East）方案（Brown［2001］）。而最近的例子是"9·11"事件后的2004年，美国布什政府提出的涵盖阿富汗和巴基斯坦的"大中东构想"。特别是在所谓的"反恐战争"中，美国政府更倾向于将有必要促其发展以民主化为前提的社会经济的国家冠以地区概念，如"不稳定之弧"①"什叶派新月带"② 等，经常会给予被视为具有国际秩序扰乱因素的社会某个地理范围的称呼。

总之，"中东"并不是一个可以自称在该地区社会中拥有共同的固定身份认同的地区概念，而是一个从过去到现在经常在国际政治的动态中由区外主要行为体命名的地区概念。这种"他称"性的存在是在与欧美各国的关联性中被规定的流动性概念。因此，中东的"地区研究"从起点开始就不可能是本质主义性地区状况的研究。"地区研究"自身经常反映国际政治的流动状态，这可谓中东地区研究的宿命。本章首先介绍与全球国际政治密切相关的中东研究在日本与欧美的发展情况。随后从中东地区的国家行为体、地区内的国家间关系以及这些关系与国际政治之关联性的角度，分析美国"9·11"

---

① 该词最早来自于20世纪90年代的澳大利亚，意指亚太地区南部各岛屿政治不稳定的情况。2001年10月美国在《四年防务评估报告》中使用该词，包含了从古巴到朝鲜、中东、中亚的地区。

② 该词源自约旦阿卜杜拉国王，意指2004年12月萨达姆政权倒台后伊拉克什叶派穆斯林政党的崛起和伊朗影响力的扩张，包括从黎巴嫩到叙利亚、伊拉克南部、阿拉伯半岛沿岸部分和伊朗。

事件后在国际政治上最受关注的起源于中东地区的各种超国家性运动产生的原因。

二、日本的中东地区研究谱系

以偏向西方知识框架为前提发展而来的欧美的中东研究,源自于西方的东方主义者开展的东洋学研究。由 19 世纪到 20 世纪初,中东地区研究的东方主义者的很多成果被西欧列强的殖民地统治所利用,他们中不少人还成为英法政府对中东政策的知识、建议与情报的提供者①。日本在二战前创建的回教圈研究所等伊斯兰研究机关也被日本的对华、对东南亚政策所利用。

但是第二次世界大战后的中东研究,很多都关注摆脱殖民统治过程、冷战结构下中东的政治定位等问题,对属于左派民族主义思想的阿拉伯民族主义研究倍加关注。特别是殖民统治遗留制度的中东各国制度的人为性和国境划定的肆意性受到质疑,作为打破内嵌在各国制度中的殖民地结构的民族主义运动和革命运动的发展格外引人注目。在日本的中东研究中,这种考察阿拉伯群众运动根基中的去殖民地化运动的研究占主流地位。板垣〔1992〕就地区的他者规定性提出了"n 地区"论,对针对殖民主义而产生的民族、地区的可变性与多层性进行了理论探讨。这一研究视角被栗田〔2001〕、臼杵〔2004〕继承,可以说开辟了独具特色的日本中东地区研究领域。

另一方面,20 世纪 70 年代后半期以来,以石油生产国实施石油战略(石油危机)为契机,石油稳定供给这一能源安全研究成为中心议题。其后的两伊战争、海湾战争等冲突,促成了不局限于石油领域的安全研究的出现。欧美的安全理论主要是政策研究所以 1973

---

① 以考古学家和地理学家的身份在阿拉伯地区直接参与殖民地统治的东方主义者包括劳伦斯(Thomas Edward Lawrence)、贝尔(Gertrude Bell)等人。

年石油战略之前开始的军事战略为焦点进行研究，与此相比较，日本的安全研究出现很晚。在中东和平问题上，从与上述板垣等以历史学为基础的研究所不同的视角出发，池田［1990］、立山［1989］在较早时期就开始积极进行政治外交方面的分析研究。即使如此，有关中东地区外交的著作几乎全部是关于中东与美国关系的（中冈［1998］；泉［2001］）。特别是伊朗革命后，中东研究集中关注伊朗—美国关系（松永［2005］）。与此相比，近年来对日本中东外交的谈论非常之少（Miyagi［2008］），可以认为这是由于日本的中东政策本身受到美国中东政策的强烈影响，在研究上难以引起特别的关心。

三、地区研究与国际政治学的背离

但是，中东研究各领域的学术活动很难说过去存在着紧密的联系。最近欧美的中东研究中，很多议论将以理论为中心的国际政治学和以田野研究为中心的中东地区研究之间的背离视为严重的问题（Tessler et al.［1999］）。经过"9·11"这一源于中东地区问题、直接让发达国家惊恐不已的事件，学术界更加强烈地认识到这一问题的紧迫性和严重性。"9·11"事件后出版的众多有关中东国际政治的书籍都是以应对这种背离为出发点的（Fawcett［2005］；Halliday［2005］）。

但另一方面也不能忘记，欧美的中东政治学，特别是有关比较政治领域的问题在某种意义上具有国际政治中之中东这一定位的强烈性质。这是因为有关中东各国内政的研究本身就强烈反映了欧美各国对中东政策的态度。美国的中东政治学研究从20世纪80年代开始盛行关注国家、社会关系的研究（Migdal［1988］；Salame［1987］）。到了90年代中期，中东民主化论（Brynen et al.［1995］）、公民社会论成为中心议题（Norton［1995］；Schwedler［1995］）。而进入21世纪第一个十年的中期以后，中东权威主义体制的稳固性成为研究的焦点（Pratt［2006］；Posusney and Angrist［2005］；Schumberger［2007］)。

20世纪80年代的国家论,对以往给予中东各民族国家人为性的超国家性意识形态、以政治运动的有效性为焦点的分析视角进行了批判,而强调每个国家行为体的自立性。随后的"民主化论"和"公民社会论"则是冷战后在国际政治学中对是否存在国际社会共同规范的探讨过程中颇受关注的议题。其出发点在于民主主义、市民社会等规范如何才有可能波及中东。其后的权威主义体制分析则反过来关注任何规范都无法向中东渗透的这种"壁垒"的稳固性。总而言之,这些研究可以反映出20世纪90年代以后欧美中东研究的认识,即中东是一个起源于西欧的全球性规范(市民社会、民主化、市场经济化等)难以影响这一地区各国国内政治体制、国际政治规范难以向国内政治传递的地区。

另一方面,由于20世纪90年代的海湾战争、"9·11"事件等一系列事件的发生,中东地区因国内政治引起的危机波及国际社会而倍受关注,并进而出现了一种研究视角,即中东国内政治造成的危机之所以成为国际政治秩序紊乱的原因,是因为中东各国不接受民主化和市场经济化等国际规范,并成为国际社会的不稳定因素,反映这一点的就是"9·11"事件以及其他在世界上发生的"恐怖主义"事件。这一推论和逻辑已深入人心。由此引发的,就是即便动用武力也要将国际规范"移植"到中东这一2003年美国决策者发动伊拉克战争的思维。

上文提到的韩礼德(Halliday)等人的著作批评这些议论都将问题单纯化,并主张有必要将国际关系论与地区研究进行有机结合。特别是韩礼德和辛内布什(Raymond Hinnebusch)对众多认为国际规范无法向中东渗透而其根源在于伊斯兰教和中东特有文化因素的观点进行了严厉的批判(Halliday［2005］;Hinnebusch［2003］)①。

---

① 韩礼德和福塞特(Robin Fawcett)都关注到理论与地区研究背离的问题并出版了著作(Telhami and Barnett［2002］),但其分析的焦点是身份认同政治。

他们认为，由于中东地区存在着超越时代而始终不变且无法适应国际社会的某种本质性因素，国际社会与中东地区的关系必然会造成"规范波及"与"恐怖主义波及"针锋相对的局面。这种理论前提虽然在"9·11"事件后日益扩大，但是应该改变这种认识，而再次从国际政治中寻求问题的根源。过度强调文化的特殊性，将中东地区各种社会因素视为本质性的和静态的前提，正是将妨碍国际社会规范波及的反规范性因素的本质归结于存在于中东地区社会文化性之中的认识。

他们更为重视的是通过国际政治与一个国家国内政治的关联性界定地区政治机制的视角。而分析这种地区政治机制是如何在历史上形成的，如何发生变化则非常重要。问题是，在国际政治层面上存在着"一个国家的失败被看做是所有阿拉伯国家的整体失败"（Fawcett［2005］4）的学术氛围，如果这不是文化本质主义带来的，那么这一地区是如何形成被视为一个整体并具备联动性的机制呢？韩礼德从历史社会学的视角出发主张历史的重要性，但是，以往国际政治环境、中东地区各国间以及全球大国间的关系之变化是如何决定了现在中东地区国家行为体行动模式的呢？

下一节将按照这一视角，以各种国际体系中国家行为体在①国内政治、②超过单独一个国家的中东地区内国家间关系、③与全球性大国的关系等各个层面①上如何行动为焦点，回顾中东地区政治变化的历史，并由此概述国际体系的变化导致①—③各层面的政治机制发生何种变化，各层面上的变化对各层面之间的关系产生了何种影响。

四、中东国内政治与国际关系的联动性

本节将选取 20 世纪对中东国家行为产生重大影响的三个国际体

---

① 国内、地区内、全球层面的分类是义赫塔沙米和辛内布什（Anoushiravan Ehteshami and Raymond A. Hinnebusch［2002］）在分析中东外交政策决定因素时使用的分类方法。

系,即(a)从第一次世界大战后到20世纪50—60年代的殖民地统治结构;(b)第二次世界大战后到80年代后半期的冷战结构;(c)70年代后以石油生产国、消费国关系为基轴围绕原油的能源安全机制,简述其对上节指出的①—③各层面的行动产生了何种影响。

殖民地统治体系

毫无疑问,(a)的殖民地统治体系原本就是在中东地区产生不均等性的民族国家的基点。以拥有人为划定的国界线以及西欧殖民势力移植、支持的政权的新独立国家组成的中东特别是阿拉伯各国的政权经常苦于国内统治正统性的缺失。 同时,人为划定的国界线还导致经常与周边国家的边境争端。诸如在1952年的埃及和1958年的伊拉克等国所经历过的,很多在殖民地统治时期建立的亲英、亲法政权被军事政变颠覆。尽管颠覆活动源于军事政变,但伴随着广大民众的动员而导致了政变后政治结构的大幅度变更。在国内社会上被认为是"革命"而成立的政权,又作为"革命政权"而获得了某种统治的正统性。

表6-1 国际政治体系对中东地区国内、地区内、全球层面的影响

	(a)殖民地统治	(b)冷战结构	(c)能源安全
国内政治层面	在人为设定的领域中建国 从属旧宗主国的政权独享权力	左派政权成立并延续 利用冷战结构政权获得了实力以上的延续 军事援助造成军队的庞大化	产油国政权统治能力的提升(食利者经济) 国家管理石油资源造成国家的庞大化

---

① 很多观点认为,伊朗受到英、俄殖民统治的强烈影响,而执政到1979年的巴列维政权也建立了对美从属关系。但与外部政治因素很大程度上关系到国家存亡的阿拉伯各国不尽相同。此外,尽管土耳其历史上的奥斯曼帝国被列强所肢解,但穆斯塔法·凯末尔领导反殖民斗争并确立了共和国的基础。从这个意义上,国家建立过程中的外生性较为淡薄。

续表

	（a）殖民地统治	（b）冷战结构	（c）能源安全
②地区内国家间关系层面	边境冲突 难民、占领问题 泛民族主义运动	左派民族主义势力与保守封建势力、伊斯兰势力的对立	产油国之间的领导权之争 产油国通过援助对非产油国施加压力
③全球层面	广泛的民族统一运动 反殖民主义运动波及国际	伊斯兰势力的反共活动	石油战略（通过石油政策向消费国施加压力） 利用石油资源对大国进行利益诱导

由于殖民地统治时期国家脆弱性的主要原因在于设定国家领域的人为性和外生性，因此很多革命政权为了恢复统治的正统性而志在改变国家的领土，从而动摇了中东地区的国家间关系。特别是在殖民统治体制之下，从伊拉克到摩洛哥，作为民族主体的"阿拉伯"独立为多个国家，从而产生了与之对抗的基于阿拉伯民族主义的国家统一运动。这一运动由埃及的纳赛尔和叙利亚以及伊拉克的阿拉伯复兴社会党等掌权后所推动，但海湾各国等其他君主制、酋长制的国家则以阿拉伯民族主义运动威胁到既存政权的统治正统性和国界为由，将这些运动视作危险之举。这就造成了中东地区君主制、酋长制国家与民族主义共和制国家之间的紧张关系。

这种阿拉伯民族主义的崛起，不仅谋求地区内关系性质的变化，也谋求全球体系性质的变化。这是由于阿拉伯民族主义要求变更国家区域的最主要的对象——以色列国家的建立本身就是西欧全球政策的结果。如果认为以色列建国是第一次世界大战后西欧列强处理战后问题、解决欧洲犹太人遭受迫害而实施的策略，那么在阿拉伯国家看来，以色列就是将起源于欧洲的国际政治体系移植并适用于中东地区的产物（臼杵［1993］）。

在这种殖民统治体系下产生的民族主义运动以及支持运动的意

识形态,特别是阿拉伯民族主义,在 1971 年英国撤出波斯湾和阿拉伯湾地区、正式结束殖民地统治以及其他阿拉伯国家间的边境问题也以某种形式达成妥协之后,也依然把以色列的存在视为对巴勒斯坦殖民统治的一环,而继续提出质疑。如后所述,悬而未决的巴以问题将成为在①—③的所有层面上长期左右中东政治机制的因素,而且全球性大国对以色列的支援也将成为今后阿拉伯国家对大国介入该地区事务的大国政策认知模式。

冷战结构

(b)的冷战结构究竟对每个层次产生了何种影响?众多的民族主义政权与支持以色列的美国关系紧张,至少到 20 世纪 70 年代中期,即中东地区被纳入(c)能源安全机制之前,埃及、叙利亚、伊拉克的民族主义政权处于只有依赖苏联支援的国际环境之中。在埃及,从 1955 年纳赛尔购买苏联武器到 1972 年萨达特政权驱逐苏联军事顾问的期间,与其他国家相比起步早结束也早。伊拉克则从 1972 年与苏联缔结伊苏友好条约后,苏联的军事援助支持并强化了打着社会主义旗号的一党执政体制。由于这些民族主义政权都是军事政变的产物,因此对军队的怀柔和优待政策对于政权正常运作是必不可少的。进而言之,在无法期待欧美援助的环境下,为了早日建设国内产业推进现代化,都引进了国家主导型的社会主义经济体系。这些阿拉伯民族主义政权在接受经济援助的同时,通过强调冷战结构下中东的战略重要性,享受了长期稳定的统治时期。

但是,值得深思的是,从(a)时期以来就存在的围绕人为边界的地区内国家之间的对立,在冷战结构下以意识形态对立的形态继续发展。伊拉克与科威特(1961 年及 70 年代前期)、伊拉克与伊朗(1968—1975)、阿曼和南也门围绕佐法尔(Dhofar)(1967 年至 80 年代前期)地区的地区内对立中,亲苏的伊拉克、南也门以近邻的亲美君主制及酋长制国家实行封建制和殖民地统治遗留制度为由,以扩展左派民族主义运动为目标,与这些国家爆发了冲突。但是这些对立并非必然反映了苏联的意图。这一时期中东地区内的国家间对立很多都是在(a)期间边境固定化导致的领土争端以东西方对立的形态再次浮现出来的。阿以争端也是作为(a)的历史遗产进一步发展,并从20世纪60年代后以苏联支持阿拉伯和美国支持以色列的形式反映了冷战结构。这其中地区内国家间的领土争端,因为被纳入了冷战结构而具有在国际政治中超出其实际状态的重要性。其结果是,国际社会开辟了有关解决冲突的方向。

典型的例子是以沙特阿拉伯为代表的君主制、酋长制国家。面对左派民族主义势力的崛起,这些国家为了维系脆弱的国家只有依赖美国。其结果,从埃及建立民族主义政权到伊朗革命期间,埃及、叙利亚、伊拉克、南也门等民族主义政权采取了亲苏政策,而伊朗、沙特阿拉伯、海湾产油国、约旦等君主制、酋长制国家则持亲美立场。此时沙特阿拉伯为了对抗阿拉伯民族主义势力,采取了依靠伊斯兰教确保在地区主导权的政策。针对埃及的纳赛尔和其他阿拉伯民族主义领导人标榜自己为阿拉伯世界盟主的行为,沙特阿拉伯以"两大圣地庇护者"的身份在伊斯兰世界积极发挥了主导作用。伊斯兰势力在反共政策中的作用得到了美国的肯定,作为典型的实例表现为1979年苏联入侵后的阿富汗,这已是众所周知。针对苏联对阿富汗的入侵,美国在沙特阿拉伯和巴基斯坦的合作下,从伊斯兰各国招募"圣战者",将其训练为反共游击队(Bronson[2007])。

但是,伊斯兰势力并不仅仅是对美国有利用价值的阻止亲苏左派民族主义扩大的对抗势力。这是由于如果联想到伊朗伊斯兰教政权与美国的长期对立关系,可以很清楚地认识到这一点。另外,虽然沙特阿拉伯推动的在全球范围内宣教、全球性伊斯兰教徒的组织化等行动在国际政治层面上对于反共政策是有效的,但伊斯兰主义运动的跨国性也存在着挑战作为殖民政策遗留制度的中东各国体制的可能性。①

能源安全

从 20 世纪 70 年代中期起,这些国家在经济上对苏联的依赖有所减轻。通过 1973 年产油国发动的石油战略以及随后各国的石油国有化政策,这些国家在经济上获得了自立。国家管理庞大的石油收入使中东各国政权在与社会的关系上处于压倒性优势地位,垄断性的政权不必过度使用暴力机器,而可以通过分配石油收入管制社会。伊朗、伊拉克、海湾产油国直接拥有了石油收入;约旦、叙利亚、埃及等石油收入较少的国家也通过向产油国输出劳动力获取海外汇款以及产油国的援助等,同样享受到了石油所带来的恩惠。为此,很多中东国家"食利国"(rentier state)的性质加强,很多研究者都认为这一点发挥了有效维持政权稳定性的作用(Luciani and Beblawi [1987])②。

利用石油收入提升政府作用也从本质上改变了地区内的国家间关系。例如沙特阿拉伯与海湾各国以石油收入为后盾,通过援助极大改变了地区内国家间关系。在(a)(b)的构造中经常受到广域民族主义运动、左派革命运动挑战的海湾亲美君主制、酋长制国家,确保通过援助对非产油国左派革命政权发挥影响力的手段。萨达特政权之后的埃及与沙特阿拉伯建立了紧密关系就是一例。

另一方面,产油国之间围绕石油战略决定权的主导权之争,也作为决定地区内国家间关系的因素浮出水面。拥有最大石油储量的

---

① 沙特阿拉伯在建国过程中,尽管有效利用了被称为伊赫万的宣教集团来推动国民统一,但在与英国统治的伊拉克发生边境冲突时,阿卜杜勒-阿齐兹国王选择了镇压原来不受规定国境之限制的伊赫万运动以建立明确国境的国家体系的政策(battle of Sibla)。这一历史表明,沙特阿拉伯建国是作为近代国家的疆域限定性与全球宣教性之间进行微妙妥协的产物(Korany [1987])。

② 但是,Luciani [2005] 根据近年来形势的发展认为"食利国"民主化迟缓的结论并不正确。

沙特阿拉伯发挥着生产调解者的作用，并拥有 OPEC、OAPEC 等产油国组织的决定权。但同样拥有巨大产油能力的伊拉克、伊朗、利比亚等国则经常对此采取挑战性的政策。

20 世纪 70 年代中期直至今日的能源安全保障体系中，中东各国重复了一部分（a）（b）构造中出现的对立结构并激化了对立关系（以色列与阿拉伯各国，伊拉克与伊朗），而在更多的情况下却解除或减轻了对立关系（埃及与沙特阿拉伯，伊拉克与约旦）。但是（c）构造由于很大程度上受到国际石油供给动向的影响，因此地区内国家间关系较之（a）（b）更被全球大国特别是西方发达国家等石油消费国的政策所左右。

综上所述，随着国际体系性质的变化，过去的对立因素并没有解决，而是每次都在新的全球性对立结构中再次产生或被重新解释。另一方面，如果从国内政治层面的影响观察，无论在从（a）到（c）的哪个国际体系中，中东各国的战略重要性都被强调，而这也保证了每个国家中国家相对于社会的优势地位。作为去殖民地运动的成果而获得统治正统性的民族主义政权都保持了长期执政，但随之而来的是部分政治精英长期垄断权力的状态以及对社会治理能力的不足及脆弱性已浮出水面。尽管如此，各国政府在冷战结构中通过强调美苏两国争霸的影响以及能源安全上的重要性，享受着继续维持政权的有利环境。

同时，在以色列的存在这一象征殖民地时期遗留制度尚悬而未决的问题上，任何中东地区内的国家、非国家行为体的行动如果表现出致力于解决这一问题的姿态，其行动就会被正当化，这种行动模式的余地始终存在。随着冷战结束以及产油国与石油消费国关系的变化，中东地区国家行为体从 20 世纪 90 年代以后失去了在国际政治体系中的交涉力，也就失去了为维系政权在国际政治层面上的支持。但殖民主义遗留制度悬而未决的性质，继续给予这些国家质疑国际社会的正当性，这种环境仍然得以维持。

五、地区内国家间关系调整的缺失与"新战争"

本节将主要探讨国际体系的变化对地区内国家间关系层面的影响。正如辛内布什所指出的,中东的地区秩序是"与国家的外生性、国家间的集体关联性抗争结果的产物"(Hinnebusch [2003] 9)。这是因为作为主权与意识形态交错在一起的地区内部关联性才是决定中东各国外交政策的最大因素(Hinnebusch [2003];Hinnebusch and Ehteshami [2002])。

在地区内国家间关系的问题上,从殖民地时期开始就存在着一定程度的同盟与合作关系。冷战初期,巴格达条约组织、中央条约组织(CETO)等大多数同盟关系是由欧美主导的反苏同盟。但1958年伊拉克以及1979年伊朗的亲英亲美政权被推翻后,这一地区尚存的地区组织的作用变为只是为了避免地区外部势力的干涉或用于内部协调。阿拉伯各国民族主义政权成为主流的结果,是期待阿拉伯各国间建立的同盟能够体现或表明阿拉伯民族团结的意识形态。① 阿拉伯国家联盟、阿拉伯石油输出国组织(OAPEC)等就是其代表。尽管并不限定于阿拉伯各国,但1971年成立的伊斯兰会议组织(OIC)也作为地区内组织发挥了作用。

1961年伊拉克意欲合并科威特时,阿拉伯国家联盟充当调解而避免了英国对地区内部事务的介入。这一事例表明,阿拉伯国家联盟等地区组织在80年代前对国际社会还保持着某种影响力,成为避免与全球大国直接对峙或干涉的缓冲器。在伊朗革命的威胁面前,军事脆弱的海湾酋长制各国于1981年成立了海湾合作委员会(Gulf Cooperation Council),旨在与伊朗革命政权的对峙中不直接在军事上

---

① 当然这些国家间组织是以每个民族国家的存在为前提的地区组织,在方向上与20世纪50—60年代的阿拉伯民族主义性质的国家统一意向并不相同。从这个意义上,可以说在建立之初就是泛意识形态与各国实际体制之间折中的组织(チャールズ・トリップ [1995])。

依赖全球性大国，而是通过地区内国家间合作建立集体防务体制。在这一点上与海湾战争时期沙特阿拉伯决定允许美军驻留不同，反映了试图摸索通过地区内国家间关系解决问题的思想。此外，伊斯兰会议组织下属组织伊斯兰发展银行等以对伊斯兰社会的发展中国家提供资金援助等形式回流石油收入。

但是，到了20世纪90年代，所有这些地区组织协调地区内国家间关系的功能几乎都丧失殆尽。阿拉伯国家联盟中，埃及单独与以色列实现和平（《戴维营协定》，1978年）后退出了联盟。在随后的两伊战争中，海湾产油国支持伊拉克，而叙利亚支持伊朗，阿拉伯世界出现了分裂。而对联盟的决定性打击是伊拉克入侵科威特，面对这一局面阿拉伯各国无法采取统一行动而导致美军动用武力发动海湾战争，这如实地反映了阿拉伯国家联盟的功能不全。此外，伊拉克入侵科威特时，阿拉伯各国的巴勒斯坦人在感情上都支持伊拉克，导致了各国经济合作体制的解体，海湾产油国为此减少了对巴勒斯坦的经济援助。

但是，在制度性地区内网络的功能降低、国家间合作关系消失后，在民众层面上，对（a）—（c）体系中形成的中东地区内超国家性运动的必要性与作用的期待并没有消失。如前所述，地区组织与各国国家行为体都无法解决巴勒斯坦问题，与此相比，非国家行为体则提出了解决的方法，从而受到普通民众社会的期待，这也可被看做是现代中东地区活动显著的各种超领域非国家行为体出现的一个契机。代表这些非国家行为体取代国家及国家间地区组织的就是没有被政治组织化的民族主义感情和伊斯兰主义运动等。有关伊斯兰主义运动将在本卷第七章详细论述。另外，由于卫星广播、网络等通信技术的发展，非国家行为体对外发布信息、动员跨国民众与资源变得简便易行，这也使跨领域运动方式日益多样化和活跃（Lynch［2005］）。

韩礼德将这种趋势视为非国家行为和社会运动的问题，并将之与国家行为体、全球性行为体相对照,认为与其假定从起点就存在起源于社会的非国家行为体,莫如说旨在协调国家间关系的机制失灵是在与这种非国家行为体扩展超领域活动相互关联的过程中不断发展的。特别是在解释"9·11"事件所代表的某种伊斯兰主义运动在全球层面上进行挑战的现象时,有必要将地区内国家间协调的失败与非国家行为体的崛起结合起来进行分析。

对于国家行为体而言,中东的各种地区组织是在对抗来自国际社会试图移植规范的压力时,通过对抗性提出体现(或希望体现)地区组织的地区性规范(阿拉伯的民族大义、伊斯兰共同体意识等),将自身行动予以正当化的道具。因为地区组织在国际社会中发挥准行为体作用的同时,也内含着不断在各领域保障维持国家存在、与尚未完成的"泛"意识相矛盾的统治正统性的源泉,所以具有双重含义。

这样的地区组织因海湾战争出现了分裂,从而丧失了作为国际社会准行为体性的作用。但是,作为支持一国国家行为体正统性的地区规范的意义仍旧存在。为此国家行为体为了加强统治的正统性,就要激发地区内社会存在的超领域感情。既然基于国家间关系的地区组织不能利用,那就只能动员非国家的社会运动。另一方面,冷战结构和石油带来的食利者经济使中东各国非民主性的长期政权得以延续,其结果在20世纪90年代中,出现了各国反体制力量对抗中央权力的运动没有在国家的框架内完结而是扩散到了国家框架之外的现象,形成了超国家性运动的过程。

总而言之,在中东出现了不通过国家间同盟而是通过直接煽动地区内社会的超领域性感情以对抗全球性大国的方法。最先利用这种方法的是海湾战争中伊拉克的萨达姆总统。将在阿拉伯地区区域内政治中已扎根的巴以问题中的"阿拉伯民族大义"置于20世纪80年代对伊朗战争最优先地位的做法,在伊拉克一个国家的范围内已无法发挥具有巨大动员力的规范作用。尽管如此,通过提出"阿拉伯民族大义",萨达姆政权放弃了作为国家行为体避免海湾战争的现实手段,发动了战争。也就是说,萨达姆以一国领导人的身份煽动本国之外的大众社会的感情,从中得到支持以使本国行动正当化,并以此作为挑战全球性大国的基础(酒井[2002])。

这种在国家行为体之外寻求为其行动正当化的逻辑并挑战国际社会,而且其动员的规范并非其统治区域内社会主要关心的模式,正是本·拉登等在阿富汗越境活动中所体现的性质。本·拉登在一部分民众中受到欢迎就是在"9·11"事件之后通过对抗大国高举大义之旗显示自身存在感的方法,在阿富汗的国土之外(阿拉伯各国)所获得的。同样,与以色列直接对峙,在黎巴嫩国外得到民众支持并作为国际政治行为体显示其存在的黎巴嫩伊斯兰主义组织真主党(Hizb Allah)领导人哈桑·纳斯鲁拉也继承了这种模式。

与其相反,2003年流亡的伊拉克政治家鼓动美国进攻伊拉克的行动,体现了国家领域外的非国家行为体说服全球性大国挑战国家行为体这一模式。在这一模式中,在国内政治层面上无法解决的政治势力之间的对抗,通过促使以美国为中心的国际社会进行包括军事手段在内的直接干涉得以解决,从而借助美军击垮萨达姆政权的军队实现了政权的更迭(酒井[2005])。

20世纪50—60年代,以动员和利用国内暴力机器的形式在国家行为体内部解决的政变机制逐步解体,而不加区分地动员国内外暴力机器实现政权更迭,这一点可谓新的现象。长期以来,打着阿拉伯民族主义和伊斯兰革命旗号的政权援助国外相同的运动,建立一国政权与周边国家非国家行为体合作关系的事例并不少见。但是90年代以后诸多现象的共同之处是,任何以国家为单位的在一国国内发生的对立、对抗关系都没有在国内政治机制中得以解决,而是超越国境进行活动,并动员地区内社会的非国家行为体与全球性大国,导致了被称为"新型战争"的冲突的国际化与非对称化。

结　语

对"9·11"事件及随后美国实行包括行使武力在内的中东政策的研究中，其中心论点经常被归结到大国中东政策的矛盾和对冷战期间美国中东政策的批判（Halliday［2002］；Bronson［2007］）。特别是美国作为国际政治的主要行为体，对中东地区的单向性介入，往往被认为是各种问题的起源。

但是，每个中东国家的行动方式都是通过与美国的双边关系决定的，由此被美国的政策所左右并导致了源自中东地区的冲突，仅凭这一点就无法解释2001年以后非国家行为体在国际政治中作用的扩大。此外，如前所述，将中东地区国家的脆弱和社会的强大视为前提，过度强调中东地区非国家性社会运动的特殊性，将会导致对中东地区固有社会因素进行本质主义性的认识。相反，由于本应缓和国际政治与国家行为体之间紧张关系的地区组织在20世纪90年代后国家行为体之间已丧失功能，才导致了非国家行为体被国际政治所动员。这一认识可以解释现代的各种现象。

在这个意义上，如本章序言所述，应再次对以中东地区他者决定性及可变性为前提的中东地区研究中不断发展的日本视角的重要性加以认识。这种视角并不仅仅适用于以中东地区为对象的研究。近年来家田［2008］将原苏联东欧地区定义为"斯拉夫欧亚圈"，提出了"中间地域圈"的概念。可以预见，在双边关系中分析与作为本国安全问题或规范波及对象的中东各国的关系时，超越欧美中东研究的局限性，将地区视为更加动态的国际政治集约点加以探讨的日本地区研究有望展现更广阔的可能性。

第七章　国际政治中的伊斯兰与宗教

小杉泰*

一、伊斯兰的政治复兴

20世纪70年代末以后，以伊斯兰教为首的宗教复兴日益显现。特别是伊朗的伊斯兰革命，其国内政治变动极大动摇了地区的政治体系，并因与美国的对立而对国际政治产生了重大影响。由于20世纪的政治中无论是国家、地区还是国际关系都在不断世俗化，因此宗教复兴可谓"逆转"现象。

进入21世纪后的第一年，在美国发生了"9·11"事件。本·拉登领导的伊斯兰激进派基地组织劫持了民航机，分别撞击了纽约的世贸中心和美国国防部，这一小型武装组织直接攻击唯一超级大国本土的事件震撼了世界，表明宗教性意识形态和组织对国际政治能够产生重大影响，从这一点看也是特别值得一提的事件（保坂［2001］；ローレンス［2006］）。

本章将探讨在现代国际政治及地区政治中应如何定位伊斯兰教及其他宗教的复兴的问题。

---

* 京都大学大学院亚非地区研究研究科教授，同研究科伊斯兰地区研究中心主任。

最初的分水岭——1979年

毋庸置疑，1979年中东等地伊斯兰政治的复兴戏剧性地浮出了水面。特别值得关注的是伊朗、沙特阿拉伯和阿富汗。这一年的2月，伊朗的伊斯兰革命派推翻了君主制度，宗教与政治再次结合的冲击波也传到了波斯湾、阿拉伯湾①的对岸，11月沙特阿拉伯以伊斯兰名义的武装反体制派在圣地麦加暴动。这次叛乱被镇压后不久，受到伊朗革命鼓舞的什叶派于12月在沙特阿拉伯东部州也发动了叛乱。

同月，苏军入侵伊朗的东邻阿富汗。入侵后不久，立足于伊斯兰与爱国主义的圣战者游击队就开展了反苏游击战。而且伊斯兰斗争的潮流并没有随着20世纪80年代末反苏斗争的胜利（1989年苏联从阿富汗撤军）而告终，相反却促成了国际性地下武装组织的成长，直至2001年9月基地组织在美国发动"9·11"事件。伊斯兰激进派的武装斗争与恐怖主义活动成为国际政治的重要议题。即使在21世纪的今天来看，作为分水岭的1979年的重要性也不可低估。

伊斯兰革命的冲击

从国际政治学和中东地区研究的观点看，1979年2月的伊朗伊斯兰革命至少具有四个必须提到的意义。

第一，产生了"立足于宗教之革命"的亚非（或第三世界）革命的一个类型。20世纪的革命以源自法国革命、美国革命的国民革命与源自俄国革命、中国革命后的社会主义革命为基本形态。在中东，20世纪50年代到70年代中期的革命及革命运动也立足于民族

---

① 波斯湾/阿拉伯湾在历史上被称为"波斯湾"。但是，在20世纪60年代激进阿拉伯民族主义高涨，并本着对当时亲以色列的伊朗君主政权的批判，开始倡议"阿拉伯湾"的称呼。海湾各君主国家因阿拉伯的意识形态以及自尊心也支持这一主张。但是，伊朗伊斯兰革命胜利后，伊朗开始强调作为身份认同与霸权意识的"波斯湾"。日本等第三方则回避任意一方称之为"海湾"。

主义及社会主义。将伊斯兰革命上升到理论并成为革命国家领导人的霍梅尼（ホメイニー［2003］）作为思想家也是划时代的人物。

第二，将中东重新拉回到革命的时代。20世纪50—60年代，阿拉伯民族主义掀起的"共和革命"的风暴席卷中东，1969年利比亚革命（卡扎菲上校推翻伊比利斯王朝）后，阿拉伯各国的革命浪潮告一段落。1973年第四次中东战争中建立了共和制与君主制国家的同盟。其后，以1977年埃及总统萨达特访问耶路撒冷为契机，中东和平出现了曙光。但随后伊朗爆发了革命，通过其"革命输出"路线，立足于伊斯兰教的共和革命浪潮冲击着海湾和中东各国。

特别是伊朗号召其邻国沙特阿拉伯进行革命，20世纪80年代将麦加朝觐视为革命行动，伊朗朝觐者经常与沙特阿拉伯的治安部队发生冲突。在此之前，美国的海湾安全采取了以伊朗、沙特阿拉伯两个亲美君主制国家为"双支柱"的政策。但伊朗革命破坏了其中的一个支柱，另一个支柱也成为了共和革命的对象。

第三，对这一革命浪潮的对抗决定了其后的地区政治。极端而言，作为对革命的"防波堤"，伊拉克建立了萨达姆政权，并以伊拉克发动进攻引发了20世纪80年代的两伊战争。近邻的阿拉伯君主国（沙特阿拉伯、科威特等）以及以美、法为首的大国支持伊拉克，对伊朗形成了国际包围圈。孤立的伊朗在1988年接受了停战，革命输出的路线受到重挫。但是，以革命为发端的地区政治的变动并未停止，90年代两伊战争后阿拉伯国家关系重组失败，伊拉克冒险入侵并吞并了科威特。这次海湾危机使伊拉克陷入了国际包围圈，并于1991年爆发了海湾战争。通过这场战争，以美国为首的多国部队解放了科威特，恢复了科威特的主权。尽管其战后政策（同时遏制伊拉克与伊朗）并未取得应有成果，但却与2003年的伊拉克战争相关联。可以说，伊朗革命带来的不稳定的地区秩序经过各种变动一直延续至今。

第四，伊朗与美国的敌对关系。对于美国而言，通过革命，当时"中东最强"的亲美国家（巴列维王朝的伊朗）被推翻，因此革命政权本身就是敌对性的存在。而革命政权也以反美为基本路线。革命政权将自己定义为"被压迫者"的革命，号召不仅限于伊斯兰圈，而是与所有被压迫者团结起来。把美国称为"大撒旦"，随后又称美国是"世界性傲慢"，不断使用强烈的反美词汇。美国国民的反伊感情因革命时期伊朗占领德黑兰美国大使馆事件而决定性地恶化。大使馆官员被扣为人质 444 天的这次事件给美国留下了难以消除的反伊观念。尽管伊朗国内的改革派利用各种机会修正反美路线，并谋求与美国缓和关系，但未能成功。1997 年当选的哈塔米总统成功地将 2001 年促成为"联合国文明对话年"并博得了欧美各国的好感，推动对话路线。但与此同时发生多起恐怖事件，布什总统在国情咨文（2002 年）中点名谴责伊朗、伊拉克与朝鲜为"邪恶轴心"。

伊斯兰复兴的扩散与"原教旨主义"

如前所述，伊朗革命的历史意义在国际政治中被一般性地描述为"特定国家的革命及其影响"，而不强调其宗教的侧面。从新现实主义的角度看，对国际政治单位的国家进行暗箱操作是完全可能的。实际上，伊朗革命政权也可以被视为追求国家利益的最大化，而伊斯兰意识形态也可以被视为决策中的理念与观念而予以合理化。但是如果从政治学、比较政治学的角度进行分析，在伊朗表现出的政治与以往的研究对象相比性质明显不同，是与近现代国家及近现代政治观及其前提的国家世俗性背道而驰的现象。为此，将伊朗革命视为例外的偶然现象这一倾向在 20 世纪 80 年代变得非常强烈，还出现了将宗教性政治复苏这一"时代错误"还原到伊朗独特的什叶派这一特殊原因的学术观点。

从地区研究的立场看就产生了更大的问题。地区研究在对各种学科进行综合性、跨学科运用的同时，也具有发现并解析"地区"固有特性的意向性。但是，20 世纪 50—70 年代的中东政治研究总体上存在着遵循民主主义发展、国家正统性、地区稳定性等共同关心的问题，而对地区内各国与上述因素的偏差进行测算的倾向。作为其前提，现代化理论、民族主义理论等在相互对立的同时也建构了大范式。但是，在伊朗革命面前，现代化理论、民族主义理论显然束手无措。而应被总称为"伊斯兰复兴"或"伊斯兰政治复苏"的现象遍布中东地区，并超出中东的范围扩散到了世界各地（小杉［1994］137-139）。1981年埃及总统萨达特被暗杀的事件、第二年叙利亚的伊斯兰同胞会的暴动与被镇压等，这些不可能被解释为与伊朗有关的现象同时出现，应如何对此进行界定、用何种概念加以总结等成为重大课题。

20世纪80年代初出现的各种用语逐渐被淘汰，只有为数不多者被保留了下来。首先需要指出的就是"原教旨主义"，在日本被译成"原理主义"。这一词汇具备可跨宗教使用的优点和包括"狭隘性"与"威胁"等含义的缺点。① 欧美与日本对原教旨主义的用法存在着较大差异，这也反映了文化背景上的差异。

在欧美，在论及政治与宗教时以基督教的历史背景为前提，可谓社会的共识。"原教旨主义"一词本身就源自20世纪第一个十年中北美的新教出版物。这是为了反击19世纪启蒙主义性质的基督教理解，而明确"基本教义"以宣扬圣经无谬说。从启蒙主义的角度看，持愚昧性信仰立场的原教旨主义成了表示"狭隘"与"反进化"的词语（Barr, James［1982］）。

伊斯兰革命以后，在欧美盛行对伊斯兰复兴使用"原教旨主义"一词，其原因可认为是由于其存在"狭隘"和"反进化"的印象。此外，也反映了将宗教复兴视为"威胁"的感性认识。实际上宗教复兴不仅是学术上的讨论对象，也与欧美社会形态紧密联系在一起。比如，最近法国的共和派和自由派出于坚持世俗主义的观点而反对

---

① 有关原教旨主义的讨论参见臼杵［1999］、小杉［2001］、大塚［2004］等。

伊斯兰复兴及穆斯林女性佩戴面纱。其背景不仅局限于对伊斯兰的反感，还出于对国内越来越强大的宗教势力天主教教会再次介入政治的强烈警惕。

但是，没有天主教的背景且对此认识淡薄的日本并没做更多考虑就将"Fundamentalism"译为"原理主义"（以前则轻描淡写地译为"根本主义"）。应该说，尽管在"原理主义"中可以感受到"忠实于原理、原则"的"狭隘"，但总体上却是仅仅对难以理解的现象贴上方便的标签而已。

这个用语没有严格的定义且在价值中立性方面存疑，在政治学、国际政治学中至今也没有发挥作为记述语言或分析概念的有效性。宗教学中曾一直试图将这一用语用于跨宗教研究。其最大规模的研究是芝加哥大学实施的"原教旨主义项目"（成果参见 Marty and Appleby［1994］等）。以自由主义派为背景的这项研究明显具有将原教旨主义视为"敌人"的侧面，实际上也将"战斗性"作为原教旨主义的共性。在宗教学，这个项目虽然得到了好评，但遗憾的是这种立场对于政治分析而言并无太大的价值。

"政治性伊斯兰""伊斯兰复兴运动""伊斯兰主义"

作为替代"原教旨主义"的用语，欧美提出了"政治性伊斯兰"，日本则使用"伊斯兰复兴运动"的概念。"政治性伊斯兰"明显出于对政治现象的关心。雅由比（Nazih N. Ayubi［1991］）虽然进行了先驱性的研究，但对此用法与概念几乎没有考虑过与其他宗教的比较。这是与原教旨主义用法的最大区别。进而言之，由于只关注伊斯兰的政治性，因此往往容易在研究中忽略非政治性的现象。

与此相比，"伊斯兰复兴运动"的用法试图分析草根阶层的宗教、教育、福利活动与政治运动联动的思想与运动的实际状况。在日本学术界，这一用语从20世纪80年代中期开始使用，在今天的有关伊斯兰世界的研究中，作为现象的"伊斯兰复兴"以及作为主体性行为的"伊斯兰复兴运动"已成为标准表述。

还有一种用语是"伊斯兰主义"。在欧美，20世纪90年代，较之"政治性伊斯兰"更多地使用了这一用语。在日本，山内［1996］建议用"伊斯兰主义"替代"原教旨主义"。此外，将伊斯兰复兴的实证研究与更为微观的理论分析结合进行研究的人类学家大塚和夫也取得了一系列的成果（大塚［2000］，［2004］等）。

但是，"伊斯兰主义"的用语总体上具有较强的运用于政治运动的倾向。比如作为近年来伊斯兰复兴重要领域的伊斯兰金融发展迅速，经济上也开始受到国际瞩目。将此也套用"伊斯兰主义"并不一定合适。在将伊斯兰法的原则适用于经济领域的同时，对伊斯兰传统契约方式进行再解释，从中发展现代金融手段的趋势被认为是复兴伊斯兰之运动的一部分，这种看法是很自然的。因此，这些用语与概念有赖于以什么为对象、对什么进行分析。

还有一种观点也很重要，即如果观察现在的中东（或伊斯兰世界）就会发现，并不存在具有压倒性优势的思潮，也许是西方式现代化、民族主义、伊斯兰复兴这三种向量相互抗衡，从而产生了"分极化"的现象（小杉［2006］661-663）。

二、世界性的宗教复兴

本节将探讨伊斯兰教以外的宗教。宗教思想与教会政治作用的复苏以各种形式出现。以政教分离为前提（或应为前提）的现代，各种宗教再次跨过"分界线"，正在迈入社会及政治领域。这种作为世俗化的逆转现象，被称为"政治的再圣化"（中野［1998］221-224）。

宗教性民族主义

在南亚，几乎与伊斯兰复兴同一时期兴起了印度教色彩浓厚的政治运动。被称为印度教至上主义或印度教民族主义的潮流从20世纪 80 年代起日益壮大，1998 年代表这种政治运动的印度人民党掌握了印度的政权。

其母体民族志工组织的建立还要追溯到 1925 年。1947 年独立后的印度，国大党长期保持优势，并在公开场合推行基于近现代世俗主义的政治。但是，民族志工组织代表的印度教民族主义建立了众多的下属组织，在草根层面上扩大影响。特别是 80 年代以后取得重大发展，1991 年因"阿约提亚事件"引起了国际上的关注（中岛［2005］88-135）。印度教民族主义者从 20 世纪中叶开始将莫卧儿帝国创建者建立的巴布尔清真寺视为"拉姆神的诞生地"并一直试图夺回。1991 年民族志工组织动员并集结 30 万人破坏了清真寺（阿约提亚问题的历史背景与发展参见小谷［1993］）。他们视伊斯兰教与基督教为外来之物，特别是与高涨的伊斯兰复兴运动水火不容，关系日益紧张。这一事件后，印度教与伊斯兰教的宗派紧张关系持续至今。

1998 年民族志工组织系政党的印度人民党在中央政府中掌握了政权，瓦杰帕伊出任首相直至 2004 年。这标志着宗教复兴在南亚大国也成为了主流。

顺便提一下，颂扬"母亲大地"印度的思想正当化了并进一步推动着正在发展的印度核计划。印度人民党掌握政权后立即进行了核试验，震动了国内外（近藤［2002］155）。这诱发了巴基斯坦的核试验。巴基斯坦原本为了对抗 1974 年印度核试验带来的威胁而着手进行核武器的开发，并在 1998 年成为核武器国（Ahmed［2000］231-235）。南亚相互对立的两国是在防止核扩散体制之外的核保有国，将两国称为"印度教的核武器"与"伊斯兰的核武器"对于发展核武器的主体是主权国家而言并不正确，但是宗教复兴如果通过形成舆论等方式进行核扩散，对于国际政治而言只能成为严重的问题。

应该如何看待被称为印度教复古主义、印度教至上主义的思潮？

冷战后在巴尔干半岛等地区爆发了民族主义与宗教结合的地区冲突，并成为严重的国际问题。面对无法套用以往民族主义理论的民族宗教冲突，出现了新的理论。即范彼德（Peter van der Veer ［1994］）和马克·荣根斯迈尔（Mark Karl Juergensmeyer ［1995］）的"宗教民族主义"理论。这一理论对世俗主义倾向的传统民族主义理论进行了修正，认为也可能存在立足于宗教的民族主义，宗教在根底上与民族性和民族主义有共通之处，从而为研究开创了新的局面。

因此，将被认为是印度教复兴的现象视为"印度教民族主义"的观点已经定型，中岛岳志［2005］等的实证研究使得这种认识基本上得到确定。另一方面，宗教性"伊斯兰民族主义"的概念并没有确立。这是由于印度教民族主义与伊斯兰复兴中的"民族性"存在着强弱之分，这种差别源自立足于现代意识形态的两者的宗教性质，即伊斯兰教属于世界性宗教，印度教则是民族宗教。

国际政治与基督教

在谈及基督教时，特别重要的是天主教教会作为国际行为体的复苏。西欧政教分离的历史就是天主教教会被排除出政治空间的过程。特别是天主教势力强大的法国通过从法国大革命直到1905年政教分离令的长期努力（森安［2002］185-187），终于成功地将基督教屏蔽在公共空间之外。一时间天主教教会在历史潮流中随波逐流，似乎呈现出苦于迎战不断后退的局面。反击始于第二次梵蒂冈大公会议（1962—1965年）。通过这次旨在"教会现代化"的大公会议，天主教教会在国际政治的现实中迅速复苏。

20世纪60年代以后，在拉丁美洲与菲律宾盛行的"解放神学"是一场各地天主教会的主教们不仅从事拯救灵魂的工作，实际上也是试图救济苦于贫困和被压迫民众的运动。这场被视为天主教和社会主义融合的运动，使天主教在一些国家取得了很大发展，在尼加拉瓜桑地诺革命中也发挥了重要作用。解放的神学尽管在天主教内部也受到了很多批评（后藤［1986］105-108），但正因为如此，支持体制与保守主义倾向的天主教教会才获得了新的信任。

第二次梵蒂冈大公会议后的教皇中，对国际政治最具影响力的是约翰·保罗二世（在位期间1978—2005年）。如果考虑到四个半世纪以来没有意大利人之外的教皇的历史，波兰出身的教皇诞生本身就具有划时代的意义。教皇广泛的国际活动为天主教复兴做出了贡献，教皇通过对祖国波兰的团结工会及其后民主化运动的支持，对东欧社会主义阵营的瓦解施加了影响。此外，在宗教上与正教的和解、与其他宗教的对话、对历史上迫害犹太教徒和十字军的反省等，教皇实施了超出以往天主教会行动框架的战略，从而产生了所谓"罗马教皇的世界战略"。

第二次梵蒂冈大公会议后天主教会的发展导致了教会自身基本性质的转变，即天主教会的全球化。这一方面由"教皇统治权的强化、梵蒂冈行政机构的中央集权化、世界天主教会的罗马化"（Casanova［1997］134）所支持，另一方面也由于信徒不仅在欧美，在世界各地也增加以及教会构成多样化才得以实现的。约翰·保罗二世之前的教皇长期由意大利人把持反映了红衣主教大多也是意大利人的事实。1946年红衣主教的2/3是意大利出身。但是仅仅30年后教皇约翰·保罗二世诞生的1978年，红衣主教包括意大利出身者27人、欧洲其他国家出身者29人、非洲12人、亚洲13人、拉丁美洲19人、北美11人，其组成极具国际性①（Casanova［1997］135）。

乍看似乎很矛盾的是，在罗马教皇的国际化、国际天主教会制度统一化的同时，也出现了各国天主教会的自立化。各国教会自主性地适应各国的政治、社会环境，结果总体上提升了天主教会的政

---

① 2005接任教皇约翰·保罗二世的教皇本笃十六世出身德国，天主教会的国际化似已成为不可逆转的潮流。教皇本人因失言将伊斯兰教与暴力相关联而招致了伊斯兰各国的反对，表现出其外交感觉尚未成熟，但毫无疑问，新教皇是天主教会全球战略的追求者。

治势力（Casanova［1997］135-136）。

在新教教徒看来，他们的行动中对国际政治产生的最大影响是美国福音主义者的兴盛。正如他们成为"原教旨主义"语源的过程所显示的，福音主义者的信仰立足点是反对启蒙主义。包括自由派在内美国本身就是宗教重要性极高的社会（森［1997］）。特别是福音派之所以拥有巨大权力，正是由于从20世纪70年代后半期到90年代前半期产生了"福音派新教政治化及与其相伴的宗教保守派的崛起"。这种情况下的"福音派"包括教派全体都是福音派的情况以及在非福音派的教派中拥有与福音派相近信条的信徒分散存在的情况。各种舆论调查显示，美国成人每三人中就有一人可算为福音派。宗教右派通过各种组织介入总统选举和议会选举，并由此使基督教思想对国内政治与外交产生影响（莲见［2002］113-136）。

随着苏联的解体，东正教的复兴是惊人的。东正教从苏联时代末期开始复苏，1990年苏联解体后，信仰、信教的自由得到了保障。1990年以后登记的宗教团体中，很多都是东正教系统的（下斗米［1997］189-190）。

与冷战结束、东欧重组相关联，南斯拉夫的解体导致了巴尔干地区的重大冲突。在波斯尼亚战争与科索沃战争中，民族问题与宗教紧密结合呈现出了民族宗教冲突的特征。塞尔维亚民族主义的兴起与塞尔维亚正教的结合是重要因素，可以说"被隐藏的民族宗教属性"（小杉［2003］265-266）开始显露。

此外，作为与基督教相关的现象，非洲的圣灵降临运动（Pente-coste-charisma）的兴起也值得一提（落合［1999］）。进而言之，尽管本文无法涉及，据称佛教也出现了各种宗教复兴的现象（田边［1995］）。

但是，将这些宗教复兴作为变量的国际政治分析框架尚未建立。下文将对此进行探讨。

三、有可能建立宗教复兴的国际政治学吗?

宗教时代的结束

伊斯兰复兴及其他宗教的复兴极大地改变了国际政治和地区政治。对此,有没有可能建立"宗教复兴的国际政治学"呢?

首先,从宏观视角探讨国际政治中的宗教。在前近代中,无论哪个地区宗教都具有重要意义。但随着近代的来临,宗教的时代宣告结束。此后开始了现代化与世俗化的进程,但应如何判断其起点呢?

沃勒斯坦(Wallerstein[2008]27)指出:"在近代世界体系中,从1500年到1970年,宗教各范畴的中心性一贯处于衰退之中。"20世纪70年代开始的宗教复兴被认为是上述衰退的逆转。但是,如果关注国际政治体系本身,可以认为,在西欧宣告宗教战争时代结束的威斯特伐利亚体系(1648)是宗教退出国际政治舞台的分水岭。有关这一点,2003年出版的《国际关系中的宗教》在论及"被驱逐的宗教回到了国际关系"时明确表示,驱逐正是源自威斯特伐利亚体系(Petito and Hatzopoulos[2003]2)。在政治学里,尚没有威斯特伐利亚体系的建立意味着宗教政治"终结的开始"的理论。但是在这一阶段,从国际政治的规则中排除宗教的仅限于西欧,而在世界范围内宗教仍继续具有重要意义。

因此,如果更具体而言,国际政治中宗教的终结的起点应该是最后的伊斯兰帝国——奥斯曼帝国宣布"圣战"并遭到失败的第一次世界大战。第一次世界大战标志着不仅是奥斯曼帝国,而是世界范围内"帝国的时代"的结束。具体而言,大战之前的清朝、大战中的沙皇俄国和奥匈帝国以及战后的奥斯曼帝国先后瓦解,世界进入了民族主义与民族国家的时代。而以往任何帝国都采用了将多民族、多语言、多宗教集中在帝国权力之下的形式。"多宗教"的状态与世俗主义性的中立性无缘，而是在主要宗教的霸权下多种宗教共存或并存的状态。任何帝国都承认宗教的至上性。

与此相比，继承这些帝国的国家都将民族主义作为原则试图同化民族和国民。历史学家铃木董以奥斯曼帝国为题材，将从多民族、多宗教的共存向民族国家转型形象地比喻为"从伊斯兰的家到巴别塔"（铃木［1993］），巧妙地表现了这种转型的性质。民族国家中，宗教属于国民的私人领域，被要求向世俗性统一原则同化。在过去的伊斯兰世界，采取了"世俗化＝脱伊斯兰化"的过程。其典型是强力推动西方化的土耳其以及在苏联统治下推行共产主义的中亚各国。①

从国际政治学取得大发展的两次大战期间到第二次世界大战后，是宗教在国际关系的现实中大幅失去其意义的时代，在国际政治学中宗教也被过低评价。一般而言，社会科学中现代化理论和世俗化理论成为主流，这是以世俗化为现代化不可避免的伴生现象、"如果彻底推动现代化，则宗教的社会作用将会衰竭"的预测为前提的。从20世纪70年代以后特别是以1979年为分水岭，如果在亚洲和非洲宗教仍然拥有市场，则是由于现代化的不彻底和现代社会尚未成熟所致②的看法受到了很大的质疑。

冷战的终结与国际关系中的宗教复兴

由于宗教已无法被置于国际政治的框架之外，那么由此产生了哪些议论呢？认识到宗教复兴的冲击，20世纪90年代后出现了新的

---

① 并不是所有地区都可以说殖民地化等于脱伊斯兰化。比如，东南亚中，荷兰与英国的殖民地化进程中，与之对抗的伊斯兰也随之发展。在西非，从殖民地时期到随后的独立时期期间，伊斯兰化发展迅速。

② 曾属于世俗化理论阵营的伯格（Peter L. Berger）现在主张世俗化发展这种假设本身就是幻想。现代世界中占压倒性优势的是宗教，脱世俗化（即世俗化发展）并不适用于现实世界，唯一的例外只有西欧和接受西方式高等教育（特别是人文、社会科学领域）的世界性知识分子阶层（Berger［1999］9-11）。

第七章　国际政治中的伊斯兰与宗教

范式理论。冷战结束后最先引起大规模争论的毫无疑问是萨缪尔·亨廷顿的"文明冲突论"。

有关对亨廷顿理论、针对亨廷顿的批判以及对上述争论的评价，已有许多形式各种的成果。但必须指出的是，亨廷顿使用的"文明"一词基本上就是以宗教为基础的。而同时值得关注的是，亨廷顿回避"宗教"而使用了"文明"，亨廷顿的批评者们几乎在所有场合都回避讨论宗教等事实（Fox and Sandler［2004］15）。其结果，围绕着文明冲突的争论并没有对宗教复兴在国际政治中给予定位。

认为宗教"从被放逐到回归"的佩蒂多和哈兹波罗（Petito and Hatzopoulos）［2003］、热心主张"将宗教纳入国际关系"的福克斯和桑德拉（Fox and Sandler［2004］），都试图修正没有将宗教作为变量的既存范式，并进行了各种研究。特别是后者，对现实主义、新现实主义、自由主义、结构主义等现存范式进行了雄辩般的批评，其中包含了许多颇具深意的观点。但是这一新的学术倡议却意外地缺乏实际内容，特别存在问题的是无法对宗教给予有效的定义。的确，宗教的定义多种多样，如果过于拘泥于定义将难以前行。但如果将目的限于国际关系的分析则可以回避定义的态度却令人难以接受，对宗教进行计量化分析的设想正是处于从平面观察宗教并容易将其与国家结合的想法才成为可能的。

与这些学术倡议相比，汉森的《当今国际体系中的宗教与政治》（Hanson［2006］）进行了远胜于上述研究的实际探讨。这本书将宗教纳入国际政治的课题作为冷战结束后的新范式理论进行了探讨。根据汉森的观点，威斯特伐利亚范式和冷战范式都过于将讨论集中在民族国家，宗教复兴以后的研究也只限于个别国家和宗教，缺乏世界性视角。如今应关注的问题是，全球化的世界不仅形成了以国家为中心的政治体系，还形成了全球经济（E）、全球军事（M）、全球通信体系，而宗教则在其中发挥着作用。著者将政治以外的三个体系称为全球"EMC体系"，并主张在这些关系中探讨宗教与政治。

特别需要指出的是，拥有全球性媒体的通信体系的影响十分巨大。媒体自身就可以推动世俗化，也可以扩大宗教领导人的影响力。但是，宗教复兴以后，后者的倾向令人瞩目："电影《甘地》获得了奥斯卡奖。《时代》周刊封面刊登了诺贝尔奖得主特蕾莎修女和1980年的年度人物阿亚图拉·霍梅尼。霍梅尼从政治流亡地巴黎通过录音磁带向伊朗的人们宣传（革命）。全世界的电视以英语、印地语、孟加拉语转播特蕾莎修女的葬礼"（Hanson［2006］44）。

全球化的媒体影响力非常巨大。特别是宗教属于软实力的一种（Haynes［2007］40-48），并通过价值观、身份认同、观念等施加影响，因此与媒体的发展密切相连。极端而言，"9·11"事件的冲击也好，其后"恐怖主义对反恐怖主义"战争的影响力也好，或在这个过程中本·拉登的形象对于任何一方阵营而言都过于夸张也好，没有卫星电视、互联网等媒体的发展是难以实现的。

全球化与宗教复兴

很多研究者都会认同全球化与宗教复兴紧密相关，但在宗教的定位上却存在很大的争议。汉森在强调全球体系重要性的同时，却表示宗教自身"尚未形成相互作用的体系"（Hanson［2006］6）。但是，很早就在全球化理论研究上处于领先地位的罗兰·罗伯逊（Roland Robertson）则认为宗教并不归属于个人或组织，"全球层面谈论宗教就是研究在世界中作为一个整体的宗教。这……包含着宗教其本身（以及世俗）的范畴就是全球普遍性的。这一视角的重要前提就是必须将宗教视为体系的资产。而长期以来很多情况下，宗教一直被看做是个人和运动的资产"（Robertson［2007］19）。特纳则更明确地指出："全球化正在将一般性的宗教转变为相互竞争对立的各宗教的世界体系。""这一制度性特化的过程，将地区性、多样性且片断性的文化实践转变为可以认知的宗教体系"（Turner［2007］146）。

第七章 国际政治中的伊斯兰与宗教

宗教自身的意义与定位通过全球化不断发生变化。各种宗教都是在与其他宗教的相互关系中并且在与世俗性事物的相互关系中界定自身的同时发展而来的。这意味着宗教复兴是与全球化同时出现的。可以说不仅是世界性宗教和一般性的宗教，在某个地区极小规模的传统宗教也是如此。如果不是这样，则无法说明20世纪初被预测为"在一个世纪内原始宗教的信仰将会消亡"的传统宗教，为何至今仍有相当数量者继续保持着生命力（中野［1998］235）①。

另一方面，考虑这一问题时并不是将所有的宗教都重新梳理一遍，而是以宗教中与国际政治体系结合紧密者为中心进行探讨。罗伯逊也认为对"伊斯兰教的再度活跃化与基督教主要在欧洲政治化的再生"的探讨以及对"西方式无神论原教旨主义"扩散的解析，对理解全球化中的宗教都是重要的（Robertson［2007］29）。如果赞同这种主张，在论述宗教的世界体系之前，应首先从解析国际政治中的伊斯兰复兴、天主教会的作用以及探讨对国家具有巨大影响力的宗教入手开展研究。

在探讨"宗教的国际政治学"之际，如果无法将其与国家问题和国际性的宗教复兴进行充分恰当的结合就匆忙脱离世俗化范式，无视与主权国家的关系，将会产生严重的问题。在这一点上，伊斯兰存在着以主权国家为成员的伊斯兰会议组织（OIC）。在天主教会中，教皇既是宗教共同体的首脑，同时也是梵蒂冈这一主权国家的元首。天主教会的世界战略也是通过梵蒂冈与其他国家建立外交关系的方式进行的。此外，如同美国的基督教，宗教通过对大国的政府发挥影响直接参与国际政治也十分重要。在这些情况中，可以对"政教共生型"国家（比如泰国、瑞典）和尽管是政教分离但却"宗教积极型"的国家（美国、西班牙等）（中野［1998］225）进行比较和探讨。

---

① 有关传统型宗教向现代宗教转型的内容，贝克福德和托马斯·卢克曼（Beckford and Luchmann［1989］）关于非洲与印度北部的案例非常值得深思。

但是，无需重复的是，过于强调主权国家会使议论又回到起点。由于宗教原本就具有跨国性，因此在全球化中宗教跨国性因素的活动正迅速增加。在地区研究中，宗教复兴对以国家为基本的地区政治以及对此的分析造成了巨大的困难。极端的例子可谓中东地区国际政治中最大的难题巴勒斯坦问题。这一问题本应作为民族问题在国家层面上予以解决，但 20 世纪 70 年代后犹太教和伊斯兰教两者的宗教复兴导致了其迅速向"宗教问题"化发展（臼杵［2002］；小杉［2006］）。由于需要政治解决的领土成为"圣地"，并出现了拒绝将此作为谈判对象的宗教性政治集团，从而导致了作为解决民族问题的框架"中东和平进程"难以发挥功能的现状。

进一步讲，跨国性宗教的动态明显具有超出地区的范围并导致地区本身重组的因素。特别是在伊斯兰复兴中，世界伊斯兰共同体（UMMA）的概念通过泛伊斯兰主义具备了将政治具现化的侧面（小杉［1998］259-276）。伊斯兰会议组织和伊斯兰首脑会议是其在国家层面上的表现，而以基地组织为代表的激进派国际网络也是其表现。也有研究指出，管理朝觐的必要性导致产生新类型的国际机制（Bianchi［2004］）。还有的研究主张，应该按照国际关系中"伊斯兰世界"正成为实体性存在的程度，在中东及北非等地区之外设定"伊斯兰世界"这一"元地区"（meta region）的概念。

对于这些问题，是将其视为与伊斯兰特性有关的内容加以分析，还是将其作为跨宗教性分析对象建构整体研究框架，这是一个重要的课题（小杉［2002］）。此外，在个别案例研究积累之外，作为一个整体的宗教正在形成全球性体系，毫无疑问这一观点也应在今后进行验证与发展。应该讲，在研究国际政治中的宗教复兴问题上，众多的研究课题亟待解决。

第八章 非洲与国际政治
——国家的变动及其国境

远藤贡[*]

一、非洲与国际政治——"自下而上视角"的问题

非洲政治变动的研究谱系

20世纪90年代后,非洲经历了重大的政治变动。这一变动既是向"民主化"政治体制变化的形态,也是在这一过程中以联动形式出现的冲突。欧美发达国家和非洲各国的研究者以各种方法对这次政治变动进行研究,本章也将介绍其中出现的众多新的概念。

比如在分析非洲冲突的问题上具有一定影响力的美国非洲政治学学者雷诺持以下观点(Reno[1999])。由于冷战结束后非洲的战略重要性下降,过去将外部大国作为支援筹措资金的方式已经变得困难,长期以来依赖外部援助作为资源并借此维系的国内保护网络瓦解。而来自外部的民主化与经济自由化以及对国内统治有效性的要求使得国内政治出现了"碎片化"的状况。以往的援助网络被毁,国家领导层的一部分人在援助网络被切断的同时,在全球化的背景中产生了这些领导人可自行筹措新资源的环境,并建立了新的网络,从而使"碎片化"成为可能。对此,雷诺指出,这种环境新引入了参与商业行为体的机会,取代国家的各种"民间"行为体将与非洲

---

[*] 东京大学大学院综合文化研究科教授。

国家以及在这种"碎片化"过程中产生的军阀之间建立密切的关系。雷诺在总结了索马里、塞拉利昂、刚果民主共和国等事例后进一步指出，在这个过程中发生的武装冲突，比起以往"脆弱国家"这一形态所发生的持续困难的状况，更是非洲政治强人合理的生存战略。换而言之，在非洲发生的国家破产状况下起步并得以继续的"军阀政治"，不应理解为全球化侵蚀非洲国家的结果，而应理解为是在"外部管理"下经济自由化得以发展的非洲与全球经济再统一的形式，或者说是适应新政治的形式。

在日本，对20世纪90年代后的政治变动也有很多研究成果。其中以亚洲经济研究所为中心进行的现代非洲冲突研究（武内[2000][2003a]）中对非洲国家的定位，与上述雷诺的研究一样将在本章中屡被提及，同时也在日本对非洲冲突的研究中留下重要的足迹。在这一系列的研究中，与世界银行保罗·科里尔提出的"冲突经济学"的研究方法、玛丽·卡尔多（Mary Kaldor）的"新型战争"论相对立，武内将独立后的非洲国家称为"后殖民地家产国家"（Post-Colonial Patrimonial State），提出了新的研究方法。这就是独立后以恩庇侍从关系为特征的形式所形成的、在冷战结构中得到发展的非洲国家在面临经济危机时所引进的经济与政治自由化中，将此视为解体后走向重组的过程而去理解非洲冲突的意义（武内[2003a]）。这种在考察非洲的冲突时关注国家及其变动方式的研究方法，再次体现了今天的日本非洲政治研究继续朝着质疑国际政治学基本分析单位的国家的方向发展。2006年出版的川端正久与落合雄彦主编的《非洲国家再考》这本论文集的题目也如实反映了这一点（川端、落合[2006]）。

"自下而上视角"的提出

如同在非洲政治研究中所体现的，当前日本的研究动向与国际政治学中"自下而上视角"进行研究并从中提出观点的特点紧密相关。从"自下而上视角"出发的研究者往往会对以大国间政治（特别是安全领域）为主要对象的现实主义及理想主义默认为前提的分析单位——（起源于西方的）国家或以国家为中心的研究方法提出质疑（Holsti［1998］；Dumn［2001］）。换而言之，也就是敢于将"什么时候国家可以成为国家"或"满足国家的条件是什么"等这类通常在国际关系理论中无暇顾及的问题视为问题。

国际政治学将已建立的国家间冲突（并不一定伴随着武力）与秩序设定为主要的问题领域。但问题在于，对于经过殖民统治（在特定国际环境中）获得独立的非洲等"第三世界"中的国家，仅仅以国家间关系为焦点进行探讨具有多少合理性？如同对现实中特别是非洲这些"准国家"的分析与评价（Jackson［1990］）中典型反映出来的那样，国际政治学设定的（或作为其构成单位的）国家的形成仍然"尚未完成"①。众所周知，"准国家"的概念是杰克逊整理并提出的（Jackson［1990］）。杰克逊最初关心的是非洲国家国内统治能力的欠缺。1990年出版著作之前，为了寻求"没有国内统治能力的国家为何在国际社会上可以继续生存"这一问题的答案，杰克逊和罗斯伯格合作发表了多篇论文（Jackson and Rosberg［1982］［1986］）。这些论文指出，非洲出现了与伴随统治实效性的"经验国家"和侧重国际承认与外交主体性的"法律国家"相背离的国家，并最终以此结论为基础建立了"准国家"的概念，同时进行了进一步的系统性论述。这些论述中提到了第二次世界大战后去殖民地化的程序，在这一程序中建立的新规则下作为国家形成方式的"消极主权博弈"，以及在这种博弈中反映出的国际社会的态度以及在其中形成的国家的性质。

非洲各国独立后的"准国家"必须面对两个课题，一是将被圈

---

① 非洲政治研究中，对国内政治中的国家的分析过程中，实际上使用了多种形容词。比如"虚弱""膨胀""掠夺""虚幻""跛足""根状茎"等，可谓不胜枚举。很多都是形容制度不完善、剥削性政策行为体、恩庇侍从关系下的运作方式等。

定在"硬性"国境中被划分出的多"民族"统一为新的"民族";二是有一个实效统治能力的政府进行国家建设。而在时间上,促成这些目的得以实现的历史"东风"则是作为理论背景的现代化理论和作为国际社会新形态的冷战结构。现代化理论基本上支持旨在建设民族国家推动国民统一的一党制。而在冷战结构下,基本上不会对特定政治体制的政治意识形态提出质疑,政治体制自身的性质(即使是非民主性、权威主义性体制,这与冷战后不同)也不会成为问题。而且,由于强烈关心对国民统合的政治意识形态,因此在另一个国家建设的课题上,外部也就不会太把其建设的内容和实质当成问题了。

但是在冷战结束后的非洲,随着在与政治体制改革的民主化进程密切相关的状态下爆发的冲突,产生了中央政府功能大幅度丧失或对很多国土完全没有统治能力的事态。针对这些情况,出现了"国家失败""国家崩溃",甚至"国家死亡"[1] 等概念。这也部分反映了冷战后非洲的冲突具有可解释为正在发生国家解体与形成之动力的特征。

在这种现实下,一部分研究主张从理论上看,不应将分析与理论化的对象局限于如同国际关系理论中主要理论所设定的,换言之,如同沃尔克所批判的(Walker [1993])至今仍未被充分理论化的国家,而有必要以某种形式将国家以外的行为体(反政府势力、游击队以及近年来被称为军阀等组织)参与"国际"关系领域的事例也编入理论。

在对国家提出质疑的研究谱系中,比如,非洲研究者也多有借

---

[1] "国家死亡"的概念参见法扎尔(Fazal [2007])。这里的"国家死亡"的定义十分广泛,甚至包括伴随着占领等的主权的丧失。法扎尔的概念界定并不限于本章作为分析时间前提的第二次世界大战后,以及该研究的研究焦点的冷战结束后,而是从 1816 年后直至 2000 年间的历史期间。在"国家何时成为国家"的设问上与本章存在共同之处,但本章认为历史上消亡或"已经死亡"的国家依旧存在,在这一点上与本章的认识及问题设定存在着偏差。

鉴的穆罕默德·阿约伯的"属民现实主义"（底层社会主义）（subaltern realism）理论所提出的颇具意义的观点（Ayoob［1998］）①。阿约伯认为属民现实主义有四个假设。第一，国内秩序的问题群和国际秩序的问题群尤其是在冲突与解决冲突的领域密切关联。第二，在国内层面上，如果可以将建立国家的一大副产物的国内秩序问题群解释为是国际体系中正在发生的冲突的主要原因，则有必要在分析上予以较高的优先排序。第三，国内秩序与冲突即使可用国内因素加以说明，由于众多国家处于容易受到外来影响的状态并不可能完全不受地区或全球性影响，因此在分析国内冲突的过程与强度以及在国际体系中国家行动样式时，有必要考虑到这一外在因素。第四，存在通过国内、国际变量之关联性对国内与国家间冲突之关系以及国家形成与地区性均势间之关系进行分析的可能性。通过引入这些前提，阿约伯认为在将可特定的法律上的主权国家之国家形成阶段及国家中的民族组成（政治共同体、民族主义的形成）设为中心主题的同时，有可能构建一种理论来解释并预测这一主题（Ayoob［1998］45-49）。

近年来，石田淳［2007］尝试将国内秩序和国际秩序的"双重重组"或"共振"的观点进行理论化，在最为重视国内国际秩序之间的关系这一点上，这项研究可以认为是与"自下而上视角"提出的问题群密不可分的。从这个意义上，非洲政治研究体现了与国际政治理论研究的结合点。

以下笔者将对国际政治学中心概念之一的"主权"提出质疑，同时确认非洲冲突过程中产生的政体。本章暂时将此定义为"国家的亚型"，并探讨这种政体在现代国际政治中具有何种意义。随后将验证非洲"国家的亚型"的出现正是与现代国际政治"与时俱进"

---

① 阿约伯认为，以往国际关系理论中的主要学派新现实主义，甚至新自由主义，完全忽视国家形成中的国内侧面。而只有通过将古典现实主义的洞察力与冲突的动力相结合的范式，才有可能将国内冲突与国际体系的秩序问题联系起来。因而提出了被称为"subaltern realism"的混合理论（Ayoob［1998］43）。

的产物。

二、受到质疑的国家——冷战后非洲国家变动的形态及其解释

部分主权功能的丧失——"国家"与"政府"/非"国家"与非"政府"的相位

本节将首先援引斯蒂芬·D. 克拉斯纳（Stephen D. Krasner）有关主权的理论进行概念的设定。克拉斯纳将主权分为"国际法主权""威斯特伐利亚或瓦特尔式主权"和"国内主权"三个方面（最初还包括"相互依存性主权"共四个方面）。认为在"理想的主权国家体系"中这几个方面将相互支持发挥作用以建立国际关系。但另一方面，在现实世界中存在着尤其是"国内主权"出现功能不全而通过其他侧面的主权功能确保主权存在的事例（Krasner［2004］）。在此，克拉斯纳列举了索马里，笔者也将在后文中通过梳理20世纪90年代后围绕着索马里这个国家出现的各种现象，探讨非洲政治研究与国际政治学在交错作用中表现出的问题。

本文在以下的分析中，参考克拉斯纳的定义，将"政府"视为与"国内主权"相关的组织，即关注其一部分与"外部"交流的同时，把主要焦点集中在与"内部"统治有关的组织侧面，并将"国家"视为与"国际法主权""威斯特伐利亚主权"相关的，特别是有关与"外部"相关的法与政治组织。这样便于将在现实层面上一般而言难以差异化的与主权有关的问题，通过概念的细分化加以分析。这种划分也同样可以用于对一般作为同义语的非国家与非政府进行区别。

如上所述，通过对"国家"和"政府"进行区分，在定义上非"国家"是指因某种原因无法行使"国际法主权"与"威斯特伐利亚主权"的组织及政体；而"非政府"则是无法行使"国内主权"的组织及政体。换而言之，非"国家"就是其他国家无法承认其为

国家的组织或国内的政治权威受到外部行为体的某种影响而无法自律的组织；非"政府"则是无法实现对国内有效统治的组织。但是，如果认为不被定义为国家及政府的组织都是非国家、非政府，那么在现实中将包括范围非常广泛的组织。长期以来被称为非国家行为体、非政府组织（NGO）的组织实际上包含各种内容就足以说明这一点。

对上述概念进行暂定性的分类参见表8-1。以往非国家与非政府基本上可以互换使用，但本章将对此进行区分，以准备随后进一步分析。国家现实中基本上与政府重合的同时却被严格区分的理想型现代国家（此处作为主权国家）应是"国家"与"政府"可同时有效运作，因此可以划归表8-1的左上栏。非"国家"与非"政府"涵盖面广，主权国家以外的众多组织（也包括企业）则基本上可以划归表8-1的右下栏，为了便于分析暂称为NGO。而根据在本章的概念界定，将可以划分剩余的"政府"非"国家"与"国家"非"政府"等两栏。假设其为A、B，在随后的分析中将探讨处于这两栏中的现实政体作为"国家的亚型"仍在现代非洲政治变动中得以产生。

表8-1 "国家"与"政府"、非"国家"与非"政府"的类型Ⅰ

	国家	非国家
政府	主权国家	A
非政府	B	NGO

出处：笔者（参照远藤［2007a］）

"国家的亚型"及其问题——索马里与索马里兰

在确定概念后下文将讨论"崩溃国家"的问题①。这里的"崩溃国家"是指政府的功能完全丧失，公共产品只有依赖于政府之外

---

① 近年来由于各种原因，原本陷入政府功能丧失状态的国家在日语中被称为"失败国家"。"失败国家"作为一般性概念使用并无大碍，但如果作为严格的学术语言使用则存在问题。详细论述参见远藤［2007a］。

的行为体临时提供支援，从而产生了权威空白的状态。在索马里，1991年西亚德政权解体后的十余年中不存在有效的中央政府，可谓是这种"崩溃国家"的典型。在"崩溃国家"中，也有的可有效统治特定地区并与全球经济相结合的军阀等冲突行为体作为公共产品取代国家提供治安。

由于"崩溃国家"处于丧失了本文定义的"政府"的状态，因此经常被表现为"丧失国家性"而加以讨论。成为"崩溃国家"时，政府职能已经丧失到政府自身是否意图压迫民众已无关紧要的地步。但是如果将此作为"国家性丧失"的概念，则可能导致讨论过于偏重国家内部逻辑这一侧面。"崩溃国家"的确因其政府功能的丧失而与其他国家存在很大不同，这是因为"崩溃国家"的"国内主权"以极端的形式消失了。但是，必须注意到现代世界中"崩溃国家"并不等同于这个国家的消亡。

从内部统治的逻辑看，"崩溃国家"因"政府"无法履行职能而难以保持国家的体制，但这并不表明这个国家作为"国家"已经完全消亡[1]。在国际社会的认识中，这个国家仍然继续存在。换言之，产生了这种状况，即作为国际法上国家条件之一的有效政府已不存在的国家仍以"崩溃国家"的形式继续存在的状况[2]。如果用其他的表示方法，可以理解为"崩溃国家"就是处于"国内主权"极度丧失，仅仅依靠"国际法主权"确保其生存，并在这一框架中期待重建的"幽灵国家"（Kreijen［2004］）。同时在"威斯特伐利亚或瓦特尔式主权"下外部对其的介入需要基于国际社会规则的一定程序。

实际上，经过安理会批准的1993年联合国索马里第二阶段行动（UNOSOMII）失败与撤退后，国际社会基本上对索马里置之不理，

---

[1] 这是与前南斯拉夫发生的联邦制国家解体（dissolution）所不同的问题。使用"国家死亡"概念的Fazal［2007］将双方都定义为"国家死亡"。

[2] 类似的观点参照冈垣［2007］。

成为"被遗忘的战争"。而以邻国埃塞俄比亚为首的地区内各国以及其他国家并没有试图积极占领的动向。由 2006 年末开始,以支援临时联邦政府(TFG)的形式,埃塞俄比亚军队开始入侵,并一度事实上控制了首都摩加迪沙,但并没有占领、吞并索马里的意图①。从而表明即使是"崩溃国家",对侵犯其领土的限制、自制等规范仍然存在于国际社会。

非洲这种"崩溃国家"在逆转关系上表现最为典型的是索马里西北部(大致为前英属索马里兰的领土)的索马里兰。索马里兰被称为"事实上的国家"(de facto states)(Pegg [1998]; Bahcheli et al. [2004])、"国家中的国家"(Kingston and Spears [2004])或国际法上"未被承认国家"(non-recognized state)(Schosiwohl [2004])等的政治实体②。索马里兰拥有 350 万"臣民",即使与其东邻邦特兰(Puntland,尽管没有宣布独立,但将来有望采用联邦制的政治实体)在边境问题上存在着尚未划定的部分,但拥有 13.76 万平方公里的"区域",至今在某种程度上保持了约 17 年的稳定,并实际上拥有具备行政职能的"政府"。同时还建立了有限的外交关系。索马里兰 1991 年"独立"后,建立了有效的"政府",完善了民主制度的政治体制(远藤 [2006])。

对这种政治实体进行严格定义的工作不属于本文的目的③,在此仅进行简单的定义以便继续讨论。根据使用"事实上的国家"这一定义,并对其与国际政治、国际政治理论的关系进行了一定探讨的佩吉的观点,"事实上的国家"是指:①通过拥有一定(战斗)

---

① 2006 年 6 月以首都摩加迪沙为中心扩展势力的伊斯兰原教旨主义联合体的伊斯兰法庭联盟(Union of Islamic Courts, UIC)基本控制了首都。在向南部扩大势力过程中,UIC 与以拜多阿(Baidoa)为根据地的 TFG 之间的武装冲突激化,支持 TFG 的邻国埃塞俄比亚以自卫为目的宣战进行武力干涉。埃塞俄比亚军队支援 TFG 攻占首都摩加迪沙并军事控制了南部。这时,旨在扫荡伊斯兰原教旨主义势力的美国还进行了空袭。

② 根据这一概念进行的探讨并不仅限于索马里兰。尽管历史背景与问题性质并不相同,但科索沃、车臣、北塞浦路斯、巴勒斯坦等均可为事例。

③ 有关这一点,Pegg 进行了多方面的论述(Pegg [1998])。

能力成功获得政权，并拥有有组织的政治领导力；②得到在此居住的居民的支持；③拥有为在一定区域居住的居民提供行政服务的能力，并在一定期间内持续进行有效统治的政治实体；④尽管认为其自身拥有与其他国家建立（外交）关系的能力，并寻求法律上的完全独立及作为主权国家被广泛承认；但⑤实际上却不可能被承认为国家，并在国际社会无法拥有正统性的政治实体（Pegg［1998］26）。如果按照本章的概念，就是尽管在一定水平上实现了"国内主权"，但却无法实现"国际法主权"的政治实体。就"威斯特伐利亚或瓦特尔式主权"而言，以索马里兰为例，虽然作为索马里的版图能够得以实现，但作为索马里兰的版图却未能实现。

如果按照区分后的主权观念，上文提到的逆转就是"崩溃国家"通过"国际法主权"维系的"国家"，另一方面，"事实上的国家"就是尽管实现了一定程度的"国内主权"，却不可能在国际社会获得国家承认的政治实体。表8-1只提出了A与B的形式。但可以认为，在本章定义中的"崩溃国家"就是"没有'政府'的国家"，而"事实上的国家"就是"没有'国家'的政府"。表8-2是将表8-1回避明确表示的A、B根据本文的论述进行的替换。

实际上，理论上而言，之所以采用"国家的亚型"的概念是因为主权被规定为不可分割的绝对性存在，从而以国家为分析单位难以进行推导，而只有采用与以国家为单位的研究保持距离、从参与与国家不同的现代世界"国际"关系的行为体的关联性入手，在以"自下而上视角"的论述基础上形成的方法才有可能。

表8-2　"国家"与"政府"、非"国家"与非"政府"的类型Ⅱ

	国家	非国家
政府	主权国家	事实上的国家
非政府	崩溃国家	NGO

出处：笔者（参照远藤［2007a］）。

三、作为政治共同体的国家与主权的现代课题

是新型主权吗?

如本文业已指出的,20 世纪 90 年代之后,在以冲突联动的形式产生的"失败国家"和"崩溃国家"中,存在着发挥一定(或替代性)政府职能的军阀,以及将进行实质性统治的地区作为"管辖地"的"制定规章的机构",呈现出了人类学学者称之为"新型主权"的政治实体。这些形态有时表现为形成了横跨数个国家积累财富的多种网络,具体而言就是包括反政府势力的领导、当地的商业精英和从公益中违法获取超过其薪酬之利益的军人等组成的"商军同盟"(Roitman [2001])。从这个意义上,也可以认为有效统治一部分国家领土的"事实上的国家"更具备作为制度化形态的特征。

这一现实提出的不仅是督促再次思考与非洲国家有关的"公共权威"的一系列问题,同时也是重新审视非洲国家及其形成过程所具有的意义的问题群。但是应注意的是,这里提到的"权威"并不是克拉斯纳提出的①在功能上与"统治"严格区分的权威,而是指已经形成了在政府之外发挥具体功能、具有一定正统性的权威的行为体与制度。换而言之,也是在一定的偶然状况下(被长期以来的历史性政治经验和武力冲突等所诱发的)形成的共享与以往不同之身份认同的政治共同体。

荷兰的非洲研究者当布斯(Martin R. Doornbos)在论述索马里出现的"崩溃国家"现象时,主要提到了索马里东北部形成的邦特兰这一事例,认为与其仅仅叹息非洲国家功能弱化的状况,莫如积

---

① 克拉斯纳对"权威"和"统治"这两个概念进行了严格的区分(Krasner [1999])。权威是指某行为体拥有可参与特定活动(包括发布命令的权利)的权利,并相互认可。另一方面,统治是指在没有相互认可的情况下即可通过暴力实现。但是,这两者并非毫无关联,如果某个正统国家的统治能力下降,其行为体与制度的权威就将随之降低,反之,如果有效的统治可以持续,则权威也会上升。

极地将其理解为产生了新的"公共权威",从长期性国家再构建过程的意义上讲是"新的出发点"(Doornbos［2006］)。特别是在本章提到的索马里兰的事例中,有的报告指出已经逐步形成了"索马里兰人"的新政治共同体的身份认同(Höhne［2006］)①。也可以认为,非洲的冲突正是作为国家解体与形成的物力论而引发的。

"国家的亚型"的现代性与不确定性

作为一个国家,目前索马里仍然无法明确绘出将来会以成立何种新政府的形式再次建立秩序的路线图。这一现实的背景与"国内"状况和国际博弈理论有关。在"国内",门考斯(Menkhaus)指出多元性的地区安全体系取代政府提供着治安(Menkhaus［2007］)。在这些地区安全体系中,既包括军阀,也包括试图削弱军阀势力的由部落长老、商人、宗教领袖等组成的联合体。

如同在雷诺的分析中也可看到的,这正是出现非"国家"行为体较易可能实现权威的状况。但是,与不断制度化的索马里兰不同,以索马里南部为代表的非"国家"行为体中很多是非自由主义的、不稳定且短命、往往通过偶发因素的作用轻易改变各方之间的合纵连横的关系(Menkhaus［2007］)。为此,在当前"反恐"的国际大环境下,即使可以成功地通过提供一定的公共物品而获得内部正统性,但却无法将这种正统性与建立"政府"联系起来。

另外,如果考虑解决国际冲突和致力于构建和平,则会发现联合国安理会等主导权的欠缺以及当初国际社会的漠不关心,导致了这些国家几乎处于被搁置在国际冲突和构建和平的努力框架之外的状态。再加上没有政策性应对,"国家的亚型"的"崩溃国家"与"事实上的国家"的出现不仅是非洲国家内在逻辑的结果,也是规定

---

① 根据报告者的采访,即使在离散民中,索马里兰出身的索马里兰独立支持派中广泛拥有同样的身份认同。而南部出身者中的大多数以及索马里兰临近地区的出身者中则大部分持有并不承认索马里兰这一政治实体存在的共同立场。

"国家条件"的国际社会逻辑(可称为"消极性主权博弈")的结果,并与后者有很大的关系。在索马里兰的问题上,尽管也存在肯定其民主成果并应给予其国家承认的主张(Herbst [2004]),但至少没有达到探讨与国境变更相关的新标准的阶段。此外,由于维持占领地保有原则的形式得到了保证,进行物理性国境变更较为困难,作为"崩溃国家"的索马里之继续存在受到了国际社会制度上的支持,因此尚未到达包括政策性应对在内可描绘未来前景的阶段①。

国家以及在本文中提出质疑的主权概念,在对由一定领域、领土及其居住在此的居民组成的"内部"进行统治的同时,也在与包括和其他国家的外交在内的国际关系、近现代世界中确立及发展的国际法中体现的"外部"的不断关系中得以定位。通过如何决定国家通过这种与内外的关系得到确立这一基本原则的具体内容,由统治工具与居民构成的特定政治实体(潜在国家的候补者)决定是否实际上已经拥有组成国际社会的国家的资格。换而言之,即提供了"何时国家能成为国家"的答案,也是什么是拥有"自(我)决(定)"权利的行为体的问题。

在现实中,这一点作为称之为"民族"的人类团体的单位,虽然基本制定了赋予与其相对应领域的"自决权"规则,但实际上,"民族"最初为何物?什么样的人类团体可以称之为"民族"?由此引起包括人类团体和领域之间不可避免的偏差,还有自决的逻辑与统一的要求之间相克等难以解决的多重问题,这也是现实。这与盐

---

① 索马里兰近年来的具体动向大致如下。2005年12月索马里兰总统卡辛向非洲联盟提出加入联盟的申请,非洲联盟向索马里兰派出调查团以进行"实际调查"。其报告书的结论指出索马里兰"在非洲政治史上非常独特,可以进行自我正当化。不应将这一问题与打开潘多拉魔盒(为其他分裂独立运动造势,或称为第一个改变国境线)的想法联系在一起"(ICG [2006])。但是,随后并没有非洲联盟采取承认索马里兰为国家的具体行动的报告。这一背景中的国际法问题参见远藤 [2006]。此外,索马里参加的阿拉伯联盟的反对立场以及基于这一地区国际关系的政治博弈都成为索马里兰获得国家承认的政治障碍。而最近索马里兰与邦特兰"国境"附近爆发了武装冲突,在南部以外的地区事态也再次出现不稳定。

川对联问题的分析存在类似的问题（盐川［2007］226）。

在索马里的事例中，首先要分析最初索马里是否为同一民族①，即使承认索马里兰为国家，其承认的逻辑至少在现阶段还不明确。总而言之，有必要重新认识到，本章所提及的"崩溃国家"和"事实上的国家"等"国家的亚型"这一现象正是现代国际关系的产物。

结　语

通过上述事例对主权与国家问题进行分析探讨后，就会再次发现，非洲国家的现象（即"国家的亚型"的出现）极具"现代性"，也是在与现代国际社会同一时间产生的"共时性"产物。如卡普兰将20世纪90年代后非洲的冲突视为"新野蛮主义"等很多论调并不被非洲冲突研究所接受。可以认为，本章也从国家解体与形成的观点再次审视了这一问题，并力图显示这一研究的中心方向。

在与"自下而上视角"的关系上，最后想提及的是着眼于用等级化国际关系的方法进行国家分类的研究。布赞在阿约伯等人也参与撰写的关于第三世界与国际关系的论文集的结论部分中，提出了对国家群进行前现代、现代、后现代的分类方法（Buzan［1998］）。在这种分类中，几乎所有的非洲国家都被划分在前现代或被称为混沌圈的范畴。从实际结果和现象看，这种分类也有不得不接受之处。此外，从政策的观点看，对世界进行监视、管理、实现超级大国主导的国际秩序时，这种分类在掌握对象方面也有一定方便之处②。

但是，出于对最终将如何看待现象化了的对象的关心，（在探讨国际权力关系的同时，比起观察国际关系的全貌），如果更是采用分析特定地区所发生现象的地区研究的立场，就会发现在类型化的工

---

① 有关索马里民族一体性深化等的探讨参见远藤［2007b］。
② 《外交事务》（Foreign Affairs）的"失败国家索引"就是这种努力的一例。在最新的排名中，位于前五位的国家分别是苏丹、伊拉克、索马里、津巴布韦和乍得。其后前十位排名依次为科特迪瓦、刚果共和国、阿富汗、几内亚和中非；前10名中非洲有8个国家榜上有名。http://www.foreignpolicy.com/story/cms.php?story_id=3865&page=7。

作中存在着默认对象国家与地区"落后性"与"未开化性"的倾向。将国家在"现代"这一时代性中进行范畴化的工作虽然既方便又"容易理解",但笔者却担心这将增加以下风险,即忽视如本章所提及的"国家的亚型"这一在极为"现代性"中所产生的"共时性"现象。从这个意义上,笔者认为通过调整宏观性国际政治学与"自下而上视角"的研究之间在认识上的偏差,并在此基础上研究非洲政治具有重要意义,因为两者在学术上的密切合作是不可或缺的。

第九章 拉丁美洲
——双重转型的国际政治学

出冈直也[*]

引 言

在对冷战以来拉丁美洲地区的国际政治进行概括,并广泛介绍日本研究者有关该领域研究著作的优秀研究(泽田[2002])中,列举了该地区国际政治中的重要方面。尽管笔者的研究领域主要在安全方面,但本文比起国际政治学一般应重视的主题,将更加以拉丁美洲地区内各国经济发展模式变化的国际关系为中心进行论述。正如泽田在其研究的最后部分讨论了经济发展模式与民主主义的关系一样,各国发展模式与政治体制的密切关系使得这一主题更为重要。泽田所引用的文献也体现了拉丁美洲研究对象的核心(至少在日本)是发展模式与政治体制的变化。至少在狭义上从事这方面研究的国际政治学者极少(对此的代表性研究参见松本[2005])的日本拉丁美洲(中南美洲)研究中,也许可将此视为代表该地区国

---

[*] 庆应义塾大学法学部副教授。

际政治的主题①。可以认为,从介绍有关该地区的地区研究与国际政治学的交汇点这一本章目的出发,通过关注构成这种变化背景的国际环境明确这种交集是最为有益的。

从现在的视角出发,该主题最重要的情况可概括如下。20世纪70年代前民主主义通常无法持续的拉丁美洲其后几乎所有的国家都维持了与新自由主义结合的民主主义,作为这一重大变化的理由,跨国政治始终被认为是非常重要的。本章的目的就是对这种国际环境进行考察。

由于前述理由,笔者尽管相信本章的主题是这一地区国际关系中最重要的方面之一,但这可能不是狭义的"国际政治",也不是现状分析,而是包括美国在内的美洲的国际关系。但如后所述,现在拉丁美洲国际政治中最重要的侧面与本章的主题密切相关,因此本章或也有助于间接思考拉丁美洲国际政治的现状。

一、拉丁美洲的"双重转型"

拉丁美洲所发生的前文提到的重大变化,可以理解为是世界性趋势的"双重转型"。即在世界所谓的"南"和"东"方,政治上非民主主义政治体制转向民主化(向作为程序的民主主义转型)以及经济上向新自由主义的转型(由混合经济或社会主义经济向重视民营化、放宽限制、国内市场开放等市场原则的经济转型)。

在拉丁美洲率先转型的国家是智利和阿根廷。两国的经历均较

---

① 以与美国关系为中心概述这一地区国际关系的小池[2003]的研究也表明本章"拉丁美洲国际政治学"这一题目的正当性。在冷战时期,古巴革命带来的巨大变化、长期军事政权时期的到来、民主化等基本上都是与本章论述重合的主题。冷战结束后,围绕经济一体化与民主主义振兴挂钩这一动向的国际关系也在本章的结尾部分予以提及。笔者研究领域之一的围绕古巴的国际关系在本章中并未提及,但却可认为是本章结尾部分提到的主题背后的主题。由于上述原因ům笔者有意限定了题目,因此与本章主题并无直接关系的日本学者的研究成果请参照泽田的研究。泽田研究之后出版的重要文献包括西岛等[2002]和二村等[2006]的两本论文集。这两本论文集中还包括了本文没有提及的以20世纪前半期为中心的美洲关系、美洲在毒品问题上的网络以及日本与拉丁美洲的关系等。

特殊。首先两国较早实现了经济发展，长期以来工会和（智利的）左翼政党势力强大。在 20 世纪 60 年代以后，出现了称之为左派攻势的政治激进化现象。在阿根廷，在激进的工人运动壮大发展的同时，企图进行暴力社会主义革命的城市游击队也日益强大（甚至发动城市暴动）。在智利各种社会运动强化与激进化之中，以各马克思主义政党为中心的政党联合通过选举获得了政权（1970 年），推行向社会主义转型的政策。在这一进程中，两国在 70 年代成立的军事政权都是极端高压性的，实行以左派人士为主要目标、国家大量杀害、拷问（国家恐怖主义）为特征的政治体制。在经济上则采用了后来被称为新自由主义的政策（特别是智利，阿根廷军队尽管对民营化持消极态度，但采用了开放国内市场等极为重视市场的经济政策①）。这些政策打击了工人运动强劲的经济领域的国内产业，劳动市场开始实行弹性化政策，削弱了工人运动。其结果，以左派力量和工人运动为基础的势力出现弱化和稳健化。在阿根廷民主政治取代军政权（1983 年）后，一个时期内经济政策出现逆转但却以失败告终（其象征是每个月高达 200% 的通货膨胀率），并在接任的政权下开始了快速且广泛的新自由主义改革。有关这一过程，一般均认为，军事政权打击了工人运动和左派运动，使新自由主义改革成为可能，因此在军事政权下经济模式已开始转型②。与其他拉丁美洲国家相比，智利直到 90 年代才从军事政权转型为民主政治。而在此之前的军事政权下新自由主义改革已经开始，经济增长已成为基调，在这种情况下，民主化后执政的中左派联合基本上继续维持了新自

---

① 同样属于南美南部的乌拉圭在地区内属于较为富裕的社会，从 20 世纪 50 年代后接连发生了工人运动的强化与激进化以及左派政党联合的势力扩张和城市游击战的增加等现象。在 70 年代，尽管国家杀戮行为并不像阿根廷、智利那样多，但在建立了政治上迫害度很高、意欲采用重视市场原理的经济政策的军事政权这一方面是相同的。

② 大量引用以往研究成果并予以比较，且在全球性背景中进行细致探讨的研究可参照（Drake [1996] Chapter7）。有关阿根廷经济史和通史的教科书式著作中的时期划分与记述也将本文所列举的解释视为理所当然（Liach and Gerchunoff [2004]；Romero [2001] esp. 297）。

由主义经济政策。因此,转型后民主主义仍得以维系的倾向在拉丁美洲这两个国家尤为强烈。虽然也存在着被认为受到国际压力军事政变未遂或以失败告终民主主义才得以维持的国家(巴拉圭、危地马拉等),但决定阿根廷、智利民主主义得以继续的是国内因素。这两个国家与秘鲁(曾在一个时期建立了明显的非民主主义政治体制)、玻利维亚、厄瓜多尔、委内瑞拉等国相比,民主主义发展稳定(2001年末,阿根廷发生了起因于经济危机的前所未有的危机——在暴动的状态下总统辞职——但仍维持了民主主义,应将此视为证明民主主义持续性的过程)。

从以上过程看出,这两个国家之所以维持民主主义,被称为"左派失败"的解释应受到重视。就全体地区而言,作为进入民主主义可持续发展时代的理由,许多都认为是因为左派变得稳健和虚弱,其结果即使举行民主主义性的选举,富裕的人们和军队所不能容忍的力量也丧失了获胜的可能性。如果借用某政治学者的话,就是维持了"被驯服的民主主义"(Smith〔2005〕)。这一观点可谓延续了以前就曾被广泛讨论过的民主主义持续发展的国家其特征是政党间存在着排斥激进选择的共识的观点(代表性著作 Peeler〔1985〕)。对于这种假说,存在着极具说服力的反论。经过对拉丁美洲各国近年来持续进行的民意调查结果所做的精密计量分析,可以明确发现,比起右派和富裕阶层,左派和贫困阶层更不重视维护民主主义。基于这一事实,与其说是左派的稳健化和力量衰退,更为重要的是经历过因政治对立产生的暴力(内战或强烈的对内镇压)后,人们学习到了维护民主主义以避免悲剧重演的经验(恒川〔2008〕13 章)。但是,即使这一点对于整体地区而言是正确的,而就本文列举的各个国家而言,"左派失败说"的有效性依然很大。上文提到的恒川根据各国数据也指出:"阿根廷、智利、乌拉圭等在军事政权下左派受到强烈镇压的国家,今天左派对民主主义的承诺(比右派)非常之高"（恒川、鹫田［2008］75）①。

智利与阿根廷的事例有两点具有决定性意义。第一，一方面是国内因素，维持民主主义因素较强。另一方面，由于在早期以非常极端的形式进行了新自由主义改革，因此在拉丁美洲中两国或最可体现双重转型的性质。第二，与第一点相关，两国在现实政治中也领导着这一地区的双重转型。即一方面在该地区建立维持民主主义的国际性政策和形成舆论的过程中阿根廷发挥着核心作用。另一方面，两国进行了被其他国家奉为经典的新自由主义改革。进而言之，如后所述，这些国家的双重转型很可能是世界性的大转折点（反言之，这样的作用正是国际政治与国际环境在这些国家变动中发挥了重要作用的佐证）。韦兰（Weyland［2005］）以巴西为例指出，"民主主义扎根"的决定性外部因素除了冷战结束后选择社会主义的可能性消失之外，还由于通过新自由主义改革回归国家干预模式的选择也不复存在。这两种因素带来的两个变化，从20世纪70年代就已经在本章所列举的阿根廷、智利两国中得已显现。

本章将以上述探讨为前提，以智利和阿根廷转型为维持与重视市场原则的经济相结合的民主主义为案例，尝试分析这一转型中国际关系、国际政治的重要性及其性质。

二、对"左派失败"的"阴谋论"解释

将"左派失败"导致的智利与阿根廷军事政权的建立及其政策归结于国际政治的解释及分析并不困难。特别是智利比阿根廷先行一步，世界性转折点的意义更大，其国外因素极为显著。

首先，通过当事者的证词、被公开的美国政府文件等，1973年智利成立军事政权过程中美国干预的事实已不容置疑。虽然就是否

---

① 之所以使用了教科书性的文献及难以得到的文献，是由于分析随着时间而日益精辟，因此尽可能参考时期较近的文献。

直接参与了军事政变尚存争论，但由于奉行社会主义政策的阿连德政府的"不稳定性"，无论是中央情报局的秘密活动（比如对极大影响人们生活的"资本家罢工"提供支援等），还是以更为合法、公开的政策对智利经济进行"看不见的封锁"等（此外还包括中情局参与旨在防止阿连德总统就任而试图发动的军事政变）各种"活动"，都已得到了历史研究的证明。

虽然美国的直接参与已确认无疑，但绝大多数研究仍认为军事政权的建立基本上是由智利国内的政治力学所决定的（但如同Goldberg［1975］等所指出的，虽然智利多数人认为难以原谅阿连德政权的很大理由在于经济困难和混乱，但这其中美国的上述干涉非常重要）。此外，智利军政府成立之际，以预料之中的形式得到了美国的承认，但绝大多数研究认为1976年阿根廷军事政权的成立并没有像智利那样有美国的直接干预。尽管如此，比较有力的说法是在两国"军事政权挫败左派"过程中，美国的作用是决定性的。

这是由于在两国军队开始长期军事政权并镇压左派的基础"国家安全主义"的形成过程中，美国发挥了重要作用。古巴通过革命（1959年）走向社会主义（并与共产主义在越南的扩展相呼应）使得美国认为，拉丁美洲各国的主要敌人不是外国，而是国内的共产主义游击队，并在与该地区各国军队的合作中，本着这种观念进行援助、训练和教育。以这种重视"国内敌人"的形式创建起来的军队的观念、战略通常称为"国家安全主义"，普遍认为这为拉丁美洲政治带来了两个重大结果。①

第一，如果按照一般性的解释，拉丁美洲各国军队在重视"国内敌人"的过程中，逐渐形成了以下观念，即导致共产主义游击队势力扩大的原因是贫困，因此把发展本国经济作为安全上的重要课

---

① 在将"国家安全主义"作为主题的研究中，美国（和日本）的研究者多针对本文所指出的第一个侧面，与此相比，南美南部各国的研究者（以及记者等）的特点则是通常强调第二个侧面。

题，当平民政府无法实现经济发展时，那么执掌政权并使其发挥作用就是军队自身的任务，并于 1964 年首先在巴西发生了军事政变。与以往在危机时期建立的短期军事政权不同，执政伊始就试图进行国家重大变革的长期军事政权相继在南美诞生，这些都可以通过国家安全主义加以说明。由于在国家安全主义中，对政治关心、执掌政权与军队的职业化（职业主义）并不矛盾，因此同样的理由也可以说明这与结党性的一部分将校发动的军事政变不同，而是整个军队组织的军事政变与军事政权。经过斯特潘（Stepan［1973］）最精辟、最明确地论证的这一观点，尽管也受到了各种批判，如对经济发展的关心早已存在于长期以来的"总体战"观念之中，开始长期军事政权的军队也始终重视对外安全等，但其最重要的部分始终被认为是基本正确的（比如大串［1991］）。

第二，由于关注国内的"共产主义游击队"，美国开始向拉丁美洲各国的军官传授重视游击战的军事战略并加以训练。此外，为了对付游击战，军事援助也变得重要起来。很多研究都重视反共游击战的教育、训练所产生的强烈而广泛的侵犯人权现象。普遍认为智利、阿根廷军事政权的国家恐怖主义的基础正是在上述过程中形成的国家安全主义（比如 Gareau［2004］）。在巴拿马运河地区的拉丁美洲各国军队军官的培训机构"美国陆军美洲学校"[1] 是镇压左派和大肆杀人、拷问的元凶，成为很多研究强烈批判的对象（这一标准性倾向较强的研究参照 Gill［2004］）。但也有的研究对此提出异议，认为并不清楚该设施的教育是否与其后侵犯人权的行为相关联，也无法计算在此培养的军官中有多少人没有侵犯人权的行为等（这方面的介绍参照 Millett［1997］127）。但如果上述通过与美国军方的关系、以容忍拷问等的形式重视反游击战的军事原则（主义）成

---

[1] 新巴拿马条约后，于 1984 年迁址到美国佐治亚州的本宁堡，在强烈的批判中于 2001 年废校，改为"西半球安全合作研究所"。

立，则可以不考虑每个军官的个人经历而认为美国的作用显然十分重要。

拉丁美洲这些军队（军事政权）在镇压左翼的问题上合作密切（本段参照 Mariano［1998］；Dinges［2004］等）。除了上面提到的三国外，还有巴西、巴拉圭、玻利维亚（还有程度相对较轻的厄瓜多尔）等各国军队的情报部门合作的"秃鹰行动"即是如此。在智利军事政变前就已开始推动的合作体制基础上，1975 年 11 月这些国家军方的情报高级官员在智利首都建立了该组织，尽管公开声称的是对付左派游击队，实际上是血腥镇压以左派为中心的反对派的统一组织。在阿根廷国内绑架乌拉圭反对派人士和杀害原阿连德政府内阁成员等，鲜明体现了这种合作的本质。这一合作在各自国家军事政权大肆侵犯人权中发挥了巨大作用，但重要的是，这种合作只是 20 世纪 70 年代军事政权建立之前（巴西从 1964 年后开始了军事政权）各国军队间合作的延续。该行动至少得到了美国的默认。总之，如上所述，可以认为在各国军队消灭左派游击队的构想和行动中美国原本就起到了十分重要的作用，并形成了军队之间镇压左派的国际网络。

综上所述，在各国军事政变前后美国政策的性质、作用各不相同，但普遍可认为 20 世纪 60 年代后，拉丁美洲各国相继建立了军事政权，左派遭到镇压。在这样的背景中，美国的作用十分重要。

另一方面，军事政权开始的经济模式的转型也有很多是从外部"引进"的。大多数研究认为，世界上第一个正式采用新自由主义经济模式的是智利军事政权，至少从结果上看，这成为日后反对凯恩斯主义、主张新自由主义的经济学者们议论的展台。1956 年，智利天主教大学与美国芝加哥大学经济系签订了包括后者经济学者在前者从事教学，并向智利学生提供奖学金等内容的学术协定。从此智利诞生了追随在芝加哥大学经济系处于核心地位的弗里德曼等学者的经济学家团队。这些学者被称为"芝加哥弟子"，并成为了通过军事政权实现智利经济模式转型的经济团队（其政策在 20 世纪 80 年代前期一度导致经济困难，而承担真正的新自由主义改革的则为其他人物）。随后，弗里德曼以及反对计划经济和凯恩斯主义的另一位领军级人物哈耶克访问了军事政权统治下的智利并举行演讲——前者还会见了军事政权的总统皮诺切特，以自己的经济学理论支持智利的经济发展，并在向世界推广智利的成功中发挥了积极作用。基于上述事实（Valdes［1995］；Yasui［2003］；安井［2005］），经常会出现以下带有倾向性的观点，即后来被称为新自由主义学说的经济学者们在智利实验了其学说，并成功地向世界进行了宣传。

如果可以认为弗里德曼（芝加哥大学经济系）等与"决定美国政府政策的大资本"互有联系（为研究提供援助等，这种联系可以轻易发现），那么发展的全貌即可浮现。发达国家的"大资本"利用代表其利益的美国政府和与赞同"大资本"思想并予以理论化的知识分子，在智利与阿根廷建立军事政权，并在两国挫败了左翼的攻势。在欧洲共产主义的时代，这两个国家具有重要的意义，智利通过选举成立的马克思主义政权的社会主义化的成败对各发达国家也会产生重要影响，或发展为世界中最为强劲的城市游击战的阿根廷（cf. Laqueur［1987］250）（还有乌拉圭）也可能成为发达国家中革命势力的范本。在挫败这些运动后，首先在智利采用的经济模式成为世界性的模式，其后各国均推动自由主义改革，与新自由主义结合的全球化取得了发展。

这种被称为"阴谋论"的观点，至少在为数众多的记者和一部分研究者的著作中颇具市场。比如，葛兰丁（Grandin［2006］）就将美国（共和党政权）随后向某种形式"帝国"转型的起点定为以拉丁美洲为舞台展开的弗德里曼等的活动及美国对中美洲的干涉（与本章不同，作者将中美洲而非南美作为转折点），在这些著作中上述倾向较为强烈。

三、对"阴谋论"解释的批判

可以认为,针对上述解释,每一个因素都存在可批驳之处,下文将依次介绍。

首先,针对新自由主义转型是少数经济学者(大资本代言人的知识分子?)阴谋的成功这一观点,最重要的反证是,阴谋可以成功至少应提出计划以作为(有力的)选择。芝加哥学派的重要性再大,其理论可以成为现实政策还是由于军事政权的建立所赐。皮诺切特是在军事政变之后才得知这些学者的经济计划,从建立军事政权到这些学者就任及其政策得到采纳(1975年)尚隔时日,芝加哥学派为了实现自己的计划而建立军事政权是无法解释的。

拉丁美洲(及世界)新自由主义改革的发展中,"知识共同体"起到决定性作用的政策扩散十分重要。但是智利的决策却是在政策扩散时代之前。新自由主义化的知识共同体(狭义)在世界范围内获得决定性影响的过程中,智利的事例发挥了巨大作用,从这个意义上或许应关注与政策扩散相反的因果关系。先前介绍的经济学家们从早期就开始坚持同样的观点也可作为佐证。此外,当然在智利之外也存在芝加哥大学学派和学习了这一经济学系统知识的经济学家们。举例而言,如葛兰丁自己介绍的那样(Grandin [2006] 169),巴西军事政权1973年邀请弗里德曼并向他征求建议,曾短期内遵照了弗雷德曼的观点,但很快就放弃了,这也颇具启发性。而阿根廷军事政权下负责经济政策转型的人们与其说是跨国性的知识共同体,更属于对国家介入经济持有反感的国内经济专家派系,这也可成为佐证。

在新自由主义化的知识共同体(专家等)的作用在各国日益扩大,而拉丁美洲各国普遍陷入经济困境之际,国际货币组织、世界银行等国际金融界将新自由主义视为处方(所谓"华盛顿共识")而向各国施加了要求进行新自由主义改革的强大压力。即使在这样的时代，对于外来因素决定采取改革政策（更何况其内容）的观点也存在很多批评。在2001年发表的论文中，概括了有关该地区各国向新自由主义转型原因的研究状况并列举了各种观点（其中，主张外在因素的观点只是少数），但并没有进行以这些为理由的各种因素之间的比较研究（Knight［2001］），这一动向表明，外因决定论并没有得到广泛的支持。与该文献同样受到重视的是改革内容在各国显现出的多样性（以劳动改革为中心的研究，Murillo［2005］），这也为国内因素的重要性提供了佐证。很多研究都对基于新自由主义的个别领域改革（以及由此开始引进新自由主义）中重视国外压力的观点持否定态度（Wilson［1994］；Brooks［2004］；Weyland［2004］；esp. 18-19；Welyand［2006］esp. 38-39 and Chapter3 等），基本上并没有将经济模式向新自由主义转型归结为外来因素。

如果智利芝加哥学派的计划被采用是因为军事政权的建立，那么解析南美洲南部军事政权长期建立的原因就尤其重要。军队信仰的变化或许是决定性因素，对军事政权时代及其后发展的各种观点和分析进行整理的基础上综合论述民主化后的军政关系的著作中，研究军政关系的代表性政治学者之一（Fitch［1998］esp. 12-17, 109-110）也持这种观点。但是，美国政府为了符合本国利益而建立了军事政权的说法很难成立。国家安全主义产生的长期军事政权的另一个典型秘鲁的军事政权（1968年）却采用了迎合低收入阶层的经济模式，对美国资本采取敌对政策，与社会主义阵营保持友好关系，具有强烈的反美倾向。因此，即使国家安全主义是决定性因素（或正因为如此），美国（决定其政策的大资本）的"阴谋"获得成功的观点也难以成立。

四、军事背景的重要性

对于阿根廷、智利两国"左派失败"而言重要的国际政治、国际形势究竟是什么？那时正处于不再向非民主主义倒退的时代到来的前夜，军事政权作为向新自由主义转型的起点具有决定性的重要性，长期军事政权在南美各国得以成立的国际因素已有阐述。但是，仅仅对长期军事政权的建立进行说明显然不足，这是由于20世纪70年代在智利、阿根廷（及乌拉圭）建立的军事政权，即使都是在该国谋求彻底改革的长期军事政权，但与20世纪60年代建立的军事政权——即使仅限于秘鲁之外的右翼的巴西与阿根廷军事政权相比，也存在着巨大的差异。首先，具有极端迫害性的国家恐怖主义特征。其次，20世纪60年代成立的长期军事政权继续其进口替代的工业化模式（或像秘鲁那样开始真正推行）。与此相比，20世纪70年代的长期军事政权则进行了经济转型。至少在以做好双重转型准备的"左派失败"为课题的研究中，无法解释上述两个特征的分析明显不足。

以长期军事政权的共性为前提分析20世纪70年代军事政权两个特征的研究，在一段时期内得到过广泛支持。关于60—70年代南美右翼军事政权的定性及其成因的研究中，奥唐奈对70年代军事政权高度迫害性与重视市场原则的经济政策的特点进行了综合分析，根据其影响力可谓被学界普遍接受的奥唐奈的观点，60年代的两个军事政权与70年代的三个军事政权之间存在着重要的不同。在军事政权建立之前存在的威胁越大，军事政权的迫害性越强，经济政策也越为正统（O'Donnell［1978］）。但是，70年代军事政权的极端迫害性有必要对其自身进行分析。而在经济政策上，对存在程度上的不同进行分析则更为困难。政策的差异并不是正统派程度的不同，而应将其作为不同的经济模式进行理解（Schamis［1991］主要以此为理由，对奥唐奈将右翼长期军事政权归结为同一范畴提出了批评）。

那么，如何说明20世纪70年代长期军事政权的两个"新特点"呢？国家安全主义的性质是迫害程度轻重的关键（这也是南美长期军事政权中国家安全主义重要性的佐证）。如派恩-柏林（Pion-

Berlin［1989］）所指出的，即便同样被称为国家安全主义，60年代军事政权的基础与70年代军事政权的特征存在着极大的不同。但是，派恩-柏林强调后者是由欧洲各国军队传承而来，包含着免除美国在拉丁美洲各国军队国家恐怖主义中所负责任之意，这种单纯化的分析或存在着问题。菲奇（Fitch［1998］esp. 15-16）认为在拥有两面性的国家安全主义中，在"共产主义威胁"更为现实的各类事例中军方会走上前台。60年代军事政权与70年代军事政权迫害程度之所以不同，是基于共产主义源自贫困的观念而致力于发展经济的军队与共产主义者已成为现实"威胁"时对此加以军事镇压的军队之间的不同。还值得注意的是，这种两面性与美国肯尼迪政权同时推动"进步同盟"和在军事方面重视反游击战转型的对拉丁美洲政策是表里一体和并存的（进步同盟是在古巴革命带来的冲击下出台的，是一项基于贫困与压迫才使共产主义受到欢迎的观点而对改革性政府提供援助的政策）。的确，尽管也出现了预料之外的反美军事政权，但南美进入军事政权时代以及在这一过程中的70年代极端而广泛侵犯人权的现象，都是由以美国为中心的发达国家的政策这一国际政治因素所决定的（但如同众多研究所指出的，拉丁美洲各国的军队原本就具有强烈的反共倾向，而地区内古巴革命的胜利使军队认为社会主义革命将废除原有军队后，军队的这一倾向进一步加强。这一点也十分重要）。

毫无疑问，20世纪70年代社会主义化的迹象明显增大（有关这一时期的状况与下述内容相近的概述参见Wright［2001］），拉丁美洲自60年代就开始意识到了。这一地区的马克思主义者认为本国处于前资本主义阶段，大致属于改良派。但随着古巴革命的发展，各国出现了采取暴力革命路线的组织。如上所述，美国发挥了重要作用的国家安全主义就是由此而产生的。但这个过程只是各国（包括美国在内）政权和右翼势力与左翼革命势力之间的对立所具有的强烈的国际性的一种体现，存在着与古巴输出革命之意图相结合的革命势力的国际团结以及对其进行阻止的政权及军队进行的国际合作。最为重要的是,由于美国的干预,该地区的社会主义革命如要成功则整个大陆的大革命是不可或缺的(由于美国没有预料到,才使古巴革命得以成功),为此,格瓦拉的理论与行动代表了这种判断,他在玻利维亚发动游击战并在与美军支援下的玻利维亚军队的战斗中被捕并被枪决。格瓦拉提出由"Foco"(游击活动中心)的小型革命组织在农村开展活动创造革命条件的理论,计划在该地区通过农村游击战开展革命,随着格瓦拉的失败与死亡,其遭到挫败的命运已成定局,旨在实现社会主义的势力被迫进行转型。如果要正面对抗军队(与美国),农村游击战在正规战性质较强时,革命势力遇到的困难是明显的(但是,20世纪70年代末的中美洲各国,由于与城市反独裁运动合作——上文提到的游击战术成为包括古巴政权在内的反省对象时也曾被指出那样,实际上在古巴革命中也是重要的——以及美国政策的变化等因素,农村游击战的战术取得了较大的成效)。反之,从这一时期开始,通过选举向社会主义转型以及通过城市游击战战术推动社会主义革命的"威胁"反而加强了(如秘鲁军队发动"革命"的动向也可归于此类)。也可以认为,主张社会主义化的天主教神职人员发起的"解放的神学"攻势——依然是具有跨国性质的动向。在这种威胁强化过程中,特别是在这些现象表面化的各国中所出现的就是以国家恐怖主义为特征的长期军事政权。在中南美"反革命"一方国际合作延长线上的"秃鹰行动"只不过是这种长期军事政权在西半球两大阵营对峙中出场的一种表现而已。①

在智利研究和阿根廷研究中,从上述变化中分析20世纪70年代经济模式转型的观点占主导地位。即在尝试结束社会主义化,甚至现有经济秩序遭到颠覆威胁等本国政治经济的决定性转型过程中,

---

① 日本学者对在冷战的国际政治框架中阿根廷军事政权国家恐怖主义的定位进行的研究参见杉山[2007]。

军队选择了新自由主义。① 政治需求决定经济的这种观点在对经济决定论的批判趋强时变得尤其强劲，但认为采取实际行动的是军队这种理解是理所当然的。

本文所述的执掌长期军事政权的军队与社会（包括被视为"统治阶级"的资本家阶层）相比自律性很强（这种解释占支配地位），因此将军队置于焦点的分析可谓极其稳妥。而国际环境则在军队掌握权力及建立构成其政策基础的方针和军事政权政策实施过程中发挥了巨大作用。②

结 语

以上的分析与拉丁美洲向民主主义的转型及对其的维持是和新自由主义性质的资本主义相结合而与对平等的追求并不相容的观点具有某种亲和性。如果单纯地理解本章的内容，则是在美国主导的全球化中，在这一地区得以维持的民主主义是与新自由主义结合的"驯服"的民主主义。而追求激进式平等则被视为与此相背离，即会危及民主主义（程序性定义上的）的方式（或其自身成为委任民主主义，或反对者即使脱离民主主义也要阻止这种尝试）。因此在"驯服的民主主义"中的政权即使进行国际上追求的"振兴民主主义"和"保卫民主主义"，也将停留在推动稳健型民主主义的程度上。

近年来拉丁美洲的国际政治中，很大部分可以用上述方法进行理解。一般认为，与美国关系紧密、基本维持新自由主义经济模式

---

① 在两个国家中对这一解释基本上都存在共识。本文参考了智利政治研究第一人和记者的重要著作以及可谓利用比较政治学理论、概念进行智利军事政权研究决定版的文献（Constable and Valenzuela [1991] 69-70, 171；Huneeus [2007] esp. 478），以及有关阿根廷的引用代表性研究的通史等（Romero [2001] esp. 212-213）。此外，先前介绍的奥康奈也在研究中采用了经济型需求是决定性因素，并保持将 20 世纪 60 年代和 70 年代的长期军事政权视为同一范畴的政治经济体制的框架，予以分析与解释（O'Donnell [1981]）。

② 笔者在本章中所述的结构主义者认为在第二次世界大战后的世界资本主义与社会主义模式的对抗中，也存在着后者得势的时期，而可以在更大的背景中加以定位，但这不属于本文的探讨范围。

的国家和追求不同的经济模式、采取强硬反美立场并试图建立与美国主导的美洲自由贸易区（FTAA）抗衡之经济圈的国家之间的对抗成为中南美国际政治的中轴。其中主导并代表后者的委内瑞拉查韦斯政权以及玻利维亚的莫拉莱斯政权和厄瓜多尔的拉斐尔-科雷亚政权等都存在着强烈的轻视民主主义制度程序的倾向。

但是，除上述因素外，还可包括众多因素，即近年来拉丁美洲的国际政治体现了将上述因素单纯化的局限性①（有关与下述内容不同的政治与经济的关系问题上，如 Shamsie ［2007］所指出的，必须重视在经济上并不富裕的该地区新自由主义存在着危及维持民主主义的侧面）。

首先，在这一地区坚持民主主义的政权之间的国际政治中存在着上述单纯化所无法解释的因素。众所周知，该地区各国的民主主义的"质量"存在着很大的问题，但根据以往的研究，根本无法期待国际政治可以促进民主主义质量的提升。作为在美洲振兴及保卫民主主义的国际性、跨国性政治的开创性论文集（Farer ［1996］）的某种续篇，在跟踪其后续变化并涉及同一主题各个方面的重要论文集中，编者在总结论文集的研究成果时指出（Legler et al. ［2007］esp. 10-11），拉丁美洲各国参加的美洲组织等国际性活动多数并没有改善民主主义的质量。比如以代表性的地区国际组织美洲组织为例，其最能发挥职能的当属国际条约义务的保障人权等领域。但另外的研究（Adams ［2003］Chapter 5）表明，即使在这一领域该组织的作用也是有限的，其原因在于组织本身的羸弱、各国不容忍干

---

① 特别是近年来拉丁美洲各国的政治体制、经济与美洲国际关系的互动性上，从与本章不同的视角进行了均衡性概述和梳理的重要文献可参见迟野井［2004］。拉丁美洲地区及美洲经济一体化动向则存在松下［2004］、西岛等人［2002］、二村等人［2006］等众多优秀的研究成果，本章的视角只能表现其复杂的博弈关系中的一小部分。堀坂［2008］的研究则是对天然资源输送网发展动向这一各种国际关系主题（堀坂本人利用各种文献追踪的经济一体化等）交汇领域的宝贵成果，揭示了拉丁美洲国际关系的多样性博弈的特点。

涉的倾向（不干涉内政为该组织的原则）等。这种倾向与各种地区国际组织、机构在维持形式上的民主主义中发挥着强有力的功能形成了鲜明的对照。这一现象并不符合先前论述的单纯化的总结结论。拉丁美洲各国存在着即使是最低限度的民主主义也要维持下去的强烈意向，并以此为基调开展国际政治。这一点反映在即使是强烈反对美国主导的新自由主义全球化趋势的激进反美政府也重视维护民主主义。2002年4月，委内瑞拉爆发了旨在推翻查韦斯政权的军事政变，与美国不同，拉丁美洲各国对军事政变进行了强烈谴责，使得查韦斯政权得以维系，这一事例最可体现这种博弈关系。即便是轻视民主主义程序（在这个意义上是质量差的民主主义），为了维系经过选举产生的政权，质量差的民主主义也可被容忍，这一倾向具有与前述单纯化的归纳极为不同的因素。

其次，更为重要的是，作为与政权之间国际政治不同的"来自下层"的动向，社会运动通过跨越国境的联合，重视民主主义程序，试图进一步提升其质量，推动社会经济平等，这一动向十分显著。那就是存在着不是权力集中（查韦斯的方向）而是权力分散，随之扩大和强化与社会经济平等相结合的政治参与，旨在保障各种权利实质性的跨国政治。比如，以保障权利实质性和实现法律之下人人平等意义上的"民主主义深化"以及与其并行的旨在推动社会经济平等的人权运动（追究过去侵犯人权的责任为其重要组成部分）中，跨国网络起到了决定性的重要作用（比如 Keck and Sikkink［1998］；内田［2005］；大串［2008］438-440）。此外，作为跨国联合特别受到关注的社会运动——原住民运动（Brysk［2000］），就是旨在深化民主主义以及扩大参与促进社会经济平等化的卓有成效的运动。在针对维持以"左派失败"为前提、与新自由主义相结合的民主主义这一拉丁美洲政治中支配性趋势的对抗选择中，不会伴随脱离程序性民主主义方向的前景也十分有力，并在跨国层面上开展活动（除前述著作外，还可参照 Adams［2003］Chapter 5 等）。

综上所述，本章认为拉丁美洲双重转型中"左派失败"（和导致这种结果的国际政治）的侧面十分重要，即便这一结论是正确的，也表明在与新自由主义结合的经济全球化时代里，这一地区（以及"南方"）民主主义制度的局限性并不是命中注定的。本章的基本观点因近年来的跨国性政治活动而得到了补充而不是否定。在"左派失败"的背景下，拉丁美洲出现了向坚持民主主义时代的转型，而其中国际关系、国际政治起到了非常重要的作用，直至今日同样的动力仍然在发挥着强大的作用，而旨在摆脱由此产生的问题、期待社会经济平等化与深化民主主义的动向，也表明了跨国活动的紧要性。而这种动向确实存在既是本章题目的佐证，也是其认识的结果。

※ 在本文的草稿阶段，衷心感谢恒川惠市先生提出的宝贵意见，使笔者深感行文不妥之处，对于错误和模糊之处进行了修改，使本文得到了质的改善。当然，仍存在的错误与不当之处完全由笔者负责。

第十章 中域欧亚大陆
——寻求国际关系的新范式

岩下明裕*

一、新秩序形成期的欧亚大陆

什么是欧亚大陆？可以通过 Google 进行检索，而根据检索出的维基百科的数据，欧亚大陆是指亚非大陆中苏伊士地峡以东的部分，面积约为 5492 万平方公里，占地球陆地总面积的 27%，海岸线总长 10.78 万公里，"欧亚大陆"（Eurasia）的名字也是由"欧洲"（Euro）和"亚洲"（Asia）组成的。颇有意思的是，维基百科的地图上欧亚大陆被涂成了绿色，却没有包括英国、日本、菲律宾和印度尼西亚等国。按照 19 世纪的表示方法，如果把日本和英国看做是"海洋国家"，那么这张地图就是以"大陆国家"群为印象描绘的。

在这片巨大的陆地上，各种民族与国家纷纷而至，错综复杂的历史悠长深远。简单而言，这就是最大公约数欧亚大陆的印象。欧亚大陆由欧洲、东亚、南亚和西亚等组成，处于十字路口位置的则是中亚大陆。回顾近现代以来的国际关系史可以发现，在欧亚大陆不断发生着围绕国界线的斗争与合作。19 世纪后半期的欧亚大陆被

---

* 北海道大学斯拉夫研究中心教授。

欧洲帝国主义列强划分为各自的势力范围，而在亚洲各国独立的同时国界问题成为政治纠纷的主要焦点，随后成为美苏争夺势力范围的对象，爆发了各种战争与冲突。

另一方面，随着冷战的结束，"欧亚大陆"这个词也被用于说明解体后的苏联地区。换言之，这一狭义的欧亚大陆是欧洲与亚洲的公约数。除了俄罗斯之外，主要包括乌克兰、白俄罗斯、摩尔多瓦等原苏联的欧洲部分以及高加索地区和中亚地区。近年来，关注苏联地区"遗产"的共通性将这一狭义欧亚大陆构成的"子地区"作为各地区的地区研究对象已成为趋势。

但是，在这个意义上的欧亚大陆的共通性由于受到苏联或俄罗斯帝国历史的限制，苏联解体后开始出现于这一"子地区"的"地区内多样性"（白俄罗斯与乌克兰之间的摩擦、摩尔多瓦的东西分裂、格鲁吉亚和土库曼斯坦在"子地区"中的突出地位）以及与其毗邻地区（阿塞拜疆及土库曼斯坦和伊朗、乌兹别克斯坦及塔吉克斯坦与阿富汗和巴基斯坦、西伯利亚及远东地区与蒙古和中国）之间紧密的相互作用等，使得人们很难将狭义的欧亚大陆圈从其他地区分割出来以单一的框架作为地区研究加以探讨。比如，本章最初提到的中域欧亚大陆的概念，即使在相当程度上是以中亚为中心构成的，但当发现也包括西部蒙古、中国新疆、南亚和西亚的一部分、高加索及俄罗斯南部时，就急切需要建立一个也可分析狭义的欧亚大陆与其接壤地区相互作用的地区框架（家田［2008］）。

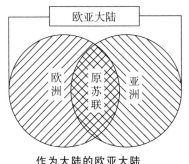
作为大陆的欧亚大陆

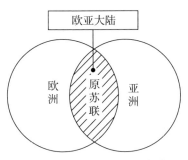
作为原苏联的狭义欧亚大陆

图 10-1

不断快速扩大的全球化与地区政治的"世界化"也是必须加以考虑的一个因素。除了欧亚大陆地区内及其接壤地区之间的相互作用外,美国等地区外大国的参与明显增加,这也是这一地区的重要变数。特别是"9·11"之后,布什政权在反对恐怖主义的名义下,在中亚地区驻留美军并在阿富汗发动针对塔利班的战争,并驻军至今。美国于2003年不顾一些欧美国家和中俄的反对发动了伊拉克战争,在(狭义的)欧亚大陆及与其接壤地区的存在感上升到了与组成这一地区的各国同样或毫不逊色的程度。进而言之,支持美国对伊拉克战争的英国与日本的参与、试图深化中亚关系的欧盟与日本的动向在某种程度上也正在对这一地区产生持续性的影响。特别是欧美与中俄在中亚的竞争使人们感到19世纪的"大博弈"仿佛再次来临。

笔者在考虑到狭义欧亚大陆国际关系中这种无定型的性质、与其接壤地区的相互作用性以及美国等"遥远邻国"的参与等因素的同时,为了便于分析,在本章使用"中域欧亚大陆"的分析框架。这一框架如图10-2所示,包含了狭义欧亚大陆(原苏联地区)及其接壤地区以及和欧亚大陆以外的大国之间的相互关系①。

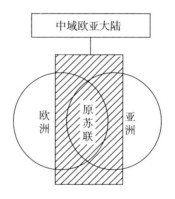

图10-2 "中域欧亚大陆"概念图

---

① 本文使用的"中域"借用了日本斯拉夫·欧亚大陆研究项目中进行考察、研究的"中域圈"的概念。所谓"中域圈"是地区内外各种受到统合作用影响的独具特色的空间总和,也可以根据分析课题的需要在有限的空间内予以设定(家田［2008］17-18)。

因此，本章首先将重点置于原苏联与其接壤地区的国际关系。主要的研究对象包括构成欧亚大陆主要国家的俄罗斯（原苏联）与中国、中国和印度等拥有漫长国界线并将国界安全视为本国领土完整与安全意义最为重要的各国间关系。这是因为根据笔者近年来提出的观点，在拥有漫长国界线的各国关系中，由于其安全上的重要性与急迫性，将对外交方向产生强烈制约。①

但是，在欧亚大陆的国际关系中，也存在着不受到国界线制约而可享受相对自由关系的情况。比如国境没有接壤的俄罗斯与印度即属此例。如后所述，如果仅仅从历史经验的角度观察，俄罗斯与印度的关系与俄罗斯和中国或中国和印度之间的关系存在着明显的不同。不拥有共同国界的各国间关系与存在国界线强烈制约的各国间关系存在不同的观点不仅表现在中印俄等国，也适用于中亚与其他各国间关系。因此，"中域欧亚大陆"正适合于验证这两种不同的关系。

但是，只要"中域欧亚大陆"是以超出欧亚大陆范围的其他国家参与为前提而设定的概念（如果按照维基百科将英国与日本列为欧亚大陆之外的域外大国的分类，则这两个国家也可包括在内），那么其中美国的存在就具有决定性意义。由于苏联这个竞争者的消亡，通过对核武器的垄断以及绝对优势的军事投放能力，尽管在地理上与欧亚大陆相隔甚远，但美国对于任何地区都如同"邻国"般的存在感日益增强。更为重要的是，美国与欧亚大陆的关系在美国针对

---

① 在分析国家间关系时，古典且又普遍性的方法是将国家作为国际舞台中的一个行为体，并研究其实力均衡及相互关系。尽管是考虑了权力（power）大小（"小国""中等国家""大国""超级大国"等）后进行的分析，但直至今日仍不能说已经构建了充分考虑到地理特性的更具普遍性的模型。在对如欧亚大陆等地理接近性十分强的地区研究中，笔者认为这种地缘政治观点十分必要。本章在分析冷战结束前后开始流行的国家关系的三角形和四角形模型时，将考虑到至今被忽略的拥有共同边界的关系特性的模型运用于对"中域欧亚大陆"的分析之中。以原有框架为前提的多角形分析的先行研究包括奈（Nye et al.［1991］）、曼德尔鲍姆（Mandelbaum［1995］）等，论述中俄印三角形模型的文献参见岩下［2008］第217—218页。

欧亚大陆如"邻国"般行动的同时,欧亚大陆则无法对美国发挥欧亚大陆对其接壤地区般的影响力。也就是说,对于欧亚大陆各国而言,美国恰如国界接壤的实质性存在而对美国产生了安全上的担忧,而对于美国而言,其对欧亚大陆的关系从地缘政治学的角度看没有国界的制约而十分"自由",我们必须考虑这种关系的非对称性(岩下[2007b])。

换言之,"中域欧亚大陆"的国际关系可以分为三类,即相互关系受到国际政治博弈重大影响的类型、相互关系与国际政治博弈无关的类型以及其中一方受到类似于国际政治博弈的影响而另一方则完全不受此影响的非对称型(主要是美国与欧亚大陆各国的关系)。

笔者在本章将根据这三种分类对"中域欧亚大陆"的国际政治进行分析,从重视原苏联地区与其接壤地区这一地区设定的观点出发,主要探讨上海合作组织(以下简称上合组织)的成员国和地区问题。其理由在于:首先,上合组织包括了俄罗斯及中亚等苏联地区各国以及作为其邻国的中国;其次,蒙古、印度、巴基斯坦与伊朗是上合组织观察员,上合组织也在不断摸索扩大;第三,美欧日等域外大国对这一组织表示担忧和关注。笔者相信,上合组织涵盖的地区最符合探讨本章所设定的问题。本章将首先谈论理解"中域欧亚大陆"所必不可少的工具——国际政治博弈关系,随后将从上合组织的诞生与发展,以及对其产生影响的"9·11"后美国的存在的角度探讨"中域欧亚大陆"形成的过程,并从传统的均势观点分析容易被理解为单纯大国"棋盘"的"中域欧亚大陆"国际政治的动力与可能性。

二、如何看待中域欧亚大陆的政治

国境毗邻的存在是否会左右国家间关系,最容易理解这一点的就是冷战期间欧亚大陆的三个国家苏联、中国与印度的关系。由于冷战期间美苏两个超级大国的世界性竞争,欧亚大陆地区的国家间关系可能会给人几乎没有自律性的印象。但是在地区中，中国与印度始终在相当程度上坚持发挥了自主性的外交。在某种意义上，这三国的关系率先呈现了冷战结束后欧亚大陆国际关系的一种形态。

从结论上讲，即使在冷战期间，也不能只用上述印象中的实力均衡的视角判断欧亚大陆各国在欧亚大陆建立的关系。这是由于拥有共同国境地区形成的政治角力很大程度上决定了欧亚大陆接壤各国之间的关系。单纯而言，存在着两种不同的情况，一种情况是两国关系严重决定于存在的国境；一种情况是不存在接壤的国境而可自由构建两国关系。笔者将前者表述为边界线，后者为自由线。在对此进行详细分析之前，笔者将明确一般性模式，将这两条线按照一般性的三角形进行描绘可以出现四种模式。

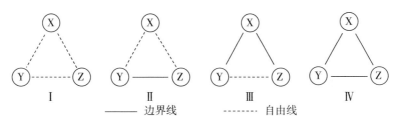

图 10-3

模式 I 中，X、Y、Z 均由自由线构成。X、Y、Z 所有的行为体都可自由构建各自的关系。"自由"是指幅度从"同盟"到"事实上没有关系"、基于各自利益的自由关系。当组成四角形时，这种模式容易受到其他三角形的影响。模式 II 中，XY 与 XZ 是自由线，YZ 则是边界线。模式 II 中，仅由自由线组成的 X 相对于 Y 与 Z 具有结构性的关系优势。如果 YZ 轴不稳定，X 可以轻易地与 Y 和 Z 进行均势外交而使本国利益最大化。当然，X 也有可能只和 Y 或只和 Z 发展单方面关系。反过来看，Y 与 Z 在发展与 X 的关系时，却总是不得不考虑到边界线的存在。Y 与 Z 为了消解 X 在关系上的优势，则要以 YZ 轴的稳定化及解决国界问题并发展边境地区为基本前提。类型 III 则体现了 X 的在关系上的结构性劣势。XY 与 XZ 的边界线对 X

形成了双重锁定状态，从而成为 X 的过重负担。当这两个边界线出现不稳定时，Y 与 Z 较易组成针对 X 的同盟。YZ 如果形成了同盟，X 就必定脱离这个三角关系，而寻求来自于三角关系之外的"救援"。对于 X 而言，实现稳定 XY 与 XZ 这两条边界线的目标并非易事（岩下［2008］）。

如果将苏联、中国、印度置于这三角关系中就会发现，类型 III 中 X 的中国在与 Y 和 Z 的苏联、印度之间的中苏、中印边界问题尖锐时，印度和苏联建立同盟关系是很自然的举动（岩下［2007a］）。

而将"遥远的邻国"美国列入成为四角形后，则出现了新的状况。与美苏关系不同，如上文所述，美国与中国以及与印度的关系应属于非对称关系，但为了便于模型分析暂且不考虑这一因素。这一四角形显示了域外大国美国的特性。类型 II 中 X 为美国，Y 与 Z 为苏联和中国。中苏受制于国境，自由行动受到了限制，而美国则是自由的，并相对于苏联和中国拥有结构性优势地位，可以推动平衡外交。而从中国的角度看，当印苏建立同盟关系时，这双重边界线对中国压力极大。中国只有摆脱这一三角形的束缚，寻求自由的合作伙伴。这一伙伴只能是四角形中的美国。20 世纪 60 年代末的中苏对立与 70 年代初中美和解就是这一关系的事例。

冷战结束后这一四角形的含义出现了变化，俄罗斯由超级大国成为地区大国，美国与俄罗斯也形成了非对称性关系，使得美国在四角关系中占据了先机。但同时，俄罗斯与中国解决了边境问题，推动了边境地区的合作与稳定，减轻了拥有共同边界的负面因素，提升了关系上的自由度。换而言之，由于美俄（苏）关系的性质由接近于对等的相互威慑关系转向美国处于优势的非对称性关系而使得美国开始拥有全球性一极优势时，不管中俄两国的主观意图如何，中俄关系的改善发挥了在三角关系中均衡美国结构性关系优势的效果，产生了欧亚大陆的自律性活动及其合作可能导致利益受损的美国的担忧。当中俄解决了边境问题、中印也寻求地区稳定等"中域欧亚大陆"具备独自的动力时，尽管没有这些关系发挥着"反美"作用的切实证据，但这一四角形的结构特征却使美国开始关注这些动向。

即使同样在欧亚大陆中，中亚地区各国之间的边境对于对外关系的影响格外重要。特别是冷战结束及苏联解体后这一地区国家群的重组以及伴随重组在边境地区的各种动向都如实反映了其重要性。类型 IV 反映了这种困难。在类型 IV 中，由于形成了 X、Y、Z 之间均为边界线的三边锁定结构，因此所有的行为体都受到因边境问题而产生的权力关系的压力。某种意义上，阿富汗正是这种关系的典型。阿富汗被伊朗、土库曼斯坦、乌兹别克斯坦、塔吉克斯坦、中国、巴基斯坦所环绕，与任何两个邻国之间都存在这种三边锁定的关系。近年来阿富汗国家的统一问题极大程度上在与邻国的相互关系中被左右，在"9·11"之后更受制于"遥远邻国"的美国。

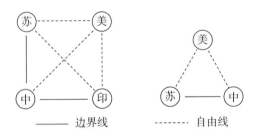

图 10-4

与阿富汗接壤的中亚也可谓是一个拥有众多三边锁定关系的地区。横跨塔吉克斯坦、吉尔吉斯斯坦、乌兹别克斯坦三国的费尔干纳盆地问题象征着这个三边锁定关系的难度。如果不是以国家而是作为地域进行观察，就会发现整个中亚地区原本就处于被挟在俄罗斯、中国、南亚、西亚边境十字路口的特性。而如果回到根据地域特性分析国际关系上来，中亚的安全就会面对如何稳定并发展接壤地区边境这一问题。在这个意义上，从国境政治的角度看，显然有必要重新评价中国与中亚各国在边境地区建立互信措施、将边境问题作为最优先解决的课题并实现了地区稳定与合作的"上海进程"。

三、中亚——欧亚大陆的试金石

经常有研究认为，中亚地区随着苏联的解体而出现了"权力真空"，各大国围绕着霸权逐鹿中亚，但这并不是事实。苏联解体后，俄罗斯仍是对这个地区影响力最大的国家。这些影响力主要来自于强大的历史和文化纽带、苏联时期遗留下来的军政经资源以及重要的基础设施、散居在这里的俄罗斯人等。但是中亚作为一个地区却出现了分化，土库曼斯坦以丰富的天然气资源和"中立"政策为依托巩固独裁体制，乌兹别克斯坦自1993年退出CIS维和部队后与俄罗斯渐行渐远，而哈萨克斯坦、吉尔吉斯斯坦、塔吉克斯坦三国则将与俄罗斯的合作视为前提（田畑、木泽［2004］）。

这三个国家的共性之一就是都与中国接壤。中国一方面对因苏联解体"减轻了外来威胁"而表示欢迎，一方面也担心中亚各国一举实行资本主义而对中国采取敌对政策，因此对积极介入该地区持谨慎立场。重视经济发展的必要性及对新疆伊斯兰教保持警惕的中国将西部边境的稳定与地区的领土完整视为最重要的课题，而将对中亚的"监护"交由俄罗斯。在中国的要求下，俄罗斯推动中亚三国参与了解决这些国家从苏联继承下来的与中国的边界争端和推动地区稳定的谈判，并以此为基础形成了"4+1"及在随后被称为"上海五国"（上合组织）的组织。

如果用国境政治来表述五国关系，则可以表现为图10-5。中国是所有三个三边锁定关系中的行为体，因此对于中国而言，稳定西部边境的意义与困难不言而喻。另一方面，如后所述，俄罗斯只与哈萨克斯坦和中国形成了三边锁定关系，而与吉尔吉斯斯坦和塔吉克斯坦没有接壤。某种意义上，可以认为俄罗斯与中国在中亚各国边境问题上的非对称性也是随后在"上海论坛"问题上存在温度差的原因之一。

如果中国的自制与"委托"俄罗斯是一种紧急的预防性措施，那么随着中亚各国独立日趋稳固和地区的稳定，就出现了新的局面。中国在观察到这一地区的稳定和多样化后，自1996年前后开始重视各个国家本国利益的多样化，根据独自的方针加强建立与中亚各国的关系，并得到了这些国家的响应。

从边境的角度观察这些关系可以发现，哈萨克斯坦与中国的关系最为重要。两国边境占原苏联与中国西部边境的一半，且其中的半数以上为平原，拥有三条跨境河流（额尔齐斯河、额敏河、伊犁河）以及北部、中部和南部的交通要道。其中南部从伊宁到阿拉木图的公路和中部的阿拉山口到都尔吉巴铁路是两国人员与物资往来的主要通道。不仅贸易与物流，近年来铺设的输气管道等能源，包括20世纪60年中苏军事冲突地区在内的安全，成为维吾尔族运动据点的哈萨克斯坦西部地区的稳定等各种观点来看，中哈关系非常重要。与吉尔吉斯斯坦的关系从最初就较之经济合作更为重视地区稳定。两国边境的大半都是海拔4000米以上的山峰，双方只有连接喀什和纳伦的吐尔尕特山口这一条通路。两国关系中，即使中国在吉尔吉斯斯坦有一定的存在感（1998年中吉贸易占吉尔吉斯斯坦总贸易额的30%，位居首位），对于中国而言，也只占对中亚全部贸易量的两成。但是，从中国西部大开发和经济观点出发，边境问题的解决，在伊尔克什坦开设海关、南疆铁路的竣工等都使得这段边境的意义日益受到重视。中国与塔吉克斯坦的关系原来较为平淡。由于被海拔7000米级的帕米尔高原阻隔、没有海关、内战导致的不稳定等原因，1996年之前两国的关系并无实质内容。但是1998年建交后，随着国界问题谈判的进展，两国关系日益紧密，历史上首次开设了海关等，两国交往的实质内容日渐增加（岩下［2005］）。

乌兹别克斯坦可谓是中亚国际关系的扰乱因素。尽管乌兹别克斯坦被其他国家所围绕，其对外关系的构筑理应受到边境的严重限制，但其不与俄罗斯和中国接壤可谓独特之处。正因为如此，为了显示其在中亚地区的存在，乌兹别克斯坦从苏联解体之后即明确了疏远俄罗斯的姿态，热衷于和"遥远邻国"发展关系。乌兹别克斯坦与美国和北约各国建立了"和平伙伴关系"，在亚洲也积极推动和日本等国的合作。另一方面，与"遥远邻国"的中国的关系略显平淡。鉴于乌兹别克斯坦属于中亚地区的大国，中国表现出与对哈萨克斯坦同样的重视姿态。但是，"由于国境没有接壤，因此不存在根本的利益冲突"这一略显消极的对乌兹别克斯坦的定位，寻求共同利益并非易事，这也是因为中国倾向于认为乌兹别克斯坦是资源相对缺乏的国家，甚至当初就没有积极发展经济伙伴关系。进而言之，领有费尔干纳盆地的乌兹别克斯坦在某种意义上是"伊斯兰原教旨主义"的源泉，而在乌兹别克斯坦也残留了苏联时代的对华不良印象。如果加上乌兹别克斯坦而形成四角形，则可明确体现乌兹别克斯坦与其他中亚国家的不同特征。

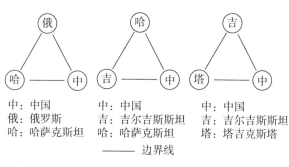

图 10-5

虽然必须考虑乌兹别克斯坦与其他三国的实力差距，但仍可看出乌兹别克斯坦在这一地区的自由地位。换言之，与"上海五国"中的中亚三国不同，乌兹别克斯坦在地缘政治上处于可以开展进行自立于中俄双方的外交的地位。乌兹别克斯坦参加以边境地区安全与合作为基轴的"上海五国"，2001 年 6 月转型为常设性的上合组织之际，乌兹别克斯坦的自由度极大程度上改变了"上海论坛"的性质。

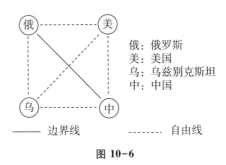

图 10-6

最初，乌兹别克斯坦设想在组织中通过在中俄间寻求平衡以实现本国利益最大化。实际上，卡里莫夫总统曾就建立上合组织表示平等对待中俄两国，向俄罗斯打出了"中国牌"。在欧亚大陆中部诞生的这一新的地区组织预示着将成为以国境政治为轴心、超越合作的新均势政治的舞台。而这一组织成立三个月后，意料之外的重大事件给这一地区带来了新的震荡。

四、"9·11"之后——重现"大博弈"?

"9·11"对于上合组织是一个重大的考验。尽管 9 月 14 日上合组织 6 国总理在阿拉木图发表了针对"9·11"事件的紧急声明，但基本上没有采取行动。美国决定"报复"被认为是"9·11"事件主谋的本·拉登以及阿富汗的塔利班，并要求中亚国家同意美军进驻时，中亚各国似雪崩一般谋求拉近与美国的关系。乌兹别克斯坦顺延了参加上合组织磋商机制，马上接受了美军驻扎的提案；吉尔吉斯斯坦允许美军进驻马纳斯机场；塔吉克斯坦也允许法国军队进驻距离阿富汗较近的库洛布。颇有意思的是，尽管不可与乌兹别克斯坦同日而语，但相对而言，吉尔吉斯斯坦和塔吉克斯坦两国处于可以获得相对于俄罗斯的自由度的地缘政治地位。与这两个国家相对照，哈萨克斯坦为了顾及俄罗斯而没有接受西方军队的进驻，只允许美国军机在紧急情况下着陆和加油。尽管普京此时表现出"与美国合作"的姿态，但这一姿态很大程度上是看到中亚各国相继

"叛离"后不得已予以追认的结果（松井［2003］）。

中国也身处为难境地。这是因为一方面中国希望借此使国际社会理解中国在新疆维吾尔自治区的行动以及借美军之力清剿塔利班，而一方面美军驻留马纳斯意味着对中国国境的迅速反应能力的增强和俄罗斯影响力的下降。中国认识到在中亚不依托俄罗斯而进一步推动单独外交的必要性。中国加强了与以往并无深度发展的吉尔吉斯斯坦和塔吉克斯坦的关系，很快解决了与两国的边境问题，缔结了和平友好合作条约，相继进行了联合军事演习等。最初束手无策的俄罗斯也谋求"反攻"，普京在允诺给予吉尔吉斯斯坦、塔吉克斯坦巨额经济援助的同时，促使前者同意 CIS 军驻扎马纳斯附近的坎特机场，促使后者同意俄军第 201 摩步师的半永久性驻军。很多研究通过"影响力的复活"和美俄"大博弈"的观点理解俄罗斯的"反攻"，但这一系列过程中吉尔吉斯斯坦和塔吉克斯坦以"遥远邻国"的存在与援助为杠杆，以便从俄罗斯手中换取更多的利益这一点也十分重要。总之，可以认为，这是两个国家在美苏之间推动某种"平衡外交"（《伊拉克战争后的普京》［2004］）。

2005 年 5 月的安集延事件（Andijan massacre）① 给这一地区带来了新的契机。② 修正"疏远俄罗斯"的政策、在美俄间保持平衡以确保自身利益的乌兹别克斯坦受到来自美国的"民主化""保护人权"的压力后，一举将其自由向量转向了俄罗斯和中国。特别是卡里莫夫总统在事件爆发后随即飞往北京，其向中国靠拢的动向引人注目。7 月初，在上合组织阿斯塔纳峰会上，突然出现了一个决议

---

① 2005 年 5 月 13 日，位于与吉尔吉斯斯坦相近的费尔干纳盆地的乌兹别克斯坦东部的安集延地区，当地居民袭击了监狱并要求政权下台，在镇压时死者达数百人。欧美各国要求进行国际调查以查明真相，但遭到了乌兹别克斯坦政府的拒绝，事件发展成为国际争端。

② 有关 2005 年到 2007 年初上合组织事态发展的分析详见《我国的欧亚大陆外交——对上合组织的事例分析》（日本国际问题研究所报告书，2007 年）。在这份报告书中笔者的分析部分将是以下论述的基础。

案提出应该明确"反恐战争"任务结束后外国军队撤退的期限。卡里莫夫突然提出了这个原先并不在议题中的决议案,其内容对美国也是相当严厉的。根据俄罗斯与会代表波罗彼由夫的回忆,俄罗斯与中国一同尝试将决议案的措辞修改得更为温和,但另一方面,当初就对"9·11"后美军驻留持消极态度的普京对这一决议案表示欢迎。总之,这一决议案表决过程中一系列的不透明引起了争议,并引起了美国和西方的揣测,怀疑是否中俄联手欲将上合组织变为"反美组织"。特别是美国,在2002年申请作为观察员国参加"上海论坛"以为时尚早为由被拒绝后,对这一动向十分敏感。

中亚各国和美国关系出现的摩擦也对2005年3月在混乱和骚乱中吉尔吉斯斯坦总统阿卡耶夫辞职下台的"郁金香革命"产生了重大影响。在乌克兰、格鲁吉亚之后的这一"民主化"浪潮与布什政权以军事干涉来实现"民主化"的伊拉克战争相重合,欧亚大陆的政治变动也是美国阴谋的表现,这样解释的倾向日益增多(宇山等[2006])。原本以共同应对地区内以及来自毗邻地区的跨国"伊斯兰教原教旨主义"为目的的上合组织也开始担忧来自"遥远邻国"的外部干涉,而上合组织与美国的摩擦也日益显现。

上合组织的扩大也加速了两者的矛盾。上合组织宪章规定,为了将来的发展,除了"完全成员国"外,还设定了"对话伙伴国"和"观察员国"的内容。2004年蒙古,2005年印度、巴基斯坦、伊朗先后作为观察员国加入了上合组织。上合组织由此开始向作为"广域"地区的欧亚大陆发展,同时也使得组织的性质和应发展的方向更加不透明。蒙古和巴基斯坦的参加在某种意义上可以用该组织在此之前的地区特性加以说明。如果身处中国与原苏联之间的蒙古不参加,"上海论坛"设想的边境地区的稳定与合作就无法实现,与中国和阿富汗接壤的巴基斯坦则是应对跨国性"恐怖主义"与"宗教极端主义"不可或缺的伙伴。特别是"9·11"之后,巴基斯坦的穆沙拉夫政权修正了以往与塔利班的合作关系,加入了"反恐联盟"，上合组织也没有了拒绝巴基斯坦加入的理由。

另一方面，印度与伊朗的参加则显示了上合组织正在偏离以往"上海论坛"的路线。从地图上可以发现，从"上海论坛"原来的区域和各国位置上考虑，印度和伊朗在地理上远离原中苏边境（以及相邻地区）的稳定与合作这一"上海进程"的地区，对这一地区的关注也较淡薄。莫如说印度、伊朗两国与乌兹别克斯坦相似，将上合组织定位于推行本国均势外交最好的舞台。对印度而言，上合组织是抵消巴基斯坦影响力并可加强介入中亚地区的工具，但同时，由于最近这一时期印度拉近了与美国的关系，没有必要深化与在地区问题上进行竞争的中国所主导的组织，因此印度对上合组织的态度基本上是"审时度势"的。

与此形成对照的是伊朗。的确，伊朗是原苏联的邻国，与阿塞拜疆和土库曼斯坦存在陆地边界，并通过里海与哈萨克斯坦相连，可以说与中亚比较接近。实际上，伊朗曾邀请阿富汗、阿塞拜疆和中亚五国参加伊朗与土耳其、巴基斯坦创设的经济合作组织（ECO，1985 年成立，总部设于德黑兰），以试图扩大本国的影响力。但是，伊朗的目标主要是讲波斯语的塔吉克斯坦、邻国土库曼斯坦和乌兹别克斯坦等，"上海进程"并没有引起伊朗的关心。在这个意义上，对伊朗而言，上合组织只是在和邻国伊拉克的紧张关系、被海湾各国孤立后所产生的疲敝以及因美国的"敌对政策"而处于被包围状态下所发现的一个"窗口"而已。

实际上伊朗被邀请参加上合组织与其说是地区的要求，更是中俄两国主导决定的。特别是推动能源合作与武器出口的俄罗斯，在上合组织决定同时邀请印度、巴基斯坦作为观察员国时主张邀请伊朗也不会导致组织扩大，对伊朗的加入起到了决定性作用。中国也将伊朗视为能源外交的适宜伙伴，对此并无异议。从伊朗方面看，由于 19 世纪帝国时代的历史记忆，伊朗对俄罗斯和英国的不信任根深蒂固，而与从无过节的中国则关系最佳，因此与存在利用中国制衡俄罗斯可能性的上合组织合作符合伊朗的利益，可以认为，这是2005年哈塔米政权的判断。

在成为观察员国后，新总统内贾德强烈的反美倾向对伊朗与上合组织的关系带来了新的冲击。2006年初，伊朗开始做中国和俄罗斯的工作，试图利用上合组织进行更为积极的"反美"活动，伊朗要求成为组织的正式成员，并要求上合组织明确对抗美国的立场。俄罗斯和中国对此不知所措，就连中亚与伊朗最为亲近的塔吉克斯坦也告诫伊朗，上合组织应以符合各成员国国家利益的形式进行运作。伊朗试图在政治上利用上合组织对抗美国的这一举动为美国排斥上合组织的态度火上浇油，不断有专家将上合组织评价为"东方北约"和"有核欧佩克"。

2006年6月，内贾德出席上海峰会可谓伊朗这一举动的顶峰。随后中国有关方面和俄罗斯极力平息局面，美国也在与中俄合作的同时致力于压制伊朗的核开发。但伊朗此后继续高调"反美"，不断要求升格为上合组织的全面成员国，甚至发布了希望上合组织有关安全的部门邀请伊朗加入的方案。

结　语——中域欧亚大陆的秩序形成

2006年之前，上合组织和美国的关系可谓处于最差状态。但从2007年上半年后出现了有关上合组织的新观点。首先是欧洲的学者中相继出现了对上合组织在地区中发挥的功能与作用进行肯定评价，并提出世界应正确认识其地位并与之建立合作关系的意见。似乎是与此种论调相呼应，德国和欧盟使节团部分人士表现出与中亚和上合组织进行合作的积极姿态。在日本，与上合组织进行对话的呼声也在高涨。美国的有关专家中，也开始出现了因阿富汗局势恶化而应探索与上合组织合作的议论（Antonenko［2007a］［2007b］；Bailes et al.［2007］；Katz［2007］；岩下［2007c］；Iwashita［2007］）。

2007年上半年，俄罗斯的动向是变化的关键。俄罗斯原来尽管是"上海论坛"的创始国之一。由于哈萨克斯坦的存在,俄罗斯几乎完全不与原中苏西部边境相连,因此不受地区动向的左右,在介入地区的自由度上远超过中国、哈萨克斯坦、吉尔吉斯斯坦和塔吉克斯坦。因此,当边境问题得以解决、稳定边境地区的课题在一定程度上完成后,俄罗斯(与中国不同)将上合组织作为均势外交加以利用的趋势日益增强。特别是普京的讲话更可以看出这种倾向,比起实际参与,普京经常通过明显夸大上合组织的意义来牵制美国和欧洲。普京的这种"豪言壮语"确实煽起了上合组织的不透明感,并产生了增强乌兹别克斯坦和伊朗"反美"志向的效果,导致了不必要的摩擦①。

将波兰与捷克也纳入其中的美国导弹防御计划引起了俄罗斯的强烈反应,也因此出现了这一对立是否也扩散到欧亚大陆的预测。而伊朗要求升格为上合组织正式成员国、吉尔吉斯斯坦要求美军撤出马纳斯等动向也导致了这种猜测的扩大。越来越多的人预测原定于 2007 年 8 月召开的比什凯克峰会将进一步加深上合组织与美国之间的隔阂②。

但是,欧亚大陆并不希望被卷入与欧洲的对立,中国与东道国

---

① 尽管如此,笔者并不认为一定有必要将普京的反美言论与俄罗斯外交现实的对美行动直接挂钩。美国国务院的有关负责方面在承认的确很难对谴责美国的言辞做出应对,但同时也表示有信心、有能力在所有实际分歧问题上在实务层面上进行解决与合作。(助理国务卿 D. Fried 的讲话,2008 年 2 月 11 日,乔治城大学等)。同样的观点还可参照关于中欧背景的分析(Poti [2007])。

② 上合组织成立以来,以其名义分别于 2002 年的吉尔吉斯斯坦、2003 年的哈萨克斯坦、2006 年的塔吉克斯坦等举行了以"反恐"为目的的军事演习。军事演习逐步从双边发展为多边,2007 年的"和平使命"军事演习达到了 4000 人的规模。2005 年 8 月中俄在山东半岛举行了一万人规模的联合军演。尽管这引发了人们的猜想,认为上合组织已超出了"反恐"的框架,而开始准备针对台湾和朝鲜事态的军事行动。但是,(以进行进出口武器火力演示和确认中俄相互实力为特征的)2005 年的军事演习反而可谓例外,由此判断上合组织出现了本质性变化为时尚早。实际上不应忘记,在冠以上合组织之名的演习中,很多都是在两国之间或多个国家间进行的,还有一部分国家以多种形式参与印度、美国、北约等混合的各层面演习。尽管时常把经济与能源合作作为上合组织的另一引人注目之处,但这方面同样也仅限于两国,最多也是限于几个国家之间解决的层面上,并没有达到上合组织整体计划(特别是蓝图)的阶段。

吉尔吉斯斯坦要求俄罗斯保持自制。其结果是，伊朗成为正式成员国等上合组织的扩大进程也被搁置，比什凯克峰会没有发表任何反美性的决议。这一结果或许会被认为是上合组织"无力化"的表现，但并非如此。上合组织在自行减少这些年来不断增强的与组织外的"不和谐音"的同时，通过邀请土库曼斯坦和阿富汗首脑以及联合国副秘书长作为嘉宾参加等措施，明确了其透明性与对外合作性。对此，以往对上合组织持严厉态度的美国国务院也表示了存在与组织进行合作的可能性（Feigenbaum [2007]；*The Washington Times*, Oct. 1, 2007）。2008年8月的杜尚别峰会上，尽管就在俄罗斯与格鲁吉亚的军事冲突之后不久，峰会也没有迎合俄罗斯承认南奥塞梯和阿布哈兹为国家的政策，而强调和平解决争端的重要性，明显体现了上合组织的存在感。更为重要的是，上合组织为了推动与欧美等非成员国的合作，明确了利用"对话伙伴国"地位。

在上合组织与美国之间，如何管理阿富汗的和平这一共同目标再次成为重要议题。可以看到，上合组织显示出开放的姿态，美国出于对伊拉克战争的反省也重视多边合作，并使用同盟的资源，以欧盟与日本为桥梁探讨"上海+3"的合作可能性。以地区稳定和发展为基轴的"欧亚大陆"自身动力的扩大，如同在"9·11"后的动向中所见到的那样，也包括了"均势外交"的应对和类似于"大博弈"的趋势。但另一方面，"中域欧亚大陆"随着其毗邻空间的增大，对其稳定与发展进行管理，即管理拥有广阔空间的"国境"地区的必要性也在增加。当读者浮想起"中域欧亚大陆"的地图时，就会很容易地理解将阿富汗、土库曼斯坦、克什米尔等部分南亚地区包括在内将是地区的重要议题。在理解可谓被旧思维束缚住的人们的"均势外交"症候群之各种现象的同时，如何创造"中域欧亚大陆"的秩序与稳定，在这一议题之下与"中域欧亚大陆"有关的现实与言论正成为围绕构建新的国际关系理论和实现地区和平这两者的实验场。

第十一章　美　国
——国内政治与国际政治的互动

久保文明*

引　言

在美国，积累了众多有关内政与外交间关系的研究成果。特别是有关美国外交的国内政治起源的研究无论是质量还是数量都相当充实。

这些研究的方法论与着眼点实际上多种多样。笔者首先介绍一本由维特科普夫等主编的《美国外交的国内政治起源（第五版）》（Wittkopf and McCormick［2008］）。

该书由三部分构成。第一部分分析了美国社会的整体特征作为环境因素对外交政策产生了何种影响。比如约瑟夫·奈的软实力论，或犹太族裔对国会的影响等。第二部分则从制度方面进行了探讨，比如总统的职务、总统的顾问、总统与议会的关系等。第三部分则以决策者研究为中心，地位与政策选择的关系或人格的作用等，并收录了若干案例研究。

在某种意义上，可以说这些都是分析有关内政外交关系时的典

＊ 东京大学大学院法学政治学研究科教授。

型论点。

但是,本章尝试分析更为结构性的横跨内政外交的决策形成机制。

本章将以美国政治中的意识形态立场为基轴,分析各种集团的意识形态立场以及在今天的政治状况中支持何种外交政策。尽管存在例外,但可以认为内政中的意识形态立场与外交政策上的立场存在着强烈的关联性。

具体而言,笔者将今日美国外交政策观进行分类的基础上,概述各集团的外交观点。本章基本在民主党和共和党的框架内,从左翼意识形态到右翼意识形态进行排列(详细参见久保[2007]):

(1) 民主党左派、反战派
(2) 民主党稳健派
(3) 自由主义之鹰(民主党鹰派)
(4) 共和党稳健派
(5) 共和党保守强硬派
(6) 共和党新保守主义者
(7) 共和党孤立主义者
(8) 共和党宗教保守派

值得一提的是,我国对美国内政与外交关联性的整体性宏观研究并不多。尽管日本积累了众多外交史研究、针对特定国家与地区的政策研究或与这些领域相关的研究,此外还存在适用于官僚政治模式的研究以及外交与议会关系等方面的研究,但是采用地区研究的视角,以内政与外交挂钩的意识形态为中心,进行整体性描述的研究成果至今仍十分罕见。

的确,或许"重视内在背景的地区研究与重视外在背景的国际政治学,其目标并不相同"(本卷序章)。但本章将尝试在美国政治研究中对内在背景与外在背景之间的关联性进行分析。

一、本章分类的理由与意义

政党框架

本章的讨论重视政党这一政治框架。在理解美国外交时，对政党发挥多大作用的问题仍存在不同看法。实际上，就历史而言，这个问题出现过戏剧性的变化。到 20 世纪 70 年代前半期，民主党存在南部保守派，并强烈支持冷战外交。而在共和党中，以尼尔森·洛克菲勒为代表的自由主义派的政治家集团保持优势，外交政策也具有强烈的国际主义倾向。但是，80 年代后直至今日，由于基本形成了民主党为自由主义政党、共和党为保守主义政党的两党意识形态结构，政党作为分析外交政策不同时的因素，其重要性迅速增加。

当然，同一个政党中仍然存在着广泛的不同意见。在本章中，也要对政党内不同的外交观进行若干分类研究。

美国的政权归根结底是以政党为基础组织起来的，党派的人事安排占压倒性多数。除白宫的工作人员之外，相当于日本局长级别的助理国务卿以上的官员几乎全部为政治任命，从执政党的人选特别是总统的忠实支持者中优先进行选拔。

外交精英与平民主义

采用本章的研究方法还有一个优点就是在与决策过程的关系中，在一定程度上可以解释哪个系列的外交团体在哪个阶段较容易发挥影响力的问题。外交政策分析家或国际政治学者往往只关注外交精英，而忽视或者轻视通过选举及舆论有可能发挥一定影响力的政治势力和运动的存在，这样将无法充分掌握美国外交政策形成的动态情况。

比如，民主党的左派反战派（同时也是反全球主义派）在预选和党员大会阶段，对民主党的总统候选人拥有极大的影响力。在共和党内部，基督教保守势力也在预选和党员大会层面上拥有巨大的影响力。尽管他们强烈关心的主要是内政问题，但对海外的堕胎、妨碍基督教徒的信仰自由以及对基督教徒的迫害等问题也十分关注。

另一方面，在民主党内参与克林顿政权外交的稳健派、共和党内的稳健派和保守强硬派在专家的数量和质量上都以实力雄厚著称。

还有一点十分重要，在美国的外交决策过程中，无论与哪个自由民主主义国家相比，议会都拥有极大的权限。这些权限包括开战的权限、条约的批准、决定战争经费等，所涉范围十分广泛。这表明，非外交专家的集团也拥有巨大的影响力。

各种类型论与历史阶段

美国外交存在着众多类型论与分类学，而将权力与道义性相结合的理论可谓其典型。这方面新的发展包括众所周知的沃尔特、拉塞尔和米德等的探讨（Mead［2002］）。

但是，在现实中的美国政治、国内政治，特别是与政权政策的关系这一点上，将本章所论及的政党的框架置于更加重要的地位，并在此基础上立足于现实的内政及外交政策中意识形态之分布的分类法，对于分析今天美国外交的方向具有更大的说服力。

米德的分类法是借鉴美国史研究的方法。另一方面，现实的外交政策很大程度上由当时政界的组成状况，即政界中政治势力和意识形态的分布和配置状况所决定。从近年来的情况看，前文中提到的民主党包括南部保守派，20世纪60年代共和党中北部、东北部的稳健派占据优势的情况，与90年代后民主党中南部保守派的影响力大幅下降、共和党中保守派占据压倒性优势的状况中，政党和各种政治势力与外交政策的关系大相径庭。

值得一提的是，拙作的研究（也即本章的原型）项目开始（2005年度初）后，2006—2007年冬美国也出现了与拙作视角相似的论述，坎贝尔和夏勒特在题为《新的部族主义——派系与美国外交政策的形成》的论文中，分析了共和党、民主党各自内部的外交政策集团（Campbell and Chollet［2006-2007］）。完全无关的研究团队利用了相似的分类法，说明这种分类法获得支持的可能性很高。

二、民主党各势力与外交政策

下文将简要介绍各政治集团的特征，不仅包括各自的外交政策本身，也包括其影响力的形态与途径。本章有意识地将这些集团分为在草根层面发挥影响力的集团与在专家学者层面发挥影响力的集团，因为一般认为这种划分极为重要。

民主党左派反战派

今天的左派反战派以反战团体和青年人为中心，以博客为中心交换意见，开展网络型运动。反对伊拉克战争、要求美国早日从伊拉克撤退是目前最优先的课题。

左派反战派的强项之一是在民主党预选和党员大会上可以发挥相当集中的影响力。另一强项则是与环保运动、反全球化势力、一部分激进派工会、少数民族团体等在政治意识形态与目标上存在着很多重合之处。

但是，也存在着与其在思想上略有不同的工人团体。工会或蓝领工人组成的团体基本上比较爱国，甚至对反战运动持敌对态度。但是，看到伊拉克战争的现状后，这些团体也无法再支持战争。特别是要求将庞大的战争经费用于国内支出是它们的特征。

与此相比，左派反战派对伊拉克战争的批判则包含着更为根本性的对美国的批判。在其观点中，几乎美国所有的外交政策都被作为帝国主义性质的而成为严厉批判的对象，连美国国内的政治经济体制也同样受到如此批判。保守派对这些团体十分厌恶，称之为憎恶美国症患者。

这些集团的影响力在外交问题专家学者层面上相当有限。但另一方面，这些势力主要以民主党左派议员组成的进步派小集团（caucus）等为中心，在议会中拥有相当强大的影响力。

民主党稳健派

民主党稳健派并不像左派反战派那样直接否定运用武力，在相当程度上承认其必要性，基本上属于国际主义性质的集团。但并不像共和党那样重视动用军事力量本身，还支持开发援助和人权外交。在内政方面尽管对大政府有所保留，但基本上支持再分配性和人道主义性的政策。具体而言，其代表人物包括主导克林顿政权外交的比尔·克林顿本人或安东尼·莱克（Anthony Lake）等。

在伊拉克战争爆发之际，这一派出现了分裂。克里和希拉里·克林顿等相当多的议员投票支持开战，即使结果是在伊拉克的行动受挫，在很多方面也难以责难布什政权。在伊拉克依然不稳定的今天，赞成开战的稳健派在党内的号召力正在弱化是不争的事实。

自由主义之鹰（民主党鹰派）

在民主党的外交问题专家中，至今仍然存在着重视实力外交的人物。上文提到的伊拉克战争赞成派虽然与稳健派相重合，但也属此列。

在这些外交专家看来，依然只沉溺于"越南战争的教训"而对行使武力过度消极的民主党自由派的态度存在着重大问题。这种态度在1991年初投票承认对伊拉克行使武力的表决中戏剧般地显现出来。

进入20世纪90年代后，陆续发生了波斯尼亚和科索沃的民族冲突和卢旺达内战等事态，以此为契机，一部分民主党系的外交专家积极主张行使武力，特别是以人道主义介入为目的的武力行使。其目的之一就是要改变依然束缚于"越南症候群"的民主党外交政策。如果将伊拉克问题按照解放作为压迫牺牲品的国民的思路，那么人道主义介入的逻辑同样可能成立。

这一集团的特点是，基本上属于知识分子集团，在民主党内并不保持稳定的民众基础与组织性的支持。从议员层面上看，可谓坚定的政治家只有利伯曼（Joseph Lieberman）等人，而支持介入波斯尼亚和科索沃，进而在 2002 年投票支持对伊拉克行使武力决议的民主党议员不在少数。理查德·查理·阿尔伯特·霍布鲁克（Richard Charles Albert Holbrooke）和奥尔布赖特等人支持与这一派立场相当接近的政策。

三、共和党系势力与外交政策

共和党稳健派

本章将共和党稳健派均归结为所谓的现实主义者。当然，这种归纳方式或许多少有些问题。前者（共和党稳健派）在将行使武力作为外交的一部分加以利用的同时，也重视国际主义性质的多边框架，对美国的能力持慎重肯定的倾向较为强烈。虽然并非不重视意识形态与道义因素，但试图谨慎地在意识形态道义因素与美国的能力之间寻求平衡。前福特政权中出任副总统的洛克菲勒即属此例。

后者（现实主义者）则以非常狭义的角度定义美国的国家利益，将道义因素看得很轻。所谓的尼克松-基辛格外交是其典型。美国外交各种流派中，在几乎完全不重视意识形态与道义性这一点上，可谓独树一帜。

但是，两者在采用的现实政策方面以及政策担当者和支持基础上，存在着相当程度的亲和性。1968 年共和党预选中，基辛格最初担任洛克菲勒顾问就是这种亲和性的象征。

尽管两者在 20 世纪 70 年代的尼克松、福特政权中拥有强大的影响力，但在随后共和党急速保守化的进程中日渐式微。与此同步进展的则是共和党内部的稳健派在包括国内政治等各方面的不断弱化。

这一势力尽管作为专家集团人才济济，政策提案能力与经验丰富，但最近在共和党内的支持基础日益脆弱，也无迹象表明今后会东山再起。

在此，顺便提一下国际政治学界中被称为现实主义者的国际政治学者们。上文论述的基本上都是参与外交政策实务工作者中被称为稳健派与现实主义者的人们。在日本容易将上述两者误认为具有相同外交观的集团，但本章将对国际政治学界的现实主义者与上述人物进行区分。现在，这些国际政治学者，即普赖斯（Daryl G. Press，达特茅斯学院）、沃尔特（Stephen Martin Walt，哈佛大学）等人在伊拉克问题上强烈主张应立即撤退。2002年9月26日，33名国际政治学者联合署名在《纽约时报》刊登了题为"伊拉克战争不符合美国国家利益"的广告。沃尔特对伊拉克战争的解决方法可谓单刀直入："滚出去""撤退"和"这（撤退）有什么不好？"（Starobin［2006］）。

2004年，普赖斯等人在致"支持现实主义外交政策联盟"的原则声明中警告："帝国主义性的战略使美国卷入了不必要且没有回报的各种战争之中。"① 因此在现实政治中，这些学界的"现实主义者"更具备与主张撤退论的民主党左派和孤立主义者进行联合的侧面。

但是，即使排除这些现实主义体系的国际政治学者，共和党稳健派或经常被称为现实主义者的人们所支持的外交政策实际上也相当广泛。基辛格重视美国的信誉而主张继续驻留伊拉克②，而查克·哈格尔（Chuck Hagel）参议院议员等则倾向于撤退论。

---

① http：//www.realisticforeignpolicy.org/
② Henry A. Kissinger,"Talking Iraq with Neighbours," Khaleej Times Online, March 6, 2007. http：//www.khaleejtimes.com/ColumnistHomeNew.asp? xfile＝data/henryakissinger/2007/March/columnisthenryakissinger_ March1.xml&section＝henryakissinger&col＝yes］Kissinger,"How to Exit Iraq," The *Washingtong Post*, December 18, 2005.

共和党保守强硬派

其代表可谓里根政权初期提出的"以实力求和平"口号。这一集团是这种外交的支持者,其本质并不是为了和苏联进行裁军和军备控制,而是通过包括战略防御计划(SDI)在内的大规模扩军,即以实力政策对抗苏联。

现在的布什政权中,副总统切尼、前国防部长拉姆斯菲尔德等就是典型人物。

保守强硬派以共和党内的保守派为基础。1994 年《与美国的契约》尽管基本上是以内政为中心的政策纲领,但其中就有一项呼吁加强美国国防的内容。纽特·金里奇(Newt Gingrich)在内政上属于保守派的同时,在加强国防和对华政策上则是强硬派。这一势力在目前共和党外交决策过程中占据中心位置。

另外,不仅仅是实力外交,在重视道义性与批判独裁等方面也较容易和新保守主义者结成联合战线。这一现象在"9·11"事件后反恐战争,特别是对伊拉克政策上都曾发生。但是,随着伊拉克占领统治受挫,这些里根主义者的号召力已经下降。

共和党系新保守主义者

本章将沃尔福威茨、威廉·克里斯托尔(William Kristo)等定义为新保守主义者,其特征是将实力外交与重视道德性的外交,特别是民主化与制度变革的逻辑相结合的思想。

由于他们是主导发动伊拉克战争的集团,目前至少在短期内影响力将有所下降。但是,今后在对华政策等方面仍有很大可能继续主张强硬政策。

此外,新保守主义者可谓头脑集团(精英集团),通过《旗帜》(Weekly Standard)等杂志拥有强大的发言力。很多人在外交关系或共和党系的智库里,或作为外交评论家在报刊上发言。可以称之为当代一流的知识精英集团，不应过低评价其影响力。与此形成对照的是，在民众层面上并不存在新保守主义的支持集团。

但重要的是，近年来共和党内存在着影响力不断渗透的宗教保守派。正如欧文·克里斯托尔（Irving Kristol）所指出的，近年来共和党内宗教保守派势力的扩张在底层上为新保守主义政治上提供了政治支持（Kristol [2004]）。

共和党系孤立主义势力

帕特里克·布坎南是孤立主义的代表人物。他在批判伊拉克战争中也获得了一定的支持。伊拉克战争后，其支持逐渐扩展到了共和党的中央部和民主党反战派。①

除布坎南之外，因反对男女平等宪法修正案而知名的菲利斯·施拉夫利（Phyllis Schlafly）率领的"雄鹰论坛"也可算在其列。

但是，在共和党体系中，还存在着一种立足于自由意志论的孤立主义。自由意志论者主张，无论在经济政策上还是在人工流产等社会政策上都应将政府的介入限制在最小程度。在外交和安全政策上则原则上反对对外干涉、军事同盟和巨额军费等。

比如，"和平保守主义者"（ConservativesForPeace.com）就是反对战争的保守主义者与自由意志论者的联合体②。"反战网"（Antiwar.com）这一团体成立的过程中发挥指导性作用的就是自由意志论者，现在除了自由意志论的论客外，布坎南等也向它投稿。③

更值得关注的是上文即已提到的"支持现实主义外交政策联盟"，这是一个从共和党保守派到国际政治学者等各色人物均有参加的组织。其中发挥核心作用者就是自由意志论者，特别是卡托研究

---

① "The Isolationist Temptation," *The Economist*, February 11, 2006, pp. 27-28.
② http://www.againstbombing.com/
③ http://www.antiwar.com/

所（Cato Institute）的道格・班多（Doug Bandow）扮演了召集人的角色。① 可以看出，在反对伊拉克战争这一大的焦点问题上，共和党内传统右派与自由意志论者、民主党体系反战派以及民主党体系国际政治学者等组成了联盟。②

现在，共和党体系反战派中外交专家数量较少。由于其外交观与美国外交政策的主流相隔甚远，因此即使在共和党政权下也少有可能对政府发挥影响力。

共和党体系宗教保守派

宗教保守派在某种意义上与新保守主义者是颠倒的关系，即尽管属于这一集团的外交专家为数较少，但另一方面却在基层支撑着共和党，在该党的总统预选和议会选举中发挥着强大的影响力。

如上所述，宗教保守派的外交观与新保守主义的道德论具有强烈的亲和性。独裁、人权、压制宗教自由、人工流产等都是他们强烈关心的问题。他们的运动为1998年国际宗教自由法的制定与生效做出了重要贡献。

此外，比如以前家庭调查评议会（Family Research Council）的盖瑞・保尔（Gary Lee Bauer）强力支持导弹防御计划，出于迫害基督教徒的观点，也对苏丹内战表现出了强烈的关心。

更值得深思的是，近年来保守派基督教徒支持以色列的趋势极为明显。

从运动的层面上象征这种趋势的可算得克萨斯州圣安东尼奥大型教会基石教会（Cornerstone Church）牧师约翰・哈吉（John Hagee）

---

① http://www.realisticforeignpolicy.org
② 卡托研究所的一些职员也参加了这一联合，但并没有得到研究所的资金资助。根据班多的说法，克里斯・布雷布尔（クリス・プリーブル）尽管身居幕后但却是重要人物，他负责筹措研究所之外的资金。自由意志论者有意识地将这一联合作为现实主义性的而非自由意志论性质的，以吸引这些人参加。Doug Bandow 给 F. Kubo 的电子邮件，2007年6月19日。

等人的动向。其目的在于要求布什政权在以色列归还更多土地的问题上不要向以色列施压。①

四、与 2008 年总统选举的关系

民主党

参加总统选举的民主党候选人中，严格讲内政外交都可称为左派反战派的只有丹尼斯·库西尼奇（Dennis Kucinich）。但是，在伊拉克战争的问题上，所有的候选人都主张立即开始撤军，因此在这一点上所有的候选人都可称得上是反战派。

但是他们间仍存在着微小的区别。希拉里·克林顿在 2002 年 10 月赞成所谓的伊拉克开战决议，并且在竞选中始终不承认这是个错误，从而遭到党内反战派极为强烈的批评。

形成鲜明对照的是巴拉克·奥巴马，尽管在伊拉克开战时还不是参议院议员，但奥巴马最初就表明了反对伊拉克战争的立场。从结果上看，由于和希拉里在这一问题上的区别，奥巴马获得了党内左派反战派的强烈共鸣。

更值得注目的是，在 2008 年 1—6 月的民主党总统候选人预选和党员大会上，即使不包括女性或非裔美国人集团，希拉里支持者与奥巴马支持者的倾向出现了相当明显的分化。希拉里得到了白人蓝领阶层、低学历和低收入阶层、西班牙裔以及高龄者阶层的强烈支持，而支持奥巴马的则为青年人、高学历、高收入阶层以及无党派阶层（或与其相近的有权者）。某种意义上，奥巴马竞选的特征是得到了民主党左派反战派和无党派阶层这两个本如水与油一般毫无关联性的集团的支持。

但是，除无党派阶层外，民主党内的分歧相当符合本章的论述。

---

① Bill Berkowitz, "Pastor John Hagee Spearheads Christians United for Israel," *Media Transparency*, March 19, 2006. http：//www.mediatransparency.org/story.php? storyID=116.

希拉里坚持在伊拉克问题上的反战立场获得了劳动者阶层的支持。而奥巴马以左派反战派为核心并将对其的支持扩展到了无党派阶层。支持希拉里的民主党员崇尚爱国主义，为此存在着被麦凯恩吸引的倾向。

共和党

共和党方面候选人的立场更为分散。在内政方面接近稳健派立场的候选人当属鲁道夫·朱利安尼和麦凯恩。朱利安尼在人工流产和枪支问题上的立场与民主党相近，而麦凯恩在减税、环境、政治资金改革、与宗教保守势力的关系上也采取了与共和党保守派不同的态度和投票行动。但是，在外交政策上，朱利安尼在选举战中强调了"9·11"事件后美国的坚定立场，总体上采取了与强硬派相近的立场，其顾问中也包括多名新保守主义者。

麦凯恩在外交政策上也有很多新保守主义性质的内容，比如对俄罗斯进行严厉批判（建议将俄罗斯驱逐出 G8）、建立民主主义国家联盟的建议等，但其竞选班子中也有稳健派。在伊拉克问题上，麦凯恩最初宣称即使花上 100 年也要获得胜利，但从 2008 年中期开始表示在 2013 年之前撤军，同时批评布什外交中单边主义的侧面。在地球环境问题上与民主党中间派的立场相近。

2008 年共和党总统候选人选举战中显而易见的是很多候选人属于宗教保守派。迈克尔·戴尔·赫卡比（Michael Dale Huckabee）是其典型。米特·罗姆尼（Willard Mitt Romney）也表明了这种立场。弗雷德·汤普森（Fred Dalton Thompson）、萨姆·戴尔·布朗巴克（Samuel Dale Brownback）、汤姆·坦克雷多也以对宗教保守派的忠诚而展开竞争。但是，罗姆尼由于过去曾属于人工流产容忍派，并没有获得宗教保守派领袖的强力支持。这些宗教领袖中的多数最终支持的是牧师出身的赫卡比。

早期败阵退出的众议院议员坦克雷多作为非法移民的反对派而

众所周知。共和党内总统候选人预选与党员大会与民主党所不同的是突出了移民问题,而最强力提出这一点的就是坦克雷多。坦克雷多支持宗教问题上保守、财政上持小政府主义的立场在相当程度上与布坎南的立场是重合的。尽管坦克雷多在候选人中处于弱势地位,但移民问题却受到了党内保守派的极端重视,麦凯恩之所以在共和党内陷入苦战正是由于他相对而言支持宽容的移民法案所致。

自由意志论派也在共和党内显示了巨大的存在感。得克萨斯州参议院议员荣·保罗(Ronald Ernest "Ron" Paul)早先就对伊拉克战争持批评态度,并曾以"我们被新保守主义骗了"(We've Been Neo-conned)为题发表演说对伊拉克战争进行了严厉批判。[1] 保罗依靠来自大量支持者赞助的雄厚资金进行了除麦凯恩外最长的选举战。

最鲜明表达经济保守立场的可谓是罗姆尼。他在外交上持保守强硬派的立场,同时在道德问题上也表达了反对人工流产等宗教保守立场。罗姆尼与汤普森同样,都持有最为典型的里根主义性质的立场。但是,由于过去在出任马萨诸塞州州长时持稳健派立场、为了参加总统选举而大幅度改变其立场,也可能是耶稣基督后期圣徒教会教徒也是原因之一,罗姆尼最终没有在共和党内胜出。

由此可以看出,在预选和党员大会阶段,在外交安全专家层面上各种没有显现化的势力发挥了巨大的影响力。特别是伊拉克问题、非法移民问题、贸易政策、人权、宗教、自由等问题都成为重要的争论点。此外,政党之间也存在重大不同。在民主党总统候选人预选的竞争中,有权者强烈表现出反对伊拉克战争、对自由贸易的警惕等态度。而在共和党中强硬的反恐政策和寻求在伊拉克取得胜利的意见则受到强烈支持,但非法移民问题则凸显出党内的分裂问题。但是,以自由意志论的有权者为基础要求从伊拉克撤军的候选人的善战却出乎预料。

---

[1] http://www.lewrockwell.com/paul/paul110.html.

但是这些政治势力的主张并没有直接反映在政权的外交安全政策上。一旦再次组织了政权，不同的政治势力与集团则占据了决策的中枢。下文将对此进行论述。

外交政策团队

选举战中奥巴马外交政策的构想特征是从伊拉克撤军、坚定的反恐政策、灵活的谈判姿态、略带保护主义修辞的贸易政策等。奥巴马在参议院议员时的投票倾向一般处于民主党非常左翼的位置。实际上，在民主党总统候选人预选中，奥巴马的支持基础一个是民主党左派和自由主义派——反战派、高学历的自由主义派、爱德华·肯尼迪和汤姆·达施勒（Thomas Andrew Daschle）以及Moveon.org等，另一股支持势力则是民主党的稳健派和无党派支持层。

在外交安全问题上的顾问是一开始就众所周知的莱克等以及年轻一代的苏珊·赖斯等人。在确定成为民主党总统候选人后，奥巴马成立了有关国家安全的高级别工作小组（senior working group），其中包括前国务卿奥尔布赖特、前国务卿克里斯托弗、前海军部长理查德·丹齐格（Richard Jeffrey Danzig）、前众议院外交委员会主席李·哈密尔顿、前总统国家安全事务助理莱克、前国防部长威廉姆·佩里、前众议院议员苏珊·赖斯和蒂姆·罗默（Tim Roemer）以及前总统副国家安全事务助理詹姆士·史坦博格（James Steinberg）等，一些以前跟随希拉里的"大人物"也加入进来。但这套班子中并没有受人关注的左派反战派人物，相反引人注目的是佩里、罗默等中间派的军事安全专家，可谓完全由稳健派主导。

与此相比，麦凯恩本人就长期参与了外交安全政策。他支持伊拉克战争，此外也是从2007年开始增兵伊拉克这一不受欢迎政策的少数支持者之一。另一方面，在全球环境问题上则持稳健派立场。

麦凯恩的外交安全班子的阵容也意味深长。在包括基辛格、斯考克罗夫特（General Brent Scowcroft）、阿米蒂奇等被称为稳健派和现实主义者的专家的同时，还包括博尔顿、罗伯特·卡根（Robert Kagan）、威廉·克里斯托（William Kristol）等众多新保守主义者和保守强硬派的人物。特别是作为召集人发挥了重要作用的施因内曼（Randy Scheunemann）具有强烈的新保守主义倾向。

但是正如已经指出的，麦凯恩对其伊拉克政策进行了重大修正。看似新保守主义者和稳健派应如同争夺麦凯恩般地进行激烈竞争，但实际上，一般认为新保守主义者和保守强硬派稍作自我控制的侧面较强。而在2008年8月格鲁吉亚问题爆发后，麦凯恩新保守主义性的发言引人注目。

奥巴马新政权的人事安排

2008年6月民主党决定了总统候选人之后，奥巴马就在各争论焦点上逐步向中间立场转变。在当选总统后的外交安全班底的人事安排上，这种趋势更加明确。奥巴马任命希拉里为国务卿，留任了前政府的国防部长罗伯特·盖茨，并任命公开支持麦凯恩立场的詹姆斯·琼斯出任国家安全事务助理，也有评论指出这是斯考克罗夫特等人的建议。众所周知，鲍威尔在选举的最终阶段表明了支持奥巴马的立场，但据称奥巴马事先已与前国务卿乔治·舒尔茨进行了联系。

而另一方面，在民主党内总统候选人预选阶段一开始就成为奥巴马核心支持基础的左派反战派人物在目前的外交安全方面并没有得到提拔。

总而言之，如果仅限于从部长级别的人事安排上看，奥巴马的外交安全政策班底排除了原先的支持者民主党左派反战派，而是民主党中间派和共和党稳健派的联合体。

如果附带提及与参选后奥巴马始终提倡的"变化"的关系，可以说从奥巴马的立场上看，所谓变化并不是启用新人和年轻人，而是将超党派主义带入了意识形态分极化的华盛顿政界。

这种人事安排的结果招致了一部分左派反战派的强烈反感。在他们看来，正是他们抛弃了赞成伊拉克战争的希拉里转而力推奥巴马才最终使其当选，可是希拉里作为国务卿又得以复活，国防部长仍旧是盖茨。而奥巴马在总统就职仪式上启用持反对人工流产立场的华里克（Rick Warren）出任牧师，也让左派活动人士和博客们感到失望。2008年年末这一时期，他们强烈要求奥巴马不要在中央情报局（CIA）局长的人选上任用与布什政权有联系的保守人士。

奥巴马总统今后或将让很多人对他的幻想破灭。换言之，他有必要慎重选择让谁的幻想破灭。在外交政策上同样如此。至少从目前来看，可以认为幻想破灭的或许是民主党内的左派反战派。

结　语

综上所述，本章通过对国内政策与外交政策结合的意识形态的分析，对美国外交政策进行了若干分类。并在此基础上分析了2008年总统选举中两党候选人的外交政策以及奥巴马新政权外交安全政策的人事安排。在很多情况下，今天美国的外交政策论可以用本章总结的类型进行说明，2008年的选举也不例外。但是，正如本章业已指出的，在政治过程的各个阶段，哪个集团发挥强大影响力存在着巨大的不同。

本章认为，首先，在论及外交政策时，包括国内政治的意识形态发挥着极为重要的作用。其次，在预选、党员大会、总统选举以及议会等情况下，存在着外交政策专家以外的集团亦可发挥强大影响力的途径，如果不将这部分也纳入分析的视野，则将很难从全局上把握美国的外交政策过程。实际上可以认为，奥巴马也是如此，在民主党内竞选总统候选人的阶段和在组建政权阶段依靠了极为不同的集团。

参考文献

日本語文献

青山瑠妙［二〇〇七］『現代中国の外交』慶應義塾大学出版会。

アドルノ、テーォドル・W・［一九七九］三光長治訳『ミニマ・モラリア——傷ついた生活裡の省察』法政大学出版局。

新木秀和［二〇〇四］「先住民の抵抗、先住民運動の展開」松下洋・乗浩子編『ラテンアメリヵ政治と社会』新評論。

アレント、ハンナ［一九七五］志水速雄訳『革命について』中央公論社。

アンダーソン、ベネデ.ィクト［一九九七］白石さや・白石隆訳『増補想像の共同体——ナショナリズムの起源と流行』NTT出版。

家田修編/北海道大学スラブ研究センター監修［二〇〇八］『講座スラブ・ユーラシア学1 開かれた地域研究へ——中域圏と地球化』講談社。

五百旗頭真［二〇〇一］『戦争・占領・講和1941〜1955』（日本の近代6）中央公論新社。

池田明史［一九九〇］『中東和平と西岸・ガザ——占領地問題の行方』アジア経済研究所。

石井明［一九九〇］『中ソ関係史の研究（一九四五——一九五〇）』東京大学出版会。

石川一雄・大芝亮［一九九二］「一九八〇年代の日本における国際関係研究」『国際政治』一〇〇号（冷戦とその後）二七〇-二八五頁。

石田淳［二〇〇四］「内政干渉の国際政治学——冷戦終結と内戦」藤原帰一・李鍾元・古城佳子・石田淳編『国際政治講座4 国際秩序の変動』東京大学出版会。

石田淳［二〇〇七］「国内秩序と国際秩序の《二重の再編》——政治的共存の秩序設計」『国際法外交雑誌』第一〇五巻第四号、四四-六七頁。

泉淳［二〇〇一］『アィゼンハワー政権の中東政策』国際書院。

板垣雄三［一九九二］『歴史の現在と地域学——現代中東への視角』岩波書店。

猪口孝［二〇〇七］『国際関係論の系譜』（シリーズ国際関係論5）東京大学出版会。

『イラク戦争後のプーチン政権の対中央アジア政策』［二〇〇四］日本国際問題研究所報告書（『イラク戦争後のプーチン』と略記）。

イレートー、C・レイナルド［二〇〇五］清水展・永野善子監修／川田牧人ほか訳『キリスト受難詩と革命——一八四〇——一九一〇年のフイリピン民衆運動』法政大学出版局。

岩下明裕［二〇〇二］「上海プロセスの軌跡と展望——ソ連崩壊から機構設立まで」『ロシア研究』第三四号。

岩下明裕［二〇〇五］「現地報告中国と中央アジア——接触地域の現場検証」『ユーラシア国境政治——ロシア・中国・中央アジア』北海道大学スラブ研究センター。

岩下明裕［二〇〇七a］「ロシアと南アジア——パワーバランスと国境ダイナミズム」木村汎・袴田茂樹編『アジアに接近するロシア——その実態と意味』北海道大学出版会。

岩下明裕［二〇〇七b］「『九・一一』とユーラシアの四角形——ロシアと中国、ロシアとインドの関係比較を中心に」日本比較政治学会編『テロは政治をいかに変えたか——比較政治学的考察』早稲田大学出版部。

岩下明裕［二〇〇七c］「上海協力機構と日本——ユーラシア共同体の構築に向けた連携」岩下明裕編『上海協力機構——日米欧とのパートナーシップは可能か』北海道大学スラブ研究センター（科研費基盤研究（A）「ユーラシア秩序の新形成——中国・ロシアとその隣接地域の相互利用」

〈平成 18-21 年度〉報告書）。

岩下明裕［二〇〇八］「ユーラシアとアジアの様々な三角形――国境政治学試論」家田修編/北海道大学スラブ研究センター監修『講座スラブ・ユーラシア学 1 開かれた地域研究へ――中域圏と地球化』講談社。

植田隆子編［二〇〇七］『EUスタデイーズ1 対外関係』勁草書房。

臼杵陽［一九九三］「アラブ・イスラエル紛争」森利一編『現代アジアの戦争――その原因と特質』啓文社。

臼杵陽［一九九九］『原理主義』岩波書店。

臼杵陽［二〇〇二］「イスラエルにおける宗教と政党――『超正統派』のポリテイクスをめぐって」日本比較政治学会編『現代の宗教と政党――比較のなかのイスラーム』早稲田大学出版部。

臼杵陽［二〇〇四］『世界化するパレスチナ/イスラエル紛争』岩波書店。

内田みどり［二〇〇五］「逆コンドル作戦――南米軍政期人権侵害訴追における欧州・南米の協力ネットワークと国際人権レジーム」古城利明編『世界システムとヨーロッパ』中央大学出版部。

宇野重昭［一九八一］『シリーズ国際関係 6 中国と国際関係』晃洋書房。

宇山智彦・藤森信吉・前田弘毅［二〇〇六］『「民主化革命」とは何だったのか――グルジア、ウクライナ、クルグズスタン』北海道大学スラブ研究センター（21世紀COEプログラム「スラブ・ユーラシア学の構築」研究報告書）。

浦野起央・大隈宏・谷明良・恒川惠市・山影進［一九八二］『国際関係における地域主義――政治の論理・経済の論理』有信堂高文社。

衛藤瀋吉・岡部達味［一九六九］『世界の中の中国』読売選書。

遠藤乾編［二〇〇八］『ヨーロッパ統合史』名古屋大学出版会。

遠藤貢［二〇〇六］「崩壊国家と国際社会――ソマリアと『ソマリランド』」川端正久・落合雄彦編『アフリカ国家を再考する』晃洋書房。

遠藤貢［二〇〇七a］「内と外の論理からみたアフリカ国家とその変容」『アフリカ研究』第七一号、一〇七－一一八頁。

遠藤貢［二〇〇七b］「ソマリアにおけるシアド・バーレ体制の再検討――その統治と遺制をめぐって」佐藤章編『統治者と国家――アフリカの個人

支配再考』アジア経済研究所。

王逸舟［二〇〇七］天児慧・青山瑠妙編訳『中国外交の新思考』東京大学出版会。

大串和雄［一九九一］「南米軍部の国家安全保障ドクトリンと『新専門職業主義』」『国際政治』第九八号（ラテンアメリカ――一九八〇年代の国際関係と政治）八-二二頁。

大串和雄［二〇〇八］「ペルーにおける人権運動の考察（一）」『国家学会雑誌』第一二一巻第五・六号、四三三-四六六頁。

大芝亮・藤原帰一・山田哲也編［二〇〇六］『平和政策』有斐閣ブックス。

大塚和夫［二〇〇〇］『イスラーム的――世界化時代の中で』日本放送出版協会。

大塚和夫［二〇〇四］『イスラーム主義とは何か』岩波書店。

岡垣知子［二〇〇七］「主権国家の『ラング』と『パロール』――破綻国家の国際政治学」『国際政治』第一四七号（国際秩序と国内秩序の共振）四八-六一頁。

岡部達味［一九九二］『国際政治の分析枠組』東京大学出版会。

岡部達味［一九九六］「中国外交の古典的性格」『外交フォーラム』一九九六年一月号、三七-四五頁。

岡部達味［二〇〇二］『中国の対外戦略』東京大学出版会。

小川有美［二〇〇五］「新しい統治としてのOMC（開放的協調）とヨーロッパ化する政党政治――あいまいな制度を求めて？」中村民雄編『EU研究の新地平――前例なき政体への接近』ミネルヴァ書房。

遅野井茂雄［二〇〇四］「亀裂深める米州システム」『海外事情』二〇〇四年一二月号、二-二一頁。

落合雄彦［一九九九］「ペンテコステ＝カリスマ運動とアフリカのネオ・パトリモニアル国家」『国際政治』第一二一号（宗教と国際政治）一二-三二頁。

カー、E・H・［一九六九］南塚信吾訳『ロシア革命の考察』みすず書房。

我部政明［二〇〇七］『戦後日米関係と安全保障』吉川弘文館。

鴨武彦［一九八五］『国際統合理論の研究』早稲田大学出版部。

参考文献

鴨武彦［一九九二］『ヨーロッパ統合』NHKブックス。

カルドー、メアリー［二〇〇三］山本武彦・渡部正樹訳『新戦争論――グローバル時代の組織的暴力』岩波書店。

川端正久・落合雄彦編［二〇〇六］『アフリカ国家を再考する』晃洋書房。

カント、エマニュエル［二〇〇六］中山元訳『永遠平和のために／啓蒙とは何か』光文社。

木畑洋一［二〇〇八］『イギリス帝国と帝国主義――比較と関係の視座』有志舎。

京都大学東南アジア研究センター［一九六三］「京都大学東南アジア研究計画概要」『東南アジア研究』第一号。

金原左門［二〇〇〇］『「近代化」論の転回と歴史叙述――政治変動下のひとつの史学史』中央大学出版部。

グハ、ラナジットほか［一九九八］竹中千春訳『サバルタンの歴史――インド史の脱構築』岩波書店。

久保文明［二〇〇五］「共和党多数議会の『外交政策』――一九九五～二〇〇〇年」五十嵐武士編『太平洋世界の国際関係――変貌するアメリカ太平洋世界Ⅱ』彩流社。

久保文明編［二〇〇七］『アメリカ外交の諸潮流――リベラルから保守まで』日本国際問題研究所。

粟田禎子［二〇〇一］『近代スーダンにおける体制変動と民族形成』大月書店。

黒柳米司［二〇〇三］『ASEAN三五年の軌跡――"ASEAN Way"の効用と限界』有信堂高文社。

黒柳米司［二〇〇七］「『ASEAN共同体』論議の陥穽」『海外事情』第五五巻第一〇号、二四-四〇頁。

ゲルナー、アーネスト［二〇〇〇］加藤節監訳『民族とナショナリズム』岩波書店。

小池康弘［二〇〇三］「ラテンアメリカ政治外交論」石井貫太郎編『国際関係論のフロンティア』ミネルヴァ書房。

国分良成［二〇〇九］「地域研究と国際政治学の間」日本国際政治学会編

『日本の国際政治学第三巻地域から見た国際政治』有斐閣。

小杉泰［一九九四］『現代中東とイスラーム政治』昭和堂。

小杉泰［一九九八］『21世紀の世界政治5 イスラーム世界』筑摩書房。

小杉泰［二〇〇一］「原理主義」横山紘一ほか編『20世紀の定義4 越境と難民の世紀』岩波書店。

小杉泰［二〇〇二］「イスラームの挑戦か、諸宗教の復興か――現代の宗教と政党を考える」日本比較政治学会編『現代の宗教と政党――比較のなかのイスラーム』早稲田大学出版部。

小杉泰［二〇〇三］「宗教と政治――宗教復興とイスラーム政治の地平から」池上良正ほか編『岩波講座宗教1 宗教とはなにか』岩波書店。

小杉泰［二〇〇六］『現代イスラーム世界論』名古屋大学出版会。

小谷汪之［一九九三］『ラーム神話と牝牛――ヒンドゥー復古主義とイスラム』平凡社。

後藤政子［一九八六］「第三世界の『解放の神学』」柴田敏夫編『政治と宗教のあいだ――比較政治論の視点から』有斐閣。

近藤光博［二〇〇二］「インド人民党とヒンドゥー・ナショナリズム」日本比較政治学会編『現代の宗教と政党――比較のなかのイスラーム』早稲田大学出版部。

サイード、エドワード・W・［一九八六］板垣雄三・杉田英明監修／今沢紀子訳『オリエンタリズム』平凡社。

サイード、エドワード・W・［一九九三］板垣雄三・杉田英明監修／今沢紀子訳『オリエンタリズム』上・下、平凡社ライブラリー。

斎藤眞［一九九八］「日本のアメリカ研究前史――日米関係の狭間で」阿部齋・五十嵐武士編『アメリカ研究案内』東京大学出版会。

酒井啓子［二〇〇二］『イラクとアメリカ』岩波新書。

酒井啓子［二〇〇五］「イラク戦争による政権転覆――介入する外国主体と国内反政府勢力の関係」『国際政治』第一四一号（国際政治のなかの中東）一〇-二四頁。

坂本義和［二〇〇四］『戦後外交の原点』（坂本義和集第三巻）岩波書店。

サッセン、サスキア［一九九九］伊豫谷登士翁訳『グローバリゼーションの時代——国家主権のゆくえ』平凡社.

佐藤章［二〇〇三］「コートディヴォワール内戦の軍事的側面」『アフリカレポート』第三六号, 三-一〇頁.

佐藤考一［二〇〇三］『ASEANレジーム——ASEANにおける会議外交の発展と課題』勁草書房.

澤田眞治［二〇〇二］「冷戦後のラテンアメリカ——国際関係の展開と開発戦略の模索」長谷川雄一・高杉正明編『現代の国際政治——冷戦後の日本外交を考える視角［新版］』ミネルヴァ書房.

塩川伸明［二〇〇四］『多民族国家ソ連の興亡Ⅰ 民族と言語』岩波書店.

塩川伸明［二〇〇七］『多民族国家ソ連の興亡Ⅲ ロシアの連邦制と民族問題』岩波書店.

柴宜弘［一九九六］『ユーゴスラヴィア現代史』岩波新書.

下斗米伸夫［一九九七］『ロシア現代政治』東京大学出版会.

徐宇珊・李妍焱［二〇〇八］「中国における草の根NGOの現状」李妍焱編『台頭する中国の草の根NGO——市民社会への道を探る』恒星社厚生閣.

上智大学国際関係研究所［一九八四］『国際関係.地域研究教育の実態報告』.

ジョル、ジエームズ［一九八四］池田清訳『ヨーロッパ一〇〇年史』みすず書房.

杉山知子［二〇〇七］『国家テロリズムと市民——冷戦期のアルゼンチンの汚い戦争』北樹出版.

鈴木董［一九九三］『ィスラムの家からバベルの塔へ——オスマン帝国における諸民族の統合と共存』リブロポート.

高原明生［一九九九］「アジア金融危機の政治経済学——中国の場合」『アジア研究』第四五巻第二号, 五三-七九頁.

高谷好一［一九九三］『新世界秩序を求めて——21世紀への生態史観』中公新書.

武内進一編［二〇〇〇］『現代アフリカの紛争―歴史と主体』アジア経済研究所.

武内進一編［二〇〇三 a］『国家・暴力・政治——アジア・アフリカの紛争を

めぐって』アジア経済研究所。

武内進一［二〇〇三b］「アジア・アフリカの紛争をどう捉えるか」武内進一編『国家・暴力・政治――アジア・アフリカの紛争をめぐって』アジア経済研究所。

武内進一［二〇〇五］「冷戦後アフリカにおける政治変動――政治的自由化と紛争」『国際政治』第一四〇号（国際政治研究の先端2）九〇-一〇七頁。

竹中千春［二〇〇八］「アジアの市民社会」アジア政経学会監修/竹中千春・高橋伸夫・山本信人編『現代アジア研究2 市民社会』慶應義塾大学出版会。

立本成文［二〇〇一］『地域研究の問題と方法――社会文化生態力学の試み［増補改訂］』京都大学学術出版会。

立山良司［一九八九］『イスラエルとパレスチナ――和平への接点をさぐる』中公新書。

田中明彦［一九九四］「第二次世界大戦後のアジアと戦争」平野健一郎編『講座現代アジア4 地域システムと国際関係』東京大学出版会。

田中明彦［二〇〇三］『新しい中世――相互依存深まる世界システム』日経ビジネス人文庫。

田中俊郎［二〇〇七a］「域内市場白書と単一欧州議定書――EU統合史の分岐点」田中俊郎・庄司克宏編『EU統合の軌跡とベクトル――トランスナショナルな政治社会秩序形成への模索』慶應義塾大学出版会。

田中俊郎［二〇〇七b］「EU統合の軌跡とベクトル」『日本EU学会年報』第二七号、一五-二八頁。

田辺繁治編［一九九五］『アジアにおける宗教の再生――宗教的経験のポリティクス』京都大学学術出版会。

溪内謙［一九七八］『現代社会主義の省察』岩波現代選書。

田畑伸一郎・末澤恵美編［二〇〇四］『CIS――旧ソ連空間の再構成』国際書院。

田村慶子［二〇〇〇］『シンガポールの国家建設――ナショナリズム、エスニシティ、ジェンダー』明石書店。

田村慶子［二〇〇四］「シンガポールにおけるジェンダーの主流化とNGO」田村慶子・織田由紀子編『東南アジアのNGOとジェンダー』明石書店。

田村慶子［二〇〇八］「東南アジアの国際移住労働とジェンダー」アジア政経学会監修/高原明生・田村慶子・佐藤幸人編『現代アジア研究1 越境』慶應義塾大学出版会。

チェッキーニ、パオロ［一九八八］田中素香訳『EC市場統合・一九九二年――域内市場完成の利益』東洋経済新報社。

恒川惠市［二〇〇八］『比較政治――中南米』放送大学教育振興会。

恒川惠市・鷲田任邦［二〇〇八］「『反動的学習』と民主制持続の計量分析――ラテンアメリカとアジアを中心に」恒川惠市編『民主主義体制の諸形態および当該体制の長期的持続における価値規範の役割（科研報告書）』。

テンニエス、フェルディナンド［一九五七］杉之原寿一訳『ゲマインシャフトとゲゼルシャフト――純粋社会学の基礎概念』岩波書店。

鄧小平［一九九五］中共中央文献編集委員会編/中共中央編訳局・外文出版社訳『鄧小平文選一九八二――一九九二』テン・ブックス。

東畑精一［一九六〇］「創刊の辞」『アジア経済』創刊号、三-五頁。

戸田真紀子［二〇〇四］「悲劇の紛争」『社会科学研究』第五五巻第五・六号、一八三-二〇五頁。

トリップ、チャールズ［一九九五］「アラブ中東の地域機構」L・フォーセット、A・ハレル編/菅英輝・栗栖薫子監訳『地域主義と国際秩序』九州大学出版会。(Fawcett, Louise and Andrew murrell, eds.［1995］, *Regionalism in World Politics: Regional Organization and International Order*, New Yorpr: Oxford University press.)

ナィ、ジョセフ・S、ジュニア［二〇〇七］田中明彦・村田晃嗣訳『国際紛争―理論と歴史［原書第6版］』有斐閣。

中井和夫［二〇〇〇］「旧ソ連地域におけるエスニック紛争の構造」『国際問題』第四八三号、一五-二六頁。

中岡三益［一九九八］『アメリカと中東――冷戦期の中東国際政治史』中東調査会。

中島岳志［二〇〇五］『ナショナリズムと宗教——現代インドのヒンドゥー・ナショナリズム運動』春風社。

中嶋嶺雄［一九七八］『中ソ対立と現代——戦後アジアの再考察』中央公論社。

中谷義和［二〇〇七］「グローバル化と現代国家——ひとつの視座」『立命館法学』二〇〇七年四号（第三一四号）一一四九-一一八〇頁。

中西寛［二〇〇八］「吉田茂のアジア観——近代日本外交のアポリアの構造」『国際政治』第一五一号（吉田路線の再検証）一八-三五頁。

中野実［一九九八］『21世紀の政治学1 宗教と政治』新評論。

中村民雄編［二〇〇五a］『EU研究の新地平——前例なき政体への接近』ミネルヴァ書房。

中村民雄［二〇〇五b］「EU法制度の形成と東方拡大」森井裕一編『国際関係の中の拡大EU』信山社。

西川潤［二〇〇七］「東アジアの平和と公共空間——市民社会の持つ可能性」西川潤・平野健一郎編/毛里和子編集代表『東アジア共同体の構築3 国際移動と社会変容』岩波書店。

西川潤・平野健一郎編［二〇〇七a］『国際移動と社会変容』岩波書店。

西川潤・平野健一郎［二〇〇七b］「総論東アジアの地域化を推進するもの」西川潤・平野健一郎編/毛里和子編集代表『東アジア共同体の構築3 国際移動と社会変容』岩波書店。

西島章次、堀坂浩太郎、ピーター・スミス編［二〇〇二］『アジアとラテンアメリカ——新たなパートナーシップの構築』彩流社。

日本国際政治学会編［一九七九］『国際政治』第六一・六二号（戦後日本の国際政治学）。

日本国際政治学会編［二〇〇五］『国際政治』第一四二号（新しいヨーロッパ——拡大EUの諸相）。

バー、ジエームズ［一九八二］喜多川信・柳生望ほか訳『ファンダメンタリズム——その聖書解釈と教理』ヨルダン社。

蓮見博昭［二〇〇二］『宗教に揺れるアメリカ——民主政治の背後にあるもの』日本評論社。

原口武彦［一九七五］『部族——その意味とコート・ジボワールの現実』アジア経済研究所。

平澤興［一九六三］「『東南アジア研究』の発刊に寄せる」『東南アジア研究』第一号、二-四頁。

平野健一郎［一九九四］「序 アジアにおける地域システムと国際関係」平野健一郎編『講座現代アジア4 地域システムと国際関係』東京大学出版会。

平野健一郎［二〇〇〇］『国際文化論』東京大学出版会。

平野健一郎［二〇〇七］「グローバル化時代の地域研究——特権性の喪失」西村成雄・田中仁編『現代中国地域研究の新たな視圏』世界思想社。

藤原帰一［二〇〇二］『デモクラシーの帝国——アメリカ・戦争・現代世界』岩波新書。

二村久則・山田敬信・浅香幸枝編［二〇〇六］『地球時代の南北アメリカと日本』ミネルヴァ書房。

古田元夫［一九九八］「地域区分論——つくられる地域、こわされる地域」『岩波講座1 世界史へのアプローチ』岩波書店。

ブロンソン、レイチエル［二〇〇七］佐藤陸雄訳『王様と大統領——サウジと米国、白熱の攻防』毎日新聞社。（Bronson, Rachel［2006］, *Thicker than Oil: America's Uneasy Partnership with Saudi Arabia*, Oxford, New York: Oxford University Press.）

たベンハビブ、セイラ［二〇〇六］向山恭一訳『他者の権利—外国人・居留民・市民』法政大学出版局。

保坂修司［二〇〇一］『正体—オサマ・ビンラデインの半生と聖戦』朝日新聞社。

細谷千博・南義清編［一九八〇］『欧州共同体（EC）の研究』新有堂。

ホメイニー、R・M・［二〇〇三］富田健次編訳『イスラーム統治論・大ジハード論』平凡社。

堀坂浩太郎［二〇〇八］『南米南部地域における天然ガスのインフラ整備と地域統合——国家主義的発想と地域主義的発想のはざまで』（ラテンアメリカ・モノグラフ・シリーズ）No. 16、上智大学イベロアメリカ研究所。

マイネッケ、フリードリッヒ［一九七六］菊盛英夫・生松敬三訳『近代史における国家理性の理念〔第 2 版〕』みすず書房。

益尾知佐子［二〇〇二］「鄧小平期中国の対朝鮮半島外交——中国外交『ウェストフアリア化』の過程」『アジア研究』第四八巻第三号、七七-一〇一頁。

松井弘明編［二〇〇三］『九・一一事件以後のロシア外交の新展開』（『ロシア研究』第三五号）日本国際問題研究所。

松尾大［一九七七］「ASEANの経済協力の現状」岡部達味編『ASEANをめぐる国際関係』日本国際問題研究所。

松下洋［二〇〇四］「メルコスールからみたFTA——政治と市民社会のレベルから」『国際問題』五三六号、二四-三八頁。

松永泰行［二〇〇五］「イスラーム『対米ジハード主義』と『対テロ戦争』」青木一能編『地球型社会の危機——グローバリゼーションの断面図』芦書房。

松本八重子［二〇〇五］『地域経済統合と重層的ガバナンス——ラテンアメリカ、カリブの事例を中心に』中央公論事業出版。

丸山眞男［二〇〇六］『現代政治の思想と行動〔新装版〕』未来社。

ミシュレ、ジュール［一九六八］桑原武夫責任編集『ミシュレ』中央公論社。

ムーア、バリントン、Jr.［一九八六］宮崎隆次ほか訳『独裁と民主政治の社会的起源——近代世界形成過程における領主と農民』岩波書店。

毛里和子［一九九五］「改革・開放時代の中国外交——外交思想を中心に」岡部達味編『グレーター・チャイナの政治変容』勁草書房。

毛里和子編集代表［二〇〇六］『東アジア共同体の構築』全四巻、岩波書店。

本岡武［一九六三］「地域研究とは何か」『東南アジア研究』第一号、京都大学東南アジア研究センター。

森孝一編［一九九七］『アメリカと宗教』日本国際問題研究所。

森安達也［二〇〇二］『近代国家とキリスト教』平凡社。

安井伸［二〇〇五］「チリにおける新自由主義経済思想の輸入と同化」『二十世紀研究』第六号、五三-七六頁。

矢野暢［一九八六］『冷戦と東南アジア』中央公論社。

矢野暢［一九九三］『講座現代の地域研究一 地域研究の手法』弘文堂。

矢野暢［一九九四］『講座現代の地域研究二 世界単位論』弘文堂。

山内昌之編［一九九六］『「イスラム原理主義」とは何か』岩波書店。

山影進［一九八三］「地域統合論再考——新たな展望を求めて」『国際政治』第七四号（国際政治の理論と実証）九三-一一六頁。

山影進［一九九三］「『地域』の語り口——東南アジア像を通して見る認識方法」『岩波講座社会科学の方法 第VII巻 政治空間の変容』岩波書店。

山影進［一九九七］『ASEANパワー——アジア太平洋の中核へ』東京大学出版会。

山影進［一九九九］「地域統合・地域主義と地域研究」坪内良博編『〈総合的地域研究〉を求めて——東南アジア像を手がかりに』京都大学学術出版会。

山極晃・毛里和子編［一九八七］『現代中国とソ連』日本国際問題研究所。

山本達也［二〇〇五］「中東における情報化の進展と政治的変化」『国際政治』第一四一号（国際政治のなかの中東）一一五-一三一頁。

山本吉宣［一九九七］「地域統合の政治経済——素描」『国際問題』四五二号、二-二三頁。

山本吉宣［二〇〇八］『国際レジームとガバナンス』有斐閣。

ユルゲンスマイヤー、M・K・［一九九五］阿部美哉訳『ナショナリズムの世俗性と宗教性』玉川大学出版部。

吉武信彦［二〇〇五］『国民投票と欧州統合——デンマーク・EU関係史』勁草書房。

吉野文雄［二〇〇七］『ASEANとAPEC——東アジアの経済統合』鳳書房。

リー・クアンユー［二〇〇〇］小牧利寿訳『リー・クアンユー回顧録——ザ・シンガポール・ストーリー』下、日本経済新聞社。

リンス、ホアン・J［一九九五］睦月規子ほか訳『全体主義体制と権威主義体制』法律文化社。

ルフエーヴル、ジョルジュ［二〇〇七］二宮宏之訳『革命的群衆』岩波書店。

ローレンス、ブルース編［二〇〇六］鈴木主税・中島由華訳『オサマ・ビン・ラデイン 発言』河出書房新社。

渡邊啓貴［二〇〇七］「フランス」大島美穂編『EUスタデイーズ3 国家・地域・民族』勁草書房。

欧文文献

Acharya, Amitav [2001], *Constructing a Security Community in Southeast Asia: ASEAN and the Proolem of Regional Order*, London, New York: Rouledge.

Acharya, Amitav [2007], "ASEAN at 40: Ascendant or Decadent?," Tan Tarn How, ed., *Singapore Perspectives 2007: A New Singapore*, Singapore: World Scientific Publishing, pp. 107-114.

Adams, Francis [2003], *Deepening Democracy: Global Governance and Political Reform in Latin America*, Westport: Praeger.

Adelson, Roger [1995], *London and the Invention of the Middle East: Money, Power, and War, 1902-1922*. New Haven: Yale University Press.

Ahmed, Munir D. [2000], "Pakistan's 'Islamic' Atom Bomb," Kai Hafez, ed., *The Islamic World and the West: An Introduction to Political Cultures and International Relations*, Leiden: Brill.

Antonenko, Oksana [2007a], "The EU Should Not Ignore the Shanghai Cooperation Organization," *CER Policy Brief*, May 11, 2007.

Antonenko, Oksana [2007b], "The EU and the Shanghai Cooperation Organization," Iwashita Akihiro, ed., *Toward a New Dialogue on Eurasia: The Shanghai Cooperation Organization and Its Partners*, Slavic Research Center, Hokkaido University.

APSA (American Political Science Association) [1997], *PS: Political Science and Politics*, 30-2 (June).

APSA [2001], *PS: Political Science and Politics*, 34-4 (December).

Apter, David E. [1965], *Politics of Modernization*, Chicago: University of Chicago Press. (D・E・アプター/内山秀夫訳『近代化の政治学』上・下、未来社、一九六八)。

Ayoob, Mohammed [1998], "subaltern Realism: International Relations iheory Meets tne Third World," Stephanie G. Neuman, ed., *International Relations Theory and the Third World*, London: Macmillan, pp. 31-54.

Ayubi, Nazih N. [1991], *Political Islam: Religion and Politics in the Arab World*, London, New York: Routledge.

Bahcheli, Tozun et al., eds. [2004], *De Facto States: The Quest for Sovereignty*, London: Routledge.

Bailes, Alyson J. K., Pál Dunay, Guang Pan, and Mikhail Troitskiy [2007], *The Shanghai Cooperation Organization*, Policy Paper, No. 17, SIPRI.

Barnett, A. Doak [1985], *The Making of Foreign Policy in China: Structure and Process*, Westview Press (Johns Hopkins Foreign Policy Institute, School of Advanced International Studies) SAIS Papers in International Affairs, No. 9. (ドーク・バーネット/伊豆見元・田中明彦訳『現代中国の外交——政策決定の構造プロセス』教育社、一九八六)。

Beckiora, James and Thomas Luchmann, eds. [1989], *The Changing Face of Religion*, London: Sage Publications.

Beissinger, Mark R. and Crawford Young [2002], "Introduction: Comparing State Crises across Two Continents," Mark R. Beissinger and Crawford Young, eds., *Beyond State Crisis?: Postcolonial Africa and Post-Soviet Eurasia in Comparative Perspective*, Washington, D. C.: Woodrow Wilson Center Press, pp. 3-18.

Benedict, Ruth [1946], *The Chrysanthemum and the Sword: Patterns of Japanese Culture*, Boston: Houghton Mifflin. (ルース・ベネディクト/長谷川松治訳『菊と刀——日本文化の型』講談社学術文庫、二〇〇五)。

Berger, Peter L. [1999], "The Desecularization oi the World: A Global Overview," Peter L. Berger, ed., *The Desecularization of the World: Resurgent Religion and World Politics*, Washington, D. C.: Ethics and Public Policy Center; Grand Rapids: William B. Eerdmans.

Bianchi, Robert R. [2004], *Guests of God: Pilgrimage and Politics in the Islamic World*, Oxford: Oxford University Press.

Bill, James A. [1996], "The Study of Middle East Politics, 1946-1996: A Stocktaking," *Middle East Journal*, 50-4.

Brooks, Sarah M. [2004], "International Financial Institutions and the Diffusion of

Foreign Models for Social Security Reform in Latin America," Kurt Weyland, ed., *Learning from Foreign Models in Latin American Policy Reform*, Washington, D. C.: Woodrow Wilson Center Press; Baltimore: Johns Hopkins University Press, pp. 53-80.

Brown, Carl, ed. [2001], *Diplomacy in the Middle East: The International Relations of Regional and Outside Powers*, London: I. B. Tauris.

Brynen, Rex, Bahgat Korany, and Paul Noble, eds. [1995], *Theoretical Perspectives*, Boulder: Lynne Rienner.

Brysk, Alison [2000], *From Tribal Village to Global Village: Indian Rights and International Relations in Latin America*, Stanford: Stanford University Press.

Burgess, Micael [2000], *Federalism and European Union: The Building of Europe, 1952-2000*, London: Routledge.

Buzan, Barry [1998], "Conclusions: System versus Unities in Theorizing about the Third World," Stephanie G. Neuman, ed" *International Relations Theory and the Tmrd World*' London: Macmillan, pp. 213-234.

Campbell, Kurt M. and Derek Chollet [2006-07], "The New Tribalism: Cliques and the Making of U. S. Foreign Policy," *The Washington Quarterly*, Winter, pp. 193-203.

Campbell, Kurt M. and Michael E. O'Hanlon [2006], *Hard Power: The New Politics of National Security*, New York: Basic Books.

Carlson, Allen [2006], "More Than Just Saying No: China's Evolving Approach to Sovereignty and Intervention since Tiananmen," Alastair Iain Johnston and Robert S. Ross, eds., *New Directions in the Study of China's Foreign Policy*' Stanford: Stanford University Press.

Casanova, Jose [1997], "Globalizing Catholicism and the Return to a 'Universal' Church," Susanne Hoeber Rudolph and James Piscatori, eds., *Transnational Religion and Fading States*, Boulder: Westview Press.

Chatterjee, Partha [1993], *The Nation and Its Fragments: Colonial and Postcolonial Histories*, Princeton: Princeton University Press.

Chin, Kin Wah [2007], "Introduction: ASEAN: Facing the Fifth Decade," *Contem-*

porary Southeast Asia, 29-3, pp. 395-405.

Christensen, Thomas J., Alastair Iain Johnston, and Robert S. Ross [2006], "Conclusions and Future Directions," Alastair Iain Johnson and Robert S. Ross, eds., New Directions in the Study of China's Foreign Policy, Stanford: Stanford University Press.

Cohen, Paul A. [1984], Discovering History in China: American Historical Writing on the Recent Chinese Past, New York: Columbia University Press. (ポール・A・コーエン/佐藤慎一訳『知の帝国主義——オリエンタリズムと中国像』平凡社、一九八八)。

Collier, Paul and Anke Hoeffler [2002], "On the Incidence of Civil War in Africa," The Journal of Conflict Resolution' 46-1, pp. 13-28.

Collier, Paul ana Anke Hoeffler [2004], "Greed and grievance in Civil War," Oxford Economic Papers, 56-4, pp. 563-595.

Constable, Pamela and Arturo Valenzuela [1991], A Nation of Enemies: Chile under Pinochet, New York: W. W. Norton.

Cumings, Bruce [1997], "Boundary Displacement: Area Studies and International Studies during and after the Cold War," Bulletin of Concerned Asian Scholars, 29-1 (January-March), pp. 6-26.

Deutsch, K. W. et al. [1957], Political Community and North Atlantic Area: International Organization in the Light of Historical Experiences, Princeton: Princeton University Press.

Dinges, John [2004], The Condor Years: How Pinochet and His Allies Brought Terrorism to Three Continents, New York: New Press.

Doornbos, Martin [2006], Global Forces and State Restructuring: Dynamics of State Formation and Collapse, New York: Palgrave-Macmillan.

Drake, Paul W. [1996], Labor Movements and Dictatorship: The Southern Cone in Comparative Perspective, Baltimore: Johns Hopkins University Press.

Dunn, Kevin C. [2001], "Madlib #32: The (Blank) African State: Rethinking the Sovereign State in International Relations Theory," Kevin C. Dunn and Timothy M. Shaw, eds., Africa's Challenge to International Relations Theory, New York:

Palgrave, pp. 46-63.

Eto, Shinkichi [1961], "Asian Studies in Japan: Recent Trends," *Journal of Asian Studies*, 21-1 (November), pp. 125-133.

Farer, Tom, ed. [1996], *Beyond Sovereignty: Collectively Defending Democracy in the Americas*, Baltimore: Johns Hopkins University Press.

Fawcett, Louise [2005], *International Relations of the Middle East*, Oxford: Oxford University Press.

Fazal, Tanisha M. [2007], *State Death: The Politics and Geography of Conquest, Occupation, and Annexation*, Princeton: Princeton University Press.

Fearon, James D. [1998], "Commitment Problems and the Spread of Ethnic Conflict," David A. Lake and Donald Rothchild, eds., *The International Spread of Ethnic Conflict: Fear, Diffusion, and Escalation*, Princeton: Princeton University Press, pp. 107-126.

Fearon, James D. and David D. Laitin [2000], "Review: Violence and the Social Construction of Ethnic Identity," *International Organization*, 54-4, pp. 845-877.

Fearon, James D. and David D. Laitin [2003], "Ethnicity, Insurgency, and uivil War," *American Political Science Review*, 97-1, pp. 75-90.

Feigenbaum, Evan [2007], "The Shanghai Cooperation Organization and the Future of Central Asia," [dushanbe.usembassy.gov/sp_09062007.html]

Feng, Hui [2006], *The Politics of China's Accession to the World Trade Organization: The Dragon Goes Global*, London, New York: Routledge.

Fewsmith, Joseph and Stanley Rosen [2001], "The Domestic Context of Chinese Foreign Policy: Does 'Public Opinion' Matter?," David M. Lampton, ed., *The Making of Chinese Foreign and Security Policy in the Era of Reform, 1978-2000*, Stanford: Stanford University Press.

Fischer, Joschka [2000], *Vom Staatenverbund zur Föderation: Gedanken über die Finalität der europäischen Integration*, Frankfurt am Main: Suhrkamp.

Fitch, J. Samuel [1998], *The Armed Forces and Democracy in Latin America*, Baltimore: Johns Hopkins University Press.

Fox, Jonathan and Shmuel Sandler [2004], *Bringing Religion into International Rela-

tions, New York: Palgrave.

Fukuyama, Francis [1992], *The End of History and the Last Man*, New York: Free Press. (フランシス・フクヤマ/渡部昇一訳・特別解説『歴史の終わり』上・下、三笠書房、一九九二)。

Gareau, Frederick H. L2004], *State Terrorism and the United States: From Counterinsurgency to the War on Terrorism*, Atlanta: Clarity Press ; London: Zed Books.

Gill, Lesley [2004], *The School of the Americas: Military Training and Political Violence in the Americas*, Durham: Duke University Press.

Goldberg, Peter A. [1975], "The Politics of the Allende Overthrow in Chile," *Political Science Quarterly*, 90-1, pp. 93-115.

Grandin, Greg [2006], *Empire's Workshop: Latin America, the United States, and the Rise of the New Imperialism*, New York: Metropolitan Books.

Guha, Ranajit [2002], *History at the Limit of World-History*, New York: Columbia University Press.

Guha, Ranajit and Gayatri Chakravorty Spivak, eds. [1988], *Selected Subaltern Studies*, New York: Oxford University Press.

Haas, E. B. [1958], *The Uniting of Europe: Political, Social and Economic Forces, 1950-1957*, Stanford: Stanford University Press.

Hall, Robert B. [1947], *Area Studies: With Special Reference to Their Implications for Research in the Social Sciences*, New York: Social Science Research Council.

Halliday, Fred [2002], *Two Hours That Shook the World, September 11, 2001: Causes and Consequences*, London: Saqi.

Halliday, Fred [2005], *The Middle East in International Relations: Power, Politics and Ideology*, Cambridge: Cambridge University Press.

Hanson, Eric O. [2006], *Religion and Politics in the International Systems Today*, Cambridge: Cambridge University Press.

Haynes, Jeffrey [2007], *Introduction to International Relations and Religion*, Harlow: Pearson.

Herbst, Jeffrey [2004], "In Ainca, What Does It Take to Be a Country?," *Washington Post*, January 2.

Hinnebusch, Raymond [2003], *The International Politics of the Middle East*, Manchester, New York: Manchester University Press.

Hinnebusch, Raymond and Anoushiravan Ehteshami [2002], *The Foreign Politics of Middle East States*, Boulder: Lynne Rienner.

Hobsbawm, Eric J. [1977], *The Age of Revolution: Europe 1789-1848*, London: Abacus.

Hobsbawm, Eric J. [1990], *Nations and Nationalism since 1780: Programme, Myth, Reality*, New York: Cambridge University Press.

Hobsbawm, Eric J. and Adrian Hastings [1997], *The Construction of Nationhood: Ethnicity, Religion and Nationalism*, Cambridge: Cambridge University Press.

Hofmann, Andreas und Wolfgang Wessels [2008], "Der Vertrag von Lissabon: Eine tragfahige und abschliefiende Antwort auf konstitutionelle Grundfragen?," *Integration*, 31-1, S. 3-20.

Hohne, Markus V. [2006], "Political Identity, Emerging State Structure and Conflict in Northern Somalia," *Journal of Modern African Studies*, 44-3, pp. 397-414.

Holsti, Kalevi J. [1998], "International Relations Theory and Domestic War in the Third World: The Limits of Relevance," Stephanie G. Neuman, ed., *International Relations Theory and the Third World*, London: Macmillan, pp. 103-132.

Huneeus, Carlos [2007], *The Pinochet Regime*, Boulder: Lynne Rinner.

Huntington, Samuel P. [1968], *Political Order in Changing Societies*, New Haven: Yale University Press. (サミュエル・ハンチントン/内山秀夫訳『変革期の政治秩序』上・下、サイマル出版会、一九七二)。

Huntington, Samuel P. [1996], *The Clash of Civilizations and the Remaking of World Order*, New \ ork: bimon & Schuster. (サミュエル・ハンチントン/鈴木主税訳『文明の衝突』集英社、一九九八)。

Huxley, Tim [2001], Singapore in 2000: continuing Stability and Renewed Prosperity Amia Regional Disarray, *Asian Survey*, 41-1, pp. 201-207.

ICG (International Crisis Group) [2006], *Somaliland: Time for African Union Leadership*, Brussels: ICG.

Ignatieff, Michael [1999], *The Warrior's Honor: Ethnic War and the Modern Con-*

science, London: Vintage.

Iwashita, Akihiro, ed. [2007], *Toward a New Dialogue on Eurasia: The Shanghai Cooperation Organization and Its Partners*, Slavic Research Center, Hokkaido University(岩下［二〇〇七 c］の英語版).

Jackson, Robert H. [1990], *Quasi-States: Sovereignty, International Relations and the Third World*, Cambridge: Cambridge University Press.

Jackson, Robert H. and Carl G. Rosberg [1982], "Why Africa's Weak States Persists?: The Empirical and the Juridical in Statehood," *World Politics*, 35-1, pp. 1-24.

Jackson, Robert H. and Carl G. Rosberg [1986], "Sovereignty and Underdevelopment: Juridical Statehood in the African Crisis," *Journal of Modern African Studies*, 24-1, pp. 1-31.

Jacobson, Harold K. and Michael Oksenberg [1990], *China's Participation in the IMF, the World Bank, and GATT: Toward a Global Economic Order*, Ann Arbor: University of Michigan Press.

Johnson, Chalmers A. [1982], *MITI and the Japanese Miracle: The Growth of Industrial Policy, 1925-1975*, Stanford: Stanford University Press.(チャーマーズ・ジョンソン/矢野俊比古監訳『通産省と日本の奇跡』ティビーエス・ブリタニカ、一九八二)。

Katz, N. Mark [2007], "The Shanghai Cooperation Organization: A View from the US," Iwashita Akihiro, ed., *Toward a New Dialogue on Eurasia: The Shanghai Cooperation Organization and Its Partners*, Slavic Research Center, Hokkaido University.

Katzenstein, Peter J. [2005], *A World of Regions: Asia and Europe in the American Imperium*, Ithaca: Cornell University Press.

Kaufmann, Daniel, Aart Kraay, and Massimo Mastruzzi [2005], "Governance Matters IV: Governance Indicators for 1996-2004," *World Bank Policy Research Working Paper*, 3630 (June).

Keck, Margaret E. and Kathryn Sikkink [1998], *Activists beyond Borders: Advocacy Networks in International Politics*, Ithaca: Cornell University Press.

Khilnani, Sunil [1998], *The Idea of India*, New York: Farrar Straus Giroux.

Kim, Samuel S. [1994], "China's International Organizational Behaviour," Thomas W. Robinson and David Shambaugh, eds., *Chinese Foreign Policy: Theory and Practice*, Oxford: Clarendon Press.

Kingston, Paul and Ian S. Spears [2004], *States within States: Incipient Political Entities in the Post-Cold War Era*, New York: Palgrave-Macmillan.

Knight, Jack [2001], "Explaining the Rise of Neoliberalism: The Mechanisms of Institutional Change," John L. Campbell and Ove K. Pedersen, eds., *The Rise of Neoliberalism and Institutional Analysis*, Princeton: Princeton University Press, pp. 27-50.

Koh, Gillian and Ooi Giok Ling [2004], "Relationship between State and Civil Society in Singapore: Clarifying the Concepts, Assessing the Ground," Lee Hock Guan, ed., *Civil Society in Southeast Asia*, Singapore: Institute of Southeast Asian Studies, pp. 167-197.

Kohn, Hans [1976], The Age of Nationalism: The First Era of Global History, Westport: Greenwood.

Korany, Bahgat [1987], "Alien and Besieged Yet Here to Stay: The Contradiction of the Arab Territorial State," Ghassan Salame, ed" *The Foundations of the Arab State*, London, New York: Croom Helm, pp. 47-74.

Krasner, S. D. [1999], *Sovereignty: Organized Hypocrisy*, Princeton: Princeton University Press.

Krasner, S. D. [2004], "Sharing Sovereignty: New Institutions for Collapsed and Failing States," *International Security*' 29-2, pp. 85-120.

Kreijen, Gerard [2004], *State Failure, Sovereignty and Effectiveness: Legal Lessons from the Decolonization of Sub-Saharan Africa*, Leiden: Martinus Nijhoff.

Kristol, Irving [2004], "The Neoconservative Persuasion," Irwin Stelzer, ed., *The Neocon Reader*, New York: Grove Press.

Küsters, Hanns Jürgen [1982], *Die Gründung der europäischen Wirtschaftsgemeinschaft*, Baden-Baden: Nomos.

Lampton, David M. [2001], "China's Foreign and National Security Policy-Making

Process: Is It Changing, and Does It Matter?," David M. Lampton, ed., *The Making of Chinese Foreign and Security Policy in the Era of Reform*, 1978-2000, Stanford: Stanford University Press.

Laqueur, Walter [1987], *The Age of Terrorism*, Boston: Little, Brown.

Larkin, Bruce D. [1971], *China and Africa, 1949-1970: The Foreign Policy of the People's Republic of China*, Berkeley: University of California Press.

Lee, Khoon Choy [1976], "Foreign Policy," C. V. Devan Nair, ed., *Socialism That Works: The Singapore Way*, Singapore: Federal Publications, pp. 104-113.

Legler, Thomas, Sharon F. Lean, and Dexter Boniface [2007], "The International and Transnational Dimensions of Democracy in the Americas," Thomas Legler, Sharon F. Lean, and Dexter S. Boniface, eds., *Promoting Democracy in the Americas*, Baltimore: Johns Hopkins University Press, pp. 1-18.

Leifer, Michael [2000], *Singapore's Foreign Policy: Coping with Vulnerability*, London: Routledge.

Levine, Steven I. [1994], "Perception and Ideology in Chinese Foreign Policy," Thomas W. Robinson and David Shambaugh, eds., *Chinese Foreign Policy: Theory and Practice*, Oxford: Clarendon Press.

Lindsay, James M. [2008], "The Shifting Pendulum of Power: Executive-Legislative Relations on American Foreign Policy," Eugeme R. Wittkopf and James M. McCormick, eds., *The Domestic Sources of American Foreign Policy*, pp. 199-211.

Llach, Lucas and Pablo Gerchunoff [2004], *Entre la equidad y el crecimiento: ascenso y caida de la economia argentina*, 1880-2002, Buenos Aires: Siglo Veintiuno Editores Argentina.

Luciani, Giacomo [2005], "Oil and Political Economy in the International Relations of the Middle East," Louise Fawcett, *International Relations of the Middle East*, Oxford: Oxford University Press, pp. 79-104.

Luciani, Giacomo and Hazem Beblawi, ed. [1987], *The Rentier State*, London, New York: Croom Helm.

Lynch, Marc [2005], *Voices of the New Arab Public: Iraq, al-Jazeera, and Middle East Politics Today*, New York: Columbia University Press.

Ma, Qiusha [2006], *Non-Governmental Organizations in Contemporary China: Paving the Way to Civil Society?*, London: Routledge.

Majone, Giandomenico [2005], *Dilemmas of European Integration: The Ambiguities and Pitfalls of Integration by Stealth*, Oxford: Oxford University Press.

Mandelbaum, M., ed. [1995], *The Strategic Quadrangle: Russia, China, Japan, and the United States in East Asia*, New York: Council on Foreign Relations Press.

Mariano, Nilson Cezar [1998], *Operación Cóndor: terrorismo de estado en el Cono Sur*, Buenos Aires: Ediciones Lohlé-Lumen.

Marty, Martin E. and R. Scott Appleby, eds. [1994], *Accounting for Fundamentalisms*, Chicago, London: University of Chicago Press.

Mauzy, Diane K. and R. S. Milne [2002], *Singapore Politics under the People's Action Party*, London, New York: Rout-ledge.

Mead, Walter Russell [2002], *Special Providence: American Foreign Policy and How It Changed the World*, New York: Alfred A. Knopf.

Menkhaus, Kenneth [2007], "Local Security Systems in Somali East Africa," Louise Andersen et al., eds., *Fragile States and Insecure People?: Violence, Security, and Statehood in the Twenty-First Century*, New York: Palgrave, pp. 67-98.

Migdal, Joel S. [1988], *Strong Societies and Weak States: State-Society Relations and State Capabilities in the Third World*, Princeton: Princeton University Press.

Millett, Richard L. [1997], "The United States and Latin America's Armed Forces: A Troubled Relationship," *Journal of In-teramerican Studies and World Affairs*, 39-1, pp. 121-136.

Milward, Alan [1992], *The European Rescue of the Nation-State*, London: Rout-ledge.

Mirsepassi, Ali, Amrita Basu, and Frederick Weaver, eds. [2003], *Localizing Knowledge in a Globalizing World: Recasting the Area Studies Debate*, Syracuse: Syracuse University Press.

Miyagi, Yukiko [2008], *Japan's Middle East Security Policy: International Relations Theory and Japanese Foreign Policy-Making*, London: Routledge, Taylor & Francis Group.

Mommsen, Wolfgang and Jürgen Osterhammel, eds. [1986], *Imperialism and After: Continuities and Discontinuities*, London: Allen & Unwin.

Murillo, María Victoria [2005], "Partisanship amidst Convergence: The Politics of Labor Reform in Latin America," *Comparative Politics*, 37-4, pp. 441-458.

Narine, Shaun [2002], *Explaining ASEAN: Regionalism in Southeast Asia*, Boulder: Lynne Rienner.

Ness, Peter V. [1970], *Revolution and Chinese Foreign Policy: Peking's Support for Wars of National Liberation*, Berkeley: University of California Press.

Norton, Augustus Richard, ed. [1995], *Civil Society in the Middle East* (Social, Economic and Political Studies of the Middle East), Leiden: Brill.

Nye, J. S., K. Biedenkopf, and M. Shnna [1991], *Global Cooperation after the Cold War: A Reassessment of Trilateralism*, New York: Trilateral Commission.

O'Donnell, Guillermo [1973], *Modernization and Bureaucratic-Authoritarianism: Studies in South American Politics*, Berkeley: University oi California Press.

O'Donnell, Guillermo [1978], "Reflections on the Patterns of Change in the Bureaucratic-Authoritarian State," *Latin American Research Review*, 13-1, pp. 3-38.

O'Donnell, Guillermo [1981], "Las fuerzas armadas y el estado autoritario del Cono sur de America Latina," Norbert Lechn-er, comp., *Estado y politica en America Latina*, Mexico, D. F. I Siglo Veintiuno Editores, pp. 199-235.

Pearson, Margaret M. [2001], "The Case of Cnina's Accession to GATT/WTO," David M. Lampton, ed., *The Making of Chinese Foreign and Security Policy in the Era of Reform, 1978-2000*, Stanford: Stanford University Press.

Peeler, John A. [1985], *Latin American Democracies: Colombia, Costa Rica, Venezuela*, Chapel Hill: University of North Carolina Press.

Pegg, Scott [1998], *International Society and the De Facto State*, Aldershot: Ashgate.

Petito, Fabio and Pavlos Hatzopoulos, eds. [2003], *Religion in International Relations: The Return from Exile*, New York: Palgrave.

Pion-Berlin, David [1989], "Latin American National Security Doctrines: Hard-and

Softline Themes," *Armed Forces and Society*, 15-3, pp. 411-429.

Posusney, Marsha Pripstein and Michele Penner Angrist, ed. [2005], *Authoritarianism in the Middle East: Regimes and Resistance*, Boulder: Lynne Rienner.

Poti, Laszlo [2007], "The Rediscovered Backyard: Central Europe in Russian Foreign Policy," Iwashita Akihiro., ed., *Eager Eyes Fixed on Eurasia*, Vol. 1: *Russia and Its Neighbors in Crisis*, Slavic Research Center, Hokkaido University.

Pratt, Nicola [2006], *Democracy and Authoritarianism in the Arab World*, Boulder: Lynne Rienner.

Pye, Lucian W. [1966], *Aspects of Political Development: An Analytic Study*, Boston: Little, Brown.

Pye, Lucian W., ed. [1975], *Political Science and Area Studies: Rivals or Partners?*, Broomington: Indiana University Press.

Pye, Lucian W. with Mary W. Pye [1985], *Asian Power and Politics: The Cultural Dimensions of Authority*, Cambridge, Mass.: Belknap Press of Harvard University Press. (ルシアン・パイ／園田茂人訳『エィジアン・パワー』上・下、大修館書店、一九九五)。

Rahim, lily Zubaidah [1998], *The Singapore Dilemma: The Political and Educational Marginality of the Malay Community*, Kuala Lumpur: Oxford University Press.

Reno, William [1999], *Warlord Politics and African States*, Boulder: Lynne Rienner.

Reynolds, Douglas R. [1986], "Chinese Area Studies in Prewar China: Japan's Toa Dobun Shoin in Shanghai, 1900-1945," *Journal of Asian Studies*, 45-5 (November), pp. 945-970.

Robertson, Roland [2007], "Global Millennialism: A Postmortem on Secularization," Peter Beyer and Lori Beaman, eds., *Religion, Globalization and Culture*' Leiden, Boston: Brill.

Roitman, Janet [2001], "New Sovereigns?: Regulatory Authority in the Chad Basin," T. M. Callaghy et al., eds., *Intervention and Transnationalism in Africa: Global-Local Networks of Power*, Cambridge: Cambridge University Press, pp. 240-263.

Romero, Luis Alberto [2001], *Breve historia contemporánea de Argentina*, 2nd ed.,

Buenos Aires: Fondo de Cultura Económica.

Rostow, W. W. [1960], *The Stages of Economic Growth: A Non-Communist Manifesto*, London: Cambridge University Press. (W・W・ロストウ／木村健康ほか訳『経済成長の諸段階——一つの非共産主義宣言』ダイヤモンド社、一九六一）．

Said, Edward W. [1978], *Orientalism*, New York: Georges Borchardt. (エドワード・W・サイード／板垣雄三・杉田英明監修、今沢紀子訳『オリエンタリズム』上・下、平凡社ライブラリー、一九九三）．

Salame, Ghassan [1987], *The Foundations of the Arab State*, London, New York: Croom Helm.

Sambanis, Nicholas [2004], "What Is Civil War?: Conceptual and Empirical Complexities of Operational Dennition," *The Journal of Conflict Resolution*, 48-6, pp. 814-858.

Schamis, Hector E. [1991], "Reconceptualizmg Latin American Authoritarianism in the 1970s: From Bureaucratic-Authoritarianism to Neoconservatism," *Comparative Politics*, 23-2, pp. 201-220.

Schlumberger, Oliver [2007], *Debating Arab Authoritarianism: Dynamics and Durability in Nondemocratic Regimes*, Stanford: Stanford University Press.

Schoiswohl, Michael [2004], *Status and (Human Rights) Obligations of Non-Recognized De Facto Regimes in International Law: The Case of 'Somaliland': The Resurrection of Somaliland against All International 'odds': State Collapse, Secession, Non-Recognition and Human Lights*, Leiden: Martinus Nijhoff.

Schwartz, Benjamin [1960], "Totalitarian Consolidation and the Chinese Model," *The China Quarterly*, 1, pp. 18-21.

Schwedler, Julian, ed. [1995], *Toward Civil Society in the Middle East?: A Primer*, Boulder: Lynne Rienner.

Scott, James C. [1985], *Weapons of the Weak: Everyday Forms of Peasant Resistance*, New Haven: Yale University Press.

Severino, Rodolfo C. [2006], *Southeast Asia in Search of ASEAN Community: Insights from the Former ASEAN Secretary-General*, Singapore: Institute of Southeast Asian Studies.

Shamsie, Yasmine [2007], "The International Political Economy of Democracy Promotion: Lessons from Haiti and Guatemala," Thomas Legler, Sharon F. Lean, and Dexter S. Boniface, eds., *Promoting Democracy in the Americas*, Baltimore: Johns Hopkins University Press, pp. 249-269.

Singh, D. S. R. [1984], *Brunei 1839-1983: The Problems of Political Survival*, Singapore: Oxford University Press.

Skocpol, Theda [1979], *States and Social Revolutions: A Comparative Analysis of France, Russia, and China*, New York: Cambridge University Press.

Smith, Peter H. [2005], *Democracy in Latin America: Political Change in Comparative Perspective*, New York: Oxford University Press.

Spivak, Gayatri Chakravorty [1999], *A Critique of Postcolonial Reason: Toward a History of the Vanishing Present*, Cambridge, Mass.: Harvard University Press.

Sridharan, Kripa [1997], "India and Southeast Asia in the 1990s," *Southeast Asian Affairs* 1997, Singapore: Institute of Southeast Asian Studies, pp. 46-63.

Starobin, Paul [2006], "The Realists," *The National Journal*, September 16, pp. 24-29.

Stepan, Alfred [1973], "The New Professionalism of Internal Warfare and Military Role Expansion," Alfred Stepan, ed., *Authoritarian Brazil: Origins, Policies, and Future*, New Haven: Yale University Press, pp. 47-68.

Telhami, Shibley and Michael Barnett [2002], *Identity and Foreign Policy in the Middle East*, Ithaca, London: Cornell University Press.

Tessler, Mark, Jodi Nachtwey, and Anne Banda, eds. [1999], *Area Studies and Social Science: Strategies for Understanding Middle East Politics*, Bloomington: Indiana Liniversity Press.

Thomas, Scott M. [2005], *The Global Resurgence of Religion and the Transformation of International Relations: The Struggle for the Soul of the Twenty-First Century*, New York: Palgrave.

Tin Maung Maung Than [2007], "Myanmar's Foreign Trade under Military Rule: Patterns and Recent Trends," Dalgit Singh and Lorraine C. Salazar, eds., *Southeast*

Asian Affairs 2007, Singapore: Institute of Southeast Asian Studies, pp. 242-254.

Toh, Mun Heng [2005], "Development in the Indonesia-Malaysia-Singapore Growth Triangle," *Asian Studies Review*, 18-1, pp. 43-60.

Turner, Bryan S. [2007], "Globalization, Religion and Empire in Asia," Peter Beyer and Lori Beaman, eds., *Religion, Globalization and Cloture*, Leiden, Boston: Brill.

UN (United Nations) [1998], *The Causes of Conflict and the Promotion of Durable Peace and Sustainable Development in Africa*, Report of the Secretary-General to the United Nations Security Council, April 16.

Valdés, Juan Gabriel [1995], *Pinochet's Economists: The Chicago School of Economics in Chile*, Cambridge: Cambridge University Press.

Veer, Peter van der [1994], *Religious Nationalism: Hindus and Muslims in India*, Berkeley: University of California Press.

Vogel, Ezra F. [1979], *Japan as Number One: Lessons for America*, Cambridge, Mass.: Harvard University Press. (エズラ・F・ヴォーデル/広中和歌子・木本彰子訳『ジャパンアズナンバーワン──アメリカへの教訓』ティビーエス・ブリタニカ、一九七九)。

Walker, R. B. J. [1993], *Inside/Outside: International Relations as Political Theory*, Cambridge: Cambridge University Press.

Wallerstein, Immanuel [2008], "The Political Construction of Islam in the Modern World-System," Khaldoun Samman and Mazhar al-Zo'by, eds., *Islam and the Orientalist World-System*, Boulder: Paradigm.

Wang, Jisi [1994], "international Relations Theory and the Study of Chinese Foreign Policy: A Chinese Perspective, ihomas W. Robinson and David Shambaugh, eds" *Chinese Foreign Policy: Theory and Practice*, Oxford: Clarendon Press.

Waters, Neil L., ed. [2000], *Beyond the Area Studies Wars: Toward a New International Studies*, Hanover, NH (pub. by University Press of New England): Middlebury College Press.

Wessels, Wolfgang [1997], "An Ever Closer Fusion?: A Dynamic Macropolitical View on Integration Process," *Journal of Common Market Studies*, 35-2, pp.

267-229.

Weyland, Kurt [2004], "Learning from Foreign Models in Latin American Policy Reform: An Introduction," Kurt Weyland, ed., *Learning from Foreign Models in Latin American Policy Reform*, Washington, D. C.: Woodrow Wilson Center Press; Baltimore: Johns Hopkins University Press, pp. 1-34.

Weyland, Kurt [2005], "The Growing Sustainability of Brazil's Low-Quality Democracy," Frances Hagopian and Scott P. Mainwaring, eds., *The Third Wave of Democratization in Latin America: Advances and Setbacks*, New York: Cambridge University Press, pp. 90-120.

Weyland, Kurt [2006], *Bounded Rationality and Policy Diffusion: Social Sector Reform in Latin America*, Princeton: Princeton University Press.

Wiener, Antje and Thomas Diez [2004], *European Integration Theory*, Oxford: Oxford University Press.

Wilson, Bruce M. [1994], "When Social Democrats Choose Neoliberal Economic Policies: The Case of Costa Rica," *Comparative Politics*, 26-2, pp. 149-168.

Wittkopf, Eugene R. and James M. McCormick, eds. [2008], *The Domestic Sources of American Foreign Policy: Insights and Evidence*, 5th ed., New York: Rowman & Littlefield.

Wright, Thomas C. [2001], *Latin America in the Era of the Cuban Revolution*, rev. ed., Westport: Praeger.

Yasui, Shin [2003], "Role of US-Trained Economists in Economic Liberalization: The Cases of Chile and Indonesia."『社会科学研究』第五五巻第一号、七一-九四頁。

Yeo, Lay Hwee [1997], "The Bangkok ASEM and the Future of Asia-Europe Relations," *Soutneast Asian Affairs* 1997, Singapore: Institute of Southeast Asian Studies pp. 33-45.

Zhao, Quansheng [1996], *Interpreting Chinese Foreign Policy: The Micro-Macro Linkage Approach*, New York: Oxford University Press.（趙全勝/真水康樹・黒田俊郎訳『中国外交政策の研究——毛沢東、鄧小平から胡錦濤へ』法政大学出版局、二〇〇七）。

中国語文献

宧郷［一九八二］「関於『帝国主義衰死』的問題」『中国社会科学』一九八一年第一期。

宧郷［一九八四］「関於国際外交格局和戦略格局」『世界経済導報』一九八四年七月九日（小林弘二編『中国の世界認識と開発戦略関係資料集』アジア経済研究所、一九八九年、八五頁）。

韓徳強［二〇〇〇］『碰撞——全球化陥阱與中国現実選択』経済管理出版社。

朱鋒［二〇〇四］「非伝統安全解析」『中国社会科学』二〇〇四年第四期。

宋強・張蔵蔵・喬辺・古清生ほか［一九九六］『中国可以説不——冷戦後時代的政治與情感抉択』中華工商聯合出版社。

曽令良［一九九八］「論冷戦後時代的国家主権」『中国法学』一九九八年第一期、一〇九-一二〇頁。

孫潔琬［二〇〇八］「国家安全的認知與解読」『世界経済與政治』二〇〇八年第四期。

張雲箏［二〇〇五］「当代大学生対非伝統安全問題的思考與困惑」『世界経済與政治』二〇〇五年第八期。

張艶軍［二〇〇八］「非伝統安全與中国的新安全観」『社会科学論壇』二〇〇八年第八号（下）。

房寧・王小東・宋強ほか［一九九九］『全球化陰影下的中国之路』中国社会科学出版社。

兪暁秋・李偉［二〇〇三］「非伝統安全論祈」『現代国際関係』二〇〇三年第五期。

楊希鉞［一九九九］「冷戦後の大国関係について」『北京週報』一九九九年第九・一〇合併号。

李東燕［二〇〇八］「具有中国特色的高校学生安全観」『世界経済與政治』二〇〇八年第五期。

李琳［二〇〇五］「国内非伝統安全問題研究述評」『国際関係学院学報』二〇〇五年第一期。

劉勝湘［二〇〇四］「国家安全観的終結？——新安全観質疑」『欧洲研究』二〇〇四年第一期。

日本国际政治学

· 第四卷 ·

历史中的国际政治

〔日〕日本国际政治学会 /编
〔日〕李钟元　田中孝彦　细谷雄一 /主编
刘　星 /译

目 录

序　章　历史与国际政治学　李钟元　/ 1

　　引言——国际政治学与历史研究　/ 1
　　一、国际政治学中的"理论"与"历史"　/ 5
　　二、历史研究的背景　/ 11
　　三、本书的目的——追求"日本的国际政治学"　/ 15

第一章　战后日本国际政治史研究的发展历程　细谷雄一　/ 17

　　引　言　/ 17
　　一、国际政治史研究的黎明　/ 19
　　二、从废墟中走向冷战　/ 22
　　三、冷战后的国际政治史研究　/ 28
　　结　语　/ 31

第二章　全球史——分析视角及对冷战史研究的意义
　　　　　田中孝彦　/ 32

　　一、全球史的多义性　/ 33
　　二、全球史的分析视角　/ 36
　　三、对国际政治研究的意义　/ 38

结语——全球史的研究策略 / 44

第三章　近代欧洲国际政治史　渡边启贵 / 46

引　言 / 46

一、欧洲国际政治体系的理论与意识 / 46

二、民族国家的变化与欧洲传统国际体系的危机 / 53

三、两次世界大战期间的欧洲 / 58

第四章　东亚国际政治史——围绕中国的国际政治史与中国外交史　川岛真 / 66

引言——两种背景 / 66

一、围绕中国的国际政治史研究——海关、传教士、外交官 / 69

二、中国外交史研究的形成 / 70

三、两种背景的融合——通向费正清"冲击-反应"理论的进程 / 73

四、中国外交史研究的渐进性发展 / 76

结语——新的研究课题 / 81

第五章　两次世界大战期间的东亚国际政治史　服部龙二 / 86

引　言 / 86

一、第一次世界大战前后 / 88

二、华盛顿体系的建立与变化 / 90

三、从九一八事变到卢沟桥事变 / 93

四、侵华战争及其扩大 / 95

结　语 / 98

第六章　美苏冷战史——美国的视角　佐佐木卓也 / 100

引　言 / 100

一、冷战的起源 / 100

二、冷战外交的开端　/ 102

三、冷战的长期化　/ 104

四、美苏冷战的全球化　/ 106

五、缓和外交的发展　/ 110

六、冷战与国内政治　/ 112

七、冷战的结束　/ 115

结　语　/ 117

第七章　欧洲冷战史——德国问题与欧洲缓和　山本健　/ 119

引　言　/ 119

一、欧洲的分裂、德国的分裂——德国问题的起源
（1945—1955年）　/ 120

二、德国问题与缓和的关系（1955—1958年）　/ 122

三、美苏缓和与欧洲缓和的分离（1958—1963年）　/ 124

四、从双边缓和走向多边缓和（1963—1975年）　/ 127

五、分裂的超越与克服（1975—1991年）　/ 130

结　语　/ 132

第八章　战后亚洲国际政治史　宫城大藏　/ 134

引　言　/ 134

一、独立、革命、内战的时代（1945—1955年）　/ 137

二、冷战与新兴独立国家的团结（1955—1965年）　/ 139

三、"转型的十年"（1965—1975年）　/ 143

结　语　/ 150

第九章　冷战后的国际政治　岩间阳子　/ 152

一、德国的统一与欧洲　/ 153

二、欧盟及北约东扩　/ 155

三、南斯拉夫冲突、民族冲突、人道主义干涉 / 157

四、美国的"胜利"与帝国 / 160

五、"新型战争"与21世纪的世界政治 / 163

第十章　近现代日本外交史　酒井哲哉　/ 166

引　言 / 166

一、代表性外交论的探讨 / 168

二、文明、亚洲、帝国 / 171

三、"中国问题"的定位 / 174

四、两次世界大战期间的发展 / 176

结　语 / 180

第十一章　战后日本外交史——围绕自立的纠葛　添谷芳秀　/ 183

一、吉田路线与结构性问题 / 186

二、吉田路线的巩固 / 189

三、吉田路线的制度化 / 192

四、冷战后的日本外交 / 195

结　语 / 197

参考文献　/ 201

序　章　历史与国际政治学

李钟元[*]

引言——国际政治学与历史研究

本书作为《日本国际政治学》的最后一卷，聚焦于旨在从历史视角解析国际政治的外交史与国际关系史领域的研究。

首先，笔者将梳理本章所使用的一些术语。国际政治学是比较新的研究领域，从创始之际起就带有强烈的跨学科性质，其学术认同仍在发展之中。因此，术语的使用难言得到了统一，而这也是造成混乱的原因之一。

根据日本国际政治学会的计划，题目使用了"国际政治学"这一术语。但是，近年来在很多情况下都使用了"国际关系学"或"国际关系论"等名称。这些名称既是美国一般使用的 IR（International Relations）的日译文，同时也反映了"国际政治学"的研究对象与研究方法的扩展。

即使从日语的语义来看，"国际关系论"也比"国际政治学"的范围更广。在日本，"国际政治学"一般被定位为"国际关系论"的一个研究领域。比如，川田经过分析整理（川田［1996］28-29、

---

[*] 立教大学法学部教授。

35），将"国际关系论"定义为"对反映到国际的各种政治关系中的法律、政治、经济、文化、社会、历史等各种因素进行的整体性研究"，并将"国际法、国际组织论、国际政治论"作为"国际关系论"的"三项研究内容"。

第一次世界大战后诞生的国际关系（IR），随着时代的变迁其内容更具跨学科性，涉及不仅包括社会科学，还包括人文科学在内的各个学术领域，并保持不断扩大的趋势。但是，国际关系（IR）最终会聚焦于国家间的各种政治关系。从这一点来看，与政治学的强力关系仍然是国际关系（IR）的基础。在国际关系（IR）研究的中心即美国的大学中，学科建设一般将国际关系（IR）作为政治学的一部分，这也是佐证之一。

随着全球化的进展，国际关系（IR）的研究对象及范围也在不断扩大，但是移民、难民、环境等各种跨国性问题已不再是国际关系（IR）的专利，社会科学、人文科学等也在探索适应全球化发展的学术转型。另外，在 IR 中，也产生了诸如国际政治经济学（IPE）等新的学术领域。在这种情况下，IR 的学术认同可以认为最终将回归到"政治关系"，从这个意义上，IR 可以被译为广义的"国际政治学"。本章即采用这种广义的用法。1956 年 12 月 22 日，日本国际政治学会成立大会上发表的创建宗旨中将"International Relations"译为"国际政治学"，以此为根据，"日本国际政治学会"的英文名称为"The Japan Association of International Relations"。①

此外，作为从古典外交史（diplomatic history）发展而来的国际史（international history），同时使用着"国际政治史""国际关系史"以及"国际史"等译称。而在本章中，作为前述国际政治学这一术语用法的延伸，将使用"国际政治史"的称呼。

在学术上，国际政治学从其创建之初就与历史研究密不可分。

---

① 日本国际政治学会创立宗旨全文参见：日本国際政治学会［1957a］244-245 以及大畑［1986］172。

序　章　历史与国际政治学

　　国际政治学古典名著《伯罗奔尼撒战争史》的作者修昔底德既是雅典的将军，也是历史学家。此外，创作了《君主论》的近代政治学鼻祖，也是国际政治中现实主义理论之源的马基雅维利，同时也是《罗马史论》《佛罗伦萨史》等历史名著的作者。他们通过历史研究，从实际的历史中推导出了诸如均势、权力、道德等作为现代国际政治学基础的为数众多的命题与研究。

　　现代国际政治学直接产生于历史研究与外交史。第一次世界大战后的1919年，英国的威尔士大学设立了世界上第一个国际政治学的教授职位（Chair of International Politics），任职的金曼与韦伯斯特两位教授都是著名的历史学家。国际政治学家摩根索与汤普森也认为，"今天被称为国际政治论的科目，无论是传统的现代史，还是外交史，都被看作是历史研究的一个分支"，且这种现象"绝不是偶然的"（Morgenthau and Thompson［1950］3，川田［1996］41）。

　　第二次世界大战后得以确立的日本国际政治学也是在外交史的基础上发展起来的。本卷第一章（细谷）即概述了日本国际政治学会的创立过程，最初将学会定名为"外交史学会"的呼声十分强大（大畑［1968］169）。尽管可能是由于创建学会的人物以研究外交史、国际政治史的学者为中心，但这件事本身也可以说反映了当时学术界的情况。

　　在这一背景下，日本国际政治学会的组成与活动从创建初期以来历史研究的比重就很大。根据日本国际政治学会的创建宗旨，学会的目的在于推动"国际政治学、国际政治史以及与上述两者相关的国际经济学及其他各学术领域"的研究（大畑［1968］172），从而确定了将历史研究作为重点的方针。在这一方针下，1957年创刊的学会杂志《国际政治》（季刊）每发行3—4期便会编辑1期有关日本外交史、国际政治史的特刊，因此从创刊号（1957年5月）到第151号（2008年3月）刊登的共1400篇论文（书评及学会动态除外）中，外交史、国际关系史领域的论文有约460篇（占全部论文的33%）。

历史研究在日本国际政治学中的比重也反映在日本国际政治学会成员的构成上。1988年以国际政治学会会员为对象的问卷调查显示（石川、大芝［1992］），会员的专业领域（可多选）依次为地区研究（39.3%）、国际政治学（30.5%）、外交史（16.7%）、和平研究（5.9%）、国际经济学（4.5%）和国际法（3.1%）。尽管外交史所占不到20%，但是相当一部分以"地区研究"与"国际政治学"为专业领域的回答者也选择了外交史领域。根据这一调查结果，石川、大芝认为，"在日本，历史学家提出国际政治的理论模型，而国际政治学者则进行历史研究，这是极为普遍的现象"（同上书，272页）。针对"在日本国际关系研究中什么是支配性的研究方法"这一提问，该调查约1/4（26.4%）的回答者选择了"历史方法"，超过了决策论及计量分析法的回答而成为被选择最多的回答选项（同上书，280—281页）。

1998年猪口等人进行的调查再次确认了上述倾向（猪口、原田［2002］）。对专业领域分布（可多选）的调查显示，日本国际政治学会的三个专业领域各自所占比例依次为国际政治理论（67.9%）、地区研究（55.7%）及外交史与国际政治史（55.3%），外交史与国际政治史排在第三位（同上书，498—503页）。但是，这个数字本身却也说明日本国际政治学会半数以上的会员将历史研究作为自己的专业。

可以说，日本国际政治学的特点就是在与历史研究的深刻关联中诞生并不断成长。日本的外交史、国际政治史各领域已取得的学术成果及研究动向将在本书各章中详细论述，而本序章将通过对国际政治学理论与历史的关系、国际政治学中历史研究的变迁进行探讨，为"日本国际政治学"的展望与课题提供一些思路。

一、国际政治学中的"理论"与"历史"

从历史学到国际政治学

美国的国际政治学者赖特将"国际法、外交史、军事学、国际政治、国际组织、国际通商、殖民地行政、外交实务"等作为促进"国际政治学"（赖特称为"国际关系论"）诞生及发展的"根源学科"（root disciplines）（Wright［1955］33）①。此外，英国的奥尔森及格鲁姆则将"国际法、外交史、和平运动、道德哲学、地理学、人类学"奉为国际政治学的"鼻祖"（Olson and Groom［1991］）。其中，一般均将国际法与外交史这两个学术领域视为作为现代学科的国际政治学的直接母体。

与很多新学科的诞生一样，国际政治学的创立既是历史的产物，也是时代的要求。在产业革命与技术革新带来通信、交通手段的飞跃性进步及世界相互依存的发展等国际关系宏观变化的大背景下，20世纪初，主要以美英等国为中心，创建综合研究国际政治的新学科的需求日益高涨。而作为新兴大国走上国际政治舞台的美国，这种需要则更为迫切。从第一次世界大战之前的1913年开始，在17年间，主要大学均陆续设置了"世界政治论"（world politics）、"当代事件"（contemporary events）、"国际关系论"（international relations）、"国际政治论"（international politics）等各种名称的课程（川田［1996］39-40）。

制度性创建现代国际政治学的标志，即1919年威尔士大学国际政治学讲座的设立，就是这一潮流的延续。这些初期国际政治学的尝试，都是在第一次世界大战这场人类未曾经历过之浩劫的背景下，

---

① 赖特（Wright）所称的"根源学科"之一的"国际政治"，其定义仅限于对以马基雅维利、培根为首的近代政治学理论与思想中的对外关系为中心所进行的考察（Wright［1955］36-37）。

以为了实现世界和平而设立的国际联盟为中心、以构建和平的国际秩序为目标追求对国际问题的综合研究,因而具有强烈的跨学科意向。但实际上如同"其内容颇似现代史的一部分"(川田［1996］40)的评价,可以说属于有关国际和平、裁军等各种问题的国际法、历史、规范性方法的混合型研究。

在20世纪第一个十年的后半期,作为新学科的国际政治学在美英两国诞生并发展起来。毫无疑问,之所以在这两个国家产生,其背景正是作为战胜国以及新旧霸权国家对于构建、管理国际秩序的政策性关心及要求。创建之初,国际政治学在美英的学术动向类似且相互关联,但其研究中心却逐渐转到美国,正如霍夫曼所述,国际政治学走上了成为一门"美国的社会科学"的道路(Hoffmann［1977］)。霍夫曼断言"国际政治学确定其作为一门学科的地位是在美国"(Ibid., 43),并不仅仅是指在地理上美国成为活动的中心,而是指在其发展过程中,逐渐带有"美国式"的学科特点。如何在今天的国际政治学体系及方法论中将"美国的社会科学"这一特征相对化,对于展望多元化、多样化世界中的国际政治学也是必要的。

作为国际政治学发祥地的美英两国之间,在学术方法上也多少存在着差别。① 英国国际政治史专家希尔指出:"美英两国国际政治学之间对立的根源在于对历史的态度(不同)。"在功能主义与实证主义(positivism)方法论传统十分浓厚的美国社会科学中,历史只是实证命题的工具,历史方法(approach)处于边缘位置。与此相比,英国的国际政治学"受到历史方法论的强烈影响","众多的政治学者接受过作为历史学家的训练",历史方法占据支配地位(Hill［1985］129-131)。

---

① 比较英美两国国际政治学之不同的研究可参见史密斯(Smith［1985］)。韦弗(Wæver［1998］)从欧洲的视角对美英德法四国国际政治学的特点进行了综合比较。而从欧洲的视角对以美国为中心的国际政治学进行批判性考察则可参见约根森(Jørgensen)［2000］的研究。

序 章 历史与国际政治学 7

当然,在美国的国际政治学者中,也有为数不少的人同以古巴导弹危机为案例构建决策模型的阿利森(Allison)一样,采用解读第一手史料的档案等历史研究方法从事研究工作。但是,即使在这种情况下,历史也仅仅是"旨在对世界进行一般性说明的命题材料"。形成鲜明对比的是,英国学者在"世界本身就是历史现象"的认知下,关心"历史的长期趋势以及持续性的规范性问题"(Hill [1985])。

希尔更进一步强调,美英之间并不是"历史还是理论"的单纯对立,更是从根本上对"理论",进而对"社会科学""科学"的认识不同。在深受实证主义科学观影响的美国,政治学、国际政治学等社会科学也应如自然科学、现代经济学那样,采用使用计量性、机械性方法论的模型。① 与此相比,英国的"科学"则意味着"通过分析的、法律的、哲学的以及历史的等多种方法并行发展的方式进行广泛的知识探索",采用了"更为古典的定义"(Hill [1985])。

韦弗(Wæver)从各国社会科学的状况及发展过程的角度对欧美四国的国际政治学特征进行了广泛的比较研究,认为在近现代以来的欧洲,全面的社会科学研究方式是普遍的,基于美国式实证主义、实用主义(pragmatism)、经验主义(empiricism)的科学观反而是特殊的。在德国、法国、英国等国,包括国际政治学在内的政治学,都是在与哲学、社会学、法学、历史学等社会、人文科学各领域的密切联系中得以发展的。在这样的知识传统与环境中,"理论"与"历史"并不是分离和对立的关系,思想、哲学与规范方法被视为社会科学的重要组成部分。

在自然科学倾向强烈的美国的论战中,自然科学领域的"科学性"也存在各种形态,对历史方法进行辩证分析的外交史学家加迪

---

① 霍夫曼指出,在追求"正确的科学"的美国,战后最早确立这种地位的是经济学,在其他社会科学都受到经济学触动的过程中,"仿效经济学这一诱惑在政治学中最为强烈"(Hoffmann [1977] 46)。

斯（Gaddis）的这一论述颇具意义（Gaddis［1996］［1997］［2001］）。加迪斯将自然科学分为两类，一类是数学、物理学、化学等"实验室科学"（可以再现的科学），另一类是地质学、考古学、生物学、天文学等"不可再现的科学"。加迪斯注意到，同样是自然科学，前者有赖于通过在实验室再现进行实证，而研究时间、空间宏观现象的后者则较之理论的简洁性与俭省性（parsimony）更重视复杂性，较之独立变数与从属变数形式上的严格区别更重视这两者的相互依存性，较之反复模式的法则性更重视宏观视角的变化过程，两者在对理论与科学性的态度上存在着巨大差异。在此基础上，加迪斯主张，以人及社会为研究对象的政治学追求的科学性应与"不可再现的科学"具有明显的共通性，从而对追求将政治学作为"实验室科学"的美国政治学提出了质疑。在加迪斯看来，分析国际政治的历史方法更加具有"理论性"与"科学性"（Gaddis［1997］76-80）。

国际政治学是"美国的社会科学"吗？

无论怎样，"美国的社会科学"很大程度上决定了现代的国际政治学。作为一门学科，国际政治学在20世纪的美国大放异彩，霍夫曼将其原因归结于"知识土壤、政治环境与制度上的机会"等三点（Hoffmann［1977］43-50）。第一点，知识土壤是基于将发现并解决现实问题的实用方法置于最优先地位的实证主义科学观，以及确信人类理性与进步的启蒙主义思维，与其他国家相比，美国的社会科学，特别是政治学具有"改革与治疗（therapeutic）"的倾向。

第二点的政治环境则更为重要。正如经常被人们所提到的，通过20世纪前半期的两次世界大战，崛起为超级大国的美国在国际政治中所拥有的优势地位是美国国际政治学发展的直接原因。但是，霍夫曼认为不仅是"权力"，"国际政治的民主化"也是重要因素。霍夫曼所说的"民主化"包含两个含义。其一是"外交的民主化"，外交不再是像以往欧洲那样由少数精英垄断的领域，而成为大众关心的问题。这也使得国际政治有必要也有可能成为进行社会科学性分析的学科。在霍夫曼看来,最明显体现外交民主化这一新现象的就是美国,而其他"大国"国际政治学在学科上相对低调也正是因为如此。其二,霍夫曼间接地提出了"国际政治的民主化"。也就是说,大国单边支配的情况下国际政治学的必要性就会降低,构建基于形式平等原则的国际体系及秩序成为一个课题,这形成了国际政治学作为旨在设计与管理稳定的国际关系的社会工学性学科得以发展的土壤。

关于第三点制度上的机会,是指学科(学术界)与政策(实务)之间的有机关系、对政策研究的多样化支持体制、大学灵活的科研体系等。这些美国制度性的特点促进了吸收新课题的学科的诞生与发展。在此值得注意的是,美国的大学即使与英法等其他发达国家的相比,政治学作为独立的社会科学领域在制度上不断前进,在这个大框架中国际政治学才较容易得以发展(Hoffmann[1977])。

正如韦弗的详细分析,美国主导的国际政治学理论取向较强,与其他学术领域相比,通过一系列的"大论战"("现实主义"对"理想主义"、"传统主义"对"行为主义"、"实证主义"对"建构主义"),对学科发展产生了重大影响,这一点在很大程度上受到内部同质性与统一性较高的美国政治学的状况与结构的影响(Wæver[1998] 715-720)。的确,与现实中国际问题的多样性相比,以美国为中心的国际政治学的理论论战给人以单线条的印象。此外,尽管是以实际的国际状况为背景,但在很多情况下却是由学科内在契机引发的方法论或认识论的论战,呈现出某种流行现象的状态也是事实。

与此相比,正如韦弗、约根森等欧洲学者所指出的,在英国、法国、德国等欧洲国家,国际政治学是在与历史学、法学、哲学、社会学等其他人文、社会科学之紧密关联中发展起来的,因此美国展开的"大论战"在欧洲的渗透程度较低,同时也由于因语言障碍而产生的区域性问题,走上了各自的发展道路(Wæver［1998］;Jørgensen［2000］)。基于历史、规范方法提出了"国际社会"(international society)论的布尔等人所在的"英国学派"(English School)就是代表。布朗模仿霍夫曼的说法,将热衷于政治思想及政治理论这一研究方法的英国国际政治学的研究活动称为"英国的社会科学"(Brown［2000］)。欧洲的研究状况也为在发展过程中与历史研究关系密切的日本国际政治学带来了不少启示。

脱离历史、理论化倾向很强的美国社会科学毫无疑问是美国文化与国情的产物。19世纪初以来,美国的社会科学在具有很强历史主义传统的欧洲,特别是德国社会科学的影响下起步发展,但却逐渐具备了"追求自然科学方法论"的特点。究其背景,罗斯(Ross)认为是"美国例外主义",即"通过共和制政府与经济良机,美国在历史上占据着例外地位"的历史意识,其结果是对历史背景及条件的认识相对薄弱,而通过理性可以推动历史的进步、促进历史的管理和超越这一信念成为社会科学的基础(Ross［1991］xiv-xv)。

这种自然科学取向通过世纪转型期改革主义的经验大致得以确立。在很多政治学者参与现实政治及行政改革、摸索具体问题解决方法的过程中,从19世纪中期以来,与历史学一同发展的政治学实现了从"历史政治学(historico-politics)向政治科学(political science)"的转型,并与历史学分道扬镳,走上了成为"科学"的道路(Ross［1991］)。计量模型、系统分析、功能主义、行为科学等战后美国政治学的发展动向正是在这样的历史背景下出现的,也对国际政治学的学科发展产生了极大的影响。

从欧洲视角进行国际比较的韦弗将美国国际政治学的发展解释为"欧洲化"与"去欧洲化"的过程(Wæver［1998］720-723)。的确,在美国开花结果的国际政治学在权力、均势等基本概念与框架中,很大程度上是以欧洲积累的国际政治理论与实际状态为依托

序　章　历史与国际政治学

的。正如以摩根索为代表的、构筑了美国国际政治学基础的人正是将欧洲学术传统带到美国的流亡学者。起源于欧洲的"现实政治"（Realpolitik）、"权力政治"（Machtpolitik）等概念流入美国后才形成了美国的现实主义学派，而摩根索等古典现实主义者对"政治智慧"重要性的强调也是继承了欧洲外交与历史的传统。但是，到了将这些进一步"纯化"的沃尔兹的新现实主义、结构现实主义阶段，历史背景（context）逐步被舍弃，而向微观经济学性质的"科学理论"转变。韦弗认为新现实主义是"去欧洲化（＝美国化）"的典型。

近年以来，国际政治学正处于建构主义（constructivism）以及批判理论、重视认识、价值、文化等因素的后实证主义（以及后现代主义）等各种理论发起挑战而引发的"第三次论战"之中。被形容为"社会学转向"（sociological turn）的潮流在美国国际政治学界尤其活跃，但在欧洲却见不到如美国般的"狂热"。究其原因，约根森引用了德国国际政治学者里塞的观点："长期以来，批判理论在德国的研究中始终是主流传统。"（Jørgensen［2000］17）以美国为中心的国际政治学在经历了"欧洲化"和"去欧洲化"后，正出现可称之为"再欧洲化"的现象，在这一现象中值得关注的是，历史、文化、传统、价值观、意识等概念再次走上了国际政治理论研究的舞台。

二、历史研究的背景

历史与理论的"对话"

外交史、国际政治史研究位于历史与理论、历史学与政治学的交叉之处，是由两者有机结合而成的学科。从政治的视角解析历史事实与结构，这是外交史、国际政治史的使命，但与政治（学）关系相近的特性又影响着作为学科的外交史、国际关系史研究，只能说这是双方面的。一方面，有关外交、国际关系的政治学以及国际政治学的各种理论的发展为历史提供了新的视角，丰富了外交史、国际关系史研究。而另一方面，其背景总是不断扩展，聚焦于以国家间关系为中心的国际关系中政治侧面的外交史、国际政治史经常内含着受到历史视角限制的危险。在全球化的潮流中，在国际关系发生着根本性变化的今天，外交史、国际政治史面临着巨大的挑战。

战后，外交史、国际政治史研究触发了国际政治学的理论研究，同时重点也从精心记录外交交涉经纬的传统外交史快速蜕变为采用国际政治行为体（actor）、议程（agenda）、结构、体系等多方面分析的学科领域。比如，罗斯诺的"联系理论"、杰维斯（Jervis）的"认识与误判"、阿利森的"官僚政治模型"等国际政治学开发出的各种理论，不仅成为当今外交史、国际政治史研究的标准框架，还被广泛运用到了历史研究中。另一方面，战后的历史研究也对国际政治的理论研究产生了重大影响。很多国际政治理论的研究材料原本就是国际政治的历史，随着外交史料的公开以及利用方法的改善，很多理论研究的实证案例分析都与使用第一手资料的真正的历史研究相似。甚至可以说在现代史特别是冷战研究中，理论与历史的融合已成为大趋势。

颇具讽刺意味的是，积极尝试历史与理论"对话"的正是推动"去历史化"的美国政治学。① 如同希尔所指出的，在历史方法占统治地位的英国，外交史、国际政治史与国际政治理论的学术对话反而有所欠缺，出现了某种悖论式的现象（Hill［1985］133-135）②。

---

① 对于国际政治理论研究（IR）和国际政治史研究（IH）的关系，英国的国际关系史学家肯尼迪-派普形容为"敌对关系"或"冷战状态"（kennedy-Pipe［2000］741）。而加迪斯则称之为"巴尔干化"（Gaddis［1997］75），批判这两者间的关系有如邻里之间反目成仇、互不往来。的确，在美国两者之间的对话不可谓充分，但肯尼迪-派普和加迪斯的批判即使在国际政治理论中，也主要是针对理论抽象化和脱历史化倾向尤为强烈的新现实主义，而对诸如重视文化与意识的建构主义的崛起则给予了"对话"的期待。

② 猪口孝指出日本国际政治学界的特点之一就是"没有领域一体化的多样性"，其原因可归于历史、理论等各领域的纵向分割结构已经定型，但也可以发现与历史传统较强的欧洲（非美国）情况的某种相似性（猪口［2007］165）。

序　章　历史与国际政治学

在美国这两者间的论战之所以活跃，除了双方对理论与历史分离的担忧以及对方法论的强烈关心之外，在制度上国际政治史已被整合为国际政治学的一个领域，从而形成了这样一种结构，即外交史、国际政治史研究总是被要求具有与理论的关联性及意义。

美国的学术杂志经常会刊登以"历史与理论""历史学与政治学"等方法论对话为主题的论文。国际政治代表性理论杂志《国际安全》(International Security) 特刊"历史与理论"（1997年夏季号）就是一例。① 在特刊中，国际政治领域中理论与历史的研究者在记述方法与分析方法、特定因果关系的可能性、数据的定量和定性分析、理论的形态与意义、理论的简约性与现实的多样性等问题上，在思考历史学与政治学方法论的演进与动向的同时，就历史与理论的异同点展开了多方面的讨论。为了建成独立的学科领域，外交史、国际政治史在与历史学拥有众多共同点的同时，与理论的对话也是必不可少的。②

从外交史向国际关系史的发展

近年来，"外交史"这个用词逐渐被取代，"国际政治史""国际关系史"进而"全球史"的用词日益普遍。从《国际政治》特刊的目录中可以看出，创刊初期的20世纪50—60年代，频繁发行以"日本外交史研究"及"日本外交史诸问题"等为主题的特刊，而1970年41号则最后一次使用"外交史"的用词（木畑［1999］1）。这也从一个侧面反映了战后日本内外对外交史研究的重大变化。

近代实证史学的创始者兰克于19世纪后半期建立的、以严格的史料批判与使用第一手资料为基础、关注政治领导与外交官、以详

---

① "Symposium: History and Theory," *International Security*, 22-1（Summer 1997），pp. 3-85. 将这一期特刊进行修改、加工后由 Elman and Elman［2006］出版了单行本。
② 力主将跨学科性质的理论引入外交史研究的著作可参见加迪斯的一系列著述（Gaddis［1987］［1990］［1996］）以及 Trachtenberg［2006］。

细记录与解析国家间外交交涉过程为风格的古典外交史，从 20 世纪 70 年代开始出现了巨大变化。根据历史学家斯坦纳（Steiner）的分析，"国际关系史"（international history）从诞生到作为新兴学科领域得以制度性确立是在 20 世纪 70 年代后（Steiner［1997］531）。外交史向国际关系史的转变在本书田中的论文（第二章）中将予以详细论述，其背景可归纳为以下几点。① 首先，直接原因是第三世界的兴起与越南战争引发的可被称为"从中心向周边"的某种"范式转换"，极大地动摇了外交史研究（Harber et al.［1997］38-39）。从对国家及精英的主导性持怀疑态度开始，将目光转向之前被边缘化了的主要行为体（阶层、性别、人种、地区等）的新一代国际关系研究得以崛起。此外，在 20 世纪 60—70 年代，国际关系中相互依存显著增加，从而进入了国家间关系开始发生根本性变化的时代。在国内政治与外交之间的隔阂越来越少的进程中，国家作为行为体的垄断性丧失，国际关系的论战焦点不再局限于政治与安全，而走上了包括经济、文化、社会等多样化的道路。在学术方面，随着法国年鉴学派（Annales School）的崛起，"社会史"风靡一时的历史学动向对古典外交史形成了巨大挑战。

　　外交史的研究背景扩大，对新国际政治史、关系史的探索仍在进行之中。② 其方向性可简单体现为行为体的多元化（或脱国家化）、争论点的多样化（或脱政治化、脱国境化）、分析视角的多层化（双边、多边外交，不仅关心国际关系，也关注国际、地区体系）。在研究方法上，除正式的外交史料，还扩大到没有记录的回忆及证言，并提倡多语种的多档案研究（multi archival research）的重要性。

---

　　① 对传统外交史进行批判并论述其变化的著作可参见：Steiner［1997］；Maier［1980］［2000］；May［1971］；Craig［1983］；Haber et al.［1997］；Finney［2001］；Kennedy-Pipe［2000］；Hogan［2004］；等等。
　　② 主要针对美国外交史、国际关系史"国际化"的著作可参见：Gross［2000］；Hogan and Paterson［2004］；Hunt［1992］；Iriye［2002a］［2007］；Thelen［1992］；等等。

正如梅尔（Charles S. Maier）所指出的，今天我们迎来了近现代以来为"认同空间"（identity space）与"决定空间"（decision space）提供了基础的"领域性"（territoriality）走向终结的时代（Maier［2000］）。根据他的观点，这一大转型始于20世纪70年代，而全球化则是其中一环。这也与外交史的转型期相吻合。外交史、国际政治史的背景随着国际关系的历史性宏观变动而扩展，这也可以说是大势所趋。在作为以往"政治"之基础的国家领域性出现动摇之际，如何定义不限定于国家的新的"公共领域"，如何对连接国际关系过去与未来的历史框架进行再构建，将是今后外交史、国际关系史研究的重要课题。

三、本书的目的——追求"日本的国际政治学"

本书收录的11篇论文，均在关注历史与理论之交叉的同时，论述了日本国内外外交史、国际政治史研究的动向与研究水平，并在此基础上展望了"日本国际政治学"的发展方向。

日本国际政治学会前理事长猪口孝曾指出，战后的日本国际政治学在美国主导的国际政治学的压倒性影响之下，并没有原封不动地迎合美国的理论论战，"不是把美国的国际关系理论进行了'日本化'，而是将其中的一部分进行了历史化，使之符合日本的背景"（猪口［2007］167）。为何出现这样的情况，猪口认为这是由于"日本的国际关系研究者远比东亚的邻居们更加深深地扎根于自己的历史土壤"。或许与欧洲一样，不仅是研究者，日本的国际关系制度实际上也扎根于"自己的历史土壤"，保持着独自的历史与文化背景，这一现象有必要加以关注。围绕日本的国际关系以及从日本视角观察国际关系史的学术活动也是构建"日本国际政治学"基础的一种尝试。

本书的前两章从关注历史研究方法论的角度系统地分析了外交史、国际政治史领域的研究变迁。第一章作者细谷关注日本国际政治学会的发展历程，系统介绍了日本的国际政治史研究是如何符合时代需求而不断发展的。第二章作者田中则以近年来颇受关注的新研究动向，即以作为全球史的国际关系史为对象，以最新的冷战史研究为题材，综合介绍了其研究成果及课题。

第三章到第九章，各自按照时代顺序论述了欧洲与东亚的国际政治史。第三章作者渡边从宏观的角度分析了从西欧近代主权国家体系的建立到这一体系出现动摇的两次世界大战期间的国际秩序。第四章作者川岛从以往的"外部视角下的东亚国际政治史"与"重视中国观点的东亚国际政治史"这两个背景相互交错的视点，在介绍日本、中国以及欧美研究成果与最新动向的同时，探讨了全球化时代中历史研究的展望与课题。

第五章作者服部就日本学术界研究成果最为丰富的领域，即两次世界大战期间的战争与外交、地区主义等与现实相关联的问题，全面概述了历史上的主要观点以及与其相关的研究动态。

从第六章到第八章皆为有关冷战的论文。第六章作者佐佐木根据近年来的研究动态，论述了美苏冷战中美国的冷战外交与国内政治（社会）的互动关系。第七章作者山本则论述了欧洲冷战的缓和进程中首先启动的"经济文化缓和"给予冷战结束这一"跌宕起伏"结果的推动力。第八章作者宫城则以东亚冷战为对象，论述了政治独立与经济发展这两个国家建设问题的相互作用。

第九章作者岩间以"新型战争"为关键词，从欧洲的一体化、民族冲突以及作为帝国的美国等方面宏观分析了冷战后的世界。

最后两章均关注日本外交。第十章作者酒井以近代、第十一章作者添谷以战后为不同时期，从历史与理论、政策与争论等方面探讨了理想与现实、机会与制约并存的国际政治舞台上日本外交进行的摸索，并展望了日本的国际政治与国际政治学的前景。这也是本卷所有论文共同关心的课题。

第一章 战后日本国际政治史研究的发展历程

细谷雄一[*]

引 言

1956年12月22日下午5时,在东京神田一桥的学士会馆,约40名在东京的国际政治学、外交史以及与此相关的学者、外交官、评论家聚集一堂。大会伊始,主持人中央大学教授田村幸策宣布日本国际政治学会创建大会正式开始(《日本国際政治学会創立20周年纪念》第4页及第15页称创建大会的出席者为35人,但本文仍参照日本国際政治学会[1957a]"学会记事"的内容)。随后,东京大学名誉教授神川彦松就创建目的及创建经过进行了报告。法政大学教授田中直吉对学会规章进行了说明,在经过若干修正后通过了规章。田中表示希望推荐神川出任理事长,大会一致同意。曾撰写过外交史著作的前首相芦田均也出席了大会,并作为学会顾问发表了祝词(日本国際政治学会[1957a] 244,大畑[1986] 169-170)。日本国际政治学会由此正式成立。

在成立之际,以常年从事国际政治史研究教学的神川彦松为中心的一部分学者曾建议将学会命名为"外交史学会",几经波折后才

---

[*] 庆应义塾大学法学部副教授。

最终定名为"日本国际政治学会"。即使如此，在成立的最初阶段，学会以"日本外交史"为中心开展活动的方针几成共识（宇野［1989］，大畑［1986］169）。学会刊物第 6 号的卷首篇《本刊之计划》中称，"本学会将日本外交史学的研究及发表成果视为一大使命"，明确表示"本学会将每月举办'日本外交史研究会'，在春秋两季的大会上发表有关日本外交史的研究成果，每年 4 期的学会刊物《国际政治》中至少有一期涉及日本外交史的内容"（日本国際政治学会［1958］）。

1957 年 4 月 24 日，"日本外交史研究会"正式成立。在第一次研究会上，神川彦松做了题为《外交史以及日本外交史发展》的演讲。在演讲中，神川表示，"欧美的国际政治学在第一次世界大战后开始出现，在第二次世界大战前奠定了基础，现在正积极开展学术活动。在日本，外交史在战前也存在着若干研究，但战后终于呈现出了活跃的状况"（日本国際政治学会［1958］）。

如上所述，日本国际政治学会正是在以从事国际政治史专业研究的创始人神川彦松为中心、以日本外交史研究为重要使命这一背景下得以创立的。日本国际政治学会的创立与战后日本国内外交史研究的发展密不可分，可谓水到渠成。这是因为，为什么会爆发太平洋战争，为什么美日两国会走向冲突，对这些问题进行历史探讨正是当时很多国际政治学者关心的焦点。这种学术关心最终的成果便是随后日本国际政治学会制定的具有划时代意义的出版计划，即编辑出版《走向太平洋战争之路》（全 7 卷、别册 1 卷；日本国際政治学会太平洋戦争原因研究部［1962—63］）。

的确，在第二次世界大战之前，也有少数日本大学开设了外交史、国际政治史等学科的课程，并有教授专门从事这方面的研究。但即使如此，也是有局限性的，即"不但学生人数极少，更是由于外交基础研究不可或缺的日本外交文献以及其他资料几乎完全没有得到整理与出版。在这种贫瘠状态下，在日本这门学科的发展水平终究无法与欧美相媲美,实为遗憾"(日本国際政治学会[1957a] 244)。自学会创始之日起,就不断强调公开史料的重要性。因为"美国很早就开始采用'外交文献公开主义',与此相反,日本直到最近还奉行'外交文献严格保密主义'"(日本国際政治学会[1957b])。

日本国際政治学会也是在对上述二战前日本外交史研究局限性的反省之上创立的。其后研究的发展可谓令人惊叹。在广泛使用公开不久的大量外交文献验证以往日本外交活动历程的同时,"贪婪"地利用欧美各国史料,并进一步推动与有关各国开展开创性的国际合作研究。这些举措可谓外交史研究的"高速成长",是值得自豪的成就。二战前的日本外交,在脆弱的外交史研究这一不安定的土壤之上不断重复着错误。与此相比,战后日本外交在旺盛的外交史研究和国际政治史研究这一安定基础之上健康成长了起来。民主主义国家的外交,最重要的就是必须以健全的舆论及优秀的外交史研究为基础不断发展。

本章将以半个世纪前诞生的日本国际政治学会的活动为中心,概述二战后日本国际政治史研究的发展历程与系谱。在思考今后日本国际政治史研究如何进一步发展的基础上,回顾半个世纪以来的历程,探讨其方向、成果及课题,应是很有意义的。以关心解析开战原因论为开端的外交史研究,逐步扩展到了对二战后日本所处国际环境即冷战研究的关注。并且,随着战后日本外交相关史料的公开,外交史研究已发展到了验证战后外交的阶段。基于上述理解,本章也将探讨在国际化与史料公开中不断取得进展的国际政治史研究今后的发展方向。

一、国际政治史研究的黎明

外交史课程的出现

日本最早开设外交史课程大致可追溯到一个世纪前。1899年

（明治32年）在庆应义塾大学政治科，林毅陆承担了开设"外交史"课程的任务。第一次世界大战前在法国及英国留学期间学习了外交史课程的林毅陆回国后，于1908年出版了系统介绍近代欧洲外交史的通史性大作《欧洲近代外交史》（林［1908/1909］）。

从这一时期开始，日本的大学逐渐开设了外交史课程。早稻田大学的前身东京专门学校政学部1899年开设了"近代外交史"的课程，由法学学者及社会学学者有贺长雄教授授课。1903年一桥大学前身的东京高等商业学校专攻部的安达峰一郎教授开设了"外交史近况"的课程。此外，1906年东京帝国大学法科大学新设了"外交史"的课程，由立作太郎讲授。林的《欧洲近代外交史》、有贺的《外交史近况》及《最近三十年外交史》等通史性著作可谓日本外交史研究的先驱之作（川田、二宫［1959］119-120）。

在稍后的1917年，从外务省退休的信夫淳平在早稻田大学讲授外交史的课程，并在其《外政监督与外交机关》一书中概述了古典的外交理论（信夫［1926］，酒井［2007］92-93）。与此同时，赴欧洲各国留学研究外交史的神川彦松回国后从1923年3月开始在东京帝国大学讲授外交。同年8月之后，神川作为东京帝国大学教授对这个领域的教育与指导倾注了大量心血（神川［1948—50］）。其研究成果就是从1948年到1950年出版的《近代国际政治史》（全3卷4册），无论从量上还是从质上都是日本第一部真正概观国际政治史的著作（大畑［1960］）。

可以看出，逐步受到第一次世界大战后在欧美等国发展起来的国际政治学影响的日本，通过外交史研究加深了对国际政治学的学术关注。即使如此，研究外交史的这些学者中的很多人也是国际法学者。而作为独立学科的外交史，进而到国际政治史真正开花结果，则是在二战以后。

"国际政治史"的大发展

作为第二次世界大战战败国的日本，在重新构建自我身份认同

第一章　战后日本国际政治史研究的发展历程

的同时，再次走向战后世界。1951年9月，日本在"旧金山和会"上签署媾和条约，开始了恢复主权的进程。但是这意味着日本走上了与战前有着极大不同的国际社会舞台。往昔的欧洲大国国力衰退、影响力丧失，取而代之的美国与苏联两个超级大国成了驱动国际政治的核心。1956年，日本加入联合国，1957年第一次发表《外交蓝皮书》，宣布了日本外交三原则。这同时也是国际政治学及国际政治史研究取得大发展的时期。

这一时期的日本对国际环境的动向感知度十分敏锐，在刚加入联合国的这段时期，国力仍很脆弱，并在战败的桎梏中开展外交。1957年5月2日，在朝日新闻社礼堂召开了日本国际政治学会创立纪念公开讲演会，当时的岸信介首相为此送来祝词，岸信介在祝词中表示："第二次世界大战中世界最显著的特征之一就是国际主义的普遍化"，因此"日本有必要特别关注国际政治动向"，"从这个意义上，通过这次贵学会各位成员的努力，日本的国际政治学得以确立，这也是适应时局的快举"（岸［1957］）。日本国际政治学会的成立在战后日本的发展中占据了重要地位。

在这一背景下，20世纪50年代中期与国际政治学以及与国际政治史有关的研究得到了切实的发展。日本国际政治学会创建前一年的1955年，出版了划时代的崭新的国际政治史通史性著作，即东京大学法学部教授冈义武的《国际政治史》（冈［1955］）。冈在序言中写道："将以国际政治结构的历史性变化为基础，描述国际关系变化的基本动向。"而从其卷末的参考文献可以看出，作者除了传统的外交史有关文献外，还参考了诸如 E. H. 卡尔、摩根索、舒曼等当时广为人知的国际政治学者的众多基础文献。在冈的《国际政治史》中可以明显看到描绘国际社会结构这一对国际政治学的强烈关心。这一时期之后的国际政治史研究也反映出了强烈关心国际政治学理论的倾向。

就在同一年（1955年），一桥大学法学部专职讲师细谷千博出版了《西伯利亚出兵史研究》，该书除了利用外务省史料，还广泛运用了牧野家族的文献，以及英国、法国、美国、俄国等国的外交文献等，可谓是一项划时代性的国际政治史研究成果。这项研究极大地刺激了此后日本国际政治史研究的发展。同时该书也"通过史料验证了（西伯利亚出兵）与其后太平洋战争悲剧的关系以及我们切身体验到其苦楚的'双重外交'，即对外政策的矛盾和这种矛盾中所内含的军事观点优先的外交"（細谷千博［2005］8）。在马克思主义学识氛围浓厚的年代里，国际政治史研究却形成了彻底依赖史料、知识苦行主义的实证传统。

最重要的是，战后初期的外交史研究也是对"太平洋战争悲剧"的内省过程，而这也可谓极具日本特色的问题意识。从1956年日本国际政治学会创建到1978年的22年间，全部论文中的1/3是有关日本外交史的。的确，这在"说明了本学会对日本外交史非常关注"的同时，也证明了"本学会的重要使命之一就是发展与促进日本外交史的研究工作"（臼井［1979］2）。

細谷千博在纪念日本国际政治学会创建20周年特刊《战后日本的国际政治学》的刊头语"总论"中，将二战后日本外交史研究的特点归纳为以下三点（細谷［1979］ii-iii）：（1）"研究活动从政治权力的束缚中得到解放"；（2）"机密史料的'公开化'"；（3）"来自政治理论的冲击"。細谷的研究本身就是运用及综合这些特点的代表。在这样的问题意识及基础之上，二战后日本的国际政治史研究得以不断发展。

二、从废墟中走向冷战

百废待兴的起点

对二战后日本外交的关注，必然出自二战前日本外交的挫折这一问题意识。无论是外交实务层面，还是国际政治学的学术层面，都是如此。

1951年1月中旬，在为制定和约而与美国交涉最繁忙之际，吉田茂首相指示外务省政务局政务课长斋藤镇男（小仓［2003］17），"日本外交，历经了九一八事变（日称'满洲事变'）、七七事变（日称'支那事变'）、第二次世界大战等多次失败，因此今天更应调查这些失败的原因，以供后世借鉴"（斋藤［1991］14）。根据吉田首相这一指示，外务省制定了被指定为极密报告的《日本外交的过失与错误》（小仓［2003］）。报告开门见山地指出："如果从今天的结果看，就大局而言，这一期间日本的对外政策只能说是因作为或不作为导致的一连串的过失与错误。"（同上书，第25页）

外务省于1952年、1955年分别公开出版了史料集《终战史录》以及《日本外交年表及主要文献》，为此后的研究发展做出了贡献（外务省［1952］［1955］），而外交史料馆的栗原健对促成此事居功至伟。在这些史料公开及对史料进行编辑的基础上，20世纪50年代后，日本国际政治学会以及其中的日本外交史研究会的外交史研究不断取得进展。

1959年5月，日本国际政治学会组织了太平洋战争原因研究部，旨在对太平洋战争的开战外交史进行实证研究（大畑［1986］188）。神川理事长本人出任研究部长，并由田中直吉、角田顺、内山正熊、细谷千博组成委员会。在田中为成立日本国际问题研究所的工作而在年末辞去委员长一职后，角田出任委员长，另外内山也因留学辞去了委员的职务。

四名委员制定的创立宗旨从以下这段文字开始："不容置疑，太平洋战争是日本历史上最重大的事件。作为亲身经历了这一重大事件的当今日本人，我们理所当然负有将公正、正确的记录留给后世日本人的责任。"此外，神川理事长在研究部成立时也这样表述了"我们的立场"："在研究太平洋开战外交史的计划中，我们的目的就是将以今天可能得到的基础史料、有关事件的幸存者的回忆等为

根据，竭尽全力地对日本何时、通过何种具体过程最终走向开战的问题进行实证研究。"（大畑［1986］188-190）

研究部成立后，14名合作研究学者耗时4年有余，利用数量庞大的未公开史料出版了《走向太平洋战争之路》。1962年至1963年出版的此书收录了19篇论文，一举提高了日本外交史研究的水平。这一成果旨在追求"一贯严格立足于基本史料的历史记述，即古典意义上的（开战）外交史"（波多野［1979］12）。在当时马克思主义历史学色彩浓厚的知识氛围中，以这种客观地进行史料实证的学术态度展开的开战原因研究工作遭到了猛烈的批判，但是在承受这些批判的同时，也切实地使一种新的学术得以生根萌芽。

通过《走向太平洋战争之路》的出版，战后日本通过对本国外交的"过失与错误"进行验证，为其后国际政治学的发展奠定了基础。同时，这一过程也强烈反映了当时的日本国际政治学会的关心所在，也能从史料实证主义、国际主义、政策决定过程理论中感受到学术视角色彩的浓厚。这一压倒性的研究成果，由哥伦比亚大学日本外交史专家詹姆斯·莫利（James W. Morley）作为英译版主编，翻译了除一部分论文外的全5卷，为国际学术界做出了重大贡献。而围绕日本外交史的学术研究在其后更是得到了飞跃性的发展。

从《日美关系史》到《太平洋战争》

出版《走向太平洋战争之路》后，研究界认识到，使用日本方面史料对开战原因进行细致验证的下一个阶段，就是有必要对日美双方的政策过程进行综合验证。这也是自然的。美国政府已经公开了大量的史料，美国的日美关系史研究专家及东亚国际政治史专家也已取得了众多的成绩。与他们进行国际合作研究，应能获得更大的成果。

1969年7月14日至17日，在日本召开了河口湖会议，会议旨在推动日美合作研究以整合太平洋两岸日美两国的研究成果。其成果就是1971年到1972年之间出版的4卷本《日美关系史》（细谷等［1971—72］）。这一合作研究的划时代性意义在于，不仅是日美两国具有代表性的外交史专家聚集一堂以及对传统的政治决策层进行分析，还涉及军方、议会、民间团体、媒体、知识分子等各种行为体，从而显示出了前所未有的学术倾向。如约瑟夫·奈及罗伯特·基欧汉等学者的研究所体现的，不仅关注主权国家，也关注跨国性的多种行为体，并有必要将非正式行为体也纳入政策过程论的研究之中，这是当时美国国际政治理论的潮流。河口湖会议也反映了这种倾向。另外，与《走向太平洋战争之路》一样，《日美关系史》也有英译版的计划，道萝茜·博格（Dorothy Borg）及冈本俊平担任英译版主编，英译版于1973年由哥伦比亚大学出版社出版。

但是这一研究成果出版后，仍有很多遗留课题尚待解决。对此细谷千博写道："考察导致太平洋战争爆发的历史过程，仅仅使用日美两国间相互作用的分析框架并不充分。既需要日英间相互作用的分析框架，也需要包括中国、苏联等这一地区重要国家在内的多角度分析视野中定位于日美、日英关系的研究。"（细谷［1982］ii）基于这一问题意识，在河口湖会议召开10年后的1979年夏，日英两国的历史学家聚集在伦敦的军事博物馆，启动了河口湖会议之"日英版"的合作研究。其研究成果则是由细谷千博在1982年主编出版的《日英关系史（1917—1949）》，剑桥大学则出版了该书的英译版（细谷［1982］，Nish［1982］）。

20世纪80年代至90年代，日本国内的"国际化"也波及了外交史的研究领域。1957年日本外交史研究会成立后，经过了一代人的努力，开始逐步采用更为国际化的视角以及国际合作研究的方法论。这一点在1991年11月召开的"太平洋战争再思考——开战50周年国际会议"即山中湖会议上得到了完美体现。

根据在此次会议中发挥核心作用的细谷的记述，"作为新的方法，这次会议超越了作为战争主要行为体的日美两国关系的框架，而有意识地采用了新的学术视角,即加入了中国、苏联、英联邦各国、德国以及英国等国家行为体,在多边国际关系的框架中重新探讨开战过程"(細谷等［1993］vi)。实际上,参加会议的除了哈佛大学的厄内斯特·梅（Ernest Richard May)、剑桥大学的大卫·坎纳丁（David Cannadine)等知名历史学家之外,还有俄罗斯、中国等国的学者,发表了使用各国史料的有关太平洋战争的众多论文。其研究成果为1993年出版的《太平洋战争》,该书可谓开战后50年间研究成果的集大成者,从而达到了一个新的高度。

冷战的国际环境

1978年,活跃在当时国际政治论坛上的两位国际政治学者各自完成了一部具有划时代意义的国际政治史著作。一部是京都大学法学部教授高坂正尧的《古典外交的成熟与崩溃》(高坂［1978］),另一部是东京工业大学副教授永井阳之助的《冷战的起源》(永井［1978］)。这两本著作大幅度扩展了以往日本外交史研究传统的背景,为理解国际政治学提供了不可或缺的视角。

高坂的研究是他在1960年刊登于《国际法外交杂志》的《英国与维也纳体系》一文的基础上,将写作范围扩展到梅特涅外交、"欧洲协调"及第一次世界大战起源论,综述波澜壮阔的19世纪欧洲外交史的力作(高坂［1960］)。那时高坂已经通过其《海洋国家日本的构想》（1965年)、《宰相吉田茂》（1968年）等著作成为广为人知的知识分子。他从现实主义的角度为日本外交提供政策建议,在时政类杂志也十分活跃。因此,高坂对古典外交论的研究使更多的国民了解了原本仅限于少数专家掌握的外交史知识。

永井的《冷战的起源》则使用了大量公开不久的美国第一手史料,以古巴导弹危机后美苏间一触即发的紧张状态为背景,可谓一部名副其实的国际政治史专著。永井的研究在运用大量华丽且充满刺激的修辞的同时,与高坂一样,也起到了为当时日本外交敲响警钟的作用。有关这一点,永井在序言中如此写道:"日本正从身处东西方对立夹缝之间而外交选择的自由被实质剥夺的时代,进入在微妙变化的美中苏关系中必须承担其决定与发挥自身作用之责任的时代。"(永井［1978］i)在这样的背景下,首先必须理解国际政治的冷酷现实与不断变动的局势。

如上所述,20世纪50年代,神川创建了日本国际政治学会,组织了太平洋战争原因研究部以对二战前的日本外交进行验证。而70年代,高坂与永井等从更宽广的视角对现实外交进行研究,研究国际政治史的问题意识也随之发生了重大转变。这也反映了当时的时代背景,即在中苏对立、中美缓和、石油危机爆发等震惊世界的事件连续发生之际,实现了经济高速增长的日本必须在国际社会中发挥更重要的作用与承担更大责任。因此国际政治史研究的学术关心也从太平洋战争开战原因论逐步扩展到了冷战论。

永井的《冷战的起源》原本是中央公论社出版的"国际环境丛书"第一期10册中的一册,该丛书的"出版宗旨"中就曾宣告:"今天,在我们的面前,现代史资料的宝库正在开启。"这套丛书包括入江昭的《日美战争》(1978年)、细谷千博的《走向旧金山讲和》(1984年)、五百旗头真的《美国的日本占领政策》(1985年)、小此木政夫的《朝鲜战争》(1986年)等众多划时代性的研究成果。这套丛书的基础是文部省科研经费研究资助的以东京大学校长林健太郎为首的"国际环境基础研究"大型科研项目。1973年至1976年的3年间,该项目共向海外派遣了60名研究人员进行调查研究,并召开了国际学术研讨会及全体会议。

1975年11月27日至30日,"国际环境基础研究"科研项目在京都的比叡山饭店召开了"战后亚洲的国际环境"(The International Environment in Postwar Asia)国际学术研讨会。英国的瓦特(Donald Cameron Watt)、美国的沃尔特·拉费伯尔(Walter Lafeber)及加迪斯等世界著名国际政治史研究学者参加了研讨会。作为合作研究的成果，永井阳之助与入江昭任主编的英文论文集《亚洲冷战的起源》（*The Origins of the Cold War in Asia*）于 1977 年出版（Nagai and Iriye［1977］），这也是日本向世界学术界贡献的值得自豪的研究成果。

三、冷战后的国际政治史研究

战后外交与日美关系

在上述国际合作研究成果的基础上，20 世纪 80 年代到 90 年代战后国际政治史的研究取得了飞跃性的发展。但是，这些成就主要是基于美国及英国外交文献的研究。这是因为有关战后日本外交的外交史料，无论从质量上还是从数量上与英美澳等国相比均存在较大差距。日本研究者在研究外交史之际，大多利用美国的档案馆以及总统图书馆、英国的档案馆等的资料来论述日本及亚洲的战后历史。因此，战后日本很难说已经充分实现了神川彦松及田中直吉等所设想的理想的"外交文献公开主义"。

即便如此，利用可以利用的史料，这一时期日本的国际政治史研究仍取得了飞跃的发展。利用美国的外交文献论述战后日美关系以及战后日本外交的主要著作，可包括五十岚武士的《对日讲和与冷战》（1986 年）、樋渡由美的《战后政治与日美关系》（1990 年）、河野康子的《冲绳回归的政治与外交》（1994 年）、坂元一哉的《日美同盟的纽带》（2000 年）等。这些成果表明，20 世纪 90 年代后日本外交史研究在其研究对象的主要时代正逐步转向冷战后的同时，也开始探索战后日美关系的本质。

在冷战时期，有关战后日美同盟的研究很可能会立即转化为意识形态之争，这与在当时世界分为两大阵营的形势中是否赞成日本从属于西方阵营这一外交抉择有直接联系。因此，对建立了战后外交基础的吉田茂外交给予高度评价的高坂正尧的《宰相吉田茂》（1968 年）也难以在这种意识形态论战中置身其外。

但是，冷战后东西方对立不复存在，日本国内的意识形态分歧也逐渐隐没。如上所述，以史料实证主义探讨战后日美关系史的优秀著作相继问世。这一系列研究成果的节点就是2008年出版的五百旗头真主编的《日美关系史》（2008年），这也是一项纵览明治以后日本外交历程的工作。

研究背景的扩展

20世纪90年代中期以后，以更宽广的视角进行的国际政治史研究日益增多。比如田中孝彦在《日苏复交史研究》中，通过大量运用英国档案馆的史料，成功地描述了有关日苏关系的国际政治史（田中［1993］）。而李钟元的《东亚冷战与韩美日关系》（1996年）则是一本从地区秩序的视角探讨东亚冷战国际政治史的优秀著作。

同时在这一时期，广泛使用第一手史料研究美国外交史的著作相继问世。油井大三郎的《战后世界秩序的形成》（1985年）、赤木完尔的《越南战争的起源》（1991年）、佐佐木卓也的《遏制政策的形成与变迁》（1993年）、菅英辉的《美苏冷战与美国的亚洲政策》（1992年）等，都是超越日美关系框架对美国外交政策进行研究的高水平成果。

另一方面也出现了以往所没有的新趋势。20世纪90年代后，以欧洲及亚洲为研究对象，使用第一手史料的国际政治史成果相继出版。比如在英国外交史研究方面，木畑洋一的《帝国的黄昏》（1996年）、佐佐木雄太的《英帝国与苏伊士战争》（1997年）、秋野丰的《虚伪的同盟》（1998年）、细谷雄一的《战后国际秩序与英国外交》（2001年）、斋藤嘉臣的《冷战的变化与英国外交》（2006年）、君塚直隆的《英国治下和平的英国外交》（2006年）等，都是广泛使用英国档案馆外交文献的研究成果。此外，欧洲国际政治史的研究则有植田隆子的《地区安全的历史研究》（1989年）、石井修主编的《20世纪40年代的欧洲政治与冷战》（1992年）、岩间阳子的

《德国再军备》（1993年）、广濑佳一的《围绕波兰的政治博弈》（1993年）、川岛周一的《德法关系与战后欧洲的国际秩序》（2007年）等，均为使用第一手史料从各种角度探讨国际政治史的研究成果。通过这些研究成果的面世，以往以日美关系史为中心的外交史研究扩大了学术视野，而学术关心也日趋多样化。

近年来，国际政治史研究的一个显著特点就是东亚国际政治史的优秀成果日渐增多。日本国际政治学会自创建之日起，东亚国际政治史就被视为一个研究领域，从事这方面研究的学者也为数不少。但是其中很多都是与二战之前日本大陆政策及中国外交等相关的概述性研究。20世纪60年代入江昭从多个视角分析作为"国际史"的20世纪20年代东亚国际关系、20世纪70年代前文所述的"国际环境"科研项目等对战后的研究取得不断发展之后，东亚国际政治研究切实扩展了其范畴。最近，服部龙二、川岛真等的重量级研究成果使这一领域的研究更进一步，以他们为中心的青年学者编写的《东亚国际政治史》可谓这一领域的纪念碑式的力作（川岛、服部 [2007]）。

另一方面，在战后东南亚与日本的关系方面，宫城大藏的《战后亚洲秩序的摸索与日本》（2004年）以及波多野澄雄、佐藤晋的《现代日本的东南亚政策》（2007年）等，都是通过运用日本、美国、英国等国的第一手史料描述深层的国际政治史的成果。这些成果不再像以往那样将东南亚作为冷战史的一页，而是以战后开发与经济发展为主线对这一地区进行更为立体的描述。

近年来另一个取得显著进展的研究领域是欧洲一体化的历史研究。与以往的国际政治史不同，这项研究必须对国际一体化的进展过程进行立体描述。目前研究已经达到了除使用不断公开的欧共体（EC）及北大西洋公约组织（NATO）等国际组织的史料外，还将这些史料与众多国家的政府史料相结合的阶段。这些研究成果的代表作是远藤乾主编的《欧洲一体化史》（2008年）。

在研究对象的时间及空间均呈多样化的进程中，运用各种分析视角、史料和研究方法等的国际政治史研究不断取得进展并获得了丰硕的成果。以日本外交史研究为重要使命而启航的日本国际政治学会在充实理论研究与地区研究的同时,在国际政治史研究方面也取得了切实的发展。

结　语

本章回顾了1956年日本国际政治学会创建时的外交史和国际政治史研究,以及之后半个世纪中日本国际政治史研究的发展,从中可以总结出以下特征与趋势。

第一,最为重要的是,战后日本人的国际政治史研究是在对自身战败经历进行内省的过程中发展起来的。在战后政府公开史料的新形势下,利用这些珍贵文献对战前日本外交进行了史料实证主义性的回顾。而完成这一重大使命的成果就是从《走向太平洋战争之路》到《太平洋战争》直至《太平洋战争的结束》(細谷等 [1997])的一系列合作研究。

第二,战后日本国际政治史研究的国际化正在稳步发展。通过多档案方法研究国际政治史就必须使用多种语言的史料而不仅仅是母语,并公开发表具有国际水准的研究成果。这与使用日本政府的史料进行国际合作研究不同,有必要达到新的水准。而这方面在海外发表优秀成果的机会正在增多。

第三,与将日本推向战争的太平洋战争开战外交史不同,研究战后日本外交史时,经济史、文化史、社会史等占据了重要地位。在冷战史研究中,不可能谋求日本与美苏两个超级大国以及在两国间占据重要地位的中国发挥同样的作用。因此,在为冷战时期的日本定位时,与军事史及战略史不同,需要更为综合的方法。

今后日本的国际政治史研究将走向何方,探讨这一点实际上也是为了确定在现代国际社会中日本的身份认同。即使是为了明确日本在国际社会中应发挥何种作用、如何进行定位,而将战后发展至今的史料实证主义国际政治史研究进一步立体拓展、充分利用并促其发展也是十分重要的。

第二章　全球史
——分析视角及对冷战史研究的意义

田中孝彦[*]

　　一场巨大且根本性的变化浪潮正在席卷国际社会。跨国经济活动不断深化，通信技术的进步极大压缩了时间与空间，其结果，戏剧性地加速了被称为全球化的社会间超民族国家的相互关联性（interconnectedness）的增进过程。超越民族国家的框架、多方面及多元性的网络正在以全球规模纵横驰骋。我们可以把此看作是国际社会正在向全球一体性的地球社会转型的过程。

　　但是这一变化的浪潮，却也同时孕育了超越国家的"恐怖主义"、全球性环境问题、贫富差距的扩大等新的分裂契机。世界秩序的形态仍不明朗。一体化与分裂化的过程相互矛盾、相互交错。现在，在我们眼前的就是这样一个复杂的世界。

　　为了正确理解这个复杂世界的真实状态，我们应该如何去做呢？认真观察现状并描绘出其形态的理论研究理所当然要开发新的分析手段，这很重要。与此同时，探明我们是如何走到今天的历史研究也需要设定新的视角并开拓新的方法。

　　近年来，名称中包含"全球史"一词的书籍与论文的数量正在

---

[*] 早稻田大学政治经济学术院教授。

第二章 全球史 33

增多。此外，日本国内外众多大学也开设了名为全球史的科目及课程（秋田［2008］）。作为新的历史研究领域，全球史的存在感正在稳步增强。2006年剑桥大学出版社发行的名为《全球史杂志》（*The Journal of Global History*）的学术刊物可为佐证。

尽管"全球史"一词的存在感日益增强，但如后文所述，这到底意味着什么，实际上在学术界并没有达成共识。另一方面，提倡把全球史作为十分重要的新型历史研究的学者在分析对象的设定方法及问题意识上也有很多共同点，并且他们在尝试将新的研究视角引入历史研究。可以说在共同拥有新的研究视角的学者看来，全球史可谓产生于试图阐明世界历史变化实际状态的一场学术运动。

在赋予全球史这种特色之际，对于国际政治与世界政治的历史研究而言，思考全球史将开拓的新视角会对如何拓展新的背景具有重要的意义。在国际社会经历激荡变局的今天，必须说这一意义更为重大。

本章将分析何为全球史，全球史将提供何种视角与视野，并将对国际政治的历史研究产生何种影响。

一、全球史的多义性

"全球史"一词包含多种含义。有些人将其定义为全球化的历史，有些人将其定义为描述人类长期历史变化模式的学问，有些人则为了将重视非西方世界的独特性与自律性的历史分析与以往的"世界史"相区别而称前者为全球史。以下将对各种定义进行简要分析。

全球化史

有一种观点关注冷战结束后日益明显的全球化的各种情况，将针对这一历史发展过程的研究定义为全球史。比如马兹利什及入江昭的《全球史读本》（*The Global History Reader*）、巴里·K. 吉尔斯和威廉·R. 汤普森的《全球化与全球史》（*Globalization and Global History*）就是代表。换言之，就是将全球化史看作全球史（Mazlish and Iriye［2005］；Gills and Thompson［2006a］）。

全球化的定义本身就极为多样，但基本上是指超出民族国家框架的多个社会的相互联动性增加，人们将地球作为主要活动空间的过程。从历史角度考察全球化的人们在承认冷战结束后全球化才日益显著的同时，也尝试在冷战结束前的时代中寻找其起源，并对其后的发展过程进行历史研究。

全球化定义的多样性也反映在对其起源及时代划分的观点的多样性上。有将"智人"（Homo sapiens）的出现作为全球史起源的学者，也有将南北美洲与欧亚非大陆发生接触的16世纪作为起源的学者（Gills and Thompson［2006b］）。另外，还有学者尽管将全球化视为超长期历史进程，但主张从第二次世界大战末期开始到冷战时期的20世纪60年代才出现了与以往迥然不同的全球化现象，并称之为"新全球史"（New Global History）（Mazlish［2006］）。

由于全球化属于多方面及多元性的现象，因此其所涉及的研究对象也是多方面及多元性的，信息革命、跨国企业、移民、大众消费社会、自然环境、人权、非政府组织（NGO）、国际主义、地球文化、传染性疾病以及超国家的"恐怖主义"等，都成为历史实证分析的题材。

综上所述，全球化史的观点会给人以散乱的最初印象。但是，持这些观点的人们却拥有以下共同点。他们都将世界视为"国际社会"（international society），而超越了在以往历史研究中形成默契的前提，提出了超越民族国家框架的人类活动空间在历史上业已存在这一新的研究前提。他们将这一活动空间称为"全球"（global），将其历史称为"全球史"。

"宏观历史"

另一方面，还有一些观点并没有将分析对象仅限于全球化的现象。其中之一就是将人类悠久历史的整个变化过程作为分析对象，特别是将解析变化的宏观模式作为核心目的。这可被称为"宏观历史"的全球史。

柯娇燕根据这一观点而撰写了《什么是全球史》一书。作者并不追求把对全球化日益显著的认识作为记述全球史的动机。自古以来，在各个地区都流传着国家与民族创世的神话，其中很多都包含着对人类自身与全世界诞生过程的记述。柯娇燕重视这一事实，认为人类存在着从宏观层面讲述历史的原始冲动（Crossley［2008］）。

在此认识的基础上，柯娇燕重视尝试说明全球长期性变化模式的思维及记述方式，而根据这一方式撰写的书籍就是全球史（Crossley［2008］）。根据她的见解，H. G. 威尔斯的《历史纲要》（*The Outline of History*）、沃勒斯坦的《现代世界体系》（*The Modern World-System*）以及肯尼迪的《大国的兴衰》（*The Rise and Fall of the Great Powers*）都可以算作全球史的例子（Wells［1925］；Wallerstein［1976］；Kennedy［1987］）。

针对全球化史的研究将重点置于对全球化的各种现象进行个别实证研究的方法，这种宏观史的见解重视描述更全面、更长期性的变化模式。因此在柯娇燕看来，通过对第一手资料进行详细分析，从而对事实进行再构建，这并不是全球史研究者的工作。利用已有的个别历史实证研究，从大局出发以发现长期性变化模式，并描绘人类历史变化过程的全貌，这才是全球史的方法及目的（Crossley［2008］）。

西方中心主义历史观的对立面

有一种观点与上述两种见解在侧重点上略有不同。特别是将亚洲现代化及经济圈形成过程作为研究对象的日本经济史研究学者强烈倡导这种观点（秋田［2008］，川胜［2002］）。

这些学者认为，以往的"世界史"（world history），特别是对现代化的历史描述，是以典型的谬误为前提的产物。这一前提就是西方世界的政治、经济、社会的现代体制是由西方世界单方向波及非西方世界的。当然，他们并不否定"波及"的事实，但却更重视这种波及不是单向性的，也就是说，东亚等地区本身就存在地区独立的体系和秩序（经济圈），并且与西方世界发生着双向性的相互作用。在此之上，并不仅仅是非西方世界受到来自西方世界的冲击，西方世界反而也存在着在非西方世界冲击下出现变化的可能性（川胜［2002］）。

这种观点为何是"全球"的呢？如上所述，这是因为这种观点力图排除以往世界史中随处可见的西方中心主义历史观，而认为非西方世界也是历史变化的"中心"。通过这一方法，可以使我们不偏不倚地分析地球上更多的行为体。

二、全球史的分析视角

以上简述了全球史的多义性，在此讨论以上各种观点哪种最为合适并不重要。上文介绍的三种观点并不是排他性的，相反，应把它们视为提示了互补性的历史研究新立场。那么，什么是新的立场呢？

行为体的多面化

全球史将在地球上活动的所有人类行为体都作为创造历史的行为体，而视为分析对象。

首先从地理上看，摆脱西方中心主义，关注亚洲、非洲、拉丁美洲等各地区与国家的独立性与自律性。在此基础上，这些国家的国民不仅仅是受到世界历史变迁影响的从属变数，也是创造历史的独立变数，从这一立场出发重新审视历史。强烈反映这一立场的上述第三种观点，无论是从全球化史还是从宏观历史的角度看，都受到了重视（Mazlish and Buultjens［1993］；Clarence-Smith et al.［2006］；

Crossley［2008］）。

不局限于民族国家的框架，而将分析对象扩大到多种多样的行为体，这是全球史所持学术立场的特点。特别是全球化史的立场可谓典型，即作为分析对象，以往"世界史"中并不重要的跨国企业等非政府组织（NGO）以及非国家行为体，联合国和其他国际组织，甚至反核、反战运动等没有固定形态的非国家性市民合作等，占据了很大的比重。将家族等微观行为体、强烈意识到性别歧视的行为体等都作为分析对象，这也是全球史立场的特点（Claremce-Smith et al.［2006］；Iriye［2002b］）。

毫无疑问，全球史的研究中非常重视以地球为单位的全球性关系。但同时也重视这一全球性关系与各国国内的地区性行为体关系之间是如何交错关联的。地区性行为体也受到全球性关系的影响，并以反馈的形式对全球性关系施加着影响。强烈关注全球性关系与地区性关系间的相互作用也是全球史立场的重要特色之一（Mazlish［2006］；Clarence-Smith et al.［2006］）。

作为分析对象的问题领域

全球史对政治、经济、社会等各问题领域又是如何看待的呢？以往一般性的历史实证研究也重视对重要的个别研究的积累，但是几乎所有这些研究都是将民族国家作为政治、经济、社会的基本单位和前提的。与此相比，全球史并不认为这些问题领域在民族国家的框架内即可解决。有的研究已经尝试就某一问题领域在民族国家间的相互作用进行探讨。全球史的观点当然并不忽视以民族国家为单位的政治、经济、社会文化等方面的相互作用，但是却认为这些问题领域存在于超越民族国家的地区性或全球性活动空间之中，并不断形成，从而将此作为重要的分析对象。

进而言之，更加关注各问题领域之间的紧密关联性及多层性，即关注政治、经济、社会文化各领域的条件及动向是如何超出自身领域而与其他问题领域进行双向的相互作用,这也是全球史立场的特色。比如,社会文化因素是如何影响政治、经济领域各行为体活动的,各地区的社会文化的独自性是如何与政治、经济领域全球性活动空间的形成相互交错的,这些都是分析的焦点。

整体与部分

全球史运动提出的新立场的另一个重要特征就是,研究者强烈地将整个地球视为人类的活动空间,并重视其内在关系。宏观史观点的这种意识最为强烈。而挑战西方中心主义历史观的尝试,其命题的设定也是从全球的整体性来考察现代化与资本主义经济是如何在性质发生变化的同时扩展到全球的(川勝〔2002〕,秋田〔2008〕)。

另一方面,全球化史的主张者将对正在进行中的全球化的各种构成因素的历史进展进行个别、实证性分析作为研究的首要目的。在他们看来,撰写全球史并不是必须采用将整个地球作为直接对象的分析框架(Clarence-Smith et al.〔2006〕),同时也应重视个别问题的历史研究之间存在何种关系、是如何构成总体性全球化现象的研究的(Mazlish and Iriye〔2005〕)。换而言之,即使将个别的问题作为研究主题,但只要将这一问题作为全球性关系的一环加以认识,就可以被称为全球史的研究,即描述整体时不忘部分,描述部分时不忘整体。必须说,这种姿态是全球史的一个重要立场。

三、对国际政治研究的意义

国际关系史与全球史

国际关系的历史研究中,存在着发源于以英国为中心的外交史研究的被称为"国际关系史"(International History)的研究领域。这一研究领域在将民族国家间关系置于分析对象的中心位置的同时,分析的视角不仅仅局限于政府间外交关系的历史进展，还尝试拓展至包括国内政治、经济、社会文化等多方面及多元性因素（Steiner［1997］）。詹姆斯·乔尔（James Joll）的《欧洲百年史》可谓其代表作（ジョル［1975/1976］）。

在国际关系史的发展过程中，也存在着与上述全球史持众多相同立场，并且实际上也被称为"全球史"的研究。比如，戴维·雷诺斯（David Reynolds）的《世界可分：1945年以来的全球史》(*One World Divisible: A Global History Since 1945*)以及杨和肯特的《1945年以来的国际关系：全球史》(*International Relations Since 1945: A Global History*)（Reynolds［2000］；Young and Kent［2004］）。

的确，两者都将分析的地理对象扩展到了非西方世界的全球层面，此外研究视野也不限于战略、外交领域，还包括了经济与社会文化的问题领域。特别是雷诺斯，他多次提到了第二次世界大战后出现的教育革命、城市化、汽车的普及化、女性地位的上升、家庭结构的变化、信息化的发展等社会性变化。但是，在以下两点上他们的研究与全球史的立场仍有所不同。

首先，分析对象主要聚焦于民族国家间的关系，而没有充分尝试研究超出民族国家框架的超民族国家性的人类活动空间（即全球性活动空间）。其次，尽管他们也将分析视野扩展到了经济、社会领域的历史变化而不仅仅是国家间的外交关系，但必须承认分析仍只关注其他的问题领域是如何影响国家间外交关系发展的，而对问题领域间的相互作用的论述少之又少。在这个意义上，雷诺斯和杨等人的研究依然停留在国际关系史的范畴之内。

但是，尽管存在局限性，他们将第二次世界大战后国际关系发展的相关因素加以综合分析以掌握全貌的尝试仍具有重要的意义。

全球化史非常重视全球总体性历史关系这一"意识"。但是在实际研究中，却往往集中于对构成全球化的问题进行单独分析，而难以描绘全球的整体构图。特别是由于分析聚焦于超越民族国家框架的全球性活动空间中出现的事物，因此存在着疏于对民族国家间关系与全球性活动空间的发展之间相互作用的分析。而在微观历史的立场中，尽管提出了明确人类的全球长期性历史变化模式这一总体性视角，但由于重视对长期性变化模式的阐述，从而存在着用较少的变量来说明历史变动因素的强烈倾向，使得研究陷入某种还原主义（reductionism）的可能性较高。

如果我们认为国际关系史研究最重要的课题之一是掌握从国际社会向地球社会过渡这一转型期中当今世界政治的实际状态，那么就有必要将雷诺斯等人的分析视角与全球史的视角进行融合。通过将他们的分析视角融入全球性活动空间的历史形成发展过程，就有可能明确国际社会与全球性空间之间的相互作用。在此基础上，如果再加上全球史中重视多种问题领域之间的多层面、多元性相互作用的视角，就有可能描述第二次世界大战后世界政治的全球性整体构图。

而具体可以描绘什么样的整体构图，回答这个问题已超出了笔者的能力。如后所述，为了描绘整体构图，有必要进一步积累从各种视角对个别问题的研究，也有必要进行跨学科的项目研究。为此，笔者将尝试以第二次世界大战后世界政治核心部分的冷战期世界政治为题材，在结合国际关系史与全球史的基础上提出笔者认为重要的观点。

将全球史视角导入冷战史研究

行为体的多样性与多元性

冷战结束后，冷战史研究得到了飞速的发展。但是，这一发展主要是在国际政治史及国际关系史的框架中实现的。这时就会遇到一个问题，即如何将全球史的立场引入冷战史研究。

此时重要的是应设定多样且多元性的行为体作为分析对象。不仅是国家、政府行为体，探讨国内行为体以及地方行为体与冷战期间的东西方关系之发展形成了何种相互作用也十分重要。

但是,比这些更重要的是应将超越民族国家框架的全球性活动空间中的超国家行为体纳入分析的视野。

具体而言,分析反战、反核和平运动等超国家性的市民联合对冷战的动向产生了何种影响的研究就是一例。这样的研究已经取得了一些进展,比如威特纳及考尔德关于冷战期间反战、反核和平运动对冷战构造的影响的研究(Wittner［1995］［1997］［2003］;カルダー［1999］)。此外,有关帕格沃什会议("科学和世界事务会议")等由核物理学家组成的超国家性知识分子团体,在冷战期间是如何影响超级大国核政策的变化及冷战结束的问题上,伊万哲里斯塔（Evangelista）的研究颇具深意（Evangelista［1999］)。另外,跨国公司在冷战的历史变化过程中发挥了何种作用也是重要的课题。

以往被视为超级大国干涉对象的第三世界等非西方世界的行为体对东西方全局关系产生了何种影响,这也是一个重要的问题。关于这个问题也积累了一批重要的研究成果。比如麦克马洪（McMahon）以印度与巴基斯坦为对象研究了冷战体系中周边地区的作用（McMahon［1994］)。还有文安立（Odd Arne Westad）则分析了受到超级大国干涉的第三世界反过来也促动了超级大国的变化（Westad［2005］)。

问题领域间的相互作用

在冷战史研究中,经济、社会、文化等方面的历史变化是如何影响东西方阵营间政治、外交、战略关系的,这一视角也十分重要。

具体而言,比如有必要分析经济相互依存的发展对冷战进程产生了何种影响。有的理论认为,冷战期间,在布雷顿森林体系这一国际经济体系下西方阵营的经济相互依存不断发展,并支持着同盟的团结,与其相应的政治效果就是带来了美国与其他盟国之间力量关系发生了质的变化（Nye and Keohane［1977］)。在这一点上,重要的是进行历史验证,并研究这对冷战政治结构带来的变化。

此外，冷战之前已经发展了的城市化、教育革命、大众消费社会的形成、通信的发展、女性地位的上升以及家庭关系的变化等，受到了冷战这一国际政治大结构的何种影响，同时又如何影响了冷战，这些研究也同样重要。

在这个研究领域，苏瑞的研究特别值得关注（Suri［2003］）。苏瑞注意到 1968 年由市民与学生引发的社会动荡在教育革命及城市化的社会变化背景下波及了全世界。这些运动最终都带有反冷战运动的性质，并极大地动摇了美国及联邦德国国内形成的冷战共识。而为了平息这一社会动荡，这些国家的政府只能采取缓和冷战紧张关系的政策。苏瑞的研究并没有仅仅关注国内社会与冷战的关系，还重视超越国境的超国家性互动的社会运动对冷战结构造成的影响，这具有重要意义。此外，美国大众消费社会性质的变化与冷战形成了双向性的相互作用，罗森博格的这一研究也值得关注（Rosenberg［2006］）。

我们还可以设定一个议题，即什么样的社会性、文化性渗透可以超越东西方阵营的壁垒。比如，爵士乐与摇滚乐等西方的大众文化对东方阵营的社会产生了什么影响，西方大众消费社会的发展对东方阵营的社会产生了什么样的社会影响，对于这些问题也有一些个别研究。比如，拉纳·米特、帕特里克·梅杰主编的论文集《穿越集团：冷战文化与社会历史》（*Across the Blocs：Cold War Culture and Social History*），还有普瓦热尔（Poiger）的《爵士、摇滚与叛逆者：分裂德国中的冷战政治与美国文化》（*Jazz，Rock，and Rebels：Cold War Politics and American Culture in a Divided Germany*），这些都给予了重要的启示。

社会与文化在呈现超国家的相互渗透现象的同时，当然在各个国家以及国家内部的地区层面上也都具有多样性。对这些多样性与超国家性的相互渗透是如何交错的，对冷战的国际政治构造产生何种影响的研究也十分重要。特别是在分析冷战中亚洲国际政治的发展时这一立场更不可或缺。

冷战体系与全球体系

将全球史视角引入冷战史研究时，拥有全球性整体意识十分重要。为此，掌握冷战的全局性构图就是必不可少的前提工作。

如果要做到这一点，就有必要在重视运用多重视角观察上述行为体及问题领域的基础上，将冷战视为多方面、多元性因素有机联动形成的"体系"。即冷战是一个不仅包括民族国家间外交关系因素，还包含将国内社会变动也列入视野的国内政治因素、超国家性社会间联合的因素等组成因素的动态体系，尝试观察这一体系不同时期的变化则十分重要。①

综上所述，在描述冷战的整体构图之上，重要的是建立将冷战体系定位于更为宽广的全球体系之中的印象。首先，冷战体系在对诸如去殖民地化等其他国际政治领域的发展产生了重要影响的同时，却无法将这些发展完全包容进来。其次，对冷战体系产生影响的经济、社会等因素也无法完全被纳入冷战体系之中。这些因素在冷战开始之前就已存在于长期的历史进程之中，并拥有独自的运行机制。因此，必须将冷战体系视为由政治、经济、社会这三个互有重合的不同体系所组成的巨大的全球体系的一个部分，即子体系。

进行这种观测之际，就会意识到全球体系的存在，也就有必要在描述冷战体系历史中，广泛引用冷战之外的国际政治现象的研究领域、经济史以及社会文化史等其他研究领域的知识与观点。在此基础上，只有考虑与经济、社会领域存在的体系以及其他国际政治子体系之间的发展及其双向性的相互作用，才有可能开拓作为意识到全球整体性关系的全球史之冷战史研究。

---

① 本章没有足够的篇幅叙述其体系的整体构图。详细内容参见田中孝彦的《作为治理的冷战》（载于藤原归一、李钟元、古城佳子、石田淳编著《讲座 国际政治1》，东京大学出版会近期出版）。

结语——全球史的研究策略

当我们将现在的世界定位于从国际社会向全球社会转型的过渡期之中时，为了理解错综复杂的实际情况，能够描绘出全球体系的整体构图的历史变化就十分重要，而这一全球体系也涵盖了包括民族国家间关系在内的人类全球性活动空间的形成过程。作为其前提性工作，将冷战作为多方面、多元性体系，并明确全球体系与冷战体系之间的相互关系也十分重要。当然，这绝不是说众多研究者进行的个别性的历史实证研究就没有意义。

描绘整体构图工作所必不可少的正是带有全球史意识的众多研究者所进行的个别研究的积累。只有在这些基础之上，才有可能描绘出冷战史的整体构图。但是，即使在这样的情况下，也需要在个别性的历史实证研究中树立冷战体系以及全球体系的全局观的意识。在这个意义上，个别研究以及描绘整体构图必须同步进行。以现有的个别研究的积累为基础，可以建立有关冷战体系及全球体系的整体构图的假设，随后在接受来自个别研究的建设性批评的同时，对假设进行逐步修正。这种发现性（heuristic）工作是必不可少的。

进而言之，历史研究与国际关系理论研究的合作也是不可或缺的。包括笔者在内，历史研究学者存在着轻视基于第一手史料的历史实证研究之外的研究方法的倾向。但是，为了用全球史的立场描述冷战以及其他国际政治现象，有必要积极运用国际政治理论中的体系理论、相互依存理论、超国家关系理论、全球化理论，以及近年来存在感日益增强的全球政治理论等理论知识。这是由于在体系的存在、超国家行为体对民族国家体系的影响等问题上，发现直接进行实证的第一手史料是非常困难的。

比如，这一问题在试图分析社会性变动与冷战期间国际关系的相互作用时就是难以回避的障碍。特别是在分析市民等非国家行为体之际，就有必要去了解市民之间拥有什么样的共同身份认同，他们的国际政治观是什么，对于个别的国际政治现象拥有什么样的认识等。针对这些问题，仅仅依靠第一手史料的历史研究是无法解决的，还必须运用政治意识、社会意识调查以及社会心理学方面的知识与理论。

如同众多的全球史研究者所言，无论是冷战体系还是全球体系，如果要描绘全局性的整体构图，就必须采用跨学科的研究方法。毫无疑问，从全球性视野出发的经济史研究、社会史研究的知识理论是必需的。此外，如果在重视各国及地区政治、经济、社会文化独特性的基础上，在全球层面上描绘宏观的整体构图，比较政治学、地区研究以及文化人类学等知识与理论就极为重要。

考虑到以上这些，读者可能会认为全球史是一项需要动员众多领域研究者的极为庞大以致难以实现的学术工程。但是，在笔者看来，各种深刻的问题并没有给我们充分理解这些困难的时间，身处从国际社会向地球社会过渡中的我们只能鼓足勇气迎难而上了。

第三章 近代欧洲国际政治史

渡边启贵[*]

引 言

本章将对近代以来欧洲国际政治的特点与发展进行历史考证。

欧洲国际政治的历史发展建立在均势思想的基础之上,而均势理论也容易带有大国优先的性质。但同时,这种体制如需长期维持,则必须普及超出单纯物理性实力关系的精神上的共识。这种共识就是各国共同拥有的对"欧洲"的归属意识及价值观。

这种欧洲式的国际体系因第一次世界大战出现了裂痕。随后,欧洲式的现实主义外交也受到了身处新世界之巅的美国理想主义的挑战。对于欧洲而言,20世纪可谓在这种新范式中、在摸索与认同之间反复摇摆的世纪。

一、欧洲国际政治体系的理论与意识

民族国家的形成与西欧国家体系的诞生

威斯特伐利亚会议(条约)结束了被称为最后的宗教战争的三十年战争(1618—1648年),在国际政治学上也意味着欧洲国家体

---

[*] 东京外国语大学外国语学部教授。

系（威斯特伐利亚体系）的开始，即以往以罗马教皇的精神权威为统一原则进行的统治结束，取而代之的是由主权国家的现世性国家利益概念支持的法的国际秩序（渡邊［2008b］）。

这里的"主权"是作为国家被承认时的"基本权利"。如同让·博丹（Jean Bodin）在《国家六论》中所系统论证的，主权就是最高审判权、立法权、外交权（参战权、条约缔结权）、常备军、度量衡制定权、货币铸造权、征税权等今天我们规定的作为国家独立的各种"无时效限制、不可侵犯且不予让渡之权利"。此外，这样的国家也是意指经过中央集权化了的常设统治机关（常备军、官僚制度、国民经济等）的现代国家（state）的前奏。今天的欧洲一体化就意味着将这样的主权委托于欧盟。如果用词语进行正确表述，一般认为欧盟的一体化发展是"主权的完全丧失"实为言过其实，而应是"共享"主权的过程及性质。

这一行动规范重视"合理性"，即最优先重视以明确形式表示的国家利益。在国家利益中成为标准的并不是如同中世纪将神视为绝对的教义，而是基于现世中人们的行动原则。对于畏惧新教与旧教长期战乱的人们而言，建立不是基于"神之法"，而是基于"（人类的）自然法"的新型国家关系是不可或缺的。旨在改善伤兵待遇、禁止掠夺等的国际协定谁都认为是必要的，这也是享有崇高声誉的荷兰神童雨果·格劳秀斯（Hugo Grotius）在《战争与和平法》中提倡建立国际法的背景。

在法律平等之下各国的主权受到尊重，并在多国间展开外交活动，其原理就是由欧洲各国团结及相互依存意识支撑的均势理论。欧洲始终在摸索列强之间共同体性质的团结及对摩擦的和平解决。在这个意义上，威斯特伐利亚体系同时存在着两种主义：一种是在尊奉旧教的同时，为了牵制神圣罗马帝国而支援新教徒的黎塞留宰相的现实主义外交；一种是以格劳秀斯为代表的理想主义（Blin［2006］）。

但即使被称为国际体系，当时却并不存在诸如今天的国际法、国际法院、联合国等权威性准则及解决国际冲突的组织。此外，这一时期的国家属于绝对主义国家，因此其主权者并不是国民而是专制君主。从这一点上看，这个时代的国际体系基本上是以身份秩序的序列理念为支撑的。即使被称为近代主权国家，也与19世纪后蓬勃发展起来的以市民作为主权者的近现代民族国家不同。

均势的历史性稳定因素——维持欧洲国际社会的原理

近现代西欧国家体系的秩序观是由均势理论所维系的。均势理论追根溯源可以回顾到古代印度各藩国之间的合纵连横以及古希腊城邦国家时代各城邦国家间的关系。正如现实主义历史学家修昔底德详细论述的，伯罗奔尼撒战争当时的均势性国际关系可归结为以雅典为首的提洛同盟及以斯巴达为首的伯罗奔尼撒联盟这两大同盟间的对峙。但是，英国的国际政治学者席汉却指出，那一时代中均势思维的确存在，但并非因此即可确定已形成体系（Sheehan［1996］）。多达1500个的城邦国家群不能被称为拥有一种共通的文化规范的国际社会，城邦国家之间的关系也较冷淡。

文艺复兴时期的意大利城市国家中，均势已形成体系。15世纪后半期的意大利，5个城市国家之间保持着均势。特别是为了对抗最强的威尼斯，佛罗伦萨与米兰、那不勒斯结成了三国同盟。实际上，据说被称为现实主义者鼻祖的马基雅维利并没有理解这一结盟的意义以及均势原则。与此相比，佛罗伦萨的卢切尼（Lucere）及圭契阿迪尼（Guicciardini）则力主意大利可以通过均势维持稳定。圭契阿迪尼指出"针对威尼斯的同盟是为了抑制威尼斯的实力"，并明确表示为了达到全体性的均势，必须在所有国家相互监视的状态下，通过大的城市国家阻止在意大利半岛出现单独支配。[①]

---

① 席汉对均势理论进行了总结（Sheehan［1996］），日文版文献（シューマン［1973］）也包括了有关这方面的基本内容。

18世纪经验主义哲学家休谟指出,在存在良知与明确逻辑的前提下,"国家的独立是比霸权国家的政治性统一过程更为重要的目标"。19世纪的费内隆也将均势定义为"避免邻国强大的行动"。20世纪初国际法学家瓦泰尔(Vattel)也认为"任何一个国家都不具备绝对性的支配力,也无法出现支配其他国家的事态"。第二次世界大战后,现实主义学派的代表摩根索将均势定义为"权力在数个国家间被大致平均分配的状态"。英国著名国际政治学家怀特将"权力的平均分配"列为均势9个含义中的第1位。①

近代欧洲国际关系在曲折发展过程中,列强间的激烈对立之所以可能得以回避,正是因为存在着欧洲特有的历史特殊因素。笔者认为可概括为以下五点。

第一,不存在具有压倒性优势的主权国家,形成了通过3个或5个以上实力相近的列强(大国)可以维持相对均衡的世界构造。也就是说,与诸如罗马帝国般的唯一性霸权国家(超级大国)的支配,以及诸如冷战期间美苏两个超级大国(两个势力集团——东西方阵营)军事对峙这种一触即发的不稳定结构不同,当时欧洲保持着遏制与均势机制较易发挥作用的状态。

第二,在这些列强相互争权夺利时,存在着列强之间的对立不致引发或可回避直接且致命冲突的状况。也就是说,存在着对立大国可以寻求妥协的殖民地及边境地区。各路列强在空间及物理性质上都存在着可以回避直接对立以及谋求海外扩张(即扩大殖民地)的"条件"。

第三,在技术上,列强之间不存在大的差距与不平衡。列强中并没有如同拥有压倒性核武力的美苏那样的超级大国。另一方面,由于各国的外交领导层都来自于所谓的特权阶层,他们之间存在着

---

① Morgenthau[1986],Wight[1995]。此外,关于马基雅维利、圭契阿迪尼、黎塞留、格劳秀斯、威克福、卡利埃尔、萨道义、尼科尔森、基辛格等人外交理论的书籍,参照Berridge et al.[2001]。

共同的价值观与理解，这使得各国在国家目标、外交决策、外交手段等方面容易取得共识。

第四，外交或决策过程并没有受到民众的民族主义及意识形态或来自国内政治的压力。由于人们都认可外交的专业性质，与今天相比，决策的国内制约（舆论压力、经济影响）要少得多。

第五，当时实力强大的英国通常并不介入欧洲大陆的纠纷，维持着孤立主义政策，但同时也依靠其强大的国力，在大陆的力量对比关系出现崩溃之际，发挥平衡者的作用以维系全局稳定（渡邊［2008b］）。

"大国"中心的权力构造——霸权周期与中心-周边的逻辑

近代欧洲（绝对王政时代）的第一个特征是除了以往西欧国际政治中"哈布斯堡帝国（奥地利）"与"波旁王朝（法国）"的传统对立关系外，还出现了击败荷兰、坐拥强大海军及经济实力走上国际舞台的英国与法国之间的竞争关系。两个国家间直接及间接的竞争合作关系在包括殖民地在内的广泛领域对大的战争同盟关系产生了深刻的影响（1689—1756年的第二次百年战争）。其中，西班牙王位继承战争的结果，根据《乌得勒支和约》，西班牙帝国解体，其后英国在与法国的战争中取得了胜利，从18世纪开始进入了所谓的"英国治下的和平"（Pax Britannica），并一直持续到第一次世界大战。特别是直到拿破仑战争后的18世纪中叶，在被称为"欧洲协调"的时期以及其后欧洲大国的殖民地扩张时期，英国的现代产业技术及知识席卷世界（岡［1955］，神川［1948—50］，Duroselle［2001］，Renouvin［1957-58］，McKay and Scott［1983］）。

根据乔治·莫德尔斯基著名的长周期理论，16世纪到20世纪，约以每百年为一个周期，5个霸权国家分别进行着统治（モデルスキー［1991］，田中［1996］，西川［1995］）。实际上在笔者看来，该理论的真实意图是在20世纪70年代美国衰退之际对美国人提出

第三章　近代欧洲国际政治史

警告。正因为如此，不得不说这一理论对史实及其解释人为地进行了简化，但在某种程度上，对欧洲国际关系的历史进程进行概括还是有效的。

在莫德尔斯基看来，霸权周期的第一波是葡萄牙，第二波是从吞并了葡萄牙的西班牙获得独立的荷兰，第三波是在英荷战争中取胜并获得海上霸权的英国，第四波仍是超脱于拿破仑战争后混乱的欧洲大陆并使国力增强的英国（英国治下的和平），第五波则是20世纪美国的霸权时代。

在每一个霸权时代都存在着"挑战国"，并引发了争夺霸权的"世界大战"。在战争中取胜的国家（霸权国）就是"规范其他国家的对外行动，并制定时代政治经济规则的国家"。霸权国并不只是有军事优势的国家，而是对这一时代规范及体系的制定做出贡献并领导世界的国家。在荷兰成为霸权国的时代，建立了公海原则、自由贸易、率先采用股份制的东印度公司、证券交易所等。在英国的霸权时代则"发明"了驱动时代发展的工业革命、世界贸易的管理、英式银行及发行国债等。这些都开启了以欧洲为中心的现代化进程。

主导"欧洲"秩序的是大国。以明确的形式确立这一点的是拿破仑战争后的反动性"维也纳体系"。两个《肖蒙条约》使英、法、奥、普、俄五大国会议外交形成的新"均势"成为制度。五大国的国家首脑及大臣定期会晤，协商共同利益，讨论针对各国国民的安定与繁荣以及维护欧洲和平的最有效的措施。各大国以国际会议的形式协商和平解决冲突并进行实践，这种尝试被称为"欧洲协调"（Concert of Europe），而新的"均势"也在19世纪的欧洲国际关系中得以确立。

维系"维也纳体系"的是"正统主义"及"复古主义"的理念。复辟以"权威"为基础的"均衡"概念的旧体制，即"恢复秩序"，是主导会议的奥地利首相梅涅特的基本理念。这同时也意味着"大国"概念的确定，其和平与秩序是建立在牺牲"小国"与民族主义之上的。国际关系结构中传统的"中心"与"周边"构图因此得到维系。这也与通过"中心 vs. 边缘"关系对以欧洲为中心的农本资本主义国际经济体系构造进行了经济史分析的沃勒斯坦的观点相吻合（ウォーラーステイン［2006］）。

作为共同价值观的"欧洲"

从近代到今天，欧洲各国间国际协调的精神基础就是可被称为"欧洲"的价值观。高坂正尧在其名著《古典外交的成熟与崩溃》中指出，拿破仑战争后建立维也纳体系的出发点之一就是提出了应加以遵守的价值观，即"欧洲"的理念。基辛格在《重建的世界》中也提出了相同的观点（高坂［1978］，キッシンジャー［1979］）。如果用今天的表述方式，笔者认为这就意味着作为在国际社会中拥有相同价值观与行动规范的群体的"安全共同体"（渡邊［2008b］）。其中，在以"欧洲"这一词汇为象征的欧洲社会中存在着对充满特色的外交行动及认识的共识。

那么，这里的"欧洲"是什么？波兰出身的历史学家波米安（Krzysztof Pomian）在《欧洲及其民族国家》（日文版《什么是欧洲》）中，从文化视角分析了欧洲的统一（ポミアン［2002］，モラン［1988］）。他将到16世纪为止的时期称为拉丁基督教世界的第一统一时期，将此后到第一次世界大战为止的时期作为第二统一时期。第二统一时期的文化是在绝对王政盛行的背景下，于18世纪开花结果的宫廷（salon）文化，也就是精英文化。众所周知，在这一时期，建筑、绘画、音乐、文学等各个领域都确立了典雅、细腻的风格。参加维也纳会议的法国代表塔列朗（Charles-Maurice de Talleyrand-Périgord）曾如此评价这种自由、俊美的情趣："不了解1789年（法国大革命）以前世界的人没有资格谈论生活的欢愉。"

但是，如下文所述，这一"欧洲"概念经过市民革命，并在拿破仑战争后欧洲各国"国民意识"觉醒的大潮中，渐渐不再是一部分上流社会的垄断性概念。随着18世纪末到19世纪中叶浪漫主义与民族主义在各国取得了支配性地位，这种精英文化出现变化，与大众文化结合形成了国民文化。随之而来的急速扩大的资本主义带来了资产阶级的崛起，他们成为国民文化的主力军，而文化也不再仅仅是一部分统治阶层独享的事物。

另一方面，欧洲文化的普适性也成了蔑视非欧洲人的工具。在法国等国家，扩展海外殖民地的目的不仅是经济上的，还因带有促使未开化人种"文明化"的使命而被赋予了正统性。西欧型现代化成为绝对性模式，而正是某种欧洲优越性意识，在精神上支持着19世纪欧洲的协调与海外扩张。

二、民族国家的变化与欧洲传统国际体系的危机

近现代市民社会的权利意识与民族主义的兴起

19世纪，欧洲民族国家在经历了市民革命（法国大革命）与工业革命这两大革命后发生了重大变化。这一系列变化也巩固了近代后引领世界发展的欧洲的优越感。

首先，在19世纪的欧洲，多国实现了现代国家的统一。作为主权者的国民这一概念在经历了法国大革命、七月革命、二月革命后，逐步成了近现代市民的权利意识，并激发了被统治民族的民族主义。权利意识的范围从参政权及言论自由开始，逐步扩大到了随着资本主义发展而产生的工人阶级追求的社会保障权。"国民"概念也从绝对王政时代的"领民""臣民"转化为拥有基本人权的"市民"。另一方面，这也催生了与大国统治下少数民族之民族主义相关联的建立新国家的独立诉求。

维也纳会议的中心议题——波兰的独立问题在随后的时期里也反反复复、纷争不断。19世纪20年代初，在意大利、西班牙，革命开始蔓延，受到七月革命影响的比利时成功地获得了独立，并宣布

中立。要求自由主义宪法并成立议会的革命首先在匈牙利、布拉格爆发，随后波及了米兰、威尼斯、两西西里王国等意大利境内各地。这些革命的直接要求是从奥地利获得解放。

在巴尔干方面，成为冲突根源的是走上末路的奥斯曼土耳其帝国。奥斯曼帝国本身就是多民族国家，在民族主义高涨的过程中必须应付众多的民族自立运动。希腊在土耳其及欧洲列强的干涉下获得了独立。而受到这场独立战争影响，其后陆续爆发了两次埃及土耳其战争。19世纪50年代前期，围绕圣地耶路撒冷的管理权，俄国和土耳其产生冲突并由此引发克里米亚战争（其结果为罗马尼亚独立），随后1875年在波黑的希腊正教徒起义又导致了俄土战争。

直至今日仍由人权意识支撑的现代市民社会的形成唤醒了人们的权利意识，而欧洲的国际关系在民族主义高涨及新独立国家加入其中的复杂关系中出现了动荡。①

经济实力影响的扩大——从资本主义的扩展到向帝国主义时代的转型

其次，对欧洲各国政治外交的影响力逐步增大的是新兴资本家（资产阶级），即企业家与富裕阶层。这也意味着19世纪资本主义的发展。

英国经济史学家波拉德（Sidney Pollard）通过对这一时期共同市场与共通经济政策的分析，主张欧洲工业资本主义的发展是不可逆转的经济一体化现象（ポラード［1990］）。从19世纪初到20世纪初，国民生产总值（GNP）中贸易所占比重英国从27%增加到55%—60%，法国从10%增加到25%—35%，德国则从1840年的13%猛增到30%—38%（ポラード［1990］）。第一次世界大战前，

---

① 19世纪欧洲国际关系可参照渡邊［2008b］、《岩波讲座 世界历史》、中央公论社"世界历史"丛书、Bridge and Bullen［1980］等，特别是有关英国治下的和平参见田所［2006］、君塚［2006］，与英国帝国主义有关内容则参见木畑［2001］［2008］。

欧洲主要工业国家之间的商品交易额已经占全世界总交易额的 1/3。其总出口额的 51% 是通过地区内贸易获得的。工业革命带来的生产的飞跃进步以及资本主义的发展意味着技术与经济方面一体化的急速进展。

但是，资本主义的发展激化了 19 世纪中期到后期欧洲列强对殖民地的争夺。作为两次工业革命的结果，以英国为首的西欧列强的压倒性科学技术优势加速了欧洲列强的海外扩张。特别是 1873 年欧洲第一次经历经济恐慌后，列强对殖民地的争夺日益激烈，资本主义进入了帝国主义的阶段。

但是，对"帝国主义"的定义却并非一致。根据著名的列宁及希法亭（Rudolf Hilferding）的定义，帝国主义是资本主义发展的结果（资本主义的最高阶段）（江口［1969］，ケンプ［1971］，レーニン［2006］，ヒルファディング［1982］）。发达资本主义国家实现国内市场垄断后，将会为了进一步追求资本的海外投资场所而走上攫取殖民地的道路。同时，与政治权力相结合的国内垄断资本不仅在经济方面，还会在军事及政治方面强迫海外落后地区居于从属地位。这种帝国主义性质的压迫也将国际化。霍布森（John Atkinson Hobson）也对帝国主义进行了批判，认为帝国主义的产业并非健全发展，因过剩储蓄导致资本外流，并产生了国内社会收入分配不公的结果。帝国主义只可能使大金融家及其周围的利益集团受益，并最终导致军国主义的产生以及政治、市民道德的败坏（ホブソン［1977］）。

另一方面，著名的社会经济学家熊彼特（Joseph Alois Schumpeter）则对马克思列宁主义的帝国主义论提出了相反的意见（シュンペーター［1956］）。在他看来，帝国主义只是"国家无目的性的扩张倾向"，与资本主义并无关系。他对资本主义并不持否定态度，而肯定其为具有现代性及文明性的事物，帝国主义并不是资本主义的延长，反而是资本主义的对立面。主张经济帝国主义的伦纳德·伍尔夫（Leonard Woolf）认为"人的信念与欲求"是帝国主义的原动力（川田［1963］），这种经济上的信念与欲求包括：①道德动机（白种人在落后地区实现福利的责任与义务）；②感情动机（欧洲的伟大、光荣与威信）；③军事及战略动机；④寻求市场、原料与利润。

无论持何种观点，有一个事实没有改变，即对于欧洲列强而言，与 19 世纪末期资本主义高度发展的时代和海外经济权益的争夺相关联，经济拥有了巨大的影响力。法国著名国际经济史学家吉罗（Rene Girault）也指出 19 世纪后半期国际关系中经济因素的重要性（ジロー［1998］，ジョル［1975/1976］），并关注移民、国际贸易（保护主义与关税、倾销）、殖民地主义、资本流动的动向等。将以往传统的外交史研究方法与以上所提到的国际经济潮流相结合的研究方法，是今日欧洲国际关系史研究的趋势。从这一时代开始，外交不再是一部分政府领导层的专管领域，以资本家、资产阶级为首的"国民"的支持已成为必不可少的因素。

传统欧洲均势外交的失败

刚实现了统一的意大利与德国成为 19 世纪复杂的欧洲国际社会的新行为体。特别是德意志帝国的外交是导致第一次世界大战爆发的重要因素。①

经过普法战争获得独立不久的德国，本国的稳定发展是首要目标。俾斯麦宰相为了某些目的，通过建立缜密的同盟网开展了巧妙的均势外交（俾斯麦外交）。这些目的包括：①孤立对德报复心切的法国；②与德国在东欧的威胁俄国建立密切关系；③牵制普奥战争后成为德国潜在敌国的奥地利使其不与俄国结盟等。在这一和平政策的外交中，德国不追求霸权，彻底发挥"诚实调解者"的作用，尊重各国主权（即国家理性），并对维持欧洲现有秩序做出了贡献。

---

① ヴェーラー［1983］，テイラー［1992］。俾斯麦外交参见ジロー［1998］。

这与冷战结束后以欧盟（EU）为基础的今日德国外交政策是相通的。

本着这一意图，1873年，德国、俄国、奥地利三国皇帝结成三皇同盟。但是1878年，在俄土战争后的处理问题上英国、奥地利与俄国之间产生了对立，俄国脱离了三皇同盟。随后，俾斯麦于1879年同奥地利缔结两国同盟后，1881年再次与俄国恢复了三皇同盟（中立条约）。1882年，又与在突尼斯问题上和法国对立的意大利成立了德意奥三国同盟（防御同盟）。在俄国因巴尔干问题与奥地利发生冲突而退出三皇同盟后，德国于1887年与俄国签订了《德俄再保险条约》，规定双方在与第三国爆发战争时互相保持中立。同年又与英国签订了《地中海协定》（包括奥地利在内的三国协定），并与西班牙、意大利签订了同样的条约。

至此，欧洲的均势体系貌似已得到完善。但如上所述，这一体系是以德国不谋求霸权为大前提的。而1890年德国威廉二世排挤俾斯麦后开始亲政，外交路线转向海外扩张主义。尽管这是帝国主义时代的象征，但也的确动摇了传统列强间的均势关系。

首先，在《德俄再保险条约》到期后威廉二世决定不再续约之际，1892年俄法缔结了同盟条约，俾斯麦构筑的同盟网开始坍塌。威廉二世的扩张政策被称为连接柏林、拜占庭（现伊斯坦布尔）、巴格达的3B政策，而中东地区向来是英法俄等列强利益错综复杂的地区。特别是德国创设巴格达铁路公司等一系列举动，必然会加深与采取3C（开罗、开普敦、加尔各答）政策的英国及采取南下政策的俄国之间的摩擦。非洲问题使得英德关系恶化，德国的海军扩张政策更导致了英德之间建造军舰的军备竞赛。

英国在放弃了从1898年春天开始的与德国断断续续的结盟谈判后，1902年1月缔结了英日同盟，在与因法绍达事件（采取非洲纵断政策的英国与采取非洲横断政策的法国之间于1898年爆发的冲突）发生对立的法国改善关系后，1904年缔结了英法协约。这一系列行动表明英国放弃了"光荣孤立"的政策。日俄战争中俄国战败，对于英国而言，俄国已不再是其在亚洲的威胁。因此，为了牵制德国出入波斯湾，英国于 1907 年缔结了英俄协约，与先前的俄法同盟、英法协约一同形成了三国协约。此后欧洲国际关系就在三国协约与三国同盟的对立中不断发展，"武装下的和平"这一一触即发的紧张空气支配着欧洲。

另一方面，德国从 1904 年秋开始与俄国进行结盟谈判，但没有成功。与俄国改善关系无望后，德国与美国、中国接近也没有奏效。同时，德法间爆发了两次摩洛哥事件，两国不仅在欧洲，围绕着北非殖民地也展开了激烈的争夺（横山［1963］）。

民族自决运动与帝国主义列强之间的摩擦在被称为"欧洲火药库"的巴尔干地区尤为炽烈，该地区也成为第一次世界大战的导火索。塞尔维亚在俄国的支持下，寻求自立与领土扩张，而奥匈帝国以德国为后盾试图予以镇压。这也是斯拉夫主义与格鲁曼主义之间的对立，其中夹杂着各路列强利益之间的微妙关系。

在帝国主义野心全球错综交织的形势下，波斯尼亚的民族独立运动与奥匈帝国统治的摩擦成了第一次世界大战爆发的直接起因。

三、两次世界大战期间的欧洲

从"旧外交"到"新外交"——从现实主义到理想主义

与第二次世界大战起因论相比，第一次世界大战起因的争论之处多且复杂。这是因为没有诸如第二次世界大战中希特勒那样明确的"犯人"。①

各种观点中引起很大争论的是弗里茨·菲舍尔（Fritz Fischer）的《走向世界强国之路》（フィッシャー［1972，1983］）。作者认为以威廉二世为首的德意志帝国的领导者们周密地计划了大战的爆

---

① ジョル［1997］从多方面对第一次世界大战的起因进行了分析。

发,并试图从德国外交中发现战争目的的一贯性。而第一次世界大战后缔结的《凡尔赛条约》中指明了"(战争)责任在于德国及其盟国"(第231条),"威廉二世严重违反了国际道义及条约的神圣性"(第227条)。

但是在20世纪20年代中期,却出现了不仅德国负有战争责任、国际关系结构本身也有责任的观点,即"实力外交"这一欧洲传统外交("旧外交")才是引发大战的元凶。如上所述,这也是对以均势及秘密约为特点的权力政治性西欧国家体系的批判,这种国家体系意味着不使列强间的冲突和对立发展为战争,建立以与潜在敌国妥协或予以牵制为目的的同盟,维系国家间关系的权力(特别是军事力)均衡。因此,各国对相互的力量关系过度关注,即使为了在交涉中获得一丝的优势也会万般谋略。通常这些行动都是秘密针对第三方的,因此欧洲列强间的关系在表面上看似稳定,实际上却始终钩心斗角、暗云涌动。

在对此进行反省的基础上,标榜战后理想主义的美国威尔逊总统将均势视为旧外交的万恶之源,痛斥其为"充满嫉妒的相互监视及利益冲突"。威尔逊根据民主主义理论,提倡民族自决、主张公海航行自由、禁止秘密外交等"新外交"(即公开外交)以摸索新的国际社会体系。20世纪20年代可谓尝试实现理想主义和平的全盛期(メイア[1983])。第一次世界大战后,20年代美国及英国的大学开始设置正规的国际关系论课程(国际法、国际组织论),也是时代的要求。

集体安全体系的尝试①

《凡尔赛条约》第一编规定的《国际联盟盟约》是集体安全体系的第一次尝试。但是实际上,在提案国美国,参议院没有批准加

---

① 有关两次世界大战期间的国际关系参见カー[1968][1969]、ジロー=フランク[2009]、Ross[1983]、テイラー[1977]、斉藤[1978]。

入国联,而社会主义革命胜利后的苏联也没有被批准加盟。此外,国联的制裁措施只限于经济手段,其集体安全的实效性并不充分。

建构和平机制的尝试还表现在裁军方面。其代表事例是华盛顿会议中的《限制海军军备条约》(1921—1922年,美、英、日、法、意之间制定了主力舰的总吨位比例)、日内瓦海军裁军会议(1927年6月,因5大国意见对立而失败)及《限制和裁减海军军备国际条约》(1930年1月,美英日之间就辅助舰只的数量进行限制)。

在大国之间进行裁军谈判的同时,全面裁军的努力也没有停止。但是,这的确很难实现。1920年第一次国联大会成立的裁军问题临时混合委员会尽管持续到了1924年,但没能取得具体成果。其后,裁军会议预备委员会从1926年工作到1930年,才终于达成了裁军协定最终议定书。另一方面,作为战争违法化的努力结果,1928年8月,15个国家在巴黎签署了《非战公约》(《凯洛格-白里安公约》)。

对于法国等国而言,比起裁军更优先考虑的是国际安全体系的构筑。也就是说,比起限制军备,更重视在事前构筑预防及解决冲突的体系。但是,第一次世界大战结束后英美法的三国互助条约没能生效,而国联的安全体系构想也遇到了挫折。其结果,一些国家开始尝试构筑特定地区而不是全体性的集体安全体系,这就是1925年10月签署的《洛迦诺公约》。其核心的《莱茵保安公约》规定维护法德比边界不受侵犯、禁止在莱茵地区部署军备、三国互不侵犯、不发动战争以及和平解决冲突等内容。此外还包括德国与五国的仲裁条约,法国与波兰、捷克斯洛伐克的保障条约等。至此,德国的威胁暂时得到缓解,欧洲的安定似已得到保证,因此20年代中期以后的时期被称为"相对稳定期"。

重视地区安全体系的法国在此之前的1922年已与作为东欧前线基地且视苏联为威胁的波兰签署了同盟友好条约。其后又与捷克斯洛伐克缔结了同盟条约,同时还确立了与捷克斯洛伐克、南斯拉夫、罗马尼亚为对抗匈牙利权威体制而于1920年及1921年建立的互助条约网，即小协约国的友好关系。

欧洲的没落及其世界观的局限性——对大国主义的继承

第一次世界大战后的国际政治在理想主义的推动下向前发展，但也有其局限性。凡尔赛体系本身在应对战败的德国与新兴的苏联时就犯了错误。其原因就在于传统的大国中心主义的国际观在列强之间并没有消失。

第一次世界大战中，西欧成为战场并几成废墟，这一经历给欧洲人带来了极大的冲击。高傲的西欧文明在暴力面前饱受蹂躏，欧洲昔日的容貌荡然无存。德国历史哲学家斯宾格勒（Oswald Arnold Gottfried Spengler）的畅销书《西方的没落》就精彩地描述了欧洲人的这种思绪（シュペングラー［1952］）。但是在欧洲人之间，作为应维护的共同价值的"欧洲"依然具有生命力，甚至是克服危机的目标。出于对第一次世界大战的深刻反省，以复兴欧洲为目的，康登霍维-凯勒奇（Richard Nikolaus Eijiro Coudenhove-Kalergi）提倡的和平运动在20世纪20年代席卷全欧洲（クーデンホーフ＝カレルギー［1962］）。而这一思想也在战后被称为"欧洲统一之父"的让·莫内（Jean Omer Marie Gabriel Monnet）的欧洲一体化构想中得到了继承。

但是，这种和平与一体化的构想中，却始终潜藏着欧洲人的优越感。凡尔赛体系本身就存在这种优越感，即明显具有传统欧洲中心的大国主义特征。在1919年1月召开的巴黎和会上，美、英、法、意、日五大国组成了最高会议并参加所有的会谈，其他22国则只能出席与其有关的会议。各国直到和会最后的大会上才得知最终决定的边界。在过去维也纳体系中看到的大国主义传统犹存。

另外，国联决定的中东、亚太地区的委任统治制度是以列强支持这些地区将来的自立为原则的，但实际上旧宗主国的殖民地统治却仍然继续。第一次世界大战引发出的民族主义及民族自决的实质性解决被拖延了下来。

凡尔赛体系的反革命性与过度的对德制裁

第一次世界大战后的世界因社会主义大国、意识形态大国苏联的诞生而具备了以往所没有的性质。1917年俄国社会主义革命胜利，第二年列强对革命政府进行了干涉战争。这也是其后成为20世纪国际关系主轴的社会主义与资本主义的东西方意识形态对峙的萌芽。巴黎和会没有邀请苏联政府代表参加，苏联加入国联已是德国退出国联之后的事情了。

凡尔赛体系的反革命（反苏）性也体现在了处理德国及东欧各国动乱的问题上。1919年1月，德国斯巴达克团（德国共产党）发动起义，却遭到了被期待成为社会主义革命旗手的社会民主党政府的武力镇压，女革命家罗莎·卢森堡被政府残酷杀害。匈牙利贝拉·库恩领导的共产主义革命政权也一瞬即逝。

1936年，西班牙成立了包括社会主义者在内的共和派联合政府——人民阵线。在德意的支持下，右翼民族主义者佛朗哥发动叛乱。在内战中，由于英法等27国（包括苏联在内）的不干涉政策，共和派政府被颠覆。

此外，被称为"迦太基式讲和"（古罗马殖民地的降服）的《凡尔赛条约》对德国的制裁是两次大战期间欧洲国际关系矛盾与摩擦的元凶。由于德国代表没有被邀请参加和会，因此德国将这个条约视为"被命令的条约"。和会仅仅是战胜国以战败国牺牲为基础进行利益交易的场所。

德国陆军兵力被限制在10万人，废除了参谋部和义务兵役制，且被禁止拥有潜水艇及空军。这些措施为日后德国要求军备平等权及修改条约提供了借口。对德国而言，还有一个屈辱和打击就是巨额的赔款。1921年决定的总额为1320亿金马克的赔款是德国无法支付的数字。对德国要求延期支付赔款恼羞成怒的法国与比利时一同占领了德国工业地区的鲁尔区作为"生产担保",但德国的"消极抵抗"却只能使双方两败俱伤。

根据美国人道威斯的报告制定的赔款支付计划(规定了五年间每年的支付额及财源),美国资本将大量流入德国,德国以此为基础复兴经济并向协约国支付赔款,而得到赔款后的协约国则偿还美国的战争借款,这一金融循环与安全方面的《洛迦诺条约》一同在经济上维系着欧洲的"相对稳定期"。

未能建立国际经济体系与美国领导意识的缺乏①

道威斯计划是以战后从债务国转为债权国的美国的经济力为背景的欧洲经济复兴计划。但是,以1929年10月纽约股市暴跌为起点的世界经济大恐慌打开了德国经济失败、纳粹兴起以及国际经济壁垒化的大门。

1931年胡佛的缓债宣言同意德国延缓一年支付赔款,在第二年的洛桑会议上,实际上停止了德国的战争赔偿。同时,英国(1931年)与美国(1932年)放弃了金本位制,转向货币管理制度,并各自形成了英镑与美元的货币圈。另外,从1932年英帝国制定帝国关税特惠制等排他性贸易措施的渥太华会议等表现出的贸易圈的形成,逐渐扩散到了法国、中东欧的小协约国、美国、南北美各国、德国以及中欧各国。由国际联盟主持召开的讨论应对1933年经济恐慌的伦敦世界经济会议并没有解决列强之间的利益冲突。

在当时的时代里,从全球视野讨论世界经济的意识依然十分淡薄。实质上引领世界经济的美国也没有真正自觉认识到其角色的重要性。

回归"实力外交"

在这种背景下,世界再次回到了"实力外交"的时代。特别是

---

① 参见有贺、宫里[1998]。

在世界恐慌的影响日益深刻的情况下，在攫取殖民地方面"落后"的"无所得"国家德国、意大利、日本将解决办法转向了谋求对外侵略。

1933年1月希特勒政权诞生，对外扩张主义的威胁进一步增加，欧洲国际结构再次发生了重大变化。法国与苏联接近（《苏法互不侵犯条约》），试图获得苏联的支持，通过与东欧各国签署互助条约遏制德国（"东方洛迦诺"）。1935年3月德国宣布重整军备，英、法、意在斯特雷萨（Stresa，意大利）召开首脑会议，同年5月法国与苏联签署互助条约、苏联与捷克签署互助条约，形成了针对德国的包围网。

但是，这些针对扩张主义国家的遏制政策存在着局限性。这是因为西欧各国的领导人无法放弃传统"实力外交"即权力政治的世界观，而试图通过大国间的妥协谋求和平。以英国的张伯伦首相为首的众多领导人都固执于这种思维，如何对德意的要求进行妥协，如何维持现有的力量关系，当时英法谋求的绥靖政策的真实意图正在于此。

1922年建立了法西斯政权的墨索里尼将地中海称为"我们的海"，1935年他发动了对埃塞俄比亚的侵略。对此国际联盟根据《国际联盟盟约》第16条对意大利进行了经济制裁，但石油却被排除在禁运品之外，意大利海军仍可通过苏伊士运河，制裁效果微乎其微。英法也表示出了事实上容忍意大利侵略埃塞俄比亚的态度。

英法的绥靖政策在对德政策上更加明显。《英德海军协定》标志着承认德国拥有海军，废弃了《凡尔赛条约》对德国的军备限制。1936年3月，德国无视《洛迦诺公约》，武装占领了非武装地带莱茵地区，1938年3月吞并奥地利，而此时英法没有采取任何对抗手段。这种绥靖政策的极致可谓1938年9月末英、法、德、意四国召开的慕尼黑会议。面对以德意志民族统一这一泛日耳曼主义为借口要求捷克斯洛伐克割让其工业地区苏台德地区的德国，英法再次让步。慕尼黑会议的成功（战争得以回避）是建立在牺牲捷克斯洛伐克基础上的敷衍性和平，但会议后受到英国国民欢呼欢迎的张伯伦首相回国后却自夸获得了"我们这个时代的和平"。但是，这个和平只是遵循了通过列强会议抛弃"小国"以实现妥协与调停这一传统欧洲国际体系的解决方法（齐藤［1965］，渡邊［1982］等）。

在这样的国际大环境中，1936年10月"罗马-柏林轴心"建立，同年11月《日德防共协定》签订，第二年意大利加入，德意日签订了三国防共协定。1939年5月缔结了《德意友好同盟条约》（《钢铁条约》），1940年9月三国关系最终发展为三国同盟。很难否认，第二次世界大战爆发的最重要原因是希特勒的疯狂。但国际政治体系本身没有从传统"均势"逻辑的历史遗产中得以解放，这一缺陷也的确存在。

第二次世界大战末期，E. H. 卡尔在《二十年危机》中痛切地表示，在现实主义与理想主义之中只信奉一方异常危险。卡尔主张两者之间的均衡，但如何维系均衡，这实际上是关系到人类本性的问题，也是我们必须永远保持疑问的课题。

第四章　东亚国际政治史
——围绕中国的国际政治史与中国外交史

川岛真*

引言——两种背景

本章旨在回顾19世纪到20世纪初以中国为舞台的东亚国际政治史研究，整理在研究史中已讨论过的课题，在叙述史料情况等研究环境变化的基础上，探讨今后研究发展的可能性。①

实际上，近十年来在中国，外交史的研究非常活跃。即使在世界范围内，有关中国的国际政治史也出版了很多新的著作。这不仅是因为众多的新史料面世，同时也是出于中国已成为全球主要行为体的缘故。

从方法论的角度看，通过多档案方式、综合多元观点研究东亚国际政治史当然是最理想的。但在实际情况中，很多研究都是以某种档案为中心发现问题，并运用各种档案对与其相应的部分进行验证的。在这个意义上，东亚国际政治史的研究主流是，即使研究对象是围绕中国的国际政治史，也从日本、英国、美国等视角首先设定课题，随后将中国的史料运用于其中。其原因首先在于中国自身

---

* 东京大学大学院综合文化研究科副教授。
① 本领域的指南性著作包括坂野［1974］、冈本［2009］、李［1988］等。笔者在本章执笔过程中受到了这三本著作的很大启发。

的外交档案解密并不充分，此外中国本身也被认为是从属性的行为体（唐［2004］）。

的确，中国的档案解密工作相对迟缓，而在中国研究外交史的学者也为数不多，所以直至近年为止，基于中国外交档案进行的研究极其有限，与从中国视角考察的国家历史密切相关的实证外交史研究也并不充分。在日本，中国近代外交史研究的"绝学"状态也持续了数十年之久（冈本［2009］）。仅从这些现象就可以看出，以往东亚国际政治史研究中并没有反映出中国的视角。

实际上有些观点认为，如果问起19世纪中期后中国在东亚国际政治史中是一个什么样的行为体，可以认为很多情况下中国只是从属性的行为体，即使根据中国外交档案进行研究，作为东亚国际政治史也只是对中国进行次要性的研究。通过对中国外交档案的使用，可能会对了解中国国内问题有所帮助，但很多情况却是在以中国为舞台的国际政治中中国并不拥有足够的影响力。即便如此，在东亚国际政治史中，中国始终是舞台，即使是从属性的，中国也始终是登场人物之一。而中国是如何从属的，如何次要的，这一点并没有得到阐明。总之，将中国设为空白的同时叙述东亚国际政治史会存在很多困难。①

如上所述，在中国，外交史研究日趋活跃，其中多数研究是使用中国方面的史料，用中国视角建构历史。这种中国外交的研究从清末开始，20世纪30年代形成了正规的历史研究，时至今日，在中国与世界各国涌现了众多成果。今后，以从中国视角考察的中国外交为基础的东亚国际政治史与以往从外部观察中国的东亚国际政治史这两种背景将时而结合开展研究，两者将各自或结合起来描

---

① 有一种观点认为，比起使用中国外交档案，根据外国史料更易理解中国外交。这是因为作为中国当事者而言不言而喻的事情不会出现在史料之中，相反，同时代与中国外交打交道的外国人存留的史料可为理解中国外交提供重要的参考。这种观点实际上与本章所述的两种脉络均有关。可以说，海关的脉络基本上存在于外国史料中，而中国外交史本质上则存在于中国的外交档案之中。

述东亚的国际政治史。

但实际上,拉近这两者,即重视中国视角的中国外交史与以往的东亚国际政治史之间的距离绝非易事。特别是在中国,中国外交史叙述着近代中国在遭受列强侵略后沦为半殖民地半封建社会,随后在抵抗列强侵略的同时逐步成为大国的故事。长期以来,这个故事中增加了现代化与民族主义的因素,但主旋律并没有改变。中国共产党取得政权后,尽管又增加了共产党的正当性与社会主义实效性的因素,但抵抗与侵略、从弱国到大国、现代化与民族主义等因素从清末以来始终是叙述中国外交史的基本框架。

但是,以中国为舞台描述的东亚国际政治史却有所不同。在这种描述中,研究的中心是描述中国的传统与西方式国际秩序之间的冲突与对抗,从中国被拉入西方国际秩序后围绕着与中国通商等各种问题、列强围绕在华权益的各种关系等。当然,20 世纪 30—40 年代中国外交的现代化(修约废约等)也曾被作为主题,但并没有成为主要的叙述内容。这样的与中国有关的国际政治史与上述中国外交史如何结合将是重要的课题。有关这一点,近年来出现了使用中国外交档案进行围绕中国的国际政治史研究,但尚处于摸索阶段。

今后,从关心当代中国对外关系的出发点考察过去的研究以及有关东亚地区秩序形成或全球治理形成过程的研究将进一步增加。19 世纪末到 20 世纪前半期的近现代中国外交史及国际政治史研究与战后研究的连续性也将是新的课题。但是不可否认,在研究这些新课题之前,实证研究仍然不足,中国外交档案的利用也并不充分。①

---

① 外交档案的公开情况已有很多介绍史料的文章予以了说明。中国外交档案与其他外交文件一样存在着偏倚。此外,其利用价值也会随着中国外交部门对实际外交政策主导的程度变化而变化。比如,在巴黎和会及华盛顿会议时,外交部对国务院及总统府具有强大的影响力,而在袁世凯时期总统府主导外交政策,因此尽管可以利用外交部档案进行研究,可仅仅利用这些档案则无法明确决策过程。而袁世凯执政时期的外交部档案本身就为数不多,利用外交部档案进行个案研究实属困难。在清朝,执行外交政策的不仅是总理衙门及外务部,这就要求利用李鸿章等地方官员、北洋大臣或军机处的史料予以补充。

在这一点上,已经基本完成了上述阶段的以欧美与日本为对象的研究和以中国为对象的研究情况并不相同,因此有必要讨论是否应将欧美及日本研究的学术风格与潮流原封不动地照搬到围绕中国的国际政治史研究之中。

一、围绕中国的国际政治史研究——海关、传教士、外交官

首先,要考虑从外部观察中国的国际政治史是如何形成的。很多人都会将马士(Hosea Ballou Morse)的三卷本(Morse [1910-1918])列为学习中国外交史以及在中国的国际政治史的必读文献。马士的研究使用了英国国会及政府报告和美国《外交关系》(FRUS)等列强方面的文献,描述了中国对外关系的整体情况。不仅为20世纪20年代到30年代的欧美学者,也为蒋廷黻等中国学者的外交史研究提供了框架,可谓开创了围绕中国的国际政治史研究的先河。实际上,费正清教授的研究就是在马士与蒋廷黻的学术系谱之下发展而来的。

正如萨道义在《英国历史评论》(*The English Historical Reviews*)1919年1月号(第34卷第133号)的书评中所指出的,马士的三卷本从海关的视角描述了与中国的交涉历史,体现了"来自外部"的视角。驻中国的外交官尽管也有任期,但海关职员更有可能较长时间在华工作。马士在甲午战争时是台湾海关的职员,但作为海关总税务司罗伯特·赫德的属下曾先后在上海、天津、北海、龙州、汉口、广东等地的海关工作。马士的文献现被收藏于哈佛大学霍顿图书馆(Houghton Library)。海关是网罗中国通商口岸的组织,也是外国人与中国人进行通商交涉的最前线。在这个意义上,海关职员根据其经验撰写著作也是水到渠成的事。

此外,以欧美视角观察中国时,交涉中的大半是通商问题以及与基督教传教团相关的问题,因此还存在着以耶稣会为首的传教士系统与中国的关系史。这一系统的代表可以算是高第(Henri Cordier)。

他的著作中也包含了中国对外关系史的内容（Cordier［1901–1902］等）①。高第的一部分藏书（约五千册）现收藏于庆应义塾大学的斯道文库。传教士问题在中国社会引起了众多纠纷，并与排外运动等相关联。比起"教案"，以 20 世纪前半期为对象的研究，其中心反而是欧美各国在中国的文化政策与文化外交，其中包括以教会大学为首的与中国的合作关系等内容。欧美各大学仍收藏为数众多的与传教士相关的文献，对这些文献的分析与考察时至今日仍是重要课题。

除了海关、传教士系统外，前往中国赴任的外交官及公使馆有关人员等也是诞生初期"有关中国的国际政治史"的母体（坂野［1970］）。提到近代，18 世纪末英国出使中国的马戛尔尼的著作可谓先驱，并对英国的中国观影响甚大（マカートニー［1975］）。在美国方面，比如田贝（Charles Denby）的研究等，前往中国赴任并在相对较早时期出版的回忆录中公开与中国的外交交涉过程的外交官也不在少数。田贝的家族文献（Denby Family Press）现收藏于美国的国会图书馆。在德国，当分析清末出使中国的外交官及其家属的回忆录及日记之际，福兰阁（Otto Franke）的回忆录颇为知名。除此之外还需留意的是，清末民初作为中国政府顾问的人们也留下了相当的研究成果。

二、中国外交史研究的形成

在近现代的中国，从某种意义上还形成了与海关、传教士或外交官等有关中国的国际政治史所不同的"中国外交史"。

在中国，不同于以王朝衔接的历史，将"中国"视为国家的历史（national history）即"中国史"大约起源于 20 世纪的第一个 10 年。此外，这一时期中国开始编纂学校课本，在课本中已可发现鸦

---

① 高第的著作还包括 Cordier［1905］［1906］等。

片战争以来列强侵略及中国奋起反抗这一逻辑。也是在这一时期，出现了冠以"外患史"及"外交史"名称的书籍。其中值得注意的是曾在日本留学并在其著述中大量引用日本书籍内容的刘彦的外交史论著。在1911年出版的著作中，刘彦表示将叙述中国外交失败的历史，其写作动机在于中国尚没有中国外交史的专门论著（刘［1911］）。正如李恩涵所指出的，刘彦的一系列著作很难说是学术性的，但却是20世纪前半期出版的众多外患史、外祸史、侵华史、国难史的代表作。这些著作与中国的民族意识密切相关（李［1988］）。

此外，在从1912年开始的中华民国北京政府时期，与外交史有关的众多史料得到了编纂，并于30年代出版。这些史料集除了《筹办夷务始末》《清季外交史料》之外，还有《清史稿》（川岛［2004］630-631）。但是，这些史料都潜藏着藩属、边境、领土的丧失、被侵略的意识，与同时代进行编史的《筹办夷务始末》相比，后世编辑的《清季外交史料》这一意图更为明显。此外，尽管这些史料集都是在中国收回国权、民族主义的中心思想指导下编辑的，但其编辑态度却明显也是实证性的（蒋［1931/1934］［1938］）。

但是，这些史料集的公开在学术上也为中国外交史研究提供了一个契机。开创了中国外交史研究先河的蒋廷黻称"《筹办夷务始末》的出版是中国外交史的学术革命"（蒋［1970］）。蒋廷黻在哥伦比亚大学获得博士学位，原本的专业是英国史。回到中国后，于20世纪30年代中期赴清华大学任教，他提倡还外交以原貌，进行不同于宣传的外交史研究。蒋廷黻在中国史料的基础上，参考其他国家史料开展了实证研究的工作。在蒋廷黻担任历史学系主任之际，清华大学陆续发表了王信忠［1937］、邵循正［1935］等对个别领域研究的成果。

在这一时期，一方面进行着有关排外运动及收回国权运动的宣传，其中也不乏外交史研究为其服务。另一方面，如王芸生［1932—

34］所代表的实证性中国外交史研究也十分活跃。其背景是一系列史料的出版。这种实证研究的系谱从蒋廷黻离开学术界前往政界发展后也基本上得到了继承。国民政府迁都重庆后，仍涌现了目前依然是中国外交行政研究标准的陈体强［1945］的研究成果，另外还培养了邵循正的弟子丁名楠、余绳武、张振鹍等人才。

除蒋廷黻的系统外，在约翰斯·霍普金斯大学威洛比（Willoughby）教授门下求学的张忠绂也值得重视。张忠绂从1931年起出任北京大学政治学系主任并从事教学，出版了众多运用中国及外国史料的著作（張［1943］等）。其他为中国外交史研究奠基工作做出贡献的重要人物还有武汉大学的郭斌佳、燕京大学的徐淑希等。

战前西文的研究中也有重视中国视角的中国外交史研究。波拉德（R. T. Pollard）［1933］、卡尔·克劳（Carl Crow）［1944］等均属此列。暂且不论这些研究是否充分消化了中文史料，但在用中国视角叙述外交史这一点上，与反映海关等视角的"在中国的国际政治史"却是两个体系。此外，诸如在约翰斯·霍普金斯大学受到亚当斯（Herbert B. Adams）熏陶的政治学者、在华盛顿会议时出任中国代表团顾问的威洛比的一系列著作，也是以中国政府顾问的身份代表中国政府立场的著作（Willoughby［1920］）。①

在战前日本有关中国外交的言论中，大半为诸如在《外交时报》等刊登的对当时中国问题的解说性言论，但同时也存在基于中国方面史料进行的实证研究，其代表是矢野仁一（矢野［1930］等）②。但是，即使连矢野［1941］的研究也难以例外，即无论是日本的时事性评论，还是学术性的中国外交史研究，都与日本的"帝国"对

---

① 威洛比的著作还包括Willoughby［1922］［1935］等。此外，中国外交官很多都曾留学美国，美国的政治学者、国际法学者也曾担任中国政府的顾问，因此美国的政治学及国际法学对中国外交的影响将是今后应进一步加强研究的课题。篠原［1998］的研究可谓这一课题的先驱性研究。此外，在民国时期，顾维钧的博士论文（Koo［1912］）等在欧美留学的中国人的中国外交史、在中国的国际政治史相关著作也曾以西文出版。

② 矢野的著作还包括矢野［1928］［1937］等。

华政策紧密相关。在这一点上，田村幸策［1938］等①或田保桥洁有关东亚国际政治史的重要研究都存在这种关联性（田保橋［1941］［1951］）。在这个意义上，包括后文将提到的植田捷雄的各项研究在内，日本的中国外交史研究尽管与文学部"文史哲"的"支那学"在系谱上各不相同，但在"帝国的学术"方面却是共通的，某种意义上与对外政策的关系更为紧密。另一方面，包括田村的研究在内，从国际法学的视角对中国缔结的条约内容进行详细分析，并形成了独特的学术风格，这也是日本的特征。植田（植田［1941］）②可谓这一风格的核心人物，但同样持有这种倾向的学者可包括甲午、日俄战争前后有贺长雄对甲午战争及日俄战争的国际法研究，第二次世界大战前后英修道的评论，以及记者出身的入江启四郎［1937］等的评论③。当然，这些研究也与"帝国"或时局有着密切的关系。此外，这些研究与其说是中国外交史，更侧重于"在中国的国际政治史"这一侧面。但是，植田等的研究已经形成了包含中国观点在内的形式，并明显受到了当时中国国内的研究或矢野研究的影响。而植田系统更是支撑着战后日本的中国外交史研究。

三、两种背景的融合——通向费正清"冲击-反应"理论的进程

如上所述，以海关、传教士、外交官等多元性系统起步的初期研究，尽管存在着被讥讽为欧洲传统中国学、中国沿海中国学（China Coast Sinology）等侧面，但这些研究相互影响并不断深化。

从海关视角开始的研究可包括马士作为贸易通商史撰写的五卷本的东印度公司研究（Morse［1926-1929］）。此外，几乎在同一时

---

① 田村的著作还包括田村［1935］［1936］等。田村在战后的论坛上仍继续在中国问题上发表见解。
② 植田的研究以列强在华权益为中心，包括植田［1939］［1943］等。
③ 入江的著作还包括入江［1935］等。战后入江也出版了著作（入江［1966］）。

期，英国与美国以贸易通商史为中心的研究也积累了相当的成果。其代表包括泰勒·丹涅特（Tyler Dennett）[1922]、W. C. 克斯廷（W. C. Costin）[1937]、E. H. 普里查德（E. H. Pritchard）[1936] 等人的研究。在英国，二战结束后不久格林伯格（Greenberg [1951]）使用怡和洋行（Jardine Matheson）的文献，得出了 19 世纪的三角贸易是以与印度及中国之间的贸易为基础的结论。

但是，似乎不能将费正清的研究单纯地定位于这些研究的系谱之上。可能时间稍有出入，1928 年说服费正清从事中国研究的是以维也纳体系研究知名的查尔斯·韦伯斯特。费正清是这样回忆这段历史的（フェアバンク [1994] 28-29）：

> 1928 年，在得知我将来的研究计划还停留在"与国际法有关"的程度上之后，韦伯斯特教授跟我谈起了最新的新闻。这条最新的消息称北京陆续公开了中国的秘密外交文件。这些文件毫无疑问会将外交史带入一个崭新的时代。这时，与世界大战起源相关的外交史研究相继出版，就像可以将才能吸引出来的磁石。大家想搞清楚，在什么时候，为了什么，是谁，对谁，说了什么。……研究中国如何，韦伯斯特的这一建议告诉了我似乎谁也没有做过这方面的研究，这件充满乐趣的事情让 22 岁的我着了迷。如果从事这一研究，我可能会成为先锋，在当学者的同时可以始终保持独特性。

关注中国解密的文件，这种问题意识与使用列强史料、以外部视角观察中国的马士不同。但是，韦伯斯特要求费正清从学习马士的三卷本（Morse [1910-1918]）开始，而费正清在从哈佛开往牛津的船上读完了这三本书。之后"我注意到马士在成为研究中国对外关系的历史学家之前，曾出任过 35 年中国海关的外国雇员。……作为必须使用伦敦的英国外交部通信记录以了解中国的初学者，意识到或许海关这一奇妙的中英两国间的制度可以成为出发点"（フェアバンク［1994］33-34）。于是费正清与正好写完东印度公司研究五卷本（Morse［1926-1929］）最后一卷的马士会面，以时间倒推的方式燃起了研究海关的热情。

1932年，费正清前往中国，在韦伯斯特的介绍下，访问了当时在清华大学执教的蒋廷黻。根据费正清的回忆，当时"蒋努力想根据中国方面的记录构筑历史，以超越几乎全面依据当时唯一可以利用的英国资料的马士博士的'外交蓝皮书历史'"（フェアバンク［1994］126）。蒋为费正清准备了一套《筹办夷务始末》，而费正清则回忆道："从那时起20年后，我在研究生课程中教授学生阅读方法的同时，自己仍然在阅读这些资料。"（フェアバンク［1994］123）

费正清同时继承了马士和蒋廷黻两个系统，不仅使用西文，还使用中文史料，对鸦片战争前后（费正清本人认为是1858年之前）的清末外交史进行了研究。费正清在20世纪60年代末出版了两册书籍，勾画了"条约体系"（treaty system）与"朝贡体系"（tribute system）之间的对立以及由此产生的"冲击-反应"的范式（Fairbank［1968］［1969］）。与现代及传统的冲突这一观点相关联，尽管费正清本人对"冲击-反应"范式的讨论比较谨慎，但这一范式却不仅对与中国有关的国际关系，对中国近现代史的内容也产生了强烈的影响。比如在其后伊斯特曼（Eastman）以越南为案例的研究中，主张中国不断丢失其周边藩属国的过程甚至对越南战争也有影响。

这一时期美国还出版了徐中约（Hsü［1960］）及坂野正高（Banno［1964］）的著作。这些研究与费正清的研究互相影响着向前发展。但是另一方面，如后所述，也继承了在蒋廷黻周围形成的中国自身的外交史以及与其相关的波拉德等值得关注的中国外交的现代化研究。

费正清的方法形成了长期以来中国近现代史通史的"型"，并出现了如保罗·柯恩（Paul Cohen）所指出的，出于对其反思而产生的"中国中心方法"（China-centered approach）。尽管如此，与马士的各项研究相比，费正清原本就有使用中国史料的学术倾向。此外，费正清1977年退休后，直到1984年马克·曼考尔（Mark Mancall）的研究成果面世之前，从70年代开始在英语圈的中国外交史研究或围绕中国的国际政治史研究中出现了减速的现象（Mancall［1984］）①。但是从那一时期后，这方面的研究不断融入各种方法并取得了新的发展。费正清本人也改变了原先的一些观点。

欧美国家"围绕中国的国际政治史"的发展也对日本的学术界产生了影响。费正清提出的"冲击-反应"范式或围绕"西方冲击"的讨论，在涉及鸦片的三角贸易研究中取得了进展（衞藤［1968］）。此外，也有学者从三角贸易研究中得出了存在多边结算结构，进而存在亚洲交易圈的结论（濱下［1990］）②。濱下的朝贡体系理论在其后的著作中不断调整（还曾经将"体系"的说法删除过），同时却也继承了下来（濱下［1997］），并在政治思想史与对外意识等领域获得了共鸣（茂木［1997］）。濱下的观点引发了各方争论，并被纳入关注白银流通的全球史的讨论之中。

四、中国外交史研究的渐进性发展

第二次世界大战战后初期，东亚的国际形势发生了重大变化，也对研究状况产生了重要影响。蒋廷黻本人在前往联合国赴任后没有再次回到学术界，而蒋廷黻重视的史料也随着中国大陆与台湾地区的现实状况而分身两处。实际上，残留在中国大陆的史料事实上已难以继续使用，而基于移交台湾地区的"中央"研究院近代史研究所档案馆的总理衙门档案、外务部档案、外交部档案的研究，在

---

① 佐佐木扬对曼考尔的研究给予了富有价值的说明（佐佐木［1978］［1988］）。
② 这一议论亦可参照衫原［1996］。

因其业绩（郭［1941］）而取代蒋廷黻成为新带头人的郭廷以率领的该研究所下继续发展，并逐步形成了台北学派。郭廷以在20世纪20年代后期与出任清华大学校长的罗家伦一同前往清华大学任教，并将当时尚只有三十余岁的蒋廷黻从南开大学邀请到了清华大学。

台北学派坚实的实证研究体系尽管也曾被坂野正高批评为"大体上善于对史实的详细记述，但理论分析并不彻底"（坂野［1973］588），但是其对中国外交史研究的贡献值得赞赏。首先是在研究基础建设方面，当时的档案并不像现在这样公开，外交档案的整理与刊行极大地刺激了世界的外交史研究。该研究所于1955年成立筹备所，1965年正式成立。史料集的出版以1957年的《海防档》为起点，陆续出版了《中俄关系史料》《矿务档》《中法越南交涉档》《四国新档》《中美关系史料》《近代中国对西方及列强认识资料汇编》《清季中日韩关系史料》《教务教案档》《中日关系史料》《胶澳专档》《保荐人才、西学、练兵》《澳门专档》《清季华工出国史料》《欧战华工史料》《加拿大华工订约史料》等，均为中国外交史研究的基本史料。但是，尚未消化整理的档案仍为数不少。

台北学派的另一个贡献是其研究工作。尽管在此无法一一列举，但陆续出版了至今仍常被引用的王玺［1981］、李毓澍［1966］、林明德［1970］以及王聿均、张存武、李恩涵、王树槐等学者的著作。在台湾地区，除了近代史研究所的研究员，其他从事外交史研究的学者还包括梁嘉彬、李云汉、王曾才、李国祁等。

在欧美和日本的中国外交史研究一片沉寂的20世纪80年代之后，台北学派成为世界的研究中心，但与美国的中国史学界研究重心逐渐从政治史转向社会史有关，决意从事外交史研究的年轻学者并不多。台湾地区的中国外交史研究及东亚国际政治史研究再次活跃，应是在英国伦敦政治经济学院（LSE）师从尼什·I. 希尔（Nish Ian Hill）的唐启华等新一代人才回台开始积极从事学术活动之后的事了。

另一方面，中国大陆的中国外交史研究或中国的国际政治史研究，尽管在实证性等方面对蒋廷黻、邵循正的学术传统也有所继承，但总体而言，重视的是基于侵略与抵抗、社会主义的必然性、新民主主义历史观的叙述性、故事性研究。比如，胡绳［1950］、丁名楠［1956］等，都是基于中国共产党的历史观重新对民国外交史进行概括性描述。这些研究一贯着重强调欧美各国与日本的侵略性，并陆续出版了中国与各国的双边关系史。首先，刘大年、秦汝楫撰写了因朝鲜战争而对立加深的中国与美国的关系史。其中，用"庚子赔款"推动的清华学堂的交流也被定性为文化侵略。随后，在范文澜与翦伯赞的主持下，出版了对鸦片战争后的侵略战争进行定性的研究著作以及《中国近代史资料丛刊》等史料集。当然，这其中也有追求实证性的研究。但是，1958年丁名楠、余绳武、张振鹍等受到了只叙述帝国主义侵略而忽视人民反抗的批判，出版受到了意识形态的严重影响，仅出版了第一卷（丁等［1958］）。其后，很多外交史研究学者在写作的过程中就被下放劳动。这其中可谓享受例外待遇的是研究中国与苏联的关系的学者。比如，彭明等将中苏关系以"友谊"之名进行了描述。但是，中苏关系恶化后，中国社会科学院近代史研究所（1978—1981年）将苏联定位于与其他列强一样的侵略国家已成定式。

改革开放后，特别是20世纪80年代后期以来，随着中国对外关系的深化，对外关系史的研究也日趋活跃。此外，对战前的经济发展持相对肯定观点、出于与台湾统一的考虑的民国史研究也得到了重视，特别是90年代中期后，开始了真正意义上对20世纪前半期外交史的研究，出版了很多通史性的研究成果①。这些研究通过加入现代化及民族主义视角对以革命史观为标准的中国外交史及围绕中国的国际关系史研究进行了梳理与修改。仅仅因为这些变化，

---

① 这些通史性质的著作包括刘［1986］、王［1988］、吴［1990］、杨［1991］、赵［1994］、石［1994］等。

李鸿章外交以及中华民国北京政府外交就已较之以前得到了更为积极的评价。在对20世纪50年代以来被否定的事件、人物进行"再评价"的过程中，1999年出品的电影《我的1919》（黄建中导演、陈道明等主演）值得一提，其中，顾维钧成为主人公，"这是中国第一次向世界说不的时刻"字幕的出现等，都反映了民族主义的观点。但是，即使评价出现了变化，但先评价、再叙述的历史描述方法本身并没有改变。

欧美圈的研究状况在前文介绍费正清时已有提及。但是，战后也存在着从与"东亚国际政治史"略有不同的观点即从中国外交史视角进行的研究。徐中约、戚世皓（Madeleine Chi）、朱葆晋（Pao-chin Chu）等华裔学者的研究就属于这一系谱（Hsü［1960］，Chi［1970］，Chu［1981］）。在以中国革命史为主流的时期，他们却考察中国外交的现代化及对修约的尝试，在这一点上，这些研究都具有前瞻性的一面。此外，如柯伟林（William C. Kirby）的研究等，也出现了一些有关中国外交史的西文成果（Kirby［1984］）。从学术倾向上看，这些研究较之以前更为重视中国的视角。

在日本，从清末到民国时期的中国外交史及国际政治史研究在相当有限的程度上持续发展。矢野仁一在战后仅从事翻译工作，此外，在人们日益关注中华人民共和国诞生的趋势中，即使也关心日本是否承认中华人民共和国等现实外交问题，但对清朝及民国时期"外交史"的关注却急速冷却了下来。① 在这一期间，植田捷雄始终在研究中国外交史（植田［1951］）。在植田的研究系统下，比起国际法，从政治史的方向研究中国外交史的人才辈出，比如坂野正高（坂野［1973］）、卫藤沈吉（衞藤［1968］）等。坂野同时使用外文史料与中文史料，并采用了政治史学的观点（Banno［1964］，坂野［1970］）。坂野的研究并没有停留在外交及国际政治史的层面：

---

① 除入江启四郎外，具岛健三郎从战前以来也始终从事研究工作。此外，吉田［1974］还对新的学术领域进行了实证性的开拓。

"其长篇论说（织田万《清国行政法》——本文作者注）经过历史学家以及后来特殊研究的成果的补充，换言之通过政治社会学的方法实现了'现代化'，简而言之，将这种要领融入自己的外交史研究之中，必须是在法学政治学科学习过的中国史研究者的任务。这既是我内心的愿望，也是自负所在。"（坂野［1973］622）

坂野与费正清私交甚好，他与费正清一样，开设了通读《筹办夷务始末》的讨论课，此外还阅览了郭廷以领军的台北近代史研究所的外交档案。在这些中文史料基础上还使用了众多欧美史料的坂野讨论课，汇集了坪井善明、铃木董、滨下武志、佐藤慎一、佐佐木扬、本野英一等从广义上讲从事中国对外关系研究的新一代研究者。此外，时期上稍晚的费正清门下的平野健一郎学成回到日本执教后，发表了有关新四国借款的论文等，日本的东亚国际政治史研究也取得了新的进展。但是，从革命史视角看，原本就对外交史持否定态度，而历史学的趋势更是逐渐向社会史和地方史转型，与国家史关系密切的外交史受到的批判就更为强烈，研究也难以再度"繁荣"。坂野本人在1985年发表了最后的成果后离开了人世（坂野［1985］）。随后在1990年前后，滨下的研究成果面世，并一举成名。

坂野的研究以从19世纪40年代到总理衙门建立的时期为中心，但从坂野［1973］的成果中可以看出，大体上是与"冲击－反应"理论相呼应的。在日本，西岛定生等古代史研究学者提出的以朝贡册封体系为核心的东亚国际秩序论，也更进一步印证了"冲击－反应"理论的说服力。

在这一期间，佐佐木扬从事着甲午战争前后的研究（佐佐木［1977］），佐藤慎一则进行政治思想史研究（佐藤［1983—85］）。此外，猪口孝对中国传统的东亚世界秩序进行案例研究，并尝试在对中国外交形态进行比较研究中寻求答案（猪口［1978］等）。由此可见，费正清及坂野的研究主要集中在19世纪中期，与此相比，日本这一时期的研究逐步向19世纪后半期发展。但是，20世纪80年代以后学术界的趋势是重视社会史、地方史或经济史。尽管已经出现了从经济史角度探讨外交的研究，但是目前不可能出现可与坂野的研究相媲美的体系化研究。

结语——新的研究课题

在笔者成为硕士研究生的1992年，关注海关多种职能的研究为数众多（滨下［1989］），当听到笔者要研究外交史及国际政治史中的中国时，不少人都流露出吃惊的神情。当时，将国家史相对化、克服革命史思维、探讨社会及地区是研究的中心课题。但20世纪90年代中期后研究状况发生了很大的变化。第一，中国的定位本身发生了变化。一方面，中国的民族主义等不断受到批评，但同时，中国世界经济大国的定位也得以巩固，人们认识到中国已成为全球性的行为体，并都关心这样的中国在国际社会中会如何行事。第二，在中国国内，对外关系开始占据极为重要的位置，中国自身与周边国家或各大国的关系的发展背景及过程等都成为颇受关注的研究对象。当然，1949年之后是研究对象的中心。但如上所述，将战前作为对象的研究也在增加。第三，外交史、国际政治史等学术风格的问题性与以往相比并无变化且仍然存在，但在全球化的趋势中，国际秩序与地区秩序正在发生变化，这使得不说明外交史及国际政治史的重要性就无法叙述历史的学术状况不复存在。当然，在方法论上经常需要对外交史及国际政治史进行批判性的探讨与反省，但与90年代前半期相比已大相径庭。第四，中国的言论管控与意识形态限制较之以往有所削弱，言论空间扩大，在中国的外交史研究与国际政治史研究的范围更为宽广。第五，不仅是中国大陆与台湾地区，世界各地的史料状况出现了很大的变化，史料收集不仅变得容易，在网络上也可方便地获取众多的研究信息。

在这种状况下，在英语圈一时处于低潮的中国国际政治史与外交史研究开始复苏。令人印象深刻的是存在着一种学术趋势，即中国留学生同时使用中国史料与欧美史料，从国际社会中的中国这一视角描述历史。其开端是张勇进（Zhang Yongjin）的研究，而徐国琦（Xu Guoqi）的研究可谓对前者的发展（Zhang［1991］，Xu［2005］）。徐国琦的学术贡献在于主张第一次世界大战对中国而言是一场"伟大的战争"（Great War），因为这是中国国际化的起点。研究除了使用中国大陆及台湾地区的外交档案，还包括英美法德的文献。此外，克拉夫特（Stephen G. Craft）也使用了中国外交档案及兰辛的文件，以顾维钧的思想为中心，探讨了修约的努力、在国际联盟的外交、在国联组织形成过程中摸索加强安全机能等方面的问题（Craft［2004］）。另一方面，不仅仅是描述中国收回国权的运动，而是收回国权运动之言论形成本身的过程也成了研究对象，王栋（Wang Dong）可谓这种研究的代表（Wang［2005］）。

其次，比较正统的"在中国的国际政治史"的研究领域中，尽管未必都是研究通商问题，但陈刘洁贞（Chan Lau Kit-Ching）的中英关系、韩德（Michael Hunt）的中美关系、柯伟林的中德关系等研究都积累了相当的成果（Kirby［1984］）。这些研究尽管没有涉足中国的外交文献，但在兼顾中国与欧美双方史料这一点上与费正清等是保持一致的。

此外，在海关研究方面，不仅是通商问题，包括卫生问题在内的围绕中国的国际政治史与国际公共财产、公共秩序形成史的核心课题被重新定位。英国的布里斯托大学（University of Bristol）、剑桥大学及中国的第二历史档案馆之间开展着中国海关研究的学术项目（Chinese Maritime Customs Project）（http：//www.bristol.ac.uk/history/sustoms/）。

在这些研究中，存在着第二次世界大战前已硕果累累的英国帝国史研究在吸收全球治理等新观点的同时继续发展的侧面（Goto-Shibata［1995］）。新的研究还利用了英国商人的文献分析通商口岸随着贸易发展而在条约中的定位变化问题（Motono［2000］，本野［2004］）。这些研究主要依据英国方面的文献，属于马士的系谱，但同时均假设中国外交史存在多元性的"触点"，并期待今后的发展。另外，与"帝国"研究同步，"在中国的国际政治史"中论及卫生、通信等领域全球治理及国际公共财产的形成过程的研究趋势十分明显。

比较正统的关系史研究领域也呈现了从各种角度进行描述的情况。比如，艾勒曼（Bruce A. Elleman）以威尔逊的文献为中心，对威尔逊的对华政策、对华认识进行了研究（Elleman［2002］），其中对中美两国围绕山东问题及威尔逊主义的交涉与误解的分析颇具意义。此外，霍洛维茨（Richards Horowitz）从国际法的视角分析了19世纪中国、暹罗、奥斯曼土耳其帝国的体制转变，从而也出现了比较国际政治史的观点（Horowitz［2004］）。而中国与国际社会的相互关系也成为学术关注的中心（Kirby［2006］）。

在中国大陆，中国外交史教材类图书的出版似已告一段落，开始出现一些未必受到意识形态或政治立场影响的实证研究。因此，在外交档案的使用上尽管仍存在一些问题，但中国已经开始建立作为中国外交史研究中心的学术地位。其代表性成果包括：茅海建［1995］对19世纪中叶中国的对外认识、对外关系的变化及与内政之关系的研究；王建朗［2000］对直至1950年前后的中国不平等条约的修正过程的研究；金光耀［2001］对中华民国北京政府外交的研究等。此外，王立诚［1991］等人在中国外交行政史的研究上也取得了一定的成果。总而言之，学术关心集中于收回国权运动，时间上则多集中于20世纪30—40年代的国际政治史与冷战史。这些研究也都与民族主义及国际政治中的中国这一视角相呼应。比如，研究中德关系的马振犊，研究中美关系的陶文钊，研究冷战期间中国外交的沈志华和牛军，以及研究中美关系的牛大勇等。

在台湾地区，过去台北学派的中心"中央"研究院近代史研究所的外交史研究仍然在继续。代表学者包括研究革命外交的李恩涵［1993］，探求"中华世界秩序原理"的张启雄［1995］，研究国际联盟中的中国外交的张力［1999］等。中国外交史研究现在则主要由在政治大学的唐启华及其门下的年轻学者积极开展，其研究内容已不局限于修约外交及"国际组织中的中国"，而是扩展到了舆论与外交、外交行政论、人事等各个方面①。在台湾地区民主化及社会稳定的大背景下，研究课题的选择更为自由，再加上长期以来外交档案的公开，研究的潜力进一步提升。台湾地区盛行对中华民国北京政府的研究，某种意义上是因为旨在重新评价在国民党掌权期间评价甚低的该政府。但是，随着"台湾化"的发展，"台湾史"逐步取代中国史成为台湾地区历史研究的主线，进而决意从事中国外交及国际政治史研究的青年学者并不多。

在日本，20世纪90年代滨下武志（［1990］［1997］）以及滨下等编的《来自亚洲的思考》（东京大学出版会）讨论了亚洲的地区秩序及朝贡贸易理论。此外，铃木智夫对洋务运动进行了再考并出版了研究成果［1992］，佐藤慎一［1996］从政治思想史的视角出发对中国知识分子的外交观、对外认识进行了探讨，茂木敏夫［1997］则论述了19世纪后半期中国是如何将现代性赋予传统秩序的。到了90年代后半期，冈本隆司［1999］及饭岛涉等的研究则关注海关，并提出了实证性的新观点。与传教士研究相关的佐藤公彦的义和团研究（佐藤［1999］）也可谓力作。

进入21世纪后，探讨东亚国际秩序的研究在对费正清的"冲击-反应"理论及滨下的朝贡贸易理论进行批判的背景下不断发展。特别是冈本隆司与岩井茂树关注"互市"的存在，对以往朝贡册封的"传统秩序"的说明方法进行了批判，并提出了新的东亚国际秩序构图与中国对外关系的构图（夫马［2007］）。此外，冈本［2004］

---

① 唐启华从事了唐［1998a］［1998b］等一系列研究。

通过对清朝与朝鲜关系的探讨，并没有将"冲击－反应"理论置于优先分析的地位，而是从当时各种"属国、自主"的言论出发尝试解决这一问题。川岛真［2004］则从中国外交史的角度进行了研究，并对坂野正高没有充分讨论的课题进行了一些补充，但仍存在很多课题。在这一过程中，也是为了表示对坂野［1985］的敬意，陆续出版了冈本［2007］以及川岛真、服部龙二［2007］的研究成果，后者更是撰写通史的新尝试。另一方面，田岛信雄与后藤春美等学者，在欧洲与日本、中国的关系史研究中，将重点置于欧洲方面。而如服部等东亚国际政治史研究学者则重视中国外交档案的研究。此外，还有学者尝试在欧、中、日之三角关系中研究东亚国际政治史。

总而言之，在日本也存在着两种学术背景：一种是将中国设定为海关研究的场所，在此研究国际政治史；另一种则是如多档案研究所体现的，主要关注中国的中国外交史研究。这两种学术背景相互影响，研究方法相互接近，共同发展。如费正清与坂野一样，相互拉近两种背景固然理想，但可以相互拉近的研究对象（时期、内容）以及困难性仍然存在。此外，利用中国外交档案的研究仍然不足。因此在现阶段，应相对化那种非此即彼的方法，在认清对象的同时相互对话，摸索前行。

第五章 两次世界大战期间的东亚国际政治史

服部龙二[*]

引 言

从第一次世界大战到太平洋战争期间（以下简称"两战期间"）的国际政治史是研究成果最为丰富的学术领域之一。如果外交史学家今天仍被两战期间的国际政治所吸引，不仅是由于人类经历了未曾有过的大战争，也是因为这一时期出现了关系到现代国际政治根基的各种问题，即国际秩序的形成与崩溃，帝国的重组，国际组织的建立与局限性，超越国境的人员流动及贸易等各种关系网络，脱殖民地化与民族主义，地区主义，"日中提携"的失败等。成为现代国际政治基础的潮流从这一时期起开始覆盖世界（服部等[2007]）。

对两战期间的亚洲国际政治史是如何进行研究的呢？近半个世纪前问世的《走向太平洋战争之路》（共7卷）可谓先驱，至今仍是学界一致认可的研究标准（日本国際政治学会太平洋戦争原因研究部［1962—63］）。而近年来一个显著的学术倾向是，利用中华民

---

[*] 中央大学综合政策学部副教授。

第五章　两次世界大战期间的东亚国际政治史

国北京政府与国民政府的第一手史料、将中国作为主要行为体进行描述的研究增多（鹿［2001］，川岛［2004］，内田［2006］）。在数量上可能稍处劣势，但利用原始文献对苏联外交进行的研究也日趋活跃（スラブィンスキー［1999］，寺山［2001］，ワシーリー［2004］，富田［2007］）。

但是，运用典型的国际政治史方法进行的研究却并没有与史料解密的速度同步发展。原本应有的亚洲国际政治史研究应是对日本、美国、英国、俄国、中国等国散见的史料进行多样性使用以描述国际政治的全貌（Iriye［1965］）。其方法被称为多档案方法。即便如此，个人从事严格意义上的国际政治史研究还是存在局限性的，为此，通过合作研究推动国际政治史研究的事例正在增加。

近年来特别值得一提的合作研究包括中日美有关侵华战争的国际合作研究（姬田、山田［2006］，波多野、户部［2006］），对欧洲国际政治的全面性研究（石田［2007］，工藤、田嶋［2008］）等。长期以来研究焦点均关注中国东北及华北的国际政治，但也出现了关心从华南、台湾直至东南亚即南方的国际合作研究（松浦［2007］）。除此之外，以大正时期为中心的研究（関［2007b］）、以整个20世纪为对象的研究（伊藤、川田［2007］）等，都反映了各自的特点。

以两战期间为对象的本章将避免与第一章已谈及的《日美关系史》等研究（細谷等［1971—1972］，細谷等［1993］，細谷等［1997］）重复，以相对近期的研究为中心，探讨这一领域研究的现状与课题。由于不可能涵盖全亚洲，本章将重点置于东亚，并主要在外交方面进行分析。

以下将按照第一次世界大战前后、华盛顿体制的建立与变化、九一八事变（日本称满洲事变）、侵华战争（日本称日中战争）以及太平洋战争的时间顺序论述东亚国际政治史。

一、第一次世界大战前后

第一次世界大战前后的亚洲国际政治可以分为三重结构。第一是与中国有关的不平等条约及殖民地等19世纪以来的问题；第二，"二十一条""山东问题"等第一次世界大战期间产生的悬案；第三，中国重新统一及去殖民地化等第一次世界大战后日趋明显的潮流。第一次世界大战前后的国际政治中，这些因素复合交织在一起，如果不对此进行精心解读，则难以描述这一时代的全貌。

在提及两战期间之前，有必要先了解有关两战期间之前历史的主要观点。其中尤其重要的当属明治以来的"大陆政策"（北冈［1978］，小林［1996］）及"满蒙问题"（寺本［1999］）。对第一次世界大战期间的"山东问题"（斋藤［2001］，川岛［2004］，本庄［2006］），日本海军对南洋群岛的占领（平间［1998］），出兵西伯利亚（細谷［1955］［1972］，原［1989］，井竿［2003］），西原借款（森川［2001］）等的研究也在不断深入。

对第一次世界大战后原敬内阁外交的研究主要以对美协调之形成为背景（三谷［1995］，中谷［2006］）。而从威尔逊政权的角度看，美国与日本在巴黎和会、出兵西伯利亚等问题上的摩擦不断增加。两战期间尽管也存在如《石井-兰辛协定》等暂时的妥协，但日美关系自一战后总体是在不断恶化的（高原［2006］）。有些观点认为英美"盎格鲁-萨克森"是团结一致的，但是，包括华盛顿会议在内，英美几乎没有联手逼迫日本放弃权益的事例。反而是日本在巴黎和会上通过英美协调而继承了山东的权益及南洋诸岛，并违反与新四国借款团的协议秘密扩张了在大陆的铁路权益（服部［2001］）。在南洋诸岛问题上，除美国外，澳大利亚也关注着日本的行动（酒井［2006］）。也有的学者研究了巴黎和会废除种族歧视案的问题（Shimazu［1998］）。

在此，笔者联想起参加巴黎和会的近卫文麿曾发表过主张第一次世界大战后国际政治应"排斥英美本位的和平主义"的文章,即使对这种同时表述"英美"的情况也应根据历史背景进行慎重分析,但近卫文中所指的主要是英国(庄司[2001])。另一方面,中国通过签订《圣日耳曼条约》(Treaty of Saint-Germain)加入国联后,利用亚洲的名额多次当选国联的非常任理事国(唐[1998c],川島[2004])。但是,中华民国北京政府并没有按照国联的要求取缔鸦片(後藤[2005])。而在国联的问题上,对委任统治、对华合作,进而与国联的对比研究等方面的关注都在增加(海野[1972],張[1999],塩崎[2005],浅野[2007],後藤[2007],緒方、半澤[2007])。

在日本殖民统治方面,不仅有与台湾地区、朝鲜,还有与东北地区的比较研究,并出现了从国际关系视角进行的研究(浜口[1996],台湾史研究部会[2003],長田[2005])。当时作为朝鲜军司令官镇压"三一"独立运动的宇都宫太郎的日记也得以出版(宇都宮太郎関係資料研究会[2007])。另一方面,日本在第一次世界大战后通过洛桑会议将外交网络扩展到了中近东,这部分的研究仍不充分(和田[2006])。或许是由于仅关注与欧洲国际政治史的关系,而忽视了这些问题。

在这种国际形势下,日美关系就成为关键问题之一。20世纪20年代的日美关系可以分为三个层面(表5-1)。首先是围绕太平洋的地缘政治性的紧张关系,其次是围绕亚洲大陆的权益与理念的调整,最后是围绕种族问题的社会文化冲突。这三点分别表现在海军裁军谈判、中国问题和移民问题上。这三个问题在日俄战争后均已显现,但20年代的特点是,在这些问题相互复杂作用的同时却也潜藏着建立更稳定的国际秩序的可能性。其重要原因是在华盛顿体系下,日美在金融、投资等经济方面的关系变得紧密。但即使如此,华盛顿体系为了应对东亚的局势而不断变化,并在10年后即寿终正寝了。华盛顿体系是如何形成的,又是如何变化的呢?

表 5-1　日美关系的三个层面（以 20 世纪 20 年代为中心）

日美关系的三个层面	摩擦方面	详细内容
围绕太平洋的地缘政治性的紧张关系	海军裁军	委任统治、《四国条约》（日英同盟废除）、《五国条约》、伦敦海军裁军谈判
围绕亚洲大陆的权益与理念的调整	中国问题	新四国借款团、《九国公约》、北京关税特别会议、北伐战争、与国民政府建立关系
围绕种族问题的社会文化摩擦	排日移民	加利福尼亚州排日土地法、美国联邦议会制定排日移民法及其修正运动

出处：五百旗头［2008］86。

二、华盛顿体系的建立与变化

20 世纪 20 年代东亚的国际政治一般都用华盛顿体系的概念进行论述。华盛顿体系是日、英、美三国协调外交的体系，其基础是中国被置于从属地位和苏联被排斥在体系之外。华盛顿体系的起点是 1921 年至 1922 年召开的华盛顿会议。在华盛顿会议上，分别签署了有关海军裁军的《五国条约》、有关中国问题的《九国公约》以及有关太平洋地区的《四国条约》。华盛顿会议建立的华盛顿体系其支柱是海军裁军的《五国条约》以及有关中国问题的《九国公约》（麻田［1993］，服部［2001］，川岛［2004］）。

就日美关系而言，排日移民问题与海军及中国问题同样是不安定因素。在美国排日移民法的问题上，有些研究并不依据埴原书简而是从美国国内政治背景的角度进行的，对排日移民法的修正运动也进行了详细的跟踪调查（饭野［2000］，Hirobe［2001］，簑原［2002］）。对太平洋问题调查会的关心也在增加（Akami［2002］，片桐［2003］）。有关华盛顿体系研究的详细情况可参照熊本的研究（熊本［2007］），笔者在本章结语部分也将略述浅见。

即使是在摩擦特别易被强调的中日关系上，仍存在着被称为东方文化事业的文化交流的尝试（阿部［2004］，山根［2005］）。关

第五章　两次世界大战期间的东亚国际政治史

于东三省政权的研究也不仅限于张作霖，还有对王永江财政改革的分析（松重［1991］，澁谷［2004］）。北伐战争的研究仍停留在通史性研究的阶段，存在着"南京事件"的原因等难以完全阐明的部分（栃木、坂野［1997］，坂野［2004］，邵［2006］）。

关于可谓华盛顿体系下最大外部因素的苏联的动向，研究进入了使用原始文献的阶段（小林［1985］，白石［1995］，スラヴィンスキー［1999］，寺山［2001］，富田［2007］）。共产国际与东亚的关系也在合作研究的推动下逐渐明朗（"初期共产国际与东亚"研究会［2007］）。华盛顿体系外部因素中，中国国民党也十分重要（横山［1983］，深町［1999］）。从反凡尔赛-华盛顿体系的角度出发，孙中山始终在摸索中德苏三国联合的构想，但最终以排除德国的形式制定了联苏路线（田嶋［2007］）。

在日本体现华盛顿体系特点的是币原喜重郎。有关币原，不仅仅是币原外交，也出现了传记性的研究（関［2001］，西田［2002］，服部［2006］）。币原在中国统一及建立秩序时奉行了不干涉政策，尊重了华盛顿条约的精神。这一理念也是币原本人在华盛顿会议上构筑的。此外，币原也熟知日本人移民美国的情况，并没有过于依靠通商局就解决了这一问题。而北京关税特别会议则体现了币原的经济思想。大致而言，币原的秩序构想基本上限于华盛顿会议的决议框架内，但也体现了热心于贸易多边化的侧面。象征币原外交的是对北伐战争的应对，币原根据华盛顿会议的精神，曾对英国驻日大使表示，即使中国全国走向共产主义化，也将重视（日本）居住、贸易等经济性的利益。

支持币原的出渊胜次的日记出版之意义重大（高橋［2001］）。对加藤高明及浜口雄幸的研究对于分析对外关系也不乏启示（Dickinson［1999］，櫻井［2001］，奈良岡［2006］，川田［2007］）。加藤、币原试图从对华"二十一条"的失策中进行学习，这一点不容忽视。加藤首相通过将外交委托给币原，将加藤的宪政会进行体制内化，使日本迎来了两大政党制的时代（村井［2005］）。

包括与内政的关系在内，对田中外交的研究也取得了进展（佐藤［1992］［2000］，小林［2004/2005］）。另外，有的研究认为，从英国的视角看，币原执行的是协调外交，田中执行的是强硬外交。但这一政策对立结构并非一定成立。相反，田中外交的中期是日英关系的分水岭。在强调美国影响力的华盛顿体系研究中，英国的作用依然很大（後藤［2006］，古瀬［2007］）。有的研究则对币原第二任外相时期对华政策的执行过程（小池［2003］）及经济外交（久保［1999］）进行了分析。

在国民政府的建立及其对外关系方面，蒋介石的作用自然重要，训政下的政治改革也得到了研究（家近［2002］，味冈［2008］）。结合实际情况对国民政府成立初期"革命外交"进行的研究不断发展，有的研究也运用了其与北京政府"修约外交"之间的继承关系以及将陈友仁与王正廷进行比较的分析视角（李［1993］，服部［2001］，高［2003］）。国民政府"革命外交"与田中内阁的应对参见表5-2。王正廷的回忆录也已出版（服部［2008］）。出现了对中日之间围绕钢铁业与铁路建设问题的关系的综合性研究（萩原［2000］）。中国中央与地方关系以及地方外交也是不可或缺的研究领域（塚本［1996］，土田［2000］）。此外，在"田中奏折"的问题上，当时中国的反应仅限于要求驻华临时代理公使重光葵严加管理，由此判断当时中国政府极有可能已经了解到这是伪造文件（服部［2005］）。

表5-2　国民政府"革命外交"与田中内阁的应对（1928—1929年）

"革命外交"的三种类型	内容	田中内阁的应对
不平等条约的修正政策	恢复关税自主	顺延至下届内阁解决

续表

"革命外交"的三种类型	内容	田中内阁的应对
通商政策	缔结新通商条约	同意谈判
	暂时引入差等税率	在承认引入差等税率的同时要求将此用于处理外债问题,但失败
	对外资企业出口征收附加税	阻止征收,但失败
	废除陆上边境特惠关税	通过抗议使政策延期
接收重要产业政策	接收汉冶萍公司	通过抗议使国民政府放弃接收
	南浔铁路国有化	成功保留了债券

出处:服部[2001]222。

在与中国问题同样成为华盛顿体系支柱的海军裁军问题上,有的研究分析了从日内瓦海军裁军会议到伦敦海军裁军会议的历程(麻田[1993],仓松[1999])。而近年来对伦敦海军裁军会议的研究则将其定位于国际协调与政党政治这"两者'终结的开始'"。伦敦海军裁军会议日本首席全权大使若槻礼次郎接受了驻美大使出渊胜次的建议,赴任途中在美国践行"外行的我正如外行一样",直率地提出了日本海军力量为美国七成及三原则的方案,从而作茧自缚,对此的分析颇具价值(关[2007a])。以《非战公约》为象征的战争违法化的潮流则可作为对这种海军裁军动向的补充(坂本[1994])。对国际秩序及国际法视角的关注也是近年来的学术动向(小林[2001],伊香[2002],篠原[2003],浅野、松田[2004],酒井[2007])。

三、从九一八事变到卢沟桥事变

华盛顿体系建立的前提是列强可以基本维持在华权益。但是,加上北京政府区别对待日本、美国、英国等原因，日美英三国政策间的隔阂不断增加。特别是美国，1927年1月发布新方针，表示在修改不平等条约问题上可以单独谈判。经过北伐战争国民政府成为国际政治的主要行为体后，日美英的对策各不相同，使华盛顿体系本身出现了松动。九一八事变后若槻礼次郎内阁无法控制事态宣布总辞职，币原外相也离开了外务省。币原外交的变质与崩溃标志着日本拉开了终结华盛顿体系的序幕。承认"满洲国"、退出国联的日本最终缔结了《日德防共协定》。

以下将就具体事件进行简述。

九一八事变之前的"满铁危机"存在两大影响因素，分别为奉系军阀与苏联的边界冲突结束后中东铁路（东支铁道）如何恢复功能以及因世界经济大萧条导致的对大豆需求的减少，"包围满铁铁路网"的影响比较而言较为轻微（金子［1991］）。作为华盛顿体系崩溃的原因，世界经济大萧条的影响不可忽视，因此应包含贸易摩擦及通商谈判视角的分析（石井［1995］）。有关满铁的合作研究也在进行，并出版了综述性的著作（小林［2000］，加藤［2006］）。九一八事变后，国民政府的内部意见虽然并不统一，但在政策上却也避免与日本直接交涉而通过上诉国联寻求"国际解决"（臼井［1995］，黄［1996］，鹿［2001］，土屋［2004］）。在"满洲国"的问题上，包括外交关系、统治机构、历史记忆等方面的研究不断深化（田嶋［1992］，江夏等［2005］，田中隆一［2007］，山本有造［2007］），还涌现出了从日美关系的视角对鲇川义介的研究（Iguchi［2003］）。

退出国联（茶谷［2001］）后的日本外交是某种协调外交的观点正在增加，也出现了"为了协调而退出"（井上［1994］）、"防共性的国际协调主义"（酒井［1992］）的解释。日本在退出国联后，其委任统治还在继续沿用"与国联保持合作关系的非加盟国"的名义，南洋诸岛也最终成为太平洋战争中日本的战略据点（等松

〔1999〕）。美国的通商政策及中立法、对华认识也是东亚局势不容忽视的因素（加藤〔1993〕，高光〔2008〕）。政治经济史、财界的关系网络、亚洲贸易网络等也是颇具学术意义的研究关注点（松浦〔1995〕，木村〔1997〕，籠谷〔2000〕）。

对于这一时期在日本外交中发挥了重要作用的重光葵，也出版了对他的传记性研究（武田〔2002〕）。对决策过程的分析也是重要的研究视角，比如有研究认为，如同"天羽声明"表面化那样，重光次官实际上越过广田弘毅外相而掌控了对华政策（富塚〔1999〕）。另一方面，破解了日本外交电报的英国看穿了"天羽声明"并不是天羽英二的个人见解，而是根据署名广田的电报的产物（Best〔1995〕）。在"华北五省自治运动"（华北分离工作）及华北地区政治的问题上，出现了缜密使用中国方面史料的研究（内田〔2006〕，光田〔2007〕）。对中国币制改革的分析也在深化，有些研究则认为中国"欧美派"与"亲日派"的划分并非绝对，也有相对化的一面（判澤〔2002〕，樋口〔2007〕）。

在有关《日德防共协定》的研究方面，有的研究详细描述了德国国防军的亲华路线与里宾特洛甫及卡纳里斯（Wilhelm Franz Canaris）亲日路线之间的国内政治过程以及对苏联的工作（田岛〔1997〕）。日本的报界、出版界及知识分子对德国认识的形成也成为研究的对象（岩村〔2005〕）。卢沟桥事变的实证研究不断发展，对事变的评价也有分歧。有些研究重视谁在卢沟桥开的第一枪，认为这是第二十九军中国士兵的偶发性射击（秦〔1996〕）。有些研究对谁开第一枪持保留意见，而更重视志村菊次郎二等兵失踪的情况（安井〔1993〕）。有些研究则重视第一枪与二等兵失踪之间的关系，从中分析日军出兵目的的变化（江口〔2001〕）。

四、侵华战争及其扩大

侵华战争使日军陷入泥潭并直至太平洋战争的过程，与第二次世界大战的爆发、德意日三国同盟及日本的南下政策、日美谈判等形成了错综复杂的关系。因此，开战外交的研究必须要考虑到上述各种因素，而宣传及情报的形式等也是不可忽视的因素。

在这方面，首先出版了值得信赖的有关侵华战争前期复杂的讲和谈判的研究成果（户部［1991］）。有些研究认为，拉拢汪精卫与其说是旨在讲和，不如说从最初就意在瓦解蒋介石（刘［1995］）。在史料方面，出现了介绍有关陶德曼调停的国民政府文件的研究（小野田［1999］）。而将日本宣传为弱小的宣传外交的实际情况也逐渐明晰（芝崎［1999］，高橋［2007］）。在日本国内宣传方面，有的研究对宣传国家政策的代表性画报《写真周报》进行了多方面的分析（玉井［2008］）。

与侵华战争在时间上稍有出入，有关日本陆军的"支那通"（中国通）、"大正民主"的认识及对美国的认识、帝国国防方针等的研究也值得关注（户部［1999］，黑沢［2000］，黑野［2000］，永井［2007］）。在对以往被视为自由主义的日本海军的研究中，不仅是对美关系，对华关系也成为分析对象，并强调了海军激进的一面（笠原［1997］，相澤［2002］，樋口［2002］）。

近年来一个显著的学术动向就是合作研究的研究成果，其中包括有关重庆政权的大规模合作研究（石島、久保［2004］）。而从城市史的角度出发，特别是通过对战时上海的合作研究，上海的占领政策及对日合作进而城市文化等方面都得到了一定的阐明（高綱［2005］）。兴亚院也受到了关注，进行了对占领地区行政及中国调查活动的合作研究（本庄等［2002］）。对于兴亚院的成立过程不仅从陆军与外务省的关系进行解释，还有从驻当地部队与陆军中央（陆军省）之对立的背景进行的研究（马場［1983］，加藤［2007］）。苏联的动向对东亚局势的重要性也是不言而喻的（驹村［1989］，石突［2000］）。

对从"太平洋的绥靖"（塩崎［1984］）到开战这一过程的研究

第五章　两次世界大战期间的东亚国际政治史

可分为两个方向。第一，从决策过程的视角研究日本走向开战的国家政策（波多野［1991］，森山［1998］）。第二，关注主要外交决策者的构想。特别是为松冈外交定性是必要的。根据一般的理解，松冈洋右外相设想将苏联拉入德意日三国军事同盟以建立四国同盟，借此向美国施压促使日美谈判朝着有利于日本的方向发展。即使如此，也不应仅仅对松冈个人进行研究，而应从与欧洲国际政治连锁作用的政治力学关系的角度进行分析（三宅［2007］）。

也有研究认为，松冈并没有四国同盟的设想，根据这一研究，松冈试图推行以扩大经济圈为目的的机会主义性的南下政策。三国同盟即是以此为目的，只是不希望与苏联发生战争，并没有发展到构想四国同盟的阶段（服部［2002］）。但也有研究质疑上述"趁机南下"的观点，并分析第二次日荷协议中松冈及外务省的内部决策过程，认为松冈对于很可能刺激美国的强行南下政策持消极态度（森［2002］）。也有研究提出了围绕法属印支的"日法合作"以及在东南亚获取资源问题的研究视角（立川［2000］，安達［2002］）。

在日美谈判的问题上，包括赫尔"四项原则"在内的重要事件都被再次探讨，对美通牒以及日本驻美大使馆力促罗斯福总统致电昭和天皇的游说工作等也成为研究的对象（须藤［1999］，原口［2004］，佐藤［2005］，井口［2006］）。近年来研究的重要特点是对情报的关注度日益增加。日本也在相当程度上破解了美国国务院等的电报，在破解密码方面日本试图与匈牙利、德国、芬兰等进行合作，这一点通过广泛的史料已得到了证明（森山［2004］，宫衫［2007］），也出版了有关情报的综合性著作（小谷［2007］）。日军似乎在搜集情报方面取得了一定的成果，但却远远没有充分分析并利用这些情报。

太平洋战争中的亚洲外交早已是占据经典地位的研究领域（波多野［1996］）。战争期间的天皇与政治（柴田［1995］），中国与美国的战时外交（马［2000］，西村［2004］），战争结束（吉田

［1992］，長谷川［2006］，鈴木［2007］）等研究不断深化，俘虏及宣传的研究也在发展（山本［2001］［2002］）。

结　语

应如何在亚洲国际政治史研究中为华盛顿体系定位呢？

不仅涉及海军裁军，还包括中国问题、太平洋问题等在内的多方面国际秩序的华盛顿体系就亚洲国际政治史而言具有双重性。第一，日本基于华盛顿会议精神，将与美英的协调作为对外关系的基轴，因此日本的大陆政策相对受到了压制。第二，日美英的协调具有强烈的维持现状的性质，列强在中国的权益通过华盛顿会议基本得到了维持。

从中国的角度看，华盛顿体系的不利之处在于容忍了不平等条约，但另一方面在遏制日本的大陆政策上却是有效的。在中国收回国权并走向统一之际，日美英在对华政策上无法达成充分的一致。正因为如此，随着中国"修约外交"及"革命外交"的发展，日美英的步调出现了混乱，各国的秩序构想出现了分化。简言之，华盛顿体系并不是一成不变的，而是逐渐变化、扩散并最终走向了九一八事变。

与中国问题同样成为华盛顿体系基轴的海军裁军问题被称为"1935年、1936年危机"。如果继续遵守裁军条约，日本的军备发展将受到限制，因此要退出条约，这是当时日本肤浅且跳跃性的思维逻辑。但是日本海军却乐观地认为退出裁军条约也不可能发生与美国的造舰军备竞赛，而一旦发现这一判断失误后则加强了向德国的靠拢（相澤［2002］）。随着世界大战的脚步日益临近，亚洲的国际政治与欧洲局势的关系更为紧密。在思考侵华战争及太平洋战争之际，与欧洲国际政治史的学术对话是不可或缺的。在这个意义上，笔者联想到在研究日德关系时应强烈意识到苏联因素这一"欧亚外交史"的视角（三宅［2000］），因为亚洲国际政治史只是国际政治史的一个方面。

近代日本外交曾推行日英同盟及日俄协约双轨并进的政策，从而在修改不平等条约及大陆政策上都有所斩获。但是，本应以五大国之一身份参加凡尔赛和会却被揶揄为"沉默的伙伴"的日本，并没有做好应对国联等全球性问题的准备。这时的日本，本应学会超越两国关系的框架以对世界局势进行总体判断的方法，但却在 20 年后，再次被纳粹抬头的欧洲局势所愚弄，走上了亡国的道路。这并不只是六十多年前的历史，对于探求日本外交与国际秩序的今天仍充满启示。

总而言之，如果有志于研究两战期间的国际政治史，则应自觉于探索战争与外交、国际秩序、去殖民地化及民族主义、地区主义等根本性的问题。

第六章　美苏冷战史
——美国的视角

佐佐木卓也[*]

引　言

第二次世界大战后不久就开始的美苏冷战并不只是全球规模的地缘政治性的争夺。这也是两个持不同理念的国家，美国与苏联各自信奉的意识形态即自由主义与共产主义之间的竞争。美国在这场斗争中是主要当事国，并最终成功地以基本符合本国条件的形式结束了冷战。本章尝试对美国的冷战外交史进行探讨，概括其在欧洲、东亚及第三世界与苏联进行竞争的历史（参照日本国际政治学会［2001］［2003］），同时也将试析冷战与国内政治的关系。这是因为外交与国内政治会有连锁反应，有时后者的动力会对前者产生重要的影响。

一、冷战的起源

在第二次世界大战中，美国作为"民主主义的兵工厂"为盟国的胜利做出了重大贡献，罗斯福总统（民主党）发挥了引领国际社

---

[*] 立教大学法学部教授。

会的领导能力。他基本上在第一次世界大战中威尔逊总统（民主党）提出的民主主义国际秩序构想的基础上，建立了以五大国（美苏中法英）为中心的联合国，并致力于建立自由开放的经济、金融、贸易秩序——布雷顿森林体系。为其构想提供支持的是美国超群的海军和空军、对核武器的垄断以及占压倒性优势的经济与金融实力。特别是后者，战争结束后的美国拥有世界 2/3 的黄金储备、1/2 的工业生产产量，这些都成为以美元为基轴的布雷顿森林体系的基础。

罗斯福期待英国与苏联在欧洲的国际问题上以及中国在亚洲可以发挥首要作用。尽管他让军方制定了在大西洋与太平洋设立基地的计划，但却没有打算让美国的地面部队长期驻扎海外。罗斯福逝世后，接任的杜鲁门总统沿用了既定方针，主导召开了联合国成立大会（旧金山），并开启了建立与国际货币基金组织（IMF）、世界银行并列成为布雷顿森林体系支柱之一的国际贸易组织的谈判（但最终仅签订了关贸总协定［GATT］）。同时军队的大规模削减也急速进行，战争结束时总兵力高达 1200 万人的军队仅仅两年后就骤降到了 150 万人，超过 800 亿美元的国防费也减少到 130 亿美元。

但是，大战结束前后美苏关系已经呈现出了复杂局面。原本两国对国际秩序的看法就存在根本性的差异，大战之前它们的关系也始终处于极度疏远的状态。美国对奉行社会主义革命路线的苏联保持警惕，直到 1933 年前都没有在外交上予以承认。大战中结成同盟的决定因素是对美苏两国安全都带来重大威胁的轴心国的存在。随着共同威胁的消失，两国之间的利益冲突不可避免地日趋明显。由于德意日的军事失败以及英法虽为战胜国却受到严重削弱，在亚洲及欧洲出现了力量真空。

美苏首先在波兰及东欧各国的战后问题上相互产生了不信任，在德国的占领问题上更是互不相让。美国向日本投放原子弹对美苏关系产生了微妙的影响，两国在占领日本的问题上也各持己见。双方的对立进而扩大到了土耳其、希腊等东地中海地区、北部伊朗、中国东北部、朝鲜以及原子能国际管理问题等方面。苏联利用欧洲经济疲乏之际，进一步扩展本国意识形态方面的影响力也令美国倍感恐惧（秋元、菅［2003］，五十岚［2006］）。

战争结束之际，美国国内保守派依然处于政治的中心，建国以来忌讳和回避欧洲权力政治的情绪仍然强烈，对进一步加强大规模常备军及联邦政府权限的不信任根深蒂固。1946年中期选举中，14年来首次在参众两院获得多数席位的共和党制定了以内政为中心的竞选纲领，包括废除战争期间的经济管制、减税、削减联邦政府的开支、实现均衡财政等内容。但另一方面，认识到美国国际责任的精英也在崛起。从过去四分之一世纪里的两次大战中吸取教训的他们为了构建自由主义的国际秩序，做好了积极使用美国权力的准备。这些精英对独裁体制态度强硬，主张平时也保持强大的军备，在为能动性外交提供支持的经济力方面，也因为第二次世界大战中成功地调配了巨额军费而愈发自信（Anderson［2008］，Hogan［1998］）。

二、冷战外交的开端

1947年3月，杜鲁门宣言标志着美国明确了新的外交方针。直接原因是传来英国从长期以来属于其势力范围的土耳其及希腊战略性撤退的消息。杜鲁门总统在使其对这两个国家的4亿美元经济军事援助合法化之后，接受了参议院外交委员会主席（共和党）范登堡（Vandenberg）的建议，决定使用强调理念性的修辞来形容共产主义的威胁。杜鲁门在这次演说中，将世界分为自由主义与极权主义两大势力，而美苏的斗争就是这两种生活方式的竞争。其后不久，著名记者李普曼出版了将美苏对峙称为"冷战"的评论集。

杜鲁门政权在这次演讲后，推出了马歇尔计划、建立西德、转变对日占领政策、成立北大西洋公约组织等一系列遏制政策。美国重建了对其安全极端重要的西欧与日本的经济，并为西欧提供了明确的军事安全保证。根据遏制政策缔造者、国务院政策设计司司长凯南起草的国家安全委员会20/1号（NSC 20/1，1948年8月）文件，对苏政策的目标是削减苏联的实力与影响力，并促使苏联对其国际关系的理论与实践进行根本性的修正。

自由主义与共产主义对峙最为激烈的是在德国和柏林问题上。1948年春，以美国为中心的西方国家在其占领的德国西部地区实行了货币改革，作为对抗，苏联封锁了西柏林（第一次柏林危机）。苏联的努力失败了。1949年秋，德国分裂并成立了东西两个德国。在以后的进程中，美国也与英法合作推动西德与西欧的一体化。

1950年6月朝鲜战争爆发，以此为契机，冷战转化为热战。朝鲜战争也成了遏制政策的分水岭。美国对旨在支援朝鲜的中国采取了军事遏制政策，并对中国的军事发展严加防范。20世纪50年代的东亚变成了特别在台湾海峡严重对峙的美中冷战的主战场（下斗米［2004］）。此外，美国推动其在东亚战略据点日本的经济发展，同时急切地推动日本重新加入国际社会，于1951年9月签署了《旧金山对日和约》和《美日安全保障条约》。杜鲁门政权根据1949年夏以后国际形势的变化（苏联核试验成功、中华人民共和国成立），再次修正了安全政策，1950年9月承认建议大规模扩军的NSC 68号文件，推动了遏制政策的军事化及全球化。朝鲜战争前150亿美元的国防预算增加到500亿美元，总兵力由150万跃升到了350万。核弹头的数量也飞速增加，1947年仅仅为13枚的核弹头经过朝鲜战争剧增到了1952年的800余枚。

恰好从那时开始的美国国内的煽动性反共运动使推动建设性的对苏谈判变得全无可能。在朝鲜战争的背景下，即苏联的核发展、中国的"丧失"、美英两国核武器间谍的暴露、原国务院高级官员谢伟思是否是苏联间谍等，共和党参议员麦卡锡掀起的麦卡锡主义对美国政府的对苏、对华外交产生了极大的制约。与麦卡锡关系亲近的共和党参议员诺兰德——这位1953年8月出任参议院院内总务这一重要职务的人物，因驻苏大使凯南1952年10月被苏联政府宣布为不受欢迎的人等事件，甚至主张与苏联断交。麦卡锡1954年10月因其过激言行遭到了参议院谴责决议的处分，失去了对政界的影响力，但在此之前的美国，如政治家被视为"对共产主义软弱"可谓致命伤。要与社会主义阵营各国改善关系，必不可少的条件是首先在国内获得反共产主义者的充分认可（佐佐木［2009］）。

三、冷战的长期化

麦卡锡主义也反映了美国国民对以朝鲜战争呈现胶着状态所象征的冷战长期化的不满。实际上到了20世纪50年代中期，随着美苏氢弹研制成功、华沙条约组织的建立以及西德加入北约等事件，美苏之间形成了事实上的军事均衡，用物理手段消除对立已无可能。在1955年7月召开的日内瓦四国峰会上，西方阵营的首脑与斯大林去世后的苏联新领导人在东西方军事冲突实属自杀行为、核战争意味着文明终结的问题上达成了共识。这也意味着美苏互相默认了各自在欧洲的势力范围。苏联1953年6月在东德、3年后在匈牙利镇压反政府和反苏暴动时，艾森豪威尔政府尽管表示将予以反击，并发表了解放政策，却没有通过军事手段进行对抗（石井［2000］）。

面对冷战的长期化状态，艾森豪威尔政府尝试寻求节约庞大军费的更为廉价的遏制政策。艾森豪威尔总统制定了依赖大量核武器的大规模报复战略，通过削减常规兵力压缩国防预算，将国防预算削减到了400亿美元左右。在第三世界广泛利用中央情报局（CIA）也是该战略的一环。但是，在美国国内也出现了对这一依赖核武器及节减军费的政策将有损美国安全的批判。1957年苏联率先开发洲际弹道导弹（ICBM）并成功发射人造卫星似乎为这些批判提供了证据，从而产生了苏联在导弹领域正在确立对美优势的"导弹差距"论。超党派人士组成的盖瑟（Gaither）委员会在NSC 5724号（1957年11月）文件中，建议美国应大幅增加军事预算并加强核战力及常规战力以维持对苏联的军事优势，实际上否定了政府的国防方针。

在政界，肯尼迪、杰克逊等年轻的民主党参议员主导了有关导弹差距的论战，认为美国处于军事劣势。此时苏联最高领导人赫鲁晓夫炫耀苏联的导弹能力，并扬言苏联1970年前后将在经济上赶上美国并最终超过美国，这些都加强了苏联在国际舞台上处于攻势的印象。

面对国内的政治压力，艾森豪威尔艰难但坚决地推动着与苏联紧张关系的缓和，1958年1月，美苏签署了第一个双边协定——《美苏文化、技术、教育交流协定》，10月在日内瓦与英国、苏联开始了禁止核试验的谈判（佐佐木［2008］）。即使赫鲁晓夫在11月要求西方从西柏林撤军及半年内解决柏林问题（第二次柏林危机，1958年—1961年），艾森豪威尔也冷静应对（倉科［2008］）。第二年9月，苏联部长会议主席赫鲁晓夫访美可谓紧张局势缓和的重大成果。苏联最高领导人的下次访美已是14年后了。艾森豪威尔的努力促进了苏联向外部的开放，使禁止核试验谈判产生了妥协的可能性。计划于1960年6月的艾森豪威尔访苏——这也是美国总统第一次踏上莫斯科的土地——本应进一步改善美苏关系，但是1960年5月上旬发生了U2侦察机被苏联击落的事件，这使得艾森豪威尔的对苏政策受挫，总统访苏被取消，美苏关系也在一瞬间冷淡了下来。

1960年总统选举中，宣扬导弹差距的民主党候选人肯尼迪在竞选中公开表示将加强核及常规兵力，增加国防预算和对苏联推行强硬政策，并险胜共和党候选人尼克松（当时的副总统）。不仅是肯尼迪，尼克松和纽约州州长洛克菲勒等共和党的实力派政治家也都赞成美国进行军备扩张。这时很多政治家都接受军事凯恩斯主义的思想，对巨额军费持警惕态度的传统正在退化。由于美国经济发展顺利，军费占国民生产总值（GNP）的比率减少，所以当时国防预算成为政治争论点并不是因为金额过大，而是太少。

肯尼迪新政权增强军备、旨在推翻卡斯特罗政权而侵略古巴的失败（1961年4月）、苏联建设柏林墙及单方面重启核试验（8月）等因素加剧了美苏关系的紧张。随后的古巴导弹危机（1962年10

月）将这种紧张关系推到了顶点。肯尼迪政府试图颠覆古巴卡斯特罗政府的行动是赫鲁晓夫在古巴部署中程核导弹的重要动机。所幸肯尼迪与赫鲁晓夫在古巴导弹危机中选择了和平解决，此后的美苏关系得到了切实改善。1963年8月缔结的《部分禁止核试验条约》（PTBT）即为改善的其中一步。古巴导弹危机成了双方缓和紧张关系的契机。

肯尼迪政府因这场危机的顺利解决而信心大增。从结果上看，赫鲁晓夫被迫接受了肯尼迪的要求，从古巴撤走了部署的导弹，这被认为是由于美国在核战力方面拥有压倒性优势。国务卿腊斯克曾说过，美苏两国互相"怒目而视"，而苏联"先闭了眼睛"，认为在赫鲁晓夫让步的背后是美国的军事优势（Rusk［1991］）。对古巴导弹危机妥善处理的经验也给肯尼迪及约翰逊两届政府的高层处理越南问题带来了自信。

四、美苏冷战的全球化

1918年1月威尔逊总统发表了"十四点"计划的演说，从中受到极大鼓舞的人们当中就有追求从法国独立的胡志明。但是他在1945年9月宣布越南民主共和国独立并寻求美国承认的时候，华盛顿的反应十分冷淡。罗斯福总统在《大西洋宪章》中明确了民族自决原则，并反对法国在战后重返印度支那半岛。但一部分也受到了丘吉尔首相的影响，罗斯福在大战末期反而转向支持将印度支那交由联合国委托统治的方案。罗斯福去世后，杜鲁门总统默认了法国恢复对印度支那的统治，并用冷战思维去应对不久后爆发的第一次印度支那战争，向作为重要盟国的法国提供援助。特别是在中国共产党执掌政权后，美国将印度支那的"共产化"视为中国扩张的一环，并担心其对日本等其他亚洲太平洋国家的影响。艾森豪威尔总统在1954年6月的记者会上将印度支那比作"多米诺骨牌"的第一枚棋子，强调其在自由世界中的战略重要性。

美国对印度支那的干涉既表明了冷战的全球化，但同时也包含了其他的重要问题。这就是东南亚等第三世界国家与欧洲不同，并不仅仅是自由主义与共产主义的对立，还存在着民族自决原则、清算殖民主义等重要课题。但是从冷战开始后，相比民族主义，美国更重视反共主义的逻辑，更以美苏对立的观点看待这一地区的事务。美国努力构建东南亚条约组织及巴格达条约组织的主要目的就是对抗共产主义威胁。苏联新领导人实施了对第三世界各国的援助计划，并最终开始积极支援民族解放战争，这也刺激了美国政府。美国在去殖民地化的过程中，对共产主义影响下的民族主义最为警惕。

国务卿杜勒斯在1953年春向艾森豪威尔总统发出警告，指出美国在中东"被看作是与英国、法国一样的帝国主义国家"（Leffler［2007］），可就在同时，国务卿的弟弟、中央情报局局长阿伦·杜勒斯却正在和英国情报部一同制定计划，意图推翻将英国石油公司国有化并推行民族主义政策的伊朗摩萨台政权。美国政府担心伊朗共产党夺取政权，8月在国王与军队的帮助下，发动了颠覆摩萨台政权的军事政变，帮助国王恢复了实权。这是美国二战后在第三世界推翻合法政府的第一个案例。

美国对拉丁美洲各国国际共产主义的威胁认识更为强烈。1954年夏，艾森豪威尔政府利用中央情报局与叛军勾结，推翻了在危地马拉推动大规模土地改革并试图从东方阵营购买武器的阿班斯政权。在危地马拉的"成功"使美国收获了自信，其后在拉丁美洲陆续策动了对古巴（1961年）、巴西（1964年）、多米尼加（1965年）及智利（1973年）左翼政权的颠覆行动。

在说明20世纪50年代艾森豪威尔政府的第三世界政策之际，往往会引用杜勒斯国务卿将这些地区的中立主义定性为"不道德且武断"的演说。但是，美国实际上的政策却较为慎重，特别是努力保持与不结盟运动的核心国家印度、南斯拉夫的良好关系。与不结盟运动中重要国家埃及的关系也绝不是敌对性的。艾森豪威尔政府在 1956 年秋天的苏伊士运河事件中，迫使英国、法国与以色列撤军，得到了阿拉伯世界的称赞。美国政府尽管对埃及纳赛尔政权与东方阵营接近并不愉快，可英法的侵略仍是以往殖民主义性的且令人无法容忍的行动。但是，对鼓舞了阿拉伯各国反西方性的民族主义的纳赛尔，以及通过为阿斯旺水坝建设提供援助的苏联政治影响力的扩大，艾森豪威尔却产生了担忧。并于 1957 年 1 月发表了艾森豪威尔主义。宣扬中东国际共产主义威胁的这个宣言除了一部分亲美国家（约旦、伊拉克等）外，并没有获得好评。对于众多中东国家而言，根本性的问题不是国际共产主义，而是英法等西欧各国帝国主义、殖民主义的残渣余孽和以色列。

1957 年夏，艾森豪威尔为了推翻加强与苏联合作的叙利亚政权，依然利用中央情报局与英国情报部谋划军事政变。尽管因计划事前败露而政变未遂，杜勒斯国务卿在与英国驻美大使谈论此事时，对叙利亚与危地马拉的事态持相同的见解，并表示："我个人的意见是，苏联不能拥有与其国境不相邻的卫星国。……我就危地马拉接受波兰武器的事态进行了说明。……美国没有采取任何军事行动，共产主义者统治的政权就被解决了。"（Yaqub［2004］）美国还曾对 1958 年 2 月埃及与叙利亚合并建立阿拉伯联合共和国以及纳赛尔的政治影响力进一步扩大深感忧虑，但是，当纳赛尔残酷镇压国内共产主义者，并与 1956 年 7 月通过革命推翻王政的伊拉克军事政权产生对立，与苏联的关系也日渐疏远后，美国有效利用粮食援助计划与埃及修复了关系，并于 1960 年秋邀请并隆重接待了纳赛尔对美国的访问（泉［2001］）。

这一期间，美国还对印度尼西亚苏加诺反美政权的敌对武装力量提供支援（1957—1958 年），谋划颠覆古巴卡斯特罗政权，干涉 1960 年从比利时独立的刚果的内战。特别是在干涉古巴的问题上，肯尼迪政府在流亡美国的古巴人部队进攻古巴以失败告终后，仍继续实施了破坏活动以及试图暗杀卡斯特罗的"猫鼬行动"。在刚果，美国也参与了对被中央情报局局长担心会"像卡斯特罗的"(Westad[2005])卢蒙巴总统的暗杀计划,并与蒙博托——一个不久后以残忍的独裁者而闻名于世的人物建立了密切关系。

1965年春,约翰逊总统向特鲁希略独裁统治崩溃后政局不稳的多米尼加派遣了海军陆战队,并建立了保守政权。这是由于担心如总统助理班迪(Bandy)所言之"卡斯特罗般的共产主义者"(Dallek[1998])夺取政权。肯尼迪总统以前曾如此评价多米尼加的局势:"事态发展存在三种可能性:平稳的民主主义体制、特鲁希略继续统治以及卡斯特罗式的体制。我们应将第一种可能性作为目标,但直到可以确信不会出现第三种可能为止,不能放弃第二种的可能性。"(Schlesinger[1967])这番话很好地体现了美国第三世界政策的困境。这是因为如果是亲美反共的政权,即使是腐败无能且压迫性的,也比共产主义政权更理想。美国还对在1970年大选获胜的智利阿连德社会主义政权进行了经济上的遏制,导致了智利经济不稳,最终在1973年9月,以美国支持的皮诺切特将军为中心的军队发动政变,颠覆了阿连德政权。

美国的一系列干涉是与威尔逊以来的民族自决原则、杜鲁门宣言标榜的自由主义理念毫不相容的行动。特别是拉丁美洲国家诞生的民族主义政权在解决贫富差距问题及贫困问题时,必须着手解决包括接收美国资产在内的与美国资本紧密相关的大土地所有问题以及推行经济社会改革。但是,在很多情况下,美国通过强硬的干涉内政手段推翻左翼民族主义政权,并期待美国支持的反共主义者带来政治稳定。美国这种对本国公开宣布过的原则视而不见的做法,从长远看将对其与这些国家之间的关系留下极大的隐患。

美国对第三世界的干涉中,规模最大、时间颇长且最终失败的当属越南战争(第二次印度支那战争)。1954年日内瓦协议后,法国从印度支那半岛撤退,美国随后即在越南南部建立了亲美政权以对抗北部的胡志明政权(越南民主共和国),1965年春正式开始军事干涉。直到 1973 年 1 月签订有关越南和平的《巴黎协定》，美国至少花费了 1500 亿美元的军费，导致了 300 万越南人死伤和 5 万美军士兵阵亡。美国维持南越反共政权的努力却最终失败（松冈［2003］）。而在此期间，西欧与日本的经济取得了显著发展，美国则在 20 世纪 70 年代初期沦为贸易赤字国。以美元为基轴的战后国际金融秩序出现了巨大的波动，苏联则在古巴导弹危机后急速发展核战力，到了 20 世纪 60 年代末已基本追上了美国。

五、缓和外交的发展

在第三世界越南的失态也促使遏制政策出现了转机。尼克松总统与其国家安全事务助理基辛格认为基于反共主义的理念外交导致了对越南的过度干预，并开始实践欧洲式的均势外交。为了弥补美国相对下降的军事力与经济力，他们在外交中寻求突破口，试图在中美苏三极结构中维持对美国有利的国际地位。他们首先尝试通过对苏联的缓和外交，在政治、军事、经济、文化等各领域缔结条约、协定，以形成多边性的利益网，将苏联纳入美国主导的国际秩序。他们还通过中美和解，形成了可以在对苏外交中"有效利用"中国的战略环境。重要的并不是敌对国家中进行统治的意识形态（共产主义），而是对外行动。尼克松作为反共斗士的政治家生涯在改善与社会主义阵营国家的关系上非常重要。美苏缓和在 20 世纪 70 年代前半期达到高峰，与西德主导的欧洲缓和并行发展。

但是对苏缓和不久后，缓和政策在美国国内引发了巨大的抵触。反对缓和势力的中心人物是参议员杰克逊，他从导弹差距论战以来就始终坚持应建立对苏的军事优势。在他的麾下集结了众多攻击缓和外交为"绥靖"的新保守主义者，也反对尼克松与基辛格 1972 年达成的承认美苏军事平等的《第一阶段限制进攻性战略武器条约》（SALT I）。杰克逊勉强同意了 SALT I，但同时成功地在参议院通过了要求总统不应在将来类似的条约中使美国的远程核战力逊于苏联的决议案。更有甚者，在美苏签订贸易协定的问题上，杰克逊推动参众两院通过了修正条款，即如果苏联不允许苏联公民自由出入境，则不应缔结包括最惠国待遇内容的贸易协定。苏联将这个杰克逊修正案视为干涉其内政，并于1975年1月废除了贸易协定。而加强经济关系正是缓和外交的核心内容，事态的发展对基辛格的打击不可不谓沉重。

另一方面，苏联主张缓和并不适用于第三世界民族解放运动，这一思路下的苏联外交也为缓和的反对势力提供了口实。在这一时期，苏联始终在加强军备，援助越南民主共和国武力统一国家，并指使古巴出兵介入安哥拉内战。福特总统（共和党）与国务卿基辛格尽管计划对南越进行紧急援助，但却遭到了国会的反对，而试图在安哥拉采取对抗措施时，国会因担心越南噩梦再现而通过了禁止中央情报局介入的法案。不久后，印度支那半岛都建立了共产主义政权，安哥拉也成立了左翼政权。

到了20世纪70年代后半期，缓和在美国已经完全不受欢迎，福特总统不得不保证今后不再使用此词。1975年夏，福特出席在赫尔辛基召开的欧洲安全合作会议（CSCE）并签署最终协议（《赫尔辛基宣言》）时，国内大多数意见对此持批判态度。《赫尔辛基宣言》尽管因承认战后欧洲的边界现状而被认为是苏联的胜利，但同时也包含人员、信息、思想的自由移动以及保护人权原则等内容。根据这些原则，在东欧各国诞生了《赫尔辛基宣言》监视团，逐步侵蚀着共产党政权的正统性。颇具讽刺的是，《赫尔辛基宣言》承认了西欧各国而非美国热心推动的尊重人权的原则，从而成为冷战结束的重要契机（吉川［2007］，宫胁［2003］）。

1976年，传统的反共产主义者与新保守主义者组成了"当前危险委员会"（Committee on the Present Danger），开始了反对基辛格正在进行的第二阶段限制进攻性战略武器（SALT II）谈判的宣传活动。中央情报局局长乔治·布什听取了对中央情报局苏联军事威胁评估提出质疑的外部专家的意见，制定了所谓 B 组报告，对苏联的军事威胁提出了警告。B 组有众多"当前危险委员会"的成员，他们大多集结在 4 年半后的里根共和党政府之中。

在党内总统候选人的竞选中，福特总统艰难战胜了反对缓和的挑战者、前加利福尼亚州州长里根，但在总统选举中输给了提倡人权外交的前佐治亚州州长卡特。卡特在忙于人权问题、重振缓和政策的同时，对环境、核裁军、南北问题等超越冷战范畴的外交课题也十分积极（村田［1998］）。但是，主张对苏实行强硬政策的保守派却攻击卡特外交的优柔寡断。在苏联对埃塞俄比亚、南也门等第三世界国家进行军事援助，在中欧部署中程核弹道导弹（SS-20），伊朗巴列维政权垮台及反美革命政权诞生，尼加拉瓜亲苏政权成立等背景下，卡特逐步转向采取对抗苏联的姿态。1979 年 1 月与中国建交就是其中一环。

1979 年 6 月美苏终于签订了《第二阶段限制进攻性战略武器条约》（SALT II），但参议院批准条约的审议前景完全是个未知数。12 月上旬，北约外长、国防部长会议通过决议，决定在与苏联就 SS-20 中程导弹进行军控谈判的同时，美国开始部署新型中程弹道导弹。1979 年 12 月，苏联出兵阿富汗以保卫其社会主义政权，标志着缓和落下帷幕以及新冷战的开始。卡特总统立即制定了对苏联的制裁措施，并推出卡特主义，警告苏联将采取军事手段对抗苏联支配波斯湾地区的企图。

六、冷战与国内政治

美国提出了自由平等等理念，谴责苏联的体制是"极权主义""暴政"（杜鲁门宣言）和"奴隶制"（国家安全委员会第 68 号文件）。但是，在美国国内，却存在着与自身公开倡导的理想背道而驰的严重的种族问题。冷战扩展到有色人种众多的第三世界国家，从而形成了美国需要认真解决这一问题的外部压力。早在 1952 年 12

月,司法部就在与此后布朗案相关诉讼的意见书中明确表示:"美国必须向世界人民,向各国、各种族以及各种肤色的人们证明,自由民主主义是最高尚、最正确的政治制度。……种族歧视为共产主义阵营的宣传工厂提供了材料,我们对民主主义原则的信念甚至受到了友好国家的怀疑。"(Layton[2000])1954年,联邦最高法院在首席大法官沃伦的主持下,一致判决公立学校种族隔离教育违宪(布朗案)。第二年,牧师马丁·路德·金领导的民权运动在南方的亚拉巴马州开始了征程。

1964年7月通过的禁止在公共设施、职场等场所进行种族歧视行为的法案,第二年8月通过的保障黑人有选举权者登记的《投票权法》等公民权法,以及废除移民原在国国别分配比例的《1965年移民法》等,不仅在内政方面,对外交也是重大成果。苦于越南战争失败、缓和陷入僵局的美国在不久后展开外交攻势之际,人权成了有效的武器。

但是,民主党的自由主义政策遭到了白人保守阶层的反对,共和党通过吸收这些保守势力在南方扩大了支持者的队伍。1964年的总统选举可谓开端。戈德华特(Barry Morris Goldwater)(亚利桑那州参议员)击败自由派的纽约州州长洛克菲勒,获得了共和党总统候选人提名。戈德华特反对《部分禁止核试验条约》及《1964年民权法》,在总统选举中表示将不惜对苏进行核攻击等,结果被视为极端保守派并大败于现任总统约翰逊。但是,他在选举中获胜的州除了亚利桑那州之外,只有曾被民主党视为固若金汤的最南方的5个州。这也应验了约翰逊总统1964年通过民权法案之际曾做出的民主党将被共和党夺走南方的预言。1968年及1972年的总统选举中,共和党候选人尼克松采取了旨在获得保守白人阶层支持的"南方战略",特别是1972年选举中在南方各州都取得了胜利。

围绕主张男女权利平等的宪法修正案(ERA)的问题也象征了美国社会的保守化。1972年参众两院通过了该宪法修正案,截至

1977 年，在宪法修正生效所需 38 个州中的 35 个州得到了批准。但是，在批判宪法修正案反"家庭价值"的保守势力的反攻下，直到 1982 年仍未生效。共和党长期以来支持宪法修正案，却在 1980 年的选举纲领中取消了对这一修正案的支持，这也是保守化的共和党与美国社会的缩影。1979 年弗吉尼亚州的牧师杰瑞·法威尔（Jerry Falwell）组织了"道德多数派"（moral majority），展开了活跃的反对最高法院已合法化的人工堕胎及宪法修正案的运动。众多的右翼宗教对社会文化问题的关心日益高涨，尽管对外交完全没有兴趣，但他们是强硬的反共产主义者并支持以色列。包括右翼宗教在内，被称为新右派的保守势力以美国传统基金会（The Heritage Foundation）、美国企业研究所（American Enterprise Institute）等为据点不断扩大对政策的影响力（砂田［1999］）。

在 1976 年总统选举中获胜的卡特是南方佐治亚州出身，并强调自己是福音派，从而迎合了社会的保守化潮流。在上任后不久，卡特就表示冷战时期的美国"以牙还牙，以水灭火，我并不觉得这是好事。这种方式最终失败了，体现知性与道德贫弱最坏的例子就是越南"①，对越南战争等冷战外交进行了反省。但是，右翼宗教很快就放弃了对卡特内政外交的幻想，转而对其进行严厉的批判。将各种保守势力巧妙团结在一起的是狂热的反共产主义者里根。他称越南战争是"高尚的义举"，主张"家庭价值"，在演说最后必定以"上帝保佑诸位"或"天佑美国"结尾，以照顾右翼宗教。

更重要的是，里根总统及其后继任的布什总统成功地将保守派法官送进了联邦最高法院。由事实上终身制的大法官组成的联邦最高法院在美国历史上屡次进行过促进社会变革的重要判决。20 世纪 50 年代和 60 年代在公民权问题上主导进行了自由主义性质判决的首席大法官沃伦退休后（1969 年），自由派法官也始终是最高法院的

---

① http://www.presidency.ucsb.edu/ws/print.php?pid=7552（Accessed 2008/3/29）.

多数派，但 80 年代在共和党政权下保守色彩却日渐浓厚。里根提名伦奎斯特（William Hubbs Rehnquist）法官——曾是 1964 年总统候选人戈德华特的顾问——升任首席大法官，其后提名的斯卡利亚大法官，布什提名的托马斯大法官——其前任马歇尔大法官是第一位黑人最高法院大法官且极具自由主义思想——都得到了参议院的承认。他们都是拥有非常保守的法哲学思想的人物（久保等［1999］，Schaller and Rising［2002］）。

七、冷战的结束

反过来看，严重导致美苏关系紧张的里根总统却成为冷战结束的贡献者之一。他从道义及伦理上对苏联进行攻击，将苏联称为"邪恶帝国"，将马列主义称为"历史的垃圾场"，呼吁西方阵营"超越并战胜"共产主义，并不断重复着否定苏联通过缓和获得的正统性的发言。里根还实施了和平时期最大规模的扩军，推出战略防御计划（SDI），向第三世界与亲苏政权、社会主义政权斗争的"自由战士"提供军事和经济援助。在与苏联的军控谈判中，在中程导弹谈判（INF）方面向苏联提出全面撤除 SS-20 的要求，在战略武器方面则提案要求苏联做出更多的削减，给世人以并不认真与苏联谈判的印象。里根政权的态度与高级官员关于核战争的轻率发言相互结合，与要求维持缓和的西欧各国产生了深刻的矛盾。到 1983 年底前，中程导弹谈判、战略武器谈判相继破裂，美苏关系进入了可与朝鲜战争、古巴导弹危机相提并论的最紧迫的时期。

但是，里根并不是单纯的强硬反共产主义者。在总统选举中，他表示将在外交上承认台湾，担任总统后大幅增加对台武器出口，使中美关系一度恶化。但最终里根与中国达成一致，在 1982 年 8 月前限制对台武器出口。显然，共和党内屈指可数的亲台派里根在优先对苏战略的框架下制定着对华政策。

1984 年年初，里根对苏的态度转向灵活。这与美国军事态势的改善、对经济复苏的自信、西方阵营各国不断高涨的反核运动及美国国内核冻结运动的牵制、前所未有的军备扩张导致的大规模财政赤字，以及实务派的国务卿舒尔茨的耐心说服等因素有关。特别是1983年11月北约进行了大规模的军事演习，而苏联担忧此举意味着美国将先发制人，里根通过中央情报局得知了这一点，并对苏联担忧的程度感到吃惊。在1984年1月的全国电视演说中，里根呼吁与苏联谈判，表示了和解的意向，同年秋天里根邀请赴美出席联合国大会的苏联外长葛罗米柯访问白宫，并举行了第一次会谈。不久后美苏同意第二年年初恢复军控谈判。

1985年3月戈尔巴乔夫出任苏共中央总书记，这为美苏关系带来了根本性的转机。戈尔巴乔夫制定了一系列新的内政外交路线，试图改革陷入机能不全的苏联体制。为了重振苦于停滞的苏联经济，就有必要调整庞大的军事开支和对包括阿富汗在内的第三世界国家的大量援助。与美国干涉越南的失败导致改变遏制政策一样，戈尔巴乔夫全面调整政策的背景也是在第三世界尤其是在阿富汗的受挫。

在1985年11月日内瓦的第一次峰会上，里根与推动改革政策的戈尔巴乔夫进行了5次首脑会谈，试图从根本上改善美苏关系。但是，里根拒绝在战略防御计划（SDI）上让步，由此结束冷战的航程基本上是以戈尔巴乔夫全面应允美国条件的形式开启的。此外，里根在美国国内可谓家喻户晓的强硬反共产主义者，这也是里根可以推动划时代性对苏政策的重要因素。在1987年12月的《美苏中程和短程核导弹条约》（INF条约）中，戈尔巴乔夫同意了销毁SS-20导弹及相互核查的美国方案，并于1988年5月开始从新冷战焦点问题的阿富汗撤军。这个月的月末里根首次访苏，与戈尔巴乔夫在红场散步，给世界留下了冷战结束已日益临近的强烈印象。在12月的联合国大会上，戈尔巴乔夫发表演讲，正式宣布苏军单方面进行大规模削减以及容忍东欧的自由化，并提出了取代阶级斗争、将人类普世价值置于优先地位的"外交新思维"。

里根的后任乔治·布什总统在 1989 年 5 月中旬的演讲中号召美国人"超越遏制",将苏联纳入国际社会,事实上宣布了视遏制为必须的冷战的结束。数周后在西德的美因茨,布什将欧洲结束分裂、形成一个欧洲作为冷战结束的条件。这时匈牙利及波兰已开始了自由化与民主化,1989 年 5 月匈牙利与奥地利就市民之间的自由往来达成协议,在东德市民涌入匈牙利后,东德政府被迫于 11 月开放了柏林墙,作为冷战象征的柏林墙轰然倒塌。同年 12 月,布什与戈尔巴乔夫在马耳他首脑会晤上宣布冷战结束。

1990 年 10 月东西德正式统一。苏联承认东欧各国的自由化与民主化,接受了两德以西德吸收东德的形式正式统一及统一后的德国归属北约。冷战起源的主要原因——德国及柏林问题以戈尔巴乔夫接受美国的主张得以解决,冷战也告结束(佐佐木[2009],松冈等[2003])。的确如乔治·布什所宣称的,"冷战不是结束,而是美国获胜"①。但是,对使欧洲不再分裂且和平结束冷战做出最大贡献的人物却是戈尔巴乔夫。

结　语

之所以取得冷战胜利,美国在战后对西欧及日本政治经济的重建是决定性的因素。这些盟国填补了 20 世纪 80 年代中期以后美国出现的大量财政赤字,并在军事上协助美国遏制了苏联。当然,冷战期间西方阵营里也有纠纷、摩擦,但是冷战期间的美国从遏制苏联的大局出发,发挥了团结西方各国的建设性领导力,积极推动了美国主导的自由主义国际秩序的形成。正如克林顿总统所言,美国"建设了旨在维护和平的安全同盟网络以及旨在维护繁荣的全球金融体系"(Judis[2004])。西方阵营的遏制政策及全球化冷战迫使苏联付出了巨额军事开支和对外支出,导致苏联的体制极度疲敝。戈

---

① http://www.presidency.ucsb.edu/ws/print.php?pid=20544(Accessed 2008/3/15).

尔巴乔夫为了解决这一沉重的负担，必须着手改革社会主义体制。

但同时，研究《赫尔辛基宣言》执行情况的后续会议（CSCE进程），以及在新冷战中也得以维持的欧洲缓和进程，在促进苏联及东欧社会渐进性变化的同时，也对克服东西方对立发挥了不可或缺的作用。欧洲的冷战历经多次谈判——其中也包括戈尔巴乔夫的决断，最终得以和平结束。与此相比，第三世界中的很多冷战是以美苏两国停止干涉的形式结束的，但是国际社会却没有充分解决两国撒手不管后的问题（藤原［2002］）。冷战中美苏展开角逐的阿富汗、索马里等地在冷战结束后随即开始了激烈的内战。

预测冷战后美国外交的重要因素是对冷战结束方式的记忆。特别是在保守派之间，对推动冷战结束中军事力量的作用评价甚高，对里根军备扩张的肯定近乎信仰甚至神话化。这些记忆对直至冷战结束的欧洲安全与合作会议（CSCE）进程、戈尔巴乔夫的贡献等漠然视之，对美国在第三世界国家的军事干涉及介入也选择了忘却或完全不加反省的态度。

在冷战时代，某种意义上美国是幸运的。这是因为美国在强调与苏联体制不同之上，可以突出政治权利的问题。在这一点上，旨在废除歧视黑人政策的民权法是重要的外交成果。此外，美国的经济可谓凌驾于苏联经济之上，其制度魅力十分明显。但是冷战结束、美国式民主主义取得胜利后，美国不仅在政治权利，也将在经济、社会人权、国内各种经济与社会差距问题上与其他发达国家相比较。美国自身体现及主张的自由与民主主义的理念在国际上有多大程度的说服力，这将较冷战时期受到更多的关注。这也是冷战后半期已保守化的美国社会必须解决的课题，并且可能是最大的课题。

第七章　欧洲冷战史
——德国问题与欧洲缓和

山本健*

引　言

20世纪80年代后，有关第二次世界大战后欧洲的研究，尤其是随着第一手史料的公开，取得了显著的发展。不仅是针对英国、法国、西德等大国，对欧洲小国、苏联东欧国家的新研究也不断增加。① 但是，将欧洲的冷战作为通史，概括从起源到结束的研究却非常少。② 范·乌登纳仁以欧洲缓和为主题的著作可谓对很多问题进行总体研究的价值之作（Van Oudenaren［1991］）。但是，该书只是对各问题领域进行了个别研究，并不能说对欧洲冷战的全貌进行了充分描述。另一方面，卡尔多的研究关注东西方阵营各自内部的权力关系与东西对立之间的关系，尝试更为积极地勾画在欧洲的冷战（Kaldor［1990］）。但是卡尔多在其研究中并没有充分分析冷战中的德国问题。③

---

* 名古屋商科大学外国语学部专任讲师。
① 仅仅是文献目录就将超出本文篇幅，因此不可能在此列举数量庞大的研究成果。
② 不局限于冷战，而是描述更为宽广的欧洲历史的著作可参见 Judt［2005］。
③ 另一方面，集中分析冷战期间德国问题的通史性著作可参见 Guillen［1996］、Smyser［1999］。

当然，与其他领域一样，欧洲冷战的历史也应从各种视角进行分析与描述。本章将以德国问题和欧洲缓和这两个存在相互关系的问题为中心加以分析。① 这是由于：首先，德国问题是欧洲冷战对峙的中心；其次，通过关注东西方对立中缓和紧张关系的尝试，可以更好地理解欧洲冷战中的对立及其变化过程。因此，本章将在近年来研究成果的基础上，从上述两个视角出发，对 20 世纪 40 年代后半期到 90 年代初期的欧洲冷战史进行概述。

一、欧洲的分裂、德国的分裂——德国问题的起源（1945—1955 年）

1946 年，英国前首相丘吉尔发表了"铁幕"演说。第二次世界大战中并肩作战对抗德国的美国、英国与苏联在战后波兰和德国问题处理上产生了对立。但是，被称为"马歇尔计划"的 1947 年美国的欧洲复兴计划才是欧洲分裂真正的分水岭（Cox and Kennedy-Pipe [2005]）。美英两国认识到德国的经济复兴对于欧洲战后复兴是必不可少的，而让德国加入马歇尔计划则是前提。但是，得知这一点的苏联拒绝加入马歇尔计划。因为在苏联看来，德国的经济复兴时机尚早，美国的欧洲复兴计划将导致德国军需产业的复苏。参加了马歇尔计划的西欧各国建立了欧洲经济合作委员会。而苏联则向捷克斯洛伐克等国施加压力促其不参加马歇尔计划，并与东欧各国建立了共产党与工人党情报局（Cominform）。东欧各国都实现了社会主义政党的一党执政体制。西方则建立了巴黎统筹委员会（COCOM），对出口东方阵营的战略物资品目进行贸易管制。东西方之间的经济、文化、人员交流以及情报信息的往来受到了极大的限制。至此欧洲分裂为东西两个对立阵营。

战败国德国也被一分为二。战后美苏英法四国对德国实行了分

---

① 欧洲冷战也可以军事战略及西德核武装问题为中心进行描述。其典型为 Trachtenberg [1999]。

割占领。1945年波茨坦会议上，决定将整个德国作为一个经济单位，并根据占领国的指示设立中央行政政府。但实际上占领政策交由各占领国自行处理。其中，最早设想将德国分为东西两部分的是英国。比美国更加反苏且难以承担占领经费的英国希望排除与其对立的苏联，在德国西部复兴经济并组建国家获得自立（Deighton［1990］）。另一方面，苏联领导人斯大林则希望有一个统一的德国，为了德国不再成为苏联的威胁，他认为有必要在德国全境维系苏联的影响力。为了最终将全德国变成苏联的盟国，斯大林也反对德国的分裂（Loth［1998］）。但是，在与苏联的对立日益严重之下，美国也决定与英国一同将德国分开，促使德国西部参加马歇尔计划以实现经济复兴（Eisenberg［1996］）。需要美国马歇尔计划援助的法国也同意将西方三国的德国占领区合并（Hitchcock［1998］78-92，上原［1994］）。1949年，德意志联邦共和国（西德）作为一个独立国家得以成立。斯大林只得在苏联占领区成立了德意志民主共和国（东德）以对抗西德的成立，从而诞生了两个德国。

德国分裂成为欧洲冷战的核心。尽管德国被分裂为两个国家，但东西德宪法及基本法都将德国统一定为国家目标。特别是通过自由选举当选为西德首相的阿登纳更是主张西德是代表全部德国人的唯一国家，拒绝承认东德为国家。美英法等国也不承认东德为国际社会的一员。结果，为了正式结束第二次世界大战的和平条约也未能签订，这是因为没有一个与战争相关的且所有国家均能认可具备缔结和平条约资格的"德国"。苏联与东德将奥得河-尼斯河一线作为东德与波兰之间的国境线，西德出于战后国境将由将来实现统一后的德国缔结之和平条约予以确定的立场而拒绝接受（Foschepoth［1990］38-45）。没有和平条约、国境问题未能解决，德国与欧洲的分裂就这样持续了四十余年。

欧洲、德国的分裂通过两个军事同盟的建立而不断制度化及军事化。1949年，在建立西德的前后，西欧各国与美国、加拿大缔结了

《北大西洋公约》，并逐步发展为与东方阵营相对抗的军事同盟——北大西洋公约组织（NATO）。1950年爆发的朝鲜战争被西方看作是苏联扩张主义政策的体现。为此，西方认识到在欧洲也有必要加强防务力，而为了强化北约的军事能力，就有必要重新武装西德（岩间［1993］）。

1953年3月斯大林去世后，欧洲开始出现寻求变化的迹象。1951年重返首相之位的丘吉尔倡议召开有关德国问题的美苏英法四大国首脑会议。西德的在野党社会民主党也持相同立场，但执政党基督教民主同盟的阿登纳因坚持德国统一应在全德国实行自由选举的基础之上进行而强烈反对（Larres［2006］，Granieri［2003］74）。同年6月由于民众难以忍受东德急速的社会主义化，在东柏林发生了暴乱。尽管苏军迅速镇压了暴乱，但是，这一事件显现了东德社会的脆弱性。如果全德国都实行自由选举，众多的德国人将选择倾向西方的政府。为此，苏联新领导人赫鲁晓夫已经不再关心德国的统一，随之采取了巩固德国分裂的"两个德国"政策，试图将东德维系在东方阵营之中（Zubok［2007］83-93）。

此后，欧洲的分裂体系最终形成。1954年9月，西德与西方国家签订了《巴黎条约》。尽管重新统一及缔结和平条约等事关德国与柏林将来的权利仍然由美、苏、英、法四国保留，但根据该条约西德恢复了包括重整军备在内的主权。其后西德于1955年5月加入北约。同月苏联与东欧各国成立了军事同盟华沙条约组织，东德也随即参加，欧洲出现了两大对峙的军事同盟。

二、德国问题与缓和的关系（1955—1958年）

缓和或稳定东西欧之间对立的缓和政策有三个支柱。一是经济文化缓和。其目的是通过促进东西方之间的贸易及文化交流，不仅追求经济利益，还可促进欧洲各国之间的友好气氛，从而增进相互理解。① 二是维持现状的缓和。通过承认既存国境及政治体制的"现状"追求稳定。1955年在日内瓦美苏英法首脑会晤时，苏联部长会议主席提出签订北约华约互不侵犯条约即属此例。特别是苏联，希望通过维持现状的缓和，使国际社会承认东德的存在，并确定以奥得河-尼斯河线作为东德与波兰的国境线（Van Oudenaren［1991］38）。

　　缓和的第三个支柱是裁军及军备控制。即摸索通过控制军备竞赛，或通过限制或减少常规武器及大规模杀伤性武器的数量，以形成军事对立紧张程度较低的环境。比如，1955年5月苏联提议进行停止核试验并削减常规武器等的全面裁军（Evangelista［1997］2-3）。在7月的日内瓦美苏英法首脑会晤上，英国首相艾登认为作为西方要求德国重新统一的代价，就必须提出可以解除苏联对其安全的担忧的方案，从而提出在中欧建立非武装地带的设想（細谷雄一［2005］196-202，229-240）。50年代中期，"日内瓦精神"促进了裁军、军控缓和的机遇。

　　但是，西德不仅反对维持现状的缓和，也强烈反对裁军、军控的缓和。在西德看来，以欧洲现存国境及国家为前提的裁军、军控的发展，只可能将德国的分裂固定下来，并降低将来重新统一的可能性（Guillen［1992］303）。因此，阿登纳对从德国问题中独立出来的裁军政策提出了异议。1956年2月成立的法国摩勒政府提出了大胆的裁军计划。对此，西德总理主张作为推动裁军的前提，必须实现基于自由选举的德国重新统一（Guillen［1992］303）。1957年波兰外交部部长拉帕茨基提出建立中欧非核武装地带的建议后，阿登纳也认为这是以巩固德国分裂为前提的构想而坚决反对。重视与西德同盟关系的其他西方国家最终选择了支持阿登纳的立场。因此，

---

① 比如签订了法苏（1956年）、意苏（1957年）、西德与苏联（1958年）、英苏（1959年）之间的贸易协定。此外，1956年苏联领导人访英之际还发表了《英苏经济文化交流宣言》（Kipp［2002］376）。

将裁军、军控缓和与德国问题相挂钩,承认东德使德国分裂固定化的提案都遭到了西方的拒绝（Planck［1967］13-25）。由于与德国问题联系在了一起,裁军、军控缓和的发展困难重重。

三、美苏缓和与欧洲缓和的分离（1958—1963年）

这种状况最早出现动摇的是 1958—1962/1963 年的柏林危机。战败国德国的首都柏林被美苏英法四国分割占领。德国分裂后,柏林也被分成东西两部分。东西德国政府成立后,柏林的占领状态也没有改变,美英法军继续驻军西柏林。西柏林位于距离西德 177 公里的东德中心部。西方各国前往西柏林必须通过东德的领土,但却没有确保通往西柏林交通线路的法律性协定。西柏林就像浮在东德境内的孤岛,处于极为脆弱的状态。

但是,对于东德而言,西柏林犹如骨鲠在喉。当时,柏林市民可以自由往来于东西柏林之间。为此,难以忍受东德体制的人们陆续从西柏林通过交通线逃往西德,1958 年前,众多的东德人,特别是知识分子与技术人员逃到了经济已经复苏了的西德。东德的社会经济基础受到了西柏林的威胁。

1958 年 11 月 27 日,赫鲁晓夫为了救援东德,向西方发出了最后通牒。赫鲁晓夫通告西方,提议将西柏林非武装化并作为自由城市,并与东西德缔结和平条约,如果西方不予认可,苏联将单方面与东德缔结和平条约。如果苏联与东德缔结和平条约,连接西柏林与西德的交通线路的管辖权将移交东德,而东德则有可能妨碍通行。如果东德采取类似的行动,西方各国则可能会不惜武力来确保通往西柏林的通路以及驻留权,从而爆发了柏林危机。①

西方最初没有在柏林问题,而是在德国重新统一问题上较以往

---

① 有关柏林危机中赫鲁晓夫的动机存在着对立见解。哈里森主张为了拯救东德而挑起柏林危机（Harrison［2003］105-116）。而崔登伯格则强调是为了阻止西德进行核武装（Trachtenberg［1991］Chapter 7）。

立场后退以示让步。为了与苏联交涉，美英法提出了所谓的"西方和平计划"（Western Peace Plan），即分阶段且同时开启德国重新统一与裁军进程，并在这一过程中解决柏林问题的路线图（United States Department of State［1985］624-629）。即便如此，裁军问题依然与德国重新统一问题相挂钩。而对于希望将西方各国排挤出西柏林以稳定东德的苏联而言，这个方案完全没有吸引力，被苏联当场拒绝（Harrison［2003］122）。

但是，苏联的威胁是虚张声势。赫鲁晓夫并没有单方面与东德缔结和平条约的打算（Zubok［2000］292）。东德的形势十分严峻，柏林危机爆发后，从柏林逃亡的人数剧增。深感危机的东德领导人要求赫鲁晓夫封锁西柏林。1961年8月13日建起了柏林墙（Harrison［2003］Chapter 4），强行终止了人员向西方的流动。西方各国进行了抗议，却没有采取具体的对抗措施。在此之前很多西德人都支持德国的重新统一。但是柏林墙建起之后，西德舆论逐渐接受了德国的分裂（Conze［2004］）。被墙割裂的柏林成了德国分裂的象征。

柏林墙建成后，美苏在一段时期内仍在继续柏林问题的谈判。肯尼迪总统及英国首相麦克米兰尽管认识到德国的重新统一的要求已不现实，但也并不打算在柏林问题上让步。只要苏联不在柏林问题上让步，也不打算承认东德。苏联也要求美英法驻军撤出西柏林，谈判陷入了僵局（Trachtenberg［1999］322-351）。这时苏联已经开始准备在古巴部署核导弹，并计划以此为武器要求西方驻军撤出柏林（Fursenko and Naftali［2006］441）。1962年10月的古巴导弹危机却带来了对核战争的恐惧。如果实际上出现了危机，对苏联而言，把危机与柏林问题挂钩向美国施压过于危险（Zubok［2000］299），因此在古巴导弹危机结束后，柏林问题在没有达成任何共识的情况下被搁置了起来（Hoffmann［2007］90）。

同时，美苏却尝试在军控问题特别是停止核试验上达成协议。美国已经在军控谈判与德国问题上采取了分别对待的态度。1957年，美国国务卿杜勒斯开始尝试将苏联提议的全面裁军方案与禁止核试验问题区别处理。为了安抚阿登纳，杜勒斯坚持削减欧洲常规兵力不会在德国重新统一之前进行的立场，但同时推动核军控而不受德国问题的阻挠（倉科［2003］47-48）。尽管如此，德国问题并不是《禁止核试验条约》唯一的障碍。特别是核查问题成为谈判中引起争执最多的问题。结果，为了避免核查问题上的对立，美苏同意就承认继续地下核试验的《部分禁止核试验条约》（PTBT）进行谈判。

为了签署《部分禁止核试验条约》，还存在着承认东德问题这个障碍。阿登纳担心东德加入PTBT意味着在法律上承认东德，并由此使德国分裂固定化。但是，为了避免东德的承认问题，美国、苏联以及同是核国家的英国形成了默契，即以东德委托苏联递交PTBT加入书为前提，委托美苏英任何一国的国家都被视为PTBT的参加国。这样，美国及英国可以以没有直接接受东德的加入书为由，在日后表示并不会因参加PTBT而承认东德（Oliver［1998］168-170）。1963年8月5日，美苏英缔结了PTBT条约。而使其成为可能的是美苏两个超级大国都认识到搁置承认东德问题的必要性。

崔登伯格认为经过1963年PTBT的签署，美苏两国在德国及柏林问题上形成了默契（Trachtenberg［1999］389-390）。但是，1963年军控问题之所以成为两个超级大国缓和的首次成功，是将欧洲的各个问题，特别是将德国问题与核军控问题相剥离，并顺延柏林问题解决的条件下实现的，并不是因为两国达成了默契的共识。

此外，PTBT是超级大国缓和与欧洲缓和走上不同历程的起点。此后，美国与苏联在回避德国问题的同时，特别是在核武器方面推进着双边缓和。① 与此相比，对于多国间的欧洲缓和而言，德国问题依然是重大的障碍。只要德国问题没有解决，欧洲的缓和则只有追求双边的形式。

---

① 美苏两国在双边层面上于20世纪60年代后期进行了《核不扩散条约》（NPT）谈判，在70年代前半期进行了《战略武器限制条约》（SALT）的谈判。

四、从双边缓和走向多边缓和（1963—1975年）

美苏超级大国间的缓和，并没有波及多国之间的欧洲缓和。的确，美苏之间核军控方面的成功极大地刺激了西欧的小国。PTBT 签署后，比利时、加拿大、挪威、意大利等北约中的小国希望东西方之间的协定可以更进一步。比如，这些国家期待在东西方之间签署互不侵犯条约、设置可作为避免突然袭击措施的监视点的协定等。但是，法国与西德却持反对态度。特别是西德，不可能接受势必与承认东德挂钩的北约与华约之间相互不使用武力的协定（Locher and Nuenlist［2004］189）。因此，PTBT 之后对欧洲多边缓和的期待迅速冷却了下来。

20 世纪 60 年代的缓和也以经济、文化协定为中心，在双边的层面上取得了进展。1964 年出任首相的威尔逊（James Harold Wilson）领导的工党政府积极扩大与东欧各国的贸易关系（Hughes［2004］121）。西德外交部部长施罗德也选择了与东欧各国建立非正式的贸易、文化关系的新政策，即"动态政策"（Politik der Bewegung）。在紧张缓和的气氛中，东欧各国认为只有西德还在采取敌对性的冷战政策，为了避免东欧的这种批判，西德开始寻求上述政策（Eibl［2001］149-154，川嶋［2007］160-162）。特别是从 1963 年末起，西德成功地在波兰、匈牙利、保加利亚、罗马尼亚等国设立了没有外交权限的贸易使节。这一政策旨在加强与除东德之外的东欧各国的关系，同时将东德孤立于其他社会主义国家（Hanrieder［1989］180）。但是从事后发展看，西德的这种态度招致了苏联、东欧各国的反感，并导致了后者摸索在多边框架内承认东德的政策。

法国的戴高乐政权推进着比西德更为积极的缓和政策。在阿登纳时期，法国为了加强法国与西德的关系，支持西德的再统一政策，采取了对苏强硬政策（Mahan［2007］98-101）。但是，阿登纳退任、艾哈德执政后，两国关系出现了恶化。恶化了与美国关系的法国逐渐向社会主义阵营靠拢（Soutou［1996］272-277，301-305）。1964年后，法国积极发展与苏联及东欧国家的交流。1966年戴高乐出访苏联可谓达到了这一政策的顶峰（川嶋［2007］141-154）。

另一方面，华约从20世纪60年代中期后开始提倡全欧洲会议的构想。在1966年3月的第23次苏联共产党大会上，勃列日涅夫总书记提出了召开有关欧洲安全的国际会议的设想。苏联的重要目的之一就是通过这种多边会议，迫使西方承认第二次世界大战后欧洲的现状和既存国境（Békés［2008］204）。特别重要的是，通过东德参加会议，让至今没有得到西方正式承认的东德被接受为国际社会的一员。该构想在戴高乐访苏前夕公布，选择这一时机也是苏联期待得到法国的支持（Obitchkina［2005］23-24）。

但是，这时西方阵营并不同意多边安全会议的设想。首先，西方并不准备承认东德。进入20世纪60年代后，北约各国确实认识到短期内实现德国的重新统一已无可能。但是，美英法并不打算不顾西德的反对承认东德为国际社会的一员。即使积极与东方阵营改善关系的法国也认为"在德国问题上的相互理解还远远不够"，召开安全会议则"非常不成熟"①。其次，很多北约国家认为安全会议的设想只对东方有利，而对西方没有任何好处。为此，北约对社会主义阵营的提案置之不理，西方暂时只在双边层面上推进文化、经济及科学技术领域的合作。②

但是在华约召开欧洲安全会议的反复要求下，北约也开始逐渐接受。在这一过程中，西方各国，特别是英国及小国的决策者们对舆论及青年的担忧发挥了重要作用。1968年，学生运动席卷西欧。年轻人反对越南战争，要求变革。进而言之，在紧张已缓和的年代

---

① 法国外交部部长莫里斯·顾夫·德姆维尔的发言。*Akten zur auswärtigen Politik der Bundesrepublik Deutschland*, 1966, Dok. 143, fn. 27, S. 615-616. 此外还可参照 Vaïsse［1998］426-428，Bozo［2001］177。

② 1966年6月9日北约理事会最终公报（http://www.nato.int/docu/comm/49-95/c660607a.htm）（2008年3月31日）。

里，北约作为军事同盟的存在意义受到了质疑（Wenger［2004］）。为了作为安全基础的西方同盟可以长期维持，就必须使下一代的年轻人接受其存在，为此就有必要向舆论展示在缓和上向前看的态度。其结果，1970年5月，60年代在表面上无视安全会议构想的北约以在德国与柏林问题上取得进展为条件，正式表明准备开始东西方之间的多边交涉（Yamamoto［2007b］Chapter 2，山本［2008］103-106）。

在西方学生运动激化的1968年，社会主义阵营中的捷克斯洛伐克爆发了被称为"布拉格之春"的民主化运动，但遭到了苏联的武力镇压。1969年初，中苏对立升级，并发生了武装冲突。中苏关系的恶化也导致了苏联欧洲政策的变化。担心同时在亚洲与欧洲发生正面对峙的苏联对维持欧洲现状的缓和变得更为积极（Sarotte［2001］21-23，178）。

西德外交也开始出现重大变化。1969年出任总理的社会民主党首勃兰特积极推行东方政策。东方政策的本质是维持现状的缓和。与阿登纳不同，勃兰特准备事实上承认东德及奥得河-尼斯河一线，与此同时进一步追求经济文化缓和及裁军、军控的缓和。勃兰特并不期待发生戏剧性的变化，而重视在紧张缓和的气氛中取得东西德离散家庭重聚等具体成果。德国的重新统一则是更为遥远的事情。东方政策的成果体现在1970年6月西德与苏联签订《互不使用武力条约》（《莫斯科条约》）（Link［2001］，妹尾［2003］），其中包括了西德事实上承认既存国境及东德存在的内容。这是欧洲冷战史上的一个重大转变。

对维持现状的缓和更为积极的苏联为了在柏林问题上达成某些共识，与1962年时的态度不同，不再要求美英法从西柏林撤军。从1970年起再次开始的柏林谈判的确依然困难重重，但最终双方达成妥协，苏联保证西方通往西柏林的交通路线，作为交换，美英法对西德与西柏林之间的政治关系进行一定的限制，并同意避免明确西柏林的法律地位。1971年9月，关于柏林问题的大使级协定缔结，战后第一次正式就维持柏林现状达成了协议，由此开启了多边欧洲缓和的进程。

1973年初，除阿尔巴尼亚之外的所有欧洲国家与美国、加拿大共35个国家召开了欧洲安全与合作会议（CSCE，以下简称欧安会）。经过两年的交涉，1975年签订了《赫尔辛基最后文件》。最后文件包含了缓和的三个支柱，即首先提倡进行经济文化合作，在维持现状的缓和方面确认了不使用武力、不侵犯国境的原则，而在裁军、军控的缓和方面则规定了事前通告军事演习的互信措施等。此外，东西德也得以参加并在多边框架内承认既存国境的最后文件，实际上代替了第二次世界大战的和平条约（Maresca［1985］xii）。但是《赫尔辛基最后文件》最大的特征就是包括了新的人道性因素，即人权原则以及人员、思想及信息移动自由等各项规定（山本健［2007］）。换而言之，通过欧安会出现了缓和的第四个支柱。

五、分裂的超越与克服（1975—1991年）

《赫尔辛基最后文件》中维持现状的因素带来了政府间层面上的稳定。在稳定的大环境中，东西欧之间的经济文化交流从20世纪70年代后开始增加。特别是法国与西德对发展这方面的合作更为热心（Loth［2002］145-147，Guillen［1996］108-110）。实际上，70年代东西方贸易急速增加（Wallace and Clarke［1986］162-162，Yamamoto［2007a］88-98）。在这一时期，西方的融资支持着东欧的经济增长（Reynolds［2000］551）。东西方贸易的增加加速了东欧各国向消费社会的转型。东欧对西方消费品的需要不断扩大，从而有必要进一步贷款。其结果是东欧各国对西方的债务迅速增加，封闭性的国家经济自立性不断受到侵蚀（Judt［2005］581-582，Ouinet［2003］80-82）。

此外，《赫尔辛基最后文件》中提出的缓和的第四个支柱，即人权规范，也对苏联和东欧各国的人们产生了重大影响（Judt［2005］566-584）。这就是托马斯所说的"赫尔辛基效应"，以人权规范为后盾的社会主义阵营内的反体制人士组团结社，扩大相互联系从而不断发展壮大（Thomas［2001］Chapter 3）。当然，很多活动家遭到了苏联和东欧各国当局的逮捕和拘留。事实上，并不是《赫尔辛基最后文件》签署后社会主义阵营的体制马上就走向崩溃，20世纪80年代初在波兰兴起的以非共产党系统的"团结工会"为中心的政治改革运动在波兰政府发布戒严令后一时间还出现了倒退，但团结工会却坚持了下来，并赢得了1989年的选举。

有意思的是，苏联并没有决定军事干涉波兰的危机。实际上苏联决策层甚至准备在波兰共产党政府无法自己解决危机时承认团结工会的新政府。克里姆林宫认为如果冒着像镇压1968年"布拉格之春"那样使用武力的风险，将使东西方关系恶化，从而对苏联经济产生沉重的打击（Ouimet［2003］202）。在戈尔巴乔夫执政之前，苏联的政策已经开始发生了变化。

1985年出任苏联共产党总书记的戈尔巴乔夫为了自上而下改革社会主义体制，推行了"新思维"。但是他的目的不是放弃社会主义体制、解散华沙条约组织，而始终是重新振兴苏联（Mastny［2004］）。此外，认为"赫尔辛基精神"对于改善与西方关系以获得经济援助十分重要的戈尔巴乔夫，也试图应对西方重视的第四个缓和（ゴルバチョフ［1996］83-184）。苏联的这种政策变化推动了业已开始变化的东欧社会，并使形势发生了巨变。

"铁幕"在匈牙利出现了裂缝。进入20世纪80年代后，东方阵营的经济进一步恶化。匈牙利经济也日益艰难，布达佩斯政权对西方的债务达到了200亿美元（Reynolds［2000］551）。1989年9月，期待从匈牙利与奥地利边境去往西德的东德人陆续涌入匈牙利。陷入经济及难民双重苦境的匈牙利政府终于在1989年9月10日开放了与奥地利的边境。实际上这是西德政府向匈牙利提供10亿马克追加贷款的秘密协定的交换条件（Hertle［2004］273，Garton Ash［1993］370-371）。

这一小小的裂缝唤醒了来自东欧各国社会底层的普通市民的力量。国境开放后，数万东德人通过奥地利奔向西德。1989年10月，东德各大城市爆发了大规模游行，11月9日，柏林墙最终倒塌。革命在东欧各国中继续扩散，1989年东欧各国的共产党体制相继垮台。戈尔巴乔夫已无法控制局面。1989年12月2日，戈尔巴乔夫只得如事后承认一般，与乔治·布什在马耳他宣布了冷战的结束。

1990年德国实现了重新统一。西德总理科尔主导了再统一的进程，而东德人在选举中也选择了与西德统一。苏联因从西德得到了巨额融资也接受了德国重新统一的现实。美苏英法通过1990年9月与东西德签署的《最终解决德国问题的条约》，确定了战后的国境。四大国停止了在德国及柏林所拥有的权利与责任。统一的德国主权完全恢复，也被承认加入北约（高桥［1999］）。仍在召开的欧安会首脑会议通过了《巴黎宪章》，宣布北约与华约各国结成伙伴关系。当时，戈尔巴乔夫还期待华约能够继续维持（Lundestad［2004］74-75），但遭到了东欧各国的强烈反对。1991年，社会主义阵营的军事同盟——华约解体，欧洲的分裂宣告结束。

结　语

欧洲的分裂为何可以结束，缓和在欧洲冷战终结中发挥了什么样的作用？首先，可以认为，军控、裁军缓和并未对欧洲冷战的终结做出重要贡献。北约各国从20世纪60年代后期开始提倡在中欧削减常规兵力，均衡裁军（MBFR）谈判于1973年开始并与欧洲安全合作会议同步进行。但是，MBFR谈判在冷战期间并没有取得成果。取代了MBFR的CFE（欧洲常规兵力）谈判达成协议是在柏林墙倒塌、德国实现了重新统一后的1990年11月。《赫尔辛基最后文件》规定的信任措施也没有导致苏联和东欧各国的变化。

因此，不如说欧洲冷战的结束是下述四个因素相互作用的结果。第一个背景因素是，通过20世纪70年代前半期德国柏林问题的暂时解决，经济文化缓和进一步活跃，并带来了第四个缓和的出现，这一点十分重要。第二个背景原因则是苏联不久后认识到不可能再对东欧盟国使用武力。

第三个因素是，经济文化缓和带来了东欧社会的变化，通过贷款等间接限制了东欧各国政府，这是更为直接性的变化因素之一。如果忽视西德贷款的影响，则无法理解匈牙利开放与奥地利边境的问题。但是最后，也不能忘记第四个缓和以赫尔辛基效应发挥了一定影响，以及追求人权及自由的东欧人民自下而上迸发出的力量的重要性。这种力量抓住了经济文化缓和带来的小小机会，激发了被形容为"激荡"的欧洲的结构性变动，并进而终结了欧洲的分裂。

第八章 战后亚洲国际政治史

宫城大藏*

引 言

"战后亚洲国际政治史"今天或许还没有成为一般性的学术用语。不论是研究著作还是一般性书籍，即使使用了"战后亚洲国际政治史"这一术语，也为数甚少，表达战后亚洲国际政治史时使用更多的是"亚洲冷战史"。

第二次世界大战后，从欧洲开始了以美苏为中心的东西方冷战，不久就扩展到了世界，亚洲也未能幸免。战后亚洲国际政治中首先会提到的重要事件——朝鲜战争和越南战争都起因于意识形态的对立及制度选择、东西方阵营间的对立，带有浓厚的冷战色彩。此外，中苏对立及中美和解等亚洲冷战的变化也对亚洲整个地区产生了重大影响。如果从这一角度分析，战后亚洲国际政治史被总结为"亚洲冷战史"似乎是理所当然的（参照下斗米 [2004] 等）。

但是另一方面，如果我们可以认同使用冷战两极对立下分裂并得以稳定的框架，能够分析二战后"冷战"起源地欧洲直到20世纪90年代苏联解体为止的大部分历史，那么不可否认，可以通过冷战

---

* 政策研究大学院大学副教授。

框架分析亚洲的范围则相对较小。

原本冷战就具有通过明确划分势力范围使局势得以固定的某种"稳定"特性，因此才可以停留在"冷战"的阶段。但是在亚洲，正如朝鲜战争、越南战争等，事态却以"热战"的形式不断发展。如果再加上中印边界战争、马来西亚冲突、印巴战争、中越战争、柬埔寨战争等，不如说战后亚洲是一个始终没有停止过战争及冲突的地区。这与欧洲、巴尔干半岛等地区在冷战结束后一举喷发了地区冲突的情况形成了鲜明的对照，可以说这也清晰地反映了冷战产生的约束力在亚洲及欧洲的强弱不同。

从地理的角度看，东北亚地区在朝鲜战争后冷战结构始终比较明确，而东南亚一带则如后面所述，去殖民地化的曲折发展成了形势的中心。

进而言之，冷战本身的结构在亚洲也十分复杂。即使仅仅分析亚洲东西方阵营的中心——中美苏关系就可看出，中美两国进入冷战状态之前就在朝鲜战争直接进行了大规模武装冲突，在亚洲冷战中处于与美国对峙最前锋的并不是苏联而是中国，而中国又逐渐与苏联产生了矛盾，随着20世纪60年代中苏激烈对立，亚洲出现了中（苏）美冷战与中苏冷战同时存在的"两个冷战"（下斗米［2004］）的局面。中国同时与美苏两个超级大国对峙，这一沉重的负担也是70年代初中国决策层走向中美和解的背景。

如果中美对峙是亚洲冷战的主轴，那么中美和解表明亚洲冷战基本结束的观点或可成立。而其后中美日结成疑似同盟并在亚洲与苏联继续对立，因此亚洲冷战在变化的同时仍在继续的观点亦可成立（国分［1993］，藤原［1998］）。从上述种种侧面可以看出，与欧洲相比，第二次世界大战后亚洲国际政治中冷战的比重较少，且其结构也不如欧洲那样明确。

再次需要强调的是，第二次世界大战后的亚洲是一个以显著变化为特征的地区。战后初期，以英国为首的西欧殖民地宗主国在这一地区仍然权势显赫，可在 21 世纪初的今天，甚至连殖民的痕迹都难寻其踪。以前由殖民地、中立主义国家、自由主义国家混合组成的东南亚如今被整合在东盟（ASEAN）之内，逐渐转变为牵引亚洲地区一体化的火车头。而最引人注目的则是，20 世纪 60 年代之前的亚洲，独立与革命的政治风暴突破了冷战的壁垒，引发了地区一系列的战乱与混乱。但是，不久后，迅猛的发展与经济增长的浪潮也席卷了以往亚洲冷战主角之一的中国，今天的亚洲已成为世界上最具经济活力的地区。

从政治风暴此起彼伏的地区到经济活力覆盖全域的地区，这种变化才是根植于战后亚洲发展历程的深层"基轴"。不仅是与经冷战秩序得以固定的欧洲相比，纵观二战后的世界也不会发现第二个经历了如此巨大变化的地区。

仅仅在冷战的框架下分析战后亚洲的变化及动力将是很困难的。那么，仅以冷战无法全部理解的战后亚洲的发展动因是什么呢？最为显著的可谓"去殖民地化"的现象或动力。战后欧洲已经确立了民族国家群，与此相比，在战后初期的亚洲，尽管殖民地统治经过第二次世界大战已经出现了动摇，但仍然是现实性的存在。摆脱殖民地统治并随后建设民族国家的摸索是在战后发展进程中进行的。而这一不断变动的动量正是战后亚洲冷战没有止步于静态而是经常出现变化的根源。

为了超出"冷战"而从"战后亚洲国际政治史"的角度分析这种充满变化与动力的战后亚洲，本章将尝试以冷战、去殖民地化、经济发展时代的来临等三个视角为中心，立体描述战后亚洲的全貌。具体而言，将在结合上述三个视角的基础上，将战后亚洲划分为三个阶段：1945—1955 年、1955—1965 年、1965—1975 年。其中第三个阶段是决定亚洲"由政治转向经济"的"转型的十年"。这三个阶段首尾均有一定的重合，是因为笔者认为在向下个阶段过渡时存在一定程度的时间余量。必须说笔者进行这样的阶段划分是尝试性的，本章叙述对象基本以历史事件为主，第三阶段之后的历程将仅予以简述。此外，本章所述的"亚洲"的范围基本上是指包括东北亚与东南亚的广义的"东亚"。

一、独立、革命、内战的时代（1945—1955年）

在日本，一般以1945年8月战败为界将20世纪分为前后两个时期。盟军占领下的日本通过1952年《旧金山对日和约》恢复主权后，如果说在新宪法与《日美安全保障条约》的限制下日本"走下了"国际权力政治的舞台，那么也可以说这是日本国家长期和平的开始。

但是，日本之外的亚洲则迥然不同。除了日本之外的亚洲在世界大战结束后，各个地区中的政治对立却一气迸发了出来。而在爆发的形式上，东北亚与东南亚却截然不同（参照 Nagai and Iriye［1977］等）。

中国、朝鲜半岛等东北亚地区爆发了意识形态对立的内战。在中国，于第二次世界大战期间的抗日战争中进行合作的国民党与共产党之间的战火重燃，蒋介石的国民党在共产党的攻势下屡战屡败。美国曾试图在国共之间进行调停，却无果而终。国民党最终败退到了与大陆一海之隔的台湾岛，1949年10月共产党在北京宣告中华人民共和国成立。

美国不承认共产党政府，而承认台湾岛上的国民党当局为中国唯一的合法政府，但同时也采取了不积极介入台湾问题的方针，对台湾的腐败已经绝望，而静观共产党政权的态度。毛泽东尽管已经宣布了"对苏一边倒"的方针，但美国仍对中国的"铁托化"（铁托领导的南斯拉夫在坚持社会主义制度的同时脱离了苏联阵营）存有种种期待。

但是改变了所有这一切的是东北亚的另一场内战并发展为中美也卷入其中的国际战争——朝鲜战争（参照神谷［1966］，小此木

［1986］，朱［1991］，和田［1995］等）。在第二次世界大战结束后从日本殖民地统治下得以解放的朝鲜，北纬 38 度以北的日军由苏联受降，以南的日军则由美国受降，不久后这一安排就成为南北分裂的决定性因素。美苏就建设统一朝鲜的谈判陷入僵局后，南方在接受了联合国主导的选举后建立了大韩民国（韩国），随后北方在苏联的支持下也建立了朝鲜民主主义人民共和国（朝鲜）。双方都主张自己是朝鲜唯一的合法政府，小冲突与神经战持续不断。1950 年 6 月 25 日凌晨，在获得中苏了解后，朝鲜军突破 38 度线进而南下，爆发了朝鲜战争。在苏联缺席的情况下，安理会通过决议，美国以联合国军的名义正式出兵朝鲜，并向台湾海峡派遣第七舰队，明确了"保卫台湾"的立场。不久后，美军领导的联合国军将朝鲜军追击至中朝边境附近，导致中国以"志愿军"的名义参战，开始了中美两国之间直接的军事较量。1953 年实现了停战，但美国对采取敌视中国大陆的态度并对其实施遏制的政策已不再犹豫（参照菅［1992］等）。东北亚从朝鲜半岛的分割线到台湾海峡形成了一条难以撼动的分裂线。这是亚洲冷战的开端，朝鲜战争将第二次世界大战后地区秩序的各种可能性一吹而散，在这一点上，可谓是"战后亚洲的珍珠港"（永井［1987］）。

与此相比，战后初期东南亚问题的核心是摆脱殖民地的独立斗争。与第二次世界大战结束使日本的殖民地势力范围几乎自动溃散的东北亚不同，东南亚的殖民地宗主国是成为战胜国的西方各国。第二次世界大战结束后，这些西方国家抱着重建殖民地的目的卷土重来。但是，在作为法国殖民地的印度支那半岛及作为荷兰殖民地的印度尼西亚，旧殖民者遇到了强烈的抵抗。日本投降后不久，越南北部的共产主义者胡志明就宣布越南民主共和国独立，印度尼西亚民族主义领导人苏加诺也宣布独立。随着旧宗主国的回归，事态发展为在越南的第一次印度支那战争及在印度尼西亚的独立战争。

在印度尼西亚，荷兰尽管占据着军事优势，但随着担心独立战争陷入泥潭进而导致共产主义化的美国的介入，1949年战争结束，印度尼西亚获得了独立。但是在越南，随着战争的长期化，1949年法国扶植旧王朝皇帝成立了越南国。美国原本对固执于殖民地的法国持批评态度。但是，在中国内战中共产党的胜利已不可逆转后，美国开始重视以越南为中心的印度支那半岛的战略重要性，并对法国进行军事援助和承认了越南国。美国将印支半岛视为在亚洲阻止共产主义进一步扩散的最前线。不久后，美国开始了最终导致越南战争的介入，尽管美国承担了法国在印支半岛1/3的战争费用，但仍无法使军事态势有所了断。

如上所述，战后初期亚洲因日本投降及"大东亚共荣圈"的解体而出现了力量真空状态，从而在各地都爆发了围绕建立新秩序主导权的斗争。其中东北亚表现为与世界性冷战联动的意识形态对立，而东南亚形势的中心则是独立斗争。在东北亚，由于将这一地区置于势力范围之下的日本帝国的解体，去殖民地化几乎在战争结束同时即告完成，随即纳入了冷战的背景。与此相比，西欧宗主国试图复活殖民地的东南亚，去殖民地化仅仅是拉开了悠长历程的序幕。去殖民地化形式的不同，将是此后东北亚与东南亚地区秩序产生差异的重要因素。

二、冷战与新兴独立国家的团结（1955—1965年）

第二次世界大战结束后，亚洲局势充斥着革命与内战、独立战争等流动性因素。但到了1954—1955年前后，地区秩序的新构图逐渐开始显现。其一是亚洲冷战的"正式化"，其二则是陆续实现了独立的亚洲新兴国家作为重要力量登上了国际政治的舞台。

首先是冷战的"正式化"。"在不可能交涉的相互认识之上采取非军事性的单独行动"（永井［1987］），这一对冷战的代表性定义是以美苏对峙关系为中心的，同时国际秩序中的冷战也存在通过势力范围的分割与划分保持"稳定"的侧面。但是，战后初期在以革命与内战为特征的亚洲，意识形态对立导致了直接的武装冲突，事态的发展远不能称之为"冷战"。在中国共产党取得决定性胜利后，对立的焦点随即变为朝鲜半岛与印度支那半岛的两场战争。

朝鲜与印支半岛两场战争的转机缘于苏联斯大林的去世（1953年3月）。斯大林之后采取集体领导体制的苏联决策层对斯大林的方针持批判态度，而追求与西方的"和平共处"。美苏相继成功试验了氢弹，全面战争只能意味着毁灭，疲敝的苏联经济也需要休养生息。随着朝鲜战争的停战（1953年7月），1954年7月《日内瓦协定》签订后，印度支那半岛也签署了停战协议。

其中，在印度支那半岛的焦点越南，胡志明领导的北越（越南民主共和国）在击溃法军、处于压倒性优势地位时，迫于中苏担心战争长期化招致美国军事干涉而施加的压力，接受了不利于己的停战条约，作为在两年后实施旨在统一越南的选举的条件，在南北之间以北纬17度线划分了军事分界线。可以预见，任何选举都将是胡志明的大胜，但美国最终没有签署《日内瓦协定》，选举最终也没有进行。这为不久后越南战争的爆发埋下了火种。朝鲜半岛与印度支那均被分裂且分裂结构得以固定，却也表明亚洲局势已向稳定的方向发展（参照矢野［1986］，松冈［1988］，赤木［1991］等）。由分裂带来稳定这一符合冷战特征的状况也出现在了亚洲。

这一时期的另一个特点就是，第二次世界大战后陆续独立的亚洲新兴国家成为一股政治力量，其象征就是1955年召开的万隆会议。29个亚非新兴独立国家参加的万隆会议是第一个没有欧美国家参加的国际会议。在此之前的"国际政治"于名于实都是日美欧等一部分列强的专有物，而万隆会议为此画上了句号，从而具有历史性的意义。会议上提出的反对殖民主义及团结合作的万隆精神不久后成为坚持不隶属东西双方阵营立场、对冷战体制提出异议的不结盟运动的力量源泉（参照冈仓［1986］等）。

万隆会议召开的背景是亚洲新兴国家的强烈危机感。首先是冷战在全亚洲的扩散。认为中国大陆是"丢失"给共产主义的美国对共产主义在亚洲的进一步扩散抱有强烈的恐惧。与日本、菲律宾、台湾地区、澳大利亚等签订安全条约的美国，也是为了在幕后支援印度支那半岛停战后的南越，于1954年建立了包括美国、英国、法国、泰国、菲律宾、巴基斯坦、澳大利亚、新西兰在内的东南亚条约组织（SEATO），并计划最终拉入日本、台湾地区以组建"亚洲版北约"的军事同盟网，以防止共产主义的进一步发展。

但是这一反共同盟网的扩展，在亚洲新兴独立国家看来却意味着以中美对峙为中心的亚洲冷战蔓延到本国，走错一步就可能导致亡国的重大事态。但换而言之，即使想和与本国没有关系的冷战保持一定距离，但各国却都没有实力且十分脆弱。为了克服这种危机局面，亚洲、非洲的新兴独立国家就有必要团结一致发出自己的声音，这是万隆会议最根本的想法（宫城［2001］）。

第二个困难是与共产主义阵营的关系。在万隆会议上发挥核心作用的印度总理尼赫鲁认为邀请共产党执政的中国参加会议十分重要。他认为，中国领导层往往采取重视革命意识形态的过激路线，其重要原因在于因美国的遏制而与国际社会相隔绝。

中华人民共和国成立后不久就参加了朝鲜战争，同时将亚洲新兴独立国家视为"伪独立国"和"帝国主义的爪牙"，表现出积极支援各地共产主义势力武装起义的姿态（太田［1990］，松本［1971］）。但是充满革命激情的中国也因大规模参与朝鲜战争而疲弱，东南亚各地共产主义组织的武装起义除了印度支那等一部分外均告失败。在这种背景下，1954年左右中国开始调整政策，配合苏联的步调寻求"和平共处"。

万隆会议之前，尼赫鲁与周恩来发表了互相尊重领土与主权完整、互不侵犯、互不干涉内政等"和平共处五项原则"，并宣称应将此作为国际关系的一般准则，直至今日中国仍时常称其为本国外交的基本方针。但是从当时的情况看，其意义在于中国表明了将放弃以前支持革命的政策。这对于印度等邻国而言，是与中国建立正常外交关系不可或缺的前提条件。社会制度不同的国家间也可以"和平共存"，这一"和平共处五项原则"作为对冷战对峙的否定获得了极高的声望。但是在尼赫鲁的印度看来，这也存在着使北方的巨大邻国即中国难以对印度采取敌对态度的"以友好行遏制"（Kahin［1956］）的侧面。万隆会议在反对殖民主义的同时，也是亚洲新兴国家尝试避免受到冷战牵连的努力。

在这种背景下，1955年前后，长期以来不断内战与革命的亚洲，因冷战体制的出现及新兴独立国家的团结这两大因素的作用，而形成了尽管模糊但初具雏形的秩序。但是，战后亚洲的秩序并没有就此固定，此后事态的发展在东北亚与东南亚又出现了明显的不同。

在东北亚成为冷战焦点的朝鲜半岛与台湾海峡，尽管也出现了两次台湾海峡危机（1954—1955年和1958年）等不稳定局面，但并没有导致大规模冲突，大体上通过分裂保持"稳定"状态（世界冷战结束后的今天，这两个分裂线仍然存在，其"稳定性"足以令人惊奇）。台湾岛上的蒋介石尝试"反攻大陆"遭到了美国的封杀，朝鲜的金日成武力统一南北朝鲜的企图也未能如愿。

与此相比，东南亚的特征是地区局势的持续变化与充满流动性。在越南，根据《日内瓦协定》实现停战后不久，因南越共产主义势力的活动日趋活跃而重启战端。美国不得不取代法国开始正式进行干涉。在东南亚的岛国，自诩为反殖民地运动世界旗手的苏加诺，领导印度尼西亚采取了不惜动用武力的强硬姿态，收回了独立后依然残存的荷兰殖民地（西伊里安冲突，1962年结束）（参照首藤［1993］等），并与依然在这一地区保持强力存在的英国对峙。针对英国将马来亚、新加坡等自治领与殖民地重组为新国家马来西亚的构想，苏加诺视其为包围印度尼西亚的新殖民主义阴谋，60年代中期爆发了与英国、马来西亚的武装冲突（马来西亚冲突）（参照宫城［2004］等）。60年代发生了越南以及印度尼西亚与马来西亚这两场主要冲突的东南亚，呈现了与以分裂求稳定之意义上的冷战完全不同的形势。

需要再次强调的是，导致东北亚与东南亚之间这种差异的原因在于是否存在去殖民地化的问题。在战后，英、法、荷等西欧宗主国卷土重来的东南亚，去殖民地化在20世纪50年代和60年代继续发展，这是导致地区不断变动的根本动因，也是日本帝国的殖民地与势力范围随着日本战败而土崩瓦解的东北亚所不具备的因素。

另一方面，提出和平共处五项原则并主导了万隆会议、似乎成为亚洲团结之核心的中国与印度，随后因领土问题等产生对立，并于1962年爆发了大规模的武装冲突。而中国更是在赫鲁晓夫对斯大林进行批判后冷淡了与苏联的关系，60年代后中苏对立已公之于世（参照毛里［1989］等）。中国在与苏联进行激烈论战的同时，对外政策也急速向重视解放斗争的激进路线倾斜。中苏对立也波及亚洲，两国围绕扩大影响力的竞争使得亚洲局势进一步复杂。

1955年前后因冷战与新兴独立国家的团结而看似形成某种秩序的亚洲转向了东北亚继续冷战、东南亚再次频出战乱的局势。在后者中，去殖民地化的动力是主要动因，而中国意识形态的激进化则加速了这一态势。这种政治紧张状态在1965年达到顶峰，并成为战后亚洲的转折点。

三、"转型的十年"（1965—1975年）

（一）作为转折点的1965年

正如前述，战后亚洲发生的显著变化是世界其他地区无法比拟的。而其中，从充满政治能量的"政治时代"转向全面发展与经济增长的"经济时代"的显著变化可谓战后亚洲最大的特征。而从"政治时代"向"经济时代"的转型是何时及以何种形式产生的呢？从本章所使用的国际政治史的视角分析，这就是在1965年到1975

年"转型的十年"中产生并形成的。"9·30"事件（1965年）、中美和解（1971年）、"西贡陷落"（1975年）是这一时期的主要事件，而本章更将1965年作为重要转折点（末廣［1992］）。1965年中尤其重要的转机是10月1日凌晨印度尼西亚发生的未遂军事政变，即"9·30"事件。之所以将这一事件作为战后亚洲的转折点，是因为这对当时亚洲的紧迫局势带来了决定性的一击。

1955年前后冷战的"正式化"及新兴独立国家在万隆会议上的团结似乎已经形成了一定的亚洲秩序，由于东南亚去殖民地化运动的发展以及中国的激进化，导致了局势转向紧张。美国开始正式军事干涉越南，英国等英联邦国家与苏加诺的印度尼西亚对峙而产生马来西亚冲突，进而是中苏对立等，60年代中期的亚洲在冷战、反殖民地化、社会主义国家间对立等事态的交错中向前发展。

这一时期中国在中苏论战中将苏联批判为修正主义者，对外关系转向强调阶级斗争的激进路线，在"文化大革命"日益临近之际，激进的程度愈演愈烈。同时，苏加诺领导下的印度尼西亚将英国重组马来西亚与新加坡视为新殖民主义的"阴谋"而提出"粉碎马来西亚"的口号，还不打算止步于此，更是将世界看作"既存势力"与"新兴势力"的决战，并在1965年1月以联合国属于"既存势力"为由退出了联合国。对于都提倡激进的世界观并因此在国际上孤立的中国与印度尼西亚双方而言，对方都是最为合适的伙伴，换而言之，这也是中国推崇的"革命"与苏加诺追求的"独立"的联合体。

1965年6月预定在阿尔及利亚召开的第二次亚非会议对中国和印尼两国而言本应是极其重要的国际舞台。但是，在计划于第一次亚非会议即万隆会议后召开的这次会议与10年前相比截然不同，成了将亚非国家一分为二的意识形态对立的舞台。参加会议的国家反映了中苏对立及中印冲突的现实，分裂为与苏联保持一致主张"和平共处"的印度、埃及等国和坚持贯彻反帝反殖民主义主张的中国、印度尼西亚等国，双方围绕着会议主导权进行了激烈的争夺。

特别是对于中国而言，最重要的就是通过与印尼联手掌握会议的主导权。试图通过会议明确批判"美帝国主义"牵制美国对越南的军事干涉，打破 SEATO 等对中国的包围网。另一方面，沿着这一方向计划将亚非会议变为常设组织并进一步组织化，以此与只认可美苏"两大阵营"的苏联相抗衡，将中国当时主张的国际斗争核心问题的"中间地带"具体化，以在中苏论战中处于优势。

而在印度尼西亚，印度尼西亚共产党在苏加诺的庇护下发展壮大为非社会主义阵营中最大的共产党。苏加诺的真实意图是通过对共产党的支持来抑制羽翼渐丰的陆军，但已经出现了如果年迈的苏加诺去世，国家规模上可称为"东南亚超级大国"的印度尼西亚可能由共产党势力控制政权的情况。如果这成为现实，东南亚在北方的中国与南方的印度尼西亚的夹击下，共产主义会像多米诺骨牌般席卷这一地区，"多米诺骨牌理论"恐怕也不再仅是纸上谈兵的问题了。

在中国和印尼的南北夹击下，美国在越南、英国在马来西亚冲突中进行着战争。在越南，美国正式开始轰炸北越并向南越派遣了地面部队，试图将以前在南越与共产主义势力开展的游击战发展为包括北越在内的全面战争。东南亚局势出现了扑朔迷离的紧迫局面。

但是，两场未遂的军事政变打断了这一紧张局势的进程。首先是 1965 年 6 月在第二次亚非会议召开前夕，主办国阿尔及利亚爆发了军事政变。会议被迫延期，最终未能召开。这对中国和印尼都是一个沉重的打击。而在同年秋天，"9·30"事件则导致了苏加诺政权自身的垮台。

"9·30"事件中，印度尼西亚陆军内部的左派组织起义杀害了陆军首脑，尽管宣布控制了实权，但最终遭到了在袭击中幸免的苏哈托中将的镇压（起义部队自称"9 月 30 日运动"，因此被称为"9·30"事件）。控制了治安局势的苏哈托随即解散了被认为在幕后支持起义部队的印度尼西亚共产党（在这个过程中据称多达 60 万人遭到了屠杀），并进而逼迫苏加诺下台，苏哈托本人则接任了总统一职（参照白石［1997］等）。

长期以来，一直存在着这两场军事政变背后都有英美为首的境外势力插手的"阴谋说"。反过来看，这些"阴谋说"也体现了这两场军事政变，特别是"9·30"事件对其后亚洲发展趋势的影响之大。

以"9·30"事件为契机，苏哈托等陆军掌握了实权，印度尼西亚共产党解体，不久后奉行反共与发展路线的苏哈托新体制得以建立。正是因为身处东南亚核心位置的印度尼西亚发生的这一重大转变，才使日后以印度尼西亚为盟主、提出反共立场的地区组织——东盟（1967 年）的建立成为可能。由此带来的这一地区的"稳定"，成为以发展与经济增长为最优先议题的政治发展体制得以推广的政治基础（参照山影［1991］等）。

如果变换一个角度，这也意味着战后亚洲的"独立"与"革命"开始分道扬镳。战后亚洲的共产主义通过与将从殖民统治下获得独立视为首要目标的浪潮结合，才在亚洲获得了强大且稳固的立足点。但是随着去殖民地化的进展，当实质上已获得了"独立"，失去了"独立"这一立足点的"革命"就开始走向迷茫混乱及衰退。"夺回"西伊里安而统一了原荷兰殖民地、理应实现了印度尼西亚"独立"的苏加诺，却追求完成"进一步的独立"以及与之相随的"革命"，将英国的"新殖民主义"和全世界的"既存势力"作为斗争对手，但最后以失败告终，这一过程颇具象征性的意义。

（二）从中美和解到攻陷西贡

1965 年也是美国军事介入导致越南战争全面升级的一年，越南战争的进展让美国痛感"革命"与"独立"结合时的强韧和对美国"冷战"逻辑的打击。这一年投入到越南战场的美军超过了 18 万人，最多时达到了 54 万人。即使如此也无法改变形势的苦境，也是促使美国走上"转型的十年"的第二个焦点即中美和解之路的重要原因。

"亚洲冷战"实质上就是中美冷战。因此或许可以说 1971 年 7 月美国总统安全事务特别助理基辛格秘密访华开启的中美和解意味着亚洲冷战的结束。特别是以秘密访华这一戏剧性方法实现的中美和解，将冷战下的中美苏三角关系变为中美抗衡苏联的双等边三角关系，很多研究都将这一事件看作中美联手打造的外交伟业。特别是对中美"越顶外交"感受强烈的日本，这种认识倾向更为明显（参照增田［2006］）。

但是中美和解最为本质性的意义却在于，这是中美之间达成的某种"交易"。即疲于越南战争的美国放弃了对"冷战"的追求，而净化意识形态并同时与美苏两个超级大国为敌的中国也因难以承受如此重负而不再追求"革命"。

美国在亚洲的冷战战略的核心是拒不承认共产党领导的中国的顽固态度。不仅仅是与中国敌对，美国政策中的"中国"必须是逃到台湾岛的国民党当局。但是在担心越南成为共产主义多米诺骨牌第一张牌而进行干涉时，尽管最多时曾投入了 54 万兵力，事态的发展却只是愈发混乱，并且明显消耗了美国的国力。

对于取代因越南战争陷入僵局而竞选连任失败的约翰逊而出任美国总统的尼克松而言，从越南脱身是最优先的问题。尼克松、基辛格与中国接近最大的目的之一就在于此。为了从越南战争的泥潭中脱身，就需要借助以往遏制的对象——中国的影响力。随之而来的是承认昔日始终拒绝承认的共产党执政下的中国，这种判断正是要放弃长期追求的"冷战"。

另一方面，中国在 20 世纪 50 年代中期采取"和平共处"路线，在万隆会议和提出和平共处五项原则问题上发挥了重要作用。但是从 60 年代开始，随着中苏论战及中国国内政治的变化，激进姿态日益增强。60 年代后半期发动"文化大革命"更是加剧了这一倾向。

在继续与美国的敌对关系的同时,中苏对立也日益加剧。进入70年代后,事态已发展到毛泽东等中国领导人开始担心苏联将对中国发动军事进攻的地步。寻求对美关系的突破以缓和来自苏联的沉重压力,这是中国决策层的决断。对于战后一贯支持亚洲各地的革命运动并批判苏联"修正主义者"的中国而言,这意味着实际上放弃了追求"革命"的路线。

中美分别放弃"革命"与"冷战"后的20世纪70年代初的亚洲,同时也是如苏加诺般以"独立"为终生使命的领导人以及作为这些"独立英雄"存在前提的英国等殖民主义势力一同消失的亚洲。总而言之,这意味着"革命还是冷战""是否独立"等"大政治"从亚洲销声匿迹。而决定国家何去何从的"大政治"在亚洲的消失正是70年代开始遍及亚洲的"发展时代"的政治基础。

而"转型的十年"中第三个焦点,即攻陷西贡及越南战争的结束有何意义？美国正是相信南越的败北将是共产主义席卷亚洲的多米诺骨牌的第一张,才将军力投入到远隔大洋的亚洲。但是西贡被攻陷之后,现实中发生的却是与共产主义多米诺骨牌论相反的现象,即攻陷西贡并应获得胜利的越南与中国之间爆发了战争(中越战争,1979年)。从统一后的越南向中国支持的柬埔寨波尔布特政权发动侵略并建立了亲越南的新政权,以及随后中国对此进行的"惩罚"战争中,很难发现以往中苏论战等社会主义国家间对立时的意识形态争论的色彩。攻陷西贡并没有导致共产主义多米诺骨牌现象的出现,反而带来了社会主义国家间的战争这一逆向发展的事态。这或许象征着通过与追求独立浪潮结合而拥有活力和正当性的亚洲共产主义意识形态已开始失去其有效性。

但是,攻陷西贡更深层的意义在于,这意味着在亚洲,"追求独立"压倒一切的时代已经"终结"。去殖民地化的巨大能量是导致战后亚洲国际政治不断变化的原因。如果"独立"没有实现才会成为压倒一切的课题,但是,独立总会实现。实现"独立"后将要面对的是实质性的国家建设这一另一领域的问题。直到攻陷西贡为止，北越似乎得到了很多来自世界的某种敬意，并因此大放异彩，但实现统一后，却陷入了长期的低迷与困境，这如实反映了实现"独立"前后的问题性质是如此的大相径庭。可以说，在西贡被攻陷后，带有独立斗争色彩的大规模战争从亚洲消失，这也是"转型的十年"中最后发生的攻陷西贡的历史意义。

1965年至1975年这一"转型的十年"前后，亚洲的潮流截然不同。在"转型的十年"开始期的60年代中期的亚洲，反殖民地运动的发展、中苏论战及中国的激进化、美国军事干涉越南的冷战思维并行发展。而到了"转型的十年"结束期的70年代中期，出现了"大政治"终结以及以此为政治前提的发展潮流波及亚洲的迹象。1976年，长期领导中国的毛泽东及周恩来相继去世，经过短暂的权力博弈后，中国在新的实力派领导人邓小平的领导下推行改革开放政策，成为亚洲从"政治的时代"转型为"经济的时代"最后但是决定性的一步。

在亚洲的这一转型期中，日本也发挥了不可或缺的作用（参照波多野［2004］等）。日美两国同额出资的亚洲开发银行（ADB）的创设、日本主办的东南亚发展部长级会议（与前者同为1966年）等，日本引导亚洲走向发展与经济增长的努力从20世纪60年代后步入正轨。其中最重要的意义在于，当苏加诺体制瓦解后的印度尼西亚、开始实行改革开放政策的中国等在亚洲秩序中举足轻重的国家临近转折点时，日本通过庞大的援助，为"从政治转向经济"成为不可逆转的潮流做出了贡献。如果联想到战后日本对外援助中位居首位与第二位的印度尼西亚与中国正是过去亚洲激进左翼力量的核心，那么日本所发挥的作用之政治意义就不言自明了。

经济增长与发展的亚洲是日本战后一贯希望看到的亚洲，但在昔日因冷战与民族主义造成分裂的亚洲，却没有实现这一希望的余地。导致变化的转型期对于日本而言，正是实现日本自身希望且有可能参与的亚洲的绝好时机,而随后的事态发展也将日本和发展与经济增长的亚洲紧密结合了起来。

结　语

本章所述"转型的十年"即1965年至1975年转型期过后的亚洲,开始了以发展与经济增长为特征并持续至今的历史进程。当然,并不是政治对立关系已不复存在。长期形成的作为亚洲冷战中心的中美对立以及越南战争等火种尽管已经消失殆尽,但随后苏联以及与之对抗的中美日疑似同盟之间的紧张关系却取而代之成为新的对立核心,这一对立在柬埔寨燃起了战火(参照若月［2006］等)。

如前所述,统一后的越南入侵中国支持的邻国柬埔寨,推翻了波尔布特政权,建立了亲越政权,但波尔布特派仍逃至柬泰边境继续抵抗。由此柬埔寨内战变成了支持亲越政权的越南、苏联与支持以波尔布特为首的抵抗越南联合阵线的中国及日美等西方国家之间对立的舞台。

但是,与以往中美对立及越南战争相比,在影响地区秩序的意义上,柬埔寨战争的影响是相当有限的。而亚洲的整体基调则是作为政治基础的中日美针对苏联的疑似同盟以及疑似同盟下日益稳定的发展与经济增长潮流(参照田中明彦［2007］等)。1979年12月,在出访中国的大平正芳首相与中国达成第一次对华日元贷款的协议后不久,苏联军事入侵阿富汗。这两个事件使80年代美苏新冷战的开始与亚洲发展及经济增长浪潮的加速趋势形成了鲜明的对照。

从长远看,其后发生的中国1989年政治风波及苏联解体(1991年)等重大政治事件也没有阻止发展与经济增长的大潮。同时,本章将战后亚洲以10年为一时间刻度划分阶段的方法如果也沿用到1975年之后,则1985年的"广场协议"、稍有拖后的1997年亚洲货币危机或许也可作为某种划分阶段的事件。"广场协议"带来的日元急速升值一举加速了日本企业走向亚洲，日本与亚洲的经济相互依存关系进一步密切。这一时期也可谓日本国力与在亚洲存在感的顶峰。

其后，1997年亚洲货币危机冲击了20世纪90年代持续低迷的日本经济及在其他地区仍持续增长的亚洲经济。泰国、韩国遭受了重大打击，但受到打击尤其沉重的则是在印度尼西亚已执政三十余年的苏哈托政权的垮台。以发展与反共为政权维持基础实现长期执政的苏哈托政权，在应被称为全球化之派生物的货币危机的打击下画上了句号。

另一方面是，也由于不断增加的对亚洲货币危机中国际货币基金组织应对的不满与批评，亚洲货币危机成为亚洲地区货币互惠信贷协议等能动性地区一体化框架大力发展的契机。近来的热门话题"亚洲共同体"，实际上是在地区内经济的实质性一体化进展的面前政治上被动应对这一现实的表现。

这种经济背景的另一方面是，苏联解体后，中日美的疑似同盟因敌对力量的消失而失去了联系的纽带。取而代之的是1996年中国大陆对台湾地区"领导人选举"的军事威慑、美国对此的牵制等事件所显露出的中国与日美之间的潜在紧张关系。

亚洲的经济一体化日渐加强，与此相比，政治特别是安全领域尽管也在不断摸索，但依然不能说正在构建稳定的秩序框架。这种政治与经济之间的"偏离"能否被限制在潜在阶段，正是展望21世纪亚洲秩序的关键。从稳定的国际秩序至今仍未确立的意义上，在亚洲，"历史的终结"还远未到来。

第九章 冷战后的国际政治

岩间阳子[*]

常言道:"将军们总是准备打最后的战争。"(Generals are always preparing to fight the last war.) 国际政治学者也是通过对现在及过去进行说明来预测将来的。冷战结束后直至今日,国际政治经历了若干阶段,每个阶段都不断进行着理论论战。本文将从冷战结束后的论战中选取若干主要内容予以论述。

其中之一是如何评价过去半个世纪以来欧洲一体化进程带来的欧洲和平,重新统一的德国会成为什么样的大国,对欧洲国际关系将产生什么影响。围绕这一系列问题的论战是冷战中持续进行的所谓新现实主义与新理想主义论战的延续,对冷战为何形成"长期和平"(long peace)的理解直接关系到对冷战后欧洲秩序构造的预测。

随着冷战的结束,以往东西方阵营的框架不复存在,国际关系真正扩展到了全球范围。在相互依存加深的影响下,20世纪90年代后全球化理论与全球治理理论相继出现,并在瞬间成为重要的研究领域。在这些理论中,聚集了从20世纪70年代以来以制度论支持者为中心,重视国际制度并认为世界即使不是一极(霸权)、两极而是多极结构,都有可能出现一定程度的合作机制的众多理想主义学

---

[*] 政策研究大学院大学副教授。

派的学者。

冷战结束后第一次国际危机是萨达姆·侯赛因的伊拉克入侵科威特以及以美国为首的多国部队的反攻。长期以来由于美苏对立，联合国安理会功能严重受限，因这次战争的成功，联合国的行动在一时间被寄予了很高的期待。但是，不久后联合国在介入民族冲突中其军事能力的不足显而易见，对联合国的过度期待也随之退潮。尽管如此，联合国承担的和平行动的种类与数量日渐增多，对此展开的研究也随之增加。在联合国功能多样化的同时，世界政治中的行为体的多样性也在增加，其中被称为"公民社会"（civil society）的行为体受到了特别的关注。

新旧世纪交替之际有一股学术力量急速增长，即将国际政治评价为美国的单极体系，指出美国的"帝国"性质。当然这种认识既包含了肯定性评价，也不乏否定性的评价。肯定意见可追溯到冷战结束，将冷战的胜因归结于美国与西方的体制及原理，并期待其成为世界上唯一的真理。但是在现实中，2001年"9·11"事件后，这些期待受到了挑战。

美国价值观与欧洲价值观之间体现了何种程度的同质性，对这一问题的回答与美欧关系的进展同步发展，"9·11"事件后强调价值观同质性的倾向强烈，但2003年伊拉克战争开始后，强调差异性的意见却在增加。在伊拉克显示出压倒性军事优势的美国，却没有能够在战后的伊拉克建立有效的管理，面对这一结果，出现了将这场战争视为战争全新时代之起点的观点。在这种观点底层涌动的就是上述治理理论。下文将依序对这一研究方向的代表性成果进行论述。

一、德国的统一与欧洲

欧洲冷战的结束充满了戏剧性。东欧各国的共产党政权相继垮台，民主政府取而代之。戈尔巴乔夫放弃了所谓的"勃列日涅夫主义"（有限主权论），西方各国最初并没有相信这一点，但1989年春天后东欧各国的内政变动如雪崩般加速，其分水岭就是这一年11月9日柏林墙的倒塌。在过往的数个世纪中，如何处理德国问题始终是欧洲实力均衡最为关注的核心问题之一，甚至有些观点认为均势理论正是围绕这个国家与欧洲之战争与和平而发展的。因此，德国从两个变为一个，很可能会成为从根本上改变欧洲大陆均势的事件。

新现实主义者认为，冷战由于其两极体制而成为非常稳定的体系。对于他们而言，德国统一当然会动摇欧洲的均势，并将导致欧洲国际关系的不稳定化。对于冷战结束将给欧洲带来和平与繁荣这一普遍性的期待，米尔斯海默提出了相反的意见，认为多极化的欧洲与1945—1990年相比，发生显著性危机的危险将会增加（Mearsheimer［1990］，Waltz［1993］）。米尔斯海默预言，最有可能的情况就是随着两个超级大国一同撤出欧洲，欧洲大陆将出现多极体系，而美苏核武器撤出欧洲将会导致核武器带来的稳定化失去作用，从而使欧洲愈发不稳。

米尔斯海默随即提出忠告，为了使不稳定的欧洲变得稳定，美国应承认欧洲有限的核扩散，特别是德国可以拥有有限和安全的核威慑力，并必须防止欧洲重现以往的过度的民族主义。如果不如此行事，一旦处理不慎，欧洲将会回到20世纪前半期的时代。如果完全听从米尔斯海默的建议，尽管欧洲会出现比1945—1990年危险的状况，但肯定比1900—1945年的时代要好。最坏的结局就是没有核武装且势力并不均衡的欧洲，这样的欧洲存在着与1945年以前相同程度危险的可能性。他认为最为理想的就是核扩散在极为限定的范围内进行，如有可能只让德国成为新的核国家。

对于预测冷战结束后欧洲仍将继续和平的自由主义制度论者的观点，米尔斯海默认为第二次世界大战后欧洲的和平是因为存在着苏联这一共同威胁，并且作为霸权性的大国，美国为了不使欧洲各国相互成为威胁而通过北约进行监视的结果。他还认为"民主主义和平论"并不值得充分信任。

在下一期的杂志上，斯坦利·霍夫曼（Stanley Hoffmann）对米尔斯海默的这篇论文进行了批评，称其为对"历史的误读或不做读解"，是"中等水平的理论与低水平的分析相结合"。霍夫曼认为，在东欧也许会出现民族主义和有限的武力冲突，但由于欧共体的存在与制度将影响国家的目标与期待，米尔斯海默的预言不会实现。基欧汉也批评米尔斯海默过于轻视国际制度在欧洲的影响力。但是，米尔斯海默坚持认为欧共体的成功正是在冷战的"温室"中方才实现，冷战结束后，欧共体也将日渐弱化（Hoffmann et al.［1990］，Russett［1990］）。

米尔斯海默在其后 2001 年出版的著作中仍然坚持这一逻辑（Mearsheimer［2001］）。这本书同时将欧洲与东北亚作为分析对象，并认为不断发展的中国在 21 世纪初将成为美国最大的潜在威胁。在其他的场合，他主张也应让印度拥有核武器，拥有核武器后的民主主义国家印度对于建立遏制中国的联盟是必不可少的（Mearsheimer［2000］）。尽管新现实主义者对于国家原本具备的性质的理解有所不同，但均认为即使是在 21 世纪，只要国家仍然是国际关系中的主要且最重要的行为体，国际关系的无政府性质没有改变，国家追求的最重要目标仍将是安全，而在这种状况中，可控状态下的核武器扩散反而会起到稳定化的作用（Walt［2005］，Snyder［2002］，Waltz［2000］）。

二、欧盟及北约东扩

但 20 世纪 90 年代的欧洲局势却未必证实了米尔斯海默的主张。当然，米尔斯海默认为欧洲尽管历经曲折却保持了和平是由于美国继续保持了在欧洲的驻军（Mearsheimer［2001］）。但是，在欧盟及北约扩大的地区并没有发生冲突。德国也没有成为核国家，没有在欧洲称霸。以往的欧共体变身为欧盟，并通过向东欧的扩展而扩大了秩序稳定的地区。整体而言，至少在欧洲的大部分地区，冷战中制定的制度在冷战后仍继续发挥作用，并带来了和平与稳定（Ruggie［1996］，Ikenberry［2001］，Clark［2001］）。

德国没有再次成为改变现状的国家，对于这一问题也有各种各样的研究。其中有的研究重视欧盟、北约等国际制度所发挥的作用（Miskimmon［2007］），另外，除了重视德国内政上的限制（Dyson［2008］）外，更有众多研究重视德国人对外部世界的认识、对自我定位的认识以及身份认同的变化等（Berger［1998］，Duffield［1998］，Haar［1998］，Longhurst［2004］）。这些研究与制度论一同作为被广泛称为建构主义的观点，在20世纪90年代汇集成了新的理论潮流（Wendt［1992］［1999］，Katzenstein［1996］，Adler［2003］［2005］）。以往的现实主义、理想主义都认为可以客观地界定国家利益，与此相比，建构主义学派主张国家利益本身就是由社会构成的观念，并在很大程度上被其社会规范、价值观以及经验所左右。因此，现实主义的观点是日本、德国当然会从其国家利益出发谋求成为核国家，但建构主义则认为，就现实而言，日本、德国因对其国家性质的自我认识，未必会将成为核国家作为政策目标。当然，认识会在与现实的不断相互作用中持续变化，不会是一成不变的。日本、德国也存在着国民对核武器认识发生变化的可能性。相对于周边多为友好国家及盟国，并被置于多层制度中的德国而言，置身于比较松散的制度之中，且周边国家的潜在威胁转变为现实威胁的可能性更高的日本，这种认识变化的可能性更大。

在欧共体、欧盟地区和平得以维持的问题上，一部分研究者认为这说明昔日的权力政治至少在这一领域已欠妥当，而形成了新型关系。罗伯特·库珀（Robert Cooper）、田中明彦等从这一视角进行了分析（Cooper［1996，2000］［2003］，田中［1996］）。他们分析的共同之处在于没有将国家主权视为绝对，而将其视为产生于欧洲的"现代"所特有的现象。无论是现代以前，还是现代以后（库珀所称的"后现代"，田中所称的"新的中世纪"），国家主权都不是绝对性的存在，每个人的归属意识存在于各种层面，世界政治中的行为主体也多种多样。后冷战时代里，一方面欧盟等国际组织、跨国企业、出于各种动机的非政府组织（NGO，从这一时期开始被称为"公民社会"）活动活跃，这些行为体与相互依存、世界政治的稳定并无矛盾。但另一方面，也出现了民族、恐怖主义集团等有可能导致发生与以往国家间冲突不同类型的冲突的行为体。

针对这种现象，一方面出现了努力加深理解"主权"观念的性质及作用的研究（Krasner［1999］［2001］），另一方面也出现了重新审视多层性世界政治现实的动向。这些研究者中的很多人都在20世纪70年代以来不断深化的相互依存理论、制度论的基础上探讨全球化及全球治理理论（Ruggie［1998］，Clark［1999］，渡辺、土山［2001］）。基欧汉将治理定义为"引导、限制某集团集体性行动的正式和非正式的过程与制度"（Keohane［2002］）。远藤则将全球治理定义为"对跨境问题群的管控"，由于既存的政府、市场对这些问题的处理失败，因此需要不同形式的管控（遠藤［2008b］）。冷战结束后，以往东西阵营间的壁垒被打破，在经济全球化的同时，环境问题、恐怖主义、大规模杀伤性武器扩散等全球性问题也随之出现，这些问题也普遍加强了上述意识（Commission on Global Governance［1995］，Harris and Yunker［1999］，内田、川原［2004］，緒方、半澤［2007］）。

三、南斯拉夫冲突、民族冲突、人道主义干涉

后冷战时期欧洲大陆最初的冲突，发生在没有参与战后欧洲同盟制度且当时也不认为有必要加入同盟的南斯拉夫。这场冲突辜负了众多自由主义制度论学者的期待，各种大大小小的国际制度对于冲突的解决完全没有发挥作用。联合国、欧共体、欧洲安全与合作组织（CSCE）等别说充当和平的调停者，连在防止人道主义悲剧方面也一无斩获。在索马里与波斯尼亚和平行动的"失败"导致了联

合国的权威数年间无法重整旗鼓。

由于联合国在冷战结束后的第一场危机海湾战争中（第一次伊拉克战争）被乔治·H. W. 布什政权有效利用，对其成为新世界秩序核心制度的期待感高涨。布什总统在1991年3月6日国会演说中提及"世界新秩序"的可能性时曾如此表述："联合国从冷战时期的掣肘中得到解放，新的世界将是实现联合国创始者们历史远见的世界，是所有国家都尊重自由与人权的世界。"（Bush［1991］，Chesterman［2001］）

但是，与众多自由主义制度论学者的期待相反，联合国对在巴尔干及非洲扩散的民族冲突束手无策。曾发表《和平的问题》，并寻求联合国具备从预防外交到缔造和平、维持和平、建设和平等一系列能力的联合国秘书长加利在2年后发表了《和平的问题补遗》，表示必须明确"当事者的一致、不偏不倚以及除自卫外不行使武力"的原则（Boutros-Ghali［1992］［1995］，岩间［2003］）。特别使联合权威严重受损的是1993年10月导致18名美军士兵丧生的联合国索马里第二阶段行动（UNOSOM II）、1994年春夏之际发生在卢旺达的大屠杀事件，以及1995年7月波黑的斯雷布列尼察地区被攻陷后发生的大量屠杀穆斯林居民的事件。联合国分别在波黑及卢旺达部署了UNPROFOR、UNAMIR的联合国部队，但给予他们的授权及装备、人员数量等都远不足以防止事件的发生。

联合国未能发挥充分的作用，只能说这最终反映了联合国不是世界政府，由于政策如果不能在最低限度的5个常任理事国间达成一致将无法行动，实际可能采取行动的情况必将是有限的。20世纪90年代中期到后期，在美国的强力领导下，以北约各国为核心的国家承担着巴尔干半岛稳定化与构建和平的活动。在波黑及科索沃，美军让世界看到了90年代不断发展的精确制导武器的空中打击能力，并结束了冲突。以遏制与防卫北约地区为主要任务的北约从此时起转变为以"非第五条任务"（《北大西洋公约》第五条以外的任务）为中心的组织（岩間［2004b］［2007］，廣瀬［2006］）。在欧洲，波斯尼亚的失败以及科索沃问题上所体现出的与美国军事能力的巨大差距，促进了欧盟、北约、欧安组织（OSCE）等地区组织的改善与运用上的灵活性以及对自身军事建设方向的再探讨，从而在阿富汗、伊拉克危机后形成了欧洲独自的安全观（吉崎［2007］，廣瀬［2005］，佐瀬［2005］［2004a］［2004b］）。

更广泛而言，在伴随着强制力的冲突介入中，逐步确立了由联合国安理会赋予权威，由某一主要发达国家为核心进行实际军事作战的方式（Brahimi［2000］，神余［1995］，Durch［2001］）。其结果就是人们认识到，有必要不以某个组织为主体，而是根据问题的性质，将必要的行为体集合在一起考虑如何对问题进行"治理"。"跨境问题群"本身不会消失，如果遇到这一问题群的国家无法单独应对或无法完全单独解决，就必须考虑由其他行为体或行为体群予以解决（遠藤［2008b］）。20世纪90年代末唯一"成功"的国际干涉，就是在南斯拉夫科索沃地区的"人道主义干涉"。由于俄罗斯、中国的反对，这一干涉没有通过联合国安理会决议而以北约军队为核心实施。关于人道主义干涉的问题，存在着各种见解，有的从传统的国家主权及不干涉内政的角度出发持否定态度，有的则认为在发生深刻严重的人道问题且该国缺乏保护国民的能力时，"国际社会"有干涉的"义务"，因此至今人道主义干涉的是非曲直问题仍未解决（ICISS［2001］，最上［2001］）。

冷战后，像上述因国家自身没有解决意志或能力而发生的安全问题不断增加。问题的根源在于美苏两大国对势力范围的争夺消失后，被放弃地区的"国家"中发生内战等导致政府职能瓦解，使无秩序、无政府状态的所谓"失败国家"（failed state）增加。如何在这些地区构架和平与建设国家的问题成为21世纪和平研究的主流（篠田［2003］，Chesterman［2004］，Fukuyama［2004］［2006］，Dobbins［2007］）。

在以往不仅对行使武力，就连向海外派遣自卫队也持否定态度的日本国内，按照以往宪法解释，在不包含行使武力内容的活动、传统的联合国维和行动（PKO）中的一部分行动以及构建和平或预防外交等领域也可以做出的"国际贡献"得到了肯定。以因柬埔寨维和行动而获得了国民某种程度信任的自卫队参加和平行动为前提，关于自卫队如何进行"国际贡献"的研究在日本国内十分活跃。在这方面，为了重振在海湾战争中因被揶揄为"支票外交"而"失败"的日本外交，首先在非军事领域通过联合国等贡献人力资源十分重要这一思维发挥了作用。由此在参加过柬埔寨维和行动后，出现了各种探讨日本国际贡献之可能性的研究（納家［2003］，山田［2003］，稲田［2004］，篠田［2005］）。但是，针对这些行动，与《日本国宪法》第九条相关而主张对自卫队可能的军事行动进行限制的"与行使武力一体化"论也不乏支持者，围绕这一问题的论战也十分活跃（佐瀬［2001］，浅井［2002］，豊下［2007］，村瀬［2007］）。

四、美国的"胜利"与帝国

在20世纪90年代中期后的国际和平行动中，伴随着行使武力的和平行动或恢复和平行动，与冲突后和平构建及国家建设走上了不同的道路。当时欧洲人曾自嘲"美国人轰炸，我们重建"，在从20世纪90年代中期到后期解决巴尔干半岛冲突的问题上，大致就采取了这种模式。1995年以美军为中心的北约军队在波黑地区的空袭使塞尔维亚实力尽失，并缔结了《代顿和平协定》（Dayton Agreement）。其后的IFOR（特别行动执行部队）及SFOR（稳定部队）尽管也有相当数量的美军，但都被视为是北约的行动，随着形势的平静，欧洲逐步担任了主角。波斯尼亚的维和部队于2004年12月由欧盟接任（EUPOR）（渡邊［2008a］，Ramet［1999］［2005］）。

以精确制导武器为中心的美军军事变革的先进性与欧洲盟国之间的"能力代差"（capability gap）从海湾战争起即已明朗。1999年干涉科索沃的战争中，空袭使这一点更加一目了然（吉崎［2007］）。由于90年代美国推动军事变革，而其他主要国家急速削减军费，当人们注意到时，美国已经成为世界上唯一的军事超级大国。与其他国家的军事差距不断拉大，使得美国一方面要求盟国增强军事实力与能力，另一方面却逐步显现了只依靠美军单独进行军事作战的偏好（岩间［2004a］）。

冷战胜利标志着美国价值观的优越性及普适性，这种认识原本在美国就占据统治地位，更有意识形态斗争在20世纪已经结束的主张（Fukuyama［1992］，Mandelbaum［2002］）。福山在《历史的终结》中指出，我们正在看到的"可能是历史自身的终结，人类意识形态进化到达的终点，作为人类政治最终形态的西欧自由民主主义走向普遍化"。20世纪90年代初，还存在着80年代经济萎靡不振带来的美国没落论的余音（Nye［1990］），但其后随着克林顿政权时期经济的恢复，国防预算也再次增加，美国的权力日益彰显，给世人以世界体系已成"单极"的印象。对此出现了众多的意见，有些认为如同罗马帝国曾君临天下或大英帝国统治七大洋一样，美国已成为今天的"帝国"，这些意见包括主张此乃帝国恩惠的肯定论与帝国成本终将成为美国重负的否定论（Ferguson［2004］，Odom and Dujarric［2004］，Gardner and Young［2005］，Katzenstein［2005］）。在日本也出现了将美国缔造的或试图缔造的国际体系视为"帝国"的研究（藤原［2002］，山本［2006］）。与此一脉相承的是，还出现了对昔日的"帝国"、大英帝国、第二次世界大战后美国"因受邀而形成的帝国"、"因一体化而形成的帝国"、从俄国到苏联的"帝国"等进行的研究（Ferguson［2003］，Lieven［2000］，Hardt and Negri［2000］，Lundestad［1986］［1989］）。

但很快亨廷顿就对世界将统一在美国价值观之下的观点提出了异议（Huntington［1996］［2000］）。他认为，世界并不会成为美国治下的一极世界，而将在历史上第一次出现世界政治多极化及多文明化的现象。他将世界分为七八个主要文明，认为世界政治将成为以文明为中心的政治，并将产生文明的冲突。其中，亨廷顿特别关注经济、人口都在不断发展的亚洲及伊斯兰圈，认为相对而言，西欧正在衰退。每个文明中都有核心国家，而在文明之间的断层线上则多发冲突。他极其关注伊斯兰与西欧文明之间的冲突，正如众多西方文化人士所言，这不是稳健的伊斯兰主义与原教旨主义性的伊斯兰主义之间的对立，而是伊斯兰文明与西欧基督教文明之间的对立。在亨廷顿看来，1979年至1989年的苏联与阿富汗的战争是这种文明观战争的第一次冲突，其次就是1991年的海湾战争。

西欧社会从20世纪70年代以后均在不同程度上尝试将多元主义与多文化主义作为构建社会的原理，但也并非一帆风顺，这一思维的反作用就是民族主义的再次高涨，排斥异文明具体而言就是强烈的排斥移民的趋向，这与亨廷顿的观点不谋而合。当然，与以往一样，相信文化可以共存的多文化主义者对亨廷顿的主张反应强烈。《文明的冲突》原本是《外交事务》1993年夏季号的一篇论文，但该杂志同年9月/10月号就刊登了众多批评的文章。在日本，亨廷顿的论文尽管带来了很大的冲击，但众多的评论者对此都是批判性的（青木、山内［1994］，佐久间［1999］，猪口［1999］，ハンチントン［2000］，三宅［2002］，野田［2004］）。

2001年9月11日，当被基地组织劫持的民航机撞入纽约世贸大厦之际，相信很多人都会浮想起亨廷顿提出的"文明冲突"的世界。但是，美国自身并没有视恐怖袭击为"文明的冲突"，而是世界性恐怖主义网络的挑战，并发动了甚至被比喻为"第三次世界大战"的"全球反恐战争"（GWOT）。第一场战争是针对当时为本·拉登及基地组织提供庇护的阿富汗塔利班政权的战争。以特种作战部队为中心的美国及其盟友借助北方联盟的力量，发动了日益高科技化的战争，并瞬间就推翻了塔利班政权，似乎取得了压倒性胜利。这场战争再次证明了美国的军事优势，并随着此后美国将对伊拉克开战的猜测日益增多,美国帝国论也越来越强。

对 GWOT 及美国单边主义最持异议和反感并始终表明这一态度的就是欧洲。2003 年伊拉克开战之际,被国防部长拉姆斯菲尔德称为"老欧洲"的德国、法国坚决反对开战,迫使美国在没有得到所希望的新的安理会决议的情况下就发动了战争。在这个过程中,罗伯特·卡根(Robert Kagan)批判欧洲生活在康德式的理想世界中,是失去了对军事安全的关心的非现实权力,引起了很大争议(Kagan[2003])。英国的布莱尔政权尽管支持战争,但国民之中反战情绪强烈,众多国民参加反战游行即证明了这一点。在同样支持美国的西班牙,马德里火车爆炸案发生之后不久,支持美国的阿斯纳尔首相在选举中败北,取而代之的是主张立即撤兵的萨帕特罗政权。美欧之间的摩擦加深,并且随着美国在伊拉克拙劣的占领行政导致军事胜利没有转化成政治胜利的局势明朗之后,美国文明丧失了以往的辉煌与软实力,进而出现了美国人强调欧洲价值观独特性的研究(Reid[2004],Kupchan[2002])。此外,美国内部也出现了很多对美国单边主义的批判及修正外交轨道的呼吁(Nye[2002][2004],Haass[2005])。

五、"新型战争"与 21 世纪的世界政治

18 世纪欧洲近现代化的开始与国际政治学的发展存在着密不可分的关系。现代化、产业化使得人类可以拥有的破坏力呈加速度增长之势。对自身所处环境拥有更强大的支配能力将直接关系到国家可以动员国民的潜力。18 世纪后,成功地转型为民族国家的各国,动用了各种正当化的理由,将国民强有力地凝聚在了一起。所谓的"国际社会",大部分都是作为这些人类集团之间的相互作用而展开的。在这些相互作用中,一个重要的表现形态就是战争。

在一方面,工业技术的进步提高了人们的生活水平,并提供了维持更多人口更好生活的方式。18 世纪的启蒙主义之后,通过对科

学技术的明智利用，可以创造更为富足、更为舒适的生存环境，这一某种意义上的进化论历史观支配了这些民族国家群的众多国民。但是工业技术的进步，也带来了武器破坏力的增加，而随着破坏力的增加，"战争"所具备的意义也不断变化。过去行使武力完全是外交正当手段之一，而今天除了有限的几种情况之外，已逐步被认为是违法之举，正是包括两次世界大战在内的多次破坏性战争的教训，以及国家对国民进行总动员投入战争给社会带来的惊人创痛，才导致了这种认识上的变化。20世纪后半期，人类掌握了可谓集科学技术进步之精华的核武器，也随之具有了可以抹杀人类自身的能力。即便如此，科学技术的进步必将解决世界上存在的各种问题这一信念仍然没有消失。

跨入21世纪之际，很多人，特别是美国人仍然坚信人类的未来就在于通过科学技术进步解决世界各种问题。正如RMA、变革等词语所体现的，一些人期待通过技术进步驯服战争这一毫无慈悲的生灵。"9·11"事件后，美国动用其世界最强的军事力进入阿富汗与伊拉克，认为可以将战争本应有的不确定性及危险性最小化，并取得了对这些国家军队的压倒性胜利。这似乎正是"美国独霸瞬间"的来临。

但是其后事态的发展却"辜负"了这种对技术与进步的信赖。无论在阿富汗还是在伊拉克，面对使用技术上可谓粗糙原始的武器装备的集团时，世界上技术最高、最强大的军队却付出了惨重的牺牲。在不存在国家这一治理机制的地域空间中，当要强制居民的意志时，以往的手段都没能提供解决的方法。有些学者专家将这种战争称为"新型战争"或"人与人之间的战争"，以严格区别于本国军队以往设定且接受训练以面对的战争（Kaldor［1999, 2006］, Smith［2006］）。

国际政治学作为对近现代民族国家间关系的研究领域得到了发展。这一侧面今后也不会消失，在此前提下，新现实主义者的分析仍将具有一定的说服力。但是，昔日这些核心国家通过科学技术力得以领先于"周边"国家，并可以将周边国家边缘化。而今天，在全球化不断发展的世界中，当身处边缘的集团使用一部分现代科学技术时，却可能对身处国际政治中心的近现代民族国家群产生深刻的影响。21世纪的"国际"政治学必须同时对这种关系进行研究。

第十章 近现代日本外交史

酒井哲哉[*]

引 言

日本外交史研究在日本国际政治学会的研究领域中占有特殊的地位。1956年创建的日本国际政治学会首先研究的课题就是对太平洋战争原因的分析。其成果就是1962—1963年出版的《走向太平洋战争之路》（日本国際政治学会太平洋戦争原因研究部［1962—63］）。众所周知，第一次世界大战的冲击促进了国际政治学的形成，太平洋战争则引导了战后日本国际政治学者对开战原因的探究。原本"战争与和平"在任何时代都是国际政治学最重要的主题，但至少在日本国际政治学会成立之初，这一主题并非一般性的问题，而是基于历史经验的存在主义性的问题。

问题的存在并不意味着对问题的回答方法只有一个。当时的社会科学研究中占据支配地位的研究范式是马克思主义，针对太平洋战争的研究也不例外（基于这一视角的战后初期代表性研究可参见歴史学研究会［1953—54］）。而《走向太平洋战争之路》采用的方法则是容易被马克思主义下层结构决定论所忽视的对开战决策过程

---

[*] 东京大学大学院综合文化研究科教授。

的实证性研究。在该书"后记"中,对研究方针进行了如下说明:"针对直至太平洋战争开战的日本对外关系的具体过程,特别是从其决策与实施的侧面确定正确的事实。"(着重符为原书所加)这很好地诠释了其研究目的。其中对"难免脱离事实的意识形态性历史观"的批判(角田[1963]492,491)就是针对马克思主义史学的。

"决策论"及"实证研究"可谓研究者的常识,从中解读研究者的政治立场,在今天看来是再普通不过的事情。但在当时保守与革新对立的知识界中,却未必如此。创建日本国际政治学会的核心人物神川彦松积极支持修改《日美安全保障条约》,与革新阵营的对抗姿态鲜明,这表明研究者不可能完全与论战的磁场绝缘。即使如此,也必须注意到,在当时的论战背景中,学者们均从各种立场认识到了"决策论"的重要性。1955年出版的远山茂树、今井清一、藤原彰的《昭和史》所引发的一系列所谓"昭和史论战"中提到的争论点之一,就是以立体理解决策为基础的政治史或政治过程论视角的重要性,在接受批评后,1959年修订出版的《昭和史(新版)》中,将捕捉"统治阶层内部各种动向"作为了修订的重点(篠原[1962],遠山等[1959]序言ⅱ)。《走向太平洋战争之路》开启了以决策之实证研究为中心的日本外交史研究的发展进程,确立了超越研究者政治立场的研究风格。

在日本国际政治学会创建50年后的今天,以战前时期为对象的日本外交史研究具有何种意义?对此的回答不可能是单纯的。原本,与创建时学会共同拥有太平洋战争经历的当时的现实不同,今天的情况则是,近现代日本外交史必须在细化为"近现代""日本""外交"与"史"的基础之上分别确定其意义及内容。后现代的影响也波及了历史研究,以近现代民族国家为前提设定问题的方法本身就遭到了质疑。另外,在社会科学中引进科学主义,也动摇了传统上重视历史与思想的人文主义研究方法的存在意义。

有鉴于此,在本章中,笔者将在以往研究的基础上,通过探讨近现代日本的国际秩序论，分析"近现代日本外交史"仍可被视为给予知识以刺激的学术领域的意义。此外，这里的"近现代"指从明治维新到太平洋战争结束的时期，也就是"战前期"。"近现代日本外交史"这一标题是编辑委员给予的任务，而将"近现代"的范围限定在战前期是为了与下一章"战后日本外交史"相区分。另外，直到最近人们都是按照"战前"和"战后"进行区分。这种思维本身就是"近现代外交史"重要的研究课题。同时，通过对近现代日本的国际秩序论的探讨，本章也尝试在历史经验的基础上对何为"日本的国际政治学"提出拙见。

一、代表性外交论的探讨

本文将首先探讨构建了近现代日本外交史研究基本框架的代表性外交论。任何研究都会触及的最具代表性的日本外交论是入江昭的《日本的外交》（入江昭［1966］）。根据入江的观点，明治维新以后的日本政府基本上以当时外交一般思维上的国家利益为基础，以现实主义外交为准则，而在野势力中则潜藏着以东洋与西洋之对立结构为依据的理想主义，这两种潮流的摩擦构成了日本外交的基调。政府追随欧美型的现实主义，而在野势力则带有亚洲主义性的理想主义，这种对立结构尽管也会给人以作者套用该书出版时（20世纪60年代）的保守与革新之对立构图来观测战前期之感，但重要的是，入江本人学术关注所在的威尔逊主义也成了研究日本外交的标准。也就是说，作者提出的日本政府的现实主义与在野势力的理想主义之结构，是与基于国家利益及均势的古典外交的现实主义和提倡普遍理念的威尔逊主义的理想主义这一结构相吻合的，并由此推论出日本外交中"没有思想"，这是极富深意的结论。日本外交的基调是不存在自己的思想，勉强可称为思想的"东西文明调和论"也只不过是肤浅且漠然的愿望。该书的写作目的是"通过对日本外交的思想背景进行研讨，以理解日本所处的国际地位"，但却得出了日本"无思想的外交"这一讽刺性的结论,更加强了学术深度。

对于入江提出的理论框架可以进行各种反驳。原本在外交中求"思想"只是海市蜃楼,外交史应仅限于将权力政治性的分析作为其对象,因此这种对入江的现实主义批判也可谓理所当然。另一方面,可能有反驳意见认为有必要对入江的"无思想的外交"的结论予以保留,而更应重视近现代日本的对外论中存在的各种"理想"。但是,笔者想强调的是,入江的分析从结果上看并没有质疑"欧洲古典外交"与"美国新外交"这一对立结构的普遍性,在这个意义上,如果进行逆向分析,则会发现入江的日本外交论与乔治·凯南等对美国外交的道德和法律方法之批判如出一辙。也就是说,看似这两者以理想主义与现实主义的形式对立,但其结构本身却颇为意外地十分相近。因此,如果调换了对入江理论框架的评价,则也可高度肯定对美国外交心理过度偏向中国持批判态度的吉田茂、清泽洌等日本的"现实主义者"(北冈[1984][1987])。

如果是这样,那么将近现代日本外交描绘为理想主义对现实主义之结构就可能存在局限性。重要的是,对"欧洲古典外交"与"美国新外交"这一对立结构的普遍性提出质疑,而将"古典外交"与"近现代日本外交"之间的分歧作为主题。这种质疑中最具价值的研究当属渡边昭夫的《近现代日本对外关系诸特征》一文(渡邉[1977])。这一论文尽管今天未必被很多人读过,但却是思考近现代日本外交时值得熟读深思的作品。

渡边将对外各种关系与国内各政治过程之间紧密的相互作用视为纵贯近现代日本史的持续性特征,并指出在这一历史时期对此特征认识最清醒的是陆羯南1893年出版的《国际论》。针对当时采取效仿欧美文化政策以与欧美进行不平等条约修约交涉的日本政府的方针,陆羯南将吞并领土等由国家进行的直接政治统治称为"狼吞",而将通过民间进行的资本、商品、文化输入而形成的间接影响力称为"蚕食",对于国民独立而言,比起前者,后者因不会造成露骨的侵略意识而成为危险所在。渡边认为，"如果按照现代的表述方式"，陆羯南的主张中包含着"由国家（政府）之外的行为体进行的各种跨国活动（transnational activities）成了国际关系中的重要现象"这一观点。

淋漓尽致地发挥了这种非国家行为主体跨境活动的就是从进军大陆到进行殖民地统治的日本在东亚的对外关系。渡边将东亚国际环境的特征总结为"脱离国家的国际关系"，描述了仅用以具备完善国家体制的行为体间相互关系为前提的正统外交概念难以全面捕捉的、非正式影响力与正式行动相互交错的日本在东亚的对外活动。渡边在引用英国学派代表性人物怀特的论文的同时（Wight［1996］），指出与欧洲内部协调及欧洲外的攫取殖民地竞争并存的西欧列强的均势机制不同，应注意到日本发展成为强国正是在将这些西方列强对外扩张这一大舞台作为直接环境而实现的。

渡边简明扼要但精彩地论述了古典外交与近现代日本外交的差异。在渡边看来，陆羯南的《国际论》最可体现近现代日本外交的这种特征。《国际论》实际上批判了第二次世界大战后不久即在国际政治学中处于支配地位的权力政治的国际政治观，并前瞻性地预见到了20世纪60年代后逐渐兴起的跨国关系理论。渡边的这一论断可谓独具慧眼。近现代日本的决策者们根据国家利益推行了现实主义外交，这一点毫无疑问。但是如果从这一点就认为近现代日本的国际秩序论，由现实主义者通常假设的固执于国家主权绝对性的议论所支配，恐也并不准确。与此相反，真实的情况是由于"脱离国家的国际关系"这一东亚国际环境的特性，"早熟性跨国主义"经常伴随着理想主义的口吻与帝国主义性质的外交实践不断结合、不断发展。先前提到的入江昭的观点将政府的现实主义与在野势力的理想主义置于对立位置，但两者比起对立更是互补性的，其中的理想主义常常会以"东西文明调和论""亚洲主义"等与威尔逊主义性的普遍主义所不同的形式表现出来。

原本入江昭与渡边两人优秀的外交理论就不是二律背反性的，可以认为这是以主权国家间的水平性关系为对象的"国际秩序"和以正式或非正式性的帝国内部关系为对象的垂直性"帝国秩序"的复层结构在不同形式上的反映。下文笔者将通过对这种多层结构是如何反映在近现代日本国际秩序论中的分析，探讨近现代日本外交史的运行框架。

二、文明、亚洲、帝国

在幕末通过开国进入西方国家体系的日本被迫采用了与传统华夷秩序观所不同的主权国家逻辑。除了现实政治性的判断，这也是伴随着改变国际秩序参照标准的文明史性质的转型。如同吉野作造经典研究《日本近代史中政治意识的产生》（1927年）（吉野［1995］）所指出的，幕府末期及明治维新对万国公法（国际法）的接受是在与儒教世界观中的"天理""天道"观念重合的同时，吸收如自然法则等普遍性规范观念的过程，这也正是现代政治意识的建立过程。即使如此，开国后面对欧美列强激烈竞争这一现实，日本领导人无法将国际社会理想化地描绘为由万国公法等普遍性道德所支配的场所。为此，正如入江昭所指出的，明治政府的领导人从现实主义立场将国际社会视为权力政治斗争的战场。

明治政府最大的外交课题是修正不平等条约，为此有必要使各国认可日本是"文明国家"。因此，明治政府非常注重让各国认识到日本是一个"文明国家"。吉野所重视的作为获得普遍性规范过程的"万国公法"，也通过被置换成剥离了自然法则色彩的更为实际的"国际法"一词，而被纳入了明治政府追求被承认为"文明国家"的对外活动中。其代表案例是对战时国际法的研究。在近现代日本，战争与日本对外地位的上升紧密相连。明治时期的国际法学者在承担促使军队遵守战时国际法这一职责的同时，也向海外展示了战争期间日本遵守国际法的能力。有贺长雄的《日清战役国际法论》

［1896］详细论述了甲午战争过程中日本方面如何遵守了战时国际法，该书在出版日文版之前首先在法国出版。在日文版的前言中如此写道："法国学士院高度评价本书为50年来之力作。"可见，得到法国学士院"50年来之力作"的肯定不仅是有贺个人的名誉，也是日本政府为了获得外界认可的必要之物。

这种"文明国家"的自我定位是在所谓的"脱亚入欧"过程中的尝试。因此在众所周知的"脱亚入欧"与"亚洲团结"的对立构图中对这种尝试进行定位并无不可。但是，有必要提出质疑的是，在连是否可以对外独立都存在危险的明治初期，日本政府领导人真的有可能成为其自称的"亚洲代表"吗？"亚洲"是"西欧"命名的，如果按照西欧中心主义式的"文明"逻辑，亚洲最多也只是处于"半开化"地位的地区（松田［2008］）。由于在自我定位为"代表亚洲的日本"的同时就已被定于"文明"之前的地位，因此忽视这种西欧各国的看法也就无法理解明治时期的日本外交。进而言之，在甲午战争之前，中国是与日本在朝鲜半岛争夺霸权的竞争对手，中日之间的力量对比绝不可言是日本处于压倒性优势的地位（对这一点进行了明确论述的成果参见坂野［1977］）。

日本是"东洋"或"亚洲"代表的言论大量涌现是在甲午战争之后。但必须注意的是，即使在这种情况下，极端使用"亚洲主义"说法者也并不为多，而将调和东西方文明的"东西方文明调和论"视为日本国民使命这一论调占据了支配地位。这种论调将"西洋文明"与"东洋文明"描绘为对立关系，是在包含着通过文化相对主义性的修辞将日本与西欧各国的平等予以正当化的同时，通过文明化的逻辑迫使中国、朝鲜等亚洲近邻各国承认日本领导的双重逻辑结构（Tanaka［1993］）。也就是说，我们应该知道，日本的对外论并不是在以往研究所描述的"脱亚"与"亚洲主义"的对立结构中，而是如同一个硬币的两面，存在于"脱亚"与"亚洲主义"双方共振的言论空间之中。

因此，我们必须从在"脱亚"与"亚洲主义"对立结构中进行学术定位这一毫无意义的尝试中解放出来，努力将这两者结合起来进行研究。在这种情况下应注意的是，如前所述，必须认识到日本的对外活动存在于以主权国家间水平关系为对象的"国际秩序"与以正式或非正式的帝国内部关系为对象的垂直性"帝国秩序"的复层结构之中这一现象。马克·皮蒂（Mark R. Peattie）对日本殖民统治进行了概述，在指出近现代日本的决策者们对安全高度关心的同时，也指出"在近代殖民地帝国中，没有一个国家像日本这样由明确的战略思维所引导，当局者之间如此慎重地思考及达成广泛的共识"（ピーティー［1996］26）。日本本国与殖民地相邻，从安全的角度看两者的关系紧密相连。中国东北（满洲）与朝鲜对于日本外交而言都是重要的外交舞台，这些地区的安定对日本外交意义极其重大。在这个意义上，对于日本决策者与知识分子而言，"帝国秩序"并不位于"国际秩序"之"外"。

如果国际法、外交史学是研究主权国家间关系的学术领域，那么涉及帝国内部关系的学术领域就是殖民政策学。随着甲午战争、日俄战争推动日本帝国主义化的发展，最初在札幌农学校开设的旨在开拓北海道进行国内殖民的殖民政策学，其服务于殖民统治的学术性质日益加深（井上［2006］）。1909年东京帝国大学设置了殖民政策学讲座，由新渡户稻造负责讲授。以往以广义国际现象为对象的学术活动被划分为国际法与外交史、殖民政策学两大部分，但是两者并不是互不关联而平行存在，而是研究人员经常重叠，并且内容也多有交汇。

象征这种"国际秩序"与"帝国秩序"之间桥梁关系的是后藤新平及其周围的人际关系。如果回顾后藤的足迹就会发现，近代日本作为"帝国"崛起于国际社会时的"知识基础建设"中的大半部分，都在某种意义上以与后藤相关的形式得到创建。上文提到的负责东京帝国大学最初殖民政策学讲座的新渡户就是在后藤手下参与统治台湾地区的人物，而以构建了东洋史学基础的白鸟库吉为中心的所谓"满鲜史研究"也是在后藤的主持下开始的。总之在后藤周围，除了这些与帝国内部关系相关的人际关系，还汇集了众多从事国际文化交流且了解美国（"知美派"）的政治家、实业家和知识分子。新渡户本人就是同时活跃于殖民政策学与国际文化交流两个领域的中心人物，而新渡户提出的日本文化使命就是"东西文明调和论"。

三、"中国问题"的定位

"国际秩序"与"帝国秩序"这一双重关系在日本外交最大的活动地区——中国表现为何种形式？为了思考这一问题，有必要了解帝国主义史中中国问题的特殊地位。一般而言，无论是正式的帝国还是非正式的帝国，帝国主义国家都会对殖民地或半殖民地拥有排他性的影响力。从英国与埃及的关系、法国与阿尔及利亚的关系可以很容易地理解这一点。但是这一现象并不适用于中国。的确，在不平等条约体制下的中国，列强通过获得租界等划定了势力范围，但是在这种情况下，没有一个国家可以在中国全境获得排他性的支配权，从而形成了多个国家最终通过多边条约作为一个整体在中国发挥影响力的方式。

彼得·杜斯（Peter Duus）将这种列强与中国的关系定义为"集体性非正式帝国"（ドウス［1992b］）。由于这种"集体性非正式帝国"的特性，中国在条约体系中尽管处于从属性地位，但国际政治中的中国问题却出现了不在双边框架而是在多边框架内解决的倾向，从本文的角度看，这是值得关注之处。简而言之，中国问题具有在国际主义与帝国主义之间产生共振的结构。比如在对中国的借款政策上，1911年成立了英美德法"四国借款团"，第一次世界大战后的1920年则成立了英美法日"新四国借款团"。对这些行动的早期研究中，很多都肯定其为威尔逊主义"新外交"的先驱或实现的具体成果，但对其持否定态度的研究也不在少数，认为这种列强对中国进行国际共同管理的实践与帝国主义仅有一纸之隔（肯定派与否定派的代表性研究分别参照三谷［1967］，明石［1979］）。针对国际借款团的评价由于研究者各自学术立场的不同当然有较大分歧，但也必须注意到，原本这种容易产生对立评价的结构就存在于列强与中国的"集体性非正式帝国"的特性之中。

使这种双重性质的中国问题变得更为复杂的是20世纪走上东亚国际政治舞台的美国。为了回顾20世纪初的各种事件，我们先回顾一下作为美国国际政治学开创者之一的芮恩施（Paul Samuel Reinsch）的著作以及同时代日本对其著作的看法。

芮恩施是革新主义潮流根深蒂固的中西部的政治学者。深受作为美国经济学会创始人并试图将德国社会政策学派理论引进美国的理查德·T.伊利（Richard T. Ely）熏陶的芮恩施与新渡户稻造如同兄弟和弟子关系。在1900年出版的《世界政治》中，芮恩施对国际政治中的中国问题进行了如下论述。20世纪尽管是"国民性的帝国主义"时代，但与以领土扩张为主要内容的19世纪的帝国主义不同，是经济扩张的时代。这种新世纪的帝国主义特色表现最为明显的就是围绕着中国问题的世界政治。争夺租界的欧洲列强划分势力范围是瓜分中国的前兆这种观点并没有正确捕捉到新世纪帝国主义的特征。只要是自然扩张，各国国民是可能相互合作的。如果保持势力范围内商业活动的机会均等，就与门户开放政策没有任何矛盾之处（Reinsch［1900］）。

芮恩施的著作在当时的日本马上获得了反响。原著出版后的第二年，高田早苗就翻译出版了日文版。这是由于芮恩施的著作在论证保全中国（主权）的同时，对于与美国同为新兴帝国主义并试图进军中国的日本而言也是时宜之作。想必这一著作也成了与高田同属早稻田派政治学者的浮田和民《伦理帝国主义》中提出之主张的背景。浮田区分了军事、侵略性的扩张与经济性、自然性的扩张，并主张将追求基于国际法与文明的"伦理帝国主义"作为日本的使命，而芮恩施书中通过开发落后地区的财富资源以促进相互合作的逻辑拨动了当时日本知识分子的心弦。

高田、浮田等大隈重信周围的早稻田派知识分子具有主张同步推动国内政治改革与积极进军大陆的强烈倾向。在这个意义上，可被称为理想主义性质的亚洲主义者的那些人，从在中国的"集体性非正式帝国"中寻找到国际主义契机的芮恩施的著作中获得了灵感，并参加了对此的探讨，这一事实富有深意。亚洲主义的性质就是国家主义性质并且直接反美，这种直线性思维的分析未必正确把握了历史的实际情况。正如产生了很多亚洲主义者的东亚同文书院之前身日清贸易研究所所体现的，很多亚洲主义者可以被称为"浪漫主义化的商社职员"，他们作为"非国家行为体"活跃在中国这一日本对外活动的前线。如同第一节渡边昭夫所指出的，由于东亚国际环境具备的"脱离国家的国际关系"的特性，可以说日本的亚洲主义与出身美国的跨国主义研究有时具有令人意外的亲和性（酒井［2008］）。

即使如此，这也并不意味着在中国问题上美日协调即可一帆风顺。具有讽刺意义的是，芮恩施被同样是政治学者的威尔逊任命为驻华公使后，在中国任职期间最大的外交事件就是日本的"对华二十一条要求"。第二次大隈重信内阁推动的这项政策遭到了芮恩施的强烈抨击。于是，日本外交在第一次世界大战后的新时代思潮中被迫开始了对外交路线的再定义。

四、两次世界大战期间的发展

众所周知，第一次世界大战中国联的创立推动了国际政治学的诞生，并在对国联的评价中构筑了理想主义与现实主义的范式原型。因此，第一次世界大战后的日本外交是否也发生了与以前帝国主义外交所不同的变化，这个问题也随着理想主义与现实主义之间的范式对立而在研究者之间产生了不同见解。比如原敬的外交路线是与威尔逊主义相呼应的"新外交"的变奏,还是仍旧处在试图扩展势力范围的"旧外交"的延长线上,直至今日仍存在着争论。此外,对于第一次世界大战后东亚国际协调框架的华盛顿体系,也有质疑是否存在可被称为"华盛顿体系"的明确的国际体系。①

的确,通常而言,外交形式是不可能在一夜之间就发生变化的。即使认同了民族自决原则,也并不意味着帝国就已解体,战争违法化的尝试迈出了第一步,但绝不会因此战争就消失了。但是,因为规范没有直接反映到现实中所以其本身也就失去意义的判断也属草率。大战后新出现的国际规范促使那些采取可解释为与规范相抵触之行动的行为体承担责任,以证明他们的行为并未与国际社会原则背道而驰。"帝国主义之后"② 这一用语的正确含义并不是指帝国主义消灭了,而是指帝国主义不再被视为当然,需要将其正当化的各种逻辑。在两次大战期间,特别是 20 世纪 30 年代的日本外交伴随着各种理论的武装并逐步意识形态化,正是出于这一背景。

但是,第一次世界大战后国际政治学范式的对立中最根本的理论性问题是主权论问题。如果我们联想到两次大战期间的汉斯·凯尔森、卡尔·施米特、哈罗德·约瑟夫·拉斯基等政治思想家,就自然理解了这一点的重要性。第一次世界大战后,日本围绕着主权论的争论深深受到以形成各种形式的"社会"概念而否定国家主权绝对性这一被称为"发现社会"的时代思潮的影响。这种思潮也波及了当时日本的国际政治学、殖民政策学。其代表就是蜡山政道与矢内原忠雄。

---

① 比如服部 [2001] 认为三谷 [1967] 在论述原的历史定位时提出了"协调中的扩张政策"这一视角。此外,英国的外交史学家经常会指出在英国的外交决策者中,并不存在将"华盛顿体制"作为参照标准的情况。
② Iriye [1996]。但是在"帝国主义之后"(after imperialism) 的含义上,该书与本章的理解有所不同。在对两次世界大战期间的理解上,与本章视角较为接近的参照ドゥス [1992a]。

受到多元性国家论强烈影响的蜡山,在英国费边社国际问题专家伦纳德·伍尔夫(Leonard Woolf)的著作影响下,宣传功能主义性的国际一体化理论。蜡山在对亚太地区局势进行认识的基础上,从理论与现实两方面探讨了由非国家行为体组成的国际政治,显示出了很高的理论成熟度(蠟山[1928])。殖民政策学者矢内原则参考了英联邦的理论,主张设立殖民地议会等赋予殖民地以自治权,对日本帝国进行自由主义性质的重组。矢内原还批判了具有国家主导进行殖民地统治政策强烈特性的长期以来的殖民政策学,将研究对象扩展到针对随着社会集团的广泛流动而出现的相互作用的分析。如果用今天的话说,矢内原的殖民政策学还涉及了外籍劳工问题等全球化社会问题。因此,在20世纪20年代的日本,如前所述的"早熟性跨国主义"的"成熟之路"似乎已是一路坦途。

但是,九一八事变的爆发阻碍了这种自由主义性重组的发展。日本政府将事变爆发的导火索——满铁铁轨遭到爆破视为中方所为,而以行使自卫权为名试图正当化日本的军事行动。中国认为日本的行动违反了《非战公约》而向国际联盟提出了上诉,日本政府为了回避中方的批判,只有依据自卫权概念。对于政府的这种应对,日本的国际法学者基本上采取了追认的态度。这些学者通过特殊权益论、自卫权等传统的概念,主张日本的行动没有违反既存的国际法秩序,试图为日本进行辩护。

这种通过传统概念进行说明和辩护的方法,即使可以针对被指责为对既存法律利益的侵犯行为进行防御性的辩护,但却无法充分对建立"满洲国"等新事态进行正当化。此后针对新的日本与"满洲国"的关系,日本试图用政治性特殊关系理论取代法律性的特殊权益理论来建构新的理论框架。按照这一逻辑武装起来的理论就是"地区主义"。《国际联盟盟约》第21条中明确包含了门罗主义的内容,如果日本与"满洲国"的关系可以设定为与门罗主义同样的特殊关系,那么就可以将日本与"满洲国"的关系解释为并不违背

《国际联盟盟约》。由此相推,在退出国联后,日本并不试图否定以《国际联盟盟约》为中心的普遍性国际法秩序的有效性,而是摸索基于东亚特殊性的地区秩序。①

然而,这种"地区主义"在侵华战争爆发后,却以"广域秩序论"的名义被理论化为针对国际秩序一般性结构的批判性理论。"广域秩序论"通过"对现代的超越与克服(超克)理论"被赋予了哲学意义,并试图否定基于原子论构成的近现代主权国家体系。因此,这一理论在否定当时的普遍主义的同时,也以囊括第一次世界大战后各种对主权观念的批判的形式得以建立。对"广域秩序论"持怀疑态度的并不是一战后步入青年的年轻一代,而是仍将国际政治的参照标准置于战前的保守性"旧外交"的信奉者们。与此相反,受到大正时期各种提倡"改造"思潮影响的人都无一例外地倾向于超越并克服主权国家体系的主张。通过大正无政府主义理论基础的"王道"概念从理论上将"满洲国"正当化的橘樸,以及高度评价橘樸、试图将构建无政府主义性的协同社会作为大亚洲主义基础的前讲座派马克思主义的领军人物平野义太郎在"转向"(指宣布放弃原本坚持的马克思主义——译者)后的轨迹,都是这种主张的典型。在这些议论中,可以看出无政府主义与"帝国秩序"之间存在着某种亲和性(详细内容请参照酒井[2007])。

第一次世界大战后对主权概念的批判被"帝国秩序"回收有以下原因。如上所述,原本东亚国际环境中"帝国秩序"的比重就相对较高,且两次大战期间更是帝国重组的时代。两次大战期间日本的国际秩序论中,时而会出现国际联盟或英帝国能否成为世界秩序的整体性模式的言论(比如,矢内原[1963]478-483)。这表明当时的日本知识分子普遍认为在帝国残存的阶段里,作为主权国家集合体的国际联盟只能成为部分秩序,而帝国重组才是更为本质性的

---

① 将"regionalism"译为"地区主义"并被广为接受是从脱离国际联盟之后开始的。在此之前存在着"局部地区主义""地方主义"等各种译法。

课题。但是，两次世界大战期间的世界并不是完全去殖民地化的世界，而可以理解为是在拒绝殖民地完全主体化的同时，却容忍其部分主体化，将帝国作为相互扶助的合作共同体的世界。如果以给予自决权的形式承认完全的主体化，在形式上同样形态的行为体组成的水平国际秩序则有一定的说服力。但是在促进殖民地半主体化状态下进行帝国重组的过程中，"有机合作共同体"的隐喻似乎是最贴切的。因为"共同财富"作为超越功利主义性结合的事物，在语感上对于社会主义者而言也是很有魅力的。

但毫无疑问的是，"大东亚共荣圈"并不是共同财富。广域秩序论通常由广域、主导国、势力圈外各国的不干涉这三个要素构成，其中的核心内容并不是广域而是主导国。也就是说，广域秩序论尽管披着"地区主义"的外衣，实质上却是主导国自存自卫的逻辑优先于地区结合。这种广域秩序论的霸权性质随着太平洋战争爆发后势力圈内各国独立主张的兴起而开始出现动摇。主导国的概念要坚持到何种程度？在多大程度上容忍新兴独立国家形式上的平等？正是这两者间的对立在理论上决定了太平洋战争时期日本决策者的行动。奠定了战后日本国际法研究基础的田畑茂二郎［1946］的《国家平等观念的转变》就来自于这种广域秩序论内部的争论。总之，广域秩序论的内在矛盾促生了战后日本国际关系史发展主要动机的"帝国主义与民族"这一命题。

结 语

如上所述，本文概述了近现代日本国际秩序论的发展。下文将在此基础上，浅析日本的国际政治学是如何将近现代日本的历史经验作为知识前提的。

战后日本国际政治学中地区研究与历史研究的比重相对较高，即使在今天，日本国际政治学会仍基本上由理论研究、地区研究与历史研究三部分组成。在这个意义上，与对等同于"美国式社会科学"的"国际关系论"的一般性理解不同,"日本的国际政治学"的存在形态可以从其构成中一窥全貌。如本章所述,形成与欧美不同的日本国际政治学的特色之一,与日本在东亚国际关系中帝国秩序的定位有关。在欧美国际政治学的学说发展史中,殖民政策学被完全遗忘,而在日本的国际政治学史中,如同矢内原忠雄始终受到一定关注所显示的,相对而言避免了欧美的偏见(有关日本的国际政治学史,山影[2001]进行了精彩的概括)。如战前殖民政策学在研究中比重较高一样,在战后,对"帝国秩序"的关心在采取了帝国主义论及发展理论的研究形态的同时得到了继承,并因此导致了地区研究与历史研究比重相对较高的情况。为了理解日本国际政治学的这种"内在性发展",对战前期有关国际现象的知识形态进行理解也是十分重要的。

特色之二也与上述内容相关,即在日本的国际政治学中,对概念的历史性、社会性的感知性始终较高。对于"主权""民族主义""地区主义"等国际政治学的基本概念,可能任何人都会自认为了解一二,这些词汇在相当程度上深入到了影响近现代日本发展的背景之中。可能令人意外的是,并不一定是所有研究学者都熟悉这种情况,教科书上写的事情与作为经验感知到的事情之间总有一些不吻合之处,这种感觉尽管平时意识不到却始终强烈存在。以往日本的国际政治学经常被批评为是学说史研究,就如同"学上之学"。当然,始终处于唯欧美流行理论马首是瞻的状态并非好事。但是,与"学问"普遍性及客观性的单纯信仰保持一定距离,可能是更健全的做法。在笔者看来,掌握意识形态这一古典的方法在社会科学中依然具有重要的意义。

最后本文还将涉及近现代日本外交史研究的另一特性。外交史通常是依循现实主义系谱的研究领域,并以区分内政与外交为前提进行叙述。但是,这仅是对外交史的一般认识,而实际上并不适合于近现代日本外交史。如序章所述,日本国际政治学会中的日本外交史研究始于对发动太平洋战争的"决策"的分析，反而是将内政与外交的紧密联系作为前提的。日本国际政治学会建立之初，日本外交史研究者的论敌马克思主义史学主张的帝国主义论也是从国内经济构造出发解释对外政策。在这一点上，两者颇具相同之处，都是以内外关系为前提起步的。① 在随后的发展中，这一状况并不仅限于太平洋战争的开战过程，如渡边昭夫所指出的，以对外关系与国内政治过程之间紧密的相互作用为背景的研究方法贯穿了近现代日本史研究的全过程。

此外，在近现代日本外交史研究中，经常会涉及对外决策背景的思想史方面的主题。日本国际政治学会建立之初，从竹内好的亚洲主义研究开始，对日本对外认识的强烈关心为知识界所共有。② 入江昭"通过考察日本外交的思想背景，理解日本所处国际地位"的尝试（入江昭［1966］168）正是因为有了这种知识前提才得以产生。当然，作为日本所处国际地位之不同的反映，观察近现代日本外交史的视角在今天与50年前已有极大的不同。但是，如果历史意识是人类了解自我的根源之一，那么作为擅长"自省学"的"近现代日本外交史"在"日本国际政治学"中仍将是具有独特地位的一个领域。

---

① 坂本义和对战后日本有关国际政治史的经典著作即冈义武［1955］的《国际政治史》给予了肯定，认为其明确提供了"以国内政治体制变化为基考察国际政治史变迁的方法"，具有独创性（坂本［1993］）在马克思主义的全盛期，冈的著作仍可谓采用了"传统"方法，但在强调意识到"国内"与"国外"密不可分这一点上，必须注意到该著作设定的命题与原来的现实主义存在着一定的不同。

② 日本国际政治学会创始人神川彦松的国际政治思想近年来受到了新的关注（春名［2007］）通常会把战后的神川置于现实主义国际政治论的背景之中，但神川的国际政治学的根基中却存在着明治中期到大正时期很多学者共有的社会进化论思想，神川的现实主义正是同时深受斗争型社会进化论和20世纪30年代地缘政治学的影响。在这个意义上，神川被称为大山郁夫在知识上的继承人是充分可能的，大山郁夫受到奥地利社会学者龚普洛维奇的影响而开始从事政治学研究并在《政治的社会基础》（1923年）中对瑞典的地缘政治学者哲伦（Rudolf Kyellen）表现出了强烈的关心（大山［1987］11）。

第十一章 战后日本外交史
——围绕自立的纠葛

添谷芳秀[*]

战后日本外交始终处于以中庸的吉田路线为中轴分裂为左右两股政治力量的政治结构之下。极端而言,在这一路线下的左与右所追求的最终目标都是日本的自立。但是,左与右追求的自立的形态却各不相同。可以说战后日本的民族主义在勾画国家蓝图的问题上出现了分裂,而围绕着战后日本自立的政治斗争则时常对中庸的吉田路线呈夹击之势。

吉田路线是以《日本国宪法》(战后宪法)与《日美安保条约》为两个支柱的战后日本外交的基本路线(添谷［2005］),这是一条通过战后宪法对日本主体性加以根本性的制约,同时通过《日美安保条约》将日本对美依存予以制度化的外交路线。同样从追求自立的冲动出发,右倾民族主义难以与战后宪法相容,左倾民族主义则攻击《日美安保条约》。但是,吉田路线却没有动摇,实际上如后所述,从战后日本外交史的背景中可以看出,吉田路线在不断吸收左右民族主义的同时向前发展。

左右民族主义对立的根源是对日本军国主义以及对侵略亚洲各

---

[*] 庆应义塾大学法学部教授。

国战争的不同态度。这一段历史在最后阶段演变为日本同时与中国、美国、英国、苏联进行战争的难以想象的惨烈结局。从结果上看，可以说这是唯心论在作祟。这是一场日本军部最终都试图通过武力贯彻其信念的战争（入江昭［1966］）。因此在战后日本社会对这场战争的态度问题上，感情论与唯心论也发挥了相当程度的作用。

在这一点上左右民族主义是相同的。左倾的政治立场是出于对军国主义及侵略战争的深刻反省，具有强烈的道义性。因此，战后宪法（特别是第九条）成为日本的圣经，任何军事化的动向都应成为反对的对象。而且仅仅从军事化的视角看待冷战、《日美安保条约》与自卫队，认为美国才是所有军事化动向的根源。这种与反美密不可分的感情信念支配着战后日本的和平主义。

比如，战后相当长的一段时期内，日本的学术界与言论界都相信1950年6月爆发的朝鲜战争是美国与韩国挑起的。在通过实证研究基本可以确定朝鲜南下引发战争的80年代后，笔者仍亲耳听到某位国际政治学者表示"在感情上我依然认为这是南方（美韩）发动的战争"。的确，感情与信念形成了理解国际政治与外交的范式，这也是支撑着支配战后日本社会大氛围的和平主义感情与信念。

如果是这样，与和平主义合为一体的左倾国际政治论与外交论实非现实，这一右倾民族主义的批判即使未必是错误的，但这种对左倾国际政治论的批判具有多大意义仍值得怀疑。这是由于左倾民族主义最初认为的"现实"本来就不是符合现实的"现实"，所以批评左倾观点是否现实本身并没有什么意义。

因此，围绕战后日本外交的国内政治对立，并不是右倾政治立场对左倾的非现实性取得胜利就可解决的单纯问题（大嶽［1983］）。战后不久的一段时期内，右倾传统民族主义并没有掩饰修改战后宪法以及从美国自立的冲动。在这个意义上，应该说披着现实主义外衣的右倾政治立场也并不是与另一种感情信念无缘的。

本章的结论就是吉田路线才是战后日本的现实主义。这种现实主义以作为战败国对军国主义与侵略战争的反思为基点，包括应对冷战的现实，应被称为日本的战后现实主义。因此吉田路线才可能不断巩固，并从20世纪70年代后半期起发展为吉田主义。

但是，吉田路线并没有成为稳定的自觉性的自立战略。这是由于在支撑吉田路线的为政者与官僚中间也广泛存在着对主体性的制约与依存的不满和异议。制定在战后宪法制约之下以《日美安保条约》为基轴的外交政策，与其说是基于战略感觉的产物，更是变成了围绕宪法解释的"知识杂技"（田中［1997］）和战后保守政权与外务省的习性。

吉田路线没有被确立为自立战略，再次反映出冷战后日本外交的迷失。随着冷战的结束与国内政治五五年体制的瓦解，左倾政治势力急速后退，右倾民族主义的存在感相对增加。冷战后的这种变化表现在，对基本上在吉田路线框架内发展的战后和平主义的弊端进行修正（比如，自卫队参加联合国维和行动）的动向从20世纪90年代后半期开始与右倾民族主义的感情信念联系在了一起。

在这一动向顶峰中诞生的就是在"摆脱战后体制"口号下，将修宪作为最优先课题的安倍晋三政权（2006年9月—2007年9月）。安倍首相热衷于将那场战争的历史在日本史与世界史中予以相对化，不必赘言，基本上是从其内向性的冲动来渴望日本的自立。但是，安倍的这种动向很可能是被缺乏战后现实主义感觉的感情与信念所支配的产物，不可能成为吉田路线的替代物。

如下文所述，吉田路线面对寻求自立的民族主义的攻击，存在着脆弱的结构性问题。但是，左右民族主义对吉田路线的攻击，与其说是解决战后日本外交结构问题的处方，更可说是反映了结构问题深刻程度的症状。因此，建构日本自立战略就有必要直面吉田只能选择战后宪法与《日美安保条约》这一现实，从接受那场战争带来的负面遗产这一战后现实主义的逻辑出发，找到吉田路线潜在的结构性矛盾（添谷［2005］）。

本章将从上述视角出发回顾战后日本外交的进程,并探讨研究上的各种议题。

一、吉田路线与结构性问题

吉田路线的矛盾

确认以战后宪法与《日美安保条约》为支柱的吉田路线的成长与结构性问题的起点,分析其与国际政治的关系是绝对重要的。这是由于无论是战后宪法还是《日美安保条约》都与当时的国际政治结构存在一定的亲和性。从结果上看,吉田路线在牺牲了日本自立的同时始终健在,正是因为战后宪法及《日美安保条约》都与解决战争遗留问题和冷战思维相互交织的战后国际政治现实形成了密不可分的一个整体。

但是,战后宪法(1946年)与《日美安保条约》(1951年)诞生时的国际政治却在冷战爆发的过程中形成了完全不同的结构。1947年前后,国际政治结构发生了180度的转变。作为其结果,战后日本外交的基本路线中,战后初期构想的核心因素战后宪法与冷战产物的《日美安保条约》并存,而吉田路线也因此包含了根本性的矛盾因素。

战后宪法公布的1946年冷战尚未开始,解决战争遗留问题(战后处理)是时代的基本观念。"The United Nations"直译就是联合国(日文为"国连"——译者),是打败轴心国的战胜国的联盟。在这里被赋予维护战后亚洲和平与稳定重任的是中国,当时的中华民国在联合国创建之际成了联合国安理会常任理事国。以彻底的非军事化与民主化为支柱的对日占领政策也是这一秩序构想的一部分,而战后宪法则象征着战后国际秩序构想下日本的定位。

但是,进入1947年后,当欧洲的冷战已不可避免时,美国也再次对对日占领政策进行了根本性的探讨。此时至少在理论上,战后宪法所规定的日本在冷战下新的国际政治中已经失去了位置。可吉田茂仍抵抗着美国要求日本进行再军备的压力。其中重要的背景就是吉田拥有为实现战败国日本恢复主权与经济复兴这一可谓理所当然的国家目标的大局观与国际感觉（高坂［1968］）。在当时的状况下，日本开始真正意义上的再军备毫无疑问将是这种国家目标的障碍。

或许正因为如此，吉田在原则上并不反对再军备。基本上吉田只是将正式再军备的问题留给了后人。但同时吉田为了应对冷战的现实，实际上还是被迫进行了一定程度的再武装。再军备的第一步就是在1950年6月朝鲜战争爆发后的8月，以原军人为中心成立了警察预备队。警察预备队于1952年10月发展为保安队，并在此基础上于1954年7月成立了自卫队。期间吉田同时签署了《旧金山讲和条约》和《日美安保条约》（1951年9月），并最终在占领下恢复了日本的独立（植村［1995］，佐道［2003］，中岛［2006］）。

如上所述，在基本上拖延再军备的思路之上，进行实质性的渐进再军备的做法，也正是内嵌在吉田路线中的矛盾之处。对于这一点，无论是从右倾民族主义还是从左倾民族主义来看都是半途而废的做法。吉田的选择成为与吉田想法完全不同的各种冲动的攻击对象，这本身就反映了以吉田路线为轴线却同时因这种矛盾日本政治与社会分裂为左右两个阵营的现象。

战后日本外交的结构问题

在五五年体制下，将存在根本性矛盾的日本外交勉强与国际政治联系在一起的就是日美安保体制。尽管日本国内一般都对日美安保体制有所异议，但日美关系顺利则日本外交应有收获之处必有收获这一经验，在外务省主导下的日本外交进程中被不断确证，这也反映了在放任上述矛盾时将只能依赖日美关系的战后日本外交的本质。

20世纪60年代后半期在战后日本外交论中对吉田茂已基本持肯定态度，而其中发挥中心作用的高坂正尧当时就已经对吉田路线潜在的结构性问题敲响了警钟。高坂担心的是孕育着施政者与舆论间矛盾的紧张关系以及赋予在吉田建立的体制中被牺牲的独立心以实质内容的课题被搁置一旁。高坂特别担心的是反对吉田现实主义的民族主义日渐追求内向性精神价值观的倾向（高坂［1968］）。当时高坂已经出版了《海洋国家日本的构想》一书（高坂［1965］）。根据中西宽的观点，高坂通过对基于利益概念的英国式现实主义的洞察，"尝试为国家理性与民族主义提供一个解决方案"，并以此构筑"英国式的条件，即在国民广泛共识的框架内处理外交立场之不同的基础"（中西［2003］）。

但是如上所述，追求自立的民族主义以吉田路线为中轴分裂为左右两派，且两派都形成了采用某种唯心论的固定模式，高坂的担忧不幸言中。原本，解决这种矛盾才应是战后日本的国家性课题。如果这种矛盾与国际政治的变动密不可分，那么没有对国际政治的洞察秋毫则不可能完成这项国家性课题。但是，无论是右派追求的处方，还是左派提出的构想，都缺乏对国际政治以及其中日本定位的现实洞察力。正因为如此，左右两派的冲动与其说是试图解决因吉田路线造成的战后日本外交之结构性问题，不如说并没有超出这种结构性问题所带来的症状的范围。

另一方面，引领战后日本外交的施政者与官僚，将自己置身于国内论战与舆论之外，在吉田路线框架内推动着外交。20世纪60年代日本成为世界经济大国之后，从结果看非常接近完美的外交成功被合理化为日本主体外交之硕果的倾向得以巩固。但是可以说，这本身就具有对牺牲主体性、将依存制度化的吉田路线的心理反作用的侧面。以吉田路线为前提的同时又渴望大国外交的心情表里相应，形成了外交当局者复杂的心理。

二、吉田路线的巩固

《日美安保条约》的修订

如果从上述视角观察，回顾《旧金山和约》后的进展可以发现，日本外交正是吉田路线潜藏的矛盾与战后日本外交的结构问题固定的过程。其中发挥了决定性作用的是岸信介的《日美安保条约》修约（安保改定）与池田勇人的高速成长路线。前者在结果上将日本的对美依存进一步制度化，而后者则通过日本的经济大国化恢复了日本人的自尊心。其结果，即使延续战后宪法（或正因为如此），也实现了在国际社会的复兴与回归的目标，在一定程度上满足了日本人的自立心。

重要的是，岸信介面对《日美安保条约》修约的动机是传统的民族主义。推动修约的岸信介提出了日美关系"对等化"的口号。当然，日美关系的客观性对等化是不可能的，但岸信介通过作为对等伙伴拉近与美国的关系，试图在一定程度上满足民族主义的冲动。实际上1960年签署的新《日美安保条约》削除了旧《日美安保条约》中的内乱条款（美军可以介入日本的内乱——译者），明确了美国保卫日本的义务，并引入了事前协议制度以保证日本的主权，在一定程度上确保了日本的主体性。

岸信介的构想分为两个阶段，即首先通过《日美安保条约》改定恢复一定程度的主体性，随后则计划修改宪法以做到真正意义上的日美对等（坂元［2000］）。但是，这一构想在根本上存在着局限性。吉田路线原本就是由以对美依存为前提的外交这一自觉与洞察力所支持才得以实现的战后日本的现实主义，而要通过修改宪法与日本的自立外交来具体实现与美国的对等性，这本身就超出了战后现实主义的框架。

对这种局限极具象征性的就是修约在充满了追求恢复主体性的

民族主义动机的同时，从更宏观的角度看，新《日美安保条约》在日本防务与安全政策上的对美依存范围反而进一步制度化了。在这个意义上，岸信介的《日美安保条约》修约意味着岸信介最终被拉回到吉田路线上。经岸信介修订的《日美安保条约》历经50年，直至今日仍然发挥着日本外交基础的作用。

但同时，以日美安保体制为基轴的吉田路线却显然缺乏明确的亚洲外交。比如吉田基本上将中国视为应基于西方中心的文明观加以诱导的对象（日本国际政治学会［2008］中西论文）。20世纪50年代朝鲜战争后出现了台湾问题，日本政府在美国主导的国际政治大框架下承认了台湾地区的"中华民国"政府，之后和中国大陆的关系则始终贯彻政经分离的方针（王［2004］，添谷［1995］）。进而言之，岸信介及众多的保守政治家具有将亚洲外交作为对美自主外交之一环的倾向。可以说这些都是吉田路线的代价，总体而言战后日本外交并没有找到亚洲外交的基本方针。

高度增长路线的光与影

当时，日本和平主义势力从岸信介的态度中察觉到战前民族主义迹象而强烈反对修约。在修约引发的政治混乱结束后，1960年7月出任首相的池田勇人为了稳定国内政治并恢复日本的国际信誉，否定了对《日美安保条约》的再修订，明确了不修改宪法的方针，随后推出了将国民的关心与精力引向经济增长的国民所得倍增计划。在时代带来的各种好运的帮助下，池田的政策取得了巨大成功。十年后日本的国民所得远超倍增而达到了四倍。

池田外交尽管主要以经济为对象，但可以说也在相当程度上有意识地带有政治目的。池田外交的特征总体上可以概括为政治经济一体化路线（金［2008］）。如同为加入经济合作与发展组织（OECD）而开展的外交活动所体现的，池田外交旨在确立作为西方自由主义阵营之一员的地位（国际政治学会［2008］铃木论文）。

在东南亚也不断摸索对这一地区政治问题的介入,并努力推动以经济发展为主轴的地区主义潮流的形成(宫城[2004])。

池田的外交路线在继续以日美关系为基轴的同时(樋渡[1990]),超越唯美是从外交,拓展日本国际地位,成为建立经济大国日本这一身份认同的基础。如果说岸信介在修正吉田路线的冲动下开展行动,但结果却在无意识中被拉入了吉田路线的框架。那么池田外交则是有意识地努力巩固吉田路线。其结果就是实现了日本的经济大国化,其后众多的日本人都将其视为战后日本外交成功的证明。

但是池田外交却存在着可以掩盖吉田路线结构性问题的侧面。从最初开始,池田就有意将以日美安保为基轴的日本政府的防务安全政策与国民意识之间的深刻隔阂、舆论与民族主义的分裂等问题束之高阁,并使这些问题隐没在随后的经济高速增长的大潮之中。

池田因病辞职后,接替其出任首相的佐藤荣作对池田一时封印的政治问题表现出了热情。比如 1964 年年末,佐藤出任首相后不久就曾对赖肖尔驻日大使表示,鉴于中国的核武装(1964 年 10 月第一次核试验)这一新的事态,日本将考虑意在将来修宪的防务问题及核武装的可能性,并直言希望在第二年年初与约翰逊总统的会谈以防务问题为中心(波多野[2004]中岛信吾论文)。

但是,三年后的 1967 年 12 月,佐藤在国会答辩中提出了非核三原则。在被佐藤视为自主外交最大课题的《冲绳返还协定》签署(1971 年 6 月)后的 1971 年 11 月,日本国会通过了非核三原则的决议。这意味着佐藤对核武装的想法最终被纳入了以战后宪法为前提的吉田路线的框架之中。与冲绳返还谈判同步,在日美安全关系下有关日本作用的定义进一步扩大至地区安全的过程(日本国际政治学会[2008]中岛琢磨论文),也说明了佐藤政权下吉田路线的进一步巩固。

三、吉田路线的制度化

20 世纪 70 年代的日本外交

1970 年 1 月，在明确了美国将从亚洲撤退这一方向的尼克松主义的冲击下，中曾根康弘主动出任第三次佐藤内阁的防卫厅长官。中曾根在意欲唤醒国民国防意识而出版的战后第一本《防卫白皮书》（1970 年 10 月）中，提出了自主防卫论及日本的非核中等国家论。中曾根从年轻时开始就被世人认为，也自诩为民族主义者，并热衷于国家战略论。他将自主防卫与非核中等国家配套推出，这一思路本身就暗示着战后日本的自立战略只有以吉田路线为前提方可成功，也是战后第一次政治主导的行动（添谷［2005］）。

在大国意识复活的众多日本施政者的头脑中，并没有将自主防卫论与中等国家论组合的战略逻辑。20 世纪 70 年代日本外交在不断摸索的同时，基本上以强化吉田路线框架的形式进行，其结果导致了吉田路线的不断制度化。首先，1976 年的《防卫计划大纲》在对 70 年代国际局势认识的基础之上提出了基础防务力的概念，确定了以战后宪法为前提的日本自卫力的作用与范围。1978 年则出台了《日美防卫合作指针》，第一次构筑了基于《日美安保条约》的日美防务合作框架。

20 世纪 60 年代后，由于日本政治家在尚未形成战略共识的核问题上的争论，尽管以日美同盟为基础，但美国对日本走向核武装的担心仍未消除。经过了卡特政权时期美日在和平利用核能（核能发电）的艰苦谈判后，日本国会终于在 1976 年批准了加入《核不扩散条约》（NPT），日本在核问题上的政策也被纳入了一定的框架之内（黑崎［2006］）。

由此可见，为吉田路线注入具体政策、日本安全政策的基础制度化的进程不断发展的同时，日本推动着"全方位外交"（若月

［2006］）。其第一步就是以 1971 年 7 月尼克松突然访华促成中美和解为契机的中日关系正常化（1972 年 9 月）（緒方 ［1992］）。时任首相田中角荣随后于 1973 年 10 月访问了莫斯科，力图在中苏之间实行等距离外交。这也反映了身处中美苏大三角高度战略博弈夹缝中的日本与权力政治保持一定距离并寻求某种自立的外交姿态。

1974 年 1 月田中访问东南亚各国期间，在曼谷及雅加达发生了大规模的反日游行，极大地震动了日本政府。其后以外务省为中心，日本政府再次对东南亚政策进行检讨，并于 1977 年 8 月推出了福田主义。具体而言，福田赳夫首相在马尼拉提出了包括三个方面的东南亚政策新方针：①日本不会成为军事大国；②构筑与东南亚以心交心的关系；③通过对东盟各国以及印支半岛各国的援助，为东南亚地区的稳定做出贡献（友田［1988］）。

20 世纪 70 年代末，出现了综合安全保障论及环太平洋连带构想。1978 年 12 月出任首相的大平正芳推动建立包括经济合作、文化外交等在内的综合安全保障体制，以补充和完善《日美安保条约》与自卫力相结合的安全机制。为了综合应对局势，这一构想意欲在相互依存的世界中定位日本的自卫与日美同盟结合这一狭义的安全政策，包含推出《防卫计划大纲》与《日美防卫合作指针》结合路线的防务政策的思路。

同时大平还积极推动环太平洋连带构想。大平首相 1980 年 1 月访问澳大利亚时与弗雷泽总理就进一步深入探讨环太平洋连带构想达成共识。其后，作为对日澳合作的推动，从民间层面上展开了对这一构想的探讨，并最终促成了 1989 年 11 月在堪培拉召开的第一次亚太经济合作（APEC）部长级会议（船橋［1995］，菊池［1995］，渡邉［2005］）。

20 世纪 80 年代与吉田主义论

如上所述，有些观点认为战后日本外交在 20 世纪 70 年代全面开花结果。可以说，在经历了50年代对吉田路线潜在结构性问题的不断摸索以及60年代的高速增长之后，日本外交在吉田路线的前提下得以迅速和全面扩展。但是，也产生了严重的问题，即这种发展只有通过搁置作为外交政策基础的吉田路线的矛盾才有可能实现。围绕着安全问题的国内论战依然分裂，日本政府仍无法明言军事安全一词，也无法对大国间的权力政治提出明确的立场。

应该说，这种政策也孕育了20世纪70年代后日渐高涨的对日本"免费乘车"的批判。"免费乘车"论可谓日本外交基础的日美安全关系的干扰因素。随着70年代美苏缓和的结束，这一因素变得更加严重。1979年1月1日，在抗衡苏联的思维下中美实现了关系正常化，并成为国际政治的重要转机。被步步紧逼的苏联于1979年末军事入侵阿富汗，美苏关系倒退到了"新冷战"。

面对国际政治的变化，大平进一步明确了日本作为"西方一员"的立场。1979年5月访美之际，大平作为日本首相在战后第一次称呼美国为"盟友"，并进而与美国采取一致步调抵制莫斯科奥运会以抗议苏联入侵阿富汗。1980年6月大平在参众两院同时选举的竞选活动中突然去世，铃木善幸接任首相。而以美国为基轴的外交在铃木后的中曾根康弘那里进一步明确。在1982年11月就任首相后，于次年1月连续访问韩国与美国。他在强调日本与韩国的安全息息相关的同时，还修复了因提供武器技术及同盟问题而日渐疏远的对美关系。

吉田主义的理论就是在上述批判"免费乘车"与强化日美同盟的过程中出现的。为了说明战后日本外交具有一定战略性而第一次使用"吉田主义"一词的应是1977年7月西原正的英文论文（Nishihara［1978］）。其后西原在坚持只有吉田主义才是日本的外交战略的同时，也认为进入80年代后吉田主义的有效性正在丧失。80年代前期，望月（Mike Mochizuki）也提到了西原的这篇论文，并表示将依赖与美国的安全关系并最小限度发展防务力以集中发展经济的战后日本战略称为"吉田战略"并非言过其实（Mochizuki ［1983-84］）。

此时永井阳之助、肯尼斯·派尔（Kenneth B. Pyle）也开始提出同样的主张。永井在1984年使用了吉田主义一词并将其作为"保守本流外交路线的总称"，通过吉田主义内在的政治现实主义逻辑诠释了里根政权与中曾根政权诞生等新保守主义潮流高涨给军事现实主义带来的危险性。几乎与此同时，派尔注意到吉田主义内在的对美依存思维抑制了日本自尊心这一侧面，认为中曾根执政大受欢迎的背景正是要恢复源于吉田主义的挫折感与自尊心的冲动（日本国际政治学会［2008］添谷论文）。

总之，吉田主义论可以划分为几种类型，但其共同之处在于，开始认识到吉田路线局限性之际，也是再次确证吉田路线内在逻辑之时。即战后宪法被解读为轻武装路线，强调经济中心主义，而经济中心主义则以《日美安保条约》为支撑，这一逻辑（即轻军备、经济中心、日美同盟）被肯定为战后日本外交战略性的体现。

1985年"广场协议"后，日元的急速升值引发了日本的资产泡沫，随后日本外交正式进入了经济摩擦的时代。在欧美等国，日本威胁论的论调与日本异质论"配套"日趋高涨。日本则通过不断进行最大限度的让步以渡过难关。对于这一艰难时期，表面上尽管产生了没有外部压力日本就不会采取行动的评价，但更为本质的问题则应将其作为在吉田路线基础上形成的外交加以分析。特别是在这一过程中外务省与通产省之间反复激烈的对立表明，基于存在结构性矛盾的吉田路线的外交无法达到可形成日本政府统一战略的高度。从更深层观察，可以说这是在搁置吉田路线之矛盾的同时开启了经济大国化之路的池田外交的遗产在发挥作用。

四、冷战后的日本外交

1989年冷战结束已二十余载，直至今日以战后宪法与《日美安保条约》为两大支柱的外交框架即吉田路线完全没有出现动摇。总体而言，冷战后日本外交的变化可以概括为仍在吉田路线的框架内应对冷战后国际环境的变动。

冷战后最初的变化来自1991年的海湾战争。在国际社会对1990年夏伊拉克吞并科威特这一赤裸裸的侵略行径采取团结一致立场，特别是在以美国为中心的多国部队对伊拉克发动作战的问题上，日本没有成功地以看得见的形式成为其中之一分子。作为苦肉计的总额高达130亿美元的庞大财政支援也被揶揄为"支票外交"。支撑着战后和平主义的绝对反军事主义导致的限制显然是海湾战争中日本"失败"（五百旗頭［2006］）的原因。

饱受这一精神创伤的日本政府在国内政治一片混乱的同时，终于在1992年通过了《国际和平合作法案》。根据这一法案，自卫队参加了联合国柬埔寨临时权力机构（UNTAC）的维和行动，这也是自卫队战后第一次参加联合国的维和行动。其后自卫队先后参加了莫桑比克、卢旺达、戈兰高地、东帝汶等地的人道主义援助及维和行动，展现了战后日本和平主义为国际社会做出贡献的姿态。

日美同盟的再确认过程也在进行。进行再确认的重要契机是朝美两国围绕朝鲜核问题的危机达到顶峰的1994年。这一时期日本开始修改《防卫计划大纲》，在1995年11月内阁会议决定的新大纲中包含了应对周边事态的内容。新大纲也与1978年制定的《日美防卫合作指针》的修订挂钩，新《日美防卫合作指针》的最终报告于1997年公布，1999年通过了《周边事态法》以在日本国内法方面配合新指针（信田［2006］）。

日本政府不愿将这一日美安全关系的强化过程称为日美同盟的"再定义"，而执着于说明其为"再确认"。这其中也包含着政治上的考虑，即不愿刺激因90年代中期台湾海峡危机而对日美意图的猜疑心不断加深的中国。但应承认，更为本质的重要性在于，日美同盟的活性化只是强化了吉田路线这一战后日本外交的深刻现实。

综上所述，日本外交在吉田路线框架内日趋积极的态势表明，虽然不断呈现出积极参加国际安全事务以及强化日美同盟的变化，但批判日本外交缺乏自立性与主体性的政治风潮不但没有衰退，反而进一步高涨。看上去这种说法自相矛盾，但正是这种自相矛盾的状况才反映出即使在冷战后吉田路线的矛盾所带来的结构性问题仍然没有解决。特别是 20 世纪 90 年代中期以来寻求自立的右倾民族主义的动向引人注目。

这一重要转变可以追溯到 1994 年社会党委员长村山富市被选为自民党、社会党、先驱新党联合政权首相后，在国会表明"自卫队合宪、坚持日美同盟"方针之际。此后日本政治中产生了战后和平主义势力急速衰退，右倾民族主义影响力相对增大的趋势。

随着 20 世纪 90 年代中期后对中国及朝鲜的威胁认识的急速增长，纠正基于国际主义动机的战后和平主义之弊端的动向被右倾民族主义绑架的趋势日益明显。2006 年 9 月开始执政的安倍晋三首相更是提出了"摆脱战后机制"的口号，这表明宣扬自立与主体性的右倾民族主义之声已经开始在政治中枢发出。

但是，如战后外交发展一贯所显示的，摆脱吉田路线及战后机制的动向与其说是针对缺乏自立性与依存不可避免带来的战后日本外交结构性问题的处方，更应该认为只是其症状。从解决战争遗留问题与冷战思维并存的旧金山讲和体制到冷战思维衰退的 20 世纪 90 年代后，以正确看待那场战争为前提的战后现实主义的重要性反而可能在不断增加。今天日本所必需的，并不是单纯批评依存与缺乏主体性的问题，而是从国际主义的立场出发构建包括一定程度上的依存与对主体性进行限制的战略。但是，内向性国家主义言论甚嚣尘上的日本政治似乎没有这方面的准备。

结　语

按照进行刺激性论述以抛砖引玉这一编委的要求，本章尝试阐述作为提出问题型的战后日本外交论。因此,本章不可能为战后日本外交推导出任何结论,得出结论本身也不是本章的目的。相反,如果从本章的写作视角出发回顾战后的日本外交,或可发现今后新的研究课题。

首先,作为最重要的宏观问题,就是应如何看待以战后宪法及《日美安保条约》为基础的吉田路线与战后日本实现的和平与繁荣之间的关系。积极肯定上述两者之间的有机联系,并试图从中发现战后日本外交的战略性与成功秘诀的理论就是吉田主义论。但是,如本章所述,吉田路线存在着分裂国家舆论并刺激日本民族主义的结构性问题。吉田主义论发挥着掩盖吉田路线结构性问题的作用。在冷战结束后其结构性问题再次表面化的今天,研究者不应满足于此,而是更有必要在把握各时代脉搏的同时,将吉田路线存在的内在问题,以及尽管如此吉田路线也为战后日本带来一定程度上的成功的原因一并分析。

其次,战后日本的安全防务政策实际上可以称为"中等国家(middle power)外交"(或中等以下)。如果此说成立,就会出现一个问题,即如何分析这一现象与战后日本成为世界第二经济大国的现实之间的关系。战后日本外交中潜藏着这一矛盾,即越是强调大国外交论,作为其反作用,吉田路线内在的主体性缺失这一问题反而越是明显。这种矛盾在基本上存在(对美)依存结构的同时,实际上也是战后日本外交拥有充分主体性这一不易理解之言论的温床。而在弥漫着反华意识的日本社会中,这种本应难以理解的日本外交却看似在对华战略上很容易予以说明,这种倾向不仅在政界,在学术界也不断出现。应该说,无论是作为现实政治问题还是学术问题,这都是不符合牺牲了主体性与自立性的战后日本外交的现象。

这其中存在着如何定义战后日本这一深刻的身份认同的问题。冷战后日本的意见领袖、政治家、外交当局者都试图对日本进行定义,比如"普通国家""不露大国声色的大国""有缺陷的大国""全球文明大国"等。无论是哪种称谓都会给人一种感觉,即日本迷恋大国且必须对此加以表述。但是,加上恰当的形容词本身并不重要,重要的是应意识到,只有在对大国论的修正中,才会蕴藏着重新审视战后日本外交并在构想将来外交战略时所必要的本质性要素。

上述深刻的结构性问题的源泉正是军国主义与侵略战争的历史。吉田路线以及日本战后机制,都深深扎根于处理那场战争遗留问题的国际机制即旧金山讲和体制之中。因此,无论是战后宪法、《日美安保条约》,还是上述两者组合而成的吉田路线,无论存在着多少扭曲之处和逻辑上的矛盾,也很难被撼动。在此可以看到战后日本外交论中历史问题在本质上的重要性。可以说,合理的战后外交论如果排除对历史问题的正确认识是无法成立的,而历史修正主义的冲动以及在历史问题上对中国、韩国的同仇敌忾之心正是日本外交论的局限性所在。

参 考 文 献

日文文献

相澤淳〔二〇〇二〕『海軍の選択――再考真珠湾への道』中央公論新社。

青木保・山内昌之（対談）〔一九九四〕「ハンチントン的世界認識――『文明の衝突』論を危惧する――『脱欧入亜』の愚かさ」『エコノミスト』第七二巻二五号（〈特集〉米国対アジア人権外交の急転回）。

赤木完爾〔一九九一〕『ヴェトナム戦争の起源――アイゼンハワー政権と第一次インドシナ戦争』慶應通信。

明石岩雄〔一九七九〕「新四国借款団に関する一考察――ワシントン会議にいたる列強と中国民族運動の対抗」『日本史研究』第二〇三号。

秋田茂〔二〇〇八〕「グローバルヒストリーの挑戦と西洋史研究」『パブリック・ヒストリー』（大阪大学西洋史研究会編）第五号、三四-四二頁。

秋野豊〔一九九八〕『偽りの同盟――チャーチルとスターリンの間』勁草書房。

秋元英一・菅英輝〔二〇〇三〕『アメリカ20世紀史』東京大学出版会。

浅井基文〔二〇〇二〕『集団的自衛権と日本国憲法』集英社。

麻田貞雄〔一九九三〕『両大戦間の日米関係――海軍と政策決定過程』東京大学出版会。

浅野豊美編〔二〇〇七〕『南洋群島と帝国・国際秩序』慈学社。

浅野豊美・松田利彦編〔二〇〇四〕『植民地帝国日本の法的展開』信山社。

味岡徹〔二〇〇八〕『中国国民党訓政下の政治改革』汲古書院。

安達宏昭〔二〇〇二〕『戦前期日本と東南アジア——資源獲得の視点から』吉川弘文館。

阿部洋〔二〇〇四〕『「対支文化事業」の研究——戦前期日中教育文化交流の展開と挫折』汲古書院。

有賀長雄〔一八九六〕『日清戦役国際法論』陸軍大学校。

有賀貞・宮里政玄編〔一九九八〕『概説アメリカ外交史——対外意識と対外政策の変遷〔新版〕』有斐閣選書。

飯野正子〔二〇〇〇〕『もう一つの日米関係史——紛争と協調のなかの日系アメリカ人』有斐閣。

家近亮子〔二〇〇二〕『蔣介石と南京国民政府——中国国民党の権力浸透に関する分析』慶應義塾大学出版会。

五百旗頭真〔一九八五〕『米国の日本占領政策——戦後日本の設計図』（叢書国際環境）上・下、中央公論社。

五百旗頭真編〔二〇〇六〕『戦後日本外交史〔新版〕』有斐閣アルマ。

五百旗頭真編〔二〇〇八〕『日米関係史』有斐閣ブックス。

五十嵐武士〔一九八六〕『対日講和と冷戦——戦後日米関係の形成』東京大学出版会。

五十嵐武士編〔二〇〇六〕『アメリカ外交と21世紀の世界——冷戦史の背景と地域的多様性をふまえて』昭和堂。

伊香俊哉〔二〇〇二〕『近代日本と戦争違法化体制——第一次世界大戦から日中戦争へ』吉川弘文館。

井口武夫〔二〇〇六〕「対米最終覚書と米大統領の親電の解読工作をめぐる史実の再検証」『国際政治』第一四四号（国際政治研究の最先端3）八五-九八頁。

井竿富雄〔二〇〇三〕『初期シベリア出兵の研究——「新しき救世軍」構想の登場と展開』九州大学出版会。

石井修編〔一九九二〕『一九四〇年代ヨーロッパの政治と冷戦』ミネルヴァ書房。

石井修〔一九九五〕『世界恐慌と日本の「経済外交」——一九三〇～一九三

六年』勁草書房。

石井修〔二〇〇〇〕『国際政治史としての二〇世紀』有信堂高文社。

石川一雄・大芝亮〔一九九二〕「一九八〇年代の日本における国際関係研究」『国際政治』第一〇〇号（冷戦とその後）二七〇-二八五頁。

石島紀之・久保亨編〔二〇〇四〕『重慶国民政府史の研究』東京大学出版会。

石田憲編〔二〇〇七〕『膨張する帝国 拡散する帝国——第二次大戦に向かう日英とアジア』東京大学出版会。

石突美香〔二〇〇〇〕「亡命者リュシコフ——その人物像と一九三〇年代ソ連の内幕」『政治学研究論集』第一二号、五一-六九頁。

泉淳〔二〇〇一〕『アイゼンハワー政権の中東政策』国際書院。

伊藤之雄・川田稔編〔二〇〇七〕『二〇世紀日本と東アジアの形成——一八六七〜二〇〇六』ミネルヴァ書房。

稲田十一〔二〇〇四〕『紛争と復興支援——平和構築に向けた国際社会の対応』有斐閣。

井上勝生〔二〇〇六〕「札幌農学校と植民学の誕生——佐藤昌介を中心に」酒井哲哉編『岩波講座「帝国」日本の学知』第一巻、岩波書店。

井上寿一〔一九九四〕『危機の中の協調外交——日中戦争に至る対外政策の形成と展開』山川出版社。

猪口孝〔一九七八〕『外交態様の比較研究——中国・英国・日本』巌南堂書店。

猪口孝〔一九九九〕「サミュエル・ハンチントン——文明の衝突」『大航海』第二八号（〈増頁特集〉知の先端の十八人）新書館。

猪口孝〔二〇〇七〕『国際関係論の系譜』（シリーズ国際関係論5）東京大学出版会。

猪口孝・原田至郎〔二〇〇二〕「国際政治研究者の専攻戦略——ロジスティック回帰分析と数量化理論による日本国際政治学会会員の属性分析」柳井晴夫ほか編『多変量解析・実例ハンドブック』朝倉書店。

入江昭〔一九六六〕『日本の外交——明治維新から現代まで』中公新書。

入江昭〔一九七八〕『日米戦争』（叢書国際環境）中央公論社。

入江啓四郎〔一九三五〕『支那辺疆と英露の角逐』ナウカ社。

入江啓四郎〔一九三七〕『中国に於ける外国人の地位』日華関係法律事務所。
入江啓四郎〔一九六六〕『中国古典と国際法』成文堂。
岩間陽子〔一九九三〕『ドイツ再軍備』中公叢書。
岩間陽子〔二〇〇三〕「国際安全保障における多国間主義」『国際政治』第一三三号（多国間主義の検証）四二-五七頁。
岩間陽子〔二〇〇四 a〕「米国の同盟システムの新しいかたち――『脅威基盤』から『能力基盤』へ」『外交フォーラム』第一九〇号。
岩間陽子〔二〇〇四 b〕「NATO/EU 拡大とドイツの安全保障政策」『国際問題』第五三七号。
岩間陽子〔二〇〇七〕「Globalization of Security and Europe」『ヨーロッパ研究』（東京大学大学院総合文化研究科・教養学部ドイツ・ヨーロッパ研究センター）第六号。
岩村正史〔二〇〇五〕『戦前日本人の対ドイツ意識』慶應義塾大学出版会。
ヴェーラー、ハンス-ウルリヒ〔一九八三〕大野英二・肥前栄一訳『ドイツ帝国――一八七一～一九一八年』未来社。
植田隆子〔一九八九〕『地域的安全保障の史的研究――国際連盟時代における地域的安全保障制度の発展』山川出版社。
植田捷雄〔一九三九〕『在支列国権益概説』巖松堂。
植田捷雄〔一九四一〕『支那に於ける租界の研究』巖松堂。
植田捷雄〔一九四三〕『支那租借地論』日光書院。
植田捷雄編〔一九五一〕『現代中国を繞る世界の外交』野村書店。
植田捷雄〔一九六九〕『東洋外交史』上・下、東京大学出版会。
上原良子〔一九九四〕「フランスのドイツ政策――ドイツ弱体化政策から独仏和解へ」油井大三郎ほか編『占領改革の国際比較――日本・アジア・ヨーロッパ』三省堂。
植村秀樹〔一九九五〕『再軍備と五五年体制』木鐸社。
ウォーラーステイン、イマニュエル〔二〇〇六〕川北稔訳『近代世界システム――農業資本主義と「ヨーロッパ世界経済」の成立』Ⅰ・Ⅱ、岩波書店。
臼井勝美〔一九七九〕「歴史研究総論」『国際政治』第六一・六二号（戦後日

本の国際政治学）二-五頁。

臼井勝美〔一九九五〕『満洲国と国際連盟』吉川弘文館。

内田孟男・川原彰編〔二〇〇四〕『グローバル・ガバナンスの理論と政策』中央大学出版部。

内田尚孝〔二〇〇六〕『華北事変の研究——塘沽停戦協定と華北危機下の日中関係 一九三二〜一九三五年』汲古書院。

宇都宮太郎関係資料研究会編（編集責任 吉良芳恵・斎藤聖二・櫻井良樹）〔二〇〇七〕『日本陸軍とアジア政策陸軍大将宇都宮太郎日記』全三巻、岩波書店。

宇野重昭〔一九八九〕「神川先生と日本国際政治学会」神川彦松『近代国際政治史』原書房。

海野芳郎〔一九七二〕『国際連盟と日本』原書房。

江口圭一〔二〇〇一〕『十五年戦争研究史論』校倉書房。

江口朴郎〔一九六九〕『帝国主義の時代』岩波書店。

江口朴郎〔一九七五〕『帝国主義時代の研究』岩波書店。

衛藤瀋吉〔一九六八〕『近代中国政治史研究』東京大学出版会。

江夏由樹・中見立夫・西村成雄・山本有造編〔二〇〇五〕『近代中国東北地域史研究の新視角』山川出版社。

遠藤乾編〔二〇〇八a〕『ヨーロッパ統合史』名古屋大学出版会。

遠藤乾編〔二〇〇八b〕『グローバル・ガバナンスの最前線——現在と過去のあいだ』東信堂。

王偉彬〔二〇〇四〕『中国と日本の外交政策——一九五〇年代を中心にみた国交正常化へのプロセス』ミネルヴァ書房。

太田勝洪〔一九九〇〕「アジア近隣諸国との関係」岡部達味編『中国をめぐる国際環境』岩波書店。

大嶽秀夫〔一九八三〕『日本の防衛と国内政治——デタントから軍拡へ』三一書房。

大畑篤四郎〔一九六〇〕「日本における外交史研究の現動向」『国際政治』第一一号（日本外交史研究——昭和時代）一三八-一四八頁。

大畑篤四郎〔一九八六〕「日本国際政治学会三〇年の歩み」『国際政治』日本

国際政治学会創立三〇周年記念号（平和と安全——日本の選択）一六八-一九三頁。

大山郁夫〔一九八七〕『大山郁夫著作集大正デモクラシー期の政治・文化・社会』第四巻（政治の社会的基礎）岩波書店。

岡倉古志郎編〔一九八六〕『バンドン会議と五〇年代のアジア』大東文化大学東洋研究所。

緒方貞子〔一九九二〕添谷芳秀訳『戦後日中・米中関係』東京大学出版会。

緒方貞子・半澤朝彦〔二〇〇七〕『グローバル・ガヴァナンスの歴史的変容——国連と国際政治史』ミネルヴァ書房。

岡本隆司〔一九九九〕『近代中国と海関』名古屋大学出版会。

岡本隆司〔二〇〇四〕『属国と自主のあいだ——近代清韓関係と東アジアの命運』名古屋大学出版会。

岡本隆司〔二〇〇七〕『馬建忠の中国近代』京都大学学術出版会。

岡本隆司〔二〇〇九（予定）〕「序章」岡本隆司・川島真編『近代中国外交の胎動』東京大学出版会。

岡義武〔一九五五〕『国際政治史』岩波全書。

小倉和夫〔二〇〇三〕『吉田茂の自問——敗戦、そして報告書「日本外交の過誤」』藤原書店。

小此木政夫〔一九八六〕『朝鮮戦争——米国の介入過程』（叢書国際環境）中央公論社。

小野田摂子〔一九九九〕「駐華ドイツ大使トラウトマンによる和平工作の中国側史料としての『極密徳国調停案』——解説と全訳」三宅正樹編『ベルリン—ウィーン・東京——二〇世紀前半の中欧と東アジア』論創社。

カー、E. H.〔一九六八〕衛藤瀋吉・斉藤孝訳『両大戦間における国際関係史』清水弘文堂。

カー、E. H.〔一九九六〕井上茂訳『危機の二十年 1919-1939』岩波文庫。

外務省編〔一九五二〕『終戦史録』全二巻、新聞月鑑社。

外務省編〔一九五五〕『日本外交年表竝主要文書』全二巻、日本国際連合協会。

籠谷直人〔二〇〇〇〕『アジア国際通商秩序と近代日本』名古屋大学出版会。

笠原十九司〔一九九七〕『日中全面戦争と海軍――パナイ号事件の真相』青木書店。
片桐庸夫〔二〇〇三〕『太平洋問題調査会の研究――戦間期日本IPRの活動を中心として』慶應義塾大学出版会。
加藤聖文〔二〇〇六〕『満鉄全史――「国策会社」の全貌』講談社。
加藤陽子〔一九九三〕『模索する一九三〇年代――日米関係と陸軍中堅層』山川出版社。
加藤陽子〔二〇〇七〕「興亜院設置問題の再検討――その予備的考察」服部龍二・土田哲夫・後藤春美編『戦間期の東アジア国際政治』中央大学出版部。
金子文夫〔一九九一〕『近代日本における対満州投資の研究』近藤出版社。
神川彦松〔一九四八-五〇〕『近代国際政治史』全三巻全四冊、実業之日本社。
神谷不二〔一九六六〕『朝鮮戦争――米中対決の原形』中公新書。
カルダー、メアリー〔一九九九〕高原孝生訳「反核運動――権力・政治・市民」坂本義和編『核と人間――核と対決する二〇世紀』岩波書店。
川勝平太編〔二〇〇二〕『グローバル・ヒストリーに向けて』藤原書店。
川嶋周一〔二〇〇七〕『独仏関係と戦後ヨーロッパ国際秩序――ドゴール外交と戦後ヨーロッパの構築1958～1969』創文社。
川島真〔二〇〇四〕『中国近代外交の形成』名古屋大学出版会。
川島真・服部龍二編〔二〇〇七〕『東アジア国際政治史』名古屋大学出版会。
川田侃〔一九六三〕『帝国主義と権力政治』東京大学出版会。
川田侃〔一九九六〕『国際関係研究』（国際学Ⅰ）東京書籍。
川田侃・二宮三郎〔一九五九〕「日本における国際政治学の発達」『国際政治』第九号（国際政治学の体系）一一九-一二八頁（川田侃『帝国主義と権力政治』東京大学出版会、一九六三年、附録Ⅰ（資料）として再録）。
川田稔〔二〇〇七〕『浜口雄幸――たとえ身命を失うとも』ミネルヴァ書房。
菅英輝〔一九九二〕『米ソ冷戦とアメリカのアジア政策』ミネルヴァ書房。
菊池努〔一九九五〕『APEC――アジア太平洋新秩序の模索』日本国際問題研

究所。

岸信介〔一九五七〕「日本国際政治学会講演会における岸総理大臣のメッセージ」日本国際政治学会編『日本外交と新安保条約』（国際政治叢書第二巻）有信堂高文社。

北岡伸一〔一九七八〕『日本陸軍と大陸政策――一九〇六‐一九一八年』東京大学出版会。

北岡伸一〔一九八四〕「ワシントン体制と国際協調の精神――マクマリ・メモランダム（一九三五年）によせて」『立教法学』第二三号。

北岡伸一〔一九八七〕『清沢洌――日米関係への洞察』中公新書。

吉川元〔一九九四〕『ヨーロッパ安全保障協力会議で（CSCE）――人権の国際化から民主化支援への発展過程の考察』三嶺書房。

吉川元〔二〇〇七〕『国際安全保障論――戦争と平和、そして人間の安全保障の軌跡』神戸大学研究双書刊行会。

キッシンジャー、ヘンリー〔一九七九〕伊藤幸雄訳『回復された世界平和――メッテルニッヒ、カースルレイおよび平和の諸問題 一八一五～一八二二』原書房。

木畑洋一〔一九九六〕『帝国のたそがれ――冷戦下のイギリスとアジア』東京大学出版会。

木畑洋一〔一九九九〕「序論――国際関係史研究と両大戦間期」『国際政治』第一二二号（両大戦間期の国際関係史）一－七頁。

木畑洋一〔二〇〇一〕『第二次世界大戦――現代世界への転換点』吉川弘文館。

木畑洋一〔二〇〇八〕『イギリス帝国と帝国主義』有志舎。

木村昌人〔一九九七〕『財界ネットワークと日米外交』山川出版会。

金斗昇〔二〇〇八〕『池田勇人政権の対外政策と日韓交渉――内政外交における「政治経済一体路線」』明石書店。

クーデンホーフ＝カレルギー、リヒャルト〔一九六一〕鹿島守之助訳『パン・ヨーロッパ』鹿島研究所。

工藤章・田嶋信雄編〔二〇〇八〕『日独関係史 一八九〇～一九四五』全三巻、東京大学出版会。

久保亨〔一九九九〕『戦間期中国〈自立への模索〉——関税通貨政策と経済発展』東京大学出版会。

久保文明・草野厚・大沢秀介編〔一九九九〕『現代アメリカ政治の変容』勁草書房。

熊本史雄〔二〇〇七〕「戦間期日本外交史研究の現状と課題——『転換期』の新しい外交史像をめぐって」『駒沢史学』第六八号、一二二-一六七頁。

倉科一希〔二〇〇三〕「一九五〇年代後半の米国軍縮・軍備管理政策と同盟関係」『国際政治』第一三四号（冷戦史の再検討）四二-五五頁。

倉科一希〔二〇〇八〕『アイゼンハワー政権と西ドイツ——同盟政策としての東西軍備管理交渉』ミネルヴァ書房。

倉松中〔一九九九〕「海軍軍縮をめぐる一九二〇年代の英米関係——一九二七年ジュネーヴ海軍軍縮会議を中心として」『国際政治』第一二二号（両大戦間期の国際関係史）八七-一〇〇頁。

黒崎輝〔二〇〇六〕『核兵器と日米関係——アメリカの核不拡散外交と日本の選択 一九六〇-一九七六』有志舎。

黒沢文貴〔二〇〇〇〕『大戦間期の日本陸軍』みすず書房。

黒野耐〔二〇〇〇〕『帝国国防方針の研究——陸海軍国防思想の展開と特徴』総和社。

君塚直隆〔二〇〇六〕『パクス・ブリタニカのイギリス外交——パーマストンと会議外交の時代』有斐閣。

ケンプ、トム〔一九七一〕時永淑訳『帝国主義論史』法政大学出版局。

小池聖一〔二〇〇三〕『満州事変と対中国政策』吉川弘文館。

高坂正堯〔一九六〇〕「イギリスとウィーン体制——パクス・ブリタニカの外交的側面」『国際法外交雑誌』第五九巻第三号、四〇一-四四七頁。

高坂正堯〔一九六五〕『海洋国家日本の構想』中央公論社（のち『高坂正堯著作集第1巻』都市出版、一九九八年に収録、さらに中公クラシックス、二〇〇八年として再刊）。

高坂正堯〔一九六八〕『宰相吉田茂』中公叢書（のち『高坂正堯著作集第4巻』都市出版、二〇〇〇年に収録、さらに中公クラシックス、二〇〇六年として再刊）。

高坂正堯〔一九七八〕『古典外交の成熟と崩壊』中央公論社。

黄自進〔一九九六〕「満州事変と中国国民党——諸政治集団間の相克と協調」中村勝範編『満洲事変の衝撃』勁草書房。

河野康子〔一九九四〕『沖縄返還をめぐる政治と外交——日米関係史の文脈』東京大学出版会。

高文勝〔二〇〇三〕「日中通商航海条約改正交渉と王正廷」『情報文化研究』第一七号、六一-九一頁。

国分良成〔一九九三〕「東アジアにおける冷戦とその終焉」鴨武彦編『講座世紀間の国際政治3 アジアの国際秩序』日本評論社。

小谷賢〔二〇〇七〕『日本軍のインテリジェンス——なぜ情報が活かされないのか』講談社。

後藤春美〔二〇〇五〕『アヘンとイギリス帝国——国際規制の高まり 一九〇六〜四三年』山川出版社。

後藤春美〔二〇〇六〕『上海をめぐる日英関係 一九二五〜一九三二年——日英同盟後の協調と対抗』東京大学出版会。

後藤春美〔二〇〇七〕「国際連盟の対中技術協力とイギリス 一九二八〜一九三五年——ライヒマン衛生部長の活動と資金問題を中心に」服部龍二・土田哲夫・後藤春美編『戦間期の東アジア国際政治』中央大学出版部。

小林啓治〔二〇〇二〕『国際秩序の形成と近代日本』吉川弘文館。

小林英夫編〔二〇〇〇〕『近代日本と満鉄』吉川弘文館。

小林道彦〔一九九六〕『日本の大陸政策 一八九五〜一九一四——桂太郎と後藤新平』南窓社。

小林道彦〔二〇〇四・〇五〕「田中政友会と山東出兵 一九二七〜一九二八」一、二『北九州市立大学法政論集』第三二巻第二・三号、二六二-二九四頁、第三三巻第一号、一-五二頁。

小林幸男〔一九八五〕『日ソ政治外交史——ロシア革命と治安維持法』有斐閣。

駒村哲〔一九八九〕「中ソ不可侵条約とソ連の対中国軍事援助」『一橋論叢』第一〇一巻第一号、一一一-一二九頁。

ゴルバチョフ、ミハイル〔一九九六〕工藤精一郎・鈴木康夫訳『ゴルバチョフ回想録』下巻、新潮社。

斎藤鎮男〔一九九一〕『外交——私の体験と教訓』サイマル出版会。

斎藤聖二〔二〇〇一〕『秘 大正三年日独戦史 別巻二 日独青島戦争』ゆまに書房。

斉藤孝〔一九六五〕『第二次世界大戦前史研究』東京大学出版会。

斉藤孝〔一九七八〕『戦間期国際政治史』岩波全書。

齋藤嘉臣〔二〇〇六〕『冷戦変容とイギリス外交——デタントをめぐる欧州国際政治 一九六四〜一九七五年』ミネルヴァ書房。

酒井一臣〔二〇〇六〕「南洋群島委任統治制度の形成——日豪関係の視点から」『二十世紀研究』第七号、一〇三-一二〇頁。

酒井哲哉〔一九九二〕『大正デモクラシー体制の崩壊——内政と外交』東京大学出版会。

酒井哲哉〔二〇〇七〕『近代日本の国際秩序論』岩波書店。

酒井哲哉〔二〇〇八〕「アジア主義の中のアメリカ」五百旗頭真編『日米関係史』有斐閣。

坂元一哉〔二〇〇〇〕『日米同盟の絆——安保条約と相互性の模索』有斐閣。

坂本健蔵〔一九九四〕「吉田茂と不戦条約批准問題」『慶應義塾大学大学院法学研究科論文集』第三五号、二三-四四頁。

坂本義和〔一九九三〕「解説」『岡義武著作集』第七巻、岩波書店。

佐久間正〔一九九九〕「『文明の衝突』は不可避か——サミュエル・ハンチントン『文明の衝突』を読む」『長崎大学総合環境研究』第二巻一号。

櫻井良樹〔二〇〇一〕「加藤高明と英米中三国関係」長谷川雄一編『大正期日本のアメリカ認識』慶應義塾大学出版会。

佐々木卓也〔一九九三〕『封じ込めの形成と変容——ケナン、アチソン、ニッツェとトルーマン政権の冷戦戦略』三嶺書房。

佐々木卓也〔二〇〇八〕『アイゼンハワー政権の封じ込め政策——ソ連の脅威、ミサイル・ギャップ論争と東西交流』有斐閣。

佐々木卓也編〔二〇〇九（近刊）〕『戦後アメリカ外交史〔新版〕』有斐閣アルマ。

佐々木雄太〔一九九七〕『イギリス帝国とスエズ戦争——植民地主義・ナショ

ナリズム・冷戦』名古屋大学出版会。

佐々木揚〔一九七七〕「日清戦争後の清国の対露政策――一八九六年の露清同盟条約の成立をめぐって」『東洋学報』第五九巻第一・二号、六七-一〇四頁。

佐々木揚〔一九八七〕「清代の朝貢システムと近現代中国世界観（1）――マーク・マンコールの研究について」『佐賀大学教育学部研究論文集』第三四巻第二号。

佐々木揚〔一九八八〕「清代の朝貢システムと近現代中国世界観（2）――マーク・マンコールの研究について」『佐賀大学教育学部研究論文集』第三五巻第二号。

佐瀬昌盛〔二〇〇一〕『集団的自衛権――論争のために』PHP研究所。

佐瀬昌盛〔二〇〇四a〕「欧州独自の安全保障？（上）変質する米欧関係（4）」『海外事情』（拓殖大学海外事情研究所）第五二巻二号。

佐瀬昌盛〔二〇〇四b〕「欧州独自の安全保障？（中）変質する米欧関係（5）」『海外事情』（拓殖大学海外事情研究所）第五二巻九号。

佐瀬昌盛〔二〇〇五〕「欧州独自の安全保障？（下）変質する米欧関係（6）」『海外事情』（拓殖大学海外事情研究所）第五三巻二号。

佐道明広〔二〇〇三〕『戦後日本の防衛と政治』吉川弘文館。

佐藤公彦〔一九九九〕『義和団の起源とその運動――中国民衆ナショナリズムの誕生』研文出版。

佐藤慎一〔一九八三-八五〕「鄭観応について――万国公法と商戦（一）（二）（三）」『法学』第四七巻第四号、四八二-五三三頁、第四八巻第四号、五〇五-五五〇頁、第四九巻第二号、二〇一-二五五頁。

佐藤慎一〔一九九六〕『近代中国の知識人と文明』東京大学出版会。

佐藤元英〔一九九二〕『昭和初期対中国政策の研究――田中内閣の対満蒙政策』原書房。

佐藤元英〔二〇〇〇〕『近代日本の外交と軍事――権益擁護と侵略の構造』吉川弘文館。

佐藤元英〔二〇〇五〕「昭和十六年十二月八日対米最後通牒『覚書』と宣戦布告問題」『中央大学文学部紀要』第二〇六号、六三-九三頁。

塩崎弘明〔一九八四〕『日英米戦争の岐路——太平洋の宥和をめぐる政戦略』山川出版社。

塩崎弘明〔二〇〇五〕『日本と国際連合』吉川弘文館。

信田智人〔二〇〇六〕『冷戦後の日本外交——安全保障政策の国内政治過程』ミネルヴァ書房。

篠田英朗〔二〇〇三〕『平和構築と法の支配——国際平和活動の理論的・機能的分析』創文社。

篠田英朗・上杉勇司編〔二〇〇五〕『紛争と人間の安全保障——新しい平和構築のアプローチを求めて』国際書院。

篠原一〔一九六二〕『現代の政治力学——比較現代史的考察』みすず書房。

篠原初枝〔一九九八〕「W. W. ウイロビーと戦間期米中関係——主権国家としての中国」『国際政治』第一一八号（米中関係史）九-二六頁。

篠原初枝〔二〇〇三〕『戦争の法から平和の法へ——戦間期のアメリカ国際法学者』東京大学出版会。

信夫淳平〔一九二六〕『外政監督と外交機関』（国際政治論叢第四巻）日本評論社。

芝崎厚士〔一九九九〕『近代日本と国際文化交流——国際文化振興会の創設と展開』有信堂高文社。

柴田紳一〔一九九五〕『昭和期の皇室と政治外交』原書房。

澁谷由里〔二〇〇四〕『馬賊で見る「満洲」——張作霖のあゆんだ道』講談社。

下斗米伸夫〔二〇〇四〕『アジア冷戦史』中公新書。

シューマン、F. L.〔一九七三〕長井信一訳『国際政治』上・下、東京大学出版会。

朱建栄〔一九九一〕『毛沢東の朝鮮戦争——中国が鴨緑江を渡るまで』岩波書店（岩波現代文庫、二〇〇四年）。

首藤もと子〔一九九三〕『インドネシア——ナショナリズム変容の政治過程』勁草書房。

シュペングラー、オズワルド〔一九五二〕村松正俊訳『西洋の没落——世界史の形態学の素描』1、五月書房。

シュンペーター、ヨーゼフ〔一九五六〕都留重人訳『帝国主義と社会階級』岩波書店。

庄司潤一郎〔二〇〇一〕「近衛文麿の対米観――『英米本位の平和主義を排す』を中心として」長谷川雄一編『大正期日本のアメリカ認識』慶應義塾大学出版会。

「初期コミンテルンと東アジア」研究会編〔二〇〇七〕『初期コミンテルンと東アジア』不二出版。

ジョル、ジェイムズ〔一九七五・七六〕池田清訳『ヨーロッパ一〇〇年史』1・2、みすず書房。

ジョル、ジェームズ〔一九九七〕池田清訳『第一次世界大戦の起原〔改訂新版〕』みすず書房。

白石隆〔一九九七〕『スカルノとスハルト――偉大なるインドネシアをめざして』岩波書店。

白石隆〔二〇〇〇〕『海の帝国――アジアをどう考えるか』中公新書。

白石仁章〔一九九五〕「外交史料の日露比較――一九三一年一一月七日廣田・カラハン会談記録を一例に」『外交史料館報』第八号、六四-六八頁。

ジロー、ルネ〔一九九八〕渡邊啓貴ほか訳『国際関係史1871〜1914年――ヨーロッパ外交、民族と帝国主義』未来社。

ジロー、ルネ、ロベール・フランク〔二〇〇九（予定）〕渡邊啓貴監訳『風雲の中のヨーロッパ（仮）』岩波書店。

神余隆博〔一九九五〕『新国連論――国際平和のための国連と日本の役割』大阪大学出版会。

末廣昭〔一九九二〕「東南アジア経済論――思想の輸出から工業製品の輸出へ」東京大学社会科学研究所編『現代日本社会3 国際比較2』東京大学出版会。

杉原薫〔一九九六〕『アジア間貿易の形成と構造』ミネルヴァ書房。

鈴木多聞〔二〇〇七〕「鈴木貫太郎内閣と対ソ外交」『国際関係論研究』第二六号、五一-六九頁。

鈴木智夫〔一九九二〕『洋務運動の研究――一九世紀後半の中国における工業化と外交の革新についての考察』汲古書院。

須藤眞志〔一九九九〕『ハル・ノートを書いた男――日米開戦外交と「雪」作戦』文春新書。

砂田一郎〔一九九九〕『現代アメリカ政治――20世紀後半の政治社会変動〔新版〕』芦書房。

スラヴィンスキー、ボリス〔一九九九〕加藤幸廣訳『日ソ戦争への道――ノモンハンから千島占領まで』共同通信社。

関静雄〔二〇〇一〕『大正外交――人物に見る外交戦略論』ミネルヴァ書房。

関静雄〔二〇〇七 a〕『ロンドン海軍条約成立史――昭和動乱の序曲』ミネルヴァ書房。

関静雄編〔二〇〇七 b〕『「大正」再考――希望と不安の時代』ミネルヴァ書房。

妹尾哲史〔二〇〇三〕「ブラントの東方政策と人的交流の拡大――バールの構想と東西ドイツ首脳会談に着目して」『六甲台論集（国際協力研究編）』第四号、三九-六〇頁。

添谷芳秀〔一九九五〕『日本外交と中国 一九四五～一九七二』慶應通信。

添谷芳秀〔二〇〇五〕『日本の「ミドルパワー」外交――戦後日本の選択と構想』ちくま新書。

台湾史研究部会編〔二〇〇三〕『台湾の近代と日本』中京大学社会科学研究所。

高綱博文編〔二〇〇五〕『戦時上海――一九三七～四五年』研文出版。

高橋勝浩編〔二〇〇〇〕「『出淵勝次日記』（二）――大正十二年～十五年」『國學院大學日本文化研究所紀要』第八五輯、三七三-五三〇頁。

高橋勝浩〔二〇〇七〕「日中開戦後の日本の対米宣伝政策――『正義日本』の宣明から文化事業へ」服部龍二・土田哲夫・後藤春美編『戦間期の東アジア国際政治』中央大学出版部。

高橋進〔一九九九〕『歴史としてのドイツ統一――指導者たちはどう動いたか』岩波書店。

高原秀介〔二〇〇六〕『ウィルソン外交と日本――理想と現実の間 一九一三-一九二一』創文社。

高光佳絵〔二〇〇八〕『アメリカと戦間期の東アジア――アジア・太平洋国

際秩序形成と「グローバリゼーション」』青弓社。

武田知己〔二〇〇二〕『重光葵と戦後政治』吉川弘文館。

田嶋信雄〔一九九二〕『ナチズム外交と「満洲国」』千倉書房。

田嶋信雄〔一九九七〕『ナチズム極東戦略――日独防共協定を巡る諜報戦』講談社。

田嶋信雄〔二〇〇七〕「孫文の『中独ソ三国連合』構想と日本 一九一七～一九二四年――『連ソ』路線および『大アジア主義』再考」服部龍二・土田哲夫・後藤春美編『戦間期の東アジア国際政治』中央大学出版部。

立川京一〔二〇〇〇〕『第二次世界大戦とフランス領インドシナ――「日仏協力」の研究』彩流社。

田所昌幸編〔二〇〇六〕『ロイヤル・ネイヴィーとパクス・ブリタニカ』有斐閣。

田中明彦〔一九九六〕『新しい「中世」――21世紀の世界システム』日本経済新聞社。

田中明彦〔一九九七〕『安全保障――戦後50年の模索』（21世紀の日本2）読売新聞社。

田中明彦〔二〇〇七〕『アジアのなかの日本』（日本の現代2）NTT出版。

田中孝彦〔一九九三〕『日ソ国交回復の史的研究――戦後日ソ関係の起点：1945～1956』一橋大学法学部研究叢書）有斐閣。

田中隆一〔二〇〇七〕『満洲国と日本の帝国支配』有志舎。

田畑茂二郎〔一九四六〕『国家平等観念の転換』秋田屋。

田保橋潔〔一九四〇〕『近代日鮮関係の研究』上・下、朝鮮総督府中枢院。

田保橋潔〔一九五一〕『日清戦役外交史の研究』刀江書院。

玉井清編〔二〇〇八〕『戦時日本の国民意識――国策グラフ誌「写真週報」とその時代』慶應義塾大学出版会。

田村幸策〔一九三五〕『支那外債史論』外交時報社。

田村幸策〔一九三六〕『支那外債史論〔改訂版〕』外交時報社。

田村幸策〔一九三八〕『最近支那外交史』上・中、外交時報社。

茶谷誠一〔二〇〇〇〕「国際連盟脱退の政治過程――輔弼体制再編の視角から」『日本史研究』第四五七号、一-二七頁。

塚本元〔一九九六〕「福州事件と中日交渉——『軍閥期』北京外交部の役割の一例」近代史研究所編『第三届近百年中日関係研討会論文集』上冊、台北・近代史研究所、三八三-四一四頁。

土田哲夫〔一九九七〕「一九二九年の中ソ紛争と『地方外交』」『東京学芸大学紀要第三部門社会科学』第四八集、一七三-二〇七頁。

土屋光芳〔二〇〇四〕『汪精衛と蔣汪合作政権』人間の科学新社。

角田順〔一九六三〕「あとがき」日本国際政治学会太平洋戦争原因研究部編『太平洋戦争への道』第七巻、朝日新聞社。

テイラー、A. J. P.〔一九七七〕吉田輝夫訳『第二次世界大戦の起源』中央公論社。

テイラー、A. J. P.〔一九九二〕井口省吾訳『近代ドイツの辿った道——ルターからヒトラーまで』名古屋大学出版会。

寺本康俊〔一九九九〕『日露戦争以後の日本外交——パワー・ポリティクスの中の満韓問題』信山社。

寺山恭輔〔二〇〇一〕「駐日ソ連全権代表トロヤノフスキーと一九三二年の日ソ関係」『東北アジア研究』第五号、六七-九一頁。

ドウス、ピーター〔一九九二a〕藤原帰一訳「植民地なき帝国主義——『大東亜共栄圏』の構想」『思想』八一四号。

ドウス、ピーター〔一九九二b〕浜口裕子訳「日本/西欧列強/中国の半植民地化」『岩波講座 近代日本と植民地』第二巻(帝国統治の構造)岩波書店。

等松春夫〔一九九九〕「南洋群島委任統治継続をめぐる国際環境 一九三一-三五——戦間期植民地支配体制の一断面」『国際政治』第一二二号(両大戦間期の国際関係史)一〇一-一一五頁。

遠山茂樹・今井清一・藤原彰〔一九五九〕『昭和史〔新版〕』岩波新書。

栃木利夫・坂野良吉〔一九九七〕『中国国民革命——戦間期東アジアの地殻変動』法政大学出版局。

戸部良一〔一九九一〕『ピース・フィーラ——支那事変和平工作の群像』論創社。

戸部良一〔一九九九〕『日本陸軍と中国——「支那通」にみる夢と蹉跌』講

談社。

富田武〔二〇〇七〕「満州事変前後の日ソ漁業交渉――国家統制下の漁区安定化へ」『歴史学研究』第八三四号、四七-六三、八〇頁。

冨塚一彦〔一九九九〕「一九三三、四年における重光外務次官の対中国外交路線――『天羽声明』の考察を中心に」『外交史料館報』第一三号、五二-七五頁。

友田錫〔一九八八〕『入門・現代日本外交――日中国交正常化以後』中公新書。

豊下楢彦〔二〇〇七〕『集団的自衛権とは何か』岩波書店。

永井和〔二〇〇七〕『日中戦争から世界戦争へ』思文閣出版。

永井陽之助〔一九七八〕『冷戦の起源――戦後アジアの国際環境』（叢書国際環境）中央公論社。

中島信吾〔二〇〇六〕『戦後日本の防衛政策――「吉田路線」をめぐる政治・外交・軍事』慶應義塾大学出版会。

長田彰文〔二〇〇五〕『日本の朝鮮統治と国際関係――朝鮮独立運動とアメリカ 一九一〇～一九二二』平凡社。

中谷直司〔二〇〇六〕「対列強協調から対米協調へ――日本外務省の政策構想の変容 一九一六～一九一九」『同志社法学』第五八巻第四号、二二九-二九五頁。

中西寛〔二〇〇三〕"吉田ドクトリン"の形成と変容――政治における『認識と当為』との関連において」『法学論叢』第一五二巻第五一六号、二七六-三一四頁。

納家政嗣〔二〇〇三〕『国際紛争と予防外交』有斐閣。

奈良岡聰智〔二〇〇六〕『加藤高明と政党政治――二大政党制への道』山川出版社。

西川吉光〔一九九五〕『ヘゲモニーの国際関係史――戦争・平和・覇権国家の興亡と21世紀の国家戦略』晃洋書房。

西田敏宏〔二〇〇二〕「ワシントン体制と幣原外交」川田稔・伊藤之雄編『二〇世紀日米関係と東アジア』風媒社。

西村成雄編〔二〇〇四〕『中国外交と国連の成立』法律文化社。

二宮三郎〔一九六四〕「戦後日本における国際政治学の動向」『国際政治』第二五号（現代国際政治の基本問題）一一五-一二四頁。

二宮三郎〔一九八一〕「国際関係論研究の発達と動向」斉藤孝編『国際関係論入門〔新版〕』有斐閣。

日本国際政治学会太平洋戦争原因研究部編〔一九六二-六三〕『太平洋戦争への道——開戦外交史』全七巻+別巻・資料編、朝日新聞社（一九八七年に新装版刊行）。

日本国際政治学会編〔一九五七 a〕『国際政治』第一号（平和と戦争の研究）。

日本国際政治学会編〔一九五七 b〕『国際政治』第三号（日本外交史研究——明治時代）。

日本国際政治学会編〔一九五八〕『国際政治』第六号（日本外交史研究——大正時代）。

日本国際政治学会編〔一九八二〕『国際政治』第七二号（第二次大戦前夜——一九三九年夏の国際関係）。

日本国際政治学会編〔二〇〇一〕『国際政治』第一二六号（冷戦の終焉と六〇年代性）。

日本国際政治学会編〔二〇〇三〕『国際政治』第一三四号（冷戦史の再検討）。

日本国際政治学会編〔二〇〇八〕『国際政治』第一五一号（吉田路線の再検証）。

野田宣雄〔二〇〇四〕「『文明の衝突』ハンチントン、アメリカ魂へ帰る」『諸君』第三六巻八号。

萩原充〔二〇〇〇〕『中国の経済建設と日中関係——対日抗戦への序曲 一九二七～一九三七年』ミネルヴァ書房。

長谷川毅〔二〇〇六〕『暗闘——スターリン、トルーマンと日本降伏』中央公論新社。

秦郁彦〔一九九六〕『盧溝橋事件の研究』東京大学出版会。

波多野澄雄〔一九七九〕「日本外交史㊂昭和前期」『国際政治』第六一・六二号（戦後日本の国際政治学）一二-一七頁。

波多野澄雄〔一九九一〕『幕僚たちの真珠湾』朝日選書。
波多野澄雄〔一九九六〕『太平洋戦争とアジア外交』東京大学出版会。
波多野澄雄編〔二〇〇四〕『池田・佐藤政権期の日本外交』ミネルヴァ書房。
波多野澄雄・佐藤晋〔二〇〇七〕『現代日本の東南アジア政策 一九五〇〜二〇〇五』早稲田大学出版部。
波多野澄雄・戸部良一編〔二〇〇六〕『日中戦争の国際共同研究 二 日中戦争の軍事的展開』慶應義塾大学出版会。
服部聡〔二〇〇二〕「松岡外交と太平洋戦争」川田稔・伊藤之雄編『二〇世紀日米関係と東アジア』風媒社。
服部龍二〔二〇〇一〕『東アジア国際環境の変動と日本外交 1918-1931』有斐閣。
服部龍二〔二〇〇五〕「『田中上奏文』と日中関係」中央大学人文科学研究所編『民国後期中国国民党政権の研究』中央大学出版部。
服部龍二〔二〇〇六〕『幣原喜重郎と二十世紀の日本——外交と民主主義』有斐閣。
服部龍二編〔二〇〇八〕『王正廷回顧録 Looking Back and Looking Forward』中央大学出版部。
服部龍二・土田哲夫・後藤春美編〔二〇〇七〕『戦間期の東アジア国際政治』中央大学出版部。
馬場明〔一九八三〕『日中関係と外政機構の研究——大正・昭和期』原書房。
浜口裕子〔一九九六〕『日本統治と東アジア社会——植民地期朝鮮と満洲の比較研究』勁草書房。
濱下武志〔一九八九〕『中国近代経済史研究——清末海関財政と開港場市場圏』汲古書院。
濱下武志〔一九九〇〕『近代中国の国際的契機——朝貢貿易システムと近代アジア』東京大学出版会。
濱下武志〔一九九七〕『朝貢システムと近代アジア』岩波書店。
林毅陸〔一九〇八・〇九〕『欧洲近世外交史』上・下、慶應義塾出版局。
原口邦紘〔二〇〇四〕「『帝国政府ノ対米通牒覚書』（案）について」『外交史料館報』第一八号、三九-七三頁。

原暉之〔一九八九〕『シベリア出兵革命と干渉 一九一七〜一九二二』筑摩書房。

春名展生〔二〇〇七〕「国際政治学の生物学的基礎——神川彦松の忘れられた一面」『国際政治』第一四八号（国際政治研究の先端4）。

判澤純太〔二〇〇二〕『法幣（リーガルテンダー）をめぐる日満中関係』信山社。

ハンチントン、サミュエル・P.〔二〇〇〇〕鈴木主税訳『文明の衝突と二一世紀の日本』集英社。

坂野潤治〔一九七七〕『明治・思想の実像』創文社。

坂野正高〔一九七〇〕『近代中国外交史研究』岩波書店。

坂野正高〔一九七三〕『近代中国政治外交史——ヴァスコ・ダ・ガマから五四運動まで』東京大学出版会。

坂野正高〔一九七四〕「政治外交史——清末の根本資料」坂野正高・田中正俊・衛藤瀋吉編『近代中国研究入門』東京大学出版会。

坂野正高〔一九八五〕『中国近代化と馬建忠』東京大学出版会。

坂野良吉〔二〇〇四〕『中国国民革命政治過程の研究』校倉書房。

樋口秀実〔二〇〇二〕『日本海軍から見た日中関係史研究』芙蓉書房出版。

樋口秀実〔二〇〇七〕「一九三五年中国幣制改革の政治史的意義」服部龍二・土田哲夫・後藤春美編『戦間期の東アジア国際政治』中央大学出版部。

ピーティー、マーク〔一九九六〕浅野豊美訳『植民地——帝国50年の興亡』読売新聞社。

姫田光義・山田辰雄編〔二〇〇六〕『日中戦争の国際共同研究 一 中国の地域政権と日本の統治』慶應義塾大学出版会。

平間洋一〔一九九八〕『第一次世界大戦と日本海軍——外交と軍事の連接』慶應義塾大学出版会。

ヒルファディング、R.〔一九八二〕岡崎次郎訳『金融資本論』全二巻、岩波文庫。

広瀬佳一〔一九九三〕『ポーランドをめぐる政治力学——冷戦への序章 一九三九〜一九四五年』勁草書房。

広瀬佳一〔二〇〇五〕「欧州安全保障・防衛政策の可能性——NATOとの関係

を中心に」『国際政治』第一四二号（新しいヨーロッパ拡大――EUの諸相）。

広瀬佳一〔二〇〇六〕「NATO軍事機構の「欧州化」と米欧関係」『国際安全保障』第三四巻三号。

樋渡由美〔一九九〇〕『戦後政治と日米関係』東京大学出版会。

フィッシャー、フリッツ〔一九七二・八三〕村瀬興雄監訳『世界強国への道――ドイツの挑戦 一九一四～一九一八年』Ⅰ・Ⅱ、岩波書店。

フェアバンク、J. K.〔一九九四〕平野健一郎・蒲地典子訳『中国回想録』みすず書房。

深町英夫〔一九九九〕『近代中国における政党・社会・国家――中国国民党の形成過程』中央大学出版部。

藤原帰一〔一九九二〕「アジア冷戦の国際政治構造――中心・前哨・周辺」東京大学社会科学研究所編『現代日本社会7 国際化』東京大学出版会。

藤原帰一〔一九九八〕「ナショナリズム・冷戦・開発――戦後東南アジアにおける国民国家の理念と制度」東京大学社会科学研究所編『20世紀システム4 開発主義』東京大学出版会。

藤原帰一〔二〇〇二〕『デモクラシーの帝国――アメリカ・戦争・現代世界』岩波新書。

船橋洋一〔一九九五〕『アジア太平洋フュージョン――APECと日本』中央公論社。

夫馬進編〔二〇〇七〕『中国東アジア外交交流史の研究』京都大学学術出版会。

古瀬啓之〔二〇〇七〕「英国と東アジア――一九二〇年代の東アジア政策の展開を中心に」伊藤之雄・川田稔編『二〇世紀日本と東アジアの形成――一八六七～二〇〇六』ミネルヴァ書房。

細谷千博〔一九五五〕『シベリア出兵の史的研究』有斐閣。

細谷千博〔一九七二〕『ロシア革命と日本』原書房。

細谷千博〔一九七九〕「総説」『国際政治』第六一・六二号（戦後日本の国際政治学）i-xxii 頁。

細谷千博編〔一九八二〕『日英関係史 一九一七～一九四九』東京大学出版会。

細谷千博〔一九八四〕『サンフランシスコ講和への道』（叢書国際環境）中央公論社。

細谷千博〔二〇〇五〕『シベリア出兵の史的研究』岩波現代文庫（一九五五年に有斐閣から刊行されたものの新装版）。

細谷千博・斎藤眞・今井清一・蠟山道雄編〔一九七一‐七二〕『日米関係史――開戦に至る十年（1931―41年）』全四巻、東京大学出版会。

細谷千博・本間長世・入江昭・波多野澄雄編〔一九九三〕『太平洋戦争』東京大学出版会。

細谷千博・入江昭・後藤乾一・波多野澄雄編〔一九九七〕『太平洋戦争の終結――アジア・太平洋の戦後形成』柏書房。

細谷雄一〔二〇〇一〕『戦後国際秩序とイギリス外交――戦後ヨーロッパの形成1945年～1951年』創文社。

細谷雄一〔二〇〇五〕『外交による平和――アンソニー・イーデンと二十世紀の国際政治』有斐閣。

ホブソン、J. A.〔一九七七〕石沢新二訳『帝国主義論』改造文庫復刻版、改造図書出版販売。

ポミアン、クシシトフ〔二〇〇二〕松村剛訳『増補ヨーロッパとは何か――分裂と統合の一五〇〇年』平凡社ライブラリー。

ポラード、シドニー〔一九九〇〕鈴木良隆・春見涛子訳『ヨーロッパの選択――経済統合への道1815～1970年』有斐閣。

本庄比佐子編〔二〇〇六〕『日本の青島占領と山東の社会経済 一九一四～二二年』東洋文庫。

本庄比佐子・内山雅生・久保亨編〔二〇〇二〕『興亜院と戦時中国調査付刊行物所在目録』岩波書店。

マカートニー、J.〔一九七五〕坂野正高訳注『中国訪問使節日記』東洋文庫、平凡社。

馬暁華〔二〇〇〇〕『幻の新秩序とアジア太平洋――第二次世界大戦期の米中同盟の軋轢』彩流社。

増田弘編著〔二〇〇六〕『ニクソン訪中と冷戦構造の変容――米中接近の衝撃と周辺諸国』慶應義塾大学出版会。

松浦正孝〔一九九五〕『日中戦争期における経済と政治——近衛文麿と池田成彬』東京大学出版会。

松浦正孝編〔二〇〇七〕『昭和・アジア主義の実像——帝国日本と台湾・「南洋」・「南支那」』ミネルヴァ書房。

松岡完〔一九八八〕『ダレス外交とインドシナ』同文舘。

松岡完〔二〇〇三〕『20世紀の国際政治——二度の世界大戦と冷戦の時代〔改訂増補版〕』同文舘出版。

松岡完・広瀬佳一・竹中佳彦編〔二〇〇三〕『冷戦史——その起源・展開・終焉と日本』同文舘出版。

松重充浩〔一九九一〕「張作霖による奉天省権力の掌握とその支持基盤」『史学研究』第一九二号、五三-七〇頁。

松田宏一郎〔二〇〇八〕「『亜細亜』の『他称』性」『江戸の知識から明治の政治へ』ぺりかん社。

松本三郎〔一九七一〕『中国外交と東南アジア』慶應通信。

三谷太一郎〔一九六七〕『日本政党政治の形成——原敬の政治指導の展開』東京大学出版会。

三谷太一郎〔一九九五〕『増補日本政党政治の形成——原敬の政治指導の展開』東京大学出版会。

光田剛〔二〇〇七〕『中国国民政府期の華北政治——一九二八-三七年』御茶の水書房。

簑原俊洋〔二〇〇二〕『排日移民法と日米関係——「埴原書簡」の真相とその「重大なる結果」』岩波書店。

宮城大蔵〔二〇〇一〕『バンドン会議と日本のアジア復帰——アメリカとアジアの狭間で』草思社。

宮城大蔵〔二〇〇四〕『戦後アジア秩序の模索と日本——「海のアジア」の戦後史 1957～1966』創文社。

宮城大蔵〔二〇〇八〕『「海洋国家」日本の戦後史』筑摩書房。

三宅正樹〔二〇〇〇〕『ユーラシア外交史研究』河出書房新社。

三宅正樹〔二〇〇二〕「ハンチントンの『文明の衝突と世界秩序の再編成』をめぐる考察」『明治大学社会科学研究所紀要』第四一巻一号（比較文

明論と国際政治学との接点の追求)。

三宅正樹〔二〇〇七〕『スターリン、ヒトラーと日ソ独伊連合構想』朝日新聞社。

宮杉浩泰〔二〇〇七〕「第二次大戦期日本の暗号解読における欧州各国との提携」『Intelligence』第九号、六〇-六六頁。

宮脇昇〔二〇〇三〕『CSCE人権レジームの研究――「ヘルシンキ宣言」は冷戦を終わらせた』国際書院。

村井良太〔二〇〇五〕『政党内閣制の成立 一九一八〜二七年』有斐閣。

村瀬信也〔二〇〇七〕『自衛権の現代的展開』東信堂。

村田晃嗣〔一九九八〕『大統領の挫折――カーター政権の在韓米軍撤退政策』有斐閣。

メイア、A. J.〔一九八三〕斉藤孝・木畑洋一訳『ウィルソン対レーニン――新外交の政治的起源 一九一七〜一九一八年』Ⅰ・Ⅱ、岩波現代選書。

毛里和子〔一九八九〕『中国とソ連』岩波書店。

最上敏樹〔二〇〇一〕『人道的介入――正義の武力行使はあるか』岩波書店。

茂木敏夫〔一九九七〕『変容する近代東アジアの国際秩序』山川出版社。

モーゲンソー、ハンス・J.「一九八六〕現代平和研究会訳『国際政治』Ⅰ〜Ⅲ、福村出版。

モデルスキー、ジョージ〔一九九一〕浦野起央・信夫隆司訳『世界システムの動態――世界政治の長期サイクル』晃洋書房。

本野英一〔二〇〇四〕『伝統中国商業秩序の崩壊――不平等条約体制と「英語を話す中国人」』名古屋大学出版会。

百瀬宏・植田隆子編〔一九九二〕『欧州安全保障協力会議(CSCE)――一九七五〜九二』日本国際問題研究所。

モラン、エドガール〔一九八八〕林勝一訳『ヨーロッパを考える』法政大学出版局。

森川正則〔二〇〇一〕「寺内内閣期における西原亀三の対中国『援助』政策構想」『阪大法学』第五〇巻第五号、一一七-一四六頁。

森茂樹〔二〇〇二〕「第二次日蘭会商をめぐる松岡外相と外務省――『好機便乗的南進』説の再検討」『歴史学研究』第七六六号、一五-三二頁。

森山優〔一九九八〕『日米開戦の政治過程』吉川弘文館。

森山優〔二〇〇四〕「戦前期における日本の暗号解読能力に関する基礎研究」『国際関係・比較文化研究』第三巻第一号、一五-三七頁。

安井三吉〔一九九三〕『盧溝橋事件』研文出版。

矢内原忠雄〔一九六三〕『矢内原忠雄全集』第一巻(植民政策研究)岩波書店。

矢野仁一〔一九二八〕『支那近代外国関係研究──ポルトガルを中心とせる明清外交貿易』弘文堂書房。

矢野仁一〔一九三〇〕『近世支那外交史』弘文堂書房。

矢野仁一〔一九三七〕『日清役後支那外交史』東方文化学院京都研究所。

矢野仁一〔一九四一〕『満洲近代史』弘文堂。

矢野暢〔一九八六〕『冷戦と東南アジア』中央公論社。

山影進〔一九九一〕『ASEAN──シンボルからシムテムへ』東京大学出版会。

山影進〔二〇〇一〕「日本における国際政治研究の一〇〇年」国際法学会編『日本と国際法の一〇〇年 第1巻 国際社会の法と政治』三省堂。

山田満〔二〇〇三〕『「平和構築」とは何か──紛争地域の再生のために』平凡社。

山根幸夫〔二〇〇五〕『東方文化事業の歴史──昭和前期における日中文化交流』汲古書院。

山本健〔二〇〇七〕「CSCEにおける人の移動の自由および人権条項の起源」『現代史研究』第五三号、一五-三〇頁。

山本健〔二〇〇八〕「ポンピドゥとフランスのCSCE政策──一九六九〜一九七四年」『一橋法学』第七巻第一号、八九-一三三頁。

山本武利〔二〇〇一〕『日本兵捕虜は何をしゃべったか』文春新書。

山本武利〔二〇〇二〕『ブラック・プロパガンダ──謀略のラジオ』岩波書店。

山本有造編〔二〇〇七〕『「満洲」記憶と歴史』京都大学学術出版会。

山本吉宣〔二〇〇六〕『「帝国」の国際政治学──冷戦後の国際システムとアメリカ』東信堂。

油井大三郎〔一九八五〕『戦後世界秩序の形成──アメリカ資本主義と東地

中海地域 一九四四〜一九四七』東京大学出版会。

横山信〔一九六三〕『近代フランス外交史序説』東京大学出版会。

横山宏章〔一九八三〕『孫中山の革命と政治指導』研文出版。

吉崎知典〔二〇〇七〕「米国の同盟政策とNATO——冷戦後の「戦略概念」を中心として」『国際政治』第一五〇号（冷戦後世界とアメリカ外交）。

吉田金一〔一九七四〕『近代露清関係史』近藤出版社。

吉田裕〔一九九二〕『昭和天皇の終戦史』岩波新書。

吉野作造〔一九九五〕「我国近代史に於ける政治意識の発生」『吉野作造選集』第一一巻（開国と明治文化）岩波書店。

李鍾元〔一九九六〕『東アジア冷戦と韓米日関係』東京大学出版会。

劉傑〔一九九五〕『日中戦争下の外交』吉川弘文館。

歴史学研究会編〔一九五三 - 五四〕『太平洋戦争史』全五巻、東洋経済新報社。

レーニン、V. I.〔二〇〇六〕角田安正訳『帝国主義論』光文社古典新訳文庫。

蠟山政道〔一九二八〕『国際政治と国際行政』巖松堂書店。

鹿錫俊〔二〇〇一〕『中国国民政府の対日政策 一九三一〜一九三三』東京大学出版会。

若月秀和〔二〇〇六〕『「全方位外交」の時代——冷戦変容期の日本とアジア 一九七一-八〇年』日本経済評論社。

ワシーリー、モロジャコフ〔二〇〇四〕「ロシアにおける桂太郎・後藤新平関係資料の発掘調査中間報告」『拓殖大学百年史研究』第一四号、一二一-一三〇頁。

渡邉昭夫〔一九七七〕「近代日本における対外関係の諸特徴」中村隆英・伊藤隆編『近代日本研究入門』東京大学出版会。

渡辺昭夫〔一九九二〕『アジア・太平洋の国際関係と日本』東京大学出版会。

渡邉昭夫編〔二〇〇五〕『アジア太平洋連帯構想』NTT出版。

渡辺昭夫・土山實男〔二〇〇一〕『グローバル・ガヴァナンス——政府なき秩序の模索』東京大学出版会。

渡邊啓貴〔一九八二〕「ダラディエ政権下のフランス外交」『国際政治』第七

二号（第二次大戦前夜――一九三九年夏の国際関係）。

渡邊啓貴〔二〇〇八 a〕「EUの共通外交・安全保障政策の現状」『海外事情』第五六巻四号。

渡邊啓貴編〔二〇〇八 b〕『ヨーロッパ国際関係史――繁栄と凋落、そして再生〔新版〕』有斐閣。

和田華子〔二〇〇六〕「第一次世界大戦後における日本外交と在外公館」『人間文化論叢』第八巻、六・一-六・一三頁。

和田春樹〔一九九五〕『朝鮮戦争』岩波書店。

英文文献

Adler, Emanuel [2002], "Constructivism and International Relations," Walter Carlsneas, Beth A. Simmons, and Thomas Risse, eds., *Handbook of International Relations*, London: Sage.

Adler, Emanuel [2005], *Communitarian International Relations: The Epistemic Foundations of International Relations*, London: Routledge.

Akami, Tomoko [2002], *Internationalizing the Pacific: The United States, Japan and the Institute of Pacific Relations in War and Peace, 1919-45*, London: Routledge.

Anderson, Sheldon [2008], *Condemned to Repeat: "Lessons of History" and the Making of U. S. Cold War Containment Policy*, Lanham: Lexington Books.

Ball, Simon J. [1997], *The Cold War: An International History, 1947-1991*, London: Arnold.

Banno, Masataka [1964], *China and the West 1858-1861: The Origins of the Tsungli Yamen*, Cambridge, Mass.: Harvard University Press.

Bartolini, Stefano [2005], *Restructuring Europe*, Oxford University Press.

Békés, Csaba [2008], "The Warsaw Pact and the CSCE Process from 1965 to 1970," Wilfried Loth and Georges-Henri Soutou, eds., *The Making of Détente: Eastern and Western Europe in the Cold War, 1965-75*, London: Routledge.

Berger, Thomas U. [1998], *Cultures of Antimilitarism: National Security in Germany and Japan*, Baltimore: Johns Hopkins University Press.

Berridge, Geoffrey R., Maurice Keens-Soper, and T. G. Otte, eds. [2001], *Diplomatic Theory from Machiavelli to Kissinger*, Houndsmill: Palgrave.

Best, Antony [1995], *Britain, Japan and Pearl Harbor: Avoiding War in East Asia, 1936-41*, London: Routledge.

Blin, Arnaud [2006], *1648, La Paix de Westphalie ou la naissance de l'Europe politique moderne*, Bruxelles: Edition Complexe.

Boutros-Ghali, Boutros [1992], "An Agenda for Peace: Preventive Diplomacy, Peace-making and Peace-Keeping," Report of the Secretary-General Pursuant to the Statement Adopted by the Summit Meeting of the Security Council on 31 January 1992, A/47/277-S/2411117 June 1992.

Boutros-Ghali, Boutros [1995], "Supplement to an Agenda for Peace," Position Paper of the Secretary-General on the Occasion of the Fiftieth Anniversary of the United Nations, A/50/60-S/1995/1, 3 January 1995.

Bozo, Frédéric [2001], *Two Strategies for Europe: De Gaulle, the United States, and the Atlantic Alliance*, Lanham: Rowman & Littlefield.

Brahimi, Lakdha et al. [2000], Report of the Panel on United Nations Peace Operations, August 23, 2000. http://www.un.org/peace/reports/peace_operations/ （二〇〇八年五月十六日阅览）

Bridge, F. R. and Roger Bullen [1980], *The Great Powers and the European States System, 1815-1914*, London, New York: Longman.

Brown, Chris [2000], "International Political Theory: A British Social Science?," *British Journal of Politics and International Relations*, 2-1, pp. 114-123.

Bush, George H. W. [1991], "Address before a Joint Session of the Congress on the Cessation of the Persian Gulf Conflict," 1991/03/06.

Chesterman, Simon [2001], *Just War or Just Peace?: Humanitarian Intervention and International Law*, New York: Oxford University Press.

Chesterman, Simon [2004], *You, The People: The United Nations, Transitional Administration, and State-Building*, Oxford: Oxford University Press.

Chi, Madeleine [1970], *China Diplomacy, 1914-1918*, Cambridge, Mass.: Harvard University Press.

Chu, Pao-chin [1981], *V. K. Wellington Koo: China's Diplomat and Diplomacy of Nationalism 1912-1966*, Hong Kong: Chinese University Press.

Clarence-Smith, William Gervase, Kenneth Pomeranz, and Peer Vries [2006], "Editorial," *Journal of Global History*, Vol. 1, Issue 1, pp. 1-2.

Clark, Ian [1999], *Globalization and International Relations Theory*, Oxford: Oxford University Press.

Clark, Ian [2001], *The Post-Cold War Order: The Spoils of Peace*, Oxford: Oxford University Press.

Commission on Global Governance [1995], *Our Global Neighborhood: The Report of the Commission on Global Governance*, Oxford: Oxford University Press.

Conze, Eckart [2004], "Cold War Crises and Public Opinion: West European Public Opinion and the Berlin Wall, 1961," Wilfried Loth, ed., *Europe, Cold War and Co-Existence 1953-1965*, London: Frank Cass.

Cooper, Robert [1996, 2000], *The Postmodern State and the World Order*, London: Demos.

Cooper, Robert [2003], *The Breaking of Nations: Order and Chaos in the Twenty-First Century*, New York: Atlantic Monthly Press.

Cordier, Henri [1901-1902], *Histoire des relations de la Chine avec les puissances occidentales, 1860-1900*, 3 tom., Paris: F. Alcan.

Cordier, Henri [1905], *L'expédition de Chine de 1857-58*, Histoire diplomatique, notes et documens, Paris.

Cordier, Henri [1906], *L'expédition de Chine de 1860*, Histoire diplomatique, notes et documens, Paris.

Costin, W. C. [1937], *Great Britain and China 1833-1860*, Oxford: Clarendon Press.

Cox, Michael and Caroline Kennedy-Pipe [2005], "The Tragedy of American Diplomacy?: Rethinking the Marshall Plan," *Journal of Cold War Studies*, 7-1, pp. 97-134.

Craft, Stephen G. [2004], *V. K. Wellington Koo and the Emergence of Modern China*, Lexington: University Press of Kentucky.

Craig, Gordon A. [1983], "The Historian and the Study of International Relations," *American Historical Review*, 88-1, pp. 1-11.

Crossley, Pamela Kyle [2008], *What is Global History?*, Cambridge: Polity.

Crow, Carl [1944], *China Takes Her Place*, New York: Harper & Brothers.

Dallek, Robert [1998], *Flawed Giant: Lyndon Johnson and His Times, 1961-1973*, New York: Oxford University Press.

Deighton, Anne [1990], *The Impossible Peace: Britain, the Division of Germany and the Origins of the Cold War*, Oxford: Clarendon Press.

Dennett, T. [1922], *Americans in Eastern Asia, A Critical Study of the Policy of the United States with reference to China, Japan and Korea in the 19th Century*, New York: Macmillan.

Dickinson, Frederick R. [1999], *War and National Reinvention: Japan in the Great War, 1914-1919*, Cambridge, Mass.: Harvard University Press.

Dobbins, James et al., ed. [2007], *The Beginner's Guide to Nation-Building*, Santa Monica: RAND Corporation.

Duffield, John S. [1998], *World Power Forsaken: Political Culture, International Institutions, and German Security Policy after Unification*, Stanford: Stanford University Press.

Dujardin, Vincent [2007], "Go-Between: Belgium and Detente, 1961-1973," *Cold War History*, 7-1, pp. 95-117.

Durch, William [2001], UN Peace Operations and the "Brahimi Report", The Henry L. Stimson Center, http://www.stimson.org/fopo/pdf/peaceopsbr 1001.pdf（二〇〇五年五月十六日阅览）

Duroselle, Jean-Baptiste [2001], *Histoire des relations internationales: de 1919 à 1945*, Paris: Armand Colin.

Dyson, Tom [2008], *The Politics of German Defence and Security: Policy Leadership and Military Reform in the Post-Cold War Era*, Oxford: Berghahn Books.

Eibl, Franz [2001], *Politik der Bewegung: Gerhard Schroder als Aufienminister 1961-1966*, München: Oldenbourg.

Eisenberg, Carolyn Woods [1996], *Drawing the Line: The American Decision to Divide Germany, 1944-1949*, Cambridge: Cambridge University Press.

Elleman, Bruce [2002], *Wilson and China: A Revised History of the Shandong Question*, Armonk: M. E. Sharpe.

Elman, Colin [1997], "Diplomatic History and International Relations Theory: Respecting Differences and Crossing Boundaries," *International Security*, 22-1, pp. 5-21.

Elman, Colin and Miriam Fendius Elman, eds. [2001], *Bridges and Boundaries: Historians, Political Scientists, and the Study of International Relations*, Cambridge, Mass.: MIT Press.

Evangelista, Matthew [1997], "Why Keep Such an Army?: Khrushchev's Troop Reductions," Cold War International History Project Working Paper, No. 19, Washington: Woodrow Wilson Center.

Evangelista, Matthew [1999], *Unarmed Forces: The Transnational Movement to End the Cold War*, Ithaca: Cornell University Press.

Fairbank, John King, ed. [1968], *The Chinese World Order: Traditional Chines Foreign Relations*, Cambridge, Mass.: Harvard Univercity Press.

Fairbank, John King [1969], *Trade and Diplomacy on the China Coast: The Opening of the Treaty Ports, 1842-1854*, Stanford : Stanford University Press.

Ferguson, Niall [2003], *Empire: How Britain Made the Modern World*, London: Allen Lane.

Ferguson, Niall [2004], *Colossus: The Price of America's Empire*, New York: Penguin Press.

Finney, Patrick [2001], "Still 'Marking Time'?: Text, Discourse and Truth in International History," *Review of International Studies*, 27, pp. 291-308.

Finney, Patrick, ed. [2005], *Palgrave Advances in International History*, Basingstoke: Palgrave.

Foschepoth, Josef [1990], "Westintegration Statt Wiedervereinigung: Adenauers Deutschlandpolitik 1949-1955," Josef Foschepoth (Hg.), *Adenauer und die Deutsche Frage*, Gottingen: Vandenhoeck & Ruprecht.

Fukuyama, Francis [1992], *The End of History and the Last Man*, New York: Free Press.

Fukuyama, Francis [2004], *State-Building: Governance and World Order in the 21st Century*, Ithaca: Cornell University Press.

Fukuyama, Francis, ed. [2006], *Nation-Building: Beyond Afghanistan and Iraq*, Baltimore: Johns Hopkins University Press.

Fursenko, Aleksandr and Timothy Naftali [2006], *Khrushchev's Cold War: The Inside Story of an American Adversary*, New York: W. W. Norton.

Gaddis, John Lewis [1987], "Expanding the Data Base: Historians, Political Scientists, and the Enrichment of Security Studies," *International Security*, 12-1, pp. 3-21.

Gaddis, John Lewis [1990], "New Conceptual Approaches to the Study of American Foreign Relations: Interdisciplinary Perspectives," *Diplomatic History*, 14-3, pp. 405-423.

Gaddis, John Lewis [1996], "History, Science, and the Study of International Relations," Ngaire Woods, ed., *Explaining International Relations since 1945*, New York: Oxford University Press.

Gaddis, John Lewis [1997], "History, Theory, and Common Ground," *International Security*, 22-1, pp. 75-85.

Gaddis, John Lewis [2001], "In Defense of Particular Generalization: Rewriting Cold War History, Rethinking International Relations Theory," Colin Elman and Miriam Fendius Elman, eds., *Bridges and Boundaries: Historians, Political Scientists, and the Study of International Relations*, Cambridge, Mass.: MIT Press, pp. 301-326.

Gardner, Roy and Marilyn Young, eds. [2005], *The New American Empire: A 21th Century Teach-in U. S. Foreign Policy*, New York: New Press.

Garton Ash, Timothy [1993], *In Europe's Name: Germany and the Divided Continent*, New York: Random House.

Gills, Barry K. and William R. Thompson, eds. [2006a], *Globalization and Global History*, London: Routledge.

Gills, Barry K. and William R. Thompson [2006b], "Globalizations, Global Histories and Historical Globalises," Barry K. Gills and William R. Thompson, eds., *Globalization and Global History*, Chapter 1, pp. 1-17.

Goto-Shibata, Harumi [1995], *Japan and Britain in Shanghai, 1925-31*, St. Antony's

Macmillan Series, Basingstoke: Macmillam.

Granieri, Ronald J. [2003], *The Ambivalent Alliance: Konrad Adenauer, the CDU/CSU, and the West, 1949-1966*, New York, Oxford: Berghahn Books.

Gray, William Glenn [2003], *Germany's Cold War: The Global Campaign to Isolate East Germany, 1949-1969*, Chapel Hill: University of North Carolina Press.

Greenberg, M. [1951], *British Trade and the Opening of China 1800-1842*, Cambridge: Cambridge University Press.

Gross, Robert A. [2000], "The Transnational Turn: Rediscovering American Studies in a Wider World," *Journal of American Studies*, 34-3, pp. 373-393.

Guillen, Pierre [1992], "Le probleme allemand dans les rapports East-Ouest de 1955 à 1957," *Relations international*, 71.

Guillen, Pierre [1996], *La Question allemande, 1945 à nos jours*, Paris: Imprimerie Nationale.

Haar, Roberta N. [1998], *Explaining Germany's and Japan's Reticence to Assume Regional Security and Political Leadership Roles Befitting Their Economic Status in the Post-Cold War Era*, Ann Arbor: UMI. (Reprint of the author's thesis [PH. D] Pennsylvania State University, 1998.)

Haas, Richard N. [2005], *The Opportunity: America's Moment to Alter History's Course*, New York: Public Affairs.

Haber, Stephen H., David M. Kennedy, and Stephen D. Krasner [1997], "Brothers under the Skin: Diplomatic History and International Relations," *International Security*, 22-1, pp. 34-43.

Hanrieder, Wolfram F. [1989], *Germany, America, Europe: Forty Years of German Foreign Policy*, New Haven: Yale University Press.

Hardt, Michael and Antonio Negri [2000], *Empire*, Cambridge, Mass.: Harvard University Press.

Harris, Errol E. and James A. Yunker, eds. [1999], *Toward Genuine Global Governance: Critical Reactions to "Our Global Neighborhood"*, Westport: Praeger.

Harrison, Hope M. [2003], *Driving the Soviets up the Wall: Soviet-East German Relations, 1953-1961*, Princeton: Princeton University Press.

Hertle, Hans-Hermann [2004], "Germany in the Last Decade of the Cold War," Olav Njolstad, ed., *The Last Decade of the Cold War: From Conflict Escalation to Conflict Transformation*, London: Frank Cass.

Hill, Christopher [1985], "History and International Relations," Steve Smith, ed., *International Relations: British and American Perspectives*, Oxford: Basil Blackwell, pp. 126-145.

Hirobe, Izimi [2001], *Japanese Pride, American Prejudice: Modifying the Exclusion Clause of the 1924 Immigration Act*, Stanford: Stanford University Press.

Hitchcock, William I. [1998], *France Restored: Cold War Diplomacy and the Quest for Leadership in Europe, 1944-1954*, Chapel Hill: University of North Carolina Press.

Hobsbawm, E. J. [2008], *On Empire: America, War, and the Global Supremacy*, New York: Pantheon Books.

Hoffmann, Stanley [1977], "An American Social Science: International Relations," *Daedalus*, 106, pp. 41-60.

Hoffmann, Stanley, Robert O. Keohane, and John J. Measheimer [1990], "Correspondence: Back to the Future, Part II: International Relations Theory and Post-Cold War Europe," *International Security*, 15-2, pp. 191-199.

Hofmann, Arne [2007], *The Emergence of Detente in Europe: Brandt, Kennedy and the Formation of Ostpolitik*, London: Routledge.

Hogan, Michael J. [1998], *A Cross of Iron: Harry S. Truman and the Origins of the National Security State, 1945-1954*, New York: Cambridge University Press.

Hogan, Michael J. [2004], "The 'Next Big Thing': The Future of Diplomatic History in a Global Age," *Diplomatic History*, 28-1, pp. 1-21.

Hogan, Michael J. and Thomas G. Paterson, eds. [2004], *Explaining the History of American Foreign Relations*, 2nd ed., Cambridge: Cambridge University Press.

Horowitz, Richard S. [2004], "International Law and State Transformation in China, Siam, and the Ottoman Empire during the Nineteenth Century," *Journal of World History*, 15-4 (Dec.).

Hsü, Immanuel C. Y. [1960], *China's Entrance into the Family of Nations: the Diplo-*

matic Phase, 1858-1880, Cambridge, Mass.: Harvard University Press.

Hughes, Geraint [2004], "British Policy towards Eastern Europe and the Impact of the 'Prague Spring' 1964-8," *Cold War History*, 4-2, pp. 115-139.

Hughes, R. Gerald [2007], *Britain, Germany and the Cold War: The Search for a European Détente 1949-1967*, London: Routledge.

Hunt, Michael H. [1992], "The Long Crisis in U. S. Diplomatic History: Coming to Closure," *Diplomatic History*, 16-1, pp. 115-140.

Huntington, Samuel P. [1993], "Clash of Civilizations?," *Foreign Affairs*, 72-3 (Summer), pp. 22-49.

Huntington, Samuel P. [1996], *The Clash of Civilizations and the Remaking of World Order*, New York: Simon & Schuster.

ICISS (International Commission on Intervention and State Sovereignty) [2001], Responsibility to Protect. http://www.iciss.ca/report-en.asp（二〇〇八年五月十一日閲覧）

Iguchi, Haruo [2003], *Unfinished Business: Ayukawa Yoshisuke and U. S. -Japan Relations, 1937-1953*, Cambridge, Mass.: Harvard University Press.

Ikenberry, John G. [2001], *After Victory: Institutions, Strategic Restraint, and the Rebuilding of Order after Major Wars*, Princeton: Princeton University Press.

Iriye, Akira [1965], *After Imperialism: The Search for a New Order in the Far East, 1921-1931*, Cambridge, Mass.: Harvard University Press.

Iriye, Akira [2002a], "Internationalizing International History," Thomas Bender, ed., *Rethinking American History in a Global Age*, Berkeley: University of California Press, pp. 47-62.

Iriye, Akira [2002b], *Global Community: The Role of International Organizations in the Making of the Contemporary World*, Berkeley: University of California Press.

Iriye, Akira [2007], "The Transnational Turn," *Diplomatic History*, 31-3, pp. 373-376.

Joll, James [1973], *Europe since 1870: An International History*, London: Weidenfeld and Nicolson.

Jørgensen, Knud Erik [2000], "Continental IR Theory: The Best Kept Secret," *Eu-*

ropean Journal of International Relations, 6-1, pp. 9-42.

Judis, John B. [2004], *The Folly of Empire: What George W. Bush Could Learn from Theodore Roosevelt and Woodrow Wilson*, New York: Scribner.

Judt, Tony [2005], *Postwar: A History of Europe since 1945*, London: Pimlico. (トニー・ジャット/森本醇訳『ヨーロッパ戦後史』上・下、みすず書房、二〇〇八年。)

Kagan, Robert [2003], *Of Paradise and Power: America and Europe in the New World Order*, New York: Alfred A. Knopf. (ロバート・ケーガン/山岡洋一訳『ネォコンの論理――アメリカ新保守主義の世界戦略』光文社、二〇〇三。)

Kahin, George McTurnan [1956], *The Asian-African Conference, Bandung, Indonesia, April, 1955*, Ithaca: Cornell University Press: Oxford: Oxford University Press.

Kaldor, Mary [1990], *The Imaginary War: Understanding the East-West Conflict*, Oxford: Basil Blackwell.

Kaldor, Mary [1999, 2006], *New and Old Wars*, Cambridge: Polity Press.

Katzenstein, Peter J., ed. [1996], *The Culture of National Security: Norms and Identity in World Politics*, New York: Columbia University Press.

Katzenstein, Peter J. [2005], *A World of Regions: Asia and Europe in the American Imperium*, Ithaca: Cornell University Press.

Kennedy, Paul [1987], *The Rise and Fall of the Great Powers: Economic Change and Military Conflict from 1500 to 2000*, New York: Random House.

Kennedy-Pipe, Caroline [2000], "International History and International Relations Theory: A Dialogue beyond the Cold War," *International Affairs*, 76-4, pp. 741-754.

Keohane, Robert O. [2002], *Power and Governance in a Partially Globalized World*, London: Routledge.

Kipp, Yvonne [2002], *Eden, Adenauer und die deutsche Frage: britische Deutschlandpolitik im internationalen Spannungsfeld 1951-1957*, Paderborn: Schoningh.

Kirby, William C. [1984], *Germany and Republican China, 1927-1937*, Stanford: Stanford University Press.

Kirby, William C. [2006], "China's Internationalization in the Early People's Republic: Dreams of a Socialist World," *China Quarterly*, December, pp. 870-890.

Koo, Vi Kyuin Wellington [1912], *The States of Aliens in China*, New York: Columbia University.

Krasner, Stephen D. [1999], *Sovereignty: Organized Hypocrisy*, Princeton: Princeton University Press.

Krasner, Stephen D., ed. [2001], *Problematic Sovereignty: Contested Rules and Political Possibilities*, New York: Columbia University Press.

Kupchan, Charles A. [2002], *The End of the American Era: U. S. Foreign Policy and Geopolitics of the Twenty-First Century*, New York: Alfred A. Knopf.

Larres, Klaus [2006], "The Road to Geneva 1955: Churchill's Summit Diplomacy and Anglo-American Tension after Stalin's Death," Klaus Larres and Kenneth Alan Osgood, eds., *The Cold War after Stalin's Death: A Missed Opportunity for Peace?*, Lanham: Rowman & Littlefield.

Layton, Azza Salama [2000], *International Politics and Civil Rights Policies in the United States, 1941-1960*, New York: Cambridge University Press.

Leffler, Melvyn P. [2007], For the Soul of Mankind: The United States, the Soviet Union, and the Cold War, New York: Hill and Wang.

Lieven, Anatol [2003], "The Empire Strikes Back," *The Nation* (July 7,) www. thenation. com/doc/20030707/lieven (二〇〇八年五月十一日閲覧)

Lieven, Dominic [2000], *Empire: The Russian Empire and Its Rivals*, London: John Murray.

Link, Werner [2001], "Die Entstehung des Moskauer Vertrages im Lichte neuer Archivalien," *Vierteljahrshefte fur Zeitgeschichte*, 49-2, S. 295-315.

Locher, Anna and Christian Nuenlist [2004], "What Role for NATO?: Conflicting Western Perceptions of Détente, 1963-65," *Journal of Transatlantic Studies*, 2-2, pp. 185-208.

Longhurst, Kerry [2004], *Germany and the Use of Force*, Manchester: Manchester University Press.

Loth, Wilfried [1998], *Stalin's Unwanted Child: The Soviet Union, the German Question and the Founding of the GDR, Basingstoke: Macmillan.

Loth, Wilfried [2002], Overcoming the Cold War: A History of Détente, *1950-1991*, Basingstoke: Palgrave.

Lundestad, Geir [1986], "Empire by Invitation?: The United States and Western Europe 1945-1952," *Journal of Peace Research*, 23-3 (September), pp. 263-277.

Lundestad, Geir [1998], *"Empire" by Integration: The United States and European Integration, 1945-1997*, Oxford: Oxford University Press.

Lundestad, Geir [2004], "The European Role at the Beginning and particularly the End of the Cold War," Olav Njolstad, ed., *The Last Decade of the Cold War: From Conflict Escalation to Conflict Transformation*, London: Frank Cass.

Mahan, Erin [2007], "Through the Looking Glass: The Berlin Crisis and Franco-American Perceptions of NATO, 1961-63," Andreas Wenger, Christian Nuenlist, and Anna Locher, eds., *Transforming NATO in the Cold War Challenges beyond Deterrence in the 1960s*, London: Routledge.

Maier, Charles S. [1980], "Marking Time: The Historiography of International Relations," Michael Kammen, ed., *The Past before Us: Contemporary Historical Writing in the United States*, Ithaca: Cornell University Press, pp. 355-387.

Maier, Charles S. [2000], "Consigning the Twentieth Century to History: Alternative Narratives for the Modern Era," *American Historical Review*, 105-3, pp. 807-831.

Mancall, Mark [1984], *China at the Center: 300 Years of Foreign Policy*, New York: Free Press.

Mandelbaum, Michael [2002], *The Ideas that Conquered the World: Peace, Democracy, and Free Markets in the Twenty-First Century*, New York: Public Affairs.

Maresca, John J. [1985], *To Helsinki: The Conference on Security and Cooperation in Europe, 1973-1975*, Durham: Duke University Press.

Mastny, Vojtech [2004], "Did Gorbachev Liberate Eastern Europe?," Olav Njolstad, ed., *The Last Decade of the Cold War: From Conflict Escalation to Conflict Transformation*, London: Frank Cass.

May, Elaine Tyler [1988], *Homeward Bound: American Families in the Cold War Era*, New York: Basic Books.

May, Ernest R. [1971], "The Decline of Diplomatic History," George Athan Billias and Gerald N. Grobs, eds., *American History: Retrospect and Prospect*, New York: Free Press, pp. 399-430.

Mazlish, Bruce [2006], *The New Global History*, London, New York: Routledge.

Mazlish, Bruce and Akira Iriye, eds. [2005], *The Global History Reader*, New York: Routledge.

Mazlish, Bruce and Ralph Buultjens, eds. [1993], *Conceptualizing Global History*, Boulder: Westview.

McKay, Derek and H. M. Scott [1983], *The Rise of the Great Powers 1648-1815*, London, New York: Longman.

McMahon, Robert J. [1994], *The Cold War on the Periphery: The United States, India, and Pakistan*, New York: Columbia University Press.

Mearsheimer, John J. [1990], "Back to the Future: Instability in Europe after the Cold War," *International Security*, 15-1, pp. 5-56.

Mearsheimer, John J. [2000], "India Needs the Bomb," *The New York Times*, March 24.

Mearsheimer, John J. [2001], *The Tragedy of Great Power Politics*, New York: W. W. Norton.

Miskimmon, Alister [2007], *Germany and the Common Foreign and Security Policy of the European Union: Between Euro-peanisation and National Adoptation*, Basingstake: Palgrave Macmillan.

Mitter, Rana and Patrick Major, eds. [2004], *Across the Blocs: Cold War Cultural and Social History*, London: Frank Cass.

Mochizuki, Mike M. [1983-84], "Japan's Search for Strategy," *International Security*, 8-3 (Winter), pp. 152-179.

Morgenthau, Hans J. and Kenneth W. Thompson, eds. [1950], *Principles and Problems of International Politics: Selected Readings*, Chicago: Alfred A. Knopf.

Morse, Hosea Ballou [1910-1918], *The International Relations of the Chinese Empire*, 3 vols., Shanghai: Kelly and Walsh, etc.

Morse, Hosea Ballou [1926-1929], *The Chronicles of the East India Company Trading* to China, 1635-1834, 5 vols., Oxford: Clarendom Press.

Motono, Eiichi [2000], Conflict and Cooperation in Sino-British Business, 1860-1911: The Impact of the Pro-British Commercial Network in Shanghai, St. Antony's Macmillan Series, Basingstoke: Macmillan.

Nagai, Yonosuke and Iriye Akira, eds. [1977], The Origins of the Cold War in Asia, New York: Columbia University Press: Tokyo: University of Tokyo Press.

Nish, Ian, ed. [1982], Anglo-Japanese Alienation, 1919-1952: Papers of the Anglo-Japanese Conference or the History of the Second World War, Cambridge: Cambridge University Press.

Nishihara, Masashi [1978], "How Much Longer the Fruits of the 'Yoshida Doctrine'?," Bae-ho Hahn and Tadashi Yamamoto, eds., Korea arid Japan: A New Dialogue across the Channel, Seoul: Asiatic Research Center, Korea University.

Nye, Joseph S., Jr. [1990], Bound to Lead: The Changing Nature of American Power, New York: Basic Books.

Nye, Joseph S., Jr. [2002], The Paradox of American Power: Why the World's Only Superpower Can't Go It Alone, Oxford: Oxford University Press.

Nye, Joseph S., Jr. [2004], Soft Power: The Means to Success in World Politics, New York: Public Affairs.

Nye, Joseph S., Jr. and Robert Keohane [1977], Power and Interdependence: World Politics in Transition, Boston: Little Brown.

Obitchkina, Evguenia [2005], "La naissance du dialogue franco-sovietique sur l'Europe de la detente: les premieres initiatives sovietiques," Elisabeth du Reau et Christine Manigand, dir., Vers la Reunification de VEurope: Apports et limites du processus d'Helsinki de 1975 à nos jours, Paris: L'Harmattan.

Odom, William E. and Robert Dujarric [2004], America's Inadvertent Empire, New Haven: Yale University Press.

Oliver, Kendrick [1998], "West Germany and the Moscow Test Ban Treaty Negotiations, July 1963," Saki Dockrill, ed., Controversy and Compromise: Alliance Politics between Great Britain, Federal Republic of Germany, and the United States of America, 1945-1967, Bodenheim: Philo.

Olson, William and A. J. R. Groom [1991], *International Relations Then and Now: Origins and Trends in Interpretation*, London: Harper Collins.

Ouimet, Matthew J. [2003], *The Rise and Fall of the Brezhnev Doctrine in Soviet Foreign Policy*, Chapell Hill: University of North Carolina Press.

Painter, David S. [1999], *The Cold War: An International History*, London: Routledge.

Planck, Charles R. [1967], *The Changing Status of German Reunification in Western Diplomacy 1955-1966*, Baltimore: Johns Hopkins University Press.

Poiger, Uta G. [2000], *Jazz, Rock, and Rebels: Cold War Politics and American Culture in a Divided Germany*, Berkely: University of California Press.

Pollard, R. T. [1933], *China's Foreign Relations 1917-1931*, New York: Macmillan.

Pritchard, E. H. [1936], "The Crucial Years of Early Anglo-Chinese Relations, 1750-1800," *Research Studies of the State College of Washington*, 4-3, 4.

Ramet, Sabrina P. [1999], *Balkan Babel: The Disintegration of Yugoslavia from the Death of Tito to the War for Kosovo*, Boulder: Westview Press.

Ramet, Sabrina P. [2005], *Thinking about Yugoslavia: Scholarly Debates about Yugoslav Breakup and the Wars Bosnia and Kosovo*, Cambridge: Cambridge University Press.

Reid, T. R. [2004], *The United States of Europe: The New Superpower and the End of American Supremacy*, New York: Penguin Press.

Reinsch, Paul [1900], *World Politics: At the End of the Nineteenth Century, As Influenced by the Oriental Situation*, New York: Macmillan. (ポール・ラィンシュ/高田早苗訳『帝国主義論』東京専門学校出版部、一九〇一。)

Renouvin, Pierre dir. [1957-58], *Histoire des relations internationales*, I-III, Paris: Hachette (nouv. éd., 1984).

Reynolds, David [2000], *One World Divisible: A Global History since 1945*, New York: W. W. Norton.

Rosenberg, Emily S. [2006], "The Cold War and America's Consumer Society," an unpublished paper submitted to a panel presentation at the 50th Anniverary Convention of the Japanese Association of International Relations, October 14, 2006.

Ross, Dorothy [1991], *The Origins of American Social Science*, Cambridge: Cambridge University Press.

Ross, Graham [1983], *The Great Powers and the Decline of the European States System 1914-1945*, London, New York: Longman.

Ruggie, John Gerald [1996], *Winning the Peace: America and World Order in the New Era*, New York: Columbia University Press.

Ruggie, John Gerald [1998], *Constructing the World Polity: Essays on International Institutionalization*, London: Routledge.

Rusk, Dean, [1991], *As I Saw It*, New York: I. B. Tauris.

Russett, Bruce M., Thorns Risse-Kappen, and John J. Mearsheimer [1990], "Back to the Future, Part III: Realism and the Realities of European Security," *International Security*, 15-3, pp. 216-222.

Sarotte, M. E. [2001], *Dealing with the Devil: East Germany, Detente, and Ostpolitik, 1969-1973*, Chapell Hill: University of North Carolina Press.

Schaller, Michael and George Rising [2002], *The Republican Ascendancy: American Politics, 1968-2001*, Wheeling: Harlan Davidson.

Schlesinger, Arthur M., Jr. [1967], *A Thousand Days: John F. Kennedy in the White House*, Greenwich: A Fawcett Crest Book.

Schmidt, Brian C. [2002], "On the History and Historiography of International Relations," Walter Carlsnaes, Thomas Risse, and Beth A. Simmons, eds., *Handbook of International Relations*, London: Sage, pp. 3-22.

Sheehan, Michael [1996], *The Balance of Power: History and Theory*, London, New York: Routledge.

Shimazu, Naoko [1998], *Japan, Race and Equality: The Racial Equality Proposal of 1919*, London: Routledge.

Smith, Rupert [2006], *The Utility of Force: The Art of War in the Modern World*, London: Penguin Books.

Smith, Steve, ed. [1985], *International Relations: British and American Perspectives*, Oxford: Basil Blackwell.

Smyser, W. R. [1999], *From Yalta to Berlin: The Cold War Struggle over Germany*,

Basingstoke: Macmillan.

Snyder, Glenn H. [2002], "Measheimer's World: Offensive Realism and the Struggle for Security," *International Security*, 27-1, pp. 149-173.

Soborg Agger, Jonathan [2007], "Striving for Detente: Denmark and NATO, 1966-67," Andreas Wenger, Christian Nuen- list, and Anna Locher, eds., *Transforming NATO in the Cold War: Challenges beyond Deterrence in the 1960s*, London: Routledge.

Soutou, Georges-Henri [1996], *L'Alliance incertaine: Les rapports politico-stratégiques Franco-Allemands 1954-1996*, Paris: Fayard.

Steiner, Zara [1997], "On Writing International History: Chaps, Maps, and Much More," *International Affairs*, 73-3, pp. 531-546.

Suri, Jeremi [2003], *Power and Protest: Global Revolution and the Rise of Detente*, Cambridge, Mass.: Harvard University Press.

Swenson-Wright, John [2005], *Unequal Allies?: United States Security and Alliance Policy toward Japan, 1945-1960*, Stanford: Stanford University Press.

Tanaka, Stefan [1993], *Japan's Orient: Rendering Pasts into History*, Berkeley: University of California Press.

Thelen, David [1992], "Of Audiences, Borderlands, and Comparisons: Toward the Internationalization of American History," *Journal of American History*, 79-2, pp. 432-462.

Thomas, Daniel C. [2001], *The Helsinki Effect: International Norms, Human Rights, and the Demise of Communism*, Princeton: Princeton University Press.

Trachtenberg, Marc [1991], *History and Strategy*, Princeton: Princeton University Press.

Trachtenberg, Marc [1999], *A Constructed Peace: The Making of the European Settlement, 1945-1963*, Princeton: Princeton University Press.

Trachtenberg, Marc [2006], *The Craft of International History: A Guide to Method*, Princeton: Princeton University Press.

United States Department of State [1985], *Documents on Germany, 1944-1985*, U. S. Department of State, Office of the Historian, Bureau of Public Affairs.

Vaisse, Maurice [1998], *La Grandeur: Politique étrangère de général de Gaulle 1958-69*, Paris: Fayard.

Van Oudenaren, John [1991], *Détente in Europe: The Soviet Union and the West since 1953*, Durham: Duke University Press.

Waever, Ole [1998], "The Sociology of a Not So International Discipline: American and European Developments in International Relations," *International Organization*, 52-4, pp. 687-727.

Wallace, William V. and Roger A. Clarke [1986], *Comecon, Trade and the West*, London: F. Pinter.

Wallerstein, Immanuel [1976], *The Modern World-System: Capitalist Agriculture and the Origins of the European World-Economy in the Sixteenth Century*, New York: Academic Press.

Walt, Stephen M. [2005], *Taming American Power: The Global Response to U. S. Primacy*, New York: W. W. Norton.

Waltz, Kenneth [1993], "The New World Order," *Millenium: Journal of International Studies*, 22-2, pp. 187-195.

Waltz, Kenneth [2000], "Structural Realism after the Cold War," *International Security*, 25-1 (Summer), pp. 5-41.

Wang, Dong [2005], *China's Unequal Treaties: Narrating National History*, Lanham: Lexington Books.

Wells, H. G. [1925], *The Outline of History: Being a Plain History of Life and Mankind*, London: Cassell.

Wendt, Alexander [1992], "Anarchy is What States Make of It: The Social Construction of Power Politics," *International Organization*, 46-2, pp. 391-425.

Wendt, Alexander [1999], *Social Theory of International Politics*, Cambridge: Cambridge University Press.

Wenger, Andreas [2004], "Crisis and Opportunity: NATO and the Miscalculation of Détente, 1966-1968," *Journal of Cold War Studies*, 6-1.

Westad, Odd Arne [2005], *The Global Cold War: Third World Interventions and the Making of Our Times*, Cambridge, New York: Cambridge University Press.

Wight, Martin [1966], "The Balance of Power," Herbert Butterfield and Martin Wight, eds., *Diplomatic Investigations: Essays in the Theory of International Politics*, London: George Allen & Unwin.

Wight, Martin [1995], *Power Politics*, London: Leicester University Press.

Willoughby, Westel W. [1920], *Foreign Rights and Interests in China*, Baltimore: Johns Hopkins University Press.

Willoughby, Westel W. [1922], *China at the Conference: A Report*, Baltimore: Johns Hopkins University Press.

Willoughby, Westel W. [1935], *The Sino-Japanese Controversy and the League of Nations*, Baltimore: Johns Hopkins University Press.

Wittner, Lawrence S. [1995], *The Struggle against the Bomb: One World or None: A History of the World Nuclear Disarmament Movement through 1953*, Stanford: Stanford University Press.

Wittner, Lawrence S. [1997], *Resisting the Bomb: A History of the World Nuclear Disarmament Movement, 1954-1970*, Stanford: Stanford University Press.

Wittner, LawrenceS. [2003], *Toward Nuclear Abolition: A History of the World Nuclear Disarmament Movement, 1971 to the Present*, Stanford: Stanford University Press.

Wright, Quincy [1955], *The Study of International Relations*, New York: Appleton-Century-Crofts.

Xu Guoqi [2005], *China and the Great War: China's Pursuit of a New National Identity and Internationalization*, Cambridge: Cambridge University Press.

Yamamoto, Takeshi [2007a], "Détente or Integration?: EC Response to Soviet Policy Change towards the Common Market, 1970-75," *Cold War History*, 7-1, pp. 75-94.

Yamamoto, Takeshi [2007b], "The Road to the Conference on Security and Cooperation in Europe, 1969-1973: Britain, France and West Germany," unpublished Ph. D. thesis, London School of Economics.

Yaqub, Salim [2004], *Containing Arab Nationalism: The Eisenhower Doctrine and the Middle East*, Chapel Hill: University of North Carolina Press.

Young, John and John Kent [2004], *International Relations since 1945: A Global History*, Oxford: Oxford University Press.

Zhang Yongjin [1991], *China in the International System, 1918-20: The Middle Kingdom at the Periphery*, Basingstoke: Macmillan.

Zubok, Vladislav [2000], "The Case of Divided Germany, 1953-1964," William Taubman and Sergei Khrushchev et al., eds., *Nikita Khrushchev*, New Haven, London: Yale University Press.

Zubok, Vladislav [2007], *A Failed Empire: The Soviet Union in the Cold War from Stalin to Gorbachev*, Chapel Hill: The University of North Carolina Press.

中文文献

王芸生編〔一九三二‐三四〕『六十年来中国与日本』全七巻、大公報社。

王建朗〔二〇〇〇〕『中国廃除不平等条約的歴程』江西人民出版社。

王璽「一九八一〕『李鴻章與中日訂約』台北近代史研究所。

王紹坊〔一九八八〕『中国外交史（鴉片戦争至辛亥革命時期）』河南人民出版社。

王信忠〔一九三七〕『中日甲午戦争之外交背景』清華大學。

王立誠〔一九九一〕『中国近代外交制度史』甘粛人民出版社。

郭廷以編〔一九四一〕『近代中国史』全二冊、商務印書館。

金光耀主編〔二〇〇一〕『顧維鈞与中国外交』上海古籍出版社。

呉東之〔一九九〇〕『中国外交史（中華民国時期）』河南人民出版社。

胡縛〔一九五〇〕『帝国主義与中国政治』生活・読書・新知三聯書店。

邵建国〔二〇〇六〕『北伐戦争時期的中日関係研究』新華出版社。

邵循正〔一九三五〕『中法越南関係始末』清華大学。

蔣廷黻編〔一九三一・三四〕『近代中国外交史資料輯要』上・中巻、商務印書館。

蔣廷黻〔一九三八〕『中国近代史』長沙商務印書館。

蔣廷黻〔一九七〇〕「清李外交史料序」同『中国近代史編集』大西洋書店。

李毓澍〔一九六六〕『中日二十一條交渉』上、台北近代史研究所。

李恩涵〔一九八八〕「中国外交史的研究」台北近代史研究所編『六十年来的中国近代史研究』同所、所収、四七‐七二頁。

李恩涵〔一九九三〕『北伐前後の「革命外交」（一九二五-一九三一）』台北近代史研究所。

石源華〔一九九四〕『中華民国外交史』上海人民出版社。

中国社会科学院近代史研究所編〔一九七八-八一〕『沙俄侵华史』全三冊、人民出版社。

趙佳楹〔一九九四〕『中国近代外交史』山西高校聯合出版社。

張啓雄〔一九九五〕『外蒙主権帰属交渉 一九一一-一九一六』台北近代史研究所。

張忠紱〔一九四三〕『中華民国外交史』第一冊、正中書局。

丁名楠・余縄武・張振鵾〔一九五八〕『帝国主義侵華史』第一巻、科学出版社。

張力〔一九九九〕『国際合作在中国——国際聯盟角色的考察 一九一九～一九四六』台北近代史研究所。

陳体強〔一九四五〕『中国外交行政』商務印書館。

唐啓華〔一九九八a〕「民国初年北京政府的『修約外交』的萌芽 一九二一～一九一八」『興大文史学報』第二八号。

唐啓華〔一九九八b〕「一九一九年北京政府『修約外交』的形成与展開」『興大歴史学報』第八号。

唐啓華〔一九九八c〕『北京政府与国際聯盟（一九一九-一九二八）』東大図書公司。

唐啓華〔二〇〇四〕「全球化下外交史研究的省思」『興大歴史学報』十五期。

林明徳〔一九七〇〕『袁世凱与朝鮮』台北近代史研究所。

茅海建〔一九九五〕『天朝的崩潰』三聯書店。

揚公素〔一九九一〕『晩清外交史』北京大学出版社。

劉培華〔一九八六〕『近代中外関係史』北京大学出版社。

劉彦〔一九一一〕『中国近時外交史』中国近時外交史発行所。

本卷中译本是在中央高校基本科研业务费专项奖金项目（项目号KYF-2011-T20）的基础上完成的，得到2015年度国际关系学院国关文库出版资助。

日本国际政治学

· 第二卷 ·

无国境的国际政治

〔日〕日本国际政治学会 /编
〔日〕大芝亮 古城佳子 石田淳 /主编
张 慧 /译

北京大学出版社
PEKING UNIVERSITY PRESS

目 录

序　章　无国境的国际政治　大芝亮　/ 1

　　引　言　/ 1
　　一、对现实主义的四大挑战　/ 2
　　二、"无国境的国际政治"的问题提出　/ 9

第一章　全球化背景下的全球公共产品的冲突——公与私的调整
　　　　　古城佳子　/ 18

　　引　言　/ 18
　　一、国际合作与全球公共产品　/ 20
　　二、多领域问题中的全球公共产品——知识产权保护与
　　　　国际公共卫生　/ 25
　　结　语　/ 34

第二章　复杂机制与政策扩散的政治过程——政策理念的力量
　　　　　大矢根聪　/ 37

　　引　言　/ 37
　　一、复杂机制与政策扩散　/ 39

二、围绕政策理念的实力 / 42
三、"贸易与……"谈判的案例分析 / 44
结　语 / 56

第三章　从多边主义到私机制——多利益相关方进程的困境
　　　　山田高敬 / 59

引　言 / 59
一、多边主义正统性面临的危机 / 61
二、全球治理中权威的私有化 / 65
三、多利益相关方进程的困境 / 68
结　语 / 75

第四章　全球公共产品与NGO——以稳定地球气候与保护生物多样性为目标　太田宏 / 77

引　言 / 77
一、问题所在 / 78
二、减缓气候变化机制与NGO的影响力 / 81
三、生物多样性保护机制与NGO的影响力 / 88
结　语 / 95

第五章　全球化与公民权——移徙工人与越境家庭
　　　　柄谷利惠子 / 99

引　言 / 99
一、问题所在 / 103
二、应对公民权差距的措施 / 107
三、跨国住户家庭的重组与瓦解 / 111
结　语 / 116

第六章　体制转型与民族冲突的发生　月村太郎　/ 120

引　言　/ 120
一、专业术语的整理　/ 121
二、民族冲突发生的要因与条件　/ 124
三、具体的案例　/ 126
结　语　/ 138

第七章　作为国际问题的少数群体问题　吉川元　/ 140

引　言　/ 140
一、国际安全保障与少数民族群体　/ 142
二、被封存起来的少数群体问题　/ 146
三、少数群体问题与国际安全保障　/ 154
结　语　/ 159

第八章　主权与欧洲一体化——以主权的绝对性、不可分割性和永久性为中心　远藤乾　/ 161

引　言　/ 161
一、关于主权的强韧性　/ 163
二、共有主权论或可分主权论——阿尔色修斯与贝佐尔德　/ 170
三、主权解体论——按照蒲鲁东的理论　/ 175
结　语　/ 177

第九章　领土管理与国际秩序——"新托管"提出的问题　山田哲也　/ 180

引　言　/ 180
一、领土管理的实例与论点　/ 183
二、国家的形成与国际秩序　/ 189

三、主权国家与治理理论 / 192

结　语 / 197

第十章　帝国无疆——国际政治中的力量分布　藤原归一 / 200

引　言 / 200

一、帝国的复兴 / 203

二、何谓帝国 / 208

三、为什么要服从大国 / 212

结　语 / 218

第十一章　人权与人道主义时代的强制外交——权力政治的悖论
　　　　　　石田淳 / 220

引　言 / 220

一、问题所在 / 222

二、权力政治的悖论 / 228

结　语 / 237

参考文献 / 239

序　章　无国境的国际政治

大芝亮*

引　言

相对于以国家为中心的国际政治观，过去一段时间以来，学者们从新的角度做出了不少新的尝试，他们从重视国家以外的行为体——非国家行为体的作用的立场来思考国际政治，从传统的安全保障之外的新领域、新问题的视点出发来思考国际政治。在日本，以非国家主体为中心的新领域、新问题的研究主要在以下几个方面得到了发展：(1) 对于解决全球性问题的国际组织、非政府组织（NGO）的研究；(2) 聚焦于以市场与国家关系为中心的国际政治经济学的研究；(3) 关注于移民、外国劳工以及少数民族群体问题的国际社会学方面的研究；(4) 关于区域一体化、区域合作的区域综合研究。

这些研究虽然都对传统的现实主义展开批判，但却未能从自由主义的角度对于整体的研究与理论形成起到促进作用。在日本国际政治学会的会刊——每年出版四期的《国际政治》中，这些研究被列为与理论、历史、地区研究相并列的一个不同的研究领域，杂志的企划研究委员会将其命名为非国家行为体研究，这是一个经常被

---

* 现任一桥大学大学院法学研究科教授。

定义为"其他"的研究领域。与美国对于以非国家行为体为中心的新领域、新问题的研究相比较，日本在这一领域的研究呈现出一定的相同点与不同点。二者的相同之处是都从各种角度对于现实主义提出了挑战。不同之处在于，日本的相关研究的理论化倾向不充分，因此未能发展到在自由主义与现实主义间展开大争论的形态。

本卷以"无国境的国际政治"为主题，对于以非国家行为体为中心的新领域、新问题所提出的课题进行分析，集中展现了学界对于现实主义的国际政治观的挑战。在序章中，将就过去对于现实主义所形成的四个挑战进行历史的梳理，并在此基础上从四个挑战各自的视角对于本卷的主题——"无国境的国际政治"进行问题设定。

一、对现实主义的四大挑战

全球问题——日本对国际组织与 NGO 的研究

随着跨越国境的活动越来越活跃，如何对这些活动进行管理、运作成为一个重要的课题。传统上，在论及国际性管理问题时，一直认为这是属于国际组织的作用。绪方贞子在《日本的国际组织研究》（一九八二年）中对 20 世纪 80 年代之前日本的国际组织研究进行了如下的梳理：（1）日本的联合国研究一般多集中在对国际法的制度论方面的研究，其研究的主题是维和行动（PKO）等；（2）国际经济学领域对于支撑国际经济体系的国际货币基金组织（IMF）、世界银行（WB）以及关贸总协定（GATT）进行了研究，但是对于国际组织本身的关注度不高；（3）对于海洋法、环境、资源、人口、粮食、种族歧视、缩减军备等所谓新全球性问题进行的研究较少；（4）关于区域性国际组织的研究基本上以欧共体（EC）研究为主。

绪方指出，对于国际关系理论中的国际组织所进行的研究并不充分，她认为原因在于大家"倾向于将国际关系视为国家间关系，

序　章　无国境的国际政治

对于'力量'分布的极构造表现出很大的关注,但是对于二战后极构造在法律上、组织上不断得到加强这一点所具有的意义还没有给予关注"(绪方［一九八二］一八九)。如此,在日本直到20世纪70年代之前,还是认为国际组织基本上就是政府间组织。在此前提下,国际社会的制度化以及与之相伴的国际组织自立性的问题并没有能够正式成为学界研究的课题。

绪方最早提出今日所说的全球性管理这个问题,她认为20世纪80年代之后作为国际组织研究的课题,"在今后的国际组织论的发展过程中,应该具有一种全球管理(global management)的视角,去解决如何去管理、运作那些整体国际社会的各种问题"。

在日本,对于国际组织进行政治学式的分析研究数量极少(大芝［一九九四］二),但是国际机制理论一经出现,便迅速涌现出大量运用该理论进行的分析研究(日本国际政治学会［一九八四］)。不过,其中多数只停留在运用国际机制理论对现状进行重新梳理的水平,还没有能够达到运用国际机制理论来阐明新事实、提出新解释的高度。

1927年,斯德哥尔摩联合国环境会议召开,罗马俱乐部对资源枯竭问题敲响了警钟。以此为契机,环境、资源、贫困、人权等问题渐渐为人们所认识,开始被视为全球问题。环境保护与为解决贫困问题而进行的经济发展之间存在着各种各样的问题,它们的相互关联性与矛盾与日俱增。与此同时,人们逐渐强烈地认识到,在理论层面,相较于国际机制理论,更应该将上述课题作为全球管理的问题来进行研究(大芝［一九九六］,参见本卷第一章、第二章)。

关于全球管理问题,有的研究从国际行政学的视点对于着手管理地球公共产品、国际公共产品的国际组织进行了分析(カールほか［一九九九］、城山［一九九七］、福田［二〇〇三］)。其中国际组织活动的独立性备受学者们的关注。有的研究则从"政治"的角度来对全球管理进行研究。例如,在对地球公共产品、国际公共产品进行的管理和运营活动中,虽然这些行为都属于行政事项,但这并不意味着所谓的"政治"消失了。其实对于什么是公共产品、由谁来进行管理和运营、应该如何来分担维护和管理公共产品而产生的负担等一系列问题都需要通过"政治"过程来对其进行意见协调。①而且,国际机制之间的相互关系也可以算做"政治"领域的内容。

在对如何定义地球公共产品这一问题上,国际社会的规范是十分重要的。NGO 作为国际社会的规范创造者(norm entrepreneur)具有很强的影响力。此外,在谈到由谁来对全球公共产品、国际公共产品进行管理和运营这个全球治理的参与者的问题时,学界围绕着"公"与"私"进行的讨论(佐佐木・金[二〇〇一・二〇〇二])非常具有启发性。一直以来,提供公共服务、管理公共产品被认为是政府的职责内容,然而今天民间机构渐渐地开始从事这样的服务与管理,公共性概念也在发生着变化。全球治理这个用语已经固定下来,虽然已经在例如环境治理等个别问题的相关领域得到运用,但是其概念化、理论化却还没能取得充分的进展,目前来看其意义还仅仅停留在一般所说的全球性秩序的层面(渡边・土山[二〇〇一])。

市场与国家——日本的国际政治经济学

经济上相互依存的加深引起了发达国家间的贸易摩擦与投资摩擦。原本经济层面的问题被认为是低级政治问题,区别于安全保障这样的高级政治问题。但是现在经济问题"政治化",开始成为发达国家间重要的外交问题。日本曾一度作为经济摩擦的一个中心,因此"经济的政治化"也作为国际关系的一个新问题而受到众多研究人员的关注。针对发达国家间的贸易摩擦的研究开展得极为活跃。佐藤英夫、戴斯勒对日美纺织品谈判所进行的分析研究成为这一领

---

① 关于公共产品,有观点冷静地认为,各国政府都在追逐各自狭隘的利益,仅仅在公开场合才提出国际公共产品这样的说辞而已(Cronin[2003]13)。

域中的先锋性研究。此后，不少研究人员运用政治决定过程模式对日美、日欧间的经济摩擦进行案例研究（デスラーほか［一九八〇］、草野［一九八三］）。与其他国家的研究相比较，日本对于"经济政治化"进行的研究，无论是质量上还是数量上都具有很大的优势。在1980年召开的国际关系学会第三次世界大会（美国威廉斯堡）上，当论及各国国际政治学的特色问题时，日本对于发达国家间经济摩擦积极开展研究这一点还作为日本国际政治学的特征之一，得到了与会的外国研究者的一致认可。

在市场与国家议题方面居于领军地位的斯特兰奇曾多次参加日本国际政治学会的研究大会。她强烈呼吁日本要创立自己的、不同于美国研究的国际关系理论（Strange［1987］），提出在国际政治经济学领域的另一种可能性。

当国际机制论越来越受到关注，学者们关注的焦点也开始转移到对GATT机制与世界贸易组织（WTO）进行宏观的分析上来。学者们对于钢铁、半导体、农业等不同部门机制的相关案例开展了不少研究（野林［一九八七］、大矢根［二〇〇二］）。由于贸易摩擦和经济摩擦成为日美（欧）间的外交问题，所以研究日美关系的研究者积极地对此展开分析，对于经济摩擦也进行了历史性研究（細谷［一九八三］）。日本国际政治学会是由历史研究人员、理论研究人员和区域研究人员三个方面的力量构成的，但是就经济摩擦的历史研究来说，在历史研究与理论研究二者的合作上具有意义。

20世纪60年代后，南北问题成为与东西冷战相并列的国际关系中的重要核心问题登上了历史舞台。在日本传统的社会科学领域，马克思主义的影响依然强大，追随理论、世界体系理论被介绍到学界，研究者对于以结构性暴力概念为中心的和平研究的关注也日益增加（西川［一九七六］、川田［一九八八］、日本和平学会编集委员会［一九八三］等）。由于南北谈判曾经主要是国家间的谈判，所以多数的研究都是基于发达国家与发展中国家相互对立的结构上进行的。但是，随着冷战的结束和全球化的发展，南北之间的经济差距已不仅仅是国家间的差距问题，而被看成是人与人之间差距或者被认为是人类发展的问题，随后又被定位为一个全球问题——贫困问题。

着眼于人的国际社会学角度的研究

在现代主权国家体系中，国际政治的主体是主权国家。法国大革命后，在民族自决原则的基础上，民族国家逐渐得以确立。尽管如此，在国际政治领域中，对于国家以外的主体来说，并没有太多的行动空间。因此，在学术研究中，占支配地位的也是现实主义世界观，将国内政治和国际政治加以区别对待。

然而，伴随着相互依存与全球化的发展，在物资、资金、信息交流的同时，人员的国际流动也迅猛增加。在国际关系研究领域中，有的研究试图从社会或人的角度来考察世界，从国际社会学视角所进行的研究也得到了发展。马场伸也应该是此类研究中的先锋。他认为，中小国家试图从超级大国的支配或压抑中寻求自立，与其说这些国家在追求国力的增强，不如认为这些国家是在追寻本国的国家认同。此外，各种集团或区域"超越国家间的框架，在与超国家组织或是国际社会相互交往（所谓的跨国关系）中，直接寻求着本国的国家认同"（馬場［一九八〇］一四）。马场提出了从国家认同这一概念来对国际政治进行分析的研究方法。他认为："生活在实现了现代化的世界中的人们，在追索着身份认同。这一身份认同最终未必只限于国家的范围，也可以是特定的集团、民族、地域、超国家组织，或者是普遍的地球社会。"① 当"相互依存"作为一个可以替代"实力"的国际政治分析概念，并开始在北美的国际政治学界受到研究者的关注时，马场提出的以上观点也吸引了众多日本研究

---

① 馬場［一九八一］。

者的眼球。

"人员、物资、资金、信息的流动之中,对于人员流动进行的学术探讨是最少的"(平野[一九八八]一)。关于人员的国际移动,与物资、资金、信息的流动相比较而言,其受到国境的限制是最多的。正因如此,在论及人这一问题时,传统上以国民这一概念来理解。但是,当今天大量的人员在进行国际移动时,只靠过去的关于国家、国民的理论再来分析现实的情况就显得力不从心,需要从一种新的视角来进行分析。比如,关于瑞士的外国人过多问题,有观点认为这是对国家理念的威胁(梶田[一九八八])。同时,对于法国的外国移民劳工问题也迫使研究人员对国民概念进行再探讨。人员的国际移动使得现代民族国家中产生了复合民族国家。在这样的情势下,为了应对移民、外国劳工的增加,欧洲、加拿大等采取多元文化主义政策,研究者也对这样的政策展开了研究。

区域一体化研究

欧盟(EU)多被认为是以实现超国家性为目标的非国家行为体的代表。相关的欧共体/欧盟研究对传统的现实主义发起了挑战。卡尔·多伊奇的安全共同体理论、哈斯的新功能主义区域一体化论成为人们关注的中心。然而,区域一体化的讨论与区域一体化的现实之间的背离问题也很引人注目,新功能主义地区一体化理论似乎走入了死胡同。北美的区域一体化研究中的代表性研究者大多倾向于理论性研究,随着跨越国境的经济这一新现象的出现,他们开始转移关注的目标,对国际相互依存理论展开研究。日本的欧共体研究者有些与北美的同行转向同样的方向,但是多数还是继续在区域研究领域对欧盟进行着研究。

之后,人们开始对于区域一体化研究的前提提出了质疑。一直以来,区域一体化论是在以推进一体化、追求超国家性为理想目标的前提下来讨论如何推动一体化进程的。然而,在区域外发生的日美欧经济摩擦中欧盟作为经济体的排他性问题，以及区域内发生的民主赤字问题，使得区域一体化的前提受到了质疑。对此，加拿大学者霍尔斯蒂在日本国际政治学会的研究大会上指出，这一前提本身具有教区性质的一面（Holsti［1987］）。另一方面，针对区域一体化在亚洲的可适用性的研究也有了很大的发展，引发了目前围绕东亚共同体所进行的讨论（山影［二〇〇三］、大庭［二〇〇四］）。

在区域一体化理论受到关注的过程中，欧共体/欧盟被看作是追求超国家性的代表，区域一体化的发展对现代主权国家体系产生了深远的影响。但是，也有研究者提出，即使欧盟对内采取主权共享、对外作为一个主权体采取行动，其对于现代主权国家体系的原理的挑战也并不够强大。

最后，我想谈一下入江昭的研究，他将历史研究与非国家行为体研究联合起来。多数情况下，在论及非国家行为体的作用、活动时，都是将其与主权国家中心的动向相比较而言的。事实上，在论及国家间关系和跨国关系之间的相互关系时，很多学者都对里斯-卡彭的观点产生共鸣，认为阐明二者的相互关系是非常重要的（Risse-Kappen［1995］3-7）。他认为，主权国家的作用在退化，相应地，非国家行为体开始承担起重要的作用。在国家主义依然强盛的时代，以超国家性为目标的区域一体化发展趋势会遇到挫折，同时，跨国网络也不会轻易地实现其目标。但是，对于20世纪中国际组织、NGO的历史，入江把它们视为国际主义而对其发展历史加以分析。他没有把国际主义的潮流作为国家中心的国际政治的函数加以考量，而是认为国际主义的历史潮流是一个自律的潮流。例如，在关于国际主义未能阻止第一次世界大战的爆发这一史实问题上，过去人们往往认为"第一次世界大战中国际组织的发展是对残忍而无谓的战争的一种反抗"。对此，入江认为那是基于国家中心主义历史观的一种解释（入江［二〇〇六］二七-二八）。对于非国家行为体的活动，能否作为一个与主权国家的作用相互关联的概念来进行把握，的确还有一定的疑问。入江的研究或许能够成为一种对非国家行为体进行分析的新视角。

二、"无国境的国际政治"的问题提出

当代世界可否用"无国境的国际政治"来进行考量？"无国境"（borderless）原本指的是什么样的状况呢？此外，在"无国境"的状况下展开的"国际政治"又意味着什么呢？对于"无国境的国际政治"这一表述，我想以来自四个方面的挑战这样的视角来提出问题。

多种地球公共产品能否并存？

对于现实主义的第一个挑战来自于全球问题。从全球问题以及国际组织、NGO的研究视角来看，"无国境"这一词语意味着物资、资金、信息和人员的跨越国境的移动带来了全球化市场、全球化社会的形成，包括地球公共产品管理在内的全球问题的出现。而这些问题的解决仅仅依靠单个国家或是国家间的合作是无法实现的。这样的观点意味着现实主义的前提——认为国际关系是无序的，不考虑国家间的共同价值、利益——本身发生了动摇。于是便产生了一个重要的问题——近代主权国家体系是否正在发生着变化？

在国际关系中，是否存在着公共产品呢？这一问题是否与在国内政治的环境中谈及公共产品时一样不言自明呢？对此我们存有疑问（Carpenter［2007］644-646；本卷第一章）。①例如，经常被人们所谈论的巴西亚马逊热带雨林是不是地球公共产品呢？另外，不同问题相互关联在一起，使得问题愈发复杂，甚至引发了"多个地球

---

① R. C. 卡彭特认为NGO的活动对于人们关于什么是全球公共产品的态度带来了很大的冲击，并对实际的冲击所带来的影响进行了分析（Carpenter［2007］）。

公共产品之间的冲突"（本卷第一章）。20世纪70年代，发展与环境问题的联动成为人们议论的主题；进入90年代，由于冷战的结束，保障人权价值的普遍性成为议论的主题，民主主义的旗帜作为人类共同目标被高高举起。这些问题的出现也许都是源于冷战的结束，它们分别被贴上了普世价值或人类共同目标的标签。然而，这些价值观、目标并不一定总是能够同时成立。保障人权、推动民主主义、保护环境、反恐、推动自由贸易这些价值和目标应该按照怎样的优先顺序来处理，应该如何让这些目标同时实现呢？这样的问题也同样摆在我们面前（大芝［一九九六］）。

私机制的兴起——多边主义的衰退？

在国际政治经济学中，重视市场、企业的作用，重视包括NGO在内的民间行为体的作用。从这样的视角来看，"无国境"一词包含着这样一种含义，即主权国家对于跨越国境的各种各样的移动已经渐渐失去了充分的管理能力。引领着世界市场的企业、涉及会计审计的民间团体以及NGO，在这些行为体的主导下，私机制逐渐得以形成并得到发展。于是，学者们提出了这样的疑问：国家间的协调即所谓的多边主义是否还能应对当代的全球问题？（参见本卷第三章、Hall and Biersteker［2002a］）①

私机制的兴起是在什么背景下出现的呢？它是否来自于在经济全球化背景下的市场势力所拥有的压倒性力量呢？20世纪80年代，发展中国家在联合国的舞台上团结起来，要求对跨国企业进行限制。但是，由于80年代债务危机以及东方阵营的解体，南北国家间的力量关系发生了变化。同时，伴随着全球化的发展，发展中国家的政

---

① R.奥布莱恩等人将多边主义（Multilateralism）分为旧多边主义（以国家为中心）和新多边主义（全球化市民社会运动成为主体后自下而上形成的全球治理体系）（O'Brien et al.［2000］3）。按照这样的分类方法，即使可以把旧多边主义翻译为多边主义，再以多边主义来表达新多边主义也显得有些不够贴切了。

府自身也开始转变政策,通过放松管制来积极吸引企业投资。再加上以世界银行为代表的国际开发援助机构提出善治(good governance)的重要性,也对发展中国家政府的政策转变起到了推动作用。在世界银行等机构中,判断治理是否是善治的标准其实就是要看它是否与经济全球化的发展相符合,然后由此提出改善方案,要求某国政府的治理适应放松管制的政策。尽管对现实主义的理解方式会影响人们的观点,但是是否我们就可以根据市场力量作用下的私机制的兴起,认为世界真正从强权政治的原理中解脱出来了呢?

与私机制的兴起相关联,NGO 的规范形成能力常常被人们强调。针对进入发展中国家的全球企业未必遵守禁用童工或是相关环境标准的行为,NGO 通过在发达国家开展抵制购买或是批判活动来对这些全球企业在发展中国家的行为加以制约。NGO 要求这些全球企业承担起国际社会责任,这也和联合国的全球契约的发展相互联系在一起。但是,对于 NGO 的影响力,应该如何加以实证呢?

最后,假设私机制能够发挥其有效性,那么其正当性能否得到保证呢(Hall and Biersteker [2002a])?其正当性的根据是应该通过决议过程中民主主义的程序来寻求,还是应该通过确保其透明公开以及履行说明的责任来实现呢?这些与私机制相关的种种悬念,进一步使这样的疑问浮出水面——对于"无国境"状况的控制,是否最终还是需要通过国家间的政治即国际政治来实现呢?

干涉内政时代的到来?

对于关注人类的研究来说,"无国境的国际政治"这样的表述提出一个问题——如果一个主权国家做出对于特定民族的种族屠杀之类的,对于人道、人权进行有组织、有体系的侵害行为时,或是一个国家对于这样的侵害行为没有能力或是没有意愿进行阻止时,国际社会是否应该对这个国家进行人道主义干涉呢?①

关于人道主义干涉的是与非,国际法学者曾在20世纪70年代进行过争论。在当今这个时代,形势已经出现了变化,学者们开始讨论新人道主义的问题。也就是说,传统人道主义是在国家之间发生战争的条件下,针对可以区分战斗人员和非战斗人员、前线与后方的情况而言的。正因如此,一般认为可以保证人道援助活动的中立性和公正性。然而,冷战后,特别是"9·11"恐怖袭击事件后,这样的前提土崩瓦解(Mills[2005]164-166;Boulden[2005]147-160)。此外,针对打着人道主义的幌子进行武力介入的是与非,研究者对第二次世界大战前对德绥靖政策的失败经历也进行了分析,围绕着正义战争展开了讨论(藤原[二〇〇三])。

虽然目前国际社会还没有就人道主义干涉的方法达成共识,但是在这些议论中出现了一种新的思维方式,从对人进行保护的视角,讨论"保护的责任"。这种观点认为,"国家主权既是权利,也是责任。当国家无法履行其保护公民的责任时,或是没有履行这样的责任的意图时,国际社会有责任进行介入"(中满[二〇〇八])。

内政干涉的对象并不只限于人道主义干涉。一方面,人权、民主主义、资本主义被当作各国的共同目标而被大力宣扬;另一方面,大规模杀伤性武器、恐怖主义、环境破坏、传染病、毒品等被视为新型威胁(Kaldor[1999])。若是放在过去,这些问题原本就应该由主权国家来负责解决。在这样的前提下,不干涉内政的原则是成立的。但是现在出现了无法履行责任的所谓失败国家,同时还有主观上不愿履行责任的国家。这样的情况下,人的安全保障难以得到实现。

对于这样的国家,国际社会应该采取什么样的对策呢?对此,

---

① S.霍夫曼为了将介入与影响力两者区别开来,认为介入的目的在于要求对象国对其国内的政策进行变更或是扩大,而不在于要求介入国更改其外交政策(Hoffmann[1984])。

在冷战刚刚结束之际，学界就展开了对国际干涉的讨论（大芝［一九九四］二六-三三），此后提出了"保护的责任"论。在理论上，国际秩序被认为与国内秩序会产生共振（石田［二〇〇七a］）。当一国的"国内秩序"被认为"处于摆脱了国际规范秩序的机制"的情况下，该国主权会受到限制，或者该国成为干涉的对象（土佐［二〇〇七］三〇）。换言之，在国际社会的成员与非成员之间设定了一条界线，对非成员采取限制主权或是干涉的行动（Clark［2005］176）。对主权的限制或是干涉可通过各种各样的方式来进行。由国际开发援助机构所进行的体制转型援助与治理改善援助也属于以上范畴。由联合国进行的和平构建、新托管统治（篠田［二〇〇三］、参见本卷第九章）以及由"帝国"进行的武力使用（藤原［二〇〇二］、山本［二〇〇六］）也同样可以认为属于以上范畴。

国际秩序与国内秩序的共振，在发达国家中也同样存在。"9·11"恐怖袭击事件之后，美国认为确保国内政治安全是反恐对策中非常重要的内容，所以将反恐对策作为国家安全保障问题之一，使得国内的犯罪行为与传统的战争行为相互融合起来（納家［二〇〇二］三八）。这样在美国国内出现了维护治安与确保人权之间的困境。

民族问题也同样对不干涉内政原则发起了挑战。最初不干涉内政的原则是神圣罗马帝国要求各个国家进行自律时提出的一个原则。18世纪之后，随着各个国家在民族自决原则的基础上建立各自的民族国家，出现了民族分布的界线以及国境线两种界线。按照民族自决原则，虽然是形成了新的民族国家，但不同民族在分布上多数还是呈现出相互交错的情形。无论人们的意志如何，在各国范围内不可避免地形成了少数民族群体。少数民族群体问题曾在冷战时期一度被作为一国的国内事务而未受到关注。然而在冷战结束后，国际社会便将这样的问题视为全球问题，摆出一副大举干涉的姿态（参见本卷第七章）。

世界是否从不干涉内政原则开始步入了以干涉内政为原则的新时代呢？在主权国家中，国境就是区别国内政治与国际政治的一个边境线。国境所起到的作用就在于，它的存在可以避免国内问题成为国际问题。一个国家可以利用国境来将国际社会的干涉拒之门外。但是，当今国境线的这个功能越来越弱化，国际社会越过一国的国境线对其国内秩序进行干涉的机会日渐增加。人权、民主、市场化等被认为是普遍的民主价值与目标。"拥有着超越传统意义的国境的意志与力量"的帝国高举着这样的价值与目标的大旗，登上了历史的舞台（本卷第十章）。如果说干涉内政的时代已经到来，那么这也就意味着以不干涉内政为原则的近代主权国家体系的终结。

一体化与分裂——新的国境线？

如果从区域一体化研究的视角来看，"无国境的国际政治"这一表述自然就意味着主权国家的区域一体化的进展，也提示出国际关系的另一种思考维度——民族国家的分裂。首先，关于一体化，其发展的终极就是超国家存在。国际关系理论中对自由主义的研究其至可以说正是起源于对欧洲地区一体化的研究。起初这些研究的焦点集中在是应该以联邦主义（超国家性）还是以联合主义（国家间主义）为目标来发展的问题之上。当区域一体化发展至今，人们再次思考欧盟的目标是否真的在于建立一个主权国家这一问题。如果这个设想成立的话，那么欧盟就仅仅意味着一个新的欧洲合众国的诞生，欧盟的发展将不会对近代主权国家体系构成任何原则性的挑战。而且，相对于美国所宣扬的不限人种、不限宗教，以共同享有自由、平等作为认同感来宣扬的公民民族主义而言，欧盟受到了基督教这样的宗教因素的强有力的约束，欧盟对于土耳其的加盟表现出的消极态度就是其具体体现。在其自我认同这一点上，传统因素对欧盟的影响要大于美国。但无论怎样，主权在欧盟与其成员国内的存在方式是一个非常重要的问题（参见本卷第八章）。

其次，在多数民族分布呈现出交错状的联邦国家，如果贯彻民族自决原则，就会导致联邦国家的分裂，新的国家的诞生。那么，民族自决原则应该适用到何种程度？对于第二次世界大战之后的新兴独立国家来说，国家建设才是最大的课题，民族自决的问题必须要暂时贴上封条。但是，伴随着冷战意识形态的终结以及全球化的发展，一个国家与其流散公民之间的网络得到强化，一体感增强，被封存起来的问题被揭开了封条（参见本卷第七章）。这样便产生了新的问题——若是分裂成为小国，就真的可以实现独立吗？欧盟这个超越国家的区域共同体的发展为这个问题的解决带来了希望之光。

既然我们无法整合国境线与民族的界线之间的错位，那么民族的共存共生就是不可避免的，在和平构建中应该把重点放在达成民族间的和解上来。因此，针对过去曾经被视为国内政治的问题，人们开始从国际政治学的角度重新审视。例如，真相与和解委员会对于纷争中的侵害人权等展开的调查便是这种新动向的代表事例。

本卷所收录的11篇论文都与"无国境的国际政治"的四个问题具有关联性。第一章（古城的论文）以与贸易自由化相伴而生的知识产权保护以及国际公共卫生（医药品问题）为具体事例，探讨了当过去被视为单个的全球问题之间发生相互关联，出现了相互关联的多领域问题时，是否会带来多个全球公共产品发生冲突这样的问题。

第二章（大矢根的论文）从政策理念的平衡与下位理念出发，对于复杂机制问题进行了分析。此文分析了国际贸易机制与非贸易性的国际机制相互是如何进行协调，从而实现对其分别管辖范围的重新配置的。

第三章（山田高敬的论文）着眼于非国家主体构建起的私机制开始对原本由多边机制所提供的公共产品发挥作用这一点，通过对森林管理委员会、SA（社会性责任）8000、国际大坝委员会等具体事例进行分析，对多边主义与私机制之间的抗争进行了探讨。

第四章（太田的论文）以气候变化问题与生物多样性问题这两个全球问题为例，对于产业、商业团体这类营利性NGO以及宣导型非营利NGO的参与行为进行了考察。

第五章（柄谷的论文）将关注的焦点聚焦于全球化带来的女性移民劳工的增加这一现象。这一变化一方面带来了跨越国境的新生家庭现象，另一方面又伴随着跨越国境的家庭瓦解现象。本章对于这样的"公民权差别"问题进行了考察。

第六章（月村的论文）以苏联与南斯拉夫为例，阐明了联邦制国家内新的国境线的形成过程。在国际社会要求的民主化这样的体制转型中，联邦制国家内的民族间界线成为实际存在，并和联邦的构成单位之间的边境线产生了错位，由此造成了紧张局势，并升级到武装冲突。本章对新的国境线的形成过程进行了分析。

第七章（吉川的论文）分析了民族问题的历史封存及其成为国际问题的历史过程，考察了国际问题与国内秩序之间的强烈的关联性，对冷战后在民主化和全球化的影响下，民族问题再次被视为国际问题、沦为内政干涉的对象这一状况进行了分析。

第八章（远藤的论文）从主权不可分性和无法共有性、主权可共有可分论、主权解体论这三种主权论出发，对于欧盟一体化的地位进行了考察。

第九章（山田哲也的论文）通过分析联合国等机构为了在纷争冲突后的地区重新构筑新的统治机构进行领土管理的实际情况，对当代的干涉内政的情况进行考察，指出一国的国内秩序如何被认为是属于国际社会的问题，这也是治理理论在当今受到关注的背景原因。

第十章（藤原的论文）中作者提出自由主义价值具有普遍性的主张，论文着眼于帝国具有实现这样的普遍价值的能力，对于在以不干涉内政为原则的近代主权国家体系中，帝国是如何与价值的普遍主义相互发生作用的情况展开了考察。

第十一章（石田的论文）中作者对于国际社会对一国国内秩序进行拷问的这种干涉内政的行为给予关注，通过近年来美国的"威逼失败"的事例，提出对于国际社会的和平与安全来说，威胁来自于一个国家的存在方式，而不是一国的国家实力，阐明了在这样的观点下产生出在和平和裁军名义下行使武力的扭曲现实。

综上所述，11篇论文都是针对"无国境的国际政治"引发出的四个问题之中的某个或是某几个问题展开了论述。我们期待通过这些探讨，能够以此为契机，一改过去对以非国家行为体为中心的新领域和新问题的研究不够重视、将其视为"其他"研究的状态，期待相关研究能够作为对现实主义国际政治观的一种挑战，发展成有体系的理论研究。

第一章 全球化背景下的全球公共产品的冲突
——公与私的调整

古城佳子[*]

引 言

冷战的结束,将世界从美苏核战争的恐怖中解放出来,世界开始面临着被称作全球问题的挑战。这里的全球问题是指包括地球环境污染、传染病扩散、粮食不足、贫富差距扩大、大规模杀伤性武器扩散、恐怖主义扩张、金融危机传播、发展中国家内战以及难民问题等跨越国境、涉及广泛的问题。多数的全球问题其实在冷战过程中已经显现,随着冷战的结束,东西方意识形态对立的消除,跨越国境的交流出现了数量上的增加与地理范围上的扩大等变化,这些问题便越来越成为国际社会的关注目标。当然,各个领域内国际相互依存的进一步加深,即所谓的全球化,也促使原来一度被认为是某些国家的国内问题(例如环境污染、传染病问题)成为新的全球问题。

另一方面,全球化同样促进了国际关系中行为体的多样化倾向。伴随着各国政府推动经济自由化的进程,主权国家的国境的渗透性

---

[*] 现任东京大学大学院综合文化研究科教授。

第一章　全球化背景下的全球公共产品的冲突

日益增强,作为国家之外的行为体,非政府组织以及企业等所开展的活动也超越了国境范围,这些也开始对国际关系产生影响。由此,要想解决某个问题,仅靠一个国家的力量就会变得越来越困难,除了需要在国家间展开合作之外,还需要非国家行为体进行协作。冷战后所谓的全球治理的问题意识就在于,在全球化背景下的国际关系中,如何通过国际组织、国家、非国家行为体之间的合作来解决全球问题(渡边·土山[二〇〇一])。

全球问题的突显,要求通过各种行为体间的合作来解决问题,但是要想使得这样的要求成为现实,就需要我们以联合国(联合国开发计划署[UNDP])为中心,在国际关系中引入全球公共产品(或国际公共产品)这一概念(Kaul et al.[1999][2003];星野[二〇〇八])。也就是说,通过将给任何一个国家、对任何一个人来说,都带来相同的便利的公共产品作为存在于国际关系中的一个要素来考虑,表明在国际关系中有必要通过合作来处理公共产品的供给。

在针对全球公共产品的讨论中,人们认为全球性问题的出现正是由于全球公共产品供给的不足导致的,所以公共产品问题自身的严重性也成为人们关注的问题。故此,对于全球公共产品的讨论也就集中在如何对于特定的全球公共产品进行供给这一点上。另一方面,在全球化影响下的国际关系中,同样重要的一点是过去曾经分别作为单个问题出现的问题开始作为相互关联的多领域问题出现。伴随着全球化问题的核心问题——经济全球化的发展,这些现象表现得愈发显著。20世纪80年代中期之后,金融、资本、贸易自由化的进一步发展,带来了市场经济向世界范围内的发展。与此相应,之前一些被人们所关注的非经济问题也开始越来越多地与经济问题相关联,受到人们的关注。贸易问题与非贸易问题(开发、环境、劳动标准等人权问题)相互关联,成为世界贸易组织(WTO)的问题;向面临经济危机的发展中国家进行融资的问题与发展中国家国内的人权、民主化等政治问题相互联系，在国际货币基金组织（IMF）、世界银行范围内成为问题；这些都属于典型的案例（古城［二〇〇一］、赤根谷［二〇〇三］）。自由贸易、金融稳定、地球环境、开发、人权等，无一不被视为全球公共产品，但是在单个问题间相互关联的方面，应该如何来看待这些全球公共产品？应该如何来进行合作？

本章将以近年来与贸易自由化相伴而生的知识产权保护以及国际公共卫生（医药品）问题为例，通过对近年来常常被人们讨论的全球公共产品这一概念的探讨，就当今国际关系中出现的多领域问题的合作中存在的课题，尝试进行梳理。在第一节中，将会回顾国际关系研究中引入公共产品这一概念的过程，指出其分析讨论中存在的问题点。在第二节中，将以 TRIPS 协议和医药品问题为例，围绕当今国际合作的新课题进行考察。

一、国际合作与全球公共产品

国际关系中引入公共产品概念

公共产品原本是经济学中用于分析国内资源分配问题时使用的一个概念（Samuelson［1954］）。由于对稀缺资源如何进行配置会影响到人们的生活，所以公共产品具有非排他性与非竞争性的特征。公共产品与不具备以上两个特征的私人产品形成对比（图1-1）。所谓非排他性是指无论是否支付物品或是服务的相应代价都可以对其进行消费的性质；非竞争性是指任何人都可以对物品或是服务进行消费的性质。公共产品具有非排他性这一特性，容易导致"搭便车"现象。而这种搭便车问题的出现，即使通过市场机制来提供公共产品也难以避免。因此，在公共经济学领域中认为，向国民征税，再由政府来提供这些公共产品（国防、道路、清洁的空气、水等），这样的方法是防止在国内出现搭便车问题的最优方案。

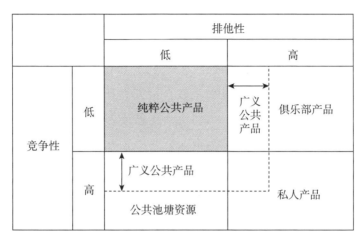

图1-1 产品的分类

金德尔伯格将这种国内的公共产品概念运用到对国际关系的分析中,对大恐慌时代各国的应对措施进行了研究。他认为,稳定的自由主义经济体制能给任何一个国家都带来好处,因此把稳定的自由主义经济视为国际公共产品。由于不存在一个与国内的中央政府相当的机构,在无政府状态下的国际关系中,只能由霸权国家来对搭便车的问题加以抑制,进行国际公共产品的供给(Kindleberger[1973][1986])。这也暗示出,在没有霸权国的情况下,国际关系中进行合作的可能性是很低的(霸权稳定论)。所以,在没有霸权国家对搭便车行为加以抑制的情况下,在国际关系中对公共产品产进行供给被认为是困难的(Gowa[1994];Oye[1992])。这时的国际关系就处于一种"囚徒困境"状态之中,各方虽然存在着共同利益,但相互之间却很难达成合作。对此,国际机制论、新自由主义制度论希望通过国际机制或国际制度来对搭便车现象加以抑制,来寻求公共产品的供给的可能性(代表性理论有 Keohane[1984];Young[1994])。①

随着冷战后人们对全球问题的关注度的提高,在分析国际关系

---

① 关于国际机制理论,参见山本[二〇〇八]。

时，也开始以一种区别于以往的研究的角度来引入公共产品这一概念。斯蒂格利茨和桑德勒等学者通过运用公共产品的概念，表明以国家为单位来应对全球问题是不充分的（Stiglitz［1986］；Sandler［1997］）。其中联合国机构——联合国开发计划署（UNDP）特别致力于引入公共产品概念。他们认为在思考21世纪的国际合作时，这是一个非常有用的概念，为全球公共产品的相关研究提供了支持（Kaul et al.［1999］［2003］）。考尔等人指出全球公共产品的性质在于非竞争性和非排他性，并在此基础上强调公共产品的性质在于：对于任何国家、任何人类集团、任何世代的人来说，都可以普遍享受到它的便利。①

正如此项代表性研究所指出的那样，冷战后将公共产品概念引入国际关系研究中，目的在于阐明全球公共产品是任何人都可以受益的。由此，在开发援助、地球环境、国际公共卫生等问题上，开始向以各国政府为代表的多种行为体寻求合作的做法获得了理论上的根据或是规范（Coussy［2005］）。因此，在围绕全球公共产品进行讨论时，提供了在全球公共产品这个前提下进行供给的一个框架。于是，很多国际组织（WHO、WTO、WB、IMF、ILO等）在自己所负责的领域中设定全球公共产品，以显示其正当性，并且对这一概念进行了充分的灵活运用。

全球公共产品理论的两难之境

如上所述，近年来在探讨全球问题时已开始越来越多地运用全球公共产品这一概念，但是在对多领域问题中的合作进行分析时仍然面临着两难之境。

---

① 全球公共产品的具体例子有三种：全球规模的自然共有产品（臭氧层、稳定的气象环境），全球规模的人工共有产品（知识、规范或原则、文化遗产、互联网），以及全球规模的局面（和平、健康、金融稳定、自由贸易、摆脱贫困的自由、环境的可持续性、公正与正义）。

定义难 虽然公共产品具有非排他性和非竞争性这两个特征,但纯粹的公共产品并不像在国内社会中广泛存在。在以排他性和竞争性这两个指标来进行区别的公共产品和私人产品之间,还存在着俱乐部产品和公共池塘资源(图1-1)。由于在判断排他性和竞争性时存在着程度上的差别,因此要想将公共产品和其他产品明确区别开来并不容易。更何况,在国际关系中,国家本身也各有各的属性。正如考尔所述,如果我们采取狭义的定义,将所有行为体都可能同样进行消费的产品定义为纯粹公共产品的话,那么可以被认为是全球公共产品的内容可能会比在一国之内的公共产品少得多。

例如,备受争议的一个典型例子就是自由贸易体制。与金德尔伯格一样,考尔等人也将自由贸易体制划分为全球公共产品的类别中。自由贸易是任何人都可以从中获得便利的,如果我们考虑到GATT、WTO中最惠国待遇和国民待遇这一规则,可以认为二者是具备了非竞争性这一特征的。但是,如果我们着眼于如果不加入GATT、WTO便无法享受其便利这一点时,就不能认为其具有非排他性的特征。所以相对于纯粹公共产品来说,认为二者更接近于俱乐部产品这样的观点也是成立的(Goldstein[1998])。

按照狭义的定义标准来看,可被认为是全球公共产品的内容着实有限,所以考尔等人将全球公共产品的定义进行了扩展。第一,包括部分俱乐部产品或是公共池塘资源在内,扩展了非排他性、非竞争性的标准,在此基础上将全球公共产品定义为潜在具有能够让所有国家、社会、经济团体和所有世代都享受便利的产品。第二,为了确保全球公共产品最终能够得以实现,要明确公共部门可以介入的领域。为此将全球公共产品再细分为最终产品和中间产品,国际机制被视为在提供最终全球公共产品中发挥作用的中间全球公共产品(Kaul et al.[1999]40-41)。这样,通过定义的扩展使得在国际关系中需要以国家、国家制度为中心来解决的问题的范围也得到了扩展。

而且，考尔等人还指出，区分公共产品或是私人产品是由相关行为体的政策选择来决定的，不是可以事先决定的。产品本身的特性也可能会随着时间的变化而变化（Kaul et al. [2003]）。① 考尔等人尝试通过放宽排他性与竞争性的标准，扩大可被视为全球公共产品的对象的范围。但是，另一方面，通过标准的放宽也使得在如何区分全球公共产品还是私人产品这一问题上，国际社会达成共识的可能性变得愈发渺茫。

行为体的多样性　　在国际关系中引入公共产品这一概念时，与国内公共产品的消费主体——公民相对应，在国际关系当中公共产品的消费主体则多数指的是国家。前面提到霸权稳定论认为霸权国会成为国际公共产品的提供国，这样的框架是通过对国内社会的公共产品论进行类推而得出的结论，将国际关系中的行为体限定为国家。但是，在近年来的全球公共产品论中，如前述一般，享受由产品带来的便利的行为体不只是国家，还可以设想社会经济团体或是公民也包括在内。因此，在围绕全球公共产品的议论之中，可以设想其行为体是有利害关系的多利益相关方（multistakeholder）。由此，在分权式的国际关系之中，不仅有公共行为体（国家或国家组织），还包括私人行为体（NGO 或企业），都可以参加到讨论公共产品的供给问题中来。②

不过，在国际关系中，非排他性、非竞争性的标准并不如在一国的国内社会之中那般明确，所以，各利害相关方之间就排他性、竞争性的认识也会是多种多样的。因此在多领域问题上，相关的行为体数量进一步增加，就使得公共产品的供给问题变得更加复杂。

多种全球公共产品　　在很多国际关系问题领域中，过去都是

---

① 公共性（publicness）分为消费中的公共性、利益分配的公共性、政策决定过程的公共性。可以假设一个以这三点构成要素为顶点的公共性三角形，以此来分析公共产品在这个三角形中位于什么样的位置（Kaul et al. [2003]）。
② 关于多利益相关方之间的谈判，参见山田高敬的论文（第三章）；关于私机制，参见山本［二〇〇八］的论述。

根据每一个问题形成一种国际机制。有的时候,在进行协调的过程中,尽管还存在着与某些国家的内部规则相冲突的情况,但还是需要以国际组织为中心采取相应的对策。在贸易方面有 GATT、WTO,在货币方面有 IMF,在劳动问题方面有国际劳工组织(ILO),在环境方面有联合国环境规划署(UNEP),在公共卫生方面有世界卫生组织(WHO)等,以这些组织为中心构筑起了不同的国际机制。经济全球化的发展带来的不仅是积极的外部作用,也伴随着消极的外部作用。贸易自由化带来了发展中国家出现的劳动条件恶化、破坏环境问题,金融自由化带来了金融危机的国际性蔓延。进入 20 世纪 90 年代以来,自由贸易与保护环境、人权(劳动条件)等非贸易问题之间相互关联的现象也越来越普遍。

国际组织作为国际机制的中心,曾经根据环境、发展等不同的问题设定了特定的全球公共产品。然而,当面临当下频频出现的多领域问题时,不同的国际组织必须就其设定的全球公共产品之间的相互关联展开探讨。针对这样的状况,以既有的国际机制论来对多领域问题进行探索的相关研究数量还是很少的。全球公共产品理论研究是以合作基础为研究对象的,当针对不同问题而设定的全球公共产品之间出现竞争时,全球公共产品理论并不一定能够具备足够的效力来应对这些新问题。①

二、多领域问题中的全球公共产品——知识产权保护与国际公共卫生

在多领域问题的合作中是如何理解全球公共产品的呢?我们以知识产权保护(TRIPS 协定,即与贸易有关的知识产权协定)与国际公共卫生(医药品问题)为例来进行具体的考察。

---

① 作为例外,桑德勒以原子能为例,将现有的全球公共产品与未来的全球公共产品加以区别,指出两者之间可能会产生交替关系。虽然现在的世代通过原子能享受到了便利,但由于长期来看核废弃物会大大增加环境的负荷,所以原子能对于未来的世代来说会产生负面的外部性的问题(Sandler[1997])。

在自由贸易不断发展的国际关系中，保护知识产权越来越成为国际规则，而这一点却妨碍了发展中国家对治疗传染病药物的获取，于是 TRIPS 协定与医药品问题成为国际性问题。这时，传染病的治疗问题作为全球公共产品而备受关注（Smith et al.［2003］）。在 TRIPS 协定签订之时医药品专利问题并没有引起太多的争议，然而当 1995 年 WTO 的 TRIPS 协定正式生效后，由于艾滋病出现了爆发性传染，医药品专利问题的严重性才浮现出来，在 WTO 中引发了很大的争议。在 WTO 的多哈回合上，围绕着修改关于医药品专利问题展开了持久的谈判。谈判的最终结果是于 2005 年通过了确保发展中国家获得药品的主张，各方终于达成共识。

围绕 TRIPS 协定与医药品问题进行的谈判

首先让我们来看一看知识产权保护问题与国际公共卫生问题是如何出现在 TRIPS 协定这个贸易机制的谈判中的。① 在 1986 年举行的 GATT 的乌拉圭回合中，"包括假冒商品贸易的相关知识产权的贸易"成为谈判的项目之一。过去的知识产权保护是各国依据其国内法来决定相关的保护条例的。随着 1967 年世界知识产权组织（WIPO）的成立，各国协调各自的制度，推进国际性知识产权的保护体制得到健全。但是在世界知识产权组织中，由于发达国家与发展中国家在见解上存在分歧，并没有能够设定保护知识产权的国际性标准。

GATT 的提案得到了发达国家特别是美国的支持，它们认为假冒商品侵犯了知识产权，影响了国际贸易。当时美国正苦于双赤字问题，其国内的尖端产业（半导体、医药品产业）为提高竞争力，努力推动政府将知识产权保护变成国际性规则（Sell［2003］Chapter 4）。

---

① 围绕 TRIPS 协定进行的谈判的相关研究，有 Sell［2003］和西村［二〇〇八］；关于 TRIPS 协定与医药品问题的研究，有 Drezner［2007］Chapter 7；从法律的观点对此进行最为概括性的研究，有山根［二〇〇八］。

美国、欧洲、日本的产业界之间形成的共识，也对发达国家政府之间的共识带来了影响。这样，在 TRIPS 的交涉中，不仅就限制假冒商品，还围绕著作权、专利等在内的国际性知识产权保护设立最低标准展开了谈判（西村［二〇〇八］）。

发展中国家主张依据各国经济发展阶段由各国设定各自的保护标准，对于在 GATT 设定相同的保护标准表现得态度消极。但是，TRIPS 协定作为 WTO 协定的附属文件，随着 WTO 的成立也被通过生效。根据于 1995 年生效（Sell［2003］Chapter 5）的 TRIPS 协定，对包括著作权、商标、地理标志、工业品外观设计、专利、集成电路以及商业机密等广泛领域内的知识产权保护设定了国际性的保护标准，对医药品物资的专利保护也成为各国的义务。巴西、印度、阿根廷等国表示反对，但并没有能够形成足以使谈判陷入僵局的大的对立局面。

另一方面，HIV/艾滋病于 20 世纪 80 年代在撒哈拉以南的非洲国家和泰国发生了爆发性感染，HIV/艾滋病问题成为人们关注的重点。针对发达国家的跨国制药企业以专利政策使得治疗艾滋病的药物价格上涨，妨碍了取得相关药品的问题，以一些与援助、开发相关的 NGO（无国界医生组织、Oxfam 等）为中心发起了批判 TRIPS 协定的"医药品取得运动"。

进入 20 世纪 90 年代中期，"三剂并用疗法"的出现使得对 HIV 病毒进行控制成为可能，艾滋病的治疗在发达国家取得了相当的发展。但是治疗艾滋病的药品价格昂贵，发展中国家的 HIV/艾滋病患者难以获得。一些发展中国家（巴西、印度、泰国、非洲各国）的政府与很多 NGO 都投入了这一场运动之中，目的在于在 WTO 范围内明确认可对 TRIPS 协定中业已规定的强制实施权进行行使。

在此项活动进行的同时，2001 年在津巴布韦的倡导下，WTO 召开了关于医药品问题的特别理事会，讨论了由巴西、印度等发展中国家提出的 TRIPS 协定的修正案。谈判的结果是，于 2001 年 11 月通过了《TRIRS 协定与公共健康多哈宣言》，明确了公共健康优先于医药品专利的地位。宣言称将 TRIPS 协定中规定的只认可向国内市场提供药品的内容做出修改，表示自 2003 年起，当不具备充分的医药品生产能力的国家或是完全不具备生产能力的国家提出要求时，同意向国外市场出口。TRIPS 协定认可了对于医药品专利的保护需要考虑到公共健康的目的这一点。此宣言的内容于 2005 年成为永久内容被明文写入 WTO 的相关规定中。①

TRIPS 协定与医药品问题中的全球公共产品

两种公共产品的冲突　　从 1995 年至 2005 年，在 TRIPS 的谈判过程中，围绕对 TRIPS 协定的解释，发达国家和发展中国家出现了对立的局面。发达国家（美国、欧盟国家、日本）要求严格适用 TRIPS 协定的内容，而各发展中国家则希望采取灵活的适用方式。这种对立的局面使得国际公共卫生和与贸易相关的知识产权保护这两个问题成为相互关联的多领域问题出现在人们的视野中。

在国际关系中，WHO 一直作为中心力量着力于解决发展中国家的传染病问题。20 世纪 80 年代以后，随着 HIV/艾滋病在撒哈拉以南非洲国家及南亚、东南亚地区的爆发性传染以及由耐药菌引起的结核、疟疾在发展中国家的再度流行，WHO 的活动再次成为人们关注的对象。WHO 将传染病的治疗、预防作为公共卫生问题，将其定位为全球公共产品，开始向全球呼吁这是一个需要国际性合作的问题（WHO［2002］）。后来，当全球在面临 SARS、甲流的威胁后，各国开始认识到有必要采取一种超越过去的传染病的防控体制，而不仅仅是一直以来的由一国单独在机场港口进行的防控体制。

在发展中国家进行传染病的治疗可以减少感染者的人数，这不仅对发展中国家，也对发达国家防止感染情况的扩大是有益的。而

---

① 关于 2001 年以后的谈判，Abbott［2005］的研究最为详细。

且，传染病的流行会给发展中国家带来经济上、人口上的损失，若是由此导致发展中国家内部的不稳定同样会给国际社会带来负面影响。因此，避免传染病的流行也有利于维护国际社会的稳定。所以，传染病的治疗与预防是一项具有高度非竞争性的全球公共产品，同时可以认为其具有非排他性，任何人都不可能置身其外（WHO［2002］）。

在应对传染病的对策之中，WHO 对于医药品问题尤其关注。从 20 世纪 70 年代起，WHO 便十分重视医药品的效果与安全性，着手制作基本药物目录。截至 2000 年，在这个由 WHO 制作的基本药物目录中所包含的治疗艾滋病的药物的价格，每位患者人均一年最低也要花费 1 万美元。这样的高额费用对于发展中国家的一般患者来说是难以负担的，发展中国家政府也不可能以这样的价格大量购买以应对其国内的感染问题（MSF［2003］）。这样，在公共卫生领域，发达国家与发展中国家的经济差距成为问题，如何在保证非排他性的前提下公平地获得药品成为人们关注的焦点。为了保障公共产品的非排他性，WHO 提出了可以通过普及价格便宜的非专利药物①从而保障发展中国家的药品取得，支持在 HIV/艾滋病的治疗普及推广非专利药物（WHO［2006］）。

发展中国家、WHO 以及 NGO 将国际公共卫生视为全球公共产品，从它们的立场出发来看，TRIPS 协定中关于医药品专利的规定提高了公共产品的排他性。然而，巴西政府无视 HIV/艾滋病治疗药物依然处于发达国家制药企业的专利期限内的事实，批准本国国内制药企业生产相关药品的仿制药，通过发放廉价药品（约 2800 美元）在巴西国内的 HIV/艾滋病的治疗工作上取得了显著的成果。由

---

① 非专利药区别于仿制药。仿制药一般多指在没有进行专利保护的国家未经专利所有者同意而制造生产医药品。本章中将已经超过专利保护期还在进行制造的药物称作非专利药；而将没有获得专利所有者认可而制造生产的医药品称为仿制药，也称为后发医药品。

于TRIPS协定的生效，生产和销售专利药时都必须向专利持有者支付专利费用。对此，发展中国家和NGO指责医药品专利抬高了非专利治疗药物的价格，要求对于与公共卫生相关的医药品专利问题给予灵活的解释。

但是，对于制药公司而言，作为企业，其生产制造的药品属于企业的私人财产。支付了药品费用的人可以对药品进行消费，如果一个人服用了，那么其他人可服用的药品数量就会减少。而且相对于新药开发所需花费的长周期和高额的研发费用而言，对药剂进行模仿制造所需要的费用几乎可以忽略，新药的仿制是非常容易的。所以为了防止这样的搭便车的仿制行为，知识的发明者采取措施来排除这种人为的"搭便车者"。同时，如果低价的仿制药大量充斥市场，也会使发达国家的消费者在负担医药品费用时蒙受不平等的待遇。因此，在知识这个公共产品的供给中，人们还是主张知识产权保护的必要性。这是因为，对于促进技术革新、创造而言，能够收回研究开发投入的资金，并在此基础上创造利润、获取报酬是非常必要的。知识一旦进入公共领域，就意味着任何人都可以同样使用，于是便具有了非竞争性、非排他性的特征（Stiglitz［1986］；Correa［2003］）。而传染病的治疗和关于医药品的知识并不只是局限在某个国家范围之内，在跨越国境的条件下也可以加以使用，所以可以视为全球公共产品。专利药在经过一定的期限后（根据TRIPS协定规定为20年），任何人都可以制造。

如上所述，关于医药品的知识产权保护，在与国际公共卫生问题中的传染病对策相互关联后，便产生了两种相反的作用，即促进传染病新药开发的作用与抑制医药品消费的作用（指国际社会中的各发展中国家和发达国家内部的低收入阶层）。也就是说，围绕着全球公共产品的供给问题，在应对传染病和知识创新之间产生了一个困境。

在TRIPS协定的相关谈判中，发展中国家和NGO认为TRIPS协定具有抑制消费的效果，阻碍了全球应对传染病这个全球公共产品的供给；与此相对，发达国家和研究开发型制药企业对于应对传染病是全球公共产品这一点给予认可，但在此基础上主张，在提供这个全球公共产品时应该不得妨碍对知识（新药开发）这一项全球公共产品的提供，试图将知识产权保护与应对传染病两个问题割离开来（Bale［2001］）。

公共产品的供给与企业　　NGO 针对研究开发型跨国制药企业展开批判，主张国际公共卫生应该是全球公共产品。它们的主张在国际社会范围内得到认可，使得发达国家做出妥协。很多的先行研究聚焦于这些 NGO，专门针对 NGO 的规范扩散活动展开分析（Sell［2003］；Sell and Prakash［2004］；林［二〇〇一］）。但是应该看到，以发达国家做出妥协的方式来对两种公共产品进行的调整，不仅有利于规范的形成，而且这也是企业基于其利益所做出的选择。

在医药品问题中，医药品的供给问题是通过市场机制，由追逐经济利润的制药企业来进行的。目前世界的制药企业可以划分为两大类：一类是发明制造新药的研究开发型制药企业；另一类则是生产非专利药的制药企业，它们生产制造的是过了专利保护期的、可以进行销售的后发医药品（非专利药）。我们来观察在 TRIPS 协定生效之前（1992 年）世界上的制药企业的分布情况，其中拥有具备新药制造能力的制药企业的国家仅为 10 国，拥有具备一定程度制药能力的制药企业的国家也只有 29 个。而这 10 个国家的医药品销售额在全世界医药品销售中所占的比例高达 99%（WHO［2004］Chapter 3）。在 HIV/艾滋病的治疗药方面，世界上只有 6 家制药企业生产着全世界近九成的药物。从这里我们可以了解，由研究开发而产生的新药是由有限的少数发达国家的跨国企业来提供的。而且，为了应对不断增加的研究开发费用，这些研究开发型制药企业不断地进行着世界规模的合并，不断推动企业朝着大规模化和垄断化的方向前进（吉森［二〇〇七］三、五）。

20世纪80年代之后，医药品贸易出现迅猛发展，其中约八成发生在发达国家之间。我们了解到，对于发达国家的企业来说，在发展中国家市场的销售额在其总销售额中所占的比例很小。发展中国家基本上也不购买由发达国家开发的新药。虽然多数非专利药的生产企业也都在发达国家，但是，它们通常都在具有制药能力的发展中国家生产非专利药。发展中国家的非专利药企业面向本国国内市场生产和制造药品，其中印度、中国、巴西、阿根廷等国同时也在大量地向其他发展中国家提供出口（WHO［2004］Chapter 3）。

在新药开发领域中，全世界的研发工作是以发达国家的公权力机构以及研究开发型制药企业为中心进行的。相较于公权力机构的研发资金出现减少的倾向来说，研究开发型企业的研发费用则呈现出增长的趋势（WHO［2004］Chapter 2）。根据现状可以预测，如果研究开发型企业不再进行医药品的开发，那么无论是非专利药还是仿制药，全世界的医药品的供给都会呈现缩小的态势。

对于研究开发型制药企业而言，发达国家市场是它们的重要市场，非洲国家等发展中国家的市场在其销售额中所占的份额并不大。由于市场规模小，所以这些企业在药品的研究开发中对于发展中国家广泛流行的传染病（结核、疟疾等）所进行的研发活动也很少。但是，不具备制药能力的发展中国家却只能依靠药品的进口。这样，正是这些拥有非专利药企业的新兴发展中国家成为这些药物的进口国。

虽然欧美的研究开发型制药企业并没有否定传染病对策作为全球公共产品的存在，但是这些国家要求在TRIPS协定中对医药品专利进行严格的解释。这是因为它们认为，在与巴西、印度等新兴经济国家的非专利药企业所制造的仿制药的竞争中，保护知识产权具有极为重要的意义。特别是，如果发展中国家仅将本国的非专利药制造企业生产的仿制药用于本国的传染病对策还好，发达国家所担忧的是如果发展中国家通过行使强制实施权，不仅将廉价的非专利药向发展中国家出口,同时还有可能会向发达国家市场出口,出现回流现象。因此,对于 TRIPS 协定的强制实施权问题,发达国家主张在有限的特定场合行使强制实施权(PhRMA［2003］)。

另一方面,欧盟、美国、加拿大、印度、日本的非专利药团体(巴西为观察员)于 1997 年成立了国际非专利药制药协会,旨在为确保由 WHO 推动的必需药品取得而向世界范围推广廉价的非专利药的活动。非专利药制药企业希望世界范围内的市场扩大,所以倾向于对知识产权进行宽松的保护,因此加强了与 WHO 和 NGO 的联合(WHO［1999］99-105)。

如上所述,在制药企业中,研究开发型制药企业与非专利药制药企业之间由于相互竞争,双方在保护知识产权与医药品问题上表现出不同的倾向。研究开发型企业比较重视围绕着知识供给问题的搭便车现象(仿制药的生产制造),要求对医药品专利进行强有力的保护。而与此相对,非专利药企业则支持促进非专利药的普及,主张对专利进行宽松的保护。在改善医药品取得问题方面,非专利药企业希望对廉价的非专利药进行普及,而研究开发型企业则提出通过别的手段(对发展中国家提供援助或是在发展中国设定优惠价格),而不是通过放宽医药品专利保护来解决问题。

一直以来美国政府就在要求严格解释 TRIPS 的问题上表现得急迫,促使美国政府在这一问题上做出让步的是 2001 年炭疽病恐怖事件。这一事件使得医药品的供给问题受到人们的重视,然而要想获得其他那些不拥有研发型制药企业的发达国家的一致支持也并非易事。包括美国在内,医疗费用的高涨也是这些发达国家国内政治中的大问题。非专利药的普及在各发达国家中也得到了推广,这样其他发达国家在医药品专利保护严格化的问题上并没有表现出与美国同样的倾向(Abbott［2005］)。同时,美国的研究开发型企业也开始转换方针,不是继续在 TRIPS 协定中进行交涉,而是向政府施加影响,在自由贸易协定(FTA)等双边协定中将保护知识产权的问题国际化（Drezner［2007］）。①

结　语

　　全球问题通常是国际关系中最为重要的课题之一，在国际政治学中合作的形成过程逐渐成为研究的分析对象。霸权稳定论、国际机制论、新自由主义制度论等都为我们提供了理论框架，但是这些理论都是以国家作为主体的。而关于国家之外的行为体的合作是如何形成的这一问题，理论方面的考察才刚刚开始。

　　不局限于国家，任何人都可能从公共产品获得便利，所以在国际关系中引入公共产品这一概念的好处在于为非国家行为体的合作提供了新的根据。通过将很多仅仅由一个国家无法进行处理的全球问题定位为源自公共产品供给不足而产生的问题，强调了在国际社会中公共产品供给的重要性。正如国际机制理论的谱系所表明的那样，国际关系中合作得以形成是基于共同利益的认识。全球公共产品的概念虽然也是以此认识为前提的，但是在多种行为体都可以享用便利这一点上，更加强调了共同利益这一点。

　　然而在实际的国际关系中，如果将全球公共产品的概念越扩展，就会使得什么是公共产品变得越加不明了。也就是说，在国际社会中，尽管对于公共产品的概念已达成共识，但是由于各个国家都对别的国家的自发性合作存在着所谓"搭便车"现象，因而公共产品的供给并不充分。但是这并不是问题所在，关键问题在于各方对于究竟什么才是全球公共产品这一点还没有达成共识。当多个公共产品所要求的主张发生对立、产生多领域问题时，各个国家对于公共产品的认识要想达成一致就变得越发困难。本章所涉及的TRIPS协定与医药品问题的实例中所主张的国际卫生与知识就分别都是公共产品。尽管各行为体之间对于保障发展中国家获得医药品这一公共

---

　　①　对PhRMA国际政策负责人的采访（2005年5月6日）

产品的认识是一致的,但是在保护知识产权对于知识的产出(公共产品的供给)所具有的效果和作用这一点上却未能达成共识。

此外,必须指出在当今全球化下的国际关系当中,全球问题越来越多地与企业的经济活动密切地关联在一起(Ruggie〔2004〕)。所以,对于企业来说,无论是在其国内,还是在国际关系当中,都越来越注重企业的公共性作用,即企业社会责任(CSR)(三浦〔二〇〇五〕)。然而,企业要将其经济活动转而投入公共产品的供给,也是很难实现的。在医药品问题这一事例中,医药品是私人产品,医药品的取得是通过市场机制来实现的。虽然发展中国家为了取得医药品需要花费高额的费用(公共产品供给的费用),但对于研究型开发企业来说,并不存在着诱因要使其放弃对其医药品专利的所有权,也没有理由为此付出费用。企业对于发生这样的官方介入行为保持有戒备心理。

在 HIV/艾滋病治疗药物这一事例中,制造治疗艾滋病药物的企业于 2001 年将其在非洲国家面对贫困对象的治疗药物的价格相对于其在欧美的零售价格做了大幅降低,还增加了其对于应对传染病的 NGO 的捐赠额。它们采取以上这些策略都是为了表明在放宽医药品专利之外的别的策略的可能性。① 此外,研究型开发企业还开始了全球健康进步计划,希望通过采取不同于限制市场的其他方法,即通过提供资金来期待对于发展中国家的公共利益做出相应的贡献。在应对传染病方面,还尝试着通过官民合作来筹集必要的资金,例如成立于 2002 年的全球艾滋病、结核、疟疾基金(世界基金)等。

在自由主义经济体制下,市场方面对于政府对市场的介入行为进行的抵抗越来越强烈。在经济全球化的发展过程中,要想通过合作来谋求全球问题的解决,不仅需要政府和国际组织对于公共产品的认识达成一致,还需要包括企业在内的非国家行为体对此的认识

---

① 自 2000 年之后,HIV/艾滋病治疗药物的价格出现了大幅降低,2005 年时降至 2000 年价格的约二十分之一(MSF〔2003〕)。

也达成一致。同时，正如 NGO 不可一概而论一样，企业也是各不相同的，所以企业的偏好也是无法一概而论的。可以预期，在解决与经济活动相关的全球问题的过程中，公私行为体之间的协调会日益增加。由此可以说，国际政治学领域需要将多种私行为体的偏好也纳入视野中来探讨公私之间的协调。

附记：本文是 2004 年度安倍支持计划项目的研究成果的一部分。

第二章 复杂机制与政策扩散的政治过程
——政策理念的力量

大矢根聪[*]

引 言

"国际秩序与国内秩序的共振""规范与国际关系理论""比较政治与国际政治"……这些都是近年来国际政治学会的机关杂志《国际政治》特辑中的标题。"……与……"这样的表达方式散见于近年来国际关系的分析论述之中。流行的词语有时集中地体现出现实的特征。"……与……"这样的表达方式也表明国际性的现象已经超越了距离与领域的界线,正在加强着相互之间的关联性。同时,为了把握这样的状况,这种表达方式也许提示我们有必要将过去那些不相关的理论、概念相互结合起来,扩大我们的视野。

在国际贸易的领域中,也存在有题为"贸易与……"(Hoekman and Kostecki [2003];Destler and Balint [1999])的问题群,包括"贸易与环境""贸易与健康"等。这些问题最终都会归结到一个方向,即关贸总协定(GATT)、世界贸易组织(WTO)这样的国际贸易机制与多边环境协定(MEAs)和世界劳工组织(ILO)这样的非

---

[*] 现任同志社大学法学部教授。

贸易性的国际机制之间是如何进行调整，来重新配置管辖范围的问题。虽然各国政府、企业以及非政府组织（NGO）等业已展开相关的讨论，并着手进行谈判，然而谈判往往出现分歧争执。

之所以造成这样的状况，正是因为各方在贸易和其他领域中存在着基本的价值差异，有时还会相互矛盾。不同领域内的各相关行为体的行动方式也大相径庭。因此，在谈判中存在着多个"正当性"或是多个"常识"相互发生冲突，按照以往的利益调整无法收拾局面。1999年12月，在WTO西雅图部长级会议上，便出现了这样的典型的难题。在会场内，各国政府围绕着新的国际谈判的争执焦点出现了尖锐的对立；在会场外，许多NGO和市民团体举行示威，后来还发展到暴动。

经历了如此的混乱局面之后，问题的解决取得一定程度的进展。在"贸易与……"问题中，比较显著的问题首先应该是美利坚合众国在问题发展过程中的影响力。谈判是在美国政府提出倡议下开始进行的；而且在谈判过程中，很多情况下都是以美国的提案作为讨论的基础。

第二个特征在于，在解决问题中出现的"复杂机制"现象。当我们从国际机制的层面来处理"贸易与……"问题的时候，理论上可以存在四个"复杂机制"：（1）国际贸易机制与其他国际机制相融合的情况；（2）在二者上位有总括性机制存在的情况；（3）二者之间有交互机制（interface regime），并进行相互调整的情况；（4）国际贸易机制向其他机制的领域进行扩张的情况，换言之，也就是贸易机制将其他机制进行部分吸收，发生复合化的情况。在"贸易与……"的问题中第四种类型的复杂机制多有体现。

为什么美国的力量能够发挥巨大的作用，使得国际贸易机制会出现向其他领域进行扩张，出现复合化的情况呢？我们将在本章对其原因进行论证。正如大家业已注意到的，在"贸易与……"问题中，最大的特征就在于不同的价值与惯例间相互接触、发生冲突这一点。如果是这样的话,相比较于实力、利益这样的物质性因素而言,我们更应该着眼于概念性因素——政策理念。所谓政策理念,是指在提出课题或对策时的理念、见解、构思等。不过,在着眼于政策理念的相关研究中,往往过分强调国际组织、NGO、对话的作用等,而容易轻视国家实力的作用,没能准确地理解把握美国实力的影响(Finnemore and Sikkink［1998］；Risse and Sikkink［1999］)。我认为有必要以政策理念为中心,对实力论进一步展开探索。本章并不是对美国的实力规模进行静态的计算,而是对美国的政治结构进行分析,分析其是如何运用其实力将国际机制导向扩张的。并在此基础上试图去把握美国如此的政治结构是如何被纳入动态的政治过程之中的。

在下文中,笔者将通过理论性探讨,导入分析的视点,并在此视点的基础上展开案例分析。在此,本章的分析对象是国际性结构应有的方式,因此下面将不是仅仅通过单一案例,而是通过对三个案例进行比较,然后在此基础上导出结论。

一、复杂机制与政策扩散

由于国际关系中缺乏国际性的政府功能,所以从这个意义上讲,国际关系具有无政府的性质。尽管如此,在国际关系中也还勉强存在着一定的秩序,针对各种各样的问题至少会采取一定的对策(并不一定能够解决问题)。这一切能够成为可能的一个原因正是在于各个领域中都存在规则、惯例、功能认识等体系——也就是国际机制(Hasenclever et al.［1997］)。然而,国际机制在各个领域之间相互关联,并没有形成一个完整的层级系统。每个国际机制依靠一定的过程而成立,同时其功能分别发生变化。这样,必然地有些领域就会拥有完善的国际机制,有些领域也会出现国际机制并不完备的情况,而且不同的国际机制的效果也是各不相同的。它们相互之间有时重复,还屡屡相互发生矛盾,呈现出不均匀的面貌。因此,本应为国际关系提供秩序的国际机制之间出现了相互冲突，引发纷争，可能会呈现出一种事与愿违的现象。

针对以上所提及的整体状况，K. 罗斯特拉和 D. 维克多使用了"复杂机制"这一概念（Raustiala and Victor［2004］）。不过在本章中将采取更为狭义的定义，将某一国际机制与其他国际机制相互接触、发生复合化的现象称作是"复杂机制"。在当今的国际关系中，复杂机制并不是一个特殊的现象，K. 罗斯特拉和 D. 维克多这样的词语用法也在尽可能地普遍化。这是因为，伴随着全球化的发展，以及与之相并行的国际机制的扩大，每个机制的管辖范围也在扩张。这样，不能再像过去的国际机制论一样，只把关注的重点聚焦在单个的国际机制，这是不充分的。还有必要深入研究机制相互之间的机制。① 本章就是这样的一个尝试。

不过，国际贸易机制与其他机制所涉及的领域范围发生接触或向其扩张，这在逻辑上是难以想象的。与其他一般的制度相同，国际贸易机制将与贸易相关的政府部门、政治家、企业等的认识与习惯纳入一个框架，推动自由贸易主义成为被人们熟识的制度。另一方面，以地球环境机制为例，它为与环境相关的政府部门或 NGO 的认识和行动提供框架。双方各自领域内的行为体朝着不同的目标方向，来协调其认识和行动，要想实现国际贸易机制的扩张这种特殊的举措也并非易事。

但是，假设某一政策的诞生是为了要解决贸易与环境的失衡，如果这一政策产生后向各国进行广泛扩散，那么这一政策就有可能实现趋同。如果这个政策诞生于美国，美国为其国际性的扩散在背后起到了推波助澜的作用，在这种情况下我们应该可以认为国家实力在其中发挥的力量。关于"政策扩散"（policy diffusion）问题的相关讨论给我们上面的解释提供了启发。20 世纪 80 年代后，虽然放

---

① 全球治理理论最初是为了把握"复合机制"状况而构想出的框架，然后逐步发展到用以把握特定领域的秩序的治理理论。

宽限制、民营化之类的政策已经在国际上有所出现，但是多数国家还是会屡屡采取一些特殊的政策（Simmons et al.［2008］；Simmons and Elikins［2003］；Kahler and Lake［2003］）。政策扩散研究便是针对这样的现象，设定先是有某个国家最先导入某一政策，其他国家紧跟其后，对产生政策扩散的主要原因进行分析。B.西蒙斯、G.盖瑞特将产生政策扩散的原因归纳为四个类型，分别是强制、（经济性）竞争、学习、（社会性）模仿（Simmons et al.［2008］9-40）。

但是，产生政策扩散的主要原因并不是都可以十分清晰地加以分类的，过于简单的归纳有可能会使得一些重要的现象被忽略。例如西蒙斯等人指出，强制与学习相伴存在的情况就比较多。大国在伴随着多种均衡的政策调整的博弈中，有时会突出重点，也有一些情况下大国则会行使其葛兰西主义式的意识形态的霸权。在这些场合中，大国并非对其实力滥加使用，而往往会采取较为温和的措施，这一点是值得关注的。本章之所以选择将这种"温和的强制"等于"学习"作为线索，是出于 M.巴奈特和 R.杜瓦尔所提出的"创造性实力"（productive power）这一概念。所谓创造性实力，是指不通过直接、特定的方式来向其他行为体行使强制力，而是通过间接的、社会性的努力，在行为体之间形成自我理解、利益认识，从而对其他行为体实施影响力的能力（Barnett and Duvall［2005］）。

创造性实力这一概念的形成，受到了结构主义的影响。但是过去结构主义在谈及实力这一概念时，将政策理念设想为另一层面的军事实力、经济实力等物质性实力，实力的功能在于它是强行要求各国政府认同并接受其政策理念的一种手段（Ikenberry and Kupchan［1990］；Risse and Sikkink［1999］）。所以，创造性实力对政策理念本身所具有实力产生影响，这一点十分有意味。如果我们认为在论及实力论时结构主义会有所欠缺的话，那么对创造性实力的考察，将具有建设性的意义。

二、围绕政策理念的实力

尽管大国进行的政策选择未必符合其他一些国家的利益,然而却往往可以看到其他国家也会沿袭大国的做法。① 本章将会对这种现象出现的背景中创造性实力所起到的作用进行论述。即大国社会性地创造出一些本应在国际范围内来应对的课题或是对策,然后通过这些对策对其他国家产生影响,从而为国际社会对该问题的认识、对策构想提供方向。在无政府状态下的国际关系中,虽然程度各有不同,但各国都不得不在有限的、可依赖的信息条件下,在不明朗的状态中做出政策选择。在这种情况下,如果存在一个理念展现出更为准确的政策趋势、更为稳妥的对策,即存在这样的政策理念的话,各国也许就会把它当作政策选择的指标。

创造性实力若要更有效地发挥其作用,必须满足两个条件。第一,它必须是有说服力的政策理念。本章所论及的问题就是这样,政策理念相对容易地产生于美国,且较为容易地落实为政策。诺结合美国政府周边的机构和民间的调查、研究组织,就此问题进行了论述。他认为这些机构团体形成了一个网络,这个网络培育出有影响力的政策理念(Nau[1990])。美国拥有丰富的智库、产业团体的调查部门以及大学等机构,作为政策创造者,它们之间相互竞争。在这样的土壤里,比较容易萌生新的政策理念(五十岚[一九九二])。还有,在美国政治自由的背景下,NGO、劳工运动较为活跃,美国比较容易成为全球性市民运动的据点。再加上本章将会涉及的美国在经济领域拥有先进的产业和技术,在这样的背景下美国成为一个实验场。与其他国家相比,今后的经济走向或问题更有可能先在美国有所体现,产业团体、智库从其中探索政策理念的萌芽,

---

① 从区别于本章的现实主义的观点来看,在对同样的现象进行说明时,还有 L. Gruber 提出的"单干国家"(go-it-alone power)这一概念(Gruber[2000])。

然后将之打造成为具有说服力的理念。

但是,我们也很难想象,这样的政策理念仅仅依靠其说服力便可拥有驱动世界之力,便可立即转变成为一种国际机制。也就是说,创造性实力需要具备第二个条件,那就是一个可以使这个源自美国的政策理念能够获得他国的支持,可以较为容易地引起国际性变动的国际性结构。我们有必要把注意力集中到这样的国际性结构上来。

在国际贸易机制中,美国和欧共体/欧盟的确在课题的设定、谈判达成等关键性场合经常发挥着决定性的作用(Steinberg[2002])。但与此同时,在国际贸易机制中的谈判不会自己完结,正如科恩论及的那样,这个机制与发达国家首脑峰会、四方贸易部长会议、经济合作开发组织(OECD)、联合国贸易和发展会议(UNCTAD)等论坛拥有密切的联系,国际贸易机制也处于这个由这些机构交织构成的国际性结构之中(Cohn[2002])。

以上所提及的论坛不仅是协商讨论的场所,它们还具有调查、分析的功能。这里应该关注OECD。OECD拥有700名之多的经济学家、专家,被视为"世界最大的智库"(Blair[1993];村田[二〇〇〇])。而且,OECD以及四方贸易部长会议这样的论坛,与其说是一个讨价还价的舞台,更是一个以对话为原则的意见调整的论坛。这些组织的成员资格是同质的。具有这样的特征的论坛被认为更适合进行相互的说服或是调整认识(Johnston[2001];Checkel[2001])。

在这样一系列相互关联的论坛所构成的国际性结构中,美国的政策理念比较容易发挥影响力,并向各国进行扩散。可以认为,这种政策扩散通过政策理念的变化即所谓的"改造"成为可能。本章将围绕政策理念的改造,着眼于政策理念的"标准化"和"下位理念"的问题。这里所说的"标准化"是指产生于美国的政策理念通过OECD等机构的调查,被证实其具有更广泛的稳妥性的过程。也就是淡化其美国色彩、超越美国的过程。如果政策理念能够实现标准化,那么将会使其他国家更容易接受这样的政策理念,更容易就同样的观点达成一致（Spar［1992］）。"下位理念"是指通过谈判使政策理念拓展到法律或措施方面的过程，以便对其进行研讨、议论。如果没有这样的过程，无论一个政策理念多么具有魅力，都无法落实成为具体实际的解决策略。

然而，这样的一项发源自美国的政策理念并不可能给所有的相关者都提供令人欢欣喜的前景。事实上，很多国家、NGO 都表示反对，采取对抗的态度（山田［二〇〇二］）。在这样的情况下，有可能促使 UNCTAD、G77 等以发展中国家为主体的论坛提出与之相对抗的政策理念，并对其进行修改。

这样，一项政策可能会获得支持或遭到反对，更有甚者，如果引发出了一个与之相对抗的政策理念的话，问题的解决或许会变得更为困难。这是因为国际谈判很容易陷入一个在多种理念间进行的"神学论争"的状态。所以，为了使谈判达成妥协，要么是形成一种能够在两种政策理念之间具有桥梁作用的理念，要么是必须以一方的政策理念作为基础，来谋求达成妥协。

通过以上的探讨，我想通过下面的四个角度来进行案例分析。（1）政策理念在美国是如何产生的，是如何成为政府政策的？（2）这样的政策理念是如何以 OECD 等论坛为媒介实现向各国的扩散的？在这个过程中，是否会出现该理念的标准化、下位理念或是对抗性理念？（3）政策理念在国际谈判中是如何发挥作用的？（4）政策理念是如何最终归结于国际贸易机制的扩大的？当多个政策理念出现相互对峙的情况时，是如何进行调整的？

三、"贸易与……"谈判的案例分析

在进行案例分析时，我将以时间系列的比较为主，将涉及 GATT 时期的"贸易与服务"谈判和 WTO 时期的"贸易与环境"谈判。另外，为了对 WTO 时期的现象的普遍性进行探讨，还将涉及"贸易与劳动"问题。GATT 和 WTO 机制二者都是以自由贸易主义为基本

第二章　复杂机制与政策扩散的政治过程

的政策理念。这里，自由贸易主义认为在相对优势的基础上，只有自由的贸易才可以将市场的作用最大化，并带来社会性福利的最大化。相对于 GATT 而言，WTO 具备更加高度制度化的特点，它不仅将其管辖的范围扩展到了农业、知识产权，同时还健全了纷争解决的程序，加强了 WTO 的法律性质（Barton et al.［2006］）。

在服务、环境、劳动这几个案例所涉及的领域中，它们与贸易领域的关系按照上述顺序呈现出越发离散的特点。相对于服务领域与贸易领域相互毗邻的关系，环境领域和贸易则具有相矛盾的一方面，而劳动领域和贸易的相关性这一点还存在争议（后述）。从国际机制的角度来看，在服务领域只存在着部分的、薄弱的国际机制，而在环境领域中存在着以《京都议定书》《华盛顿条约》为代表的很多国际机制，而且其中一些还含有违反自由贸易的规定措施。在劳动领域，则早在战前业已确立了 ILO 这样的高度制度化的国际机制。

案例 1　GATT 机制中的"贸易与服务"谈判

源自美国产业界的政策理念　　所谓国际贸易，曾经只是意味着货物贸易，GATT 机制也只是关于货物贸易的规则，并不包含服务。在服务领域存在国际电信联盟、国际民用航空组织等部分的独立国际机制。这些组织虽然都具有促进自由的国际贸易的规则，但考虑到各国国内的具体情况，它们允许各国采取相应的应对措施，认可这些国家对国内市场的保护。

在这样的背景下，金融、通信、数据处理等各种各样的服务在国际贸易中正不断扩大着规模，自 1975 年以来的 10 年间以年均 1.18 倍的速度增长。伴随着这样的情况，构筑一个包括服务领域的一揽子体制成为一个潜在的课题。尽管如此，在 20 世纪 70 年代甚至连服务贸易这样的定义尚不存在，对其的相关统计也十分不完备。在这个不同于货物贸易的服务领域，自由贸易是否还能实行，这样的原理性问题仍未得到解决（Hindley and Smith［1984］）。

在这种极端模糊不清的状况下，美国的运输、航空、电信行业提出了课题。它们在20世纪70年代中期提出，应该从国际贸易的角度来看待服务贸易，批判了国外的进口壁垒。当时它们依据的正是GATT机制中的自由贸易理念。相关组织向美国联邦议会、政府要求外国开放市场，同时组织成立了服务产业联盟、服务政策咨询委员会。这些组织不仅旨在给政府施加压力，还致力于通过调查部门收集和分析信息，成为政策提出者。

美国政府和产业界的关系本来是疏远的，但是STR（特别贸易代表、1981年改组成为美国贸易代表）办公室的分析师G.菲克特库迪一直以来就表现出关注，他成为两方面的连接点，于是在政府内部也开始将自由贸易主义的理念作为前提开始进行探讨。① 业界的主张得以在议会举行的听证会上提出，于是在美国的产业结构转换过程中，人们对服务业的关注度也逐渐提高。欧洲的情况也是一样，英国的服务贸易自由化联盟以及欧洲服务组织等团体也在展开行动。发展至20世纪80年代后半期，美国和欧洲的产业团体间相互交流，举行国际会议，要求建立综合性的国际机制（三和总合研究所［一九九八］三二-三三）。

OECD、UNCTAD对政策理念的改造　　美国政府当初在向欧洲国家提出要求开放双边市场的同时，还向OECD提出要求展开调查。② 但是，当美国要求对贸易壁垒给出特定的范围时，欧洲各国认为需要先进行完善的统计工作，于是OECD便着手开始相关的统计工作。之后，OECD推进调查分析工作，完成了报告书。OECD的成员国的专家与官员也参与了这项工作，并将从中得到的成果向各国进行了反馈。③ 这样，各发达国家的政府进一步加深了对于服务

---

① 对USTR负责人的采访。Drake and Nicolaidis［1992］pp. 45-46.
② OECD在随后的报告书中第一次指出了服务贸易的重要性。OECD［1973］.
③ 对USTR负责人、OECD相关人员进行的采访。Drake and Nicolaidis［1992］.

贸易内容的理解，逐渐地认可了自由贸易主义的政策理念。

在此基础上，1981年举行的 OECD 部长级会议同意在 GATT 开始新的回合，就将服务贸易作为谈判对象的方针达成一致。此次的共识成为通往 GATT 的另一条路径。1982年，GATT 部长级会议得以举行。不过，当时各国意见相互冲突，本来能够达成共识的各国表现得各有不同：美国政府要求尽早开始进行谈判；日本和欧共体则对本国（各成员国）服务业的脆弱抱有不安，表现得很谨慎；发展中国家则更为谨慎。

尽管如此，OECD 的调查以及部长级会议和 GATT 的部长级会议都成为一个重要的契机。按照美国的要求，OECD 开始对金融、通信等个别产业就设定贸易壁垒的范围加紧步伐。① 同时，发展中国家也通过 UNCTAD 着手展开调查，对贸易自由化将会对发展产生什么样的影响进行研究。这份报告书指出，在发展过程中充分利用贸易自由化的必要性，同时也强调指出最贫穷的国家不可能将贸易自由化活用在其自身的发展当中。此外，这份报告书虽然并没有拒绝自由贸易主义的理念，但是要求有正当的例外性，提出了幼稚产业保护论、开发主义等政策理念。②

在 GATT 成员国内部，一部分国家也考虑到将要进行的谈判回合，提前开始了非正式会议，着手进行探讨（沟口・松尾［一九九四］一〇二）。与此同时，各国政府着手展开调查，并把结果向 GATT 进行通报。此时，各国政府参考 OECD 的报告书以及更早前美国政府提出的报告书，都开始了以贸易自由化为前提的研讨工作。③

这样，由美国提出的自由贸易主义理念通过 OECD 得到了推广，欧共体、日本以及新兴工业化经济体（NIEs）等都接受了这一理念，开始对服务贸易的利益进行再定义。

---

① 例如 OECD［1983］中保险、银行、通信为代表的很多产业都成为对象。
② UNCTAD［1984］。
③ U.S. Government［1984］。对商务部负责人的采访。

国际谈判过程中政策理念的冲突与趋同 1986年9月,终于进入乌拉圭回合的进程,然而谈判却进入僵局。首先,发达国家与发展中国家就是否应该把服务贸易作为谈判对象这一问题出现了对立。双方分别以自由贸易主义与保护幼稚产业论的政策理念作为谈判的前提,相互展开激烈的批判。这场"入口论争"进行得十分激烈,但双方最终还是达成妥协,同意在正式的贸易谈判小组之外设立一个服务谈判小组,这样谈判终于启动。

第二个是技术层面的难题。关于服务贸易并没有一个能让所有国家都认可的定义与分类,而且对于自由贸易的效果也尚有可以讨论的余地。此外,各个国家对于服务产业也都有自己的国内制度以及政府不同程度的干预。但是,OECD所进行的探讨为这些问题提供了重要的线索。在1987年OECD的报告书中已提出了在GATT机制下关于最惠国待遇、国民待遇等概念。同时,对于各国间的政府干预国内制度等的不同,提出通过运用市场准入、透明性等概念以确保形成共同的自由化。① 这些下位理念使得谈判进入具体的讨论成为可能。

发展中国家的印度与巴西认为服务贸易的自由化会加强发达国家的优势地位,因此进行了强烈的抵制。但是,与此同时,多数的发展中国家并没有否定自由贸易主义的政策理念。其原因之一在于,根据UNCTAD所进行的调查指出服务贸易对于发展中国家是必要的,会对发展中国家的卫生、教育等有所帮助。② 而且,在冷战结束后,随着全球化的发展,自由主义的政策理念所具有的作用给人们留下了深刻的印象(Biersteker [1992];Ford [2003])。

1988年,在蒙特利尔部长级会议上对谈判的进展做了中期发表,之后,讨论进入了更加具体的进程。谈判是在自由贸易主义的政策理念的基调下展开,但是有几个发展中国家依然坚持幼稚产业保护

---

① OECD [1987].
② UNCTAD [1988].

论，而且无法消除对于发达国家的优势地位的抵制。最终，通过灵活地把握和运用自由贸易主义的理念，在谈判过程中对于发展中国家给予一定的时间以实现自由化，最终达成了一致。同时，对于发展中国家的纺织品贸易与农产品贸易等出口竞争力有弱势的领域，发达国家也做出了让步。

如上所述，在"贸易与服务"的谈判过程中，美国的创造性实力发挥了作用，将不同于货物贸易的服务领域一揽子引入了 GATT 机制。也就是说，（1）美国国内提出了政策理念。（2）OECD 在美国的提议下对该政策理念加以改造，引入了标准化概念和下位理念，并将其理念向多数国家进行渗透。发展中国家则在 UNCTAD 中提出对抗性理念并进行探讨。（3）在国际谈判中，尽管双方的理念出现冲突，但是 OECD 提出的下位理念还是促进了具体讨论的展开。（4）随着国际环境的变化以及 UNCTAD 内部的讨论的进行，发展中国家也开始接受自由主义的理念，在这个政策理念的基础上达成了国际一致。

案例 2　WTO 机制下"贸易与环境"的谈判

由 NGO 和产业界所提出的政策理念　经过乌拉圭回合，GATT 机制发展成为 WTO 机制。与此同时，在地球环境领域业已存在许多国际机制。这两方面的机制存在着相互矛盾的地方。随着国际贸易的发展，产业活动不断扩大范围，这样地球环境不得不蒙受着破坏。同时，环境领域的《华盛顿条约》《巴塞尔条约》中都认可将禁止贸易与经济制裁等作为保护环境的手段。因此，"贸易与环境"问题势必发展成为人们关注的焦点。当然，在《关税及贸易总协定》第二十条中也规定，在涉及保护动植物以及有限的天然资源时，不属于自由贸易的范围。但是这条规定能够在多大程度上兼顾贸易与环境，还是存在着争议的。

"贸易与环境"成为政治问题始于 1991 年。起源是在墨西哥与美国之间的"金枪鱼"案中，GATT 的委员会最终做出的美方败诉的裁决。墨西哥在进行黄金枪鱼的捕捞时将海豚一并捕捞，结果导致海豚的死伤。美国的环境 NGO 将此问题提出，美国政府接受其意见，开始禁止从墨西哥进口黄金枪鱼。因此墨西哥政府以禁止进口措施违反自由贸易主义而向 GATT 提起诉讼。虽然 GATT 做出了美国败诉的裁定，但是却并没有展开围绕"环境与贸易"进行的实质性讨论。不过，很多环境 NGO 认为 GATT 将自由贸易作为最优先的对象，对此展开了批判。

之后也有类似的诉讼，不少 NGO 都对 GATT/WTO 机制进行抨击。虽然都是 NGO，但各自也不相同。其中既有像世界野生生物基金会这样的有着稳健组织形式的 NGO，也有像塞拉俱乐部（Sierra Club）、公民诉讼组织（Public Citizen）这样对自由贸易持有强硬否定态度的 NGO（Destler and Balint［1999］；赤根谷［二〇〇三］）。它们开展的活动中虽然也有跨国的，但主要还是以美国国内的活动为主。美国的产业界对这样的动向感到危机，提出可以通过自由贸易来扩大有益于环境的产品与技术的交易，来对保护环境做出贡献，以期展开"反击"。如此，NGO 与产业界便分别成为对照鲜明的政策创造者。

在这样的夹缝中，克林顿政府无法从这两种政策理念中做出选择，于是美国政府便尝试提出一种综合的、暧昧的理念以克服这样的情况，这就是"合众国价值"。美国政府提出，无论是自由贸易，还是环境保护，都是与合众国的价值相一致的，产业界与 NGO 可以寻找到一个相同的立场。①

OECD、GATT 中对于共同的政策理念进行的探索 在美国、欧盟的要求下，OECD 在各种会议和研讨会上就"贸易与环境"的相互关系进行探讨。1991 年 OECD 环境委员会部长级会议设立了专

---

① 对 USTR 以及国防部相关人员进行的采访。以此为主旨的克林顿的发言，参见 Clinton［1999］。

家会议，正式开启了相关的研讨工作。在此基础上，1992年举行的部长理事会发表了声明，表示"贸易政策与环境政策……是可以互相支持的"。这样的"相互支持性"的政策理念强调了贸易与环境这两个领域具有互相支持的关系，它与"合众国价值"一样，是一个表示综合性和谐的抽象概念。"合众国价值"这个理念对于其他国家来说应该是难以接受的，但"相互支持性"具有将其普及化的意义。这一理念也被写入联合国环境与发展大会的《里约宣言》，得到了更为广泛的支持，因此也得到其他国家的认可。此外，针对相互支持性的具体方法问题，OECD还制订了以"贸易政策及贸易协定给环境带来的影响最小化指导方针"为代表的一些指导方针。① 其中还包括了相当于下位理念在内的一些概念。

在WTO范围内，相关的研讨工作也在进行着尝试。最初的研讨可以回溯到GATT时期的1971年，但这一时期只是在当时GATT秘书处的主导下设立了"环境措施与国际贸易工作小组"（GEMIT）。进入90年代，瑞典与瑞士为了准备上面所提到的联合国环境与发展会议，要求GATT讨论提出自己的应对方法。在这样的情况下，处于休眠状态的GEMIT开始了工作，但是由于各国的立场不一致，只做了一些有限的工作。

另一方面，GATT秘书处也开展了一些独立的调查活动，或是与联合国开发计划署（UNDP）一起进行的共同调查活动。在这些调查的基础上，GATT秘书处以及部分成员国认为基于"贸易与环境"的相互支持性上的政策的制定具有可能性。② 作为这个成果的反映，刚刚成立不久的WTO机制在WTO协议前言中提出，WTO的目的之一即在于"环境保护与可持续发展"。1994年在摩洛哥马拉喀什举行的部长级会议上，各国在关于《贸易与环境的部长决定》中就相互支持性进行了确认，设置成立了贸易与环境委员会（CTE），以取

---

① OECD［1993］；OECD［1991］。
② 对GATT秘书处相关人员、外务省相关人员进行的采访。

代 GEMIT。但是，由于各国之间的意见分歧，使得 CTE 议定书的内容十分有限。特别是发展中国家分歧较大，其中拉丁美洲各国认为美国、欧盟的主张是打着环境保护的旗帜，意图对发展中国家的出口进行限制的"特洛伊木马"，无异于新的贸易保护主义，对此加以警戒。当时颇为有趣的一点是，不少发展中国家将 WTO 机制的自由贸易主义提出来作为当时的对抗性政策理念（Ford［2003］151-152）。

CTE 在接下来的回合中就如何处理"贸易与环境"问题进行了探讨。在 1996 年举行的 WTO 新加坡部长级会议上，CTE 提出的文件长达百页（只有两三页涉及其他领域的问题），应该说反映出各国在立场上的差别。①

国际谈判中政策理念的冲突　2001 年 10 月，多哈发展议程启动，这是新一轮谈判的开始。关于"贸易与环境"问题，也"从提高相互支持性的角度"（当时部长宣言的题目即为《从提高相互支持性的角度》）开始了谈判。谈判的课题包括 WTO 与 MEAs 的关系、MEAs 秘书处在 WTO 中的观察员资格、环境保护物品与服务的自由化等。各国都已把相互支持性当作共同的政策理念。虽说如此，但这个理念过于概括，各国的立场貌合神离。各国对于是否要在环境保护中利用贸易、是否应该从环境的观点对贸易加以限制、如何进行限制等问题上争论不休，而且还缺乏共同的下位理念。

因此，一旦进入具体的讨论，各国的立场便出现距离。例如，关于 WTO 与 MEAs 的关系问题，属于消极派的美国提出环境保护方针，要在自由贸易主义的基础上对每个案件具体进行分析。而属于积极派的欧盟则提出将环境保护作为一个大的前提，要求在 WTO 机制内制定环境保护的原则。另一方面，非洲各国要求优先通过 WTO 来进行开发，希望不要因为保护环境而阻碍了自身的发展。这样，

---

① Pascal Lamy, "The Greening of the WTO Has Started." http∥www. wto. org/english/news_ e/sppl_ e/sppl79_ e. htm（2007/12/28）。

为了促进政策理念的调整与信息交流，WTO 秘书处组织了各个层面的研讨会，其中不仅有由各个国家进行的，还有 MEAs、联合国环境规划署（UNEP）秘书处以及 NGO 组织进行的各种研讨会，提供了更多的对话机会。① 不过，收效甚微。

但是在 2003 年前后，关于环境货物和服务自由化的谈判却取得了长足的进展，甚至连 UNCTAD 都给予肯定的评价。② 这次谈判的主题在充分发挥自由贸易这一点上与美国以及发展中国家的政策理念相一致，同时在有益于环境保护这一点上与欧盟的立场也保持了一致。谈判中论争的焦点即环境货物及服务的定义与内容也为 OECD、亚太经合组织（APEC）、UNCTAD 在制定下位理念时提供了具体的清单。③ 尽管谈判取得了部分的进展，但从整体而言目前（2008 年 3 月）还处于进展不畅的状态。谈判最终结果如何？WTO 机制将会如何发展壮大？目前仍然无法预测。

如上所述，在 WTO 的"贸易与环境"的谈判中，源自美国的政策理念成为一个出发点。但是，与 GATT 时期不同的是：(1) 在与贸易大相径庭的环境问题方面，不仅是产业界身在其中，还有多种多样的 NGO 也参与其中，双方围绕政策理念的对立非常激烈；(2) 因此，美国政府并没有提出一个明确的政策，而是在 OECD 的主导下对政策理念进行的修改起到了非常重要的作用；(3) 在各国立场较易趋同的谈判主题中，虽然 OECD 等机构所提出的下位理念具有一定成效，但是从整体而言，政策的扩散并未带来国际体制的扩大。与"贸易与服务"谈判相比较，"贸易与环境"谈判具有以下特征：政策理念之间的对立、美国政府与 OECD 等提出的方针的暧昧不清，以及对概括性理念的过度依赖。这些最终都阻碍了美国

---

① WTO［1999］p. 100；WTO［2000］p. 108；WTO［2003］pp. 56-57；WTO［2004］pp. 27-28.
② UNCTAD［2004］p. 54.
③ OECD/Eurostat［1999］；WTO，"WT/GC/W/138/Add. 1"；UNCTAD［2003］.

的创造性实力。

案例3 WTO体制下"贸易与劳动"谈判的失败

"贸易与环境"的案例为我们展示了WTO中典型的政治过程。同样,"贸易与劳动"也是另一个错综复杂的争论焦点,接下来我们就将"贸易与劳动"这一案例做一个简明的比较。所谓"贸易与劳动",二战以后二者只是围绕着贸易保护主义有一定的关系,但是时至今日,以人权作为连接点,二者的关系成为倍受人们关注的问题。下面我们将从目前的状况入手,对"贸易与劳动"问题的特征进行梳理。

第一,政策提出者是工会与NGO,活动的开展跨越了国境范围。在如此多样的政策理念背景下,美国政府的政策却依然模糊不清。

在众多工会组织中,世界上最大规模的组织——国际自由工会联合会(ICFTU)开展的活动引人注目。另外,国际劳动事务局(ITS)与美国劳工联合会—产业工会联合会(AFL-CIO)也表现得十分积极。这些组织都拥有完备的调查部门,它们提出的政策理念都是基于其调查部门的调查和分析基础之上的。ICFTU于1996年重新制定其工作的方针,从人权的观点出发,将贸易与劳动联系起来。也就是说,在全球化的发展过程中,对劳动者的掠夺与差别对待等侵害人权的现象在世界各地愈发严重。特别是在发展中国家,为了扩大出口,企业竞相降低劳动标准,陷入了所谓的"底线竞争"。为此,作为改善的手段,ICFTU针对核心劳工标准制定了下位理念,为了保证企业遵守,还设想了制裁措施(基于WTO纷争解决程序的对抗措施)。[①] 所谓的核心劳工标准,是指包括结社自由以及集体谈判权(相当于ILO第87号、88号公约),禁止强制劳动(第29号、

[①] "Labor Standards and Trade: What in the Social Clause?," ICFTU; "The Global Market: Trade Unionism's Greatest Challenge," ICFTU.

105 号公约）等劳工标准在内的重要因素的概括性内容。

虽说工会开展的活动是跨越国境范围的，但其活动的进行更受到国内政治的左右（O'Brien et al. [2000]）。因此，ICFTU 将美国作为其活动的根据地，同时与 AFL-CIO 相互联合。人权 NGO 也开展活动与其相呼应。人权 NGO 与发展中国家联合一起反对制裁措施。

克林顿时期的政策理念便反映出当时各种运动交相呼应的状况。一方面，从人权观点出发，将劳动与贸易两者结合在一起，对于核心劳工标准给予尊重；另一方面，对于制裁措施表现得较为谨慎，取而代之的是建议在 WTO 中设置成立工作小组。

第二，在这个案例中是以 OECD 为中心来对政策理念进行改造的。OECD 机构使得政策理念得到标准化，起到了将政策理念向国际范围推广的作用。正如 OECD 在其报告书《贸易、雇佣、劳动标准》中所描述的那样，"促进达成了国际政治上高水平的共识"。① 这份报告书从人权的角度来定位核心劳工标准，探讨了保障劳工标准与经济增长之间的相互关系，认为发展贸易与改善劳工标准是互为补充的。1998 年，由联合国主持召开的国际社会发展峰会也对于核心劳工标准的重要性给予了认可。

第三，在为 WTO 进行的预谈判中，各国从人权的观点以及贸易与劳动相互补充的观点出发，对政策理念进行了构想，但是成果乏善可陈。与"贸易与环境"案例的情形相同，由于政策是概括性的，没有能够将讨论推向具体与深入。而且围绕其下位理念中的核心劳工标准这一问题，由于与作为实现手段的制裁措施之间具有不可分割的特性，所以更刺激了争论的激烈程度。发展中国家担心结社自由或是集体谈判权会对本国的政治体制带来打击，而且也担心制裁会导致本国出现强制性事态。在 1999 年 WTO 西雅图部长级会议上，克林顿总统一做出要实施制裁的表态，便立即受到发展中国家以及

---

① OECD [2000] 1；OECD [1996].

一部分 NGO 的强烈反对。① 出于这样的情况,"贸易与劳动"问题最终没能成为 WTO 的谈判议题。

虽然 WTO 机制的扩张未能得以实现,但是让人感兴趣的是,以此为契机,非贸易性机制开始向贸易中的劳动问题进行扩张。人权以及核心劳工标准的理念已经被广泛地接受,发展中国家也对于在不具有制裁可能性的 ILO 范围内进行探讨表现得不再特别抗拒。这样,ILO《关于劳动的基本原则及权利的宣言》终于在 1998 年得以通过。这个宣言虽然没有关于制裁的内容,但是要求未批准 ILO 关于核心劳工标准的国家也有义务向 ILO 报告其履行情况。类似的情况在联合国范围内也有发生,最后形成了全球契约(Ball and McNeil［2007］98-99)。

在上面"贸易与劳动"的案例中,虽然呈现出与"贸易与环境"相类似的状况,但表现得更为明显。其中,美国的创造性实力没有能够全部发挥,"复杂机制"部分得到了体现,而 WTO 机制并不是这个"复杂机制"的核心。

结　语

17 世纪前,政治与经济以及其他领域相互融合在一起。之后,在各个领域中都出现了功能性的细分,进而在每个领域都形成了各自的国际机制。然而,在今天,与全球化的发展并行,过去细分的领域之间又开始出现了相互的接触,呈现出复杂化的趋势。在国际贸易机制中所见的"复杂机制"就是其表现之一。

"复杂机制"的出发点正是美国的政策理念。同时,该政策理念向各国的扩散恰恰支持了"复杂机制"的形成。由于国际贸易机制的变动是通过多边协议得以实现的,因此看起来像是国际性政策协

---

① *Seattle Post Intelligencer*, 1 December, 1999.

调在其中发挥了作用。但是,在这背后其实是由美国的单方行动所支撑着的。在这样的过程中,美国所运用的是温和的、间接的创造性实力。

换言之,美国这个行为体引导着知识潮流的发展,使得服务在贸易领域这个范畴内得到广泛的认知,让人们认为自由贸易主义对于服务的适用是必然的。同时,美国这个行为体还将劳动与环境问题纳入贸易问题的范围,推动了应对这些问题的基本理念向各国的传播。这种创造性实力是以美国的国内政策与国际政治结构为支撑的。美国国内的政治环境适宜于政策创造者提出新的政策理念,而在国际上以OECD为中心的论坛则倾向于将源自美国的理念的妥当性进行检证,并发展成为具体的概念。这样,只要美国采用某一政策,便会引起该政策在国际范围内被采用的现象。一般来说,在对政策理念进行分析时往往会以某种言论为参照标准,但本章所论及的"贸易与……"的问题的案例中的政策理念,不仅参照了某种言论,更是在经过更为细致严密的调查分析后得出的政策理念,这样更具有影响力。

比较上述三个案例我们发现,当GATT过渡到WTO之后,在贸易领域以及形成"复杂机制"的领域中,与贸易相背离的现象越来越普遍。同时,由于NGO、工会等各种各样的行为体的参与,政策理念也呈现出多样化的趋势,各种理念相互之间在原理上的对立也愈发加深。所以,美国的政策开始变得暧昧不清,以OECD为中心的论坛也无法提出有效的新方案,结果使得美国的创造性实力呈现出黯然的景象。

最后,再一次认识一下本章的分析所具有的意义。以前,对国际贸易机制的分析以GATT/WTO谈判为对象,重点在于对各国之间的讨价还价进行关注。本章则将分析的视野扩展到谈判开始之前的美国国内以及国际性论坛的动向,并且着眼于政策理念这个层面。这样,我们便可以明确:GATT/WTO谈判之前各国的立场就已经被限制在某个特定的理念的框架之内；谈判意味着在某个政策理念下进行最终的调整。从结构主义的语境来看，本章对于政策理念本身所具有的实力进行了分析。从政策理念的提出、扩散的磁场（美国国内、OECD等）的函数关系进行了更为动态、更为立体的把握。无论是从现实主义还是从结构主义的角度，都可以说本章的探讨为实力论的分析开拓了更为广阔的视野。

第三章 从多边主义到私机制
——多利益相关方进程的困境

山田高敬[*]

引 言

第二次世界大战后创立起来的多边制度如今正站在时代的十字路口。进入20世纪90年代，自19世纪以来不断发展的多边主义的正统性越来越受到质疑。除国家这个行为体之外，在各个领域，国家之外的行为体开始成为主角并逐步构筑起私机制。所谓私机制，是指由非官方行为体形成的并以非官方行为体为管理对象的规则的集合（山本［二〇〇一］）。这里应该引起重视的不是私机制业已形成这一事实，而是原来通过多边机制提供的公共产品开始由私机制来进行提供这一事实。也就是说，以实现公益为目的的私机制开始对于企业或个人直接进行管理，而不再通过国家来进行。如果我们把权威理解成统治者的力量，即统治者使被统治者相信"应该遵守某种制度上的规则"这一信念的力量（Hurd［1999］379-408），那么显然可以认为，私机制意味着权威的私有化。

同时，这是否也意味着以国家主权为前提的"无政府"这一概念已不能再原封不动地适用于国际关系的分析（Waltz［1979］）？本章正是尝试对国际关系中这个重要的质变进行分析。这样的变化在经济领域中表现得颇为显著，但在与市场并没有直接联系的社会

---

[*] 现任首都大学东京社会科学研究科教授。

领域中为什么也出现了同样的倾向呢？同时，联合国等组织是如何构建与这些私机制之间的关系呢？私机制又是如何通过与这些官方的机构的关系来实现其自身的变化呢？多边主义与私机制之间的相互抗争正是本章要讨论的主题。

那么，当我们要考察国际组织在权威私有化这一新情况下所具有的作用时，过去那些关于国际组织或非国家行为体的相关研究为我们提供了怎样的启发呢？通过观察国际组织相关的先行研究，我们可以注意到越来越多的研究开始认为国际组织具有一定的自律性。也就是说，这些研究不仅把国际组织当作一个各国追逐利益的谈判场来对待，还倾向于将其看作是一个解决全球性问题的自律性的行为体（福田［二〇〇三］；Barnett and Finnemore［2004］）。例如巴奈特和芬尼莫尔认为，国际组织具有基于法律合理性的权威、由委任而产生的权威、道义的权威或专业的权威，所以国际组织可以通过调整信息的框架来改变成员国对利益的认识。可以说这些讨论为我们提供了崭新的视角，相较于大国的偏好或实力等外部因素，更应重视组织内部的非物质因素。

如果我们观察与市民社会的相关研究会发现，开始时不少研究关注非政府组织（NGO）的抗议活动（Keck and Sikkink［1998］；毛利［二〇〇四］；Khagram［2004］）。然而，最近越来越多的研究开始着眼于NGO在规范形成过程中所起到的规范创造者的作用（Finnemore and Sikkink［1998］；宫胁［一九九八］；足立［二〇〇四］；山田［二〇〇四］、栗栖［二〇〇五］、西谷［二〇〇七］；山田［二〇〇七］）。在这些研究中，有的指出"多重扇形"网络的重要性（三浦［二〇〇三］；Reinicke and Deng［2000］），有的对复合规范的形成过程展开了考察（三浦［二〇〇五］）。从以上的研究可以看出，越来越多的研究开始针对NGO在超越既有领域的复合性治理中所起到的作用展开考察。同时，与此相对应，对于市民社会与权威私有化之间的关系进行的分析也逐渐增加。例如有的研究以森林保护为事例,对于 NGO 在非官方环境机制的形成中所起到的作用进行分析(Lipschutz and Fogel[2002])。这些研究的一个共同点是,它们都假设市民社会的行动被赋予了一定的道义权威(moral authority)(Hall and Biersteker[2002b]14)。

然而,究竟是什么原因使得这些私机制成为人权、环境等社会领域中的必要存在呢?针对这一点,有研究指出,经济活动的超领域影响、问题复合化导致国家统治能力的下降或全球范围内缺乏民主的官方空间等(Reinicke and Deng[2000]9-25)。尽管有研究分析得出以上的结论,但是对于为什么问题复杂化后 NGO 在社会领域的行动会变得活跃这一问题却未能做出充分的解答。同时,由于私机制通常多是由 NGO 或企业这样的非官方的利害相关者来构成的,在其形成过程中当政府间组织与其有着较深入的关系时,机制会受到什么样的影响?在联合国等具体实践的场合中,将这些不同的利益相关者之间通过协议形成机制或共享知识的过程称为多利益相关方进程(以下称 MSP)。但是,以非国家的利益相关方为主体的 MSP 与由政府间组织所领导的 MSP 之间,存在着怎样的区别呢?可以说,目前对于这些发源于 MSP 自身的性质相关的问题所进行的研究与探讨还不是很充分。

因此本章的目标就是为这些在国际组织或是私机制的相关讨论中还未论及的问题找到答案。前半部分将特别着眼于多边主义与非官方权威的兴起之间的关系,对多边主义正统性衰退的原因进行考察;后半部分则以世界大坝委员会为事例,就 MSP 与政府间组织的相互关系给 MSP 所带来的困境进行探讨。

一、多边主义正统性面临的危机

按照美国国际政治学者约翰·鲁杰的定义,多边主义是指"基于普遍行为的原则,对三国以上的国家关系进行协调的一种制度形式"(Ruggie[1993]11)。换言之,所谓多边主义,是指多个国家通过政府间协议制定一定的规则，用以维护国际秩序的制度。自19世纪中叶以来，在这个意义上的多边主义在各种各样的国际机制的形成中做出了贡献。

那么，是什么赋予这些制度正统性呢？可以指出，多边主义的正统性源于两种正义：程序正义与实质正义。程序正义有两个原则：一是由受法律约束的人自己来制定法律的自我立法原则；另一个是法律对于任何国家平等适用的非歧视原则（Reus-Smit［2004］35-36）。因此，不可以向不同意某法的国家里适用该法，也不能够歧视性地适用该法。实质正义则是由国家的道义性目的来决定的。诚然，近代国家的道义目的在于确保国民的权利与利益。因此，多边主义的正统性就在于各国能否通过多边制度来保障本国国民的权利与利益。但是，正如下面我们将会论述的，二战后多边主义对于经济的全球化做出了巨大的贡献，然而最终却使得国家越来越无法履行自己道义上的责任。

那么，我们如何能够认为多边主义对经济全球化做出了贡献呢？一言以蔽之，多边主义在国际经济领域起到了非常显著的法制化（legalization）的效果。法制化是一个表明行为体的行动受法律引导的程度的概念。在法制化这个概念中，有约束性（obligation）、缜密性（precision）以及权限的委让（delegation）这三个特征（Abbott et al.［2002］133）。其中在国际经济领域中最为显著的特征是向多边制度的权限委让这一点。

首先我们要指出的是，在贸易方面，从 GATT 体制发展到 WTO 体制的过程中，争端解决机构的权限得到了大幅增强。这是由于设置了争端专家组而且在通过专家组报告以及通过报复授权时，采取了反向协商一致的方式。但是在实际的操作中，权限委让的出现和发展更先于此。在战后不久缔结成立的 GATT 中原本就包含了许多抽象的原则，而这些原则在具体的语境下所包含的意义也并不十分明确。但是进入20世纪70年代后，随着主要成员国家之间的贸易摩擦激化，各国国内产业界要求保护的呼声日益高涨，以此为契机，人们开始思考怎样的贸易限制才是合法的措施，才能得到认可（Sandholtz and Sweet［2004］250-251）。在这个过程中，逐渐认识到有必要对国内法与 GATT 之间的适用性相关的问题以及因违反协定规定所受到的损失做出专业的判断。大约自 70 年代起，贸易专家、通商法专家开始受聘担任争端解决人员，故此也灵活启用了争端专家小组。这样，每当有国家提起诉讼，GATT 中的争端专家小组便会对各国的保护主义政策、制度在何种程度上是法律所认可的等内容做出明确的判断。同时，随着贸易体制的规制对象扩大到了服务贸易以及与贸易相关的投资，这样的纷争解决机制的适用范围也扩大了。

多边主义对于国际金融领域的法制化也起到了促进作用。进入 20 世纪 50 年代，国际货币基金组织（IMF）开始对国际收支的赤字国家提出了融资条件，即贷款条件性。这是由于 IMF 的秘书处认为只要不解决产生赤字的原因，就无法从根本上改变国际收支的不平衡（Barnett and Finnemore［2004］45-72）。对于造成赤字的重要原因，IMF 最初重视的是消费以及货币供应。但是进入 70 年代，当发展中国家开始成为主要的融资国后，IMF 便将征税体制等内容加入到融资条件当中。并且在 80 年代初，当拉丁美洲各国在石油危机的作用下出现累积债务问题后，IMF 又增加了要求改善基础设施、进口自由化、废除价格管制等对于改善经济结构方面的要求；也就是所谓的结构调整融资。当然，贷款条件性从形式上是基于与借款国进行协商达成一致来确定其内容的，所以从严格的意义上来说，并不表示成员国将权限委让给 IMF。但是判断什么对于国际收支的稳定是必要的这一决定权，事实上被赋予了拥有专业知识的 IMF 秘书处。可以说，在这个范围内，对 IMF 协定进行解释与执行的权限，也从成员国转移至 IMF 秘书处。

这样，在国际经济领域中，对于国际法的解释或是实施相关的权限在相当程度上从国家委让至多边制度。例如，授权向不正当贸易限制国家发动报复措施的权限由争端专家小组来执行，设定要求一国对其经济政策以及制度进行变更的贷款条件性的权限由 IMF 来执行，这两个事例都极为有代表性地体现了权限是如何从国家委让至多边制度的。也就是说，在国际经济领域中权威结构具有一种阶层化的倾向，即从无序状态向阶层系统发展的阶层化倾向。可以认为，这种权威结构的阶层化与交通技术和通信技术的进步、新自由主义的普及或国家间经济等其他原因一起，促进了贸易与投资的自由化，在 80 年代至 90 年代间推动了经济全球化的发展。当然，关于全球化发展的程度，即使在国际政治学者之间也存在着不同意见，但是这里我们应该注意的不是全球化进展的程度，而是全球化给国家带来的负面影响。

关于全球化带来的影响，研究者已经指出全球化对于福利国家产生的影响以及所谓的"底线竞争"问题（Ruggie［2003］98）。特别是后者，对于发展中国家而言已经成为一个严重的问题。这是因为发展中国家高度依赖外国资本，为了吸引外国资本而不得不放宽对其在本国社会领域中的种种限制。结果导致发展中国家劳动标准、环境标准下降，工人被迫进行长时间劳动和低收入劳动，以及对外国资本严重的环境破坏行为听之任之。也就是说，经济全球化发展的结果使得"底线竞争"发挥着巨大作用，使得发展中国家在人权、环境等领域内渐渐地失去了国家履行其道义责任的能力。另一方面，多边主义也没能成功地促进社会领域的法制化进程，没能对其国家履行道义的责任能力的下降起到扼制的作用。多边主义受到 NGO 等的强烈批判也正是由于上述原因。也就是说，由于战后的多边主义推动了法制化的不均衡发展，所以可以认为，如今不仅是程序性正义正在逐渐失去其正统性，实质性正义也正在不断地丧失其正统性（山田［二〇〇八］）。

二、全球治理中权威的私有化

对私机制的需求

多边主义的正统性所面临的危机与私机制的兴起之间究竟有着怎样的关系呢？我们从过去的讨论中可以推论出二者间存在着如下的因果关系。对全球化持反对意见的NGO等团体认为，与其通过多边主义向在保护人权、保护环境中表现得并不积极的发展中国家的政府施加压力，还不如直接向引起问题的跨国企业施加压力，这样更有效果，于是便促使追究企业社会责任（CSR）的私机制的创立。

要检证这样的因果关系，我们要按照其目的和参加主体来对私机制进行分类。根据目的的不同，私机制可以划分为两大类：以达到某项标准化为目的的私机制和只期待达到学习效果的私机制。按参加主体来划分，可分为：仅限于企业或行业等经济行为体参与的私机制、由企业与NGO形成伙伴关系的私机制，以及国际组织等官方机构参与的私机制。如果从协调成本出发，是按照注重具体结果的成果标准还是按照只要求采取一定程序的过程标准来划分也是有所区别的。一般来说，相对于只期待学习效果的私机制而言，以标准化为目的的私机制要求其相关主体提供更高的协调成本。另外，如果从机制的信度这一点来看，相对于以企业或行业内的自主规制型的机制而言，包含有NGO在内的共同规制型机制的信度更高；而且有官方机构参与的官民混合型机制也要比纯粹的私机制的信度更高。表3-1中所展示的就是按照这两个分析轴分类归纳出的社会领域中有代表性的私机制。当然在以标准化为目标的机制中，特别重视程序标准的机制也可以被划分为期待某种学习效果的机制，但是只有联合国的全球契约（global compact）属于纯粹期待学习效果的机制。如果仅仅是把由非官方行为体形成的、对非官方行为体进行规制的机制称为私机制的话，那么在联合国秘书处主导下成立的全球契约也许并不能称作是纯粹的私机制。但是其规制主体是由企业构成的,从这一点来看或许可以将其归为准私机制。

表 3-1 私机制的分类

目的/参加主体	企业/业界	企业、NGO	企业、NGO、国际组织
标准化	ISO14001,责任关怀	森林管理委员会(FSC),SA8000	世界大坝委员会(WCD)
学习	—	—	联合国全球契约组织

下面,为了与下一节中讨论的世界大坝委员会(WCD)进行比较,我们将对森林管理委员会(FSC)和 SA8000 一起展开探讨。其中,森林管理委员会属于由 NGO 和企业以对等立场参加的共同规制型机制,同时也是以实现标准化为目标的私机制。而 SA8000 则是社会性说明责任标准。在对三者进行对比分析的基础上,以世界大坝委员会的水库开发项目作为具体的事例,来考察官方机构的参与程度在机制形成过程中所带来的巨大变化。

以标准化为目标的共同规制——FSC 与 SA8000

FSC 是以保护森林为目的的私机制,成立于 1993 年。20 世纪 80 年代中期开始,亚马逊河流域以及东南亚地区等地的原始雨林被破坏的情况开始受到 NGO 的谴责。在此之后,以缔结保护森林条约为目标,各国政府开始进行谈判。但是这一趋势遭到森林出口国的强烈抵制,所以 1992 年在巴西召开的联合国环境与发展会议(又称"地球峰会")上最终仅仅只是提出了一个没有法律约束力的关于森林问题的原则声明(Pattberg [2007] 103-104)。在此影响下,NGO 向国际热带木材组织(ITTO)提出要求,希望引入认证制度,对于用于商业贸易的木材以及木材制品是否来自于进行适当管理的森林进行认证。但是,由于遭到森林出口国的反对,该要求未能获得通过。于是 NGO 放弃了对多边制度所抱的希望,与一部分支持引入认证体制的木材使用业者和木材贸易业者通过协商创立了 FSC。

如果用一句话来概括 FSC 的目的,那就是提供与森林管理相关的标准以及确保标准的执行。首先,关于与森林管理相关的标准方面,FSC 提出了以进行森林认证为目的的森林管理标准以及与从事木材运输和加工的供应链相关的标准。这些标准具体由包括尊重原住民权利、保护生物多样性、评估社会环境影响等在内的十项原则以及将其具体化的 56 条标准所构成(Pattberg［2007］120-122)。在确保标准执行方面,FSC 设立了关于独立认证机构的相关标准。FSC 还实施了分类标签管理,来表示产品或产品的生产过程是符合 FSC 标准的。目前包括大型的家居用品中心、专业家具店以及印刷公司在内的约四百家公司表示支持 FSC(Vogel［2005］118-119)。

下面我们来分析 SA8000。与 FSC 一样,SA8000 也是通过企业与 NGO 的合作而成立的私机制。进入 20 世纪 90 年代,伴随着经济全球化的发展,在纺织、服饰、体育用品以及玩具这样的劳动密集型产业开始出现了变化,这些企业将生产移向海外,或是将一部分的生产过程委托给国外的承包企业来进行。然而,在发展中国家,政府为了吸引外国资本,并没有采取措施来保护劳动者的权利,因此发生了使用童工劳动等问题。于是,发达国家的人权 NGO 或是工会组织等开始试图通过多边贸易谈判来解决与劳动相关的问题。虽然北美自由贸易协定(NAFTA)与南方共同市场(MERCOSUR)等区域性的协定中都写入了劳动相关条款,但是在 WTO 范围内,发展中国家反对的呼声十分强烈,最终未能就劳动相关问题达成共识。

面对多边主义的局限性,由 NGO 经济优先权委员会(Council on Economic Priorities,CEP)发起,在听取了一部分零售企业团体、国际特赦组织以及国际纺织劳动者工会(ITWU)的意见基础上创立了 SA8000 机制(Haufler［2001］64-65)。SA8000 参考了 ILO 的劳动标准,以跨国企业的承包企业为对象创立了两种标准。一个是关于童工、强制劳动、劳动者的健康与安全、结社自由与集体谈判权、歧视、惩罚、劳动时间以及报酬等在内的可以检证的绩效标准；另一个是关于方针制定、计划以及实施与持续监控的进程标准（Vogel［2005］82-85）。为了确保企业遵守 SA8000 的标准，设立了一个专门的组织机构 SAI（Social Accountability International），组织监察人的研修与认证工作，对企业实施监察。而且，由于供应商有可能会对显示劳动者的年龄的身份证明进行伪造，或者可能会篡改劳动时间记录，因此以突击检查的方式来实施监查。截至 2007 年 9 月 30 日，已有多达 65 个国家的 1461 家机构接受了 SA8000 的认证。①

通过以上的考察，我们认为 FSC 和 SA8000 都是在多边主义失败后构筑起来的私机制。同时，虽然其普遍性还存在着一定的局限，但是都设定了具体的标准，而且具备了认证体系以确保其成员遵守相关的规定。从这一点来说，二者都是以实现标准化为目标的机制。下一节中，与上述案例相比较，我们将选取世界大坝委员会为案例，就国际组织对于这些机制的参与情况进行分析，对国际组织的参与形式以及相关机制的目的进行考察。

三、多利益相关方进程的困境

社会实验——世界大坝委员会

大型水库是标志着近代化的产业基础设施，它具有两面性。一方面，它通过科学技术来实现对自然的控制，给人类带来各种各样的便利，是人类智慧的结晶；另一方面，它又在破坏自然，威胁着社会弱者的生活方式，具有反社会正义的一面。特别是从 20 世纪 50 年代中叶开始到 70 年代中叶，全世界每年以大约 1000 座的速度在进行着大型水库的建设。而进入 90 年代，每年只有约 250 座水库投入建设（Khagram［2005］143）。这些对于饮用水、电力供给或灌溉和水利而言不可或缺的大型水库的建设工程为什么会放缓速度呢？

---

① http：//www.saasaccreditation.org/certfacilitieslist.htm（2008 年 3 月 26 日访问）。

其中最主要的是政治方面的原因。20世纪80年代中期至90年代开展了对大型水库的抗议活动,导致大型水库的建设速度放缓。例如,印度政府曾经计划在讷尔默达河流域建设3000座以上的水库,这成为NGO抗议活动的目标。世界银行也不得不重新考虑相关的追加融资,所以水库建设不得不延迟进行。这样,对于支持水库建设的势力而言,必须打破这种束手无策的局面。于是便开始了由世界银行内部的业务评估局(Operation Evaluation Department,OED)主持进行的对大型水库的评估工作。而对于水库建设持反对意见的NGO认为,由OED来进行的评估可信度有所欠缺,要求由独立机构来进行调查。对于这样的意见,电力公司、发电机制造商、建设公司、世界银行等支持水库建设的势力认为,这样的调查也可以使水库开发的有效性得到证明,因此对于NGO的提案也表现出接受的姿态。①

于是,各利益相关方的意图达成一致,1997年4月在瑞士回合中召开水库工作会议,就设置独立的调查机构达成共识(Khagram [2005] 146)。1998年,这个独立机构——世界大坝委员会(World Committee on Dans,WCD)正式成立。WCD被赋予了两大使命:一是对于水库及其替代手段的有效性进行综合性调查;二是制订水库的计划、设计、评估、建设、监察以及废弃等相关的规定标准。WCD在进行了为期两年半的工作后,于2000年11月发表了最终报告书。

在此之前各利益相关方曾围绕大型水库建设展开抗争,这些相关利益方为什么能够达成某种共识呢?我认为最主要的原因是WCD工作过程中的包容性以及独立性。与过去的委员会有所不同,WCD的委员并不是著名的政治家,而是由不同领域中具有丰富经验与知识的个人所组成。比如,WCD委员中有南非共和国原水利问题大臣

---

① 对IRN政策负责人博斯哈德(Bosshard)的采访,2004年9月7日。

阿斯玛尔（Asmal），有"讷尔默达救助会"的帕托卡（Patoca）女士，还有跨国发电机制造商 ABB 的董事长林达尔（Lindahl）（Khagram [2005] 149）。并且还设立了由各利益相关方的代表组成的 WCD 论坛，旨在在各利益相关方之间进行意见的沟通。这样在 WCD 中采用了 MSP，目标在于将与此问题相关的所有利益相关方都包括在内，来进行制度的设计工作。这给 WCD 赋予了一定的正统性和可信度，促成了共识的最终形成。

WCD 的另一个特征——独立性也对在各相关利益方之间达成意见一致做出了贡献。首先，委员会的成员在构成上是由水库建设支持势力、反对势力以及中间立场势力进行三等分；其次，WCD 的财政来源也考虑到了由官方、民间以及 NGO 进行分散负担。在此基础上，还要求 WCD 各委员应以个人身份参加审议。这样，由于各委员能够与各利益相关方保持均等的距离，委员们能够以对等的立场参加到对话中去，这使达成共识成为可能。

WCD 的最终报告书正是这种共识的体现。在这份报告书中写入了"公正、效率、参加型决策、可持续以及说明责任"五个核心价值（以下称 CV），"确保公正接受，对选择项进行综合性评价，既有水库的工作，保护河流与维持生计，权利认定与利益的共享，确保遵守，以和平、发展、保障为目标共享河流"七个战略优先事项（以下称 SP），以及将其具体化的 33 项原则以及 26 条指导方针。

水库开发项目对政府的吸引力

在 WCD 论坛的最终会议上，为了推动报告书中的规范性的框架向各利益相关方进行渗透，促进其落实实施，决定在联合国环境规划署（UNEP）中设置一个新的单元，于 2001 年 11 月正式成立了"《水坝与发展决策框架》（Dams and Development Project，DDP）"。

虽然 UNEP 本身是一个政府间组织，但是 DDP 还是模仿 WCD 采取了 MSP 的形式。在 DDP 中占据中心地位的是运营委员会（Steering

Committee，SC），其定位是向 UNEP 的官员提供咨询的机构。SC 是由从各利益相关方选出的 13 名委员以及 UNEP 的环境政策执行司（Division of Environmental Policy Implementation，DEPI）的代表组成的。① 同时，DDP 还模仿 WCD 设置了 DD 论坛作为向 SC 提供咨询的机构，由各利益相关方代表组成。那么，为什么虽然 DDP 采取了 MSP 的方式，但该机制的目的又不得不做出改变呢？下面我们就针对这个问题展开考察。

当初在 WCD 进程结束之时，各利益相关方就 WCD 报告书达成了怎样的共识呢？首先，在各地开展反水库运动的市民集体以及与他们协同联动的 NGO 评价说 WCD 报告书支持了他们的主张（Khagram［2005］160）。但是，在水库相关技术开发中拥有既得利益的发电机机器制造商以及电力公司则对 WCD 报告表现出了他们的疑虑。例如，国际水力发电协会（International Hydropower Association，IHA）表示批评，称如果按照 WCD 报告书来实施的话，那么大型水库的建设事实上就被从开发的选项中删除掉了；还认为报告书中提出的与受影响居民之间针对补偿和利益共有进行事前的合约谈判以及定期请第三方机构对于项目进行评估等内容都属于过分的要求。② 因此 IHA 表示他们仅对 WCD 报告书中的 CV 与 SP 部分表示认可。世界银行的反应基本上与 IHA 相同。③ 不过，世界银行是从借款国的立场对 WCD 报告书提出了批判。④ 这是因为 WCD 报告书中关于原住民与受影响居民的安置的建议内容比世界银行的贸易保护政策更加严格，借款国担心 WCD 建议内容会被用来作为附加的融资条件。于是，世界银行与 IHA 表明的立场都是将其认可的范围限定于 CV 和

---

① DDP, Final Report Phase 1, January 2004, p. 34.
② 对 IHA 代表泰勒（Taylor）的采访，2006 年 2 月 28 日。
③ 对 Quality Assurance Control Unit（QACU）主席、大坝专家阿勒桑德罗·帕尔梅里（Alessandro Palmieri）的采访，2006 年 1 月 10 日。
④ World Bank, Responding to the WCD Report: A Progress Report from the World Bank, Cape Town, February 25-27, 2001.

SP 部分。①

  这样，各相关利益方将共识的内容仅仅局限于 WCD 报告书中的 CV 和 SP 部分。在此背景下，DDP 的第一期拉开了序幕。首先浮出水面的问题是如何向一些特定的发展中国家的政府伸出合作之手，也就是如何向"感觉被 WCD 进程所阻碍的国家或表示不接受 WCD 报告书的集团"伸出合作之手。②在关于是否应该与政府合作这一问题上，并没有出现不同意见。③但是关于是否应该在 SC 中增加政府代表委员的数量这一问题，则成为会议争论的焦点。DDP 的第二期开始于 2005 年 2 月，在最初的 SC 会议上，国际河流网络（International Rivers Network，IRN）的代表表达了强烈的反对意见，认为 SC 的扩大有可能会妨碍相关利益方的对等性，所以不应予以认可。这样，IRN 与对扩大持支持意见的 UNEP 之间开始了真正的论争。④ 最终，由于委员们对于扩大案的反对意见十分强烈，UNEP 也放弃了扩大 SC 的想法，决定设立一个不同于 SC 的机构——政府咨询协议小组（Government Advisory Consultative Group，GACG）。⑤虽然 SC 委员中也有人担心两个机构会相互对立，会对 DDP 的功能有所损害，但是由于机构设置的决定权在于 UNEP，所以反对意见没有被接纳。⑥ 下面，我们对这个机构的设置对于各利益相关方之间力量关系带来的微妙变化以及对于机制性质所产生的影响进行分析。

---

  ① 对 QACU 的高级技术顾问斯蒂芬·林特纳（Stephan F. Lintner）的采访，2006 年 1 月 9 日。
  ② DDP Second Steering Committee Meeting. Rettershof, 23 January 2002 Summary Minutes-Final, p. 2.
  ③ DDP Sixth Steering Committee Meeting, London, 20-21 April 2004 Summary Minutes-Draft, p. 5.
  ④ DDP Seventh Steering Committee Meeting, Nairobi, 16 and 18 June 2004 Summary Minutes-Revised Draft, p. 4.
  ⑤ DDP Eighth Steering Committee Meeting, Geneva, 18-19 March 2005 Summary Minutes-Draft, p. 2.
  ⑥ Ibid., p. 4.

DDP 与 WCD 报告书的诀别

前面已经提到，DDP 的任务在于向曾经对 WCD 持批判意见的政府伸出合作之手。为此，将 WCD 报告书的内容作为未来构想并不是一个明智之举。更深入地说，有必要去除掉 WCD 报告书中除 CV 和 SC 之外的内容。① 但是进入 DDP 第二期之后，甚至出现了试图要否定与 WCD 之间的关联性的动向。有民间企业的代表表示，不再参考 WCD 报告书中的 CV 及 SC 才是明智的做法。② 对此，以 IRN 为代表的其他委员提出了反对意见。经过一番努力，会议终于决定将参照 CV 与 SC 的内容作为第二期的目标保留下来。③ 后来会议达成一致，表示要向各国政府提供一个可实行的工具，来指导如何将 WCD 报告书中的 CV 和 SC 部分在具体的国家或地区进行具体的执行。WCD 报告书中的 CV 和 SC 部分在此起到了在选择良好惯例时的核对表的作用。会议明确表示，这样的核对表的内容并不是一个要求各国遵守的、有约束性的标准，而是为各国政府在加强本国的规范结构时提供一个可供参照的非处方笺性质的工具。④

这样，最终形成的核对表就是"关于与水库及其替代手段相关的政策决定时的适用惯例的大纲（Compendium）"。但是，至少在 NGO 的眼中，这个大纲与 WCD 报告书的内容相差悬殊。⑤ 例如，在关于向受影响居民进行补偿的相关内容中，大纲根本没有涉及提供土地的内容。此外，关于利益共享这一点，大纲也完全没有涉及与受影响居民的共享利益的内容。最终，如果按照 WCD 的标准来看，

---

① DDP Third Steering Committee Meeting, Nairobi, 7, 9 and 10 July 2002 Summary Minutes-Final, p. 2.
② DDP Seventh SC Meeting, Summary Minutes-Final, pp. 5-6.
③ DDP Eighth SC Meeting, Summary Minutes-Final, p. 7.
④ *Ibid.*, pp. 8-9.
⑤ IRN, "Comments by International Rivers Network on the DDP's Draft Compendium on Good and Relevant Practice," prepared by Peter Bosshard, August 11, 2006, pp. 1-7.

那些在 WCD 中被认为是"不好的惯例"的内容，在大纲中反而作为"好的惯例"被列举出来。也就是说，NGO 怀疑，大纲的制定形成是以"水库业界与政府认识到对于共同享有水库的必要性的前提下，就如何满足其必要性"这样的视角出发的。① 那么为什么会造成这样的局面呢？按照 IRN 的意见，其责任在于 DDP 的秘书处一方。之所以这样说，是 DDP 的秘书处不仅将制定大纲的基础性工作——具体的案例分析工作外包给外部的咨询公司，而且有意无意在"品质管理"环节中疏于监督所致。所以，外部的咨询公司只是在行业内、世界银行以及政府层面进行情况调查，却没有直接听取受影响居民的意见。② 于是，尽管 DDP 在成立之时是以推广 WCD 报告书为己任的，但令人感到讽刺的是，最终却不得与 WCD 分道扬镳。最后，NGO 曾经努力将 WCD 指导方针发展成为具有约束力的国际性标准的梦想也终于幻灭。于是，此后 WCD、IHA、世界银行以及国际金融公司（IFC）的各种标准纷繁林立，各机构也分别按照各自的标准开始对"好的惯例"展开探讨。

上面的分析表明，机制的目的由原来的标准化发展成为促进学习是有其原因的。UNEP 为了提高机制的普及性和敦促政府参加，组织成立了 GACG。这样，使得在 DDP 中利益相关各方之间的力量关系发生变化，开始有利于政府，从而无法保持为发展中国家所厌恶的 WCD 的延续性。反言之，我们可以认为，这样的事实表明 UNEP 成员国的自律性是在有限范围内的自律性。对于发展中国家政府而言，实现千年发展目标（MDGs）是比保护环境、保护人权更为重要的课题。③ 所以可以推测，UNEP 也不得不积极认可水库的作用，与 WCD 保持一定距离。由此，尽管 IRN 再三地表示了反对性意见，但是 UNEP 还是在 GACG 代表的要求下最终发布了与 WCD 毫无

---

① 对 IRN 政策负责人博斯哈德的采访，2008 年 1 月 11 日。
② 同上。
③ DDP, Final Report Phase 2, April 2007, p. 31.

关系的大纲。

结　语

本章先对人权或环境等社会领域中私机制的存在的必要性提出了疑问。为了回答这个问题，在阐明了多边主义的性质基础上，从经济领域中的法制化和全球化的观点出发，分析了多边主义的正统性下降的原因。接着将焦点放在以实现标准化为目标的具体的私机制上，检证了多边主义正统性的下降与私权威的兴起之间的关系。最后，通过分析 WCD 以及 DDP 的具体案例，考察了 MSP 的困境。

那么，通过本章的分析，我们可以得到怎样的见解呢？第一，在理解社会领域中权威私有化的原因时，必须要着眼于经济领域中权威结构的阶层化问题。这是因为，这样的结构阶层化引起了全球化，使得国家的道义性的责任能力下降。并且，多边主义在社会领域中法制化进程迟缓，使得多边主义未能成功地恢复国家的道义性责任能力，造成了多边主义失去其正统性的结果。从这个意义上可以认为，多边主义并不希望出现权限向多边机制委让的情况。第二，通过分析 FSC 和 SA8000 证实了我们的预想，对多边主义的信任降低确实了导致了在社会领域中的权威私有化的情况。第三，尽管 WCD 采用了 MSP，取得了在标准化方面的成功，但是继承了 WCD 的 DDP 却为了实现标准的普及化而受到了政府方面强有力的影响，使得相关利益各方之间的力量平衡被打破，最终导致了体制的目的从实现标准化演变成为实现学习效果。从这一事实可以认为，在一定的条件下，在体制的普及性与实效性之间有可能会出现需要进行权衡的情况。

通过以上的讨论，又浮现出另一个问题——协调多边制度与通过 MSP 形成的私机制之间关系的难度问题。通常当利益相关各方在拥有共有知识，为了治理需要设立必要的行动标准的情况下会采用 MSP。在这个过程中最为重要的就是利益相关各方之间的商议与说服。为了使之达到成功，必须保证为参加过程的利益相关各方提供一个能够以对等立场来参加商议的过程（Risse［2000］）。但是，这其中潜在地存在一个两难的困境。这是因为，要想实现知识共有或者使行动标准具有普遍性、可信性，归根结底还是需要政府间组织的合作。但是，在这一过程中有时甚至会出现 MSP 中利益相关各方的力量失衡，导致共有知识最终都化为乌有的情况。特别是当成员国之间的异质性明显，并且参与其中的国际组织的秘书处自律性不高时，可以预见其危险性会更加提高。期待今后的研究能够从这样的理论视角出发，对非官方行为体与国际组织之间的关系进行实证性的分析研究。

第四章 全球公共产品与 NGO
——以稳定地球气候与保护生物多样性为目标

太田宏[*]

引　言

当我们谈到冷战后的国际社会时，总是会强调市民社会与国际 NGO 网络的重要作用（功刀·毛利［二〇〇六］、Keck and Sikkink［1998］；Lipschutz［1996］；Weiss and Gordenker［1996］）。但是，市民社会和非政府组织（NGO）在维持世界秩序、维护世界和平、维护人权、保护环境等方面究竟做出了怎样的贡献呢？NGO 在《禁止杀伤人员地雷公约》缔结过程中发挥了非常重要的作用。此外，在谈到与人权问题相关的国际政治时，国际特赦组织（大赦国际）也是一个不可或缺的话题。环境保护是一个与人权具有相同的普遍价值的全球公共产品，NGO 在环境保护方面所起到的作用又是怎样的呢？本章将聚集于地球环境问题，从国际政治的观点来考察全球公共产品与 NGO 之间的关系问题。

要想区分国际公共产品与全球公共产品并非易事。如果将国际金融秩序与地球环境二者做一比较，我们会发现前者是以国家间关系为基础的国际公共产品，而后者更带有一种超越国家的全球公共产品的意味。但是在本章，我们将不对二者进行具体的区别，而将

---

[*] 现任早稻田大学国际教养学部教授。

全球公共产品理解为"包含所有的国家、人、世代在内的（都可利用的）普遍性的东西"（カールほか［一九九九］三九）。公共产品的特征是非竞争性与非排他性，相对于其定义而言，公共产品的供给与维持管理的问题更为重要。而这一问题的核心就是围绕着公共产品出现的"搭便车"现象（Olson［1965］）。也就是说，虽然没有对公共产品的供给与维持做出任何贡献，却有人可以享受其便利（参考本卷第一章）的现象。

从国际政治的观点出发，在不存在一个中央政府的国际社会中如何实现全球公共产品的供给，这才是最根本性的问题。作为其中的一个答案，建立一定的国际机制（依靠行动原理、规范、规则以及决策程序而建立起来的正式、非正式的社会制度）来对全球公共产品进行供给（Haas et al.［1993］；Krasner［1983］；Young［1994］［1999］）。此外，共同资源管理制度是在没有政府介入的情况下对地方的共有土地、共有资源进行维护管理的一种制度，有的研究也在探索如何将这一制度应用于国际社会之中（Buck［1998］；Keohane and Ostrom［1995］；Ostrom［1990］）。另外，还有立足于博弈理论来提高对于国际合作的积极性的方法，也有对此种做法的妥当性加以强调的相关观点（Barrett［2007］；Oye［1986］）。

一、问题所在

本章并不是从理论上对上述方法进行考察①，而是将焦点集中在与全球公共产品的供给相关的 NGO，对以政府关系为中心的国际机制的分析进行补充。同时，本章从人权、国际和平、国际经济秩序等全球公共产品中，将研究的对象限定于稳定的地球环境和生物多样性，考察营利以及非营利的 NGO 对这两种公共产品的参与情况。选择上述两个事例的原因是，与其他环境问题相比，这两个问题正

---

① 太田［二〇〇一］进行了若干考察。

是可以称得上全球公共产品的环境问题。而且，1992年在巴西召开的联合国环境与发展会议（UNCED）上，国际社会的目标就是缔结与这两个问题相关的条约。

要想考量NGO对于国际环境机制所带来的影响是非常困难的。是应该分析NGO在环境机制的形成过程或是运用阶段中，对于哪些局面产生了影响呢？还是应该考察在设定环境问题的过程中（认识与设定问题的方法），在决定这些问题的对策的国际谈判过程中，或者是在对国际共识的实施阶段，NGO发挥的影响力呢？而且，更重要的是，有的问题根本没有被当作国际性问题（Bachrach and Baratz［1962］）。所以很多时候往往无法实证性地对于环境NGO的影响力进行衡量。因此，本章将对在国际性协议的谈判过程中NGO表现出特别关注的问题上，NGO所施加的影响力或者未能施加影响力的情况进行考察，主要针对气候变化问题和生物多样性问题的议定书谈判过程进行考察。在考察中，将对比分析NGO在关于议定书内容的国际谈判过程中提出的主要的诉求与反对项目，以及最终达成共识的议定书中所规定的内容，以NGO的主张或反对的内容是否得到通过作为判断的标准，来判断NGO是否具有影响力以及其影响力的大小。

一般来说，环境NGO的影响力在国际条约形成的初期阶段相对较大，但是进入议定书的具体规定等内容的谈判过程时，另一类NGO团体——产业、商业团体的影响力便会加大。同样，在国际协定的实施阶段中，产业、商业团体也发挥着主要的作用，而环境NGO则起到了对条约、议定书的执行情况进行监督的作用。同时，如果环境NGO与产业、商业团体一起，与具有国际影响力的国家一起构筑起合作关系的话，那么有可能会对相关机制的规定与规则的内容产生非常大的影响力。

环境NGO的规模、活动范围以及主要的活动内容是多种多样的。既有着手于对当地的自然保护运动或大气污染等问题的民间团体，也有具有法人资格的大规模环境保护团体。后者的团体组织会在一国国内或是国际范围内开展活动。从活动内容来看，既有将重点放在直接开展活动（国民信托运动）的团体，也有不断进行政策建议、以促进各国政府和国际社会推动环境政策的宣导活动（包括游说活动）的团体，甚至还有以调查研究为主的智库型团体（Hurrell and Kingsbury［1992］）。本章要考察的是环境 NGO 在全球公共产品供给上的影响力，所以将着眼于开展国际性活动的宣导型环境 NGO。

环境保护与人权维护等宣导型 NGO 所具有的影响力，来源于它们对于对象问题的专业性、一般市民对于它们开展活动给予的支持、它们所拥有的信息和信息共享的网络、它们与主要的国内外决策者之间的意见沟通和信赖关系、它们与媒体的联系以及它们具有的战略的、政治的感觉（Blowers and Glasbergen［1996］；Hurrell and Kingsbury［1992］；Keck and Sikkink［1998］；Newell［2000］）。环境 NGO 为了提高舆论的关注程度，并以此作为杠杆来向政府相关人士、产业、经济团体开展工作，对于对象问题的专业知识是不可或缺的。并且，如果能够有效地利用大众媒体将这些知识进行推广的话，会带来市民大众更广泛的关注，可以进一步加大对政府的压力。这样的话，环境 NGO 在问题设定中便会占据先导地位。而且，在条约和议定书的谈判过程中或是生效之后，为了让更多的人了解环境 NGO 对于政府的政策以及对条约等的履行情况的意见和监督结果，NGO 不断地与媒体建立关系也是不可或缺的。普通的市民大众的支持也是 NGO 影响力的源泉之一。相反，若是没有普通民众对于环境 NGO 的支持，那么 NGO 的存在及其活动的正当性都将大打折扣。此外，与主要的政策负责人之间的信赖关系的建立与维持也是环境 NGO 影响力的重要源泉。在与对象问题相关的政府机关的政策部门或是政策负责人的信任基础上建立起来的关系使得相关 NGO 更容易得到信息，更容易就政策交换意见。通过这样的信赖关系，在问题设定、国际谈判以及实施的所有阶段过程中,都有可能间接地对政府的政策产生影响。最后,环境 NGO 为了有效地开展活动,还需要具有战略的、政治的感觉。例如当举行缔约国会议或是 G8 峰会召开时,适时地与此相呼应地开展国际范围的活动(在世界各地同时举行集会等),或是配合各国的政治日程举行政策发布活动,等等。

产业、经济团体的影响力的源泉在于:组织能力、资金实力、国际性的事业发展、比较容易与政府或国际机构进行接触、政府在政策制定及实施中对于产业、经济团体的依赖,等等(Cigler and Loomis [1991]; Okimoto [1989])。以组织能力与资金能力而自负的跨国企业参加的"以可持续开发为目的的世界经济人会议(WBCSD)"为代表的产业、经济团体也构建起国际性的网络,与环境 NGO 一样,积极地开展着信息共享、人才交流的活动。并且,产业、经济团体在各国国内以各国政府的政策审议委员会等的委员的身份参加到各种各样的经济、社会政策的制定过程中,不仅可以得到重要的信息,还可以与决策集团的中枢人脉构建起长期稳定的关系(Okimoto [1989])。在国际范围内,产业、经济界的代表已参与到通信等技术领域以及国际财政、金融领域之中。从很多方面来看,产业、经济团体在行使影响力时具有更优厚的条件。随着国际谈判内容越来越技术化,越是进入国际性的实施阶段,产业、经济团体的影响力就越发呈现出增强的势头。

下面,首先以气候变化问题为例,来梳理 NGO 施加其影响力的方法。其后将就生物多样性问题展开更加深入具体的探讨,并在此基础上对 NGO 的影响力进行考察。

二、减缓气候变化机制与 NGO 的影响力

气候变化问题与 NGO

减缓气候变化机制是《由联合国气候框架公约》(1994 年生效)

和《京都议定书》(2005年生效)组成的。该机制的目的在于稳定大气中具有温室效应气体的浓度,使其控制在对地球气候系统不产生危险、无须人为干涉的水平,以期"在时间段内实现生态系统自然适应气候变化,粮食生产不受威胁,经济发展能够以可持续的状态得到推进"(第二条、大沼、藤田〔二〇〇〇〕,以下同)。虽然国际上对于其中的"危险"性的具体内容以及标准并没有形成明确的共识,但在议定书的附属文件Ⅰ中规定,缔约国(工业国)在2008—2012年间需要把温室气体排放量相对于1990年度水平整体削减5.2%。并且,根据关于气候变化的政府间小组会议(IPCC)的第四次报告书规定,为了实现中低水平的稳定(大气中温室气体浓度〔按CO_2计算〕450—550ppm),议定书的附属文件Ⅰ的国家需要在2020年之前大幅度地削减排放(比1990年水平削减10%—40%),并且在2050年前进行进一步的削减(同年比削减40%—95%)(Metz et al.〔2007〕〔WGⅢ〕90)。

国际社会为了实现气候的稳定,不得不去解决无数的难题。虽然科学方面的不确定性已经大幅降低,但是为了实现大幅削减还是需要相当的经济费用。比如,根据对气候变化政策的经济费用进行综合性考虑的《斯坦恩报告》的估算,即使现在立刻开始采取行动,要在2050年之前将大气中的温室气体浓度(按CO_2计算)稳定在500—550ppm的水平,也需要花费全世界GDP的1%的费用。但是,如果不采取行动的话,应对气候变化所产生的整体费用与风险每年将会花费全世界GDP的5%,最坏情况下会带来全世界GDP的20%或者更多的损失(Stern〔2007〕)。作为对策,开发氟利昂替代产品成为防止破坏平流层臭氧的关键性一步。但是对于气候变化问题进行技术性解决比解决臭氧问题要复杂得多,既需要改革依赖化石燃料的经济产业结构,重新审视交通体系,还需要对现在人们的生活方式进行改变。从国际关系的观点来看也是困难重重。一直以来,对于人为性气候变暖"贡献"最大的富裕国家并不一定都是受到更多气候变化影响的国家。相比较而言，岛屿国家以及多海岸地带的贫穷的发展中国家受到更多的影响。并且，对于很多的发展中国家而言，与气候变化问题相比，居住地区的大气污染、水质污染是更为严重、更为紧迫的问题。事实上，环境 NGO 和产业经济团体对于国际性政策的形成带来了怎样的影响呢？

关于气候变化问题，这里需要特别介绍一个跨国境的宣导网络组织（Keck and Sikkink［1998］）——气候变化行动网络（CAN）。它自成立之初便在其网络内部共享各种各样的 NGO 的共同立场以及气候变化问题的最新信息，同时对 NGO 的战略与活动进行调整。每当重要的节点都会表明其一贯立场，采取统一的行动。它是由 365 个 NGO 组成的世界性网络，拥有 7 个地区事务所（非洲、中东欧、欧洲、拉丁美洲、北美洲、南亚、东南亚）。它所秉持的最终目标是，尽可能地将未来的地球气温上升的幅度控制在 2℃ 之内，在世界范围内实现可持续的公平的发展。① 而且，在它旗下还拥有专业性极高、受到民众大力支持的环境 NGO。例如，环境保护基金会（EDF）、自然资源保护协会（NRDC）、世界资源研究所（WRI）、世界自然基金会（WWF）等欧美的 NGO（Newell［2000］）。日本的环境 NGO，如 WWF 日本，绿色和平组织日本，思考气候网络、地球环境和大气污染问题的全国市民会议等，也在 CAN 的活动中承担着部分任务。

作为环境 NGO 的世界自然基金会和绿色和平组织拥有多达数百万的会员。有了世界自然基金会的加入，在此基础上，20 世纪 90 年代中期气候变化行动网络的支持人数据推算达到 2000 万人左右（Newell［2000］128）。得到了如此多民众的支持，使得该组织的存在及其主张与活动被赋予了正当性。与此同时，该组织对政策负责人以及产业经济团体也可以构成很大的压力。同时，加入了该组织

---

① 参见 CAN 的网站主页，http：//www.climatenetwork.org/about-can（2008 年 3 月 20 日）。

的世界资源研究所、环境保护基金会和世界自然基金会等都是具有高度专业性的环境NGO，它们与美国、欧盟各国政府、联合国环境计划规划署（UNEP）以及《联合国气候变化框架公约》秘书处都建立有紧密的关系，这些环境NGO常常被称为内部小组（insider group）（Chatterjee and Finger［1994］；Newell［2000］）。这些环境NGO与政府之间的关系并不只限于工业国家，像印度的塔塔能源研究所（TERI）、科学环境中心（CSE）、孟加拉高级研究中心（BCAS）都在各自与政府的信赖关系的基础上对政府政策产生着影响。

环境NGO开展的政治性活动或战略性活动也是它们发挥影响力的途径之一。例如绿色和平组织为了唤起舆论的关注，不仅会采取非暴力的直接行动，还会对政治家以及利益团体开展游说活动。另外，还与保险公司或可再生能源行业建立战略性的合作关系，开展活动促进与产业经济团体的合作，促进再生能源的利用（Greenpeace International and EREC［2007］；Leggett［1995］）。

在气候变化问题中，产业经济团体的核心小组是化石燃料压力团体。全球气候联盟（GCC）是产业经济团体中一个具有代表性的联合体，在全盛时有55家以上的行业团体和企业参与其中（2001年1月解散）。美国石油协会（API）、杜邦、陶氏化学、埃克森美孚、德士古公司、雪佛龙、美孚、汽车行业（GM、戴姆勒·克莱斯勒）以及许多道路建设公司都加入了这个联合体。此外，世界煤炭协会（WCI）、气候评议会（CC）、世界能源委员会（WEC）、欧洲石油工业协会（EUROPIA）、日本石油协会等也都分别在国内、区域内或是国际范围内开展着游说活动（Newell［2000］）。

国际性政策联盟与NGO

在国际谈判过程中，立场相近的国家之间会在谈判上达成合作关系，以期使自己的立场得以最大的实现。对于这样的动向，环境

NGO 与产业经济团体则通过各种各样的机会，或者与各国政府采取合作，或者向各国政府施加压力。同时，各国的行动模式也受到其国内外的经济状况以及社会结构的影响（Chasek et al.［2006］41-95）。

在《联合国气候变化框架公约》与《京都议定书》展开谈之前和之后，每到一个谈判的节点，都会形成国际性的政策联盟。其中面对全球变暖产生的影响（海面上升）最为脆弱的小岛屿国家联盟（AOSIS）① 在要求实现地球气候稳定的行动中最为积极。此外，还有《联合国气候变化框架公约》秘书处、联合国环境计划规划署等国际机构和环境 NGO。特别是绿色和平组织、世界自然基金会、国际环境法与发展基金会（FIELD）等环境 NGO 通过提供科学知识或关于谈判中的战略的建议来支援小岛屿国家联盟（Newell［2000］143-144）。另外，在德国、荷兰以及北欧各国，由于绿党在这些国家的国内政治的影响力以及其自身地理条件的影响，也都积极应对气候变化问题。英国于 20 世纪 90 年代初做出了积极的决策以削减温室气体，开始从煤炭向石油、天然气的能源转换。如前所述，《联合国气候变化框架公约》秘书处、国际机构、小岛屿国家联盟、环境 NGO 以及欧盟的环境领导国为了达成国际共识形成了一个松散的政策联盟。

与这样的动向相对照的是日本、美国、瑞士、加拿大、澳大利亚、挪威、新西兰，这些国家在国际谈判中往往表现出消极的姿态。这些国家因其英文标记的首字母被命名为 JUSCANNZ。1997 年的 COP3（第 3 次缔约方会议）之后，这一集团中又加上了向市场经济转型的国家——俄罗斯和乌克兰，于是出现了伞形集团（Umbrella Group）*。除瑞士以外，这些国家形成了一个在国际谈判中关系松

---

① 小岛屿国家联盟由位于太平洋、印度洋以及大西洋上的 42 个小岛屿国家组成。
* 伞形集团是由美国、日本、加拿大、澳大利亚、挪威、新西兰、冰岛、俄罗斯、乌克兰组成的一个利益集团。因为这些国家的地理连线呈伞形，故此得名。——译者

散的联盟。另一方面，波兰、匈牙利等六个中东欧国家预计将在不久的将来加入 EU，所以在气候变化问题上也采取了接近于欧盟的立场（グラブほか［二〇〇〇］五八-五九）。

同时，发展中国家也形成了政策联盟，分为 OPEC、"G77＋中国"等集团。OPEC 国家的立场十分鲜明，表示要继续与化石燃料系的产业经济团体相互合作。它们担心通过世界性的削减温室气体政策和扩大使用替代能源等会带来石油消耗量的减少，从而导致收入减少。所以 OPEC 在各种各样的谈判中强调科学上的不确定性，反对引入快速但不完善的管制（グラブほか［二〇〇〇］七四）。"G77＋中国"则是代表着小岛屿国家以及 OPEC 之外的发展中国家利益的松散联盟。有时中国会发表较为独立的立场，因此"G77＋中国"这一集团的诉求并不统一。这一集团的基本主张是要求在工业国责任论的前提下实现平衡性以及保障国内经济发展的权利。认为现在的全球变暖问题主要起因于工业国家的产业经济活动，而发展中国家对此影响不大，所以只有工业国家应当承担现在的减排义务。同时，相比较于环境保护，发展中国家的重点在于经济发展政策，在防止全球变暖的对策方面，它们对于从"北"引进资金与技术转让表现得更为关注。

关于气候变化问题与 NGO 影响力的评价

环境 NGO 在《京都议定书》的谈判过程中所发挥的影响力并不显著（Bestsill and Corell［2008］43-66）。在整个谈判过程中，环境 NGO 支持小岛屿国家所提出的削减 20% 的目标，向各国政府要求削减人为排放的温室气体。同时，环境 NGO 还与小岛屿国家、欧盟一起反对通过京都机制（排放量交易、共同实施、绿色开发机制）。而且，以 WWF 为中心的一些环境 NGO 认为应该在产业范围内先进行减排，反对将吸收二氧化碳的森林作为气候变化缓和策略的做法。但是环境 NGO 所有的这些要求都未能被通过。

这样，环境 NGO 不仅未能与多数的主要发展中国家（中国、印度）形成合作关系，而且在议定书的谈判过程中，也未能撼动排放量最大的美国。在议定书谈判开始（1997 年 12 月）前的 9 月，美国参议院全体一致（95：0）通过决议，要求美国不能在对本国不平等且不利的议定书上签字。这一事实不仅显示了美国的环境 NGO 对于美国议员带来的压力十分微弱，而且还展现出产业经济团体所具有的强有力的影响。比如，全球气候联盟以强大的资金来源为背景开展了反对《京都议定书》的活动，给美国参议院施加了很大的影响。另外，在 20 世纪 90 年代前期开始进行《京都议定书》的谈判时，美国参议院的能源自然资源委员会 60% 的委员都是从"煤炭州"选出的议员，此外还有来自石油或天然气产业影响力强的州的议员（Newell［2000］109-110）。

《京都议定书》生效并进入实施阶段之后，政府、产业界的影响力就变得更为显著。不只是在议定书所提出的 2008—2012 年短期的温室气体减排目标（比 1990 年削减约 5%）的实现问题上，就连关于中长期削减目标的设定问题上，环境 NGO 与产业经济团体也都积极活跃地开展活动。它们各自向本国政府展开攻势，在与条约和议定书的缔约国会议的谈判过程中向各国政府代表直接或间接地施加压力。直接的方式有，向各国政府提出政策建议书，或是在进行谈判的会场的大厅或是通道上通过与政府的谈判负责人进行意见交流，强硬要求采用其政策。间接的方式有，邀请政府代表参加与正式会议同时举行的"周边会议"（side event），通过研讨会等形式的交换意见来发挥其影响力。有时环境 NGO 举行"讽刺"（blaming and shaming）活动。例如在第五次条约缔约国会议（COP5）之后，环境 NGO 每年都会向在气候变化对策中表现最为消极的国家颁发"化石奖"。日本曾在 2007 年于印度尼西亚巴厘岛召开的 COP13 上获得过"化石奖"的前三名这样不光彩的评价。①另一方面，无论在哪个工业国家，产业界都是温室气体的最大排放者，因此减排目标的设定与产业界的利害关系最为重大。所以在就具体的、实质的限制所进行的国际谈判以及国际共识的实施过程中，产业经济团体的影响力就会变得更为显著。事实上，在 COP13 期间由日本政府主办的周边会议上，钢铁、水泥、汽车、电力行业的代表作为讨论会的参与者参加了会议。关于《京都议定书》的第一约定期之后的国际性措施，代表们建议采取部门方法（sectoral approach），按照不同行业来进行削减，然后将其累加（自下而上）的方式，以取代设定总量进行限制的削减目标（自上而下）的方式。②

三、生物多样性保护机制与 NGO 的影响力

生物多样性减少问题与 NGO

在生物多样性保护机制中，核心是《生物多样性公约》（1993 年生效）与《卡塔赫纳生物安全议定书》（2003 年生效）。《生物多样性公约》的主要目标在于保护生物多样性（生态系统、物种、基因的多样性）、持续使用其组成部分以及公平合理地分享由利用遗传资源而产生的惠益（第一条）。该公约认为保护生物多样性是"全人类的共同关切事项"，是开发过程中不可缺少的。参加该公约的成员国都有义务在制定国家战略或是国家计划时以保护生物多样性及其可持续使用作为目标，并且有义务将其作为一国的环境与开发计划的一环来实施（第六条）。这一点在林业、农业、渔业、能源、运输以及城市规划的领域特别重要。《卡塔赫纳议定书》的内容是关于转基因生物对于保护与可持续利用生物多样性所带来的潜在风险的。

---

① 《朝日新闻》2007 年 12 月 5 日。
② 此为关于洞爷湖 G8 峰会的内容，题目为"Road to Hokkaido Toyako Summit: Message from Japan as a G8 Host Country in 2008"（2007 年 12 月 10 日）。

该议定书的目的在于，为了避免被生物技术而改变的生物发生越境转移对于生物多样性的保护及其可持续使用带来的不良影响，特别将协助确保在安全转移、处理和使用"被改变了的生物"（凭借现代生物技术获得的、可能对生物多样性的保护和可持续使用产生不利影响的改性活生物体（living modified organisms，LMO）领域内采取充分的保护措施（第一条、UNEP［2000］，以下同）。

《卡塔赫纳议定书》涉及转基因种子、作物与保护生物多样性之间的关系问题，在谈判过程中自开始时管制派与反管制派之间便一直对立。很多的工业国与产业界认为进行国内管制或者按照 UNEP 的自主管理指导方针进行管制就可以了。而另一方面，以马来西亚、新加坡和印度为中心的发展中国家与环境 NGO 认为国内管制无法限制 LMO 的国际性移动，而且自主的指导方针无法保证生物科技产业的责任与行动，因此要求缔结具有约束力的国际协定（Burgiel［2008］70）。

政府、产业界、环境 NGO 以及消费者在转基因生物问题上所表现出的利害关系上的对立、认识与态度上的差异都成为主要论点而体现在议定书中。在制定议定书进行的国际谈判中形成了五个谈判集团——"迈阿密集团"（美国、阿根廷、澳大利亚、加拿大、智利、乌拉圭）、欧盟、"相同意见集团"（大多数的发展中国家）、"妥协集团"（日本、墨西哥、挪威、新加坡、韩国、瑞士，有时包括新西兰）以及中东欧国家集团（Burgiel［2008］；Cosbey and Burgiel［2000］；IISD［2000］）。很多环境 NGO 与保护生物多样性都有所关联，但是在议定书的谈判过程中相关的主要有以下团体：第三世界网络（TWN）、WWF、绿色和平组织、地球之友等。于是，大型的组织机构与较小规模的环境 NGO 联合起来一起开展活动。这些规模较小的 NGO 有生态行动（Acción Ecológica）澳大利亚基因伦理协会、多样性与多样的女性、生态公园（Ecology Park）、埃德蒙兹研究所、负责任的基因学委员会等（Burgiel［2008］78）。同时，作为与议定书谈判相关的、有代表性的生物工程行业协会以及主要的产业经济团体有美国的生物技术产业协会（BIO）、生物科技加拿大、欧洲生物、全球产业联合（GIC）、绿色产业与生物工程平台（GIBiP）、日本生物产业协会（JBA）、美国种子贸易协会（ASTA）、国际商会（ICC）、美国食品饮料和消费品制造商协会（GMA）、美国谷物协会（USGC）。另外，生物工程、种子产业相关的大企业（嘉吉、杜邦、默克、孟山都、诺华、PIONEER HI-BRED 等）对于议定书的谈判也产生了影响（Burgiel［2008］89）。议定书谈判过程中的主要问题包括管制对象 LMO 的范围、预先防范原则以及与其他国际协定之间的关系等。

环境 NGO 不断地向媒体以及一般消费者展开宣传攻势，主张议定书所涉及的生物安全问题不仅仅是关于转基因生物越境移动这样的狭窄权限范围内的问题，而是涉及更广泛领域的问题，并试图将其观点反映在议定书中。也就是说，这是一个包括广泛领域的技术性的、社会性的问题（基因技术使用的规定、保障粮食安全的问题等），是与各国的国内问题相关的问题，需要各国提供与其相关的法律信息（对进口或引入违法、未经认可的转基因生物的应对措施、对转基因生物进行标识的义务规定），是会影响到人类健康、自然环境的问题，也是与其他政策课题（例如，产业界与政府相勾结的问题以及对其他公共性科学产生影响的问题）相关的问题（Burgiel［2008］79）。议定书内容的制定是通过政府间谈判来进行的，虽然环境 NGO 没能对议定书的内容产生直接的影响，但是它们对上述广泛领域内给予的关注对于国际谈判的议题设定确实产生了很大的影响。在后面将会提及的关于议定书管制对象范围的讨论和预先防范原则等方面，环境 NGO 进行了积极的议题设定。与此相对照，产业经济团体则在尽可能地试图否定环境 NGO 所设定的议题项目。

管制对象 LMO 的范围

在议定书的谈判过程中，针对管制对象范围的限定问题存在的最大的争论在于是否应该将以粮食、饲料或加工为目的的改性活生物体（living modified orgamisms for food, feed or processing）包含在议定书的管制范围内。目前已经在国际范围内广泛流通的转基因大豆、玉米、番茄等都包含在这个范畴之内。此外，在关于人用 LMO 药品问题、其他的 LMO 的单纯过境问题以及在实验室内部等封闭系统中的使用问题等应该如何处理等内容，都成为需要讨论的问题。

环境 NGO 从一开始时就要求对包括生活必需品在内的广泛的转基因生物进行管制。比如，绿色和平组织认为由于现实中转基因产品作为加工品已经处于被交易的状态，如果将大宗商品从管制对象范围中去除的话将会使议定书失掉关键的内容。同时，第三世界网络也认为虽然转基因生物被加工，但其中的重组 DNA、有毒残留物、抗生物质耐药性基因还是存在的，而且足以对人体或自然环境构成威胁。所以主张大宗商品并不是无害的。不过，在关于人用 LMO 药品、LMO 的单纯过境以及在实验室内部等的封闭系统中的使用等问题上，各环境 NGO 的观点并不统一（Burgiel［2008］80-81）。

与此相对照，产业经济团体则主张应该将议定书的管制对象只限定在有可能会对生物多样性产生不良影响的 LMO 范围内。全球产业联合、绿色产业生物工程平台等认为，经过加工的粮食、饲料等无法繁殖的 LMO、仅限于以保健产品与医药品、商品制造或学术调查为目的进行有限使用的 LMO、单纯过境的 LMO、用于加工的且不会被有意地放置于环境中的 LMO 应该从管制范围中去除。此外，出口商认为在交配、移植或是收获、运输、加工行程中，正确地区别转基因作物或是非转基因作物是不可能的。并且，全球产业联合强调人用 LMO 药品、LMO 的单纯过境以及在实验室内部等封闭系统中使用是具有安全性和有益性的。特别指出，对于 LMO 药品的使用进行管制会妨碍发展中国家对霍乱、肝炎、结核等深刻的社会问题进行的研究，以此来证明 LMO 具有的有益性（Burgiel［2008］91-92）。

最终，议定书中对管制对象的范围的规定是，关于有可能对保护生物多样性与可持续利用产生不良影响的 LMO，越境移动、通过、处理以及利用都成为管制的对象（第四条）。关于非有意图性地放置于环境中的 LMO，议定书认为应该将其作为管制的对象，但是把供人类使用的药物从适用范围中去除（第五条）。再者，规定"事先知情同意"程序不应适用于单纯通过或是封闭系统中的 LMO 的使用（第六条）。这样，产业经济团体的主张最终占据了优势地位。

预先防范原则

《卡塔赫纳议定书》中规定议定书的目的在于，根据《里约环境与发展宣言》第十五条原则中的预先防范原则的方法，在 LMO 的安全转移、处理与使用方面对保护生物多样性做出贡献。该原则规定："……即使由于在改性活生物体对进口缔约方的生物多样性的保护和可持续使用所产生的潜在不利影响的程度方面未掌握充分的相关科学资料和知识，因而缺乏科学定论，亦不应妨碍该缔约方酌情就以上第 3 款所指的改性活生物体的进口问题做出决定，以避免或尽最大限度减少此类潜在的不利影响。"（UNGA ［1992］）

环境 NGO 始终坚持要求将预先防范原则写入议定书中。环境 NGO 认为预先防范原则是生物安全的基础，因此将预先防范原则与风险评估和管理、社会经济性的考量以及对 LMO 进行综合性处理的必要性相互联系起来。强调将预先防范原则写入生物多样性与《气候变化框架公约》中所具有的意义，指出转基因生物对于人体和自然环境所产生的影响是难以预测的，目前甚至连可以帮助判断其长期影响的数据都没有。在此基础上，环境 NGO 从与议定书的风险评估问题相互关联的角度强调了进行社会经济性考量的必要性。这是因为引入转基因生物对于人类健康、人权、粮食安全保障、削减贫困、原住民与区域共同体、传统的农业方法与农作物会产生不利影响。特别是 WWF、负责任的遗传学评议会担忧在巨大的跨国企业的推动下，转基因作物的普及会破坏一个国家或地区的经济活动或是粮食生产的自给自足。环境 NGO 站在多数发展中国家或小规模农业区域的立场，认为转基因作物对于非转基因作物存在着的不利影响，要求对转基因作物的进出口进行管制（Burgiel ［2008］ 81-82）。

在议定书的谈判过程中，EU 也转而支持将预先防范原则加入议定书。这一转变发生的背景是，20 世纪 90 年代发生了包括疯牛病、二噁英在内的食品问题，食品安全成为一般消费者所关注的内容之一。绿色和平组织、地球之友、WWF 等环境 NGO 则把这些情况当作材料加以利用，唤起了一般民众对于转基因食品安全性的忧虑（Burgiel ［2008］ 85）。有评论对于环境 NGO 的影响力进行分析时指出，大众舆论的形成正是促使欧盟转而支持将预先防范原则加入议定书的重要原因之一（Ansell et al. ［2006］；Arts and Mack ［2003］）。

与此相对照，生物产业对于 WTO 体制的《实施动植物卫生检疫措施的协议》（SPS 协议）所要求的风险评估表示支持（Burgiel ［2008］ 93-94）。因为他们认识到该协议的风险评估是基于"完善的科学"基础上，按照更为透明的、国际性的、协调的标准而进行的。而引入预先防范原则不仅会对各国的实施带来不确定性，而且还有可能出现进口商为了逃避科学举证责任而对该原则进行滥用的情况。经济产业界对于风险确认之前即对开发、商品化进行管制的观点表示反对，主张如果出口方认为没有风险，则举证责任应该在于认为产品存在风险的一方。同样，经济产业团体还认为，有可能会和预先防范原则一样，社会经济方面的考量不仅不科学，而且还会成为政治性标准，有可能会成为新的非关税贸易壁垒，因而反对在议定书中有上述内容的表述。经济产业团体对于以上关于预先防范原则以及社会经济性考量方面的观点与迈阿密集团的立场是一致的（Burgiel ［2008］ 93；謝花 ［二〇〇〇］ 一九）。

对于环境 NGO 来说，议定书谈判过程中如何处理预先防范原则将关系到保护生物多样性的根本性原理。因此，在最终的议定书中，关于预先防范原则的条文内容就成为衡量环境 NGO 影响力的试金石。具体来说,将 SPS 协议中关于预先防范原则以及科学不确定性的条款与《卡塔赫纳议定书》相比较,来判断环境 NGO 影响力的有无或大小。然后,假设完全没有环境 NGO 所做出的努力,分析可能产生的最终结果(Bestill and Corell〔2008〕;King et al.〔1994〕;Newell〔2000〕),这种反事实的分析也可以为我们分析环境 NGO 的影响力提供判断材料。

SPS 协议第五条(风险评估和适当的动植物卫生检疫保护水平的确定)对于实施贸易管制的条件做了具体的规定。第五条将重点放在"任意或不合理地实施它所认为适当的不同的保护水平"乃至保护经济性利益的方面,并且义务的履行需要进行非常繁琐的手续。另一方面,《卡塔赫纳议定书》中也涉及了 SPS 协议中没有规定的内容。下面我们通过对预先防范原则、与其密切相关的风险评估和管理以及科学确定性的要件几个方面进行比较,来考察二者对以上问题是如何处理的。

  1. 对于危险性评估的意义与内容,SPS 协议并没有进行明确的规定,而在《卡塔赫纳议定书》(以下称议定书)中则在附属文件Ⅲ中进行了详细的记述。

  2. SPS 协议只提到了危险性评估(数据收集),并没有涉及危险性的管理(在数据基础上形成管制体制)。议定书在第十五条和第十六条中明确表明了危险性评估和管理是同样必要的。

  3. 对于 LMO 的进出口的决定,议定书中明确规定缔约方要考虑社会经济因素(第二十六条),而在 SPS 协议中没有这样的规定。

  4. 关于参照新的证据(或科学上的信息)对决定进行复审的手续问题,议定书中有独立的条款(第十二条),而在 SPS 协议中对于当存在科学不确定性时对条款中规定的手段应该如何进行处理所做出的相关规定则模糊不清。

5. 议定书第十五条中要求出口者负有证明其出口的LMO的安全性的责任。同时，该条款的第二项和第三项规定，进口缔约方可以要求出口者进行风险评估，其费用可以由出口国承担。SPS协议中没有这样的规定（Cosbey and Burgiel［2000］11-12；UNEP［2000］）。

如上所述，如果我们将《卡塔赫纳协定书》与SPS协议中的预先防范原则、与其密切相关的危险性评估和管理、科学性确实性的要件等内容进行比较就会发现，议定书不仅在LMO处理上采取了预防性措施，而且还进行了具体的规定以保证这一原则的实施。同时，议定书的条款提到了考虑社会经济性因素。如果环境NGO没有针对这些问题展开工作的话，那么由于发展中国家对这些问题的认识并不充分，再加上产业界以及迈阿密集团的反对，这些问题很有可能完全不会被提及。环境NGO始终努力促使将预先防范原则和考虑社会经济因素的内容反映在议定书的条文中，从最终结果来看，可以说取得了一定程度的成果。

结　语

仅从议定书的谈判过程来看，环境NGO对生物多样性保护机制的影响力要大于其对于缓和气候变化机制的影响力。在《京都议定书》中，环境NGO提出的20%的减排目标、不采用京都机制和不采用以森林作为吸收源的政策等要求最终都未能得到通过。与此相对照，在《卡塔赫纳议定书》中，经过环境NGO的努力，预先防范原则和考虑社会经济因素的内容得以写入最终的共识文件中。但是，仅凭这些还不能对环境NGO的影响力进行充分的评价。今后我们将对NGO对于两个议定书产生不同影响力的原因继续考察，深入研究，作进一步的补充说明。

气候变化与生物多样性的减少一直以来都是人类的繁荣所导致

的地球环境问题。同时，在对这两个问题的处理过程中相同的是持反对意见的美国与经济产业团体之间形成了合作关系。但是，在缓和气候变化对策中存在着经济费用高、风险大的特点，这一点也可以认为是关系到环境 NGO 在两个问题上影响力大小的原因。不过，在做出这样的结论之前，需要认识到，目前对于很多的野生动物、生态系统的服务功能，例如红树林的防灾功能，无法进行市场估价。当前生物多样性的减少所带来的经济性费用以及其风险并没有得到充分的认识。近些年来，联合国的一些机构开始对世界规模的生态系统进行评估。① 但是对于海岸、河流、山区等区域的生物多样性、不同生态系统及其服务价值，在当代社会中还没有得到恰当的评价。在很多的生物学家、环保主义人士的努力（タカーチ［二〇〇六］）（以及其他因素作用）下，保护生物多样性的必要性在国际社会得到了广泛认识，这是一个划时代的成果。但是，这个全球性政策至今还没有设定具体的目标内容。②因此，相对于在缓解气候变化的政策方面设定了具体的温室气体排放的削减目标，在保护生物多样性方面却没有能够设定具体的数值目标，可以说以上的现实正是原因之一。此外，NGO 对于两个议定书的影响力的差别还源于二者的目的不同。《联合国气候变化框架公约》的目的是使与现代所有的社会经济活动相关的地球气候实现稳定，《京都议定书》正是以此为目标的。与此相比，《卡塔赫纳议定书》的目的只是局限于对威胁保护生物多样性的转基因种子与作物进行管制。这样，为了达成各自的目标，两个议定书具体的适用范围也各不相同。因此，结语开头对环境 NGO 影响力所做出的评价就显得过于简单。而且，NGO 在《京都

---

① 可参考以下报告书：The Board of the Millennium Ecosystem Assessment, "Living beyond Our Means: Natural Assets and Human Well-Being: Statement from the Board", March 2005, http://www.millenniumassessment.org/en/BoardStatement.aspx（2008 年 5 月 25 日）。

② 2008 年 5 月，在波恩召开的《生物多样性公约》COP9 会议，德国政府和欧洲委员会发表了关于生物多样性减少带来的经济性损失等的中间报告书（European Communities［2008］）。

议定书》中温室气体排放的削减目标制定中所发挥的影响力,以及与在《卡塔赫纳议定书》中没有将具体的数值目标的预先防范原则写入议定书这一事实相关的 NGO 的影响力,二者作为不同质的内容,无法进行单纯的对比和考察。

　　最后,在比较 NGO 在两个地球规模环境问题中的影响力时,还应该考虑二者与发展中国家之间的不同关系。在《京都议定书》的谈判过程中,环境 NGO 要求进行更为严格的管制,所以没能与强烈要求发展经济的中国、印度之间朝着削减温室气体排放的目标形成合作关系。另一方面,在《卡塔赫纳协议书》的谈判过程中,印度等发展中国家与环境 NGO 的利害相一致,二者协作一起要求对 LMO 进行综合性的管制。如果我们不考虑上述是否有具体的管制内容以及议定书的对象范围的差别的因素,环境 NGO 与发展中国家的联合的确是造成环境 NGO 对于两个问题影响力大小不同的主要原因之一。

　　在气候变化问题和生物多样性问题上,环境 NGO 开展着国际性宣导活动,它们的存在意义在于它们活动的目的是增进"地球利益",这是超越了一国之利益的。按照世界主义者的观点来看,在现实的国际关系中,国与国之间存在利害关系,产业企业之间相互竞争,环境 NGO 有时成为弱者的代言人,有时对强者发出强烈的批判。它们在为了寻求人类社会与自然环境的和谐而努力工作着。仅限于本章所涉及的问题范围,环境 NGO 的活动目标是在 21 世纪中叶前将地球的平均气温的上升幅度控制在 2℃ 之内,保护生物多样性,在世界中实现公平的、可持续发展。为了这样的目标,必须不断推动对现在依赖化石燃料的经济产业结构进行改革,应对全球化市场经济的大潮。当然,仅仅依靠环境 NGO 无法实现如此庞大的事业。环境防卫基金(EDF)考虑到产业界以及美国政府的存在,为了实现削减温室气体做出现实的选择。与其他环境 NGO 不同,环境防卫基金(EDF)致力于引入京都机制,即为实现《京都议定书》的目标采取交易排放量的方法(Betsill and Corell[2008]55)。经济产业团体也并不是一边倒向追求短期利益。1998年4月壳牌石油提出应该解决气候变化问题，从抵抗势力——全球气候联盟（GCC）脱离出来，自此以后BP、陶氏化学、福特、戴姆勒·克莱斯勒、GM也相继退出，2001年全球气候联盟终于解散。为了实现公共产品的供给和管理的目标，今后营利、非营利NGO的合作关系将会进一步得到加强。

第五章　全球化与公民权
——移徙工人与越境家庭

柄谷利惠子*

引　言

不同时代、不同场合、不同的学者对于公民权①从各个不同的角度进行过讨论，提出了"作为成员的法律资格""权利以及义务""归属意识"等观点。现代国家既是"地域组织"（territorial organization），同时也是"成员组织"（membership organization）（Brubaker［1992］22）。如果这样思考，那么公民权这一概念所规定的国家与个人之间的关系，就成为我们生活的一部分。围绕这一概念所进行的讨论将会无休无止。从"公民"这一概念来看，只要以"组织""成员"来划分，就一定会伴随"差别"问题。特别是基于公民资格的权利与义务的内容，表面上看来容易让人对其抱有幻想，以为是对拥有资格者的一种统一且均质的赋予；而实质上它的含义会因人而异，产生差别。差别有时意味着"隔阂"，有时还意味着"不足"。过去，奴隶、低收入劳动者、女性都曾受过名义上的、实质上的"公民权差距"（citizenship gap）之苦，这里的"差距"就意味着

---

* 现任关西大学创造学部教授。
① 在本章中，成员资格、权利与义务等内容以"公民权"资格、基于"公民权"资格的权利与义务来表示。

"不足"。在这一差距面前，我们需要重新审视国家与个人的关系，并通过采取一定的对策来改变这些差距。

本章的主题有以下两点。第一，明确公民权差距在时下的"全球化"①中呈现出一种怎样的状态；第二，探讨面对这样的差距采取了什么样的措施，这些措施的结果如何，哪些差距被消除了，哪些差距还没有消除。具体还将对作为差别待遇中的失败者——移徙工人（特别是女性移徙家政工）的情况给予关注。② 在针对女性移民进行的研究中，较多地将关注点放在发达国家中由于产业结构、劳动方式、人口结构的变化所出现的福利国家的解体化倾向以及与之相伴而生的在家务、看护劳动的国际市场中的需求与供给相关的问题方面。但是在她们的越境移动中，针对公民权的差距所采取的应对措施也是不容忽视的内容。

在全球化的背景下，国家（政府）业已放弃了对全体拥有公民权的成员进行一视同仁的对待，甚至还有观点认为没有必要再将国家和公民资格拥有者联系在一起。高额资产拥有者、拥有高技术的人员、工作于跨国企业的商务人士、国际机构等的工作人员等，在各国的出入境管理制度下都拥有高度的移动自由。其结果使得这一小撮全球化国际精英不是持续地停留在一个国家，而是寻求最欢迎他们的国家或地区，在其间不断地移动。这样对于他们来说，基于公民资格的权利和义务，只是在他们希望的时候履行；而他们不喜欢时，则有可能选择与其相应的权利义务并不相关的生活。与这样的人群相对照的是那些由于原籍国失去功能而导致其丧失公民资格的人，或不得不在不拥有公民资格的国家居住、工作的人。本章所关注的女性移徙家政工中，无论是在原籍国还是在就业国往往被传

---

① "全球化"是指交通手段及信息通信发展的结果。在这一过程中，市场、国家、交流、知识所具有的跨越国境的渗透性提高，时间和空间都被压缩。

② 关于亚洲女性移民，日本的小谷发表了很多著作。本章中特别参考了小ヶ谷［二〇〇七］的内容。

统观念所束缚，认为"女性移徙者是随男性移徙者而进行移动的"，或是认为"女性移徙者不是支撑一个家庭的力量"，而且从事的家政、看护工作不算是"工资劳动"。这样使得女性移徙工人无论是作为女性、移徙者，还是作为劳动者，都不得不苦于面对着各种公民权差距待遇。但是，据联合国的统计，女性移民的人数正在逐年增加，在2000年已达到全体移徙工人的49%（United Nations［2006］9）。

本章将基于以上的情况，着眼于女性移徙工人通过越境移动带来的"住户家庭"（household）①的越境重组现象。面临着公民权差距，她们意识到通过国家（政府）来维护其生活是有局限性的，所以试图通过自己的力量来确保自己的生存。一般来说，相对于基于血缘、婚姻成立的家庭而言，住户家庭意味着以共同维持生计为目的的人们的集合体。近年来很多国家在基于公民权进行保障的社会福利政策方面都呈现出缩小的趋势，使得在这一领域中的自助努力显得更为必需。于是越来越多的家庭中出现了雇佣外国人移徙者，他们成为实质上的儿童的养育者、老人的看护者。这些移徙家政工、看护工在自己的国家内还有家人，他们的越境移动给其被分开的家庭成员又带来什么样的影响呢？人们往往会关注到他们海外汇款所带来的经济方面的利益，但是由于越境产生的变化给其家庭形态带来的负面影响应该也是很大的。也就是说，现在的公民权差距对策不以家庭为框架，而以越境之后重组的住户家庭为框架来进行考量。公民权差距会带来新的人员越境移动，这不仅会改变国家与个人的存在方式，还会改变家庭这样的亲密人群的存在方式。

第一节将通过公民权差距与"移动性"（mobility）的关系对全球化时代下的公民权差距进行定义，为后面的讨论打下基础。第二节将对与公民权差距形成对峙的"个人"的现状进行梳理。在此基

---

① 在住户家庭的成员中包含有基于疑似（fictive）家庭关系者，例如儿童实质意义上的养育者女佣、照顾老人的住家型移徙家政工等。而且还包括在国外工作、学习的人，虽然他们平时并不在一起生活。

础上以女性移徙家政工——处于公民权差距对策最前线的群体为例进行分析。她们在自己拥有公民资格的国家中可享有的权利被削减，而在移徙国内却由于不具备公民资格而处于一种非常严酷的居住和工作环境之中。从女性移徙工人的角度来说，为了生存她们作为家中唯一可能的成员而进行越境移动；从雇佣方来说，雇请她们作为廉价的、可替代的工人进入其由血缘、婚姻关系构成的家庭之内。这样，最终结果是，无论是对于雇佣方还是被雇佣方而言，都出现了"住户家庭"的跨国重组的情况。第三节中将关注跨国劳动中的雇佣方与被雇佣方之间的关系。雇佣方通过雇佣女性移徙工人而有机会提高生活质量，推动了"跨国住户家庭现象"（global householding, GH）①的出现。另一方面，被雇佣方由于无法在其拥有公民资格的国家（政府）来获得稳定、安全的生活，为了生存不得不跨越国境，不得不面对"跨国住户家庭瓦解现象"（global de-householding, GDH）。这里将提出一种基于 GH 和 GDH（柄谷［二〇〇七］二七八-二七九）相互关系的分析结构，通过这样的分析框架重新对今天的公民权差距的影响展开探讨。

最后将对前面的讨论进行总结，在此基础上提出在跨国家庭中包含着私领域（或者叫亲密人群②）的跨国现象的新问题，这一问题原本应该与公共领域管制、介入并无关系。无论是个体还是家庭，在公民权差距的构成中，处于最弱势的一部分都需要承受最大的负担与劳动。女性移徙者的移动性就在于她们是廉价且灵活的劳动力。

---

① "global householding"这一概念本身是来自于以 M. 道格拉斯（夏威夷大学）与远藤乾（北海道大学）为中心的研究项目。参见 M. Douglass［2006］［2007］以及遠藤［二〇〇八］b。同时，还可参见从经济学专业立场出发的足立［二〇〇八］的论述。本章中尝试将这一概念做了进一步的发展。

② 近年来，围绕"公""私"领域的内容以及"公"与"私"的区分、变化进行了各种各样的讨论。本章所关注的是"家庭"关系中出现的跨越国境的变化。但是与此相的跨越国境的制度化的进程相对落后，或者可以认为各国政府把其作为"私领域"，有意地表现出"干预"或"不干预"的态度。关于"公"与"私"的区别以及过去的公民权论中存在的问题，参见岡野［二〇〇三］、田村［二〇〇七］。

即使她们改变了所处的"场",但依然无法改变移动之前的关系性,仍然受到造成如此关系性的因素的制约。也就是说,与其说她们在全球化背景下积极地选择了移动,其实她们无论是作为个体还是作为家庭,在选择生存策略时都不得不作出移动的选择。

一、问题所在

按照 A. 布里斯克的理论,今天的公民权差距起因于"在全球化不断发展的世界体系中,缺乏一种政治机制。这种政治机制应该可以确保政治体成员的成员资格,行使权力者要履行说明责任并且尊重人权"(Brysk[2002]246)。换言之,所有围绕公民所进行的讨论都是以存在着这样的一种政治机制为前提而发展起来的。这种政治机制是可以确保以上三个要素——政治体的成员资格、在政治体内行使权力者向政治体成员履行的说明责任、对成员人权的尊重之间存在切实的关联。然而,在所谓的全球化的时代中,这样的前提显然是一种幻想。在全球化的背景下,公民权差距所产生的影响最为显著地体现在:(1)在所居住的国家不拥有公民资格的人——移徙工人、难民、非正规居住者等的人数在不断增加。(2)同时也有人指出,拥有公民资格的人所享有的权利也在减少,这一点在社会福利领域中表现得更为显著(Brysk[2004]6)。(3)与此相对,今天的公民权差距与利用全球化现象的能力之间有着密切的联系,本章将把讨论的重点聚焦于移动性(移动性是对全球化加以利用的能力的高下起着决定性作用的因素),对移动性所起的作用进行重点分析。

全球化是在世界规模内展开的一个进程,是任何人都无法逃避的。针对公民权这一概念,由于人们从不同的角度,比如是否拥有公民权资格、是否拥有基于公民权资格的权利与义务、对公民权的忠诚程度等方面来理解与把握,所以此前就公民权进行的研究提出了不同的观点。如果现在将全球化这一因素也作为产生公民权差距的一个原因,那么这一差距会在程度和具体内容上表现得更为多样。全球化的影响是不均等的,这已被很多评论者所指出。例如,借用V.S.彼德森的话来说,全球化的结构性特征就在于"阶层性"(hierarchies)(Peterson[2003]2)。这里所强调的阶层是以复数形式出现的。也就是说,全球化产生了多种阶层性,它们之间相互发生关联。特别是在移民研究的领域中就有这样的研究,着眼于基于民族或人种、性别、职业以及国籍基础上的阶层性之间的相互关系(Anderson[2000];Peterson[2003];Stasiulis and Bakan[2005])。

根据马勒和佩萨(Mahler and Pessar[2001])的论述,在多种阶层性的相互关联中,我们的社会定位(social location)得以确立,由此每个人可以行使的主体性的程度、形态即权力几何学(power geometry)也发生着变化。权力几何学不是由一个人的社会定位单方面所决定的,当然它也有可能为了改变社会定位而被行使。不过,对于这样的权力几何学是要默默接受,还是积极地试图去加以改变,最终是由每个人的性质来决定的。例如,即使是身处同样社会定位的人,有的人会成为先行者或改革者,带来改变;而有的人就只是墨守成规,维持现状。由此有研究指出,当面对着公民权差距时,个人的反应中不只存在着所谓阶层性的外部因素,还有"想象力"(imagination)等内部因素(Mahler and Pessar[2001]447)。

人的移动的历史也是人类的历史。人的移动这一现象本身并不是全球化所特有的现象。但是,当人的移动带有了越境移动这一层意义后,在国籍这一规定下便出现了国民与外国人之间的区别,不同的移动被分别采取了不同的处理方式。尽管如此,一国的国民只要一步越过了国境,进入国境线外,就成为外国人。国民与外国人之间的关系就像是一枚硬币的两面。后面我们将会讨论,在这些跨越国境移动的人们的身后都存在着留在其原籍国国内的家人。他们与其留在国境线内的家人之间通过来自这些跨国人员的汇款或是电话、互联网来保持着相互的沟通与交流。正如前面所提到的,全球化的特征在于它对于所有的边境具有高度渗透性，跨越国境的物品、资金、信息等各种各样的要素正在不可阻挡地涌入我们的日常生活中。从这个意义上来说，处于全球化时代中的我们，不存在"不移动"这样的选项。①

这里所说的移动性当然包含有在两个场所之间进行的地理性移动（外在移动性）（ベック［二〇〇五］一四九）的意思。但是，由于物品、资金、信息等的移动使我们与多个场所联系在一起。贝克将这种对于此种状况的接受能力称为"内在移动性"（ベック［二〇〇五］一五〇）。同时，由于社会定位不同，外在移动性中既有主体性强的移动，也有强制性强的移动。当外在移动性中主体性因素较强时，主体可以对是否移动、移动的时间、场所等自由地做出选择。与此相对，当外在移动性中强制性因素较强时，主体如果做出"不移动"的选择，则有可能意味着穷困乃至生命的危机。在这种情况下，即使是非正规的移动，或者尽管知道在移动后等待他们的将是极度严酷的劳动或压迫，劳动者们也不得不进行移动。在全球化所带来的不断变化中，移动的自由正在成为阶层化出现的重要原因（Bauman［1998］2）。在外在移动性与内在移动性的混合体中，无论是地理方面还是心理方面都选择保持停留在一个地点的人，还是内在移动性差而被外在移动性强制进行移动，在进行地理性移动的同时心理上还停留在原籍国的人，在全球化的浪潮中都处于落后的地位，所受到的公民权差距的危害影响也很大。② 在全球化浪潮下，一部分人受惠于外部或是内部的移动性，有可能自由地选择居住、就业的场所。这使得他们可以从公民资格的束缚中不断地脱离开来，

---

① 伊豫谷对于当代的状况表示说（这是）"又一个'移民时代'，无论是有意或是无意，无论喜欢与否都要进行移动的时代"（伊豫谷［二〇〇七］一九）。

② 伊豫谷在分类时并没有使用"内在移动性"和"外在移动性"，而是使用了全球与地方这两个指标分类为"全球性移动"和"局部性移动"。前者是摆脱了地方的制约的自由移动，后者是在地理上进行移动，但在空间上固定于某个地区（伊豫谷［二〇〇七］一三）。

即所谓的"成功者的脱离"（バウマン［二〇〇八］八〇），这样的现象越来越多。但是，我们中的大多数人还是在国境管理的限制下，外在移动性受到限制，内在移动性也有限，于是就产生了公民权差距。同时那些可能使公民权差距进一步拉大的原因依然存在。

近些年来，一个引人注意的现象是，在基于公民资格的权利当中，包括要求经济性福利、安全生活在内的社会性权利正在被抛弃。这是国家（政府）为了在全球化竞争中立于不败之地，不断推动公共福利政策的市场化带来的结果。于是在很多发达国家，越来越多的女性为了从事一份全职的工作，在个人方面需要雇佣家务劳动工作者，将照顾子女、高龄父母的工作委托出去。在以移动性为基础的阶层性上，位于最上端的群体是获得了内在移动性与外在移动性的所谓的全球精英。从跨国的意义上来说，他们的移动范围是"超国家（超国境、脱国家）"的整个世界，他们的选择可以不受到与公民资格相关的束缚。这样，无论他们是在其拥有公民资格的原籍国，或是在就业国，对于雇佣家政劳动者都不会抵触。另一方面，我们中的多数人依然处于一种必须通过公民与国家的某种联系才能够得以生活的状态。所以我们会要求国家（政府）充实公共社会福利政策。但是当要求无法得到满足时便不得不自力更生，采取相应的对策。国家（政府）为了促进公民个人的解决对策的发展，引入相关政策，接收廉价且灵活的移徙工人。这样的移徙者多为女性，她们由于个人情况所迫不得不走上这条道路——只有通过跨越国境才能维持本人以及有血缘、婚姻的家庭成员的生活。在这样的情况下，即使她们实际上已经跨越了国境，但是在心理上和经济上，她们依然关注着原籍国。从这个意义上来讲，这样的移徙中的内在移动性较低，而在外在移动性之中，如果从主动性到强制性这个范围来看的话，其强制性的程度也是很高的。

二、应对公民权差距的措施

面对公民权差距的个人

究竟是什么样的人在面对着这些公民权差距的问题呢？在国际关系理论的领域中，很少有研究会把个人在国际政治舞台中所起到的作用当作研究的焦点，然而《个人主体的国际政治》（Global Politics as if People Mattered）便是其中的一个例子。该书提出了"社会性个人"（social individual）的概念，列出了社会性结构对于个人的自由意志与行为能力和个人的思考与行动带来的影响，指出社会性结构的重要性（Tétreault and Lipschutz［2005］1）。本章首先对个人进行考察，个人不是被动的存在，而是会按照各自的社会定位探索和采取一定的对策（或是自卫）的个体。个人既不是"自立且自律的（坚强的个人）"（樋口［二〇〇四］五〇），也不是只能依赖于国家或共同体的脆弱的个人。我们采取的行动是由我们在自己所处的各种各样的阶层性中的社会定位所决定的，所以我们中不单单有自发地面对公民权差距的人，有的人是被迫地与差距相对峙，还有人被这一差距所吞没。然而，如果借用佩萨和马勒的表述，个人具有一种潜在的能力，这一能力根据各自想象力的不同而不同。当个人面对着公民权差距时，为了尽可能将权力构成中自己所能运用的极少资源有效地加以利用，会想出各种各样的方法与策略。

于是个人会形成暂时性的或长期性的某种集合体，来一起采取措施应对公民权差距。特别是那些被本应向民众提供"安全、安心"的生活的国家（政府）所抛弃的个人，比如没有国家的人，处于国家框架之外的人，这些社会定位处于不利位置的个人自始至终都不可能独自去面对这样的差别问题。一个人来到这个世界时并不是独自一人地面对你死我活的社会。后面我们将会谈到的"家庭"，就是为了支持个人的生活而通过个人提供资金、劳动力得以成立的集合体。但是在现代社会中,家庭的形成与瓦解不仅发生在一个国家内,而且正在以跨越国境的方式发生着。这正是现代社会的特征。

在社会定位中处于有利地位的人,无论是作为个人,还是他们的家庭,都会尽可能地利用并强化自己的优势。而处于不利地位的人只能根据不同的情况采取相应的应对措施。也就是说,全球化时代中的个人必须在国境内外将多种措施结合起来运用。这正是本章所论述的全球化时代个人的特征中的第三点。如果这里的个人是女性的话,有就业机会的人会首先选择在国内就业,其次为了追求较高的收入会选择跨越国境。她们作为廉价且灵活的劳动力在移徙地工作,为了缓解家庭成员所面临的公民权差距而将收入汇回国内。而与此同时,围绕着自身所面临的源于没有公民资格而产生的公民权差距问题,她们不得不与就业国的政府或是雇佣方进行"交涉"(Stasiulis and Bakan［2005］)。这些行为也许在一些方面缓解了她们面临的公民权差距,然而,也很可能导致其自身长期放弃自己的社会再生产活动,结果必须面对有可能发生的跨越国境的"家庭"瓦解。

作为公民权差距应对措施的家庭

当我们将目光集中在公民权资格、基于公民权资格的权利与义务的内容或是身份认同中的任一要素时,我们发现一直以来论争的焦点都聚焦于公民与国家的地理上的边境线以及人为的边境线之间的相互关系上。在全球化的时代,尽管有国家以外的行为体加入进来,尽管谈判是在全球化的舞台上进行的,但是公民与国家(政府)的关系问题依然是议论的中心,这一点没有变。然而在全球化背景下的公民权差距是由多个阶层性之间的相互作用而产生的,有无公民资格所产生的影响充其量也仅仅是众多原因中的一个。正如上面反复提到的,公民权差距在拥有同样公民资格的人之间也在不断扩大。同时,全球化使得国家(政府)与公民资格拥有者之间的关系发生改变,很多人处于"移动"(on the move)或是"离开本来的场所"(out of place)的状态。这些现象带来的结果是,人们开始摸索通过与国家(政府)进行谈判之外的其他方法来克服公民权差距。过去的研究主要围绕以下两个方面展开:(1)带有启蒙和世界主义志向的个人的力量以及这样的人的集合体;(2)全球治理(由国家、区域等形成的制度)的可能性。① 那么,女性移徙者工人是否只能选择依靠国家(政府)间的协议或者借助别人的力量这样的办法来克服公民权差距呢?

公民权差距将会进一步产生新的跨越国境的人员移动。这不仅会改变国家与个人的关系,甚至还会改变家庭这种亲密人群的存在方式。如前所述,个人在面对全球化所带来的公民权差距时,为了发挥各自的潜力,有可能与他者形成某种集合体,并随着周围情况的变化,采取综合性的应对方式。特别是在那些无论是否有公民资格,都无法从国家(政府)获得支援的情况下,或者是国家(政府)没有能力或没有意愿进行支援的情况下,个人就必须抓住一切机会,运用一切可能运用的能力。个人并不是只能依靠国家(政府)才能生存。个人在面对全球化带来的公民权差距时,必须根据各自的社会定位采取一切可能的应对方式。这样,亲密人群特别是家庭的作用在今天显得愈发重要。

沃勒斯坦等人认为,资本主义世界经济的劳动力是由社会再生产系统②所产生的,这一系统正是以"住户家庭"为基础的(Smith et al.[1984] 8)。住户家庭的成员之间既不需要血缘关系也不需要亲属关系,也不需要居住在一起。在住户家庭关系下,有报酬劳动和无报酬劳动是统一的,通过共同储备充足的资源来确保劳动力的补充(Smith et al.[1984] 8-9)。总之,只要满足了"住户家庭成员

---

① 关于既有研究的情况,参见 Brysk[2002] pp. 242-256。
② 社会再生产是指为了维持生产劳动力所需的必要劳动力。其中包括照顾儿童和老人、做饭、洗衣、打扫卫生等内容。

为了生产充足必要的资源以维持家庭而从事生产活动"（Tétreault and Lipschutz［2005］22）这一条件，无论寿命是长是短，无论成员是一人或是多人，无论成员间的关系是血缘或婚姻关系，还是包含有雇佣关系或相互扶助的关系，都是住户家庭。当然其中也有不同，有些形态的住户家庭会比其他形态的住户家庭在社会一般观念或者法律上更容易被接受。这里应该重视的是，如果像沃勒斯坦等人那样将住户家庭看作是资本主义世界经济的基本单位的话，那么资本主义的改变也就意味着住户家庭的改变。

彼德森认为全球化经济具有两大特征：一是对政策制定拥有巨大影响力的金融市场呈现爆发性增长；二是非正式的、灵活的劳动形态迅速增加。他主张要将再生产经济、非正式经济加入经济分析的框架中（Peterson［2003］1）。当然，为了在世界规模的经济竞争中生存下来，各国政府都提供了经济、产业的基础，建立起完善的制度。同时，提供适合的劳动力也是政府的重要职能之一，这一点在一国的出入境管理政策中得到反映。也就是说，特征一使得跨越国境、享受高移动性的全球化精英增多；特征二则造成了可以随时解雇的非熟练工人、承包者、从事家庭内劳动和非正式经济活动之类的在劳动法保护范围之外的领域工作的人数量增加，其中多数为女性。女性劳动者要么是非熟练工人，要么可以随便解雇。正因为她们社会定位的低下才使她们的移动性成为可能。她们寄给家里的汇款不仅是基于血缘、婚姻关系的家庭成员的支柱，还是以生存为目的而形成的家庭成员的依靠。另一方面，站在女性移徙者的雇主一方来说，很多人由于雇用了外国人移徙者进入家庭来代替自己承担家务工作，从而可以去从事正式的工作，并有可能享受闲暇时间。在这种情况中，外国劳动者虽然不是具有血缘关系的家庭成员，却成为共同生活的住户家庭的成员。无论是在发达国家还是在第三世界国家，雇佣女性家务劳动者并不是新鲜事物。一直以来，住家型的家务劳动者就处于社会中的孤立地位，不得不从事收入少而工作时间长的劳动。但是今天这个时代，无论是对于家务劳动者还是对于家务劳动者的雇佣方来说，他们的家庭都出现了跨越国境的新变化，并且这个过程还将不断持续。各国政府都在推动制定移民接收制度或是劳动法制度等的进程，以固定参与这一过程中的各方不同的社会定位。①

三、跨国住户家庭的重组与瓦解

女性家政劳动者的移徙与跨国住户家庭

过去有的国际移民研究是以移徙者及其家庭成员作为分析的对象来展开的。但是 M. 道格拉斯主张认为，为了弄清楚当今人员移动的特征，有必要把住户家庭而不是家庭成员来作为分析研究的对象（Douglass［2007］；遠藤［二〇〇八 b］）。当我们把焦点集中在亚洲太平洋地区，我们用"householding"这个现在进行时的词来强调住户家庭的形成与维持是一个持续进行的、动态的过程。而且我们使用"全球化"这个形容词来描述，所以"跨国住户家庭现象"表示这个持续、动态的过程是跨越国境的一个过程（Douglass［2006］423-424）。在不婚、晚婚、人口老龄化、出生率降低的背景下，出现了国际婚姻、国际领养，以及接收从事家政、看护、照护领域工作的移徙劳动者等现象，亚洲太平洋地区中从低收入地区向高收入地区发生的人员移动现象正不断增加。现在在这个区域内，只靠在一国国境内的活动来维持家庭、提高生活水平变得十分困难。尽管如此，移徙工人的接收国国内的反对意见依然还是根深蒂固。但是，今后尽管这样的倾向还是会一直持续下去，但接收国也将不得不接受随之而来的变化。

在已有的相关研究中，围绕跨国务工人员及其家庭成员的问题，

---

① 关于对女性移徙者在内的移徙者的社会定位产生极大影响的入境管理政策以及相关劳动法规的讨论在另文（柄谷［二〇〇七］）进行讨论。

有的研究将"跨国家庭"作为分析研究的单位（ヨー［二〇〇七］）。诚然，家庭成员之一为了支撑其他家庭成员而跨越国境前往务工，这是在世界范围内频繁出现的现象。在这些具体事例中，不只有某个家庭成员将家人留在原籍国，移徙者本人从海外给家庭汇款的情况，现在还有报告称存在反向滞在的例子，即在全家移徙至国外后，家庭成员中负责赚钱的人又独自一人回到国内工作的情况。例如，一家人由香港迁往美国或加拿大，在获得合法的居留资格后，家中的父亲独自一人返回香港继续工作，同时频繁来往于两地，看望居留在海外的家人。这种情况被形象地比喻为"太平洋穿梭"（the Pacific Shuttle）（Ong［2006］110-136）。但是道格拉斯对此现象表示担忧，他认为在以跨越国境的家庭成员为单位进行的考察中，住户家庭在社会再生产过程中所起到的作用往往被忽视（Douglass［2007］3）。

在当代社会，超越了家庭成员层面的住户家庭应该承担起社会再生产的任务，这样的住户家庭形态也正在诱发着某种形态的国际移动的出现。本章认为这样的住户家庭与包括越境移动者在内试图维持家庭的事例是有所区别的。事实上，对那些在社会再生产领域中就业的女性移徙者而言，她们所居住、工作的场所往往就是雇佣方的住户家庭内部，这样的情况并不少见。也就是说，雇佣方通过将这些跨越国境而来的女性移徙者聘请成为自己的"住户家庭成员"，使得"住户家庭"以一种跨越国境的方式被构筑起来。另一方面，就女性移徙者的家庭而言，只能让家庭中的一员通过跨越国境的移徙与就业来维持生计。也就是说，首先，在一些跨国家庭中，其成员是通过血缘或是婚姻关系来加以固定的，虽然其成员处于地理上的分散状态，但是他们努力要维持家庭的形态。与此相对，在GH中，其成员随时间及情况不同而改变，处于一种流动性的状态。其次，在跨国家庭中对于家庭成员存在着一种幻想，希望家庭是一个由亲密的、特别的关系构成的集合体。在这个集合体内部，每个人的社会定位的差别以及在此基础上产生的阶层性表现得并不明显。

与此相对照，住户家庭在跨越国境的情况下的构成方式恰恰反映了每个人的社会定位。但是，道格拉斯提出的 GH 概念还可以更加精确。这是因为，尽管道格拉斯注意到了不是家庭成员由于越境而重组，而是在跨越国境的情况下住户家庭才能够得以组成，但是这两个"家庭"的概念在使用中是可以相互替代的。按照道格拉斯的观点，在结婚、生育、育儿、照护这些所有的人生阶段中都存在着 GH 现象，国际婚姻与国际领养的增加就是最好的例子（Douglass［2006］424）。但是在上述的例子中，跨越国境而来的人通过法律制度成为家庭的成员。也就是说，他们很有可能随着时间的变化而享有公民资格。从这个意义上讲，人们还是希望家族的成员都是在一国的国境范围内，希望住户家庭是由家庭成员构成的。

与此相对照的是，当代"住户家庭"的特征在于，基于收入或性别、国籍或职业基础造成人们的社会定位出现差别，在此背景下，社会地位高的人可以通过使社会地位低的人跨越国境地加入到自己的住户家庭中，从而使自己的社会定位能够进一步提高。同时，各国政府积极地推动制定相关政策以便于接收来自国外的家政劳动者、照护师、护理师，从制度上对上面的现象加以保障。在国际婚姻与国际领养的情形中，无论其成员在家族内部受到怎样的差别待遇，最终还是有可能作为家庭成员而得到法律保护的。与此相对，从事家政、医疗护理、生活照护等工作的女性移徙者们则背负着三重重负——没有就业国的公民资格的负担、身为女性的负担以及在社会再生产领域中工作负担。但是颇为讽刺的是，正是这三点才使她们的国际移动成为可能。这是因为有一个群体需要通过将她们重组进入自己的住户家庭而提高生活质量。也就是说，住户家庭的重组现象是作为应对公民权差距的措施之一而出现的。我们有必要将关注的焦点放在这一现象对个人所产生的影响上。而且我们有必要在 GH 概念之外，引入跨国住户家庭瓦解（GDH）等相关的概念。

跨越国境住户家庭的重组与瓦解

在第一节中我们指出，有无移动性这一点对于全球化下的公民权差距具有重要的作用。之所为这样说，是因为作为拥有公民资格者，在拥有公民权利之外，他们可以改变自己所处的"场所"，并且可能使用来自别的"场所"的人。跨越国境的家庭重组发端于社会再生产活动所发生的改变。在这样的重组过程中出现了有的人可以主动性地利用家庭重组，而有的人只能强制性地被重组。没有其中任何一方的存在，重组便无法实现。而且进行移动的一方通过移动的过程使得自己能够行使的权利发生着改变。所以不能把 GH 和 GDH 视为二元对立，而有必要将分析的焦点集中于本章所提出的 GH 和 GDH 的相互关联上。GH 和 GDH 是相互关联的一组概念，二者之间的关系正是今天跨越国境家庭所具有的特征。下面我们将针对 GH 和 GDH 相互关联的现状以及在 GH 和 GDH 的关联中产生的连锁差别转嫁进行分析。

在很多发达国家，出现了老龄少子现象、晚婚不婚现象、女性进入劳动力市场现象以及社会福利政策的减少现象。正是以这些现象为背景，GH 和 GDH 现象相继出现。[①] 这些变化的结果使得拥有公民资格的人越来越需要通过自己的努力来解决社会福利领域的问题，特别是育儿与照护方面的问题。于是在发达国家和第三世界国家中，越来越多的富裕阶层雇佣住家型的外国人移徙者，他们（外国人移徙者）成为孩子实际的养育者，成为老人的照护者。这也就意味着前面述及的在全球化的影响下，在与个人相关领域中存在的公民权差距得到解决。这样，很多可以通过自己力量来克服差别的人有可能跨越国境去追求更高收入、更高水平的生活。此类人群通过跨越国境的雇佣组成新的住户家庭，从而提高了其家庭的生活质

---

① 对于移徙家政工增加的原因，有研究认为是由于人们对于家政劳动的期待水平有所变化，同时重视与家人团聚等意识上的改变（Gregson and Lowe［1994］95-96）。

量。同时，各发达国家政府在优先接收照护师、护士入境的政策方面表现出越来越积极的态度（Stasiulis and Bakan［2005］；Kingma［2006］；柄谷［二〇〇七］）。然而在这些讨论中，往往会忽视一个问题——这一现象对于住家型女性移徙者及其家庭所产生的影响。有研究表明，当一个家庭中的母亲在海外工作，往家里汇款时，结果可能会使得其留在国内的子女在经济上变得富裕，但同时却在精神上处于一种窘迫的状态（Parreñas［2005］）。还有这样的情况：有些在美国从事家政劳动的菲律宾人将其赚来的工资收入的一部分汇往菲律宾，其家人则用收到的汇款再来雇佣来自更为贫困地区的女佣。这样的女佣的家人所蒙受的、所谓"再生产劳动的国际性分工"（Parreñas［2005］113）所带来的负面影响又是怎样的呢？

事实上，长期以来很少有人能够只依靠自己的工资收入生存。多数人长期处于工资水平低或是不能经常地进入劳动力市场的状态。住户家庭就是由相互承担责任的人与人的关系构成的，他们从事各种形式的劳动，共同拥有资源，共同相互承担责任。住户家庭的成员未必只限于家族成员。住户家庭的寿命也有长有短，既有长期存续的，也有出于特别目的而形成的短期住户家庭。但是，对于无法从国家（政府）得到支援的人来说，住户家庭是他们最后的依靠。即使在家族成员内部，每个成员也不可能获得平等、公正的待遇，住户家庭的内部更是如此。与家族成员不同，在 GH 和 GDH 的相互关系中，住户家庭是由法律地位不同的人来参与的，他们在有无公民资格的方面存在着差别。由于住户家庭是通过各种各样的法律或是社会关系而形成的，所以在住户家庭所处的环境之中，个人的社会定位也反映在住户家庭内每个人的社会定位上。也就是说，在以克服公民权差距为目的组建的住户家庭之中，社会定位低的人不得不承担最大的重负。所以女性为了支持家庭，作为移徙者选择跨越国境。如果她们在就业国从事社会再生产领域的工作，那么无论她是作为就业国国内的劳动者，或是作为雇佣方的家庭成员，都不得不独自一人承受重负。

结果是拥有较高社会定位的人有可能通过社会再生产劳动的替代方式将其在社会福利领域中被削减的权利转变为自身生活水平的提高。雇佣方家族成员的 GH 与居住在贫穷地区或国家被雇佣方家族成员的 GDH 这两个现象总是无时无刻同时存在着。移徙劳工为了保障雇佣方家族成员的 GH 所产生的成本，通过 GDH 的方式被原封不动地转嫁至移徙工人留在其原籍国的家族成员之上。在目前的状况下，这种成本转嫁的循环是不断继续的，且最终将全部降临到最为弱势的人群之上。再加上在以家庭为单位采取的应对措施中，由谁来承担重负是已经被决定好的，它反映了不同成员在其家庭内部的社会定位的高低。因此，由于女性移徙者的移动而产生的 GH 和 GDH 之间的相互关联正是"全球化公民权差距"（global citizenship divide）（Stasiulis and Bakan［2005］13）与民族（人种）、性别、职业基础之上的公民权差距的相互关系中产生的现象。从这个意义上来看，通过住户家庭来应对公民权差距只是一种维持现状的做法，并不能从问题的根源上进行改变。

结　语

布里斯克认为，政治机制应确保政治体中个人的成员资格、行使权力者履行说明责任、个人公民权得到尊重这三个要素的切实的关联。而当代的公民权差距的产生背景正是由于这样的政治机制正在受到全球化浪潮的侵蚀。这种侵蚀不仅对在就业国不拥有公民资格的人带来影响，而且对拥有公民资格者也在产生着影响。拥有公民资格的公民应该享有的公民权利也在受到侵蚀。公民权差距所带来的影响不尽相同，人们的应对措施也各有不同。本章指出，产生这样的差距的主要原因是公民资格的有无，以及内在移动性和外在移动性的区别。对于要在全球化经济竞争中生存下来的国家（政府）而言，保障公民在其公民资格基础上所享有的社会福利领域的权利成为沉重的负担。国家对这一领域的放弃造成了女性移徙者作为廉价且灵活的劳动力进行越境移动。可以预想,这个数字还会随着就业国和原籍国的政府的政策支持而继续增加。对于女性移徙者及其家庭来说,她们为了应对公民权差距只能选择跨越国境、家庭解体。另一方面,接收一方则通过将她们接纳入自己的家庭,使得"住户家庭"以跨越国境的方式重新组成,从而有可能提高自己的生活质量。本章中将以上两种发生在跨越国境基础上的"家庭"的改变分别进行命名,前者称为 GDH,后者称为 GH。通过把两者作为相互关联的概念来理解,提出一种将二者关联在一起的分析框架。诚然,我们可以根据移徙者在做出跨越国境这一选择时的自由度(改变视角的话就是强制度)的大小来对二者进行区别。但是,尽管都是强制性移动,当移徙者通过移动被置于一种新的社会定位之中,需要通过采取不同于过去的方式来应对公民权差距。也许有的人会把这一过程中的自我移动视为通往"自由"的踏板。这也就意味着,他们并不把 GH 和 GDH 当作两个对立的概念来理解,而把其当作个人在面对着通过国家(政府)无法消除的公民权差距时采取的另一种应对措施,从而分析二者的联系。过去也有研究指出伴随着外出务工劳动者的移动而产生的跨国家庭的问题。不过,GH 和 GDH 的相互关联是作为移徙者对基于社会再生产方式的改变而产生的公民权差距的一种应对措施而产生的问题,我们还是应该将二者区别看待。

在关于女性移徙者的研究中,有的研究着眼于从事家政劳动的女性移徙者的网络的形成以及其自助团体组织的形成与发展,强调通过这类政治活动进行谈判,使得公民权概念发生了变化(Kofman et al.[2000];Stasiulis and Bakan[2005])。她们在原籍国时也许处于一种被虐待的、被动的状态,但是通过 GH 和 GDH 的相互关联作用后,她们在就业国作为为克服公民权差距而坚持进行交涉的成员,被置身于行动的第一线。从这个意义上讲,她们都是改革者,是变化的发起者。然而,她们所争取的不过是业已被全球化削弱的公民资格。最终，通过移徙，女性移徙者的经济能力或许有所提高，但她们作为母亲、女儿、妻子的身份并没有改变，所以有研究指出她们不得不作为赚钱者承担起养家的第四重负担（Parreñas［2005］）。并且，全球化规模的不均衡以及造成这样不均衡的全球化所带来的弊害却丝毫没有改变。

而且，由于没有任何相关的国际性制度，在关于家庭所发生的跨越国境的改变这一现象中，无法具体分析其中的利益与成本的分配。一直以来与家庭、住户家庭相关的领域都被视为私领域，是一个国内法或国际性制度难以介入的个别领域。正因如此，个人（或各国家）的社会定位以及基于其社会定位的力学关系便会直接得到反映。所以如果从另一个角度来看，正因为 GH 和 GDH 的相互关联会加大南北差距以及性别差别、人种差别，或许我们应该对其进行批判或表示拒绝。尽管如此，目前还没有一个可以对其展开讨论的场合。当然，发达国家内部也并非所有成员都可以享受到 GH 的利益。无法享受到其利益的人依然不得不在没有官方扶助的情况下独自承担育儿、照护等工作。国家（政府）把解决公民权差距的难题强加给公民个人，结果造成了家庭的结构发生改变。但是，目前一部分人以丰厚的经济实力为背景可以选择跨国的家庭重组，而为了实现这样的选择所需要的成本却不得不由其他人来承担，造成他们家庭的解体。现在无论是各发达国家的政府还是公民个人，都在忙于确保自己的 GH 的利益，而对于在其背后发生着的移徙者的 GDH 现象却视若无睹。同时，那些提供了移徙者的输出国政府既没有能力阻止 GDH 的发生，也未对此表示过关注。

如果继续这样发展下去，在全球化发展的未来，等待着我们的将是公民权差距的进一步扩大。还有一点需要引起关注的是，至今人们依然认为不需要参加到围绕着公民权的谈判进程中去。目前这样的谈判所涉及的对象只是局限于一国国境内的权利、义务，而且也只是关系到其内容的多与少而已。贝克指出，如果"全球化的"

富人与"全球化的"穷人之间处于一种不交涉的状态,他们既没有进行对话,也没有必要达成某种妥协(ベック［二〇〇五］一一四)。因为即使从女性移徙者的事例来看,对于雇佣方来说,找人代替被雇佣者是非常容易的。而且,只要移徙者能够从中获得更大的利益,他们就可以选择通过地理场所的移动来不断回避进行交涉。他们会自由地运用移动这一能力,而不会坐到谈判桌上来。

第六章　体制转型与民族冲突的发生

月村太郎*

引　言

冷战结束后,民族冲突这个国际政治问题一直处在持续进行的状态。的确,与国家间的战争相比较而言,由于非国家行为体成为当事一方,民族冲突的数量从绝对数量和相对数量上来说都在增加。自2001年"9·11"事件以来,战争当事方的界定出现了明显的变化,与事件相关的非国家行为体不是民族,而是恐怖组织。另一方面,我们也必须指出,由于冷战时代存在着冷战结构这样的范式,包括我们在内的观察者一方都没有将冷战时代的民族冲突视为"战争"。因为"所谓战争当然是指国家之间的冲突"(入江[一九八六]三)。

本章从冷战后发生的民族冲突中选取苏维埃社会主义共和国联盟(以下称苏联)与南斯拉夫社会主义联邦共和国(以下称南斯拉夫)或者解体后成立的国家内发生的几次民族冲突作为案例,来阐明民族冲突是如何发生的。苏联与南斯拉夫虽然在集权程度上有所不同,但二者都采用了联邦制,且其构成单位之间的边界在国家解体后都成为各自的国境线。但两个国家同时还存在着另一个"边界",那就是民族间的边界。各个民族与其所居住的领域之间的联系

---

* 现任同志社大学政策学部教授。

很紧密。不同民族间的边界经常会成为领土上的实际边界。在这两个由多民族构成的国家中,由于向民主化体制的转型使得民族间的边界问题浮现出来。如果将其理解为领土的边界的话,就产生了构成单位之间的边境(解体后的国境线)上的紧张关系。在体制转型过程中,两国及解体后形成的国家没有足够的韧性来和平解决边境的紧张问题。首先我们从体制的转型开始思考。

一、专业术语的整理

民主化

所谓体制转型,自然就是指从某体制 A 向另一体制 B 的转型。从 A 至 B 的转型有时不可能实现无缝转型。正因为二者之间在程度上有所差别,所以在体制转型的过程中会动摇 A 体制中原有的秩序。但是 A 体制的瓦解并不意味着 B 体制的新秩序的建立。这样就会产生混乱的局面。

本章将探讨体制转型中的民主化问题。所谓民主化,是指从一种体制向一种更加民主的体制进行转型的过程。于是,就产生这样一个问题:什么是民主体制?笔者也没有足够的能力来解答这个问题,这里就参照 R. A. 达尔的观点对其加以定义——民主体制就是尊重民主理念的体制。这里的民主是指为了实现实质参与、平等投票、充分知情、对议程的最终调整、全民参与五项内容提供机会(ダール[二〇〇一]五一)。关于民主化,在此我们需要明确以下三点内容。

首先,民主化与自由化是不同的。自由化是指"保障个人及集团不受国家或第三方随意或非法侵犯的一些权利的有效实现的过程"(シュミッター、オドンネル[一九九一]三六)。因此,在国家赋予国民权利的过程中,如果没有公民的参与,那么只能说是自由化,而不能称为民主化。

其次，即使某非民主体制进入了民主化的轨道，也并不意味着实现了民主体制。所以有研究将民主化划分为几个阶段。其中最有代表性的是将民主化进程分为转型阶段与固定阶段（例如リンス、ステパン［二〇〇五］）。本章中所提到的两个国家都已开始转型，但与之伴随着的混乱局面得不到控制，反而使其国内的分裂更加表面化，民族冲突成为致命伤，所以国家还未能实现民主体制就已经解体了。

最后是关于民主体制的讨论。在关于民主化的讨论中，选举与投票是要件，但是即使满足了这些形式上的要件，有时也并不能认为是实现了达尔所指出的民主。具有民主的形式上的外表，却不具备民主的实质的"民主体制"被认为是"选举式"的民主，往往区别于真正的民主（Diamond［1999］8-10）。

本章中所谈及的苏联与南斯拉夫或其后续国家在冷战时代后期以及冷战后所进行的体制转型并不是单纯的民主化进程。这些国家所经历的是同时进行三个层次的转型（东欧的案例请参考 Offe［1996］32-36；苏联的案例请参考 Balcerowicz［2002］64），包括根源性的自我规定、体制规则的制定（此项相当于民主化）以及对政治权力与经济资源的分配，其混乱程度远非民主化进程可比。正因如此，本章选取了并非简单民主化的事例。因为笔者认为在大规模转型的事例中，体制转型与民族冲突之间的关系被扭曲并表面化。并且，在论及体制转型时，不仅要从政治的角度，还应该从包括社会、经济的角度上进行考虑。但这里我将集中从政治层面展开论述，对社会、经济层面的讨论将在其他场合进行。

经历了民主化进程的国家首先应该进行的是在政府—市民的垂直层面上实现政治的正当性。而与此相对照的是，苏联与南斯拉夫的继承国家是逐个实现独立的，这些国家有必要首先在其新划定的国境范围内的领土这样的水平层面上获得其政治上的正当性。更何况苏联、南斯拉夫又是典型的多民族国家，政治上的混乱很容易导致民族独立骚乱,这对其继承国家所进行的政治正当性的确立无可避免地带来了消极的影响。

民族冲突与民族

提起民族冲突,人们往往会认为是以民族为当事方发生的冲突。但是即使某一民族作为当事方,在同一民族内部也存在稳健派与强硬派在路线上的对立或是领导人间的政治斗争,这都会产生很大的影响。所以如果将"民族冲突"简单地按照比如A民族与B民族的结构来理解的话,便存在着对事实产生错误理解的危险性。但是本章由于篇幅所限,在指出上面问题的基础上,还是将民族冲突的各个事例按照简单的结构来进行分析。尽管如此,还是存在着未解决的问题。这是因为要想对民族这一概念做出准确的定义本来就不是一件容易的事情。

"国民"这一概念经常会被与"民族"混同使用。本来英语中的"国家"(nation)一词就有两个意思。但是这两者之间却有着极为严肃的区别。A. D. 史密斯是对国民与民族进行研究的第一人,他引入了国家与民族或民族共同体的概念来加以区别。与"国民"一词相对应的是"nation"(国家),而与"民族"相对应的是"ethnie"(族群)或"ethnic community"(民族共同体)。"ethnic"原本是在人类学等领域中使用的术语,这里被政治学所援用。虽然"ethnie"与"民族"在含义上还是存在着一定的差别,但在本章中将视二者为同一概念。

史密斯指出了民族的六个指标(Smith〔2001〕10-15),即需要具有固有的名称、共同的关于祖先的神话、共有的记忆、独特的文化、与祖居地(homeland)的联系、(与领袖的)某种联系。

在对于民族的理解上存在着几个理论上的对立,本章的立场基本上采取的是边界主义(即民族认同会根据具体情况而发生改变)以及手段主义(即民族领袖利用民族认同来实现特定的目的)的观点（吉野［一九九七］二五-三〇）。

不过，民族领袖并不可能从零开始创造出民族认同。按照史密斯的观点，民族领袖可以操作、运用的民族认同的内容受到本民族的象征性原型的制约。这一象征性原型是该民族的所有成员长期以来所共有的内容（Smith［1998］170-198）。

二、民族冲突发生的要因与条件

发生民族冲突的基础性原因与直接原因

民族冲突是如何发生的呢？笔者认为，可能引起民族冲突的原因首先存在于该民族的所在区域，是在该地区围绕领导权问题引发的民族冲突。我们先来分析民族冲突发生的原因。

关于冲突，M. E. 布朗的著作很多。根据 M. E. 布朗的观点，引发民族冲突的国内原因可以分为基础性原因（underlying causes）与直接原因（proximate cause）（Brown［1996］576-580）。首先，基础性原因包括结构性原因群（弱小国家、国内安全保障上的担忧、民族的居住分布）、政治性原因群（歧视性政治制度、排他性国民意识形态、集团间政治、精英政治）、经济社会性原因群（经济问题、歧视性经济体系、经济发展与近代化）、文化认知性原因群（文化性歧视类型、存在问题的集团历史）。其次，直接原因也可以分为四个原因群：结构性原因群（国家的解体、国内军事平衡的变化、人口的民族构成的变化）、政治性原因群（政治上的转型、排他性意识形态的影响力的扩大、集团间竞争的加剧、围绕领导权的斗争加剧）、经济社会性原因群（经济问题恶化、经济上不公平的加剧、急速的发展与现代化）、文化认知性原因群（文化性歧视类型的加强、关于民族的攻击与宣传）。

布朗所列出的原因绝不是大而泛的罗列，他只列举了具有代表性的原因，同时多个原因相互关联作用的情况也是理所当然的。尽管如此，如果乍一看基础性原因与直接原因，很可能认为它们之间具有某种一一对应的关系。而且，如果仔细来分析这些原因之间的对应关系的话，可以发现有两个类型。原本属于基础性原因的问题出现恶化后发展成为直接原因的，这是一种类型。这一类型中多数的基础性原因与直接原因是有对应关系的。第二种类型是，基础性原因中的关系基于某种原因而发生了改变的情况。根据布朗的列举，分别是歧视性政治制度（基础性原因）与国内军事平衡的改变（直接原因）、民族的居住分布（基础性原因）与人口的民族构成的变化（直接原因）、歧视性政治制度（基础性原因）与政治上的转型（直接原因）。本章中所要论及的"体制转型"就属于这里所说的"政治上的转型"。

即使产生民族冲突的原因都已具备，但是实际上民族冲突是否会发生却未必是一目了然的。首先，该区域的问题性必须被民众所认识。特别严重的情况是当民众对自己的生命安全感到担心的时候，即民众失去对政府的信任的时候，有时这也被认为是属于信任的问题（Melander［1999］）。

经济上的不满情绪的加剧、政治上的转型的进行、文化上歧视现象的横行，即使民众已经意识到了这些现象，但若要将他们的认识发展到以特定民族为目标的激烈情绪，进而发展到付诸行动的话，还必须要加入其他一些要素。即使居民中的一部分，特别是属于少数派的那部分持有恐惧情绪，正因为这样的情绪是以特定民族为对象的，所以要将其发展到普遍的恐惧心理的程度还需要有其他因素。对此本章未涉及，只想指出一点，民族领袖、民族精英的政治活动是将民族冲突发生的原因以及冲突的实际发生连接起来的因素之一（Kaufman［2001］）。

这样，我们就具备了分析民族冲突的基本工具，接下来进入具体的案例分析。

三、具体的案例

苏联境内的民族冲突

苏联是典型的多民族国家，各民族被赋予在自治区域内进行自治的权力。这一体系的原型是由斯大林构建起来的。在其15个联邦共和国、20个自治共和国、8个自治州和2个自管区内，自治的程度各有不同（根据1991年1月数据）。同时，有不少民族人口居住在本民族自治区域外的区域，其规模占全体人口的20%，有6000万人（Aklaev［1999］126）。这样的民族政策的失败带来了本章所要介绍的发生在苏联的民族冲突——格鲁吉亚的阿布哈兹冲突、亚美尼亚与阿塞拜疆的纳戈尔诺-卡拉巴赫战争（关于本章所提及的冲突请参考北川［一九九二］［一九九八］、塩川［二〇〇四］、高橋［一九九〇］、廣瀬［二〇〇五］、Altstadt［1992］；Chorbajian［2001］；Cornell［2001］；Croissant［1998］；De Waal［2003］；Gachechiladze［1995］；Herzig［1999］；Simon［1991］；Wheatley［2005］）。

对这些冲突的发生具有很大影响力的是1985年成为苏联最高领导人的戈尔巴乔夫所进行的"信息公开"和"改组"政策。但究其渊源，其实是在第一次世界大战期间以及一战后从俄国的瓦解到苏联的建立这期间的混乱。第一次世界大战期间发生了奥斯曼帝国对所属的亚美尼亚人的大屠杀事件。在这样的情况下，外高加索地区出现了"权力的真空"。利用这个间隙，在第一次世界大战刚刚结束后，一个个独立国家相继出现。先是外高加索民主联邦共和国于1918年4月建立，在一个多月后解体成为阿塞拜疆民主共和国、亚美尼亚共和国和格鲁吉亚共和国。

接下来，围绕着这三个共和国之间的边境问题又发生了流血事件。红军为这次的混乱局面画上了一个休止符。1920年，先是阿塞

第六章 体制转型与民族冲突的发生

拜疆政府于4月答应接受阿塞拜疆共产党的最后通牒；12月亚美尼亚接受苏维埃的领导；继而在1921年2月，格鲁吉亚首都第比利斯被攻陷。这三个处于苏维埃权力支配之下的国家形成了外高加索联邦同盟，进而组成外高加索社会主义联邦苏维埃共和国。1922年12月苏联成立之际，该共和国与俄罗斯、乌克兰、白俄罗斯一起加入苏联。根据1936年苏联新宪法，该共和国被撤销，阿塞拜疆、亚美尼亚、格鲁吉亚直接以加盟共和国的身份加入了苏联。但是争执的领土问题悬而未决。

在戈尔巴乔夫担任苏联共产党总书记之际，纳戈尔诺-卡拉巴赫是在阿塞拜疆领土范围内的自治州，亚美尼亚人占多数。另一方面，纳希切万自治共和国是阿塞拜疆人口多数的阿塞拜疆的飞地。同时，在格鲁吉亚又设置了阿塞拜疆自治共和国、南奥塞梯自治州等。

接下来我们将进入对苏联末期开始的民族冲突的各个案例的讨论。

格鲁吉亚的阿布哈兹冲突 1989年，格鲁吉亚的人口为540万人，其中格鲁吉亚人占70.1%，亚美尼亚人占8.1%，接下来是俄罗斯人，占6.3%。作为民族问题，危机局面出现在西部的阿布哈兹自治共和国的阿布哈兹人（占1.8%）与北部的南奥塞梯自治州的奥塞梯人（占3.0%）之间。特别是阿布哈兹自治共和国为了要求将其归属由格鲁吉亚变更至俄罗斯，分别于1957年、1967年、1978年多次进行了运动之后，危机局面更加紧张。

格鲁吉亚政治上的混乱局面发端于1989年4月9日早上发生的"第比利斯事件"。苏联内务省的部队用暴力强行驱散了包围在首都第比利斯政府办公楼的格鲁吉亚民众。当时阿布哈兹民众举行集会，要求变更阿布哈兹的归属权。而格鲁吉亚的激进反对派举行抗议活动来抗议阿布哈兹的集会，苏联联邦中央对格鲁吉亚民众的反对集会进行了镇压。于是，格鲁吉亚反对派领导人的意见变得更为激进，在民众中反莫斯科、反共产党的气氛十分高涨。与此同时，反对派也不太容易集合起来，民兵的数量迅速增加。

格鲁吉亚反对派围绕境内的南奥塞梯问题发生内讧，格鲁吉亚共产党忖度民众的意见，不得不设法迅速从苏联中分离出来。1990年3月，格鲁吉亚最高会议发布主权宣言。并在10月底举行的最高会议选举上，由反对派中主张激进路线的加姆萨胡尔季阿领导的自由格鲁吉亚—圆桌会议获得了超过半数的议席。格鲁吉亚共产党屈居第二。加姆萨胡尔季阿担任最高会议主席，之后就任总统。格鲁吉亚于1991年4月宣布独立。1990年12月，格鲁吉亚最高人民委员会宣布南奥塞梯进入紧急状态，派遣格鲁吉亚部队前往，并于1991年1月进入战争状态。

尽管阿布哈兹自治共和国中的阿布哈兹人口仅占17.8%，但阿布哈兹的实权还是掌握在阿布哈兹人手中。这种地位是在维护莫斯科的权威的基础上建立起来的。1990年8月，阿布哈兹最高会议已经将格鲁吉亚人排除在外，单方面宣布成立独立的联邦共和国。对此格鲁吉亚一方表示无效。在阿布哈兹最高会议上，一段时期内实现了"和平"，但这样的和平并没有持续太长时间。

在这样的背景下，1991年8月在莫斯科发生了保守派政变未遂事件。由于莫斯科方面的压力，加姆萨胡尔季阿不得不对此次政变表达了肯定意见，而这对于加姆萨胡尔季阿的领导地位来说是一个致命打击。防卫部队的司令及部分部队没有复命，与民兵组织格鲁吉亚骑士团一起于12月向总统发起了武装攻击。格鲁吉亚人内部出现了分裂，格鲁吉亚也陷入分裂状态，加姆萨胡尔季阿于1992年1月逃离首都。之后格鲁吉亚废除了苏联时代的宪法，宣布重新实施1921年制定的《格鲁吉亚共和国宪法》。由戈尔巴乔夫的盟友、曾担任苏联外交部长、长期担任格鲁吉亚共产党第一书记职务的谢瓦尔德纳泽担任格鲁吉亚最高领导人。

阿布哈兹的危机感日益紧张，于1992年7月宣布独立，内战开始。阿布哈兹的独立动向一度遭到格鲁吉亚政府的镇压，但之后通过反攻掌握了阿布哈兹西部地区的实权,于1993年7月攻陷了中心城市苏呼米,甚至使谢瓦尔德纳泽总统的人身安全也受到了威胁。

纳戈尔诺-卡拉巴赫冲突 尽管亚美尼亚人口在纳戈尔诺-卡拉巴赫占多数(苏联末期时亚美尼亚人达14万,阿塞拜疆人为4.8万),但是纳戈尔诺-卡拉巴赫仅仅是阿塞拜疆境内的一个自治州。纳戈尔诺-卡拉巴赫的亚美尼亚人对此感到不满,不断地要求将纳戈尔诺-卡拉巴赫的归属变更至亚美尼亚。纳戈尔诺-卡拉巴赫冲突的发端是1988年2月纳戈尔诺-卡拉巴赫自治州的苏维埃向亚美尼亚、阿塞拜疆,进而向苏联中央提出的移管要求。

针对纳戈尔诺-卡拉巴赫的亚美尼亚人的动向,阿塞拜疆认为加盟共和国之间的新的划分应该得到相关共和国之间的同意,并且需要得到苏联中央的批准,对此表示断然拒绝。而亚美尼亚则表示欢迎,并在亚美尼亚首都埃里温举行了大规模的反对阿塞拜疆的抗议集会。在两国你来我往的相互批判过程中,戈尔巴乔夫决定,对于归属权的变更不予认可。

两个民族间的紧张关系进一步加剧。1988年2月末,在纳戈尔诺-卡拉巴赫中部的阿斯卡拉(Askeran)以及阿塞拜疆首都巴库北部的工业城市苏姆盖特发生了阿塞拜疆人对亚美尼亚居民的屠杀事件。戈尔巴乔夫意识到事态的严重性,要求阿塞拜疆和亚美尼亚两国的共产党对此承担主要责任,分别更换了第一书记。但是事态并没有因此得到控制,各地开始不断发生小规模冲突。1988年12月,亚美尼亚北部的斯皮塔克近郊发生大地震,出现大量死伤者,但这并没有成为抑制两国关系恶化的契机。在亚美尼亚,非正式组织卡拉巴赫委员会即后来的亚美尼亚全国国民运动的发言权得到加强。同样,在阿塞拜疆也是一样。非正式组织阿塞拜疆人民战线获得更广泛的支持。

1989年1月,苏联最高苏维埃主席团做出决定:纳戈尔诺-卡拉巴赫在形式上依然是阿塞拜疆的一个自治州,但作为"特别管理形态"成为中央直辖地区；成立特别管理委员会，直属于苏联最高权力，全权处理纳戈尔诺-卡拉巴赫的事务。但是这个紧急避难性质的措施使得两个民族都有所不满，处于半途而废的状态。在人民战线的主导下，阿塞拜疆于9月开始了大规模罢工、对亚美尼亚的经济封锁等，反对意见强烈。由此，苏联最高苏维埃主席团于11月底同意将纳戈尔诺-卡拉巴赫自治州的管辖权归还阿塞拜疆。对此，亚美尼亚最高苏维埃与纳戈尔诺-卡拉巴赫民族会议召开联合会议，宣布成立亚美尼亚与纳戈尔诺-卡拉巴赫的统一共和国，同时明确表示苏联最高苏维埃的决定无效。包括纳戈尔诺-卡拉巴赫在内，亚美尼亚人与阿塞拜疆人的冲突在各地展开，并且还发生了与治安部队的冲突，在伊朗与阿塞拜疆边境上甚至发生了骚乱。

1990年1月在巴库再次发生了袭击亚美尼亚人的事件。戈尔巴乔夫宣布进入非常状态，同时苏联军队与内务部治安部队向阿塞拜疆首都巴库发起进攻，这就是所谓的"黑色一月事件"。然而，苏联中央未能借此对事态实现全面控制。阿塞拜疆于1991年8月30日宣布独立，亚美尼亚于9月23日宣布独立。至此，纳戈尔诺-卡拉巴赫冲突由内战升级为国家间战争。

前南斯拉夫的民族冲突

伴随着南斯拉夫的解体，克罗地亚、波斯尼亚与科索沃之间开始发生了冲突（关于这些冲突，请参考久保［二〇〇三］、月村［二〇〇六］、Bideleux and Jeffries［2007］；Krstié-Brano［2004］；Malcolm［1998］）。南斯拉夫的原型是南斯拉夫王国。第一次世界大战后，在巴尔干地区拥有很强的利害关系的大国被消灭，由此产生了"权力真空"。在这样的状态诞生了南斯拉夫王国。1941年4月，以纳粹德国为中心的轴心国侵略南斯拉夫，占领其全境。

第二次世界大战中，南斯拉夫呈现出四分五裂的局面。纳粹德国的傀儡克罗地亚人极右组织统治下的克罗地亚独立国拥有最大的版图。以该国为中心展开的号称"兄弟屠杀"的惨烈内战在南斯拉夫的各个地区展开。

铁托领导的游击队在内战中取得了胜利,赶走了纳粹德国。这样,南斯拉夫王国的版图在铁托的领导下成立了南斯拉夫联邦人民共和国(1963年改为南斯拉夫社会主义联邦共和国)。南斯拉夫的分权化随着时代的变迁不断发展,直到1974年的修改宪法发展到顶点。1974年的宪法体制是出生于1892年的铁托对后铁托时代的一种构想,其规定了集体领导体制。

在国际经济环境的动荡之中,铁托于1980年5月去世。在冷战后激烈变动的国际政治环境中,与南斯拉夫相关联的因素一个个地消失或陷入功能麻痹状态。南斯拉夫需要一个强有力的政权来克服这个国家危机。强有力的领导人的确出现了。但是与尊重多民族主义的铁托不同,这个掌握着塞尔维亚实权的新的领导人米洛舍维奇把塞尔维亚民族主义当作政治手段加以使用。米洛舍维奇通过动员塞尔维亚民众来向各地的指挥部施加压力,任用服从自己意志的人来担任领导。1989年3月,米洛舍维奇修改塞尔维亚宪法,剥夺了伏伊伏丁那自治省和科索活自治省的司法权与警察权。

塞尔维亚人在南斯拉夫号称最大规模(1981年的国情调查中南斯拉夫总人口为2240万人,其中塞尔维亚人占36.6%)。所以当在各共和国、自治省都拥有众多同胞的塞尔维亚人在民族主义的名义下,在米洛舍维奇的领导下开始活动时,其他民族自然会对此抱有恐惧心理。

下面我们就按顺序来分析一下三个冲突的具体过程。

克罗地亚战争　　1990年4月至5月南联盟时代的第一次实质意义上的竞选在克罗地亚举行。由图季曼领导的克罗地亚民主同盟打出克罗地亚民族主义,在竞选中获得了选举的胜利。图季曼认定克罗地亚将从南斯拉夫分离出来,切实地推动着克罗地亚朝着独立的方向前进。对这样的动向,克罗地亚境内的少数派塞尔维亚人感到不安。1981年克罗地亚人口总数为460万人，其中克罗地亚人的比例为75.1%，占绝对多数。塞尔维亚人占11.6%，其规模也不可忽视。

作为对策，塞尔维亚人在克罗地亚国内的塞族人占多数的区域成立了自治区，在各地的塞族地区举行公投。并此以为根据，在1990年9月设立克拉伊纳塞尔维亚人自治州之后，相继成立了许多自治区。塞尔维亚人自治区为了切断与外部的交通，开始在各地设置路障封锁交通。克罗地亚政府对塞尔维亚人如此的举动自然不会坐视不管。图季曼投入克罗地亚警察力量，于是小规模的冲突开始在克罗地亚频频发生。

南斯拉夫的最高权力机关对这样的混乱局面也不会袖手旁观。联邦议会主席团一直进行讨论。但是，在要求独立的斯洛文尼亚、克罗地亚与要求维持现状的塞尔维亚、黑山共和国的代表之间没有可能找到妥协点。斯洛文尼亚与克罗地亚的代表要求南斯拉夫进行进一步的分权甚至是要求独立，而斯洛文尼亚和黑山的代表则主张维持南斯拉原来的集权化，至少要保证维持现状。

1990年各共和国议会进行选举，在选举中各共和国的总统的权威超过了联邦主席团。为了处理这个问题，南斯拉夫举行了包括各共和国总统参加的"扩大主席团"（南斯拉夫峰会）以及由各共和国的总统直接进行会谈的"六人峰会"，但是也没有能将事态控制住。之后联邦议会主席团未能选出主席，议会也就无法正常发挥功能。克罗地亚在公投结果的影响下，于6月25日与斯洛文尼亚同时宣布独立，克罗地亚国内的少数派——塞尔维亚人也对公投进行了抵制。因为即使他们参加也无法改变公投的结果，而且如果参加就意味着他们承认了公民投票的正当性。

反对独立的塞尔维亚人自治区的武装组织与希望维持南斯拉夫的南斯拉夫军队为了阻止独立而行动，这样克罗地亚内战爆发。由于克罗地亚的军队是刚刚组建的，所以战况对于克罗地亚来说十分不利。在 1992 年初当万斯的停火协议发布之时，克罗地亚管辖下的三分之一是由塞尔维亚人实际控制，塞尔维亚克拉伊纳共和国宣布成立。

波斯尼亚战争　　与克罗地亚的情况不同，在波斯尼亚并不存在一个占绝对多数的民族。1981 年该国人口为 412 万人，其中穆斯林（伊斯兰教徒）占 39.5%，塞尔维亚人占 32.0%，克罗地亚人占 18.4%。这种情况与南斯拉夫非常相似，任何一个民族都没有占到绝对多数。正因如此，波斯尼亚这种多民族和平共存得到很高的评价，还成为南斯拉夫多民族和平共存的象征。然而令人感到讽刺的是，发展到"沾满鲜血"的局面、成为南斯拉夫解体的象征的也正是波斯尼亚。与克罗地亚的民族战争相较，波斯尼亚发生的民族战争中牺牲者规模为克罗地亚战争的约十倍，战争时间达到七倍。

在 1990 年秋的波斯尼亚议会选举中，穆斯林的民主行动党、塞尔维亚民主党、克罗地亚民主同盟等民族主义政党一共获得了八成以上的议席。选举之后的中央政府的统治要兼顾三个民族的平衡。但是在地方政治中的基调却是以多数派民族为主，并不是三个民族平衡。而且即使在乍看起来保持着多民族和平共存的波斯尼亚中央，实际上也是"同床异梦"的情况。1991 年 10 月 15 日凌晨，在波斯尼亚议会发生的"事件"让这一情况进一步显露出来。不顾塞尔维亚人议员的反对，穆斯林和克罗地亚人的民族主义者通过了一项决议，在实际意义上决定了独立的方向。

关于波斯尼亚的独立问题原本预计将于 1992 年 2—3 月举行公民投票，但在此之前各民族已经开始了武装。同时，塞尔维亚民主党于 1991 年 11 月在塞族地区举行了公民投票，以压倒性多数的结果显示要求将塞族地区保留在南斯拉夫。翌年 1 月，各地的自治区联合起来，宣布成立波黑塞尔维亚人民共和国（后来称塞尔维亚共和国）。

波斯尼亚的公民投票按计划举行。与事先预想的情况相同，塞尔维亚人与克罗地亚选举时做法相同,对投票进行抵制。波斯尼亚的独立获得了压倒性多数的支持。南斯拉夫的军队依然坚持维护南斯拉夫统一的立场,对坚持要留在南斯拉夫的塞尔维亚人表示支持。战斗从公民投票后立刻开始,至4月内战正式爆发。

科索沃战争 科索沃是南斯拉夫经济最不发达的地区。虽然是塞尔维亚的一个自治省,但是非斯拉夫人种的阿尔巴尼亚人占了其人口的绝对多数(1981年总人口为158万人,其中阿尔巴尼亚人占77.4%,塞尔维亚人占13.2%)。在此地区频频爆发大规模骚动。

对于占多数的阿尔巴尼亚人说,最大的愿望就是科索沃自治省升格成为共和国,但是这个愿望一直没能实现。虽然科索沃自治省没有能够升格成为共和国,但是由于南斯拉夫的分裂,科索沃事实上已经获得了接近于共和国的地位。阿尔巴尼亚人逐渐取得了在科索沃自治省内的重要职位,阿尔巴尼亚语也成为高等教育的指定语言。而且,根据1974年体制,自治省议会可以发布自治省的宪法。因此,虽然科索沃还是属于塞尔维亚共和国的一个地区,但是在实际上已经成为一个宪法规定的完全的联邦构成体,与共和国基本上是同一规格。

科索沃实质上的共和国性质自然会对科索沃内部的民族关系产生影响。包括科索沃自治省与伏伊伏丁那自治省在内的塞尔维亚共和国中,塞尔维亚人占到总体的绝对多数(1981年为66.4%)。但是仅就科索沃来看,塞尔维亚人成为少数派,因此他们感到来自于掌握着科索沃实权的阿尔巴尼亚人的无形的压力。事实上,是阿尔巴尼亚人对于少数派的塞尔维亚人屡屡采取暴力行为,塞尔维亚人相继离开科索沃。再加上出生率的差别,塞尔维亚人所占的比例持续下降(塞尔维亚人在科索沃的人口中所占的比例在1971年为18.4%,1981年为13.2%,1991年为10.0%)。

对于塞尔维亚人所面临的如此的危机感,米洛舍维奇做出了回应。米洛舍维奇曾经是塞尔维亚共产党的干部,于1987年4月被派

第六章　体制转型与民族冲突的发生

遣至科索沃。他宣布要保护塞尔维亚人，从科索沃手中收回了司法权、警察权。对此，占多数派的阿尔巴尼亚人表示强烈抗议，阿尔巴尼亚人有志议员自主召开议会，于 1990 年 7 月宣布成立"科索沃共和国"，并且在居民投票后发表了独立宣言。塞尔维亚对于科索沃解散议会表示了同意，但是却于 1992 年 5 月单方面举行了科索沃议会、总统选举。科索沃民主同盟在议会选举中取得胜利，其领导人鲁戈瓦当选总统。这些都发生在波斯尼亚战争的过程中。

鲁戈瓦采取对话路线，使波斯尼亚战争与科索沃问题产生连锁，来试图寻求解决科索沃问题的途径。然而，尽管鲁戈瓦数次向国际社会进行宣传，但是科索沃问题一直处于被无视的状态。于是鲁戈瓦路线受到挫折，1996 年主张强硬路线的科索沃解放军掌握了阿尔巴尼亚人一方的政治主导权，对科索沃的塞尔维亚人发动的恐怖行动猖獗起来。对于这样的情况，米洛舍维奇于 1998 年 2 月派遣塞尔维亚警察特殊部队，继而又派出军队，着手对恐怖组织展开扫荡行动。这样科索沃战争正式开始。

从以上案例中得到的见解

以上我们非常简单地对民族冲突的各个案例进行了概览。这里想进一步阐明从这些案例中所得到的见解。

历史　与历史相关联的问题可以分为两方面，但本章中未能一一涉及。首先要关注的是与该地区的所有权相关的历史正当化的问题。在纳戈尔诺-卡拉巴赫问题中，亚美尼亚人与阿塞拜疆人都主张自己在居住权方面拥有历史的承续性。双方围绕着谁先居住以及谁先取得支配的问题展开了历史论争（Yoshimura［2007］）。同样，塞尔维亚人主张自己才是科索沃的原住民，而现在科索沃的多数派是在奥斯曼帝国统治时改变了宗教信仰的民族。对这样的主张，阿尔巴尼亚人进行了反论，他们强调其与被认为是古代原住民的伊里利亚人具有历史的承续性（例如 Vickers［1998］1-3）。而且阿尔巴尼亚人还把科索沃作为历史圣地，试图将对科索沃的所有权正当化。1389年6月进行的科索沃战役中塞尔维亚败北，之后被纳于奥斯曼帝国的统治之下。

与以上围绕着"神话"进行的论争形成对照的是历史相关的第二个问题，关于更贴近于真实历史记忆的问题。本章中所选取的多数案例中，有的是在冲突发生前就业已存在着大规模的争端或流血事件的。在俄罗斯帝国灭亡、苏联成立之时，阿塞拜疆、亚美尼亚和格鲁吉亚就各自独立存在于外高加索地区，在被吸收入苏联之前曾经经历过非常混乱的时期。另外，也有像阿布哈兹这样希望成为联邦共和国却未能得以实现的情况。亚美尼亚人在纳戈尔诺-卡拉巴赫的归属变更问题上反复表明立场，却一次又一次地成为历史的插曲。另一方面，在南斯拉夫的案例中也存在着二战中的内战时期的暴力争端的记忆。特别是作为第二次世界大战中纳粹德国的傀儡国家的克罗地亚独立国，这里曾发生过对塞尔维亚人的残酷镇压。这些关于争端与暴力的记忆、插曲使得民族间的关系变得不够融洽，通过记忆被唤醒而对民族间进行的相互宣传攻势产生影响。而纷争一旦再一次发生，便会加速激化。

经济　　经济方面也想指出两点内容。首先是经济上的停顿问题。无论是在苏联还是在南斯拉夫，在冲突发生之前就都已经完全进入经济上的停滞局面。正如布朗对冲突原因的分类中也曾提到的那样，经济问题的存在与恶化可以认为是冲突发生的基础性原因与直接原因。但是如果从各个冲突爆发区域来看，将两国的经济情况进行比较，我们发现，无论是经济上有所发展的区域（克罗地亚），还是经济落后的区域（外高加索、科索沃），在爆发大规模冲突的事件中，单纯的经济上的落后并不能够成为冲突爆发的根本性原因。与此相对，经济情况的恶化则成为冲突爆发的直接原因。苏联与南斯拉夫发生的经济上的停滞和危机可以理解为上述经济恶化的表现。

关于经济方面的第二个问题是资源问题。如果该地区存在着重要资源的话，则该地区较易成为争端的焦点，这是很容易理解的。在苏联的案例中，关于格鲁吉亚的问题，阿布哈兹拥有肥沃的土地，农业很发达，同时拥有苏联屈指可数的观光资源，并且还有与俄罗斯相通的交通干线通过。在南斯拉夫的案例中，也可以发现克罗地亚拥有的海岸线以及立足于海岸线的世界级旅游资源。对于塞尔维亚的塞尔维亚族人来说，波斯尼亚所具有的战略性位置也是不能忽视的。

民主化　　在苏联和南斯拉夫的案例中，民主化都对民族冲突产生了强有力的影响。首先是选举问题。选举的胜利意味着获得了民主的正当性。两国在冷战时期的很长时间里都没有经历过实质上的议会竞争选举。苏联于1990年举行了各联邦共和国的最高苏维埃选举，南斯拉夫也于1990年举行了各共和国的议会选举。其中在克罗地亚的案例中，关于独立的意向就是通过议会选举才得以明确的。选举是民主化的要义，在冲突之后的复兴过程中也占有重要的位置（上杉［二〇〇六］）。然而，选举会影响到政治稳定性这一事实也是颇有讽刺意味的。仅就苏联和南斯拉夫的案例来看，通过选举来实现稳定的民主制度这一主张（例如 Reilly［2001］）很难让人毫无保留地接受。

　　就是否要独立而举行的公民投票与居民投票使得因独立问题而紧张的民族间关系变得更为紧张。与议会选举不同，公民投票与居民投票对于单一问题的表决会使民族关系更为简单；投票是在主张独立的政府组织下进行的；并且在议会选举后的政治作用下民族关系出现僵局。在以上原因的作用下，公民投票与居民投票会对民族关系带来进一步的负面影响。对政府的草案持反对意见的少数派认为，如果他们参加投票就表示他们认可了投票的正当性，所以他们对投票采取抵制行动。比如阿布哈兹人对于格鲁吉亚的公民投票的抵制，在关于变更纳戈尔诺-卡拉巴赫的归属问题进行的居民投票中阿塞拜疆人的抵制，以及在克罗地亚和波斯尼亚的塞尔维亚人，这样的抵制多发生在由一个民族在其为多数派的地区举行的居民投票中。其实早在1991年3月苏联全境举行的决定苏联的存续问题的公民投票中，已经走上了独立道路的亚美尼亚和格鲁吉亚就对投票进行了抵制。从以上案例中可以发现，公民投票都在独立进程中发挥了重要的作用（LeDuc［2003］102）。

结　语

本章介绍了1990年前后伴随着民主化进程而爆发的民族冲突，指出民主化是民族冲突发生的直接原因。现在要想成为国际社会的一员，民主体制已经成为"最佳命题"，民主体制不断地输出到各个国家。在这里，本章并不打算对这个命题是否妥当进行议论，但是至少对于民族冲突来说，民主体制、民主化并不是"万能药"。在世界各地，特别是亚洲、非洲地区，现在有很多国家正处于民主化的进程中。实际上，应该同时推进在本章篇首提出的三个层次的转型，否则无法保证苏联和南斯拉夫的事态不会再次上演。

事实已经清楚地证明，与本章所选取的案例相比，阿富汗和伊拉克的民主化伴随着更多的困难。在苏联、南斯拉以及其继承国家中，至少在形式上国家政府还保持着实际控制，民主化的主体还继续存在。然而对于阿富汗和伊拉克来说，需要建立国家。虽然在冲突之后需要在三个层次同时推进转型的进行，但是其国家可以依靠的只有国际社会的支援。然而，国际社会提供的支援在未来并不能获得永久的保证。本来在达成和平共识之际，国际社会对于事后的统治结构并没有做出多少考虑。仅就冲突中与冲突后的波斯尼亚来看，国际社会是没有耐性的、很急躁的。

本章并没有涉及冲突后的问题，但最后在此稍做说明。在本章所选取的案例中，克罗地亚由于实施了"自我救济"重新实现了国家的统一。虽然之后立刻受到国际社会的批判，但是在所有的案例中，现在只有克罗地亚实现了最为稳定的政治局面，对此又该如何评价呢？其他几个例子都不能说处于正常的状态。在苏联的两个案例中，该国国家政府的实质性有效控制都没能涉及发生过冲突的地区。在南斯拉夫的波斯尼亚地区各民族的分栖共存依然持续。"权力共有"作为确保当下政治稳定的权宜之计可以得到一定的认可，但是从波斯尼亚的案例来看很难认为其对于实质性的国家同样起到保障作用。格鲁吉亚曾经试图重走克罗地亚的道路，但在 2008 年 8 月遭遇失败。如果科索沃也是同样的情况，国际社会又会对此做出怎样的评价呢？

致谢：本文执笔之际得到了野田岳人、广濑阳子、前田弘毅、吉村贵之、立花优等人的宝贵意见，在此表示感谢。

附记：本文是科学研究费补助金基础研究（A）项目"围绕巴尔干地区国际关系的政治、经济变化研究"（2005—2008 年度）的一部分成果。

第七章　作为国际问题的少数群体问题

吉川元[*]

引　言

少数群体问题原本属于一个国家的内部问题，但现在越来越成为国际性问题。当我们要讨论作为国际问题的少数群体问题时，应该对其出现国际化趋势的背景进行考察。少数群体原本是指在一个国家的内部，在政治上或是社会上处于被歧视的弱势地位的少数人群体。但是在南非，人口占少数的白人对于人口占多数的有色人种进行差别歧视待遇、隔离。所以少数群体问题并不只意味着字面上的少数人群体，有时还意味着在政治上处于弱势立场的群体。

那么，什么样的少数人歧视问题可以被认为是国际政治领域中的问题呢？《联合国宪章》规定，联合国的目的在于进行国际合作，以实现消灭由人种、性别、语言、宗教所带来的歧视，使所有人的人权都得到尊重（《联合国宪章》第一章第一条第三项）。此外，《国际人权公约》首次将少数人的权利加入了人权清单。在《国际人权公约》（B 条约）中，将少数人特定为"人种的、宗教的、语言的少数人"（第二十七条）。如上，目前在国际社会中被视为问题的少数人，一类是指人种上的少数人，另一类指的是宗教上、语言上、民族上的少数人。有时也将宗教、语言、民族上的少数人统称为

---

[*] 现任上智大学外国语学部教授。

"少数民族群体"或"少数民族"。

人种少数群体是指在殖民地统治或人种歧视制度下被歧视的有色人种。19世纪后半期，在军事技术方面处于优势地位的欧美列强开始对亚洲、非洲进行殖民，他们对其殖民地上的当地人（原住民）中的有色人种进行歧视、迫害，采取非人道的手段。此外，在美国、加拿大、澳大利亚等国家，白人对原住民进行驱逐、杀害，另一方面还限制有色人种移民，以维持白人优越主义的歧视制度。还有像南非那样，由少数的白人对于多数派的有色人种采取隔离措施，在国内推行白人优越主义的人种歧视体制。如"白色国家加拿大"和"白人澳大利亚政策（白澳主义）"所代表的一样，这些都是由白人占据统治地位的"白种人国家"。然而，进入20世纪后半期，种族主义问题开始成为国际问题，作为消除人种差别问题，同时作为反殖民主义问题，人种少数群体问题开始呈现出国际问题化的趋势。

少数民族群体问题的国际化首先出现在19世纪末至20世纪初的民族问题的国际化过程中。特别是在第一次世界大战之后，少数民族群体问题被视为同国际和平与安全保障息息相关的问题，少数人保护体制得以确立。但是在第二次世界大战之后，作为国际问题的少数民族群体问题被莫名地封存起来。然而，伴随着冷战的结束，少数民族群体问题再次出现，至今还是国际政治领域中的主要议题。

本章试图对人种少数群体和少数民族群体问题成为国际问题的过程、如何成为整个20世纪席卷国际社会的国际问题以及在国际政治领域是如何对这个国际性问题进行研究并摸索其解决方案的过程展开考察。在对少数群体的研究之中，有的研究是通过国际法学的方法，对其与人权国际化的相互关系展开研究（田畑［一九五二］、金［一九七九］、Cumper and Wheatley［1999］）。有的研究以国际政治史的手法对种族主义的起源与发展进行分析（Lauren［1998］）。有的研究则以国际政治史学的方法对少数民族群体的问题进行分析（Jackson Preece［1998］）。有的研究是通过国际政治学的方法对少数群体问题进行研究（吉川·加藤［二〇〇〇］）。还有从人民自决与分离主义的视角来进行分析的（Beay［1994］；Cassese［1995］；Ghanea and Xanthaki［2005］）。

在如此众多的先行研究的基础上，本章将以"作为国际问题的少数群体问题"为主题，特别对以下问题给予关注并展开分析。具体而言，在整个 20 世纪直至今日这一时段里，少数群体问题经历了怎样的过程发展成为国际问题的？在少数群体问题成为国际问题的背景中，国际政治局势是怎样的？国际社会是如何应对少数群体这个国际问题的？特别是在第一次世界大战之后，少数民族群体问题成为国际问题；而在第二次世界大战之后，少数民族群体问题被封存起来；同时新的种族主义问题成为国际问题，且于 20 世纪 60 年代开始呈现出解决的端倪；然而，冷战的结束使得少数民族群体问题再度成为国际问题。所以，本章的第一目的就是，在少数群体问题的国际化现象的起伏变化中，对其所处的国际政治的背景进行探讨。同时，尽管有色人种开展的反种族主义的斗争取得了一个又一个的胜利，但是少数群体保护、民族解放以及在那些曾经与种族主义进行过战斗的国家中却再度出现了人民或个人的安全受到来自组织的威胁的情况。笔者准备从国际安全保障论的视角来对国际政治中如此严酷的现实进行分析。这是本章的第二个目的所在。

一、国际安全保障与少数民族群体

成为安全保障问题的少数群体问题

国际社会在处理少数群体问题方面展开合作是在第一次世界大战之后。一战结束后，沙皇俄国、奥匈帝国、奥斯曼帝国等由多民族组成的帝国纷纷解体，在它们广阔的领域范围内，通过民族自决诞生了多个国家。但这些通过民族自决而产生的国家也并非百分之百的单一民族国家。约有 1 亿人成为这些新生国家的国民，其中便产生了约 2500 万人的少数民族群体（Jenne［2006］）。例如，无论是波兰还是捷克斯洛伐克，都拥有占总人口三分之一的民族少数群体。这些国家是在民族自决的政治原则下成立的，而对于这些少数民族群体来说，却未能实行理所当然地属于他们的民族自决，这使得他们的不满情绪没有得到化解。这些少数群体或者要求独立，或者要求与邻国进行合并，引起了周边国家的关注，同时也成为造成国际关系紧张局势的原因。

那么应该采取什么样的对策来预防少数民族群体问题的国际化呢？历史上曾经出现了三种尝试。第一是对人权进行国际保障，即保障包括少数群体在内的所有国民享有公民的、政治的权利。第二是对少数群体进行国际保护。第三是一种外科手术式的解决方法，即将少数群体的存在进行物理性的去除。这其中也包括两种方法：一是将民族按照国境线来进行居民交换，二是根据民族居住区的分界线来对国境线进行修正。在第一次世界大战结束后采用的是对少数群体进行国际保护的方法和外科手术式的方法。在围绕国境线产生争执的区域，也尝试通过居民投票来由居民自己决定在哪一个国家居住，再根据投票结果来重新划定国境线。这样大约有 500 万人的少数民族群体成为居民交换的对象。其中规模最大的是依据《洛桑条约》进行的土耳其与希腊间的居民交换，有约 120 万人的小亚细亚正教徒希腊人从土耳其迁往希腊，同时希腊克里特岛的约 40 万土耳其人迁往了土耳其（Kulischer［1948］46-154）。

人们充分认识并预测到对少数民族群体的处理方式会成为国际紧张局势的原因，所以完善了对少数群体的保护体制。战胜国与民族自决的五国之间以保护少数群体为目标缔结了条约，同时在战胜国与四个战败国之间缔结的和约中也规定了保护少数群体的内容。并且，任何加入国际联盟的国家也必须发表保护少数群体的宣言。成为条约中的保护对象的少数群体是在人种、宗教或是语言方面的少数群体。这些规定中相同的内容在于：第一，要保护信仰、宗教的自由以及公民的、政治的权利；第二，要保障少数群体有权利设立设施，成立协会以开展活动、使用自己语言的权利、保障使用少数群体的语言进行初等教育；第三，要对少数群体的活动提供官方的资金援助（田畑［一九五二］、金［二〇〇一］）。由国际联盟和国际法院来进行少数群体保护与监管以及调停的工作。

当欧洲周边的少数民族群体问题发展成为国际问题之时，在欧洲范围之外的民族问题或人种问题却完全处于被遗忘的状态。这是因为欧洲与非欧洲之间的关系还依然处于植根于种族主义的文明的统治之下。这样的状态也可以从国际联盟的托管地制度中窥得端倪（参见本卷第九章）。在《国际联盟盟约》第二十二条规定，为"在近代世界甚为激烈的生存竞争状态下还未取得独立的人民"谋求福祉与发展是"神圣的文明之使命"，将对这些人民的进行"监护之任务"委任给"先进国家"。还将以"人民发达之程度"、距离"文明之中心"的地理位置、经济状态等为基准，给被委托国家的支配统治的条件设立了不同的内容，但是对西南非洲及南太平洋各岛等则以不发达为理由没有设立相应的条件。

我们不能忘记，国际社会曾经尝试将种族主义作为国际问题进行处理的事实。在巴黎和会上，日本代表团曾提议将禁止人种歧视写入《国际联盟盟约》之中，但是美国、英国担心如果真的写入盟约会使人种问题成为国际问题，因此表示反对。最终这个提议在美英的反对下无果而终（金［一九七九］一〇八）。尽管如此，日本的提案还是获得了令人意外的反响。欧洲民族自决的动向虽然以失败而告终，但是将禁止人种歧视写入国际公约这一尝试却将影响传递到了非欧洲国家，引爆了美国要求取消歧视黑人的暴动，还使得亚非出现了要求取消人种歧视以及殖民地要求独立的萌芽。

少数群体保护体制的失败

以保障国际安全为目的而构筑起来的少数群体保护体制在 20 世

纪 30 年代陷入了衰竭。纵观整个国际联盟时期，保护少数群体的双边条约能够得以生效的仅限于芬兰和瑞典之间的条约（Gal［1999］74）。这究竟是为什么呢？首先，单方面被强行要求进行保护少数群体的国家对这样的保护少数群体体制抱有不满的情绪。事实上，除了捷克斯洛伐克和爱沙尼亚之外，没有一个国家履行了对少数群体的保护。这是因为保护少数群体妨碍了该国的同化政策，对于国家的统一形成了障碍。在向国际联盟提起诉讼的案例中，30% 是来自于在波兰的德意志人这一少数群体，但是波兰政府还是对这些直接向国际联盟提起诉讼的公民进行了迫害。于是在 1934 年条约规定的义务终于正式被废弃（Jackson Preece［1998］84）。

其次，无论是本应履行监管任务的国际联盟，还是保证要对少数群体进行保护的战胜国，都对这个问题表现得十分暧昧。各地的民族少数群体联合起来，如洪水一般地向国际联盟提出请愿，控告本国政府。在国际联盟存续期间，其数量竟达到约 900 件（Lauren［1988］113）。在此基础上，国际联盟还收到来自远在非洲、澳大利亚、印度、美国各地的对人种歧视进行控诉的请愿书。欧洲各大国未曾预想到这样的情形会波及自己国家，所以对于保护少数群体表现得半途而废，倒也是情理之中。特别是英国对于帝国范围内的同化政策非常重视，而法国则优先考虑自己的安全保障，因此十分重视同中欧各国保持同盟关系，所于它们在国际联盟中并没能采取一致的行动。

这样，少数群体问题被冻结起来。然而在慕尼黑危机之后，本应处于冻结状态的民族少数群体问题最终成为实际威胁到欧洲安全的国际问题。德国要求捷克斯洛伐克苏台德地区的德意志人进行民族自决。1938 年 9 月，英法意德四国的首脑集聚慕尼黑举行会议，并在会议上决定将苏台德地区割让给德国。经由空中航线归国的英国首相张伯伦表示"达成了和平"，受到了群众的欢呼和欢迎。法国总理达拉第在归国之际也得到了不亚于张伯伦所受到的欢呼与热烈欢迎。可以认为，当时的和平状态得以维持是以假借民族自决之名进行的合并为代价的。

这样获得的和平终究只是片刻的平静。在慕尼黑危机之后的第二年，人类便进入了第二次世界大战。

二、被封存起来的少数群体问题

国际化的种族主义问题

第二次世界大战之后，在论及尊重人权问题时，总将其与国际和平相联系，开始呈现出以联合国为中心的人权国际化趋势。然而，虽然说人权问题呈现出国际化趋势，但是少数群体问题却从一开始便被封存起来。这是因为保护少数群体曾被德国利用作为其侵略行为的借口。出于这样痛苦的经历，在《联合国宪章》的起草过程中，所有的国家都对保护少数群体的内容表示了反对。特别是捷克斯洛伐克和波兰指出，德国人曾经把保护少数群体当作发动侵略战争的口实，因而对任何保护少数群体的规定都表示了反对。美英两国曾对别国的少数群体问题表示理解，但也主张只有这个问题不应作为联合国涉及的问题（Jackson Preece［1998］100-101）。后来也的确出现过要恢复少数群体权利的一些动向。例如，在《世界人权宣言》的起草过程中，苏联和南斯拉夫提出了关于少数群体的提案，但是大多数国家都表示了反对。美国和澳大利亚以保护少数群体会引起禁止同化政策为理由表示反对。法国和部分拉丁美洲国家以保护少数群体会助长其国内的不稳定状态为理由也表示了反对意见（Ryan［1990］165）。在最终形成的《世界人权宣言》中规定了所有的人民与国家"应达成的共同标准"，却完全没有涉及关于少数群体权利的内容。在该宣言发表的同一天，在世界人权大会全体会议的决议中对当时的情况进行了如实的记录，由于各国存在各自的特殊情况，对于这样复杂且敏感的问题很难采纳并通过一个单一的解决方案

第七章　作为国际问题的少数群体问题

（全体会议决议、A/RES/217（Ⅲ）C）。

在战后的国际社会中，成为国际化问题的人权问题其实是种族主义的歧视问题。为什么种族主义问题在战后会作为国际性问题快速浮现出来呢？这与二战所具有的强烈的种族主义战争这一侧面是有所关联的。正如联合国教科文组织宪章将战争的原因之一归结为种族主义，认为战争爆发的原因在于否定所谓"人的尊严、平等、相互尊重"的民主主义的原理，"出于无知与偏见，将人与人种不平等的观念进行推广"。这样，战后国际社会开始探求种族主义与战争之间的关联。于是为了消除种族主义，一方面通过尊重人权，另一方面通过普及教育和文化，并且通过文化交流，来努力寻求和平的基础。

种族主义问题原本是指种族灭绝问题、殖民主义以及人种歧视问题。以日耳曼民族优越思想的种族主义为由，德国对犹太人施加了令人毛骨悚然的暴行。当德国所犯下的无数暴行的证据被公之于众后，与种族主义的斗争自然成为人权问题的核心问题。在联合国大会第一次会议期间，大会立即将讨论的矛头指向了纳粹德国的暴虐行径，通过了"种族灭绝罪"的决议，认定种族灭绝是"文明世界所批判的、违背国际法的犯罪"行为（全体会议决议、A/RES/10396（1））。由于与种族问题相互关联，人种歧视问题也成为大会的议题，大会通过了反对"迫害与人种歧视"决议，要求即刻废除宗教以及种族主义的迫害与歧视（全体会议决议 A/RES/103（1））。

1948年12月，在《世界人权宣言》发布前一天通过了《防止及惩治种族灭绝罪公约》，这是在解决种族主义问题的过程取得的最初成果。公约禁止对人种集团、民族集团进行集体性杀害。但是在该公约的起草过程中，草案中原先写有的关于禁止进行意味着消灭少数群体的语言、宗教及文化的"文化性种族灭绝"的提案内容，最终没能写入正式公约中（Ryan［1990］161）。对于意味着少数群体的文化性存在的相关决议，国际社会依然表现得暧昧无力。

有色人种的联合

与种族灭绝问题一起,反殖民主义的问题和人种歧视问题也成为联合国的议题。这些问题在二战之前并没有成为国际性问题。之所以在二战后成为国际性问题,与战胜国的理想和现实之间差距过大有一定的关系。面对德国或日本发出的挑战,过去的那一场战争本应是一场"文明"的保卫战。但是战争结束后,战胜国越是对德国的种族主义问题进行讨论,就越发使得美国、英国的种族主义的现实变得扎眼。英国是一个殖民帝国,曾在南非、澳大利亚等人种歧视严重的国家进行殖民统治;法国是另一个仅次于英国的殖民帝国。美国国内也存在着歧视黑人的法律(《吉姆·克劳法》)、排日移民法等人种歧视制度。

于是,亚非各国展开了一场国际反种族主义的斗争,一方面提倡解放殖民地,另一方面则要求废除人种歧视制度。随着种族主义日益成为国际性问题,白人国家逐渐陷入窘境。当联合国将反种族主义的矛头指向德国过去的罪行时,这些国家的处境还尚可,但是正如P. G. 罗兰极为精妙地指出,白人国家对种族主义持续地进行批判其实正是他们在仔细端详着在镜中映出的自己的种族主义面貌。实际上,当与种族主义的战争打响之后,世界的目光便首先落在了美国对黑人歧视的问题上,世界开始关注包括非洲原住民、澳大利亚原住民、美国印第安人等原住民所蒙受的灭绝人种的黑暗过去。种族主义问题的国际化使得身为西方阵营盟主的美国威信大减,自由之国美国的软实力遭受极大的创伤。美国的领导人意识到这个问题,对此表现出深切的忧虑。正因如此,在联合国就人权问题和种族主义问题进行协商的场合,英美的代表都按照本国的指令,始终采取不作为的态度(Lauren [1988] 225-226)。

新的国际因素的出现使得种族主义问题转化成更复杂的国际问题,并推动美国成为殖民主义国家的支持者。这个新的国际因素就是冷战。苏联作为东方阵营的盟主，自俄国革命以来就是一个对种族主义问题和民族问题的极好的理解者，在冷战开始之时便成为解放殖民地运动的旗手。另一方面，美国则陷入一种复杂的境地。这个通过从殖民地独立建立起来的国家原本对殖民主义是持批判态度的，但是随着冷战的开始，美国需要做出选择。是将重点放在优先自由主义、民主主义的意识形态斗争上，还是将重点放在扼制共产主义扩张问题上。美国的选择也与殖民地统治问题相互发生着复杂的纠葛。当解放殖民地的曙光使得亚非各国进入了共产主义势力的影响下，美国就必须将殖民地保留在西欧帝国主义者的手中。在这样的情况下，美国开始明里暗里地支持欧洲帝国圈维持其在中东地区以及亚洲、非洲的各个地区的殖民地统治。

当白人国家逐渐出现退缩的趋势，有色人种则开始进行联合。尽管远在非洲的大部分地区依然处于殖民统治之下，尽管亚非相互之间距离遥远，但是第一次亚非首脑会议——万隆会议召开了，这是一个使亚非领导人联合起来的契机。印度尼西亚的苏加诺总统宣布了"人类历史上第一个有色人种的大陆间会议"——万隆会议的召开。他在大会宣言中做出以下的表述：亚非人民深知"殖民主义"是如何残忍，虽然亚非人民在宗教、人种和民族上是多样的，但通过"殖民主义"和"人种歧视"这样的共同命运而团结在一起。亚非人民将以"多样性中的统一"作为行动目标，在共同的历史体验的基础上联合起来（Abdulgani［1981］）。万隆会议的最终共同宣言对于在非洲广大区域内发生的人种隔离和人种歧视进行批判，同时对于世界各地人种歧视的牺牲者给予同情，伸出援助之手；还明确表示"决意消除一切现存的种族主义的痕迹"。①

万隆会议使亚洲人与非洲人的领导人之间产生了前所未有的连带感，充满了勇气。当然，事实上并不存在什么"亚洲人"或者

---

① Final Communique of the Asian-African Conference of Bandung, 24 April, 1955.

"非洲人"这样的人种或民族，但是殖民主义这种共同的历史体验唤起了他们之间的连带感，使得他们将世界各地处于殖民统治下的有色人种以及白色国家中被歧视的人们视为自己的同胞，有色人种开始出现了跨越国境的联合。于是，先是在亚洲各地，紧接着在非洲各地，殖民地不断取得独立，亚洲与非洲的连带也越发得到加强。进而反殖民主义的战争又与不结盟运动结合起来，反帝国主义的联合圈在全世界范围内扩散开来。

"白人国家"的历史性转变

反种族主义的斗争在开始之后的二十年里获得了两项重大的胜利。最初的胜利是在被世人称为"非洲之年"的 1960 年通过的《给予殖民地国家和人民独立宣言》。该宣言宣布无论其人民的发达程度高低，要迅速地、无条件地终结任何形态的殖民主义；规定人民的自决权是"所有人民自己决定其政治地位，自由追求其经济、社会以及文化发展"的权利（全体会议决议、A/RES/1514（XV））。该宣言是国际关系史上一个具有划时代意义的重要的国际共识。因为它意味着西欧国家承认了数世纪以来的"帝国主义游戏的终结"（Mayall［2000］20）。

反种族主义斗争取得的第二个胜利是在联合国成立二十年后的 1965 年 12 月，在联合国大会上全场一致通过了消除种族歧视的国际公约。这个公约同意消除所有的种族主义的惯常做法，为以白人优越为基础的种族主义的历史正式画上了句号。因此这也是一个具有划时代意义的国际共识。在公约的前言中有如下的表述："任何基于种族差别的种族优越学说在科学上均属错误"，"在道德上应予谴责，在社会上均属失平而招险"。而且"无论何地，理论上或实际上的种歧视均无可辩解"。这是从正面对种族主义进行的否定。在取得这样的胜利之前，在整个 20 世纪里有超过 5000 万的有色人种在殖民统治下被残忍地逼入死境。①

在取得这两项胜利之后的十年间，也就是从20世纪60年代中期到70年代中期的这十年间，种族主义问题大体上得到了解决。60年代南部非洲的南非种族隔离问题成为国际社会谴责的对象。1965年南罗得西亚的伊恩·史密斯政权发表了"罗得西亚"独立宣言。虽然这的确是一个殖民地试图取得独立的尝试，但是联合国安理会通过决议，指责这是一个由"人种歧视主义者的少数群体"发布的"独立宣言"，该政权是一个"非法的人种歧视少数群体政权"，要求所有联合国成员国都不予承认，同时呼吁不要对其进行任何支援（安理会决议、S/RES/216）。进而在1973年以社会主义国家和亚非各国为中心通过了《禁止并惩治种族隔离罪行国际公约》，公约规定种族隔离是"对人道主义的犯罪"。于是联合国将1973年定为"向种族主义及种族歧视进行战斗的第一个行动十年"的开始年，宣布同所有的种族主义、种族歧视进行斗争，反种族主义运动进入高潮。

面对着反种族主义运动的高潮，老牌的"白人国家"也无力抵抗，终于改变了以前种族歧视的积习。世界各地开始保护原住民权利，开始引入与少数群体共生的多元文化主义制度。例如加拿大于1962年废除了白人优先的移民政策，从20世纪60年代末至70年代，相继提出了双语政策、多元文化主义，开始与"白色加拿大"的种族主义进行诀别，从此走上了多元文化主义的道路（加藤［一九九〇］）。澳大利亚也开始告别多年以来的"白色澳大利亚政策"（白澳主义），于1967年修改联邦宪法，承认原住民澳洲土著的国民身份，并从70年代初期开始接收有色人种的移民（竹田［二〇〇〇］）。美国则在60年代中期开始实施公民权利法案，废除种族歧视。对阿拉斯加原住民进行土地的返还与补偿，恢复印第安人的权利，并于1965年废除了针对亚洲人的、具有种族歧视性质的移民

---

① Rudolph J. Rummel, "Exemplifying the Horror of European Colonization: Leopold's Congo," http://www.hawaii.edu/powerkills/Comm.7.1.03.HTM, 2008年1月22日访问。

法。1972年法国制定禁止种族歧视法案,禁止对特定的人种、民族、归属特定宗教的人进行歧视。英国也于1976年制定了禁止种族歧视的种族关系法案。

所谓多元文化主义是一种以与少数群体共生、共存为目标的社会政治制度,承认少数群体的权利,无论其是民族少数群体还是人种少数群体,都要与其共存共生。多元文化主义意味着同化政策发生了转换,事实上也意味着保护少数群体的斗争取得了胜利。过去对于向多元文化主义进行转变的认识多倾向于从国内少数群体的权利恢复或是国内社会运动取得的成果这样的角度来进行理解(油井・遠藤[一九九九]、初瀬[一九九六])。然而对于这样的变化方向,在20世纪60年代中期至70年代中期,白色国家同时平行出现的这些变化的背景来看,只有我们把这些放在一直以来反种族主义国际斗争的历史发展的语境中加以思考,才可以更好地把握和理解。

"解放"与"自决"的尽头

当白人国家开始迈上多元文化主义的道路之际,国际社会中又发生了一些不寻常的奇妙现象。过去曾向种族主义宣战的社会主义国家,或是从殖民地获得独立的国家,开始对其人民、少数群体采取了有组织的压制行为。政治学者R.J.拉梅尔将这种政权对普通公民进行的大规模屠杀、劳动、死于狱中等政治迫害行为定义为民众杀戮,估算自1900年以来至冷战末期,民众杀戮的牺牲者约有1.7亿(Rummel[1994])。从1945年对纳粹德国的大屠杀行为进行审判到冷战结束的这一段时间里竟然有超过8000万的人牺牲在那些曾经与种族主义斗争、要求民族解放的国家里。其中,仅二战结束后,在对特定人种或是民族的集体屠杀中的牺牲者就不少于2000万人。

从对民众进行杀戮的规模来看,苏联有6200万牺牲者,其中4000万人是在强制收容所死于非命。当联合国开始讨论殖民主义问

第七章 作为国际问题的少数群体问题

题之际,那些抵制苏联对东欧的控制的人被当作"民族主义者"而遭到镇压。20世纪70年代后半期柬埔寨的波尔·布特政权仅在四年间就有相当于其总人口三分之一的200万人被杀害。摆脱了法国殖民统治获得独立的越南有167万反共产主义者、朝鲜有166万人、南斯拉夫有107万人被杀害。在没有选择社会主义体制的其他亚非国家中,对本国人民也曾十分残酷。在巴基斯坦,以东巴基斯坦的孟加拉人为中心的150万人成为屠杀的牺牲品。曾经是反殖民主义旗手的印度尼西亚对于共产主义者以及试图从殖民地独立的东帝汶人进行了屠杀,有73万人成为牺牲品。缅甸有数十万人的少数民族群体被杀害。此外,在亚洲有库尔德人,在非洲有刚果的加丹加、尼日利亚的比夫拉等地,由于要求分离独立的运动多发,政府对于这些分离主义进行了毫不留情的镇压。国际社会对于这些处于危难之中的少数群体却没有一丝伸出援手之意。

究竟什么是"解放"? 什么是反种族主义斗争? 将这些残暴的行为归结为政治领导人的责任是很容易的,但那并不是对其根本原因进行的追索。可以认为,对于少数群体的镇压起源于一个"软弱国家"的国内政治结构。在刚刚取得独立的亚非各国,虽然殖民地时期的边境线被继承了下来,但在其领域中还没有形成国民的整体性。正因为如此,对国民进行整合成为这些国家最优先处理的课题,民族少数群体自不必说,分离独立的要求无论如何也是不能予以认可的。而且在很多的社会主义国家以及亚非国家中,在权利的正当性尚未得到确立之前就已经建立起独裁体制,所以向这样的国家体制发起挑战的政治异端者也就被镇压了(Holsti[1996]100-119)。

国际社会对于这样非人道的惨剧不得不选择旁观的态度,其中有两个国际性因素需要我们加以关注。一是将少数群体问题视为国内问题的国际规范。维护领土完整原则成为国际规范,意味着对于分离主义不予承认,意味着人民的自决权也成为国际规范。这样一个国家统治的方式全部由该国自己决定。而且在不干涉内政的规范之下，对于一个国家不民主的国内统治的方式，国际社会也无法过问（吉川［二〇〇四 a］）。第二个国际因素在于国际政治结构，在于比拼友好国家数量多少的国际政治结构。由于去殖民化的趋势，国家的数量激增，20 世纪 60 年代初，不结盟国家的总数已经超过了美苏各自拥有的同盟国的总数。处于相互对立的东西阵营之外的发展中国家成为两大阵营拉拢的对象。两大阵营认为只要是朋友，完全不在乎这个国家的统治方式如何，对于这些国家都通过提供战略军事援助或是开发援助的方式加以支持。人民的自决也在这样的国际政治结构中得到了加强（吉川［二〇〇七］八五-八七）。

三、少数群体问题与国际安全保障

少数群体政治权利的恢复

伴随着冷战的终结，民族主义主要在以欧洲的周边地区和非洲获得了蓬勃的发展，民族意识高涨，一度被封存起来的少数民族群体问题再次成为国际问题。原因之一是由于在民主化的"第三次浪潮"下独裁政权的重负被解除，少数群体的政治参与开始呈现出生机勃勃的景象。但是，其中具有决定性的原因是苏联和南斯拉夫这两个曾经极为热心推动自决与解放的国际斗争的国家由于民族叛乱而最终解体。这两个国家都分裂成多个以联邦共和国为单位的国家，这也就是实质上的民族自决。接着在科索沃、车臣以及其他地区未能得到满足的少数群体开始站出来要求民族自决，展开了民族对立的局面。

同时，民族自决也诞生出新的少数民族群体。在南斯拉夫有约 800 万人、苏联约有 6000 万人成为新的少数民族群体。少数民族群体对于在民族主义化如此激烈进行中的国家继续生活感到威胁，感到无法再居住在那里，于是开始进行民族大移动以回到自己的"故国"或是"故乡"。从苏联解体前的 1990 年开始，在十年间大约有

900万人参与了民族大迁移，其中以波罗的海三国以及被留在中亚的俄罗斯人向俄罗斯进行的迁移规模最大。在那些没有能够通过民族自决顺利地实现边境划分的区域，便引发了民族之间竞相扩大本民族领域范围的民族战争。在这些民族战争中有大量的难民流出，高峰时期的1995年间难民人数达到将近3000万，而且还产生出几乎同样数量的国内流离失所者。这不仅影响了难民接收国的稳定，同时也成为引发地区纷争的诱因。这样，民族问题再次成为国际问题。

外部压力刺激并动员着少数民族群体，使民族问题发展成为国际问题。民族主义的高涨使得"想象的共同体"在各地得到复活，正在向民族主义发展的国家或者希望能够提高邻国的本民族同胞的地位，或者想要向他们提供救济。于是，民族主义化国家、其周边国家的民族同胞少数群体以及少数群体的"所在（东道）国"之间的三角关系呈现出扭曲的状态，并屡屡成为引发国际纷争的原因（Brubaker［1995］）。例如，马其顿维护国外马其顿人的地位与权利，支援他们的文化发展，同时还将加强与国外马其顿人的合作的内容体现在宪法中（宪法第四十九条）。这样的做法导致邻国希腊对其产生不信任感，最终发展成为国际纷争。匈牙利政府提出了更进一步的政策。匈牙利是一个有1000万人口的国家，如果再加上在周边国家居住的300多万匈牙利族人，其人口便可扩大为1400万。匈牙利政府对于国外的匈牙利人给予准公民的权利，以期使他们跨越国境，形成"统一的匈牙利国民"。匈牙利政府的政策一经提出，便被罗马尼亚、斯洛文尼亚这些在国内拥有众多匈牙利人的国家批判为"大匈牙利主义"，最后发展成为国际纷争（家田［二〇〇四］）。

冷战结束后，少数民族群体跃然登上了国际政治的舞台。少数民族群体与民族所属国之间以及各地的海外流散者与民族所属国之间形成了民族网络。作为少数民族群体，流散犹太人通过在其居住国内进行的游说活动来强化与民族所属国之间的政治联系，而且散居在世界各地的犹太人也有可能对民族所属国提供经济上的援助。

同时，分散在各国的少数民族群体与流散犹太人之间也可能相互联系在一起。

事实上，冷战时期正是散居犹太人的受难期。在居住国，他们屡屡被当作是民族所属国的"第五纵队"，不得不自己采取同化的策略。从其民族所属国一方来看，生活在国外的他们是"背叛者""叛逃者"（Sheffer［2003］）。那么，20世纪80年代末之后为什么流散犹太人会急速地活跃起来，民族网络迅速扩大呢？其背景是国际环境具备了促使少数民族群体活跃起来的条件。世界各地的同化政策趋缓，同时加速发展的全球化推动着人员、物资以及资金移动的自由度不断提高，少数民族群体、流散者更容易形成与其民族所属国之间的网络。当然，技术的革新在这个网络的形成过程中也助了一臂之力。特别是互联网的普及，使得信息情报可以更廉价、更广泛同时更快速地进行传播，而且在本国与少数民族群体之间的电子汇款、电子商务也成为可能（Sheffer［2003］181-182）。结果增强了流散者、少数民族群体与其民族所属国之间对固有文化的共享以及感情上的共感，产生一种"想象的共同体"。这样，就如我们在波斯尼亚战争、纳戈尔诺-卡拉巴赫战争、科索沃战争以及非洲各地所爆发的战争中见到的那样，在民族网络支援下的战争中，在作为民族政治延伸而竞相扩大本集团领域的民族净化的"新型战争"中，无论是海外流散者，或是民族少数群体，都直接或间接地参与到战争中（Kaldor［2001］）。

少数群体保护体制的复活

波斯尼亚战争开始后不久，1992年6月，时任联合国书秘书长加利在《通往和平的课题》报告书中表明，主权国家的结构正在声势浩大地不断走向瓦解，对此加利表示了如下的担心："如果所有的人种、宗教或是语言集团都要求拥有国家地位，那么将无法阻止国家的分裂。"然后加利特别表示了对于少数群体的权利的担忧，"由于少数群体权利的延伸,必须加强对国家稳定的维护,还应提高少数群体的地位"(Boutros-Ghali[1992])。

提高少数群体的地位与维护国家稳定这两项内容是可以共举的吗?这先暂且不谈,曾经一度在少数群体问题上表现暧昧的联合国也终于开始着手保护少数群体。1992年10月,联合国大会通过了《少数群体权利宣言》,宣布要保护并促进少数群体的独特性。而且,不仅限于文化和宗教的权利、使用语言的权利,宣言中还提到了作为集体来参加官方活动的权利、参加关于决定少数群体地位与区域的政策的权利。甚至还规定了跨越国境,与别国的少数民族群体进行接触的权利。在其后的联合国的人权清单中,写入了少数群体的权利的相关内并固定下来。

特别是在保护少数民族群体的过程中,事实上,欧洲先于联合国走在了世界的最前面。欧洲在试图扩大少数民族群体的权利,并提高其地位。在欧洲安全与合作会议和欧洲安全与合作组织的决议中,将少数民族群体问题定位为国际关注的事项,禁止同化,决定为扩大其民族认同提供并完善环境与条件,并建议少数民族群体进行地方自治。决议还保障了少数群体可以离开国境进行相互交流,同时也可以加入NGO(Cumper and Wheatley[1999])。欧洲理事会于1994年通过了《欧洲少数民族保护框架公约》。此公约是关于少数群体权利的一个综合性文件,规定为了保持少数民族不可或缺的自我认同等各要素,要创造必要的条件,禁止"以同化为目的的政策或是习惯性做法",并且规定创造条件使少数民族可以参与到公共政策当中。

进而,保护少数民族群体的国际体制在欧洲得到了复活。相较于旧体制,新体制具有以下特色。第一,通过双边的善邻友好条约来规定对少数民族群体的权利进行保障是双方互相承担的义务。德国正是通过双边条约来规定保护少数民族群体的主力国家之一。这是因为,由于东西德的统一,德国与其周边国家之间同时在保加利亚、匈牙利、罗马尼亚之间不得不就德国边境再次进行确认。在德国人的民族主义高涨的情况下，对生活在其周边国家的德国人少数民族群体进行保护也变得十分非常迫切。所以，在德国的主导下，开始了德国与周边国家以及与中东欧国家之间进行包括保护少数民族群体在内的双边善邻友好条约的签订工作（Gal［1999］）。第二个特色是，完善了多边商议体制与预防纷争发生的监管体制。欧洲安全与合作组织将民主制度、人权、少数民族群体的领域规定为安全保障中的"人的方面"的安全问题，确立了包括军事安全与人员安全在内的安全保障观（吉川［一九九四］［二〇〇〇］）。而且还通过设立民族少数群体高级事务官、派遣驻当地代表团等措施建立起涉及整个欧洲的纷争预防体制。进而又补充签订了《东南欧稳定公约》这样的多边条约。该公约的目的主要在于保护中东欧各国的匈牙利人少数民族群体以及波罗的海各国的俄罗斯人少数民族群体并预防纷争的发生。该条约将中东欧各国与波罗的海九国之间倡导保护少数民族群体与尊重国境的五十个条约集合起来，并且附加了主张保护少数民族群体权利与尊重国境的政治宣言，东南欧的各个国家作为条约当事国加入公约，主要的国际组织与美国、俄罗斯、日本等区域以外的实力国家也作为当事国加入公约。公约的履行情况由欧洲安全与合作组织负责监督。

诚然，少数民族群体问题有时会成为引发民族纷争的火种，但在20世纪90年代后半期这一问题开始呈现出减少的趋势。T. R. 格尔认为原因在于国际社会采取的预防性外交在一定程度上取得了成功，再加上在相关国家的国内社会中多文化主义以及民族共生的民主制度的框架得到了完善，使得少数民族群体有可能参与到社会、政治中来，少数民族群体有可能通过和平方式来追求自身的集体权利（Gurr［2000］）。在贫困线上挣扎的亚洲、非洲的发展中国家反对将人权问题、民主化问题以及少数民族群体问题都放在国际政治这个层面上。而且在联合国预防纷争的解决过程中，在对保护责任进行规定的国际规范中，这些国家表现的都是阳奉阴违。因为在亚洲依然存在着关系到国家安全保障的内部威胁以及对地区安全的威胁（Anwar［2003］563-564）。

结　语

在整个20世纪中，作为国际问题的种族主义问题得到了大幅度的改善。所谓种族主义问题，对象是殖民主义和白人国家的人种歧视制度。所以可以说，当亚洲和非洲各国取得了独立、消灭了种族隔离政策后，作为国际问题的种族主义问题基本得到了解决。而所谓的种族主义问题的国际化，意味着面对自19世纪后半期以来向各欧美国家的帝国主义统治以及白人优越主义、人种歧视制度发起的挑战，正因为如此，欧美国家必定对此进行强烈的反抗。尽管如此，半个世纪以来这一问题得以解决。一方面，经历过残酷的殖民统治的有色人种与在白人国家处于人种歧视下的有色人种相互以一种同胞的身份联合起来，展开了全球规模的反种族主义的运动。同时，在这样的国际反种族主义运动的作用下，成功地建立起任何人都无法抵抗的、普遍的反种族主义国际规范，这对于消灭种族主义所起到的贡献也是不言自明的。

在民族自决方式下新国家不断诞生的过程中，或是在一些国家向民主化转型的过程中，民族少数群体问题发展成为国际问题。这一时期，国际社会都把民族主义盛行中的民族少数群体问题当作是一个国际安全保障问题来处理。第一次世界大战后，出于国际安全保障方面的要求，确立了对少数群体的国际保护体制。第二次世界大战后，由于认识到了保护少数群体对于国际安全保障而言其实是一种威胁，所以将这个问题封存起来。但是在冷战结束后，又是出于国际安全保障的要求，国际社会再次为保护少数群体而行动起来。

正是由于少数群体问题也会对国家安全保障构成威胁，在与种族主义进行过战斗、倡导殖民地解放和人民自决的那些国家，少数民族群体和政治异端者也遭到了镇压。当一个国家从殖民地统治中解放出来后,一旦拥有了领土,作为一个主权国家成为国际社会的一员,对于任何一个国家的政权来说,保护领土安全、维护政权稳定都是国家安全保障中最优先的课题。因为一个国家要保持民族国家、领土国家的尊严,若是其内部存在着向政权发起挑战的政治异端者和向领土发起挑战的少数民族群体,这都是无法容忍的。

我们无法预测少数民族群体问题将会朝着什么方向发展。当前同化政策遭到禁止,同时少数民族群体的权利正在不断地大幅扩大,维持民族国家的难度日益增加。今后,无论是民族国家,还是领土国家,少数民族群体权利的延伸都意味着国家将面临内部瓦解的危机。从这个意义上来看,特别是在国际一体化并不发达的亚洲、非洲,如果少数民族群体权利得到延伸、保护,能否既保障少数民族群体的安全,同时又维护国际政治体系的稳定呢?这一点是非常值得怀疑的。对以主权国家、领土国家以及民族国家为属性的欧洲国际政治体制的基本秩序而言,可以说少数民族群体问题的国际化以及国际保护的动向恰恰是埋下了足以动摇其根基的危险。

第八章　主权与欧洲一体化
——以主权的绝对性、不可分割性和永久性为中心

远藤乾[*]

引　言

尽管近些年来《欧洲宪法条约》遭遇了挫折，伴随着《里斯本条约》的通过，欧洲出现了一些混乱的局面，但是从长期来看，战后欧洲一体化得到了发展，这一点是毋庸置疑的。欧洲联盟（EU）以六国的欧洲煤钢共同体（ECSC）为开端发展而来，时至今日已拥有27个成员国，成为世界最大的贸易区，拥有欧元这个统一货币。欧洲联盟正在对世界标准的形成发挥着影响力，并且在各个地区进行中的和平构建产生着影响。对于这样的欧洲一体化的现象，尽管对其经验性的验证取得了很多成果，但是从理念上或是概念的观点出发对其进行的研究却少得让人感到意外，可以说几乎没有取得什么进展。

比如，在论及"主权的相对化"时，欧盟一定会被作为最佳的案例而提及。再者，欧盟还被认为是"主权共有""共同行使主权"的实验案例（作为典型，可参考鸭［一九九二］［一九九三］）而被论及。但是，与泛滥的欧盟专业用语相比，从原理上对于主权与欧

---

[*] 现任北海道大学大学院法学研究科、公共政策大学院教授。

盟的关系进行的探讨却并不多。即使存在着这样的研究，其中是否有能够从根本上颠覆主权论的成果，还是让人心存疑惑（参见 MacCormick［1999］；Weiler［1999］；Bellamy et al.［1995］等，这些都是饶有趣味的研究实例）。

试问，如果排除统一货币和特定多数表决这样的因素，我们是否还拥有确实的依据来帮助我们判断主权是否可以真的被相对化、被共有呢？曾被认为永久不变的主权真的消失了？主权的绝对性是否已经被"驯化"得不再危及其他了？曾被认为是不可分割的主权如今在欧洲到底存在于什么地方呢？尽管主权这一概念在其概念史上曾多次被宣告死亡或被宣告废除，但如果我们结合过去几个世纪以来的历史事实来看，就会惊讶地发现主权这一概念依然确实地存在着，所以今天我们再把它提出来是有意义的。

由此，本章将在阐明什么是主权论的同时，尝试从理念上推断衡量主权与欧盟之间的距离。①这项工作将帮助我们清楚地了解从长远意义上讲欧洲一体化是怎样对于主权论的核心产生影响的。

虽说如此，但主权论的有效范围却是极广泛的。例如从近年来的和平构筑理论中的国家重建的具体问题（篠田［二〇〇三］），到国际法中主权承认的历史与理论（广濑［二〇〇五］），以及厘清国民主权的成立及逻辑的政治思想史（Hinsley［1986］），再到以干涉作为象征性契机的后现代国际关系思想的内容（Weber［1995］），这其中存在着大量的对主权论的先行研究，其数量之多甚至让人感到为难。因此，我想预先对本章的中心内容做一限定：本章将按照思想史的语境，把关注点集中于被认为是主权的强韧性的源泉——主权的绝对性、不可分割性和永久性——这三个属性上进行探讨，通过阐明几种主权论的观点，来摸索其与现代欧洲的关联。我希望

---

① 与此题目密切相关的互补性原理在 Endo［2001］以及遠藤［二〇〇三］中有详尽的论述。本章对这些论文进行了部分引用，希望在此基础上能推动议论的重心朝着主权论的方向稍稍向前发展一些。关于主权的相关考证，也可以参考遠藤［二〇〇五］。

第八章 主权与欧洲一体化

借此能够为厘清欧洲一体化与主权之间的关系做些准备工作。

一、关于主权的强韧性

在那些既为人所熟知又已被人们广为接受的关于主权的见解中，许多都是来自于博丹、霍布斯、卢梭的观点，或者是从较为有争议的 C. 施密特等人的观点中得到了启示。在下面一节里将主要讨论这些思想家的相关论述，同时对主权的三个主要的要素——主权的绝对性、不可分割性、永久性展开分析。

主权的绝对性

众所周知，主权的绝对性属性是由博丹所提出的。博丹关于主权的定义是这样开始的："主权是国家绝对的且永续的权力。古代罗马人称之为'maiestas'，……即统治的最高权力。"（Bodin ［1986］179；英译本、1）关于主权的永久性的讨论将在后面展开，这里博丹首先关注的是立法权力是绝对的、无限的，借此指出主权可以随心所欲地制定法律、破坏法律，主权是超越法律的存在。在这个定义的背后，包含了博丹对于人与社会的最根本的观点：人拥有不同于神意的自由意志，所以未必能导致善。而社会是由父权家长制家族构成的。博丹将此二者结合起来，假想了一种所有的家族相互混战的混乱状态。为了控制这种混乱局面，与暴君放伐论的抵抗权理论相抗衡，博丹在关于主权的定义中将主权者与臣民区别开来，将主权者从制约中解放出来，从而确立起在观念层面上的绝对的权力（佐佐木［一九七三］）。

主权的绝对性这一命题通过霍布斯与卢梭两位理论家的加工变得更为牢不可破。对于尝试将人们从内战时代的无秩序中解放出来的霍布斯而言，主权的绝对性是建立在人们合理的预测与自由意志的基础上的（Tuck［1996］xxvi）。他们为了回避"所有人对所有人的战争"（Hobbes［1996］88；同时参见ホッブズ［一九九二］一卷、二一〇頁内容；本章中的译文为笔者自译，与日译版不同，以下同），保存自己而选择了放弃个人的权利。与博丹的观点相同，霍布斯也认为理想的统治形态是由国王进行的绝对的统治。但是与此同时，霍布斯从社会契约的观点对此加以补充，并引入了民主主义的契机。

卢梭认为人民是他们自己的主人，借此将民主的正统性赋予绝对的主权。通过卢梭式的社会契约论，更准确地说是通过"公意"这个极为神话性的概念，被统治者与统治者能够统一起来。人民通过遵守由自己制定的法律，将自己转变为基于古希腊城市国家模型下的完全的市民，从而获得了更高尚的道德与自由。卢梭在脑海中构想着这样的理想国，做出了如下的论述。"通过社会约定，政治体获得了对所有成员的绝对的权力。只有与此相同的权力才是被公意所指导的，如前所述被称之为主权"（Rousseau［1964］372；日译版，一三六）。

上述三位思想家都谈到了一个共同的主题，但是较他们更先一步进行论述的应该是马基雅维利。他将主权从善或恶的判断中解放出来，这是具有革命性的一步。之所以这样说是因为在马基雅维利之前，主权/至上权被认为是在神的意志下，是向善的，而马基雅维利打破了在他之前的这种主权观念。在他的基础上，博丹和霍布斯进一步指出，作为现世神的主权者承担了基本的安全保障，从本性上不可能犯错误。在此基础上，卢梭派所谓的主权者则成为由人民自身形成的、总是保持正确的"公意"主权者。而且，正是主权者具有这样的无谬性加强了主权者的绝对性，人民主权这一概念继承了这样的绝对性。

借用 E. 布特米的表述，"卢梭将启蒙思想家对神所抱有的观念应用于主权者。这个神也许无法实现你的任何愿望，但是神应该不希望有恶的存在"（Boutmy［1902］418, quoted in Schmitt［1985］46；日译版、六一）。正因如此，主权者不希望有恶的存在。西哀士

(Emmanuel Joseph Sieyès)将这个主权的概念应用于人民,于是很容易做出以下判断:"人民总是高洁的。国民在表达自己的愿望时无论使用什么样的方式,只要是国民所希望的,就足够了。无论是以什么样的外观都是可以的。但是,通常国民的意志就是最高的法律。"(quoted in Schmitt〔1985〕48;日译本、六四)这里我们将主权与善恶的关系再做一回顾。当主权与人民结合在一起时,任何时候主权都是"善"的。

与此同时,我们可以发现存在几个饶有趣味的变化。首先,在无谬的主权者得到确立的同时,"人民"(people)便成为抽象的概念(相似的观点可参考 Benoist〔1999〕107-108)。恰如卢梭的"公意"这个概念,伴随着安全价值被优先对待,人民这一概念便失去了更小的共同体所具有的具体性。这样的小共同体被认为会在意志形成的过程中产生不和与对立的局面。①因此,人民性这样的坚如磐石的概念受到人们的青睐。这使得"人民"与概念上均质的"国民"(nation)相等值。这与国民形成和民主化的实际过程也相一致。其次,通过这样的方式,"人民"这一概念在不知不觉间成为可数名词。即"个人=(一个)国民"与"个人的集合体=所有国民",二者既相互邻接,有时又相互冲突。

人民主权与国民自决的观念相互关联。由于人民主权的观念被广泛接受,所有这些国民(peoples)都具有主权性、绝对性。这一认识现在已是非常确定的。所以,即使主权的拥有者从王变为人民,从绝对性的观点来看,主权并未发生变化(Proudhon〔1982a〕148;日译本、五九,这一点将在后文论述)。"人民=国家主权"这一观念时至今日依然是占有统治地位的意识形态,所以在这种认识的作

---

① "为了很好地体现公意,在国家内部不能存在部分社会……"这句话很好地体现出卢梭对于中间团体的敌对心理。Rousseau〔1964〕372;日译本、一三六頁。

用下，甚至可以说主权的绝对性变得更加牢不可破。①

主权的不可分割性与不可共有性

主权所具有的绝对性与欧盟概念中的主权的相对化现象之间并不相称。同样，主权的共有或共同管理这样的说法也与主权的历史性概念并不吻合。之所以这样说，是由于至少在传统的表述中，一直认为主权是一体的、不可分的，不能与他人所共有的，无法在主权者所不能涉及的领域被共同管理的。博丹对于主权共有的可能性表现出特别的敏感。请参考以下引用的内容。

> 主权在两个当事者之间被任意玩弄。有时主权的主人是人民，有时君主又成为它的主人。这不仅与法或自然的理性相悖，而且相当荒唐。主权与绝对主权不可能同时存在（Bodin［1986］208-209）。

"拥有主权的君主，他最重要的大权，就是既可颁布一般法，也可颁布特别法。……在这一过程中，无论是比君主地位高的、地位相等的或是地位低的，君主都无须得到他们的同意。"博丹在明确指出以上内容后，又补充道"主权无法与臣民共有"（Bodin［1986］306，308）。一旦主权被分割，君主便不复是主权者了。

进而，博丹在否定主权的可共有性、强调其不可分割性时，将视线投向了古罗马之后的混合政体论（佐々木［一九七三］一一〇頁之后，以及［一九九八］）。在混合政体论中，立法权是由王、元老院（贵族）和民会（民众）所共有的，各自的构成主体、共同拥有主权上的各种不同的权限。然而，博丹打着回避混乱的旗帜，彻底地破坏了这个传统。这样博丹将主权集中于王，使主权成为无法与其他主体所共有的内容。

---

① 还可参考杉原［一九七一］的研究，尝试从不同的角度来区别人民主权与国民主权。

在后来霍布斯的理论中也可以看到对这种不可共有性展开的议论。霍布斯认为"原本就不存在可以共有的王国",认为(主权的)权威是"不可分割"的(Hobbes[1996]127-128;ホッブズ[一九九二]二卷,四六-四九)。与博丹相同,对于霍布斯而言,无论绝对主权的分裂具体指的是什么内容,都被认为是导致不稳定与内战的原因。

再有,卢梭所提出的"公意"的概念也与主权的绝对性的议论相同,强化了主权的不可分割性与不可共有性。如今掌握于人民自己手中的主权是不可能被剥夺或是让渡的。人民的分割不属于公意,是与特殊意志相关联的。因为所谓"公意"是出自于"一体不可分"的人民的。所以对于卢梭来说,对主权进行分割、共有是不可能的,也是不希望出现的。因此,卢梭得出了"一旦一个人产生了主权可分割的想法,那么这个人就已经犯错了"①的结论。

在这样的语境下,施密特被认为是 20 世纪中与主权相关的主要理论家之一。这里我们提到施密特,目的并不是要关注他与纳粹之间复杂的关系,也不是要对其理论构成中不断变化的敌人进行探究。②正如和仁所论及的一样,形成于 20 世纪初的施密特的主权论是以法国作为引证对照的基准的,当施密特将其适用于德国时经历了挫折,这成为 20 世纪 30 年代末被广泛议论的对象(和仁[一九九〇]三七九)。虽说如此,对于本论来说,重点并不在于施密特理论上的发展(或是挫折),而在于他在接近主权论本质时所提炼出的几个特性。

G. 施瓦布早在 20 世纪 60 年代就将施密特介绍到美国。据施瓦布的介绍,施密特"恢复了主权的人格性要素,并再次坚持认为主

---

① Rousseau[1964]370;日译版、一三三页。在卢梭的影响下,1791 年法国宪法中规定"主权是不可分割、不可侵犯的,其时效不会消失"(第三章第十一条)。

② 关于卡尔·施密特的生平及著作可以参考 Balakrishnan[2000],这是近来获得成功修复的优秀成果之一。但令人遗憾的是,与主权相关的内容并不是此书的主要课题。

权是不可分的"（Schwab［1985］xvi）。借用施密特自己的话来说，"所谓主权就是对例外情况做出决定的人"（Schmitt［1986］5；日译本、一一）。关于"例外情况"的性质，将在随后部分进行论述。这里请大家留意，施密特引入了决定者这样的具有具体人格的概念，从而使主权重新具有不可分割性这个无须质疑的性质。也就是说，卢梭从多数人群中提出的"公意"这一抽象概念，在施密特的定义中采取了与博丹和霍布斯相同的步调，被再次人格化。

主权的潜在性或永久性

不仅将主权再次人格化，施密特还值得从另一个重要的观点来进行论述。即主权的潜在性或潜伏性这一更具争论性的性质。

对于施密特而言，主权"不是一个实在的恰当的表达，而是公式，是记号，是标识"（Schmitt［1985］17；日译本、二六）。并且，"实际上的最高权力与法律上的最高权力相结合才是主权概念的根本问题"（Schmitt［1985］18；日译本、二六）。按照施密特的理论也就是说，特别是关于日常的问题而言，实际的权力是在主权者以外被行使的，这是极为普通的现象。这样，关注日常权力的行使这一问题的社会学领域的学者们很容易对于主权这一概念的妥当性提出质疑。

对于这样的倾向，施密特是这样论述的。"它（主权）是无限柔韧的，因此在实用方面根据不同的具体情况，有时具有无上的效力，有时全然没有价值"（Schmitt［1985］17；日译本、二六）。对此，他给出了极为巧妙的解释。即常态与例外情况之间的明确区别。在博丹对于主权的相当富有创造性的解释（Bodin［1986］295 ff.）基础上，施密特对主权概念进行了再定义，认为主权"不是日常生活琐事，而是关系到边界线"的问题（Schmitt［1985］5；日译本、一一）。接下来他进行了如下的表述。

关注于日常普通问题的法律学者大多不在意主权的概

念。……给例外赋予特征的，不是别的，正是无限制的权威，这意味着停止现在所有的秩序。在这样的情况下，显然法律退而成为背景，而国家得以留存。……在一般的常态下，决断的自律性契机被减少到最小限度。而与常态不同，在例外情况下规范遭到破坏（Schmitt［1985］12；日译本一九-二〇）。

这里，施密特式的主权的形象只有当人们认为发生了例外情况时才会跃然出现。援引施瓦布敏锐的评论，"主权者在平时处于所谓的打盹状态。然后当危机之际，即处于常态与例外情况的二者之间的境地时，主权者突然觉醒了"（Schwab［1970］50；日译本、七七）。

在这个主权者形象中，潜藏着一个重大的问题。即，当例外情况发生时，对常态进行控制的一般性框架便退到后边。这样，业已确立起的法律性的、规范性的言论或是惯行做法便失去力量。主权所具有的绝对性与不可分割性这两个特征，在平时是无法想象的，但正是在这样的情况下这两个特征才能得到最大程度的体现。

对于生活在日常状态、谈论常态的人们而言，这是一个非常严厉的警告。在施密特看来，例外情况是无法被包含其中的。①并且，就连是否恢复到常态也是由主权者来决定的。这也许提出了一个非常深刻的问题。这是因为，对如何定义什么是常态、什么是例外情

---

① H. 海勒认为，虽然在例外情况下，主权可以明确得到承认，但是不能被包含在内。他所引用的关于奥地利宪法与政府的案例在这一点上富有启发意义。1926 年奥地利面临着一场可能会导致中央银行破产的财政危机，奥地利政府在未与议会达成协议并且各种不同意见同时存在的情况下，为了预防，采取了紧急措施。这个案例之所以具有启示意义，是因为该宪法是由 H. 克尔森起草的。应该说克尔森实现了将施密特式的紧急条款从奥地利宪法中去除在外的想法。尽管如此，我们还是需要对紧急事态发生的时点给予关注。或许在宪法中，控制紧急事态并不能防止紧急事态的突然发生。Heller［1927］；日译版，请参考第五章。

况也是被主权者所掌控着的，别人无从参与其中。①

进而言之，博丹的定义中所包含的主权的另一个特征即永久性在这里得到了复苏。之所以这样说，是因为如果认为是否进入例外情况、是否回到一般状态都是由主权者来做出判断的话，那么例外情况会在什么时间以什么样的方式出现，这一点是不明确的。只要对是否存在这样的状态做出决断的是主权者，就永远都是主权式的思考。G. 弗罗因德（Freund）指出这个例外情况与主权的永久性，认为"'规范后退至背景'的例外情况是会永远存在的。因为这是无法预见的"（Freund［1965］125，着重点为作者所加）。

这样，当我们想起主权这一个概念时，便会想到一个绝对无谬且不可分割的主权概念。

二、共有主权论或可分主权论——阿尔色修斯与贝佐尔德

那么，主权是否还具有别的不同的存在方式呢？这里将以近代初期的两位思想家——J. 阿尔色修斯（1557—1638）与 C. 贝佐尔德（1577—1638）为线索来进行探讨。他们与 17 世纪初博丹的革命性的主权论相对抗，对其绝对性、不可分割性、不可共有性发起了挑战（关于 17 世纪的联邦主义思潮，参见 Riley［1976］；Eulau［1941］）。

阿尔色修斯的限定、共有型主权

阿尔色修斯是法学家、政治学家，同时也是位于德国北部的加尔文派的据点城市埃姆登的法律顾问。他在自 1604 年开始的长达三十多年的时间里担任法律顾问。在其历经数次大幅修订的主要著作《方法性分类且以圣俗诸事例说明的政治学》（以下称《政治学》，1603 年初版，1610 年、1614 年修订②）中，阿尔色修斯论说了各政

---

① "主权者不仅需要决定为了消除极为危险的紧急事态应该做什么，而且要决定（紧急事态）是否存在"（Schmit［1985］7；日译版、一三页）。

② Althusius［1995］. 本章的引用基于此英语抄译。

治体之间的多重互补性共存。他之所以提出这样的观点是出于两重考虑：一是为了加尔文派可以保全其相对于天主教的皇帝以及路德派的领邦邦主的城市的宗教、政治独立；二是为了使埃姆登这个最繁华的贸易港口城市可以在市政依附于普遍帝国的情况下，保持经济上的相互依存（Hueglin［1999］；也可参考柴田［二〇〇〇］）。

阿尔色修斯有意识地将博丹视为自己的论敌。他在自己的著作中称"不会为博丹所发出的叫喊声感到烦扰"（Althusius［1995］7），并对博丹的主权论进行了明确的否定，内容如下："所谓主权，并不是最高权力，永远都不是法律中存在的内容。若照实来说，在所有法律上的所谓绝对最高权力就是被称为暴政的东西"（Althusius［1995］71-72）。我们可以从中看到这里引入了发端于圣巴托罗缪大屠杀的暴政放伐说的政治理论的内容。相对于主权者的暴政，阿尔色修斯在理论上保留了行使抵抗权作为最终的手段。另外，从埃姆登所处的历史环境的观点出发，阿尔色修斯为了阻止联邦国家这样的政治体独占主权并将主权绝对化，对博丹的绝对主权论进行了对抗。

不过，由于阿尔色修斯的主权论中包含有与后来的卢梭的"不可分的人民主权"论相关联的要素，所以还带有不少复杂性。依据阿尔色修斯的观点，主权被认为是都市、联邦、地区等在普遍帝国内，作为一个整体而相互连带、得以保持的东西。

> 这个普遍的共生结合体的成员是数量众多的城市、联邦以及地区。这些成员通过相互联合、交流，通过相同意见自发组成单一的政治体。
>
> ……
>
> 这个主权的权利并不属于每个成员，而是属于相互关联的所有成员，同时属于该领域内联系在一起的结合体的全体。
>
> ……
>
> 人民，即在普遍帝国框架中被联系在一起的成员，共

同拥有确定主权权利的力量，同时被权利所约束（Althusius［1995］67，70）。

在他的理论体系中最为完整的政治体是普遍帝国，这是由城市、联邦、地区组成的政治体，而城市、联邦、地区又分别由各种各样的共同体（家族、行会、社团等）构成（Hueglin［1999］180）。阿尔色修斯所说的主权是以这些结合体（consociations）作为整体所拥有的主权。于是，当我们结合契约论的结构，提出人民确立了主权并被主权所约束这样的图式时，可以认为阿尔色修斯的理论领先于卢梭后来提出的人民主权论（福田［一九八五］）（诚然，尽管在是否以近代化的个人作为基础这一点上还存在着很大的分歧）。

这里我们不会讨论人民主权的是与非，应该注意的是阿尔色修斯认为主权建立起单一的政治体，主权属于其全体成员（人民）这一点。对于他来说，所谓主权是一种手段，城市、联邦、地区这样的帝国的构成主体，通过主权这一手段，在相同的领导者之下，作为单一政治体中集合在一起的人民，相互联系在一起（Althusius［1995］Chapter Ⅸ，§12）。在《政治学》一书的其他地方，阿尔色修斯也曾肯定性地引用了主张主权单一不可分的法学家的内容（Althusius［1995］Chapter Ⅸ，§19），因此可以说阿尔色修斯并不认为主权是可分割的（Hueglin［1999］5）。

然而这个单一不可分割的主权是可以共有的，尽管不是绝对的（即有限的主权）。如大家所见，阿尔色修斯认为主权应该在构成其主权体的社会内部所共有。他明确表示虽然主权本身是不可分割的，但在其执行阶段是有很多人参与其中的（Althusius［1995］Chapter Ⅸ，§19）。并且，在受到神法、自然法的制约的同时，主权权力还会"将所有对于和谐社会生活所必需且有益的事物进行交流"（Althusius［1995］17），也就是说它也受到相互依存理论的制约。他所谓的主权是由多元多层次组织起来的人民作为一个整体所拥有的带有限制的权力。

如果再进一步来说，阿尔色修斯的这个主权体是区域内多元复合的、有限的主权体，同时相对于区域外而言，预先设定了其可以作为一个具有领域的国家而采取行动。在这一点上应加以注意（Hueglin［1999］5）。

虽然阿尔色修斯的理论在很长一段时间里被忘却，不过在19世纪末至20世纪初这段时间又通过祁克（Gierke）得以复活，之后被英国的多元主义者所继承。在战争时期又为推翻向国家进行权力集中的观点提供了理论上的根据（参见遠藤［二〇〇七］、早川［二〇〇一］第一章）。而且，我们将在后面章节进行论述，近年来随着欧洲一体化的发展，可以发现有一些阿尔色修斯主义的学者，他们认为欧盟是一个主权性质的存在，从探索欧盟成为相对于美国的另一霸权的可能性（例如 Delsol［1998］、Benoist［1999］等）。其中，占有优势性的观点认为欧盟在其区域范围内形成了主权共有的政治体，但是相对于其他区域外国家而言，则是共同与区域外国家进行主权上的对峙。

贝佐尔德的可分割主权论

相对于博丹的绝对、不可分割的主权论，贝佐尔德提出了最为明确的反论（关于这一点，参见 Franklin［1991］298-328）。

贝佐尔德出生并成长于一个路德派家庭，后来改宗天主教，成为天主教的法学家、国家学学者。在图宾根大学法学部接受教育，并在当地以及因戈尔施塔特教书。之后曾连续担任七届图宾根大学校长；同时还担任皇帝以及符腾堡公爵的法律顾问。贝佐尔德精通罗马法与德意志法，对于阿拉伯语、希伯来语以及伊斯兰文化都有很高的造诣。自学生时代起与天文学家开普勒开始了持续一生的友谊。

曾被博丹所破坏的混合政体论为贝佐尔德的主权理论做出了贡献，同时混合政体论中主权的可分割性的命题这一点也为贝佐尔德的主权理论做出了贡献。与阿尔色修斯一样，贝佐尔德也曾经尝试从理论上为主权的共有做好理论奠基工作。他对当时德意志的政治体制、即神圣罗马帝国的现状试图进行更为近距离的理论体系的摸索，这也与阿尔色修斯的做法相同。他的理论建立在与博丹派的绝对主义的区别的基础之上，这一点是基本是没有异议的。

不过，阿尔色修斯的目标在于由人民作为一个整体来共有主权（这意味着人民主权论迈出了重要一步）。而贝佐尔德则认为主权是可以分割的。具体来说，贝佐尔德援引阿尔尼修斯（Henning Arnisaeus, ca. 1575-1636）的论述，对罗马之后的传统进行了（与同时代其他论者相比较而言）正确的解释，并在此基础上论证了在帝王、贵族、民众之间部分的主权是被分割、被分配的。贝佐尔德在其主要著作 *De reipublicae statumixto*（1626）一书中，一方面对阿尔色修斯的主权一体不可分割（地属于人民）的论述进行否定，主张主权是由构成混合政体的主体所分割的；另一方将阿尔色修斯关于混合政体暧昧不清的观点进一步地明晰，明确主张主权的分割与混合政体恰恰是互为表里的关系。正是在这个混合政体中，主权的诸权利才首次在王、贵族、民众（中的两个以上的主体）间进行分割、分配，才避免出现相同的主权权利属于不同的主体这种逻辑上的谬误；同时，这样才可以认为属于这些主体整体的主权才是至高无上的主权。①并且，主权的共有以及权利的分割并不一定是对主权的权利进行平等的分割，而是在王、贵族与民众三者之间，只有保证无论其中哪一方占据优势，都无须服从主体之一（例如王）的命令时，主权的共有以及主权权利的分割才得以成立。

J. 富兰克林对于博丹及其后的主权论留下了很多线索性的论述。借用他的话来说，贝佐尔德所展开的论述为"混合政体中主权的可分割性"提供了"最具有决定性的理论说明"（Franklin［1991］328）。

---

① 顺便提一下，上文对博丹的引用中"主权在两个当事者之间被任意玩弄。……相当荒唐"将二者偷换概念，视为同一。

三、主权解体论——按照蒲鲁东的理论

从另一个角度来看,阿尔色修斯和贝佐尔德并没有否定主权的存在以及主权的至高性。而 P. J. 蒲鲁东(1809—1865)则给出了与此完全不同的解答(关于以下的内容,参见遠藤[二〇〇三]第二節(四);也可参考柄谷[二〇〇六])。

如大家所知,蒲鲁东对于雅各宾式的中央集权和卢梭派的人民主权论都抱有一种近乎敌意的感情。让我们来回顾一下他对于(人民)主权做出的论述。

> 长期以来人民成为以自我为中心的君主制的牺牲者,人民希望通过宣布只有人民才是主权者来进行自我解救。但是,君主制是什么呢?是一个人的主权。民主制又是什么?是国民的或者说是国民的多数派的主权……毫无疑问,……这其中存在着进步。之所以这样说,是因为通过主权者人数的增加,增进了以理性代替意志的机会。但是,最终并没有发生统治的革命。之所以这样,是因为"所谓主权"的原则是相同的缘故(Proudhon[1982a] 148)。

这样,不管主权是君主的主权还是人民的主权,所谓的主权统治原则并没有什么改变。蒲鲁东对此进行批判,并且说,"我……期待着主权的解体"(Proudhon[1866] 217)。蒲鲁东理论的背景是,自法国大革命以来,雅各宾派提出人民主权和以此为反弹的国家集权占据了优势,蒲鲁东认为有必要对这样的情况加以抗衡。于是,便提出与 17 世纪的联邦主义者截然不同的见解,即主权自身的解体理论。

那么,主权的解体是如何进行的呢?

> ……按照新的(联邦或联合)协定,政治的主权、市民的权威、诸团体的影响力在地区、自治区以及其他单位

之间被分割、被整序、被调整。经过这一过程,联邦实质上便等同于自由。

单一不可分的古老的法律被废除。国家的各种各样的当事者就联合协定达成一致,其结果使得任何地方都成为政治中心,也就不存在政治的周边地区(Proudhon[1982c]197-198)。

社会契约是法学家创造出来的虚构。……在联邦制中,社会契约更是虚构。这是因为(社会契约)是现实制定的、具有效力的协定,经过实际的提案、讨论、表决通过,并定期地按照"家族的族长、自治区、州、地方或是国家这样的"协定缔约者的意思来进行修订的(Proudhon[1982b]318)。

对于蒲鲁东来说,单一不可分的主权应该通过地区、自治区(或是家族)等具体单位间的联邦或联合协定实现解体。国家作为协定的一个缔约者而保留下来,并不会灭绝。但是其独占性的主权会被剥夺。在主权解体的联邦制下,协定的缔约方会在未来很长时间内对协定进行多次的讨论、重新决策。

蒲鲁东认为只有在这样的联邦制下,个人才能重新获得"自由"。这一概念具有双重含义。一方面,当个人用于思考和行动的自律性空间被压缩,个人的人格就无法得以伸张。雅各宾主义假想出抽象的、一体不可分的人民,结果却导致集权国家的建立。蒲鲁东之所以反对雅各宾的主张,正是因为他认为这样侵害了这个意义上的"自由"。另一方面,原子化的个人如果不尝试自发地对具体社会做出贡献,这样,个人的人格也无法得到伸张。正因为如此,人们将家族、自治区、地方或是职能团体与抽象的国家相对置,要保护这些具体的中间团体。

这样的联邦主义后来被称为"全面联邦主义"。"全面"这个形容词表明,它不是从制度层面通过垂直的权力分立实现的联邦主义,而是意味着这个联邦主义还同时拥有包括人格主义在内的概括性的教义。于是，拥有这样的侧面的蒲鲁东不仅影响到后来的穆尼埃（Emmanuel Mounier）、德·鲁蒙日（Denis de Rougemont）、马克（Alexandre Marc）等人格主义思想家或联邦主义者，还对比利时前首相廷德曼斯（Leo Tindemans）、欧洲委员会前主席德洛尔（Jaeques Delors）这些直接关系到欧洲一体化的政治家也产生过莫大的影响。①

结　语

几个世纪以来，主权一直是世界秩序的构成原理，通过与民主主义的理论与惯行相结合，如今具备了压倒性的正统性。本章通过分析思想家博丹、霍布斯、卢梭、施密特等人的言论，探索了主权的强韧性在理念上的根源。然后通过对主权的三个属性——绝对性、不可分割性、永久性之间相互密切关联、互为补充的关系中来寻找主权强韧性的根源。

然而，在关于主权理念的历史上，还存在其他一些思想家，特别是在近代早期的阿尔色修斯、贝佐尔德尝试对博丹等人的主权属性提出了反论，他们提出了可以共有或分割的主权。特别是贝佐尔德让一度被博丹批判的混合政体论与主权分割论得以复活。这些都说明主权未必就是绝对不可分的。同样，蒲鲁东的主权解体论在对卢梭、雅各宾主义展开批判的同时，尝试着摧毁了人民主权论的结构。可以说，这些理论都是在当代讨论主权论时宝贵的思想财产。

参照这些学说，欧盟究竟位于怎样的位置呢？在这里，我想重新对三种模型进行思索，来代替我的回答。

---

①　从此观点来看，德洛尔的"国民国家联邦"这一概念是饶有趣味的。它以存在国民国家作为前提，把欧盟理解为对国民国家进行补充的联邦体。关于德洛尔的政治领导的一般内容，可以参考 Endo［1999］；也可以参考遠藤［一九九九］，书中对"国民国家联邦"的概念用日语进行了介绍。关于人格主义性质的联邦主义的系谱，可以参考 Roemheld［1990］；有关人格主义，还可参考ムーニエ［一九五三］。

如果按照博丹-施密特模式来思考，那么半个世纪以来欧盟的国家主权（包括货币一体化）经过一体化的过程，依然还处于一种深度的"打盹"状态中。换言之，尽管欧盟的制度化、规范化的过程已经相当深入，但当例外情况到来之时，欧盟的多元多层的秩序也许将恢复原状，被绝对的、一体不可分的主权国家所打破。当我们想起国家主义是如何根深蒂固，想起（例如德国的）宪法学中关于国民主权的讨论①时，从长远来看，上面的情况也许是无法彻底排除的。

　　此外，如果按照阿尔色修斯-贝佐尔德模式来进行组建，在欧盟的范围内，主权便由欧盟及其成员国、其他的单位作为一个整体来共有。相对于区域之外的主权体，欧盟作为一个主权体来与其他的主权体相对。在统一货币"欧元"的运营以及二氧化碳排放限制中，欧盟已经作为对外的一个政治体来应对（或是被认知），对内则形成了一个共有其一体化的权力与责任的体制。在这样的情况下，在域内，统治结构成为多元多层的结构，理念上发生了巨大的改变；相对于以主权国家体系为基轴的世界秩序整体而言，其理论上的意义却并不会过于重大。也就是说，主权体的数量从世界范围来说减少了，也许从实际意义来说形成了一个与美国对抗的霸权，但是尽管其存在方式更为多元化，但是主权本身依然被延续了下来的。②

　　另一方面，如果以蒲鲁东的思想来主导欧盟的话，无论是在成员国的层面上，还是在欧盟的层面上，主权将不复存在。诚然，欧盟的不同的政策部门在权能上表现得颇为不同，但欧盟很少作为政治上的单独个体而出现，而其成员国往往在行使权力时会受到制约。其结果使得欧盟及其成员国不仅在对内的场合，而且在对外的场合中也会出现权力或权限共有的局面。举一个具有象征性的事例来看，在与美国或日本进行常规的首脑会谈时，一定是由欧洲理事会主席

---

① 关于德国宪法学中围绕欧盟进行的两极化的论述，参见 Aziz［2001］。
② 同样的观点，可以参考 Bull［1977］266。

（轮任制，每半年轮换，由成员国之一的首脑担任）、理事会事务局秘书长（欧盟高级外交代表）以及欧洲委员会主席三人分别代表着各自的权限关系来与美日首脑进行会晤。在涉及贸易、货币、环境、军事等场合，根据不同的政策领域（有时在同样的领域中）随同出席的成员也会有所变化。另外在涉及文化、教育、旅游、投资等领域时，欧盟会退到后方，而地区的代表表现得更为重要。在这样的情形下，欧盟作为一个整体将会成为"多元可分的政治体"（遠藤［二〇〇二］），主权也将会被解体。如果按照这样思考下去，主权概念和主权对于以其为基轴的世界秩序的含义极为深远，不仅是在欧盟的区域范围内，而且对于相对而言的域外的行为体也会带来莫大的影响。

这样，很难认为围绕着主权概念展开的争论已得到解决。可以说，它的发展方向将会投射于人们对现代欧洲的理解之中。另一方面，在现代欧洲的一体化不断向前推进的同时，欧洲一体化反过来动摇了人们对于主权概念的一元式的理解方式，从而使得近代初期以来的主权相对化以及解体化的言论得到复苏。但无论是怎样的情形，欧洲一体化所带来的理念性的探讨依然还是大有探讨的余地的。

第九章 领土管理与国际秩序
——"新托管"提出的问题

山田哲也[*]

引 言

1992年联合国柬埔寨临时权力机构（UNTAC，以下简称驻柬机构）被派往柬埔寨。以此为契机，人们对于通过维持和平行动（PKO，以下简称维和行动）来进行的领土管理（临时统治）表现出高度的关注。此后，联合国还在东斯拉沃尼亚（1996—1998年）、科索沃（1999年至今）以及东帝汶（1999—2002年）地区实施了领土管理。最早由维和行动来实施的领土管理是将西伊里安（西巴布亚）由荷兰移交给印度尼西亚之际进行的（联合国临时行政机构[UNTEA]，1962—1963年）。以领土管理为目标而派遣维和部队并不是冷战结束后特有的现象。回溯历史，我们还可以看到由国际联盟实施的对但泽自由市的监管、对萨尔地区的代管等。这些在委任统治制度、国际托管制度下对于殖民地进行的国际管理都可以看作是由国际组织来进行领土管理的先例。另外，还有由联合国曾经计划对的里雅斯特、耶路撒冷进行的国际管理，尽管这些至今并未付诸实践。此外，还有《代顿协议》后波斯尼亚和黑塞哥维那的"高级代表"（High Representative）、由美国和英国组成的伊拉克的"临

---

[*] 现任南山大学综合政策学部教授。

时中央政府"(Central Provisional Authority),这些都是在争端后以构建社会的民主统治机构为目的而产生的。从这个意义上来说,这些行动也可以被同样视为领土管理。

有学者指出,从国际组织法的观点来看,以领土管理为任务的维和行动与传统的维和行动一样,应该在得到接收当事国(方)的同意后派遣前往,而不应该包含有"强制"(coercion)的要素(山田[二〇〇五 a])。不同于上面从法律角度进行的考察,还有学者从国际政治学的立场对此进行了各种各样的考察。其中,卡普兰(Caplan [2002])对柬埔寨之后的相关事例进行了研究,通过将其与"托管"(trusteeship)"保护地"(protectorate)类推与比较来进行探讨。卡普兰引入这样的研究视点,在众多的研究中是比较有特点的。

当然在这里我们也许可以简单地说,联合国的领土管理最终都是安全理事会为了维护国际和平与安全的目的而开展的行动,托管或保护地这样的标签也不过是一种比喻的形式。但是另一方面,我们看到有不少研究指出,通过包括领土管理在内的各种应对国内纷争的手段,干涉内政在国际政治中的复活使得国际秩序也在发生着变化(例如吉川[二〇〇四 b]以及石田[二〇〇七 b])。如果按照这样的思维方式,那么单纯来判断领土管理是指托管还是指保护地这样二选一的问题其实并没有什么实际意义。一般来说在构筑和平的过程中,对于纷争后的国家(地区)而言,或者是将以人权、民主主义为代表的一定的国内统治原理的内容——菜单化,然后通过外部的支援来帮助达到和平的目的;或者是在当地设立、培养当地的统治机构以实现当地通过自己的力量来实现和平的目的。当我们把领土管理作为主题来思考时,应该关注的是以上的领土管理的目的与主权平等、不干涉内政等国家关系的基本规范之间有着怎样的关联?或者说,二者之间是否能够整合?特别是在领土管理过程中,介入一方(主要是联合国)被赋予了强大的权限,尽管行动开始时本身是合法的,但行动在本质上却是极具干涉性的,于是便随之产生了行动是否缺乏规范正当性这样的问题(山田〔二〇〇五b〕)。

　　冷战结束后,以非洲为代表,在世界各地的不少国家都发生了国内纷争。以上问题的出现与这样的国际局势有着很深的联系。冷战后各国出现国内纷争的原因是多种多样的,其中有一种纷争是在所谓的失败国家或崩溃国家(即一个国家无法履行其作为国家的基本功能)中发生的纷争。要解决这样的纷争,不仅需要停止战争状态,还需要恢复和重建其国家功能。但是,这些国家之所以会产生纷争,就是因为国家的功能不健全,即使还保留了类似政府的机构,也不能期待可以依靠它们自身的力量来进行恢复和重建,而不得不由联合国深深地参与其中。另外,非洲地区是公认的失败国家型纷争的多发地区。这一地区曾经处于欧洲各国的殖民统治之下,多数国家在 20 世纪 50 至 60 年代获得了独立。对于这样的失败国家来说,即使是为了重新培育统治能力,也有必要由国际社会来暂时地代行统治功能。赫尔曼和拉特纳(Helman and Ratner〔1992〕)等指出,新托管统治正是基于这样一种对现状的认识基础之上,以救济失败国家为目的而进行的"国际社会的监护"。这其中潜藏着一种引人思考的契机,"国际社会的监护"这种参与方式是不是 19 世纪式的,以欧洲为中心的"文明、野蛮、未开化"国际秩序的卷土重来呢?这些做法与《联合国宪章》之间,与通过非殖民地过程建立起来的主权平等原则、不干涉内政原则之间以及与人民自决基础上确立起的禁止殖民地原则之间所形成的冲突,毫无疑问都成为问题的所在。

　　由于篇幅所限,本章不会对个别案例的具体细节进行深入的探讨,而主要讨论在怎样的背景下,领土管理被贴上托管统治的标签,以及这样的背景包含了怎样的意义。

一、领土管理的实例与论点

领土管理的谱系与类型

R. 怀尔德将国际联盟之后的领土管理分为两大类：一类是在但泽、萨尔进行的"要冲地管理"，另一类是像委任统治制度这样的"对殖民地的国际管理"（Wilde［2001］）。众所周知，第一次世界大战之后的领土管理是以一战的战败国（德国、土耳其等）的领土或殖民地作为管理对象的，而对于战胜国一方所拥有的殖民地则采取了不闻不问的态度。与此相同，在第二次世界大战后联合国的国际托管统治制度的对象除了原来的委任统治地之外，又增加了"因第二次世界大战结果或自敌国割离之领土"（《联合国宪章》第七十七条第一项 b）。此外，虽然并未实际进行，但是联合国曾计划在的里雅斯特、耶路撒冷进行的国际化管理，如按照怀尔德的分类方法，应该归作"要冲地管理"这一类。与此相对而言，在冷战后进行的领土管理中，由联合国负责实施的是通过维和行动在纷争后的国家进行和平构筑行动，可以说"并不是代表个别国家、以其利害为目的开展的行动，而是代表国际社会的行动"（Stahn［2001］）。也就是说，至少可以认为由联合国实施的领土管理是基于安理会的基本权限基础之上的。根据《联合国宪章》规定，负责维护国际和平与安全的主要责任由安理会来承担。

虽然如此，根据每个案例的不同，这些以构建和平为目的的领土管理行动的背景也有所不同。在柬埔寨进行的领土管理案例中，柬埔寨经过长年内战，于 1991 年 10 月 23 日签署通过了《柬埔寨冲突全面政治解决协定》（《巴黎协定》）。根据协定，联合国以实施大选为目的向柬埔寨派遣驻柬机构（1992 年 2 月 28 日安理会 745 号决议）。此次派遣所采取的形式是，由西哈努克担任主席的最高国民评议会发出"邀请"，联合国应此邀请派遣驻柬机构前往。此外，安理会745号决议中并未提及《联合国宪章》第七章的内容，所以此次行动可以归为传统的维和行动一类。

另一方面，自联合国向东斯拉沃尼亚派遣联合国东斯拉沃尼亚、巴拉尼亚和西锡米尔乌姆过渡行政当局（UNTEAS，以下简称东斯过渡当局）以后，在安理会的决议中开始提及《联合国宪章》第七章的内容。但是需要注意的是，这并不是为了给领土管理行动提供法律上的依据。关于东斯过渡当局以及向科索沃派遣的科索沃特派团行动中，提及《联合国宪章》第七章的内容仅仅是为了确保维和部队人员的安全与移动之自由（1996年1月15日安理会1037号决议以及1999年6月10日安理会1244号决议）。但是在向东帝汶派出的东帝汶过渡行政当局中并没有附加以上的限定条件（1999年10月25日安理会1272号决议）。从以上的案例我们可以清楚地了解，领土管理行动与《联合国宪章》第七章的内容之间并没有必然的联系，宪章内容是否会被提及以及提及范围的大小是根据争端的具体情况而定的。同时还应注意到，在东帝汶的案例中，应该考虑到此次行动在形式上采取的是从"基于第七章设置的 INTERFET（向东帝汶派遣的国际维和部队——引用者注）"向过渡当局进行移交的形式。与此同时，为了延续其授权范围，还需要从法律程序上认可超越自卫范围的使用武力的行为（酒井［二〇〇〇］）。

同时，从法律地位或是领土管理的目的来看，这些成为领土管理对象的地区也存在着微妙的差别。柬埔寨是加入了联合国的主权国家，驻柬机构是以确保《巴黎协定》为目的而派遣的。而东斯过渡当局的目的与此不同。在南斯拉夫纷争中，根据《代顿协议》在克罗地亚国内设置成立了塞族自治区（塞尔维亚克拉伊纳共和国），东斯过渡当局的目的是在塞族自治区再次回到克罗地亚的这一过渡期间为了维持当地的治安、实现文官控制而派遣的。安理会1037号决议中"强调"塞族自治区的领土是"克罗地亚不可分割的一部分"（前言第三项），借此明确表明东斯过渡当局实施的统治是临时性的，其任务最终于 1998 年 1 月 15 日完成。与此对照而言，东帝汶过渡行政当局是以在东帝汶建立独立国家为目的而派出的。不过，依据 1960 年联合国 1541 号决议，东帝汶被指定为非自治地区，虽然自 1974 年以后东帝汶一直处于印度尼西亚的统治之下，但是基本上可以认为东帝汶过渡行政当局承担的任务是帮助其完成摆脱殖民地的独立进程。

在东斯过渡当局与东帝汶过渡行政当局的案例中，在行动之初对于相关的对象领土的未来地位与派遣目的就是非常明确的。与此相对，在科索沃特派团的案例中，从安理会决议来看对于科索沃未来的地位并没有做出明确的规定。在安理会 1244 号决议第 11 项中规定，在科索沃的国际地位、国内地位得到"最终确定期间，为了促进在科索沃创设实施实质性的统治（autonomy）和自我统治（self-government）"，科索沃特派团最为重要的任务就是"实施基本的行政职能"。从 1999 年之前科索沃问题的发展经过到派遣科索沃特派团，再到 2007 年 3 月阿赫蒂萨里提交《联合国秘书长特使关于科索沃未来地位的报告书》（阿赫蒂萨里提案），在整个过程中围绕着科索沃的独立问题，不仅在多数派阿尔巴尼亚居民与少数派阿塞拜疆居民之间存在着意见对立，而且还可以看到欧美各国、塞尔维亚共和国以及俄罗斯之间也存在着严重的意见对立。最终科索沃临时自治政府于 2008 年 2 月 17 日单方面宣布独立，塞尔维亚共和国和俄罗斯则表示此独立宣言无效，认为此做法违反了安理会 1244 号决议，对此表示谴责。而欧美的主要国家以及日本业已承认科索沃的国家地位。所以从这个层面上来讲，应该说科索沃特派团的作用与东帝汶过渡行政当局同样都是为新国家的建设进程提供支援，二者可以归纳为同一类型。但是，在塞尔维亚和俄罗斯的强烈反对之下，可以预想围绕科索沃未来的国际地位问题，包括加入联合国问题在内，今后的道路将是非常曲折的。很显然，围绕科索沃独立，除了对由科索沃特派团实施的领土管理进行探讨之外，从国际法的角度还有值得讨论的内容。但是这超出了本章关注的范围，所以在此不深入展开（山田［二〇〇九］）。

以上，我们虽然只是对冷战后的案例进行了大致的梳理，但是可以明确的一点是，领土管理在法律依据、领土的地位、最终目的等方面呈现出多样的内容。这些具体的情况对于整个国际秩序会产生怎样的影响？应该如何对此问题进行概括性的探讨，这是一个让人感到十分棘手的问题。更何况，甚至还可能有人会提出，追溯历史来进行探讨究竟具有多大的意义？在被称为领土管理的行动中，最根本的问题点是什么？另外，在冷战后的国际社会中，领土管理的实施与国际秩序的变动以及国家主权的变化之间有着怎样的联系？对以上问题将另稿进行讨论。

批判性视角下的领土管理

从驻柬机构派出后，我们看到维和行动在民生方面也发挥着作用，维和行动的作用更加多样化。为了与原来的维和行动相对照、相区别，也有人将这样的行动称为"第二代维和行动"。对于这样的划分方法，有学者从维和行动研究的角度进行了批判（香西［二〇〇〇］）。当然这并不是要从维和行动研究的观点来对以领土管理为目的的维和行动进行的研究加以否定。其实，对维和行动实施的领土管理在冲突后的构建和平过程中是否有效进行探讨，对于探讨联合国在"维护及恢复国际安全"问题上所发挥作用的有效性与妥当性来说，是十分必要的工作。另一方面，如果将领土管理放在维和行动研究的语境中，仅仅贴上一个"第×代"的标签并不充分。这是因为，正如在东帝汶、科索沃的案例中看到的那样，领土管理的目的不仅是在冲突纷争之后进行维持和平或构建和平工作，还深入参与到作为国际秩序的基本单位的主权国家的建设之中。与此相关，怀尔德将领土管理放在"第二代维和行动"或是"任务的变化、多样化、复杂化"的语境下，认为以领土管理为任务的维和行动与传统维和行动相比是一种进步。但是他还认为,这样的说法其中还暗含着这些行动以及联合国的作用是否具有正当性的问题(Wilde［2004］)。联合国通过维和行动参与到新的国家的诞生过程中,这样的做法是否具有正当性呢?怀尔德正是因为担心上述的问题可能会淹没在对维和行动本身是否具有正当性进行的讨论之中,所以才提出这样的批判。于是他提出应该从正面、从规范性上来探讨领土管理的正当性问题。

在此,我想明确指出由联合国进行的领土管理的"正当性"包含着两个层面的意义。第一,与联合国来实施进行相伴存在的正当性,即和谐的多边主义所具有的正当性。毫无疑问,与过去"帝国对殖民地的统治"以及"英美对伊拉克的占领"相比较,基于安理会决议的、由维和行动来实施的领土管理更具有正当性。当然,关于1999年北约对南斯拉夫进行的空袭以及2003年美国对伊拉克的袭击这些使用武力的做法,并不存在明确的安理会决议。只是最终经过努力,终于就之后的领土管理及复兴支援问题通过了相关的安理会决议而已。因此,通过联合国体现的多边主义的正当性也并不是绝对的,也许仅仅是这样的做法比单方面的统治、占领更容易得到国际社会的支持(无论是否具有正当性,维和行动需要安理会的决议)。

与这样的非单边主义介入的正当性问题不同,从另一个层面上看也存在着正当性的问题,那就是联合国实施的领土管理是否是有效的构建和平的手段,是否符合当地居民的利益这一层面上的正当性问题。也就是说,当存在着多个可以达成特定目的的手段时,如果采取的手段不是更为有效,即使选择手段在程序上是合法的,而且是非单边主义手段,在没有达到所期望的结果时,就可能会影响到在手段选择过程中的正当性。S. 切斯特曼将维和行动进行的领土管理命名为"由外部势力进行的仁慈的专制"。他通过案例研究得出结论认为,参照国家建设的目标来看,领土管理缺乏作为手段上的一贯性，没有得到充分的实施，未能得到预期的结果（Chesterman［2004a］）。此外，W. 贝恩也断言，由国际组织进行的领土管理与基于"文明化使命"的"帝国的殖民地统治"是一样的。他批判说："无论（领土管理）是多么富有启蒙性，或是源于怎样的善意，其本质上都属于帝国式的行动方式，所以无法与帝国式的过去撇清关系。"（Bain［2003］）不管是切斯特曼，还是贝恩，都指出领土管理是由外部参与的国家建设，认为领土管理具有与托管相类似的特点。二人在这一点上观点是相同的。不同的是，贝恩强调领土管理的帝国主义性格，并对此展开批判；与此相对，切斯特曼在其他研究中给领土管理赋予"假想式托管"的名称，认为在殖民主义的语境下的托管与领土管理之间是存在差别的（Chesterman［2004b］）。

如开头所述，如果领土管理是在该地区主权国家同意的基础上实施的话，那么它就是合法的行动。尽管如此，在内战后的国家重建（柬埔寨、东斯拉沃尼亚）、非殖民地化后的国家建设（东帝汶）以及在搁置国家未来的国际地位而建立临时自治（科索沃）的情况下，针对以上各个国家的统治制度，外部势力行使的权限远远凌驾于当地的、正在成立中的统治机构的权限之上。从这个意义上来讲，只要领土管理具有强权性的一面，就需要针对外部势力参与的正当性、外部势力行使权限的正当性等问题从规范性的角度展开讨论。这样的讨论论点是领土管理的目的。一方面，领土管理的目的在于"维护国际和平与安全"，这关系到整体的国际秩序；另一方面，领土管理的另一个目的是在对象地区"建立国内秩序"，只有当地的居民才是最终的受益者。虽然这两个目的之间并不总是处于对立的状态，但是要使两个目的都得以实现却是非常困难的。从科索沃问题的发展中便可清楚地看到这一点——不仅没能在以阿尔巴尼亚族占多数的当地居民与塞尔维亚共和国之间达成妥协，还使欧美各国与俄罗斯形成了对立局面。

二、国家的形成与国际秩序

在此,让我们重新再思考一下原理性问题。无论是在国际法学之中,还是在国际政治学中,领土国家都被认为是主要行为体。一般认为,作为主权国家的领土国家相互之间拥有平等的地位,以互不干涉内政为基本规范的国际社会是由领土国家组成的。另一方面,这样的领土主权国家并不是自然形成的,而是通过国际法上的国家承认制度,从一个单纯的事实上的存在转变成为法律上的行为主体。此外,暂且不论通过在欧洲以外的地区先占取得和实际控制来扩大一个国家的领土的做法,一般来说,在新的国家成立之际,多半都会伴随着分离或割让、合并等使既有国家的部分领土丧失的情况。而且在多数情况下,在这一过程中会发生国际性的武力冲突。换言之,国际秩序的前提是领土国家,而领土国家的成立及其变动正是国际秩序变动的结果。同时,包括大战后的和谈在内,大国的参与都是领土秩序发生变动的契机。在这种情况下形成的并不一定是一个独立的国家,或许是一个在以大国为中心的、在各国保护与监督下的领土团体,这样的情形并不少见。

例如,作为欧洲协调的成果,既有1827年希腊独立和1831年比利时独立相继得到承认,也有像1815年成立的克拉科夫自由市这样的被置于列强势力下的国际监督环境中的案例。伊迪特将克拉科夫作为"国际化领土"的先例(Ydit[1961]),我们可以将伊迪特的见解作为本章主题所论及的由国际组织进行领土管理问题的起源。另外,第一次世界大战后,根据《凡尔赛条约》第100条规定,但泽自由市成为处于国际联盟保护之下的领土区域,这是威尔逊总统创造出的特殊的领土团体。威尔逊总统在"十四条"中极力倡导波兰人建立自己的国家、寻求出海口。而与此同时,但泽居民的大半都是德国人。为了避免将其直接划入波兰领土带来的政治上的风险,才设立了但泽自由市这样的特殊的领土团体。同样,萨尔地区也是如此。为了确保德国履行对法赔偿，以十五年为期限，将萨尔置于由国际联盟下设的施政委员会的管理之下。威尔逊考虑到如果将阿尔萨斯-洛林地区这个长年以来德法之间领土割让的对象再次割让给法国的话，会与民族自决原则有所抵触，因而提出这样的解决方法。

在克拉科夫自由市担任监督的是奥地利、普鲁士以及俄罗斯。与此相对，在但泽自由市以及萨尔地区实施的是国际性保证与监督，担任保证、监督的是基于条约设置成立的国际组织——国际联盟，可以说是双重国际化。尽管如此，如果按照前面提到的怀尔德的分类方式，那么这些案例应该属于"要冲地管理"。第一次世界大战后的国际秩序的重组过程依然是在战胜国的主导下进行的。可以说，欧洲的这些经验与今天的科索沃、波黑地区的领土管理有着相同的内容。

另一种类型是"殖民地国际化管理"，具体的情况又是怎样的呢？

最早的"殖民地国际化管理"始于国际联盟下的托管制度。《国际联盟盟约》第二十二条第一项中规定"殖民地及领土于此次战争之后不复属于从前统治该地之各国"，对于这些地区的居民，要以谋求"此等人民的福利及发展为文明之神圣任务"，在这些地区负责施政的国家有义务向国际联盟进行报告。虽然成为委任统治制度的对象国家和地区都是战败国的殖民地，而且针对所谓的第三等委任统治地（《国际联盟盟约》第二十二条第六项）规定，（委任统治地）"最宜受治于受委任国法律之下，作为其领土之一部分"，就是事实上与受委任国进行合并。与其说这样的做法促进了该地区的非殖民化的过程，其实正如贝恩的批判，无法否定委任统治具有"神圣的伪善"的一面（Bain［2003］）。然而，正如 N. 马兹所指出的，国际联盟的活动仅在二十几年内便宣告终结，如果其继续存续下来的话，在这些第三等委任统治地中也许会出现最终实现独立的地区（Matz［2005］）。从这个意义上来讲，过分强调委任统治制度的伪善性也许有失公平。其实，如桐山［二〇〇六］所指出的那样，"作为一种意识形态，（委任统治）披上了为谋求原住民的福利与发展之目的的外衣"。也就是说，在描述委任统治制度的特征时，桐山引入了"'坏的殖民主义'与'好的殖民主义'来加以区别"。

委任统治制度后来被联合国下设的国际托管制度承续。这一制度原本就是把已处于委任统治之下的领土以及第二次世界大战的战败国所拥有的殖民地作为对象，对于同盟国一方的殖民地则只是将其作为非自治领土（同第十一章）来处理。而对于托管统治地区，则以"（增进其）趋向自治或独立之逐渐发展"为目标，明确把自治或独立树立成为桐山所说的"好的殖民主义"的最终目标。之后，1960 年联合国发布《关于准许殖民地国家及民族独立的宣言》（联合国大会 1514 号决议），象征着在第二次世界大战后的非殖民地化的过程中，不再将国际托管地与非自治领土区别对待。认为"各民族所受异族奴役、统治与剥削，乃系否定基本人权"（宣言第一项），所以倡导"所有民族均有自决权，且凭此权利自由决定其政治地位"（宣言第二项）。之后，作为人民（民族）权利的自决权与作为国家权利的不干涉内政原则被视为相同的内容，甚至有将二者混为一谈的倾向。可以说，1970 年通过的《友好关系原则宣言》（联合国大会 2625 号决议）就是一个这样的例子。宣言中规定，"任何国家均有选择其政治、经济、社会及文化制度之不可转让之权利，不受他国任何形式之干涉"（着重号为引用者所加）。自决权作为人民权利，成为否定帝国式国际秩序的依据，成为基本人权。在不干涉内政原则的作用下，新兴国家的国内秩序处于无人问津的状态。吉川［二〇〇七］指出，在确保独立后不久的弱小国家的生存这个意义层面上，强调自决权、不干涉内政原则以及主权平等的规范虽然具有一定的意义，但结果却使得（这些国家的）个人的权利及安全未能得到足够的关注。

对此，贝恩强调人民（民族）自决权在 20 世纪 60 年代所起的作用，指出通过彻底落实自决权，殖民地获得了独立，产生了很多新兴独立国家。贝恩把如何确保这些国家在国与国关系层面上的国际秩序中得到平等地位作为其论述的最高命题。他的论述最终必定会发展成为国家层面上的彻底的平等主义。即各新兴独立国家中即使出现了危及个人的生命、财产、尊严的事态，也绝对不允许外部势力的任何干涉，就算是救济、缓解和、调整也属于干涉，都是不被允许的。应该说，在准许殖民地独立宣言中规定的"不得以政治、经济、社会以及教育方面准备不足作为延迟独立的借口"之内容，将彻底否定"好的殖民主义"所期望的"原住民的福利与发展"的目标。也就是说，正如桐山［二〇〇六］所提示的那样，委任统治制度下导入的"治理问题"将在这些过去曾是殖民地的新兴独立国家的国家建设的背景下，淡出人们的视野。

三、主权国家与治理理论

失败国家的产生

前面提到，冷战后的国际社会开始对于失败国家产生的问题表现得越来越关注。同时，多数失败国家都曾经摆脱了殖民统治，主张强调主权平等与不干涉内政原则。本来，对于什么样的国家是失败国家、哪些国家是失败国家等问题还没有明确的定义。而且，即使被称为失败国家，从国际法的意义上来讲并不意味着国家破裂，只不过是从现象上来说，这样的国家从形式上来讲不具备一个国家的形态。失败国家与崩溃国家二者之间也不存在着法律上的区别。虽说如此，人们逐渐认识到，对这样的失败国家不可以放任不管，这也是冷战后国际秩序的特征之一。其背景是，首先人们认识到这些纷争虽然属于一个国家的国内纷争，但也会影响到区域性的国际秩序。同时，与国家间战争不同，在一国的国内纷争中通常不存在

第九章 领土管理与国际秩序

战斗人员与非战斗人员的区别,所以普通居民也会被卷入战斗中,出现伤亡,从而产生难民、国内流离失所者等人道问题。在信息通信技术急速发展的今天,国内纷争以及与之相伴出现的牺牲者的相关信息作为影像在瞬间被传播到全世界,从而产生了应该对他们施以救济的舆论。冷战后人道主义介入理论的发展,同时也引发了围绕使用武力的合法性问题进行的讨论。特别是1999年北约在没有得到安理会明确授权的情况下对南斯拉夫实施了轰炸,对此2000年发布的"科索沃独立国际委员会"的报告(Independent International Commission on Kosovo [2000])称此次轰炸"不合法,但正当",让人感觉到围绕人道主义介入的讨论开始向如何合法地使用武力的程序论的内容倾斜。

另一方面,人道主义介入理论围绕着在人道主义危机下如何对个人进行救援的问题,是与"同情的放大"(押村[二〇〇四])相关的问题。当一个国家的统治功能存在问题,产生了在外部人员看来无法容忍的对个人的生命、财产、尊严的危害的时候,外部人员应该采取什么样的行动呢?无论是"对人员安全提供保障",还是履行"保护的责任",其中本质问题在于构建一种理论,从而使(外部人员)不仅可以向正在受到危害的人表达同情,更可以对他们进行援助,要保障具体的救援行动获得正当化。这里,关于一国的国民安全这样的国内秩序问题与主权平等、领土完整、不干涉内政、不使用武力等规范所形成的国际秩序问题被对立地联系在一起。正如石田淳所指出的那样,过去的国际政治学是以独立的领土主权国家为前提,在国内法类推的基础上成立的(石田[二〇〇七b])。但是,当一个国家的国内秩序发生混乱,进入内战状态,有必要对过去的国际秩序中的规范群重新进行探讨。冷战后的人道主义介入理论的意义正在于此。当然,失败国家中并不总是会发生人道主义危机,其实是那些出现了人道主义危机的国家被恣意贴上了失败国家这样的标签。然而,毫无疑问的是,一个国家的统治方式与在那里生活的人们的安全问题之间往往被联系在一起相互关联，进而再与国际秩序问题放在一起进行讨论，这样的倾向越来越明显。

治理理论的相关问题

在篇首曾经提及，当今的国际社会中出现了一种非常显著的动向，某些国内统治的原理正在全世界范围内被实践。治理理论研究的是在没有集中化中央政府的国际社会中，一定的规范或规则是如何被遵守的，为保证这一过程而存在的制度也是治理理论的研究对象（渡边・土山［二〇〇一］）。在最上［二〇〇六］和河野［二〇〇六］的书中对于这样的视点、分析框架的模糊性以及全球治理理论与既有的国际关系理论的关系做出了批判。尽管目前在分析水平上还存在问题，但是治理（或者作为应该达到的目标的"善治"）之所以倍受关注，是因为一国的国内秩序如今被当作国际社会的问题。应该注意到的是，人们设想出某种应该追求的治理方式，表明人们认识到现在有国家正陷于应称为"恶治"的状况之中。如果（"恶治"）最为极致的形态就是失败国家的话，那么"善治"与"失败"便作为一种共时的概念而存在（冈垣［二〇〇七］）。在国际法学界也有学者指出，伴随着全球化的发展，将会出现以管理国内行政为目的的规范群以及作为其强制机制的"全球化行政法"（Krisch and Kingsbury［2006］）。在这里，本章将主要就经济、金融、环境等领域的问题展开思考。另一方面，我们从法律的管辖、善治、尊重基本人权这些被认为是支撑全球化行政法的规范中可以明确的一点是，所有围绕着治理而展开的议论都是建立在极为西方（或是发达国家）的思维方式的基础之上的。

但是，现在治理相关的所有问题是否都是以冷战后的西方发达国家意识形态为基础的呢？事实并非如此，国际人权法就是一个典型的案例。该法通过条约要求各国保证在其国家内对一定程度的人权进行保障，并对具体的落实情况向国际委员会进行报告，这早在

20 世纪 70 年代就已经形成制度。此制度规定，委员会对于缔约国仅拥有劝告（建议）的权限。日本就曾经受到委员会的劝告，对国内法进行修改。当然，是否加入该条约是基于一国的主权意志的，而且是否接受委员会的劝告也由各国自行裁量。所以，即使一国对其国家法律进行了修改，也不构成委员会对一国主权进行侵犯的行为。而且，在这里需要指出的是，针对一些过去曾经属于一国的国内问题的事项而现如今形成了国际性规范并且在国际社会中形成了要求各个国家必须遵守国际规范的体制的情况，就算有些国家在执行过程中存在困难也不得不遵守。另外，围绕民主化问题，以 20 世纪 80 年代中美洲和平进程为开端，如今选举的组织及监督工作都是通过联合国以及区域性国际组织来进行的（桐山［二〇〇一］）。

这些案例表明，一国的国内社会的统治方式在一定程度上已被作为国际社会的规范而加以执行。近年来，随着经济的全球化发展，一些对金融活动、企业活动进行的管制以及一些环境问题都被作为"治理的课题"来处理。有人担心这些问题会进一步加大发达国家与发展中国家之间业已存在的经济差距，这里我不想对此进行评价。但是无论如何，在今天的国际社会中，所有的领域终将会建立起所谓的国际标准，并终将形成相应的机制来保障这些标准能够在国际以及各国国内得以实施。

领土管理的意义

笔者尝试从自己的角度对从出现纷争到国际社会进行介入进而到领土管理的这一过程，以及围绕这一过程展开的讨论的相关结构进行简化处理。

（一个国家）未能达成一定的国内统治的标准而成为失败国家，以此为导火索发生了国内纷争。在这样的情况下，国际社会进行介入，掌握统治权限，以期重建这个国家。这就是被称作新托管的介入的重点所在。随着冷战的结束，安理会积极灵活地运用《联合国宪章》第七章的内容。此外，自冷战时期以来在人权及民主化方面已见到一定成效，新托管开始出现一定的实施机制。在科索沃特派团与东帝汶过渡行政当局中，任命临时行政官（Transitional Administrator）以全权行使立法、行政和司法的权利，对当地的统治负有全部责任。尽管目的有所不同，但是临时行政官与殖民地的总督一样，将当地的居民作为二等公民，是对他们的自决权以及基本人权的践踏。并且，所有参加介入的方面（发达国家和国际组织）对此提供了言论支持，以使介入获得正当性。简言之，所谓主权的不同面貌无非是使今天的介入主义政策成为可能而提供的便宜而已。的确，一些国家在努力摆脱殖民地统治的同时，没能成功实现经济起飞，时至今日依然在为贫困与冲突而烦恼。我们从发达国家、国际组织为了实现"善治"而对这些国家进行援助中，可以看到与委任统治制度相同的思维方式（桐山［二〇〇六］）。但是，仅从冷战后实施的领土管理案例来看，很显然并没有对所有经历过武力冲突的失败国家都提供这样的援助。例如在东帝汶实施的领土管理是在摆脱殖民地统治的情形下，即支持当地居民行使人民自决权的情形下进行的。而且，本来在印度尼西亚军队及民兵进行骚扰之前，1999年5月在印度尼西亚和葡萄牙之间达成共识的阶段便已有所计划。另一方面，科索沃是南斯拉夫解体过程中留下的一个区域，在1999年6月设立科索沃特派团之际，至少从表面上看来科索沃未来的地位还是悬而未决的。科索沃未来的地位问题，是2005年之后通过不同于科索沃特派团的另一个谈判过程来实施解决的。科索沃的独立是否基于科索沃居民行使自决权的基础之上？欧洲各国是否以未来加入欧盟为诱饵对塞尔维亚内政进行了违法干涉？目前在此无法立即得出结论。而且，正如前面已经指出的那样，作为过渡时期的临时措施，在柬埔寨以及东斯拉沃尼亚的维和行动都被赋予了超过平常的广泛的权限，但目的也并不是在创建一个新的领土主权国家。

如果以上的梳理可以成立的话，可以发现通过东帝汶过渡行政当局或是科索沃特派团来建设一个新的国家是一种极不普通的措施。"由于（国际社会）不能对失败国家置之不理，所以将其纳入联合国的领土管理之下"——这种纷争的管理方式至今还没有成为国际社会的定式，同时也没有任何迹象表明"新托管统治"已经成为一种普遍的管理方式。另一方面，在实际的领土管理中已经在尝试就如何"治理"形成一些规范。认识到这一点，我们也可以将联合国进行的行动理解为家长式的介入。同时，在联合国的领土管理中还存在着一些制度设计上的问题，例如联合国的工作人员在被管理地拥有特权等，必须承认这些领土管理中存在着"帝国式"的因素。于是又产生另一个问题，即联合国在实施领土管理时的说明责任。此外，实施领土管理需要在安理会"维护国际和平与安全"的权限下进行，在当地工作的联合国秘书长特使之外的工作人员最终也需要受安理会意志的约束。从这个意义上来说，领土管理就被置于安理会的理事国（特别是五大常任理事国）的意向与想法之下。应该说领土管理还存在这方面的问题。从国际组织法的角度应该如何梳理这个问题，在此先暂不讨论。20世纪90年代末集中出现了一批领土管理的案例，尽管这些案例倍受关注，但是目前的研究无论是作为具体的政策提议，还是作为涉及国际秩序问题的研究，都只是对其中较为特殊的案例进行了一些讨论。

结　语

科索沃单方面发表独立宣言，成为独立国家，科索沃特派团也终将完成使命。另一方面，在《阿赫蒂萨里提案》下将由欧盟理事会任命一位"欧盟特别代表"，安理会也将此人认定为"国际文职代表"。今后以这位代表为中心的国际社会监督团将会在科索沃开展工作。科索沃实施的这个国际监督制度与在波黑通过高级代表事务所来确保履行《代顿协议》的体制相似。对于作为独立国家的波黑及科索沃，国际监视、监督也是在得到它们的同意后进行的。从这个意义上来说，这样的做法从法律上来说既不是托管，也不是保护。虽然由北约军队组成的治安维持部队依然驻扎在科索沃，但这也是在科索沃政府的同意之下进行的，应该说北约军队驻扎本身并不会使科索沃国家的性质出现什么问题。与此同时，无论是在波黑还是在科索沃，负责监视、监督的一方被赋予了强有力的权限，包括对有违反和平协议行为的公务员的惩戒权在内。这样的事态又应该如何理解呢？

本章曾提到，在发达国家与发展中国家相互对立的结构下围绕冷战后的国际社会中的"阶级性"所进行的批判进入了人们的视野，让人感觉仿佛是曾经的"文明、野蛮、未开化"之风卷土重来。此外，赫尔曼和拉特纳提出以领土管理的方式来应对失败国家、崩溃国家的情况，他们曾设想过在利比亚、索马里这样的非洲国家实施领土管理。然而在现实中，对于非洲发生的纷争，并没有开展拥有足够权限的、可以称为领土管理（临时统治）的维和行动。即使在东帝汶，当面临独立后出现的政局不稳、治安恶化的情况时，联合国也只是派出了通常状态下的维和部队前往执行维和任务。

今天，只有在极其特殊的情况下才会实施领土管理，领土管理并没有成为处理失败国家、崩溃国家的一般性的方法。在这样的情况下，如果只是注意到领土管理作为构建和平的手段，就想对领土管理给整个国际秩序带来的影响进行思考和探讨，那将是一件非常困难的事情。主权国家体制是一个形成于欧洲社会并扩大至全世界的概念。如果说这个概念发生了改变，那么并不是指通过发达国家对发展中国家实施的领土管理的方式，发生在欧美社会与非欧美社会之间的干涉（让人联想到曾经的"双重使命"）使得主权国家体制出现的改变，而是在产生了这一概念的欧洲内部出现的改变。在这里，主权平等原则被修改，为了维护地区秩序的稳定，独立国家被视为事实上的二等国家而受到干涉。我们必须注意到世界正不断地朝着这个方向发生着改变。如果从这样的角度来思考，那么世界将出现一个新的三层构造——由发达国家、发生纷争后在发达国家的支援下谋求国家建设或重建的国家以及纷争后未能得到充分支援的国家来构成的新结构。

第十章　帝国无疆
——国际政治中的力量分布

藤原归一*

引　言

　　世界上有大国，有小国，有强国，有弱国。虽然这只是开始学术探讨之前理所当然的观察，但若想将这样的观察运用到国际政治的分析研究中，我们会发现其困难程度出乎意料。这是因为人们对所谓国际政治的最初印象就像是一幅大国列阵展开权力斗争的图景。

　　而帝国论很好地切中这幅图景的要害。帝国论并不是对经济优势支撑的霸权概念进行研究，而是对军事优势支撑下的帝国概念展开研究。这个长期以来作为历史遗物而被人们放逐的概念，自"9·11"事件开始，不仅成为被大众媒体消费的一个象征，而且还作为对国际政治进行实证分析的一个概念得到复活。

　　仅限于日本来看，"帝国"这一概念并没有被人们舍弃。马克思主义的影响时间之长、程度之深，使得列宁的帝国主义论经过各种各样的重新定义，发展出新殖民主义论和追随理论，这些学说在日本的被接受程度远超其在美国的接受度。仅从国际关系理论方面来看，英语中的"霸权"一词与"王道"一词的语感相近，且带有正面含义；而在日本"霸权"一词在使用中还有控制他人的"霸道"

---

* 现任东京大学大学院法学政治学研究科教授。

的语感。日本将美国视为安全保障的主要依靠,同时也是主要的市场。在日本看来,将"帝国"这个词套用在美国身上并非不可思议。

但是,在多数应用"帝国"这一概念取得的研究成果中,有的是将"帝国"作为解释现代资本主义的概念性的工具,有的是将其运用在对美国的对外政策进行的批判中。换言之,依然还只是停留在将"帝国"作为一种比喻来运用。而在国际关系论中还没有见到与过去所使用的帝国概念相结合的研究成果。可以说,不只是日本,在所有使用"帝国"这一词语的研究者中,对于由主权国家构成的国际政治秩序与帝国秩序之间存在着怎样的差别鲜有触及,甚至对于应该如何来定义作为国际政治的概念"帝国"这一问题展开的探讨也极为罕见。

在我们分析和思考国际政治时,考量"帝国"这一概念具有怎样的效用是很有意义的。因为通过对"帝国"这一概念进行不同的操作,可以任意展开很多种理解方式,所以我们应该如何把握"帝国"这一概念正是其中的关键所在。这里笔者的观点是,如果在国际政治的权力关系中,相较于其他国家而言处于相对优势地位的要素集中于一个国家时,那么这种局面可以称之为"帝国局面",这个国家就成为所谓的"帝国"。

这样,也许会有人立即指出这个定义不是帝国,而是相当于霸权,或者霸权国家。但是,后文中将有详述,现在进行的帝国论的研究中多数都是对以前使用的霸权概念重新解读,从逻辑上进行重新组合,并没有把这两个概念作为不同的对象来处理。有观点认为,一个国家只要没有把其势力范围作为自己的领土来进行统治,那么这样的国家就不能被称为帝国。只有采取这种立场,围绕着霸权展开的讨论与围绕帝国展开的讨论之间的区别才有意义。更何况如果不把焦点领域限定在贸易或货币等经济课题,而是包括军事上的优势在内来展开霸权概念的话,那么二者的区别便不复存在。

那么,我们应该使用哪一个词语呢?为了和长期以来与国际关系中的力量分布有关的思考有所联系，使用"帝国"——而非"霸权"——这个概念更为有益。① 当然，无论是使用"霸权"，还是使用"帝国"，都反映出该概念的使用者所具有的价值判断。而且，"霸权"一词所带有的消极色彩较轻，而"帝国"一词很少被用于肯定性的场合。不过这样的差别也是会随着时代的改变而变化的。一直到19世纪后半期，帝国在欧洲都不是一个否定性的概念，而是一个给本国国民带来荣誉、给周边居民带来文明的存在。如今人们再提到这样的帝国时，不仅没有否定性含义，而且往往会对其赋予肯定性的意义。当今的世界中不再有超越国家的权威，或者即使存在这样的权威，力量也极为有限。在这样的情形下，有观点认为霸权国家或者帝国才是向世界提供公共产品的存在。

于是，在以全球化为课题的本书中选取帝国作为研究内容是富有意义的。无论对帝国做出怎样不同的定义，有一点是不会改变的，即帝国是同时具有超越国境的意志与超越国境的力量的主体。与其他国家相比，帝国拥有更为突出的力量。正因为如此，如果国境对于其他国家来说是保护本国的防线，那么对于帝国来说，国境所具有的意义便成为阻碍帝国影响力发挥效果的障碍。当然，帝国也并不会无视国境线的存在，因为原则规定，即使实力上具有优势的国家也需要按照主权国家的规范来采取行动。但是，当发生关系到重大国家利益的冲突时，并且如果这样的冲突有可能与实现更为普遍性的理念相结合，（帝国）或许便会做出不遵守规范或是不应遵守规范的判断。

---

① 《"帝国"的国际政治学》可以称得上是在对帝国概念进行有体系的论著中具有代表性的成果。山本吉宣在书中将霸权与帝国的区别按照是正式统治还是非正式统治、是基于共识的影响力还是强制、是仅限于对外关系的概念还是包括内政在内的概念这三个标准进行了分类。议论详细周到，山本将"非对称的影响关系"解释为"非正式帝国"。笔者认为山本的解释是恰当的，但是还不够完备。因为即使权力是指（一国）可以无视对方（国家）的意志而实施强制，但是也很少有权力可以完全无视双方达成的共识。参见山本［二〇〇六］一四六--一五九页。

在这种超越国境的权力行使中,有时还会与自由主义相重合,这使问题变得更为复杂。本来,无论权力行使的对象是国内还是国外,自由主义对于过度地行使权力大都采取较为慎重的态度。然而,只要自由主义的基本价值观是人们所信赖的,那么这个价值观的实现就不会只局限在一个国家的国境范围之内。由于自由主义具有的超越国境的力量,当它与作为主权国家体系的国际政治框架发生对峙时,我们便有必要对帝国与普遍主义之间的关系进行考察。

一、帝国的复兴

被忘却的帝国

在第二次世界大战之前,世界上自称帝国并且还是含有肯定意义地使用这个词语的国家并不少见。但是到了二战之后,帝国作为一种自称销声匿迹,即使被使用也愈发带有否定性含义。大英帝国、德意志帝国或者大日本帝国这样的用词如果不是被用来对历史进行描述、形容的话,就会让人产生一种与时代脱节的感觉,带有一种怀旧的情绪。

即使是在国际政治学中,"帝国"这一概念也被长期弃置。除去对罗马帝国、俄罗斯帝国或者大英帝国进行的专门史研究,君主专制和殖民地统治都已成为过去,民族国家与民主政治也已不再是未来的理念,而成为现实的存在。在这样的时代,帝国的概念被认为不再适用于实证分析。对于现实主义者而言,第二次世界大战之后的国际秩序是以冷战下美苏核威慑为特征的均衡;对于自由主义者来说,是在市场经济扩大下的国境的相对化。但无论是哪一种,都显示出军事帝国的概念已经离现实越来越远。

以马克思主义和新马克思主义为中心展开的帝国主义论乍看起来是一个例外,但是其中对于作为军事秩序的帝国展开的论述也是篇幅甚少。列宁的帝国主义论中论述殖民竞争与瓜分世界的内容虽然都属于军事领域的内容，但是在二战后的世界范围内，殖民地统治正在成为过去，在帝国主义论中地缘政治学因素已不再被认为是本质的要素。① 在以弗兰克（Andre G. Frank）、阿明（Samir Amin）为代表的帝国主义的依附理论中对于军事性霸权的讨论也并不多。伊曼纽尔·沃勒斯坦（Immanuel Wallerstein）的世界体系理论则认为，即使世界市场是同一个，政治权力的构成也依然是多元的，这是近代世界体系的特征；政治权力的集中是近代之前出现的现象（藤原［一九八五］）。继这些研究成果之后，在冷战结束后经过很长一段时期出现了安东尼奥·内格里（Antonio Negri）等人的《帝国》，书中更加强烈地体现出轻视军事领域的视点。不同于传统的帝国主义理论，在现代帝国主义论中军事力量的作用奇异地消失不见了。②

20世纪末开始，伴随着冷战走向终结以及苏联的解体，美国对于世界各国所具有的优势越发明显。从这样的状况看来，帝国这一概念有了复苏的余地。但是，尽管如此，多数国际政治的分析者认为，只要还与军事问题有关系，就应该继续保持对于霸权一极化的慎重态度。肯尼思·沃尔兹可以说是新现实主义的创始人。他在冷战结束时发表的论文中曾预测，冷战后的世界将失去两极体系的稳定，朝着多个国家相互竞争各自影响力的不稳定状态发展。③约翰·米尔斯海默（John J. Mearsheimer）把这样的观点发展到了更

---

① 对于帝国主义论的调查，莫姆森（Mommsen［1982］）的成果最为可靠，他不仅对马克思主义思想进行了研究，还对马克斯·韦伯、约瑟夫·熊彼特的思想进行了研究。从他论述的基础来看，原本的帝国主义论是以阐明殖民地统治的根源为目的的，后来逐渐发展到普通的现代资本主义论，或者也可以看作是一个由帝国主义论向资本主义论发展的过程。参见 Mommsen and Osterhammel［1986］。

② 藤原［一九九二］二四七-二七一页。当然是有例外的。在关于美国帝国论的著作中，Kiernan［2005］尤其强调军事霸权的重要性，他从帝国形成的视角来理解从北美殖民地到向海外势力扩张的美国历史。尽管采取了马克思主义的立场，但是却比 W. A. 威廉姆斯更加强调军事霸权的意义。

③ Waltz［1993］。即使在"9·11"事件发生前，沃尔兹也依然保持这样的立场，认为单极优势不会得到长久的支持。Waltz［2000］。

为极端的形态,他认为冷战结构的崩溃会导致无政府状态以及各国重新开始权力斗争(Mearsheimer[1990]5-56)。应该说,沃尔兹和米尔斯海默都排除了权力继续向美国集中从而产生新的秩序的可能性。

当然,也有例外的情况。这里需要介绍的是盖尔·伦德斯塔德(Geir Lundestad),他将"帝国"这一概念最早运用在帝国主义理论之外的领域。他认为在大战后,欧洲接受美国力量的过程会造就出一个"受邀请的帝国"。但是伦德斯塔德在使用"帝国"这一概念时加上了引号,明确表明其在使用时认为这是一个有争议的表达,而不是一个分析的概念(Lundestad[1998])。另外,冷战史学家约翰·刘易斯·加迪斯(John Lewis Gaddis)的《长和平》一书也将美国作为一个帝国来对待,但其论述基本上沿用了伦德斯塔德的观点,并没有增加什么新的概念定义(Gaddis[1986]99-142)。伦德斯塔德与加迪斯对于帝国这一概念的运用虽然很重要,但是如果以此认为帝国概念复兴却未免有些过了。

帝国概念的复兴

大约以"9·11"事件发生的2001年为界,越来越多的研究观察认为力量向美国集中将会呈现长期化的趋势,并且有学者开始尝试用"帝国"这个概念来把握这样的状况。七年后的现在,这个趋势越来越明显,"帝国"这一概念已经在学术研究中被广泛地使用。"帝国"与此前使用的"单极化""霸权"等概念一起使用,有时比"单极化""霸权"使用得还频繁,题目中含有"帝国"一词的著作及论文也越来越多见。

与现代帝国主义理论专注于经济动机不同,一些研究注重强调军事力量所起到的作用。尼尔·弗格森的著作便是其中的一个例子(Ferguson[2004b])。弗格森认为早在主权国家构成国际政治之前帝国便已经存在了。美国一直以来就是一个帝国。他在之前的一本书中将大英帝国看作是一个给世界带来了民主理念与秩序等好处的存在，并在此基础上将帝国作为与无政府状态相对的存在，认为民主的秩序之所以能够得以建立完成，并不是在无政府状态下实现的，而是因为美国是帝国。① 在这里，他所谓的帝国就是以集中军事力量为核心而成立的，（美国）拥有行使军事力量的意志才能让帝国以及世界实现自由与繁荣。这是弗格森论证的结构。他着眼于英国与美国的民主主义，继续推论指出因为美国是民主主义国家，所以对于世界来说，更希望美国而不是俄罗斯或是中国成为帝国，希望由美国提供力量来构成自由的基础。

查默斯·约翰逊（Chalmers Johnson）与弗格森的立场恰恰相反，但他也把军事力量看作是帝国概念的核心。在其著作中，约翰逊认为美国的军产复合体推动着美国向单独行动的帝国方向发展，如果不对此加以扼制，美国经济必定会走向衰落。他还认为在美国的国内政治中，共和主义将出现后退（参见 Johnson ［2001］［2004］ 及［2008］）。他引用罗马帝国在对外走向衰败的同时，国内由共和制向皇帝专制转换的先例，指出美国可能会重蹈罗马命运的覆辙。可以说，约翰逊的观点与弗兰克认为罗马帝国、大英帝国以及美国给世界带来了繁荣与稳定的论断恰恰相反。但是，在将帝国概念的核心放在军事优越性这一点上，约翰逊与弗格森并没有不同。20 世纪 80 年代，学者们对美国的霸权倒退展开讨论，这时霸权的重点在于经济领域里的资源集中。与此不同，进入 21 世纪以来的帝国理论中，议论的焦点都集中在军事力量上，所以说他们二人的讨论前提是一致的。

---

① 弗格森在其论述大英帝国的前一本著作（Ferguson ［2004a］）中提到了新保守主义的学者斯蒂芬·罗森的阶层性国际秩序的观点。渡边启贵与弗格森的观点相近，指出斯蒂芬·罗森将历史的大部分理解为帝国统治的历史，而不是主权国民国家体系的历史；并且还评论说："这样的思考公然地将当代美国的危险之处呈现出来，而且相当一部分已成为现实。"这些内容表现出渡边对于现实的担忧——无论对于帝国正统性的讨论是多么危险，都是对现实的一种理解。参见渡邉 ［二〇〇六］ 八〇-八一页。

在强调军事力量之后，排在第二位的是对美国单边行动进行的解释。无论其他国家采取什么样的政策，现在的美国都拥有决定并实施自己政策的能力，对此大家几乎没有异议。所以，正如在罗素·米德著作中可以见到的典型观点那样，一直以来无论是民主主义者还是现实主义者都认为，美国所拥有的力量优势对于国际关系的稳定以及推动市场经济自由化与政治体制中的民主化都是有利的（Mead［2001］）。世界各国并不是由于畏惧美国的力量而屈从于美国，而是同意并支持美国政府提出的目标，所以采取了与美国相同的立场。这时问题的关键就在于，当美国不考虑别国特别是盟国而推行某政策时，该政策具有的效果。

例如，查尔斯·库普乾（Charles A. Kupchan）认为，美国拥有力量优势从而轻视与其他国家的合作，结果只会使得美国在国际上越来越孤立，其影响力也会降低。① 无论（美国）能够集中起多么强大的力量，如果走上了单边主义的道路，而不是在各国信任的基础上行使自己的领导权，那就只能招致孤立与衰退。在这里库普乾并没有从美国的力量优势这一事实来使用"帝国"的概念，而是将"帝国"这一概念作为评价政策的标准来加以运用。

"9·11"事件之后，以军事力量为核心，以（美国的）优势为背景的政策为目标，帝国的概念逐渐得以复兴。乔治·W. 布什的政权持续了八年时间，其间进行过两次战争，特别是对伊拉克的战争，这一切都受到了否定性的评价。毫无疑问，这些否定性的评价推动了上面这场讨论的发生。那么，仅仅把"帝国"理论作为对特定的政权或是政策进行评价的标准是否具有意义呢？超越时事评论层面的、作为分析概念的"帝国"具有怎样的意义呢？这是我们要思考的下一个课题。

---

① Kupchan［1994］. 作为更精确的概念化的部分，参见 Ikenberry and Kupchan［1990］.

二、何谓帝国

美国是帝国吗？

在此之前，本章并没有就"帝国"一词的内容进行推敲，而只是回顾了其被遗忘而后复兴的过程。但是，帝国原本是指什么呢？让我们按照历史的顺序来思考它的意义。①

无须多言，罗马帝国为我们提供了帝国概念的原型，这是一个曾经统治着从现在的英国到中东地区的广大领土的国家。当这个罗马帝国分裂为东西两个部分，进入衰退后，在欧洲再没有出现过一个能够与罗马帝国相匹敌的拥有广大版图的国家。经过三十年战争，产生了近代国际政治体系，这是一个以国际关系中的政治多元性为前提构建起来的体系。之后的拿破仑帝国和德意志帝国也都曾寻求建立欧洲规模的势力，但都被大规模的战争所推翻。由多个国家组成的、以保证各自国家的存在为秩序的国际政治空间，至少在欧洲世界保持了三个世纪以上的时间。

虽然帝国这个称呼并没有消失，但是它已不再是对可以和罗马帝国相比敌的世界帝国的称呼，而是成为用来称呼像沙皇俄国、奥匈帝国这样的在皇帝之下、对多民族进行统治的国家的名称，或者是指在欧洲以外的地区拥有殖民地的殖民帝国。随着统治多民族的王朝帝国以及殖民帝国都走向衰落，需要使用帝国这个词语的现象也应该都消失了。

毫无疑问，第二次世界大战之后美国成为世界范围内拥有着压倒性力量的国家。无论是"霸权"，还是"帝国"，基本上都成为描述美国及其压倒性的对外影响力的字眼。但是，问题就在于此。如果按照以前的标准来看，要么是罗马这样的军事帝国，要么是统治着多个民族的王朝帝国，要么是殖民统治帝国，那么美国都不能被

---

① 以下的表述基于藤原［二〇〇二］七—一九頁。

称为帝国。不仅如此，至少在以下三个方面，美国都保持着与帝国截然相反的秩序。

第一，美国起源于殖民地独立，是在对帝国在欧洲的势力角逐的否定中诞生的，原则上美国反对获取海外领土。美西战争之后，美国也曾经有过对外殖民的过程，兼并了波多黎各、菲律宾等，并且至今依然拥有波多黎各、萨摩亚等海外领土。但是，反对殖民统治的呼声不仅来自于殖民地，还来自美国国内。虽然菲律宾的独立运动并没有那么高涨，但美国还是将自治权交还给菲律宾。在这里，美国不仅否定殖民统治，还试图去除掉像殖民地那样被包围起来的、被保护的市场。美国努力维护以自由贸易为原则的世界秩序的形象。

第二，对民主主义的参与。至少在美国看来，所谓帝国意味着，无论是在国内或是国外，在行使权力时无须顾及对方的意志。帝国是专制统治的别称，意味着剥夺政治上的自由和经济上的资产。而美国的情况不同，既保障了国内包括少数意见在内的言论自由，使政治自由成为制度，对外开展外交时也是以扩大自由为目的。过去的帝国往往对别国领土抱有野心、以军事力量来威慑，而美国却不同于这样的帝国。美国自建国以来就将保障并扩大世界各地的自由社会作为其使命。推行自由的美国与剥夺自由的帝国在立场上是完全相对的。

第三，美国是一个重视国际组织作用的国家。在国际组织中与别国达成共识是不可或缺的条件，所以对于在军事上占优势的国家来说，并不一定欢迎国际组织。因为只要依靠国际组织的力量，就无法直接反映出单独的主体的利益或理念。然而，从曾苦心创立国际联盟的威尔逊总统到视联合国为治世之最大成果的富兰克林·罗斯福总统，美国一直承续着国际主义传统，希望在国际社会中也实现美国国内社会中的法治。然而，美国虽然倡导建立国际联盟却并未加入，并对国际联盟进行批判。当然，我们从美国这种嫌恶情绪的表现可以看出，国际主义并没有总是体现在美国的外交中。所以，当一个国家在保持对外优势的同时，还将对外权力交由与别国的协议来决定，这样的主体应该不能称为帝国。

如上所述，美苏不仅是在所谓的理念与制度上存在着不同，而且冷战时期军事力量的分布也消除了美国成为帝国的契机。因为苏联尽管在军事上劣于美国，但却保有了足以对美国本土进行攻击和破坏的核战斗力。冷战时期国际秩序的原型就是美苏间的核威慑，由任何单独一方进行支配都是不可能实现的。

由单独权力进行的压制、殖民统治或是专制统治，无论从以上哪个方面来看现代世界中都不存在这样的帝国，将美国称为帝国并不恰当。仅就此而言除去被用来作为对特定的政府或其政策进行批判的说辞之外，帝国这个词其实并不是一个可以用来分析现实的国际关系的工具。然而，新的问题在这里出现了。

非正式的帝国与国际政治

世界各国都拥有自己的军事力量，即使国际关系中的力量分布出现了偏重，即使特定的国家拥有的权力可以凌驾于别国之上，但只要不存在一个能将全世界都纳入势力范围的政治权力，那么去讨论帝国作为替代国际关系的秩序就是毫无意义的。然而，如果将国际关系理解为拥有同等权力的国家相互竞争的过程，这样的观点也是有局限性的。这里的问题是：如果（大国）不依赖于如罗马帝国或是殖民统治那样的由领土支配形成的压制，那么大国如何对小国施加政治上的影响力呢？

首先，对于帝国来说，领土上的支配是不可缺少的条件吗？当然，某政府对于特定地区行使影响力和将该地区作为自己的领土进行合并二者之间并无直接联系。即使在对殖民地的统治中，宗主国的权力能够影响的程度其实也是不太确定的。亨利·卡曼（Henry Kamen）对西班牙的海外统治进行分析指出，虽然表面上印第奥服从于西班牙的主权，并接受了传教士，但印第奥不只保留了自己的文化，还长时间地维持着自己的统治制度。他说，"我们熟悉的那种由强有力的殖民体制统治并支配当地居民的结构已经不再具有说服力，是无法实现的"（Kamen［2004］362）。相反，也并不是说影响力只能波及其正式的领土。抓住这一点，罗纳德·罗宾逊（Ronald Robison）与约翰·加拉赫（John Gallagher）一语道破了帝国史研究的不足之处，指出帝国史的研究只关注于将殖民地作为正式领土纳入版图的"正式帝国"，这只注意到了冰山一角。众所周知，二人以此改写了对大英帝国的研究（Gallagher and Robinson［1953］）。

将不依赖于正式的领土支配的"非正式帝国"也放在帝国范围之内进行思考，这一概念已经不只被应用于对英国的研究，在对美国、日本的对外政策的分析中也被加以应用。我们发现帝国研究中已经开始广泛接受"非正式帝国"这一概念（McCormick［1990］；Duus et al.［1989］；Aguirre［2005］）。在迈克尔·多伊尔（Machael W. Doyle）、亚力山大·莫帝尔（Alexander Motyl）以及山本宣吉等人现在正在进行的研究中，将帝国作为政治秩序来理解，从帝国的要件中去除了领土支配这一项（Doyle［1986］；Motyl［2001］；以及山本［二〇〇六］一五六——一五九）。如果把没有进行领土合并却可以发挥对外影响力作为美国对外关系的特征的话，那么，非正式帝国这个概念是一个极为恰当的工具，可以将美国放在帝国范围内进行思考。

然而，这并不是让人满意的答案。因为在国际关系与层级差序之间还存在着很大的距离。

理解国际政治的基本框架是"权力政治"，是"政治现实主义"。在没有一个超越国家的上位政治权威的情况下，各个国家都必须为保证本国的存立而谋求利益的最大化。在现实主义者看来，国际关系中并不存在一个可能用强制力来约束各国的决定并对违反行为加以制裁的权力。在这里，国际关系是水平层面上的权力斗争，不可能存在上下关系或是层级差序。

假设帝国的概念不只适用于领土上的统治支配，还可适用于在分析政治独立的国家间的相互关系时，那么需要存在这样一个前提——国际关系中的大国与小国之间存在着阶层上的上下秩序。这与古典现实主义所描绘的国际政治的景象是截然不同的，他们所设想的国际政治应该是拥有排他性主权的国与国之间的相互竞争。

以罗宾逊、加拉赫为代表的帝国史研究设想着原本并非殖民地的势力范围最终成为真正的殖民地，而非正式帝国也终于转变成了正式意义上的帝国。所以在他们的研究中，关于国际政治中是否存在这样的上下关系并不是特别重要的问题。但是，由于美国只是将其势力范围中的极少一部分纳入自己的领土范围，所以当我们把美国作为分析对象时，美国与对象国之间的关系是否可以理解为上意下达的关系呢？这是一个不能忽视的问题。

这样，如果两个国家存在着力量的差距，是否就可以设想小国会服从大国呢？这个问题最终要归结于小国在怎样的条件下会接受大国的影响。这恰恰就是在国际政治学最熟悉的难题——势力均衡与追随的选择问题。

三、为什么要服从大国

势力均衡与追随

如果一个国家具备了可以控制其他任何国家的实力，在不存在另一个上位主体的情况下，国际关系要保持稳定需要什么条件呢？借用罗伯特·杰维斯的话来说，"国际政治中并不存在一个拥有垄断性实力、能够促成各方形成有约束力的协议并可以强制协议得以执行的超越国家的中心权威。那么在这样的无政府状态中，国际关系是如何能够得到控制并保持稳定呢？"（Jervis［1992］717）当然也可以片面地认为控制与稳定是无法实现的，但这不过是脱离现实的一种观测。"从这个视角观察国际政治时，最具有冲击力的不是发生了什么，而是没发生什么（着重符号为原作者所加）。没有一个国家可以征服其他所有国家。战争中鲜有全面战争，且战争的终结通常是通过谈判达成协议实现的。战败国被分割的情况也不多见，通常是在体系中被再次整合"（Jervis［1992］717）。尽管是在无政府状态下，但发生全面战争的情况极为罕见。对于这个矛盾，势力均衡这个概念是对其最好的阐释。

如果出现了一个以扩大权力为目标的国家，那么这个国家有可能对其他国家的存立产生威胁。其他各个国家都会以确保本国安全为第一要务而采取（合理的）行动，这里所说的合理的行动是指各国合力采取措施，与意图扩大权力的国家进行对抗。各国都尝试着抑制对手实力的扩大，为此如果结盟进行对抗的话，就会使权力扩大的风险加大。当国际政治处于无政府状态，各国只能够期待自助行动。在这样的前提下，势力均衡便成为国际关系中唯一可能的秩序形态。

势力均衡政策设想的国际政治是以主权国家为主体，并且各国势力处于相对分散的状况。当然，各国的势力并不可能完全相等。但是，只要不存在一个国家拥有压倒性的控制其他国家的实力，实力的集中就不太可能出现。国际关系中的实力分散既是国际政治的前提，同时也是国际政治的结果。不存在超越国家的权力主体，正因为这个前提不会改变，所以这个模型是具有说服力的。莫顿·卡普兰（Morton A. Kaplan）将势力均衡作为国际政治中一个系统来进行论述，虽然肯尼思·沃尔兹对卡普兰的理论进行了猛烈的反驳，而且在不同国家间的确也存在或多或少的实力的不均衡，或者说即使主要国家在数量上有所增减，但是也不会打破势力均衡的局面。势力均衡就是这样一个植根于国际政治结构中的模型（Kaplan［1969］291-303；Waltz［1979］18-59）。

但是，这其中也隐藏着别的问题。对于实力增大的国家，各国做出的选择就只有对抗吗？有没有可能接受大国不断增强的权力，而与之携手合作呢？当各国不选择对抗而选择迎合，那么势力不再均衡，会朝着不均衡状态继续扩大的方向发展，势力均衡便不再成立。这就是追随（bandwagon）的问题。

沃尔兹注意到这个问题。然而，虽然他提出了追随理论的可能性，但是他认为这样的政策会使本国安全处于听任大国处置的风险之中，所以各国不会采取追随，选择势力均衡政策的可能性更大。不过，追随政策也并非纸上谈兵。在19世纪的欧洲大陆，俾斯麦首相统治下的德国一边扩大其势力，一边争取俄罗斯和英国的支持，其中就有采取追随政策的做法，这是不争的事实。在冷战时期，西欧各国为了对抗苏联选择了与国力更胜一筹的美国进行结盟。当然，这是两极体制的反映，所以如果也将其称为追随也许会有不同意见。然而，冷战结束后，虽然美国在军事上继续保持了压倒性优势，但是西欧各国也并没有形成同盟来对抗美国，而且北约作为集体安全保障的机构也被保留了下来。追随并不只是理论上的可能。①

有人指出力量在一味地向美集中，同时却没有出现与此相对抗的均衡力量。威廉·沃尔弗斯在此基础上进一步指出，造成这一现象的原因是美国的实力过于强大，跨越诸多领域，并且位于远离欧洲大陆的理想的地理位置。由于美国拥有这样的实力，由于势力不均衡的程度之大，所以才没能产生新的平衡，各国于是采取了追随政策进行应对。这里可以认为，如果存在一个能够超越单极性的临界点的力量，那么对抗性行动就会出现后退。②

此外，还有其他的观点。约翰·欧文（John M. Owen）与沃尔弗斯面对同样的问题，采取了不同于沃尔弗斯的说明方法。他没有从力量的分布来进行说明，而是聚焦于政治决策者的选择。根据欧

---

① 杰维斯（Jervis）指出，沃尔兹的功绩在于他既指出了追随的可能性，也指出了各国可能会选择势力均衡而不是追随的可能性。Jervis［1987］，以及藤原［二〇〇七］九二-九五页。

② Wohlforth［2002］pp. 103-105. 换言之，单极集中未必会带来国际政治的不稳定。参见 Wohlforth［1999］。

文的观点,西欧各国和日本与美国在政治上都是自由主义,在战略选择上是一致的,所以并不认为美国是本国的威胁(Owen［2002］239-259)。它们选择追随美国并不是因为美国强于自己,而是因为与美国的观点相同。而若从相反的角度来看,对与美国在价值选择上未必相同的中国或是激进的伊斯兰势力来说,欧文认为它们将选择均衡而不是追随。

总结上述的议论,如同现实主义者指出的那样,在对外政策中并不是只有势力均衡政策一个选项,还存在着选择与大国携手的追随政策的可能性。追随政策有可能会造成国际政治中的力量分布的进一步集中。但是,为什么要选择追随,原因也各有不同。有的是由于力量差距悬殊而依赖于大国提供的控制力量,有的是由于拥有共同的理念而选择合作。即使同样选择了追随的国家,它们的行动也并不相同。

国际主义与帝国之间

如果从另一方面来思考,在势力均衡与追随两种行动类型中也存在着极为单纯的内容。只要不是处于正式的帝国支配之下,无论是多小的国家,在选择对大国的政策时都存在着多个选项。如伦德斯塔德所指出的那样,就算第二次世界大战后西欧各国邀请美国作为"帝国"是事实,那么在"邀请"的背后,美国并不是一个威胁西欧各国的存在,美国也没有行使足以全面约束各国政策决定的权力。追随政策虽然意味着将本国的安全交由大国处置,但却并不是屈从于美国的控制。

换言之,追随与帝国二者之间并无直接的联系。正如沃尔兹指出的,虽然选择追随的各国有可能失去其在安全保障中相对于大国的自主性,但是依然保持着政治的独立性,所以未必要服从于大国的控制。这里的问题是:大国一方采取的行动是指导还是统制?顺应大国的一方是信任大国还是屈从大国?也就是说,要在指导与控制、信任与屈从这样两个坐标上来对各国采取的行动进行定位。而且，只要不彻底否定各国政治上的独立，就不能只根据控制与屈从这两个坐标来评价美国的影响力。有必要从概念上对于国际关系中的力量集中情况与单个帝国的出现加以区别。

在国际关系中，国际组织的力量是有限的，所以在很多事件的解决中会向大国寻求必要的公共性作用。这是因为虽然在传统的国际政治中干涉内政是不被认可的，但是有时候若是不进行跨越国境的干涉，有可能会导致巨大的灾难。联合国前秘书长德奎利亚尔曾经说过，可以认为，为了保护被压迫的人们，跨越国境的必要性这一观念正在越来越得到世界各国的接受（Rieff［2003］11）。并且，在美国向海外进行干涉的事例中，有些干涉恰恰是被干涉国所期待的。否则这些行动就无法得到解释，这一点是不能否定的。当然，在南斯拉夫的纷争中北约进行的空袭以及朝鲜战争中以美军为主体的介入，如果从狭义的美国国家利益或是强行要求盟国配合的角度来看，依然是不恰当的。

这里的主权具有双重性。此时的国家主权是独裁者的伪装，还是防范帝国暴行的"防波堤"？二者之间的界线是非常模糊的。诚然，我们不能无视在以保障人权为理由进行介入的行动背后也有可能隐藏着实现帝国利益的意图，但是，若将所有大国参与的行动都从控制与屈从的角度来进行解释的话，这与将所有行动都解释为是为了实现国际正义一样，难免会受到过于片面的指责。即使在能否以政治上的自由主义来解释所有美国与同盟国的合作这一点上存有疑问，也不能否定国际性公共领域的存在。

而且更为重要的是，不拥有霸权的国家能够采取的选项并不只是采取军事上的对抗措施或是单方面的屈从。罗伯特·佩普（Robert Pape）注意到一个现象——既不与大国结成容易引发战争的同盟，也不对大国的影响力听之任之——并将其命名为软制衡。这就是"对于美国军事上的优势不采取直接挑战的行动，而是使用非军事手段来延迟、妨碍美国单方面的、攻击性军事政策,并降低其效果的行动"(Pape［2005］9-10)。也就是说,不管对手是多么强大的国家,只要对手不是正式的帝国,这个国家就可以选择不接受指导或不依从强制。

但是,当力量集中非常显著时,就无法保证这个大国对其他国家来说是安全的,而且不能保证大国依然还是一个可以满足别国的期待或要求的存在。从大国的角度出发来看,顾及别国利益或理念的行动会成为伴随着对自己力量制约的契机。当大国积蓄了充足的力量,采取行动时就有可能不考虑别国的利益或理念。

美国对伊拉克的干涉就是这样一个将可能变成现实的例子。在世界各地发生着的各种纷争中,伊拉克地区发生的危机既说不上是需要立即采取行动的优先等级高的危机,安理会对于军事干预也展开了否定性的讨论。但是布什政府却对安理会的讨论采取无视的态度,而优先选择了对伊拉克发动战争。从国际关系整体来看,这种优先顺序的处理方式不过是一种倒置。当采取军事行动的主动权被委托给某大国时,就无法避免(该大国)在对待相关纷争时会优先考虑本国的内政,而不是国际关系的稳定。

这其中也许就存在着帝国这一概念在当今越来越活跃的证据。第二次世界大战后,虽然美国拥有强大的对外优势,但无论这个优势有多么明显,美国并未获得独自实现其意志的军事力量。如果没有盟国的合作,美国不可能支撑起冷战体制。但是随着冷战的结束,美国的优势变得更明显,美国无视盟国的要求而采取行动的自由度也相应扩大。于是,美国摆脱国际主义的约束朝着单边行动的方向发展。这一发展方向在对其认可的人看来是具有肯定性意义的,而在担心其发展的人看来是具有否定性意义的,他们认为这是一种向帝国的倾斜。在语法上,这并不是指一个世界帝国业已出现,而是意味着对美国朝着大国单边行动方向出现倾斜而产生的忧虑。

结　语

现代的国际秩序不是主权国家之间相互威胁的权力斗争，不是在单个帝国支配下的层级差序，也不是各个国家在民主理念下进行法律管理的秩序。在现代世界中，虽然力量的分布并不均衡，但也不会集中到某一个国家，这样的不均衡的分布还会继续持续下去。在这样的情况下，虽然不会产生各国平等拥有相互制约的力量的局面，但是也不会有某一个国家有条件成为帝国。国际秩序便处于"国际关系"和"帝国"状态的夹缝之中。

然而，如果权力出现集中，那么汇集了权力的国家就有可能作为帝国而公然采取行动。在冷战终结了十余年之后的今天，国际关系正呈现出朝着这个方向发展的趋势，正是在这种状况下帝国论再次登上舞台。换言之，帝国论重出江湖就是时代精神的体现。

而且，需要注意的是，那些只能通过跨越国境强制执行才能实现的行动。为了将国际政治作为公共空间来维持所不可避免的行动，只能依靠帝国般的大国来执行，同时世界各国也都期待着大国采取这样的行动。正因为是帝国才能够在世界范围内实现普遍主义。

但是，帝国应该不会替代国际秩序。武力行使与直接统治的代价是巨大的，权力的扩大本身会摧毁权力的基础，这个曾经困扰罗马帝国和大英帝国的帝国统治的困境至今依然存在。现在，政治权力领域越发地多元化，军事秩序作为国际关系的一部分正在被相对化。在这样的时代里，军事帝国般的行动只会导致国际制度的功能不健全。本来"帝国"在以否定性意义使用时，就包含有一种担忧——"帝国"依靠力量优势采取的单方面行动会削弱多边主义与国际组织的作用。这是因为某个国家因作为帝国而在公共性作用方面受到（其他国家的）期待，但如果它抛开各国的意志而单独采取行动的话，国际关系中的公共性与普遍主义就会遭到破坏。

此外，力量的分布并不直接决定一国的政策。美国不依靠单边行动，而是通过组成国际组织或通过国际制度来谋求其国家利益。美国正是通过不成为正式的帝国的方式来实现本国的国家利益，并给国际关系带来了稳定。这种国际主义与权力集中并存的选择恐怕未来依然还会存在。

第十一章　人权与人道主义时代的强制外交
——权力政治的悖论

石田淳*

引　言

现实主义者摩根索（Hans J. Morgenthau）将外交理解为通过意图的传达来追求国家利益的过程，认为外交成败的关键在于承诺或威胁的说服力（Morgenthau［1954］315）。这是因为正是由于对方国家认识到特定的承诺或威胁将会确实被执行，才会选择采取对做出承诺或威胁的国家利益有益的行动。

虽说都叫作外交，但就其权力政治性的强弱而言，表现得最为显著的就是"强制外交"。这是通过利用武力威胁来使对方国家"放弃本来想要采取的行动"或"采取本来不愿采取的行动"的外交。在广义的概念上，强制外交由两部分构成：一是"威慑"，以让对方国家放弃对本国不利的行动为目的；另一是"威逼"，以让对方国家采取本国所希望的行动为目的（George and Smoke［1974］609-622；Schelling［1966］69-78）。

＊ 现任东京大学大学院综合文化研究科教授。

第十一章　人权与人道主义时代的强制外交

通过威胁来强迫对方国家作为或是不作为，这样的强制外交在冷战结束后具体是以怎样的方式来实施的呢？在国家间的势力分布中占据优势地位的不是别的国家，正是美国。美国突出的优势强大到使其能够不受制于别的国家，在美国与其他国家之间建立起一种可以威慑他国的非对称性（或者单向的）威慑关系（藤原［二〇〇二］三〇-三八）。

力量的优势可以实现对他国的威慑，那么，是否能够使威逼成为可能呢？在此之前我们必须要阐明美国及其盟国是如何利用其力量优势的。在对南斯拉夫（1999年）、阿富汗（2001年）、伊拉克（2003年）使用武力的行动中，一个非常典型的现象是美国及其盟国在准备使用武力之前都曾要求对方国家履行联合国安全理事会的（以下称安理会）的相关决议，这是我们需要关注的一点。特别是对南斯拉夫和伊拉克，美国及其盟国采取了更为鲜明的态度，提出如果不履行安理会的决议就不惜使用武力。至少在当事国看来，这种武力威胁的目的并不是追求个别国家的私益，而是对国际社会的公共利益的追求。

诚然，正是因为具有压倒性的力量优势，使用武力不仅在军事上是可以实现的，而且如下所述，如果从法律上也获得了正当性的话，相应地也会为使用武力增加现实感。然而，当我们把美国对南斯拉夫的米洛舍维奇政权、对阿富汗的塔利班政权以及对伊拉克的萨达姆政权的行动进行梳理时会发现，虽然美国都通过武力进行威胁，而且还强迫对方承诺接受特定的要求，但结果却未能成功使对方做出政治上的让步，最终发展到使用武力。换言之，力量上的优势并不能保证威逼外交能够获得成功。这是为什么呢？

本章通过对现实主义者的强制外交理论进行回顾，尝试从近些年来美国的威逼外交政策的失败中来解读冷战结束后国际政治的特质。围绕着美国及其盟国使用武力的法律根据，学界展开很多争论。首先，本章将在第一节中进一步阐明与这些争论密切相关的内容，并且提出一个至今还没有得到充分展开的政治学问题：以武力进行威胁为什么没有能够使对方国家做出让步？然后将在第二节中对现实中的威胁进行素描，找出造成威逼失败的原因。

一、问题所在

刑法规定，在公权力之下，在人与人的关系中，除去正当防卫之外，个人使用武力的行为是被禁止的。《联合国宪章》也是一样。在集体安全保障体制（第七章）之下（换言之，根据安全理事会被赋予的权限［第二十四条］而创设的国际性公权力下），国际关系中除针对个别国家的武力攻击进行的自卫（第五十一条）之外，禁止使用武力（第二条第四项）。在此意义上或许可以认为，由国家组成的国际社会与由个人组成的国内社会在制度上拥有一个共同的框架，即禁止社会成员使用武力。

但是，《联合国宪章》规定只有在例外情况下才同意使用原则上被禁止的武力。联合国体制的稳定正是通过客观地对"例外的范围"进行限定而得以维持的（森［二〇〇三］一〇六－一〇八）。正因如此，这样的稳定状态会受到个别国家基于自己的判断、主观上扩大"例外的范围"的威胁。特别是在国际社会中，与国内社会相对照而言，不可能解除其成员的武装（即裁军）。在这样的国际社会中，当军事大国意图对于例外的范围进行主观扩大时就更是如此。安理会无法控制拥有否决权的国家采取单独行动，所以如果其中的强者认为自己的行动是正义的（最上［二〇〇四］九六），那么就会危及"法治"。①

那么，美国及其盟国是如何将使用武力正当化呢？毫无疑问，

---

① 否决权不仅可以阻止对使用武力的授权，还可以用来对停止已获权的使用武力进行否决。例如在海湾战争中，对于苏联进行的和平努力，美英曾威胁要在命令停止已获授权的使用武力的决议案中行使否决权（Caron［1993］577）。

使用武力的法律依据问题已经成为围绕冷战结束后使用武力问题的一个重要的焦点。这是因为个别国家试图在联合国认可的使用武力的范围（安理会明文认可的使用武力行为是当一个国家对于别国的武力攻击行使自卫权的场合）之外将使用武力正当化。其逻辑的不同表现形式可以分别在对南斯拉夫、阿富汗和伊拉克使用武力的案例中看到。美国及其盟国分别通过人道主义干涉论、"对恐怖活动行使自卫权"论以及对使用武力的默许授权理论等不同形式来扩大使用武力的例外的范围，从而为其行动谋求正当性（石田［二〇〇七b］三〇）。

下面，我们将上述三种使用武力的行动的法律依据进行全面的考察。

人道主义干涉

首先，在对南斯拉夫进行的使用武力（Operation Allied Force）的行动中，英国是通过"人道主义干涉"论使其正当化的。关于科索沃的事态，安理会1199号决议（1998年9月23日）与1203号决议（1998年10月24日）中认定科索沃问题不只是南斯拉夫的国内问题，还构成了对区域和平与安全的威胁。安理会担心塞尔维亚治安部队和南斯拉夫联邦军的武力使用会超出限度，从而不可避免出现牺牲者与难民，因此要求联邦政府撤退治安部队等。在此背景下，英国政府称，由于通过谈判解决科索沃问题的努力遭到联邦政府的拒绝，为了预先防范南斯拉夫国内出现极为紧迫的人道主义悲剧而采取的最低限度的、必要的使用武力行为是合法的。①

早在1991年对伊拉克北部的干涉行动（Operation Provide Comfort）中，英国就曾经以国际法惯例中的人道主义干涉原则来给其定

---

① U. N. Doc. S/PV. 3988（24 March 1999）.

性。①不止于此，在对南斯拉夫采取武力行动之后，联合国以提出指导方针的方式，事先对人道主义干涉的条件做出规定。这也是在英国的主导下进行的（Gray［2004］48）。

与此相对照，在形成人道主义干涉的指导方针问题上，美国认为这或许会对行动自由有所制约因而表现消极，并且更倾向于默许理论。所谓默许理论，是指对于联合国认定某国对和平和安全构成威胁，要求对其进行特定行动时，联合国成员国为了实现安理会的意志，对使用武力的行为表示默许（Lobel and Ratner［1999］131-134；Gray［2004］35；Byers［2005］42-43）。这种理论典型体现于安理会1199号决议，美国国务卿奥尔布赖特认为1199号决议已经给北约提供了对南斯拉夫使用武力的法律依据（Lobel and Ratner［1999］152）。

自卫权

在对阿富汗使用武力（Operation Enduring Freedom）的案例中，美国主张这是基于自卫权而采取的行动。② 对于2001年9月11日的恐怖袭击，北约各国认为这是可以适用《北大西洋公约》的事态，而澳大利亚则认为可以适用《澳新美安全条约》中的共同防卫条款。美国认为基地组织对美国实施的"武力攻击"以及其后的威胁就是塔利班政权的决定导致的结果，该政权同意基地组织将美国领土的一部分作为作战基地。美国通过把跨越国境的恐怖行为归咎于该国，从而使对于这个被认为藏匿了恐怖组织的国家使用武力获得了正当性。这一理论曾经在以色列对黎巴嫩进行武力攻击（1968年）以及美国对利比亚进行武力攻击（1986年）之际被反复运用（Gray［2004］

---

① "UK Materials on International Law," *British Yearbook of International Law*, 63 (1992), pp. 824-827.

② U. N. Doc. S/2001/946 (7 October 2001).

160-164）。

1998年8月发生的针对肯尼亚和坦桑尼亚的美国大使馆的恐怖事件的时候，美国认为该袭击是本·拉登组织所为，并以此为理由对本·拉登在肯尼亚及坦桑尼亚的活动据点进行导弹攻击。对此，美国向安理会报告称美国的攻击是为了"预防/抑制"继续出现系列的恐怖袭击而采取的行使自卫权的行动。①

同年11月，美国司法当局对本·拉登提起诉讼，安理会决议1214号（1998年12月8日）则向阿富汗的塔利班政权提出要求停止对恐怖分子进行庇护和训练，并要求其同意将被起诉的恐怖分子进行引渡。此后，美国多次要求塔利班政权履行安理会1214号决议。②

围绕着对阿富汗使用武力进行的争论的焦点集中在关于可允许的自卫权的范围上。原先以行使自卫权为前提的武力攻击的范围中是否应该包括恐怖活动呢？以自卫权作为依据来进行的一连串的预防/抑制恐怖活动的武力行使是否可以得到允许呢（Gray［2004］171）？若是使用武力的强度足以颠覆一国的政权，这样的行为又是否可以得到允许呢？

美国以自卫权为依据，将本国所进行的对阿富汗使用武力的行动正当化；然而，当其他国家对恐怖行为使用武力时，美国却依然称这样的行为超出了自卫权的范围，从而从法律的逻辑上认为是出于该国的政治目的（Byers［2005］64）。例如，俄罗斯对格鲁吉亚境内的车臣势力据点使用武力，以自卫权为理由将之正当化，而美国对于俄罗斯的做法进行了批判（Gray［2004］189-190）。

安理会的许可

提到对伊拉克使用武力（Operation Iraqi Freedom）的行动就会

---

① U. N. Doc. S/1998/780（20 August 1998）.
② U. N. Doc. S/1999/1021（4 October 1999）.

让人联想到通过武力引起的体制转型。安理会 687 号决议（1991 年 4 月 3 日）作为海湾战争的停战条件，要求伊拉克削减大规模杀伤性武器。在开战之际美国表示，正是由于伊拉克违反了该决议规定的削减大规模武器的义务，才导致 678 号决议（1990 年 11 月 29 日）中授权成员国使用武力的权限再次"复苏"。在这里我想强调的是，事实上美国不仅反复多次以此理论为基础对伊拉克使用武力，而且在 2003 年为使对伊拉克的军事行动获得正当性，甚至连联合国秘书长都以上面的复苏论作为依据，对 1993 年美、英、法使用武力的做法表示认可。①

无须多言，围绕着对伊拉克的军事行动争论的焦点在于如何评价单边行动主义的问题，即联合国的成员国在执行安理会决议时根据自己单方面判断而采取行动的问题。特别是围绕武力行使的开始、完成及其政治目的（例如，使用武力的目的应该限定在受到武力攻击的国家的领土内，以排除武力攻击为目的，还是应该将这个目的扩大至为了恢复国际和平与安全，在发起攻击的国家的领土内破坏其军事、产业基础，进而推翻发起攻击的政权？）和如何评价成员国所做出的单方面判断等成为争论的焦点。正如在朝鲜战争时的安理会 83 号决议（1950 年 6 月 27 日）以及海湾战争时的安理会 678 号决议中所见，安理会都将当时的事态认定为是对和平的威胁。问题在于安理会授予其成员国广泛的使用武力的权限，不仅是为了解放受到武力攻击的国家，而且还将恢复和平与安全也作为使用武力的

---

① U. N. Doc. S/2003/351（21 March 2003）。关于 1998 年使用武力的法律依据，英国政府的见解请参见 U. N. Doc. S/PV. 3939（5 November 1998）。关于复苏论的评价请参考最上（［二〇〇四］九七—九九），Byers（［2005］43-44），Gray（［2004］273-279）。关于 1993 年 1 月的使用武力，日本政府表示这是在海湾战争停战决议（安理会 687 号决议）以及允许使用武力决议（678 号决议）等一系列决议框架下进行的，对美、英、法的行动表示"支持"（河野洋平官房长官）。《朝日新闻》1993 年 1 月 15 日。在 1998 年 12 月美、英使用武力（"沙漠之狐行动"）之际，在安理会除美、英之外，只有日本基于相同的立场表示了支持。U. N. Doc. S/PV. 3955（16 December 1998）。

目的（Lobel and Ratner［1999］138-141；Quigley［1996］）。

除此之外，在开始伊拉克战争之前，布什政府在《国家安全保障战略》（2002年）中提出了先发制人自卫论，表示"为了行使先发制人的自卫权，如果需要，将毫不犹豫地采取单边行动"（White House［2002］6），即所谓的布什主义。美国国务院的法律顾问认为，如果对于存在十分紧迫的威胁有十足的证据，为了解决纷争，当所有可采用的手段都已用尽时，为了自卫可以先发制人使用武力（Taft［2002］）。1981年，在安理会围绕以色列轰炸伊拉克奥西拉克核电站问题进行的讨论中，美国之所以认为以色列使用武力的做法违反了《联合国宪章》，原因就在于当时并非所有可以用来解决纷争的手段都已用尽（Taft［2002］）。

但是，在布什主义的自卫权扩张论这一点上，美国在国际上是处于孤立地位的。① 正因如此，可以设想如果美国没有通过上述形式从安理会决议中寻求法律依据的话，就无法确保其在对伊拉克使用武力的行动中得到多数国家（开战时布什在演说中称超过35个国家）的军事合作（Gray［2004］183，274-275）。② 从中我们可以观察将使用武力正当化的法律逻辑与使用武力的多边政治格局之间存在的关联（多湖［二〇〇七］）。

在围绕使用武力的法律依据的相关讨论进行得如火如荼时，另一个问题却没有得到充分的关注，即在谈判过程中武力威胁失败的原因。出于国际法学与国际政治学在学术领域上的区别，使用武力的"必要性"与武力威胁的有效性这两个问题被作为不同的问题加以讨论，然而这两个问题在现实中却是紧密相关的。这是因为使用武力的必要性的法律主张是建立在"对方政府对于威胁不让步，就

---

① "A More Secure World: Our Shared Responsibility," Report of the Secretary-General's High-Level Panel on Threats, Challenges and Change, para. 188-192. UN. Doc. A/59/565.

② "President Bush Addresses the Nation," on March 19, 2003, available at http://whitehouse.gov/news/releases/2003/03/20030319-17.html（accessed April 15, 2008）.

不能期望通过谈判来解决问题"这一政治现实的基础之上的。

二、权力政治的悖论

由于非军事性措施缺乏效力，无法期待通过谈判解决问题，作为最后的手段有必要采取使用武力的办法。这种主张的前提正是使用武力的目标对象国家拒绝做出政治上的让步。如果从美国及其盟国的角度来表述，就是对方国家没有屈服于威逼的压力。

那么，武力威胁究竟是以何种形式来进行的呢？

武力威胁

首先，对于南斯拉夫的米洛舍维奇政府，所谓的联络小组（美、英、法、德、俄、意六国）于1999年1月在朗布依埃尝试通过谈判解决科索沃问题。1月30日，北约秘书长索拉那向贝尔格莱德发出最后通牒，要求米洛舍维奇政府履行联合国安理会决议（特别是1160号、1199号、1203号），并表示如果看不到米洛舍维奇政府落实《朗布依埃的和平协议草案》等，将不惜对南斯拉夫的军事目标进行空袭。对此，贝尔格莱德方面认为北约的最后通牒是侵略威胁，要求召开安理会，但是也终于同意回到谈判桌前。这里提到的协议案中包含南斯拉夫军队从科索沃撤军、在科索沃进行居民投票以及北约军队进驻科索沃地区以进行监督等。由于协议中包含了以上内容，贝尔格莱德方面拒绝同意该协议案，于是北约便以维护协议的严肃性为由，于3月24日开始了对南斯拉夫的行动①（Stürchler [2007] 150-157）。

下面来看对于阿富汗塔利班政权采取的行动。"9·11"事件之后的2001年9月20日，布什政府先是对阿富汗的塔利班政权提出引渡本·拉登以及其他基地组织成员、关闭阿富汗的基地组织的训

---

① U. N. Doc. S/1999/107（3 February 1999）.

练设施的要求,同时还要求阿富汗政府同意联合国对其训练设施进行核查。① 这些要求与安理会 1214 号决议以及之后的相关决议（1267 号、1333 号）的要求是一致的。塔利班政权没有同意这些要求,于是 10 月 7 日美国开始了对阿富汗的行动。

然后是对伊拉克萨达姆政权采取的行动。早在 1998 年 1 月至 2 月间,美国和英国就曾经对萨达姆政权进行武力威胁,要求其接受联合国核查。1998 年 2 月,联合国秘书长安南对伊拉克进行访问,最终促使伊拉克同意对联合国的核查进行合作。在通过谈判摸索解决方案的同时,美英进行威胁,表示如果联合国秘书长的外交努力失败就不惜使用武力（Wedgwood ［1998］725; White and Cryer ［1999］261）。

2002 年 8 月,布什政府开始向美国议会寻求对使用武力的授权。在 10 月召开的议会上,为了确保在伊拉克威胁下的美国安全,为了履行联合国安理会关于伊拉克的相关决议,议会授权美国总统行使其认为是必要且恰当的武力。②

安理会 1441 号决议（2002 年 11 月 8 日）要求伊拉克对重开核查进行合作,并且申报其大规模杀伤性武器计划。1441 号决议通过后,美国驻联合国大使内格罗蓬特（John Negroponte）对于不服从安理会决议的伊拉克明确表示,如果安理会不毅然采取行动,根据该决议,任何成员国在行使自卫权以及"单独"执行联合国（安理会）相关决议时都不会受到制约。③ 在这样的情况下,伊拉克于 11 月 13 日表示愿意接受核查,12 月 7 日对其所有的武器计划进行了申

---

① "Address to a Joint Session of Congress and the American People," http：//www. whitehouse/gov/news/rleases/2001/09/20010920-8/html（accessed April 4, 2008）.

② "Joint Resolution to Authorize the Use of United States Armed Force Against Iraq," available at http：//www. whitehouse. gov/news/releases/2002/10/20021002-2. html（accessed May 6, 2008）.

③ 关于内格罗蓬特驻联合国大使的声明,请参考 UN Press Release SC/7564（8 November 2002）。

报,接受联合国监测、核查和视察委员会以及国际原子能机构核查小组的核查。之后,安理会针对是继续进行核查还是使用武力陷入僵局。2003年3月20日,美英等国决定对伊拉克采取行动。

表 11-1 武力威胁的目的与使用武力的法律依据

威逼的对象	时期	要求	安理会决议	使用武力的法律依据
南斯拉夫	1999.1—1999.3	从科索沃撤军 公民投票 北约进驻	1160号（1998.3.31） 1199号（1998.9.23） 1203号（1998.10.24）	人道主义干涉
阿富汗	2001.9—2001.10	引渡犯罪嫌疑人 关闭恐怖组织的训练设施 接受核查	1214号（1998.12.8） 1267号（1999.10.15） 1333号（2000.12.19）	自卫权（英、美）
伊拉克	2002—2003.3	削减大规模杀伤性武器 协助联合国核查	678号（1990.11.29） 687号（1991.4.3） 1441号（2002.11.8）	安理会决议（英、美）

威逼的逻辑与陷阱

为什么武力威胁没有达到预期的目的呢？首先，我们来对威逼的逻辑做一个整理。如图11-1所示，假设强行提出要求的"本国"与被强行要求的"对方国家"形成对峙的战略局面。如果对方国家接受了本国的要求，出现的局面叫作"（对方国家的）让步"；在对方国家拒绝、本国也放弃使用武力的情况下，就会出现"（维持）现状"的局面；当对方国家拒绝、本国断然使用武力时，就形成了"战争"局面。假设对方国家对于以上三种情况的选择倾向是"现状">"让步">"战争"（"现状"最优选，"让步"次之，"战争"最差选），本国的选择倾向则可能出现两种情况：对决型，即"让步">"战争">"现状"；友好型，即"让步">"现状">"战争"。在这样的情形下,所谓威逼就是本国以要断然使用武力作为威胁,迫使对方国家接受本国的要求。

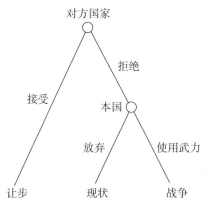

图 11-1 威逼

换言之,威逼是本国通过战争(对于对方国家来说是最坏的事态)威胁来逼迫对方国家做出让步的政策。正因如此,既然要进行威逼,就必须让对方国家更加倾向于"让步"而不是"战争"。并且,如果"让步"是对方国家最好的结果的话,就没有必要进行威逼;如果"让步"是对方国家最差的结果时,威逼就不可能实现;必须使"让步"成为对方国家希望的第二选择。而且,本国进行威逼的目的在于使(对方国家)"让步",所以对于本国而言"让步"是最希望达成的结果。于是便有了上文所示的假设。可以换个说法,威逼的成立需要以上的限定条件。

那么,当本国的选择倾向属于对决型,而对方国家又准确地把握到了这一点的话,一旦轮到本国"出牌"(即有机会选择采取的行动类型)时,对方国家就会做出预测,认为(本国)将会按照事先威胁的那样断然使用武力。所以,与拒绝本国要求而直接面临"战争"相比,接受要求甘愿"让步"更符合对方国家的利益(如果用非合作博弈理论的分析述语重新整理,这场博弈的子博弈完全均衡就是对方国家接受要求与对决型中本国的果断行动之间的战略组合)。在这种情况下,威逼取得了成功,本国的威胁使对方国家做出了让步。

在这个威逼理论中,还存在陷阱。如果本国是友好型,且对方国家也准确地把握到了这一点,一旦轮到本国"出牌",对方国家会预测到本国不会如事先威胁的那样采取断然使用武力的行动,更有可能会放弃使用武力。由此,与接受要求甘愿"让步"的做法相比,拒绝本国要求而维持"现状"的选择更符合对方国家的利益。总之,在友好型中,本国的武力威胁缺乏可信度(在这场博弈中,对方国家接受要求与友好型中本国的断然行动之间的战略组合构成纳什均衡,而不是子博弈完美均衡)。的确,在这种情况下,威逼失败,却不会爆发战争。

在这样的战略条件下,只有当对方国家拒绝了本国的要求,且在本国断然决定使用武力的情况下才会爆发战争。换言之,只限于本国属于对决型的情况。而且,如前所述,当对方国家对此有了准确的把握时,应当会接受本国提出的要求,所以这种情况仅限于对方国家错误地将本国判断为友好型倾向时。那么,这样的错误认识又是如何形成的呢?

其原因是,无论本国是对决型倾向还是友好型倾向,只要被对方国家判断为对决型,就可以达到让步这样的最好的结果。也就是说,两种类型都具有使对方做出对决型判断的诱因。于是,对方国家无法通过话语来对本国的倾向进行识别。这样,通过控制对方国家的判断给本国带来利益。正因如此,如何传达本国的意图并非易事。

在与对决型倾向的本国的对峙中,如果对方国家对于本国产生怀疑,认为本国是假装对决型而实际上是友好型倾向时,在这种情况下威逼就会失败。这正是威逼逻辑的陷阱所在。的确,如果本国所具有的压倒性优势能够使对方国家在观念上将本国判断为对决型倾向,那么威逼就可能获得成功。尽管如此,使对方国家怀疑本国真正的倾向是否是友好型还需要具有三个重要的因素。

这三点都与本国的战争成本相关联。第一，对于美国这样的不愿意投入地面兵力的国家而言，伴随战争而产生的牺牲便意味着巨大的国内政治成本。

第二，只要战争还需要其他友好国家合作，同意使用其基地、通过其领空，那么合法性受到质疑的使用武力就会带来国际政治成本。例如，1986年在西柏林迪斯科舞厅发生的恐怖事件中有美国士兵牺牲，美国便以对利比亚进行轰炸的方式做出回应。对于这次使用武力，美国以自卫权为依据将其正当化，但是作为其盟国的法国、西班牙对美国的理由不予接受，拒绝了美国的轰炸机从其领空通过（Byers［2005］61-62）。

第三是战争本身的成本。特别是在对伊拉克的行动中，既然美国选择要求伊拉克削减大规模杀伤性武器，并协助联合国核查，那么战争就是一个风险极高的选项。不断有意见指出，威逼对方国家进行缩减军备会导致对方国家以扼制威胁为目的而扩大军备。但是，应该可以想象，正因为伊拉克认识到大规模杀伤性武器对于美国、伊朗的威慑效果，才更会拒绝以完全的、不可逆的、可验证的方式来废弃这些具有威慑效果的武器（Litwak［2007］160）。

除此之外，作为导致威逼出现破绽的因素，这里我想提出一个古典式的思考，这种观点指出了在没有再保证的条件下威逼的局限性。也就是说，在导致战争的"外交失败"中，不仅包含（对方国家）对于（本国）不放弃使用武力的威胁意图进行的误读，还包含有对（本国）保证不向做出让步的对方予以追击的意图的误判（Jakobsen［1998］；Jervis［1976］58-67，78，84，96-97；Lebow and Stein［1987］15；Schelling［1966］4，74，75，88，90）。这是因为要使对方国家接受要求，就必须消除对方国家对于接受要求可能带来的结果的不安。对方国家担心接受要求可能不仅会引起政策的变更，还有可能会升级成为体制转型这种"毁灭"性的结果。所以，下面我们需要梳理清楚再保证的逻辑（坂本［一九六六］、Kydd［2000］）。

这样,如图 11-2 所示,会出现以下的三种结果:对方国家拒绝本国要求的情况下的"战争";对方国家接受本国要求,而本国克制不再使事态继续升级的情况下的"(对方国家的)让步";尽管对方国家接受要求,但本国还是升级事态的情况下的"(对方国家的)灭亡"。针对这三种结果,假设对方国家的选择倾向是"让步">"战争">"灭亡"。对于本国的偏好会存在两种类型:在对决型偏好的情况下,"灭亡">"让步">"战争";在友好型偏好的情况下,则是"让步">"灭亡">"战争"。在这样的情形下,所谓的再保证,就是通过本国克制事态升级,来使对方国家接受本国提出的要求的政策。

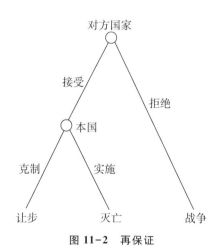

图 11-2 再保证

换言之,再保证是通过消除对方国家对于"灭亡"(对于对方国家来说的最坏事态)的担忧,来回避"战争"(对于本国来说的最坏事态)的政策。正因如此,为了实现再保证,必须使对方国家更加倾向于选择"让步",而不是选择"战争"。而且,若"战争"对于对方国家来说是最坏的结局,那么再保证便没有必要;若"战争"是最好的局面,再保证也就不可能成立。所以必须使"战争"成为对方国家的次优选择。同时,由于本国进行再保证的目的是回避"战争",所以对于本国来说"战争"是最差的结果。于是,我们做出了以上的假定。

那么，当本国是友好型倾向，而对方国家又对此做出了准确的判断，一旦轮到本国"出牌"，对方国家可能会做出预测，认为本国将会如事先保证的那样克制以避免事态升级。所以，与其拒绝本国的要求，直接面临"战争"，不如选择接受本国的要求，甘愿进行"让步"，这样更符合其利益。也就是说，再保证获得了成功。

与此相对照，如果本国是对决型倾向，而对方国家也对此做出了准确的判断，一旦轮到本国"出牌"，对方国家会做出预测，认为本国不会如事先保证的那样进行克制以避免事态升级，而是会采取使事态升级的行动。因此，与接受本国要求而使自己陷入"灭亡"相比，拒绝接受要求，面对"战争"的选择更符合对方国家的利益。在对决型中本国做出的克制的保证承诺缺乏可信度。也就是说，再保证将会失败。

在进行再保证的过程中，国家间的沟通并不容易实现。由于对方国家有可能将本国误判为对决型偏好的国家，所以即使是在友好型的本国与对方国之间也有可能爆发战争。那么，这样的误判又是如何产生的呢？其理由是，无论本国是友好型还是对决型，对方国家通过将本国判断为友好型，就可以避免出现战争这种最差的局面。也就是说，这两种类型都有促使对方将本国判断为友好型的诱因。

通过以上的讨论，我们阐明了在没有再保证的情况下的威逼是具有局限性的。图11-3是将已经论述过的威逼逻辑与再保证逻辑组合在一起的情况。

在这四种结果中，如之前梳理整合所示，对方国家的选择倾向是"现状">"让步">"战争">"灭亡"；对决型的本国的选择倾向是"灭亡">"让步">"战争">"现状"；友好型的本国的选择倾向是"让步">"灭亡">"现状">"战争"。

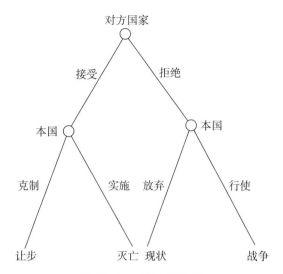

图 11-3 威逼与再保证

在这样的条件下，无论对方国家预判本国属于哪一个类型，都不会产生促使其做出接受本国要求的诱因。如果我们再一次采取非合作博弈理论的分析术语来进行梳理的话，会发现不存在包括对方国家接受要求在内的子博弈完美平衡。

要想使威逼获得成功，不可或缺的是表示要断然使用武力的威胁承诺具有可信度。与此相对照，要想使再保证获得成功，不可缺少的是保证克制升级的承诺具有可信度。正因为这两个可信度之间存在着二选一的关系，所以才产生了"权力政治的悖论"，即在势力分布上处于优势的国家希望出现的局面（威逼成功）与现实中的局面（威逼失败）并不一致（山本［二〇〇六］二一七、二四五；Jervis［2005］fn. 29, p. 159）。

本国希望通过威逼来改变现状的做法是有局限性的。这是因为对方国家无法消除对于本国希望通过实力来改变现状的最终目的的怀疑。正因如此，"改变现状"是一个难题，其难度超过"维持现状"。（Jervis［1976］79, 112；Schelling［1966］69-91）。

这里，还存在着这样一个假设，即尽管对方国家接受了本国提出的要求，但本国还有机会进一步升级要求。尽管如此，上述的分析也同样适用于当除本国以外的第三主体向对方国家的领导人追究个人责任时的情况。在这个重视人权与人道主义的时代，不管对方国家是否接受本国的要求，如果其领导人个人无法逃避国际人道法上的责任，那么可以预见即使回避了爆发国家间战争的风险，但领导人个人的毁灭却依然是无法避免的。

无论是米洛舍维奇，还是萨达姆·侯赛因，如果他们预计到了事态的发展，为了避免武力冲突，他们是否还有接受要求的余地呢？米洛舍维奇被追究与科索沃冲突相关的国际人道法上的责任，最终于1999年5月24日在前南问题国际刑事法庭被起诉。在对南斯拉夫使用武力行动之后，于2001年6月被移送至海牙，并于2006年3月在单人牢房中死去。

针对萨达姆·侯赛因，美国议会于1998年10月31日通过了《伊拉克解放法》，设立了国际刑事法庭（International Criminal Tribual），要求美国总统提请联合国对萨达姆以违反国际人道法的罪名进行起诉。① 对伊拉克的军事行动之后的2003年12月，被关押的萨达姆·侯赛因在伊拉克特别法庭上被判以"对人道主义的罪行"，最终于2006年12月以绞刑的方式迎来了自己的死亡。

结　语

细致地对结果进行观察，并不一定能够找出产生这个结果的政治力学的结构。本章尝试对于造成威逼失败的政治力学进行分析。

从近年来美国及其盟国进行的强制外交的失败中，我们可以解读出冷战结束后国际政治具有哪些特质呢？民主主义国家的国内舆论对于战争牺牲是敏感的。另外，合法性受到质疑的武力使用并不一定能得到国际上的合作。虽然美国拥有压倒性优势，但在这样的

---

① "Iraq Liberation Act of 1998," Public Law 105-338（Oct. 31, 1998）.

国内、国际背景下,也许会使美国及其盟国在使用武力问题上表现得犹豫。而当对方国家做出这样的预测时,就不会出现促使其接受美国要求的诱因。

反过来说,对方国家尽管认识到美国及其盟国会断然使用武力,但如果接受了要求,就不只是接受要求,而且还无法避免政权的颠覆或是追究领导人个人责任的可能性。美国及其盟国认为这样的国家在冷战结束后未能避免国内出现"人道主义的悲剧局面",是无法履行对平民的"保护责任"的国家;是中央政府丧失统治功能,无法取缔国际恐怖主义活动的"失败国家";是不遵守不扩散大规模杀伤性武器的国际规范的"流氓国家"。于是,它们从这些国家的国内体制中来寻找其对于国际和平与安全的威胁,认为对国际和平与安全的威胁不是在于一个国家的国力,而是在于该国的体制。这种"第二印象"式的威胁观带来一种构想,即通过改变一国的国内体制来实现恢复国际和平与安全的目标。这种构想正是在和平与裁军名义下来使用武力的扭曲的现实的根源(Waltz[1959]113)。对于没有再保证的威逼来说,不可能出现促使对方国家接受要求的诱因。

在这样的政治语境下尝试进行的威逼不会带来通过谈判来解决问题的局面,而是一个与选择使用武力无限接近的结果。

附记:本稿是共同研究项目"围绕'失败国家'的形成与重生的学术研究"成果的一部分。本研究得到日本学术振兴会科学研究费补助金(基础研究(A)17203012)的资助。在草稿阶段还得到了本卷的执笔者以及佐藤史郎、白丝裕辉、多湖淳、福岛启之、森肇志等提供的有益的意见。在此表示深切的谢意。

参考文献

日文文献

赤根谷達雄［二〇〇三］「非貿易的関心事項の政治学——国際市民社会運動とWTO体制の将来」小寺彰編『転換期のWTO——非貿易的関心事項の分析』東洋経済新報社。

足立研幾［二〇〇四］『オタワプロセス——対人地雷禁止レジームの形成』有信堂高文社。

足立眞理子［二〇〇八］「再生産領域のグローバル化と世帯保持（householding）」伊藤るり・足立眞理子編『国際移動と〈連鎖するジェンダー〉——再生産領域のグローバル化』（ジェンダー研究のフロンティア2）作品社。

家田修［二〇〇四］「ハンガリーにおける新国民形成と地位法の制定」『スラブ研究』第五一号、一五七-二〇七頁。

五十嵐武士［一九九二］『政策革新の政治学——レーガン政権下のアメリカ政治』東京大学出版会。

石田淳［二〇〇七a］「序論　国際秩序と国内秩序の共振」『国際政治』第一四七号（国際秩序と国内秩序の共振）一-一〇頁。

石田淳［二〇〇七b］「戦争の変貌と国際秩序の変動」阪口正二郎責任編集『岩波講座 憲法 第五巻 グローバル化と憲法』岩波書店。

伊豫谷登士翁［二〇〇七］「方法としての移民——移動から場をとらえる」伊豫谷登士翁編『移動から場所を問う——現代移民研究の課題』有信堂高文社。

入江昭［一九八六］『二十世紀の戦争と平和』東京大学出版会。

入江昭［二〇〇六］篠原初江訳『グローバル・コミュニティ――国際機関・NGOがつくる世界』早稲田大学出版部。

上杉勇司［二〇〇六］「紛争後選挙と選挙支援」大芝亮・山田哲也・藤原帰一編『平和政策』有斐閣。

遠藤乾［一九九九］「ジャック・ドロール『単一通貨がヨーロッパにもたらすもの』――インタヴュー解説」『世界』二月号（ヨーロッパ新潮流）九五頁。

遠藤乾［二〇〇二］「ようこそ『多元にして可分な共和政』へ――ヨーロッパ連合における主権と外交」『外交フォーラム』七月号（欧州から学ぶ季節）三六-四一頁。

遠藤乾［二〇〇三］「ポスト主権の政治思想――ヨーロッパ連合における補完性原理の可能性」『思想』一月号（帝国・戦争・平和）二〇七-二二八頁。

遠藤乾［二〇〇五］「主権、帝国（主義）、民主主義――〈帝国〉の射程」西谷修ほか『非対称化する世界――〈帝国〉の射程』以文社。

遠藤乾編［二〇〇八 a］『グローバル・ガバナンスの最前線――現在と過去のあいだ』東信堂。

遠藤乾［二〇〇八 b］「越境する親密圏?――グローバル・ハウスホールディングの時代」遠藤乾編『グローバル・ガバナンスの最前線――現在と過去のあいだ』東信堂。

遠藤泰弘［二〇〇七］『オットー・フォン・ギールケの政治思想――第二帝政期ドイツ政治思想史研究序説』国際書院。

大芝亮［一九九四］『国際組織の政治経済学――冷戦後の国際関係の枠組み』有斐閣。

大芝亮［一九九六］「開発途上国の開発問題と国際連合・世界銀行」国際法学会編『国際法外交雑誌』第九四巻第五・六合併号、一四八-一七二頁。

太田宏［二〇〇一］「地球環境問題――グローバル・ガヴァナンスの概念化」渡辺昭夫・土山實男編『グローバル・ガヴァナンス――政府なき秩序の模索』東京大学出版会。

大沼保昭・藤田久一編［二〇〇〇］『国際条約集』有斐閣。

大庭三枝［二〇〇四］『アジア太平洋地域形成への道程——境界国家日豪のアイデンティティ模索と地域主義』ミネルヴァ書房。

大矢根聡［二〇〇二］『日米韓半導体摩擦——通商交渉の政治経済学』有信堂高文社。

大矢根聡［二〇〇五］「コンストラクティヴィズムの視座と分析——規範の衝突・調整の実証的分析へ」『国際政治』第一四三号（規範と国際政治理論）一二四-一四〇頁。

岡垣知子［二〇〇七］「主権国家の『ラング』と『パロール』——破綻国家の国際政治学」『国際政治』第一四七号（国際秩序と国内秩序の共振）四八-六一頁。

緒方貞子［一九八二］『日本における国際組織研究』（NIRA 国際関係研究シリーズ 1）総合研究開発機構。

緒方貞子［二〇〇六］『紛争と難民——緒方貞子の回想』集英社。

岡野八代［二〇〇三］『シティズンシップの政治学——国民・国家主義批判』白澤社。

小ヶ谷千穂［二〇〇七］「国際移動とジェンダー——フィリピンの事例から」宇田川妙子・中谷文美編『ジェンダー人類学を読む』世界思想社。

押村高［二〇〇四］「国家の安全保障と人間の安全保障」『国際問題』第五三〇号、一四-二七頁。

梶田孝道［一九八八］「『外国人過剰』問題とスイス国家——移住労働者・季節労働者・越境通勤者」『国際政治』第八七号（国際社会における人間の移動）一四-四一頁。

加藤普章［一九九〇］『多元国家カナダの実験——連邦主義・先住民・憲法改正』未來社。

鴨武彦［一九九二］『ヨーロッパ統合』日本放送出版協会。

鴨武彦［一九九三］『世界政治をどう見るか』岩波新書。

柄谷行人［二〇〇六］『世界共和国へ——資本＝ネーション＝国家を超えて』岩波新書。

柄谷利恵子［二〇〇七］「女性移住労働者の『安全（Security）』と『非安全（Insecurity）』——国家、地域、グローバル」植木俊哉・土佐弘之編

『国際法・国際関係とジェンダー』東北大学出版会。

カール、インゲ、イザベル・グルンベルグ、マーク・A・スターン編［一九九九］FASID 国際開発研究センター訳『地球公共財──グローバル時代の新しい課題』日本経済新聞社。

川田侃［一九八八］『国際政治経済学をめざして』御茶の水書房。

北川誠一［一九九二］「ザカフカース──グルジアの内乱とカラバフの戦争」『国際問題』第三八六号、三〇-四一頁。

北川誠一［一九九八］「ザカフカースの民族紛争──人口移動と民族問題」『国際問題』第四六四号、四七-六一頁。

吉川元［一九九四］『ヨーロッパ安全保障協力会議　CSCE──人権の国際化から民主化支援への発展過程の考察』三嶺書房。

吉川元［二〇〇〇］「OSCEの安全保障共同体創造と予防外交」『国際法外交雑誌』第九八巻第六号、一-三四頁。

吉川元［二〇〇四a］「国内統治を問う国際規範の形成過程」『社会科学研究』第五五巻第五・六合併号、五三-七七頁。

吉川元［二〇〇四b］「黄昏のウェストファリア体制とその行方」吉川元・加藤普章編『国際政治の行方──グローバル化とウェストファリア体制の変容』ナカニシヤ出版。

吉川元［二〇〇七］『国際安全保障論──戦争と平和、そして人間の安全保障の軌跡』神戸大学研究双書刊行会。

吉川元・加藤晋章編［二〇〇〇］『マイノリティの国際政治学』有信堂高文社。

金東勲［一九七九］『人権・自決権と現代国際法──国連実践過程の分析』新有堂。

金東勲［二〇〇一］「国際人権法とマイノリティの権利」国際法学会編『国際社会の法と政治　日本と国際法の一〇〇年』第四巻、三省堂。

桐山孝信［二〇〇一］『民主主義の国際法──形成と課題』有斐閣。

桐山孝信［二〇〇六］「領土帰属論からガバナンス論への転回と植民地主義──委任統治制度再考の今日的意義」浅田正彦編『二一世紀国際法の課題　安藤仁介先生古稀記念』有信堂高文社。

草野厚［一九八三］『日米オレンジ交渉——経済摩擦をみる新しい視点』日本経済新聞社。

功刀達朗・毛利勝彦［二〇〇六］『国際NGOが世界を変える——地球市民社会の黎明』東信堂。

久保慶一［二〇〇三］『引き裂かれた国家——旧ユーゴ地域の民主化と民族問題』有信堂高文社。

グラブ、マイケル、クリスティアン・フローレイク、ダンカン・ブラック［二〇〇〇］松尾直樹監訳『京都議定書の評価と意味——歴史的国際合意への道』省エネルギーセンター。

栗栖薫子［二〇〇五］「人間安全保障『規範』の形成とグローバル・ガヴァナンス——規範複合化の視点から」『国際政治』第一四三号（規範と国際政治理論）七六-九一頁。

香西茂［二〇〇〇］「国連の平和維持活動（PKO）の意義と問題点」日本国際連合学会編『二一世紀における国連システムの役割と展望　国連研究第1号』国際書院、九-二四頁。

河野勝［二〇〇六］「ガヴァナンス概念再考」河野勝編『制度からガヴァナンスへ——社会科学における知の交差』東京大学出版会。

古城佳子［二〇〇一］「国際経済——経済のグローバル化とガヴァナンスの要請」渡辺昭夫・土山實男編『グローバル・ガヴァナンス——政府なき秩序の模索』東京大学出版会。

酒井啓亘［二〇〇〇］「国連憲章第七章に基づく暫定統治機構の展開——UNTAES・UNMIK・UNTAET」『神戸法学雑誌』第五〇巻第二号、八一-一四八頁。

坂本義和［一九六六］「権力政治を超える道」『世界』一九六六年九月号、六六-七六頁。

佐々木毅［一九七三］『主権・抵抗権・寛容——ジャン・ボダンの国家哲学』岩波書店。

佐々木毅［一九九八］「主権」広松渉ほか編『哲学・思想事典』岩波書店。

佐々木毅・金泰昌編［二〇〇一・二〇〇二］『公共哲学』（全一〇巻）、東京大学出版会。

三和総合研究所編［一九八九］『サービス産業の国際戦略』東洋経済新報社。

塩川伸明［二〇〇四］『民族と言語 多民族国家ソ連の興亡Ⅰ』岩波書店。

篠田英朗［二〇〇三］『平和構築と法の支配――国際平和活動の理論的・機能的分析』創文社。

柴田寿子［二〇〇〇］『スピノザの政治思想――デモクラシーのもうひとつの可能性』未來社。

謝花忠恵［二〇〇〇］「バイオセイフティ議定書の国際的評価」『かんきょう』第二五巻第五号、一八‐一九頁。

シュミッター、P・C・、G・オドンネル［一九九一］真柄秀子・井上正伸訳『民主化の比較政治学――権威主義支配以後の政治世界』未來社。

シュミット、カール［一九七一］田中浩・原田武雄訳『政治神学』未來社。

城山英明［一九九七］『国際行政の構造』東京大学出版会。

杉原泰雄［一九七一］『国民主権の研究――フランス革命における国民主権の成立と構造』岩波書店。

タカーチ、デヴィッド［二〇〇六］狩野秀之ほか訳『生物多様性という名の革命』日経BP社。

高橋清治［一九九〇］『民族の問題とペレストロイカ』平凡社。

竹田いさみ［二〇〇〇］『物語 オーストラリアの歴史――多文化ミドルパワーの実験』中央公論新社。

多湖淳［二〇〇七］「単独軍事行動と多角軍事行動をめぐる政治学――第二次世界大戦後の米国による武力行使」東京大学大学院総合文化研究科博士論文。

田畑茂二郎［一九五二］『人権と国際法』日本評論新社。

田村哲樹［二〇〇七］「公/私区分の再定義」辻村みよ子編『ジェンダーの基礎理論と法』東北大学出版会。

ダール、R・A・［二〇〇一］中村孝文訳『デモクラシーとは何か』岩波書店。

月村太郎［二〇〇六］『ユーゴ内戦――政治リーダーと民族主義』東京大学出版会。

デスラー、I・M・福井治弘・佐藤英夫［一九八〇］『日米繊維紛争――"密約"はあったのか』日本経済新聞社。

土佐弘之［二〇〇七］「グローバルな立憲秩序と逸脱レジーム――ICCプロセスの事例を中心に」『国際政治』第一四七号（国際秩序と国内秩序の共振）二九-四七頁。

中満泉［二〇〇八］「国境を越える難民・移民問題」大芝亮編『国際政治学入門』ミネルヴァ書房。

納家政嗣［二〇〇二］「人間・国家・国際社会と安全保障概念」国際安全保障学会編『国際安全保障』第三〇巻第一・二合併号、三七-五〇頁。

西川潤［一九七六］『経済発展の理論』日本評論社。

西谷真規子［二〇〇七］「多国間条約形成におけるトランスナショナル社会運動の動的共振モデル」『国際政治』第一四七号（国際秩序と国内秩序の共振）九五-一一五頁。

西村もも子［二〇〇八］「国際制度の形成と国境を越えた企業間紀要力 TRIPs 協定形成過程における日米欧企業と政府」東京大学大学院総合文化研究科博士論文草稿。

日本国際政治学会編［一九八四］『国際政治』第七六号（国際組織と体制変化）。

日本平和学会編集委員会編［一九八三］『講座平和学――理論と課題』早稲田大学出版部。

野林健［一九八七］『保護貿易の政治力学――アメリカ鉄鋼業の事例研究』勁草書房。

バウマン、ジグムント［二〇〇八］奥井智之訳『コミュニティ――安全と自由の戦場』筑摩書房（原著二〇〇一年）。

初瀬龍平編［一九九六］『エスニシティと多文化主義』同文館。

早川誠［二〇〇一］『政治の隘路　多元主義論の二〇世紀』創文社。

林達雄［二〇〇一］「エイズと人間の安全保障――疫病と特許重視の時代の健康と医療」勝俣誠編『グローバル化と人間の安全保障――行動する市民社会』日本経済評論社。

馬場伸也［一九八〇］『アイデンティティの国際政治学』東京大学出版会。

馬場伸也［一九八一］「著者より：『自己』と『他者』との間の政治学」『国

際政治』第六九号（国際関係思想）、一七四-一八〇頁。

樋口陽一［二〇〇四］『人権――一語の辞典』、三省堂（初版一九九六年）。

平野健一郎［一九八八］「ヒトの国際的移動と国際関係の理論」『国際政治』第八七号（国際社会における人間の移動）一-一三頁。

廣瀬陽子［二〇〇五］『旧ソ連地域と紛争――石油・民族・テロをめぐる地政学』慶應義塾大学出版会。

広瀬善男［二〇〇五］『国家・政府の承認と内戦』上・下、信山社。

福田歓一［一九八五］『政治学史』東京大学出版会。

福田耕治［二〇〇三］『国際行政学――国際公益と国際公共政策』有斐閣ブックス。

藤原帰一［一九八五］「『世界システム』論の展開――I・ウォーラスティンをこえて」『思想』第七三八号（十二月）一三七-一五三頁。

藤原帰一［一九九二］「帝国主義論と戦後世界」『岩波講座　近代日本と植民地』第一巻、岩波書店。

藤原帰一［二〇〇二］『デモクラシーの帝国――アメリカ・戦争・現代世界』岩波新書。

藤原帰一［二〇〇三］『「正しい戦争」は本当にあるのか――論理としての平和主義』ロッキング・オン。

藤原帰一［二〇〇七］『国際政治』放送大学教育振興会。

プルードン［一九七一］長谷川進・江口幹訳「所有とは何か」『プルードンⅢ』三一書房。

ベック、ウルリッヒ［二〇〇五］木前利秋・中村健吾監訳『グローバル化の社会学　グローバリズムの誤謬――グローバル化への応答』国文社（原著一九九七年）。

星野昭吉［二〇〇八］『世界政治と地球公共財――地球的規模の問題群と現状変革志向地球公共財』同文舘。

細谷千博編［一九八三］『太平洋・アジア圏の国際経済紛争史――一九二二～一九四五』東京大学出版会。

ホッブズ、トマス［一九九二］水田洋訳（改訳）『リヴァイアサン』一・二、岩波文庫。

三浦聡［二〇〇三］「ヘテラーキカル・ソサエティ――世界政治におけるネットワークと権威」『国際政治』第一三二号（国際関係の制度化）五八-七六頁。

三浦聡［二〇〇五］「複合規範の分散革新――オープンソースとしての企業の社会的責任（CSR）」『国際政治』第一四三号（規範と国際政治理論）九二-一〇五頁。

溝口道郎・松尾正洋［一九九四］『ウルグアイ・ラウンド』日本放送出版協会。

宮脇昇［一九九八］「国際レジームにおけるNGOアクター――人権NGOをめぐる国連とOSCEの比較」『国際政治』第一一九号（国際的行為主体の再検討）五五-六九頁。

ムーニエ、エマニュエル［一九五三］木村太郎・松浦一郎・越知保夫訳『人格主義』白水社・文庫クセジュ。

村田良平［二〇〇〇］『OECD（経済協力開発機構）――世界最大のシンクタンク』中央公論新社。

毛利聡子［二〇〇四］「市民社会によるグローバルな公共秩序の構築――社会秩序に基づく国際秩序の変容を求めて」『国際政治』第一三七号（グローバルな公共秩序の理論をめざして――国連・国家・市民社会）一三八-一五五頁。

最上敏樹［二〇〇四］「多国間主義と法の支配――武力不行使規範の定位に関する一考察」『世界法年報』第二三号、九三-一二三頁。

最上敏樹［二〇〇六］『国際機構論［第二版］』東京大学出版会。

森肇志［二〇〇三］「集団的自衛権の誕生――秩序と無秩序の間に」『国際法外交雑誌』第一〇二巻第一号、八〇-一〇八頁。

山影進編［二〇〇三］『東アジア地域主義と日本外交』日本国際問題研究所。

山田敦［二〇〇二］「反グローバリゼーションの諸位相」『一橋法学』第一巻第二号、九三-一一〇頁。

山田高敬［二〇〇四］「『複合的なガバナンス』とグローバルな公共秩序の変容――進化論的コンストラクティビズムの視点から」『国際政治』第一三七号（グローバルな公共秩序の理論をめざして――国連・国家・市民社

会）四五-六五頁。

山田高敬［二〇〇七］「共振する二つのトランスナショナリズムと世界銀行の組織変化」『国際政治』第一四七号（国際秩序と国内秩序の共振）七八-九四頁。

山田高敬［二〇〇八］「多国間制度の不均等な法化と私的権威の台頭」『国際法外交雑誌』第一〇七巻第一号、四四-七六頁。

山田哲也［二〇〇五a］「国際機構による領域管理と法」『国際法外交雑誌』第一〇四巻第一号、四九-七三頁。

山田哲也［二〇〇五b］「領域管理の意義を巡って——合法性と正統性の相剋」『国際政治』第一四三号（規範と国際政治理論）六一-七五頁。

山田哲也［二〇〇九］「コソヴォ独立と国連・EU——介入による国家創設？」田中俊郎・庄司克宏・浅見政江編『EUのガヴァナンスと政策形成』慶應義塾大学出版会。

山根裕子［二〇〇八］『知的財産権のグローバル化——医薬品アクセスとTRIPS協定』岩波書店。

山本吉宣［二〇〇一］「プライベート・レジーム（Private International Regimes）試論」国際法学会編『日本と国際法の一〇〇年⑦　国際取引』三省堂。

山本吉宣［二〇〇六］『「帝国」の国際政治学——冷戦後の国際システムとアメリカ』東信堂。

山本吉宣［二〇〇八］『国際レジームとガバナンス』有斐閣。

油井大三郎・遠藤泰夫編［一九九九］『多文化主義のアメリカ——揺らぐナショナル・アイデンティティ』東京大学出版会。

ヨー、ブレンダ［二〇〇七］小ヶ谷千穂訳「女性化された移動と接続する場所——『家族』『国家』『市民社会』と交渉する移住女性」伊豫谷登士翁編『移動から場所を問う——現代移民研究の課題』有信堂高文社。

吉野耕作［一九九七］『文化ナショナリズムの社会学——現代日本のアイデンティティの行方』名古屋大学出版会。

吉森賢編［二〇〇七］『世界の医薬品産業』東京大学出版会。

リンス、J・、A・ステパン［二〇〇五］荒井祐介・五十嵐誠一・上田太郎訳

『民主化の理論——民主主義への移行と定着の課題』一藝社。

ルソー［一九七九］作田啓一訳「社会契約論」『ルソー全集』第五巻、白水社。

渡辺昭夫・土山實男編［二〇〇一］『グローバル・ガヴァナンス——政府なき秩序の模索』東京大学出版会。

渡邊啓貴［二〇〇六］『ポスト帝国——二つの普遍主義の衝突』駿河台出版社。

和仁陽［一九九〇］『教会・公法学・国家——初期カール＝シュミットの公法学』東京大学出版会。

英文文献

Abbott, Frederick M. [2005], "The WTO Medicines Decision: World Pharmaceutical Trade and the Protection of Public Health," *The American Journal of International Law*, 99-2, pp. 317-358.

Abbott, Kenneth W., Robert O. Keohane, Andrew Moravcsik, Anne-Marie Slaughter, and Duncan Snidal [2002], "The Concept of Legalization," Robert O. Keohane, ed., *Power and Governance in a Partially Globalized World*, London, New York: Routledge, pp. 132-151.

Abdulgani, Roeslan [1981], *The Bandung Connection: The Asia-Africa Conference in Bandung in 1955*, Singapore: Gunung Agung.

Aguirre, Robert D. [2005], *Informal Empire: Mexico and Central America in Victorian Culture*, Minneapolis: University of Minnesota Press.

Aklaev, Airat R. [1999], *Democratization and Ethnic War: Patterns of Ethnopolitical Crisis Management in Post-Soviet Settings*, Aldershot: Ashgate.

Althusius, Johannes [1995], *Politica: An Abridged Version of Politics Methodically Set Forth and Illustrated with Sacred and Profane Examples*, ed., trans. and intro. by Frederic S. Carney, Indianapolis: Liberty Fund.

Altstadt, Audrey L. [1992], *The Azerbaijani Turks: Power and Identity under Russian Rule*, Stanford: Hoover Institution Press.

Anderson, Bridget [2000], *Doing the Dirty Work?: The Global Politics of Domestic Labour*, London: Zed Book.

Ansell, C., R. Maxwell, and D. Sicurelli [2006], "Protesting Food: NGOs and Political Mobilization in Europe," Christopher K. Ansell and David Vogel, eds., *What's the Beef?: The Contested Governance of European Food Safety*, Cambridge, Mass.: MIT Press, pp. 97-122.

Anwar, Dewi Fortuna [2003], "Human Security: An Intractable Problem in Asia," Muthiah Alagappa, ed., *Asian Security Order: Instrumental and Normative Features*, Stanford: Stanford University Press.

Arts, Bas and S. Mack [2003], "Environmental NGOs and the Biosafety Protocol: A Case Study on Political Influence," *European Environment*, 13, pp. 19-33.

Aziz, Miriam [2001], "Sovereignty Lost, Sovereignty Regained? The European Integration Project and the 'Bundesverfas-sungsgericht'," *EUI Working Paper RSC*, 2001-31.

Bachrach, Peter and Morton S. Baratz [1962], "Two Faces of Power," *American Political Science Review*, 56-4, pp. 947-952.

Bain, William [2003], *Between Anarchy and Society: Trusteeship and the Obligations of Power*, Oxford: Oxford University Press.

Balakrishnan, Gopal [2000], *The Enemy: An Intellectual Portrait of Carl Schmitt*, London: Verso.

Balcerowicz, Leszek [2002], "Understanding Postcommunist Transitions," Larry Diamond and Marc F. Plattner, eds., *Democracy after Communism*, Baltimore: Johns Hopkins University Press.

Bale, Harvey E., Jr. [2001], "Consumption and Trade in Off-Patented Medicines," CMH Working Paper Series, WG 4-3, WHO.

Barnett, Michael and Martha Finnemore [2004], *Rules for the World: International Organizations in Global Politics*, Ithaca, London: Cornell University Press.

Barnett, Michael and Raymond Duvall, eds. [2005], *Power in Global Governance*, Cambridge: Cambridge University Press.

Barrett, Scott [2007], *Why Cooperate?: The Incentive to Supply Global Public Goods*, Oxford: Oxford University Press.

Barton, John H., Judit'h L. Goldstein, Timothy E. Josling, and Richard H. Steinberg, eds. [2006], *The Evolution of the Trade Regime: Politics, Law, and Economics of the GATT and the WTO*, Princeton: Princeton University Press.

Bauman, Zygmunt [1998], *Globalization: The Human Consequences*, New York: Columbia University Press.

Bellamy, Richard, Victorio Bufacchi, and Dario Castiglione [1995], *Democracy and Constitutional Culture in the Union of Europe*, London: Lothian Foundation Press.

Benoist, Alain de [1999], "What is Sovereignty?," *Telos*, 116 (Summer), pp. 99-118.

Betsill, Michele M. and Elisabeth Corell, eds. [2008], *NGO Diplomacy: The Influence of Nongovernmental Organizations in International Environmental Negotiations*, Cambridge, Mass.: MIT Press.

Bideleux, Robert and Ian Jeffries [2007], *The Balkans: A Post-Communist History*, London: Routledge.

Biersteker, Thomas J. [1992], "The 'Triumph' of Neoclassical Economics in the Developing World: Policy Convergence and Bases of Governance in the International Economic Order," James N. Rosenau and Ernst-Otto Czempiel, eds., *Governance without Government: Order and Change in World Politics*, Cambridge: Cambridge University Press.

Blair, David J. [1993], *Trade Negotiations in the OECD: Structures, Institutions and States*, London, New York: Kegan Paul International.

Blay, Sam [1994], "Self-Determination: A Reassessment in the Post-Communist Era," *Denver Journal of International Law and Policy*, 22-2/3, pp. 275-315.

Blowers, Andrew and Pieter Glasbergen [1996], *Environmental Policy in An International Context: Prospects for Environmental Change*, 3, London: Arnold.

Bodin, Jean [1986], *Les six livres de la république*, Livre I, Paris: Fayard. (*On Sovereignty: Four Chapters from The Six Books of the Commonwealth*, ed. and trans. by Julian H. Franklin, Cambridge: Cambridge University Press, 1992.)

Boulden, Jane [2005], "Mandates Matter: An Exploration of Impartiality in United Nations Operations," *Global Governance*, 11-2, pp. 147-160.

Boutmy, Émile [1902], "La declaration des driots de l'homme et du citoyen et M.

Jellinek," *Annates des sciences politiques*, 17-4, pp. 415-443.

Boutros-Ghali, Boutros [1992], *An Agenda for Peace: Preventive Diplomacy, Peacemaking and Peace-Keeping: Report of the Secretary-General Pursuant to the Statement Adopted by the Summit Meeting of the Security Council on 31 January 1992*, New York: United Nations.

Brown, Michael E., ed. [1996], *The International Dimensions of Internal Conflict*, Cambridge, Mass.: MIT Press.

Brubaker, Rogers [1992], *Citizenship and Nationhood in France and Germany*, Cambridge, Mass.: Harvard University Press.

Brubaker, Rogers [1995], "National Minorities, Nationalizing States, and External National Homelands in the New Europe," *Daedalus*, 124-2 (Spring), pp. 107-132.

Brysk, Alison [2002], "Conclusion: From Rights to Realities," Alison Brysk, ed., *Globalization and Human Rights*, Berkeley: University of California Press, pp. 242-256.

Brysk, Alison [2004], "Introduction: Globalization and Citizenship Gap," Alison Brysk and Gershon Shafir, eds., *People out of Place: Globalization, Human Rights and the Citizenship Gap*, New York: Routledge, pp. 3-9.

Buck, Susan J. [1998], *The Global Commons: An Introduction*, Washington, D. C.: Island Press.

Bull, Benedicte and Desmond McNeill [2007], *Development Issues in Global Governance: Public-Private Partnerships and Market Multilateralism*, London: Routledge.

Bull, Hedley [1977], *The Anarchical Society: A Study of Order in World Politics*, Basingstoke: Macmillan.

Burgiel, Stanley W. [2008], "Non-State Actors and the Cartagena Protocol on Biosafety," Michele M. Betsill and Elisabeth Corell, eds., *NGO Diplomacy: The Influence of Nongovernmental Organizations in International Environmental Negotiations*, Cambridge, Mass.: MIT Press, pp. 67-100.

Byers, Michael [2005], *War Law: Understanding International Law and Armed Conflict*, New York: Grove Press.

Caplan, Richard [2002], *A New Trusteeship?: The International Administration of War-Torn Territories*, Adelphi Papers, No. 341, Oxford University Press for the International Institute for Strategic Studies.

Caron, David [1993], "The Legitimacy of the Collective Authority of the Security Council," *American Journal of International Law*, 87-4, pp. 552-588.

Carpenter, R. Charli [2007], "Studying Issue (Non) -Adoption in Transnational Advocacy Networks," *International Organization*, 61-3, pp. 643-667.

Cassese, Antonio [1995], *Self-Determination of Peoples: A Legal Reappraisal*, Cambridge: Cambridge University Press.

Chasek, Pamela S., David L. Downie, and Janet Welsh Brown [2006], *Global Environmental Politics*, 4th ed., Boulder: Westview Press.

Chatterjee, Pratap and Matthias Finger [1994], *The Earth Brokers: Power, Politics and World Development*, London: Routledge.

Checkel, Jeffrey T. [2001], "Why Comply?: Social Learning and European Identity Change," *International Organization*, 55-3, pp. 553-588.

Chesterman, Simon [2004a], *You, The People, The United Nations, Transitional Administration, and State-Building*, Oxford: Oxford University Press.

Chesterman, Simon [2004b], "Virtual Trusteeship," David M. Malone, ed., *The UN Security Council: From the Cold War to the 21st Century*, Boulder: Lynne Rienner, pp. 219-233.

Chorbajian, Levon, ed. [2001], *The Making of Nagorno-Karabagh: From Secession to Republic*, Basingstoke: Palgrave.

Cigler, Allan J. and Burdett A. Loomis, eds. [1991], *Interest Group Politics*, 3rd ed., Washington, D. C.: Congressional Quarterly.

Clark, Ian [2005], *Legitimacy in International Society*, Oxford: Oxford University Press.

Clinton, William Jefferson [1999], *State of the Union Message Address*, The White House.

Cohn, Theodore H. [2002], *Governing Global Trade: International Institutions in Conflicts and Convergence*, Aldershot: Ashgate.

Cornell, Svante E. [2001], *Small Nations and Great Powers: A Study of Ethnopolitical Conflict in the Caucasus*, London: Routledge Curzon.

Correa, Carlos M. [2003], "Managing the Provision of Knowledge: The Design of Intellectual Property Laws," Inge Kaul et al., eds., *Providing Global Public Goods: Managing Globalization*, New York: Oxford University Press.

Cosbey, Aaron and Stanley W. Burgiel [2000], "The Cartagena Protocol on Biosafety: An Analysis of Results," *An IISD Briefing Note*, International Institute for Sustainable Development (IISD).

Coussy, Jean [2005], "The Adventures of a Concept: Is Neo-Classical Theory Suitable for Defining Global Public Goods?," *Review of International Political Economy*, 12-1, pp. 177-194.

Croissant, Michael P. [1998], *The Armenia-Azerbaijan Conflict: Causes and Implications*, Westport: Praeger.

Cronin, Bruce [2003], *Institutions for the Common Good: International Protection Regimes in International Society*, Cambridge: Cambridge University Press.

Cumper, Peter and Steven Wheatley [1999], *Minority Rights in the 'New Era' Europe*, The Hague: Martinus Nijhoff.

De Waal, Thomas [2003], *Black Garden: Armenia and Azerbaijan through Peace and War*, New York: New York University Press.

Delsol, Chantal [1998], "Souveraineté et Subsidiarité ou l'Europe contre Bodin," *La Revue Tocqueville*, 19-2, pp. 49-56.

Destler, I. M. and Peter J. Balint [1999], *The New Politics of American Trade: Trade, Labor, and the Environment*, Washington, D. C.: Institute for International Economics.

Diamond, Larry [1999], *Developing Democracy: Toward Consolidation*, Baltimore: Johns Hopkins University Press.

Douglass, Mike [2006], "Global Householding in Pacific Asia," *International Development Planning Review*, 28-4, pp. 421- 445.

Douglass, Mike [2007], "Global Householding and East Asia: Phantom or Phoenix?," Paper Presented at the International Conference on 'Global Migration and the Household in East Asia', Seoul, Korea, 2-3 February, 2007.

Dower, John W. [1986], *War without Mercy: Race and Power in the Pacific War*, New York: Pantheon Books. (ジョン・W・ダワー/斎藤元一訳『容赦なき戦争――太平洋戦争における人種差別』平凡社ライブラリー、二〇〇一)。

Doyle, Michael W. [1986], *Empires*, Ithaca: Cornell University Press.

Drake, William J. and Kalypso Nicolaidis [1992], "Ideas, Interests, and Institutionalization: 'Trade in Services' and the Uruguay Round," *International Organization*, 46-1, pp. 37-100.

Drezner, Daniel W. [2007], *All Politics Is Global: Explaining International Regulatory Regimes*, Princeton: Princeton University Press.

Duus, Peter, Ramon H. Myers, and Mark R. Peattie, eds. [1989], *The Japanese Informal Empire in China, 1895-1937*, Princeton: Princeton University Press.

Endo, Ken [1999], *The Presidency of the European Commission under Jacques Delors: The Politics of Shared Leadership*, Basingstoke, New York: Macmillan, St Martin's.

Endo, Ken [2001], "Subsidiarity and Its Enemies: To What Extent Is Sovereignty Contested in the Mixed Commonwealth of Europe?" *EUI Working Paper RSC*, 2001-24 (July), pp. 1-42.

Eulau, Heinz H. F. [1941], "Theories of Federalism under the Holy Roman Empire," *American Political Science Review*, 35-4 (August), pp. 643-664.

European Communities [2008], *The Economics of Ecosystem and Biodiversity: An Interim Report*, Wesseling, Germany: Welzel and Hardt.

Ferguson, Niall [2004a], *Empire: The Rise and Demise of the British World Order and the Lessons for Global Power*, New York: Basic Books.

Ferguson, Niall [2004b], *Colossus: The Price of America's Empire*, New York: Penguin Press.

Finnemore, Martha and Kathryn Sikkink [1998], "International Norm Dynamics and Political Change," *International Organization*, 52-4, pp. 887-917.

Ford, Jane [2003], *A Social Theory of the WTO: Trading Cultures*, Basingstoke: Palgrave.

Franklin, Julian H. [1991], "Sovereignty and the Mixed Constitution: Bodin and his Critics," J. H. Burn and Mark Goldies, eds., *The Cambridge History of Political Thought 1450-1700*, Cambridge: Cambridge University Press.

Freund, Julien [1965], *L'essence du politique*, Paris: Sirey.

Gachechiladze, Revaz [1995], *The New Georgia: Space, Society, Politics*, London: UCL Press.

Gaddis, John Lewis [1986], "The Long Peace: Elements of Stability in the Postwar International System," *International Security*, 10-4 (Spring), pp. 99-142.

Gal, Kinga [1999], "The Role of Bilateral Treaties in the Protection of National Minorities in Central and Eastern Europe," *Helsinki Monitor*, 1-3, pp. 73-90.

Gallagher, John and Ronald Robinson [1953], "The Imperialism of Free Trade," *The Economic History Review*, Second Series, 6-1, pp. 1-15.

Garrett, Geoffrey [1998], "Global Markets and National Polities: Collision Course or Virtuous Circle?," *International Organization*, 52-4, pp. 787-824.

George, Alexander L. and Richard Smoke [1974], *Deterrence in American Foreign Policy: Theory and Practice*, New York: Columbia University Press.

Ghanea, Nazila and Alexandra Xanthaki, eds. [2005], *Minorities, Peoples and Self-Determination: Essays in Honour of Patrick Thornberry*, Leiden: Martinus Nijhoff.

Goldstein, Judith [1998], "International Institutions and Domestic Politics: GATT, WTO, and Liberalization of International Trade," Anne O. Krueger, ed., *The WTO as an International Organization*, Chicago: University of Chicago Press, pp. 133-152.

Gowa, Joanne [1994], *Allies, Adversaries, and International Trade*, Princeton: Princeton University Press.

Gray, Christine [2004], *International Law and the Use of Force*, fully updated 2nd ed., Oxford: Oxford University Press.

Greenpeace International and EREC (European Renewable Energy Council) [2007], *Energy [r] evolution: A Sustainable World Energy Outlook*, Amsterdam, Brussels: Greenpeace International and EREC.

Gregson, Nicky and Michelle Lowe [1994], *Servicing the Middle Classes: Class, Gen-*

der and Waged Domestic Labour in Contemporary Britain, London: Routledge.

Gruber, Lloyd [2000], *Ruling the World: Power Politics and the Rise of Supranational Institutions*, Princeton: Princeton University Press.

Gurr, Ted Robert [2000], *Peoples versus States: Minorities at Risk in the New Century*, Washington, D. C.: United States Institute of Peace.

Haas, Peter M., Robert O. Keohane, and Marc A. Levy [1993], *Institution for the Earth: Sources of Effective International Environmental Protection*, Cambridge, Mass.: MIT Press.

Hall, Rodney B. and Thomas J. Biersteker, eds. [2002a], *The Emergence of Private Authority in Global Governance*, (CSIR: Cambridge Studies in International Relations), Cambridge: Cambridge University Press.

Hall, Rodney B. and Thomas J. Biersteker [2002b], "The Emergence of Private Authority in the International System," Rodney B. Hall and Thomas J. Biersteker, eds., *The Emergence of Private Authority in Global Governance*, Cambridge: Cambridge University Press, pp. 3-22.

Hasenclever, Andreas, Peter Mayer, and Volker Rittberger, eds. [1997], *Theories of International Regimes*, Cambridge: Cambridge University Press.

Haufler, Virginia [2001], A *Public Role for the Private Sector: Industry Self-Regulation in a Global Economy*, Washington, D. C.: Carnegie Endowment for International Peace.

Held, David and Anthony McGrew, eds. [2002], *Governing Globalization: Power, Authority and Global Governance*, Cambridge: Polity Press.

Heller, Herman [1927], *Souveränität: Ein Beitrag zur Theorie des Staats-und Völkerrecht*, Berlin, Leibzig: Walter de Gruyter. (H・ヘラー/大野達司・住吉雅美・山崎充彦訳『主権論』風行社、一九九九)。

Helman, Gerald B. and Steven R. Ratner [1992], "Saving Failed States," *Foreign Policy*, 89 (1992-93 Winter), pp. 3-20.

Herzig, Edmund [1999], *The New Caucasus: Armenia, Azerbaijan and Georgia*, London: The Royal Institute of International Affairs.

Hindley, Brian and Alisdair Smith [1984], "Comparative Advantage and Trade in

Services," *World Economy*, 7, pp. 369-390.

Hinsley, F. H. [1986], *Sovereignty*, 2nd ed., Cambridge: Cambridge University Press (1st ed., 1966).

Hobbes, Thomas [1996], *Leviathan*, rev. student ed. by Richard Tuck, Cambridge: Cambridge University Press.

Hoekman, Bernard M. and Michel M. Kostecki, eds. [2003], *The Political Economy of the World Trading System: The WTO and Beyond*, Oxford: Oxford University Press.

Hoffmann, Stanley [1984], "The Problem of Intervention," Hedley Bull, ed., *Intervention in World Politics*, Oxford: Clarendon Press, pp. 7-28.

Holsti, Kalevi J. [1987], "Theories of International Relations: Parochial or International?"（日本国際政治学会三〇周年記念特別講演）『国際政治』第八五号（日本占領の多角的研究）一七-三三頁。

Holsti, Kalevi J. [1996], *The State, War, and the State of War*, Cambridge: Cambridge University Press.

Hueglin, Thomas O. [1999], *Early Modern Concepts for a Late Modern World: Althusius on Community and Federalism*, Waterloo, Ontario: Wilfrid Laurier University Press.

Hurd, Ian [1999], "Legitimacy and Authority in International Relations," *International Organization*, 53-2 (Spring), pp. 379-408.

Hurrell, Andrew and Bebedict Kingsbury, eds. [1992], *The International Politics of the Environment: Actors, Interests, and Institutions*, Oxford: Clarendon Press.

IISD (International Institute for Sustainable Development) [2000], *Earth Negotiations Bulletin: A Reporting Service for Environment and Development Negotiations*, 09-137, 31 January.

Ikenberry, G. John and Charles A. Kupchan [1990], "Socialization and Hegemonic Power," *International Organization*, 44-3, pp. 283-315.

Independent International Commission on Kosovo [2000], *Kosovo Report: Conflict, International Response, Lessons Learned*, New York: Oxford University Press.

Iriye, Akira [2002], *Global Community: The Role of International Organizations in the*

Making of Contemporary World, Berkeley: University of California Press. (入江昭/篠原初枝訳『グローバル・コミュニティ——国際機関・NGOがつくる世界』早稲田大学出版部、二〇〇六)。

Jackson Preece, Jennifer [1998], *National Minorities and the European Nation-States System*, Oxford: Clarendon Press.

Jakobsen, Peter Viggo [1998], *Western Use of Coercive Diplomacy after the Cold War: A Challenge for Theory and Practice*, London: Macmillan.

Jenne, Erin [2006], "National Self-Determination: Deadly Mobilizing Device," Hurst Hannum and Eileen F. Babbitt, eds., *Negotiating Self-Determination*, Lanham: Lexington Books.

Jervis, Robert [1976], *Perception and Misperception in International Politics*, Princeton: Princeton University Press.

Jervis, Robert [1987], "The Contributions of President Kenneth N. Waltz," *PS*, 20-4 (Autumn), pp. 856-861.

Jervis, Robert [1992], "A Political Science Perspective on the Balance of Power and the Concert," *American Historical Review*, 97-3 (June), pp. 716-724.

Jervis, Robert [2005], *American Foreign Policy in a New Era*, New York: Routledge.

Johnson, Chalmers [2001], *Blowback: The Costs and Consequences of American Empire*, New York: Henry Holt.

Johnson, Chalmers [2004], *The Sorrows of Empire: Militarism, Secrecy, and the End of the Republic*, New York: Henry Holt. (チャーマーズ・ジョンソン/村上和久訳『アメリカ帝国の悲劇』文藝春秋、二〇〇四)。

Johnson, Chalmers [2008], *Nemesis: The Last Days of the American Republic*, New York: Henry Holt.

Johnston, Alastair I. [2001], "Treating International Institutions as Social Environments," *International Studies Quarterly*, 45-4, pp. 487-515.

Kahler, Miles and David A. Lake, eds. [2003], "Globalization and Governance," Miles Kahler and David A. Lake, eds., *Governance in a Global Economy: Political Authority in Transition*, Princeton: Princeton University Press.

Kaldor, Mary [1999], *New and Old Wars: Organized Violence in Global Era*, Cambridge: Polity Press.（メアリー・カルドー/山本武彦・渡部正樹訳『新戦争論——グローバル時代の組織的暴力』岩波書店、二〇〇三）。

Kaldor, Mary [2001], *New and Old Wars: Organized Violence in a Global Era: With an Afterword, January 2001*, Cambridge : Polity Press.

Kamen, Henry [2004], *Empire: How Spain Became a World Power 1492-1763*, New York: Perennial (original edition published by Penguin Books, 2002).

Kaplan, Morton A. [1969], "Variants on Six Models of the International System," reprinted in James Rosenau, ed., *International Politics and Foreign Policy: A Reader in Research and Theory*, New York: Free Press.

Kaufman, Stuart J. [2001], *Modern Hatreds: The Symbolic Politics of Ethnic War*, Ithaca: Cornell University Press.

Kaul, Inge, Isabele Grunberg, and Marc A. Stern, eds. [1999], *Global Public Goods: International Cooperation in the 21st Century*, New York: Oxford University Press.（インゲ・カールほか編/FASID 国際開発研究センター訳『地球公共財——グローバル時代の新しい課題』日本経済新聞社、一九九九）。

Kaul, Inge, Pedro Conceição, Katell Le Goulven, and Ronald U. Mendoza, eds. [2003], *Providing Global Public Goods: Managing Globalization*, New York: Oxford University Press.（インゲ・カールほか/高橋一生監訳・編『地球公共財の 政治経済学』国際書院、二〇〇五）。

Keck, Margaret E. and Kathryn Sikkink [1998], *Activists beyond Borders: Advocacy Networks in International Politics*, Ithaca: Cornell University Press.

Keohane, Robert O. [1984], *After Hegemony: Cooperation and Discord in the World Political Economy*, Princeton: Princeton University Press.（ロバート・コヘイン/石黒馨・小林誠訳『覇権後の国際政治経済学』晃洋書房、一九九八）。

Keohane, Robert O. and Elinor Ostrom, eds. [1995], *Local Commons and Global Interdependence: Heterogeneity and Cooperation in Two Domains*, London: Sage.

Khagram, Sanjeev [2004], *Dams and Development: Transnational Struggles for Water and Power*, Ithaca, London: Cornell University Press.

Khagram, Sanjeev [2005], "Beyond Temples and Tombs: Towards Effective Governance for Sustainable Development through the World Commission on Dams,"

Ramesh Thakur, Andrew F. Cooper, and John English, eds., *International Commissions and the Power of Ideas*, Tokyo: United Nations University, pp. 142-166.

Kiernan, V. G. [2005], *America: The New Imperialism: From White Settlement to World Hegemony*, London, New York: Verso (originally published in 1978, Zed Press).

Kindleberger, Charles P. [1973], *The World in Depression, 1929-1939*, Berkeley: University of California Press. (チャールズ・キンドルバーガー/石崎昭彦・木村一朗訳『大不況下の世界――一九二九～一九三九』東京大学出版会、一九八二)。

Kindleberger, Charles P. [1986], "International Public Goods without International Government," *The American Economic Review*, 76-1, pp. 1-13.

King, Gary, Robert O. Kohane, and Sidney Verba [1994], *Designing Social Inquiry: Scientific Inference in Qualitative Research*, Princeton: Princeton University Press. (G・キング、R・O・コヘイン、S・ヴァーバ/真渕勝監訳『社会科学のリサーチ・デザイン――定性的研究における科学的推論』勁草書房、二〇〇四)。

Kingma, Mireille [2006], *Nurses on the Move: Migration and the Global Health Care Economy*, Ithaca: ILR Press.

Kofman, Eleonore, Annie Phizacklea, Parvati Raghuram, and Rosemary Sales [2000], *Gender and International Migration in Europe: Employment, Welfare and Politics*, London: Routledge.

Krasner, Stephen D., ed. [1983], *International Regimes*, Ithaca: Cornell University Press.

Krisch, Nico and Benedict Kingsbury [2006], "Introduction: Global Governance and Global Administrative Law in the International Legal Order," *European Journal of International Law*, 17-1, pp. 1-13.

Krstić-Brano, Branislav [2004], *Kosovo: Facing the Court of History*, Amerst: Humanity Books.

Kulischer, Eugene M. [1948], *Europe on the Move: War and Population Changes, 1917-47*, New York: Columbia University Press.

Kupchan, Charles A. [1994], *The Vulnerability of Empire*, Ithaca, New York: Cornell University Press. (チャールズ・カプチャン/坪内淳訳『アメリカ時代の終わり』NHKブックス、二〇〇三)。

Kydd, Andrew H. [2000], "Trust, Reassurance and Cooperation," *International Organization*, 54-2, pp. 325-357.

Lauren, Paul Gordon [1988], *Power and Prejudice: The Politics and Diplomacy of Racial Discrimination*, Boulder: Westview Press.

Lebow, Richard Ned and Janice Gross Stein [1987], "Beyond Deterrence," *Journal of Social Issues*, 43-4, pp. 5-71.

LeDuc, Lawrence [2003], *The Politics of Direct Democracy: Referendums in Global Perspective*, Peterborough: Broadview Press.

Leggett, Jeremy [1995], *Climate Industry and the Insurance Industry: Solidarity among the Risk Community?*, London: Greenpeace UK.

Lipschutz, Ronnie D. [1996], *Global Civil Society and Global Environmental Governance: The Politics of Nature from Place to Planet*, Albany: State University of New York.

Lipschutz, Ronnie D. and Cathleen Fogel [2002], "'Regulation for the Rest of Us?' Global Civil Society and the Privatization of Transnational Regulation," Rodney B. Hall and Thomas J. Biersteker, eds., *The Emergence of Private Authority in Global Governance*, Cambridge: Cambridge University Press, pp. 115-140.

Litwak, Robert S. [2007], *Regime Change: U.S. Strategy through the Prism of 9/11*, Washington, D. C.: Woodrow Wilson Center Press.

Loader, Ian and Neil Walker [2007], *Civilizing Security*, Cambridge: Cambridge University Press.

Lobel, Jules and Michael Ratner [1999], "Bypassing the Security Council: Ambiguous Authorizations to Use Force, Cease-Fires and the Iraqi Inspection Regime," *American Journal of International Law*, 93-1, pp. 124-154.

Lundestad, Geir [1998], *"Empire" by Integration: The United States and European Integration 1945-1997*, Oxford: Oxford University Press. (ゲア・ルンデスタッド/河田潤一訳『ヨーロッパの統合とアメリカの戦略——統合による「帝

国」への道』NTT出版、二〇〇五)。

MacCormick, Neil [1999], *Questioning Sovereignty: Law, State and Nation in the European Commonwealth*, Oxford: Oxford University Press.

Mahler, Sarah J. and Patricia R. Pessar [2001], "Gendered Geographies of Power: Analyzing Gender across Transnational Spaces" *Identities*, 7-4, pp. 441-459.

Malcolm, Noel [1998], *Kosovo: A Short History*, New York: New York University Press.

Matz, Nele [2005], "Civilization and the Mandate System under the League of Nations as Origin of Trusteeship," *Max Planck Yearbook of United Nations Law*, 9-1, pp. 47-95.

Mayall, James, [2000], *World Politics: Progress and Its Limits*, Cambridge: Polity.

McCormick, Thomas J. [1990], *China Market: America's Quest for Informal Empire, 1893-1901*, Chicago: Ivan R. Dee.

Mead, Walter Russel [2001], *Special Providence: American Foreign Policy and How It Changed the World*, New York: Alfred A. Knopf.

Mearsheimer, John [1990], "Back to the Future: Instability in Europe after the Cold War," *International Security*, 15-1 (Summer), pp. 5-56.

Melander, Eric [1999], *Anarchy Within: The Security Dilemma between Ethnic Groups in Emerging Anarchy*, Uppsala: Department of Peace and Conflict Research, Uppsala University.

Metz, Bert, Ogunlade Davidson, Peter Bosch, Rutu Dave, and Leo Meyer, eds., Published for the IPCC (Intergovernmental Panel on Climate Change) [2007], *Climate Change* 2007: *Mitigation of Climate Change* (Working Group III Contribution to the Fourth Assessment Report of IPCC), Cambridge: Cambridge University Press.

Mills, Kurt [2005], "Neo-Humanitarianism: The Role of International Humanitarian Norms and Organizations in Contemporary Conflict," *Global Governance*, 11, pp. 161-183.

Mommsen, Wolfgang [1982], *Theories of Imperialism*, trans. by P. S. Falla, Chicago: University of Chicago Press, (ドイツ語初版は一九七七年)。

Mommsen, Wolfgang and Jürgen Osterhammel, eds. [1986], *Imperialism and After: Continuities and Discontinuities*, London: Allen & Unwin.

Morgenthau, Hans J. [1954], *Politics among Nations: The Struggle for Power and Peace*, 2nd ed. New York: Alfred A. Knopf. (ハンス・J・モーゲンソー/現代平和研究会訳『国際政治――権力と平和』福村出版、一九九八。訳書は原書第五版の翻訳)。

Motyl, Alexander [2001], *Imperial Ends: The Decay, Collapse, and Revival of Empires*, New York: Columbia University Press.

MSF (Medecins Sans Frontiers) [2003], "Doha Deraliled: A Progress Report on TRIPS and Access to Medicines," (http://www.accessmed-msf.org/resources/key-publications/key-publication-deta)

Nau, Henry R. [1990], *The Myth of America's Decline: Leading the World Economy into the 1990s*, New York: Oxford University Press.

Newell, Peter [2000], *Climate for Change: Non-State Actors and the Global Politics of the Greenhouse*, Cambridge: Cambridge University Press.

Nye, Joseph S., Jr. and John D. Donahue, eds. [2000], *Governance in a Globalizing World*, Washington, D.C.: Brookings Institution Press.

O'Brien, Robert, Anne Marie Goetz, Jan Aart Scholte, and Marc Williams [2000], *Contesting Global Governance: Multilateral Economic Institutions and Global Social Movements*, Cambridge: Cambridge University Press.

OECD [1973], *Report by the High Level Group on Trade and Related Problems*, OECD.

OECD [1983], *International Trade in Services: Insurance*, OECD.

OECD [1987], *Elements of Conceptual Framework for Trade in Services*, OECD.

OECD [1991], *Joint Report on Trade and Environment*, June.

OECD [1993], "Procedural Guidelines on Integrating Trade and Environment Policies," *Report to the Meeting of the Council at Ministerial Level*, OECD.

OECD [1996], *Trade, Employment and Labour Standards: A Study of Core Worker's Rights and International Trade*, OECD.

OECD [2000], "International Trade and Core Labour Standards," *Policy Brief*,

OECD.

OECD/Eurostat [1999], *The Environmental Goods and Services Industry*, OECD.

Offe, Claus [1996], *Varieties of Transition: The East European and East German Experience*, Cambridge: Polity Press.

Okimoto, Daniel I. [1989], *Between MITI and the Market: Japanese Industrial Policy for High Technology*, Stanford: Stanford University Press. (ダニエル・I・沖本/渡辺敏訳『通産省とハイテク産業——日本の競争力を生むメカニズム』サイマル出版会、一九九一)

Olson, Muncur [1965], *The Logic of Collective Action: Public Goods and the Theory of Groups*, Cambridge, Mass.: Harvard University Press.

Ong, Aihwa [2006], *Flexible Citizenship: The Cultural Logics of Transnationality*, Durham: Duke University Press (1st pub., 1999).

Ostrom, Elinor [1990], *Governing the Commons: The Evolution of Institutions for Collective Action*, Cambridge: Cambridge University Press.

Owen, John M., IV [2002], "Transnational Liberalism and American Primacy: or, Benignity Is the Eye of the Beholder," G. John Ikenberry, ed., *America Unrivaled: The Future of the Balance of Power*, Ithaca: Cornell University Press.

Oye, Kenneth A., ed. [1986], *Cooperation under Anarchy*, Princeton: Princeton University Press.

Oye, Kenneth A. [1992], *Economic Discrimination and Political Exchange: World Political Economy in the 1930s and 1980s*, Princeton: Princeton University Press.

Pape, Robert [2005], "Soft-Balancing against the United States," *International Security*, 30-1 (Summer), pp. 7-45.

Parreñas, R. S. [2005], *Children of Global Migration: Transnational Families and Gendered Woes*, Stanford: Stanford University Press.

Pattberg, Philipp H. [2007], *Private Institutions and Global Governance: The New Politics of Environmental Sustainability*, Cheltenham, Northampton: Edward Elgar.

Peterson, V. Spike [2003], *A Critical Rewriting of Global Political Economy: Integrating Reproductive, Productive and Virtual Economies*, London: Routledge.

PhRMA (Pharmaceutical Research and Manufacturers of America) [2003], "Health

Care in the Developing World, Intellectual Property and Access to AIDS Drugs" (http://world.pharma.org/jp.access.aids.drugs.html).

Proudhon, Pierre-Joseph [1866], *Théorie de la propriété*, 2. éd., Librairie Internationale.

Proudhon, Pierre-Joseph [1982a], *Qu'est-ce que la propriété?* (1840), *Œuvres complètes* IV, nouv. éd., Genève-Paris: Slatkine. (プルードン／長谷川進・江口幹訳「所有とは何か」『プルードンⅢ』三一書房、一九七一).

Proudhon, Pierre-Joseph [1982b], *Du principe fédératif* (1863), *Œuvres complètes* XV, nouv. éd., Genève-Paris: Slatkine.

Proudhon, Pierre-Joseph [1982c], *De la capacité politique des classes ouvrières* (1865), *Œuvres complètes* Ⅲ, nouv. éd., Genève - Paris: Slatkine.

Quigley, John [1996], "The 'Privatization' of Security Council Enforcement Action: A Threat to Multilateralism," *Michigan Journal of International Law*, 17, pp. 249-283.

Ramphal, Shiridah S. and Ingvar Carlsson [1995], *Our Global Neighbourhood: The Report of the Commission on Global Governance*, Oxford: Oxford University Press. (グローバル・ガバナンス委員会／京都フォーラム監訳『地球リーダーシップ――新しい世界秩序をめざして』NHK出版、一九九五).

Raustiala, Kal and David G. Victor [2004], "The Regime Complex for Plant Genetic Resources," *International Organization*, 58-2, pp. 277-309.

Reilly, Benjamin [2001], *Democracy in Divided Societies: Electoral Engineering for Conflict Management*, Cambridge: Cambridge University Press.

Reinicke, Wolfgang H. and Francis Deng, eds. [2000], *Critical Choices: The United Nations, Networks, and the Future of Global Governance*, International Development Research Center.

Reus-Smit, Christian [2004], "The Politics of International Law," Christian Reus-Smit, ed., *The Politics of International Law*, Cambridge: Cambridge University Press, pp. 14-44.

Rieff, David [2003], "Liberal Imperialism," Andrew J. Bacevich, ed., *The Imperial Tense: Prospects and Problems of American Empire*, Chicago: Ivan R. Dee.

Riley, Patrick [1976], "Three Seventeenth Century German Theorists of Federalism: Althusius, Hugo and Leibniz," *Publius*, 6-3 (Summer).

Risse, Thomas [2000], "Let's Argue Communicative Action in World Politics," *International Organization*, 54-1, pp. 1-39.

Risse, Thomas and Kathryn Sikkink [1999], "The Socialization of International Human Rights Norm into Domestic Practices: Introduction," Thomas Risse, Stephen C. Ropp, and Kathryn Sikkink, eds., *The Power of Human Rights: International Norm and Domestic Change*, Cambridge: Cambridge University Press.

Risse-Kappen, Thomas, ed. [1995], *Bringing Transnational Relations Back In: Non-State Actors, Domestic Structures and International Institutions*, Cambridge: Cambridge University Press.

Roemheld, Lutz [1990], *Integral Federalism: Model for Europe—A Way towards a Personal Group Society: Historical Development, Philosophy, State, Economy, Society*, Frankfurt am Main: Peter Lang.

Rosenau, James N. and Ernst-Otto Czempiel, eds. [1992], *Governance without Government: Order and Change in World Politics*, Cambridge: Cambridge University Press.

Rousseau, Jean-Jacques [1964], *Du contrat social*, (*Œuvres complètes* Ⅲ, Bernard Gagnebin et Marcel Raymond, eds., Paris: Gallimard, Bibliothèque de la Pléiade. (ルソー/作田啓一訳「社会契約論」『ルソー全集』第五巻、白水社、一九七九)。

Ruggie, John G. [1993], "Multilateralism: The Anatomy of an Institution," John G. Ruggie, ed., *Multilateralism Matters: The Theory and Praxis of an Institutional Form*, New York: Columbia University Press, pp. 3-47.

Ruggie, John G. [2003], "Taking Embedded Liberalism Global the Corporate Connection," David Held and Mathias Koenig-Archibugi, eds., *Taming Globalization: Frontiers of Governance*, Cambridge: Polity, pp. 93-129.

Ruggie, John G. [2004], "Reconstituting the Global Public Domain: Issues, Actors, and Practices," *European Journal of International Relations*, 10-4, pp. 499-531.

Rummel, Rudolph J. [1994], *Death by Government*, New Brunswick: Transaction

Publishers.

Ryan, Stephen [1990], *Ethnic Conflicts and International Relations*, Dartmouth: Aldershot.

Samuelson, Paul A. [1954], "The Pure Theory of Public Expenditure," *Review of Economics and Statistics*, 36-4, pp. 387-389.

Sandholtz, Wayne and Alec Stone Sweet [2004], "Law, Politics, and International Governance," Christian Reus-Smit, ed., *The Politics of International Law*, Cambridge: Cambridge University Press, pp. 238-271.

Sandler, Todd [1997], *Global Challenges: An Approach to Environmental, Political, and Economic Problems*, Cambridge: Cambridge University Press.

Schaffer, Ronald [1985], *Wings of Judgment: American Bombing in World War II*, New York, Oxford: Oxford University Press.

Schelling, Thomas C. [1966], *Arms and Influence*, New Haven: Yale University Press.

Schmitt, Carl [1985], *Political Theology: Four Chapters on the Concept of Sovereignty*, Cambridge, Mass.: MIT Press. (C・シュミット/田中浩・原田武雄訳『政治神学』未來社、一九七一)。

Schwab, George [1970], *The Challenge of the Exception: An Introduction to the Political Ideas of Carl Schmitt between 1921 and 1936*, Berlin: Duncker & Humblot. (G・シュワーブ/服部平治ほか訳『例外の挑戦――カール・シュミットの政治思想一九二一―一九三六』みすず書房、一九八〇)。

Schwab, George [1985], "Introduction," in Carl Schmitt, *Political Theology: Four Chapters on the Concept of Sovereignty*, Cambridge: MIT Press.

Sell, Susan K. [2003], *Private Power, Public Law: The Globalization of Intellectual Property Rights*, Cambridge: Cambridge University Press.

Sell, Susan K. and Aseem Prakash [2004], "Using Ideas Strategically: The Contest between Business and NGO Networks in Intellectual Property Rights," *International Studies Quarterly*, 48-1, pp. 143-175.

Sheffer, Gabriel [2003], *Diaspora Politics: At Home Abroad*, New York: Cambridge University Press.

Simmons, Beth A., Frank Dobbin, and Geoffrey Garrett, eds. [2008], *The Global Diffusion of Markets and Democracy*, Cambridge: Cambridge Unibersity Press.

Simmons, Beth A. and Zachary Elikins [2003], "Globalization and Policy Diffusion: Explaining Three Decades of Liberalization," Miles Kahler and David A. Lake, eds., *Governance in a Global Economy: Political Authority in Transition*, Princeton: Princeton University Press.

Simon, Gerhard [1991], *Nationalism and Policy toward the Nationalities in the Soviet Union: From Totalitarian Dictatorship to Post-Stalinist Society*, Boulder: Westview Press.

Smith, Anthony D. [1998], *Nationalism and Modernism: A Critical Survey of Recent Theories of Nations and Nationalism*, London: Routledge.

Smith, Anthony D. [2001], *Nationalism*, Cambridge: Polity Press.

Smith, Joan, Immanuel Wallerstein, and Hans-Dieter Evers [1984], "Introduction," Joan Smith, Immanuel Wallerstein, and Hans-Dieter Evers, eds., *Households and the World-Economy*, Beverly Hills: Sage.

Smith, Richard D., Robert Beaglehole, David Woodward, and Nick Drager, eds. [2003], *Global Public Goods for Health: Health Economic and Public Health Perspectives*, Oxford: Oxford University Press.

Spar, Debora [1992], "Co-Developing the FSX Fighter: The Domestic Calculus of International Cooperation," *International Security*, 47-2, pp. 265-292.

Stahn, Carsten [2001], "International Territorial Administration in the former Yugoslavia: Origins, Developments and Challenges ahead," *Zeitschrift für ausländisches öffentliches Recht und Volkerrecht*, 61, S. 107-176.

Stasiulis, Daiva K. and Abigail B. Bakan [2005], *Negotiating Citizenship: Migrant Women in Canada and the Global System*, Toronto: University of Toronto Press.

Steinberg, Richard H. [2002], "In the Shadow of Law or Power?: Consensus-Based Bargaining and Outcomes the GATT/WTO," *International Organization*, 56-2, pp. 339-374.

Stern, Nicholas [2007], *The Economics of Climate Change: The Stern Review*, Cambridge: Cambridge University Press.

Stiglitz, Joseph E. [1986], *Economics of the Public Sector*, New York: W. W. Norton.

Strange, Susan [1987], "The Legend of Lost Hegemony."（日本国際政治学会三〇周年記念特別講演）『国際政治』第八四号（アジアの民族と国家——東南アジアを中心として）一七-四一頁。

Stürchler, Nikolas [2007], *The Threat of Force in International Law*, Cambridge: Cambridge University Press.

Taft, William H., IV [2002], "The Legal Basis of Preemption," Published by the Council on Foreign Relations, November 18, 2002. Available at [http://www.cfr.org/publication.html?id=5250] (accessed April 20, 2008).

Tétreault, Mary Ann, and Ronnie D. Lipschutz [2005], *Global Politics as if People Mattered*, Lanham: Rowman & Little-field.

Tuck, Richard [1996], "Introduction," in Thomas Hobbes, *Leviathan*, Cambridge: Cambridge University Press.

U.S. Government [1984], *U.S. National Study on Trade in Services: A Submission by the United States Government to the General Agreements on Tariffs and Trade*, U.S. Government Printing Office.

UNCTAD [1984], *Services and the Development Process*, TB/B/1008/Rev. 1, UNCTAD.

UNCTAD [1988], *Trade and Development, 1988*, UNCTAD.

UNCTAD [2003], *Environmental Goods: Trade Statistics of Developing Countries*, UNCTAD.

UNCTAD [2004], *Trade and Environment Review 2003*, UNCTAD.

UNDP (United Nations Development Plan), Inge Kaul, Isablle Grunberg, and Marc A. Stern, eds. [1999], *Global Public Goods: International Cooperation in the 21st Century*, Oxford: Oxford University Press.（インゲ・カール、イザベル・グルンベルグ、マーク・A・スターン編/FASID 国際開発研究センター訳『地球公共財——グローバル時代の新しい課題』日本経済新聞社、一九九九）。

UNEP [2000], *Cartagena Protocol on Biosafety to the Convention on Biological Diversity*, Geneva: UNEP.

United Nations [2006], "2004 World Survey of the Role of Women in Development: Women and International Migration," New York: UN A/59/287/Add. 1 ST/ESA/294, p. 9.

United Nations General Assembly (UNGA) [1992], *Report of the United Nations Conference on Environment and Development*. A/CONF. 151/26, I, 12 August.

Vickers, Miranda [1998], *Between Serb and Albanian: A History of Kosovo*, London: Hurst.

Vogel, David [2005], *The Market for Virtue: The Potential and Limits of Corporate Social Responsibility*, Washington, D. C.: Brookings Institution Press. (デービッド・ボーゲル／小松由紀子・村上美智子・田村勝省訳『企業の社会的責任「CSR」の徹底研究：利益の追求と美徳のバランス――その事例による検証』一灯舎、二〇〇七）。

Waltz, Kenneth N. [1959], *Man, the State and War: A Theoretical Analysis*, New York: Columbia University Press.

Waltz, Kenneth N. [1979], *Theory of International Politics*, Reading: Addison-Wesley.

Waltz, Kenneth N. [1993], "The Emerging Structure of International Politics," *International Security*, 18-2 (Fall), pp. 44-79.

Waltz, Kenneth N. [2000], "Structural Realism after the Cold War," *International Security*, 25-1 (Summer), pp. 5-41.

Weber, Cynthia [1995], *Simulating Sovereignty: Intervention, the State, and Symbolic Exchange*, Cambridge: Cambridge University Press.

Wedgwood, Ruth [1998], "The Enforcement of Security Council Resolution 687: The Threat of Force Against Iraq's Weapons of Mass Destruction," *American Journal of International Law*, 92-4, pp. 724-728.

Weiler, J. H. H. [1999], *The Constitution of Europe: "Do the New Clothes Have an Emperor?" and Other Essays on European Integration*, Cambridge: Cambridge University Press.

Weiss, Thomas G. and Leon Gordenker, eds. [1996], *NGOs, the UN, and Global Governance*, Boulder: Lynne Rienner.

Wheatley, Jonathan [2005], *Georgia from National Awakening to Rose Revolution: Delayed Transition in the Former Soviet Union*, Aldershot: Ashgate.

White House [2002], *The National Security Strategy of the United States of America, September 2002*. Available at [http://www.whitehouse.gov/nsc/scc.pdf] (accessed April 15, 2008).

White, Nigel D. and Robert Cryer [1999], "Unilateral Enforcement of Resolution 687: A Threat Too Far?" *California Western International Law Journal*, 29-2, pp. 243-282.

WHO [1999], *Globalization and Access to Drugs*, rev. version, WHO.

WHO [2002], *Global Public Goods for Health: The Report of Working Group 2 of the Commission on Macroeconomics and Health*, WHO.

WHO [2004], *The World Medicines Situation*, WHO.

WHO [2006], *Public Health: Innovation and Intellectual Property Rights*, Report of the Commission on Intellectual Property Rights, Innovation and Public Health, WHO.

Wilde, Ralph [2001], "From Danzig to East Timor and Beyond: The Role of International Territorial Administration," *American Journal of International Law*, 95-3, pp. 583-606.

Wilde, Ralph [2004], "Representing International Territorial Administration: A Critique of Some Approaches," *European Journal of International Law*, 15-1, pp. 71-96.

Wohlforth, William C. [1999], "The Stability of a Unipolar World," *International Security*, 24-1 (Summer), pp. 5-41.

Wohlforth, William C. [2002], "U.S. Strategy in a Unipolar World," G. John Ikenberry, ed., *America Unrivaled: The Future of the Balance of Power*, Ithaca: Cornell University Press.

WTO [1999], *Annual Report*.

WTO [2000], *Annual Report*.

WTO [2003], *Annual Report*.

WTO [2004], *Annual Report*.

Ydit, Méir [1961], *Internationalised Territories: From the "City of Cracow" to the "Free City of Berlin": A Study in the Historical Development of a Modern Notion in International Law and International Relations (1815-1960)*, Leyden: A. W. Sythoff.

Yoshimura, Takayuki [2007], "Some Arguments on the Nagorno-Karabagh History," Kimitaka Matsuzato, ed., Историогра фический диалог вокруг непризнанных государств: Приднестровье, Нагорный Карабах, Армения, Южная Осетия и Грузия, Slavic Research Center, Hokkaido University.

Young, Oran R. [1994], *International Governance: Protecting the Environment in a Stateless Society*, Ithaca: Cornell University Press.

Young, Oran R. [1999], *Governance in World Affairs*, Ithaca: Cornell University Press.